기독교문서선교회(Christian Literature Center: 약칭 CLC)는 1941년 영국 콜체스터에서 켄 아담스에 의해 시작되었으며 국제 본부는 미국 필라델피아에 있습니다. 국제 CLC는 59개 나라에서 180개의 본부를 두고, 약 650여 명의 선교사들이 이동 도서차량 40대를 이용하여 문서 보급에 힘쓰고 있으며 이메일 주문을 통해 130여 국으로 책을 공급하고 있습니다. 한국 CLC는 청교도적 복음주의 신학과 신앙 서적을 출판하는 문서선교기관으로서, 한 영혼이라도 구원되길 소망하면서 주님이 오시는 그날까지 최선을 다할 것입니다.

추천사 1

장 왕 식 박사
감리교신학대학교 종교철학 교수

세속 지식인들이 신학에 가하는 비판적인 평가 중에서 가장 귀에 거슬리는 말이 있다. 종종 신학은 너무 추상적인 학문이라 거리감이 생기고, 이로 인해 때로는 싫증마저 느껴진다는 것이다. 신론, 종말론, 구속론 등에 대해 신학자들이 자기 주장을 펼칠 때, 나아가 신의 영광과 권위에 대해 그들이 언급할 때, 대개 신학은 현대인의 피부에 다가오지 못하는 구름 잡는 이야기들만을 늘어놓기 일쑤이기 때문에 호소력을 느끼기 어렵다는 것이다.

하지만 잘 알다시피 기독교는 물론이고 신학도 매우 정치적이다. 2,000년 전에 예수님이 구원의 소식을 전하시고 그것을 위해 평생 사역하셨을 때, 우선 그의 삶은 매우 정치적이셨다. 그러기에 기독교는 그 시작부터 매우 정치신학적이었다고 해도 좋겠다. 이런 이유로 기독교의 전 역사를 통해서 교회가 세속의 정치적 담론에 관심을 갖지 않은 때는 거의 없었다 해도 틀리지 않을 것이다.

이 책은 바로 세속인들이 기독교에 가하는 신학의 추상성에 대한 비판에 대해 기독교 신학자들이 어떻게 응답할 수 있을지 보여 주는 매우 모범적인 사례의 책이다.

이 책은 아우구스티누스와 아퀴나스 같은 중세 신학자들로부터 시작해 근, 현대의 신학자들이 다루는 기독교 정치신학에 대해 상세하게 펼치고 있을 뿐만 아니라, 나아가 세계화나 포스트모더니즘과 같은 매우 구체적 이슈들도 취급하고 있다.

따라서 기독교 신학이 이런 세속적인 문제들을 어떻게 다루는지 궁금해하는 독자들에게 이 책은 최근에 발간된 책들 중 가장 매력적인 책이 될 것이다. 특히, 기독교인은 물론 교회 밖의 지식인에게도 이 책은 동일하게 관심을 끌 만하다고 확신한다. 신학대학교의 학부와 대학원에서 세속적 문제에 대해 기독교가 어떤 입장을 취해야 하는지 토론하려 할 때, 이 책이 아주 이상적인 교재가 될 수 있다는 사실은 새삼 언급할 필요조차 없겠다.

추천사 2

윤 원 준 박사
한국침례신학대학교 조직신학 교수

사회에서는 정치가 부정적이고 권력적인 의미를 연상하게 한다. 이는 정치판이 곧 난장판이라는 등식을 떠올리기 때문이다. 그래서 사람들이 "저 사람, 정치적인 사람이야"라고 말할 때 좋은 의도가 아니라 나쁜 의도로 말해지곤 한다. 이와 유사하게 교회나 신학에서도 정치는 좋은 의미로 연상되지 않는다. 교회의 정치나 정치신학이란 말이 진보적이고 과격한 의도로 사용되다 보니 정치라는 말이 그리스도인들이 교회 밖으로 나가 세상을 완전히 전복시켜야 하는 과격한 행동 담론으로 오해를 받기도 한다.

하지만 정치의 본성을 찬찬히 들여다보면, 정치는 대단히 소중하고 의미 있는 가치를 지니고 있음을 알 수 있다. 이 책에 상세히 설명되었듯이, 정치(politics)란 말은 도시를 가리키는 그리스어 '폴리스'(*polis*)에서 나왔다. 인간이 폴리스라는 공동체를 이룬다고 할 때, 이 폴리스의 영역을 다루는 게 정치라는 것이다. 이때 폴리스는 '오이코스'(*oikos*)라는 경제적 영역과는 구분되는 공적 일을 다루는 공간을 뜻한다.

이런 이유에서 아리스토텔레스가 정의했듯이, 인간은 정치적 동물, 즉 '호모 폴리티쿠스'(*Homo Politicus*)이다. 다시 말해, 인간은 정치를 떠나서는 살아갈 수 없다. 인간이란 누구나 공동체를 이루고 살며 이러한 정치적 공간 속에서 인간은 바로 인간다울 수 있는 것이다. 즉, 인간다움의 핵심은 '정치적인 것'에 있다고 보인다. 의심의 여지없이 사람은 사회나 국가 또는 교회와 같은 어떤 무리를 구성하며 살아간다.

그런 의미에서 정치란 특별한 영역의 이야기가 아니라 인간이 소속된 공동체 속에서 어떤 공적 삶을 만들고 형성해 가는가 하는 문제이다. 이런 면에서 피터 M. 스콧(Peter M. Scott)과 윌리엄 T. 카바노프(William T. Cavanaugh)가 편집한

『정치신학 연구』(Political Theology)는 매우 중요한 정치의 본질적 의미를 다룬다.

정치란 간단히 말해 매우 폭넓은 삶의 문제이자 신앙의 문제이다. 우리의 삶이 곧 정치이다. 현실의 삶에서 분리할 수 없는 그리스도인들은 자유와 평등, 사랑과 책임, 권리와 희생 등의 공적 생활을 실천하는 사람들이다. 그래서 그리스도인으로서 우리는 정치와 불가분의 관계에 있다고 해도 틀린 말은 아닐 것이다.

이번에 출판된 『정치신학 연구』는 여러 다양한 저자에 의해 저술된 상당히 방대한 책이다. 그러나 이 책은 정치신학이라는 핵심적이고 통일된 주제로 하나님, 교회, 삶 그리고 신앙이라는 개념들을 잘 조화시키고 있다.

무엇보다도 이 책은 두 가지 측면에서 꼭 필요한 책이라고 본다.

첫째, 이 책은 한국 교회의 현실에서 아주 시의적절하다.

한국 교회가 영성을 추구한 나머지 현실의 실천적 삶을 외면하고 정치의 본질적 삶을 소외시켰던 상황을 고려해볼 때, 이 책은 그리스도인들에게 신앙의 공적 삶에 대한 절대적인 관심을 불러올 수 있을 것으로 보인다.

둘째, 이 책은 신학을 균형 있게 만들 수 있다는 측면에서 꼭 필요하다.

유감스럽게도 정통 신학들이 주류를 이루는 신학적 사고는 천편일률적이고 또 오래도록 기독교의 정치적 자의식을 외면해 왔기 때문에 현실에 대한 비판적 신학으로 자리잡지 못한 것처럼 보인다. 이런 측면에서 이번에 출판된 『정치신학 연구』는 비판 의식을 통해 신학의 새로운 관점과 생각을 보여 주어 신학의 균형을 잡을 것으로 확신한다.

그러므로 신학대학교에서 오랫동안 조직신학을 가르치고 있는 본인은 신학의 보다 넓은 공적 영역과 담론에서 삶과 신앙 그리고 교회를 이해해 보려는 모든 사람이 『정치신학 연구』를 읽고 많은 도움을 얻을 것이라고 확신하며 일독을 권하는 바이다.

정치신학 연구

The Blackwell Companion to Political Theology
Edited by Peter Scott and William T. Cavanaugh
Translated by Seungtae Jung

© 2004 by Blackwell Publishing Ltd.
except for editorial material and organization © 2004 by Peter Scott and William T. Cavanaugh
Originally published in English under the title,
The Blackwell Companion to Political Theology
by Blackwell Publishing.
This translation is published by arrangement with John Wiley & Sons Limited,
The Atrium, Southern Gate, West Sussex PO19 8SQ, U.K.
All rights reserved.

Authorised translation from the English language edition published by John Wiley & Sons Limited.
Responsibility for the accuracy of the of the translation rests solely with Christian Literature Center
Publisher and is not the responsibility of John Wiley & Sons Limited.
No part of this book may be reproduced in any form without the written permission of the original
copyright holder, John Wiley & Sons Limited.
Korean Edition Copyright © 2022 by Christian Literature Center, Seoul, Korea.

정치신학 연구

2022년 3월 10일 초판 발행

| 편 집 인 | 피터 M. 스콧·윌리엄 T. 카바노프 |
| 옮 긴 이 | 정승태 |

편 집	양희준
디 자 인	서민정
펴 낸 곳	(사)기독교문서선교회
등 록	제16-25호(1980.1.18.)
주 소	서울특별시 서초구 방배로 68
전 화	02-586-8761~3(본사)031-942-8761(영업부)
팩 스	02-523-0131(본사)031-942-8763(영업부)
이 메 일	clckor@gmail.com
홈페이지	www.clcbook.com
송금계좌	기업은행 073-000308-04-020 (사)기독교문서선교회
일련번호	2022-9

ISBN 978-89-341-2398-9 (93230)

이 한국어판 저작권은 John Wiley & Sons Limited와 독점 계약한 (사)기독교문서선교회가 소유합니다.
신저작권법에 의하여 한국 내에서 보호를 받는 저작물이므로 무단 전재와 무단 복제를 금합니다.

정치신학 연구

The Blackwell Companion to Political Theology

피터 M. 스콧 · 윌리엄 T. 카바노프 편집
정승태 옮김

CLC

목차

추천사   1
   장 왕 식 박사 | 감리교신학대학교 종교철학 교수
   윤 원 준 박사 | 한국침례신학대학교 조직신학 교수
역자 서문   10
집필진 소개   14
서론   17

제1부 전승 문헌: 성경, 전승, 예배 의식   21
   제1장   구약성경   22
   제2장   신약성경   42
   제3장   아우구스티누스   62
   제4장   아퀴나스   83
   제5장   종교개혁   104
   제6장   예배 의식   125

제2부 정치신학들: 개관   146
   제7장   동방정교회의 사상   147
   제8장   칼 슈미트   167
   제9장   칼 바르트   190
   제10장   디트리히 본회퍼   209
   제11장   존 코트니 머레이   229
   제12장   윌리엄 템플   250
   제13장   라인홀드 니버   272
   제14장   남부 여권주의 신학   293
   제15장   북부 여권주의 신학   314
   제16장   위르겐 몰트만   336
   제17장   요한 밥티스트 메츠   359

제18장 아시아의 정치신학들	380
제19장 흑인 정치신학	400
제20장 구스타보 구티에레즈	424
제21장 스탠리 하우어워스	445

제3부 구성적 정치신학   466

제22장 삼위일체론	467
제23장 창조론	487
제24장 기독론	508
제25장 속죄론	529
제26장 성령론	550
제27장 교회론	572
제28장 종말론	591

제4부 구조와 운동   611

제29장 국가와 시민 사회	612
제30장 민주주의	632
제31장 비판 이론	652
제32장 포스트모더니즘	674
제33장 세계화	695

제5부 전망   716

제34장 사회정치적 정의를 위한 이슬람 탐구	717
제35장 아브라함의 신율 정치: 유대주의 견해	739

색인	763

역자 서문

정승태 박사
한국침례신학대학교 종교철학 교수

피터 M. 스콧과 윌리엄 T. 카바노프가 편집한 『정치신학 연구』(Political Theology)는 광범위하면서도 일관적이다. 이 책은 다양한 신학적 전통과 문화 및 배경을 총망라해 전개하고 있음에도 정치신학의 특징과 의미를 상실함 없이 하나의 통일된 주제로 구성되어 있다. 그래서 이 책은 여러 정치신학을 하나로 묶어 집대성하기 위한 책임을 느끼게 한다. 아마도 정치신학을 이처럼 집대성해 정치신학에 관해 편집한 책은 최근까지 출판되거나 번역된 적이 없었던 것 같다.

위르겐 몰트만의 『정치신학』과 칼 슈미트의 『정치신학』 그리고 야콥 타우베스의 『바울의 정치사상』이 한국 독자들에게 소개되었고, 정치신학에 대한 논의로서는 위르겐 몰트만과 요한 뱁티스트 메츠의 종말론신학, 북미의 페미니스트 신학과 흑인신학, 남미의 해방신학, 한국의 민중신학 등이 소개되기는 했다.

하지만 이러한 저서들과 논의들은 상대적으로 편향적이거나 부분적이었다. 상황이 그렇다 보니 정치신학의 통일되고 일관된 주제로 다룬 저서들은 없었다고 해도 틀린 말은 아니다. 이런 점에서 볼 때, 『정치신학 연구』는 상당한 의미와 가치를 지닌다. 정치신학은 한국의 신학적 상황에서 어쩌면 외면된 신학이었는지 모른다.

그 이유는 크게 두 가지다.

첫째, 정치신학을 마르크스주의의 변용된 급진적 신학의 유형으로 생각하기 때문이다. 대부분의 사람은 정치신학을 민주주의적 성향과는 맞지 않는 마르크스주의 신학으로 단정해 버리는 경향이 있다. 그래서 정치신학은 정통주의, 신정통주의 및 복음주의 신학과 같은 주류 신학의 논의에서 제대로 취급되지 못하고 외면되어 왔다고 보인다.

둘째, 정치신학이 교회를 정치적 활동에 적극적으로 참여시켜 기존의 교회나 현상 체제를 전복시키는 공동체로 강제한다고 생각하기 때문이다. 그래서 우리는 정치신학이 전통주의적이고 복음주의적인 신앙을 과격한 행동주의로 빠지게 할지 모른다고 오해한다. 이 책을 번역하면서 역자도 정치신학의 이런 점을 우려하고 오해한 부분이 다소 없지 않았다.

자연스럽게 이 책 또한 아주 급진적인 책이고, 그러한 방향으로 신학의 흐름이 전개되지 않을까 생각했었다. 하지만 이러한 생각들은 하나의 기우에 지나지 않았다. 이 책은 역자의 이러한 우려와 오해를 불식시켜 주었을 뿐만 아니라 그러한 생각들이 오히려 선입견이고 편견이라는 사실을 일깨워 주었다.

정치신학은 새로운 신학적 경향이나 견해를 말하지 않는다. 정치신학은 모든 신학의 정치적 본질에 관한 의식이다. 정치란 단어가 부정적인 뉘앙스로 들릴 수 있음에도 정치신학은 어쩌면 신학의 본질일지도 모른다. 정치가 인간과 사회에 관한 주된 요인이기에 신학은 본성상 사회나 세상 속에서 살아가고 행동하는 인간에 대해 관심을 가지시는 하나님의 학문으로 이해된다.

이런 맥락에서 정치신학은 인간과 사회 혹은 세상의 궁극적 관심에 대한 학문이다. 이 책에서 이런 관심이 기독교의 가장 중요한 핵심 교리인 성육신(成肉身, Incarnation) 사건에서 가장 극명하게 드러난다.

성육신 교리는 '하나님의 인간화'이다. 인간을 사랑하시는 하나님이 자기 자신의 죽음을 감행해 인간의 형체로 이 세상에 오신 사건을 보여 주는 이 성육신 교리가 곧 하나님의 인간화다. 성육신 교리가 우리에게 제시하는 의미는 무엇보다도 하나님의 인간에 대한 사랑이자 관심이다. 이 책은 일반적으로 이해되어 온 정치신학, 즉 자유롭게 살지 못하고 억압과 압제로 인해 인간성과 인격성의 파멸과 상실을 경험하는 사람들에 대한 관심을 보여 준다. 결국, 정치신학은 하나님과 인간의 대면이고, 이 긴장 속에서 이해되는 신학이다.

하지만 이 책은 이런 전통적 이해의 정치신학에만 국한하지 않고, 다양한 문화, 전통 그리고 경험에서 출발한 여러 정치신학을 전개한다. 그래서 이 책은 약자와 소외 계층을 대변하는 신학을 넘어서 복음의 '사회적 윤리'로 나아갈 것을 촉구한다. 말하자면 성육신 교리는 구속 교리로 나아가야 할 필요성을 강하게 주장한다. 구속 교리는 상처받고 상실한 개인과 사회에 대한 치유를 가르친다. 이런 점에서 교회는 구속 교리를 통해 치유하고 용서하는 부활과 새 생명을 제공하는 공동체로 거듭나야 한다.

그래서 이 책에서 제시하는 교회가 '사회적 교회'(Social Church)이다. 여기서 말하는 사회적 교회란 사회와 교회가 유기적으로 연결되고 상호 의존하는 관계이다. 즉, 사회적 교회란 교회가 독립적으로 교회 자체를 위해 존재하는 것이 아니라 사회를 위해 존재한다. 교회는 우리 자신만 향유하는 교회 공동체가 아니라 사회 속에서 일어나는 다양한 사건에 대해 무관심하지 않는 하나님의 선교(Missio Dei) 현장임을 강조한다. 이런 점에서 하나님의 인간화로서의 정치신학은 일종의 교회 운동이자 인간성 회복 운동이다.

무엇보다도 이 책이 갖는 장점은 하나의 통일된 주제 아래 여러 다양한 관점들을 배울 수 있다는 데 있다. 실제로 사람은 자신이 서 있는 자리를 넘어서지 못하는 한계를 지닌 존재들이다. 하지만 우리가 타인의 생각과 견해에 마음을 열고 경청한다면, 타인을 통해 배우는 경험은 실로 엄청날 것이다. 비록 우리가 이러한 자세를 갖는다고 우리 고유의 신앙 전통이나 신학을 포기하거나 다른 견해에 편승하는 것은 아니다. 오히려 이러한 자세가 우리의 복음주의적 전통과 신앙 혹은 신학을 더욱 풍성하게 만든다고 확신한다. 이런 면에서 이 책은 이러한 목적을 충분히 달성하고 있다고 보인다.

이 책은 총 5부로 구성된 매우 방대한 책이다.

제1부에서는 전통적으로 이해되어 온 자료들을 열거한다. 여기에서는 성경, 전통 그리고 예배에 관한 전통적인 논의를 전개하면서 구약성경과 신약성경에 나타난 정치의 문제들, 아우구스티누스와 아퀴나스 그리고 종교개혁에서 정치의 의미를 충분히 전달하고 있다.

제2부에서는 정치신학을 조망한다. 여기에서는 정치신학을 논의한 다양한 사상가들의 정치 이론들을 포괄적이면서도 소상하게 소개하고 있는데, 동방정교회, 칼 슈미트, 칼 바르트, 디트리히 본회퍼, 존 코트니 머레이, 윌리엄 템플, 라인홀드 니버, 남부의 페미니스트신학, 북부의 페미니스트신학, 위르겐 몰트만, 요한 뱁티스트 메츠, 아시아의 정치신학, 흑인 정치신학, 구스타보 구티에레즈, 스탠리 하우어워스 등의 견해들을 보여 준다.

제3부에서는 구성적 정치신학을 다룬다. 구성적 정치신학은 정치신학의 교리적 측면을 분석하고 논의한다. 여기에서는 정치신학적 입장에서 삼위일체론, 창조론, 기독론, 속죄론, 성령론, 교회론 및 종말론을 다룬다. 특히, 전통적으로 이해되어온 입장을 포용하면서 정치신학이라는 관점에서 교리들을 재구성하려는 시도가 엿보인다.

제4부에서는 '성경과 운동'이라는 주제로 국가와 시민 사회, 민주주의, 비판 이론, 포스트모더니즘 그리고 세계화의 문제를 다룬다. 특히, 아주 폭넓은 사회와 국가라는 맥락 속에서 하나의 운동으로 전개된 정치의 의미를 제시한다.

제5부에서는 사회정치적 정의를 위한 이슬람교 탐구와 유대교의 관점에서 아브라함의 신율(神律) 정치를 다루면서 미래의 전망을 보여 준다. 두 장으로 구성된 이 마지막 제5부는 매우 다른 색다른 인상을 준다.

특히, 피터 오치(Peter Ochs)는 "아브라함의 신율 정치: 유대주의 견해"에서 이슬람과 유대교 그리고 기독교의 전통이 아브라함의 후손이자 자녀이기 때문에 그들이 하나의 장막에서 대화할 필요성을 보았고, 그 실천적 방안으로서 그는 한 장막에 다 같이 모여 성경 읽기를 제안한다. 이러한 제안이 받아들여질지는 모르지만, 그가 정치신학의 새로운 대안을 제시했다는 점에서 기존의 정치신학적 논의와는 차별을 보여 준다.

마지막으로 이 책이 출판될 때까지 감사할 분들이 있다. 바쁜 학기 중에 추천사를 흔쾌히 써 주신 감리교신학대학교의 장왕식 박사님과 한국침례신학대학교의 윤원준 박사님께도 진심으로 감사를 드린다. 또한 이 책의 책임감수를 해 주신 전용우 목사님에게 감사드리며, 책의 발간을 위해 기획해 주신 기독교문서선교회(CLC) 대표 박영호 목사님과 직원분들에게 감사드린다. 특히, 거친 표현들을 매끄럽게 교정해 준 편집부에 마음 깊이 감사를 드린다.

또한, 한국화이트헤드학회의 20주년 국제학술대회 등의 일로 분주한 역자를 위해 번역본을 부분적으로 읽고 교정해 준 대학원의 임동빈 조교와 윤기쁨 자매 그리고 월터 브루그만의 글을 읽고 도움을 주신 우택주 박사님께 고마움을 전하고 싶다. 모쪼록 다양한 신학을 배우려는 분들에게 이『정치신학 연구』가 제한된 한국의 신학에 좋은 연구 자료와 교회의 새로운 사고를 제공할 것으로 확신한다.

집필진 소개

- **니콜라스 애덤스(Nicholas Adams)**
  영국 University of Edinburgh 신학·윤리학 교수

- **J. 매튜 애슐리(J. Matthew Ashley)**
  미국 University of Notre Dame 신학부 교수

- **프레드리히 크리스틴 바우어슈미트(Frederick Christian Bauerschmidt)**
  미국 Loyola College 신학부 교수

- **마이클 J. 백스터(Michael J. Baxter)**
  미국 University of Notre Dame 신학부 교수

- **다니엘 M. 벨 Jr.(Daniel M. Bell Jr.)**
  미국 Lutheran Theological Southern Seminary 교수

- **앤드류 브래드스톡(Andrew Bradstock)**
  영국 King Alfred's College 명예교수

- **월터 브루그만(Walter Brueggemann)**
  미국 Columbia Theological Seminar 구약학 석좌교수

- **윌리엄 T. 카바노프(William T. Cavanaugh)**
  미국 University of St. Thomas 신학부 교수

- **숀 코플랜드(M. Shawn Copeland)**
  미국 Boston University 신학부 교수

- **존 W. 드 그루치(John W. de Gruchy)**
  남아프리카 University of Cape Town 신학부 석좌교수

- 진 베스크 엘쉬타인(Jean Bethke Elshtain)
  미국 University of Chicago Divinity School 사회 정치 윤리학 석좌교수

- 로베르토 S. 고이추에타(Roberto S. Goizueta)
  미국 Boston University 신학부 교수

- 티모시 J. 고린지(Timothy J. Gorringe)
  영국 University of Exeter 신학부 교수

- 일레인 그레이엄(Elaine Graham)
  영국 University of Manchester 사회목회·신학 석좌교수

- 스탠리 하우어워스(Stanley Hauerwas)
  미국 Duke University 신학부 기독교 윤리학 석좌교수

- 마르샤 에일린 헤위트(Marsha Aileen Hewitt)
  캐나다 Trinity College 사회 윤리학·현대신학 교수

- 마이클 홀러리치(Michael Hollerich)
  미국 University of St. Thomas 신학부 교수

- 로버트 W. 젠슨(Robert W. Jenson)
  미국 Center of Theological Inquiry 수석연구원

- 부스타미 모하메드 키르(Bustami Mohamed Khir)
  수단 The Sudanese-International Academy 전(前) 이사

- 곽 푸이란(Kwok Pui-lan)
  미국 Episcopal Divinity School 기독교신학·영성신학 석좌교수

- 피터 오치(Peter Ochs)
  미국 University of Virginia 현대 유대교학 석좌교수

- 캐서린 피크스톡(Catherine Pickstock)
  영국 University of Cambridge 종교철학 교수

- 알로이시우스 피에리스(Aloysius Pieris)
  스리랑카 Tulana Research Center 창립 원장

- **마이클 플레콘(Michael Plekon)**
  미국 Baruch College of the City University of New York 사회 인류학 교수

- **R. R. 레노(R. R. Reno)**
  미국 Creighton University 신학부 교수

- **크리스토퍼 로우랜드(Christopher Rowland)**
  영국 Queen's College, Oxford University 성경신학 석좌교수

- **레이먼드 슈웨거(Raymund Schwager)**
  오스트리아 University of Innsbruck 조직신학 교수

- **피터 M. 스콧(Peter M. Scott)**
  영국 University of Gloucestershire 신학부 교수

- **피터 제드윅(Peter Sedgwick)**
  잉글랜드 국교회 형사법 담당 경찰 고문 목사

- **앨런 M. 서게이트(Alan M. Suggate)**
  영국 University of Durham 전(前) 신학부 교수

- **캐서린 테너(Kathryn Tanner)**
  미국 University of Chicago 신학부 교수

- **마크 루이스 테일러(Mark Lewis Taylor)**
  미국 Princeton Theological Seminary 신학·문화 교수

- **베른드 바넨베취(Bernd Wannenwetsch)**
  영국 University of Oxford 윤리학 교수

- **윌리엄 베르페호우스키(William Werpehowski)**
  미국 Villanova University 신학부 교수

- **하돈 윌머(Haddon Willmer)**
  영국 Oxford Centre for Mission Studies 교수

서론

피터 M. 스콧 · 윌리엄 T. 카바노프

1989년, 베를린 장벽이 붕괴된 지 얼마 지나지 않아 프랜시스 후쿠야마(Francis Fukuyama)는 우리가 "역사의 목적"을 달성했다고 선언했다. 하지만 2001년에 일어난 세계무역센터(World Trade Center) 붕괴 같은 또 다른 장벽들의 붕괴는 역사가 아직 끝나지 않았음을 우리에게 알려 주었다.

후쿠야마의 유명한 논제는 공산주의 붕괴와 더불어 역사의 무대 위에 있는 서구의 자유주의에 대해 실행 가능한 대안이 더 이상 남아 있지 않다는 것이었다. 우리는 이 같은 환상으로부터 돌연한 각성을 여전히 상세히 살펴보고 있다. 확실한 것은 후쿠야마가 상상한 단조롭고 지루한 세계, 즉 파벌적 경쟁에 대한 'VCR(Video Cassette Recorder)의 승리'는 아직 일어나지 않았다는 것이다.

신학의 소리들도 그와 같은 이상(理想)에 항의하는 일종의 도구가 되어 왔다. 신학적 담론(discourse)은 자유주의가 머물기를 선호하는 그러한 이상에 안주하기를 거부해 왔다. 신학은 정치적으로 중요하며, 신학이나 정치에 관여하는 사람들은 어떤 위험을 각오해야 한다는 사실을 간과해 왔다.

이 책은 '정치신학'(political theology)이라는 용어가 포괄하는 광범위한 이해를 다루고자 한다. 넓은 의미에서 볼 때, 신학은 하나님에 관한 담론이며 동시에 하나님과 연관된 인간 존재에 관한 담론이다.

넓은 의미에서, 정치적이라는 것은 한 사회나 사람의 공동체를 조직하기 위해 구조적인 권력을 사용하는 것이다. 이 같은 거대한 범주 아래에 놓여 있는 정치는 공동체와 개인의 자율성의 측면에서 정치신학의 목적으로 이해될 수 있다. 아니면 정치에 대한 막스 베버(Marx Weber)의 제한된 정의에 비추어 본다면, 정치는 국가 권력을 추구하는 학문으로 이해되기도 한다. 그렇다면 정치신학이란 세계를 바라보는 하나님의 방식들에 대한 여러 해석의 관점에서 정치 문제들(문화적, 심리적, 사회적, 경제적 측면들)을 분석하고 비판하는 것이다.

이 책의 목적을 위해 정치신학을 주로 기독교 정치신학으로 설명할 것이다. 다른 신앙까지 포함하는 것은 다루기 힘든 두꺼운 분량만을 만들 뿐이다. 그뿐만 아니라 '정치신학'이라는 용어는 기독교적 상황 속에서 형성되어 왔고, 기독교 담론에서 주로 하나의 중요한 용어로 계속 사용되고 있다.

일반적 틀에서 보면 정치신학의 과제는 또 다른 사상가들에 의해 나타나는 다른 방식들을 깨닫게 한다. 어떤 이는 정치를 세속적 자율성과 함께 '주어진 것'으로 이해한다. 그러므로 정치와 신학은 본질적으로 두 가지 명백한 활동이다. 전자는 공적 권위와 관련되며, 후자는 신앙인들의 작은 모임이나 공동체와 관련된다. 정치신학의 과제는 신앙을 광범위한 사회적 이슈와 연계하는 것일 수 있지만 각자의 고유한 자율성을 혼동하지는 않는 것이다.

또 어떤 이에게 신학은 정치에 대한 비판적 성찰이다. 신학은 물질적 정치·경제적 기초 위에 세워진 상부 구조로 언급된다. 신학은 정의롭거나 정의롭지 못한 정치적 함의를 성찰하거나 강화한다. 그렇다면 정치신학의 과제는 아마도 신학적 담론이 계급, 성 및 인종의 불평등을 재생산하는 방식들을 드러내는 것이고, 신학을 재구성하여 정의의 근거를 제공하는 것이다.

혹 어떤 이에게는 신학과 정치가 본질적으로 유사한 활동들로 여겨진다. 신학과 정치는 둘 다 공동체 형성의 중심이 되는 형이상학적 이미지들의 형태를 구성한다. 모든 정치는 그 속에 구체적인 신학을 포함한다. 삼위일체론, 교회론, 종말론과 같은 교리들은 다양한 형태의 조직을 함축하고 있다. 물질적 기초와 문화적 상부 구조 사이에는 근본적으로 분리는 존재하지 않는다. 그렇다면 정치신학의 과제는 추측컨대 세속적 정치 속에 내재된 잘못된 신학들을 드러내고 참된 신학에 내재된 참된 정치를 고무시키는 것 중 하나가 될지 모른다.

정치신학은 사회과학이나 여타 세속 학문들을 활용하는 정도만큼 달라진다. 즉, 그들이 특정 사람들의 경험에 상황화되거나 뿌리내린 정도, 국가를 어느 정도 정치의 현장으로 볼 것인가 그리고 신학적 자원들(성경, 예배 의식, 교리)을 활용하는 방식들에 따라 달라진다는 것이다. 모든 정치신학을 다른 신학의 유형이나 정치적 담론으로부터 구분하는 것은 하나님에 관한 담론을 우리가 사는 세계의 유형적 조직과 관련시키려는 명확한 시도이다.

이 『정치신학 연구』는 이중적 목적을 지닌다.

첫째, 이 책을 참조 수단으로 제공하고자 한다.

각자의 글들은 독자들에게 주어진 주제에 관한 폭넓은 의견에 대한 개관을 제시하려고 고안되었다. 그리고 그 입장들을 대표하는 자료들로 독자들을 인도하기 위해 만들었다.

둘째, 이 책은 오늘날 정치신학의 입장들을 이끌고 있는 학자들에 의한, 다양한 주제에 대한 독창적이고도 건설적인 글을 제시하고자 한다.

이 책에 참여한 집필진들은 공정하게 정보를 제공하고 있는데, 그렇다고 그들이 중립적인 척하지 않았다. 그들의 입장이 각자의 글을 쓰는 과정에서 분명하게 나타났으며 또 그렇게 해야만 했다. 그들은 또한 새롭고도 도전적인 방향으로 정치신학을 이끌어 가는 많은 독창적 주장을 제시한다. 그 결과가 학자들의 다양한 진영 안에서 살아 있는 논쟁이 되고 있다.

우리 편집자들은 가능한 한 우리끼리 논쟁하면서 우리의 역할을 하려고 노력해 왔다. 우선, 우리는 한 사람이 쓴 글을 다른 사람의 비판적인 재검토를 통해 제대로 평가되었는지를 점검했고 우리 사이에 있는 전반적인 신학의 불일치들을 해결하려고 노력했다. 우리의 공동 작업은 서로 마음에 맞고 생산적이었다. 우리의 차이들이 더 풍성한 책을 만들 수 있을 것이라는 희망에서 우리는 다 함께 작업하기로 결정했다.

주제와 저자를 선택할 때도 우리는 동일한 희망을 가지고 따라가려고 노력했다. 우리는 오늘날 대화의 주제를 정확히 반영하는 다양한 견해가 도론의 장에서 제시될 수 있게 노력했다. 그럼에도 불구하고 이와 동일하게 몇몇 독자는 어떤 주제들이 제외되었기에 실망할 수도 있고, 어떠한 주제가 포함되었다고 당혹스러울 수도 있다.

여기서는 분량이 제한되어 있어 그럴 수밖에 없음을 아쉬워하며 우리의 개인적 한계가 있음을 고백해야만 할 것 같다. 일례로 이 책이 세계의 삼분의 이에 해당하는 곳, 즉 우리가 가장 잘 알고 있는 세계에 치우친 곳에 대한 논의된 입장들, 더 명확하게는 유럽과 북미 안에서 이루어지는 대화의 주제를 정확히 반영하고 있다는 것에는 의문의 여지가 없다.

이 책은 총 5부로 나누어져 있다.

제1부는 정치신학을 구성하는 부분으로서 신학자들이 호소할 수 있는 기독교 전승의 몇몇 주요한 문헌을 전개한다. 이를테면 성경, 예배 의식, 아우구스티누스, 아퀴나스 그리고 종교개혁의 위대한 신학자들 중 몇몇 사람을 다루었다.

제2부는 정치신학에서 가장 중요한 인물과 운동들에 관해 자세히 살핀다. 우리는 정치신학의 다양성을 위한 측면을 제공하기 위해서 더 넓은 방법론들, 교의학적 전승들, 지리적·사회적 장소의 범위를 포함시켰다.

제3부는 삼위일체론, 속죄론, 종말론과 같은 한 가지 신학적 주제에 관한 건설적인 글들을 포함했다. 이 같은 글들은 엄선된 기독교 교리들의 정치적 암시들을 묘사한다.

제4부는 신학적 관점으로 몇 가지 중요한 해석과 운동(포스트모더니즘, 세계화 등)을 다룬다.

제5부는 이 책에서 전개한 글들에 대한 이슬람의 반응과 유대교의 반응을 제시한다. 만일 기독교 정치신학자들이 더 나은 세계를 증언하려는 희망을 가진다면, 그들은 서로 간의 대화만이 아니라 다른 신앙인들, 특히 아브라함적 신앙(유대교, 기독교, 이슬람교를 통칭하는 용어임-역주)과의 대화에 임해야 한다. 아무쪼록 이 책이 그와 같은 증언에 공헌할 수 있기를 바란다.

제1부

전승 문헌: 성경, 전승, 예배 의식

제1장 구약성경

제2장 신약성경

제3장 아우구스티누스

제4장 아퀴나스

제5장 종교개혁

제6장 예배 의식

제1장

구약성경

월터 브루그만(Walter Brueggemann)

구약 공동체인 고대 이스라엘에서 실제 '역사적'으로 행해진 정치 행위에 대해 현대 학자들이 논쟁하고 있는 중이다. 정치 행위를 조금이라도 복원할 수 있는 한, 그들의 정치 행위는 예외적이지 않으며 당시에 일반적으로 행해지던 것과 공통된다.

먼저 인정해야 할 것은 학자들 사이에서 성경 본문의 역사성 문제가 해결되지 못한 채 심한 분열 양상을 보여 주고 있다는 것이다. 어떤 학자는 본문의 증거를 있는 그대로 받아들이는 경향이 있다. 더러는 사실상 역사적으로 신뢰할 수 없다고 판단되는 본문에서 의도치 않게 남아 있는 역사적 사건의 흔적을 찾아내기도 한다. 다른 학자는 본문이 역사적 가치가 전혀 없는 후대의 이데올로기적 산물이라고 믿기도 한다.

이 짧은 글에서 그런 문제를 더 이상 구체적으로 판단할 수는 없다. 나의 관점은 이스라엘의 자기 표현(self-presentation)을 대체로 신뢰할 만한 자기 이해의 실마리로 받아들일 수 있으며 설령 이것을 역사적으로 신뢰하기가 어렵다 하더라도, 신중한 접근은 필요하겠지만 결국 해석이 다루어야 할 것은 그들이 선호한 자기 표현이라는 것이다(Gottwald 1979:785 n. 558; 2001).

1. 이스라엘의 역사적 환경

이스라엘의 정치에 관한 자료를 신중하게 다룬다는 전제로 우리는 이스라엘의 정치 여정이 예외적이지 않으며 그들과 역사적 환경을 공유한 주변의 정치 공동체들과 매우 흡사하다는 데 의심의 여지가 없다고 결론지을 수 있다. 이것은 놀랄 일이 아니다.

고대 이스라엘은 다른 정치 공동체처럼 권력과 재화 및 권리를 다루기 쉽고 실용적이며 유지 가능한 방법으로 분배하는 제도와 정책 및 실천 방안을 만들어야 했다. 그리고 그런 공동체처럼 운영 방식들을 끊임없이 검토했다. 때로는 비평과 공격을 받기도 했다.

우리는 이 고대 공동체에서 논란이 되었으나 결국 협상을 했던 특징적인 정치 쟁점 세 가지를 살펴보려고 한다.

첫째, 구약에서 군주 제도로 표현된 중앙집권적 권력과 단절된 사회 조직임을 보여 주는 지방 권력 사이에는 오랫동안 갈등이 있어 왔다.

이러한 갈등은 사무엘상 7-15장에서 군주 제도를 둘러싸고 벌어진 협상, 열왕기상 12:1-19에 나타난 완고한 정치 논쟁 그리고 예레미야 26:16-19에서 예레미야를 재판할 때 '그 지방의 장로들'이 국가 권력에 맞서 간섭하는 이야기 등에서 찾아볼 수 있다.

둘째, 재산 분배를 둘러싸고 '가진 자'(종종 도시 엘리트로 알려서 있다)와 혜택을 받지 못하고 정치적으로 소외된 농부들이었던 '못 가진 자' 사이에 끊임없이 벌어지는 문제이다.

솔로몬(B.C. 962-922) 시절에 권력과 특권이 절정에 달했던 군주 제도는 모든 것을 독점하면서 변두리를 소외시키는 성향이 있었고, 생산, 분배, 소비의 포괄적 체제 안에서 과도한 사치의 전형을 보여 주었다(왕상 4:20-8). 그것은 경제적 불평등(왕상 7:14-22, 48-51)에 종교적 합법성을 부여하고 승인하는 사치스런 성전 건물과 잘 어울렸다. 성전은 경제적 착취와 다를 바 없는 선전물들을 비치했다.

이에 맞서 배제된 사람들을 옹호하는 주장은 이스라엘 전승 속에 면면히 흐르고 있다(뒤에서 다시 다룰 것이다). 그것은 왕을 우두머리로 삼고 도시에 살면서 모든 것을 독점하며 자신들을 과시하는 전승과 긴장을 유지하거나 반대한다(Wilson 1980). 이 반대 전승은 "과부, 고아, 객, 가난한 자"(신 15:1-8)를 구제해야 한다는 목소리를 내면서 무제한으로 부를 축적하는 일을 제한한다(Jeffries 1992).

예언자들이 이와 똑같은 견해를 밝혔다. 그들은 한편으로 신학적 정당성을 주장하며 그런 주장에 분명히 저항했을 정치, 경제 속에서 사회적으로 "과부, 고아, 객, 가난한 자"를 옹호하라는 목소리를 높였다. 포로기와 포로 후기에도 동일한 강조점이 계속 언급된다(참조. 사 61:1-4; 슥 7:9-12; 단 4:17).

셋째, 이스라엘과 유다처럼 작은 국가, 특히 북왕국이 파괴된 후 남겨진 유다 왕국은 점령과 파괴를 모면하기 위해 제국의 끊임없는 압박과 요구를 받아들이면서도 국가의 자율성을 유지해야 했다. 하지만 결국에는 좌절되었다(Brueggemann 2000).

이 작은 두 국가는 특별히 지형적으로 이집트와 북부의 더 강력한 국가 사이의 불리한 곳에 위치하였다. 구약성경에서 이곳은 앗수르 제국이 관심을 기울인 장소로서 먼저 북왕국을 멸망시켰고(B.C. 721년), 나중에는 남왕국 유다까지 위협했다(B.C. 705-701년).

유다의 아하스왕은 앗수르의 왕 디글랏 빌레셀 3세를 진정시키기 위해 종교적 상징물을 수용할 정도로 과도한 행보를 취하였다(왕하 16:1-20). 이와 반대로, 그의 아들 히스기야는 앗수르의 왕 산헤립의 과중한 압력에 저항한 왕으로 손꼽힌다. 물론 그도 열왕기하 18:14-16에서 앗수르의 왕에게 굴종적인 유화책을 편 것으로 묘사되고 있다.

결국, 오랫동안 오락가락하다가 북왕국은 앗수르에게 B.C. 721년에, 남왕국은 바빌론에게 B.C. 587년에 패망하였다. 제국의 압력 앞에 상대적으로 무능했던 현실이 오랜 세월 지속되어 온 양국 리더십의 운명을 결정지었다.

2. 정치신학적 해석

성경 본문은 세 가지 사항, 즉 중앙 집권적 권력과 지방 권력, 가진 자와 못 가진 자 사이의 언약 관계 그리고 제국의 압박을 받으면서도 독립적으로 움직이는 작은 국가들에 관하여 끊임없이 논쟁하고 협의한 증거를 보여 준다. 그 시기는 결국 포로기 이후 유대 공동체가 B.C. 537년 이후 페르시아 제국의 비교적 온건한 후원을 받으면서 세금 징수 조직 아래 편재된 지방 권력과 선민 관계를 맺을 때까지다(Weinberg 1992). 이것이 그 땅에서 벌어진 정치 현실이다.

이렇게 역사적으로 신중한 분별력을 갖고 재구성할 때, 고대 이스라엘 공동체가 자리한 곳은 이해 관계, 논쟁 그리고 협상이 벌어진 현실 세계이다. 하지만 주제가 '정치신학'이기 때문에 우리는 이처럼 그럴듯하게 복구한 역사적 재구성을 뛰어넘을 필요가 있다.

고대 이스라엘이 고대에 예상치 못한 정치가 펼쳐진 실체라고 제시하는 수준을 넘어설 필요가 있다는 뜻이다. 우리가 예상치 못한 역사적 개연성들을 뛰어넘고 나면 그것은 이스라엘의 '신학적 상상력'(theological imagination), 곧 이스라엘의 신앙으로 이끈다.

이런 신학적 상상력은 구약성경 본문 어디든 영향을 미치고 실재했던 것이 틀림없다. 따라서 이것은 이 공동체의 정치를 바꾸고 우리의 역사 연구를 더욱 복잡하고 긴급한 해석 과정으로 이끄는 특별한 종류의 신학적 상상력이다.

이 신학적 상상력은 이스라엘의 하나님 여호와를 이스라엘의 정치 현실의 주요 역할자로 시인한다. 그것은 역사적 기록에 뒤늦게 추가한 것이 결코 아니다. 오히려 구약성경과 그 안에서 상상력을 갖고 정치신학을 표현한 내용들을 보면, 여호와는 정치 과정의 전면에 그리고 그 중심에 계시는 분이며 여타의 모든 정치 현실을 일으키는 결정적 요인이요 힘이시다.

학자들은 끊임없이 역사적 관심을 갖고 고대 이스라엘에서 정치가 신학적 해석과 상관없이 그리고 그런 해석 이전에 어떤 모습을 지녔는지를 추론해 왔다. 그러나 결국 그 작업은 이스라엘의 자기 이해를 분별하는 작업에 희망을 주지 못하였다. 낙관주의적으로 재구성하는 작업은 어느 정도 가능하지만 구약성경에 나타난 이스라엘의 자기 표현과는 거리가 멀다. 신학적 차원이 없는 정치란 존재하지 않기 때문이다.

따라서 노래와 이야기 속에 담겨 있는 이스라엘의 자기 표현은 불가피하게 '하나의 신학적 정치'(a theological politics)이다. 그 안에서 이스라엘의 하나님 여호와의 임재는 모든 정치 국면에 영향을 미친다. 거꾸로 말하면, 이스라엘의 자기 표현은 '하나의 정치적 신학'(a political theology)이다. 그 안에서 재화와 권리의 분배에 다양하게 관심을 기울이고 있는 정책과 실천 방안 및 권리 문제에 이스라엘의 하나님 여호와가 불가피하게 깊이 관여하고 계신다고 말한다.

이스라엘의 자기 표현 안에는 신학적 강조점이 없는 정치가 없고 정치적 성향이 없는 신학도 없다. 결과적으로, 이런 정치신학 또는 신학적 정치는 절대론의 성향을 가진 거대한 엄숙함으로 가득하다. 정치적 일들은 '하나님의 일들'이 되기 때문이다.

그러나 그것은 그 어떤 안정적이고 수용적인 정치 기능에도 순응하지 않으시는 자유로운 여호와에 의해 절대적이지도 않고 잠정적일 뿐이며 이차적인 것이 되기도 한다. 고대 이스라엘의 정치 과정에 여호와께서 절대적으로 혹은 상대적으로 영향을 끼치신 내용이 노래와 이야기로 그리고 항상 통제와 완성을 조금씩 뛰어넘으면서도 부재하지 않으시는 열려 있고 미해결되고 미완성적인 채로 남아 있는 수사학적 행위로 규칙적으로 표현된다.

신학과 정치를 이렇게 특이하게 나란히 놓는 방식은 이스라엘이 자신을 특이한 정치경제(political economy)를 바탕으로 신학적 특이성을 실행하기 위해 선택받고 구별된 존재로 이해했음을 보여 준다. 신학에 뿌리를 내리고 정치적으로 존재한 이 특이성이 바로 '대조 사회'(contrast society)였던 이스라엘의 근원적 뿌리이다. 더욱이 바로 그와 같은 특이성이 교회를 세계 가운데 일종의 대조 사회로 생각하게 만드는 근거이기도 하다.

3. 이스라엘의 정치적 삶

우리가 풍부한 상상력을 지닌 이스라엘의 이야기들과 노래들을 통해 이스라엘의 정치신학에 접근할 때, 출애굽 이야기(또는 출애굽의 노래에서 초기의 시적인 표현, 출 15:1-18)는 자명한 패러다임으로 이해된다. 전형적인 그 같은 이야기에서 여호와는 바로의 절대적인 정치 권력에 대립하는 거대한 힘과 행위 주체로 나타난다. 또한, 그분은 일련의 대결을 통하여 처음에는 완고하고 도전이 어려운 것처럼 보였던 이집트 제국을 무력화하고 마침내는 전복하시는 분이다.

이스라엘 전승은 정치 문제와 과정을 비판적으로 성찰하기 때문에 새로운 상황 속에서 '바로와 여호와의 대결' 드라마를 반복적으로 언급하며 모든 정치 문제를 그 규정하는 패러다임 이야기의 관점에서 끊임없이 다시 읽고 재해석한다.

출애굽 사건의 역사성은 예민한 문제이다. 출애굽을 역사적 사건으로 본다면 학자들은 그 시대를 B.C. 13세기로 생각한다. 그 당시의 바로는 세토스(Sethos)

나 람세스 2세(Rameses II)거나 메르넵타(Merneptah)일 것이다(Bright 1959:107-28). 하지만 어느 경우든 이스라엘의 전승주의자들은 역사 문제에 연연하지 않은 것이 분명하다. 대신 그들은 이 출애굽에 대한 기억을 예배 의식으로 바꾸어 수차례 다시 사용하도록 만들었고 상상력을 자극할 수 있도록 장소와 상황을 특정하게 말하지 않고 열어 두었다(Pedersen 1940:728-37).

'바로와 여호와의 대결' 이야기에 초점을 맞춘 까닭은 이스라엘의 이야기 속에서 정치적 행위 주체인 여호와가 바로에게 결정적으로 반대하신 분으로 이해되어야 하기 때문이다. 그래서 우리는 이야기 속에 나타난 바로를 접하면 곧장 여호와를 연상하게끔 만드는 이스라엘의 특이한 정치 감각을 이해할 수 있게 된다(Green 1998). 바로는 역사적 인물로 취급되었다. 하지만 바로는 신속히 이스라엘이 정치 지평에서 대적한 온갖 위협들을 나타내는 암호와 비유로 대치되었다.

바로에 대한 묘사는 다음과 같다.

첫째, 바로는 절대 권위로 전체주의적 정치, 경제 체제를 움직이는 인물이다.
둘째, 바로는 결핍에 대한 치가 떨리는 경험과, 충분히 소유하지 못했다는 불안에 쌓여 살아가는 완강한 축척자이자 독점자이다(창 41:14-57).
셋째, 바로는 몰수와 착취 정책을 시행함으로써 자신의 불안을 노골적으로 드러내며 격심한 불안에 근거한 정책을 실시하면서 인간에 대한 배려나 동정심이 없다(창 47:13-26).
넷째, 바로의 절대주의는 그 정책에 불이익을 받는 사람들에게 엄청난 사회적 비용을 지출하게 만든다. 프레타임(Fretheim)의 언급처럼, 그 비용은 인간이 당할 피해를 넘어 환경을 무차별로 남용하기까지 이를 수준이다(Fretheim 1991).
다섯째, 바로의 절대주의는 지탱될 수 없다. 그의 오만한 자율권은 여호와의 거룩하심으로 인간의 권위에 부여된, 곧 여호와의 역할과 성격을 통해 구체화되고 실행되는 자율권의 한계를 완전히 잘못 판단했기 때문이다.

이스라엘의 상상력 안에서 바로에 대한 이런 묘사는 이스라엘 정치신학의 주된 입장을 보여 준다.

이런 독창적 묘사는 여호와를 중심으로 전개되는 이스라엘의 긍정적인 정치적 약속들이 다음과 같은 것들을 분명히 포함하고 있음을 보여 준다.

첫째, 정치·경제적 과정은 폐쇄된, 절대적 체계가 될 수 없고 다만 진지한 대화를 통해 체결한 협약, 즉 "언약"에 개방되어 있다.

둘째, 효과적인 정치, 경제는 결핍에 대한 치가 떨리는 경험에 근거한 것이 아니라 자비로운 창조자이신 하나님의 풍요에 뿌리를 둔다(Brueggemann 1999).

따라서 출애굽기 16장은 바로의 기근에 대한 여호와주의자(Yahwistic)의 대조를 보여 준다.

> 그 거둔 것이 많기도 하고 적기도 하나 오멜로 되어 본 즉 많이 거둔 자도 남음이 없고 적게 거둔 자도 부족함이 없이 각 사람은 먹을 만큼만 거두었더라(출 16:17-18).

셋째, 이스라엘의 정치, 경제는 무시무시한 독점과 탐욕으로 시행되는 것이 아니라, 언약법에 따라 공동 재산을 적법한 자격을 지닌 공동체의 구성원들(부자나 가난한 자)에게 분배하는 훈훈한 방식이 되어야 한다. 부의 축재나 독점을 억제하는 일은 신명기 15:1-18에 언급된 '면제년'(Year of Release) 규례에 명확하게 진술되었다(뒤의 느 5장 참조).

넷째, 이스라엘의 정치, 경제는 권리를 박탈당한 이웃들(과부, 고아, 이방인, 가난한 사람, 민 24:17-22)을 향한 긍휼을 실천하는 일에 관심을 두고 있으며, 이런 나눔을 착취나 폭력이 아니라 땅이 기름져서 축하하고 감사하는 마음에 기초해 시행해야 한다(신 6:10-12; 8:7-20). 더욱이 이 긍휼을 베푸는 일은 "너희도 이집트에서 노예가 되었다"라는 기억을 되풀이함으로써 동기를 부여하고 있다(신 10:19; 15:15; 24:22).

다섯째, 이스라엘의 정치, 경제는 관대한 언약에 기초하여 하늘과 땅의 창조주이신 여호와가 모든 것의 근원이요 원천임을 인정하고 그에게 궁극적 권위를 돌려드려야 하며, 하나님의 원초적 관대함에 합당한 감사를 드리고 즐겁게 순종함으로써 사회적 관계 역시 여호와 자신의 관대함과 일치하게 해야 한다. 다시 말해, 사회적 관계는 여호와의 절대 주권적 관대함을 충분히 표현하고 구현해야 한다.

이스라엘의 정치적 삶은 여호와께서 언약을 통해 보여 주신 관계 방식을 즐겁게 포용하느냐 아니면 언약의 조항과 제약을 무시하고 착취하느냐 사이의 긴장 가운데 이루어진다. 양자택일은 이스라엘의 정치 현실에서 죽느냐 사느냐를 결정짓는다.

이스라엘의 가장 적절한 주장에 따르면 '언약에 입각한 관계'(covenantal relatedness)를 정치적 삶의 형식으로 선택하면 번영할 것이며, '잔인한 전체주의'(brutalizing totalism)를 선택하면 파멸로 끝난다.

> 보라 내가 오늘 생명과 복과 사망과 화를 네 앞에 두었나니 곧 내가 오늘 네게 명령하여 네 하나님 여호와를 사랑하고 그 모든 길로 행하며 그의 명령과 규례와 법도를 지키라 하는 것이라 그리하면 네가 생존하고 번성할 것이요 또 네 하나님 여호와께서 네가 가서 차지할 땅에서 네게 복을 주실 것임이니라 그러나 네가 만일 마음을 돌이켜 듣지 아니하고 유혹을 받아 다른 신들에게 절하고 그를 섬기면 내가 오늘 너희에게 선언하노니 너희가 반드시 망할 것이라 너희가 요단을 건너가서 차지할 땅에서 너희의 날이 길지 못할 것이니라(신 30:15-18).

따라서 재산과 권력 그리고 권리를 분배할 때 구체적이고도 실제적인 정치적 사안은 단연코 '여호와와 바로의 대결'로 드러나는 심각한 결정을 내리는 일에 달려 있다. 정치적 결단들은 탐욕을 절대화하는 바로를 택할 것인가 아니면 언약에 따라 관용을 베푸는 여호와를 택할 것인가라는 궁극적 통치에 대한 더 중요하고 강력한 결정을 뒷받침하기 위한 하위 결정(subdecision)으로 볼 수 있다.

모든 정치적 결정은 이스라엘이 언제나 새롭게 하시는 여호와와의 언약을 따르겠다는 이 궁극적인 신학적 결정으로부터 유래하며 그것을 반영하고 기여한다.

4. 이스라엘과 사회적 고통

출애굽 이야기를 이스라엘의 정치신학을 위한 하나의 모델로 삼고 좀 더 면밀하게 살펴보자.

바로는 이야기의 처음부터 분명히 정치적 인물로 등장한다. 바로의 드라마에서 여호와가 출현하는 것은 그에게 엄청난 방해가 된다. 그래서 여호와가 알려주는 정치는 바로의 '일상적인 정치'(politics as usual)를 방해하는 정치 행위인 여호와가 출현하는 '개입 정치'(interruptive politics)이다. 이스라엘은 일상적인 정치에 관해 잘 알고 있다. 그것은 사회 권력을 행사하는 정치며 그 안에는 여호와가 전체주의에 반대하고 파괴하는 권력을 행사하는 일이 없다. 그러나 이스라엘은 일상 가운데 여호와가 개입할 여지를 만든다. 그 때문에 정치 과정은 끊임없이 열려 있고 하나님은 이웃과 같은 친근함으로 신선한 주도권을 행사하신다.

우리는 출애굽 이야기를 통해 독특한 정치적 실체로서 이스라엘의 자기 인식의 특징이 되는 여섯 가지 요소를 확인할 수 있다.

첫째, 이스라엘은 권력을 행사할 때, 정치가 '사회적 고통'(social pain)을 고려하는 일에 관심을 기울인다.

이 일을 할 때, 이스라엘은 사회적 고통을 사회가 부담해야 할 짐으로 생각하지 않기에, 이런 고통에 주목하며 신중하게 다룰 만큼 헌신한다. 고통을 질서 유지를 위한 대가로 보지 않기 때문이다.

따라서 출애굽기 1:13-14은 이미 그와 같은 고통을 이야기 속에서 분명하게 표현한다.

> 이스라엘 자손에게 일을 엄하게 시켜 어려운 노동으로 그들의 생활을 괴롭게 하니 곧 흙 이기기와 벽돌 굽기와 농사의 여러 가지 일이라 그 시키는 일이 모두 엄하였더라 (출 1:13-14).

둘째, 이스라엘은 일찍부터 군주들의 분노를 일으키지 않는 현명한 '저항의 방식'을 발전시켰다(Scott 1985, 1990 참조).

따라서 영리한 산파 십브라와 부아는 순수한 척하지만 실제로는 깊은 경건심으로 자신의 공동체 의무를 실천하기 위해 바로의 명령을 무시한다.

> 그러나 산파들이 하나님을 두려워하여 이집트 왕의 명령을 어기고 남자 아기들을 살린지라 … 산파가 바로에게 대답하되 히브리 여인은 이집트 여자와 같지 아니하고 건장하여 산파가 그들에게 이르기 전에 해산하였더이다 하매(출 1:17, 19).

셋째, 학대만을 일삼는 전체주의에 저항하는 일은 속이면서 은밀하게 이루어지기도 하지만 이집트인을 살해한 모세의 경우처럼 '폭력'으로 나타날 수도 있다. 모세는 저항할 권리가 있다고 억지를 부리지 않는다. 그러나 그럴 권리는 출애굽기 2:11-15의 이야기 속에 분명히 암시되어 있다. 이스라엘의 정치적 전통은 압제 군주들에 맞서 전개되며, 모세는 그러한 잔인한 권력에 저항할 의무가 있음을 구체적으로 보여 준다.

넷째, 출애굽기 2:23-25은 고난에 주목하고 저항하며 폭력을 행사하는 일이 집약되어 있다.

여기서 이스라엘은 그러한 고난을 탄식 소리로 표현하고 "자기의 애통함을 울부짖는" 소리를 통해 침묵하며 복종하는 정치를 거절한다.

> 여러 해 후에 이집트 왕은 죽었고 이스라엘 자손은 고된 노동으로 말미암아 탄식하며 부르짖으니 그 고된 노동으로 말미암아 부르짖는 소리가 하나님께 상달된지라(출 2:23).

이 구절들은 매우 중요하다. 여기에 여호와를 언급하는 내용이 처음으로 들어 있기 때문이다. 이스라엘 백성들의 부르짖음이 여호와에게 한 것이 아니라는 점을 주목할 필요가 있다. 이것은 강압적인 권력 행사로 생긴 고통 속에서 목소리를 내는 노골적인 정치적 행동이다. 그런 부르짖음을 신학적 행위로만 이해하는 것은 불가능하다.

엄청난 고통 속에서 부르짖는 외침이 어느 누구를 향한 것도 아니었으나 "하나님께 상달되었다"라는 사실 역시 중요하다. 특이하게도 이스라엘의 저항 정치는 이렇게 특별하고 아주 의도적인 표현을 통해 여호와 자력으로 정치신학 속으로 들어간다.

이렇게 부르짖을 때 이스라엘은 어떤 초월적 확신도 없으며 신학적인 고려도 하지 않는다. 오히려 여호와는 이스라엘의 이야기 가운데 단순히 거기에 존재한다. 그리고 여호와는 고통 속에 부르짖는 소리를 이스라엘의 정체 때문이 아니라 여호와 자신 때문에 그것을 자신의 문제로 삼는다. 즉 여호와는 아래로부터 올라오는 고통을 세심히 경청하시는 분이며, 폭력적 권력에 맞서 변혁적 에너지를 혁신적으로 집결하시는 분이다.

다섯째, 여호와를 언급한 후 이 기사는 이야기의 방향을 가엾고 불쌍한 이스라엘의 노예 상태에서 그들의 거처 가장자리에 '출몰하는 여호와의 거룩함'으로 바꾼다.

당시 정치적 도망자였던 모세는 자기 이름을 부르는 여호와에게 부름을 받아 여호와를 대면하고 있다(출 3:4). 이 수수께끼와 같은 신현(theophanic)에 대한 보도는 긴 이야기 속에서 이스라엘의 정치 비전에 포착하기 어려운 여호와의 거룩한 목적과 임재를 개입시키는 역할을 한다. 이 개입을 통해 이스라엘은 지금 자신들에게 바로에게 맞설 대등한 권리가 있음을 옹호하는 분이 계시다는 사실을 확신하게 된다.

그 결과 이스라엘은 정치적 이상에 신학적 차원을 지니고 있다는 독특한 정치적 주장을 한다. 그것은 이스라엘의 삶의 "전환기마다 지속적으로 놀라운 일"이 되풀이되는 방식으로 나타난다(Buber 1946:75-6; Brueggemann 1991). 정말로 이스라엘의 공적 삶을 이야기해 보면 그것은 일반적 설명을 넘어서서 지속적으로 놀라운 일이 반복해서 벌어지는 이야기로 나타난다.

여섯째, 출애굽 이야기에서 나타나듯, 이스라엘의 정치적 과정은 고통에 반응하는 여호와의 거룩함에 근거를 둔다. 그렇지만 결국 그 과정은 인간의 주도적 결단을 요구한다. 그래서 모세와 그의 조력자들은 그들 자신의 역사 속 배우들이 된다. 즉, '구속사'는 출애굽기 14:13-14에 암시되어 있는 것과 같은 단순한 여호와의 행동이 아니다. 구속사는 최종적으로 위험을 감수하는 인간의 결단에 의존한다.

여호와께서 일련의 일인칭 동사(출 3:7-9)를 사용해 노예를 해방시키겠다고 의도적으로 선언하신 후, 그 문장은 인간의 의무를 명시하는 쪽으로 바뀐다.

> 이제 내가 너를 바로에게 보내어 너에게 내 백성 이스라엘 자손을 이집트에서 인도하여 내게 하리라(출 3:10).

모세는 분명하게 거절하고 일련의 핑계를 댄다(출 3:11; 4:17). 그러나 결국 모세(그리고 아론)는 하나님의 위임을 받아 바로에게 나아간다(출 5:1). 이 이야기를 진행시키고 노예 공동체의 환경을 변화시킨 것은 바로 그들이 바로와 맞서기 위한 준비다.

나머지 부분은 '역사'다. 바로와 이스라엘의 하나님 사이의 대결(출 7-11장), 노예들이 이집트에서 나옴(출 14장) 그리고 해방을 축하하는 춤을 추는 사건(출 15:20-21)이 이어진다. 이스라엘은 시내산으로 가는 중이다. 거기서 이스라엘은 전체주의의 현실을 무너뜨리는 여호와의 거룩성과 이웃이란 존재의 정당성을 받아들이는 대안적 형태의 공권력에 헌신하게 될 것이다.

5. 전체주의에 맞선 언약주의

저자는 이제까지 출애굽 이야기와 "여호와와 바로의 대결" 구조를 길게 다루었다. 이스라엘은 이와 같은 기억(예배 의식으로 규정된)을 통해 예리한 사회적 분석, 저항의 적법성, 결정적 요인으로서의 거룩하신 하나님의 임재, 필수불가결한 인간의 선취권, 공권력의 대안적 형태(언약)를 포함하는 정치 가정의 본래적 모델을 구축하고 제안하기 때문이다(Buber 1990; Mendenhall 2001:73-100).

이스라엘은 이 모델을 근거로 집약적인 해석 과정을 거쳐 정치적 삶을 이야기한다. 열왕기와 역대기에 등장하는 그와 같은 서사적 이야기들은 공공 역사를 말할 때 공적이고 제도적인 권력의 흐름이 '연속적으로 이어지기'를 바라고 있음을 증명한다.

하지만 그 이야기는 여호와와 바로의 전형적인 대립을 다양한 방식으로 되풀이하는 유사 대립과 '분열'에 관한 몇 가지 핵심 사건들을 다양한 방식으로 조명한다. 따라서 이스라엘의 정치 지평에 관한 근원적 주장들은 이스라엘의 주요한 해석자들과 전승 형성자들이 가장 권위 있는 해석을 남긴 대목들에서 가장 뚜렷하게 볼 수 있다.

이 담론에서 결정적인 '에피소드'는 열왕기상 3-11장까지 언급된 솔로몬의 이야기이다. 솔로몬의 괄목할 만한 정치, 경제적 업적은 이스라엘에게 큰 자부심을 갖게 하는 부분이다. 솔로몬은 당시의 대제국을 모방했고, 과거 두 세대 전만 해도 그저 신킨 지대 백성에 불과하던 사람들에게 엄청난 부와 명성을 몰고 온 사람으로 기억된다.

솔로몬은 구약성경에서 가장 효율적인 권력 정치를 상징하는 인물이다. 그는 거대한 무역 장치, 효율적으로 통치하는 관료, 합리적인 세금 징수 제도, 발전된 군사 안보 시스템, 야심찬 건축 계획 그리고 광범위한 정치적 결혼 동맹을 실시하였다. 이 모든 업적에 극적인 정당성을 부여한 것은 그의 핵심 업적인 예루살렘 성전이다(왕상 6-8장).

그러나 솔로몬에 관한 이야기는 그의 왕조를 부정적으로 묘사한다. 솔로몬이 바로의 딸과 결혼하였다는 이야기는 단순한 보도가 아니다(왕상 3:1; 7:8; 9:16, 24; 11:10). 분명히 우연하게 언급한 이 내용은 이야기 전체의 아이러니한 부분에 대한 단서를 제공한다. 솔로몬은 바로와 연관되었을 뿐 아니라 바로의 복사판이며, 사실상 성전을 통해 합법성을 부여한 전체주의 이념과 고도의 중앙 집권적 경제를 진행하는 '이스라엘의 바로'다.

이런 전체주의는 불가피하게 이스라엘의 소작 농민들이 다시 경제적 억압 상태로 돌아가게 만들고 언약적 공권력의 시행을 저지한다. 그런 이유로 솔로몬에 대한 가혹한 신학적 판단(왕상 11:1-8), 솔로몬에 반대하는 예언자의 개입(왕상 11:26-40) 그리고 북이스라엘의 정치적 거절(왕상 12:1-19) 등은 솔로몬 식의 실험에 대한 엄중한 평가들로 이해된다.

열왕기상 11-12장은 항상 폭압적인 전체주의에 빠지기 쉽지만, 전체주의에 저항하고 언약에 입각한 정치를 다시 설명하고 다시 수립하려는 길을 특이하게 발견하는 언약적 재언명과 회복을 나타낸다. 우리는 '전체주의'에 맞서 '언약주의'(covenantalism)를 동일하게 주장한 것을 네 곳에서 더 찾아보려고 한다.

주목할 사실은 네 곳 모두에서 정치적 절대주의에 대한 저항의 근거가 되는 것은 자신 이외의 모든 주장을 확실하게 비절대화시키시는 여호와를 전제하고 있다는 것이다.

첫째, 열왕기상 16장에서 열왕기하 10장까지에 나오는 이야기의 관점으로 보면 북쪽의 오므리 왕조(B.C. 876-842년)는 여호와 신앙의 신학적, 정치적 주장에 가장 심각하게 도전한다.

그 신학적 도전은 열왕기상 18장에 나오는 갈멜산 대결에서 가장 잘 명시되어 있다. 그렇지만 이 논쟁의 정치, 경제적 차원은 나봇의 포도원에 관해 말하는 열왕기상 21장에 가장 극적으로 표현되어 있다. 그것은 오므리의 아들 아합과 이세벨의 왕실이 모든 것을 배후에서 조종하는 모습을 보여 준다.

이 이야기는 명백히 땅 소유에 관한 두 가지 사상을 대변하는 두 가지 공권력 시행 이론 사이에 벌어진 논쟁이다.

나봇(그리고 궁극적으로 엘리야와 내레이터)은 땅과 땅 소유주의 권한은 양도될 수 없다는 오랜 민족적 사상을 옹호한다. 반대로, 왕실은 땅이란 단순히 상업적으로 거래하기 위한 상품이라는 황실 특권 사상을 주장한다. 오므리 왕조가 폭력으로 전복된 사건은 언약 이론에 속한 힘과 해법 그리고 그것을 지지하는 자들은 어떤 대가를 치르더라도 전통적 대안에 저항할 준비가 되어 있음을 보여 준다(왕하 9-10장).

둘째, 북이스라엘의 여로보암 2세와 유다의 웃시아(아자리아)가 통치하던 8세기(대략 B.C. 785-745년)는 엄청난 번영의 시기였다.

그런데 그 같은 번영은 여호와주의(Yahwism)의 주장들, 즉 신학적인 근거를 지닌 종교적 주장들과 경제적 주장들을 무시함으로 이루어졌다(대하 26:16-21). 따라서 솔로몬 시절에 '누린' 것과 동일한 '사회적 발전'이 8세기 중반 다시 등장한 것처럼 보인다.

위대한 '고전적 예언자들' 중 첫 번째 예언자인 아모스가 출현한 때가 바로 이 시기다. 엘리야와 엘리사는 그보다 한 세기에 앞서 활동하였다. 아모스가 당시 사회에서 지배적으로 실행되던 경제적 관행들을 혹평한 것(암 3:13-15; 4:1-3; 6:1-7; 8:4-6 참조)은 이스라엘에서 '참신한 것'(*novum*)이었다(Premnath 1988). 그런 목소리를 내면 지배 체제 권력들과 불가피하게 정면으로 부딪힐 수밖에 없다. 아모스 7:10-17은 그런 맞닥뜨림을 이야기한다.

벧엘의 제사장 아마샤(Amaziah)는 왕실 정책을 대변하면서 아모스가 정치를 전복시키려 한다고 비난하며 쫓아내 버린다. 전체주의 체제는 용어의 정의상 반대의 목소리를 배제해야 한다. 그러나 아모스는 끝 무렵에 왕실이 포로로 사로잡혀 갈 것이라는 마지막 시 한 구절을 왕실과 제사장이 결탁한 권력 집단에게 전한다. 즉, B.C. 721년에 북왕국이 앗수르에게 멸망할 것을 암시한다(암 7:16-17). 그러나 우리의 관심사는 '예상'(prediction)이 아니다. 우리는 이스라엘의 정치적 담론이 절대주의를 배제하고 이웃을 생각하는 경제 구조를 옹호하는 '언약주의'와 하나님과 이웃을 희생해서라도 그 자체를 절대화하는 '전체주의' 사이에서 발생하는 논쟁적 담론의 특징을 지닌다는 사실에 관심이 있다.

셋째, 예레미야 26장에서 예레미야는 생사를 결정하는 재판을 받는 중이다. 그가 예루살렘의 멸망이 임박하였다고 선포했기 때문이다(B.C. 605년).

종교 지도자들은 그에게 사형 집행을 주장하고(11절), 고관들은 이에 반대한다(16절). 예레미야에게 침묵을 강요한 자들이 성전의 절대적 이데올로기에 깊숙이 관여한 종교 지도자들이었다는 사실이 매우 아이러니하다. 따라서 예레미야는 앞서 언급한 벧엘의 제사장(아마샤)과 비슷하다고 볼 수 있다.

하지만 특별히 관심을 끄는 부분은 한 세기 전(아마도 B.C. 715년경)에 예루살렘 멸망을 예견했던 선지자 미가의 말(미 3:12)로 예레미야를 대신하여 변호하는 "그 지방의 장로들"이 개입하는 부분이다(Wolff 1987).

권력 집단의 파벌 사이에 이루어진 언쟁은 도시 중심의 권위와 변두리 시골 마을의 입장 사이에 갈등이 존재했음을 보여 준다(Seitz 1989). 가장 중요한 것은 시골 마을의 장로들이 예루살렘조차도 비판 대상에서 제외되지 않으며, 심지어 이 해석에 따르면 여호와의 심판과 그로 인한 멸망에서 벗어날 수 없음을 주장한다는 사실이다. 이 언쟁은 온갖 의견 차이를 묵살하려는 이념적 두려움에 맞설 권위를 유지하는 방식을 극적으로 보여 준다.

넷째, 이 경우는 포로기 이후 유대교를 재건하는 과정에서 느헤미야(느 5장)가 주도한 극적인 언쟁 장면이다(B.C. 444년경).

이것은 동료 유대인들이었던 가난한 이웃들까지 희생시키면서까지 무한한 탐욕을 부리는 사람들이 경제를 움직이고 있다는 것이 이 이야기의 전제이다. 언제나 그렇듯, 문제는 탐욕을 가진 자들이 경제적으로 취약한 사람들의 재산을 강탈하는 도구인 세금, 담보 대출 그리고 이자이다.

느헤미야는 이자 지불 문제에 개입하여 채권자와 채무자 간의 연대감을 조성한다.

> 그 이자 받기를 그치자 그런즉 너희는 그에게 오늘이라도 그들의 밭과 포도원과 감람원과 집이며 너희가 꾸어 준 돈이나 양식이나 새 포도주나 기름의 백분의 일을 돌려보내라 하였더니(느 5:10-11).

느헤미야는 공동체 안에서는 이자 징수를 해서는 안 된다는 오래된 율법들에 호소한다(신 23:19-20). 하지만 모든 유대인의 연대 의식에 더욱 크게 호소하고 있다. 그래서 정상적인 경제 행위를 억제하고 공동체의 연대 의식과 상호 간의 의무에 대한 관심사를 다시 조성하려고 한다.

그러므로 느헤미야는 언약에 입각한 경제를 옹호하고 그것을 시행하는 절차를 밟고 있다. 그것은 자신처럼 이자를 받는 계층의 사람들조차도 받아들인 제안이었다.

6. 언약적 헌신 요구

이런 극적인 대립에 관한 사례들은 두 가지 관점 또는 두 가지 공권력의 시행이 첨예한 긴장 관계에 놓여 있다는 해석학적 입장을 보여 준다. 나는 반복해서 일어나는 이런 갈등이 공동체인 이스라엘의 자기 표현의 중심에 있다고 믿는다. 그 공동체는 언제나 예외적 성향을 가지는 언약적 헌신(covenantal commitments)을 제외하고는 통상적인 정치를 하였다.

대결이 분명한 표현(혹은 실행)을 위해 보다 선호되는 방식이기는 하지만 그것은 항상 실행 가능한 전략은 아니다. 이스라엘 특유의 신학적 전승에 대해 민감한 반응을 보이지 않았던 국외의 정치 권력에게 압력을 받으며 살았을 때, 이스라엘의 정치 과정은 확실히 인내심을 갖고 신중하게 순응하는 자세가 필요하였다.

외견상 오래된 것처럼 보이는 순응주의자의 문서의 상당 부분은 사실상 페르시아 시대에 형성되었고, 그 당시 초기 유대교를 위해 사용된 자료이다(Smith 1989). 페르시아가 주도권을 쥔 긴 세월 동안, 유대교가 근본적으로 제국의 요구에 분명히 복종하기는 했지만, 제한적이면서도 상당한 정치적 자율권을 허락받았다.

그런 협정(상당한 편의를 요한다)에 대한 일차적 성경적 증거는 5세기에 페르시아에 위임을 받고 재정적 지원을 받으면서 예루살렘에서 공동으로 임무를 수행한 에스라와 느헤미야가 주도한 작업이다.

그 본문은 유대인의 자율성과 제국의 요구에 대한 존중 사이에 특이하고 신중하며 의도적인 균형을 제시한다. 이렇게 배열한다고 해서 옛날의 출애굽 이야기에서 바로와 대결하는 장면을 재현하고 있지는 않지만 말이다. 그런 대결은 훗날의 환경 속에서는 불가능하였다.

리 험프리스(Lee Humphreys)와 더 비평적인 다니엘 스미스 크리스토퍼(Daniel Smith Christopher)는 요셉(창 37-50), 에스더 그리고 다니엘 이야기가 모두 믿음의 진술을 하고 있다고 보고 무모한 위험을 무릅쓰지 않으면서도 적절한 수준에서 저항하는 친화적인 포로기 영웅들을 그린 "디아스포라 소설"로 보았다(Humphreys 1973; Smith 1989:153-78).

이 이야기들은 어느 정도 교묘함과 조화를 이루는 정치적 용기를 발휘한 사례들이다. 그래서 어떻게 생존해야 할지 그리고 어떤 위험을 무릅써야 하는지에 대해 훌륭한 판단을 제공하는 '지혜' 이야기로 분류된다.

7. 결론: 대안적 현실을 위하여

우리는 두 가지 소견으로 결론을 내리려 한다.

첫째, 현실적인 권력 세계 안에서 믿음의 이상을 구현하며 살아가라고 명령받은 여호와의 백성으로 뚜렷한 자의식을 갖고 이 공동체를 위한 특정한 정치적 기능을 수행한다는 사실을 보여 주는 하나의 틀을 도출하는 것이 가능하다는 것이다.

'토라'(창세기에서 신명기에 이르는 다섯 책들)는 역사 안에서 믿음에 대한 근본적 설명을 제공한다. 그것은 주로 패러다임으로 이해되어야 하며 "역사"(history)로 이해해서는 안 된다(Voegelin 1956; Neusner 1997).

이 패러다임 기사는 시내산 전승을 중심으로 움직이며 이스라엘은 그것을 대안적 이상으로 받아들였다(Crusemann 1996:57). 이 기사는 이스라엘이 하늘과 땅의 창조자이시고 모든 나라의 주재이신 거룩한 하나님의 분명한 실재에 뿌리내린 신학적으로 독특한 공동체임을 강조한다. 따라서 기사 자체는 일종의 패러다임이지만 이스라엘의 정치적 이상과 자의식은 무엇보다도 정치 현실에 크게 순응하지 않는 신학적 열정에 깊숙이 뿌리를 내리고 있다.

'예언서'(전기 예언서-여호수아, 사사기, 사무엘, 열왕기)는 제국의 압력과 중앙 집권화된 권력 그리고 '가진 자'와 '못 가진 자'의 현실 세계 사이에서 이스라엘의 삶과 언어가 위의 패러다임을 통해 제시된 이상을 실행하도록 촉구한다. 이와 같은 글에서 선호하는 행동과 말하는 방식은 대결이다.

하지만 현실인 정치·경제의 세계에서 시행된 믿음의 이야기들은 낭만적이지 않음에 주목해야 한다. 그것은 현장에서 공권력의 불가피한 혼합적 현실을 인지하고 있다. 예를 들면, 구약성경에서 이스라엘이 증언한 전체 과정이 정점에 도달한 사건은 예루살렘 멸망과 이 세상 속에서 여호와와 함께하는 삶을 박탈당한 일이다. 따라서 토라의 패러다임은 '현실 세상'에서는 실행하기가 어려운 방식이다. 현실에서는 절대주의의 패러다임을 비판하지 않은 채 실재로 받아들인다. 욥기는 세상에서의 이러한 믿음이 '어려운 방식'임을 전형적으로 표현한다(Gutiérrez 1987).

둘째, 물론 이 전통화 과정에서 이스라엘은 믿음과 현실 세계의 삶이 서로 불일치하다는 것을 너무나 잘 알고 있다(Carroll 1979).

우리가 고대 이스라엘의 정치가 본질적으로 열정적이고 끝이 열려 있는 수사법을 가진 해석 과정으로 인식해야 하는 것은 바로 이런 이유 때문이다. 왜냐하면, 이런 이스라엘의 정치는 바로의 절대주의적 수사법(겔 28:3)에 맞서 세상에서 대안적인 길이 옮음을 보여 주려 하기 때문이다.

바로 이 수사법으로 이스라엘은 눈에 보이지 않고 종종 침묵하는 여호와를 정치적 상상력의 중심에 놓는다. 이 세상의 상상력을 거의 불신하는 어떤 정치 현실(하나님의 거룩하심과 이웃의 중요성)을 고집하는 것도 바로 그 수사법에 따른 것이다. 절대주의를 가장한 모든 '침묵하게 만드는 자'가 자신의 말 저 너머에 있는 말을 하는 시인들과 이야기꾼들의 입을 막으려고 할 때, 이스라엘이 권력의 과정을 열어 놓으려고 하는 것도 이 수사학을 통해서다(Bruggemann 2001:22-33).

이와 같은 독특한 수사법은 정의, 자비, 평화, 희망 그리고 신실함으로 특징지워지는 대안적 세계를 창조한다. 모든 전체주의적 시도는 이 모든 것을 달가워하지 않는다. 이 '다른 세계'는 개인의 일이 아니며 '영적인 것'도 아니며 그렇다고 신비스러운 것도 아니다.

결국, 이 낯선 구성적 언어는 비록 우리가 '대안적' 세계로 언급하긴 하지만 또 하나의 다른 세상을 가리키는 것은 아니다. 그런 말들은 이미 알려져 있는 지금 이 세계에 관심을 둔다. 다만 새롭게 말하는 것뿐이다.

세계를 다시 만들려는 대담한 발언을 통해 이스라엘은 희망하고 기다리며 순종하고 뜨겁게 타오르는 전체주의의 용광로 앞에서도 동의하지 않고 확신을 가지며 확신이 서지 않을 때라도 여전히 저항한다.

> 느부갓네살이여 우리가 이 일에 대하여 왕에게 대답할 필요가 없나이다 왕이여 우리가 섬기는 하나님이 계시다면 우리를 맹렬히 타는 풀무불 가운데에서 능히 건져내시겠고 왕의 손에서도 건져내시리이다 그렇게 아니하실지라도 왕이여 우리가 왕의 신들을 섬기지도 아니하고 왕이 세우신 금 신상에게 절하지도 아니할 줄을 아옵소서 (단 3:16-18).

이스라엘은 느부갓네살(후대의 바로에 해당하는 인물)이 어떤 모습으로 나타나든 궁극적인 실체가 아님을 잘 알고 있다.

오늘날의 교회가 이 본문들을 숙고하고 인도함을 받을 때, 세상 가운데 교회가 수행해야 할 사명은 더욱 뚜렷해지고 더욱 진취적이게 된다. 이런 본문들은 교회가 언약(covenant)이라는 대안적 정치, 경제를 상상하고, 교회의 삶 속에서 그 대안을 실천하고, 세상 속에서 그 대안을 증언할 힘을 준다. 대안적으로 상상하고, 실천하고, 증언하는 그런 교회가 이 세상의 강력한 주장들과 맞서 구원을 줄 수 있을 것이다.

참고 문헌

Bright, J. (1959). *A History of Israel*. Philadelphia: Westminster.
Brueggemann, W. (1991). *Abiding Astonishment: Psalms, Modernity, and the Making of History*. Louisville, Ky: Westminster/John Knox.
Brueggemann, W. (1999). "The Liturgy of Abundance, the Myth of Scarcity." *Christian Century* 116, 342–7.
_____. (2000). "Always in the Shadow of the Empire." M. L. Budde and R. W. Brimlow (eds), *The Church as Counterculture*, 39–58. Albany, NY: State University of New York Press.
_____. (2001). "Voice as Counter to Violence." *Calvin Theological Journal* 36, 22–3.
_____. (forthcoming). "Theme Revisited: Bread Again!" In festschrift in honor of David Clines. Sheffield: Sheffield Academic Press.
Buber, M. (1946). *Moses*. Atlantic Highlands, NJ: Humanities Press International.
_____. (1990). *The Kingship of God*. Atlantic Highlands, NJ: Humanities Press International.
Carroll, R. P. (1979). *When Prophecy Failed: Reactions and Responses to Failure in the Old Testament Prophetic Traditions*. London: SCM.
Crüsemann, F. (1996). *The Torah: Theology and Social History of Old Testament Law*. Edinburgh: T. & T Clark.
Fretheim, T. E. (1991). "The Plagues as Ecological Signs of Historical Disaster." *Journal of Biblical Literature* 110, 385–96.
Gottwald, N. K. (1979). *The Tribes of Yahweh: A Sociology of the Religion of Liberated Israel, 1250–1050 B.C.*. Maryknoll, NY: Orbis.
Gutiérrez, Gustavo (1987). *On Job: God-Talk and the Suffering of the Innocent*. Maryknoll, NY: Orbis.
Hamilton, Jeffries M. (1992). *Social Justice and Deuteronomy: The Case of Deuteronomy 15* (SBL Dissertation Series). Atlanta: Scholars Press.
Humphreys, W. Lee (1973). "A Lifestyle for Diaspora: A Study of the Tales of Esther and Daniel." *Journal of Biblical Literature* 92, 211–23.
Mendenhall, George E. (2001). *Ancient Israel's Faith and History: An Introduction to the Bible in Con-*

text, ed. Gary A. Herion. Louisville, Ky.: Westminster John Knox.

Miller, Patrick D., Jr., *The Divine Warrior in Early Israel* (Harvard Semitic Monographs 5). Cambridge, Mass.: Harvard University Press.

Neusner, Jacob (1997). "Paradigmatic versus Historical Thinking: The Case of Rabbinic Judaism." *History and Theory* 36, 353–77.

Premnath, D. N. (1988). "Latfundialization and Isaiah 5: 8–10." *Journal for the Study of the Old Testament* 40, 49–60.

Scott, James C. (1985). *Weapons of the Weak: Everyday Forms of Peasant Resistance*. New Haven: Yale University Press.

_____.(1990). *Domination and the Arts of Resistance: Hidden Transcripts*. New Haven: Yale University Press.

Seitz, C. R. (1989). *Theology in Conflict: Reactions to the Exile in the Book of Jeremiah*. New York: De Gruyter.

Smith, D. L. (1989). *The Religion of the Landless: The Social Context of the Babylonian Exile*. Indianapolis: Meyer Stone.

Voegelin, E. (1956). *Order and History*, vol. 1: *Israel and Revelation*. Baton Rouge: Louisiana State University Press.

Weinberg, J. (1992). *The Citizen-Temple Community*. Sheffield: JSOT [*Journal for the Study of the Old Testament*] Press.

Wilson, R. R. (1980). *Prophecy and Society in Ancient Israel*. Philadelphia: Fortress.

Wolff, H. W. (1987). "Micah the Moreshite: The Prophet and his Background." In J. Gammie (ed.), *Israelite Wisdom: Theological and Literary Essays in Honor of Samuel Terrien*, 77–84. Missoula: Scholars Press.

제2장

신약성경

크리스토퍼 로우랜드(Christopher Rowland)

정치 문제의 명확한 메시지를 기대하고 성경을 이해하려는 사람들은 윌리엄 블레이크(William Blake)의 재치 있는 경구를 상기할 필요가 있다.

> 두 사람이 밤낮으로 성경을 읽는구나. 하지만 그렇게 읽어도 한 사람은 흰색으로 읽을 테고, 한 사람은 검정색으로 읽을 테다(*The Everlasting Gospel*, 1808).

이 경구는 어떠한 주제에 관해 "성경이 무엇을 말하고 있는지"를 생각하는 사람에게 기억할 만하고 유익하다(Barr 1980). 사회적 역사적 상황이 달라질 때마다 다른 본문들이 사용되어 왔다. 콘스탄티누스의 개종 이후에, 기독교 국가(Christendom)가 태동하면서 기독교적 정치 형태에 대한 통찰력은 사회를 기독교화하려는 과제와 더욱 연결하려고 하였다. 이러한 추세에 상응하여 4세기 전에 실행된 정치적 계획과 역사에는 하나님과 카이사르 사이의 극명한 대조는 그만큼 축소되었다.

이 두 가지 관점을 도식화하게 된 것은 하나님과 카이사르 사이에서 순응해야 한다고 말하는 순응(accommodation)과 국가와 교회를 분리해야 한다고 주장하는 분리(separation) 간의 뒤얽힌 소란스러운 현실을 묘사하는 것과 연관되어 있었다. 여러 성경의 본문도 이러한 입장들을 정당화하기 위해 서로 다른 본문이 이용되었다. '순응주의자들'은 로마서 13장에 초점을 맞추고 그 본문에 비추어서 복음서를 읽으려는 경향이 있었다. 이를테면 잉글랜드 국교회(Church of England)의 『대안적 예배 안내서』(*Alternative Service Book*, 1980)에 나오는 오순절 15장을 읽는 것과 같다.

만약 누군가가 신약성경을 묵시적 관점에서 읽으면서 식민지의 권력과 정면으로 충돌했던 예수의 가르침과 모범에 초점을 맞출 경우, '순응주의자'와 '분리주의자'의 입장 간에는 어떤 극명한 대조를 보이게 될 것이다. 순응주의와 분리주의를 가장 잘 이해하려면 우리는 16세기를 이해해야 한다. 왜냐하면, 이 시기에 권위 있는 종교개혁자들과 초기 아나뱁티스트들(재침례교도들)이 성경을 대조적으로 사용했기 때문이다.

그러므로 성경 본문에 직접적으로 뛰어들기보다(O'Donovan 1996 참조), 콘스탄티누스 이전 시대의 자료로부터 재구성할 수 있는 한, 신약성경에 제시된 기독교 정치의 윤곽을 해석할 수 있는 상황이 초기 그리스도인의 실천적 삶을 근거로 제시할 것이다.

이러한 접근을 받아들이는 이유는 초기 그리스도인의 삶이 성경의 해석 방식들을 주로 증언하고 있기 때문이다. 이러한 초기의 삶의 특징적 요소는 주변 세계와 그 속에서의 삶의 차이, 유대 전통과의 연속성 및 그것으로부터의 급진적 분리, 현 세상의 실제적 지속성과 내세에 대한 경험 사이의 긴장이라는 대립들(contrast) 사이의 지속적 상호 작용을 통해 드러난다. 이어서, 이러한 신약성경의 핵심 본문에 대한 이후 시대 저자의 해석에 대해 살펴볼 것이다.

따라서 이 글에서 존 밀턴의 정치적 논고인 『왕과 위정자의 자격 조건』(*The Tenure of Kings and Magistrates*)을 선택한 것도 독단적인 것은 아니다.

첫째, 이 책은 하나님의 왕국과 인간의 왕국 사이의 가장 광범위한 분별이 있었던 특정 상황에서 기록되었다. 이처럼 밀턴의 책은 콘스탄티누스 이전 기독교의 정서를 반영하는 성경 해석의 사례를 보여 준다.

둘째, 밀턴은 마태복음 22:15-22과 로마서 13:1-10과 같은 핵심적인 기독교 본문들을 예로 제시한다. 위의 두 구절은 성경이, 신의 군주적 통치가 인간사에서 그대로 이용된다는 인간 사회의 견해를 뒷받침한다고 주장하는 자들을 반대하는 논증의 일부분으로 사용되었다. 그러므로 밀턴이 언급한 본문들은 명백히 이해된 본문에 대한 해석자의 생각을 눈여겨볼 수 있는 기회를 제공한다. 더욱이 그 상황은 콘스탄티누스 이전 기독교의 상황과 매우 흡사하다.

신적 정치와 인간적 정치의 중요한 차이를 강조하는 성경에 대한 고찰과 함께 사적 삶과 공적 삶에서 카이사르보다는 하나님께 우선적으로 순종하는 초기 기독교의 해석학적 정황에 대한 윤곽에 비추어 우리는 초기 그리스도인들에게 제시되었던 하나님 나라에 대한 예수의 예언적 선포와 윤리적 도전 그리고 이러한 도전에 대한 그들의 반응에 대한 복음서의 설명들을 살펴볼 것이다.

콘스탄티누스 이전의 기독교와 밀턴의 『왕과 위정자의 자격 조건』에서 볼 수 있듯이, 하나님 나라가 신약성경의 너무 많은 부분을 차지하고 있다는 것이 그 특징이다. 그런데 그 특징은 이 현세의 나라와 완전히 대조적이다. 이 시대와 오는 시대, 현재와 미래 그리고 지금 있는 일과 앞으로 될 일의 대조가 신약성경 속에 흐르고 있고, 문서 수집을 특유의 신학적 능력으로 제시하는 것이 하나의 특징이다.

그러한 확신은 기독교 신앙의 중심에 놓여 있으면서, 현재의 온갖 정치적 처리 방식의 충분성을 경시하는 현재와 미래 사이의 질적 차이를 강조한다. 이런 갈등과 변증법은 다양한 형태로 시대를 거쳐 기독교 정치신학을 특징짓는다.

1. 콘스탄티누스 이전 기독교에 나타난 정치적 정체성

성경의 여러 상이한 지류가 있지만, 이 책의 입장은 우리가 콘스탄티누스 이전 기독교의 실천을 알 수 있다는 것 그리고 시대를 거치면서 여러 교회 내의 소수자들이 기억하고 행한 기독교의 정체성에 관한 주된 요소가 비순응주의이며, "사람보다 하나님께 순종하는 것이 마땅하니라"(행 5:29)는 원칙에 기초한다는 것이다(Bradstock와 Rowland 2001을 또한 참조).

사회를 전복하려는 초기 기독교 운동이 외부인들에 의해 처음 인식되었다. 이 외부인들이었던 그리스도인들은 "다른 임금, 곧 예수라 하는 이"를 선포하고, 카이사르의 법령들에 저항한다는 말을 듣고 "천하를 어지럽게 하던" (행 17:6; Hill 1972를 참조) 사람들이라고 비난받았다.

A.D. 4세기 전에, 기독교의 출현은 그와 같은 반문화적 정신, 심지어는 분파주의적 정신을 특징으로 한다. 세례(침례) 경험의 중심에는 예수 그리스도를 왕중의 왕이요 만물의 주님으로 영접하겠다는 것을 포함하여 한 지배 영역에서 다른 영역으로 이동이라는 분명한 메시지가 들어 있다.

신약성경의 본문들에서 아주 두드러지게 보여 준 사실은 그 본문들이 지배적 이데올로기에 반하는 다른 이상적 세상을 꿈꾸는 정치적 힘이 없는 사람들에 의해 기록되었다는 것이다. 그들이 기존 체제를 유지하는 일을 참을 수 없었다는 것은 이 세상의 삶과는 다른 유형의 통찰력 및 삶의 방식을 제안하고 기대했음을 보여 준다.

어떤 특정 민족이나 그 배경이 없는 그리스도인들은 다른 종류의 삶과 문화에 헌신하며 그 시대의 지혜나 정치와 불화를 일으킨(콘스탄티누스 시대 전까지) 다른 유형의 사람들이었다.

그러다가 기독교가 집권자들의 종교로 바뀌면서 포괄적인 기독교 수사학은 전혀 다른 목적으로 쉽게 이용될 수 있었다. 갈라디아서 3:28에 나오는 "너희는 유대인이나 헬라인이나 종이나 자유인이나 남자나 여자나"라는 급진적 슬로건이 포괄적이고도 범세계적이며 결국은 분열된 제국을 하나로 묶어 주는 '사회적 접착제'(social glue) 역할을 하면서 그 슬로건은 전혀 다른 의미를 갖게 되었다.

초기 기독교에서 존재 양태는 그것이 당연히 다양했더라도, 순교 정신(단어의 문자적 의미에서)으로 특징짓는다. 순교 정신은 핍박이 널리 만연되어 있다고 하여 그렇게 말해진 것이 아니라 삶의 양식과 실행에 있어 그만큼 다르고 구별되었다는 것이다.

기독교 순교자들의 행동들(Musurillo 1972; Lane Fox 1986; Boyarin 1999)이 이를 증언하고 있고, 그러한 구별은 나중에 알려지게 된 기독교 소수 집단의 신앙에 근본이 되는 일종의 양태였다. 그들은 정치적으로 그리스-로마 사회 안에 매끄럽게 통합되지 않았다.

예수에 대한 충성심으로 인해, 초기 그리스도인들은 기존의 기준으로 받아들여진 행동 규범에서 일탈하는 사람, 즉 미신을 믿는 사람들로 알려지게 되었다. 신약성경은 이러한 변두리 집단의 자료들을 수집한 것이다. 즉, 기독교 공동체에 들어간다는 것은 사회의 가치와 불화하는 자리에 들어가는 회심을 의미하였다.

이에 대해 순교자 유스티누스(『제1변증서 14』[First Apology 14])와 키프리아누스 (『도나투스에게 보내는 첫 번째 서신 3』[(First Letter to Donatus 3]; Kreider 1995)가 회심했던 상황을 설명하는 것보다 더 나은 예는 아마도 없을 것이다.

성경 본문들이 그러한 역사 속에서 핍박, 억압 그리고 불편함을 감내하며 소수 집단을 이룬 그리스도인들의 삶에 공감하므로 사회와 갈등을 빚는 입장들이 그들에게 용인되었음을 발견할 수 있다. 하나님과 카이사르 중 하나의 중요성을 선택하도록 강요당하는 가운데 순응하고 화해해야 한다는 압력에 견디다 못한 은둔적 금욕주의는, 이집트 사막으로 피신했다. 본래부터 속세를 포기한 은

둔주의자처럼 금욕주의는 이 땅 위에 현존하는 천국의 공동체로 발전했다.

이런 삶의 방식은 교회의 더해지는 세속성을 완화하는 가능한 가장 두드러진 방식임을 보여 주었다. 그들은 기도와 묵상을 번갈아 행하는 '육체 노동'(manual work)을 강조하였다. 그리고 고립되고 소외된 광야의 소리들이 교회와 사회의 핵심 영역으로 번져 나갔다.

중세기 후반에도 공동체 내의 새로운 운동들이 고무되었는데, 완전한 공동체 속에 예수의 본래적 이상을 회복하고 정치적 특징을 드러내려 추구했던 클레르보의 버나드(Bernard of Clairvaux)와 아시시의 프란체스코(Francis of Assisi)와 같은 사람들을 주축으로 일어났다(Garnsey and Humfress 2011; Lane Fox 1987; Rousseau Pachomius 1985; Kreider 2001).

이와 같은 대안적, 반문화적, 정치적 정체성의 근원들은 기독교의 초기 문서들에 대한 해석의 기초가 된다. 1세기 그리스도인들이 그렇게 해석했을 것이기 때문이다. 세례(침례) 의식은 새로운 '피조물'의 일원으로 속하는 시민권의 또 다른 성격을 강조했다. 그것은 세상의 가치들을 지배하고 있는 마귀의 세상으로부터의 구원을 의미했다.

기독교인들은 그러한 가치들을 인간의 번영과 성공과는 정반대되는 것으로 여겼다(유스티누스, 『제1변증서 14』). 교회에 입교하는 것과 세례(침례)에 순종하는 행위는 세상의 정치 문화와는 반대인 정치 문화에 병합하는 과정이었다. 바울은 마음을 새롭게 하고 산 제사를 드려야 한다고 기록한 사실을 로마서 12장에서 묘사한다. 어떤 이들에게는 이것이 순교자의 이야기들을 증언하는 문자 그대로의 진리였다.

그렇지만 순교란 카이사르가 아니라 예수께서 주님이시라는 또 다른 정치적 에토스를 그리스도인들이 공적으로 표출하는 것과 연관되었다. 그래서 순교가 그들에게 이례적인 일은 아니었다(빌 2장; 계 19:16). 그런 대안적 정치의 실천은 소통과 상호 지원의 네트워크를 통해 나타난 실제적이고 행정적 처리 방식들을 통해 지속되었다.

특히, 상호 지원은 지역적 차원(유스티누스, 『제1변증서 1』, 65-67) 및 국가적 차원에서(예루살렘에 있는 가난한 사람을 위해 바울이 헌금을 거둔 것은 이러한 사실을 보여 주는 최초의 가장 분명한 사례이다. 예를 들어, 롬 15:25; 고후 8-9장) 찾아볼 수 있는 대안적 정치를 구현했다.

2. 하나님과 카이사르의 대조: 존 밀턴의 『왕과 위정자의 자격 조건』(1649)

인간 군주가 결함투성이였기 때문에 더 나은 나라를 건설하기 위해서는 이를 축출하거나 이에 저항해야 한다는 움직임이 있었다. 이 상황에서 존 밀턴(John Milton, 1608-74)은 영국 군주의 사형을 지켜보고 있었던 1649년의 엄청나고 잊을 수 없는 사건들을 설명한다. 혼동의 시기에 글을 썼던 밀턴은 인간 군주와 그로 인한 폭압적인 결과들을 변호하려고 성경 본문들을 귀족주의로 해석하는 것을 거부했다.

밀턴은 이 급진적이고도 비순응주의적 본능(nonconformist instincts)을 반영하는 기독교 정치에 대한 통찰력을 가장 지지한 이들 중 한 사람이었다. 그는 찰스 왕의 재판 기간에 『왕과 위정자의 자격 조건』(*The Tenure of Kings and Magistrates*)이라는 저서를 쓰기 시작했지만(Dzelzainis 1991), 찰스 왕이 처형된 후에야 비로소 그 책이 완성되어 출간되었다.

이처럼 그의 저술은 명시적으로 그때의 상황을 잘 보여 주는 자료이고, 리번(Lilburne)과 윈스텐리(Winstanley)와 같은 동시대의 급진 사상가들과는 여러 중요한 점에서 달랐다.

밀턴은 독재자의 처형이 정당하였다고 주장한다. 나아가, 그들이 선택할 수 있고 그것이 반드시 옳다고 여긴다면, 자신들의 정부를 바꿀 수 있는 국민의 권리를 보장하는 본래의 사회 계약과 정부 계약에 근거되어 있는 대중 주권(popular sovereignty)의 보다 본질적인 경우를 주장한다. 그 주장은 군주와 귀족이 없는 '자유로운 국가'(free commonwealth)와 종교의 자유를 존중하는 사람들의 선언문이다. 밀턴은 비순응주의의 가장 으뜸가는 변론가들 중 한 사람이었다.

우리는 『왕과 위정자의 자격 조건』에서 우리는 군주 제도의 성경적 입장을 지지한다고 여기는 히브리성경의 본문들을 발견할 수 있으며, 기독교와 국가 권력과 관련된 유명한 본문들(마 22장; 롬 13:1 이하)에 대한 고찰과 함께 더욱 자세히 살펴볼 것이다. 이 작업은 다른 급진적 또는 개혁주의적인 글 속에 종종 언급된 그리고 해석자들이 몇 세기 동안 반복해서 다루어온 주요한 성경 본문들과의 철두철미한 상호 작용을 제시한다(Dzelzainis 1991).

마태복음 17:24-27을 고려하면서, 밀턴은 만일 베드로가 그리스도의 권위로 하나님의 자녀였고, 따라서 자유의 몸이었다면, 동시대의 그리스도인들과 시민들 역시 그랬을 것이라는 사실을 지적한다.

마태복음 22:16-21로 돌아와 그는 그리스도의 반응에 주목한다. 즉, 그리스도는 동전을 가져오라고 명하고 동전의 형상이 누구인지 묻는다.

그 형상이 인간의 존엄성을 변론하는 근거가 되고, 하나님에 대한 가장 중요한 책임의 근거가 되기도 한다.

> 만일 한 인간의 모습과 얼굴을 바라보면서 누군가가 그게 누구의 형상이냐고 묻게 되면, 우리는 그 형상이 하나님의 형상이라고 솔직히 대답하지 못할 것이다. 우리가 하나님께 속해 있으므로 우리는 정말로 자유로운 몸이며, 따라서 오직 하나님께만 헌신해야 한다. 우리는 범죄하지 않고, 사실상 가장 큰 신성모독을 행하는 일 없이, 카이사르에게 우리 자신을 종으로 넘겨줄 수가 없다. 다시 말해, 인간에게 그것도 정의롭지 못한 사람, 사악하고 독재자인 사람에게 자신을 내어주는 것은 죄를 범하는 것이기 때문에 결코 그럴 수 없다는 것이다.

이와 유사한 맥락에서, 밀턴은 예수의 결론적인 말씀을 인간의 의무에 대한 한계를 인정하도록 하기 위한 인간에 대한 권면으로 해석한다.

> 카이사르의 것은 카이사르에게 바치고 하나님의 것은 하나님에게 바쳐라.
> … 사람에게 속한 것들은 사람들에게 돌려주어야 하는 것을 누가 모르는가? 그래서 모든 것이 다 카이사르의 것이 아니다. 우리의 자유는 카이사르의 것이 아니라 하나님으로부터 주어진 선천적 선물이다. 우리가 받지 않았던 것을 카이사르에게 되돌려준다는 것은 인간의 기원을 가장 비열하고 무가치하게 만드는 것이다.

오늘날 일부 주석가처럼, 밀턴은 카이사르에게 세금을 내야 하는 문제(특히, 눅 20:20)와 관련해 질문하는 그 상황을 신중하게 취급해야 한다고 주장한다. 그리스도는 '외식하는 바리새인들의 사악함과 악의를 입증하고 싶은 만큼 왕들이나 카이사르에게 행할 우리 의무를 불분명하고 애매하게' 우리에게 상기시키고 싶지 않았다.

왕을 요구했던 이스라엘 사람들(온 세상의 나라들과 같이)과는 대조적으로 그리스도는 다른 어떤 것을 요구했다(마 20:25-27).

> 이방인의 집권자들이 그들을 임의로 주관하고 그 고관들이 그들에게 권세를 부리는 줄을 너희가 알거니와(마 20:25).

그리스도는 그리스도인이 이방인들처럼 집권자를 요구해서는 안 된다는 뜻에서 "너희 중에는 그렇지 않아야 하나니"라고 경고하였다. 이러한 '왕들의 교만한 통치'는 없어야 할 것이다. 은혜를 베푸는 사람이라는 그럴듯한 이름으로 불리는 위대하고 선한 사람이라는 해석은 없어져야 할 것이다.

여기서 밀턴은 추정상 어떤 엘리트(a putative elite)가 속한 공동체에 소개된 누가복음 내에 있는 다양한 버전의 말씀을 끌어들인다.

> 너희 중에는 그렇지 않아야 하나니 너희 중에 누구든지 크고자 하는 자는 너희를 섬기는 자가 되고 너희 중에 누구든지 으뜸이 되고자 하는 자는 너희의 종이 되어야 하리라 (마 20:26-27; Wengst 1985:103).

그러므로 기독교의 왕은 군림하는 왕이 아니라 사람들의 종(servant)이다.

> 왕은 기독교인이 될 수 없으며, 기독교인이 되기 위해서는 모든 이의 종이 되어야 할 것이다. 만일 그가 분명하게 주인이 되고자 한다면, 그는 동시에 기독교인이 되지 못할 것이다.

복종에 대해 가장 명확히 주장하는 신약성경 베드로전서 2:13-15에서, 밀턴은 사도가 권면하는 상황을 신중하게 받아들여야 하는 중요성을 강조한다.

> 베드로는 지극히 개인들을 위해서 이것을 썼을 뿐만 아니라 나그네들을 위해서도 이 내용을 썼다(벧전 1:1 이하 참조). 나그네들은 대부분 소아시아 전역에 흩어져 널리 퍼져 있던 사람들이다. 그들이 머물고 있던 그곳에서 생활하는 자에게는 환대의 권리 외에는 어떤 권리도 없었다.

그는 "순종하되"라는 동사의 어원적 의미를 생각해야 한다고 말한다. 왕이나 위정자는 악행을 행하는 자를 벌하고 옳은 일을 행하는 사람을 칭찬하도록 하나님으로부터 위임을 받은 사람들이다. 그런 일을 하는 것이 곧 하나님의 뜻이다.

이 같은 가르침의 근거는 베드로전서 2:16에 있다. 그 일은 자유로운 사람으로 하는 것이다. 그러므로 그 일은 종으로 하는 것이 아니다. 군주 제도와 왕정은 여러 면에서 인간을 위한 제도들(human institutions)로 이해된다.

그래서 만일 왕들이 고문하거나 선을 파괴하고, 범죄자들을 칭찬하고 상을 준다면, 인간의 권력(human power)은 인간에게 선하고 유익한 것을 세우고 악하고 파괴적인 것을 제거하는 데 사용되어야 한다. 유사한 방식으로 밀턴은 로마서 13장을 참조하면서 바울이 모든 법이나 형벌 위에 군림하는 네로나 다른 독재자들을 상정하는 것을 허용하지 않는다고 주장한다.

밀턴은 글을 쓸 당시 전후 상황에 주의를 기울이면서 그 시기가 매우 어려운 상황이었음을 지적한다.

> 그 당시에 마치 사도들이 관습법을 전복하려고 무엇이든 행하고 말한 것처럼, 그들을 반란자들과 폭도들로 매도하는 소문이 사람들에게 널리 유포되었다.

로마서를 기록할 당시는 클라우디우스(Claudius)나 네로(Nero)의 초기 통치 기간으로, 질서가 잘 잡힌 공정한 통치 시기로 폭압적이지 않았다. 하나님은 군주를 세우도록 규정하시지만 정확한 통치 형태는 인간이 만든 것이다. 그와 같은 인간의 제도, 즉 사회 질서를 위해 하나님의 법령을 적용한 정치 제도에는 결함이 있다. 정치 제도가 인간들로부터 왔거나 심지어는 마귀로부터 나온 것일 수 있기 때문이다.

밀턴에 따르면 결점이 많거나 혼란스러운 것은 하나님이 명령하시지 않은 것이다. 사법 체제 없이는 인간의 생활은 존재할 수 없다. 하지만 만일 사법 체제가 선을 지지하는 사람과 정반대의 방식으로 행사된다면, 그것은 하나님에 의해 정당하게 명령되었다고 볼 수 없다.

그러한 상황에서는 복종이 강요되기보다 지혜로운 저항이 고려되어야 한다.

> 왜냐하면, 우리는 치안판사의 권력에 저항할 수 없지만, 약탈자, 폭력자, 적을 물리쳐야 하기 때문이다. 그러므로 모든 상황에서 복종이 반드시 요구되는 것은 아니다. 이성을 사용하게 되면, 이성은 우리의 복종의 진정한 통치자가 될 것이다. 우리가 그 이성 아래에 복종하지 않을 때, 우리는 반역자들이 되고 말 것이다. 만일에 우리에게 이런 이성이 없다면, 노예나 겁쟁이가 될 것이다.

밀턴이 신약성경의 본문들을 취급하는 접근 방식을 보면, 그는 인종차별 정책을 펴고 있는 남아프리카의 정치적 위기에 대한 성경적이고 신학적인 견해들을 편집한 『카이로스 다큐멘트』(*Kairos Document* 1985)의 저자들을 포함한 최근의 해석자들을 예견하는 것 같다(Belo 1981; Wengst 1985).

『카이로스 다큐멘트』의 저자들은 바울이 국가에 대한 절대적인 교리를 보여 준다는 것에 반대한다. 그들은 그 본문들이 그 문맥 속에서, 즉 어떤 그리스도인들은 그리스도만이 자신들의 왕(즉, 그들은 무정부주의자들이었음)이시므로, 그들이 국가에 순종하는 것에 자유로운 사람들이라고 믿는 상황에서 해석되어야 한다고 주장한다.

바울은 국가 형태가 필요하다고 주장한다. 하지만 이것은 모든 국가가 하나님에 의해 인정받았다는 의미가 아니다. 한 국가가 하나님의 법에 순종하지 않고, 사탄의 종이 될 때 우리는 요한계시록 13장과 같은 본문들로 돌아가야 한다.

3. 사복음서: 예수, 예언자 그리고 하나님 나라의 구현

마가복음에 따르면 나사렛 예수는 하나님의 통치를 설교했고, 따라서 그의 나라는 유대의 종말론적 희망이 염두에 둔(사해 사본 4Q 521와 같은 텍스트에서 입증된 것처럼, Vermes 1995; 244) 대안적 지평에 집중되어 있었다.

그러므로 현재의 정치적, 사회적 체제는 기준이 아니었다. 메시아 시대의 임박한 도래는 새로운 우선순위를 예고했으며 지평을 확장했다(마 11:2; 눅 4:16 이하). 사실상 예루살렘 안에서의 정치 권력은 제사장의 귀족층과 유대의 지배층에 의해 행사되고 있었다. 예수의 도전이 로마인들보다는 이 집단을 겨냥한다는 사실은 정치 권력의 현주소를 보여 줄 뿐이다.

마가복음에서 예수는 계급 문화와 관행 그리고 체제에 도전하고 있다. 누가복음 10:42을 보면 예수의 제자들은 높은 자리에 앉아 군림하기를 원했지만, 그들에게는 오직 세례(침례)와 고난의 잔만이 제공되었다.

예수가 선포한 으뜸 되는 주제는 하나님 나라였다. 하나님 나라는 가난하고 혜택 받지 못한 사람에 대한 연민과 더불어 그들에게 능력을 행사하는 것이었고, 비유들을 통해 청중에게 설명하여 그들을 고무시켰다. 그의 제자들에 의해 호칭된 예수의 이름은 이사야의 예언(사 11장)을 통해 보여 주었던 평화, 번영

그리고 정의를 가져다 줄 메시아, 기름 부음을 받은 자, 기다리고 고대했던 왕이었다. 그 호칭은 성경적 전승을 이어갔다.

시편 89편과 132편의 예언된 다윗과 그 왕조가 연결되어 있음에도 불구하고 성경 전체에 걸쳐 군주 정치와 관련해 모순된 감정이 존재하고 있다. 때때로 이것은 반군주적 정서(삼상 8장)의 형태를 내포한다.

열왕기에서의 다윗 왕조의 행위들은 궁극적으로 왕조 전체를 위기에 몰아넣는 범죄 행위와 부패 목록이다. 토라는 군주 정치가 운명적이라는 생각을 하지 않는다(신 17:14 이하). 군주 제도의 사회적 이상은 정확히 평등하지 않더라도 채무를 면제하거나(신 15장) 아니면 희년(레 25장, 비록 여기에서 '현실 세계'의 필요들이 이상적인 것을 희석하도록 요구한다고 하더라도)을 통해 불의가 사라지는 사회적 교류를 희망하는 움직이는 공동체에 관한 것이다.

솔로몬의 통치의 내용인 확장이라는 이름으로 사람을 억압하며 군사 권력을 수반하고 있는 군주 정치는 신명기 17장에 나오는 왕의 법령 안에 후회스럽게 반영되었다. 군주 정치는 중앙 집권을 요구했으며, 결국 다윗과 솔로몬이 통치하던 시대에 여부스의 성읍 예루살렘이라는 한 새로운 수도를 건설함으로써 달성되었다. 이 성읍은 그곳에 이동식 법궤를 옮겨오고 솔로몬이 그것을 안치할 성전을 건축하여 하나님이 이스라엘과 함께 하심을 보여 주는 가시적 임재의 장소가 됨으로써 정당성을 부여받게 되었다.

예언자들은 하나님의 공의에 대한 왜곡된 이해를 비판했다. 국외자들로 취급되었던 아모스와 예레미야는 종교가 예루살렘의 정치 체제에 제공한 위엄과 편안함에 대한 자기 도취적 망상 및 거짓 예언에 대한 책망을 받아들이지 않은 대가로 형벌을 받았다고 폭로한다.

이스라엘이 하나님과 정치를 성찰하는 것은 그 땅에 정착하는 것이 하나의 혼합된 축복이었다는 생각을 내포했다. 약속의 땅에 도달하기 전 그 시절에 대한 향수가 배어 있는 것뿐만 아니라(호세아), 또한 정착은 매우 다른 문화 곧 가나안 문화에 순응해야 함을 의미하는 솔직한 인식도 포함되어 있었다. 그것은 매우 엄격한 문화를 가진 정착민의 열망을 드러낸 것으로 결코 잠시 머물 이주자의 바램이 아니었다.

예언자들은 그들 국가의 삶, 특히 선조들의 전통에 따라 정착된 사회 정의의 규범에서 이탈한, 우상 숭배하는 지배 세력에 저항하는 고립된 인물로(왕상 18장; 사 20장) 제시된다. 예언자들은 그들 시대에 밀려오는 현대화의 물결, 즉 그들을 에워싼 문화의 가치와 삶의 방식인 "세속화에 저항하고 국가의 생명을 이루는 근원으로 되돌아가려고 하였다"(호 2:14)는 점에서 진정 급진적이었다.

예수님은 하나님 나라 또는 천국에 관해 청중들에게 구체적으로 묘사하지 않으신다. 대신 그분은 이야기와 말씀으로 하나님 나라 복음을 믿고 회개하여, 과거와는 다르게 생각하고 행동하도록 청중들을(또한, 복음서를 읽는 후대의 독자들) 고무시킨다(막 1:15). 복음서에는 군주 정치에 관한 전통적 인식에 대한 도전이 가득하다.

유대인의 참된 왕이 아닌 헤롯과 대조적으로(막 2:2) 예수를 겸손한 왕(마 21:5)으로 제시하였다. 헤롯은 무고한 사람들을 살육한 사람이었지만(막 2:16 이하), 참된 왕은 어린이들을 환영하는 분이다(막 18:2; 19:14; 20:31). 복 있는 사람(막 5:3 이하)은 지도자들보다는 무리들에게 영향을 미치는 치유와 연민의 행동을 보이는 분(막 9:36; 14:14; 15:32)인 겸손한 왕의 특징들을 공유하고 있다.

마지막 심판(막 25:31 이하)은 어떤 면에서 마지막 날 '종말'의 순간에 지극히 '작은 자'와 동일시 될 가난한 형제들(참조 막 7:21 이하; 10:42 이하) 속에 감추어진, 인자에 대해 어떻게 반응했느냐에 달려 있다.

요한복음에서 예수님은 왕에 대한 새로운 통찰력을 제시한다. 이 왕은 그의 제자들의 발을 씻겨주는 분이다. 예수께서 빌라도에게 말한 "나의 나라는 이 세상에 속하지 않는다"라는 것은 하나님 나라의 장소에 관한 것이 아니라 그 나라에 대한 예수님의 관점에 대한 영감의 기원에 관심을 갖는 진술이다.

하나님 나라에 대한 기준은 히나님의 마음이자 정의의 결과다. 하나님 나라가 내세적이라는 것은 오직 왕권과 나라에 대한 정의를 전통적인 왕의 인격과 행동에서 찾아야 한다는 생각이 잘못되었다는 점에서만 그렇다.

하지만 세례 요한(침례 요한)과 예수님은 예언자들의 전통에 속하는 인물로 환영받았다(마 16:17 이하; 23:26 이하). 실제로 요한은 엘리야가 현현하여 나타난 것으로 이해되기도 했다(눅 1:76; 마 11:13). 식민지 권력의 손에 고통을 당한 그 시대의 사람들처럼(Josephus, 『유대 전쟁사 4』[*Jewish War vi*], 281ff., and 301ff.; 『유대인 연대기 18』[*Antiquities xviii*]. 55ff.; xx. 97ff, 167ff., 185ff; Goodman 1987; Gray 1993), 그들 역시 육체의 가시들이었다.

유대인 작가 요세푸스에 따르면, 요한은 혁명을 조장하는 사람으로 의심을 받고 있었고(『유대인 연대기 18』, 116ff), 예수는 예루살렘의 지배 계층에게 그런 태도를 가졌다는 것처럼 보였다(요 11:49). 지배층은 만일 예수님이 지금처럼 계속해서 활동하도록 허용될 경우 받게 될 로마의 보복을 두려워하였다. 사실 마가복음에 제시된 성전에서 행한 예수님의 행동은 권력자들이 그를 죽여야 하는 근거로 사용할 수 있는 마지막 지푸라기와 같은 것이기 때문이다.

예언이란, 더러는 훈계나 경건한 상투어를 제시하는 단순한 성직의 임무가 아니다. 예레미야처럼, 예언자는 '나라들, 인종들, 언어들 그리고 왕들'(계 10:11; 참조. 렘 1:10)에게 예언을 선포해야 하고, 또 그에 대한 대가를 치룰 준비를 해야 했다(계 11:7; 참조 막 13:9 이하).

예언은 전문적 소명이 아니다. 교회 전체가 그러한 소명을 받은 것이다(Bauckham 1993). 그 예언자적 임무의 연속성은 마치 예레미야와 밧모섬에 유배된 요한처럼, 수많은 백성과 나라에게 예언하며, 인간의 삶에 고통을 주고 괴롭히는 비인간적인 행동들(일반적으로 무역이나 경제 생활이든 간에) 가운데 있는 짐승과 바벨론을 구별하는 것이 교회적 삶의 핵심이다(계 18:13).

신약성경이 하나님과 카이사르가 서로 관계하는 방식에 대해 완전히 동일한 방식을 제시한다고 주장하는 것은 수많은 대립적이고 모순적인 요소를 무시하는 것이다. 이러한 요인들은 누가복음-사도행전에 잘 드러난다. 누가복음에 언급된 익숙한 본문들은 전통적 관점과는 다른 관점을 제시한다.

즉, 비천한 마리아와 불분명한 예수 탄생 기사; 요한의 사회적 가르침(눅 3:10 이하), 창녀의 기름 향유 부음(눅 7:36 이하; 참조 막 14:3 이하), 예수를 따르는 여자 제자들과 지지자들(눅 8:2 이하; 13:10; 23:27; 23:49, 55), 사마리아인들(눅 10:25 이하; 눅 17:11), '탕자들'에 대한 관심(눅 15:1 이하) 등은 누가복음 4:16(다시 한번 이 복음서에 독특한 요소이다)에서 누가는 예수가 제시하는 선언을 다른 방식으로 구체화한다.

다른 한편으로 누가의 다른 본문들은 다소 다른 편향을 보여 준다. 예를 들어, 최후의 만찬에 대한 누가의 해석은 이 시점에서 예수님의 말씀을 포함시킨다. 그 중 어떤 말씀은 다른 복음서들과 유사한 내용도 있다. 특별히 분명한 한 가지는 그것들이 교훈적이라는 것이다. 제자도에 대한 교훈적 가르침에서 마가와 누가는 제각기 예수께서 그의 제자들에게 다음과 같이 말씀하신 것으로 제시한다.

마가복음	누가복음
너희 중에 누구든지 크고자 하는 자는 너희를 섬기는 자가 되고 너희 중에 누구든지 으뜸이 되고자 하는 자는 모든 사람의 종이 되어야 하리라 인자가 온 것은 섬김을 받으려 함이 아니라 도리어 섬기려 하고 자기 목숨을 많은 사람의 대속물로 주려 함이니라(막 10:43-45)	이방인의 임금들은 그들을 주관하며 그 집권자들은 은인이라 칭함을 받으나 너희는 그렇지 않을지니 너희 중에 큰 자는 젊은 자와 같고 다스리는 자는 섬기는 자와 같을지니라 앉아서 먹는 자가 크냐 섬기는 자가 크냐 앉아서 먹는 자가 아니냐 그러나 나는 섬기는 자로 너희 중에 있노라(눅 22:25-27)

이 두 본문을 비교하는 이유는 누가가 '큰 자'와 '다스리는 자'로 이해하는 반면에, 마가는 일반적으로 "누구든지 으뜸이 되고자 하는 자"로 나타내고 있기 때문이다. 누가는 마가 공동체와는 달리 그가 전달하고자 했던 그리스도인들이 사회에서 상대적으로 높은 지위의 사람들을 포함하였을 가능성이 있다.

기독교 공동체는 더 이상 바울의 교회들이 지원하고 후원했던 가난한 유대 그리스도인들로 구성되어 있지 않다. 고린도에 있는 교회처럼, 권력이 없거나 가문이 좋지 않은 사람들과 함께, 가난한 사람들에게 복음을 전파하기 위해서 왔던 예수의 제자로서의 책임을 이해할 필요가 있었던 사람들이 상당수 있었다고 보인다.

여러 곳, 특히 사도행전에서 순응을 인정하는 듯한 부분들이 있다. 아나니아와 삽비라의 죄는 그들이 재산 공유를 거절하였다기보다 성령을 기만한 것이었다. 아마도 예루살렘의 초대 교회의 실천적 관행에서 벗어난 것 같다. 삭개오는 전 재산을 처분할 필요는 없었다. 누가복음 16장만큼이나 모호하게 기록된 곳은 어느 곳에도 없다. 여기에는 누군가가 천국에 합당한 자가 되기 위해서는 불의한 재물을 사용해야 한다는 주장이 맘몬 재물을 철저하게 배척하고 부자를 경멸하는 내용과 불편스럽게 함께 놓여 있기 때문이다.

사도행전 10장에 따르면 고넬료의 회심에 대한 이야기는 새롭게 회심한 이방 군인인 백부장의 삶의 성격에 관한 문제에 대해 모든 가능성을 열어 두었다. 그러나 다음 세대에서 그리스도인이 군복무를 해야 하는지에 대해 광범위한 의문이 제기되었다는 사실에 비추어볼 때, 이처럼 아무런 언급도 없다는 것은 놀라운 생각이 아닐 수 없다(Hornus 1980).

누가복음-사도행전은 아마도 상대적으로 부유했던 교회들을 위해 쓰였을 것이다. 그들은 이신칭의 및 성경의 삶에 대한 복음을 맛보았다. 그래서 그들은 믿음에는 단순히 종교 이상의 것이 있음을 기억할 필요가 있었다. 무엇보다도 누가가 신중하게 다루기를 원했던 '가난한 자를 위한 우선적 선택'(Esler 1986)을 기억해야 했다.

4. "너희는 그렇지 않을지니": 예루살렘의 삶과 바벨론의 삶

신약성경에서 국가 권력을 행사하는 문제와 문화를 수용하는 문제에 대해 매우 강한 거부감을 드러낸 곳이 요한계시록이다. 짐승과 그리스도 그리고 예루살렘과 바벨론 양자 간 선택을 분명히 선포하는 것은 초대 기독교의 정치적 분위기의 성격을 보여 준다. 자기 만족에 탐닉해 있는 사람을 향한 도전과 억압당하는 사람들에 대한 위로의 말이 권력의 실재와 인간의 자비의 오류 가능성을 드러내는 책에 나란히 나온다.

요한계시록은 교회와 국가의 관계를 관통하는 해석들 중 하나를 여러 방식으로 제시함으로써, 교회들이 스스로 빠져든 안락하고 편안한 순응에 대해 신랄하게 경고했다. 이 책은 어린 양과 짐승, 신부인 새 예루살렘과 바벨론의 극명한 대조를 통해 우리가 마주해야 할 선택을 제시하고, 어린 양을 따르는 사람들에게 완전히 다른 가치 체계에 근거한 정치 제도에 말려들 위험성을 상기시킨다.

특히, 혼란스러운 것은 권력을 가진 사람의 자비 뒤에 숨겨진 동기(motives)에 대한 무자비한 질문이다. 즉, 곧이곧대로 듣고 실천하는 사람들을 올가미에 걸려들게 하는 기만은 참으로 놀랍다.

해법은 단순하다. 그것은 세상적 삶에서 벗어나 저항하는 것이다. 왜냐하면, 그 삶은 바벨론의 문화와의 결탁이기 때문이다. 우리는 세계가 명령한 방식에 순응하기보다 그것에 반대하고 저항하며 예언해야 한다. 요한계시록이 말하는 그리스도인의 삶은 외부자의 역할을 받아들이는 것을 의미한다(Wengst 1985; Rowland 1998).

이 분석에 비추어 우리는 기독교와 정치 토론에 기본적 원리가 되는 두 본문, 마가복음 12:13-17(그리고 그와 유사한 구절)과 로마서 13장을 살펴볼 것이다. 마가복음 12:13-17과 관련하여 밀턴이 올바르게 지적한 것처럼, 그 본문이 제시하는 상황은 예수님이 그의 적대자들로 인해 시험을 당하고 있는 상황이다.

특히, 이것은 누가의 설명의 도입에서 분명히 나타난다.

> 이에 그들이 엿보다가 예수를 총독의 다스림과 권세 아래에 넘기려 하여 정탐들을 보내어 그들로 스스로 의인인 체하며 예수의 말을 책잡게 하니(눅 20:20; 23:2).

예수께서 모호한 판결을 내리신 것은 그다지 놀라운 일이 아니었다. 의심스러운 상황에서 예수님은 그의 반대자들에 의해 궁지에 내몰리자 수수께끼 같은 불가사의한 말씀을 하신다. 그것은 궁지에 내몰린 사람들에게서 쉽게 찾을 수 있는 예리한 정치적 해결책이다.

예를 들면 몸짓, 코드화된 반응 그리고 공격을 피하는 재치 있는 경구와 같이, 예속된 사람들의 표현 전략을 사용하는 것이다. 피지배자들은 항상 복종하는 것은 아니며 권력자들이 마음에 들어 하는 말을 할 때에도 자신의 말을 애써서 뒤엎으려고 할 것이다(Scott 1985; Boyarin 1999:44-46).

로마서 13장을 설명하기 위해서는 마음을 새롭게 하고 희생적인 삶을 통해 이런 변화를 드러내라는 기독교 정치 형태의 윤곽을 제시하는 12장에서부터 해석을 시작해야 한다. 이것은 선이 무엇이고 어떻게 선이 달성되는가 하는 규범이다. 서신들을 통해 표현된 그리스도의 재림과 그의 주 되심에 대한 바울의 기대는 아무리 개화된 정치 체제일지라도 지속성과 정의가 판단을 받아야 하는 필연적 상황이다.

느부갓네살의 법정에 불려나온 다니엘처럼, 바울도 하나님이 모든 권력을 위한 시간과 때를 다 알고 계신다는 사실을 받아들인다. 그리스도인들이 복종해야 하는 통치자들과 권세들도 그리스도가 결국 승리하게 되는 궁극적 과정의 일부분이라는 것이다(골 2:14).

그렇지만 메시아의 방식에 대한 공적 입증은 "하나님이 만유의 주로서 만유 안에"(고전 15:28) 계실 때 이루어진다. 로마서 13장에서 제시되는 것은 임시 권면이며 하나님의 선하심을 반영하려는 권세자들이 수행해야 할 목표에 해당한다.

그들이 이것을 이행하지 않거나 또는 선을 그들 자신의 일을 위한 것으로 해석한다면, 그들은 이 구절에서 분명히 제시한 대로 그들에게 부여된 복종의 의무를 훼손하는 것이다. 대부분의 정치 체제가 하나님의 선에 이르지 못하기 때문에 밀턴이 올바르게 인식했듯이(악과 잘못은 무질서하기 때문에 규정화될 수 없다),

복종과 묵인은 신중하게 결정되어야 한다.

그렇지만 초기 기독교 저술들이 밀턴과 단절한 부분은 다니엘, 바울 그리고 기독교 순교자들이 무장 투쟁의 방식이 아니라, 믿으려 하지 않는 방관자들에게 '보다 나은 방식'을 공적 및 정치적으로 보여줬다는 것이다. 그것은 바로 풀무불이나 원형 경기장으로 나아가는 것이었다.

5. 결론

우리는 신약성경의 본문들을 살펴 보면서 공관복음서들과 야고보서 그리고 요한계시록을 통해 현시대의 가치들에 스스로 굴하지도 타협하지도 않은 정신을 발견한다. 그와 같은 분명한 반문화적 요소들은 이미 보여 주었듯이 초기 기독교 본문들과 일치하는 것이 특징이다.

그렇지만 바울 서신들이 언급하듯이, 새로운 회심자들, 특히 제국의 도시 환경 속에 있는 사람들은 나사렛에서 온 한 선생이 가르친 제자도의 엄격한 부르심을 포기하지 않으면서 어느 정도 세상을 수용하는 법을 배워야 했다.

그러나 바울서신에서 놀라운 사실은 이 기독교 행동주의자가 그의 여행과 글을 통해 이 고립된 집단들의 반문화적 정체성을 유지했던 방식이다. 무엇보다도 바울이 이상한 것은 활동적인 혁신자이며 이방교회의 설립자인 그가, 있는 세상 질서 그대로에 대한 수용성과 세상을 향한 수동성의 씨앗을 심었다는 것이다.

그럼에도 불구하고 최근의 연구가 우리에게 상기시켜 주듯, 이처럼 부상하는 기독교의 중심에는 상류층의 재산과 혜택(부, 권력, 거룩 그리고 지식)이 단지 상류층의 특권이 아니라, 기독교 공동체의 일반 삶에서 모두가 접근할 수 있게 되었다는 특별한 자기 인식이 존재했다는 것이다(Theissen 1999:81-118).

그러므로 기독교 역사에서 수많은 사람이 급진적 바울을 아우구스티누스, 마틴 루터 그리고 칼 바르트가 암시하는 변화를 위한 호소의 근거로 바라본 것은 결코 놀라운 일이 아니다.

신약성경 문헌 가운데 일부 자료의 경우 같은 문헌 안에 확실히 갈등이 있음을 볼 수 있다. 정치적으로, 신학적으로 가능한 것과, 역사적 상황에 의해 제기된 엄격한 제약들 안에 가능할 때마다 주의하고 계속해서 유지해야 할 필요가 있는 긴장은 기독교 급진주의 이야기의 일부분이다. 더러는 이 어려운 문제를 취급하는 방식이 다른 사람들보다 더 창의적이었다.

그 가운데 타협하지 않는 믿음을 위해 죽음 이외에 다른 대안을 찾지 않는 순교자들이 있었다. 그러나 현상 체제 안에서 목표를 달성하려고 자유를 추구했던 사람들도 있었다. 그들의 창의력 및 생존을 위한 요령은 기독 교회의 초기에 믿음을 역동적으로 움직였던 하나님의 인도하심을 다양한 방식으로 보여 준다. 그런 것은 타협을 요구하는 시대의 정치와 경제 질서의 혼란 가운데서도 그리스도의 나라에 충성을 지키려는 방식들이었다.

그 자료들로부터 얻은 초기 기독교의 그림은 우리가 소중히 여기는 것과 함께 불편하게 자리하는 '분파적'(sectarian) 그림이다. 불편함, 핍박, 억압 그리고 소수자의 입장을 대변하는 그리스도인들은 성경이 그들의 삶에 공감하고 있다는 사실을 발견해 왔다.

황제에게 충성해야 하는 요구에 불복했던 그들은 제국의 요구에도 순응하지 않았다. 예수님이 오직 그들의 왕일 뿐이었다. 그들은 예수께 모든 무릎을 꿇고 경배할 그때를 기다렸다. 하나님과 카이사르 사이에는 어떠한 타협도 있을 수 없었다. 부활하신 그리스도에게 충성한다는 것은 나라와 국가에 대한 충성이 그 어떤 갈등 가운데서도 예수님을 주님으로 고백했던 사람들이 발견한 엄청난 값의 진주보다 우선될 수 없다는 뜻이었다.

신약신학의 지배적인 공통된 주제로서 이 땅에서의 하나님 나라에 대한 종말론적 희망은 하나님의 통치를 증언하도록 부름받은 교회와 정치 권력이 쉽게 타협하지 못하게 했다. 교회는 지나가고 있는 세계에 여전히 살고 있지만, 이 세상의 나라들이 전체적으로로나 혹은 부분적으로 메시아의 길을 어느 정도 보여 주는지에 대한 판단을 근거로 개입과 참여를 선택해야 할 의무가 있다.

이것은 상당한 견해 차이를 감수해야 할 수도 있는 매우 복잡한 과정이다. 그러나 이 문제와의 이런 씨름이 정치적 통합이 지속적 준거가 되는 상황에서 시행될 때 비판적 인식에 대한 기회는 극적으로 줄어들고 하나님의 공의를 반영하는 것과는 거리가 먼 사회적, 정치적, 경제적 체제들을 정당화 할 위험성은 높아진다.

카이사르와 그리스도를 대조하는 것이 초기 기독교의 이야기 속에 스며들어 있다. 따라서 폴리캅이 지방 군주 앞에 끌려갔을 때, 그는 황제에게 선서하기를 거부했다. 그렇지 않았다면 그는 카이사르에게 은근한 아첨의 향내를 뿜어내야 했을 것이다. 그의 죽음을 둘러싼 전설에 의하면 군중들은 그를 '우리 신들에게 희생 제물을 바치지도 숭배하지도 못하게 가르치는 우리 신들의 파괴자'라고 정죄했다고 전해진다(Martyrdom of Polycarp 10-12).

중립적이고 분명하게 세속적 행동은 하나님 관점에서 보면 가장 중요한 사건이다. 구속의 순간은 시험의 그 순간에 어린 양의 편에 선다는 뜻이며 도살 흔적이 있는 어린 양을 통해 상징화 된 희망의 지평선에 대한 확신과 헌신에 굳게 서 있다는 것을 의미한다.

여기에서 요한의 묵시적 환상은 초기 기독교 정치의 전형적인 예이다. 묵시 환상은 부패한 문화의 교활한 아첨에 확고하게 맞서는 사람들에게 희망을 보여 준다. 요한계시록은 분명히 순전한 행동의 궁극적인 특징을 독자들에게 상기시켜 준다. 옛 질서와의 이런저런 타협들은 짐승의 표를 받는 것과 다름없다. 아무리 작은 행동이라도 그것은 궁극적인 의미가 있으며 하나님의 경제에서 무한한 가치가 된다.

현재 삶의 일상 상황에서도 하나님의 감춰진 생명을 발견할 수 있는 어떤 도전, 위협 그리고 기회가 있다. 성경에는 그들이 소통하려고 시도한, 보다 심오한 내용을 전달하는 성스러운 것과 세속적인 것이 혼합되어 있다.

우리는 마태복음 25:31 이하에서 이것을 가장 분명히 볼 수 있다. 본문은 최후 심판의 재판장과 형제 중에 지극히 작은 자 속에 감춰진 그의 존재 사이의 미묘한 관계를 보여 준다. 최후에 받게 될 심판의 결과는 지금 역사 속에 잉태되었다. 이는 성경 전체에서 발견되는 진리다.

신앙인에게는 먹는 것으로부터 사고파는 행위, 좁은 의미에서의 예배는 물론 말과 행동에 이르기까지 모든 삶이 문제가 된다. 중립적으로 존재하는 것은 없고 신앙적인 의미에 의해 영향을 받지 않는 것이란 없다. 기독교가 유대교로부터 전수받은 공적인 것과 사적인 것, 영적인 것과 정치적인 것의 연결은 수 세기 동안 보편적인 기독교의 중심 요소가 되었다.

참고 문헌

Barr, J. (1980). "The Bible as a Political Document." In *The Scope and Authority of the Bible: Explorations in Theology 7*, 91–110. London: SCM.
Bauckham, R. (1993). *The Theology of the Book of Revelation*. Cambridge: Cambridge University Press.
Belo, F. (1981). *A Materialist Reading of the Gospel of Mark*. Maryknoll, NY: Orbis.
Bradstock, A, and Rowland, C. (2001). *Radical Christian Writings: A Reader*. Oxford: Blackwell.
Boyarin, D. (1999). *Dying for God: Martyrdom and the Making of Christianity and Judaism*. Stanford: Stanford University Press.
Clevenot, M. (1985). *Materialist Approaches to the Bible*. Maryknoll, NY: Orbis.
Dzelzainis, M. (1991). *John Milton: Political Writings*. Cambridge: Cambridge University Press.
Esler, P. L. (1986). *Community and Gospel in Luke–Acts*. Cambridge: Cambridge University Press.
Garnsey, P, and Humfress, C. (2001). *The Evolution of the Late Antique World*. Cambridge: Orchard.
Goodman, M. (1987). *The Ruling Class of Judaea*. Cambridge: Cambridge University Press.
Gray, R. (1993). *Prophetic Figures in Late Second Temple Jewish Palestine*. Oxford: Clarendon.
Hill, C. (1972). *The World Turned Upside Down*. Harmondsworth: Penguin.
Hornus, M. (1980). *It is Not Lawful for Me To Fight*. Scottdale, Pa.: Herald.
Kairos Document (1985). *Challenge to the Church: A Theological Comment on the Political Crisis in South Africa*. London: Catholic Institute for International Relations.
Kreider, A. (1995). *Worship and Evangelism in Pre-Christendom*. Cambridge: Grove.
_____. (2001). *The Origins of Christendom in the West*. Edinburgh: T. & T. Clark.
Lane Fox, R. (1987). *Pagans and Christians*. Harmondsworth: Penguin.
Musurillo, H. (1972). *The Acts of the Christian Martyrs*. Oxford: Clarendon.
O'Donovan, O. (1996). *The Desire of the Nations*. Cambridge: Cambridge University Press.
Rousseau Pachomius, P. R. (1985). *The Making of a Community in Fourth Century Egypt*. Berkeley: University of California Press.
Rensberger, D. (1988). *Overcoming the World*. London: SPCK.
Rowland, C. (1998). *The Book of Revelation: New Interpreter's Bible*, vol. XII. Nashville: Abingdon.
Scott, J. C. (1985). *Domination and the Arts of Resistance: Hidden Transcripts*. New Haven: Yale University Press.
Theissen, G. (1999). *A Theory of Primitive Christian Religion*. London: SCM.
Vermes, G. (1995). *The Dead Sea Scrolls in English*, rev. and ext. 4th edn. Harmondsworth: Penguin.
Wengst, K. (1985). Pax Romana and the Peace of Jesus Christ. London: SCM.

제3장

아우구스티누스

진 베스크 엘쉬타인(Jean Bethke Elshtain)

정치신학 세계에서 아우구스티누스의 운명은 혼합되어 있다. 아우구스티누스는 매우 논변적인 재능이 있는 사상가이며, 연역적 체계보다 효과적인 내러티브를 선호한다. 그의 신학에서 정치적인 요소는 대개 애써 찾아야 한다. 아우구스티누스는 정치 주제에 대해 특정한 논문을 쓴 적이 없다.

이런 사실에도, 그의 정치신학에 대해서는 더 분명하고 많은 분량의 다른 정치신학 서적보다 많은 말이 쏟아져 나왔다. 아우구스티누스의 작품에는 그를 만만치 않은 사람으로 만든 독특한 특징들이 존재한다.

아우구스티누스는 386년 로마가톨릭교회로 개종 후 430년 히포의 주교로서 임종을 맞이할 때까지 117권에 달하는 매우 방대한 저작을 남겼다. 그는 기독교 신학과 그리스도인의 생활에 연관된 모든 중심 주제들을 총망라해서 다루었다. 그가 다룬 주제는 하나님의 본성과 인성, 악의 문제, 자유의지와 결정론, 전쟁과 인간의 공격성, 사회생활과 정치 질서의 근거들, 교회론, 그리스도인의 소명 등으로 거의 끝이 없다.

수많은 아우구스티누스의 작품은 논쟁적 노선을 따른다. 이 방식은 정치 논문을 쓰는 사람들이 자주 선호하며, 특히 현대의 수많은 정치이론과 정치신학에 법을 중요시하거나 법리적인 뚜렷한 특징으로 나타난다. 그런데 이런 노선을 따르더라도 아우구스티누스는 자주 넓은 캔버스 위에 대담한 필치로 자신의 글을 전개해 간다.

아우구스티누스의 저술 계획은 동시에 신학적, 철학적, 역사적, 문화적, 수사학적이라고 말할 수 있다. 그의 작품들은 난해하고, 매우 깊이 있으며, 분량 면에서도 방대하기에 결심을 굳게 하지 않으면 다루기가 정말 까다롭다. 우리는 아우구스티누스를 '보편주의자'로 부르지만 그에게 '특수주의자', '역사주의자'의 모습도 보인다.

따라서 이처럼 방대한 작업을 감안할 때 아우구스티누스의 저작들을 감당할 만한 분량으로 줄여 다루려 한 시도들은 결코 놀랍지 않다. 이 목적을 위해 그에게 정치 현실주의자라는 꼬리표가 붙었으며, 기독교 현실주의로 불린 학파와, 마키아벨리와 홉스를 포함하는 전통의 신학적 조상으로 추앙되었다. 정치 현실주의 진영의 사상가들 중 대부분은 신학자가 아니다. 이들이 아우구스티누스를 조금이라도 읽었다면, 주로 이런 '정치현실주의론'(political realism)과 매우 잘 어울리는 그의 걸작에서 발췌한 글을 읽었을 것이다.

이처럼 발췌문을 찾다 보니 결국 사람들은 그의 『고백록』(Confessions)을 자세히 살펴보지 않고 그냥 지나게 되었다. 모두 1,901페이지에 달하는 대작('펭귄 클래식' 출판사에서 출판된 무삭제판)인 『하나님의 도성』(De Civitate Dei)의 제9권은 약간 강조한 부분을 첨가해 재편집되었다. 아마도 제1권 제1장, "국가를 노예화해 지배하기를 노리는 이 세상의 도성, 그러나 이런 지배 욕망 때문에 스스로 지배당하는 도성에 관하여"의 내용 가운데 일부도 첨가된 것으로 보인다(Augustine 1972:5).

또한, 제2권 제21장에서 로마의 연방공화국(Roman commonwealth)에 관한 키케로의 견해(스키피오에 따르면)에 대한 아우구스티누스의 대안이 도움이 된다고 기록하고 있다. 제15권 제1장은 비유적으로 말하는 두 도성의 계보를 추적한다. 이미 언급한 것처럼, 제19권 제14장은 정부가 초점을 맞추고 있는 관심사와 연관된 개념을 위해 이용된다.

제15장은 선천적 노예에 반대하는 논지를 전개하며, 키케로를 통해 제시된 공화국에 대한 스키피오의 정의가 두 번째로 나타나는 제21장도 관련된 것으로 보인다. 제19권 제7장은 전쟁의 정당성에 대한 논증으로 선별된다. 아마도 제14-16장은 도성과 관련한 가정의 평화와 선 사이에 어떤 연관성이 있다는 아우구스티누스의 주장을 증명하기 위해 발췌, 인용될 것이다.

이 모든 발췌 후, 해적들이 배 한 척을 가지고 할 일을 로마인은 함대로 행하며, 해적은 약탈자로 불리는 반면 로마인은 제국으로 불린다는 비난이 덧붙여진다. 연구가는 내가 "아우구스티누스의 아류"(Augustine Lite 1996)라고 부르던 것을 즉시 받아들인다.

이런 것들이 아우구스티누스의 저서를 집약적으로 축소한 결과물이다. 이렇게 축소된 아우구스티누스는 염세주의자로 여겨지며, 인간의 잔인함과 폭력성을 강조하면서 질서, 강압, 처벌이 반드시 요구되고 때로는 전쟁도 필요하다는 것을 주장했다고 비난받기도 한다.

정치신학을 염두에 두면서 아우구스티누스의 복잡한 체계를 공정히 보는 것이 목적이라면, 아우구스티누스가 적합하지 않다는 것을 깨닫는 것으로 일이 수월해질 것으로 생각해서는 안 된다. 이는 앞서 언급한 이유들, 즉 아우구스티누스가 글을 쓰고 논증하는 방식에도 일부 기인한다.

그러나 더 중요한 것은 자신의 과업에 대한 정치신학자의 인식이다. 만일 누군가 자신의 과업을 적어도 부분적으로 인간학의 전제들(정치 이론가들로서 훈련받은 우리가 '인간 본성의 이론들'이라고 부른 것을 가리키지만, 적어도 지배적인 동시대 학파가 결정하기 전까지 그런 것은 없다)과, 이 전제들에 비춘 정치적, 사회적 질서, 또 이처럼 상호 연관된 과제와 관계있는 정치신학의 역할, 이런 정치적 행동 및 질서 속에 내재된 위험성과 가능성을 다 조합하는 방식으로 이해한다면, 아우구스티누스 사상의 광범위함은 실로 환영받을 만한 일이다.

하지만 아우구스티누스 사상의 광범위함은 만일 목표가 좁거나 온건할 경우에는 불만스러울 수 있다. 본 논의에서 나는 그의 광범위함이 환영받을 만하다는 관점에서 시작하려 한다. 이어지는 내용은 정치신학에 대한 암시들이 가득한 그의 작품에 있는 이론적 구분의 요점들을 강조하는 방식으로 제시될 것이다. 그러나 나는 아우구스티누스를 연구하는 독자에게 분명해질 것처럼, 내가 이 짧은 논문 안에서 표지만을 훑을 수 있다는 것을 분명히 해야 할 것 같다.

1. 자아에 대한 아우구스티누스의 입장

고대 세계를 연구한 저명한 역사학자 피터 브라운(Peter Brown)은 아우구스티누스에 대한 훌륭한 자서전에서 이렇게 주장한다.

> 현대인을 후기 제국의 문화와 종교에서 격리시키는 거대한 만(gulf)으로 … 우리에게 가까이 다가왔다(1967:181).

이렇게 보이는 이유 중 하나는 바로, 확실히 복잡하고 뒤얽힌 자아의 본성에 대한 아우구스티누스의 성찰 때문이다. 자아의 본성은 우리 자신이 몰두해 온 것과 연관된 주제다. 사실 아우구스티누스는 데카르트적 주제가 대두되기도 전에 이 주제를 몰아내려 함으로써 포스트모던적 전략들을 예상하고 있었는지 모른다.

아우구스티누스에게 마음은 그 자체에 대해 투명할 수 없다. 우리는 결코 우리 사고를 완전히 통제할 수 없다. 그러나 "우리 몸은 우리가 누구이고 우리가 어떻게 생각하는가?"라는 인식에 있어서 부수적이 아니라 본질적 요소다. 우리가 자신이 존재함을 아는 이유는 "나는 생각한다, 고로 존재하기" 때문이 아니라 "나는 의심한다, 고로 내가 존재함을 알기" 때문이다. 자아를 성찰할 수 있는 주체적 자아만이 의심할 수 있다.

아우구스티누스의 『고백록』은 자기 스스로에게 의문이 된 인간 존재에 대한 이야기다(Augustine 1961). 대부분 사람은 스스로 살아온 세월을 돌이켜 말할 때 장성한 어른으로서의 자신에서 시작한다. 그러나 아우구스티누스는 자신의 유아기부터 이야기를 시작한다.

존 로크의 머리 속에서 다 자란 상태로 튀어나온 인간처럼 정치 이론에서는 사회 계약에 서명한 성장한 어른의 이미지가 적용된다. 그러나 아우구스티누스는 출생에서부터 시작하며, 결코 '백지 상태'(tabula rasa)로가 아닌 출생하자마자 곧바로 사회적이고 다투기를 좋아하는 존재로 태어난 연약하고 의존적인 피조물의 발육에 대해 다룬다.

어린아이는 창소사가 심히 좋았다고 신포한 세계로 들어온다. 어린아이는 이 세계에 아담에게서 전해진 근본적 죄의 상속자로서 진입한다. 그러므로 어린아이도 하나님의 은총과 용서가 필요하다. 모든 인간 존재는 굶주림과 욕망에 의해 조종된다. 또 자신을 완전하게, 결정적으로 드러내지 못하는 무능함에 좌절감을 경험한다.

즉, 요구하는 대로 하기 위해 남들에게 반응을 촉발하는 식이다. 어른이 된다는 것은 이런 감정들을 버린다는 뜻이 아니다(이러한 감정들은 우리의 인지 능력과 우리 본성의 주요 요소다). 어른이 된다는 것은 인간의 존재 및 의지와, 올바로 생각하고 행동하려는 우리의 불안정한 시도들에 대한 어떤 전제들 아래, 우리의 감정을 만들고 형성해 간다는 것을 뜻한다. 인간 존재의 전적인 부패에 대한 아우구스티누스의 자각은 "정념에 사로잡히지 않는 상태를 가리키는"(역자 추가) 스토아주의의 '아파테이아'(*apatheia*)를 위축시키는 그의 비판적 공격의 핵심에 위치한다.

> 어떤 감정에도 영향을 받지 않는 마음에 대해, 이런 무감각이야말로 최악의 도덕적 결함이라는 사실을 누가 부정하겠는가?(Augustine 1972:565)

우리는 사랑하는 존재, 열망하는 존재, 슬퍼하는 존재, 좌절을 경험하는 존재로 시작하며, 이런 존재로 남아 있다.

여기서 가장 중요한 부분은 아우구스티누스의 다음 주장이다.

> 생각은 결코 감정에서 벗어날 수 없으며, 생각하는 자는 사고를 통해 또 바라건대 마땅한 언어로 복잡한 감정을 표현한다.

이는 언어에 대한 그리고 언어가 우리에게 부여하는 제한성에 대한 아우구스티누스의 생각으로 이어진다. 우리는 하나님의 피조물 중 가장 뛰어난 언어 사용자로서 항상 불명료함과 제한성에 마주하게 된다. 제19권 제7장에서 아우구스티누스는 인간들이 언어 차이 때문에 분열되는 방식들을 생각한다.

이런 차이들은 우리가 서로를 이해하지 못하도록 만든다.

> 언어의 다양성은 사람과 사람을 갈라놓는다. 서로 다른 두 사람이 만나 어쩔 수 없이 한 곳에 함께 있게 되는 경우를 생각해 보라. 이들에 비하면, 비록 말을 못할지라도 서로 다른 종의 동물 두 마리가 더 잘 사귄다. 언어가 달라 서로 소감을 전달할 수 없으면, 같은 사람으로 온갖 유사함이 우정에 도움 되지 않는다. 이러한 사실은 외국인과 교제하는 것보다 자기의 개와 더 친하게 지낸다는 사실에서도 잘 드러난다.
> 로마 제국은 예속되어 있는 민족들에게 멍에를 씌울 뿐 아니라 평화와 친교의 유대라고 하면서 자기 언어를 강요함으로 통역하는 사람들이 부족하지 않고 넘쳐나게 했다. 이는 사실이다. 그러나 이 같은 성취의 대가를 생각해 보라.
> 이 언어의 통일을 얻기 위해 얼마나 많이 전쟁을 하고 피를 흘렸으며 사람을 죽였는지 생각해 보라!(Augustine 1972:861).

여기서 아우구스티누스는 인간의 공통된 본성에도 불구하고 언어가 우리를 정말 나누어 놓는다는 언어의 암울함에서, 한 언어가 실로 엄청난 대가를 지불하면서까지 다양한 민족에게 부과되는 경우로 넘어간다. 다음 아우구스티누스는 인간의 본성, 언어 그리고 언어가 우리를 살아 있는 피조물이게 하는 핵심 요소라는 개념들을 한데 모은다. 또 유대 추구의 복잡함 그리고 제국의 동질성 강요에 대한 날카로운 비판이 제시된다.

아우구스티누스의 설득력 있는 신학적 인간학은 하나님의 형상으로 창조된 인간 존재들이 소통하는 방식에 주의를 촉구한다. 원죄를 생각하면 언어가 필연적으로 우리의 분리를 동반한 것은 놀랍지 않다(자아가 죄로 인해 갈기갈기 찢긴 것이나 인간 사회가 분열된 것은 죄와 죄성의 오염을 보여 준다). 인간 존재들은 오로지 아우구스티누스가 "피조물의 지식"이라고 부르는 것만을 얻을 수 있을 뿐이다. 지식인들이 아무리 뛰어나고 학식이 깊다 할지라도 이들은 완전한 지식을 소유하지 못한다. 우리는 언어 관습에 따라 제한받기도 하고 효율적이 되기도 한다.

어느 누구도 인간의 언어적 외피에서 뛰쳐나오지 못한다. 우리가 적어도 소통하기를 희망한다면, 우리는 '보통 용법'(normal usage)을 받아들이지 않을 수 없다. 또 우리는 온갖 방식에 영향을 미치는 사회성에 따라 소통하도록 요구받는다. 사회성은 아우구스티누스가 생각한 인간 사회 본질의 기초를 이룬다.

2. 사회적 삶에 관한 아우구스티누스의 입장

앞서 언급했듯이 인간은 완전히 사회적이다. 하나님의 형상으로 창조된 우리는 인간과의 관계를 통해 정의된다. 자아는 독립적이지 않으며 독립적일 수도 없다. 설령 사회적 삶이 부도덕한 것들로 가득 차 있다 할지라도 소중하다.

따라서 이런 사회적 형태들 사이에서의 시민의 삶은 단지 죄악이 세상 속으로 들여온 것만이 아니라 부분적으로 생겨난 것인데, 인간사에 수반되는 만연한 욕망과 마찬가지로 우리의 사랑하는 능력과 이성의 사용을 고려해 볼 때 그렇다.

철학자들은 지혜로운 인간의 삶은 사회적이어야 한다고 주장한다. 이에 대해 우리는 진심으로 철학자들을 지지한다. 실제로 하나님의 도성(하늘나라를 미리 알려 주는 화목과 교제가 있는 공동체 안에서 또는 공동체를 통해 기독교인들이 이 세상에 머무는 동안 이들 순례자 무리를 특징짓는 아우구스티누스의 방식)은 만일 성도들이 사회적이지 않았다면, 첫 출발이 결코 없었을지도 모른다(Augustine 1972:860).

모든 인간은 예외 없이 이 세상 나라(인간의 도성) 시민이다. 그래서 이처럼 타락한 상황에서도 우리 사이를 결속하게 만드는 '자연적 닮음'(natural likeness) 같은 것이 있다. 이런 '평화의 결속'은 전쟁, 충돌, 잔인함 또 온갖 형태의 비참함을 막기에는 역부족이다.

그러나 우리는 모든 이성적인 피조물에게서 찾을 수 있는 자연적 사회성과 기본 도덕성을 근거로 하는 구성원으로 부름을 받고 있다. 다원성 속의 통일 같은 것이 조화를 향해 나아간다. 하지만 (교만과 고의성이 기원인)분열의 죄는 우리를 분리시킨다. 그럼에도 아우구스티누스는 역사, 윤리, 사회와 정치신학을 '실천적 철학'이라 부르고 그 근본에 놓여 있는 것을 친목에 대한 사랑이라고 생각한다(Burt 1999).

소외와 애정 사이에 묶여 있는 인간 존재(부서진 항아리와 같은 존재)는 비극적 소외에 붙잡혀 있어도 사랑에 의해 끈끈하게 결속된다.

> 우리의 사회성은 주어진 것이다.
> 아우구스티누스에게 질문은 "우리가 사회적이어야 하는가?" 그리고 "우리가 사랑하기에 충분해야 하는가?"가 아니다.
> 질문은 "내가 무엇을 사랑하고, 어떻게 그것을 사랑할 것인가?"이다(Burt 1999:5).

여기에 그의 복잡한 윤리 이론이 따라온다. 여기서는 간단히 언급할 뿐이지만 정치적 삶은 인간의 사회적, 윤리적 삶이 취하는 하나의 형태라는 사실에 주목해야 한다. 우리는 항상 사회 속에 있고 언제나 타인의 위안을 추구한다.

아우구스티누스에게 사회란 친목 관계의 한 종류이고, 이 관계는 인간이 공동선을 위해 노력하는 도덕적 결합체다. 전쟁과 평화를 포함해 아우구스티누스의 모든 중심 범주는 다양한 관계 형태로 있다(are in the form of). 또한, 우리가 모든 단계에서 평화의 유대(bond)로 연합할수록 우리가 지향하고 하나님이 의도하는 유익을 얻게 된다.

아우구스티누스에게 이웃과의 좋은 관계 및 상호성은 결속하는 유대에서 나오는데, 이 유대는 가족 간의 유대로 시작하고 이 특정 관계들에서부터 외부로 확대해 나간다. 사랑의 불꽃은 '가정'(*domus*)의 문 앞에서 꺼지지 말아야 한다.

아우구스티누스는 다음처럼 말한다.

> 왜냐하면, 사람은 자신의 자아 속에 수많은 관계를 가둬 두어서는 안 되기 때문이다. 관계들은 분리되어 여러 개인으로 퍼져나가야 한다. 그리고 이런 방식으

로 관계들은 사람들의 다원성 속에서 여러 인격과 관련됨으로써 효과적으로 사회적 삶을 결속하는 데 도움이 될 것이다(Augustine 1972:623).

사회적 결속은 작은 집단으로 한정되지 않고, 가족 관계의 유대를 늘림으로써 다수로 더 크게 확장될 것이다(Augustine 1972:624). 아우구스티누스의 저서에서, 하나에서부터 많은 것이 나타나는(하나님은 단일에서부터 시작하셨기 때문에) 다원성은 아무리 높이 평가해도 지나친 것이 아니다.

아우구스티누스의 방식은 단일한 틀 속에서 인간의 특이성과 개별성을 사회성과 다원성으로 결합하는 것이다. 사랑의 유대는 시작부터 인간 존재와 결속되어 있다. 가족 관계와 사랑의 유대는 인간 존재를 더욱 묶어 준다. 이런 관계들은 사방으로 흩어져 마침내 전 세계를 포괄한다.

인간 언어의 혼란과 혼동을 생각하면, 때로는 근본적 사회성으로 넘어가지 못하는 경우가 있다. 그러나 우리는 우리가 만드는 사회 형태를 통해 사회성을 갈망하고 추구해야 한다.

따라서 시민 질서는 인간 존재를 위한 주요한 전제 조건이다. 이 같은 시민 질서는 규범적 선이다. 아리스토텔레스에게는 미안한 말이지만, 비록 시민 질서 혹은 일상적으로 우리들이 '국가'라고 부르는 것이 우리의 본성을 만족시키거나 완성하지 않고, 오히려 본성을 치명적으로 또는 덜 잔인하게 표출하더라도 그렇다. 여기서 아우구스티누스가 어떤 인간도 타인을 지배할 천부적 권리를 갖고 있지 않다고 지적하고 있는 것이 중요한 점이다.

본래 인간은 노예 상태로 태어나지 않는다. 우리는 선천적으로 사회적이다. 하지만 이 사실이 특정 형태의 사회 질서를 결정하는 것은 아니다. 아우구스티누스는 가부장적 권위에서 정치적 지배를 유추하지 않는다. 전통적 가부장 이론은 아버지의 지배가 당연한 동시에 정치적임을 주장한다. 즉 자연권이 정치적 권위와 정치적 합법성의 근거로 해석되는 것이다.

그러나 아우구스티누스에게 정치적 권위는 가족 안의 권위와는 다르다. 한 사람이 집권자에게 예속되어 있다는 것은 태생적 권위에 따른 것이 아니다. 이는 오직 신분에 따라 예속되어 있을 뿐이다.

가치 있는 일시적 유익들이 존재한다. 이 중 가장 우선은 평화며 이것이 지고한 가치다. 그래서 인간의 시민적 삶은 단순히 범죄에 대한 교정(우리의 사악함을 통제하기 위해 필요한 질서와 강제성으로)이 아니라, 우리의 사회성, 교제 욕구,

'사랑'(caritas)을 확산시키는 능력의 표현이다.

따라서 스키피오의 저작들을 통해 굴절된 키케로의 '공화국'(res publica) 정의는 부족하다. 키케로에게 시민 질서는 올바름에 관한 공통된 합의와 공유된 관심에 근거하는 하나의 연합이다.

그러나 아우구스티누스는 이것만으로는 불충분하다고 주장한다. 곧 시민 질서 속에 모인 사람들은 동일한 것에 대한 사랑을 공유함으로써 유대감으로 연합하는 이성적 존재의 모임이나 다수 무리다. 우리는 이런 정의를 사용함으로써 사회가 무엇인지 정의할 수 있으며, 또한 나아가 사람이 소중히 여기는 사회, 즉 이 같은 '종류'의 사회가 어떤 것인지도 평가할 수 있다.

이 시점에서 최근 아우구스티누스 연구 논의에서 아우구스티누스에게 정치적 사회는 어떤 의미가 있는지에 대해 관심이 일고 있다는 것을 주목할 만하다. 아우구스티누스에게 시민 질서가 단순히 죄악이나 잘못에 대한 교정책이라는 전통적이고 지나치게 단순화된 주장은 실질적으로 도전을 받아 왔다(Burt 1999). 이제 문제는 바로 다음과 같은데, 곧 아우구스티누스의 사상이다.

아우구스티누스의 사상은 다음의 질문과 같다.

"시민적 삶이 행하는 선이 얼마나 중요한가와, 이 선이 인간의 자발적인 행동 실천에서 파생되고 달성될 수 있는가?"

세속의 정치적 삶에 내재해 있는 위험성들은 명확하다. 즉 이런 위험성들은 교만의 열매다. 교만은 타인을 지배하려 하고 단지 자아나 제국 안에서 영광을 추구한다. 시민적 삶을 통해 달성될 수 있는 가치들은 피상적이지만, 인간의 세속적 삶에 대한 아우구스티누스의 기본 원칙에서 출발한다. 곧 우리는 해를 끼쳐서는 안 되고 할 수 있을 때마다 도움을 주어야 한다(이웃 사랑에 대한 요건).

언어가 우리를 갈라놓는다 해도 우리가 공통적으로 인간이라는 점을 인식하는 한, 언어는 우리를 다 함께 결속시킬 수 있다. 아우구스티누스가 후기 로마 제국의 정치적 삶을 비판한 것은 통합된 삶의 어떤 질서 체제를 공격한 것이 아니라, 오히려 이런 공적 삶이 진정한 공화국을 실현하지 못한다는 것이다. 이는 적어도 로완 윌리엄스(Rowan Williams)가 주장한 논지다. 공화국은 정체성을 증명할 수 있는 하나의 사회적 단위다.

하지만 이 명백한 사실을 넘어, 우리는 '권력의 욕망'(libido dominandi)을 따른 무질서한 지배의 통치 형태와 잘 정돈된 사회 질서의 통치 형태, 즉 일상적인 평화(tranquillitas ordinis)가 가정과 국가에 속한 도덕적 형태를 발전시키도록 허

용하는 세계를 구분하는가?(Williams 1987:55-72)

공동체적 삶의 진정한 형태는 '목적적'이다. 이에 대해 윌리엄스는 이렇게 주장한다.

> 공동체적 삶은 인간의 삶의 특유한 형태를 발달시키기 위해 존재한다. 가정이나 국가에서 권위는 특정한 목적과 관련해 결정된다(Williams 1987:64).

삶에는 참된 정치적 가치들이 있다. 곧 시민 질서, 공정성, 인격 보호 장치다. 이런 것들은 하나님의 섭리 아래 있으며 그리스도인들에게는 매우 복잡하게 뒤얽혀 있다. 순례자들은 그리스도의 몸인 교회(ecclesia) 밖의 환경 속에서 발견되는 가치 규범 및 통찰력을 그대로 받아들여 반영할 수 없다. 그리스도인들은 단지 교회 안에 머물지 않고, 세상의 수많은 선과 복을 인식해 생기는 애정 어린 세속성으로 세상과 대면해야 한다.

또한, 그리스도인들은 인간의 삶을 유지하고자 만드는 사회 제도들을 통해 그 안에서 마음껏 활동하며 이런 가치들을 보존하고 존중하는 인간 존재의 책임과 더불어 세상에 다가가야 한다.

공적 윤리를 '사랑'(caritas)의 사적이고 비정치적 윤리로 대체했다는 이유로 아우구스티누스에게 가해진 수많은 비판과 달리, 윌리엄스는 다음처럼 정확하게 주장한다.

> 아우구스티누스가 고대 세계에서의 공적 삶을 정죄한 것은 시종일관, 이 삶이 충분히 공적이지 않다는 것과, 또한 암암리에 널리 퍼져 있는 엘리트주의, 공적 삶의 분열, 공통된 인간 '활동'의 결여 때문에 안정된 공유성 의식에 안착할 수 없다는 것이다. 또한, … 하나님의 도성에 거하는 사람은 어떤 권력을 행사하라고 부름을 받았을 때 이 일에 헌신하게 되어 있고, 이런 부름에 응답할 때 그는 '교회'에서 '국가'로 실천 영역을 옮기지 않고, 한정된 환경에서 이미 배운, 영혼들을 양육하는 일을 계속한다는 것이다(1987:68).

중요한 것은 '사랑'과 '욕망'(cupiditas)의 상호 작용이다. 시민 질서의 삶이든 한 개인의 존재든, 사랑이나 욕망 가운데 어느 것이 지배적이든 그렇다. 아우구스티누스는 '욕망'의 통치와 '리비도 도미난디'(libido dominandi)의 활동, 곧 통제 욕구가 지배하는 경우를 억누르고 사랑이 작동하는 영역을 극대화한다.

지배하려는 욕망은 가족과 도시에 이르기까지 모든 인간 관계를 오염시키고 왜곡시키기 때문이다. 비슷하게, 사랑은 가정과 도시에 존재하는 모든 사람의 안녕에 관심을 갖고 평화를 만들어 내는 불꽃과 같다. 독재 권력의 역사나 언제나 이런 권력이 존재할 수 있다는 것은 세속 도시를 훼손하는 죄악이 된다. 반면, 더욱 정의로운 질서를 위한 기반은 사랑으로 힘을 얻는다.

아우구스티누스에게 두 도성의 주제 인간 관계의 안주(choreography)를 추적하게 하는 은유와 같다.

> 모든 인간 공동체는 "빈약함에 시달리는 권력, … 잃어버린 지배와 명예를 위한 쟁탈전"에 괴로워하지만 동시에 거기에는 삶의 용서와 애정 어린 관심, 상호성, 가정과 시민의 평화라는 삶에 너그럽고 온화한 측면들도 있다(Augustine 1972:429).

인간의 사회생활 속에서 분명히 나타나 사람들이 취하는 근본적으로 다른 태도가 있다.

첫째, 삶의 충만함을 느끼는 힘이다. 타인에게 자신을 내주거나 선물이 되게 한다고 해도 발가벗겨지는 것은 아니다. 타인들에게 의존하고 있는 것은 자아가 작아지는 것이 아니라 오히려 자아를 부요하게 하는 것이다.

둘째, 좁아터진 밴댕이 같은 이기심, 분노, 정신의 빈곤에서 나온다.

이처럼 상반된 태도로 타인에게 다가가는 방법은 정말 뚜렷이 구별된다. 먼저 분노와 경멸의 정신을 가진 사람은 다른 사람을 낮추어 본다. 이런 사람은 삶 자체에 악의적이다. 그러나 우리는 다른 사람들의 비극에, 마음 깊숙이 자리 잡은 동류 의식으로 이들과 함께함으로써 도움을 주게 된다. 진정한 동정심('사랑'의 해결)은 경멸과 소외를 근절한다. 하지만 이런 해결책은 세속의 시간과 역사(*saeculum*) 영역에서 결코 완전함을 달성할 수는 없다.

3. 두 도성

로버트 마르쿠스(Robert Markus)의 『시대』(Saeculum, 1970)는 아우구스티누스를 분석하는 가장 중요한 시도들 중 하나로 널리 인정받은 작품이다. 이 작품은 아우구스티누스를 공민신학자 및 정치신학자로 올려놓았다. 여기서 마르쿠스는 아우구스티누스야말로 두 도성에 대한 묘사를 통해 수많은 복잡한 것을 달성하려는 목적이 있었다고 주장한다.

하나는 모든 세속 도성을 이야기로 설명하는 것이었다. 마르쿠스는 주장하기를 아우구스티누스는 앗수르에서 로마에 이르기까지 세속 도성(civitas terrena)에 대해 해석한다. 이를 통해 아우구스티누스는 소중한 평화에 대한 목표조차 정복과 지배로 끝나 결국 진정한 평화가 없다는 점을 보여 준다는 것이다. 결국 평화가 온전히 이루어지는 곳은 하나님의 도성(De Civitate Dei)이고, 하나님의 도성에서만이 영원한 평화가 준비될 것이다.

이런 방식으로 아우구스티누스는 어떤 정치 제도를 절대화하고 신성시하는 것에 울타리를 친다. 그가 『기독교 제국』(Imperium Christianum) 개념에 동의하는 신학을 거부하는 것은 부분적으로 하나님 도성과 세속 도성을 동일시하려는 시도가 결국 인간의 계획을 세속화하며 위험한 우상 숭배를 끌어들일 수 있다는 우려 때문이다.

동시에 세속 제도들은 우리에게 실제 요구들을 부가할 것이며 정치 권리가 고통과 형벌을 감소시키는 것은 아니라는 것이다. 아우구스티누스는 전쟁보다 평화가 우선이라는 가정에서 시작한다. 또한, 그는 무질서와 전쟁을 우리의 원초적 상태로 가정한 신화적 인간으로 출발하는 모든 이야기를 거부한다.

세속 도성은 사랑과, 사랑의 근원이신 하나님에게서 앙상하게 말라비틀어진 권력과 자기 마음대로 살아가는 삶으로 돌아서는 것에서 비롯된다. 세속 권력(potestas)은 우리가 '지배'(dominion)라고 부르는 권력의 형태 속에 내재해 있는 유혹들과 연관되어 있기 때문에 지상에 세속의 성스러운 사회나 국가와 같은 것은 존재할 수 없다.

아우구스티누스는 『하나님의 도성』(De civitate Dei) 제2부 제11권에서 두 도성의 기원과 종국에 대한 설명을 시작한다. 여기서는 앙상하게 말라비틀어진 권력이 언급되며 인간 존재는 하나님을 떠나 타락한 천사들로 비유되고 있다. 제12권에서 아우구스티누스는 '돌아섬'이라는 주제를 계속하며 두 도성을 올바른 의지와 타락한 의지, 욕망들과 연결한다.

제14권에서는 불순종한 최초 인간이 영원한 죽음으로 들어간 것이 아니라(하나님의 은혜가 없었다면 그랬을 것이다), 분열된 상태로(자아 안에서, 자아와 타자 사이에서, 민족과 문화 사이에서) 존재한다는 사실을 다룬다. 어느 문화나 민족을 막론하고 자기 자신 혹은 그 자체로 완전하고 완결한 것이란 존재하지 않는다. 각자는 아우구스티누스가 '성령의 기준'과 대조되는 '육체의 기준'이라고 부른 구분에 따라 특징지어진다(Augustine 1972:547). 이것은 육체를 반대하는 것이 아닌 육신의 법 아래서의 육체 남용에 반대하는 것에 관한 이야기다.

제15권에서 아우구스티누스는 '두 계급' 또는 '두 도성 비유'에 대해 쓴다. 이는 특정한 세속적 형태를 그의 지배적 은유와 혼합하려는 자들에 대한 경고다. 두 도성은 놀라운 신비에 대한 비유적 표현이다. 깨끗한 자와 깨끗하지 않은 자는 교회의 조직 속에, 인간 공동체들의 경계 속에 다 같이 흡수된다(Augustine 1972:648).

그러나 하나님의 도성은 하나님의 뜻을 향해 움직이고 조화를 이루기 위해 갈망하는 나라다. 반면 인간의 도성은 인간의 기준과 설계에 따라 구성되어 나아간다. 인간 사회의 삶에 침투하는 사악한 것이 있다는 사실을 생각하면, 재판관 자리에 편안하게 앉을 사람은 거의 없다.

그러나 재판관은 그 자리에 앉아야 한다.

> 왜냐하면 인간 사회의 요구가 그에게 강요하며 이 의무를 부가하기 때문이다. 재판관이 이런 의무에 태만하다는 것은 상상할 수도 없다(Augustine 1972:860).

우리는 세상의 책임들에 태만해서는 안 된다. 세상의 평화도 선하기 때문이다. 세상의 평화가 조직의 평화든 이웃과의 교제든, 아니면 돌봄과 의복 및 먹을 것의 공급과 관련된 것이든 세상의 평화는 일종의 선이기 때문이다.

이미 언급했듯이, 우리를 배회하는 그림자들 가운데는 우리가 도달해야 하고 따라야 하는 두 가지 규칙이 있다.

첫째, 어느 누구에게도 해를 끼쳐서는 안 된다.
둘째, 가능한 대로 모든 사람을 도와야 한다(Augustine 1972:873).

가장 정의로운 인간 사회는 누구에게나 해를 끼치지 않고 화목과 상호 관계의 가장 넓은 여지를 제공하는 사회다. 비록 상호 관계가 지상의 불완전한 것일지라도 상호 관계를 위해서는 인간의 의지들 사이에 타협이 있어야 한다. 그리고 세속 도성은 평화의 결속을 다지는 방법을 찾아야 한다. 그러나 세속 도성은 지배하려는 왜곡된 욕망 때문에 이 방법을 찾기 어렵다. 대조적으로 이 세상에서 순례의 여정 위에 있는 하나님의 도성은 모든 민족에서 시민들을 불러낸다. 그래서 온갖 언어로 말하는 여러 민족 사회를 소집함으로써 훨씬 평화를 이루기 쉽다.

하나님의 도성은 지상의 차이들을 폐기하거나 무효화함으로써가 아니라, "하나님이 경배를 받으시는 한"(Augustine 1972:878) 이 차이들을 유지하면서 평화를 이룬다.

> 성도의 삶이나 시민의 삶이나 다 사회적인 삶이다. 우리는 지상의 일들에 주의를 기울일 때 균형을 유지해야 한다. 따라서 한 인격은 너무 느긋해 이웃에 대한 관심을 마음에 두지 못해서는 안 되며, 또한 너무 의욕적이어서 하나님의 계획이 필요하지 않다고 느껴서도 안 된다. 만일 우리가 일반 시민의 안녕을 도모하는 사람이라면, 우리는 먼저 하나님과 우리 이웃을 사랑해야 하고 다른 사람에게 힘을 불어넣고 도움을 주는 사람이어야 한다(Augustine 1972:880).

올리버 오도노번(Oliver O'Donovan)은 아우구스티누스의 대표작인 제19권에 대한 고찰을 통해 다음처럼 주장한다.

> 아우구스티누스는 사회나 도덕 같은 전통적 개념을 새로운 용어들로 재구성했다. 이런 새로운 용어들은 사회적 존재를 가능하게 하는 도덕적 질서가 실재하는 것과, 이 질서에 근본적으로 결함이 있다는 특징에 대한 바른 인식을 제공할 것이다. 아우구스티누스는 도덕적 '무질서' 면에서 모든 정치를 특징짓는 급진적이지만 혁명적이지는 않은 정책에 대해 말한다.
> 무질서 자체는 그들의 정치적 '질서'에 대한 설명을 제시한다. 왜냐하면, 아우구스티누스의 확고한 플라톤적 견해에서, 무질서는 기본적인 도덕적 질서의 실패에 지나지 않기 때문이다. 다시 말해, 악덕은 '덕'의 악용이다. 악덕은 어떤 '질서'를 약탈하는 '무질서'다(O'Donovan 1987:102).

아우구스티누스는 무질서 또는 죄의 독립적이고 시원적인 상태를 인정하지 않는다. 그러나 이것이 그가 마니교를 논박했던 유일한 방식은 아니다. 이런 불인정은 급진적이고 도발적인 이야기로 남는다. 이 이야기는 우리가 정치적 악 및 행악자들에 대해 이해하는 것에 관한 중요한 정치적 암시를 담고 있다 (Elshtain 1995).

결론을 맺는 다음 단락에서는 정치적 악과 행악자 주제를 고려한다. 아우구스티누스가 자기 시대에 받아들여졌던 사회적 합의를 묵인한 것이 무엇이든, 그가 시민적 신분과 생활을 포함해 사람의 개성, 결혼 등 온갖 다른 사회적 관계들을 일그러뜨리는 지배욕에 대한 비난을 유산으로 남긴 사실에 주목하는 것은 중요하다. 아우구스티누스는 교만을 가차 없이 비난하며, 선과 악, 친절과 이기심 등을 우리가 구별해야 하기 때문에 판단하면서 후원하는 사랑, 이웃, 섬김의 일에 찬사를 아끼지 않는다. 사랑과 정의는 이 세상에서, 또 천국에서 서로 연관되어 있다. 하지만 세계는 전쟁과 더불어 공포로 가득 차 있다.

아우구스티누스는 전쟁 같은 것의 정당성과 사랑과 평화로의 부르심을 어떻게 조화시키고 있는가?

이제 이 주제를 살펴보자.

4. 전쟁과 평화에 관한 아우구스티누스의 입장

이 주제에 대해 골몰히 취급한다는 것은 복잡한 아우구스티누스의 신정론에 대한 평가를 요구한다는 것을 의미한다. 신정론에 대한 평가는 이 논문의 범위 밖에 있다. 하지만 전쟁과 평화에 대한 아우구스티누스의 신학을 파악하기 위해서는 그에 대해 간략히 논의 할 필요가 있다.

아우구스티누스는 유혹적인 악의 매력을 인정한다. 그는 젊은이가 흔히 범하는 장난 이야기(농장의 배를 훔친 이야기)를 훌륭하게 전해 준다. 이야기는 젊은이가 단순히 배고픔을 달래기 위해 농장의 배를 훔친 것이 아니라고 말한다. 젊은이는 즐거움 자체를 위해, 함께 동조한 친구들과의 우정을 유지하기 위해 훔친 것이다.

아우구스티누스가 결정적으로 형이상학적 이원론을 거부하고 악이 선과 반대되는 생성력 있는 자립하는 원리라는 주장을 부정하기까지에는 마니교를 통한 우회적 삶을 포함해 너무나 오랜 시간이 걸렸다. 마니교는 창조 자체에 사탄의 세계를 형성하는 자(demiurge)의 활동으로서의 악을 설정했다. 따라서 마니교에 따르면 육체는 오염된 것이다. 그러나 아우구스티누스에게 창조는 선하다. 육체는 선하고 오염되지 않았다. 하나님의 창조는 선하다. 우리가 육체로 행하는 것이 오염된 것이지, 창조가 오염된 것은 아니다. 육체를 더러운 죄, 사악함, 잔인함으로 오염시키는(혹은 오염시키지 않는) 것은 바로 우리 육체가 피조세계에 행하는 일이다.

이 부분에서 우리는 인간의 자유의지에 대한 아우구스티누스의 유명한 주장을 생각할 수 있다. 한나 아렌트(Hannah Arendt)는 이에 대해 아우구스티누스가 인간의 자유의지에 대한 개념에 처음으로 공헌한 사람이라고 인정한다. 우리는 잘못 선택할 수 있으며, 실제로 잘못 선택하기도 한다. 왜냐하면, 우리가 처음부터 최초 불순종의 흔적으로 낙인찍혀 있기 때문이다. 악을 선택하는 것 자체가 "본성이 선하다는 것을 인상적으로 증명한다"(Augustine 1972:448).

악은 선에서 멀어지는 것이고, 우리는 이 멀어짐을 행하는 자들이다. 이는 육체가 부패했기 때문이 아니라 우리가 육체를 더럽힐 수 있기 때문이다. 선천적 악과 같은 것은 존재하지 않는다. 악은 제한된 피조물이 하나님에게서 자기에게로 돌아서는 것이다. 따라서 악은 인간의 더럽혀진 의지를 절대화하는 것이다. 이러한 돌아섬은 습관적이 될 수 있으며 일종의 두 번째 본성이라고 할 수 있다.

이런 방식으로 아우구스티누스는 악을 미화하지 않고 공정하게 다룬다. 악은 우리가 일군의 행동과 추정적 동기에 붙이는 이름이다. 이 돌아섬 혹은 돌이킴의 결과는 유한성을 증오하는 마음이자 창조에 반하는 것이라고 말할 수 있는데, 곧 파괴하려는 야욕의 숙명적인 굶주림을 내포하고 있다. 전쟁은 이런 파괴의 유형이다. 따라서 전쟁은 정의로울 때에도 항상 비극적이다.

그러나 전쟁이 인간 죄성 중 가장 으뜸 되는 사례고 선에서 돌아선 것이라고 한다면, 과연 전쟁이 어떻게 어떤 상황 아래서도 정당화될 수 있겠는가?

전쟁은 다음과 같이 작용한다. 아우구스티누스는 로마의 평화는 평화에 대한 그릇된 주장이라는 재해석으로 시작한다.

정복자 로마는 다른 나라들을 지배하려는 탐욕으로 정복하고 정복당했다.

> 싸웠던 모든 전쟁, 흘렸던 모든 피를 생각해 보라. 압도적인 힘을 행사한 로마 제국을 도왔던 이탈리아의 거의 모든 나라는 마치 자기들이 야만족인 것처럼 정복당해야 했다(Augustine 1972:127).

로마는 앙갚음과 잔인함의 욕망으로 움직였고, 이런 앙갚음과 잔인함은 소중한 평화라는 미명하에 성공적으로 자행되었다. 제국에는 정의가 사라졌고 제국 집권자들은 거대한 범죄의 소굴 집단이나 다름없었다. 여기서 아우구스티누스는 알렉산드로스 대왕에게 포로로 잡힌 어떤 해적에 대한 유명한 일화를 반복해 소개한다. 알렉산드로스 대왕은 이 해적에게 지속적으로 해적들이 바다에 출몰하여 제국을 괴롭히고 있는 상황에 관해 어떻게 생각하는지 질문한다.

해적은 억제할 수 없는 오만한 마음으로 대왕에게 대답한다.

> 제가 하는 일은 폐하가 전 세계를 괴롭히는 것과 거의 똑같습니다. 저는 단지 작은 배 한 척으로 그 일을 하는 까닭에 해적이라 불리고, 폐하는 대함대를 거느리고 다니면서 그 일을 하는 까닭에 황제라고 불린다는 것만이 다를 뿐입니다 (Augustine 1972:139).

아우구스티누스도 시사한 바가 있듯, 로마인들이 외국의 다른 나라에 기념비를 세우고 '알리에나'(*Aliena*)라고 불렀다고 말한다. 이는 로마가 이를 이용해 모든 전쟁은 방어적인 차원이었다고 선포하기 위한 것이었다. 그러므로 로마 제국은 이 같은 유린을 정당화하기 위해 다른 나라 사람들을 무자비한 적으로 만들어야 했다.

로마에 있어서 평화는 '지배'(*dominium*)의 또 다른 이름이었다. 만일 전쟁의 유린이 부분적으로 죄에 대한 징벌이라면 인간 존재들은 그런 징벌을 시행함으로써 종종 잔인하게 죄를 범하는 것이다. 그렇지만 아우구스티누스는 주로 자유의사를 따른다는 전쟁이 가진 선택적 성격을 강조하고 전쟁에 참여하는 사람에게 책임을 부과하고 있다.

사악한 동기와 온당치 못한 목적으로 자행된 전쟁의 끔찍한 대학살에 대해 성찰하고 이런 불의를 감안할 때, 사람들이 불의한 전쟁에 나가 싸워야 한다는 사실은 통탄한 일이지만, 오로지 헌법 범위 내에서 제한된 전쟁만 수행해야 한다고 한정할 것이다. 이것이 아우구스티누스의 주장이다.

그런데 때로는 전쟁이 방어를 목적으로 이루어질 때도 있다. 지혜로운 집권자와 국가는 마지못해 뉘우치는 마음으로 무기를 가지고 전쟁을 준비한다. 사람들은 오직 특정 목적을 위한다는 전쟁의 제한된 정당성을 주장하는 아우구스티누스를 '정당한 전쟁' 사상의 선구자로 본다(물론 다른 사람들은 그를 정치 현실론의 선구자로 평가한다. 현실론과 공정한 전쟁을 어떻게 이해하는가에 달려 있겠지만 그를 현실론과 공정한 전쟁 둘 다의 선구자로 생각하지 않을 이유는 없다). 여기서 아우구스티누스는 현대의 국제 관계 이론가들이 '안보 딜레마'라 부르는 것을 인식한다.

사람들은 결코 다음과 같은 나라를 갖지 못할 것이다.

> 적들에게 종속되는 것을 두려워하지 않을 정도로 안전한 나라는 없다. 이 세상에 사람들의 삶에 대한 악의적인 공격들이 유발하는 온갖 공포를 없앨 평온은 결코 허용되지 않는다. 이만큼 인간사는 불안하다. 그런 평화롭고 안전한 장소 같은 약속의 장소는 어머니 품 같은 영원하고 자유로운 예루살렘에, 영원한 존재들에게 준비되어 있을 뿐이다(Augustine 1972:743-4).

우리는 단순히 이 지상에서 두려움과 염려라는 어두운 그림자와 더불어 살아가야 한다. 그러나 우리는 이 그림자에 자신을 내맡기며 살지 않아야 한다. 우리가 이 두려움에 굴복하게 된다면, 사회적이고도 시민적인 전쟁들을 포함한 무시무시한 파멸의 전쟁이 일어날 것이다. 또한, 각 전쟁은 파멸의 구체적 사례를 모방하는 또 다른 전쟁을 부추길 것이다. 각 전쟁은 보복하는 경향을 야기하는 불만과 분노를 초래하기 마련이다.

이와는 대조적으로 정의로운 집권자는 승인되지 않은 공격과 침략에 저항하든지, 아니면 어떤 파멸에서 선량한 사람을 구해내든지 반드시 필요하고 이치에 맞는 전쟁을 한다. 전쟁의 동기는 이웃 사랑과 더 진정한 평화를 갈망하는 것이어야 한다. 전쟁은 덜 악한 죄를 마지못해 승인하는 행위다.

전쟁은 하나의 비극적 필연으로서 결코 규범적 선이라고 말할 수 없다. 폭력에 대해 자신만 구하는 것은 정당화될 수 없다는 것에 주목해야 한다. 잘못을 범하는 것보다는 잘못으로 고통 받는 것이 낫다. 그러나 우리의 사회성에는 이웃 사랑이 새겨져 있으며 백성의 안녕을 책임진 집권자에게는 가장 강력하고도 통렬한 이웃 사랑이 요구된다.

그렇다면 전쟁은 이런 내재적 사회성을 통해 누구에게도 해를 입히지 않고 누구든지 할 수만 있다면 언제든 도와주어야 한다는 요구 아래서 때때로 정당화될 수 있다. 여기서 아우구스티누스의 추론은 상대적 정의에 대한 담론 영역에 해당하며, 또한 전쟁에 대한 완전히 구체화된 체계적 이론이라기보다는 신학적 해석인 그의 논증은 가장 중요한 선의 이름으로 부당하게 죽이지도 살인하지도 않는다는 근본 원리를 때로 위반하는 경우를 관련시킨다.

그의 주장을 자세히 들여다보면 정당한 전쟁에 대해서 과시하기 위해서가 아니라 크게 애통해하고 성찰해야 한다는 사실을 알 수 있다. 슬픈 마음을 가지고 돌아보지 않는 자는 비열하고 경멸받을 자다. 아우구스티누스의 세계에는 승리를 환호하는 행진이 존재하지 않는다.

왜냐하면, 전쟁은 아무리 정당한 이유가 있을지라도, 종종 평화를 확보하기 위해 탐욕과 욕심에 대한 유혹을 불러일으키기 때문이다. 그에게 공정한 전쟁은 부주의하고 무모한 군대 동원 이야기가 아니라 주의를 요하는 이야기다. 평화는 아주 위대하고 선한 가치기 때문에 "평화라는 말처럼 더 즐거운 말이 없고, 평화만큼 열망해야 할 강렬한 열망은 존재하지 않으며, 평화보다 더 만족을 주는 말도 없다." 평화는 모든 인류의 가슴 속에 소중하며 유쾌한 말이다(Augustine 1972:866).

5. 아우구스티누스의 결론

아우구스티누스에 대한 엄청난 연구는 지속적으로 늘어나고 있다. 이는 이미 오래전에 에베레스트산에 대한 연구의 양을 능가했을 정도다. 그래서 아우구스티누스를 완전히 정복할 수 있는 학자나 단체는 존재하지 않는다. 이것은 아우구스티누스의 저술에 대한 명백한 사실이다.

피터 브라운은 세비야의 이시도르(Isidore of Seville, A.D. 570-636년경)가 다음과 같이 말했다고 한다.

> 만일 어떤 사람이 당신에게 아우구스티누스의 모든 저술을 읽었다고 하면, 그는 거짓말쟁이일 것이라고 말했다(Brown 1972:311).

누구나 자신이 알고 있는 아우구스티누스에 대한 생각을 가지고 있지만 그것은 심층적이지 않은 표면적 이해에 불과하다. 실제로 아우구스티누스의 아직 완전히 영어로 번역되지도 않았다. 그의 저술을 번역하려는 계획은 지금도 진행 중이다. 그의 설교집 약 17권만이 번역되어 있을 뿐이다.

아우구스티누스에 대한 새로운 학문적 연구 중 다수는 정치적 유토피아의 붕괴를 생각하면서 그가 얼마나 동시대적인지에 대해 말한다. 내가 의미하는 이 정치적 유토피아는 정말 중요한 세계관 아래서 정치적, 사회적 삶을 규정하려는 시도들이다. 여기서 세계관은 어떤 시도도 그러기 마련인 것처럼, 인간이 잘 변할 수 있고 심지어 완전해질 수 있다는 것에 대한 결함있는 인간학으로 시작한다.

돌이켜보면 우리는 지난 3세기에 걸쳐 당연하게 여겼던 그리고 이제야 모서리가 헤어져 있음을 인식한 민족 국가 체제의 건립을 포함해 너무 많은 정치적 계획이 산적해 있음을 깨닫는다.

목적론적 역사 발전은 비록 아직도 인류를 완전하게 하는 기술 진보나 유전공학에 빠진 자들에게 회자되고 있으나 더 이상 믿을 수 없다. 추측건대, 자아의 단단한 토대들은 20세기에 니체와 프로이트의 공격으로 순순히 자리를 양보했다. 문화인류학은 문화적 우연성들의 교훈을 가르쳤다. 동시대의 수사학 연구자들은 수사학의 중요성과 활력 그리고 우리의 정치적, 사회적 삶과 생각이 어떻게 유용한 수사학적 형식들 속에서 주조될 수 있는지 재발견하고 있었다.

이 모든 것이 아우구스티누스를 놀라게 하지는 못할 것이다. 그를 슬프게 했을 것은 하나의 극단을 다른 극단으로 대신하려는 인간의 경향성이다. 이를테면 현실에서 유리된 이성에 대한 지나치게 철저한 주장은 이성의 죽음이라는 극단적 주장에 자리를 내준 것이다.

중요한 것은 아우구스티누스를 정치적 제한이나 현실주의로 해석하려는 사람들에게서 해방시켜야 한다는 것이다. 여기서 현실주의는 희망이라는 위대한 덕목과 '사랑'(*caritas*) 활동을 실천해야한다는 그의 주장을 가벼이 여긴다는 것이다. 이는 아우구스티누스가 시장과 민주주의를 위해 도움을 주어야 한다는 의미가 아니다. 그는 결코 인류의 약탈자들을 위해 징집될 수 없다는 것을 의미한다.

참고 문헌

Augustine, St. (1961). *The Confessions*. New York: Penguin.
_____.(1963). *De Trinitate*, trans. S. McKenna. Washington DC: Catholic University of America Press.
_____.(1972). *The City of God*, trans. H. Bettenson. Baltimore: Penguin.
_____.(1984). *Augustine of Hippo, Selected Writings*, trans. M. T. Clark. New York: Paulist.
Brown, Peter R. L. (1967). *Augustine of Hippo, A Biography*. Berkeley: University of California Press.
_____.(1972). "Political Society." In R. Markus (ed.), *Augustine: A Collection of Critical Essays*, 311-35. Garden City: Doubleday Anchor.
Burt, Donald X. (1999). *Friendship and Society: An Introduction to Augustine's Practical Philosophy*. Grand Rapids: Eerdmans.
Elshtain, Jean Bethke (1987). *Women and War*. New York: Basic Books.
_____.(1995). *Augustine and the Limits of Politics*. Notre Dame, Ind.: Notre Dame University Press.
Markus, Robert (1970). *Saeculum: History and Society in the Theology of St. Augustine*. Cambridge: Cambridge University Press.
Milbank, John (1990). *Theology and Social Theory: Beyond Secular Reason*. Oxford: Blackwell.
O'Donovan, Oliver (1987). "Augustine's City of God XIX and Western Political Thought." *Dionysius* 11, 89-110.
Wetzel, James (1992). *Augustine and the Limits of Virtue*. Cambridge: Cambridge University Press.
Williams, Rowan (1987). "Politics and the Soul: A Reading of *The City of God*." *Milltown Studies* 19-20, 55-72.

제4장

아퀴나스

프레드리히 크리스틴 바우어슈미트(Frederick Christian Bauerschmidt)

최근 들어 토마스 아퀴나스(Thomas Aquinas, 1224-74년경)의 윤리와 정치 사상에 대한 관심이 상당히 높아졌다. 철학(MacIntyre 1991)과 신학(Porter 1990; Pinckaers 1995) 분야에서 학자들은 '덕의 윤리학'에 대해 관심가지며 아퀴나스의 미덕에 대해 예민하고 순수한 분석으로 자연스럽게 시선을 돌리게 되었다.

다른 경우지만 아퀴나스의 사상에서 자연법(natural law)의 역할은 몇몇 법률과 정치 이론가(Finnis 1998), 심지어 해방신학자(Gutierrez 1993)의 관심을 끌어내기에 충분했다.

이에 나는 자연법에 대한 아퀴나스의 호소를 주된 근간으로 삼지 않더라도, 정치신학에 대한 아퀴나스의 시대적 타당함을 주장할 것이다. 이 외에도 나는 얼핏 그의 도덕신학과 연관성이 많지 않아 보이는 그의 성치신학을 검토할 것이고, 정치신학과의 연관성이 덜한 아퀴나스의 몇몇 글도 함께 검토할 것이다.

정치신학에서 차지하는 아퀴나스의 중요성은 진리가 왕보다 강하다고 굳게 믿고, 진리를 예수 그리스도로 성육신하신 이스라엘의 하나님과 동일시한다. 나는 이 사실을 보여 주기를 원한다.

1. 아퀴나스 사상의 개요: 한 원전에 대한 주해

아퀴나스 사상에서 세 가지 형식적 개요를 기술해 보자.

첫째, 아퀴나스는 '논리학'과 '형이상학'에 관심을 갖는다.

그의 기본적 접근 방식은 특징들, 곧 우리 사고와 언어가 사물 속에 고유하게 존재하는 질서에 순응하도록 돕는 특징들을 구분함으로 사고와 언어의 명료성을 추구한다. 그는 현대 철학에서 통상적으로 발견되지 않는 방식으로 우리가 어떻게 말을 사용하는지에 대한 세심한 분석을 심원한 형이상학적 추론으로 결합시킨다. 이 같은 결합은 기독교 전통의 내용을 전달하는 가장 분명한 방식을 찾으려는 아퀴나스의 지배적인 관심에서 일어난다. 그는 실재의 포괄적 이상(理想)에 비추어 특징들을 질서화하고 구분하는 방식으로 작업한다.

둘째, 아퀴나스의 사상은 '전통적'이다.

그는 살아 있는 전통을 주고받는 과정 중에 참여자로 생각한다(MacIntyre 1991). 현대 사상은 시작해야 하는 의심할 나위 없는 출발점을 찾으려는 갈망에 따라 부분적으로 구분된다. 하지만 아퀴나스는 이미 진행하고 있는 복잡한 대화의 참여자로 사상에 접근한다. '질문'(quaestio) 형식은 여러 다른 저작과 마찬가지로 『신학대전』(Summa Theologiae[앞으로 ST로 표기함])의 중심을 이루고 있다. 이 같은 형식은 '질문'을 시작하는 논증들과 반론에서 살아 있는 전통의 목소리를 들려 준다.

셋째, 아퀴나스의 사상은 '성경적'이다.

아퀴나스가 속해 있는 전통은 성경에 기록된 하나님께로부터 출발하는 인간과의 대화다. 아퀴나스 사상에 대한 근본적 윤곽은 사람들이 종종 생각하는 것처럼 아리스토텔레스적이 아니라 성경적이다. 아퀴나스는 기독교 전통을 풍부하게 만들기 위해 철학의 자산(플라톤과 아리스토텔레스의 철학)을 자유롭게 이용한다.

하지만 문제를 제기하고 이를 통해 담론을 얻으려고 할 때, 분명한 것은 성경에서 답을 찾는다는 것이다(ST 1.1.8. ad 2를 참조). 철학 전통은 성경을 풍성하게 하기 위해 차용되고 플라톤이나 아리스토텔레스와는 아주 다른 의미로 변형되고는 한다.

이런 형식적 윤곽들이 어떻게 실제로 기능한지 이해하기 위해 특정 원전을 살펴보자.

아퀴나스는 경전의 스승(*magister sacra pagina*)으로 무엇보다 원전들의 해석자기 때문이다. 이 작은 분량의 글은 아퀴나스가 정기적으로 스승 역할을 수행할 때 다른 질문들 가운데 하나다. 그의 사상의 형식적 윤곽을 보여 주는 것 외에도 이런 원전은 오늘날 아퀴나스의 사상에 대한 가능한 문제들을 소개하는 것에 사용될 수 있다.

이 특정 원전은 현대적 감성에서 보면 명백한 문제 하나를 제기한다. 아퀴나스가 여성을 '관능적 인과 관계'(sensual causality)로 취급했기 때문이다. 이런 취급은 잘해야 거드름 피우는 것으로, 부정적으로 말하면 공공연한 성 차별주의다. 따라서 오늘날 우리가 아퀴나스를 읽을 때 유의해야 할 중요한 사실이 한 가지 있다. 아퀴나스가 여성을 '관능'으로, 남성을 '지성'으로 여긴 것은 우리 모두와 마찬가지로 그 역시 자신이 속한 문화의 산물임을 보여 준다.

아퀴나스의 경우 '여성'을 '성적 매력'의 자연스러운 환유어(換喩語)로 만든 특정 개념을 받아들였을 뿐이다. 그러나 이 사실은 어려운 문제를 제기한다. "사회적, 정치적 권력이 어떻게 사물들의 자연스러운 질서에 대한 우리의 인식을 형성할 수 있는가?"(이 글의 마지막 부분으로 가면서 이 문제를 다시 다룰 것이다).

그러므로 핵심 문제는 다음과 같다.

"진리가 왕들보다 강하다는 아퀴나스의 근본 강조점이 자신의 문화적 가정들의 어떤 부분을 비판하기 위해 사용되야 하는 것은 아닌가?"

> **문제 12.14.1**:진리가 포도주, 왕 또는 여성보다 더 강한 것인지에 대해
>
> **반대 1**:포도주가 가장 강한 사람을 변화시킬 수 있기 때문에 포도주가 가장 강한 것처럼 보인다.
>
> **반대 2**:왕이 사람에게 가장 어려운 일을 강제할 수 있으므로, 즉 치명적 위험에 사람을 드러낼 수 있기 때문에 왕이 가장 강한 것처럼 보인다.
>
> **반대 3**:여성은 왕조차도 지배할 수 있기 때문에 여성이 가장 강한 것처럼 보인다.
>
> **여기에 대한 반론**:에스드라1서 4:35 "진리는 더 강하다."
>
> **나의 답변**:이 문제는 에스드라 안에 있는 젊은 청년들이 제기한 것인데, 이들이 해결하려고 요구했던 문제다. 만일 우리가 이 네 가지(즉, 포도주, 왕,

여성 그리고 진리)를 고려한다면, 이 네 가지는 비교할 수 없다. 왜냐하면, 포도주, 왕, 여성, 진리는 동일한 종류가 아니기 때문이다. 하지만 만일 이것들을 효과와 관련해 생각한다면, 한 가지 면에서 일치하며, 따라서 비교가 가능하다. 더욱이 이것들이 서로 일치하고 비교될 수 있는 효과는 인간의 마음을 변화시키는 것이다. 그러므로 이것들 가운데 인간의 마음속에 가장 강하게 변화를 일으키는 것이 가장 강한 것처럼 보일 것이다.

인간 속에 일어나는 변화가 때로는 신체에 때로는 정신(*animale*)에 영향을 주는 것을 관찰해야 한다.
그리고 정신의 변화는 두 가지 방식이 있다.

첫째, 감각과 관련해 나타난다.
둘째, 지성과 관련해 나타난다.

게다가 지성도 두 가지 양태로 하나는 실천적이고 다른 하나는 사색적이다.
그러나 신체의 성향에 따른 자연스러운 변화와 연관된 것들 가운데 최고는 단연 포도주다. 포도주는 사람들이 술에 취해 말을 많이 하게 만든다. 감각의 성향과 연관되어 있는 것들 가운데 가장 최고는 쾌감인데, 특히 성적 쾌감이다. 따라서 이런 면에서 여성이 더 강하다. 이와 같이 왕은 우리가 성취할 수 있는 실제적 문제와 인간사에서 가장 큰 힘을 가진다.
성찰 문제에서 가장 지고하고 힘 있는 것이 진리다. 이제 신체적인 힘들은 동물적 힘에 종속되고, 동물적 힘은 지성적 힘에 종속되고 실천적 지성의 힘은 성찰하는 지성의 힘에 종속된다. 그러므로 결론적으로 진리가 가장 가치 있고 탁월하며 강하다.
아퀴나스는 자신의 답변을 시작하면서 '가장 강한 것'의 네 후보를 다루고, 만일 우리가 단순히 네 후보를 그 자체로서 다루게 되면, 논리적으로 엄격하게 후보들을 비교하기에는 어려움이 있다고 지적한다. 하지만 아퀴나스는 후보들이 인간의 마음 속에 변화를 일으키는 모든 원인이고, 따라서 이런 차원에서 비교할 수 있다고 계속해 말하고 있다.

그러므로 아퀴나스는 자신이 이해하는 상황에 인간 존재를 놓는다. 그는 인간을 신체적이면서, 동시에 정신적(혹은 그가 여기서 쓴것처럼 아니마[anima]에서 유래한 '동물'이나 '혼')으로 이해한다. 우리의 정신적 본성들은 우리가 다른 동물들과 공유하는 감각 기능과 우리와 다른 동물들을 구별하는 사고 기능으로 구성된다. 그리고 우리의 사고 기능은 행동을 지향하는 사고(실천적 이성)와 지식을 지향하는 사고(사색적 이성)로 더 세분화될 수 있다.

이런 특징들을 구분하는 우리는 인간의 마음이 다양한 방식으로 움직일 수 있음을 이해할 수 있다. 포도주는 화학적 반응을 통해 말이 없는 사람을 수다스러운 사람으로 변화시키듯, 물리적 단계에서 우리에게 영향을 미칠 수 있다.

아름다운 여성(또는 남성)은 단순히 물리적 변화의 단계에서뿐 아니라 감각, 특히 쾌감을 통해 우리에게 영향을 미친다. 왕과 진리는 사고의 단계지만 분명한 방식으로 행동한다. 왕은 자신의 의지로 우리에게 어떤 행동을 실행하도록 명령할 수 있다. 하지만 그는 어떤 것에 동의하게 강압적으로 사람의 마음을 움직이게 하는 명령을 내릴 수는 없다. 사람의 마음을 움직이고 명령할 수 있는 것은 오직 진리밖에 없다.

그래서 인간의 행동을 일으키는 여러 유형의 원인과 이것의 결과로 야기되는 여러 유형의 행동이 존재한다. 이런 행동은 신체 유형, 감각 유형, 의지 유형, 사색적 이성 유형이다. 이런 특징들을 구분하는 것이 실재(우리가 그의 '형이상학'이라고 부르는 것)에 대한 아퀴나스의 매우 중요한 해석을 명확히 표현하는 데 결정적이다.

아퀴나스는 인간의 마음을 변화시키는 여러 유형의 원인을 구분할 수 있을 뿐 아니라 이런 종류들 사이에 질서가 존재한다고 주장한다. 이 질서는 다양한 변화에 대한 첫 번째 묘사에 암시되어 있다. 가장 기본적(또는 가장 낮은) 유형의 변화는 인간이 존재하는 모든 것과 공유하고 있는 부분으로, 신체적이거나 물질적 변화이다. 감각을 통하여 행동하는 것으로 초래되는 변화는 감각적 존재(말하자면 동물들)에게 특유한 것이기는 해도, 인간에게만 해당하는 것은 아니다.

따라서 행동의 덜 고유한 원인들은 행동의 더 고유한 원인들에게 종속되거나(곧 낮은 순서가 되거나) 이들보다 낮다.

그러나 인간에게 똑같이 고유한 두 가지 유형의 행동 원인은 어떠한가?
실천적 이성에 따른 행동과 사색적 이성에 따른 행동은 어떠한가?
행동 원인들은 상호 간에 어떤 질서를 가지는가?

실천적 지성과 사색적 지성은 이성의 두 가지 다른 힘들이라기보다는 두 가지 서로 다른 방식으로 작용하는 이성이다.

첫째, 실천적 이성의 경우 추구해야 하는 선에 대한 것이다(곧 우리가 행해야 하는 것).

둘째, 사색적 이성의 경우 알아야 하는 진리에 대한 것이다(곧 사실인 것). 그런데 이 같은 명확한 구분은 그렇게 뚜렷하지 않다는 것이 밝혀진다.

> 이는 진리와 선이 서로를 포함하고 있기 때문이다. 진리도 선이다. 그렇지 않다면 진리는 바람직하지 않을 것이다. 그리고 선도 진리다. 그렇지 않다면 선은 이해되지 않을 것이다(ST 1.79.11 ad 2).

그런데 이 둘의 차이는 여전히 남아 있다. 실천적 이성은 '인간' 행동의 원인인 선에 대한 추론인 반면, 사색적 이성은 인간을 초월하여 존재하는 모든 것의 원인이며 모든 진리의 원인인 하나님께 도달한다(ST 2-2.47.2 ad 1). 그러므로 실천적 이성을 통해 작용하는 원인들은 사색적 이성을 통해 작용하는 것들에 예속된다. 우리는 믿음보다 행동을 초래하는 것이 더 쉽다고 말한다.

따라서 포도주, 여성, 왕, 진리를 통해 예증된 원인들의 계층적 순서가 생명 없는 존재들, 생명 있는 존재들, 지성적 존재들과 존재 자체(esse ipse subsistens)의 원리이신 하나님의 존재론적, 계층적 질서와 일치하기 때문에 진리가 더 강하다는 것을 보여 준다. 지금까지는 상당히 논리적이고 형이상학적이다.

그럼 전통과 성경은 어떤가?

어떤 사람은 이 문제를 교수를 당황시키기 위해 제기했던 학생의 농담으로 여긴다. 특별히 우스운 농담이 아니라고 해도, 실제로 이 문제는 농담이었을 것으로 생각된다. 그렇지만 더 중요한 문제는 성경, 특히 제2정전(正典)의 책 『에스드라1서』에 근거가 있다. 바사 왕 다리오의 젊은 유대인 종 세 명은 자신들의 주인 앞에서 이 문제에 대해 논쟁한다.

다리오 이전 왕인 고레스는 50년 전 예루살렘을 함락시키고 많은 사람을 포로로 잡아갔고, 바벨론을 무너뜨렸다. 고레스는 유대 포로들을 그들의 고향으로 돌아가도록 허락했지만, 많은 포로는 바벨론에 잔류했다. 그곳에서 그들은 자신들의 삶을 만들어 갔다. 이때 예루살렘 성전은 다리오가 성전 재건 약속을 이행하지 않았기에 황폐해졌다.
 에스드라3서에는 세 명의 종이 등장한다.
 아래는 세 명의 종에 대한 설명이다.

첫 번째 종은 특히 "포도주는 왕과 고아의 정신을 동일하게 만들고 노예와 자유인의 정신을 동일하게 만들며 가난한 자와 부자의 정신을 동일하게 만든다"(3Esdras 3:19)는 것 때문에 포도주가 가장 강하다고 주장한다.
두 번째 종은 재치보다는 아첨하려는 경향이 많은 사람이었기에 왕이 더 강하다고 주장한다. 이는 그의 모든 백성과 그의 군대들이 왕에게 복종하기(3Esdras 14:10) 때문이다.
세 번째 종은 "여성이 가장 강하지만 진리는 모든 것의 승자이다"(3Esdras3:12) 라는 가정을 변론한다. 이 사람은 젊은 유대인 종으로 바벨론에서 추방되기 전 유다의 마지막 왕이었던 여호야김 왕의 손자인 스룹바벨이다.
 스룹바벨은 재치나 아첨으로 다리오를 감동시키는 일에는 관심이 없는 사람이다. 여성들이 포도원을 재배하는 남성들을 출산하기 때문에 그는 여성이 포도주보다 더 강하다고 주장하고, 왕의 머리에서 왕관을 취하여 자기 머리에 쓰고 자신의 왼쪽 팔로 왕을 툭툭치는(3Esdras 4:30) 후궁 아페임(*Apame*)에게 다리오가 아양을 떠는 행동을 지적하면서 여성들이 왕들보다 강하다고 주장한다.

 그런데 스룹바벨은 돌연히 태도를 바꿔 "진리는 위대하고, 모든 것보나 강하다"(3Esdras 4:35)라고 공표한다.
 그에게 태도를 바꾸게 한 것은 무엇인가?
 스룹바벨이 왕과 그의 후궁을 조롱한 것은 이들의 하찮음을 암시하고, 이들이 중요하다는 주장을 웃음거리로 만든다.
 스룹바벨은 다리오의 후궁과 극명히 대조되는 한 여인(잠언에 나오는 '지혜 부인')으로 진리에 대해 계속해 말한다.

> 이 여인에게는 편파적인 것이나 편애하는 것이 전혀 없고, 불의하거나 사악한 어떤 것 대신 공의로운 것을 행한다(3Esdras 4:39).

다리오에게 암시적으로 호소하는 것은 그가 변덕스럽고 신뢰할 수 없는 후궁 아페임보다 힘 있고 공의로운 여인의 진리를 추구해야 한다는 것이다.

그러나 스룹바벨이 진리를 찬사하는 말은 최종적으로 나온다.

> 이 여인은 모든 시대의 힘과 왕권과 능력과 위엄을 소유한다. 진리의 하나님을 찬양하라 (3Esdras 4:40).

이 마지막 부분에서 스룹바벨은 진리를 추구하는 데 헌신하는 것이 이스라엘의 하나님에게 헌신하는 것이라는 사실을 분명히 한다. 다리오는 스룹바벨이 묘사한 여인의 진리를 받아들인다.

다리오는 이렇게 말한다.

> 당신이 원하는 것을 구하라.

이에 스룹바벨은 이렇게 대답한다.

> 그러므로 나는 당신이 왕의 입술로 천상의 왕에게 맹세했던 바를 이행하기를 원합니다 (3Esdras 4:43-6).

왕인 자신의 권력보다 더 큰 힘인 진리와 마주했던 다리오는 성전을 재건하라는 스룹바벨의 요구에 동의하게 된다. 아퀴나스의 담론을 그의 성경적 자료에 재배치하는 것은 우리가 아퀴나스를 이해하는 데 도움이 된다. 곧 비록 아퀴나스는 철학의 도구를 채택했지만, 그가 질문에 대답한 것은 권력과 진리 사이의 관계와 하나님의 영원한 법에 지상의 집권자들이 예속된다는 성경적 이해로 가득했다.

우리는 스룹바벨 이야기를 통해 구약과 신약에서 반복되는 근본적 내러티브 패턴, 곧 정치 질서에 대한 아퀴나스의 사상의 중심이자 아퀴나스가 자신의 논쟁적 질문 속에 인용하고 있는 "진리는 더 강하다"라는 구절로 집약된 패턴을 보게 된다.

2. 권력에게 진리를 말함

진리와 권력의 보좌를 요구하는 다른 요소 간의 대면은 지상 권력의 대표자 빌라도 앞에 나타난 예수에 대한 요한복음 기사(요 18:33-19:22)에 가장 정확하게 표현된 것으로 본다. 이 이야기에 관한 아퀴나스의 주석은 교훈적이다. 아퀴나스는 빌라도를 되도록 호의의 빛을 선호하는 자(그는 진리를 알고자 원하는[super evangelium S. Ioannis § 2344] 정의로운 왕이다)로 묘사한다.

하지만 빌라도가 철저히 '세상적' 사고방식에 예속되어 있어 '물질적'(외부의 강압의 하나로)이지 않은 하나님 나라를 상상할 수 없기 때문에 아퀴나스는 여전히 빌라도를 그리스도가 말한 것이 무엇인지 이해하지 못하는 사람으로 본다. 비록 빌라도가 예수를 '진리의 선생'(§ 2365)으로 받아들이기를 원한다 해도, 그는 진리와 왕권 간의 진정한 관계를 결코 이해하지 못한다. 따라서 빌라도는 "진리가 더 강하다"라는 사실을 결코 이해하지 못한다.

더욱이 빌라도는 자신의 나라는 이 세상의 나라가 아니라는 예수님의 말을 오해한다. 그는 아퀴나스가 마니교에 대해 요약한 것처럼, 물질적 세계는 잔인하고 강압적인 힘으로 통치되고 구제할 수 없는 어둠의 영역이라고 잘못 생각한 다. 이런 오해에 반대하는 아퀴나스는 그리스도가 세상 사람들이 통치하는 물리적 방식으로, 곧 외부의 강압으로 통치하지 않는다는 사실을 견지한다.

하지만 이 사실은 그리스도가 이 세상을 통치하지 않는다는 것이 아니다. 정말 그리스도의 나라는 "여기 이곳에 있다. 왜냐하면, 그 나라는 모든 곳에 있기 때문이다"(§ 2354). 법은 때로 형벌의 위협을 통해 작용하는 힘이지만 반드시 이래야 하는 것은 아니다(ST 1-2.90.3 ad 2 참조).

하나님이 피조 세계를 이끌어가는 영원한 법은 외부의 강압에 의해 움직이는 것이 아니라 사물의 '내면'에서부터 작용한다. 세상 법도 사악한 자들에게는 강압적이다. 세상 법은 악한 자의 의향과 대립하기 때문이다.

그러나 선한 사람에게는 강압적이지 않다. 선한 사람의 의지가 진리와 조화를 이루기 때문이다(ST 1-2.96.5 참조). 빌라도는 마니교 세계관과 마찬가지로 권력이란, 항상 물리적 힘의 차원에서(포도주와 마찬가지로) 작동하는 강압적 힘일 뿐이기에 세상에 속해 있지 않은 어떠한 힘도 참된 권력이 아니라고 생각한다.

아퀴나스는 빌라도의 질문에 답하는 예수의 배려를 지적한다. 빌라도가 "당신이 왕이냐?"라고 물을 때, 예수는 "당신은 내가 왕이라고 말하고 있다"라고 응수한다.

아퀴나스는 다음처럼 주장한다.

> 주는 자신의 왕 되심에 대해 적당히 대답했다. 곧 자신이 왕이라는 사실을 분명히 주장하지도 않았으며(빌라도가 이해하던 점에서는 예수는 왕이 아니기 때문에), 영적인 의미에서 예수는 왕중의 왕이기 때문에 부정하지도 않았다(§ 2358).

아퀴나스는 비록 여기서 왕 되심이라는 용어를 명백하게 사용하지 않을지라도 '유추적'으로 그리스도의 왕 되심과 세상의 왕 되심을 제시한다. 마니교의 세계관은 그리스도의 왕 되심이 세상적이라고 한다면, 이 왕권은 강압하는 암흑에 참여해야 한다고 생각할 것이다. 그리스도의 왕 되심이 비세상적이라고 한다면, 그리스도의 왕권은 전적으로 이 암흑 영역과 다르고 무관할 것이다.

아퀴나스는 이 같은 양자택일을 거절한다. 그는 그리스도가 물질적 세계에 속해 있는 왕 되심의 양태에 따라 왕이라는 것을 부정하지만 그리스도가 다른 방식에서, 즉 의의 방식에서 왕이시라는 것을 주장한다(§ 2358).

아퀴나스는 그리스도가 "내가 이 일을 위해 태어났고 내가 이 일을 위해 이 세상에 왔으니, 곧 진리를 증언하려 왔노라"(§ 2359)는 말씀을 통해 그리스도의 왕 되심에 대한 '양태와 질서'(*modum et rationem*)를 드러내고 있다고 주장한다. 그리스도의 나라는 비세상적이지만, 바로 세상의 중심에서부터 펼쳐진다. 그리스도가 통치하는 사람들은 그리스도를 통해 드러난 진리를 이해했기 때문에 세상의 것이 아닌 천국의 것을 사랑하는 사람들이다.

하지만 이런 사람들은 (아우구스티누스가 쓴 것처럼) 이 세상에서 순례자로 살아가는데, 그 이유는 진리를 증언하기 위해서다. 이처럼 아버지에게 받은 권세는 왕들이나 원수들의 거짓 권력이 아니라 세상을 창조한 참된 능력이다(§ 2351 참조).

아퀴나스는 빌라도를 비극적 인물로 묘사한다.

그는 예수에게 진정으로 묻는다.

> 진리가 무엇이냐?

그런데 빌라도는 물었지만 대답을 기다리지 않는다(§ 2364). 그는 진리에 관심이 있지만, 그 관심은 호사가들이 갖는 관심과 별반 다르지 않다. 빌라도는 진정한 힘은 진리를 발견하는 데 있다는 것을 결코 깨닫지 못한다. 그는 (힘이 없기 때문에) 해롭지 않다고 생각한 그리스도를 풀어 주기 위해 유대인을 회유할 수 있다고 믿는다. 빌라도는 결정을 내리는 자신에게는 아무런 잘못이 없다고 항변한다. 그는 그리스도에게 진리를 듣기 위해 기다리기보다 유월절 기간(§ 2367)에 죄수를 놓아 주는 유대 관습을 활용하려고 한다.

아퀴나스는 그리스도의 죽음을 바라는 사람들과 흥정하는 빌라도를 묘사함으로써 점차 격렬하게 빌라도를 꾸짖는다.

> 그럼 의롭지 않은 빌라도는가 그리스도에게서 아무런 죄를 발견할 수 없었다면 이 같은 부끄러운 흥정을 했을까?(§ 2380)

인간적으로 빌라도는 예수를 석방할 힘을 가지고 있다. 하지만 빌라도는 자신이 대단히 큰 권력을 가지고 있다고 자랑하면서도 실제로는 석방할 권한이 없는 척하고 있는 것이다. 자기 기만에 매인 "빌라도는 자기 자신을 정죄했다"(§ 2393).

빌라도가 가이사를 불쾌하게 한다고 유대인들이 그를 협박하는 순간 그의 마지막 행동이 드러난다.

> 왜냐하면 유대인들은 빌라도가 정의에 대한 충성보다는 가이사에 대한 충성을 선호할 것이라고 생각했기 때문이었다(§ 2399).

이들은 옳았다. 빌라도는 이런 협박을 무시할 수가 없다. 이는 그가 이 문제에서 자신의 권력이 가이사에게서 온다고 믿기 때문이다. 가이사가 주는 권력에 대한 협박 앞에서 빌라도가 굴복하는 것은 그의 도덕적 결함과 진리의 힘을 이해하지 못한 무능을 보여 준다.

그래서 진리이신 그리스도는 십자가로 나간다.

> 그리스도는 왕이 왕관을 쓰듯 십자가를 지신다. 이 십자가는 그리스도의 영광을 상징하는데, 곧 그리스도가 우주적으로 통치하시는 영광이다(§ 2414).

아퀴나스는 빌라도와 예수의 만남에 대한 주석에서 진리가 정확히 어떤 방식으로 더 강한지를 보여 준다. 세상 권력에게 진리를 말하는 것은 당신이 죽지 않을 것이라는 보장이 되지 못한다. 왜냐하면, 이 세상 집권자의 권력은 강압의 권력이기 때문이다. 강압하는 권력은 권력에 따르지 않으려는 사람들을 죽일 정도까지 극단으로 치닫는다.

그러나 강압적이지 않은 진리의 힘은 어떤 세상적 통치의 의지보다 가차 없이 진리의 목적을 달성한다. 진리를 위한 순교자는 죽을 수 있을 정도로 세상의 어떤 집권자에게도 저항할 수 있다. 따라서 집권자의 힘은 제한적이지만 진리의 힘은 무한하다. 그러므로 아퀴나스가 말하듯이, 그리스도의 십자가는 그리스도가 만물을 통치하는 보편적 지배의 상징이다.

3. 법, 질서, 아름다움

아퀴나스의 정치사상에 대한 일반적 해석에 익숙한 사람들은 위에서 내가 기술한 아퀴나스의 견해가 이상하게 들릴 수 있다. 이는 내가 자연법을 언급하지 않았기 때문이다. 자연법을 언급하지 않은 이유는 사람들이 아퀴나스에게서 발견했다고 주장하는 자연법에 대한 비신학적 해석(Finins 1998)이 실제로는 발견되지 않을 수 있기 때문이다(Long 2001 참조).

아퀴나스는 그의 여러 작품에서 자연법에 대해 논한다. 하지만 우리는 그의 신학적 맥락에서 그런 논의들을 추론해서는 안 된다. 이 맥락에 주의를 기울이면 아퀴나스의 사상이라고 주장되는 것보다 더 신학적이고 온전한 자연법에 관한 설명을 볼 수 있다.

『신학대전』(*Summa Theologiae*)에서 아퀴나스의 자연법에 대한 담론(1-2.94)은 인간 행위의 외적 원리로서의 법과 관련된 질문들(1-2.90-108) 가운데 나타난다. 이 질문들은 『신학대전』 제2부에서 아퀴나스가 인간 행위에 대해 논하는 광범위한 맥락 속에 들어 있으며, 다시 이 부분은 피조 세계가 하나님에게서 와서 그리스도를 통해 하나님에게로 돌아가는 창조 구조가 있는 더 광범위한 전체 『신학대전』의 맥락 속에 있다.

『신학대전』의 512번의 질문 가운데 아퀴나스는 여섯 항목으로 구성되어 있는 질문 하나에서 자연법에 대해 다룬다. 율법(Torah)에 대해서는 46항목으로 구성된 일곱 개의 질문을 대조 방식으로 나열한다. 사실 이런 양적 정보는 오해의 소지를 불러일으킬 수 있다. 왜냐하면, 자연법의 개념은 법에 관한 질문 전체에서 또한 아퀴나스의 저작들의 다양한 곳에서 이따금씩 나타나므로 아퀴나스의 사상 속에 나타난 자연법의 중요성이 다소 과대평가된 것은 아닌가라는 의문을 제기하기 때문이다. 그러나 우리의 평가는 궁극적으로 여러 맥락에서 아퀴나스의 자연법을 주의해 읽어서 이루어져야 한다.

아퀴나스는 '법'(1-2.90-92)에 대해 일반적으로 논한 후 자연법을 시작하는 것이 아니라, "우주의 모든 공동체가 신적 이성에 의해 지배되는"(1-2.91.1) 영원한 법 속에 모든 법의 기초에서부터 시작한다. 이 법은 세계 모든 활동과 운동 방향을 제시하는 하나님의 영원한 '이성'(이런 점에서 하나의 관념이거나 전형이고 하나의 질서)이다. 영원한 법은 하나님의 창조되지 않은 존재 안에 있는 신적 질서의 패턴이자 모든 창조된 만물이 동참하고 지배받고 목적지로 인도받는 질서의 패턴이다. 이 영원한 법이 아버지께서 자신을 드러내시는 삼위일체의 제2격인 신적 말씀(divine Word)에 해당한다(1-2.93.1, 4).

자연법은 신적 지혜를 공유함으로 이성적 피조물들이 영원한 법에 참여하게 하는 법이다(1-2.91-2). 모든 피조물은 영원한 법에 인도되지만 이성적 피조물은 정확히 자신들의 지성을 통해 하나님의 인도를 받는다. 아퀴나스가 원래 강조하려는 것은 자율적인 인간 능력의 자연법에 관한 것이 아니라 어떻게 선과 악을 구별하는 인간 능력이 다름 아닌 우리에게 새겨진 "신적 빛"(1-2.91.2)이 되는가이다. 이런 신적 이성의 참여는 도덕적 추론의 제1원리들(이성적 추론)을 이성적 피조물에게 제공한다. 이 제1원리들은 특정 행동의 결과가 아니라 이 같은 추론의 기본적인 법칙이다(1-2.94.2 참조).

도덕적 추론의 첫 번째 교훈은 "선은 행하고 추구해야 하며, 악은 피해야 한다"이다. 이 첫 번째 교훈은 특정 행동이 우리에게 선인지 악인지 가르쳐 주지 않는다는 것이다. 그런데 동시에 같은 방식으로 선도 되고(그래서 추구되어야 한다) 악도 되는(그래서 피해야 한다) 행동은 없다. 다시 말해, 행동에 대한 모든 추론은 악과 선 사이의 문법적 또는 논리적 구분에 대한 인식에서부터 시작한다.

그렇지만 자연법은 선을 추구해야 하고 악을 피해야 한다는 원리보다 그 이상의 어떤 것을 요구한다고 아퀴나스는 생각한다. 모든 합리적인 피조물은 신적 이성에 참여하기 때문에 인간 존재는 자기가 선으로 인식하는 것들에 대해 '자연적으로'(즉 자신의 합리적 본성에 비추어) 움직이려는 성향을 갖게 된다.

따라서 우리가 인간으로 존재한다는 것의 의미를 인식할 때, 우리는 추구해야 할 선에 대한 윤곽을 제시할 수 있다. 그러므로 우리에게는 모든 존재와 함께 공동으로 추구하는 선, 곧 자기 보존과 같은 선이 있고, 다른 살아 있는 존재들과 함께 공동으로 추구하는 선, 의식주와 번식과 자녀 양육 같은 선이 있다. 또한, 우리에게는 인간으로서 궁극적으로 추구하는 고유한 가치의 공동체 삶과 진리와 같은 선이 있다(1-2.94.2).

아퀴나스는 아리스토텔레스를 따라서 본성상 인간 존재는 "사회적 동물"(1-2.61.5 1-2.95.4)이라고 주장한다. 곧 인간 사회와 사회가 수반하는 모든 것은 인간이 된다는 것을 의미한다. 인간은 인간으로서 잘 지내기 위해서는 함께 살아가고 번성하는 구조화된 어떤 방식을 필요로 한다. 다 함께 성장하는 것은 아퀴나스가 부르는 "공동선"에 근거한다. 이 선은 모든 개인적인 선의 군집도 아니며 개인들의 정해진 집단이 공동으로 가지게 되는 선도 아니다. 공동선은 모든 피조물의 공동 가치인 "하나님"(1.60.5-1-2.19.10)이다. 하나님은 모든 창조된 선의 원천이면서 동시에 피조물들이 도달해야 할 궁극적 목적이시다.

존재들은 아퀴나스가 말한 "질서의 아름다움"(1.96.3 ad 3)을 통해 하나님께 도달한다. 무한하고 단순한 하나님의 선을 우리는 유한한 방식으로 질서있는 다양한 선에 참여해서 하나님께 도달한다. 따라서 우리는 인간 공동체 안에서 공동선에 참여하는데 그것은 공동생활 자체의 선이고, 하나님의 선하심 속에 참여하는 선이다.

사회적 삶은 인간에게 자연 발생적이다. 하지만 이것은 교육받지 않은 인간의 충동이 공동선을 위해 반드시 개별적 선을 버려야한다는 것을 의미하지 않는다. 인간은 특이한 방식으로 선을 추구하고 악을 피하는 타고난 성향을 가진다. 하지만 이 성향이 선한 생활을 이끌기에는 충분하지 않다. 정확히 말해, 이 특정 선은 질서의 아름다움을 반영하기 위해 조정되어야 하기 때문이다.

따라서 인간이 선천적인 성향을 통해 추구하는 선을 공동체 내에 있는 인간이 시행할 수 있게 훈육하고 이끌도록, 인간의 특정한 법이 제정되어야 한다(1-2.95.1).

비록 아퀴나스가 순수한 민주주의를 폭민 정치와 동일시하고, 군주 정치(정부의 명백한 수장 하나를 두는 정치), 귀족 정치(한 집단 가운에 분산된 정부의 권력들) 그리고 민주 정치(국민에게서, 국민의 선택으로 통치자를 뽑는 체제)의 요소들을 결합시키는 정부의 혼합된 형태를 선호한다고 표현하는 경향이 있을지라도(1-2.105.1), 어떤 정부의 형태가 이 목적에 가장 잘 부합하는지에 대해 독단적인 태도를 취하지 않는다. 그런데 정치 체제가 무엇이든 정부는 질서 있는 공동체를 형성하는 능력에 따라 좋고 나쁨을 판단 받는다.

우리는 인간 사회에 질서의 아름다움이 존재하는 것을 '정의'라 부르고, 이런 질서의 아름다움이 부재하는 것을 '독재'라 부른다.

아퀴나스는 이렇게 말한다.

> 정의란 본성상 질서의 올바름을 암시한다(1-2.113.1).

정의로운 사회는 하나님의 영원한 법에 따라(1.21.1 ad 3) 만물의 본성과 조건에 맞는 것을 각 만물에게 주시는 하나님을 닮아감으로써 올바르게 또는 아름답게 질서화된 사회다. 인간 공동체들은 예를 들어, 아이들의 본성에 따라 이들에게 합당한 양육과 교육을 제공할 때, 하나님의 질서의 아름다움에 참여한다.

그러나 공동체를 이끌기 위해 통솔의 신뢰를 받은 사람들이 각 사람이 받아야 할 합당한 교육과 양육을 제공하지 못하면, 그 사회는 독재에 놓일 것이다. 독재란 법을 비틀고 왜곡시킨 형태다(1-2.92.1 ad 4). 실제로 정의가 개개인과 모든 사람을 돌봄으로써 하나님의 질서 있는 행위를 진실로 반영한다고 할 때, 독재는 잘못된 작용이다. 독재는 공동선을 무시하는 권력을 행사하기 때문이다.

정의를 아름다운 신적 질서에 우리가 참여하는 것으로 이해한다면, 정의는 개인과 공동체로서의 인간에게 부여된 하나의 과제다. 하지만 동시에 인간들은 이 과제에 조금도 적절하지 않다. 이런 부적합성은 인간 피조물의 유한함 속에 깊숙이 놓여 있고 인간의 죄로 가중되었기 때문이다.

따라서 자연의 법과 인간의 법을 넘어서 하나님이 인간에게 주시는 법이 있어야 할 필요가 있다. 아퀴나스는 이 법을 '신적 법'이라고 부른다(1-2.91.4). 이 신적 법(divine law)은 자연법의 명령을 강화하고, 인간을 하나님에 대한 바른 경배 안에서 연합시켜 이 명령들을 보완한다.(1-2.99.4).

우선 신적 법은 이스라엘 백성의 율법 속에 나타나며, 십계명을 통해 하나님의 백성을 위한 자연법을 분명히 제시하며, 제의적이고 법적인 계율들을 통해 백성의 공동체적 삶에 틀을 제공한다(1-2.99.4). 실로 아퀴나스는 "이스라엘 백성은 질서의 아름다움에 대해 칭찬받았다"(12.105.1 sed contra)라고 말한다.

이런 아름다움은 부분적으로 율법이 하나님의 영원한 법을 제시하는 상대적 선명성에 있지만 무엇보다도 예수 그리스도의 새로운 법을 가리키는 비유적 특징에 있다(12.104.2). 새로운 법은 옛날 법을 완전하게 함으로써 이 법을 능가한다. 옛날 법이 외적 수단들(약속과 징벌)을 통해 인간의 행동을 지시하고 명령했던 반면, 새로운 법은 은총의 주입을 통해 안에서부터 인간의 행동을 지시하고 명령한다(1-2.107.1 ad 2).

사실 아퀴나스는 새로운 법은 다름 아닌 우리의 마음을 (지시하고 판단하는 면에서) 지배하는 '성령의 은총'이라고 말한다(1-2.106.1). 여기서 우리는 요한복음에 대한 아퀴나스의 주석에서 그리스도의 왕 되심과 육체적 왕 되심을 구분하는 것에 대해 아퀴나스가 한 말임을 알 수 있다.

그러나 새로운 법도 어떤 확실한 물리적 행동, 곧 은총의 원천인 성례 의식과, 하나님이 부여하신 사랑의 결과로 인간이 사랑의 가시적 행동을 할 것을 촉구한다(1-2.108.1). 따라서 옛날 법에 못지않게 새로운 법도 신체적 강압에 의존하지 않을지라도 하나님의 백성 공동체에게 가시적 형태를 요구한다.

아퀴나스의 법 담론을 몇개의 기사로 줄이려는 시도가 있었지만, 그는 자연법에 전념하면서 그의 법 담론이 신학적이라는 사실을 우연히 발견한다. 사실 그의 법 담론은 단순히 '신학적'인 것이 아니라 '기독론적'이다. 그의 담론은 모든 법이 아들의 시대에 아버지에 의해 표현되었던 영원한 법에 뿌리를 내리는 것으로 시작하고, 성령을 통해 그리스도의 제자들에게 주어진 그리스도의 새로운 법으로 끝난다.

우리는 이 기독론적 시작과 마무리에서 자연법과 인간법에 대해 논한 것을 발견한다. 그리고 아퀴나스의 주장, 즉 어떤 특정 선들이 우리 마음 속에 기록된 자연법 위에 세워진 사회를 통해 실현된다는 것도 발견한다. 그는 사람들이 은총과 무관하게 이루어지는 외견상 선한 일, 예를 들면 집을 짓는 일이나 친구들을 사귀는 일(1-2.109.2, 5)이 실제로는 사악한 것이라는 입장을 거부한다.

그러나 이런 것들은 불완전한 채로 남아 있고, 원래 그렇기도 하다. 왜냐하면, 그런 자연적인 선은 오로지 영원한 법, 곧 하나님의 성육신화된 말씀 속에 현현한 하나님의 진리를 희미하게 비출 뿐이기 때문이다.

인간 사회는 하나님의 법과 무관하게 특정한 선들을 예시할 수 있고, 심지어 부분적으로 이런 선들을 공동선에 이르게 한다고 해도, 하나님이신 참된 공동선을 궁극적으로 달성할 수 없다.

동일한 요지를 다른 시각에서 주장하기 위해 우리는 빌라도 앞에 서 있는 예수에게로 돌아가 보기로 하자. 빌라도의 인간적인 성격은 예수를 진리의 선생으로 인식할 만큼 충분한 선이 있었다는 것을 보여 준다. 그는 진리의 가치를 인정할 만큼 충분히 선함이 있었기에 예수를 놓아주려 했다.

하지만 그는 '우리로 믿게 하고 진리를 사랑하게 하는 하나님의 선물'(§ 2363)을 깨닫지 못했기 때문에 영원한 법으로 현현한 예수를 진리로 인식하지 못했다. 빌라도는 도덕적으로 책임을 다할 만큼의 선함을 지니고 있었고, 따라서 그리스도를 정죄하면서 "그는 스스로를 정죄했다"(§ 2393). 구체화된 고안물인 인간의 모든 법과 권세처럼, 빌라도는 정의를 책임질 수 있었다.

그러나 그는 일시적이며 궁극적으로 부적절한 방식으로만 정의를 실행했을 뿐이다. 빌라도는 질서의 아름다움을 규정할 수 없었다.

4. 오늘날의 아퀴나스

나는 아퀴나스의 정치에 대한 해석을 제시하면서, 많은 현대 해석자가 아퀴나스의 가장 큰 장점으로 생각한 것, 곧 아퀴나스가 자연법의 개념을 통해 세속 정치에 준 자율성이 실제로는 전혀 아퀴나스의 입장이 아니라고 논증했다. 아퀴나스는 인간 본성의 선함이 전적으로 죄에 오염된 것은 아니라고 생각했고 공정한 인간 사회가 공동선을 지향한다고 믿었다. 그러나 그는 한편으로 바르게 질서화된 사회는 그 사회의 법들을 통해 복음을 기꺼이 받아들이고 증진할 것이라는 문화관들을 나누었다.

그는 믿지 않는 자들이 믿는 자들을 통치하는 것이 용인될 수 없다 주장했고(2-2.10.10), 이단은 정치 체제를 혐오하는 질병자여서 특성 상황 아래 이들을 처형할 수 있으며(2-2.11,3), 변절한 국왕은 백성에 대한 통치권을 박탈당한다고 했다(21,12.2). 아퀴나스는 로드 액턴(Lord Action, 19세기 영국의 사학자)이 주장했던, '최초의 휘그당'(17-18세기에 민주당과 대립한 의회주의자-역주)은 아니었다.

오늘날 아퀴나스에 대한 평가는 그의 견해들이 자기 시대의 교의적이고 정치적 상황에서 쉽게 분리될 수 없다는 사실을 받아들여야 한다. 또한, 아퀴나스 당시 교의적이고 정치적 상황은 더 이상 우리 시대에 적용될 수 없다는 사실도 받아들여야 한다. 우리가 아퀴나스의 정치에 대해 말할 때, 쉽게 왜곡해 적용하는 것을 피하기 위해서는 아퀴나스의 가정들과 그의 시대와 우리 자신의 가정들을 주의 깊게 바라보아야 한다. 아퀴나스는 우리가 가진 가정들을 말하지 않는다. 그는 최대 다수의 최대 행복에 상응하는 공동선을 생각한 것이 아니다.

그는 인간이 사회를 개인 자신의 사적 목적을 추구하는 주된 도구로 여긴다고 생각한다. 또한, 사회가 기능하기위해 궁극적 진리의 문제가 뒷받침되어야 한다고 아퀴나스는 생각한다. 정말로 "진리는 더 강하다"는 이유로 참된 인간 사회는 영원한 진리의 근거 위에서만 세워질 수 있다는 것이다. 이 마지막 요지가 아퀴나스의 가정과 현대의 가정 사이에 있는 가장 큰 차이를 보여 준다. 이 차이는 진리가 무엇이냐고 하는 빌라도의 질문에 대한 설명에 예시된다.

위에서 언급했듯, 아퀴나스는 빌라도가 진지하게 질문한 것을 인용한다. 빌라도는 여전히 진리를 갈망하는 인물로 제시된다.

그러나 빌라도에 대한 아퀴나스의 해석과 니체(Nietzsche)가 『적그리스도』(The Antichrist)에서 제시한 빌라도에 대한 해석을 비교해 보라.

> 신약성경을 통틀어 존경하지 않을 수 없는 인물이 유일하게 한 사람이 있다는 말을 내가 꼭 덧붙여야 할까?
> 바로 로마 총독 빌라도가 그 사람이다.
> 유대인의 문제를 진지하게 취급한다는 것(그로서는 아무래도 이 일을 하는 것에 확신이 없다. 유대인 한 사람이 더 있다거나 없다는 일)은 무엇이 그리 대수롭다는 말인가? 진리라는 말이 자기 앞에서 뻔뻔스럽게 남용되는 것을 본 로마인의 조소는 "가치를 지닌" 유일한 표현으로 신약을 풍부하게 해 준 바 있다. 그것은 신약에 대한 비판이고 신약을 무너뜨리는 말이라는 것이다.
> 진리가 무엇이냐?(Nietzsche 1954:626-627)

빌라도의 질문에 대한 아퀴나스의 호의적 해석은 오늘날 우리 눈에는 분명한 아이러니를 놓치고 있는 것처럼 보인다. 아퀴나스는 빌라도가 진리, 곧 영원하고 보편적인 진리에 관심이 없다는 사실을 거의 몰랐던 것처럼 보인다.

이와 달리 니체가 이해한 빌라도의 질문은 모든 진리를 상대화한 날카로운 아이러니를 생각나게 한다. 빌라도 질문은 니체의 표현에 따르면, 진리를 은유, 환유, 의인화의 변하기 쉬운 덩어리, 곧 간단히 말해 시적으로 또 수사적으로 확장되고, 바꾸어 표현되고, 윤색된 인간 관계의 합산으로 바꿔 놓는다.

또한, 이런 총합은 오래 사용된 후에 사람들에게 확고하고 규범적이고 의무적이게 된다("On Truth and Lie in an Extra-Moral Sense", §1, Nietzsche 1954:46-47). 빌라도가 관심을 가진 진리가 무엇이든, 그의 진리는 가이사의 지배와 로마인의 위대함에 따라 확립된 로마의 진리다. 그는 예수가 말하는 '유대인'의 진리에 아무런 관심이 없다.

니체에게 빌라도의 '당당한 냉소'는 아퀴나스가 본 정치의 핵심인 위계적 권력의 반전을 담고 있다. 아퀴나스에게 진리란 왕보다 강한 권력이다. 진리란 영원한 진리이신 하나님이며 하나님은 왕을 창조하기 때문이다. 니체에게 있어 왕(적어도, 숭고한 왕)은 진리보다 더 강한 권력이다.

이는 백성을 위해 신들을 창조하는 사람이 바로 왕이기 때문이다. 빌라도와 같은 로마인은 유대인 진리를 무시하거나 십자가 위에서 진리를 말살했지 이 진리를 가이사보다 강한 권력을 가진 존재로 여겨 경배하는 일은 결코 없었다.

그리고 정말로 니체는 아퀴나스가 한 것보다 빌라도를 잘 이해한 것으로 보인다. 왜냐하면, 빌라도는 가이사가 진리를 만들어 낼 수 있다는 가이사의 권력을 상기하며 결심을 굳혔기 때문이다.

오늘날 정치, 진리, 권력과의 관계에 비추어 니체의 교활성에 접근 하는 사람은 거의 없다. 그러나 진리가 인간이 만들어 내는 산물이고 가장 강압적인 힘을 가진 자의 손으로 만지작거려 만들어진다는 확신이 이론은 아니라도 실천적인 태도로 사람들에게 널리 알려졌다. 자유주의 사회는 진리 문제를 고려 대상에서 제외하려 한다. 이는 그런 문제가 해결할 수 없어서가 아니라 권력자에 의한 조작 대상처럼 보이기 때문이다.

그리고 이것 때문에 그들은 이따금 어떤 문화적 가정들을 자연의 진리로 받아들이는 아퀴나스와 같은 사상가에게 어려운 문제들을 제기한다. 이를테면, 우리가 시작했던 문제들 가운데서 아퀴나스는 사물의 질서 가운데 있는 여성의 위치를 알고 있다고 확신한다. 우리가 진리를 이해하기 위해 인간 역할을 인식하는 것은 아퀴나스가 남자와 여자 또는 주인과 노예의 자연적인 관계를 설명했던 것보다 더욱더 우리를 비판적이게 한다.

그러나 "진리가 무엇이냐?"는 거센 질문은 자유주의 사회 그 자체에 등을 돌릴 수 있다. 자유주의 사회가 직면한 문제는 진리를 그들의 관심 밖으로 돌리는 것이 진리를 이념적 조작의 대상으로 만드는 것이다.

은밀한 주장에서 명백한 진리 주장을 의심하는 것이 자유로운가?

그들이 '자유' 언어를 위해 '진리' 언어를 포기한다고 해서, 우리 삶을 형성하는 힘들(우리가 사고파는 것, 우리의 생계 유지, 우리가 보고 듣는 것, 우리가 전쟁에서 누구를 죽이며 누구를 위하여 죽이는가, 우리가 '우리'로 이해하는 것 그리고 우리가 '그들'로 이해하는 것을 만드는 힘들)이 그들의 주장에서 그야말로 우리에게 절대적일 수 있을까?

아퀴나스가 정치에 대한 기독교 사고에 정말로 도움이 될 수 있는 것은 바로 이 부분이다. 기독교 왕에 대한 이상은 빌라도가 "진리가 무엇이냐?"고 물었을 때, 그가 말하고 있는 것이 무엇이냐에 대한 니체의 이해 앞에서 위축되어 버리고 만다. 특히, 통치가 제국의 형태를 취하게 되면(민주적 통치를 할지라도), 진리는 항상 집권자들에게 종속되어진다.

그러나 진리가 왕(또는 대통령이나 수상)보다 더 강하다는 아퀴나스의 확신은 여전히 기독교인들의 정치적 이상을 강화시켜 준다. 이 확신은 이단들을 추방하거나 교황이 군주들을 면직하는 법 속에 나타나지는 않고, 노예와 주인, 여자와 남자의 관계의 순서가 자연적이라는 주장 속에 나타나지 않는다.

하지만 그것은 국가와 시장의 기능적 우상들에 저항하는 사람들, 독재체제에 불순종하는 사람들, 일상생활에서 질서의 아름다움을 보여 주는 기독교 공동체를 통해 나타난다. 그것은 또한 진리를 말하는 교회에 의해 나타난다. 다리우스 앞에 스룹바벨을 모방한 교회, 빌라도 앞에 예수님처럼 왕에게 신념으로 진리를 말하는 교회, 즉 진리가 더 강하고, 진리를 섬기지 않는 통치자는 독재자라는 확신으로 진리를 말하는 교회에 의해 나타난다.

그런 정치적 이상은 아퀴나스의 다음 주장을 깊이 새길 것이다. 제국주의의 살인 도구인 십자가는, 그리스도의 모든 사물을 통치하는 보편적 지배의 상징이고, 모든 세속 정치를 심판하는 진리이신 하나님 힘의 상징이라고 아퀴나스는 주장한다.

참고 문헌

Aquinatis, S. Thomae (1996). *Quaestiones de quodlibet*. In *Opera omnia* 25, vol. 2. Paris: Cerf.
_____. (1948). *Summa Theologiae*, ed. Billuart P. Faucher OP et al. Rome: Marietti. English translation: St. Thomas Aquinas, *Summa Theologica*, trans. the Fathers of the Dominican Province (Westminster, Md: Christian Classics, 1981 [1920]). In a number of places I have modified the translations. References in the text are by part, question, and article.
_____. (1952). *Super evangelium S. Ioannis, lectura*, ed. P. Raphaelis Cai, OP. Rome: Marietti. English translation: St. Thomas Aquinas, *Commentary on the Gospel of St. John, Part II*, trans. Fabian Larcher OP (Petersham, Mass.: St. Bede's, 1999). In a few places I have modified the translations. References in the text refer to the paragraph numbers from the Marietti edition.
Finnis, John (1998). *Aquinas: Moral, Political, and Legal Theory*. Oxford: Oxford University Press.
Gutiérrez, Gustavo (1993). *Las Casas: In Search of the Poor of Jesus Christ*, trans. Robert R. Barr. Maryknoll, NY: Orbis.
Long, Steven A. (2001). "St. Thomas Aquinas through the Analytic Looking-glass." *The Thomist* 65, 259-300.
MacIntyre, Alasdair (1991). *Three Rival Versions of Moral Enquiry: Encyclopaedia, Genealogy, and Tradition*. Notre Dame, Ind.: University of Notre Dame Press.
Nietzsche, Friedrich (1954). *The Portable Nietzsche*, ed. and trans. Walter Kaufmann. New York: Viking.
Pinckaers, Servais (1995). *The Sources of Christian Ethics*, trans. Mary Thomas Noble. Washington DC: Catholic University of America Press.
Porter, Jean (1990). *The Recovery of Virtue: The Relevance of Aquinas for Christian Ethics*. Louisville, Ky: Westminster/John Knox.

제5장

종교개혁

앤드류 브래드스톡(Andrew Bradstock)

　우리가 일반적으로 '종교개혁'이라 부르는 기간을 깊이 성찰하면 의구심이 들 수 있다. 곧 '종교적' 또는 '정치적'이라는 개념을 범주화하거나, 두 가지를 분리해 연구하는 것이 과연 의미가 있는지다.
　그런데 만약 정치적 측면과 교회론적 측면에 이신칭의가 미친 영향을 설명하지 않는다면 어떻게 될까?
　그렇게 된다면, 이신칭의에 대한 평가는 기껏해야 부분적인 평가가 되고 말 것이다. 구원은 교회와의 금전적 거래를 통하는 것이 아니라 전적인 하나님의 은혜에 따른 것이라는 설교는 개인에게 영적 위안을 줄 뿐 아니라, 교회의 능력과 안정과 교회가 처한 시대적 상황에도 영향을 미친다.

1. 마틴 루터

　바울과 아우구스티누스가 주장한 '하나님의 의'를 발견하기 위해 분투한 루터의 인생 여정은 잘 기록되어 현재까지 보관되어 있다. 루터 자신이 묘사했듯이, 이 여정은 그로 하여금 하나님의 정죄를 피할 수 없기에, 하나님을 미워하는 것에서 '하나님의 순수한 자비와 은혜가 믿음으로 우리를 의롭게 하기에'(Bainton 1978:65) 하나님을 사랑하는 것으로 돌이키게 했다.
　사실 루터가 발견한 '하나님의 의'는 권력, 체제, 부, 교회의 영향력에 심각히 도전적이었다. 개개인이 하나님과 직접 관계를 맺을 수 있다는 루터의 확신은 교회의 구원 매개자 역할을 약화시켰을 뿐 아니라, 권위라는 개념 자체는 아니더라도 교회의 권위에 도전했기 때문이다.

따라서 루터가 교회의 면죄부, 성례 체계, 제사장 직분, 교황 지위의 권력을 명시적으로 공격한 것은 모두 지대한 정치적 잠재력이 있었다. 그러나 모든 사람이 똑같은 조건으로 하나님의 은혜를 받는다는 루터의 단언은 개개인이 하나님과의 인격적이며 직접적인 관계를 통해 인정받는다는 것을 의미하는 더욱 파격적인 주장이었다.

비록, 루터가 정치적으로 보수적이고 반동적이라 여겨지지만 루터의 이런 신학적 발견은 근대 민주주의 발전사의 첫 장에 그의 이름이 기록되게 했다. 루터에게 구원은 어떤 매개체도 필요 없다. 구원은 하나님과의 인격적 관계를 직접 맺고 있는지 여부를 묻는 문제다.

이런 구원관은 거대하고 중앙집권화된 계층적 체제인 교회가 아닌, '구원 경험을 공유한 개인들의 모임'인 교회를 제시한다. 즉 믿는 자들이 자유롭게 결정해 예배드리고, 떡을 떼고, 말씀 듣기 위해 하나가 될 때마다, 교회 곧 동일한 경험을 공유하고 평등한 관계로 교제하는 사람들의 모임인 교회가 존재한다.

루터의 신학적 통찰력이 제시하는 평등은 또한, 새롭고 민주주의적인 권위 개념으로 이어진다. 교회의 전통적 견해는 하나님의 능력이 교회를 위해 세워진 계급 제도를 통해 나온다는 것이다.

그러나 루터는 다음과 같은 서신서 구절을 근거로 권위를 모든 믿는 자 안에서 평등하게 공유되는 것으로 보았다.

> 네가 이후로는 종이 아니요 아들이니 아들이면 하나님으로 말미암아 유업을 받을 자니라 (갈 4:7).

루터에 따르면 하나님의 자녀 된 모든 믿는 자에게 구원을 중재하는 제사장은 필요 없다. 바로 자신이 제사장이기 때문이다. 따라서 이들은 교회 안에서 특정 직함이나 역할을 주장하는 자들의 권위에 복속되지 않는다. 루터는 제사장 직분을 주장하는 사람들은 "우리가 동의하지 않는 한 우리를 지배할 권리가 없다"(Maddox 1996:112)고 분명히 했다.

그러므로 루터의 사상에서 근대적 개인주의 개념의 씨앗을 발견하는 것은 가능하다. 특히, 그의 사상이 교회 밖 세상에 미친 영향을 생각하면 더욱 그렇다. 왜냐하면, 루터가 주장한 권위의 평등은 폭넓은 정치 상황으로 들어오면서 더욱 광범위한 파급 효과를 초래했기 때문이다. 루터는 외부의 권위적 인물에 의해서가 아니라 스스로의 양심에 의해 행동하며 하나님과 인격적으로 관계를 맺는 개인을 강조했다.

이로써 루터는 교회의 권력뿐 아니라 권위 개념 자체를 전복시켰다. 비록 루터가 저술을 통해 이 같은 결론들을 명시하지는 않았지만, 그의 신학은 당시 정치적 보수주의의 독점권을 약화시킨 요인 중 하나로 작용했다.

루터의 작품들을 검토해 보면 그가 명시적으로 어떤 '정치적' 성격에 신경을 많이 쓰지 않은 것처럼 보인다. 그가 말하고자 했던 정치와 관련된 주제는 대부분 1523년에 출판되었던 『세상 권력에 관하여』(*Von welticher Oberkeit*)라는 작품 속에서만 찾아볼 수 있다. 그렇지만 이 작품을 평가할 때 주의해야 한다. 이 작품에 나타나는 집권자 및 권력자들에 대한 호전적인 태도는 루터가 자신의 삶 전반에 걸쳐 전형적으로 주장한 입장은 아니기 때문이다.

"세속적(혹은 현세적) 권위에 관하여"라고 번역될 수 있는 『세상 권력에 관하여』는 루터가 못마땅하게 여긴 색소니의 공작 조지(Duke George of Saxony)의 행동에 자극된 저술이었다. 조지 공작은 루터가 신약성경 번역본을 소유하는 것과 판매하는 것을 금지하는 칙령을 공포했다. 그러므로 권력자들을 향해 경고하는 이 저술에서 루터가 냉소적인 말투로 말하는 것은 놀라운 일이 아니다.

많은 지배자가 루터의 생각에 대한 공작의 우려에 동조했다. 이것은 이 저서의 특징을 분명히 보여 준다. 그러나 루터가 2년 뒤 일어난 '살기등등한 농민 혁명'을 더 큰 위협으로 인식해 자신의 대의에 대해 권력자들의 지지를 요청할 때, 루터의 어조는 더 회유적이다. 『세상 권력에 관하여』에서 드러나는 루터의 생각을 그의 신학과 연결 지으려는 시도는 흔히 생각하는 것보다 복잡하다. 이는 루터가 자신의 신앙적 발견의 정치적 결과를 곳곳에서 다루면서 자신의 생각을 위해 다른 출처를 이용하는 것처럼 보이는 부분이 있기 때문이다.

『세상 권력에 관하여』의 중심 주제는 교회와 대조되는 국가가 서로 분리되고, 제한된 활동 영역에서 구별되는데, 이 주제는 그의 신학적 입장의 논리적 결과면서 '세상' 권력에 대한 루터의 불만을 반영한다. 이런 구분은 교회를 자유롭고 독립적이며 자발적인 공동체로 이해하는 루터의 견해와 완전히 일치한다. 이 공동체는 모든 구성원이 왕, 제사장과 예언자인 '교회'를 뜻한다. 그러나 루터가 하나님이 '세속적인 것'과 '성스러운 것' 모두를 작정하신 분이라고 주장하면서도 이 둘 사이를 날카롭게 구분하는 것은 지배자들에게 교회에 간섭

했던 조지 공작의 사례를 따라서는 안 된다고 경고하는 것으로도 보일 수 있다. 세상 권력은 사회의 훌륭한 질서라는 자신만의 관심사가 있으며 교회는 '교회 대로' 자체의 영역이 있다.

하나님은 두 '왕국'이나 '정부들' 각자에게 저마다의 역할을 수행하기 위한 다른 수단을 제정하셨다. 하나님으로부터 세상 일 수행을 위임받은 '세속 정부'는 집권자들, 영주들, 공권력으로부터 보호 받는 법을 통해 통치한다. 이런 통치가 곧 하나님의 일이기도 한데, 훌륭한 질서와 평화는 확산되고 죄는 처벌받아야 한다는 것을 하나님이 명하셨기 때문이다.

그러므로 국가의 일들을 집행하는 사람들은 신실한 믿음을 가진 자든, 불신자든(롬 13장에서 매우 분명하게 주장하고 있듯이) 하나님이 인정한 역할을 수행하는 자들이어야 한다. 하지만 세속 정부는 '영적 정부'가 의존하는 것과 다른 원칙들을 적용해야 한다.

하나님 말씀이 헌신하는 마음으로 순종됨으로, 영적 정부는 복종을 강요하려 무력을 사용할 필요가 없다. 신자는 형벌에 대한 두려움과 강제성이 필요한 일반시민들과 달리, 성령님이 내주하셔서 의롭게 행동하도록 인도함을 받기 때문이다. 어떠한 강요나 억압 없이도 나무는 열매를 맺는다.

루터는 이처럼 나무에게 어떤 강요나 억압이 필요하지 않듯이, 믿는 자의 특징은 당연히 그렇게 행동하는 것이라고 주장한다. 자연스럽게 열매 맺는 나무처럼, 믿는 자라면 저절로 도덕적이고 정의로운 행동을 한다.

루터의 이 같은 생각은 매우 중요하다. 루터는 분명히 두 영역에서 서로 나른 도덕성이 작동되는 것으로 보았다. 지고하고 고상한 원리들로 살아가는 그리스도인들은 산상수훈의 가르침을 소중히 여긴다. 그리스도인들은 사랑의 윤리에 지배를 받아 율법을 초월한다.

그러나 '모든 사람'이 산상수훈의 교훈에 지배받는다는 것을 기대할 수 없으므로, 형벌의 위협과 두려움을 통해 강제하는 것이 필요한 공적 영역에는 덜 요구하는 '인간의' 윤리가 작용한다.

루터는 다음처럼 명시했다.

> 법과 정부가 실제로 존재하지 않는다면, 모든 세계는 악으로 가득 찰 것이고, 수천만 사람들 가운데 그리스도인이 없다면 사람들은 서로 잡아먹지 못해 안달하는 세상이 될지 모른다(Höpfl 1991:10).

루터는 산상수훈이 개개의 그리스도인을 위한 온전한 도덕적 지침이라 해도 그 도덕적 요구들이 모든 시민에게 당연하게 적용될 수 있는 것은 아님을 인정하는 듯이 보인다.

> 기독교 윤리는 믿음으로만 의롭게 되는 칭의 교리 속에 깊이 뿌리박혀 있다. 곧 신자는 자발적인 선한 행위로 하나님의 은혜에 부응한다. 그러나 공적 도덕성은 두렵게 하고 강제하는 것에 기초를 둔다. 곧 시민은 행위의 결과에 대한 두려움으로 법에 순종하는 것이다(McGrath 1988:143).

이런 루터의 논쟁이 결국 '성스러운 일'과 '세속적인 일' 영역으로 분리했다. 물론 루터는 성과 속의 이분법을 설명한 첫 번째 사람은 아니다. 아우구스티누스는 『하나님의 도성』(De civitate Dei)에서 천상 도시와 세속 도시 간의 구분을 요구했고, 14세기 윌리엄 오캄(William of Ockham)도 영적 사건과 세속적 사건 간의 명확한 구분을 주장했다. 그러나 루터만큼 강력히 주장하지는 않았다. 루터는 하나님 앞에서 두 영역의 현 상태를 유지하면서 한 영역에서 실행된 규칙이 다른 영역의 역할에 침범하지 말아야 한다고 주장했다.

그에 따르면 두 영역이 실제로 혼동을 일으키는 것은 마귀의 역사가 "두 왕국을 결합시키는 노력을 중단하지 않기 때문이다." 세상의 권력자들이 어떻게 그리스도께서 그의 교회가 영적 규범을 실천해야 하는지 말씀하실 때, 그들은 마귀의 이름으로 "그리스도에 대해 가르치고 교훈한다."

그리고 "거짓 제사장이 세속 규범을 어떻게 실천해야 하는지 사람들에게 말할 때도 세상의 권력자들보다 더 나을 게 없었다"(Maddox 1996:107-8). 물론 루터에게 있어서 주된 범법자는 그의 시대에 규범화된 법체계를 소유한 교황이었다. 루터는 다음과 같이 말한다.

> 하나님은 영혼 문제에 관한 한 하나님 자신 외 어느 누구에게도 통치하거나 지배하도록 허용하지 않으시며, 어느 누구도 통치하거나 지배할 수 없다. 그러나 세상 권력이 이런 권위를 찬탈해 영혼을 다스리고 하나님의 정부를 침해하며, 사람들의 영혼을 미혹해 망가뜨린다(Höpfl 1991:23).

루터에게 인간은 두 세계, 곧 이성과 믿음의 세계에서만 살아야 하는 것처럼 보인다. 이런 맥락에서 이성에 근거를 둔 세속적 규범과 믿음에 근거를 둔 성스러운 규범의 구분이 필요했다.

하지만 결과는 어땠는가?

인간적 차원에서 그리스도인들은 자신을 두 도덕적 기준(산상수훈에 의한 사적 삶, 공공영역 기준에 의한 공적 삶)에 따르는 존재로 이해할지 모른다. 따라서 그리스도인들은 한편으로는 자신에게 죄 지은 사람들을 용서할 것을 요구받고, 다른 한편으로는(가령, 국가를 위해 그들이 군인으로 복무할 때) 무력을 휘두르고 전쟁에 동참할 것을 요구받는다.

루터의 정치신학은 상당히 실용적이다. 루터는 자신이 요구한 종교개혁을 추진할 때 제후들이 그리스도인들보다 나은 위치에 있다고 보았다. 그래서 루터는 제후들에게 신학적 기반을 제공해 이들에게 종교적 위엄을 부여하는 동시에 제후들이 더욱 효과적으로 정의롭게 통치할 수 있는 방법에 대해(제후들이 그의 제안을 받아들이지 않을 것은 알았지만) 건설적으로 조언해 준다. 제후들은 자기의 이익이 아닌 공동의 이익을 항상 중요하게 여겨야 하고, 언제나 하나님께 지혜를 구해야 하며, 권력을 공유하는 사람들을 완전히 신뢰해서는 안 된다.

또한, 정의 집행에 지나치게 법리적이 되어서도 안 된다.

> 잘못을 눈감아 줄줄 모르는 사람은 다스리는 법을 모르는 사람이다
> (Höpfl 1991:39).

루터가 어떤 희생을 감수하더라도 집권자들에게 순종해야 한다라 주장한 것과 것과 집권자들에게 대항해 반란을 일으키는 자들을 강력하게 비난한 것은 그것이 일종의 잘 정돈된 질서를 위한 과정이라는 관점에서 이해된다. 그렇지만 집권자들이 공동의 관심을 우선해야 한다는 루터의 주장은 집권자들이 마음대로 통치해도 좋다는 말이 아니다.

실로 집권자들이 일에 있어서 특혜를 누리는 것, 예를 들어 춤추는 일, 사냥하는 일, 시합을 즐기는 일 등을 금지해서는 안 된다.

그러나 이들은 "땅과 국민은 내 것이며, 내가 원하는 마음대로 할 수 있다"라는 생각을 분명히 버려야 한다. 집권자는 국민을 보호하는 사람이지, 국민을 지배하는 사람이 아니기 때문이다.

하지만 무엇보다도 집권자들(적어도 이들이 기독교 원리들에 따라서 행동하려는 소수 사람 가운데 하나라면)은 먼저 성경의 명령들을 유의해 따라야 한다.

> 위정자들은 하나님의 말씀을 자기 뜻에 따라 이끌어 가고 왜곡하지 않아야 한다. 반대로 위정자들이 하나님의 말씀에 이끌림을 받아야 한다(Höpfl 1991:36).

지금까지 루터의 정치신학이 갖는 약점에 대해서는 충분히 언급했으며, 아무리 세심하게 분석하더라도 더 이상 나올 것은 별로 없다. 국가에 반응하는 교회 차원에서 루터가 그리스도인에게 독재와 불의에 대해 '묵인'을 조장한 부분은 종종 비난을 받아 왔다. 여러 형태의 정부를 사회의 선을 위한 하나님의 도구로 이해할 때, 루터의 논리는 납득하기 힘들다.

아우구스티누스와 달리 루터는 구조적 불의를 기독교적으로 비판하기 위한 어떤 여지도 남기지 않기 때문이다. 또한, 가장 극단적 폭군을 지지하면서(양심이 다르게 지시할 때에까지) 폭정에서 사람들을 해방시키려 한 자들의 사형을 찬성한 것은 일관적이지 않다(Maddox 1996:116). 불의한 집권자들에게 보인 루터의 태도와 비교해 보면, 반란을 선동한 사람에 대한 루터의 반응은 확실히 가혹하다.

그리고 이 주제에 대한 루터의 저작, 『살인하고 도둑질하는 농민의 무리에 대항하기 위하여』(Against the Murderous and Thieving Hordes of Peasants)가 암시하는 제목을 보면 그의 반응은 매우 자명하다. 이 저작 전체는 높은 권력자들에 대항함으로써 고의로 폭력적으로 몸과 마음을 상실한 사람들에 대한 통렬한 비방에 지나지 않는데, 이런 사람들은 "신뢰할 수 없고 위증하고 거짓말하여 불순종하는 악당과 무뢰한 같다"고 말한다(Rupp and Drewery 1970:122).

반란은 루터에게 이론적 주제가 아니라 분명 그에게 큰 영향을 미쳤다.

좀 다르게 본다면, 반란의 문제는 루터 자신에게 버리기도 힘들고 신학적으로 방어하기도 힘든 계륵(鷄肋)이 아니었을까?

2. 토마스 뮌처

루터는 권력에 반항하는 정신에 분노했지만, 농민 지도자 토마스 뮌처는, 특정 상황에서 권력에 대항하는 반란은 성경에서 보장받을 수 있다고 보았다. 뮌처의 이런 주장의 근거는 하나님의 행동을 방해하는 모든 영혼(마태복음의 비유에 나오는 가라지)에게 정화를 요구하는 신비적 영성이다. 뮌처는 영혼이 하나님께 전적으로 헌신하지 못하게 하는 것과 자기중심적인 모든 것을 갈아엎으시는 하나님의 쟁기의 예리한 날을 한눈에 알아보고 경험하는 '참된' 또는 '진정한' 믿음의 개념에 몰두한다.

뮌처의 이런 부분은 이론으로 알고만 있을 뿐 실제로 그렇게 살지도 않고 경험하지도 않던 루터 같은 성경 학자들의 잘못된, 또는 '위조' 신앙과 대조를 이룬다. 하지만 뮌처도 인간을 '알곡과 가라지', 곧 하나님이 알곡과 가라지를 분리하시기 전까지 서로 섞여 자라는 '선택받은 자와 버림받은 자'로 구성된다고 하는 종말론적 사상가다.

뮌처는 내적 단계와 외적 단계의 동시적 변화가 있어야 한다고 생각한다. 영혼이 하나님의 활동을 가로막는 모든 것에서 정화되어야 하듯이 이 세상 속에서 하나님의 활동을 방해하는 사람들, 곧 경건하지 못한 거짓 교사들은 가차 없이 제거해야 한다는 견해다. 뮌처의 본질적인 견해는 이 세상에서 거짓 믿음이 확산되는 것을 막기 위해 참된 믿음이 전파되어야 한다는 것이다.

그래서 그는 이런 임무를 수행해야 할 책임을 세속 집권자들의 영역으로 넘긴다. 뮌처는 이런 생각으로, 세속적 권력에 좀 다른 사명을 위임해야 한다고 주장한 루터를 비롯해 동시대 많은 사람과 결별했다. 사실 루터와 뮌처 모두 로마서 13장의 정부에 관한 가르침에 근거해 출발했지만 다른 결론에 도달했다.

루터가 집권자에 대한 백성의 의무를 다루고 있는 1절을 상소한 반면, 뮌처는 3절을 중심으로 백성에 대한 집권자의 의무에 초점을 맞추어 백성의 지지는 이런 의무들이 실행될 때만 보장되어야 한다고 주장한다. 뮌처는 의무에 대한 정부의 책임에 주의를 환기시킴으로써 사람들의 지지를 이끌어 냈다.

그리고 뮌처가 정부의 의무라고 생각한 것은 단지 선을 벗어난 사람들을 처벌하는 것 이상이었다. 집권자는 실제로 이 세상에서 하나님의 활동을 해야 한다. 뮌처는 군주들에게 다음처럼 호소했다.

> 하나님의 참되고 확고한 뜻이 당신의 뜻이 되게 하라.
> 복음에 방해가 되는 사악한 사람들을 물리쳐라!
> 이들과 사귀지도 마라!

만약 이렇게 하지 않는다면, 바울이 로마서 13장에서 당신을 부르는 것과 달리, 당신은 하나님의 종이 아니라 마귀의 종일 것이다(Matheson 1988:245-6).

뮌처에게 권력자들은 단순히 평화와 질서를 유지하기 위해 존재하는 필요악이 아니라, 믿음을 보호하고 전파하고 하나님의 사역을 감당하는 긍정적 역할이 있다. 로마서 13:1의 명령 아래 집권자들을 따르는 순종은 이들이 3절에서 부여한 의무들을 이행하느냐에 달려 있다. 집권자들이 믿음의 변론을 위해 책임을 다할 경우, 이들에게 순종하라는 명령은 정당화될 수 있다. 하지만 뮌처는 이런 방식으로 본문을 해석해서 정부에 저항하는 일의 정당성을 이끌어 내지 않는다.

뮌처는 집권자들이 자신들에게 부여된 의무들을 이행하지 못할 때, 이들이 이행해야 할 의무가 백성에게 전가될 것이라고 주장한다.

집권자들에게서 검을 빼앗아 열정을 불태우는 사람들에게 주어 사악한 사람들을 무찌르게 할 것이다(Matheson 1988:69).

뮌처는 이 주장을 뒷받침하기 위해 다니엘 7장에서 성경적 근거를 끌어낸다. 다니엘 7장은(로마서 13장을 포함해) 정부와 저항 문제를 논할 때 이용한 몇 성경 구절 중 하나다. 뮌처에게 다니엘 7장의 핵심은 27절이다. 27절은 종말론적 맥락에서 가장 높으신 이의 거룩한 백성에게 붙인 바 된 세상의 모든 왕국에 대해 말한다.

다니엘 7:27과 로마서 13장의 구절 연관성을 끌어낼 수 있다. 즉 뮌처는 로마서 13:3에서 집권자들에게 요구하는 것들이 충족되지 않을 때, 다니엘 7:27이 적용될 수 있다고 생각한다. 다만 그는 이 성경 구절에서도 저항의 정당성을 세우지 않는다. 집권자들이 직무를 유기할 때마다 다니엘 7:27이 즉시 이행되어야 한다고 주장하지도 않는다.

또한, 권력의 이양이 선민의 (합법적) 힘에 의해 강제적으로 이루어지는지, 하나님의 직접적인 개입을 통해 이루어지는지에 대한 명확한 주장은 없다. 하나님의 직접적인 간섭과 관련한 그의 입장은 하나님과 인간이 다 같이 이 땅에 대한 하나님의 심판을 불러일으킨다는 입장이다.

이스라엘 백성을 약속의 땅으로 인도했던 여호수아의 경우가 바로 이 부분을 증명한다.

그들은 검(무력)으로가 아니라 하나님의 힘으로 약속의 땅을 차지했지만 검이 수단으로 사용되었다(Matheson 1988:250).

뮌처가 이 구절을 언급할 때, 거의 항상 인식하는 것 하나는 비록 적그리스도의 짧은 통치 후라 하더라도 하나님이 주신 모든 예언이 그러하듯이 반드시 이루어진다는 것이다. 1525년 처음 몇 달간 뮌처가 목격한 극적인 사건은 집권자들에 대한 저항 및 새로운 사회, 정치적 질서를 세워야 할 필요 및 '의무'에 대한 확신을 심어 준 사건이다. 색소니의 제후들은 뮌처의 검을 취해 하나님의 적들에게 저항해야 한다는 훈계에 반대했다.

게다가, 제후들은 가장 폭력적인 방법으로 가난한 사람을 억압함으로써 정의롭고 경건한 통치에 대한 경멸감을 노골적으로 드러냈다. 이제 일반 민중을 대신해 제후들에게 대항해야 하는 상황이 도래했다. 실제로 민중들은 제후들에게 저항하기 위한 봉기를 준비하는 중이었다. 민중들이 매일 일상 가운데서 마주하는 참을 수 없는 불의, 부패, 빈곤에 대한 분노는 다니엘서의 마지막 세상 왕국의 몰락에 대한 예언이 조만간 성취되리라는 하나님이 주시는 명백한 조짐이었다.

다니엘 2장을 본문으로 삼은 제후들을 향한 설교에서 뮌처는 제후들이 몰락한 거대한 역사적 제국과 세상의 왕국들을 대표한다고 설명하면서 느부갓네살 왕의 꿈에 나타난 복잡한 신상으로 청중을 독려했다. 이제 신성로마 제국에 해당하는 님은 단 하나는, 바로 예수님에 의해 곧 파멸될 것이라는 것이다.

1525년 초 농민 운동은 독일 전역으로 확산되었다. 이는 뮌처에게 하나님의 추수 때의 결정적 국면, 즉 하나님이 '시기를 단축하고 계신다'는 표징으로 보였을 것이다. 비록 단 한 번이지만 뮌처는 자신이 말하기 시작한 반란에 대해 신학적 정당성을 확립했다.

뮌처는 집권한 권력자들의 부패와 냉소와 가난한 민중에게 가한 폭력에 대해 이들을 끌어내리는 것 외에 다른 어떤 대안도 찾을 수 없다고 생각했다.

가난한 사람들을 적으로 만드는 사람들은 다름 아닌 영주들이다.
만일 영주들이 폭동의 원인들을 제거하기를 거부한다면 결국 어떻게 난관을 피할 수 있을까?
만일 이들이 나를 폭동의 선동자로 여긴다면 그렇게 생각하라(Mateson 1988:335).

뮌처는 처음에 폭력을 단지 권력자들이 자행한 공민권 침해에 대항하는 방어 수단으로만 지지했고, 어느 정도는 사건들과 자신의 견해가 가진 논리에 따라 신학적 이의에서 정치적 저항으로 선회하지 않을 수 없었다. 권력자들은 국민을 함부로 취급하며 폭력을 자행했고, 그 결과 그리스도인의 피를 손에 묻힘으로 통치자 권리를 빼앗겼고 하나님의 진노 아래 놓이게 되었다. 이제 뮌처는 이런 통치자들을 당시 압제적 군주들의 공통된 약칭인 '니므롯'에 빗대고, 이들의 몰락에 대해 찬성 발언을 시작했다.

뮌처는 농민 반란이 하나님에게서 온 징표이며 하나님이 불경건한 사람들을 끌어내리는 날이 곧 도래할 것이라고 확신하는 단계까지 이르렀다. 그는 이런 확신 아래 '하나님의 영원한 연맹'(Eternal League of God)을 조직했다. 그가 처음 약속한 것은 주로 하나님의 영원한 연맹을 방어하는 것이었다. 그는 회원 가입에 어떠한 규제도 가하지 않았다.

하지만 뮐하우젠(Mühlhausen)의 '하나님의 영원한 연맹'(도시를 지배하는 당국이 자신을 "영원한 의회"라고 불렀던 것을 감안하면, 이름 자체가 파괴적인 의미다)은 불신자를 모두 타도하려는 분명한 의도를 가지고 만들어진 조직이었다. 이 영원한 연맹은 더욱 호전적인 조직으로 변모했다. 이들은 다니엘 7:27의 성취를 강조했으며 참된 신자들만 구별해 받아들였다. 이 요소들은 뮌처가 불경건한 사람에 맞선 전쟁이 다가왔다고 생각한 것을 암시할 수 있다.

그렇다면 그가 프랑켄하우젠 최후 전투까지의 시기에 준비한 자기 행동들에 대한 변호는 그가 임박한 시나리오에 부여한 종말론적 의미에 대해 어떤 의심의 여지도 없었다는 의미였다. 대중에게 폭동을 일으키게 하는 동기가 무엇이든(결코 경제적인 것이 전부가 아니다) 대중의 고민은 뮌처 자신의 고민이 되었다.

즉, 이들의 투쟁은 하나님 나라, 곧 선택받은 자의 통치를 위한 하나님 나라를 만드는 결정적이고 분명한 길이었다.

뮌처의 정치신학에 대해 언급할 마지막 하나는, 그의 정치신학의 세계가 어떻게 타락 전 본래 상태로 회복될 수 있는지에 관해 세부적으로 설명했으나 새 시대에 사회가 취할 형태에는 관심이 부족했다는 것이다. 뮌처는 처형당하기 전 며칠 동안 고문을 당하면서 진술하기를, 자신의 목표는 모든 그리스도인을 평등하게 만드는 것이고, 이는 혁명을 지지하는 사람들이 모든 재산을 공유하고 각자의 필요에 따라 개개인에게 분배하는 신앙적 변화가 필요한 일이다.

또한, 뮌처는 뮐하우젠과 헤세(Hesse) 주변 땅을 수용해 공동 소유 및 필요에 따른 분배를 받아들이지 않는 귀족은 한 차례 경고한 후 모두 죽이려고 한 사실을 밝혔다. 그리고 그가 심문받으며 고백한 것에서 우리는 그가 '신정 공화국'과 유사한 국가를 창설하려는 생각을 가졌음을 추론할 수 있다.

신정 공화국은 공산 사회 체제를 주장하는 것이다. 하지만 이 국가는 사유재산이나 계급 차이를 완전히 폐기하는 것은 아니다. 슈톨베르크 공동체에게 보내는 뮌처의 편지에 이런 국가를 되풀이해 언급한 것은 선택받은 자가 이 새로운 국가에서 통치하게 될 것이라고 생각했기 때문이다. 이 같은 생각은 1521년 초 프라하 선언(Prague Manifesto)에서 시작되었으며, 나중에 1523년 스톨베르크 공동체에 보내는 뮌처의 편지에서 반복된다.

하지만 결론적으로 피할 수 없는 사실은 뮌처가 현실적 사회 이론으로 어떤 것도 제시하지 않았다는 것이다. 그의 청사진은 하나님 나라가 도래하기 전 선택받은 자가 통치할 일시적 기간에 대한 잠정적 조치로 분명하게 의도된 것이었다(Scott 1989:171-172).

3. 재세례파(재침례파)

뮌처가 공동 소유에 근거해 사회가 어떻게 발전해야 하는지 막연하게 생각한 인물이라면, 뮌처와 동시대를 살아간 많은 사람이 더욱 분명한 계획을 가지고 있었다. 이런 사람들은 자신의 계획에 따라 헌신하며 살아간 사람들이다.

1950년대 독일에서 모라비아 지역으로 퍼져 간 후터파(Hutterites)는 급진적 재산 공동체를 설파하고 실천했다(이들은 지금까지도 이런 공동체를 고수해 온다). 후터파도 재세례파 운동처럼 가난한 사람들의 정의가 공산주의적 모델의 삶 아래서만 확실하게 실현될 수 있다고 주장하고 농민 반란의 대의명분을 좇아 횃불을 들었다. 재세례파 사람들은 완전한 재화 공동체를 실천하지 못한 사람들도 자신의 소유가 그들 자신들만을 위한 것이 아니라 필요한 사람들을 돕기 위해 기꺼이 사용되어야 한다고 주장했다. 이런 점에서 재세례파 사람들은 자신들이 초기 그리스도인들의 실천을 거의 정확히 따른다고 보았다.

이들은 1527년 '회중의 규율'이라는 고백에서 초기 그리스도인들에 대해 다음처럼 진술했다.

그들 모두는 공동으로 소유했고, 특히 가난한 사람을 돕기 위한 공동 기금을 모았다(Murray 1997:13).

기록된 후터파 문헌에 의하면, 이들은 사유 재산을 사랑의 가장 큰 적으로 이해했고 급진적 평화주의 운동은 구성원이 납부할 세금에서 군사적 목적으로 사용되도록 자신이 생각한 만큼 차갑하게 했다.

재세례파 운동은 뮌처가 독일의 프랑켄하우젠 농민 반란 군대를 지휘하고 있던 시기에 스위스에서 일어났으며, 사회정의와 교회의 전반적 개혁을 꿈꾸는 뮌처의 열정을 공유했다. 재세례파는 교회가 타락했다고 여겨서 단순한 개혁을 넘어 신약성경 원리에 따라 교회를 재구성해야 한다고 천명했다. 재세례파는 결정적으로 콘스탄티누스 이후에 교회가 '국가'의 비위를 맞춰야 하는 것을 못마땅히 여겼다.

재세례파는 이런 교회와 국가 관계는 단절되어야 한다고 주장했다. 여기에 덧붙여 재세례파는 로마가톨릭교회 및 종교개혁자 울리히 츠빙글리에 대항해 유아세례를 거부했다. 이들에게 침례는 그 의미를 이해할 수 있는 사람이 자원해서 침례 의식에 순종하는 것이었다.

물론 이것은 국민 또는 '국가' 교회의 전체 개념을 뿌리부터 약화시키는 심오한 정치적 입장이었다. 개혁의 원동력을 지속하길 원한 재세례파는 츠빙글리가 개혁을 주저하는 것에 불만을 가졌다. 특히, 츠빙글리가 개혁의 모든 단계에서 사법적 승인을 얻으려 한 것에 불만을 가졌다.

재세례파는 동참 의사를 밝힌 자들만 신자로 받아 줄 것을 요구하고, 권력 기관이 도입한 십일조 세금에 의존하는 것을 포기해야 한다는 주장을 교회가 받아들이도록 요구했다. 정치와 종교의 '분리'에 대한 재세례파의 관심은 1527년 스위스와 독일 지역의 경계에 있는 조그마한 마을에서 빌헬름 로우블(Wilhelm Roubl)과 마이클 세틀러(Michael Sattler)가 작성한 '슐라이트하임 신앙고백'(Schleitheim Confession of Faith)에 분명히 드러나 있다.

이 신앙고백서 4항은 "악으로부터 분리하라"라는 주의 촉구가 모든 로마가톨릭교회와 반(反)로마가톨릭교회의 활동과 봉사, 모임, 예배 참여를 삼가야 한다는 것을 분명히 의미한다고 진술한다(Hillerbrand 1968:133). 10년 뒤 발행된 한 문서는 이 사실을 분명히 밝히고 있다.

'왜 재세례파가 기존 교회에 참여하지 않는지 그 이유를 재세례파에게 질문한 사람들에게 드리는 답변'(The Answer of some who are called (Ana)baptists to the Question Why They Do Not Attend the Churches)이라는 제목으로 발행된 이 문서는 재세례파의 모임이 근본적으로 주류 교회들의 모임과는 다른 원리들로 운영된다고 말한다. 성직주의를 거부하는 재세례파는 고린도전서 14장의 가르침을 따르고 실천하면서 어떤 경우는 여성들을 포함해 예배에 참석하는 모든 사람이 활동적으로 동참할 것을 장려했다(Bradstock and Rowland 2002:89-90).

재세례파는 단지 주류 교회로부터 분리할 것을 주장할 뿐만 아니라 국가 권력과 국가의 모든 활동으로부터 분리할 것을 주장했다. 여기에는 한두 단계 더 나아간 루터가 주장한 권력으로부터 분리도 있다. 슐라이트하임 신앙고백서는 금지 목록으로 '시민의 의무, 맹세하는 일, 군복무, 사법이나 행정 직무'를 포함한다.

이런 입장들의 동기는 성경대로 그리스도의 가르침에 충실하려고 했지만, 재세례파의 정치적 함의는 기존 교회와 국가 집권자들에게 이해받지 못했다. 당국자들은 이들을 잔혹하게 다루고 심지어 일부 사람을 수장하는 상징적 처벌을 단행했다.

때때로 재세례파들은 스스로 마찰을 일으켰다. 네덜란드의 지도 아래 있는 한 단체가 평화주의와 분리주의 규범들을 무시하고 독일 뮌스터 마을을 장악했다. 그들은 하나님 나라가 임박했다는 믿음과 구약성경에 영감을 받아서 열두 장로를 지명하고 일부다처제를 도입한 모든 형태의 위법행위에 심각한 벌금을 부과했다.

그 결과 제세례파는 폭력적이고 위험한 분파로 인식되었다. 후터(Hutter), 메노 시몬스(Menno Simons, 이 이름에서 메노나이트 교파의 이름이 나옴), 더크 필립스(Dirk Philips) 같은 지도자들이 재세례파 운동을 재건하고 평화주의와 분리주의 전통을 회복하기 위해 많은 일을 했지만 폭력적이고 위험한 분파로 인식되었다.

4. 존 칼빈(John Calvin)

재세례파들이 세상으로부터 분리된 순수한 교회를 추구한 사람들이라면, 존 칼빈은 교회와 국가 권력자들과의 관계에 새 모델 세우기를 추구한 인물이다. 우리에게 칼빈은 정치 이론가보다는 신학자이자 교회 개혁자로 더 잘 기억된다. 그리고 그의 정치적 작품으로 『기독교 강요』 제4권 제20장(시민 정부라는 주제)에 언급된 것보다 더 확장된 것은 존재하지 않는다.

비록 이론적 단계지만, 칼빈은 자신의 전성기를 보낸 제네바 시에서(그리고 흥미롭게도 그는 결코 도시의 시민적 혹은 종교적 중요성 중 한 가지를 택하는 입장을 취하지 않고, 거의 20년간 산 후에야 시민증을 받았다) 자신의 사상을 구현하고자 했고 이는 성공을 거두었다.

칼빈은 신약의 바울서신과 아우구스티누스의 작품들에서 가져온 예정론을 전개했다. 칼빈은 이 유명한 예정론의 가르침을 통해 경제, 정치 영역에 큰 영향을 끼친 인물이라고 주장할 수 있다. 이 예정 교리는 하나님은 구원하기를 원하는 자를 선택할 수 있는 절대적 권리를 가지고 계신다고 주장한다. 구원 문제에서 인간의 노력이나 선행은 완전히 배제되지만, 이런 식의 구원은 막스 베버의 유명한 주장처럼, 하나님께 선택받았다는 징표에 매달리게 할 수 있다.

이런 원리는 경제적 성공의 형태를 취한다. 곧 건전한 투자나 힘들고 고단한 노동에 대한 보상 등이다. 칼빈 자신은 상업적 활동을 경계하고 청빈한 삶을 높이 평가했지만, 이후 여러 세기에 걸쳐 유럽과 미국에서 일어난 엄청난 경제 변화는 칼빈의 사상을 충실하게 따른 사람들에 의해 일어났다.

제네바에서 시행된 칼빈의 종교개혁 계획은 인기 있던 루터의 사상이 휩쓸고 간 후 가톨릭주의 재천명과 트렌트공의회의 시기와 정확히 동시에 일어났다. 종교개혁 운동은 이제 방어적으로 변했고, 파벌들로 분열되어 제각각 '자기 목적'을 달성하려는 방식(뮌스터에서의 붕괴처럼)으로 되기 시작했다.

따라서 유럽 안 행정당국자들의 심기를 건드리지 않을 개혁 진영의 칼빈과 다른 인물을 필요로 하고 있었다. 사람들은 루터의 전성기에 루터를 갈망했던 것보다 절실히 자신의 갈망을 채워 줄 해결사를 원하고 있었다. 칼빈 사상의 중심 요소는 '교회와 국가' 간 좋은 관계가 필요하다는 것이다.

칼빈이 교회와 국가 두 기관의 긴밀한 관계를 지지하는 것에 결코 냉소적이지 않았다고 해서 단지 실용주의적이라고 보기도 어렵다. 오히려 이 문제에 있어 칼빈은 루터와는 본질적으로 다른 것을 제시한다. 칼빈은 하나님이 교회와 국가를 경건을 교육하는 일의 동반자가 되도록 만드셨고, 그래서 교회와 국가는 서로 다른 방식으로 이 목표를 추구해야 한다고 주장했다.

루터는 교회의 활동이나 삶의 영적 차원에는 국가의 책임이 없음을 강조하면서 '영적인' 권위와 '세속적' 권위가 서로 분리된 관심 영역임을 명시하는 것에 민감했다. 그러나 칼빈은 교회와 국가를 상호 보완적 관계에서 동등한 협력자로 이해했다. 즉 칼빈은 국가를 하나님 말씀인 성경의 가르침에 따라 행하는 선한 정부로 본다. 칼빈의 교회와 국가의 관계에 대한 견해를 간단히 요약할 수 있을 것이다.

칼빈은 교회와 국가가 공동의 임무를 가지지만 하나님이 교회와 국가에 허용한 권한에 있어서는 차이가 있다고 본다. 그는 교회와 국가가 "아주 구별되지만, 결코 양립할 수 없는 것은 아니다"(Höpfl 1991:49)라고 말했다. 교회는 참된 교리를 가르치고 설교하며 성례전을 행함으로써 선하고 평화로운 질서에 공헌할 의무가 있다. 그러나 교회는 구성원에게 징계로 출교를 명령할 수 있지만, 범법자들에게 처벌을 명령할 수는 없다.

사법권은 하나님이 주신 권한이라서 처벌에 대한 두려움으로 사람들에게 법에 따라 순종하도록 강제한다. 또, 사법권은 하나님의 말을 들을 수 있고 전파할 수 있는 환경을 조성하고 유지함으로써 교회 일을 보완할 수 있다. 사법권은 또 교회의 징계 처분을 확인하고 교회 당국자 및 사역자에 대한 임명을 승인할 임무도 있다.

칼빈은 세속 집권자들이 교회의 교리가 어떠해야 한다든지, 교회를 어떻게 조직해야 한다고 말할 수 있다고 주장하지 않는다. 칼빈은 집권자들이 바른 종교의 전파를 용이하게 하고 방해받지 않게 할 의무가 있다고 말한다.

또한, 칼빈은 동시대의 많은 급진적 사상가와 달리 교회의 조직과 지도자를 임명하는 문제를 공공의 관심과 이익에 관한 일이라고 생각했다. 그러므로 위정자와 목회자는 교리를 체계화하는 일에 밀접히 함께 해야 한다. 그 이유는 하나님께서 먼저 두 직분자 집단이 함께 궁극적 목적을 추구하도록 공동임명했기 때문이고, 이들은 동일한 집단에 대한 공동책임이 있어서 이들의 협력이 꼭 필요하기 때문이다.

많은 시민은 그리스도인이며 동시에 모든 그리스도인은 시민이다. 칼빈은 오직 하나님만이 우주의 절대 권위이시며, 인간의 목적은 이 땅 위에 하나님 나라를 건설하는 것이라고 생각했다. 따라서 모든 정부, 모든 정치는 하나님 나라 건설이라는 하나의 목적을 위해 결정되어야 한다(Maddox 1996:123).

그러나 칼빈은 교회의 모델을 성경에서 발견할 수 있다고 분명히 했다. 곧 교회는 형태가 대체로 '협의체'(collegial)였다. 하지만 칼빈은 성경이 지지하는 특정 유형의 정부가 있는지는 확신하지 못했다. 하나님은 다른 곳에 각각 다른 형태의 정부를 정하신다. 정부를 정하는 주체가 하나님이시기에 칼빈도 루터와 마찬가지로 시민들이 어떤 형태의 정부든지 순종해야 한다고 주장했다.

하지만 칼빈이 예외로 둔 것은 바로 하나님의 법에 반하는 행동을 명하는 집권자가 있을 경우, 이 집권자는 반드시 저항에 직면하게 될 것이라는 사실이다. 왜냐하면, 어느 누구도 권위의 유일한 주체이신 하나님을 침범할 수 없기 때문이다. 비록 성경에는 어떤 형태의 정부가 다른 어떤 형태의 정부보다 우월하다고 말하지 않지만, 칼빈은 한 사람에게 지배되는 형태보다 소수에게 지배되는 형태가 더 나은 방식이라는 것을 분명히 했다. 다시 말해, 최상의 정부 형태는 성경에 규정된 것을 반영하는 형태다.

아퀴나스와 달리 칼빈은 군주제나 한 개인이 권력을 단독으로 갖는 정부 형태를 불신한다. 칼빈에게 최상의 정부는 교회의 여러 장로와 목회자가 협력해 일하고 상호 견제와 징계 체제를 작동시키는 것처럼, 위정자들이 서로의 지배 아래 있는 형태다. 칼빈은 구약성경의 예와 자신이 살던 시대에 역사적으로 증명된 것처럼, 한 사람이 지배하는 정부는 바람직한 방향으로 나가지 않고 필연적으로 압제로 치닫게 된다고 생각했다.

단독으로 권좌에 앉은 사람이 자기 목적을 추구하지 않는다는 것은 정말 어려운 법이다. 아리스토텔레스와 아퀴나스가 '귀족 정치'라고 명명했던, 소수의 통치가 하나님이 정부에 두신 목적을 충족시킬 가능성이 높다.

칼빈은 기독교 전통 안에 있는 많은 사람과 달리 정치를 매우 중요하게 여겼고, 하나님의 순서에서 영적인 문제들이 부차적인 요소가 아니라고 보았다. 세속 정부도 하나님이 세우셨다. 따라서 집권자들은 자기들이 섬기는 하나님과 시민에게 책임을 다할 매우 중요한 의무가 있다.

곧 사회 안에서 경건한 기준을 따르고, 이단 확산 방지를 위해 싸우고, 법과 질서를 유지하고, 가난한 자들을 구제하며, 억압받는 사람들을 자유롭게 하며, 공동 평화를 유지하고 정의를 실현해야 한다.

따라서 정치적 활동이나 정부를 위해 그리스도인이 봉사자로 부름을 받는 일은 결코 성직보다 못하지 않다. 이렇기에 행정관도 모든 소명 중 가장 성스럽고 지고한 직분이다. 집권자들은 하나님께 받은 사명을 깨달아야 한다.

로마서 13장에 따르면, 정부는 하나님이 정하신 것이고 하나님이 주시는 임무가 있다. 따라서 하나님의 권한을 위임받은 정부는 조롱받아서는 안 된다. 집권자를 조롱하는 일은 하나님을 조롱하는 것이다(Höpfl 1991:51-5). 바울이 로마서에서 쓴 것처럼, 집권자들은 권리를 가진 것과 마찬가지로 자기가 담당하는 사람들을 보호할 책임 역시 가지고 있다. 이 책임은 불의를 행하는 사람들의 처벌을 수반할 수도 있다. 악인 처벌의 필요성은 사형 제도 문제를 야기한다.

"살인하지 말라"는 계명에 따라 우리는 사형 제도를 허용해야 하는가?

칼빈은 사형 제도를 허용했다. 왜냐하면, 사법권이 범죄자를 처벌할 때 판사는 자신의 뜻이 아니라 하나님을 대신해 그 일을 수행하기 때문이다. 칼빈이 주장하듯이, 다른 사람을 괴롭히고 해를 입히는 것과, 타인을 괴롭히고 해를 입힌 사람을 하나님의 명령을 따라 응징하는 것은 다르다(Höpfl 1991:60f).

로마서 13:4은 위정자가 검을 사용할 권한을 위임 받았음을 보여 준다. 만일 불의하고 사악한 사람들이 마음대로 살육하는 것을 방임하는 지배자가 있다면 그는 가장 큰 불의를 방조하는 사람이다. 칼빈은 방임하는 지배자는 자신에게 지위를 위임한 하나님을 욕되게 한 중범죄를 저지른 것임을 가르친다. 아무것도 허용하지 않는 지배자 아래 사는 것도 잘못된 일이지만 모든 것을 허용하는 방임적 지배자 아래 살아가는 것은 더욱 옳지 않다. 그럼에도 칼빈은 자비가 고려되지 않는다면 공정한 판결은 가능하지 않다고 말한다.

그러나 비평가들은 칼빈이 자기 저술에서 보여 준 생각과 실제 행동이 불일치한 것을 지적한다. 예로 스페인 신학자 세르베투스(Servetus)가 1533년 제네바에서 칼빈에게 반대 활동을 한 결과 이단이란 죄명으로 화형을 당한다.

칼빈은 행정관들이 외부에서의 침략이 있거나 국민들이 폭동을 일으키려 할 때 영토 수호를 위해 검을 사용해야 한다고 주장했다. 동시대 근본수의자늘은 기독교에 유일하게 일관적인 입장이 있다면 평화주의라고 주장했는데, 칼빈은 이들과 달리 그리스도가 검을 버리라고 한 것은 군인들에게 무기를 버리라는 의도가 아니라 직업군인의 의무를 다하게 할 의도라고 역설했다. 칼빈은 분명 정당한 전쟁을 지지하는 전통주의 사상가다.

그는 전쟁이란 가볍게 접근할 문제가 아니며, 항상 최후의 수단으로 취급되어야 한다고 말했다. 위정자들은 공동선을 추구하도록 부름 받았다는 것을 결코 망각해선 안 된다. 이들은 잘못을 범하는 자들을 처벌할 때 사사로운 감정에 휩쓸려 지위를 남용해서도 안 된다.

칼빈은 성경에서 집권자의 권한과 책임을 밝히는 것에 더해, 백성의 의무에 대해 꽤 길게 설명한다.

집권자들을 존경하는 마음으로 대하고 이들을 '필요악'으로 보지 않아야 한다. 우리가 하나님께 순종하는 것처럼 집권자에게 복종하는 것은 집권자의 개인적 인격 때문이 아니라 이들이 가진 계급과 지위 때문이다. 개인들은 집권자들이 제시하는 법들을 준수하고, 자기에게 부과된 세금을 납부하며, 영토를 방어할 책임을 공유하는 동시에, 바울이 디모데전서에서 권면한 것처럼 위정자들을 위해 기도해 이런 일들에 대한 성실함을 드러내야 한다.

그러나 불의를 행하고 오직 자기 이익을 구하고, 심지어 가난한 사람들에게 세금을 착취해 자기 배를 채우려고 혈안이 된 집권자들은 어떻게 해야 하는가? 여기서 칼빈은 선하든 악하든 모든 지도자의 권위가 하나님에게서 비롯되고, 따라서 국민들에게 동일한 존경을 받아야 한다는 주장을 고수한다. 아퀴나스에게 공감하는 칼빈은 경건하지 않은 집권자도 하나님의 심판을 집행하기 위해 하나님의 지혜로 세움 받았다는 점을 분명히 한다.

하지만 경건하지 않은 집권자의 존재는 국민에게 하나님의 저주의 표징이 될 수 있기 때문에 국민의 힘으로 저지해서는 안 된다. 이 같은 견해는 국민은 어떤 집권자에게도, 심지어 최악의 독재자에게도 복종할 것을 강력히 요구하지만 경우에 따라서 하나님이 국민들 가운데 독재자들을 벌하시는 수단으로 반란자를 일으켜 이들의 손아귀에서 국민들을 자유롭게 하신다는 것을 칼빈은 인정한다(Höpfl 1991:81).

칼빈은 정부의 중간계층에 있는 위정자들이 자기들 위에 있는 사람들의 불경건한 성향들을 억제할 책임을 가지고 있다고 보았다. 무엇보다도 국민은 궁극적으로 집권자들을 세우고 책임을 지게 하시는 하나님께 순종해야 한다 (Höpfl 1991:83).

신기하게도 칼빈은 일반 시민에게 집권자들에게 저항하거나 이들을 물러나게 할 권리를 부여하는 것을 매우 주저했지만, 이후 수 세기 동안 칼빈의 추종자를 자처하는 많은 사람이 그의 가르침의 이런 측면을 가장 열성적으로 받아들였다. 절대군주 체제에 대한 칼빈의 반감은 분명하다. 독재 군주들이 불의를 행할 때에 이들의 몰락은 칼빈이 제시한 성경의 근거로 정당화될 수 있었다.

따라서 16세기 후반 프랑스에서 일어난 귀족들의 특권에 저항하는 투쟁(이른바 종교 전쟁)은 칼빈주의 운동을 통해 전면에 등장한 사건이었다. 칼빈주의자들(가장 유명한 사람은 존 낙스)은 로마가톨릭교회를 지지하는 여왕의 반대에 직면하자 스코틀랜드에서 종교개혁을 일으키려고 했다. 1649년 영국의 찰스 1세를 재판에 넘긴 크롬웰이 이끈 세력도, 분명히 칼빈주의 성향 때문이었다(Maddox 1996:126-34).

    칼빈은 한 사람보다 '집단적 체제'(교회 안에서와 민정에서)를 강조하고, 중간 계층 선임관리자들의 독재를 저지할 의무를 역설했다. 이것은 그의 생각에 기초한 대중 저항 운동에 영향을 끼쳤고 확산을 자극하게 된다. 그러나 칼빈이 더 긍정적인 생각, 특히 그가 공동선을 추구하기 위해 행정관들과 목회자들의 협력을 포함하는, "기독교 정치"라고 불렀던 가능성을 옹호하는 것만으로도 그의 추종자들은 감동했다. 특히, 이런 정치는 1620년대 새로운 사회를 건설하기 위해 아메리카 대륙으로 건너가 정착한 사람들에게 감명을 주었다.

    제2의 조국 같은 제네바 시에서 칼빈 자신의 생각을 실현하고자 한 시도는 영적인 권위와 정치적 권위 간의 끊임없는 갈등 때문에 끝내 좌절되고 말았다. 그러나 칼빈의 시도가 실패했다는 것이 그의 생각의 가치를 떨어뜨린 것은 아니었다. 비록 칼빈의 생각이 완전히 만족스럽지는 못했어도, 우리가 정치 자유주의라고 부르는 개념이 발전한 것을 보면 칼빈의 의도가 매우 중요한 역할을 했다는 것을 알 수 있다.

참고 문헌

Bainton, Roland (1978). *Here I Stand*. Tring: Lion.
Baylor, Michael G. (1991). *The Radical Reformation*. Cambridge: Cambridge University Press.
Bradstock, Andrew (1997). *Faith in the Revolution: The Political Theologies of Müntzer and Winstanley*. London: SPCK.
_____., ___., and Rowland, Christopher, eds. (2002). *Radical Christian Writings: A Reader*. Oxford: Blackwell.
Goertz, Hans-Jürgen (1993). *Thomas Müntzer: Apocalyptic Mystic and Revolutionary* (Eng. trans.). Edinburgh: T. & T. Clark.
Hillerbrand, Hans J., ed. (1968). *The Protestant Reformation*. London: Macmillan.
Höpfl, Harro (1991). *Luther and Calvin on Secular Authority*. Cambridge: Cambridge University Press.
McGrath, Alister E. (1988). *Reformation Thought: An Introduction*. Oxford: Blackwell.
Maddox, Graham (1996). *Religion and the Rise of Democracy*. London: Routledge.
Matheson, Peter, ed. (1988). *The Collected Works of Thomas Müntzer*. Edinburgh: T. & T. Clark.
Murray, Stuart (1997). "Introducing the Anabaptists." *Anabaptism Today* 14, 4–18.
O'Donovan, Oliver, and O'Donovan, Joan Lockwood (1999). *From Irenaeus to Grotius: A Sourcebook in Christian Political Thought 1000–1625*. Cambridge: Eerdmans.
Reardon, Bernard M. G. (1981). *Religious Thought in the Reformation*. Harlow: Longman.
Rupp, E. G. and Drewery, Benjamin (1970). *Martin Luther*. London: Edward Arnold.
Scott, Tom (1989). *Thomas Müntzer: Theology and Revolution in the German Reformation*. London: Macmillan.

제6장

예배 의식

베른드 바넨베취(Bernd Wannenwetsch)

오늘날 교회의 정치적 성격 탐구 경향은 주로 교회와 국가 관계와 관련하여 배타적이고, 교회가 시민 사회에 주려는 영향과 관련해 교회의 정치적 의미를 밝히는 것이다. 그러나 이 글은 이런 경향과 다르게 '폴리테이아', 곧 정치 집단 자체로서의 교회의 정치적 성격을 살펴볼 것이다. 정치적 개체로 교회는 예배에서 교회의 본질적이고 복원적인 행위를 발견한다.

이런 예배는 "성도들과 동일한 시민"(엡 2:19)의 중심적 실천이다. 예배와 정치의 연관성은 예배와 정치 모두 다른 설명들에 종종 가려져 왔다. 하지만 이런 연관성은 신약성경에서 교회의 본래적 자기 이해의 본질적 특징이고 기독교 신학의 역사 내내 다시 나타났다.

역사적으나 개념적으로, 교회의 정치적 예배가 다른 것에 의존하지 않는 '폴리테이아'로 정치 세계에서 유발한 혁신적 참신함은 공적/사적, 자유/필연 그리고 '실천적 삶'(vita activa)/ '사변적 삶'(vita contemplativa)과 같은 정치의 이율배반적인 영역에 도전한 것에서 발견할 수 있다. 이런 이율배반들이 다양한 형태로 널리 퍼져있는 만큼 기독교의 정치적 예배 경험은 항상 관련성이 있다.

'정치적 예배'의 개념적 의미를 이해하기 위해서는 두 가지의 재발견이 필요하다.

첫째, 예배의 정치적 차원이다.
둘째, 정치의 예배적 차원이다.

이 논문의 처음 부분에서 예배 의식 속에 내포되어 있는 정치에 대한 기독교적 이해의 역사적이고 개념적인 참신함을 기술한다.

두 번째와 세 번째 부분에서는 예배를 드리는 교회의 정치적 성격의 주요 위협과, 변화하는 역사적 상황에서 정치적 성격을 구성하고 재구성하려는 노력 그리고 재발견의 모범들에 대해 이야기식으로 서술한다.

결론 부분은 정치에 내재한 예배적 성격을 다룬다. 곧 로마서 13장에 따르면 권세를 가진 자들은 '공동선을 향해'(*eis to agathon*) 사람들을 섬기도록 하나님이 정하신 일꾼들인 것이다.

1. 예배의 정치적 성격

1) 정치적이신 그리스도

기독교 예배의 정치적 성격은 특히 정치적 성격을 반대하는 사람들을 통해 처음부터 인식되어 왔다(Horsley 1997). 이 같은 인식은 초기 기독교 공동체가 공격받은 무신론이라는 비난의 중심에 놓여 있었다. 로마인들은 기독교를 종교 운동으로 알지만 여전히 그리스도인들을 무신론자들로 간주했다.

그리스도인들이 제국의 신들을 공적으로 숭배하는 일에 동참하지 않아 제국의 단합과 안정이 위협받는다고 생각했기 때문이다. 따라서 기독교의 무신론은 종교적인 문제가 아니라 정치적 악덕으로 이해되었다.

보통 그리스도인들은 도시와 도시 위정자들의 안녕을 위해 기도하는 자신들의 관행을 밝힘으로써 자기들이 정치적으로 공동체의 안정을 파괴한다는 혐의를 반박했지만, 본질적인 요소에 대해서는 로마인들이 옳다는 것을 부정하기가 어려웠다. 왜냐하면, 이들이 예배한 그리스도는 개인의 종교적 헌신을 위한 수많은 가정 수호신(*penates*) 중 하나와 같을 수 없었기 때문이다.

그리스도인들은 그리스도를 '우주의 창조자'(*cosmokrator*), 곧 우주의 집권자, 통치자로 경배했다. 이처럼 그리스도인들은 로마인들이 일반적으로 사적 종교에 베풀어 오던 관용을 기대할 수가 없었다. 따라서 상충하는 '정치적' 신들에 대한 공적 주장을 두고 갈등이 불가피하게 일어날 수밖에 없었다. 그리스도인들이 황제 숭배에 동참하기를 거부하는 행위는 인간을 신으로 경배하는 행위에 대한 혐오의 결과일 뿐 아니라, 이들 자신의 구원과 도시의 안녕을 위해 의지하는 하나님을 예배하는 것에서 초래되었다.

2) 하나님의 가정-도시에 대한 새로운 언어

기독교 예배는 개인 신앙을 보호해 주는 안식처를 거부함으로써 정치적 생활과 사적 생활을 구분하는 관행에 도전할 수밖에 없었으며 결국 이런 구분을 극복할 수 있었다(Wannenwetsch 1997).

정치적 생활과 사적 생활을 구분하는 일은 아주 오래 전부터 전해 내려온 두 가지 양태다.

첫째, 자유로운 남성과 부요한 시민들을 천하고 비정치적 가정 구성원들과 차별적으로 구분하는 것이다.
둘째, 시민의 삶을 정치적 삶(bios politikos)과 이론적이거나 반성적인 삶(bios theoretikos)이라는 뚜렷이 다른 삶이나 영역으로 포괄적으로 구분하는 것이다.

기독교 예배가 구분을 극복했다는 것은 이런 차별적 구분과 포괄적 구분 모두를 극복했다는 것이다.

바울이 회중들에게 복음에 합당한 시민으로 현재 삶을 살도록 충고한다면(빌 1:27), '폴리튜오마이'라는 동사는 정치적 삶과 반성적 삶, 시민의 삶과 예배가 서로 맞물려 있는 그리스도인을 위한 가장 중요한 현존 또는 '삶'(bios)을 제시한다.

> 그러므로 이제부터 너희는 외인도 아니요 나그네도 아니요 오직 성도들과 동일한 시민이요 하나님의 권속이라(엡 2:19).

그리스-로마가 이런 영역들을 구분한 급진적 구분과 대조적으로 유대인과 이방인 교회의 "새로운 사람"(엡 4:13, 개역개정은 "온전한 사람")은 가정의 언어와 정치(polis)의 언어를 다 사용해 '정치적 가정' 또는 '가정적 정치'(household polis)를 확립한다.

고대 세계에는 남자가 "사적 삶 외에 일종의 두 번째 삶, 곧 '정치적 삶'을 받아들이는 것을 당연하게 여겼다. 그러므로 모든 시민은 자신의 삶에서 자신의 것(idion)과 공동체의 것(koinon)을 철저히 구분하는 존재의 두 질서 속에 있었다"(Arendt 1958:24). 이 헬라어 단어들은 두 존재 질서 간 대조를 정확히 나타내는 핵심어다.

그런데 우리는 신약성경에서 두 단어가 완전히 다른 방식으로 취급되는 것을 본다.

> 믿는 무리가 한 마음과 한 뜻이 되어 모든 물건을 서로 통용하고(koina) 자기 재물을 조금이라도 자기 것(idion)이라 하는 이가 하나도 없더라(행 4:32).

예배는 공동체 활동으로 여성, 노예, 어린이, 장인 등 집안의 모든 낮은 계층 사람들을 포함시킨다. 곧 지금까지 조화될 수 없었던 집단과 사회생활 영역들이 조화된다. 갈라디아서 3:26 이하에서 바울은 교회의 새로운 공동체를 구성하기 위해 극복해야 하는 종교적, 시민적, 성적 생활의 가장 깊은 적대감을 보인 짝들을 열거한다.

그렇지만 바울은 한 가지 중대한 차이, 곧 정치적 부분을 제외하고 모든 차이를 부정하는 것을 의도하지 않는다(여성은 여성이기를, 남성은 남성이기를 그만두지 않는다). 이런 차이들은 각각 공적, 사적 이율배반에 해당하지만 하나님의 도성 시민이 되면 더 이상 중요하지 않게 된다.

이런 방식으로 새로운 개념의 정치적 정체성이 구체화되었다. 곧 전에 비시민, 이방인, 나그네들을 배척하고 제외시키지 않고 동참하게 함으로써 유지되고 보호되는 정체성이다. 그러나 이런 기독교적 시민개념은 접근을 확장함으로써 사회적 개체의 경계를 규정하거나 넓히는 권리들 개념에 기초하지 않았다. 바로 정치적 활동에 실제로 참여하는 것에 초점이 맞추어졌다. 개개의 시민은 교회의 중심적 공적 행사에서 하나님의 일을 하는 것으로 인식되었다.

바울은 그리스도인의 예배모임과 관련해 다음처럼 선언한다.

> 너희가 모일 때에 각각 찬송시도 있으며 가르치는 말씀도 있으며 계시도 있으며 방언도 있으며 통역함도 있나니 모든 것을 덕을 세우기 위하여 하라(고전 14:26).

확실히 신약의 '에클레시아'는 특별한 직분자들이 있지만, 이들의 직무는 비록 회중에 대한 것일지라도 항상 '믿는 자 무리'에 대한 사역들에 수고하는 것으로 이해되었고, 따라서 이들은 이런 사역들을 배제하거나 하찮게 여기지 않았다.

아리스토텔레스가 강조했듯, 자신의 일이 없는 정치적 동물(*zoon politikon*)은 없다. 이런 방식으로 모든 사람을 위한 직무로서 '레이투르기아'(*leitourgia*, 교회는 자신들의 예배 행위에 대해 오르기아[*orgia*]보다 이 용어를 선호한다. '오르기아'는 종교 행위에 대한 다른 헬라어 단어인데, 더 사적 의미로, 특히 신비적 제의에 대해 사용된다) 실천은 공적 영역의 새로운 형태가 확립된 것을 나타냈다고 말할 수 있다.

3) 예배의 공적 성격

기독교 예배의 역사적 뿌리는 두 가지 다른 근거에서 발견된다.

첫째, 유대교 회당에서 행하는 공적 예배고,
둘째, 사적 가정에서 행하는 주의 만찬 의식이다.

예배 의식의 이런 두 형태, 곧 '쉬낙시스'(synaxis)라는 예배를 위한 '집회'(회당의 모델을 따르고, 낭독, 설교 기도로 이루어진다)와 성찬 예식은 처음에는 별도로 진행되었으나 4세기부터 하나의 예배로 통합되었다.

기독교 예배의 공적 성격을 이해하기 위해서는 이런 예배가 공적 회당 예배에서만 유래된 것이 아니라는 사실을 알아야 한다. 비록 성찬 예식이 확실히 세례 받은 성도들과 주님의 내면적 만남으로 이해되었다고 할지라도 성찬 예식은 공적 형식이 필요할 사적 문제로 이해되지 않았다.

이는 돔 그레고리 딕스(Dom Gregory Dix)의 발생적 연구인 『예배 의식의 형성』(*The Shape of the Liturgy*, 1945:304ff.)에서 보여 준 사적 예배에서 공적 예배로의 발전이라는 영향력 있는 개념을 논박하기 위해 언급된 것이 분명하다.

딕스의 생각과 달리 기독교 예배의 공적 성격은 초기 기독교 공동체의 여러 측면을 검증해 볼 때 명백하다.

첫째, 교회의 공적 삶을 위해 국가 통치의 어떤 역할들이 요구되었다.

고린도전서 6:1-7에서 바울은 민사적 분쟁이 불가피하다면, 이교 법정에서 해결해서는 안 되고 회중 내부의 재판에 회부해야 한다고 주장한다. 이런 중재 재판은 장로들로 구성하고 감독이 인도하는 기독교 '산헤드린'에게 위임되었다.

예물을 드리기 전에 누군가에게 원망을 받을 일이 생각나거든 먼저 화해하라(마 5:23)는 산상수훈의 충고에 비추어 이런 경고는 (『디다케』[Didache], 사도의 가르침을 보여 주는 2세기 초의 기독교 교리서-역주)에서 성만찬 예식의 지침들에 이미 반영되었는데, 시리아의 『사도들의 가르침』(Didascalia of the Apostles)은 주일 성만찬에 참여하기 전 해결해야 할 문제들에 대해 충분한 시간을 주기 위해 한 주가 시작 될 무렵에 이런 중재 재판을 열 것을 요구했다(Dix 1945:106).

둘째, 예배의 공적 성격은 기독교 회중들 안에 있는 다른 형태의 모임들 사이에 이루어진 구분에서 나타났다.

'에클레시아'는 (전체) 회중의 공식적 모임, 곧 회중의 '쉬낙시스'나 '유카리스티아'를 뜻한다. 이 공식적 모임 외에 '쉬넬류시스'가 있으며, 이 모임은 교육이나, 상호 고양, 또는 애찬 모임 같은 '아가페' 의식을 목적으로 한다(Dix 1945:20 이하). 이런 형태의 모임은 회중 속에 있는 개인적인 동료 그룹에 맞추어진 모임으로 직무의 '공적' 수행(특별히 안수 받은 사람들을 포함해)이 결여되기 때문에 신앙적 성격은 있지만 예배적 성격은 없다. 늦어도 유스티누스 이후 시대에 이런 다른 단계들이 엄격히 구분되었으며 이그나티우스 시대에는 이런 사적 모임이 공적 예배를 대체할 수 있다는 오해를 하지 말라는 다급한 경고가 있었다(Ignatius, *Epistle to Magnesius* 7. 1).

셋째, 교회가 부유한 구성원들의 가정에서 모인 것은(이는 바실리카가 기독교 예배 공간으로 이용될 4세기까지 지속된다) 기독교 예배의 공적 성격에 상당히 오해를 불러일으켰다(Wannenwetsch 1997:160 이하)

이런 오해는 이미 초기 기독교 공동체에도 있었고, 특히 자기 가정에서 모임을 주도한 후원자가 후원자의 권위와 진정한 교회의 권위를 합치려고 한 경우 오해가 확산되었다. 바울은 고린도교회 성도들을 고발한다(고전 11:22). 이들이 세상적 지위가 낮은 사람들에게 (비싼) 음식을 주지 않고 높은 지위의 귀족 '후원자'를 위해 따로 보관함으로써 주의 만찬을 훼손했다는 것이다. 바울의 고발은 가정의 사고방식에 따른 기준을 선호해 기독교 예배의 새로운 공적 차원을 뒤집는 후원자들의 유혹을 잘 보여 준다.

예배의 공적 성격을 사적 사고 틀에 포함시키는 경향들에 위협받는 초기의 갈등을 살펴보면, 딕스의 주장 같은 학문적 오해들이 일어나는 것은 놀라운 일이 아니다. 하지만 이런 오해들은 기독교 예배의 공적 자격에 대한 신학적 독창성을 간과했다.

2. 위협, 잃어버림, 싸움

역설적이게도(그리고 발전에 대한 오늘날의 해석과 대조적으로) 예배 공동체로서 교회의 고유한 정치적 성격에 대한 초기의 신학적 명확성을 전적으로는 아니지만 부분적으로 흐리게 한 것은 정확히 기독교가 정치적 권력으로 부상한 사실에 있다. 물론 우리는 상대적으로 건강한 초기 기독교 공동체부터 기독교 국가 시대의 세속화된 교회에 이르기까지의 몰락 이야기를 보여 주려는 함정에 빠지지 말아야 한다.

각 시대마다 개혁하는 정신과 투쟁이 있던 것과 마찬가지로 '정말로' 위협들과 패배들도 공존했다. 어떤 분석은 '바꾸려는'(shifting) 유혹들과 '분열하려는'(diverging) 위협들을 밝혀야 할 것이다. 왜냐하면, 이것들은 다른 환경과 시기에 교회에 대해 발생한 것들이기 때문이다.

예배의 공적 성격이 먼저 사적 사고 틀의 힘에 위협받았다면, 이제는 교회의 좋은 점을 점점 인식하게 된 다른 공적인 것, 즉 국가의 공적 요구에 흡수되어야 하는 위협에 직면해야 했다. 처음에는 교회의 정치적 성격이 가정(household)의 신앙과 혼동된 반면, 이제 혼동을 초래하기 쉬운 것은 시민 종교로서 교회의 역할이었다. 이런 발전(사실상 몸부림)은 먼저 내부에서 이후 외부에서 검토되어야 한다.

1) 내부의 위협: 잃어버린 봉헌

내부적으로, 교회의 정치적 형태는 서서히 몰락해 갔다. 이는 처음 4세기 동안 기독교 모임을 특징지은 각양각색의 사역이 제왕적 감독직의 등장으로 점차 흡수되어 갔기 때문이다. 이런 감독직은 세속의 위계적 권위를 모방한 것으로,

점차 헌금이나 중보기도 같은 사람들에게 필수적인 대부분 예전을 장악했다. 능동적인 직분(말하는 미사)과 수동적인 직분(참여하는 미사) 차별을 근거로 하는 성직자와 평신도 간의 구분이 나타나면서 교회의 정치적 형태는 심각한 쇠락을 경험하게 되었다.

이 불행한 추세는 특히 활기를 잃은 성찬 전례로 나타나고 가속화되었다. 성찬 전례는 회중의 정치적 성격을 특히 볼 수 있는 예배 행위였는데, 곧 일반 신자의 참여를 특별히 강조하면서 전체 성도 구성원의 미묘한 상호작용으로 이루어진다.

딕스는 그것의 신학적 의미를 다음과 같이 요약한다.

> 주교부터 새로 세례받은 자까지 성찬을 받는 각 사람은 마치 하나님이 동일한 형식 아래 자신을 내어 주셨던 것처럼 빵과 포도주의 형식 아래 하나님에게 자기 자신을 봉헌한다. 모든 구성원이 연합된 봉헌을 드릴 때 그리스도의 몸 된 교회는 성체로서 그리스도의 몸이 됨으로써 이제는 변화되고 거룩하게 된 자신을 상징적으로 되돌려받는다. 교회는 그리스도의 몸이라는 본질을 회복하고 교회 구성원들은 그리스도의 지체라고 정말로 말할 수 있다. 평신도는 이런 자기희생에 있어서 집사 또는 대제사장 같은 몸의 중요한 활동에 필수적 역할을 하는 자들과 차별이 없었다. 평신도는 제사장으로서 자신을 제물로 바쳤다. 전체 몸의 '종'인 집사는 그리스도의 인격 속에 모든 것을 다 함께 나타냈다. … 대제사장인 감독도 다 같이 봉헌했다. 왜냐하면, 그가 유일하게 온몸 또는 모든 지체를 대신해 말할 수 있기 때문이다. 그리스도 안에서, 교회는 그리스도의 몸으로서 하나님에게 '하나님이 사랑하시는 자 안에서' 받아들여졌다. 교회의 자기희생은 그리스도의 자기희생으로 용납되었다(Dix 1945:117).

봉헌의 정치적 요점은 개인의 공헌과 공공의 봉헌이 서로 맞물려 있다는 것을 강조하는 색다른 방식에 있다. 한편으로 봉헌은 모든 각 신자가 자신의 봉헌물(제물)을 드려야 한다는 점에서 중요한 것이었다. 이런 봉헌은 성만찬의 평등주의(egalitarianism)를 암시했다. 평등주의는 동등하게 받았음을(모든 사람이 동일한 은혜를 공유함을) 보여 줄 뿐 아니라 이미 동등하게 행동하는 것을 통해 암시되었다. 그래서 예를 들면 교황이 설립한 로마의 고아원에 거주하는 가난한 사람들도 빠지는 일 없이 포도주에 섞을 물을 가져왔다. 반면에 감독은 지체 전체를 대신해 모든 봉헌물을 드리는 것은 물론이고, 그 자신의 개인적인 봉헌물도 가져왔다.

이 모든 봉헌물은 물질의 복합성에서 신자들의 생명을 나타내는 것으로 간주되었고, 하나님에게 열납되고 그리스도의 희생과 연관되어 그리스도의 몸의 새 생명으로 변화되기 위해 바쳐졌다.

아우구스티누스는 성만찬에 대해 행한 설교에서 다음처럼 말했다.

> 여러분은 제단 위에 있으며 성배 속에 있습니다(Sermon 229).

'여러분'이라는 말은 개인적으로 또는 공동체적으로 회중을 의미했다. 모든 사람은 비록 제단 위에 놓인 소유물 '봉헌'에 동참하는 형식이지만, 그 요소 속에 말 그대로 존재할 필요가 있었다. 마치 스페인 교회에서 혹은 '포스트 노미나'(post nomina, 호명 후)에 드리는 기도에서 행한 것처럼, 개인의 참여와 동참에 대한 이런 강조는 제물을 드린 후 봉헌 기도 전 성찬을 받아 든 모든 성도의 이름이 호명되는 의식에서 강조된다(Dix 1945:496f.).

이 의식은 봉헌의 극적인 경험을 하고 변화하는 개인적인 표현을 정확히 강조하는 것이었다. 제물이 성별될 때, 각각의 빵과 포도주는 더 이상 일련의 개인적인 봉헌물이 아니라 분리될 수 없는 '섞인 몸'(corpus permixtum)으로 변한다는 것이다. 개인들이 가져온 포도주가 적은 양이지만 큰 은잔에 부어지면 이 적은 포도주가 성배가 된다는 것이다. 따라서 가난한 사람과 부유한 교인들이 바친 비싸거나 값싼 포도주가(또 빵이) 결합해 회중 전체를 대표하게 된다.

각각의 순수한 맛이 모든 구성원과 이들 삶의 모든 면, 즉 성공과 실패, 갈등과 화해, 배타와 포용 등과 함께 회중의 공동체적 표현의 신학적 요소를 위해 희생된 것이다.

> 우리는 성만찬에 원재료를 가져오거나 심지어 재배한 밀가루나 포도를 가져오지 않고, 상업적 생산의 모든 과정을 거친 제조된 빵과 포도주 그리고 죄를 가져온다(Robinson 1963:35).

이런 요소들은 서방과 동방에서 4세기 시작된 대부분 예배의 발전 과정에서 봉헌 예식 시행이 사라지거나 빛바랜 형태로 축소됨으로써, 초대 교회의 풍성한 성만찬 의식이 약화되었을 뿐 아니라 성만찬에 암시적으로 내포된 정치신학도 더불어 쇠락하게 되었다는 사실을 보여 주기에 충분하다.

2) 외부의 위협들: 시민 종교와 두 권력의 개념

이런 내부로부터의 위협에 상응하는 것이 있는데 바로 예배의 진정한 정치적 성격에 대한 외부 압력이었다. 국가를 구성한 더 넓은 일반 대중이 교회의 예배 의식을 점차로 시민의 예배 의식으로 흡수하면서 두 번째 위협이 발생했다. 시민 예배 의식은 교회의 예배 행위를 정치적 사건이나 인물들을 기념하고 축하하는 것으로 이용했기 때문이다.

구별된 공적 기관인 교회와 국가에서 저마다 주장이 있던 초기 입장은 기독교화된 국가 안에서 하나의 일관된 공적 영역이 있다는 가정으로 바뀌었다. 남아 있는 이원성 의식은 모두 두 권력 개념으로 모아졌다. 콘스탄티누스 시대가 도래하면서 정치에 대한 신학적 해석은 대개 어떻게 권위를 교회와 국가라는 두 권력 사이에서 분배할 것인지의 문제에 초점을 맞추었다.

이런 해석은 정치란 본질적으로 권력의 분배에 대한 것이라는 개념을 함축적으로 입증한다. 이 같은 현실적 접근을 따라, 한참 후 이론적으로 구성된 견해(가장 두드러진 것은 막스 베버의 견해)도 결국 예배를 시민 종교 기능으로 변화시키고 게다가 정치적으로 부적절하게 만드는 권력 개념들이 되었다.

한쪽에서는 교회가 처음부터 정치를 초월해 순수하고 (그리고 단순히) 영적인 힘으로 이해되어야 한다고 보았다. 이 견해는 종종 아우구스티누스의 훌륭한 변증서인 『하나님의 도성』(*De civitate Dei*)과 밀접하게 연결되어 있다.

그렇지만 아우구스티누스는 헌신적 사랑이 사회적으로 구체화되어야 한다고 생각한 점에서 예배의 역할을 중요하게 여겼음을 알 수 있다.

> 두 사랑이 두 도시를 만든다(*De civitate Dei* 14. 28).

더욱이 로마 제국의 정치적 재앙에 대한 아우구스티누스의 분석은 로마 제국의 요구가 잘못된 예배를 통해 서서히 붕괴되었다는 진단으로 시작한다. 만약 유일하고 참된 하나님이 정당한 몫을 받지 못하신다면, '로마법'(*suum cuique*)의 핵심적인 원리는 정의를 행하지 못할 것이다(19. 20). 그러므로 바로 '공화국'(각자가 정당한 몫을 받는 곳)이라는 개념은 보장받지 못할 것이고, '로마의 평화'(*pax Romana*)라는 기만적 성격이 이 말과 정반대의 것 곧 힘으로만 유지되는 사실로 드러날 것이다.

아우구스티누스는 예배를 로마 제국의 정치적 겉치레를 위한 하나의 사례로 분명하게 강조한다. 그러나 참된 예배와 참된 정치 사이의 긍정적인 연관성을 위해서는 이처럼 분명하게 동일한 논리를 끌어내지 않았다. 그는 천상 도시가 세속 도시가 제공하는 상대적 평화를 이용하는 것이 가능하다고 이해했다.

반면 그는 어떤 목회적 수정을 마음에 그린 외에는 '성읍의 평안을 구하는 것'(렘 29장)이 천상 도시가 누리는 진정한 평화가 세속 정치 조직들을 풍요롭게 하는 것이 되게 할 방법들을 체계적으로 탐구하지 않았다. 자아와 하나님에 대한 두 가지 사랑(또는 두 실체와 관련된 예배 양식)에 따라 천상과 세속 도시에서 작동하고 있는 두 권력의 범주적 차이를 강조한 아우구스티누스와, 정치신학에 대한 아우구스티누스주의 전통은 두 사회의 이중성이 이 땅에서는 결코 극복될 수 없는 것으로 생각했다.

특히, 서구의 로마 제국을 대체한 독일 왕국들과 관련이 있는 전통들은 기독교 사회의 통일성을 강조했고, 서로 다른 권력이 통합된 체계 안에서 작동하게 했다.

6세기 초 겔라시우스 교황은 다음과 같이 말했다.

> 군왕들처럼 세상을 지배하는 두 권력이 있다(이 부분에 대해서는 O'Donovan 1996:193 이하 참조).

두 권력은 상호 지지할 것으로 생각될 수 있지만 국가와 교회로 구성된 기독교 사회의 통일성은 두 권력이 서로를 지배하려는 '갈등'(agon) 기회를 제공했을 것이다. 영적인 권위와 세속적 권위 사이의 첨예한 권력 투쟁의 불행한 광경을 피하는 방법이 있는데 이 방법은 둘 사이의 균형을 유지하고 추구하는 것이었다.

이것은 한 권력이 다른 권력의 방식 속에 들어가기가 어려울 만큼 두 권력이 완전히 다르다고 주장함으로써 가능하다. 이런 주장은 겔라시우스와 많은 이에게서 볼 수 있는 것처럼 구약성경에서 왕과 제사장이라는 이원성에서 도출된다.

그러나 차이를 직분의 차이로가 아니라 점차적으로 구조의 차이로 이해해 강조한 것은(하나는 힘과 정복에, 다른 하나는 오직 말씀에 기초한다) 또 하나의 경쟁을 불러일으킨다. 그레고리 7세는 영적인 것으로서의 정의의 우위성에서부터 세상적 권위보다 로마 교황의 권위가 우월하며, 세상 권력은 교회의 행정 및 사법적 권위 아래 집행되어야 한다고 결론 내렸다.

그럼에도 파두아 마르실리우스(Marsillius of Padua) 같은 14세기 제국주의 신학자들은 같은 기본적 통찰에서 교회가 비영적인 권력과의 모든 연계를 완전히 삼가고 교회 행정까지 세상의 권력에 맡겨야 한다고 추론했다. 어떤 해석을 선호하든 두 해석 모두, 세상 권력을 길들이거나 아니면 적어도 세상에 영향을 끼치는 능력으로서의 교회의 정치적 힘이 교회 예배 밖에 존재하는 것을 보아야 한다는 가정에 수렴된다.

확실히 이 모든 양태에는 예배가 정치적으로 타당한 역할을 할 수 있다고 생각한 전제가 있었다. 예를 들어, 4세기 말 기독교 황제 테오도시우스 1세가 데살로니가 도시에 자행한 잔인하고 보복적인 행동에 대해 밀라노의 주교 암브로우스(Bishop Ambrose of Milan)가 공개적인 회개를 촉구하기 위해 기독교인 황제 테오도시우스 1세를 파문한 악명 높은 사건처럼 말이다. 그렇지만 무엇이 황제로 하여금 회개하게 했는지는 명확하게 알려지지 않았다.

그의 행동을 이끌었던 것은 겸손과 자비의 흔적이 있는 예배 자체의 경험이었는가?

또는 파문은 교회와 국가의 권력 놀이에서 교육적 기능을 하는가?

우리는 이 질문을 통해 암시되는 급진적 대안을 받아들이는 것을 주저할지라도, 두 대중이나 사회에서 두 권력이나 권위 형태로 초점이 옮겨진 결과 정치 윤리가 대체로 힘 있는 쪽으로 기울어졌다고 말하는 것은 타당해 보인다. 집권자들은 권력이나 권위를 행사할 때 복음의 취지와 배치되지 않을 것을 요구받을 수 있다. 하지만 대중들은 거의 정치 윤리의 청취자로 참여하지 않을 것이다. 이들의 정치적 역할은 시민이 아닌 단순한 피지배자의 역할로 전락하는 경향이 있다.

3. 재발견

정치적 예배의 역사를 위협과 투쟁 그리고 상실의 복잡한 이야기로 묘사한 우리는 이제 여러 가지 재발견한 것을 열거해야 할 것 같다. 기독교 정치 전통 속에서 나는 희망적인 순간을 대표하는 두 사례를 상세히 제시할 것이다. 하나는 종교개혁 시대에 대한 것이고, 또 하나는 우리 시대에 관한 것이다.

1) 되찾은 루터의 정치신학: 정치적 동물의 성례전적 회복

여러 것 가운데 종교개혁은 초기 교회와 교부 시대에 가르치고 실천했던 정치적 핵심 내용에 대한 재발견 계기를 제공했다. 우리는 종종 신자의 보편적 제사장직에 대한 강조가 이들의 보편적 시민권에 대한 재발견을 필요로 한다는 사실을 간과한다. 이는 루터의 업적에서 잘 나타난다(다소 다른 관점에서 그의 정치신학에 접근할 필요는 있긴 하지만).

우리는 루터의 두 왕국 교리와, 법의 정치적 사용에 대한 설명에 직접적인 초점을 맞추는 대신 성직자, 귀족, 평민이라는 세 신분 교리와 성찬에 대한 초기 가르침과 연관된 소명 개념을 통해 루터의 정치사상에 더욱 효과적으로 도달할 것이다(Wannenwetsch 2002).

정치적 소명 개념은 전통적으로 통치자들에게 해당하는 것이었다. 즉 전통적 개념은 하나님이 세우셨다는 의식을 정당화했을 뿐 아니라, 전형적으로 샤를마뉴 대제(Charles the Bold, 823-877)와 대머리 찰스(Charlemagne, 747-814)처럼 통치자들은 자신의 권세를, 신적 통치를 자비롭게 반영하고 하나님 나라를 위해 길을 예비하는 소명으로 이해했다는 것이다.

그러나 종교개혁 사상에서, 특히 루터의 신학에서의 정치적 소명은 황제와 군주보다 더 넓은 범위를 포괄한다. 엄밀히 말해, 세 신분에 대한 교리는 '모든' 그리스도인은 신앙을 위한 소명은 물론 경제와 정치를 위한 소명도 가져야 한다는 사실을 보여 준다.

루터는 인간을, 아퀴나스처럼 '사회적 동물'(animal sociale)로 볼 뿐 아니라, 사실은 '정치적 동물'(zoon politikon)로 이해한다.

이는 신학적인 이유에서다(oecomonia, politia, eclesia: WA TR 5. 218. 14ff.).

> 무엇보다도 성경은 하나님의 일들에 대해 분명히 말하고 가르친다. 하나님의 일들은 세 계층, 곧 경제와 정치, 교회로 나뉜다(*oecomonia, politia, eclesia*: WA TR 5. 218. 14ff.).

이런 계층들을 인간의 "동료 피조물"(concreatae sint, *WA* 40 III, 222, 35f.)로 인식한 루터는 처음부터 피조물의 존재에 있어서 이런 계층들이 기초적이고 사회적 삶의 전형적인 형태임을 분명히 주장했다.

루터는 '정치'와 '경제'와 '교회'를 사람에 '우선해' 존재하는 따라서 모든 사람이 맞추어야 하는 순수한 형태로 인식하지 않았으며, 또한 단지 인간 창조의 '결과로 나타난' 문화사의 기능으로도, 인간의 처분에 따라 임의적으로 발전한 것으로도 인식하지 않았다. 이런 형태들이 '구원의 방편' 혹은 구원의 수단은 아니라고 할지라도 종교개혁자에게 '정치'와 '경제', '교회'는 하나님이 제정하셨고 하나님의 말씀을 통해 성별되었다. 정치, 경제, 교회는 성례전 신학에서 이해하는 빵과 포도주와 같다.

이 자연적 자원들(natural material)은 하나님이 만들어 인간들에게 위임하셨지만, 타락 후 끊임없이 잘못 해석되는 위험에 노출되었다(Bayer 1998). 그러므로 하나님의 말씀이 이 자원들을 충만하게 하고("*accedit verbum ad elementum* … "), 또 명백히 거룩하게 하셔야 한다(" … *et fit sacramentum*").

그래서 루터가 종교적인 원인에 따른 다양한 형태의 이런 질서들을 유기(遺棄)하는 것에 대항했듯이, 정치적이고 경제적인 삶은 신적 소명이며 하나님이 지정하신 사회적 삶의 영역들 안에서 사랑으로 행동하는 믿음의 일이다(Augsburg Confession 16: "*in talibus ordinationibus exercere caritatem*").

루터의 소명 개념은 성례전 '요소들'에 대한 논리와 부합하는 거룩하게 하는 힘으로서의 기본적인 삶의 형태에 관한 이야기에 근거하므로, 루터가 '성례적 정치신학'의 윤곽을 보여 주는 것을 당연히 발견한다.

루터는 1519년 '그리스도의 거룩하고 참된 몸의 복된 성례와 형제애에 대하여'라는 성만찬 예식에 관한 논문에서, 성찬식을 기념하는 것은 성찬에 참여하는 자가 세례(침례)를 통해 자신에게 주어진 천국 시민권을 구체화하고 고통에 동참하는 일종의 정치적 행위라는 것을 분명히 한다.

> 이 같은 성례 의식의 중요성이나 목적은 모든 성도의 친교에 있다. … 왜냐하면, 한 도시에 거주하는 모든 사람이 한 공동체고 한 지체인 것처럼 그리스도와 모든 성도가 거룩한 한 몸이고 도시의 온전한 구성원이기 때문이다. 그러므로 모든 성도는 그리스도의 지체자 하나님의 영원하고도 영적인 도시인 교회를 구성한다.

루터는 선의 교통이라는 수단으로 시민권의 내적 이치를 설명한다.

> 이런 친교는 그리스도의 모든 영적인 소유들과 성인들이 이 성례에 참여하는 자에게 나누어지고 전달되는 성격에 대한 것이다. 다시 말해, 그리스도의 고난과 죄의 모든 것이 그들에게 전달된다. … 이는 모든 시민이 다른 사람들과 더불어 이름, 명예, 자유, 거래, 관습, 소비, 도움, 지원, 보호 같은 것을 다 같이 공유하고, 또한 다른 한편으로는 화재와 홍수, 적들과 죽음, 상실, 관세 등을 공유하는 도시와 같다(Luther 1943:10f.).

하나의 성례전적 몸으로서 그리스도인의 관계에 대한 정치적 성격을 파악하기 위해 루터는 그리스도의 두 본래적 성품의 밀접한 관계를 표현하는 '속성의 교류'(*communicatio idiomatum*)라는 기독론적 논리를 전개한다. 이와 유사하게 정치적 예배는 밀접한 방식으로 신자를 하나님 및 동료 시민들과 '일시에' 연결한다.

비록 해석자들이 종종 루터의 정치신학에 대한 이러한 복합적인 면을 놓치고 있다 하더라도 예배의 실천에 기초한, 교회의 정치적 성격을 재발견하도록 가장 강력한 동기를 제공해 준 현대의 유일한 신학자가 암시적으로 루터의 성례전 신학에 의지하는 것은 주목할 만하다.

2) 존 하워드 요더: 세상을 위한 교의적 모델 실천

존 하워드 요더(John Howard Yoder 1994:365 이하)는 교회의 예배가 윤리 및 정치와 연관될 수 있는 세 가지 근본적 방식, 즉 성례 중심주의 해석(로마가톨릭교회의 전형적인 방식), 상징적 접근(츠빙글리가 대표하는 방식), 성례전적 논리(루터가 전개한 방식)를 구분한다.

이런 가능성들은 종교개혁 시기에 성례전 신학이 논쟁하는 동안 형성되었던 입장들을 반영한다. 상징주의 관점은 구체적이고 실제적인 예배 행위가 천국에서 이루어지는 그리스도와 인간 영혼 사이의 연합이라는 더 높은 실체를 가리킨다고 본다. 따라서 상징주의의 논리는 전형적으로 윤리 관념주의에 적합한 견해다. 윤리 관념주의는 예배 행위에 대해 개념적으로 나타난 것을 행위로 실천하라는 '명령'의 관점에서 해석한다. 따라서 신자 공동체는 주로 도덕적 호소를 듣는 청중으로 여겨진다.

반면, 가톨릭 성례주의(sacramentalism) 관점은 예배 의식이 오직 올바른 실천을 통해 새로운 실체를 구성할 것이라고 가정한다. 공동체의 참여와 수용은 실체를 만들어 내는 본질적인 특성으로 이해되지 않는다. 따라서 정치 윤리를 필요로 하지 않는 실재주의적 입장의 경향을 가진다.

요더가 이해하듯이, 이런 대안들과 대조해 보면 성례전적 논리는 그것 자체로서 인격적 면에서 '친교'(communio)의 실재를 의미한다. 윤리적 혹은 정치적 실재는 예배하는 공동체의 실제적 상황과 사회적 구조에서 분리해 생각할 수 없다. 성만찬의 친교는 사회적 윤리다. 성만찬의 친교는 정치적 사회를 형성한다. 루터주의 구조 안에서 작업하는(인정되지는 않을지라도) 요더는 아우구스티누스의 전통이 거의 답하지 않은 채 남겨 둔 문제에 대해 좀 더 깊이 있게 접근하길 원한다.

가장 중요한 정치적 개체로서의 교회는 어떻게 다른 정치적 사회와 국가에 영향을 미치는가?

정치의 경신은 어떻게 교회의 정치적 자의식 갱신을 통해 활성화될 수 있는가?

그러나 이런 질문들에 접근하는 최상의 방식은 또 다른 질문을 통해 나타나는 것처럼 보인다.

어떤 언어와 은유적 상상이 이 관계를 가장 적절히 표현할 수 있는가?

4. 예배와 정치의 관계 양태

우리는 예배하는 교회의 정치적 양상을 세 유형의 모델로 식별한다.

첫째, 교회를 정치적 원형이나 반사회적 형태로 강조하고(아우구스티누스에서 존 뱅크에 이르기까지),

둘째, 교회를 국가에 사회적 원칙을 제공하는 이상적 유형으로 묘사하며(윌리엄 템플과 주류 자유주의적 개신교 전통)

셋째, 교회를 패러다임(칼 바르트, 스탠리 하우어워스)이나 모델(존 하워드 요더)로 이해한다.

원형적 견해가 단지 기능성 대신 정치의 진리 문제를 주장하고 정치적 행동의 한낱 '영역' 구분이 아닌 정치적 행동의 참과 거짓을 구분하는 것은 옳지만, '반 정치'(counter-politics)도 '대면 정치'(encounter-politics)가 될 수 있을지, 즉 세속 도시의 때를 '씻어내기' 위해 교회가 정치를 허용하는 것에는 관심이 없어 보인다. 이상적 유형의 방식은 이 후자의 문제를 긍정적으로 받아들인다.

하지만 이 방식은 성례적 실천 자체의 개념적 함의들을 끌어내지 않고 '성례성'(sacramentality)과 같은 추상적 사고에서 파생하는 원리들을 제공하는 보편화한 전략을 선호한다. 따라서 이 방식은 전형적으로 교회 자체의 실천의 현실적 구체성을 무시한다(Wannenwetsch 1996:270-8).

패러다임적 접근에는 정치적 예배는 단순히 존재하고 있는 정치적 구조들과 절차들을 반영하거나 종교적 합리성을 제공하지 않고 하나님의 독특한 정치를 나타낸다. 원형적 접근이 주장하는 진리에 민감한 반응을 보인 패러다임의 논리는 예배란 세속 정치를 부정적으로 '조명'하는 것 이상이 되어야 한다고 본다. 하우어워스의 주장은 간단하다. 원형적 접근이 주장하는 교회의 예배는 그저 세계에게 교회야말로 하나의 세계라는 사실을 깨닫게 하는 것처럼 보인다(Hauerwas 1995:250).

세상을 긍정적으로 비치는 하나의 패러다임으로서 교회의 영향력은 '권력, 권위, 공동체, 결정권, 배타, 포용' 등을 깨닫게 하는 다른 방식으로 세속적 정치 조직을 제시함으로써 개념의 단계를 더욱 두드러지게 한다. 교회는 세속 지배자들에게 어떻게 이런 개념들을 체계적 방법으로 실행하는지 알려 주지 않지만, 만약 어떤 정책이 패러다임을 따라 설정된 한계를 넘을 경우 이들에게 경종을 울린다.

같은 맥락에서 칼 바르트는 정치 조직이 가진 유비적 능력과 필요에 대해 말하고, 또한 교회는 자체의 핵심 실천에서 끌어낸 방향들을 제시함으로써 답해야 한다고 말한다. 국가가 "하나님 나라와 일치하는 유비"(Barth 1954:32)라는 사실을 의식하지 못할 때, 교회의 중심적 과제는 국가에게 이런 사실을 상기시키는 것이다.

이 상기시키는 과업은 하나님 나라와 유사한 필연적인 귀결로서 국가에 도움이 되는 실천들을 성실히 수행하는 것을 수반한다. '세례(침례)와 평등', '은사의 다양성과 권력의 분리', '그리스도의 지체와 책임', '섬김과 지배'와 같은 교회의 실천과, 이에 상응하는 정치적 개념의 '불완전한 목록'을 제시한 바르트는 "한 주제에서 다른 주제로의 전환 및 변화는 언제든지 논의될 수 있어야 하고 … 그리고 어느 정도는 명확해질 수 있어도 결코 절대적 입증을 조건으로 하지 않는"(Barth 1954:42) 복잡한 방법을 강조한다.

요더는 패러다임적 접근의 의도적인 방법론적 제한을 무시하면서도 바르트의 전철을 밟아, 교회의 중요한 실천이 정치적 구조들과 절차들에서 떨어질 수 있고 떨어져야 하는 '모본' 성격을 말함으로써 한 단계 더 나가길 원한다.

요더는 초기 기독교 예배에서 끌어낸 다섯 가지 '시민명령' 목록을 제시한다.

첫째, 세례(침례)를 통해 한 지체가 된 사실에 함축된 평등주의
둘째, 성만찬을 통해 암시되는 사회주의
셋째, 용서
넷째, 열린 모임
다섯째, 은사의 보편성(Yoder 1997:33).

그렇지만 사람들은 '모본'으로서의 이런 실천들에 더 높은 정치적 적절성을 요구하는 요더의 열정이 종교적 실천을 정치적 이상과 행동을 위한 근거로 기능화하는 일반적 경향으로 빠지지 않을지 의심한다.

예를 들어, 그는 나눔의 명령이 성만찬에 내재한 것으로 본다고 말한다.

> 이 같은 나눔을 주장하는 것은 당연해 보이고, 출애굽이나 오순절을 다 같이 경험하도록 도와준다. 하지만 이런 비전의 본질이나 타당성이 특정 신앙에 의존하는 것은 아니다(Yoder 1997:32).

이 생각은 성만찬의 중요한 특징을 간과하는 것처럼 보인다. 물론 성만찬이 어떤 의미에서 '나눔에 대한' 면이 있지만, 성만찬은 나눔의 근거인 만큼 우리의 세속적 '나눔' 개념들에 대한 비판이기도 하다. 만일 나눔이 성만찬에 내포된 원리를 따르는 것이라면, 나눔은 더 이상 희생에 대한 미사여구나 너그러운 겸손의 태도를 수반하거나 이것들로 활성화될 수 없다. 우리는 음식이 완전히 우리의 것이 되었다고 해도 그것에 대한 소유를 주장하지는 않기 때문이다. 그리스도는 자신을 전부(*totus Christus*) 내어 주셨으나 관계 면에서 그렇다는 것이다.

그래서 나눔의 어떤 경우라도 우리는 소유를 다른 사람들이 이용하도록 함으로써 이들에게 굽신거리지 않는다. 오히려 우리는 하나님이 우리에게 공급해주신 소유물을 함께 공유해야 하는 것이다.

마찬가지로 '하나님 백성의 동료 시민들'이 극복해야 하는 차이점들이 정치, 경제적이라면, 세례(침례) 평등주의는 다른 평등주의 형태에 '걸림돌'이 되지 않아야 하는가?

정치, 경제적 입장의 차이점들을 극복하기 위한 세례(침례) 평등주의는 남녀의 차이, 문화적 차이, 개인적 은사의 차이 같은 다른 평등주의 형태들이 할 수 없는 것을 마음껏 단언하고 받아들인다.

요더는 더 많은 것을 원하지만 결국 적은 결과로 끝을 맺는 것처럼 보인다.

교회의 실천에 대해 '모델' 성격을 요구하는 것은 '시민 명령들'에서 바로 이런 실천으로 되돌아가는 직선을 긋는 것으로서, 아무런 수고 없이 한 언어에서 다른 언어로 바꿀 수 있다는 개념을 너무 쉽게 받아들인다.

> 신약성경을 믿는 자들이 이런 여러 관습으로 행하던 것은 … 비종교적 용어들로 쉽게 번역되는 사회 과정 용어들로 언급될 수 있다(Yoder 1994:364).

이는 다음을 가정하는 것 같다. '평등' 개념의 내용과 정치적 필연성은 알지만 우리가 부족한 것은 이 명령을 기반으로 더 안정된 토대 또는 실현을 위해 노력하는 더 효과적인 동기부여라는 것이다.

우리가 교회의 예배 의식이 원래 가지고 있는 정치적 의미를 '경청'한다면, 어떤 '모델'에 대한 모든 기능적 요청에는 교회의 중요한 개념에 대한 관심이 결여되어 있다는 사실을 알 수 있다. 예배가 세속 정치에 어떤 영향을 주어야 하는지에 대해 더 적절한 표현의 제안은 예배 경험이 복잡하고 다양한 방식으로 넘쳐나는 은유적 상상력을 이용하라는 것이다(Wannenwetsch 1997:275-338).

5. 결론

바울이 교회 지도자들에게 하나님의 예배 인도자(사역자)와 '일꾼'으로 '네게 선을 베푸는 자'가 되었다는 '목회자적' 특징을 부여한 것을 진지하게 받아들일 때, 세상 권세자들은 자신들이 실제로 (아마 무의식적으로라도) 어떤 사람이 되어야 하는지를 생각해야 한다. 교회는 기독교 정치가뿐 아니라 모든 집권자와 실제로 사회생활의 다양한 권력을 가진 온갖 사람들(가령 부모), 곧 정치적 책임을 가진 사람들에게 이 사실을 상기시킬 의무가 있다.

그렇지만 사실상 '예배자'나 '일꾼'이 자신들의 '사역'을 경험으로 아는 문제는 결코 가벼운 것이 아니다. 정치적 역할을 맡은 행위자들이 자신들을 예배의 측면에서 이해하거나, 이 관점의 대안이 되는데, 보편적 의지를 가진 주체들이나, 땅 위에서 하나님을 대표하는 사람들, 정치를 직업으로 삼고 있는 사람들 혹은 경영자 등으로 이해하면, 예배는 중요한 차이를 만들어 낸다.

이들은 '하나님의 예배 인도자와 일꾼'의 부르심에 합당하게 살기를 원한다면, 참된 예배를 체험하는 것이 무엇인지 그리고 참된 일꾼으로 섬기는 것이 무엇인지 배워야 한다.

교회 예배는 하나님의 정치에 대한 폭넓은 미학적 이상에 사람들을 계속 몰입하게 함으로써 세상 정치에 안식 기간을 준다. 이런 관점에서 교회 예배는 정치적 책임을 행하는 사람들을 위한 초등학교 같은 것으로 간주될지 모른다. 이런 정치적 '섬김'(diakonia)은 세상에 대해 중요한 봉사지만 교회의 정치적 예배의 근원이나 내적인 논리적 근거는 아니다.

논리적 근거는 유일하게 찬양받기에 합당하신 '그리스도의 주 되심'이어야 한다. 그리스도는 믿는 자들의 원래 무리를 통치할 뿐 아니라 동료 시민 지체도 통치하시는 분이다.

그렇지만 예배(정치로서의 예배)에 근거한 교회의 근본적 정치적 성격의 재발견은 정치적 섬김(예배로서의 정치)에 대한 새로운 이해를 요구한다. 후자인 정치적 섬김은 다른 행동 영역이나 행동 유형을 구성하지 않지만, '도시의 안녕을 추구하는' 실천을 연장하는 것으로 단순하게 이해해야 한다.

다시 말해, 도시 안녕 추구는 여러 예배의 실천 가운데서 중보 기도가 보여주는 것처럼 이미 예배의 일부분이고 정치적 영역이다.

참고 문헌

Arendt, Hannah (1958). *The Human Condition*. Chicago: University of Chicago Press.
Augustine, Aurelius (1997). *The City of God*. Vol. II of *The Nicene and Post-Nicene Fathers* (repr.). Grand Rapids, Mich.: Eerdmans; Edinburgh: T. & T. Clark.
Barth, Karl (1954). "The Christian Community and the Civil Community." In *Against the Stream: Shorter Post-War Writings 1946-52*, 15-50. London: SCM.
Bayer, Oswald (1998). "Nature and Institution: Luther's Doctrine of the Three Estates", trans. C. Helmer. *Lutheran Quarterly* 7, 125-59.
Dix, Dom Gregory (1945). *The Shape of the Liturgy*. London: A. & C. Black.
Hauerwas, Stanley (1995). "The Liturgical Shape of the Christian Life: Teaching Christian Ethics as Worship." In *In Good Company. The Church as Polis*, 153-68. Notre Dame, Ind.: Notre Dame University Press.
Horsley, Richard A., ed. (1997). *Paul and Empire: Religion and Power in Roman Imperial Society*. Harrisburg, Pa: Trinity.
Luther, Martin (1883_). *Werke. Kritische Gesamtausgabe*. Weimar: Hermann Böhlau Nachfolger (WA).
_____.(1943) *Works*, vol. II. Philadelphia: Muhlenberg.
O'Donovan, Oliver (1996). *The Desire of the Nations: Rediscovering the Roots of Political Theology*. Cambridge: Cambridge University Press.
Robinson, John A. T. (1963). *Liturgy Coming to Life*. Philadelphia: Westminster.
Wannenwetsch, Bernd (1996). "The Political Worship of the Church: A Critical and Empowering Practice." *Modern Theology* 12, 269-99.
_____.(1997). *Gottesdienst als Lebensform. Ethik für Christenbürger*. Stuttgart, Berlin, Köln, Mainz: Kohlhammer. Forthcoming in English as *Political Worship: Ethics for Christian Citizens*, trans. Margaret Kohl. Oxford Studies in Theological Ethics. (Oxford: Oxford University Press, 2003).
_____.(2002). "Luther's Moral Theology." In *Cambridge Companion to Martin Luther*, ed. D. McKim. Cambridge, New York, Melbourne: Cambridge University Press, 120-135.
_____.(2003). "The Liturgical Origin of the Christian *Politeia*: Overcoming the Weberian Temptation." In Ch. Stumpf and H. Zaborowski (eds.), *Church as Politeia: The Political Self-Understanding of Christianity*. Berlin, New York: De Gruyter.
Yeago, David (1998). "Martin Luther on Grace, Law and Moral Life: Prolegomena to an Ecumenical Discussion of *Veritatis Splendor*." *The Thomist* 62, 163-91.
Yoder, John Howard (1994). "Sacrament as Social Process: Christ the Transformer of Culture." In M. G. Cartwright (ed.), *The Royal Priesthood: Essays Ecclesiological and Ecumenical*, 359-73. Grand Rapids and Cambridge: Eerdmans.
_____.(1997). "Firstfruits: The Paradigmatic Public Role of God's People." In *For the Nations: Essays Public and Evangelical*, 15-36. Grand Rapids and Cambridge: Eerdmans.

제2부

정치신학들: 개관

제7장   동방정교회의 사상

제8장   칼 슈미트

제9장   칼 바르트

제10장   디트리히 본회퍼

제11장   존 코트니 머레이

제12장   윌리엄 템플

제13장   라인홀드 니버

제14장   남부 여권주의 신학

제15장   북부 여권주의 신학

제16장   위르겐 몰트만

제17장   요한 밥티스트 메츠

제18장   아시아의 정치신학들

제19장   흑인 정치신학

제20장   구스타보 구티에레즈

제21장   스탠리 하우어워스

제7장

동방정교회의 사상

마이클 플레콘(Michael Plekon)

    동방정교회의 역사는 물론, 동방정교회와 가장 밀접하게 연관된 이미지들도 사회정치적 분석과 비판이나 사회정의에 대한 급진적 입장들을 직접적으로 보여주지 않는다. 만일 어떤 것이 있다면, 다른 것들 가운데 이전의 교회와 국가의 통일성과 정교 예배의 초월적 성향 같은 정교회(Orthodox) 전통의 어떤 측면들은 기껏해야 안정과 질서에 집착하는 것처럼 보인다. 최악의 경우 과거 정교회는 초보수주의적 편견을 담고 있는 듯 보일 수도 있다.

    때로는 이런 입장이 사회와 문화, 물질과 인간의 부정적인 이상, 곧 막스 베버(Marx Weber)의 용어로 표현하자면 초속적(other-worldly) 또는 금욕적 입장으로 드러날 수 있다. 그렇지만 사물은 보이는 대로 좀처럼 존재하지 않고 이런 경우가 근대 정교회와 정교회 사상가들의 사회적, 정치적 이상 속에 많이 보인다. 놀랍게도 교회가 비잔티움이나 러시아 궁정의 확대 또는 다민족 집단의 인기 있는 종교로 보이는 초기 시대와 동일하다는 사실이다.

    심지어 4-9세기 교부 시대에서도 그리스 교부 중 가장 위대한 두 사람인 요한 크리소스토무스와 대 바실리우스의 두드러진 개성과 급진적 사회 정의 견해를 발견한다. 우리는 아마 이들과 함께 동방정교회의 사회적, 정치적 사상의 가장 중요한 주제를 볼 것이다.

    동방정교회의 탁월한 예배의 아름다운 성격은 물론이고, 동방정교회의 사회적, 정치적 이상은 가장 특이하고 구체적이며 또 현실적이다. 즉 이런 이상은 이 세상의 물질적 것, 혈육을 가진 인간 존재들 그리고 이들의 삶에 정말로 관심을 갖는다.

    동방정교회에서 가장 위대한 도시의 교부인 요한 크리소스토무스는 그가 한 열정적인 설교에서 콘스탄티노플의 많은 엘리트와 빈곤 가운데 있는 콘스탄티노플 시민 사이의 지나친 격차를 강조한다. 고통당하는 자신들의 형제와 자매를 등한시하는 부자는 가난한 사람 나사로에게 자비를 보이지 않았기 때문에 지옥에서 고통을 경험한다고 설교했다.

또한, 강한 말로 표현한 요한 크리소스토무스는 거룩한 참여로 그리스도의 몸과 피를 받아 든 사람이 우리 앞에 항상 있는 제단에서 그리스도를 보아야 하고 우리의 이웃을 섬기며 '형제와 자매의 성례전'을 기념해야 한다고 했다(Chrysostom 1856, 1994; Evdokimov 2001:82-7).

여기서 우리는 동방정교회의 사회적, 정치적 사상의 두 번째 특징을 본다. 곧 '개별적 인간, 즉 근본적 인격주의에 대한 지속적 관심'이다. 우리는 인간을 사랑하지만 인간 앞에 놓인 불행을 견디지 못하는 도스토엡스키의 성격에 대해 생각한다. 인간 삶의 공동체적 사회적 성격에 매우 민감하지만 동방정교회의 꿈은 구체적인 사람을 추상화로 착각할 수 없다는 것이다.

대 바실리우스는 더 나간다. 그는 우리의 벽장에 있는 장식품, 여분의 옷과 신발들은 가난한 사람들에게서 탈취한 것들이라고 지적한다. 과부들, 고아들, 만성적인 병에 시달리는 이들, 죽음에 직면한 이들, 가난한 이들에 대한 바실리우스주의가 제정한 사회봉사의 복합적 제도는 카파도키아의 소아시아 지역에 위치한 카이사라의 주교로서 행한 그의 설교와 목회사역 결과로 만들어졌다.

동방정교회의 가장 위대한 스승들은 사회 제도와 과정에 많은 관심을 쏟는다. 이들은 '구조적이고 물질적인 인식과 관심'을 가지고 있다. 이는 이들 통찰의 세 번째 특징이다.

이런 동방 교부들(물론 전 교회의 스승이던 교부들) 가운데서 우리는 또한 동방정교회의 사회적, 정치적 가르침의 네 번째 현저한 특징 곧 '연속적 종말론의 연관성'을 발견한다. 동방정교회의 사회적 입장과 강령이 무엇이었는지에 대한 물음에, 뛰어난 러시아 철학자 니콜라스 표도로프(Nicolas Fyodorov)는 약간 엉뚱하지만 '성삼위일체'(Nicholl 1997:67-118)라고 대답했다.

우리는 자주 종말론을 단순히 마지막 일들인 종국의 의미로 받아들인다. 동방정교회의 종말론은 우리 가운데 현존하는 하나님 나라를 의미하는 고전적 복음을 담고 있다. 따라서 표도로프는 "삼위일체 사랑의 교제가 지금 여기 강렬히 존재한다"고 말했다. 아버지, 아들, 성령의 사랑의 교제는 각 사람과 세상을 위한 전형이다. 이 세상의 정의는 항상 하나님의 의와 그의 나라에 비추어 판단해야 한다.

우리는 여기서 앞의 네 번째 특징에서 암시된 다섯 번째 특징을 발견한다.

다섯 번째 특징은 우리 삶이 역사와 사회, 가정, 학문과 과학, 정부와 직업에서 복음에 비추어 끊임없이 변화돼야 한다는 것이다.

우리는 여기서 현대 동방정교회의 사회적, 정치적 사상의 사례로서 현시대 정교 사상가 셋을 소개할 것인데, 이들의 생각과 삶은 초기 교부들과 일치하며 방금 기술한 내용과 동일한 특징을 나타낸다. 여기에 사회주의적 개혁과 조직의 '진실'에 대한 충실함의 근원이 있다. 곧 평범한 인간 개인들을 위한 사회적, 정치적, 경제적 변화의 중요성이 강조된다. 이는 정치적 경제주의 및 사회주의 신학자 세르기우스 불가코프(Fr. Sergius Bulgakov, 1877-1944)의 특징이다.

하지만 여기서 그는 이념적 마르크스주의의 비인간화와 비인격화를 완전히 부정했다. 그의 이상을 지배하는 것은 성육신과 인간 삶에 대한 의미들이다. 즉 그의 이상은 시공간과 인간 육체로 들어오셔서 항상 새로운 생명을 불어 넣고 세상과 인간의 마음을 변화시키려고 새로운 가능성을 창조하시는 하나님의 행위들에 대한 것이다.

평신도 신학자 폴 예브도키모프(Paul Evdokimov, 1901-70)의 생애와 사역 속에서 하나의 유사한 이상이 발견된다. 대학원에서 철학과 신학을 공부하고 어려움 없는 가정에서 자란 그는 사회에 버림받고 고통당하는 사람들을 위해 봉사하며 10년이라는 세월을 보냈다. 그는 소외된 사람들을 위해 초교파적으로 지원받는 시설 관리자로 일했다. 예브도키모프는 자신의 저술에는 인간을 위한 하나님의 급진적이고 불합리한 사랑, 즉 수 세기 동안 러시아 신학과 영성의 중심적 주제였던 하나님의 '자기 비움' 또는 '자기 상실의 사랑'을 강조했다.

마지막으로 마리아 스콥트소바 수녀(Mother Maria Skobtsova, 1891-1945)는 하나님 사랑과 이웃 사랑의 불가분성을 발견했다. 그는 사랑에 대한 그리스도의 두 번째 명령과 삶을 위한 사랑의 법칙과 원리들의 급진주의를 강조하면서 주목을 받았다. '사랑은 다른 사람에게 나누어 주면 줄어들지 않고 오히려 늘어난다'는 것이다.

마리아 주교는 "스콥트소바의 수도 생활이 이 세상 속 사막과 같은 인간의 마음 속에 있다"고 말했다. 스콥트소바 수녀는 가난한 사람과 고통당하는 사람에게 숙식을 제공하는 여러 시설에서 봉사했으며, 이런 시설이 있는 파리에서 자신의 진보적 이상을 행동으로 옮겼다.

내가 이 세 사람을 선택한 것은 동방정교회의 다른 사람들이 인간 생활의 사회적, 정치적 현실에 관심이 없다는 것을 의미하지 않는다. 이를테면, 성경 규범주의자, 역사가, 성경 예배 학자로 훈련을 받은 니콜라스 아파나시예프(1963, 1975, 1992; Nichols 1989)가 그 중에 한 사람이다. 그는 교회와 정치와 사회의 관계에서 독특한 관점을 제시한 인물이다. 그는 더욱 빈번히 권위주의와 국가에 의해 새로운 회원을 선출하는 교회의 경향들에 대해 비판했다.

대주교 존 지지울라스(Metropolitan John Zizioulas, 1985)도 개인과 공동체 간의 관계에 대한 우리의 이해에 곧 세계, 사회, 교회 안에 있는 인간성에 대한 신학에 안목 있는 아이디어에 기여했다.

마찬가지로 스탠리 하라카스(Stanley Harakas, 1999)와 존 브렉크(John Breck, 1999)도 낙태와 사형 제도에서 복제와 안락사 그리고 생명 윤리학이 안고 있는 문제의 또 다른 뜨거운 논쟁에 이르기까지 우리 시대의 많은 윤리적 문제를 해결하려고 노력해 왔으며, 비겐 구로이안(Vigen Guroian, 1994, 2001)도 어떻게 성육신 교리가 환경 곧 우리 주변의 자연 세계에서 만성적 질병 치유와 죽음의 문제에 이르기까지 우리가 행하는 온갖 것에 강한 흔적을 남기는지에 대한 문제들을 제기해 왔다.

고(故) 알렉산더 슈메만(Alexander Schmemann, 1973, 1979, 2000)과 존 메이엔도르프(John Meyendorff, 1978, 1987a, 1987b) 역시 현 사회 안에서 벌어지는 복잡한 삶의 문제들로 교회와 그리스도인이 직면하는 일반적 관점들을 제시했다. 그렇지만 여기에 언급된 세 사람, 즉 세르기우스 불가코프, 폴 예브도키모브, 마리아 스콥트소바의 초점은 다른 어느 누구도 깎아내리지 않는다.

사실 모든 사람이 직, 간접적으로 연결되어 있으며, 위 세 사람은 우리 시대가 마주하는 삶의 도전에 가장 예리하고 급진적 동방정교회 전통의 접근들을 제시했기 때문이다.

1. 세르기우스 불가코프

성직자와 신학도의 아들인 세르기우스 불가코프(Sergius Bulgakov)는 자기 시대의 많은 지성인과 마찬가지로 사회와 개인을 변혁시키기 위해 교회와 기독교를 떠나 마르크스주의 이상을 추종했다. 사회학과 정치경제학을 전공한 그는 러시아의 사회와 경제, 특별히 농업을 개혁하고, 막스 베버처럼 가족, 마을, 문화적 관습, 개인 동기의 중요성을 이해하는 플렉하노브(Plekhanov)의 개념에 이의를 제기했다.

마침내 제2두마(Second Duma. 제정 러시아 의회-역주)의 비극적 경험과 혁명이 있은 후, 불가코프는 신앙과 교회의 성스러운 삶으로 되돌아왔다. 우선 1917-1918년 동방정교회의 개혁들을 제안했던 모스크바 회의의 중요한 평신도 지도자로서 그리고 나중에는 안수 받은 성직자와 신학자로서다.

그는 1920년대 초, 러시아에서 최종적으로 추방당한 후 파리에 도착했으며, 파리의 성 세르기우스신학교의 학장으로 인생의 마지막 20년을 보냈다. 그는 교회에 대한 비판으로 이단의 혐의를 받고 저술 검열 때문에 가난하고 압력 받는 상황에서 힘들게 살았지만 자신의 책을 많이 출판했다.

폴 발리에르(Paul Valliere, 2000)와 안토니 아르자코브스키(Antoine Arjakovsky, 2000)는 신적 지혜에 대해 작품 속에 나타난 불가코프의 핵심적 관심은 하나님과 피조물의 관계와 인간과 하나님의 관계를 명확하게 하는 것이었다고 자기들의 최근 연구에서 주장했다. 불가코프는 현대 사상과 경험에 비추어 또 주로 성육신, 곧 솔로비예프 같은 초기 러시아 사상가들이 성육신을 표현한 '하나님의 인간성'(Bogochelovechestvo)의 결과를 통해 이를 검토하고자 했다.

불가코프에게는 동방정교회뿐 아니라 기독교 전체가 현대 세계, 제도, 양심, 주민들과 대화에 참여하는 것이 정말로 필요하고 절실했음이 자명하다. 불가코프는 현대성을 만들어 낸 온갖 급변하는 발전들을 악으로가 아니라, 창조 안에서 창조와 함께 하나님이 역사하시는 현 상황으로 진단했다. 그는 자신보다 천 년 이상 앞선 그리스 교부들처럼 파멸과 악에 대한 인간의 능력을 인식했다.

그러나 가장 좋고 깊은 의미에서 신학적 낙관론자였던 불가코프는 하나님이 더 강하며, 그리스도의 성육신, 죽음과 부활로 궁극적 승리자시라고 보았다. 그는 다른 사람들 중에서 닛사의 그레고리와 오리겐처럼, 모든 창조(apokatastasis)의 궁극적 회복을 적어도 기도와 소망의 대상으로 여겼다.

교리로 주장하기에는 적절치 않지만, 그럼에도 이런 회복은 하나님이 '만물 속에 있는 전부'이실 때 하나님의 무한한 긍휼과 용서와, 창조와 하나님의 궁극적 (재)연합에 대한 갈망과 더욱 조화된다는 것이다. 그가 가진 이상의 많은 부분은 그의 최근 저술이자 놀라운 삼부작 중 마지막 책인 『어린 양의 신부』(The Bride of the Lamb)에 표현되어 있다.

불가코프는 러시아혁명, 사회주의 국가의 멸망, 대공황, 나치의 발흥, 제2차 세계대전과 대학살 등의 사건들을 한 권 분량의 담론으로는 제시하지 않았다. 하지만 그는 저서(Bulgakov 1999:229-267, 293-303)에서 이런 사건들을 다루었고, 1934년 미국과 1939년 영국을 방문하는 동안 사회적, 정치적 사고의 요약이라고 할 수 있는 것을 발표했다.

이 요약본이 그가 시베리의 노스웨스턴신학교 예배의 설교자로 초청을 받아 근대 러시아 신학의 사회적 가르침이라는 내용으로 행한 설교다. 또 알반과 세르기우스의 모임에서 다른 사람이 대독한 논문 '예언의 정신'(Bulgakov 1999:269-292)이다. 이는 동방정교회의 일반적 생각은 아니었지만 이런 문헌들 속에 제시된 불가코프 자신의 창의적, 급진적 통찰이었다.

불가코프는 초대 교회가 법과 집권자에 복종하고 하나님의 말씀에 따라 살며 평화롭게 살아가는 것 외에는 사회적 세계와 정치에 특별한 관심이 없었다는 것을 지적한다. 임박한 그리스도의 재림에 대한 의식은 초대 교회 관점에서 중요한 역할을 하고 있었다.

그러나 콘스탄티누스의 통치 아래 로마 제국의 공식적 이교로서 기독교를 받아들인 것은 단지 핍박을 종결하려는 것이 아니었다. 또한, 그것이 원칙적으로 제국 안에 있는 교회의 지위와 제국의 정치적 관심과 혼동 같은 온갖 종류의 문제를 만들어 내기도 했다. 앞서 언급했듯이 요한 크리소스토무스와 대 바실리우스 같은 주교들을 비롯한 스승들 등 극소수 사람만이 부의 힘과 명성에 저항하는 말을 할 수 있었다.

수도원 운동은 기독교 사상과 실천이 세상 속으로 들어가 대항하는 지속적 저항 운동이라는 것을 제기하기 시작했다. 하지만 결국 수도원 운동은 번창하고 있을 때에도 주변으로 밀려나게 되었고, 복음서 안에서 발견된 문화적 가치의 급진적 전환이 항상 약화되거나 무시되었다.

마르크스와 다른 비평가들은 교회가 부와 권력의 편에 서 있다는 사실을 인식한다는 점에서 옳았다. 교회는 종종 일반인들에게 파괴적 결과를 야기하면서 국가를 맹목적으로 지지했다. 그런데 교회와 국가가 결탁하는 극단적 상황이나 교회가 이 세상에서 활동하는 것에 반대하는 것은 불가코프로 하여금 제3의 길을 보게 했는데, 즉 잠언 8:22-31에 세계를 창조하고 유지하기 위해 하나님의 피조물과 그의 동반자인 지혜의 존재가 함께 협력해야 한다고 적절하게 표현되었다(Bulgakov 1993). 모든 피조물의 운명, 특히 인간의 운명은 창조자와 교통으로 신성시되고, 하나님의 생명으로 충만하게 되며, 이 생명의 영광을 세상에 발해야 한다. 모든 사람은 '예언자'가 되어야 하고, 말이나 행동에서 주님의 사자가 되어야 한다.

따라서 오순절 성령 강림 사건은 정치적 영역뿐만이 아니라, 나머지 자연 세계와 사회적 세상에 대한 교회 사명의 상징 같은 것이다. 교회는 국가나 사회의 기관이 아니라 그리스도의 몸이요 성령의 전이기 때문에 지금, 여기가 이 세상에서 하나님 나라로 들어가는 문이다(Bulgakov 1988:1-99).

세상을 '교회화 하는 것'은 세상을 단지 더 종교적으로 만드는 것이 아니라, 교회의 변혁, 곧 교회의 완전한 '인간화'와 '신성화'다. 불가코프는 모든 창조물 본연의 존재가 창조주와 사랑으로 연합해 완성된다고 생각한다. 그러므로 교회는 국가의 도덕적 무기가 아니다(Bulgakov 1988:156-175). 교회는 절대 공포를 유발하는 전략으로 사람들을 위협해 선을 행하게 해서는 안 된다.

또한, 교회는 하나님의 징벌 무기도 아니다. 교회는 치유, 용서, 부활과 새 생명이다. 교회의 목적은 창조적인데, 곧 '하나님의 인간화'와 인간의 신적인 가능성들을 드러내고, 인간과 다른 모든 것을 다시 주님과 연합하도록 하는 것이다.

불가코프는 이런 관계에 대해 요한계시록의 이미지를 사용한다.

> 성령과 신부가 말하기를 오라 하시도다(계 22:17).

교회와 또 교회를 통해 세상은 어린 양의 배우자가 된다. 일시적인 것이 영원하게 된다. 하나님의 도성과 세상의 도성 사이에 있는 반감은 단 한 번에 파괴되지 않고 점진적이고 특별한 과정 속에서 사라진다(Bulgakov 2002:379-526). 이는 순진한 '낙관적' 기독교가 아니다.

불가코프는 다른 글들에서 인간 존재를 구속하고 파괴하는 근대 국가의 괴이한 권력을 인식했다. 그는 볼세비키의 전체주의 체제뿐만이 아니라, 나치 독일과 이탈리아 무솔리니의 체제 같은 근대 전체주의 체제 특유의 비인간성을 깨달았다. 불가코프는 근대 세계에 성경적 예언의 은혜와 소명, 두려움 없음, 하나님 말씀의 강한 선포가 그리고 이 세상 가운데 몇몇 전문가뿐만이 아닌, 모든 그리스도인을 통해 하나님 나라에 대한 증언이 필요하다는 것을 강조했다.

2. 폴 예브도키모프(Paul Evdokimov)

폴 예브도키모프는 성 세르기우스신학교의 첫 졸업생이며 교리신학 교수며 초대 학장이던 불가코프의 제자이다. 그러나 불가코프가 그에게 유일하게 영향을 끼친 교수는 아니었다. 급진적 철학자 니콜라스 베르쟈예프(Nicolas Berdiaev)도 예브도키모프의 사상 형성에 영향을 준 것을 인정받으며, 여러 사람 가운데 레브 길레트(Fr. Lev Gilet), 니콜라스 아파나시예프(Fr. Nicolas Afanasiev), 올리비에르 클레멘트(Olivier Clément) 같은 동료들과 친구들도 마찬가지로 인정받는다.

예브도키모프의 삶의 경험은 그가 신학자로서 사회적, 정치적 사고하는 데 결정적인 역할을 했다. 그는 1923년 파리에 이민자로 와 소르본대학교와 성 세르기우스신학교에서 공부했다. 1942년 아익스-엔-프로방스대학교에서 자신의 첫 번째 박사 학위를 취득하고, 1958년에는 성 세르기우스신학교에서 두 번째 박사 학위를 받았다.

그리고 제2차 세계대전 동안 프랑스 저항 조직에 가담해서 활동했다. 그는 전쟁이 끝날 쯤에 그리고 전쟁이 끝난 후에도 10년이 넘는 오랜 기간 피난민 및 외국 학생들과 자신을 필요로 하는 여러 사람을 위해 초교파적으로 후원을 받는 쉼터 시설을 감독했다.

예브도키모프는 어떻게 자신이 관리자 이상이었는지, 곧 상담가로, 평신도 목회자로, 또 투숙자들의 복잡하고 종종 상처받은 삶과 함께하는 이들의 친구로 활동했는지 여느 때와는 다른 감정으로 글을 쓴다. 그가 나중에 성 세르기우스와 다른 신학교에서 가르쳤을 때, 이런 섬김의 경험이 항상 나타났다. 일관되게 예브도키모프는 어리석게 사랑하지만 고통받는 하나님을 질문과 분노가 있고 다양한 현대 인간의 경험이 있는 우리 시대의 사람과 접하게 하려 했다.

교회와 사회(Evdokimov 2001:61-94)라는 제목의 논문에서 그는 고골(Gogol)과 도스토예프스키의 신학에 대한 자신의 초기 연구부터 영성의 역사에 대한 분별력 있는 통찰에 이르기까지 사실상 그의 모든 저서를 통해 이어진 하나의 대화를 종합한다.

그는 신약성경에서 진정으로 새로운 것은 그리스도의 성육신, 생명, 죽음과 부활의 결과로서 '하나님의 인간화' 속에 있는 인간의 궁극적 운명이라고 논증한다. 비록 이것을 이런 이름으로 부르지 않을지라도, 초기 교부들조차 자신들보다 앞서 있었던 사도들과 신약성경의 저자들처럼 '사회적 교회론'을 생각했다.

부활하신 그리스도의 몸인 교회는 모든 것을 이끌어 하나님 나라로 들어가게 한다. 마리아와 마르다, 행동과 생각, 성스러운 것과 세속적인 것 사이에서 보이는 분열들은 종종 착각이다. 사람은 항상 우리 앞에 있는 형제와 자매를 사랑하고 섬기지 않고서는 정말로 하나님을 사랑할 수 없다.

예브도키모프는 사막의 교부들에 대해 이야기하는 것을 특히 좋아했다.

> 만일 당신이 하나님을 보고 싶어 한다면 당신의 형제를 보라.

이는 이 세상에서 하나님을 대면하는 무수히 많은 다른 가능성을 배제하는 것이 아니다. 무엇인가 필요로 하는 이웃 속에 계신 하나님의 특별한 임재를 강조하는 것이다. 심지어 예브도키모프는 이웃과의 만남 속에 있는 독특한 하나님 경험에 대해 테르툴리아누스와 오리게네스를 인용하기도 한다.

그는 거듭, 자신의 삶에서처럼 저술들 속에서도 요한의 첫 서신(요일 4:20)에서 주장하는 진리를 강조한다.

> 곧 우리가 볼 수 있는 형제를 사랑할 수 없다면, 우리는 이웃 속에 보이지 않는 [아니 가장 잘 보이는] 하나님을 사랑할 수 없다.

불가코프와 같이 예브도키모프는 교회와 국가, 사회와 문화의 연대하는 역사를 추적한다. 이런 역사 속에서 부정할 수 없는 중대한 점이 있다면, 연합의 결과로 비극과 악들이 크게 늘어났다는 것이다. 사막의 교부들과 추종자들 그리고 수도원들은 그리스도의 행위를 '교회적 복음주의'(ecclesial evangelism) 또는 '복음주의적 교회론'(evangelical ecclesiology)의 명령으로 이해했다. 주님은 우리의 고통과 기쁨의 떡을 나누기 위해 우리의 식탁에 들어오기를 기다리면서 문을 두드리시는 분이다.

예브도키모프는 하나님을 "자애로운 인간"(Philanthropos)으로 묘사하면서 13세기 비잔틴 정치가이자 신학자인 니콜라스 카바실라스(Nicolas Cabasilas)를 재차 인용한다.

> 우리를 위한 하나님의 사랑은 이유도 없고 강압적이지도 않고, 척도(*eros manikos*)도 없다(Evdokimov 2001:175-194).

이 같은 하나님은 국가에 대해, 모든 사회 제도에 대해, 또 국제 관계에서, 심지어 자연 세계 안에서 기독교를 나타내는 핵심이다. 그것은 뚜렷하게 동방 정교회와는 거리가 멀지만 첫 천 년의 분열되지 않은 교회의 공통된 이상이다.

도스토옙스키는 "아름다움은 세상을 구원할 것이다"라고 썼다. 이는 자신의 감금과 사형을 당할 뻔했던 경험에서, 인간성 파멸의 가장 낮은 형태들 가운데서 나온 신조다. 예브도키모프는 도스토예프스키에 관해 쓴 자신의 첫 박사 학위 논문에서, 일관되게 우리 주변에 있는 아름다움에서 하나님의 존재와 사랑의 증거를 찾았다.

곧 자연 질서의 아름다움에서, 성화와 남긴 말에 담겨진 성자들의 아름다움 그리고 무엇보다도 하나님의 형상을 지닌 닮은꼴인 남자와 여자의 아름다움에서 하나님의 임재와 사랑의 증거를 끊임없이 찾았다(Evdokimov 1990).

그래서 예브도키모프는 사막의 수녀들과 신부들의 급진적 영성을 오늘날 '교회적 존재들'의 신비스러운 평범한 매일의 삶 속에서 다시 찾을 것을 촉구했다.

> 사람은 단지 기도하는 것이 아니라 기도가 된다(Evdokimov 1998).

이런 호소는 솔직한 것이다. 인간 존재가 고난과 파멸을 가져왔다면, 하나님은 이 악을 반드시 몰아내실 것인데, 이 또한 하나님의 사랑과 아름다움에 변화된 인간의 행위를 통한다. 성경이 상세히 기술하고 있듯이 하나님은 인간 존재를 통해 행동하실 것이다.

비에브레스와 세브레스, 메시의 시설에서 보낸 삶에서, 그가 돌봐 준 사람들이 기억한 것처럼, 예브도키모프의 꿈은 교부들과 사막의 수녀와 수사들의 꿈처럼 언제나 현실적이고 개인적이었다. 그가 1967년 쓴 것에 따르면 선진국과 미개발 국가의 차이는 다음처럼 될 것이다. 곧 북부의 전동 칫솔은 남부의 아이에게 분유 한 통이 된다는 것을 부정해서는 안 된다.

그도 역시 직접적으로 교부를 인용했다.

> 돈과 모든 다른 물건들은 우리가 숨쉬는 빛과 공기처럼 단지 공동 자산일 뿐이다.

이 기독교 사회주의는 신(新) 신학자 시메온(Simeon, 949-1022)에게서 나왔다. 생의 마지막에 '황금의 입'이라는 별칭을 얻었던 크리소스토무스는 다음과 같이 썼다.

> 성경 장면들을 수놓은 옷을 입고 다니는 여성들은 이런 이야기들대로 사는 것이 더 나을 것이다.

대 바실리우스도 다음과 같이 주장했다.

> 만일 당신이 청지기로서 얻었던 것을 당신의 재산으로 착복한다면 당신은 도적이다.

이런 교부들과 다른 성인들의 가르침에서 종말론적이지만 정치적 관점은 놓칠 수 없다. 예브도키모프는 잘 사는 나라들의 부가 제3세계의 상황에 새로운 형태로 재분배되어야 한다고 주장함으로써 교회의 사회적, 정치적 관점에 대한 자신의 고찰을 끝맺는다.

교황 바오로 6세는 동시대에 대한 회칙 『발전하는 백성』(Progressio populorum)에서 사치적인 소비와 낭비 그리고 군사력 증강으로 거두어들이는 세금들로 국제 기금을 설립해야 한다고 요청했다. 고금리 대출을 금지하고 빚을 탕감해 주며 또 빈곤한 나라에 전면적인 보조금을 제공해야 한다는 선진 8개국(G-8)의 수많은 인도주의자와 종교 지도자의 최근 제안은 급진적 정책에 근접한 것이다.

세상과 교회의 사람인 예브도키모프는 어떤 법도 다른 행동으로 이끄는 마음의 내적 변화에 영향을 미칠 수 없다고 보았다. 변환은 강박을 통해 올 수 없다. 하지만 믿음의 전통은 이런 개인적이고 공동체적인 변화의 씨앗을 심을 수 있다. 그래서 예브도키모프는 세계의 위대한 전통의 지도자들, 곧 교황, 정교회의 장로들, 개혁주의 교회의 수장들, 유대교의 랍비들과 이슬람교의 이맘들 등 '아브라함의 계보'의 전통을 이어가는 사람들로 구성된 정상 모임을 요구했다.

그것은 실제로 1986년, 아시시에서 교황 요한 바오로 2세의 초청으로 작은 모임이 성사되었다. 폭력의 돌발들 가운데서도, 여전히 세계무역기구(WTO)의 회의에서 많은 단체의 평화로운 시위가 있으며 심지어 유명 연예인들도 가난한 나라들의 부채 탕감과 원조를 요청하기도 한다.

예브도키모프는 폴 엘루아드(Paul Eluard)의 말을 인용하면서 다음 같은 사실을 깨달았다.

> 세상을 만들기 위해 모든 것이 필요한 것은 아니었다. 세상을 만드는 것은 단지 사랑이며 사랑만으로 족하다.

하지만 예브도키모프는 이런 마음의 변화가 행동을 요구한다는 사실도 보았다. 풍요롭고 부유한 나라들이 부를 공유하는 것은 시작에 불과하다. 세계 공동체는 자원을 모든 사람이 관리하고 사용하는 진정한 글로벌 경제, 세계 사회를 위한 계획에서 더 나아가 협력해야 한다. 이렇게 해야지만 성경이 말하는 정의에 접근할 수 있다.

3. 마리아 스콥트소바(Maria Skobtsova)

세상을 사랑으로 변화시키는 복음의 부름에 유사한 급진적 견해는 누구보다도 마리아 스콥트소바 수녀(Maria Skobtsova)의 생애와 저술에서 발견된다(Hackel 1981). 현대 동방정교회의 가장 다채롭고 독창적 인물 중 한 사람이 엘리자베타 필렌코(Elisabeth Pilenko)인데, 그녀는 타고난 재능을 소유한 시인이자, 러시아 시인 알렉산드르 블로크(Alexander Blok)의 모임 회원이기도 하다.

필렌코는 러시아혁명의 정치적 소용돌이에 휘말렸고 트로츠키 암살 음모에 연루되기도 했으며 볼세비키와 화이트 군대에 의해 거의 사형을 당할 뻔했다. 필렌코는 두 번 결혼했고, 이혼으로 결혼 생활이 파경을 맞았으며, 세 명의 자녀를 두었다. 서부로 간 후 그녀는 '러시아 기독교 학생 운동'(Russian Christian Student Movement)과, '동방정교회의 행동'(Orthodox Action) 봉사 기관을 통해 빈곤한 러시아 이주자들에게 기본적인 인도주의의 도움과 상담을 제공하는 일에 깊숙이 관여했다.

1931년 가장 어린 딸이 뇌수막염으로 죽었는데 이 사건이 필렌코에게 개종의 순간을 경험하는 하나의 전환점이 되었다. 필렌코는 수도원 생활을 하도록 허락받았고, 수도원의 동료로 받아들이는 것에서 유보되었지만, 에트로폴리탄 에비오지는 그녀의 서약을 수락했고, 1932년 사순절 첫 번째 일요일에 관습에 따라 그녀는 삭발하고 수도사의 옷을 입었다.

  마리아 수녀의 삶은 열정적이었다. 그녀는 우리 시대의 수도 생활이 현대적 입장과 형식을 찾아야 할 필요가 있다고 주장할 정도로 창의적이었다. 만일 그런 삶이 정말 사회에서 하나님 나라가 임재하는 하나의 징표라고 한다면, 수도사들은 전임 수도사들처럼 이 세상에서 기도로 하나님을 섬기고 하나님의 자녀들을 사랑하면서 복음의 생활을 살아가야 한다. 마리아 수녀는 사막 수도사들이 고통 받는 사람들을 실제적으로 섬긴 것과, 콘스탄티노플의 스투디오스수도원과 카에사레아의 바실리아데 같은 도시 지역에 있는 초기의 많은 수도원을 마음에 품고 있었다.

  마리아 수녀는 자신의 글에서 하나님의 사랑과 이웃의 사랑이 나뉠 수 없음을 끊임없이 강조했다. 그녀가 수도원 일에서 잠시 떠나 쓴 글들은 러시아혁명, 대공황, 제2차 세계대전 같은 정치적 소용돌이의 복잡한 결과들과 현대 생활의 평화를 강조하는 수용적 관찰들로 가득 차 있다. 수도사의 직무를 행하기 전 그녀의 삶은 이미 봉사에 헌신하고 있었다. 그녀는 이주자들을 방문해 상담하고, 이들을 도울 기금을 마련하고, 정부의 복지 개선을 촉구하며, 이들을 위한 재활과 재교육을 확보하기 위해 일하며 프랑스 전역을 여행했다.

  마리아 수녀는 수도원 생활에 들어간 후 파리와 교외에 먼저 빌라 드 삭스에, 다음에는 루 드 루멜(rue de Lourmel)과 노이지-르-그랑(Noisy-le-Grand)에 큰 주거 단지를 빌려 노숙인들과 고통당하는 사람들을 위한 시설과 병자들과 노인들을 위한 생활관을 설립했다. 그녀는 이와 같이 섬기는 수도사 삶에 다른 여성들이 매력을 느끼기를 희망했다. 하지만 이런 생활에 매력을 느끼는 사람은 그녀의 동료들로 수가 얼마 되지 않았고 섬김의 기간도 일시적이었다. 마리아 수녀는 만만찮은 개성을 지니고 있어서 어떤 사람들은 이를 견딜 수 없었다. 그녀는 첫 번째 지도신부 키프리안 케른(Kiprian Kern) 과 공언하지 않은 언쟁이 있었다. 케른이 그녀의 삶의 방식을 수용할 수 없었기 때문이다. 하지만 아주 안목 있는 두 신부 레브 길레트와 디미트리 클레피니와는 평화롭게 지냈다.

  대 바실리우스와 맥을 같이하는 마리아 수녀는 복음을 사회적 윤리로 기탄없이 이해했다.

> 최후의 심판 때 하나님은 나에게 만족스럽게 금욕적 삶을 실천했는지 혹은 제단 앞에서 내가 할 수 있었던 얼마나 많은 복종과 엎드림을 맹세했는지 묻지 않으

실 것입니다. 하나님은 나에게 가난한 사람들을 먹이고, 헐벗은 사람들을 입히고 병든 사람과 교도소에 있는 사람들을 방문했는지 물을 것입니다. 내가 받을 질문은 이것이 전부입니다.

마리아 수녀는 자신처럼 이웃을 사랑하라는 "두 번째 명령에 대한 자신의 묵상에서" 우리가 온 마음과 정성과 뜻을 다해 하나님을 사랑해야 하는 것 같이 이 두 번째 명령은 정말로 첫 번째 명령과 동일한 것(Skotbsova 2003:45-60)이라고 결론 내렸다. 1937년에 썼지만 출판되지 않고 나중에 디미트리 신부의 딸 헬렌과 그녀의 아들 안토니를 통해 다시 조명된 논문, 종교적 삶의 유형들에서 마리아 수녀는 어떻게 자기 주변의 사회적 세상 속에서 신앙과 삶이 연결되는지 또는 그렇지 않은지에 대한 신학적이고 사회심리학적이기도 한 검증을 수행한다(Skobtsova 2003:140-186).

마리아 수녀는 자신이 알고 있던 동방정교회 그리스도인들 안에 있는 종교성의 다양한 '유형'을 파악하기 위해 매우 엄한 심층 규명 분석으로 이상적인 유형을 제시한다. 그녀는 미적, 제의적, 금욕적 그리고 특히 러시아의 문화적 '종교성의 유형들'에 대한 윤곽을 그린다. 하지만 여기서 가장 중요한 것은 복음서와 많은 성자의 삶 속에서 발견할 수 있는 더 단순하고 급진적 접근이다.

그녀는 어떤 '특별한 법'이 매일의 삶의 계산법과는 아주 반대로 작용하는 것처럼 보인다고 썼다.

> 내가 어려운 사람에게 주는 돈이나 시간만큼 잃는 것이 아니라 내가 주는 것보다 더 많이 받는다는 사실이다. 반면 내가 나누어 주지 않고 비축한 것, 숨기고 보관하고 심지어 가치를 높이려 애쓰는 것까지 사실 나에게서 빠져나가고 타 버린 것처럼 소진된다. 주변 사람과 사회(실업, 무주택, 굶주림, 결혼 파경, 가족, 마음)에 대한 정말 많은 1930년대 사람의 대응은 영화나 카페로 도피하는 것인데, 이는 더 비극적이다. 다른 사람의 고통을 회피하려는 것은 마음의 소멸이고 공동체와 인간성의 상실을 말해 주는 것이다. 우리는 재즈나 알콜이 아니라 예배하는 찬양, 성도들과 의례의 삶으로 돌아올 수 있어야 한다.

마리아 수녀는 아름답게 성화를 그리고 예복에 자수를 놓았지만, 이런 예배의 영광 속으로 들어가신 그리스도께서는 궁극적으로 교회 밖으로 나가 고통당하는 아이들이 있는 광장이나 거리에서 일하고 계시다고 생각했다. 복음의 진정한 능력은 그리스도인들을 성례전적 예배와 성스러운 강단에서 나와서 매일의 삶을 살아가는 이웃을 섬기고 사랑하는 능력이다.

마리아 수녀는 자신의 제안이 평범한 인간의 지향과 직접적으로 반대가 되며, 자아에 대한 우리의 근본적 사랑, 즉 우리와 아주 가까이 지내는 사람들과 우리와 가장 비슷한 사람들에 대한 사랑과도 역행한다는 것을 깨달았다.

그러나 마리아 수녀가 성경에서 읽은 하나님 사랑의 절대적 특성과, 그것과 동일한 방식으로 사랑하려는 그녀의 소망은 사랑의 모든 장벽을 초월했다. 사랑의 신적인 모습은 부모로 하여금 하나님의 형상을 자신의 아이 속에서는 물론, 다른 아이들, 다른 사람들 그리고 이들의 상황 속에서도 보게 한다는 것이다. 준다는 것은 받는 것이다. 우리가 준다는 것은 잃어버리지 않는 것이고 우리를 풍요롭게 하면서 몇 번이고 되풀이해 돌아오는 것이다.

마리아 수녀는 그녀의 러시아 공동체와 교회를 사랑했으면서도 교회를 비난했다. 식사를 준비하고 봉사하기 위해 그녀가 머무는 시간조차 절약하는 일, 남은 음식이나 오래된 물건들을 얻기 위해 레스 할레스에 시장을 열고, 고기를 사려고 이른 새벽에 여행하는 일, 안식처와 따뜻한 쉼터나 보호 시설을 누리도록 값싼 포도주에 의존해 살아가는 외롭고 집 없는 사람들을 찾으러 카페를 방문하는 일, 즉 그리스도의 모본을 따라 불행한 사람의 처지에 곧 그녀 스스로 낮은 자리에 서 있는 일은 동시대 많은 사람을 당혹스럽게 만들었다.

어떤 유명한 이민자에 대한 기억에는 그녀의 비순응적이고 열정적인 성격에 대한 비난들이 섞여 있으며, 또 그녀와 거리를 유지한 것과 그녀의 비상한 섬기는 삶을 업신여겼던 것에 대한 깊은 후회도 포함한다. 나치가 프랑스를 점령한 동안 마리아 수녀는 죽음의 수용소와 일제 검거를 위하여 비밀경찰인 게슈타포에 표적이 된 수많은 사람을 활동적으로 지원하기도 했다.

디미트리 신부는 유대인들을 보호하고자 자신의 교구 공동체로 편입시켜 많은 세례(침례) 증서를 발행했다. 마리아 수녀는 다른 유대인 이웃들을 도망시키면서, 먹이고 숨기고 도왔다.

그녀는 1942년 무더운 7월 벨도드롬 드 히베르에 모인 사람들을 위한 사역을 시작했다. 결국 그녀와 남겨진 아들 유리(Yuri) 그리고 디미트리 신부는 게슈타포에 체포되어 아무도 살아 돌아 올 수 없었던 죽음의 수용소로 보내졌다.

마리아 수녀는 마차에 타고 있던 다른 여인을 대신해서 라벤스브 루크에 있는 가스실로 향했고 그 수용소에 그녀의 죽음이 1945년 3월 31일, 성 금요일이라고 새겨졌다. 이날은 러시아 군대에 의해 해방되기 바로 몇 주 전이었다. 그녀는 야드 바셈에서 '이방인들 중 의로운 사람'이라는 명예를 얻었고 수많은 사람이 그녀를 우리 시대의 순교자로 인식한다.

비록 혼란, 빈곤, 전쟁에 대한 경제적이고 구조적인 원인들을 확인하려는 사회적 행동이 정치적으로 예리하고 충분히 경험적이라고 할지라도, 마리아 수녀는 또한, 사랑의 진정한 형태는 자기 앞에 실재하는 인간에게 주는 사랑이라고 이해했다. 그녀는 국가와 사회의 모든 차원에서 개혁을 위해 말하고 일해 오던 삶의 초기에 궁극적으로 '인격주의 사회 윤리'(personal social ethic)라고 부르는 것을 주장했다.

마리아 수녀에게 하나님의 성육신은 그녀의 증인이었던 불가코프 신부가 이해한 것처럼 '하나님의 인간화'를 의미했다. 그녀는 이 하나님의 성육신의 대상이 되는 인간에 대한 관심, 곧 하나님의 방식으로 타인에 대한 관심을 말로만 아니라 너그럽고 자유롭게 요구하고 기탄없이 행동을 통해 실천하는 것이라고 주장했다.

마리아 수녀의 사역이 본질적으로 진정한 정치적 차원이 없이 급진적 박애나 자선이었을까?

대답은 반대다. 이는 마리아 수녀가 충심으로 국가와 그 기관들 및 권력의 현실을 인식했기 때문이다. 고통받고 있는 사람을 지원하기 위해 그녀는 프랑스 복지 체계에 있는 가능한 모든 자원을 활용했다. 전쟁 중 그녀의 시설 거주자들은 군대를 위해 의복을 준비하고 의약품을 구비하는 실제적인 임무에 종사했다. 점령 아래서도 시설의 식당들은 정부 배급과 공공 기금을 사용해 굶주린 이웃에게 음식을 제공했다. 그녀는 파리의 유태인들을 찾아 체포하려는 시도를 저지했고 그리고 심지어 라벤스부룩수용소(Ravensbruck camp)에 설치하려는 죽음의 기계 장치를 작지만 힘 있는 항의로 반대했다.

마리아 수녀의 마지막 자수품은 베이유 벽걸이 융단 스타일로 만든 노르망디 연합군 침공에 대한 것과, 예수를 어린 아이가 아닌 십자가에 달리신 예수를 안고 있는 성모 마리아에 대한 것이었다. 십자가에서 죽으신 예수님은 고난당하는 모든 사람과 스스로 하나가 된 하나님이셨다.

4. 결론

나는 예리한 통찰을 위해 우리 시대에 주목할 만한 정교회 그리스도인들 중 세 사람을 선별적으로 채택했다. 이들은 현시대에 있는 사회적, 정치적 삶의 기독교적 이해에 관해 썼다. 더 중요한 것은 나는 이들의 일과 존재의 실례로 이들을 보여 주려 한 것이다. 이들의 삶은 내가 앞서 기술했던 동방정교회 관점의 특징들을 구현한다. 이들 각자는 삶에서 정치적으로 또 사회적으로 활동적이었다.

세르기우스 불가코프는 제2두마에서와 1917-18년 모스크바 시의회에서 일했다. 마리아 수녀는 자기 고향인 아나파(Anapa)의 시장으로 봉직했다. 그리고 그녀는 볼셰비키와 화이트 군대에 거의 처형당할 뻔했다. 폴 예브도키모프는 레지스탕스 운동에 가담했고 마리아 수녀가 했던 것처럼 고난받는 사람을 섬기는 일에 동참했다. 이들은 시민들을 위해 정부의 정의롭고 인간적인 대우를 개선하기 위한 정치적 변화의 필요성을 결코 거부하지 않았으며, 세 사람 모두 우리 시대 전체주의 국가의 야만스러운 가능성들을 인식했다.

하지만 고통당하는 사람에 대한 이들의 섬김과 사랑은 이론이나 계획의 차원에 한정되지 않고 직접적이고 개인적이었다. 이들은 러시아혁명과 제2차 세계대전 때 자신들 주위에 속박 없이 활개 치는 악의 세력에도 불구하고 그리스도와 복음 안에서 이들이 본 변혁의 꿈을 포기할 수 없었다.

이 비범한 정교회의 세 그리스도인의 이상에서 구체화된 것은 다름 아닌 '자유'다. 자유는 이들의 동료자 친구 정교회 그리스도인 철학자 니콜라스 베르댜예브가 명시적으로 논한 개념이다. 타인과 세상을 그리스도의 마음, 하나님의 심정으로 대면하는 이유는 이웃의 자유도 아주 소중하기 때문이다. 여기에는 협박, 강압 혹은 괴롭힘의 어떠한 가능성도 있어서는 안 된다.

반대로 세 사람 모두가 모든 이의 자유를 존중함으로써 이들의 기도와 연구에서부터 받아들인 것, 곧 '하나님의 인간화'의 힘을 실행에 옮겼다는 것이다. 비록 이들이 전체주의 러시아 국가와 사회에서 태어나고 성장했더라도, 또 교회 안에서의 과다한 율법주의, 형식주의와 통제를 잘 알고 있었다 하더라도, 이 세 사람(그리고 판명된 것처럼 이들의 많은 동료 이주자)은 사랑이 모든 율법을 초월하고 하나님의 자유가 완전한 자유를 드러낸다는 것을 이해하게 되었다(Plekon 2002).

이들은 이 자유를 새롭게 개혁된 사회와 국가로 만들어 가야 할 요소로 인식했다. 결코, 세상, 사회적 영역, 문화, 예술, 과학을 거절해서는 안 되는 이들의 신학적 이상은 인간 삶의 모든 측면을 하나님 나라의 아름다움 속으로 통합하는 것으로 보았다. 이들의 이상은 완전히 인간적이고, 인도적이며, 신학적이었다.

이제는 서구 유럽과 북미를 포함해 아주 오랜 시간 많은 나라의 동방정교회의 다양한 특징을 고려할 때, 동방정교회의 단 하나의 사회신학이나 정치신학이 존재하지는 않는다. 그럼에도 세르기우스 불가코프, 폴 예브도키모프, 마리아 스콥트소바 수녀의 삶과 사역은 세상과 세상 속 삶에 대한 동방정교회의 이해의 가장 근본적이고 독특한 것을 구체화했다.

정교회는 영원한 하나님 나라의 이상과 하나님의 초월성에 대한 아름다움이 특징이다. 하지만 가정과는 반대로 정교회는 세상에서 도피하거나 세상을 근본적으로 악하다고 정죄하지 않는다. 오히려 하나님께서 만물을 선으로 창조하시고 그리스도께서 성육신해서 창조 안으로 들어가신 하나님으로 강렬하게 인식하고 구원의 드라마가 일어나는 유일한 곳으로 세상을 품는다.

하나님 나라의 현장인 교회는 세상을 다시금 하나님의 선한 상태로 변혁시켜야 한다. 사회 정의와 행동주의에 대한 서방 기독교의 열정과 동방에서 주장된 이 세상적이지 않은 수동성을 맞붙이는 것은 아주 그릇된 것이다. 최근의 많은 사례가 이를 증명한다. 곧 이 세 사람과 정말 많은 다른 이의 삶이 증거다.

즉, 전 유고슬라비아에 평화를 가져오려는 수도사들, 장로 파비, 수도사 사바 신부와 다른 사람들의 노력들, 티라나의 대주교 아나스타시오스(2003)의 지도력과 강렬한 행동주의 그리고 알바니아를 재건하기 위한 성직자와 평신도 자원자들의 노력, 모스크바와 그 주변 지역 재소자들과 젊은이들, 노숙자들에게 사회적 활동을 소개하려는 평신도들과 알렉산더 맨 신부의 수많은 제자의 호산나 공동체의 노력, 전 세계 재해 구호를 위한 '국제정교회기독교자선단체'(IOCC)의 인정된 성과 등이 이를 말해 준다. '세계의 생명을 위한' 정교회 기독교 사역의 모본들은 증가될 수 있다.

특별히 하나님의 복을 받은 정부 형태는 없다. 사랑의 규칙을 따르고 인간의 존엄과 자유를 존중하면, 모든 형태는 제 역할을 할 수 있다. 정치와 문화는 기독교 제자도의 필수 영역이다. 모든 일이 하나님의 나라로 이어진다. 인간은 소(小)우주인 동시에 하나님께서 창조하신 영광이고, 하나님께서 구속하신 사랑의 대상이자, 나머지 세계를 변화시키는 열정의 대리자다.

참고 문헌

Afanasiev, Nicolas (1975). *L'Eglise du Saint-Esprit*, trans. Marianne Drobot. Paris: Cerf.
_____.(1963). "Una sancta." *Irénikon*, 36, 436–75.
_____.(1992). "The Church that Presides in Love." In John Meyendorff (ed.), *The Primacy of Peter*. Crestwood, NY: St. Vladimir's Seminary Press.
Arjakovsky, Antoine (2000). *La revue La Voie (1925–1940): revue de la pensée religieuserusse*. Kiev and Paris: L'Esprit et la Lettre.
Anastasios (Yannoulatos), Archbishop (2003) *Facing the World: Orthodox Christian Essays on Global Concerns*. Crestwood NY: St. Vladimir's Seminary Press.
Breck, John (1999). *The Sacred Gift of Life: Orthodox Christianity and Bioethics*. Crestwood, NY: St. Vladimir's Seminary Press.
Bulgakov, Sergius (1976). *A Bulgakov Anthology*, ed. and trans. James Pain and Nicolas Zernov. Philadelphia: Westminster.
_____.(1988). *The Orthodox Church*, trans. Lydia Kesich. Crestwood, NY: St. Vladimir's Seminary Press.
_____.(1993). *Sophia: The Wisdom of God*. Hudson, NY: Lindisfarne.
_____.(1999). *Sergii Bulgakov: Towards a Russian Political Theology*, ed. and comm. Rowan Williams. Edinburgh: T. & T. Clark.
_____.(2002). *The Bride of the Lamb*, trans. Boris Jakim. Grand Rapids, Mich.: Eerdmans.
Chrysostom, John (1856). "On Judas' Treachery." Homily 1, 6 in J. P. Migne (ed.), *Patrologia Graeca*, vol. 49, line 381.
_____.(1994). Homily 50 on Matthew, 4, 5, in *Patrologia Graeca* vol. 58, line 508; and *Nicene and Post-Nicene Fathers*, ser. 1, vol. 10, Hendrickson.
Evdokimov, Paul (1990). *The Art of the Icon: A Theology of Beauty*, trans. Stephen Bigham. Crestwood, NY: St. Vladimir's Seminary Press.
_____.(1998). *Ages of the Spiritual Life*, trans. and ed. Michael Plekon and Alexis Vinogradov. Crestwood, NY: St. Vladimir's Seminary Press.
_____.(2001). *In the World, Of the Church: A Paul Evdokimov Reader*, trans. and ed. Michael Plekon and Alexis Vinogradov. Crestwood, NY: St. Vladimir's Seminary Press.
Guroian, Vigen (1994). *Ethics after Christendom: Toward an Ecclesial Ethic*. Grand Rapids, Mich.: Eerdmans.
_____.(2001). *Incarnate Love: Essays in Orthodox Ethics*, rev. edn. Notre Dame, Ind.: University of Notre Dame Press.
Hackel, Sergei (1981). *Pearl of Great Price: The Life of Mother Maria Skobtsova 1891–1945*. Crestwood, NY: St. Vladimir's Seminary Press.
Harakas, Stanley (1999). *Wholeness of Faith and of Life: Orthodox Christian Ethics*. Brookline, Mass.: Holy Cross Orthodox Press.
Meyendorff, John (1978). *Living Tradition*. Crestwood, NY: St. Vladimir's Seminary Press.
_____.(1987a). *Witness to the World*. Crestwood, NY: St. Vladimir's Seminary Press.
_____.(1987b). *Vision of Unity*. Crestwood, NY: St. Vladimir's Seminary Press.
Nicholl, Donald (1997). *Triumphs of the Spirit in Russia*. London: Darton, Longman & Todd.
Nichols, Aidan (1989). *Theology in the Russian Diaspora*, Cambridge: Cambridge University Press.

Plekon, Michael (2002). *Living Icons: Persons of Faith in the Eastern Church*. Notre Dame, Ind.: University of Notre Dame Press.
Schmemann, Alexander (1973). *For the Life of the World*. Crestwood, NY: St. Vladimir's Seminary Press.
_____.(1979). *Church, World Mission*. Crestwood, NY: St. Vladimir's Seminary Press.
_____.(2001). *The Journals of Father Alexander Schmemann*. Crestwood, NY: St. Vladimir's Seminary Press.
Skobtsova, Mother Maria (2003). *Mother Maria Skobtsova: Essential Writings*, ed. Hélène Arjakovsky-Klépinine, trans. Richard Pevear and Larissa Volokhonsky. Maryknoll, NY: Orbis.
Valliere, Paul (2000). *Modern Russian Theology: Bukharev, Soloviev, Bulgakov*. Grand Rapids, Mich.: Eerdmans.
Zernov, Nicolas (1966). *The Russian Religious Renaissance of the Twentieth Century*. New York: Macmillan.
Zizioulas, John (1985). *Being as Communion*. Crestwood, NY: St. Vladimir's Seminary Press.

제8장

칼 슈미트

마이클 홀러리치(Michael Hollerich)

20세기 정치신학의 대부는 논란을 야기하는 가톨릭 법학자이고 때때로 국가사회주의자가 되는 칼 슈미트다. 그는 흔히 정치 이론의 마르틴 하이데거와 20세기 독일의 홉스(Schmitt 1996b:xii; Meier 1998:100)로 불릴 만큼 정치신학의 개념을 현대 담론으로 소개한 공로를 인정받고 있다. 이 글은 슈미트의 생애와 연구를 소개하고 그가 이해한 대로의 정치신학을 설명하며, 가톨릭 동료들의 그의 성과에 대한 비판적 수용을 검토할 것이다.

슈미트의 학문성은 상당하고 이론이 분분하며 도전적이다(Mehring 1993; Gebhardt 1995; Seubert 2002 참조). 참조 표시는 이 발표에 사용된 자료에 대해서만 이루어질 것이다.

1. 기독교의 에피메테우스(Epimetheus)는 믿을 만한 사례인가?

칼 슈미트(Carl Schmitt, 1888-1985)는 베스트팔렌 플레텐베르크(Plettenberg, Westphalia)의 독실한 가톨릭 가정에서 태어났다. 그의 평범한 가문과 종교적 정체성은 아마 그의 야망과 교정할 수 없는 불안함에 기여했을 것이다. 법률 공부로 훈련을 받은 그는 학문적 무명 상태에서 1933년 베를린의 유명한 프레드리히빌헬름대학교의 교수로 임명된 후 급속히 알려졌다.

그는 제3제국과 연루되어 있었기 때문에 제2차 세계대전 후 그의 지위는 박탈되었다. 그의 출세는 법학, 입법과 정치 이론 등의 넓은 문화적 주제로 하는 저술과 논문의 엄청난 다작에 힘입었다. 이런 다작은 바이마르 공화국과, 바이

마르의 변하는 경제적 부를 배경으로 쓰였다.

슈미트의 저작들은 당대 지배적인 신칸트주의 법철학과 법실증주의에 대한 회의주의, 바이마르 민주주의의 실행 가능성과 합법성, 독재 체제의 유혹에 대한 관심 그리고 온갖 종류의 자유주의 곧 정치적, 철학적, 경제적, 종교적 자유주의에 대한 강한 반감을 반영한다.

그의 놀라운 스타일과 관심의 폭 그리고 동시대 사건들에 대한 대응이 그로 하여금 대학교라는 상아탑을 넘어서 명성을 얻게 했다. 바이마르 공화국이 결정적인 위기에 빠져 국가 사회주의에 무너졌을 때 어떤 사람들은 그의 정치적이고 종교적인 충성심을 의심하기 시작했지만 로마가톨릭교회는 그를 유망한 변증가로 맞이했다.

학자들은 슈미트가 민주주의의 종언과 연루된 것에 동의하지 않는다. 안드레아스 쾨넨의 『칼 슈미트의 추락』(Der Fall Carl Schmitt)이 아마 그를 고발한 과도한 사례(Konen 1995; Seubert 2002:IIa 참조)인 반면, 그의 두 전기 작가인 조셉 벤더스키와 폴 노아크는 그에 대해 존경을 표해 다룬다(Bendersky 1983; Noack 1993). 슈미트는 의회 민주주의와 정당 정치 제도에 확실히 심각한 의문을 품고 있었다. 그는 바이마르 헌법 제48조 사용을 강하게 지지했다. 바이마르 헌법 48조는 '위기 상황에서 대통령의 직접적인 통치를 승인'한다.

1920년대 말에 이르러 슈미트는 무솔리니와 이탈리아 파시즘의 추종자가 되었다. 피에트 토미센(Piet Tommissen)이 제시한 이런 공감은 제1차 세계 대전 후 독일에서 일어난 혁명에 대한 슈미트의 공포에서 생겨났다(Quaritsch 1988:91-2). 다른 한편, 그는 비록 독재적 대통령제 형태지만 쓰라린 결말이 나기까지 입헌 정치를 옹호했다. 그는 국가 사회주의자들을 헌법과 건전한 정부에 대한 치명적인 위협으로 보아 공공연히 반대했다.

1932년 가을 슈미트는 나치 독일의 프로이센 직접 통치권 인수를 변론하기 위해 대법원 앞에 서는 독일 정부의 주요한 지지자가 되었다. 어떤 사람들은 이 통치를 독재 국가로 가는 첫 신호로 간주했다. 그는 또한, 야심적인 국방부 장관인 쿠르트 폰 슐라이허 장군(General Kurt von Schleicher)의 고문이 되었다.

슐라이허의 대법관 수장으로서의 짧은 종신직(1932.12.-1933.1.)은 공적 업무에 있어서 슈미트의 영향력을 절정에 이르게 했다. 1933년 1월 독일 가톨릭교회의 중앙당 위원장이자 수도원장인 루드비히 카스(Ludwig Kaas)는 슐라이허의 독재를 계획한다고 공개적으로 슈미트를 비난했다. 이는 카스 자신이 정치적 가톨릭주의 진영에서 이제 품은 의심을 나타내는 것이었다. 슈미트의 학생 조교인 에른스트 후버(Ernst Huber)에 따르면 이런 의심에는 전혀 근거가 없는 것은 아니었다(Huber 1988:40-50; Lönne 1994:26-7).

히틀러의 대법관직과 아울러, 1933년 봄 가속화된 국가 사회주의 혁명은 슈미트로 하여금 반나치 견해를 재고하도록 압박했다. 아마 새로운 체제에 충성심을 입증할 필요가 있다고 느꼈을 슈미트는 1933년 5월 1일 나치당에 가입해서 많은 친구를 놀라게 했다. 그의 불안은 1년 후 1934년 6월 30일, 히틀러가 당원 100명 이상을 처형하도록 승인한 '피의 숙청'(Night of the Long Knives)으로 더 격렬해졌다. 희생자들 가운데는 슈미트의 전 후견인 슐라이허 장군과 같이 두드러진 나치 아닌 보수당원들도 있었다.

1933년부터 1936년에 걸쳐 슈미트는 대학교수직 외에도 나치의 공인된 행정부와 편집자 직무의 회원을 유지해 왔다. 이 기간 그는 1934년 추방과 1935년의 누렘베르크 인종법을 변호하는 것을 포함해 법률 연구 시리즈를 출판했다. 이 연구는 당시 체제를 변호했고 정당화했다. 이런 그의 작업은 그를 제3제국의 '정부 직속 법관'(crown jurist)으로 낙인찍었다. 이 기간 그의 저작과 전문적인 활동들도 몹시 떠들썩한 반유대주의(antisemitism)를 드러냈다.

슈미트를 변론하는 사람들은 그가 결코 나치의 생물학적 인종주의를 공유하지 않았고, 또 그의 반유대주의는 당 내에 있는 적들에 대항하고 자신을 보호하기 위해 궁리한 것에 불과하다고 주장했다(Bendersky 1983:226-36). 이런 입장은 그의 일기가 사후 출판된 후에는 쉽게 옹호되지 못했다.

다른 이들은 그의 반유대적인 문화적 종교적 편견을 관습적인 것으로 이해한다.

> 우리가 몇몇 지성적인 공화당원 중 토마스 만(Thomas Mann)과 같은 사람에게서조차 보는 것처럼, 슈미트의 반유대주의는 바이마르에 있는 지식층의 표준 관점이다(Lauermann 1994:312).

이렇기는 했지만 전쟁이 이런 편견들을 감소시키지는 못했다(Meier 1991:8-9; 1998L 151-60; 또한, Gross 2000 참조). 나치 열성당원들과 학문적 경쟁자들은 마침내 슈미트를 무너뜨렸다. 이들은 유명한 가톨릭 작가지만 환멸을 느끼고 있던 제자 발드마르 구리안(Waldemar Gurian)의 노력에 지지되었다. 구리안은 자기의 반나치주의와 유대인 혈통 때문에 스위스로 도망가야 할 압박을 받았다.

구리안은 독일로 들어온 한 회보를 통해 슈미트를 가짜 나치고 누가 권력을 잡든 그 권력자의 냉소적인 종으로 가차 없이 폭로하는 활동을 벌였다(Hürten 1972:12-14, 119-20, 127-8). 1936년 「나치 친위대 신문」에 기고한 글들에는 그가 대학 교수직 외에는 그의 직위 대부분을 박탈해야 한다고 슈미트를 협박하기에 이르렀다.

1937년부터 전쟁이 끝나기까지 슈미트는 눈에 띄지 않게 조심했고 국제법으로 학문적 관심을 돌렸다. 하지만 그때도 그가 출판한 책들은 히틀러의 팽창주의와 일관된 입장들을 지지했다. 전쟁이 끝나자 그는 체포되었고 1947년 4월 풀려나기 전까지 미군 교도소에서 1년 반을 보냈다. 비록 유죄 판결을 모면하기는 했지만 도덕적 불명예는 평생 슈미트를 따라다녔다.

1945년 여름, 그는 이 판결을 일기장에 다음과 같이 적었다.

> 이 판결은 불운하고 가치가 없다. 그러나 이것은 진정한 '기독교적 에피메테우스' 사건이다(Schmitt 1950:12).

이는 슈미트가 자기 생애에 출판한 어떤 것보다 고백에 가까운 것이라 할지라도 다소 헛갈리는 말이다(Meier 1998:132-4). 프로메테우스의 형제고 판도라의 남편으로 신화에 나오는 에피메테우스('나중에 생각함'이란 의미)는 어리석음과 두려움에 책임이 있었다. 그는 제우스가 그의 형제에게 행한 것이 두려워서 제우스에게 선물을 받지 말라는 자기 형의 조언을 무시했고 판도라는 여자를 아내로 받아들였다. 물론 그녀는 프로메테우스가 상자에 가둬 두었던 악들을 풀어놓았다. 그럼에도 이 신화는 에피메테우스의 개인적 책임에 대해 소극적으로 다룬다.

어떻게 슈미트는 이 사실을 '기독교적' 이야기로 보았을까?

슈미트는 가르치는 것이 금지된 후 내부 망명의 형태로 플레텐베르크(Plettenberg)로 물러갔는데, 하인리히 마이어(Meier 1991:2-3)가 언급했듯이 그는 이곳을 메디치(Medici)의 손에 마키아벨리가 강제로 물러난 곳을 따라 '산 카시아노'(San Casciano)라고 불렀다. 이는 또 하나의 효과적인 자기 극화다. 거기서 그는 결국 저술을 다시 시작했고 학문적인 조언과 토론을 위해 자기를 찾아온 방문객들을 열성적으로 접대했다.

새로울 것이 없는 보수주의자들을 제외하고는 1960년대 이후 정치적 좌파들(가장 유명하게는 발터 벤야민 같은 일부 좌파들은 슈미트에게서 동경할 만한 어떤 것을 항상 찾았다)이 나타났다. 알렉상드르 코제브(Alexander Kojèv)는 제이콥 타우베스에게 슈미트는 독일에서 이야기 할 가치가 있는 유일한 사람이라고 말했다(Taubes 1987:24).

1985년 슈미트가 죽은 후에야 그에 대한 관심이 급속도로 높아졌다. 오늘날 많은 사람은 그를 현대 독일 지성사에서 가장 독창적인 목소리를 낸 사람 중 하나로 여긴다. 비록 제3제국에 대한 그의 기여들이 있을지라도 그가 지은 저술의 모든 측면이 계속 반대에 부딪혀 논쟁된다.

2. 정치신학자인가?

1) 해석의 풍토

칼 슈미트는 자신이 신학자라는 것을 빈번하게 부인했다(Schmitt 1950:89; 1970:30). 평신도 신학자가 된다는 것은 그가 피하고 싶어 하는 위험이 따랐던 것이다(1970:101n.1; Wacker 1994a:286-92).

학문성이 그를 유명하게 만들었는데, 주로 법학자와 정치 이론가로서 여겨졌다. 아직까지도 그에게 집중되는 관심의 대부분은 그의 종교적 헌신에 관심이 없는 세속적 좌파에게서 온다(McCormick 1997; Balakrishnam 2000).

슈미트 저서의 종교적 영역은 1985년 그가 죽기 전까지는 수복을 끌지 못했다.

첫째, '방언'이라는 의미를 가진 슈미트의 『로사리움』(*Glossarium*)
즉, 전쟁 후 그가 쓴 기록과 반성에 대한 일기장이 1991년 나타났다. 이 일기장은 그가 자신을 명백히 로마가톨릭교회 신자로 생각했다는 많은 증거를 포함한다.

1948년 5월 23일 출품작에서 그는 다음과 같이 적었다.

> 나에게 가톨릭 신앙은 내 아버지의 종교다. 나는 고백한 가톨릭 신자일 뿐 아니라 역사적 기원을 지닌 혈통에 의해서도 가톨릭 신자다(Lauermann 1994:300n. 16).

그리고 한 달 후 다음처럼 적었다.

> 이것은 나의 작가로서의 정신적인 전체 삶의 비밀 핵심어로써, 정말로 가톨릭을 선명하게 만들기 위한 투쟁이다(Wacker 1994b:7).

둘째, 독일 가톨릭교회 연구는 잊혔던 칼 슈미트의 40년을 되찾으려는 노력의 일환으로 그를 다시 생각했다. 1933년 '라바누스 마우루스 가톨릭 학술원'(Catholic Academy of Rhabanus Maurus)은 그의 가톨릭 정체성과 더불어 독일 가톨릭교회의 과거와 현재에서 그가 차지하는 위상에 관한 심포지엄을 개최했다(Wacker 1994a:280-92; 1994b; Lönn 1994 Nichtweiß 1992:722-830; Dahlheimer 1998).

셋째, 슈미트와 레오 스트라우스에 대한 하인리히 마이어의 연구(Meier 1991, 1995, 1998)는 정치신학이 슈미트의 사고에 근본적이었다고 주장한다(Meier 1998:27). 마이어의 연구는 그의 기독교 신앙이 평생 세속적 이성, 불신앙, 허무주의에 대항하는 일에 깊이 몰두하게 했다는 종교적 슈미트를 제시한다.

슈미트의 저술을 종교적 근거로 신중하게 제시한 또 다른 사람은 제이콥 타우베스(Jacob Taubes)인데, 그는 슈미트를 마이어의 스타우스주의와는 다른 좌파 진영의 유대적(Jewish) 견해에서 접근한다. 슈미트에게 영감을 받아 정치신학에 관심을 가진 타우베스이기 때문에 세상이 알고 있는 홉스주의(Hobbesian) 결정론자는 정말로 반혁명의 종말론자다(Taubes 1987:16).

슈미트의 정치신학의 주요 자료들은 반세기에 걸쳐 특유한 논쟁과 경구의 형식으로 쓴 간략한 논문집이다. 또한, 슈미트주의의 '신비' 개념에서부터 작업하는 마이어 같은 사람들에게 특별히 중요한 것은 제2차 세계대전이 끝난 바로 몇 년 후 나온 기록과 성찰이 담긴 두 권의 책, 즉 『속박에서의 자유』(Ex Captiviate Salus)와 앞서 언급한 『로사리움』이다.

『정치신학: 주권 개념에 관한 네 장』(*Political Theology: Four Chapters on the Concept of Sovereignty*, 1922; 2nd edn. 1934)과 『로마 가톨릭과 정치 형태』(*Roman Catholicism and Political Form*, 1923; 2nd eds. 1925)는 상호 보완적인 짝을 구성한다.

첫 번째 논문집은 세속화된 신학적 개념으로서의 주권의 기원을 밝히고 슈미트의 법에 대한 결정주의 이론을 전개한다.

주권자란 예외를 결정하는 주체를 말한다(Schmitt 1985:5).

두 번째 논문집은 로마가톨릭교회를 '마흐트폼'(Machtform), 곧 불안정한 사회의 세계에서 권위의 보루로 제시한다. 아마도 슈미트의 가장 영향력 있는 저술인 『정치의 개념』(The Concept of the Political, 1927; 2nd edn, 1932; 3rd edn. 1933)은 정치를 친구와 원수로 양분해 정의한다. 『토마스 홉스의 국가론에서의 리워야단』(The Leviathan in the State Theory of Thomas Hobbes, 1938)은 그가 교사와 친한 친구로 여기는 정치사상가에 대한 온전한 평가다.

이 책은 악화된 국가의 현재 상태를 평가하는 하나의 척도로서 홉스를 이용한다. 슈미트의 마지막 책인 『정치신학 II』(Politische Theologie II: Die Legende von der Erledigung jeder Politischen Theologie, 1970)는 죽은 친구 에릭 페터슨의 논문 「정치 문제로서의 유일신교」(Monotheismus als politisches Problem)에 대해 강하게 거부하는 반응을 표출한다.

페터슨은 니케아공의회의 삼위일체와 아우구스티누스의 종말론이 모든 정치신학과의 근본적 단절을 만들었으며, '정치적 상황의 정당성에 대한 기독교의 선언을 오용한 것'(Peterson 1951:104-5)이라는 철저한 확신으로 자기 책을 마무리했다. 슈미트는 이 논지가 자신을 정면으로 겨냥한 것이라고 믿었다.

2) 중립적 진단 도구로서의 정치신학

슈미트는 자기의 정치신학을 법학적 개념들의 사회학이라고 불렀다.
이것은 막스 베버주의의 반향이 순수하게 학문적이고 공정한 성격을 강조한다는 의미다.

> 국가에 대한 현대 이론의 온갖 중요한 개념은 세속화된 신학적 개념들이다. 이는 그런 신학적 개념들의 역사적 발전(개념들이 신학에서 국가 이론으로 바뀌었는데, 이를테면 전능한 하나님이 전능한 입법자가 되었다) 때문만이 아니라 이 개념들의 체계적 구조 때문이다. 이에 대한 인식은 이 개념들에 대한 사회학적 고려를 위해 필요하다(Schmitt 1985:36).

이 같은 사회학을 이념 비판의 형태로 이해하면 안 된다.

즉, 종교적 신학적 구조가 법적 정치적 (또는 사회적이고 경제적인) 구조들에 종속되고 그 구조에서 파생된다는 이념 비판 형태로 이해하면 안 된다는 것이다. 두 영역의 관계는 '일관적이고 근본적'이지만 직접적인 인과 관계는 성립되지 않는다.

'영적' 역사 철학은 유물론적 철학만큼 그럴듯하다. 따라서 19세기 '재건주의 정치신학'의 저자나 진화론적 유물주의의 반대자들(Juan Donoso Cortes, Joseph de Marie, Louis Bonald)은 그들의 주장을 증명할 수 없었다(Schmitt 1985:42). 슈미트의 법률 개념의 사회학은 이념들과 특정 사회 계급 또는 전문 집단의 관점과 활동 간의 상호 관계성을 찾지도 않았다. 정신은 사회 구조로 단순화될 수 없으며 사회적 실재의 표현도 종교적 혹은 형이상학적 가정들로 단순화될 수 없다. 그가 추구한 것은 단순히 주어진 시대에서 두 영역 간의 급진적 상호 관계였다.

슈미트가 가장 많은 관심을 가진 근대 초기 시대의 예를 보면, 우리가 17세기의 절대 군주제를 단지 데카르트의 사색의 산물인 하나님 개념을 실제적 현실로 묘사한다면 그것은 틀린 것이 될 것이다.

> 당시 군주제의 역사적 정치적 상태가 서구 유럽인들의 지표가 되는 정신(의식)의 일반적 상태와 일치하는 것으로 나타날 때 그리고 역사 정치적 현실의 법률적 구조가 형이상학적 개념과 구조적으로 일치하는 개념을 발견할 수 있을 때, 그것이 주권 개념의 사회학이다. 따라서 군주 제도는 민주주의가 후대에 그런 것처럼 그 시대의 정신 속에 자명하며 … 명확한 신기원이 세상에 대해 만드는 형이상학적 이미지는 정치 조직의 형태와 동일한 구조를 가진다(Schmitt 1985:45).

3) 정치신학과 정당성

그러나 슈미트가 주장하는 일치는 단순한 진단을 넘어 몇 가지 목적에 유익하게 사용된다. 이런 상호 관계는 서로 강화되기 때문에 하나의 몰락은 불가피하게 상대의 약화를 초래할 수밖에 없다. 그리고 슈미트의 역사 구조에서 세계의 종교적 개념들은 철학적 형이상학적 개념으로 바뀌었고 이후 기술적 이성, 수학과 자연 과학의 도구적 합리성에 굴복했기 때문에 그런 일이 일어난 것이다.

슈미트에게 정치적 질서의 정당화는 반드시 필요한 것이었다.

어떤 정치 체계도 권력을 잡으려는 노골적인 기술로는 한 세대도 버티기 어렵다. "권위가 없는 정치는 존재하지 않으며, 신념의 에토스 없는 권위 또한 존재하지 않기 때문이다"(Schmitt 1996c:17).

오귀스트 콩트(Auguste Comte) 이후 우리는 모든 인간 존재의 정당화에 대한 뿌리 깊은 욕구에 영향을 미치는 수많은 새로운 경험을 했다(Schmitt 1970:101n).

'로마가톨릭교회와 정치 형태'와 '정치신학'을 짝 짓는 것은 정치 영역과 종교 영역 사이에 독특한 유사성이 있다는 그의 확신을 잘 보여 준다. 이런 유사성은 '법'이라는 공통적 표현에 근거한다. 비록 아이가 궁극적으로 어머니 곁을 떠나야 하지만 유럽의 법학은 사실상 '어머니'에 해당하는 '교회법'에서 실제로 유래되었다(1950:69). 정치신학은 정말로 가능했는데 부분적으로 교회법 제정자와 법학자 훈련의 독특한 상호 연관성 때문이다(1970:101).

또한, 정치와 종교는 자유주의, 경제주의 그리고 '전문성'과 같은 현대 세력들에서 공통의 이질성을 공유하게 되었다(Schmitt 1988:32-50; 1996a:69-79; 1996b:42-50, 55-62, 68-74). 이런 세력들의 불행한 영향은 정치와 법에 있어서 공적인 것과 사적인 것의 구분, 사회의 다원적 힘들('비정치성')에 의한 국가의 분열, 개인적 권위와 결정에 있는 근본과 무관한 법의 절대적 규범성, 의회민주주의 안에 있는 권력의 분열과 주권의 분산, 논쟁과 토론을 일방적 결정으로 대체하는 행위, 사유 재산과 자유방임 경제의 고양, 물질적 생산과 소비에 대한 의미 축소 그리고 도덕성과 신념의 문제에 있어서의 가치중립성 등의 발전에서 찾아볼 수 있다.

슈미트는 로마가톨릭교회가 자유 민주주의, 산업화와 금융자본주의를 수용할 수 있지만 결코 그들의 동지가 될 수 없다고 주장했다.

산업 자본주의의 현재 형태와 로마가톨릭교회와의 협력 관계는 가능하지 않다. 보좌와 제단의 협력 관계는 공직과 제단의 협력 관계 그리고 공장과 제단의 협력 관계로 이어지지 않는다(Schmitt 1996c:24).

이런 양립불가는 교회의 특유한 표상(表象)하는 역할 때문이었다.

> 로마가톨릭교회의 정치적 권력은 경제적 수단도 군사적 수단도 아닌 권위의 절대적 실현에 있다. 교회는 비록 주식회사와 동일한 의미는 아니라 해도 일종의 '법인'이다. 교회는 구체적 인격의 표상인데 반해, 생산 시대의 전형적인 산물은 회계 방법이다. 많이 알려진 모든 증거는 교회가 법 정신의 최고 행위자며 로마법의 진정한 상속인임을 인정한다. 그 안에는(법의 형식을 취할 수 있는 능력에는) 사회학적 비밀 중 하나가 있다. 그러나 교회는 표현의 능력이 있기 때문에 이 형식이나 다른 어떤 형식을 취할 수 있다. 교회는 '인간 시민권'(*civitas humana*)을 보여 준다. 교회는 매순간 성육신 사건 및 그리스도의 십자가 사건과의 역사적 연관성을 보여 준다. 교회는 그리스도 자신의 인격성을 보여 준다. 즉 하나님은 역사적 현실 속으로 들어와 인간이 되셨다. 이런 점에서 교회는 경제적 사고의 시대보다 탁월하다(Schmitt 1996c:18-19).

교회는 자신과 같은 '완전한 사회'(*societas perfecta*)인 국가와 자연적 동반자로서 공존의 길을 추구했다. 국가도 대의권에 의존했다. 심지어 현대 의회민주주의가 이 사실을 어둡게 했을지라도 말이다. 국가 역시 '물질적이며, 일관된 경제적 사고를 못마땅하게 생각하는 정치적이고 법적인 형태'를 취했다. "국가도 비물질적이다"라고 하는 것은 경제적 가치만이 아닌 다른 것들도 고려하기 때문이다 (Schmitt 1996c:16, 27).

여기서 슈미트는 자본주의와 마르크스주의의 차이가 없다고 본다.

> 위대한 산업가는 '지구를 전율하게 한' 레닌의 이상만 가지고 있다. 이들은 감동의 정확한 방법에 대해서만 생각을 달리할 뿐이다(Schmitt 1996c:13).

4) 정치신학과 우선권의 문제

슈미트의 정치신학에서 정치적인 것이 신학적인 것을 이겼는가?
그의 동료 가톨릭교인들 중 많은 이는 그렇다고 믿었다(다음 부문 참조). 이와는 달리 하인리히 마이어(Heinrich Meier)의 영향력 있는 주장은 슈미트의 사상이 하나의 신학적 지표에 깊이 뿌리내리고 있다는 해석이다.

우선권 문제는 마이어가 사상적 발전을 무시한 시기인 1920년대 후반, 슈미트와 교회의 명백하고 심한 불화로 복잡해졌다. 그는 다른 이들이 슈미트의 사상에 나타난 가장 적나라하면서 세속적이고 비도덕적인 요소, 즉 친구와 원수 사이를 구분함으로 정치를 정의하는 것에 대해 현명하게 지적했고, 이것이 슈미트의 정치신학에 궁극적으로 기인한다고 주장했다(Meier 1998:27).

자유주의의 중립성 너머 감춰진 것은 하나님을 대항하는 근대적 반란의 폭력적 현실이다. 자유주의의 중립성은 반대와 적의를 숨기는 가면인데, 그 반대와 적의는 신학적이다. 무신론적 무정부주의는 적어도 반란을 숨기지 않길 선호하며 신념을 행한다.

그러나 부르주아 자유주의는 무정부주의가 행하는 것보다 더 유효하게 시대정신을 제시한다. 평안하고, 안전하며, 안락한 생활, 싸움에서의 자유, 도전 그리고 복종의 필요성을 위한 추구는 모르는 사이에 우리에게, 심지어 우리의 적들을 빼앗으려 한다. 그러나 믿음은 '평안과 안전'(마이어가 살전 5:3을 인용함)에 대한 약속이 우상 숭배적 착각이라는 것을 안다.

그것은 적의 탁월함인 마귀 자신의 최후 맹공격을 감추기만 한다는 것이다.

> 적의를 '위한' 전쟁인가?
> 적의에 '대항하는' 전쟁인가?
> 적의를 받아들일 것인가? 부인할 것인가?
> 이것은 일차적으로 정치신학적 기준이 된다(Meier 1998:24).

마이어의 중심 논제들은 전부를 받아들이지 않고도 수용 가능하다. 그는 슈미트의 생각에서 진정한 주제를 바탕으로 자신의 사례를 구축한다(Meier 1998:4-13, 54-65, 66-99를 참조). 예를 들어, 슈미트는 악의나 공격이 없는 어떤 세상을 상상하는 것은 불가능하다고 확실히 믿었다. 이 같은 세상을 만들기 위한 노력 그 자체로 거센 공격을 요구할 것이다.

'모든 전쟁을 종식시키는 전쟁'은 오히려 비정상적으로 치열하고 비인간적으로 될 것이다(Meier 1996c:36). 전쟁 대신 경제적 경쟁으로 대체한 세상은 경제력이 그 자체로 강압적 힘의 세계였다(Meier 1996a:78-9).

이것이 바로 완전히 세속적인 세상 역시 불가능한 이유다.

내 견해로는 '정치'에 대해 제기되는 핵심적인 문제는 적의 실재와 관련된다. 나는 비신학적 반대 입장(슈미트는 한스 블루멘베르크의 1966년 책, 『현대의 적법성』[Die Legimitat der Neuzeit]을 언급하고 있다)에서조차 이런 적의 실제적 가능성을 인식한다. 옛날 정치신학에서 완전히 새롭고 순수한 세속성과 인간 중심의 인간성(humane Meschlichkeit)을 가장하는 정치신학으로의 변화에 대한 주의 깊은 연구는 지식을 위한 학문적 연구의 영구적인 책무로 남아 있다(Schmitt 1970:124).

슈미트의 사상은 마이어가 (그리고 야콥 타우베스가) 제시하는 것처럼, 키에르케고르에서 도스토예프스키와 러시아 인격주의자들에 이르는 근대주의를 반대하는 19세기 그리고 20세기 초 기독교 사상가들을 우리에게 상기시키는 종말론적 윤곽이 있다. 슈미트는 반동주의 가톨릭 사상가들 가운데서 스페인 외교관 후안 도노소 코르테스(Juan Donoso Cortés) 같은 자신의 선대들을 찾았다(Schmitt 1985:53-66).

도노소 코르테스와는 약해진 근대 국가가 평안과 안전을 제공할 수 있는지에 대한 회의주의와 인간의 죄성을 믿는 신념을 공유했다. 도노소 코르테스와 다른 '국가의 반혁명주의 철학자'는 궁극적으로 기독교와 자유주의 사이의 증오에 대한 신학적 성격을 인식했다.

이들은 형이상학적 원리와 진리들에서 물러나 영속적인 논의와 협상을 원하는 자유주의 의무를 수용하기를 거부했다.

> 도노소 코르테스에게 있어서 모순과 타협이 있는 자유주의는 연구위원회를 임명하거나 아니면 산회하기를 바라는 제의와 함께 "그리스도냐? 아니면 바라바냐?"의 질문에 대답할 수 있는 그 짧은 일시적 기간에만 존재했다(Schmitt 1985:62).

또한, 이들은 20세기 초 유신론적 초월성의 쇠퇴(내재주의 형이상학과 범신론을 선호하기에)와 정통주의 군주 제도의 쇠퇴(민주주의와 대중 주권제를 선호하기에) 사이에 깊은 관계가 있다는 것을 인식했다. 이들은 그 문제에 대한 반응으로 첫 번째 정치신학을 형성했다(Schmitt 1985:50-1).

이러한 사상가들의 반자유주의와 비관적 인류학은 특히 정치를 친구와 원수의 구별로 정의한 슈미트의 『정치의 개념』 속에서 두드러지게 드러난다(Schmitt 1996a:25-37).

> 친구와 원수의 구분은 연합 혹은 분리, 협력 또는 분열의 최대한 정도의 강렬함을 나타낸다.
> 정치란 가장 강렬하고도 극단적 적대감이며, 모든 구체적 적대감은 친구와 원수로 배열하는 것에서 가장 극단적 관점에 가까이 접근하면 할수록 더욱 정치적이 된다(Schmitt 1996a:26, 29).

따라서 정치는 어떤 영역이 아니라 하나의 기준이었다. 정치는 다른 협력과 나란히 하는 인간 협력의 특정 범주가 아니라 관계에 대한 하나의 판단이었다. 갈등은 그것이 치명적이거나 존재에 대한 것이 될 때마다 참으로 정치적이 된다. 19세기까지 국가는 이 같은 갈등의 중재자가 되었다.

그러나 현대 국가는 자유주의, 경제주의 그리고 다른 세력들 덕분에 약해졌다(Schmitt 1996a:22-5). 이 결과 어떤 갈등도 원래 종교적이든 도덕적이든 경제적이든 문화적이든 상관없이, 실제로는 정치적 형태를 취할 수 있다(Schmitt 1996a:37-45).

정치에 대한 슈미트의 정의는 낙관주의 인류학을 배제하고 원죄 교리에 기초한다.

> 세상과 인간이 악하다는 근본적인 신학적 교리는 친구와 원수의 구분이 그러하듯이 인간에 대한 범주화로 이어지고, 인간의 보편적 개념에 대한 차별 없는 낙관론을 불가능하게 만든다. 좋은 사람들 가운데 살아가는 좋은 세상에서는 오로지 평안, 안전, 조화가 지배한다. 사제들과 신학자들은 여기서 정치인들만큼이나 넘쳐나고 있다(Schmitt 1996a:65).

3. 슈미트의 정치신학과 가톨릭의 수용

1) 정치신학의 계절

> 오늘날 우리는 완전히 정치적 종(種)이다. 그리고 '구원'을 위한 우리의 요청은 정치적 영역 안에 살아 있다(Paul Althaus:1933).

1922년 슈미트는 자기 시대에 앞서 있었다. 그러나 바이마르의 종국적 위기와 더불어 히틀러가 권력을 잡은 후 몇 개월 내 아첨이 점점 강해지면서 '정치신학'은 광범위한 범교회적 이구동성이 되었다(Scholder 1988:I, 99-119, 189-209, 414-40). 당시 슈미트의 마음은 정치적 가톨릭 중앙당에서 멀리 떠났는데, 부분적으로는 교회가 1924년 이혼으로 파탄이 난 결혼을 무효화해 달라고 요구하는 그의 탄원서를 거절했기 때문일 것이다. 이 때문에 그의 두 번째 결혼은 교회법의 인정을 받지 못했다(Nichtweiß 1992:727-8).

슈미트는 점차 의회민주주의, 종교적 고백주의, 관용주의, 다원주의에 대한 중앙당의 의무에 동의하지 않았다(Lönne 1994:34-5). 당시 중앙당의 의회주의와는 다른 견해가 보수적 가톨릭 신도들 가운데 존재했다. 보수적 가톨릭 신도들은 향수에 젖어 중세 독일 제국을 되돌아 보았고 자유 민주주의 해독제로 독일 가톨릭교회의 '제국 신학'(Reichstheologie)을 지지했다.

이들은 재산이나 직업적 분류처럼 구조화되는 사회의 유기적 개념을 선호했다. 이들이 생각할 때 이런 개념이 국가 공동체, 전체성 요구들, 지도력 원칙이라는 국가 사회주의(National Socialist)의 미사여구에 반영되었으며, 국가 사회주의는 자유주의, 개인주의 그리고 바이마르의 '당과 국가'의 반가운 종식이라는 결과를 가져왔다.

이런 생각들은 마리아 라아흐의 베네딕트수도회에서 아보트 헤르베겐(Abbot Idefons Herwegen)의 자애로운 후원 아래 만난 귀족 친목 단체인 『십자가와 독수리』(Kreuz und Alder)와 '가톨릭아카데미협회' 같은 토의 그룹들 가운데서도 인기가 있었다(Böcenförde 1961:224-51; Nichtweiß 1992:764-72).

슈미트는 이따금 마리아 라아흐 모임에 참석하곤 했어도 이 '제국 신학'에 그다지 경의를 표하지 않았다. 나치와의 평화에 불협화음이 일어났을 때, 그는 자연법 범주나 중세의 관례를 통해 방해받지 않는 합리적인 것을 선호했다

(Böcenförde 1961:229 n. 45). 그는 아마 빌헬름 스타펠과 엠마누엘 허쉬 같은 당시 개신교 정치신학자들에 더 가까울 것이다. 그는 스타펠과 가까이 지냈으며, 허쉬의 키에르케고르적 결의주의를 많은 부분에서 공유했다.

1934년 슈미트는 『정치신학』을 재출간했다. 그는 새로운 서문에서 프리드리히 고가르텐(Friedrich Gogarten) 같은 개신교 신학자들이 세속화의 개념이 과거 몇 세기의 과정을 이해하는 데에 필수적이라는 것을 이제 깨달았다는 것에 만족감을 표했다.

그는 고가르텐과의 「국가」(Der Staat)라는 저널의 공동 편집을 고려하기도 했다(lauermann 1994:300 n. 17).

> 확실히 개신교 신학은 하나님을 '절대 타자'로 인식하는 (아마도 비정치적) 다른 교리를 제시한다. 마치 정치 자유주의에서 국가와 정치가 '절대 타자'로 인식되는 것처럼 말이다. 우리는 정치를 모든 것이라고 인식하게 되었고, 이 결과 어떤 것이 '비정치적' 인지를 누가 결정하고 이유가 무엇인지와 관계없이 항상 '정치적' 결정이라는 사실을 우리는 안다. 이는 또한 특정 신학이 정치신학인지 비정치신학인지에 대한 질문에서도 마찬가지다(Schmitt 1985:2).

2) "정치가 전부다"

이 격언은 슈미트의 정치신학을 드러내는 당연한 귀결이다. 『정치의 개념』에서 그는 정치를 실존적인 것의 척도이자 폭력적인 갈등으로 정의한다. 정치가 '전부'라고 말하는 것은 실존적 갈등이 발생할 때 어떤 결정을 위해 우선적으로 주장할 수 있는 다른 기준이 없다는 것을 의미한다.

1938년 슈미트는 토마스 홉스에 관한 자신의 책에서 이런 필적하는 주장들을 간접적 권력들이라고 부른다. 슈미트는 이 용어를 로버트 벨라민(Robert Bellarmine)이 고전적으로 상세히 설명한 가톨릭 교리에서 택했다. 벨라민에 따르면 교회는 중세 시대의 사례가 되었던 것처럼 더 이상 직접적 권력이 실행되지 않을지라도 정치, 법, 국가의 영역 속에 있는 '간접적 권력'(potestas indirecta)을 행사했다. 슈미트는 간접적 권력의 의미를 확대해, 국가의 통일을 파괴할 우려가 있는 문화 기관, 기업 단체, 전문 협회 등과 같은 사회적 기관들을 포함시킨다(Schmitt 1996b:71-4).

1933년 슈미트가 정치가 전부라고 말하는 것은 '전체주의 국가'(total state) 개념을 지지하는 것이었다. 슈미트 자신이 전체주의 국가 개념을 대중화시켰다. 이 개념으로 그가 오늘날 '전체주의'(totalitarian) 국가로 생각되는 것을 정확히 의미한 것은 아니었다(Schmitt 1996a:38-9).

『정치의 개념』에서 그는 전체주의 정부란 단지 19세기 '중립 정부'에 벌어진 것을 묘사하는 논박적 개념이며, 바로 18세기 '절대 국가'를 계승하는 것이라고 말했다. 전체주의 정부의 발전은 19세기 자유주의의 중립화로 필요하게 되었다. 지금은 분리된 영역으로 나뉘어져 있지만 '사회'의 다양한 분야는 국가와 국가의 자원들을 요청하고자 했다. 슈미트는 '사회' 세력들에게 국가가 수용되는 것을 강하게 비난했는데, 이런 세력들의 관심은 정치적 사안이 되어 버린다(Schmitt 1996a:22). 따라서 국가는 사회에 맞추어 간격을 좁히지 않을 수 없었다. 전체주의(total) 국가는 어떤 것도 비정치적인 것으로 간주할 수 없었다(Schmitt 1996a:23-5).

슈미트가 볼 때 이런 국가는 너무 강하게 되는 것보다는 너무 '약하게' 될 가능성이 큰데, 정부를 과도하게 확장하고 민주주의의 열정에 약해질 위험이 있기 때문이다. 그는 원래 국가 사회주의자들을 반대했는데, 바로 이들이 국가를 해체할 수 있다고 두려워했기 때문이다. 그리고 그가 『국가』(Staat), 『운동』(Bewegung), 『국민』(Volk) 같은 그의 나치 시대 저술은 나치 대중주의 역동론(Nazi populist dynamism)을 옹호하기 위해 완전히 전향해야 했다.

그의 타협의 핵심은 1933년에 선언된 교리였다. 이 약한 의미의 전체주의 국가(total state)는 강한 유형의 전체주의 국가로 바뀌어야 한다는 것이다. 강한 유형의 국가는 현대의 대중 미디어 수단과 열광적인 대중 운동을 이용하여 하향식의 필요한 질서, 간단히 말해 파시즘을 부과 할 수 있다는 것이다.

슈미트의 의도와는 무관하게 이렇게 전체화하는 전달 수단은 분명한 위험성들을 야기했고, 가톨릭 비평가들은 이 문제를 정면으로 공격했다(Lönne 1994:23-33; Dahlheimer 1998:346-61, 371-81). 1931년 교황의 노동 회람지 『콰드라게시모 안노』(Quadragesimo Anno)의 초안에 실질적인 도움을 준 예수회의 대표적인 도덕 신학자인 구스타브 군트라흐(Gustav Gundlach)는 슈미트의 정치적이고 철학적인 근거에 반대 입장을 표명했다. 그는 바이마르 시대의 경험들이 로마가톨릭교회를 위한 의회주의 체제의 실제적인 지혜를 예증한다고 주장했다. 교회의 안녕이 당의 규율과 정치적 행동에 의존하기 때문이다.

자연법에 근거하는 군트라흐는 슈미트의 전체주의 국가 주장의 기저를 이루는 결의주의와 철학적 비의존주의에 반대했다(Lönne 1994:32). 그는 칼 에슈벨러(Karl Eschweiler) 같은 또 다른 가톨릭 사상가들이 정치신학을 입증하기 위해 자연법 논쟁을 사용하고 있던 동일한 시기에 어떻게 자연법 논쟁이 정치신학에 '반대해' 사용될 수 있는지 보여 주었다(Dalheimer 1998:224-8).

3) 단일 국가: 누가 결정할 것인가?

군트라흐도 슈미트가 정치를 '친구와 원수' 관계로 정의하는 것이 국가를 권력의 단순한 문제로 축소하고 거의 선과 악에 대한 마니교 이원론에 근거해 잔인한 결정과 명령으로만 해결될 수 있는 것으로 제시하는 방식에 반대했다. 사회 질서의 조화에 대한 전통 가톨릭교회의 사회적 사고와 대립하는 것과 원수를 사랑하라는 복음주의적 명령과는 너무 노골적으로 모순을 일으키는 것으로 나타났기 때문에 '친구와 원수'로 구분하는 것에 대한 반대가 제기되었다(Lönne1994:24-5).

슈미트는 이 비판에 대해, 사랑의 명령은 오로지 각각의 적에게 적용되어야 하지 '정치적' 적들에게는 적용되지 않아야 한다고 답했다(Schmitt 1996a:29). 도덕적 질서보다 권력이 국가의 근거가 되는 문제에 대한 이 비난에 슈미트는 결코 논박하지 않았다.

그는 종종 홉스의 부제인 "진리가 아닌 권위가 법을 만든다"(*Autoritas non veritas facit legem*")를 인용했다(Schmitt 1985:33, 52; 1996b:44, 55-6).

홉스에게 있어서 하나님은 모든 권력(*potestas*)을 초월하신다(Schmitt 1996b:32).

『정치의 개념』에서 그가 말하기를, 홉스는 "법은 오로지 인간의 고안물이라는 것을 알고 있었다"고 한다. 이는 실정법의 경우('이 경우에 법 규정은 특별한 현상 체제를 정당화하는 것 외에 다른 어떤 것도 아니라는 의미다')와 지고하고 더 나은 이른바 자연법이나 이성의 법에 호소하는 것도 해당된다(Schmitt 1996a:66-7).

슈미트는 감옥에서 쓴 일기장에서 홉스를 자신의 가장 가까운 일상의 동료라고 불렀다(Schmitt 1950:63). 그는 벨라민과 동료의 '포테스타스 인디렉타'(*potestas indirecta*), 곧 '간접적인 권력'에 대해 홉스가 거부한 것을 칭찬한다고 고백했다.

그와 같은 '구분들과 거짓 개념들'은 기만적이었는데, 이것들이 답례로 보호의 책임을 지지 않는 복종을 요구했기 때문이다. 복종을 요구할 권리를 국가에 주는 것은 국가의 보호 제공이다(Schmitt 1950:67; 1996a:52-3; 1996b:71-2, 74, 83, 86).

홉스는 신조의 갈등으로 분열된 시대에 싸우고 있는 신학자들과 종파의 손에서 결정권을 빼앗아 국가에 돌려주었다(Schmitt 1950:66-8).

초기 근대 국가가 영적인 질서에 대한 임무들과 감시를 맡았던 것처럼, 이 일은 이를테면 정당한 전쟁을 결정하는 권리를 빼앗음으로써 신학자들을 무장 해제시켰다(Schmitt 1950:69-70).

> 누가 결정하는가?
> 누가 해석하는가?
> 그들의 창조된 독립성으로 행동하는 인간에게 무엇이 영적이고 무엇이 세속적인지 문제를 누가 결정하는가?
> 또 어떻게 우리가 혼합된 사물과 관계를 갖는가?
> 즉, 주님의 초림과 재림 간의 중간에서 이 영적-세속적, 영적-시간적이라는 이중성을 지닌 인간의 전적으로 지상적인 존재를 결정하는가?
> 이것이 토마스 홉스가 심각하게 고민한 문제다. 나는 이미 1922년의 『정치의 신학』에서 이런 담론을 중심에 놓고 또 결의주의와 행동의 자율성으로 나아갔다 (Schmitt 1970:107).

하인리히 마이어는 홉스에 대한 슈미트의 해석을 그의 연구의 두드러진 특징으로 만들었다(Meier 1998:100-134). 그런데 그의 판단에 슈미트는 자신의 필요에 맞추어 홉스를 왜곡했다.

슈미트는 적어도 전통적인 의미에서 '홉스주의자'가 전혀 아니었다. 그는 포착하기 어렵지만 헌신적인 신자였다. 이 주장은 존경할 만한 자격을 요구한다.

교회의 간접적인 권력에 대한 슈미트의 공격에 당황한 에릭 페터슨(Erik Peterson) 같은 친구들을 포함한 동시대 많은 사상가는 다르게 생각했다.

> 만일 누군가 기독교를 부인하고 이교도를 선택한다면 '간접적인 권력'에 대항하는 논박만이 의미를 갖는다(Nichtweiß 1992:735).

패터슨은 한때 교회의 표상하는 능력에 대해 설득력 있게 썼던 사람의 변절에 특히 실망했을 수도 있다(Nichtweiß 1994:57-8). 간접적 권력을 부인하는 것은 세속화에 대한 치명적인 묵인을 의미했다. 국가의 연합은 교회의 공적(öffentlich) 성격을 희생하면서 얻을 수 없었다.

교회는 옛 시대의 닫힌 세계를 파괴한 새 시대의 종말론적 실재로 나타났다. 하지만 슈미트는 본래의 정치적 연합의 전형적인 유대-기독교의 분열에 대한 『리바이어던』의 비애를 지지한 것으로 보인다(Schmitt 1996b:11). 페터슨이 생각한 그 분열은 예수의 모든 말 속에 근거를 둔다(Nichtweiß 1992:735 n. 118).

슈미트가 『로사리움』에서 홉스에 대해 말한 것은 슈미트 자신에게도 적용할 수 있는 것처럼 보인다. 홉스의 기독교의 한계 영역으로의 이동은 사회적, 정치적 영역에서 그리스도의 효과를 무해게 만들려는 의도로 달성되었다. 즉, 기독교를 무정부화하는 한편 정당한 기능을 배경으로 남겨 두는 것이다(Nichtweiß 1994:46).

4) 교회의 도구화에 대항하여

그러므로 슈미트의 정치신학에 대한 비판 중 대부분 경우는 그가 교회를 다루면서 중점을 두고 있던 부분이었다. 발데마르 구리안(Waldemar Gurian) 같은 맹렬한 비평가들은 슈미트를 프랑스 국수주의이자 반동주의 운동인 '악송 프랑세즈'(Action Francaise)의 창설자 찰스 마우라스(Charles Maurras)의 독일 판보다 나을 것이 없다고 여겼다. 마우라스의 무신론은 그가 열정적으로 가톨릭교회를 지지하는 것을 막을 수 없었다.

구리안은 1926년 페터슨에게 보내는 편지에서 이미 두 사람을 비교했다.

> 마우라스는 슈미트와 매우 유사하다. 그러나 마우라스가 더 훌륭한 것은 그가 가톨릭인 것처럼 보이려고 가장하지 않는다는 것이다!
> 그는 이교도면서 질서를 위한 교회의 버팀목이다!
> 외적인 권위로서의 신학자들에 대한 유사한 불안, 정밀주의와 근면성과 자유로운 생활양식의 유사한 혼합, 유사한 인간 관계. 불가사의하지 않은가!
>
> (Nichtweiß 1992:729 n. 63)

슈미트가 교회 개념을 법률적으로 고정하려는 것은 특별한 문제다.

가톨릭 사회주의자 에른스트 미하엘(Ernst Michel)은 교회를 단순히 정치의 지고한 유형으로 취급하기를 거부했고 사회의 나타나지 않는 부분 대신 말하는 '사랑의 성례'라는 것도 무시했다.

> 만일 교회가 존재한다면, 칼 슈미트가 제시하는 것처럼 … 종교 재판장은 옳고 그리스도는 옳지 않다(Lönne 1994:28).

교회를 주로 '대리' 개념으로 이해하는 것은 교회를 현재 세상의 보호자로 축소시킨다. 즉 교회는 직접적으로 재판관이 되거나, 국가의 정치 형태의 보증인이 된다. 슈미트에게 교회는 '죄의 범람 속에 있는 노아의 방주'처럼 사회적 혼돈과 붕괴에 대항하는 최종적인 보루가 되었다. 이런 현실은 다원주의적이고 세속화된 세계 속에서의 교회의 미래에 대한 그의 절망을 반영한다. 『정치의 개념』이 타락 후 인간 본성을 낙관적으로 묘사한 것은 트렌트 전통과는 모순된다고 공격을 받았다(Wacker 1994a:287-90; 1994c:137).

슈미트가 기독교를 도구화한 것은 바이마르 시대에 교회가 독일 사회를 위해 무엇을 할 수 있는지 강조한 가톨릭에서 흔히 볼 수 있는 변증적 전략의 가장 극단적 예다(Ruster 1994:377-85).

이런 모든 전략은 유용성을 위한 원칙들을 희석시킬 위험이 있었고 이 점에서 슈미트가 선을 넘었다는 사실에는 의심의 여지가 없다. 우리는 정직하지 못함에 대한 구리안의 비난을 거부해야 하지만 슈미트의 종교적 믿음은 정치적 질서와의 관계에서 본질적이기보다는 논쟁적이고 '극작법' 같았다고 생각할 충분한 이유들이 있다.

심지어 전쟁 후 믿음이 회복되었다 해도, 믿음은 여전히 개념 이전에(*avant la lettre*) 만들어졌다(Faber 1994:278; Wacker 1994c:136-7; Lönne 1994:15; Lauermann 1994:300). 그의 많은 친구는 그가 제2차 바티칸의 교회는 제정신이 아니었고 로마가톨릭교회에서 가장 가치가 있는 것을 낭비한 것으로 생각했을 것이라고 여겼다(Wacker 1994a:293).

5) 정치신학과 시대의 징조를 읽어 냄

에릭 페터슨은 마지막 말을 할 자격이 있다. 어떤 기독교적 정치신학의 가능성에 반대하는 페터슨의 주장 중 일부는 아우구스티누스가 카이사레아의 유세비우스 같은 기독교 변증가들을 통해 로마 제국에 전해진 성례의 고색을 제거한 일에 기초한다. 슈미트는 『정치신학 II』에서 이 주장에 대해 반대했다.

왜냐하면, 이 주장은 기독교 평신도들이 정치적 안녕 속에서 하나님의 손길을 볼 권리가 있음을 부정하는 것 같았기 때문이다.

> 교회는 오로지 신학자들로만 구성되어 있지 않다(Scmitt 1970:77).

슈미트는 바티칸과 이탈리아의 정치가이자 총리던 무솔리니의 정부 간의 1929년 라테라노 보고서가 서명되어 승인된 것을 안젤로 론칼리(Angelo Roncalli, 미래의 교황 요한 23세)가 크게 기뻐한 것에 대해 이 세상에서 일하시는 하나님을 보는 것을 기뻐하는 한 가톨릭 교인의 현대적 사례로서 냉소적 태도로 제시한다.

아우구스티누스는 『하나님의 도성』(*De Civitate Dei*) 제3권 30장에서 옥타비아누스 곧 미래의 독재자에게 실수로 지원을 구한 키케로를 경멸하는데, 패터슨은 이를 인용한다. 이에 대해 슈미트는 패터슨을 공격한다. 아우구스티누스는 키케로가 "무엇이 올 것인지에 대해 무지하고 부주의했다"(*caecus atque improvidus futurorum*)라고 말했다(Peterson 1951:90). 슈미트는 이것이 부적절한 사후 도덕화라고 비웃었다. 안토니우스와 카이사르의 조카 사이에 잡혔던 키케로가 어떻게 알 수 있겠으며 또 무슨 선택들을 결정할 수 있겠는가(Scmitt 1970:90-p.1).

슈미트에게 쓴 편지의 긴 후기에서 제이콥 타우베스는 1935년 이후의 페터슨의 말의 정당함과 지혜를 변호했다.

> "무엇이 올 것인지에 대해 무지하고 부주의했다"는 말은 당신을 겨냥한 경고다. 하지만 당신은 그것을 알아차리지 못했다. 당신은 페터슨을 교회로 가는 길로 이끌었는데, 당신에게 페터슨보다 나은 친구는 없었다. "친구의 화살이 만든 상처는 진실하다"라고 어딘가에서 시인은 말한다(Taubes 1987:40).

참고 문헌

Balakrishnan, Gopal (2000). *The Enemy: An Intellectual Portrait of Carl Schmitt*. London and New York: Verso.
Bendersky, Joseph W. (1983). *Carl Schmitt: Theorist for the Reich*. Princeton: Princeton University Press.
Böckenförde, Ernst-Wolfgang (1961). "Der deutsche Katholizismus im Jahre 1933. Eine kritische Betrachtung." *Hochland* 53, 14-39.
Dahlheimer, Manfred (1998). *Carl Schmitt und der deutsche Katholizismus 1888-1936*. Paderborn, Munich, Vienna and Zurich: Ferdinand Schöningh.
Faber, Richard (1994). "Carl Schmitt, der Römer." In Wacker (1994b), 257-78.
Gebhardt, Winfried (1995). "Schmitt, Carl." In *Biographisch-bibliographisches Kirchen-Lexikon*, cols. 486-96. Herzberg: Verlag Traugott Bautz. (Consulted online at http://www.bautz.de/bbkl/s/s1/schmitt_c.shtml.)
Gross, Raphael (2000). *Carl Schmitt und die Juden. Eine deutsche Rechtslehre*. Frankfurt am Main: Suhrkamp.
Huber, Ernst (1988). "Carl Schmitt in der Reichskrise der Weimarer Endzeit." In Quaritsch (1988), 33-50.
Hürten, Heinz (1972). *Waldemar Gurian*. Mainz: Matthias Grünewald.
Koenen, Andreas (1995). *Der Fall Carl Schmitt. Sein Aufstieg zum Kronjuristen des Dritten Reiches*. Darmstadt: Wissenschaftliche Buchgesellschaft.
Lauermann, Manfred (1994). "Carl Schmitt - jenseits biographischer Mode." In Wacker (1994b), 295-319.
Lönne, Karl-Egon (1994). "Carl Schmitt und der Katholizismus der Weimarer Republik." In Wacker (1994b), 11-35.
McCormick, John (1997). *Carl Schmitt's Critique of Liberalism: Against Politics as Technology*. Cambridge: Cambridge University Press.
Mehring, Reinhard (1993). "Vom Umgang mit Carl Schmitt: Zur neueren Literatur." *Geschichte und Gesellschaft* 19, 388-407.
Meier, Heinrich (1991). "Der Philosoph als Feind - zu Carl Schmitts *Glossarium*." Typescript of article published in altered form in *Der Spiegel* 31 (1991), 168-72.
_____.(1995). *Carl Schmitt and Leo Strauss: The Hidden Dialogue*, trans. J. Harvey Lomax. Chicago and London: University of Chicago Press.
_____.(1998). *The Lesson of Carl Schmitt: Four Chapters on the Distinction between Political Theology and Political Philosophy*, trans. Marcus Brainard. Chicago and London: University of Chicago Press.
Nichtweiß, Barbara (1992). *Erik Peterson. Neue Sicht auf Leben und Werk*. Freiburg, Basel and Vienna: Herder.
_____.(1994). "Apokalyptische Verfassungslehren. Carl Schmitt im Horizont der Theologie Erik Petersons." In Wacker (1994b), 37-64.
Noack, Paul (1993). *Carl Schmitt: Eine Biographie*. Berlin: Propyläen.
Peterson, Erik (1951). "Monotheismus als politisches Problem: Ein Beitrag zur Geschichte der politischen Theologie im Imperium Romanum." In *Theologische Traktate*, 45-147. Munich: Kösel.

Quaritsch, Helmut, ed. (1988). *Complexio Oppositorum. Über Carl Schmitt*. Berlin: Duncker & Humblot.

Ruster, Thomas (1994). *Die verlorene Nützlichkeit der Religion. Katholizismus und Moderne in der Weimarer Republik*. Paderborn, Munich, Vienna and Zurich: Ferdinand Schöningh.

Schmitt, Carl (1950). *Ex Captivitate Salus: Erfahrungen der Zeit 1945–47*. Cologne: Greven.

_____.(1970). *Politische Theologie II: Die Legende von der Erledigung jeder Politischen Theologie*. Berlin: Duncker & Humblot.

_____.(1985). *Political Theology: Four Chapters on the Concept of Sovereignty*, trans. and intr. George Schwab. Cambridge, Mass., and London: MIT Press.

_____.(1988). *The Crisis of Parliamentary Democracy*, trans. and intr. Ellen Kennedy. Cambridge, Mass., and London: MIT Press.

_____.(1991). *Glossarium. Aufzeichnungen der Jahre 1947–1951*, ed. Eberhard Freiherr von Medem. Berlin: Duncker & Humblot.

_____.(1996a). *The Concept of the Political*, trans. and intr. George Schwab, foreword Tracy B. Strong. Chicago and London: University of Chicago Press.

_____.(1996b). *The Leviathan in the State Theory of Thomas Hobbes: Meaning and Failure of a Political Symbol*. Foreword and intr. George Schwab, trans. George Schwab and Erna Hilfstein. Westport, Conn., and London: Greenwood.

_____.(1996c). *Roman Catholicism and Political Form*, trans. and intr. Gary Ulmen. Westport, Conn., and London: Greenwood.

Scholder, Klaus (1988). *The Churches and the Third Reich*, 2 vols., trans. John Bowden. Philadelphia: Fortress.

Schwab, George (1989). *The Challenge of the Exception: An Introduction to the Political Ideas of Carl Schmitt from 1921 to 1936*, 2nd edn. Westport, Conn.: Greenwood.

Seubert, Harald (2002). "Eigene Fragen als Gestalt. Zu neuerer Literatur zu Carl Schmitt." http://www.geocities.com/Athens/Forum/7501/ph/hs/e1.html.

Taubes, Jakob (1987). *Ad Carl Schmitt. Gegenstrebige Fügung*. Berlin: Merve.

Tommissen, Piet (1988). "Bausteine zu einer wissenschaftlichen Biographie (Periode: 1888–1933)." In Quaritsch (1988), 71–100.

Wacker, Bernd (1994a). "Carl Schmitts Katholizismus und die katholische Theologie nach 1945." In Wacker (1994b), 279–94.

_____., ed. (1994b). *Die eigentlich katholische Verschärfung . . . : Konfession, Theologie und Politik im Werk Carl Schmitts*. Munich: Wilhelm Fink.

_____.(1994c). "Die Zweideutigkeit der katholischen Verschärfung – Carl Schmitt und Hugo Ball." In Wacker (1994b), 123–46.

제9장

칼 바르트

해돈 윌머(Haddon Willmer)

1. 그의 시대

　칼 바르트(Karl Barth, 1886-1968)는 신학에 바친 놀라운 헌신으로 명성을 얻었다(Barth 1963:61 이하). 바르트는 일생과 오늘날 모두에서 정치신학자는 아니지만, 정치 분야의 신학자로 간주되는 경우가 적지 않다. 이 글은 바르트의 업적을 단편적으로 보는 것에 그칠 수 있다. 그가 정치적 문제들을 다루는 데 있어서 정치가 아닌 문제들에 대해 말했을 수도 있는 것을 추측하지 않고, 시대의 두드러진 질문들에 대답하지 못했다고 비판하거나 변호하지 않을 것이다(Katherine Sonderegger, "Barth and Feminims", in Webster 2000:258-73 참조).

　제1차 세계 대전과 베트남 전쟁 사이의 험난한 반세기, 프라하의 봄, 1968년의 학생 저항 운동은 '한 손에는 신문을, 다른 손에는 성경'을 들고 시대를 살아가던 바르트 같은 사람들에게 근본적 정치문제를 제기했다.

　스위스인 바르트는 자신이 수년 동안 일했던 독일의 친구임을 증명했으며, 전쟁과 평화, 독재와 민주주의, 자본주의와 공산주의, 종교 정치와 정치신학을 경험했다. 끔찍한 전쟁과 사회복지 프로그램은 현대 기술국가의 대규모 실험과 얽혀 있었다.

　어떻게 해서라도 인간화를 실현하는 자유, 일하는 자유, 권리에 대한 의무, 상상에 대한 실용적인 생각, 희망에 대한 절망과 연관된 질서는 필요했다. 사적 관심은 공적 관심과 혼선을 빚었고 언론 통제와 극단적 억압으로 정치적 토론이 행해졌다.

1900년 유럽에서는 영국에서부터 러시아에 이르기까지 인척 관계를 맺기 위해 결혼한 군주들이 세계의 대부분을 지배했다. 1900년대 중반에 이르러 두 절대 권력 영역 사이의 철의 장막은 이런 세계를 허물고 양분했다. 문화, 철학, 수사학에서 하나님은 종종 인간으로 대체되었지만, 실제로 인간 존재는 진보를 선동하는 언어, 인종의 순수한 혈통, 계급 간의 정의, 과학의 능력으로 치장된 흉악한 대량 학살의 권력에 집단적으로 처분되었다.

그러므로 '세계인권선언'(1948)이 필요했고, 야만성이 지속되는 세상에서 희망의 순간이 꺼질 것 같아도 인류의 양심에 분노를 일으킨 야만적인 행동에 대응해야 한다고 생각했다. 제도화된 정치적 양심만으로는 그런 야만적인 행동을 효과적으로 근절할 수 없었다. 정치사를 통해 유럽은 지옥 바닥으로 내려간 상태기에 정치를 재건하려고 노력하고 있었다.

바르트는 자신의 시대와 장소에 활발하게 살며 존재했기 때문에 여전히 우리에게 유익하게 말한다. 왜냐하면, 그는 하나님을 믿는 믿음의 온건한 현실주의와 신명나는 희망 속에서, 되풀이해 발생하는 기본적인 문제들을 해결하려 노력했기 때문이다. 그는 다음과 같은 질문을 한다.

> 국가는 무엇이고, 무엇을 위해 존재하며, 왜 필요했는가?
> 국가의 남용은 어떻게 억제되었는가?
> 국가를 정당화한 것은 무엇인가?
> 인간 존재의 가치는 무엇이었는가?
> 인권의 근거와 내용은 무엇이고 권력이 인간 존재를 너무 쉽게 멸시하고 제거할 때는 언제인가?
> 우리는 인간에 대한 희망을 어떻게 지속할 수 있고 인본주의와 이것의 가치들에 어떤 긍정적인 의미를 부여했는가?
> 언제 인간은 스스로 불신하는가?

바르트의 생애에서 민주주의란 존중할 만한 합의가 아니라 경쟁적인 선택이었다. 히틀러는 독일 안팎으로 유명세를 탔다. 그가 쇠약하고 우유부단한 민주주의보다 나은 사회를 주문하는 것처럼 보였기 때문이다. 수많은 사람은 심지어 스탈린 시대에도 공산주의에 대해 평가하기를, 공산주의는 공산주의의 명백한 대가에 속하는 다원적인 선거 정치와 자유를 상실할 만한 가치가 있다고 했다. 민주주의가 그 실행에 있어 여전히 의심스럽고 의문이 들지라도 지금 민주주의를 쉽게 자명한 것으로 수용하는 우리에게, 그 시기는 교훈을 준다. 우리는 바르트의 방법을 주의해 다시 살펴볼 때, 우리가 실제로 더듬거리며 모호하게 답변하는 문제에 대해 씨름할 수 있다. 비록 우리가 이런 문제들을 제쳐 둔 것처럼 말할지라도 말이다. 바르트는 자신의 시대를 통해 신학적으로 살았고, 진정한 정치신학을 자극했기에 우리에게 도움을 준다.

2. 신학과 정치

바르트는 오직 신학을 통해서만 정치적이 되겠다는 결심을 명확히 했고, 또한 신학자인 것이 자신에게 정치에 제공할 독특하고 유용한 것을 준다고 주장하면서 이 사실이 자신이 신학을 하는 이유는 아니긴 하다고 말했다(Barth 1939:82). 오직 하나님의 말씀에 순종할 때 신학은 진리가 된다.

바르트는 1933년 정치적 입장을 취해 히틀러의 새로운 제국에 대응해야 하는 요구를 받았다. 이때 그는 불확실한 상황임에도 본 대학교 학생들과 함께 마치 아무 일도 일어나지 않은 것처럼, 신학만을 계속 하겠다고 선언했다(Barth 1984:26).

이 말은 무책임하게 정치를 회피했던 그를 책망하기 위해(Barth 1954:113), 또 그의 『로마서 강해』에서 파생된 잘못된 판단과 그가 1920년대 취하던 방식을 확인하기 위해 종종 인용되어 왔다. '전적 타자'(totally other)로서의 하나님에 대한 그의 경향은 잠재되어 있는 인간성에 대해 무관심하게 만들었다(Barth 1967:33).

다른 한편에서 바르트는 성실하고 신중하게 신학을 행하는 일이 간접적이기는 해도 정치에 실제적이고 결정적인 공헌을 할 수 있다고 언제나 주장했다. 그는 1920대 후반의 정치적 상황에 너무 느리게 반응했지만, 신학이 그와 같은 상황을 말하기 위해 제공되거나 정치화되어서는 안 된다고 시인했다. 그의 비평가들이 정치적 현실주의를 요구했을 때 바르트는 그리스도 안에 계신 하나님은 실재의 근원이자 척도시다는 사실을 이들에게 상기시켰다.

1920년대 후반부터 바르트는 교의학이 자유로운 학문은 아니지만(대학 교육에 대한 전통적 인식이다), "교의학은 교회 영역에 묶여 오직 그곳에서만 의미가 있는"(Barth 1932:ix) 학문이라는 사실을 분명히 했다. 바르트는 세속적 질서가 가치 있는 것으로 여겼고, 이 근거 위에서 학문적 및 다른 자유들이 방해받는 것에 저항했다.

하지만 나치가 독일 사회의 모든 부분을 전체주의 기획 속으로 강요한 합병에 대한 그의 궁극적인 '신학적' 반대는 신학이 히틀러나 국민, 또는 유사한 인간 권위에게가 아니라 오직 참되신 주님에게만 전적으로 헌신하는 것에 근거했다(우리가 인간에 대해 큰 소리로 말한다고 해도 그것이 하나님에 대해 말하는 것은 아니다). 자유는 외적인 강제에서부터 오지 않으며, 자기 결단으로 오는 것이 아니라, 자유의 주님을 섬기는 자유를 뜻한다(Barth 1971:68).

교회의 신학을 세우기 위해 바르트는 신학이라는 학문을 배우지 않은 교회 지도자들의 통제를 받을 필요가 없다고 생각했다. 그러나 바르트는 신학자들에게 타성에 젖은 지성인이 되기보다는 하나님에게 충성스럽게 순종하는 공동체의 구성원으로서 일해야 한다고 주장했다. 교회를 더 신중하게 취급하는 것은 교회를 세우고 진지한 세속 정치에 교회가 맞추어 가는 한편, 종교적 정치나 정치적 종교로부터 교회를 살려야 한다는 어떤 헌신을 암시하는 것이었다(Burleigh 2000:4-14).

바르트는 타당한 신학이 결여된 많은 설교자와 헌신된 사람들이 여전히 자기들의 북유럽 혈통과 자기들의 총통(Führer)에게 도취감에 빠져 있는 상태에서 정치와 종교의 사변적 통찰을 찾으려고 한다는 사실에 분개하면서 『교회 교의학』(*Church Domatics*) 13권 중 첫 권을 소개했다(1932:xi).

바르트는 주로 스위스와 독일에서 생애를 보냈다. 스위스와 독일 두 나라는 어떤 점에서 기독교 국가가 되기를 원했고, 그래서 이 국가들은 교회를 공적 단체로 승인했다. 공기관인 대학교들 안에서 신학은 지적으로 활발했고 때로는 대립이 되기는 했지만, 교회와는 밀접한 관계를 유지하는 인기 있는 학문이었다. 기독교 국가도 삐걱거리기는 하지만 완전히 붕괴되지는 않았다.

바르트의 생애를 통해 교회가 지속되는 동안, 더러는 애매한 상황 가운데 전통이 제공하는 것을 이용하면서 편안한 상태에 빠진 채로 단순히 헤어나지 못하고 있었다. 더러는 교회가 공격을 받고 사라질 위험에서도 사회적이고 문화적 상속으로서의 가치를 중요하게 여겼다. 그래서 이들은 교회의 회복을 위해 투쟁했다.

바르트는 역사적으로 과거에서 배우고 평가하더라도 도발적인 다른 입장을 취했다. 교회는 교회의 과거에 의존할 수 없었지만, 하나님의 '살아 있는' 말씀을 '현재' 들음으로써 교회는 존속한다. 교회의 투쟁에서 어떤 사람들은 16세기 신앙고백서를 참된 교회의 기준으로 고집하기도 했다. 그러나 바르트는 고백적인 교회보다는 고백하는 교회, 곧 '고백 교회'(Bekennende Kirche)로서 언제나 새롭게 참된 존재가 주어지는 교회를 위해 투쟁했다.

"오늘날 예수 그리스도는 우리에게 누구인가?"

본 회퍼의 이 유명한 물음은 또한, 바르트의 물음이기도 했다. 바르트는 계승된 신앙 고백서를 존중했고 이 고백서를 강의하기도 했다. 하지만 지금의 현실적 신앙에 대해 말하지 않고 과거의 고백서를 인용한다는 것은 단지 활기 없는 것이 아니라 죽은 것이나 다름없었다.

교회의 정치적 과제는 기독교 세계를 강화하는 것이 아니었다. 바르트는 기독교의 역사적 실행이 불완전하다는 것을 깨달았다. 사회주의자들은 빈곤의 불의를 인식하고 분석하고 공격하는 데 대부분 교회보다 정확하고 빨랐다. 교회는 섬김의 자유를 보여 주기보다는 전통주의의 계급적이고 위계적 사회들 속에 있는 특권을 주장해 왔다.

1945년 이후에는 바르트도 자기의 체코 동료 후로마드카(J. Hromadka)와 마찬가지로 그리스도인들이 역사적으로 참회하면서 공산주의의 수용을 용인해야 한다고 생각했다(West 1958:73, 252). 갱신은 발전적 운동 이상이었고 회개와 새로운 창조를 요구했다.

3. 하나님의 자유: 하나님은 하나님이 되게 하고 세상은 세상이 되게 하라

바르트의 신학적 전략은 성경에 증언된 것처럼 하나님의 말씀이신 그리스도를 통해 계시된 하나님 자신의 방식으로 하나님이 되시려는 하나님의 무한한 자유 위에 기초한다. 이것은 하나님이 어떤 것에도 제한받거나 구애받지 않으시며, 종교, 철학, 문화 혹은 사회와 같은 어떤 형태에서도 아무리 강한 자나 그리스도인이라고 해도 의존하지 않으신다는 것을 의미한다.

기독교의 하나님은 피조물의 유일한 주님으로서 창조의 근본적 '세속성'을 확고히 하신다. 이것은 어떤 것도 하나님과 동일시될 수 없으며, 기능상 하나님으로 섬김을 받을 수 없으며, 그의 권위를 찬탈할 수 없으며, 인간의 신뢰와 주의와 호소의 초점이 되지도 않는다는 뜻이다. 그러나 바르트는 결코 세계를 정죄하거나 멸시하려는 의미로 세속성을 사용하지 않았다.

바르트는 신을 믿지 않는 세속성에 직면해 종교를 염려하는 보호자가 아니었다. 세상의 모든 것, 인간까지도 피조물에 지나지 않지만 하나님의 뜻대로 택하시고 창조하신 피조물이다. 바르트는 묻는다.

"왜 피조물은 하나님과 진정한 동반자가 되기 위해 동분서주하는가?"

우리 삶의 한계는 단지 유한성이 아니며, 우상 숭배 금지도 아니다. 우리 삶의 제한은 우리에게 (피조물로서) 인간이 되라는 하나님의 적극적인 명령이나 허용인 것이다. 세상에 대한 이런 신학적 이해는 세속화 운동들에 대한 단순한 거부 또는 승인을 막는다.

이런 이해는 우리가 복잡한 세상을 어떻게 살아야 하는지를 보여 준다. 피조물의 진정한 세속성을 존중하고 반영하는 한, 이 운동들과 함께 일하고 또 이 운동들이 인간과 신의 사회정치적 융합이라는 흔한 기독교화 오류를 공유하는 한 이 운동들을 거부해야 한다는 것이다.

4. 구별성과 연관성

이런 종류의 신학은 이중적 운동, 즉 하나님과 인간(모든 피조물과 더불어) 사이를 구별하는 것과 이 사이를 '연관 짓는 것'을 내포한다. 이 차이점은 서로 대립하는 하나님과 인간이 분리되어 있다는 것과, 하나님과 인간이 동일하다는 것 두 가지 가운데 하나를 선택한 결과다. 따라서 이 둘은 호환적으로 취급될 수 있다. 초기 바르트조차 연관성을 주장하지 않고 구별만을 주장한 것처럼 해석하는 것은 실수다.

구별성과 연관성 그리고 이 둘을 같이 주장하는 것은 바르트 신학을 근본적으로 묘사하는 것이었다. 이런 주장은 그로 하여금 여러 가지 개념을 다루게 했고, 바르트를 읽는 것이 흥미로운 많은 이유 중 하나다. 마치 하나님의 타자성은 하나님이 알려지지 않았고 알 수 없으며 또 도달할 수도 없다는 뜻이기도 한 것처럼, 구별성은 인간의 지식에 한계가 있다는 견해에서 유추되는 것이 아니다. 인간의 무지는 하나님의 초월성의 근거가 되거나 도움이 되지 못한다.

바르트는 하나님의 계시의 필연성을 주장했다. 하나님은 계시를 통해 자기 자신을 알리시는 동시에 자신의 존재의 자유와 신비를 지키신다. 하나님은 자기의 임재와 활동을 통해 자기의 초월성을 주장하신다. 하나님의 타자성은 양보될 수 없다. 왜냐하면, 인간의 인식이나 행동은 하나님을 흡수하지 못하며 따라서 하나님의 인간화를 야기할 수 없기 때문이다. 오히려 하나님의 타자성은 그의 자유 속에서 하나님이 말씀하고 실현하시는 것이다.

하나님은 하나님이 되심으로써 자연이든, 그의 자리를 침범하는 세력이든, 인간의 가식이든, 하나님과 혼동되는 모든 것에서 구별하신다. 하나님의 자유는 하나님의 반인간성(antihumanity)은 말할 것도 없고 비인간성(nonhumanity)도 아니다. 하나님의 존재가 인간을 위해 구체화되는 것은 하나님의 자유다. 따라서 이 같은 구별은 마치 하나님의 구별됨이 그의 비인간성이기라도 한 것처럼 어떤 연관성과 결코 떼어내 생각할 수 없다.

바르트는 그리스도 안에 있는 하나님은 창조 속에 있는 자신의 전체 계획의 내적 역사 가운데, 자신의 자유로 언약 상대자인 인간 존재와 함께 있고 이들을 위한 하나님이기를 택하셨다고 주장했다. 그는 이렇게 주장하면서 기독교의 중심적 교의를 따르고 기반으로 삼았다. 바르트는 하나님과 인간의 연합이 당연하거나 필연적인 실재라는 어떤 암시에서 칼케돈 식의 기독론을 해방시킨다. 하나님이 어떤 하나님이 될 것인지 선택하시는 것은 자유로우신 하나님 자신의 행동에 달려 있다.

결과적으로 우리는 그리스도 안에 계신 하나님을 그가 자신을 내어 주신 사실을 그의 말씀을 통해 즉각 받아들일 때만 인식한다. 하나님의 음성은 역사의 한 순간의 의미를 느낄 때 들리는 것이 아니다.

E. 허쉬와 다른 사람들이 말했듯이, 하나님의 음성은 1933년 '독일인의 시간'(German hour, 1933년 히틀러는 수상에 오르며 바이마르 공화국이 붕괴되고 나치 독일이 세워진다-역주)에서 들린 히틀러의 음성일 수 없다. 하나님은 항상 어느 기록된 기억과도 연결되지 않은 새로운 것을 행함으로써 우리를 놀라게 하시는 유일한 말씀, 곧 살아 계신 주 예수 그리스도 안에서 말씀하신다(Barth 1965L 30-2). 하나님은 역사의 특정 부분에서 인간화하신 것이 아니다. 이는 하나님이 모든 것의 주님이시기 때문이다(Barth 1933:79, 378 이하).

5. 두 핵심 본문

바르트의 정치신학은 로마서에 대한 초기 주석에서부터 사후 출판된 『그리스도인의 삶』(The Christian Life)에 이르기까지 그가 쓴 거의 모든 것에서 탐구될 수 있다. 몇몇 본문에서는 다른 어떤 본문들보다 직접적이거나 구체적 상황을 보여 주지만, 모든 본문을 통해 알 수 있는 일관된 신학적 이해는 명백하다.

여기서는 제한된 공간이 허용하는 한에서 가장 두드러진 두 본문만을 고려할 것이다.

1) 바르멘 신학 선언문(1934)

바르트는 히틀러에 의해 조성되고 상징화된 위기 때문에 유명하고 영향력 있는 정치신학자가 되었다. 그는 이 같은 경우에 준비되어 있었는데, 1933년이 되면서 그의 신학적 연구, 기술, 방향이 방대해지고 완숙해졌기 때문이다. 그는 교회 행정에 얽매이지 않는 동안 엄청난 열정, 인격적인 매력이 있었고, 잘 알려진 교의신학자로서의 두각을 드러냈다. 바르트는 성급하지도 단순하지도 않았고, 사회 민주주의와 심지어 중도적 민족주의를 선호하면서도 나치주의에 저항하는 분명한 정치적 평가를 내렸다.

바르트는 1934년 5월 29-31일 개최된 바르멘 회의에서 수개월에 걸친 준비 작업을 하고 최종 선언문을 작성함으로써 주된 영향력을 가진 인물이 되었다(Nicholaisen 1985; Barth 1971:72). 지루하고 복잡한 교회 정치에 대해 그는 신학적 쟁점들을 변별하고 또렷하게 발언하기 시작했다. 그래서 하나님의 말씀의 명령과 위로는 섬김과 증언 및 정치적 조명의 길을 열었다.

교회의 상황은 교회와 정치적 운동의 잘못된 연관성, 하나님을 믿는 믿음과 국가의 일원이 되는 것과의 잘못된 연관성에 대해 '아니오'라고 말하면서 경계를 짓는 '구별성'을 요구했다. '아니오'는 참된 연관성을 만드는 '그렇다'의 긍정을 위한 여지를 지워 버렸다.

독일 그리스도인들은 그 시대의 살아 있는 메시아와 같이 독일에 구원을 가져다주는 것처럼 히틀러를 오늘날 살아 계신 하나님의 대리자로 찬양했다. 이들은 개신교회들이 분리주의 교회의 태도나 신학적 양심의 가책으로 되돌아서는 것을 허용하지 않으면서 히틀러의 지도력 아래 국가적 발흥에 협조할 것을 요구했다.

독일 그리스도인들은 교회를 교리와 실천 속으로 동화화도록 몰아붙이기 위해, 나치의 명령에 위헌적인 세력인 여러 지역 교회를 통제했다. 나치의 명령에 대응하기 위해 모인 바르멘 회의는 기본적으로 고백하는 교회가 저항하려고 결집한 모임이었다. 이 저항의 근거들과 적극적인 헌신은 신학적 선언에 분명히 열거되었다.

바르멘은 비록 시대착오적으로 요구받는 것이 있을지라도, 바이마르의 전복된, 불완전한 자유 민주주의를 변호하기 위해, 정치적 당파들을 변호하기 위해, 유대인과 소수자들의 권리를 위해, 히틀러를 정치적으로 명백하게 반대하지는 않았다. 바르트는 나중에 자책했다. 이는 그가 유대인들에 대한 하나님의 파기할 수 없는 선택의 정치적 함의와, 예수를 주로서 고백함이 반유대주의와 양립할 수 없음을 일찍이 충분하게 이해하지 못했기 때문이었다.

그렇지만 바르트는 정치를 피하기 위해서가 아니라 교회를 통한 정치적 행동의 주요한 진입점으로서 독일 그리스도인들의 이단성을 공격했다. 이렇다면, 1933-4년 있은 교회의 정치적 행동에 대한 비판은 비신학적인 분석으로 작업한 것에서 실패한 것이 아니라 이 같은 신학적 개방성을 경험함으로서 달성된 것에 좌우된 것이 분명하다.

1945년 이후, 공산주의 영토와 나치 독일에서 바르트는 교회가 교회로 존재하도록 목회적으로 도우면서 신학자로서는 정치적 쟁점을 일관적으로 다루었다. 그래서 교회는 예수 그리스도의 예언적 증언자가 될 수 있었다. 위협과 핍박으로 고통당하는 교회는 교회의 유산을 쉽게 변론하지 못할 수 있었다.

바르트는 교회를 정체성 상실에서 구원하기 위해 일했는데, 이는 종교의 자유에 대한 보편적인 정치적 권리에 대한 교회의 몫을 보호함으로써가 아니라 교회가 하나님의 말씀에 충실하도록 부름으로써 그리했다. 하나님을 믿는 믿음에 더 순응하는 것은 어떠한 적들을 방어하고 두렵게 공격하는 것보다 낫다. 이는 하나님이 명령하신 것을 기쁨으로 분별하고 행동하는 일이기 때문이다. 따라서 그리스도인들은 자기들의 자유와 확신인 하나님의 자유를 증언하고 이 자유 안에서 일했다.

민감하고 작은 분량으로 구성된 선언문의 여섯 항목들이 있다.

첫째, 교회는 하나님의 유일하신 말씀인 예수 그리스도(다른 음성은 없다)를 듣고 순종하는 데 정체성이 있어야 한다. 바르트가 다른 곳에서 주장했듯이, 교회의 현존은 본질적으로 신학적이고, 신학은 지성인들의 주변적 파당에 속하지 않는다. 하지만 신학은 교회의 중심적 활동이었다. 신학은 하나님의 말씀에서 유래하기 때문이다.

둘째, 예수 그리스도는 죄 사함에 대한 확신을 핵심으로 하는 위안을 제공할 뿐 아니라 삶 전체에 하나님의 능력을 요구한다. 바르트의 정치신학이 항상 목회 신학적이었음에도 그의 목회적 실천은 동정적이라기보다 도전적이었다. 하지만 그의 목회는 사람들에게 책임과, 세상에서 하나님을 섬길 것을 요구하고, 하나님의 실재와 유비되는 인간성을 향하게 하는 것이었다. 하나님의 말씀은 이 세상에 있는 경건하지 않은 속박에서 우리를 해방해 자기의 피조물을 감사하며 자유롭게 섬기게 하신다. 교회에 대한 이런 요구는 하나님에게 완전히 충성하기 위해 주어지기 때문에 하나님의 창조를 통해 섬기게 된다.

교회는 교회다워야 한다. 그러나 어떤 독단적인 방식으로 자기를 위해 또는 자체로만 존재하지 않아야 한다. 경건하지 않는 세상의 문화적 형태들이 있을 것이지만, 이런 문화적 형태들은 진짜 세상이 아니다. 진정한 세상은 하나님이 창조하고 유지하고자 뜻하시는 것이고, 어떤 경쟁 상대에 복종하는 것을 거부하기 때문이다.

하나님의 세계는 마귀나 히틀러, 혹은 다른 어떤 단체나 조직에, 곧 이들의 권력이 물리적이든 정신적이든 이런 것들의 손에 내맡겨질 수 없다. 바르트는 이 해방을 사상가와 저술가로서 증언했고 누렸다. 즉 그는 이미 불신되었고 스스로 진실성을 잃게 하며 그리고 하나님을 통해 그리스도 안에서 극복되는 이 세상의 권력들에 대해 말했다(Barth 1939).

셋째, 예수 그리스도가 함께 계신 주님으로 활동하는 곳이 교회기 때문에 교회의 설교나 조직은 현재 우세한 정치적 개념들에 맞춰져서는 안 된다.

넷째, 명령하는 지도자들을 교회 행정의 원칙이나 모델로서는 계속 거부한다. 교회의 지도자들은 교회 위에 있지 않으며, 함께 하나님을 섬기는 일을 맡은 형제들을 조직적으로 돌볼 책임이 있는 구성원이다.

이런 네 항목은 교회의 정치적 책임에 초점을 맞춘 바르멘 선언의 다섯 번째 항목의 단순한 서문에 해당하는 것이 아니라 통제하는 본문이다(Jüngel 1992). 국가와 교회는 각각 특정 임무와 함께 신적 권위를 통해 존재한다. 국가는 아직도 구원받지 않은 세계에서(여기에 교회도 서 있다) 인간의 통찰과 능력에 따라, 위협과 힘 사용을 통해 정의와 평화를 돌보아야 한다. 이것은 하나님이 자기 나라에서는 부드러운 영적(이고 효력이 없는) 질서를 실행하는 동시에, 마치 "힘이 정의이다"라는 나라를 가진 것처럼 정치적 질서를 악마의 자치권에 맡기는 왜곡된 두 왕국 교리(Doctrine of Two Kingdom)가 아니다. 여기의 두 왕국은 유일하신 하나님이 유일한 인간 세계를 통치하시는 두 개의 상호 보완 도구들이다.

다섯째, 힘은 평화와 정의를 위해 일하도록 사람들에게 요구하고 또 이렇게 하게 함으로 하나님을 섬기게 한다. '전쟁과 불의'의 히틀러 정책들에 반대하며 비판하는 중요한 문서는 애석하게도 제한된 범위지만, 1945년 슈튜트가르트 선언에서 현저하게 인정된 대로 당시 몇몇 사람을 통해 승인되었다(Brakelmann 1985; Barnett 1992).

여섯째, 교회는 원칙적으로 국가를 전복하거나 붕괴하려는 목적을 지향하는 것은 아니다. 교회는 하나님의 질서 속에서 그 역할을 존중하고 국가에 대해 하나님에게 감사하도록 부름을 받고 있다. 교회는 힘을 사용하지 않는다.

교회는 하나님이 모든 것을 수행하시는 말씀의 힘을 자신을 위해 신뢰한다. 교회는 하나님 나라(하나님의 통치)를 떠올리고, 집권자들과 통치를 받는 사람에게 책임을 다하기 위해 국가에 대한 특정한 사역이 있다. 하나님 나라의 온전한 정치적 사회를 상기시키는 섬김은 교회와 국가 사이에 또 심지어 하나님의 뜻과 현재 구원받지 않은 상태에 있는 세상 사이에 하나님의 말씀이 만드는 '구별'을 인식한다. 그렇지만 교회는 연결하고 소통하며 주장하고 호소하는 활동 그 자체다.

교회는 열정을 다해 사회에 참여함으로써 평화로운 정책들을 고무할 것이다. 교회는 기도와 예배로 하나님의 온전한 말씀을 증언하고, 정치적 사람들에게 직접적인 말로 정치적 토론을 불러 일으켜야 한다. 교회가 국가를 당황스럽게 하고 국가를 불편해 하는 것에 대해 공적으로 말하지 못할 것은 아무것도 없다. 교회를 제한하는 것은 교회가 힘이 부족하기 때문만이 아니라 모든 정치적 공헌이 하나님과 하나님 나라를 섬기는 참된 증언이기 때문이다.

그래서 적어도 교회와 국가의 관계는 울타리의 다른 쪽에서의 불법 침입을 방지하기 위해 분리를 감시함으로써 올바르게 질서화되는 것이 아니라, 다른 쪽의 의무를 이해하고 존경하는 것을 요구하는 것이다. 이럴 때 국가와 교회는 다 같이 한 주님을 섬기기 위해 벌어진 간격을 연결하는 타당한 협력자가 될 수 있다(Barth 1939:16).

2) 기독교 공동체와 시민 공동체

1946년의 "기독교 공동체와 시민 공동체"(Barth 1954)라는 영향력 있는 글은 나치 시대와 전쟁을 통해 신앙과 정치에 대한 바르트의 중심적 생각을 보여 준다. 이 글은 변화된 상황을 반영하고 있다. 1945년 이후, 관심의 초점은 정치적 종교의 유혹에서 교회를 건지는 것, 혹은 필연적 전쟁을 정당화하고 싸우는 것에 덜 집중되었고, 비인간화로 인한 황폐함에서 효율적인 인간 사회를 건설하는 것으로 많이 집중되었다.

1934년 이래, 바르트는 바르멘 선언이 취할 올바른 입장이라고 주장하는 데만 많은 시간을 보내지 않았다. 오히려 하나님의 말씀은 특정한 길을 열어 주었고, 신실하다는 것은 하나님의 말씀이 보여 주는 길을 따라 앞으로 나아가야 한다는 것을 의미했다. 1946년 글은 걸어갔던 그 길 위에 보이는 이정표다.

바르멘 선언문은 두 방식으로 읽힐 수 있다.

첫째, 교회와 국가 두 영역이 가장 중요하다는 것이다. 바르멘 선언의 다섯 번째 조항은 바르멘 선언의 첫 번째 조항을 능가한다.

둘째, 예수 그리스도가 유일한 주이심이 교회와 국가를 포함한다는 것이다. 바르멘 선언의 첫 번째 조항은 바르멘 선언의 다섯 번째 조항의 의미를 규정한다. 이 두 번째 방식이 더 면밀히 바르트 자신의 1934년 의도를 반영할 것이며, 확실히 1934년 이후 그의 생각의 방향과 일치한다. 중요하게도 기독교 공동체와 시민 공동체들이라는 새로운 이름이 붙여진 교회와 국가는 여전히 체계적으로 구분된다. 신학적으로 교회와 국가 간의 피할 수 없는 연관성은 이제, 합법적으로 정의된 기관들로서의 교회와 국가의 전통적인 계급적 체계와 경쟁적인 대치로가 아니라, 다원주의적 유동성 및 정치의 실험과 어울리는 방식으로 설명된다.

바르트는 자신의 주장에 도식적 단서를 제시한다. 하나님은 두 동심원의 중심이시다. 기독교 공동체는 안의 원이고 시민 공동체는 밖의 원이다. 그래서 여기에는 하나님의 뜻과 관심 밖에 놓인 시민 공동체가 있을 수 없다. 시민 공동체도 동일한 중심, 근원, 집권자, 목표를 가지고 있다.

교회와 국가의 차이는 교회가 하나님에게 속해 있고, 국가는 스스로에게 속해 있거나 아니면 마귀에게 속해 있다는 것이 아니다. 교회는 하나님의 계시를 통해 하나님을 주님으로 인식하기 때문에 의식적으로 순종하고 증언하지만 교회는 이를 모른다는 점이다. 실로 국가는 필연적으로 다원적, 관용적, 포괄적 공동체로서 하나님의 말씀 속에 현존하는 하나님을 알지 못한다.

그럼에도 불구하고, 국가는 하나님에게 속해 있다. 하나님은 자기의 섭리로 악에서도 선을 가져오시는 분이다. 그러므로 하나님 아래서는 정치의 경험에 대한 배움이 있다. 비록 자연법에 대한 정의들이 기껏해야 결정적이지 않을지라도, 이 정의들은 국가의 열악한 상태에서 나은 상태로 나아가도록 사람들에게 반복해 요구한다(Barth 1954:28).

6. 하나님 나라의 비유로서의 정치

교회는 자체의 방식으로 하나님의 말씀에 대한 지식으로 국가를 나은 형태로 만들기 위해 일한다. 바르멘의 다섯 번째 조항에 나오는 한 마디 "생각나는 것"은 이제 정치적 상상, 제안, 참여의 거대한 나무로 자랐다. 교회와 국가 사이에는 단순하고 절대적인 동일성만큼이나 단순하고 절대적인 이질성도 불가능하다.

그래서 거기에는 유일한 가능성이 남는다.

> 국가의 현존은 교회가 가르치고 믿고 있는 하나님 나라에 대한 상징이자 대응이며 비유다(Barth 1954:32; O'Donovan 1996:213-214).

바르트는 자기의 가장 오래된 작품인 『로마서 주석』에서 정치를 비유의 일종으로 다루었다. 그는 역사적 행동을 하나님 나라의 실재를 향한 몸짓으로 이해했다. 하나님과의 관계에 있는 인간 행동은 놀이와 같다(축구에서 우리가 알 수 있듯이 놀이는 단지 놀이일 뿐이라도 매우 진지하다. 호루라기를 불어 끝날 때까지 진지하게 노는 것이 좋은 놀이다).

바르트는 1917년 레닌혁명에 매료되었지만, 레닌혁명이 하나님 나라를 실현하는 것으로는 기대하지 않았다. 레닌혁명의 관점에서 하나님은 위대한 훼방꾼과 같다. 하나님의 새로운 창조야말로 완전하고 참된 혁명이다. 정치적 혁명가는 하나님이 현존하는 질서를 지키시기를 잘못 기대하는 반동자보다 하나님에게 정말로 더 가까이 다가간다. 그러나 혁명가가 달성한 어떤 변화도 하나님의 혁명의 제한된 유비 이상일 수 없다. 따라서 유비는 하나님 나라를 구별하는 동시에 연결하기도 한다. 유비는 실험과 경험, 추구와 배움, 순종과 불순종, 증언과 보지 못함, 믿음과 거부 같은 인간 행동이 요청되며 의미가 있는 공간을 보여 준다.

1946년 바르트는 시민 공동체의 외적이고, 상대적이며 예시적 현존 속에서 하나님 나라의 열두 비유를 발견했다. 이 비유들을 해석하는 것은 모든 면에서 기독교적이고 영적이며 예언적 지식을 요구했다. 어떤 것은 그의 작품에서 더 일찍 중요했다. 곧 신적 정당성과 모든 국가를 위한 동일한 보호를 제공하는 공통적으로 인식된 법의 관계는 『정의와 변론』(Recht und Rechtferigung)에서 전개되었다(1937; 영어본 Barth 1939). 더러는 그의 후기 신학에 있는 확장된 해설을 미리 암시했다.

1946년 비유들 중 첫 번째는 자비롭고 영원하신 하나님이 스스로 인간의 이웃으로 증명되신 것처럼, 그래서 정치에서 교회는 추상적인 근거나 이념이 아니라 항상 인간 존재에 대한 관심을 가져야 한다고 진술한다. 이 주제는 『하나님의 인성』에서 취급되었고, 1945년에서 1959년에 걸쳐서 쓴 『교회 교의학』 선택에 관한 제2권부터 제3권(창조)과 제4권(화해)에 요약되어 있다. 원인과 보편성보다 구체적 인격들을 우선시하는 것은 『그리스도인의 삶』에서 다시 설득력 있게 논증되었다(Barth 1991a:203, 267).

바르트가 나치주의에 반대했던 것처럼, 나치주의와 공산주의는 본질적으로 전체주의의 비인간적, 반그리스도적 악의 현상이었기 때문에 에밀 브루너(Emil Brunner)가 1948년 공산주의를 포기해야 한다고 바르트에게 도전했을 때, 바르트는 사회 체제들에 대한 이념적 언어를 그가 신학적으로 의심한 근거를 포함해 여러 복잡한 이유로 거절했다.

이는 이념적 언어가 '사람들'을 격려하고 존중하고 이들에게 반응하는 자유를 그 사용자들에게서 박탈했기 때문이다. 모든 사람에게 접근하면서 자신을 이웃으로 입증하시는 하나님은 바르트가 바울에게서 가져온 어구 속에 명백하게 나타났는데(롬 5장), 그리스도는 경건하지 않은 사람들에게 대항하기 위해서가 아니라 이들을 위해 죽으셨다는 것이다(Barth 1981a:203 210, 267; Willmer 1990).

바르트는 기독교 신앙을 공산주의를 완전히 반대하기 위한 칼로 바꾸어 버리는 신학적 냉전주의자가 될 수 없었다. 하나님과 인간의 유비를 능가하는 근본은 『교회 교의학』의 깊은 구조 속에 제시되었다. 예수의 이야기는 인간의 화목이 이미 완성된 인간의 이야기다. 그래서 바르멘 조항 1과 조항 2는 "그리스도 안에 계신 하나님은 인간에 대한 그의 본래적 요구를 설정하고 확증하셨으며, 그래서 죄와 죽음에 대항하는 인간의 요구가 뒤따랐다"(Barth 1954:35)라는 것을 반영한다. 예수 그리스도는 하나님에게 선택되고 거절되었던 인간이다. 역사에서 사람들에게 발생한 모든 것은 하나님이 예수와 함께, 인류 안에서 그리고 인류를 위해 노력과 승리로써 개선하심을 통해 이미 경험하신 것의 범위에서 벗어나지 않는다. 이것이 바르트의 인간 이해에 대한 기초다.

바르트의 인간 이해는 서로 멀리하고 대항해 그 자신의 동일성 속에 고립되어 있는 분리된 개인들을 확증하는 것이 아니라, 모든 인간을 대표하는 예수를 입증하는 것이다(Sölle 1967). 바르트의 인간관은 하나님의 적들과 믿지 않는 자들을 포함해 자신을 모든 사람의 하나님이 되도록 선택하시는 하나님 안에 있는 행복한 확신이다. 이는 하나님의 실재가 인간의 믿음과 불신을 초월하기 때문이다.

바르트는 자기의 신학이 보편 구원을 암시한다는 의심을 샀다. 그는 그리스도 안에 계시는 하나님의 존재가 보편주의 위험성에 우리를 밀어 넣지는 않는지 생각해 보라고 사람들을 초대해 이 문제에 답했다. 그래서 이 문제를 교리로 확증할 수 없을지라도 비정통이라고 낙인을 찍는 것은 지혜롭지 못하다.

비유(analogy)는 하나님과 인간, 계시와 정치 간의 중요한 유사성을 확인하는 이상이다. 비유는 하나님의 창조적 주권의 실재에 대해 증언한다. 그래서 비유는 먼저 하나님에게서 인간에게로 움직인다. 그러나 비유는 기도와 행동 안에서 인간을 하나님을 향해 움직이게 한다. 하나님의 말씀인 복음을 세상을 정해진 규범의 실재로 받아들여 읽어서는 안 된다. 이것은 바르트가 프리드리히 나우만(Friedrich Naumann)의 정치 현실주의에 대해 신랄하게 공격한 초기 논문의 요지다(Barth 1919).

독일 그리스도인들에 대해 그가 반대하는 요점은 이들이 지배적인 사실로 히틀러를 받아들인다는 것이었다. 곧 구세주 예수가 마음대로 바꿀 수 있는 종속적인 비유로 받아들여졌다는 것이다. 그렇지만 하나님의 실재는 희석될 수 없고, 비현실적 갈망이나 단순한 몽상으로 간주될 수 없었다. 그러나 하나님의 실재와 하나님의 새로운 세계는 보이는 것으로 주어지지도 않는다. 우리는 보이는 것으로가 아니라 믿음으로 걸어가는 것이다.

비유는 안정된 구분 관계에서, 다른 두 실재 간의 유사성을 확인하는 것 이상을 한다. 비유는 확실히 '국가의 형이상학'을 세우지 않는다(Moltmann 1984:96 n. 10).

비유는 운동을 일으킨다. 도래할 하나님 나라는 인간의 삶을 모든 환경을 추종하고 인식해야만 하는 방향과 선을 제공함으로써 밝게 한다. 기도는 하나님에 대한 신실한 인식적 반응을 나타낸다. 기도는 그 나라가 하나님의 활동이지 인간의 활동이 아니라고 고백한다. 기도는 보지 못한다 해도 이미 응답을 받았다는 것을 분명히 인식하는 믿음이다. 기도는 '아직 아닌' 동안에 '이미'에 대한 확신으로 살아가게 한다. 그러나 기도는 비인간적으로 나태하게 하는 것이 아니다. 왜냐하면, 기도는 할 수 있는 한 희망하는 것의 방향으로 움직이는 것이기 때문이다.

바르트는 자기의 마지막 주요한 글에서 인간 존재를 특징짓는 한 개념을 추구했다. 그것은 하나님의 명령의 자유 속에서 형성되고 최종적으로 '기도' 위에 확립된다. 즉 아버지로서의 하나님에 대해 말하는 것이 아니라 아버지를 부르는 것이다(Barth 1981a:36, 42 이하).

이런 다음 그는 주님의 기도에 나오는 첫 구절들에서 영적이고 정치적으로 읽는 것을 강력하게 전개했다. 정치 속에 있든 정치 밖에 있든, 신학자는 단순히 이론가거나 교사거나 증언자거나 목사가 아니라 기도하는 사람이어야 한다. 아버지께 기도하는 이 신학자는 하나님 나라가 오기를 단지 바랄 뿐이다. 이미 보아 온 것을 넘어서는 운동, 변화, 기대는 예수 그리스도의 아버지에게 기도함으로써 일어난다.

비유가 암시하는 운동은 하나님을 향한 평화롭고도 영적으로 순조로운 진보를 말하는 것은 아니다. 바르트는 이 운동을 정치적이고 갈등적인 용어로 묘사한다. 하나님은 참된 주님을 부정하고 창조물들이 무질서하게 된 반항하는 세상과 싸우기 위해 오신다.

『교회와 국가』에서 그리스도의 나라와 이 세상의 나라들 간의 "현실적이고, 따라서 내면적이며 중요한 연관성"(Barth 1939:9)을 기대하는 바르트는 예수 그리스도에게 속한 권세인 천사의 권력처럼 국가를 이해하려고 신약 공동체 속에 나타나는 교회와 국가의 갈등에 관한 K. L. 슈미트의 강의에 의지했다.

따라서 "국가는 비교적 독립된 실체로, 국가의 위엄으로, 역할과 목적 안에서, 예수 그리스도의 인격과 사역에 이바지하고, 그래서 죄인을 의롭게 하는 일"(Barth 1939:29; Moltmann 1984:85)에 보조를 맞추어야 한다. 정치적 영향력의 사고방식이 된 권력들에 대한 신약성경 신학을 초기에 다룬 것은 윙크(Wink)의 놀라운 연구에서는 소홀히 한 것처럼 보인다(Wink 1984:6).

『그리스도인의 삶』에서 '인간의 정의를 위한 하나님의 투쟁'은 저항으로 시작하는데, 이 저항은 하나님이 존속하고 있는 질서를 방해하시는 것이 아니라 다양한 지배자가 없는 권력들에 의해 만들어진 무질서에 저항하는 행위다. 우리는 하나님 나라에 모순을 일으키는 인간 세계를 형성하는 것에 저항해야 한다(Barth 1981a:205 이하, 232-4).

"예수는 승리자다"라는 블룸하르츠(Blumhardts)의 확신은 바르트를 고무시켰고(Barth 1919; 1981a:256 이하), 또한 완전한 믿음을 정치의 실체들과 연관짓는 단서가 되었다. 갈등과 투쟁은 믿음을 설명하기 위해 정치에서 빌려 온 그림 이상이었다. 바르트는 독일의 스위스 약탈에 저항하기 위해 신속히 권력자들에게 선전포고를 했다.

그는 갈등들이 인간 경험에서 피할 수 없다는 것을 알고 있었다.

    기독교 공동체가 이런 상황에서 축소되는 것이 가능할까?

바르트는 하나님의 진노와 심판 간의 비유의 틀 안에서 그것들로 축소했다. 여기서 하나님의 진노와 자비는 잠시 지속되는 반면, 하나님의 자비는 영원히 지속된다.

따라서 정치적 갈등에 대한 폭력적 해결들은 자리를 확보하지만 오직 그 해결들이 최종적인 것이고 유일한 가능한 것일 때만이다.

    교회는 교회가 폭력을 요청하는 데 동참하기 전에 다른 해결들을 찾으려는 창의성을 보여야 하지 않을까!

하늘에 계신 아버지의 완전하심은 정말로 인간적인 가능성에 대한 제한을 확대하는 평화 정책의 지상적 완전함을 요구한다(Barth 1954:41; 1961:450-70; 1971:71-85). '인간적 가능성'을 '확대하는' 것은 정치적 실천에 있어서 믿음에 순종함으로써 하나님을 섬기는 것이다. 이것이 기독론의 정치적 의미다.

참고 문헌

Barnett, Victoria (1992). *For the Soul of the People: Protestant Protest against Hitler*. New York and Oxford: Oxford University Press.
Barth, Karl (1919). "Past and Future: Friedrich Naumann and Christoph Blumhardt." In James M. Robinson (ed.), *The Beginnings of Dialectic Theology*, vol. I, 35–45. Richmond, Va.: John Knox, 1968.
_____.(1928). *The Word of God and the Word of Man*. London: Hodder & Stoughton.
_____.(1932) *Church Dogmatics* I, 1. Edinburgh: T. & T. Clark.
_____.(1933). *The Epistle to the Romans*. Oxford: Oxford University Press. (Eng. trans. of 6th German edn., 1928, which was in effect the third edition of 1921 unchanged.)
_____.(1938). *The Knowledge of God and the Service of God According to the Teaching of the Reformation*. London: Hodder & Stoughton.
_____.(1939). *Church and State*. London: SCM. (Eng. trans. of *Recht und Rechtfertigung*, 1937.)
_____.(1945). *The Germans and Ourselves*. London: Nisbet.
_____.(1946). *Natural Theology*. London: Geoffrey Bles.
_____.(1954). *Against the Stream: Shorter Post-War Writings 1946–1952*. London: SCM.
_____.(1961). *Church Dogmatics* III, 4. Edinburgh: T. & T. Clark.
_____.(1963). *Evangelical Theology: An Introduction*. London: Collins Fontana.
_____.(1965). *The German Church Conflict*. London: Lutterworth.
_____.(1967). *The Humanity of God*. London: Collins Fontana.
_____.(1971). *Fragments Grave and Gay*. London: Collins Fontana.
_____.(1981a). *The Christian Life: Church Dogmatics* IV, 4. Edinburgh: T. & T. Clark.
_____.(1981b). *Ethics*. Edinburgh: T. & T. Clark.
_____.(1984). *Theologische Existenz Heute! (1933)*, ed. Hinrich Stoevesandt. Munich: Chr. Kaiser Verlag.
Biggar, Nigel (1993). *The Hastening that Waits: Karl Barth's Ethics*. Oxford: Clarendon.
Brakelmann, Gunter (1985). "Barmen V. Ein historisch-kritischer Rückblick." *Evangelische Theologie*, Jan.–Feb., 3–20.
Burleigh, Michael (2000). *The Third Reich: A New History*. London: Macmillan.
Jüngel, Eberhard (1992) *Christ, Justice and Peace: Towards a Theology of the State*. Edinburgh: T. & T. Clark.
Marquardt, Friedrich-Wilhelm (1972). *Theologie und Sozialismus: Das Beispiel Karl Barths*. Munich: Chr. Kaiser Verlag.
Moltmann, J. (1984). *On Human Dignity*. London: SCM.
Nicolaisen, Carsten (1985). *Der Weg nach Barmen*. Neukirchen-Vluyn: Neukirchener.
O'Donovan, Oliver (1996). *The Desire of Nations*. Cambridge: Cambridge University Press.
Sölle, D. (1967). *Christ the Representative*. Philadelphia: Fortress.
Stern, J. P. (1975). *Hitler, the Führer and the People*. Glasgow: Collins Fontana.
Ward, W. R. (1979). *Theology, Sociology and Politics: The German Protestant Social Conscience 1890–1933*. Berne: Peter Lang.
Webster, John, ed. (2000). *The Cambridge Companion to Karl Barth*. Cambridge: Cambridge University Press.

West, Charles C. (1958). *Communism and the Theologians*. London: SCM.
Willmer, Haddon (1990). "The Justification of the Godless: Heinrich Vogel and German Guilt." In Keith Robbins (ed.), *Protestant Evangelicalism: Britain, Ireland, Germany and America c.1750–c.1950*, 327–46. Oxford: Blackwell.
Wink, Walter (1984). *Naming the Powers*. Philadelphia: Fortress.
Yoder, John H. (1970). *Karl Barth and the Problem of War*. Nashville: Abingdon.

제10장

디트리히 본회퍼

스탠리 하우어워스(Stanley Hauerwas)

1. 본회퍼의 생애와 단편적 사역들

세상 앞에서 그리스도인의 주된 고백은 고백 자체를 해석하는 행동이다. 만일 행동이 힘이 된다면, 세상은 말씀을 고백하고 싶어 할 것이다. 고백은 큰소리로 선전하는 것이 아니다. 이 말씀은 공동체의 가장 거룩한 소유로 보존되어야 한다. 이것은 세상과의 문제가 아니라 하나님과 공동체 간 문제다. 고백은 적들에 대항해 사용하는 말씀이 아니라 친구들 사이를 화목시키는 말씀이다. 이 태도는 세례(침례)를 통해서 처음 배우는 행동이다. 이 행동만이 세상 앞에서 우리의 믿음의 고백이다(Bonhoeffer 1990:191).

1932년 독일교회의 히틀러와의 투쟁이 시작되기 직전 본회퍼는 이렇게 적었다. 이 글은 본회퍼의 정치신학에 대한 기술을 시작하는 내용으로는 의외의 것처럼 보인다. 하지만 이것은 본회퍼의 신학(적어도 『성도의 교제』[Sanctorum Communio, 1998]와 『행동과 존재』[Act and Being, 1996a]에서 발견된 초기 신학)과 나중에 히틀러에 저항하는 '방첩국'의 음모와 연루된 문제 사이에 구분이 있다고 생각할 경우만 그렇게 생각할 수 있다.

본회퍼가 배울 것이 많은 신학적 정치를 발전시키려고 했다는 것(Rasmusson 1995)을 보여 주어야 한다는 점은, 본회퍼 생애와 신학에 대한 나의 담론에 부담이 될 것이다

본회퍼는 『성도의 교제』와 『행동과 존재』를 '학문적 신학'으로 간주했을 것이다. 의심 없이 두 저술은 강단 신학이다. 하지만 나는 본회퍼가 이 저술들에

서 취급한 신학적 입장이 그의 삶과 사역의 결과로서 발생한 정치를 불가피하게 만들었다고 주장할 것이다.

에버하르트 베트게(Eberhard Bethge)의 『디트리히 본회퍼: 전기』(*Dietrich Bonhoeffer: A Biography*, Bethge 2000)를 읽은 사람은 본회퍼의 삶과 행동 사이를 구분하는 것이 불가능하다는 것을 알고 있다. 사실 메를린 로빈슨(Marilynne Robinson)도 내가 이 글을 시작한 본회퍼의 구절을 이용하는데, 본회퍼의 용기 있는 정치적 행동과 죽음이 있었기에 명성이 그의 신학의 일관성과 의의에 주어진 것이라고 생각하는 사람들에게 이의를 제기하기 위해 인용한다(Robinson 1998:110-11).

본회퍼의 신학적 중요성과 마찬가지로 그를 유명하게 만든 것이 그가 완성하지 못한 『윤리학』(*Ethics*, 1963)과 그의 『옥중서신』(*Letters and Papers from Prison*, 1971)이었다는 것은 의문의 여지가 없다. 아주 이해할만하듯 많은 사람은 본회퍼가 옥중에서 말해 온 자신의 이야기들 중 일부를 해석해 왔다. 이는 그 이야기들은 그의 신학에서 급진적 변화를 가져 왔던 나치에 대한 그의 정치적 저항을 보여 주는 것과 일치하기 때문이다(Bonhoeffer 1971:328, 360).

그러나 나는 본회퍼의 활동이 시작부터 마칠 때까지 더 이상 특권적 기독교가 될 수 없는 세상에서 복음의 선포를 위한 필연적 조건으로서 교회의 가시성을 개선하려고 시도했다는 것을 보여 주려 한다. 그가 1945년 4월 9일, 플로센뷔르크 강제수용소에서 힘러(Himmler)의 개인적인 명령에 의해 처형당한 것은 그의 뒤를 잇는 우리를 위해 그가 하나님의 가시성의 일부가 된 것을 의미한다.

나는 어떤 이들이 내가 본회퍼를 해석한 부분과 그의 생애 및 업적을 올바르게 해석하려고 내가 강조한 그의 교회론을 읽으면, 내 작업과 본회퍼를 연관해 설명하려는 것이 너무 과한 것으로 의심한다는 것을 알고 있다. 나는 이 사실을 부정하지 않는다. 그러나 그 이유는 내가 생각하는 것이 처음 내가 본회퍼(그리고 바르트)를 읽고 배운 것이기 때문이다.

이 글은 내가 본회퍼에 대해 쓴 최초의 글이다. 그렇지만 내가 처음으로 본회퍼를 읽은 것은 아니다. 나는 신학생 시절 본회퍼의 『제자도』(*Discipleship*, 2001)를 읽었고, 몇 년 뒤 존 하워드 요더의 『예수의 정치학』(*The Politics of Jesus*, Yoder 1994)을 읽었는데, 그때 본회퍼의 책을 통해 심오한 영향을 받게 되었다고 확신한다. 본회퍼와 요더의 책들은 기독론이 제자도에 대한 설명에 추상적이 될 수 없다는 사실을 내게 확신시켜 주었다.

더 체계적으로 말하자면 본회퍼가 『성도의 교제』에서 말한 것처럼 우리는 "성령에 의해 구체화되는 예수 그리스도의 교회가 정말로 여기 이곳에 존재하고 있다"(Bonhoeffer 1998:208)라고 말해야 한다.

내가 본회퍼에 대해 이전에 글을 쓰지 않은 이유는 처음 그의 책이 영어로 번역되었을 때 그 책을 수용해야 하는지의 문제와 밀접하게 연관되어 있었기 때문이다. 영어권 독자들에게 읽힌 본회퍼의 최초의 책은 일반적으로 『옥중서신』(Bonhoeffer 1971)이었다.

그 결과, 본회퍼는 "신의 죽음 운동"(Robinson 1963:22-3, 36-9)과 "세속 도시"(Cox 1965:224-43)를 옹호하는 기독교 활동에 참여하는 최초의 사람으로 여겨졌다. 조셉 플레처(Joseph Fletcher)는 본회퍼의 『윤리학』(Bonhoeffer 1963)에 근거해 본회퍼를 상황 윤리의 지지자라고 말해 너무 멀리 나간 인상을 주기까지 했다(Fletcher 1966:28).

결과적으로 플레처가 나의 가장 중요한 스승 중 한 사람이었을지라도 내가 전개하려고 시도한 그 입장을 지지하기 위해 나는 단순히 본회퍼를 주장하지 않는 것이 낫겠다고 결심했다. 이제 내가 본회퍼에 관해 쓰고 있는 것은 매우 오랫동안 진 빚을 갚으려고 시도하는 방식의 하나다.

본회퍼가 히틀러를 죽이기 위해 음모에 동참하겠다고 결심한 점은 그가 평화주의 입장을 지지하지 않는 사람으로 보이게 했다. 그렇지만 나는 본회퍼가 해군 제독 케나리스와 본회퍼의 처남 한스 본 도난니(Hans von Dohnanyi)와 함께 음모에 연루되었다는 것이 확실하게 이해될 수 있는 것인지 의심한다.

본회퍼는 '방첩국'(전투적 반지성주의[counter-intelligence] 모임)의 회원이 되라는 본 도난니의 제안을 기꺼이 받아들였다. 왜냐하면, 이 모임은 그에게 징병과 히틀러에 대한 충성을 맹세해야 하는 두렵고 불가피한 일을 피할 수 있는 수단을 주기 때문이었다.

그러나 음모에 요구되는 은밀함은 어떻게 본회퍼가 '방첩국'과의 활동을 이해했는지 우리가 결정할 방법이 없다는 것을 의미한다. 이를테면 해군 제독 케나리스의 주변에 있는 사람들이 히틀러를 타도하려면 반드시 그를 암살해야 하는지에 대한 공동의 이해를 가졌는지는 결코 분명하지 않다 (Hoffman 1996:216-24).[1]

---

1   라스무센(1972)은 히틀러를 죽이려는 음모에 연루된 본회퍼를 이해하려고 시도한 사람들 중 한 사람이다. 그렇지만 본회퍼는 자기 삶의 이런 면이 정당화될 수 있는지 생각하지 못

우리는 본회퍼가 히틀러를 암살하려는 시도에 자기가 동참하는 것을 어떻게 이해하고, 본회퍼의 전체 삶이 어떻게 이해될 수 있는지 알 수 없는 것은 이상하지 않다. 본회퍼는 자신의 삶에 특별한 일이 일어난 것으로 생각했을 것이다. 그리스도인의 주요한 고백은 자신을 해석하는 행동일 수도 있다.

하지만 본회퍼에 따르면 우리의 삶은 이런 행동을 보여 주지 않는다는 것이다. 오직 "자기 자신에 대한 예수의 증언은 자신의 입증을 통해 서 있다"(Bonhoeffer 1966:32). 대조적으로 우리의 삶은 얼마나 진정으로 또는 신실하게 살아왔든지 대체로 단편적이다.

1944년, 본회퍼는 베트게에게 보내는 편지에서 다음과 같이 썼다.

> 오늘날 가장 중요한 것은 우리가 삶의 단편에서부터 전체가 어떻게 배열되고 계획되는지, 또 어떤 내용으로 구성되어 있는지 구분할 수 있어야 한다네. 정말로, 쓰레기더미에 속하는 단편도 있고(단정한 지옥이 그들에게는 너무나 선한 것이지), 수 세기에 걸쳐 중요성을 갖는 단편들도 존재하지. 그것들의 완성은 오직 하나님만이 결정할 수 있는 것이기 때문에 그것은 단편이며, 단편적인 것일 수밖에 없다네. 예를 들어, 바흐의 작품 중 하나인 '푸가의 기법'(*Art of Fugue*)과 같은 것을 나는 생각하고 있다네. 우리의 삶이 단편의 희미한 미광에 불과할지라도, 이 단편이 단시간만이라도 다양한 주제를 조화시키며, 처음부터 끝까지 거대한 대위법에 따라 유지되고, 마지막의 곡이 끝나도 거기서 '주님 보좌 앞에 나아가'라는 합창곡을 부를 수만 있는 단편이라면, 우리는 단편적인 삶에 불만을 갖지 않고 오히려 기뻐할 것일세.
>
> 나는 결코 예레미야 45장에서 피하지 못하고 있다네.
>
> 내가 이것을 해석했던 핑켄발데의 토요일 밤을 자네는 아직도 기억하고 있겠지? 여기서도 필연적인 삶의 단편만이 역시 존재하고 있지. 말하자면 "그러나 내가 너에게 네 생명을 노략물 주듯 하리라"(Bonhoeffer 1971:219).

했한. 라스무센이 제시하고 있듯이, 만일 그가 그렇게 했다면, 공정한 싸움을 고려한 것에 비추어 생각했을 것이다. 아주 다른 설명에 대해 존스(1995), 3-33; 맥클렌돈(1986), 188-211 참조.

그러나 에버하르트 베트게가 쓴 본회퍼의 위대한 전기 덕분에 우리는 본회퍼의 생애에 대한 주요한 윤곽을 알고 있다. 여기서는 단지 간략히 윤곽을 그릴 뿐이다. 본회퍼는 1906년 태어나 학문적이고 문화적인 가정에서 성장했다. 그의 부친은 베를린대학교에서 심리학 주임교수의 직함을 유지하고 있었다. 설명할 수 없지만, 인생 초기에 본회퍼는 목사와 신학자가 되겠다고 결심했다.

이에 따라, 그는 22세 나이에 베를린에서 박사 학위를 받았다. 그의 논문은 『성도의 교제』라고 불렸다. 그는 대학교에서 강의하기 위해 베를린에 돌아오기 전, 유니온신학교에서 연구하기도 했고, 또 1년 동안 스페인에서 목회 사역을 맡기도 했다. 히틀러의 초기 비평가들 중 한 사람인 그는 1934년 두 루터교회의 목사로서 섬기기 위해 런던으로 갔다.

1935년, 본회퍼는 핑켄발데에 있는 고백 교회의 신학을 감독하기로 하고 독일로 되돌아왔다. 『제자도』(2001)와 마찬가지로 『함께 하는 삶』(*Life Together*, 1996c)도 여기에 있는 동안 썼다. 1937년 신학교가 강제 폐교되면서 본회퍼는 미국으로 가는 계기가 마련되었다. 그럼에도 그는 전쟁 직후 독일에서 목소리를 내야 한다면 지금 미국에 머무를 수는 없다고 재빨리 결정을 내렸다.

본회퍼는 방첩국의 요원으로 활동하려고 독일로 돌아왔다. 방첩국은 효과적으로 그에게 이중적인 활동을 가능하게 했다. 그는 1943년 히틀러의 암살 시도에 연루되어 체포되었다. 그는 마지막 2년을 감옥에서 보냈다. 그는 감옥에서 현재 『옥중서신』이라 불리는 글 모음뿐 아니라 자신의 『윤리학』을 계속 썼다. 그는 1945년 4월 9일, 플로센뷔르크에서 형장의 이슬로 사라졌다.

본회퍼의 삶은 정치적이면서도 신학적인 삶이었다. 그러나 그가 나치(Nazis)의 손에 죽었다는 이유로 그가 그런 삶을 살았다고 하는 것은 아니다. 본회퍼의 삶과 행동은 나치가 존재하지 않았더라도 정치적이었을 것이다. 왜냐하면, 본회퍼는 히틀러와 직면한 교회의 실패는 나치의 도전이 시작되기 오래 전부터 시작되었다는 것을 분명하게 보았기 때문이다.

히틀러는 교회의 비가시성에 의존한 특권에 오래도록 익숙해 있던 교회를 가시적이 되도록 강제했다. 하지만 독일에서 교회는 어리석게도 세상에서 교회의 자리를 되찾기 위한 자원들을 상실해 가고 있었다. 나치에 직면해 있을 때는 물론이고 모든 것이 정상적인 것으로 보이는 때도 교회의 자리가 갱신되어야 한다는 것은 본회퍼의 정치신학의 중심이다.

2. 가시적 교회의 정치적 의미에 대한 회복

'서구 사회 윤리학의 콘스탄티누스적 근원'(The Constantinian Sources of Western Social Ethics)이라는 논문에서, 존 하워드 요더는 '그리스도인'이라는 말의 의미가 콘스탄티누스 이후 변화되었다는 주목할 만한 소견을 밝힌다. 콘스탄티누스 전에는 그리스도인이 된다는 것은 용기 있는 확신이 필요했다. 콘스탄티누스 이후는 그리스도인으로 여겨지지 않는 것이 도리어 뛰어난 용기였다.

요더에 따르면 이런 전개는 새로운 교리적 발전, 곧 주로 교회의 비가시성에 대한 교리를 가져왔다. 콘스탄티누스 전에 사람들은 교회가 존재한다는 것이 매일 경험하는 사실이라고 알고 있었지만, 하나님이 역사를 지배하고 계시다는 믿음을 가져야 했다. 콘스탄티누스 이후에 사람들은 하나님이 황제를 통해 역사를 지배하시고 있다는 사실을 당연하게 여겼지만, 명목상의 기독교 미사 안에 참된 신자들의 공동체가 존재한다는 것을 받아들여야 했다.

교회 안에는 많은 그리스도인이 그리스도를 따르는 사람으로 분명하게 선택되지 않았기 때문에 그리스도인이 된다는 것은 더 이상 교회의 회원이 되는 것과 동일시되지 않았다. 이제 그리스도인이 되는 것은 '내적임'으로 바뀌게 되었다(Yoder 1984:136-7). 본회퍼는 루터교인이고 요더는 재침례교인이다. 또한, 루터교인은 좀처럼 재침례교인과 혼동하지 않는다.

그럼에도 교회가 직면한 도전에 대한 본회퍼의 설명은 위에서 요더가 설명한 것과 매우 밀접하게 평행을 이룬다. 예를 들어, 핑켄발데에서 행한 강연 노트에서 본회퍼는 루터의 은혜 교리의 결과를 다음과 같이 이해한다. 즉 교회는 세상 속에서 살아야 하되, 로마서 13장에 따라 세상의 법을 따라서 그리해야 한다는 것이다.

따라서 루터는 자신의 방식으로 콘스탄티누스의 교회와의 언약을 확증한다. 결과적으로 최소한의 윤리가 퍼져 있었다. 물론 루터는 수도사의 질서만이 아니라 모든 이를 위한 완전한 윤리를 원했다. 따라서 그리스도인의 현존은 시민의 현존이 되었다. 교회의 성격은 보이지 않는 영역으로 사라졌다. 그러나 이런 식으로 신약성경의 메시지는 근본적으로 잘못 이해되었는데, 즉 내적 세속성은 (inner-worldliness) 하나의 원칙이 되어 버렸다(Bonhoeffer 1965:324).[2]

---

2 『참된 애국심』(True Patriotism 1973:160)에서 본회퍼는 다음과 같이 쓴다. 콘스탄티누스 시

이런 결과에 직면한 본회퍼는 교회가 교회의 몸에서 이단 신앙을 잘라냄으로써 자신의 영역을 한정해야 한다고 주장했다.

> 교회는 자신을 구별되게 하고 계시를 듣는 공동체가 되어야 한다. 교회는 이질적인 성격을 검증해야 하고 세상이 도피하는 잘못된 원리에 저항해야 한다. 교회와 세상의 우정은 정상적이지 않고 비정상적이다. 공동체는 어떤 놀라움도 없이 그리스도처럼 고난을 받아야 한다. 십자가는 공동체 위에 '가시적으로' 우뚝 서 있어야 한다(Bonhoeffer 1965:324).

가시성의 필요성에 대한 이러한 강조가 어떻게 그로 하여금 『제자도』 같은 책을 저술하게 했는지는 이해하기 어렵지 않다.

거룩성뿐 아니라 하나님이 자기의 백성을 위한 뜻을 이루는 방법도 가시적이어야 한다.

> 보이지 않는 곳으로 도피하는 것은 부르심을 부인하는 행위다. 보이지 않는 공동체가 되고자 하는 예수의 공동체는 더 이상 예수를 따르는 공동체가 아니다(Bonhoeffer 2001:113).

본회퍼에 따르면 성화(sanctification)는 적절하게 이해해 보면 교회의 정치다. 성화는 가시적 교회 공동체 안에서만 가능하기 때문이다.

> 그것은 교회의 정치적 특성이다. 교회 공동체와 세상의 공공연한 가시적 분리를 피하려는 단순한 개인적 성화는 그리스도의 죽음으로 완성되었고 하나님의 인침으로 현실화되고 있는 교회 공동체의 성화를 종교적 육신의 경건한 체하는 욕망과 혼동하는 것이다. … 성령의 인침을 통한 성화는 교회를 항상 투쟁하게 한다(Bonhoeffer 2001:261-2).

대를 규정하는 징표는 그리스도인들이 자기 자녀들에게 세례(침례)를 베풀기 시작한 것이 아니라, "세례가 시민 생활을 위한 조건이 되었다는 점이다. 잘못된 전개는 유아세례에 있는 것이 아니라 세례의 세속적 자격 조건에 있다. 세례를 받는 것과 세속적 조건으로서의 세례는 분명히 구분되어야 한다."

본회퍼는 교회를 거룩하게 하는 것이 세상을 구원하기 위해 필요하다고 생각했다. 이것은 『제자도』(그의 영성에 대한 하나의 예시로 종종 해석되는 책)가 그의 저서들 가운데 가장 정치적이라는 사실을 보여 준다. 나는 본회퍼가 『성도의 교제』를 썼을 때 그가 핑켄발데에서 행한 강연에서나 『제자도』에서 발견될 수 있는 어떤 명확한 목적이 있었다고 본다.

엄밀히 말해 『성도의 교제』에서 그가 가진 관심은 신학적이라고 말할 수 있지만, 초기의 엄격하게 신학적인 것은 개신교 자유주의의 오류들, 특히 에른스트 트릴치의 오류들에 대항하기 위해 구성했던 것이다. 트릴치의 오류들은 본회퍼가 세상을 향한 독일 교회들의 입장을 불편하게 여길 수밖에 없도록 만들었다.

본회퍼는 다음과 같이 말한다.

> 교회는 인간을 위한 하나님의 새로운 뜻과 목적이다. 하나님의 뜻은 항상 구체적이고 역사적 인간 존재에게로 향한다. 그런데 이는 하나님의 뜻이 '역사 속에서' 구현되기 시작했다는 의미다. 하나님의 뜻은 역사의 어느 한 시점에서 보이고 이해되어야 한다(Bonhoeffer 1998:141).

본회퍼는 활동을 시작해 마칠 때까지 냉혹하게 교회가 하나님의 가시성을 신실하게 드러내어야 한다는 의미를 발전시키고 추구한다. 이를테면 그는 『윤리학』에서 교회가 교회의 공적 예배, 교구 생활, 교회 조직을 통해 세상 속에 어떤 자리를 차지하고 있어야 한다고 말한다.

교회가 자리를 취한다는 것은 세상에서 자리를 차지하면서 예수 그리스도 안에서 하나님과의 상호 의존 관계에 있다는 것이다.

> 그래서 예수 그리스도의 교회도 하나의 자리다. 다른 말로, 온 세계에 대한 예수 그리스도의 통치가 증명되고 선포되는 세상에서의 자리여야 하는 것이다(Bonhoeffer 1963:68).

하지만 이것은 본회퍼가 말하는 새로운 주제는 아니다.

그는 『성도의 교제』에서 지속적으로 다음과 같이 말한다.

> 전체 교회는 그리스도가 교회 공동체로서 존재한다는 사실에 근거해 이제 그리스도 안에서의 연합에 의존한다(Bonhoeffer 1998:206-207).

본회퍼에게 모든 실재는 예수 그리스도 안에서만 존재하며 이런 실재는 하나의 기원과 목적이 있다.

> 그런 이유에서, 현실과 일치하는 행동은 오로지 예수 그리스도 안에 있을 때 그리고 출발점이신 그리스도와 함께할 때만 가능하다. 현실과 일치하는 행동의 원천은 있는 그대로의 사실들을 인정하는 역할만 하는 가짜 루터교회의 그리스도가 아니며 모든 혁명을 지지하는 역할을 하는 급진적 열정주의의 그리스도도 아니다. 그 원천은 인간을 받아들이고 사랑하고 세상과 인간을 정죄하고 자신과 화목하게 하신, 하나님의 성육신인 예수다(Bonhoeffer 1963:199).

그리스도가 세상 속에 있던 것처럼 교회도 세상 속에 있다. 세상과 교회는 경건한 감정이 아니라 사물이 존재하는 방식에 도전하고 현실을 만들어 가려는 주장이다. 교회와 세상은 바로 본회퍼의 신학적 정치의 중심이다. 즉 세상이 세상일 수 있게 교회가 교회일 것을 요구하는 정치다. 세상은 세상이어야 한다는 본회퍼의 요청은 다름 아닌 그의 기독론과 교회론의 완성이다.

교회에 있어서 세상을 세상이게 한다는 것은 교회가 세상의 조건에 따라 부여된 특권에 따라 살기를 거부하는 것을 의미한다.

> 진정한 세속성은 교회가 모든 특권과 재산을 포기할 수 있지만, 그리스도의 말씀과 죄 사함을 결코 포기할 수 없다는 것에 있다. 그리스도와 죄 용서에 의지하는 교회는 자유롭게 모든 것을 포기한다(Bonhoeffer 1990:92).

더욱이 이 같은 자유는 거짓의 세상에서 교회가 진리의 영역에 서기 위한 필요조건이다(Bonhoeffer 1965:160).

『성도의 교제』는 본회퍼가 트뢸치에 대한 대안으로 특별히 '기독교적 사회학'을 발전시키려는 시도다(Bonhoeffer 1998:277). 본회퍼는 가시적 교회를 주장할 경우, 트뢸치가 제시하는 항목들(교회/종파/신비주의, 공동 사회/이익 사회)은 거부되어야 한다고 논증한다.

트뢸치는 기원을 본질과 혼동하며, 이 결과 복음이 세상에 종속되고 만다는 것이다. 자발적 연합과 강제적 조직 사이를 선택하는 것은 "성령과 교회 공동체에 대한 개신교적 이해로 받아들일 수 없게 되는데, 자발적 연합의 경우에는 성령의 실재를 고려하지 않기 때문이고, 강제적 조직의 경우에는 성령과 교회 공동체 간의 근본적 관계를 끊어 사회적 관심을 완전히 잃어버리기 때문이다"(Bonhoeffer 1998:260).

본회퍼의 관점에서 트뢸치는 복음이 개인적인 입장을 포함하며 순전히 종교적이고 세속 제도들에 중요하지 않고 무관심하다는 개신교 자유주의의 확신을 대표하는 가장 영향력 있는 신학자 중 한 사람일 뿐이다(Bonhoeffer 1963:287). 그러므로 개신교 자유주의의 사회학은 자유주의가 그리스도로부터 예수를 분리시키는 것의 단지 다른 면이다. 이런 분리로 개신교 자유주의는 동일하게 유해한 가현설적 교회론의 결과를 야기하는 가현설적 그리스도라는 비정통성을 이어가고 있다(Bonhoeffer 1966:71-85).

개신교 자유주의는 아래서 말하는 비가시적 교회에 대한 사회학의 신학적 표현이다.

> 그러나 비가시적 교회는 세상에 있는 그리스도의 자리를 결정하는 권리를 이 세상에 양보했다. 교회와 세상 간 갈등 속에서, 교회는 세상이 요구한 비교적 쉬운 평화 조건을 수용했다. 교회의 힘은 역사를 되돌리려 하지 않고 역사와의 대결을 실제로 받아들인 것이다(트뢸치). 비록 패배로 끝났지만 말이다(Bonhoeffer 1971:327).

본회퍼의 활동은 세상과 화평하려는 자유주의 개신교의 시도에 대한 완전한 대안을 제시하는 것이었다. 본회퍼는 핑켄발데에서 성경 해석에 대해 행한 강연을 시작하면서 그 시대의 그리스도인들의 목적은 "기독교를 현 시대에 정당화하는 것이 아니라, '기독교 메시지 앞에서 현 시대를 정당화하는 것'이어야 한다"고 주장했다(Bonhoeffer 1965:310).

본회퍼가 옥중 서신을 통해 신앙을 언저리에 가두려는 자유주의 개신교의 변증학 및 그런 언저리 신앙이 초래할 절망감에 대해 공격한 것은 복음을 몰아내려는 선언에 대한 거부일 뿐 아니라 개신교 경건주의에 대한 공격의 연장선상으로 보아야 한다. 동일한 이유에서 그는 실존주의 철학자들이나 심리 치료자들을 거의 고려하지 않았다. 그들 역시 세속화된 방법론을 사용하기 때문이었다(Bonhoeffer 1971:326-327).

불행하게도 바르트의 계시의 실증주의 및 신학적 개념에 대한 비종교적 해석의 상관적 필요성에 대한 본회퍼의 주장은 그가 그리스도인들이 세속적이 되기를 바라는 것처럼 비쳐졌다(Bonhoeffer 1971:328). 정확히 말하면 그 반대가 맞다.

본회퍼는 실재가 그리스도를 통해 구원받는다면, 그리스도인들은 복음을 쉽게 이해할 수 있는 것으로 만들기 위해 세상의 약함을 사용하는 것을 거절해야 하고 오히려 핵심을 주장해야 한다고 역설한다. 그는 문제들을 해결하지 않은 채 남겨 두는 것이 낫다는 생각 때문에 언저리에 하나님을 위한 자리를 만들려고 시도하는 온갖 전략들을 거부한다. 복음은 인간의 불안 때문에 생산되는 문제들에 대한 답이 아니라 사실에 대한 선포다. 따라서 본회퍼는 다음과 같이 말했다.

부활을 믿는 신앙은 죽음의 문제에 대한 해결이 아니다. 하나님의 '넘어섬'은 우리의 인식적 능력들에 대한 넘어섬을 말하는 것이 아니다. 인식론의 초월성은 하나님의 초월성과는 아무런 연관이 없다. 하나님은 삶의 중심을 넘어서고 초월하는 존재시다. 교회는 인간 권력의 변두리에 존재하는 것이 아니라 도시의 한복판에 존재해야 한다(Bonhoeffer 1971:282).

그러므로 본회퍼가 주장하는 그리스도인의 세속성은 『제자도』와 『함께하는 삶』에서 그가 아름답게 변증한 공동체에서 벗어나는 것이 아니다. 그는 『옥중서신』에서 자신이 거룩한 삶을 살아간다면 믿음을 획득할 수 있다고 한 번 실수로 가정해 버렸다고 고백했을 때, 그들이 핑겐발데에서 살았던 삶의 양태를 부정하는 것은 아니었다.

그는 『제자도』를 여전히 지지하지만 이제 몇 가지 위험성을 본다고 말했을 때도 트릴치에게서 발견되었던 종파와 교회 간의 그릇된 이분법으로 돌아가는 것은 아니다. 그는 세상에 대한 교회의 관계를 올바르게 이해하려면 성육신과 십자가 그리고 부활이 일관되게 주장되어야 한다는 기독론적 관점을 강조하려는 것이다. 성육신에 대한 강조 역시 종종 타협으로 오해받으며 십자가와 부활에 근거한 윤리도 종종 급진주의와 열정주의로 오해받는다(Bonhoeffer 1963:88-89).

교회는 세상에서 급진적 희망 속에 살아가는 공동체다. 이렇게 산다는 것은 세상과의 분리가 불가피하다는 것을 의미한다. 하지만 이런 차이 자체는 목적이 아니며 "진정한 복음 선포에서 자동적으로 따라오는 열매들이다"(Bonhoeffer 1973:160).

본회퍼가 분명히 『옥중서신』에서 본 문제는 교회가 중심에서 주변으로 물러났을 때 신학적으로 어떻게 반응하는지에 대한 것이었다. 본회퍼는 그런 주변화되는 교회를 재앙으로가 아니라 오히려 기회로 이해했다. 과거나 지금이나 도전은 교회가 없이도 잘 돌아갈 수 있다는 것을 알고 있는 이 세상 속에서 교회의 중요성이나 의미를 회복하는 것이다. 교회 앞에 놓여 있는 도전은 교회를 반대하지도 받아들이지도 않는 세상에서 어떻게 살아갈 것인가다. 교회의 가시성을 발견하려는 본회퍼의 노력은 그가 말하는 정치다.

이유는 다음과 같다.

> 정치는 세상에서 자리를 갖는 예수 그리스도 안에 있는 하나님의 계시에 있어서 본질적이다(Bonhoeffer 1963:68).

긍정적으로 표현하면, 예수 그리스도 안에 계신 하나님은 이 세상 안에서 자리를 갖게 되었고 성령의 부르심의 사역을 통해 교회에 지속적으로 역사하셨다. 이것들이 본회퍼가 나치와의 전쟁을 야기했던 확신들이다.

이것들은 히틀러에 대항하기 위해 교회의 증언에 대한 가장 통찰력 있고 영향력 있는 힘을 그에게 준 확신들이었다. 어떤 점에서, 히틀러는 본회퍼의(그리고 바르트의) 신학적 정치를 매우 절박하게 하는 유형의 적이었다. 그럼에도 문제는 여전히 남아 있다.

즉, 본회퍼는 교회가 후기 기독교 시대(Post-Christendom Age)에 세상과 협상하고 타협해야 하는 방법에 대해 타당한 설명을 제시하는가?

이 문제를 전개하기 위해서는 내가 본회퍼의 정치 윤리라고 부를 수 있는 것에 주목할 필요가 있다. 이 같은 윤리는 본회퍼가 비판한 것을 포함해 두 왕국에 대한 전통적인 루터교회의 교리를 대안으로 찾으려는 시도다.

3. 본회퍼의 정치적 윤리 탐구

베트게는 1932년 교회 연맹 사무국에서 주최한 학회를 보고한다. 이 학회에서 본회퍼는 (비록 이 학회에서 가장 어린 연설자지만) 전통적 루터교회가 소개한 '창조의 질서' 개념을 신랄하게 공격했다. 본회퍼가 두 왕국 전통을 거부한 것은 그가 『성도의 교제』와 『행동과 존재』에서 시작한 방향을 생각할 때 불가피한 것이었다. 창조는 단순히 자기 확증일 수 없다.

왜냐하면, 그리스도인들은 구속과 분리된 창조를 전혀 알지 못하기 때문이다.

> 창조는 하나님의 능력과 신실하심을 묘사하며, 이 능력과 신실성은 그리스도 안에 있는 하나님의 계시 안에서 우리에게 입증된다(Bonhoeffer 1996c:163).

그리스도인들이 세상 질서에 대해 무엇을 말해야 하든지, 이것이 그리스도가 존재하는 모든 것의 실재라는 가정 아래에서 말해야 한다.

본회퍼는 곧이어 1932년 7월, 체코슬로바키아에서 있었던 청년 평화 회의(Youth Peace Conference)에서 행한 연설에서 창조 질서의 쟁점들로 돌아왔다. 다시 본회퍼는 피조계에서 특정 질서들이 나타난다는 사실을 받아들여야 한다고 생각하는 사람들을 공격한다. 이런 견해는 국가들이 다르게 창조되었기 때문에 각각의 국가는 그 나라의 특징들을 보존하고 발전시킬 의무가 있다는 가정을 수반한다.

본회퍼는 이런 국가관은 모든 것을 정당화할 수 있기 때문에 특별히 위험천만하다고 말한다. 창조 질서를 이용해 독일에 대한 자기들의 헌신을 정당화하는 사람들은 피조계의 타락을 간과할 뿐 아니라 이른바 창조 질서들이 더 이상 그 자체로 하나님의 명령에 대한 계시들이 아니라 그 질서들이 봉해졌고 보이지 않는다는 사실을 이해하지 못한다. 따라서 창조 질서의 개념은 신적 명령의 지식에 대한 근거로서 거부되어야 한다(Bonhoeffer 1990:106).

하지만 창조 질서가 거부된다면, 본회퍼는 그리스도인이 어떻게 하나님의 명령을 이해하는지에 대한 설명을 제시해 주어야 한다.

『창조와 타락』에서 본회퍼는 창조자가 타락한 세상에서 돌아서지 않으며 분명한 방식으로 인류를 다스리신다고 말한다.

하나님은 인류에게 그들에게 망토들을 만들어 주었다.

따라서 창조된 세상은 하나님이 우리의 왜곡된 열정을 억제하기 위해 보존된 세계가 된다. 본회퍼는 창조 질서에 대해 말하기보다는 보존의 질서로서 우리의 삶에 대한 하나님의 돌보심을 기술한다(Bonhoeffer 1996b:139).

보존의 질서들은 자기 입증적이지 않다. 그러나 모든 질서가 그리스도에게 여전히 열려져 있다는 점에서 이 질서들은 하나님의 보존 아래 있다. 이런 질서들은 창조의 질서가 아니라 '보존의 질서들'이다. 이 질서들은 이들 외부로부터, 그리스도로부터, 새로운 창조로부터 자기들의 가치를 온전히 얻게 된다(Bonhoeffer 1965:166-167).

그러므로 세상의 어떤 질서도 우리가 그리스도의 명령을 경청하는 것을 막는다면 와해될 것이다. 물론 문제는 창조에서 보존으로 명칭을 바꾸는 차이가 윤리적 반성에 어떻게 기여하느냐 하는 것이다. 본회퍼는 현 상황의 정당화를 위한 역할을 행하고 있을 뿐 아니라 루터교회의 '두 가지 질서' 설명이 기독론적이 되는 데 실패한 방식과 투쟁하기 위해 분명히 싸우고 있다.

본회퍼는 1933년 베를린에서 발표한 『그리스도 중심』(Christ the Center)이라는 기독교에 대한 강연에서 보존의 질서들에 관한 기독론적 표현을 암시하는 것 중 몇 가지를 더 구체적으로 열거했다. 예를 들어, 본회퍼는 그리스도가 십자가와 부활 이후 교회 안에 임재하고 있기 때문에 교회가 역사의 중심으로 이해되어야 한다고 보았다. 사실 국가는 십자가와 함께 그것의 적절한 기원 속에 존재한다.

그렇지만 교회가 중심이 되는 역사는 국가에 의해 만들어진 역사다. 따라서 "교회의 가시성은 교회가 국가를 통해 국가 교회로 만들어짐으로써 인정되어야 한다고 요구하지 않고 오히려 교회가 국가의 숨은 의미와 약속이어야 한다고 요구한다"(Bonhoeffer 1966:65).

그런데 교회가 국가의 숨은 의미일지라도, 교회가 국가에 가시적이지 않는다면 국가는 교회가 그러하다는 것을 어떻게 알 수 있는가?

어떻게 국가에 대한 교회의 이 같은 '숨음'이 『성도의 교제』에서 국가의 가시성에 대한 본회퍼의 주장과 일치할 수 있는가?

본회퍼는 국가의 경계들을 요구하거나 적어도 제한하는 교회의 경계들을 원한다. 하지만 그는 국가의 역할에도 추상적인 설명이 필요하다고 추정하는 루터교회의 습관들을 단절하기가 사실상 어렵다는 것을 발견한다. 따라서 그는 국가가 스스로 그 권위를 실천함으로써 산산이 부서지는 세계를 막는 책임을 견지하는 한, 하나님 나라는 국가 안에서 형태를 갖추어야 한다고 말할 것이다. 또는 고독의 영향은 교회 안에서 고백이 일어남으로 파괴되지만, 이 영향은 국가 안에서는 공동체 질서 보존을 통해 제한된다(Bonhoeffer 1990:96-7).

당연히 고독이 본회퍼에게는 일어나지 않기 때문에 그는 국가가 무엇이고 또는 국가가 어떻게 되어야 하는지에 대한 설명을 원칙적으로 제공할 필요는 없다. 국가들은 존재한다. 국가들은 자기들의 존재를 위해 설명해야 하는 정당성을 더 필요로 하지 않는다(Yoder 1998:78n. 5 참조).

본회퍼는 『윤리학』에서 '보존의 질서'에 대한 언어(독일 그리스도인들이 동일한 언어를 사용하고 있었다)를 포기하고, 대신 명령 언어를 사용한다(Bonhoeffer 1963:73-8). 본회퍼에 따르면 성경은 네 가지 명령, 곧 노동, 결혼, 정부, 교회를 명명한다.

이 네 가지는 그리스도 안에서 창조되었고 또 그리스도를 향하는 방향이 정해졌다는 이유만으로 가해성을 취한다. 따라서 교회, 가정, 노동, 정부를 대신해 말하게 하는 권한 부여는 "오직 그것들이 서로 다른 영역들을 침범하지 않는 한에서, 또 그것들이 서로에게 그리고 그 방식대로 연대하고 협력해 하나님의 명령에 효력을 제공하는 한에서"(Bonhoeffer 1963:246) 위로부터 왔다.

그러나 본회퍼는 한 영역이 다른 영역을 침범하게 될 때가 언제인지 또는 연대 또는 협력이 무엇처럼 보일지를 전개하지 않았다. 본회퍼가 대항하는 것은 명백하지만 대항이 무엇을 위한 것인지는 명백하지 않다. 예를 들어, 그가 개혁주의에 공헌하는 개인과 직무 사이를 구별하는 것은 분명하다.

그는 이 구별이 전쟁에 대해 또 악을 몰아내는 합당한 수단의 공적 사용에 대해 개혁주의의 입장을 정당화하는 데 결정적이라고 언급한다.

> 그러나 사적 개인과 나의 행동 규범으로서 직무 행위자 간의 이런 구분은 예수에게는 생소한 것이다. 예수는 이런 구분에 대해서는 한마디도 말하지 않는다. 그는 자신의 제자들을 자기를 따르기 위해 모든 것을 버린 사람들로 여긴다. 사적 영역과 공적 영역은 완전히 예수의 명령에 예속되어 있다. 예수의 말은 그것들을 나누지 않으면서 그 소유를 주장했다(Bonhoeffer 1963:134-135).

그러나 본회퍼의 명령 해설은 사적인 것과 공적인 것을 서로 구별하도록 이 끄는데, 이런 구별은 비가시적인 그리스도인의 순종을 낳는다. 내가 생각하기로는 본회퍼가 가시적 교회의 중요성을 기독론적 입장에 비추어 생각한 것을 보면, 루터교회의 두 왕국 신학을 다시 생각하려는 본회퍼의 시도가 제한된 루터교회의 입장에서 탈피한 것은 아니라고 보인다.

하지만 본회퍼의 정치 윤리는 좀처럼 알려지지도 않았거나 언급되지도 않았던 다른 측면을 가지고 있다. 본회퍼의 사상이 자유주의 신학과 정치 전통을 통해 형성되었을지라도, 베트게는 본회퍼가 1933년까지는 자기의 신학에서가 아니라 자기의 정치에서 자기의 반자유주의적 성향을 드러내기 시작했다고 말한다. 점차적으로 그는 자유주의가 결정권을 독재자들에게 양도했다고(거만하지도 약하지도 않는 자유방임주의의 태도 때문에) 생각했다(Bethge 2000:289).

정치적 자유주의에 대한 본회퍼의 판단은 그가 1941년 윌리엄 페이튼(William Paton)의 『교회와 신세계의 질서』에 대응하기 위해 쓴 것보다 분명하게 진술된 것은 찾아볼 수 없다. 이 책은 전쟁 후 사회 재건을 위한 교회의 책임을 전개한다. 본회퍼는 전쟁의 재난들이 유럽의 그리스도인들을 미래가 하나님의 손에 달려 있고 어느 인간의 계획도 이들의 운명을 정복할 수 없다는 것을 예민하게 의식하게 만들었다고 밝히면서 시작한다.

결과적으로 유럽 교회들은 다른 세속성으로 이어질 수 있는 종말론적 견해를 가지게 되었지만, 또한 교회의 생명이 세상의 생명을 다스리는 법들과는 다른 하나님이 주신 법들이 있다는 것을 인식하게 만드는 더 건전한 효과를 가질 수 있을 것이다. 그러므로 교회는 전쟁 후 재건을 위한 구체적 계획들을 발전시킬 수도 없고, 또 해서도 안 된다. 그러나 교회는 새로운 질서가 참된 질서가 되려면, 진지하게 받아들여야 하는 변치 않는 명령과 실재를 국가들에 상기시킨다(Bonhoeffer 1965:109-10).

특히, 본회퍼는 많은 유럽 국가가 완전히 독립할 수 있는 민주주의와 의회민주주의로 되돌아 오려는 시도가 전체주의 시대에 앞서 알고 있던 것보다 더한 무질서를 야기할 수 있다고 강조한다. 민주주의는 오랜 영적인 전통을 통해 준비되어 오는 토양을 요구하며, 몇몇 작은 나라를 제외하고는 유럽 대부분 나라가 민주주의를 유지하는 근거를 갖지 못한다. 이는 유일한 대안이 절대국가주의라는 것을 의미하지 않는다. 오히려 추구해야 하는 것은 개개의 국가가 법을 통해 제한을 두는 것이다. 이것은 자유주의의 정치보다는 다른 정치를 요구할 것이다. 본회퍼는 자기의 『윤리학』에서 순진하게 "절대 해방은 사람들에게 노예의 심각성을 가져오게 한다"(Bonhoeffer 1963:38)라고 진술한다(그는 분명히 프랑스혁명을 생각하고 있다).

페이튼에 대한 그의 대답에서, 그는 앵글로색슨의 자유가 국가의 전능성에 대항하는 투쟁을 부르는 말이고, 자유의 요구는 권리와 해방의 언어로 표현되었다고 본다.

> 그러나 자유는 너무 부정적인 말이라 모든 질서가 파괴되는 상황 속에서 사용될 수 없다. 그리고 해방은 사람이 무엇보다 어떤 최소한의 안전을 추구할 때 충분하지 않다. 이 단어들은 자체적 실패로 국가 절대주의의 발전에 주된 책임이 있는 옛날의 해방주의를 우리에게 상기시킨다(Bonhoeffer 1973:113).

본회퍼는 이런 발전들이 이 역사를 단지 인간의 불신앙과 그 결과로서 허무주의를 선포하는 인간의 신격화로 이어질 수밖에 없다고 제시하면서 자기의 『윤리학』에서 다시 취급한다. 이 불신앙이 좀처럼 교회의 불의와 동일시되지 않지만, 이 희망 없는 불신앙이 기독교적 외투를 입고 종종 찾아온다.

특히, 기독교 원리들로 세계를 신실하게 세우려고 추구하는 북미 교회들에게 나타나는 이 같은 불신앙은 세상에 대한 교회의 완전한 항복으로 끝난다. 진리의 자리가 궤변을 늘어놓는 선전에 침범을 당한 결과, 사회들과 교회들은 진리에 대해 확신할 수가 없게 되었다(Bonhoeffer 1963:41-3).

만일 유럽이 전쟁 이후 공허함으로 빠져드는 것을 피해야 한다면, 유일한 희망은 신앙을 새롭게 각성하는 기적 안에 그리고 악의 제한성을 설정하는 세상에 있는 하나님의 통치 기관 안에 있다. 본회퍼가 '억제하는 장치'라고 부르는 이 후자의 대안은 질서를 세우고 유지하는 국가의 힘이다(Bonhoeffer 1963:44). 본회퍼는 페이튼에게 답하면서 국가를 초월해 명령을 인식하는 법과 책임에 의해 제안된 질서가 인간의 권리보다 영적인 본질과 연대를 강조해야 한다고 제시한다(Bonhoeffer 1973:113).

이런 질서는 교회의 질서와는 완전히 다르다. 그러나 이 질서들은 절친한 동맹 관계다. 그러므로 교회는 국가를 억제하고 유지시키는 책임이 있다. 그러나 교회는 교회의 주된 임무가 부활한 예수 그리스도를 가르치는 것이라는 사실을 결코 잊지 않아야 한다.

교회가 이를 잊지 않아야 할 이유는 다음과 같다.

> 이는 피할 수 없는 죽음의 강풍이 파멸의 정신으로 몰아치기 때문이다. 질서의 힘, 즉 '억제하는 장치'는 교회 안에서 동맹을 발견하며, 질서의 어떤 다른 요소들이 남아 있든지, 교회 편에서 책무를 감당해야 한다. 정의, 진리, 과학, 예술, 문화, 인간, 해방, 애국심은 오랫동안 길을 잃어버린 후에도 마침내 모든 것이 원천으로 돌아가는 이것들의 방식을 다시 한 번 찾아야 한다. 교회의 메시지가 더욱 중심적이 되면 될수록 교회의 효과성은 더욱 커질 것이다(Bonhoeffer 1963:45).

나는 위에서 가시적인 교회를 회복하려는 본회퍼의 시도가 적어도 비(非)콘스탄티누스적 교회를 거의 상상하게끔 그를 몰아간 것으로 보였다. 그렇지만 본회퍼는 『윤리학』에서 '기독교 문명'이라고 우리가 부르는 것에 헌신한 것처럼 정신의 습관을 보여 준다. 그런데 래리 라스무센(Larry Rasmussen)은 본회퍼가 『옥중서신』의 마지막 단계에서 기독교 국가 개념들에서부터 멀리 떨어져 나가기 시작했다고 제시한다(Rasmussen 1972:85-6).

특히, 라스무센은 본회퍼가 자기 생애의 마지막으로 가는 여정에 대해 쓴 책의 개요에 주의를 환기시킨다. 만약 본회퍼가 살았더라면, 라스무센이 믿는 바와 같이 나도 믿는 바는, 그는 『윤리학』을 마치기보다 자기의 서론에서 보여 준 책을 먼저 썼을 것이다. 개요에 암시되었던 그 책은 해방적 정치의 제한성과 교회가 적절한 대안을 제시하는 방식을 그에게 그 자신이 숙고한 것을 확대하도록 허락했기 때문이다.

본회퍼는 개요에서 기독교의 현황 조사를 시작한다. 특히, 그는 인류가 발달했다는 것이 뜻하는 것은 인간이 자연에서 독립될 수 있다는 꿈이라고 말한다. 결과적으로 인간 창조들은 스스로 만들어 낸 족쇄 속에서 자유를 찾는 사람들을 노예로 만들면서 이들의 창조자들에게서 등을 돌렸다. 비가시적 교회를 통해 덫에 걸린 교회는 대안을 제공하지 못하고 세상을 대신해 스스로 위험을 감수해야만 한다. 이런 교회는 우리의 고난과 죽음의 당황스러움을 위한 임시방편과 같다(Bonhoeffer 1971:380-3).

본회퍼는 자기 책 제2장에서 『성도의 교제』의 회고를 언급하면서, 예수의 존재로의 참여를 통해 오로지 발견되는 하나님을 찾기 위해 "하나님이 누구인가?"라는 질문으로 시작할 것임을 보여 준다.

본회퍼는 자기 책에서 모든 악의 근원들인 '오만', 권력 숭배, 시기, 협작의 악덕에 대항하는 영역을 받아들여야 하는 교회를 설명하면서 끝을 맺는다.

> 교회는 겸손, 순전함, 신뢰, 충성, 일관성, 인내, 훈련, 낮아짐, 만족, 정숙함을 말해야 한다(Bonhoeffer 1971:383).

마지막으로 본회퍼는 예수의 인성에 기원이 있고 바울의 가르침에서 매우 중요한 모본의 가치를 탐구하려 한다고 말하면서, 이런 모본의 중요성은 과소평가되어 왔다고 지적한다(Bonhoeffer 1871:383). 나는 본회퍼가 그의 개요에서 제시한 책을 쓸 기회가 있었더라면 콘스탄티누스주의를 영원히 뒤에 남겨 두었을지도 모른다고 말하지 않았을 것이다.

하지만 본회퍼가 가시적 교회를 재발견하는 것이 함의하는 것(확신하건대 그가 마지막으로 제안한 책에서 보기 시작하고 있던 회복의 결과들)을 통해 생각하려 한 것은 본회퍼를 따라 살아야 하는 우리가 무지해서는 안 된다는 도전을 주는 매우 귀중한 자원이다. 그는 지금 우리의 구속을 위해 주어진, 하나님의 범례에 속한다.

참고 문헌

Barth, Karl (1961). *Church Dogmatics* III, 4. Edinburgh: T. & T. Clark.
Bethge, Eberhard (2000). *Dietrich Bonhoeffer: A Biography* (rev. edn). Minneapolis: Fortress.
Bonhoeffer, Dietrich (1963). *Ethics*, trans. Neville Horton Smith. New York: Macmillan.
_____.(1965). *No Rusty Swords*, trans. Edwin Robertson and John Bowden. New York: Harper & Row.
_____.(1966). *Christ the Center*, trans. John Bowden. New York: Harper & Row.
_____.(1971). *Letters and Papers from Prison*, trans. Reginald Tuller. New York: Macmillan.
_____.(1973). *True Patriotism*, trans. Edwin Robertson and John Bowden. New York: Harper & Row.
_____.(1990). *A Testament to Freedom*, ed. Jeffrey Kellyard and R. Burton Nelson. San Francisco: Harper & Row.
_____.(1996a). *Act and Being*, trans. Hans-Richard Reuter. Minneapolis: Fortress.
_____.(1996b). *Creation and Fall*, tr. Martin Rüter and Ilse Tödt. Minneapolis: Fortress.
_____.(1996c). *Life Together and The Prayerbook of the Bible*, trans. Gerhard Ludwig Müller and Albrecht Schönherr. Minneapolis: Fortress.

_____.(1998). *Sanctorum Communio*, trans. Reinhard Krauss and Nancy Lukens. Minneapolis: Fortress.

_____.(2001). *Discipleship*, trans. Martin Kushe and Ilse Tödt. Minneapolis: Fortress.

Cox, Harvey (1965). *The Secular City*. New York: Macmillan.

Feil, Ernst (1985). *The Theology of Dietrich Bonhoeffer*. Philadelphia: Fortress.

Fletcher, Joseph (1966). *Situation Ethics: The New Morality*. Philadelphia: Westminster.

Floyd, Wayne, and Marsh, Charles, eds. (1994). *Theology and the Practice of Responsibility: Essays on Dietrich Bonhoeffer*. Valley Forge, Pa: Trinity International.

Hauerwas, Stanley (ed.), et al. (1999). *The Wisdom of the Cross*. Grand Rapids, Mich.: Eerdmans.

Hoffman, Peter (1996). *The History of the German Resistance, 1933-1945*. Montreal: McGill-Queen's University Press.

Jones, L. Gregory (1995). *Embodying Forgiveness*. Grand Rapids, Mich.: Eerdmans.

Kodalle, Klaus-Michael (1991). *Dietrich Bonhoeffer: Zur Kritik seiner Theologie*. Munich: Gutersloh.

McClendon, James William (1986). *Systematic Theology*, vol. 1. Nashville: Abingdon.

Marsh, Charles (1994). *Reclaiming Dietrich Bonhoeffer: The Promise of his Theology*. New York: Oxford University Press.

Rasmusson, Arne (1995). *The Church as Polis: From Political Theology to Theological Politics as Exemplified by Jürgen Moltmann and Stanley Hauerwas*. Notre Dame, Ind.: University of Notre Dame Press.

Rasmussen, Larry (1972). *Dietrich Bonhoeffer: Reality and Resistance*. Nashville: Abingdon.

Reist, Benjamin (1969). *The Promise of Bonhoeffer*. Philadelphia: Lippincott.

Robinson, John A. T. (1963). *Honest to God*. Philadelphia: Westminster.

Robinson, Marilynne (1998). *The Death of Adam: Essays on Modern Thought*. Boston: Houghton Mifflin.

Yoder, John Howard (1984). *The Priestly Kingdom*. Notre Dame, Ind.: University of Notre Dame Press.

_____.(1994). *The Politics of Jesus: Nicit Agnus Master*. Grand Rapids: Eerdmans.

_____.(1998). *The Christian Witness to the State*. Eugene, Oreg.: Wipf & Stock.

(Bonhoeffer 1973: 160).[3]

---

3   이 구절은 1942년에 고백 교회에서 논쟁이 되었던 것에 답하려고 쓴 본회퍼의 훌륭한 에세이 '세례(침례)의 문제'(The Question of Baptism)에서 온 것이다(Bonhoeffer 1973: 143-64). 본회퍼는 세속화된 교회에서는 순전하고, 진실하며, 참된 믿는 자들의 규범들에 대한 열망이 존재한다는 것이 매우 이해할 만하다고 본다. 그러한 열망은 이해될 수 있지만, 위험으로 가득 차 있다. 왜냐하면, 공동체가 하나님의 진정한 공동체의 자리를 가지려는 것은 너무나 쉽거나 아니면 그와 같은 공동체가 사람에 의해 만들어진 하나의 공헌으로서 이해될 수 있기 때문이다.

제11장

존 코트니 머레이

마이클 J. 백스터(Michael J. Baxter)

> 가톨릭주의가 미국 민주주의와 양립할 수 있는지 문제가 때때로 제기된다. 이 문제는 엉뚱하면서 타당하지 않다. 이는 입장의 방식이 가치 질서를 뒤집기 때문이다. 물론 이 질문은 미국 민주주의는 가톨릭주의와 양립하는가로 바꾸어야 한다. 따라서 돌아온 문제는 나에게 놓여 있듯이, 시민 문제의 일부다. 문제에 대한 긍정적인 대답은 '민주주의'를 소박하게 정의하기보다 더 나은 어떤 것 아래서 내가 주장하는 진리 중 하나다(Murray 1960:ix-x).

『우리는 이런 진리들을 주장한다』(We hold These Truths)의 머리말에서 존 코트니 머레이(John Courtney Murray)는 위 같이 썼다. 이 책에서 취급한 중심적 문제의 개념들을 진술하고 또 그 질문에 답하는 것이 그의 방식이었다. 질문은 미국의 민주주의가 가톨릭주의와 양립하는가다. 대답은 양립한다는 것이다. 그러나 위 글은 이것 이상으로 이 책의 주장에 대한 두 가지 비판을 미연에 방지하려는 것이었다.

우선, 가톨릭의 초자연주의자들이 목소리를 낸 비판들이 있었다. 이들은 머레이가 교회와 국가를 분리한 것은 종교를 정치적으로 설립하는 것은 이상이며 따라서 정치적 삶에서 교회의 역할을 소외한다는 가톨릭의 공식적 가르침과 상충된다고 주장했다. 이 같은 비판은 1940년 이래 머레이가 논문과 서신으로 가톨릭 신학 잡지의 편집자들을 획기적인 논쟁으로 공격하자 열성적이고 영향력 있는 동료 신학자들에게 포화를 맞았고, 이런 노력이 그를 단념시키지 못하고 오히려 1955년 머레이는 바티칸 당국의 지지를 받으면서 그의 활동이 재개되도록 준비하고 있었다.

로마의 신학 환경의 변화로 5년 뒤인 지금에야 머레이는 가톨릭주의와 미국 민주주의 간 관계에 대한 이런저런 관점을 다루는 이전에 출판한 논문 10편과 새로운 논문 두 편을 묶어 펴낸 한 권의 책으로, 그의 견해를 다시 피력할 수 있게 되었다. 그러나 그가 교회와 국가의 분리를 지지함으로써 교회의 선교를 훼손했다는 비판은 결코 사라지지 않았다. 따라서 그의 전통주의 비평가들 가운데 이런 문제가 처리되어야 한다는 확신은 "미국 민주주의가 가톨릭주의와 양립하는지"며 이외 다른 방법은 없다는 것이다.

이런 확신은 머레이가 그의 주장에 대해 무자비한 비판을 가한 두 번째 비평가 무리와 마찰을 빚게 했다. 이 비판가들은 '세속적 분리주의자들'이라고 불릴 수 있는 사람들이며, 자연법에 근거한 공적 담론에 대한 머레이의 요청이 가톨릭의 도덕성과 정치를 행정의 활동 속으로 몰래 가지고 들어가려는 시도로 미국 수정 헌법 제1조의 체제 조항을 위반한다고 주장했다.

개신교, 유대교, 무신론의 관점에서 작업하는 이 비평가들은 극도의 반가톨릭주의적 정서의 풍조 속으로 진입해 들어왔다. 이런 풍조들은 미국의 유행하는 문화의 지속적 특성이어 왔지만 국가의 건국으로 다시 돌아간 입법적이고 정치적 사상의 오래된 혈통에 호소했다.

특유한 도덕적 전통의 기준에 따라 국가 정책을 조직하려는 시도들은 헌법의 보호를 받는 권리들, 특히 종교의 자유와 양심의 자유에 대한 개인의 권리를 공격하는 것으로 간주되었다. 유명한 출판사에서 출간되고 반박된 많은 그의 글들과, 순회 강연을 통해 전해지고 논박된 20년 동안의 논문들과 함께, 머레이는 이런 견해가 처음부터 감별되고 일축될 것을 잘 알고 있었다. 따라서 분리주의자들에게 초점이 맞추어져 있던 이런 확신은 그가 민주주의의 소박한 정의보다 더 나은 어떤 것과 작업하고 있다는 것을 보여 준다.

머레이는 가톨릭과 미국 민주주의의 양립성을 확증하면서, 두 비평가 집단(가톨릭의 초월주의자와 세속적 분리주의자들)을 동시에 논박했다. 각 비평가 집단은 매우 다른 이유들이긴 하지만 이 관계를 근본적 갈등의 하나로 묘사했다. 이런 논쟁을 서문에서 분명히 기술한 머레이는 책의 나머지 부분의 글들로 이 앞의 두 싸움의 맥락에 따른 주요한 요점들에서 우세를 점하고자 한다. 곧 그는 수정 헌법 1조항의 옳고 그름의 읽기, 공적 담론의 성격, 고등 교육, 종교 학교의 국가적 지원, 검열 제도, 성육신, 공공의 자유, 공산주의, 군대의 도덕성, 자연법의 합당한 이해와 같은 주제들(대략 말해 그 주제들이 나타난 질서)을 다루었다.

온갖 것을 모두 고려한 이런 글들은 그럴듯한 반대 실체들이 사실 어떻게 근본적으로 양립하는지 보여 주려고 계획된 메타 내러티브와 함께 가톨릭주의와 미국 민주주의 간의 관계에 대한 머레이의 대안적 묘사를 보여 준다.

만일 머레이의 '양립론'(이렇게 불린 것처럼)의 성공이 『우리는 이런 진리를 주장한다』를 받아들임으로써 측정될 수 있었다면, 이는 대단히 성공적이라고 평가 내릴 수 있었을 것이다.

머레이가 「타임」(비록 그의 좋은 친구와 잡지의 편집자 헨리 루스가 확실히 그 일에 책임을 가졌을지라도)의 표지에 나타날 만큼 그의 책은 미국의 가톨릭 사상에서 하나의 획기적인 사건으로 널리 인정받았다. 책의 논쟁을 주의 깊게 요약하는 표지의 글은 양립론을 국가적으로 알려지게 했다.

케네디가 대통령으로 당선되던 해에 머레이의 책이 출판되었다는 사실은 머레이가 중대한 어떤 것을 전하고자 했을 것이라는 느낌을 더해 준다. 더욱이 머레이는 정치적이고도 종교적인 문제들에 대해 개방적이고 정중한 대화로 비가톨릭교인들을 참여시키도록 가톨릭 세대에 영감을 주었다. 이런 다음 그는 대통령과 유대 지성인 중 가톨릭 사상을 수용할 수 있는 청중을 형성시켰다. 따라서 머레이의 생애와 활동은 가톨릭 지성인에게 모든 세대의 간절한 희망으로 부각되었다.

그의 학문 경력은 미국 예수회 신부가 되려고 전형적인 수업을 받았고, 웨스턴대학교에서 문학사(1926년), 보스턴대학교에서 철학으로 문학 석사를 받았다(1927년). 그는 필리핀에서 3년 계약으로 라틴어와 문학 강사를 지냈다.

머레이는 로마의 그레고리언대학교에서 신학으로 석사 과정을 마치고(1933년), 우드스톡대학교로 돌아와 1967년 세상을 떠날 때까지 신학 교수로 가르쳤다. 무엇보다 그는 고전 가톨릭 교육이 국가의 지적 삶에 하나의 징표를 만들었다는 평판을 얻었다. 이것이 그가 얼마나 미국의 대부분 가톨릭주의 역사가에게, 누구나 완전히 미국인이면서 동시에 완전히 가톨릭교인이 될 수 있음을 입증함으로써 가톨릭주의의 성숙을 촉진한 지적 영웅으로 묘사되는지 보여 준다.

머레이가 성공적으로 가톨릭주의와 미국 민주주의 간의 양립성을 입증했는지, 못했는지의 문제는 많은 논란거리가 되었다. 어떤 면에서 그는 전통주의 비평가들을 확실히 압도했다. 그가 『우리는 이런 진리를 주장한다』에서 그린 윤곽의 쟁점은 미국 가톨릭 지식인들에게서 일반적으로 인정을 거의 받지 못했음에도 제2차 바티칸공의회에서 검토하는 방식을 이끌어 내었고 추기경 프란시스 가디널 스펠만이 지지해 준 덕분에 머레이는 '페리투스'(*peritus*, 전문 컨설턴트)로서 활동하게 되었다. 정말로 그는 인간의 양심에 따라 존중하는 인권을 공식적으로 확증한 종교 자유에 대한 공의회의 선언인 『인간의 존엄성』(Dignitatis Humanae)의 마지막 초안을 쓰고 그 지침을 구상했다.

이로써 머레이의 가톨릭 전통주의 비평가들의 불평들은 잊히게 되었고, 교회와 국가의 분리가 암묵적으로 인정되었다. 미국 안에서 많은 가톨릭 사회 윤리학자가 자유주의 쪽이든 신보수주의 쪽이든 머레이를 멘토나 모본으로(e. g. Curran 1982; Neuhaus 1987; Weigel 1987) 지목한다는 사실은 오로지 그의 '양립주의 이론'이 널리 퍼져 있고 계속 중요하다는 점을 보여 주는 것이다.

그렇지만 또 다른 측면에서 이 외관적인 양립성은 파악하기 어려운 채로 남아 있다. 정말로 이런 경우는 머레이가 죽은 지 35년이 지나, 특히 점차 세속화된 사법 제도의 후원 아래 합법적 보호를 누려 온 낙태, 안락사, 의사 조력 자살, 포르노그래피의 구매와 판매 등 실천적인 문제들이 출현함으로써 더욱 파악하기 어렵게 되었다는 것을 주장할 수 있다. 게다가 미국 사회는 예의 바른 행동, 공적 담론, 공동선의 측면에서 악화해 가는 경험을 하고 있다.

머레이는 이런 전개에 대응해 국가를 건국철학 이념으로 돌아가게 하는 것이 더욱 긴급하며, 이것이 그의 계승자들이 그의 과업을 마치려고 시도할 때 대략 자신들의 것으로 이어갈 강령이라고 주장할 것이다. 하지만 시간이 지남에 따라 그리고 국가가 가정한 건국 철학에서 방향을 바꿈으로써 머레이의 양립론이 계속 타당할지 묻지 않을 수 없다.

이 문제는 이 글의 결론부에서 다룰 것이다. 나는 이 문제의 맥락을 보이기 위해 머레이의 양립론을 구성하는 폭넓은 내러티브를 제시하려고 한다. 다음 두 부분에서 먼저 가톨릭 초자연주의자들에게 초점을 맞출 것이고, 그다음 부분에서 세속적 분리주의자들에게 초점을 맞추면서 이 이론에 대한 두 가지 비판에 맞선 머레이의 대응이 무엇인지 간략히 설명할 것이다.

마지막 부분에서 나는 이런 비판들에 대한 머레이의 대응이 그의 양립론에서 다루기 힘든 갈등들을 드러낸다는 것을 보일 것이다.

1. 머레이의 양립론

미국의 민주주의와 가톨릭주의의 양립에 대한 머레이의 논증은 미국이라는 국가가 교회의 자유를 존중하고, 또 이렇게 존중함으로써 육신이 된 하나님의 아들 예수 그리스도의 자유를 존중할 수 있다는 주장에 크게 의존한다. 그는 성육신과 함께 시작하는 종교 자유에 대한 내러티브를 통해 모든 시대에 이 주장을 전개한다.

머레이의 설명에 따르면, 성육신은 '세속적 질서'를 초월하는 '영적 질서'를 세웠지만 결코 현세적인 효과가 없는 것이 아니었다. 왜냐하면, 교회가 전통적으로 자기에게 세속 질서 속에서의 현존을 요청했기 때문이라는 것이다. 머레이는 교회는 이렇게 존재함으로써 초자연적인 소명과 자연법과 조화하는 방식으로 살아갈 수 있다고 말한다.

영적인 것(현세 안에서 성스러운 것)을 향한 '입구'를 제공하는 세속 질서라는 이 기독교적 개념은, 머레이에 따르면 두 가지 이유에서 혁명적이었다.

첫째, 이 개념은 사회를 단일한 동질성 있는 구조로 이해하는 고전적 견해를 폐기하기 때문이다. 이런 구조 안에서 '하나님의 법'(*ius divinum*)은 황제의 통치 아래 있는 '시민법'(*ius civile*)에 종속되었다.

둘째, 이 개념은 교회의 자유가 제한된 국가 덕분에 확보될 새로운 정치적 이상을 제시하기 때문이다(Murray 1960L 202).

따라서 머레이에게 정치적 이상을 요구하는 교회와 교회가 요구하는 자유는 역사에 대해 실제적이고 구체적 영향을 끼친다.

머레이는 하르낙의 교회론을 직설적으로 일축하면서 다음처럼 말한다.

> 역사 속에 나타난 것은 '관념'이나 '본질'이 아니라 존재였다. 이 존재는 실재물로 이 세상 안에서 땅을 차지하는 보이는 기관이면서 동시에 이 세상의 주제가 아닌 경악시키는 새로운 자유를 주장했다. 교회는 구체적 실체며, 공간을 차지한다(Murray 1960:204).

그렇다면 머레이에게 성육신은 정치와 역사에 영향이나 변화를 초래하지 않는 일시적이고 덧없는 사건이 아니다. 성육신은 인간 현존의 새로운 "영적" 질서를 세우는 역사의 하나님에 의해 정식으로 시작된 간섭이다. 이 영적 질서는 정치권력의 온갖 형태를 세속 질서가 작동하는 영역들을 한정해 전복한다. 세속 질서는 이것들의 광범위한 성향을 억제한다. 이런 면에서 성육신은 새로운 형태의 정치로 탄생한다. 다시 말해, 국가 권력이 교회의 자유의 필요성에 따라 구성되는 정치라는 것이다.

이 새로운 정치가 교황 겔라시우스 1세의 잘 알려진 선언문 속에 생생하게 표현되었다.

> 두 가지가 있다. 세상은 원래의 통치하는 권리라는 명분으로 존엄한 제왕에게 지배된다. 곧 이 권리는 성직자들의 성별된 권위와 왕의 권력이다(Murray 1960:202).

우리가 기독교 체제의 혁명적 성격을 언급할 수 있는 것은 이 '양두 정치' 때문이다. 그리스도의 성육신과 교회의 설립은 세계사적으로 중요한 정치적 사건을 구성한다.

그러므로 머레이는 교회의 자유 원칙에 대해 다음과 같이 쓴다.

> 단순히 그것이 역사적이든 또는 어느 모로 보나 우리는 대단한 관념의 현존 속에 있으며, 이 관념이 역사 속으로 진입한 것은 새로운 문명 시대의 시작을 알렸다 (Murray 1960:202).

머레이의 학문은 많은 부분에서 역사 속에 있는 교회의 자유 원칙이 어떻게 전개되는지에 대해 이야기하고자 애썼다. 이론 영역에서 그는 고대 겔라시안주의 양두 정치를 각자 명확한 정도가 다르게 설명한 아우구스티누스, 살리스베리의 요한, 아퀴나스, 벨라민, 레오 13세, 비오 11세, 비오 12세, 여러 다른 사람의 저작 속에서 그와 같은 이론이 발전된 것을 추적해 나갔다.

머레이가 인정했듯이, 이것은 직선적 발전은 아니었다. 벨라민(Bellarmine)이 교회의 간접적인 권력에 대한 이론을 지지하는 것은 옳았다. 하지만 그는 출현하는 민족 국가의 정치적 현실들에 비추어 잘못 적용했다(Murray 1946). 또한, 현대 민주주의를 평가하게 되었을 때 레오 13세의 통찰은 부족했다(Murray 1953).

이런 사상가들은 넓은 역사적 맥락에 따라 검토되었을 때 머레이가 주장하는 것처럼 '서구 입헌주의'라는 제목을 붙일 수 있는 한 묶음의 주제에 초점을 맞춘 명확한 지적 전통들이 출현하게 된다. 이런 서구 입헌주의 전통의 기원은 중세 시대다. 하지만 머레이는 교회의 자유 원칙이 미국의 헌정 사상 처음으로, 구체적으로 수정 헌법 제1조의 종교 관련 조항에서 성문화되었을 때 그 전통이 충분히 발전하게 되었다고 말한다.

우리는 이렇게 질문할지 모른다.

머레이는 무슨 근거로 중세 가톨릭 정치 이론과 미국의 건국 원칙들 간의 연속성을 주장하는가?

그가 제시하는 대답은 자연법이다. 자연법은 국가 건국자들이 마음에 품고 있던 것이고 그 이상은 지금도 살아 있다.

그의 주장에 따르면 이런 요구는 다음과 같다.

> 미국의 정치 공동체는 자연법과 천부권의 전통이 활발하던 시대에 조직되었다(Murray 1960).

이런 주장과 일치시키는 머레이는 중세의 지적 유산과 함께 미국 토대와 관련된 요구들을 주장한다.

> 미국의 합의는 중세 사회의 전제를 받아들이는 것이었고, 중세의 표현에서 보여 주듯이 사람들에게 주어진 권리에 비추어 사람들은 정부의 과정을 "판단하고, 방향을 세우고, 수정하는" 고유의 정의감이 있었다. 미국인들이 초기에 표현과 출판의 자유와 같은 법들을 동의하게 한 것은 바로 이런 정치적 신념이다(Murray 1960:34).

또한 이것이다.

> 권리 장전(Bill of Rights)의 철학은 자연법의 전통에 예속되어 있었다. 엄밀히 말해, 이런 생각은 인간이 시민으로서의 상태보다 앞서 인간으로서의 어떤 본래적인 책임들을 갖는다는 것이다(Murray 1960:37).

동일한 맥락에서 머레이는 나라의 가장 유명한 정치인 중 한 사람의 진술에서 중세의 선례를 주장했다.

> 링컨의 유명한 연설 구절에 나오는 확언 '신 아래에 있는 이 나라'는 미국의 신조를 서구의 중심적 정치적 전통과 근본적으로 이어지게 한다(Murray 1960:30).

머레이는 하나의 보완적인 방식으로, 미국의 명언인 "제한된 정부 아래 있는 자유로운 사람들은 휘그당, 성 토마스 아퀴나스를 만족시킬 수 있다"(Murray 1960:32)라고 주장함으로써 최초의 미국의 원동력을 중세 기독교의 가장 잘 알려진 정치 이론가의 사상에서 찾는다. 이런 각개의 진술들은 자연법의 중세 가톨릭 전통이 "미국의 합의를 위한 기본적인 문서들을 제공해 왔다"(Murray 1960:30)는 역사적 주장 속에 깊숙이 들어 있다.

머레이에게 이 미국의 합의는 이론적 핵심에서 두 가지 원칙을 구성하는데, 곧 지배를 받겠다는 동의와 제한된 국가다.

그리고 미국의 합의에는 하위 개념들이 이 뒤를 잇는다.

첫째, 정부는 도덕적 근거를 갖는다.
둘째, 보편적 도덕법은 사회의 기초다.
셋째, 사회의 합법적 질서(곧 국가)는 통계에 따라서가 아니라 인간의 천부적 권리라는 법에 의해 판결되도록 예속된다.
넷째, 하나님의 영원한 이성은 모든 법의 궁극적 원천이다.
다섯째, 이 나라는 모든 면에서(사회, 국가, 지배자와 지배를 받는 사람들 간의 질서화와 자유로운 관계로) 하나님 아래 있다(Murray 1960:33-35, 42).

머레이는 추상적인 생각들을 타당하게 논증하는 방식으로 전개하지 않는다. 대신 이런 하위 개념들을 미국의 합의와 동일시하는 것에 초점을 맞추고, 따라서 이 합의가 중세 시대로 소급하는 자연법의 넓은 전통 속에 있음을 보여 준다. 즉 정말로 우리가 보았듯이, 모든 세속 질서에 영적 질서를 으뜸으로 세웠던 성육신으로, 겔라시우스로, 초대 교회로 돌아가자는 것이다.

미국 건국자들이 영적 우선성을 인식하는 정부를 설립했기 때문에 미국은 가톨릭주의와 양립한다는 것이다. 실제로 어떤 면에서 머레이는 미국의 기초를,

예컨대 "섭리"(Murray 1960:30, 68)로 묘사하는 것을 보면 그가 가톨릭주의와 민주주의의 양립성과 같은 이상(ideal)으로 나아갈 수 있다는 것을 본다.

머레이의 이야기를 통해 전달된 메시지는 미국 민주주의가 가톨릭주의와 양립한다는 것이다. 이는 가톨릭의 정치 이론의 산물이기 때문이다. 그러나 이 주장은 우리가 알고 있는 것처럼 가톨릭 초자연주의자들에게 비판을 받는다. 가톨릭 초자연주의자들은 가톨릭의 정치 이론에 대한 머레이의 해석이 근본적으로 결함이 있다고 또 아마 이단일 것이라고까지 주장했다. 이제 우리는 이 같은 비판과 이에 대해 머레이가 어떻게 대응하는지를 살펴볼 것이다.

2. 가톨릭 초자연주의자들

가톨릭 전통주의자들도 머레이를 비판했다. 그가 교회와 국가의 분리를 지지했고 이것이 가톨릭의 가르침과 일치한다고 논증했기 때문이다. 언뜻 보기에 이들이 옳은 것처럼 보인다.

당시 로마가톨릭교회의 공식적 가르침은 가톨릭의 가르침과 제도가 공식적으로 또 합법적으로 국가에 지지를 받으며, 이 규범에서 이탈되는 정치적 계획은 원칙적으로 수용될 수 없으며, 공공의 평화를 보존하기 위한 양보로만 용인될 수 있다는 것이었다. 이런 가르침을 지배하는 전제는 교회와 국가의 법적 분리가 교회의 임무와 삶에 모두 해롭다는 것이었다.

불협화음이 생기는 것처럼 보이는 이런 전제는 현대 유럽에서 로마가톨릭교회의 비관적인 상황을 고려할 때 정당화되는 것처럼 보인다. 프랑스혁명은 상반된 두 정치적 세력, 곧 군주제 세력 대 개혁(혹은 혁명) 세력 간의 강력한 투쟁이 시작되었음을 알렸다. 1789년은 프랑스 교회가 민주주의의 이름을 내세운 무신론적 국가에 체계적으로, 종종 폭력적으로 박해를 받기 시작한 해다. 또 나라에서 나라로 잇따라 다른 개혁가나 혁명가들이 교회를 정치 생활에서 제명해야 한다고 촉구하면서 유사한 위협이 유럽 전역에 나타났다.

이런 상황에서 교회의 반동적인 반응은 군주 제도 세력들에 동조하는 것이었다. 이런 전략은 교회를 불리하게 만들었다. 이 전략은 군주제 역시 교회의 권위에 악의적이었던 만큼 무시되었고, 교회는 반동적인 제도라는 명성을 얻게 되었다.

하지만 교회의 영향력을 군주제 뒤에 두는 것이 혁명의 물결을 막기 위한 유일한 희망인 것처럼 보였다. 특히, 이는 적어도 교회의 자유를 영적 영역에서 보존하고 결혼이나 교육 같은 특정한 한시적 문제에 관한 법률로 가톨릭을 대표하는 정부를 유지하는 유일한 희망이었다.

그럼에도 불구하고, 20세기가 시작되면서 새로운 세속 질서가 유럽에서 출현하고 있음은 분명했다. 세속 업무에서 교회의 역할은 뚜렷이 제한되었고, 영적인 영역에서도 교회의 자유가 위태하게 되었다. 교회의 지도자들은 실제로 다양한 국가와의 조약들에 서명하면서 이런 새로운 현실에 순응해 갔다.

하지만 이들은 이론 영역에서는 양보하기를 거부해다. 이것은 세상의 정치 질서에 직면해 이들이 현대 사회의 질병들이 기독교 생활과 제도들로 돌아옴으로써만 치유될 수 있다고 주장하는 방식이었다(Reum Novarum, 1871, n. 22). 이런 요소들은 기준을 정한 정치적 합의는 교회가 국가에 완전한 입법적 지원을 받는다는 합의라는 가톨릭의 공적 가르침에 있는 주장의 기저를 이룬다.

가톨릭 정치 이론가들의 도전은 국가의 교회 지원의 규범성에 대한 이론 영역에서의 주장과 덜 수용적인 합의를 받아들이기 위한 실제의 준비 사이의 명백한 차이를 설명하는 것이었다. 이들은 시대 언어를 사용하기 위해 정립(thesis)과 가설(hypothesis)을 구별해 설명하거나, 더 현대적인 용어로 말하면 이상적인 상황(정립)에 적용되는 절대 원칙과 덜 이상적인 환경(가설)을 전개하는 상대적 원칙을 구별해 설명했다.

비오 9세(Pius IX)의 『오류의 개요』(Syllabus of Errors, 1864)의 비평가들에게 대응하기 위해 프랑스 주교 페릭스 도우판로우프(French Bishop Felix Doupanloup)가 발전시킨 정립, 가설을 구분하는 것은 교회와 국가의 연합에 대한 정립을 확증되게 했고, 교회와 국가 분리에 대한 가설은 현실적인 사실로 수용되었다. 이것은 유용한 공식화임이 입증되었다.

이 유용한 공식화는 가톨릭 정치 이론가들에게 교육, 결혼법, 감독 임명제 같은 문제들을 시민 당국과 협의하려는 교회의 의향을 설명하는 데 필요한 개념적 장치들을 제공했으며, 부적절하며 의심의 여지가 없는 이상인, 『오류의 개요』에서 단언된 그리스도교(가톨릭) 국가에 대한 묘사를 지지하게 했다.

19세기 중반에 이 정립, 가설의 구분은 유럽뿐 아니라 미국에서도 가톨릭 정치 이론의 표준적 특성이었다. 존 라이언(John Ryan) 같은 가장 유명하고 대표적인 학자들에게 이 구분이 사용되었다(Ryan and Millar 1992). 이 구분은 머레이가 교회와 국가에 대해 출판하기 시작했을 때부터, 또 그의 전통주의 비평가들이 이들의 반대 의견을 출판함으로 지속적으로 사용되었다.

정립, 가설을 구분하는 상황에서 가톨릭의 초자연주의자들이 반대하는 이유는 간명했다. 머레이는 미국의 정치적 계획을 근본적으로 선한 것으로, 단지 가설이 아니라 사실상 정립으로 여겼기 때문이다. 이 이유로 머레이를 비판하는 가장 집요한 두 사람은 미국 가톨릭대학교의 조셉 펜턴(Joseph Fenton, 1906-69)과 프란시스 코넬(Francis Connell, 1888-1967)이었다.

교회와 국가의 관계에 대한 공식적 가톨릭 가르침에 자긍심을 가진 지지자들은 미국에서 헌법적 확립이 이상적인 것보다 덜한 하나의 가설로 분류되어야 하고, 만일 그렇게 분류되지 않으면 무관심주의(indifferentism)으로 흘러갈 위험이 있다고 주장했다. 당시 가톨릭 신학에서 무관심주의는 사람이 잘 살고 있는 한 누가 어떤 교회에 속해 있는지는 아무런 차이를 만들지 않는다는 개념으로, 인류를 구원하기 위해 하나님이 세운 조직화된 몸이라는 의미에서의 참된 교회는 존재하지 않는다는 가정을 지닌 것이었다(Sheedy 1949:9-3).

무관심주의에서 관심을 촉구한 펜턴과 코넬은 머레이가 가톨릭 국가에 대한 이런 정립을 지지하지 않은 점에서, 국가와 사회 모두 로마가톨릭교회의 지침에서 유익을 얻지 못하거나, 또는 나아가 로마가톨릭교회가 참된 교회가 아니라는 것까지 암시했다고 주장했다.

펜턴에 따르면 그레고리 16세부터 레오 13세에 이르기까지 로마 교황의 일관된 가르침은 신적 주권 영역을 왜곡하는 어떤 시도도 비난했다. 펜턴은 "무관심주의의 하나님은 인간의 사고, 인간의 표현 또는 시민 질서의 일들에 대한 참되고 긍정적인 권리가 없다"라고 말하면서 이런 하나님을 경배하는 것은 제한된 신, 그래서 그릇된 신을 경배하는 것이 될 것이라고 밝혔다(Appleby and Haas 1995:36-37).

코넬도 동일한 맥락을 따라 주장했다. 그는 비오 11세의 가톨릭 회칙인 『첫째의 것』(*Quas Primas*, 1925)을 제창했다. 이 회칙은 그리스도에 대한 복종은 개인으로서뿐 아니라 시민 사회와 국가 구성원으로서의 모든 사람의 의무라고 가르치며, 시민 사회의 목적은 공동의 한시적 선을, 즉 현생에서 시민의 선을 증진시키는 것이지만, 이 목적은 인류의 초자연적 목적을 위해 명령되어야 한다고 언급했다. "초자연적인 질서에 대한 지고한 견해에서"라는 논문에서 펜턴은 다음과 같이 썼다.

그들의 현세적 선은 자연적 덕목들과 마찬가지로 초자연적인 덕목들을 실천하는 것을 포용해야 한다. 따라서 시민의 안녕과 복지를 증진시키기 위해 정부는 자연법을 준수하는 것과 마찬가지로 똑같이 그리스도의 초자연적인 법을 준수하는 데 관심을 가져야 한다(Connell 1948).

펜턴과 코넬 둘 다 머레이가 종교 문제에 있어서 국가를 무능하다고 묘사한 것은 그리스도를 따라야 할 의무에서 자유로운 인간 활동 영역, 곧 종교적 신념과 실천들이 따로 분리된 영역이자 무관심을 불러일으키는 영역을 만들어 냈다고 주장했다. 이들은 가톨릭 국가의 정립과(thesis) 이상을 긍정하는 것이 이러한 무관심주의로의 표류를 견제하는 길이라고 주장했다.

미국 가톨릭주의의 전쟁 후의 맥락에서 무관심주의를 이렇게 우려하는 것은 중요했다. 중요하게도 가톨릭 신자 가운데 '교리의 상호 협력'(intercredal cooperation)이라고 불린 것이나 교파초월주의를 실행하려는 경향들이 더욱 잦아졌다. 교리의 상호 협력에 대한 찬반은 1940년대 초 머레이, 펜턴, 코넬, 다른 사람들의 충분한 논의를 통해 해결되었다. 머레이는 교리의 상호 협력을 옹호했다.

그는 무관심주의의 위험성을 인식하면서 처리되어야 할, 전쟁과 연관된 여러 위험이 있다고 주장했다.

> 국가적으로든, 국제적으로든, 인간 삶의 위험성들(위험이 너무 커 이런 연합의 필요성을 창조할 정도로)은 가톨릭 신자들이 사회 재건 영역에서 비가톨릭 신자들과 협력하지 못한 것도 포함했다(Murray 1942:416).

머레이는 이런 협력의 근거를, 그들을 중재한 기독교 전통과 완전히 단절되지 않은 사람들이 공유한 희망의 빛을 비추는 자연법의 교훈들에서 찾을 수 있다고 주장했다.

> 그리고 왜 이 빛이 모든 기독교인에게 적어도 이들의 공동 노력을 요구하는 재건 작업의 일반적 노선에 초점을 맞추는 방식으로 공통적인 조명의 원천이 될 수 없는지 알기는 어렵다(Murray 1942:430).

펜턴과 코넬은 평화와 사회 정의를 실천하기 위해 가톨릭과 비가톨릭이 연합해야 한다는 데 동의했지만, 핵심적인 위험들도 보았다. 코넬은 전시 동원이 다양한 종교 배경을 가진 수백만 미국 시민을 불러 모은 것은 모든 종교에 대한 정부의 관용적 태도에 따라 강화된 자유주의 정신을 만들어내고 있다고 보았다 (Appleby and Hass 1995:28).

펜턴은 동일한 위험성을 간파했고, 그리스도와 함께 하는 삶의 유익함을 향유하기 위해서는 가톨릭교인들이 주님이 세우신 실제로 존재하는 가시적인 사회에 속하거나 속할 생각을 가져야 한다는 전통적 가톨릭 가르침을 비가톨릭 동료들에게 확인시켜야 한다고 주장했다(Appleby and Hass 1995:30).

두 사람 모두 가톨릭 신자들이 전후의 자유주의와 초교파주의 정신으로 휩쓸려가는 것을 보았고, 이 과정에서 세속 질서 속에 있는 교회의 초자연주의적 삶의 중요성을 경시하는 가톨릭 신자들을 보았다. 이런 이유로 이들을 가톨릭 초자연주의자들로 부르는 것은 적절하다(Appleby and Hass 1995:26-8).

그렇지만 이들이 주로 문제들을 삼았던 곳에서 머레이는 어떤 약속을 보았다. 머레이의 평가는 미국 안에 있는 가톨릭이 교회와 국가의 분리 아래 순조롭게 나아가고 있다는 것이었다. 결국, 로마가톨릭교회는 어떤 의미 있는 방식으로 제한받거나 억제당하거나 혹은 박해를 받지도 않았다. 역으로 말해 미국에서 교회는 번창했다. 왜냐하면, 교회와 국가의 합법적인 분리가 가톨릭 신자들에게 이들의 신앙을 완전하고 자유롭게 행하도록 허용했기 때문이다.

그러나 머레이는 다음과 같이 물었다.

"정립, 가설의 구분이 무슨 소용이 있는가?"

이 구분은 대단히 쓸모 있지 않다는 것이 그의 대답이었다. 이런 구분은 로마가톨릭교회와 국가 교육이 미국 안에 있는 가톨릭 신자와 전혀 무관하다는 당혹스러운 사실로 이어졌다.

그는 역사학자 존 트레이시 엘리스(John Tracy Ellis)에게 보내는 편지에서 다음과 같이 썼다.

> 우리는 3천만 명의 가톨릭 신자가 영원히 '가설' 상태에서 살아야 한다고 가정해야 하는가?(Pellotte 1976:38).

그렇다면 머레이는 교회와 국가에 대한 전통적인 가르침으로, 즉 이 정립으로 무엇을 했는가?

그는 이 정립을 일축하거나 무시할 수 없었기 때문에 역사화했다. 말하자면, 이 정립을 역사화하는 것은 머레이가 1940년대와 1950년대에 출판된 연구 논문 시리즈의 과업이었다.

이 논문들은 사실상, 이론적 핵심이 세 단계로 구성된 통일되고 확대된 논증을 이루었다.

첫째 단계는 머레이가 '영적인 것의 우월성'이라고 부른 핵심적인 초현세적 원리를, 교회의 사회에서의 분리, 교회의 자유, 인간의 존엄성이라는 세 가지 파생적인 초현세적 원리와 함께 상정하는 것이다(Murray 1954).

둘째 단계는 교회와 국가 연합이라는 정립은 이런 초현세적 원리들을 특정한 역사적 상황 내에 적용하려는 시도로 구축되었음을 보이는 것이다.

셋째 단계는 이런 역사적 환경이 이제 변화되었음을 논증하는 것이다. 머레이는 이 세 단계를, 여러 인물의 저작, 특히 비교적 최근에 분명한 용어로 이 정립에 대한 입장을 말한 레오 13세의 글을 다시 읽으면서 사용했다.

머레이가 설명했듯이, 레오 13세가 정치에 대해 썼던 역사적 환경은 국가가 감독하는 하나의 틀 안에 모든 기관을 집어넣으려고 시도한 프랑스혁명이 지배하던 때다. 머레이가 이름을 붙여 준 것처럼 이 정치적 일원론의 저항 속에서, 레오 13세는 교회가 정치에서 온정주의적 관심을 실행하는 교회와 국가의 관계 형태를 요청했다.

그러나 레오 13세가 이렇게 한 것은 그가 한때 자랑스럽던 '기독교인 국민'(*Populus Christianus*)이 무지하고 무관심하고 열정 없는 가톨릭 대중, 곧 정도에서 벗어나고 부도덕한 지도자들에게 먹잇감이 된 비극적 현실을 인식했기 때문이라고 머레이는 주장한다(Murray 1954:30). 그러므로 교사의 역할을 맡는 혁명의 전권을 가진 국가의 환경에서, 레오 13세는 정치에서 부성적 보살핌의 행사를 찬성할 수밖에 없었고, 이로써 국가는 공익을 위해 문화의 질서에 개입한다.

머레이는 이것이 필요하다고 썼다. 왜냐하면, 유럽의 가톨릭 신자들이 '미숙한 무리'(*imperita multitudo*) 곧 대중들이지 진정한 국민이 아니었기 때문이다. 이런 구분은 결정적이다. 대중들은 아이들처럼 이들을 감독하는 외부적 권위 곧 지도 같은 형태를 요청한다. 반대로 진정한 사람은 잘 발달된 공동체의 구조와 도덕적 정체성을 특징으로 지니기에, 성인들로서 자기 목표를 수행할 수 있다.

머레이가 구분하는 부분은 레오 13세가 유럽의 대중들을 다루기 위해 가톨릭 국가라는 정립을 분명히 했지만, 이 정립이 미국에 거주하는 사람들처럼 진정한 사람에게는 필요하지 않다는 것이다. 다른 말로, 미국 사람들은 더 성숙하며 또 이 성숙한 국가 안에서 진정한 정치적 공동체를 구현하는 자신들의 역량이 있다는 것이다(Murray 1954:32).

그런데 미국 안에 사는 대중들은 외부의 감독을 필요로 하지 않는다는 것이 사실일까?

미국 사람들은 진실한 정치적 성숙에 충분히 도달했을까?

이런 질문들에 대해 조명해 보기 위해 세속주의적 분리주의자들의 비판에 대한 머레이의 반응으로 들어가 보자.

3. 세속적 분리주의자들

머레이는 그의 작업을 통해 프랑스혁명과 연관된 대륙의 자유주의와, 서구 입법주의적 전통의 자유주의 간의 대립을 크게 강조했다. 또한, 만일 우리가 그의 엄청난 이야기를 살펴보면, 이런 대립이 그렇게 단순해 보이지 않는다는 사실을 발견한다. 그가 유럽 대륙의 경쟁자 자코뱅(Jacobin)의 비성직권주의(laicist) 전통에 대항하려고 미국의 합의를 세우는 동안 비성직권주의 전통이 미국 토양에 뿌리를 내리고 있는 것이 판명되었다.

대륙 자유주의의 특징(자율적 인간 이성에 대한 지지, 종교의 사유화, 자연법의 권위를 승인하는 것에 대한 거부, 국가의 사회계약론, 사회 원자론[Murray 1960:28, 29, 38])이 국가 건립에 정교하게 작동했다. 이런 특징들은 법을 이성의 법령으로 보는 지성주의자의 법 이해와 대조적으로 자발주의의 법 이해를 옹호하는 사람들의 정신 속에 발견되고, 또 블랙스톤의 법 이론처럼 초기 미국의 법 이론에 나타나는 어떤 경향 속에서도 발견된다(Murray 1960:41-42).

더욱 최근 들어 이 같은 특징들은 머레이가 (산타야나의 말을 의역하면서) 말하듯이 "미국의 합의라는 완전한 개념과 오래 전 작별을 고한"(Murray 1960:40) 20세기의 미국 대학 안에서 지적 힘으로 나타났다.

이 결과 이 경쟁적 전통이 미국의 합의를 붕괴하려고 위협하고, 머레이가 경고한 것처럼 정치적 혼란의 길을 열어 주는 전개가 있을 것이다.

> 아마 오래 전부터 시작된 붕괴는 어느 날 완성될 것이다. 아마도 어느 날 수많은 층을 이루고 있는 민주주의 건물들이 붕괴되고 납작한 다수결주의의 차원으로 전락하게 될 것이다. 다수결주의는 집이 아니라 헛간이며, 아마 독재의 무기를 만들어 내는 도구일지 모른다(Murray 1960:42).

머레이는 이런 경쟁하는 전통을 묘사하기 위해 세속 분리주의자 비평가들을 지적했다. 이들은 이성의 공동 기준이 부족한 것이 미국에서 공적 합의를 가로막고 있다고 주장했다.

"공적 합의를 위한 두 가지 사례: 사실 혹은 필요"라는 논문에서 그는 이런 비평가들과의 만남에 대해 보고했다. 우회적으로 말을 하긴 해도 그는 "미국의 합의, 즉 공화당의 전체 질서가 의존하고 있는 공적 철학이 있느냐 없느냐?"라는 질문을 제기하고, 이런 다음에 이 문제에 대한 확증적인 사례를 주장하는 네 가지 본질적인 요지들을 제시한다(Murray 1960:82).

다음은 네 가지 본질적 요지다.

첫째, 미국이 공적 철학을 가지고 있다.
둘째, 이 공적 철학이 넓은 목적과 기준, 정부를 위한 의사소통의 근거들을 제공한다.
셋째, 이 공적 철학이 법의 일반적 이해, 자유와 도덕과 법의 관계는 물론이고 의지와 지성과 법의 관계, 훌륭한 법제의 규범들, 사회의 평등성과 통일성, 국가와 사회 간의 구분, 도덕적 형성을 위한 법의 가치와 인격의 신성함을 내포한다.
넷째, 이 같은 합의가 다른 의견을 멀리하지 않고, 합의를 분명하게 말하고 공고히 하는 수단으로 환영을 받는다.

머레이는 이 네 가지 본질적 요지들을 약술한 후, 보통 다음 같은 다양한 집단에서 나오는 반응들을 접했다고 보고했다. 개인주의자들은 철학을 사적 문제로 제시하면서 이성의 공동 기준이 없다고 주장할 것이다. 유물론자들은 미국의 성공은 물질적 측면에서 정의되고 측정되어 공공 철학을 무관하게 만든다고 말할 것이다. 실증주의자들은 공공 철학을 신화적, 시적, 혹은 상징적으로 제시한다.

그러나 실증주의자들은 공공 철학이 영속적으로 진리가 아니라고 제시하면서 과학적 진리보다 더한 진리는 없다고 말한다. 실용주의자들은 모든 철학의 가치가 개념들의 자유 시장에 의해 결정되고, 공공 철학은 유행에 뒤떨어져 있기 때문에 더 작동하지 않음을 보여 준다. 그리고 상황주의자들도 공공 철학에서 도덕 질서에 어떤 호소도 찾을 수 없다고 선언하면서 모든 도덕성과 같이 미국의 도덕성도 사회적 관행, 관습, 유행 또는 전통으로 제한되어야 한다고 주장한다.

머레이는 이런 반응들을 나열한 후, 어떤 사람은 "미국의 합의는 오직 하나의 주의를, 곧 의견 차이를 인정하는 것을 포함한다"라고 제시할 것이라고 말한다. 그에게 이 합의는 우리를 어느 곳에도 두지 않는다. 이 합의로 모든 합의는 끝난다. 하지만 이 합의는 하나의 철학을 구성하기에는 충분하지 않다(Murray 1960:84).

그렇지만 머레이의 보고는 여기서 끝나지 않는다. 그는 자신이 상투적인 전술의 변화를 요청했다고 설명했다. 미국의 합의는 사실이라고 주장하는 대신 하나의 필요라고 논증되어야 한다. 국가는 공공 철학이 필요하다. 국가가 위기 속에 있기 때문이다.

머레이는 말하기를, 이 논증을 전개하는 출발점은 국가가 나쁘게 행동하고 있으며 공산주의의 위협에 직면해 살아남는 것 외에는 다른 목표가 없다는 것이다. 국가는 세상의 질서 또는 이 질서의 원리들이나 요구된 조직의 양태나 형식들에 대한 개념이 없다. 이는 공공 철학이나 공동 언어가 없기 때문이다. 따라서 그는 어떻게 재정비된 공공 철학이 일관된 군사 및 경제 정책들을 창출해 내는지, 그래서 질서의 방향으로 세계를 움직이게 하는 동시에 널리 퍼져 있는 공산주의의 위협들에 맞서 국가 안보를 강화하는지 설명하면서 그의 보고를 마무리한다(Murray 1960:86-96).

하지만 미국의 합의에 대한 그의 논증에 비추어볼 때, 사실에서 필요성으로 전환하는 것은 얼마나 효과적인가?

머레이는 미국의 합의에 대한 사실을 세우려는 자신의 시도를 문제 삼는 대화 상대자들이 미국의 합의에 대한 필요성에 확실히 동의할 것이라고 가정한다. 그의 대화 상대자들은 그 같은 위기에 대해 다르게 설명하는 것처럼 보인다.

만일 개인주의자, 유물론자, 실증주의자, 실용주의자 및 상황주의자들이 마치 나라가 위기 속에 있다는 것을 믿으려고 하지 않는다면 어떻게 될까?

만일 이들이 나라가 위기 속에 있지만 머레이가 묘사한 그런 위기가 아니라고 생각한다면 어떻게 될까?

아니면 만일 이들이 공공 철학이 그 위기를 극복하는 데 도움이 되지 않는다고 여기면 어떻게 될까?

머레이는 이 질문들을 다루지 않으며, 이로써 대화 상대자들이 자기들의 지적, 역사적, 공동체적 틀 안에 머무르고 공공 철학 개발 프로젝트에 참여하기를 거부할 가능성을 직시하지 못한다. 머레이는 이 같은 문제에 대해 '바보', 즉 도시의 공적 생각을 공유하지 않는 그리스의 고전적 의미의 사적 사람이라고 대답했다(Murray 1960:117). 미국의 많은 사람은 이런 면에서 멍청한 사람들로 완전히 만족하는 사람들이다.

그러나 만일 이것이 사실이라면 이 미국의 합의는 어디에 있는가?

또한, 만일 이 합의가 자리 잡을 수 없다면 어떻게 머레이의 호환성 이론이 진리라고 주장할 수 있을까?

4. 머레이의 대응

이 마지막 질문을 밀고 나가는 한 가지 방법은 『우리는 이런 진리들을 주장한다』(*We Hold These Truths*)의 끝부분에 나오는 중요한 구절을 재진술하는 것이다. 머레이는 자연법의 원칙들에 근거한 외교 정책을 논한 후 이런 원칙들이 현시대의 국가 정책에서 찾아볼 수 없다고 지적했다(1960). 이런 다음에 그는 이런 원칙들에 대해 예일대학교 교수 율리안 하르트(Julian Hartt, 머레이는 그를 "친절한 비평가"라고 불렀다)가 제기한 문제를 다루었다.

머레이가 묘사한 하르트의 의문은 다음과 같다.

> 내가 믿기로, 머레이 신부는 제한된 전쟁을 선택 사항으로 심각하게 고려하는 배후에 있는 문제, 즉 적절한 한계를 결정하기 위한 윤리적 원칙이 어디에 있는가 하는 것을 명확하게 받아들이지 못하고 있다. 우리가 전쟁의 제한들에 대한

> 도덕적 결정에 적절하고 효과적인 윤리적 원칙들의 (말하자면) 살아 있는 저장소라 할 만한 공동체의 특징들을 만들어낼 수 있을까?(Murray 1960:290)

하르트의 질문은 중요하다. 이 질문이 "무엇인가가 아니라 어디인가?"를 묻기 때문이다. 이 질문은 추상적으로 논의되는 것이 아니라 구체적이고 특정한 공동체 속에서 구체화되는 원칙들을 요구하기 때문이다.

이 문제를 제기한 후 머레이는 이렇게 설명한다.

> 하르트 교수는 나라의 운명이 어떻게 될 것인지 주변을 돌아본 후 미국 공동체가 자격을 갖추고 있지 않다는 결론에 이른다. 미국 공동체는 이성의 전통이 전쟁에 대해 말한 것을 보존하는 살아 있는 저장소가 아니다.

머레이는 미국 공동체를 평가하는 하르트에 대해 다음처럼 답한다.

> 나는 유감스럽게도 그가 옳다고 동의하지 않을 수 없다. 이는 사실이다. 특히, 공공 철학의 관리인이라는 '성직자'에게, 미국 공동체는 당신이 명명하고 싶어 하는 어떤 도덕적 쟁점에 대해서도 이성이라는 전통의 저장소가 아닐 수도 있기 때문이다(Murray 1960:291).

다음 머레이는 이렇게 말한다.

> 만일 당신이 원한다면, 이 고대의 전통이 가톨릭 공동체 속에 살아 있다. 하지만 이 공동체는 외국 정책의 문제를 활기찬 관계로 소생시키지 못한다(Murray 1960:291).

여기서 그는 나라의 다른 가능한 집단들(감성적이고 주관주의적이며 성경적 근본주의, 다의주의 학파[the school of the ambiguist]를 지지하는 사람들, 세속적 자유주의의 가장된 도덕성을 옹호하는 사람들 그리고 어디에나 존재하는 실용주의자)을 점검했으나 결과는 똑같다. 이들은 이성이라는 전통의 저장소가 아니다.

이는 머레이가 다음 같은 결론을 끌어내게 한다.

그러므로 도덕적 토대는 동의에 대한 정치적 원칙 아래부터 침식되어 온 것처럼 보인다. 동의에 대한 정치 원칙은 공공의 행동을 위한 길라잡이로 다수결 원칙이라는 기술에 지나지 않는다. 이런 기술은 지혜와 정의를 만들어 내는 것만큼 정책과 통치의 독재 속에 있는 능력을 만드는 경향이 있다. 그러나 항상 그랬던 것은 아니다. 서구의 헌법 이론에서 동의 원칙은 사실이 될 것이라고 충분하게 추정되던 믿음, 즉 사람들은 적어도 지혜의 유산을 소유한 도덕적 전통의 살아 있는 저장소며, 국가의 행위(국가의 법, 국가의 공적 정책들, 국가 권력의 사용)에서 합리적인 것이 무엇인지 알 수 있다는 믿음에서 도덕적 근거를 찾았다.

사람들은 동의한다. 왜냐하면, 어느 정도 증거와 함께 합리적으로 보이는 것에 대한 동의가 가장 타당하다고 믿기 때문이다. 그러나 오늘날 미국인에게서 이런 전통은 죽었다. 하르트 교수가 제안하듯, 자연법의 윤리로 알려졌던 이성의 전통은 죽었다. 역사의 아이러니를 찾는 사람들은 여기서 한 가지를 발견해야 한다. 곧 서구의 헌법주의를 개시했고 미국 정부의 체제에 본질적인 형태를 제공하고 많은 사람이 공유하는 유산으로 충분히 오랫동안 지속되던 윤리가, 이제 그 구조를 유지하고 또 이 입헌적 연방정부의 행위를 관리하지 못하게 되었다 (Murray 1960:293-294).

머레이가 도출한 결론은 자연법이 지켜지지 않고, 이성의 전통이 힘을 잃었기 때문에 미국의 합의는 더 이상 존재하지 않는다는 것이다.

이 같은 결론은 머레이의 전체 주장에 결정적인 이의를 제기한다. 가톨릭주의와 미국 민주주의와의 양립성은 가톨릭의 정치사상에서 나타난 미국의 합의가 존재하고 있다는 것에 의존한다. 만일 미국의 합의가 바로 여기에 존재하지 않는다면, 머레이가 유럽의 대중들과 미국의 사람들 사이에 있는 사실로 가정했던 그 구분은 성립되지 못한다. 그리고 만일 이 구분이 성립되지 않는다면 미국 사람들은 머레이의 측면에서 보면 '멍청이들'처럼 계속 행동하게 될 것이다.

미국의 정치가 초자연주의적 목표가 부족하기 때문에 가톨릭의 초자연주의자들이 표류했다고 지적하는 것은 옳다. 이 사실은 핵무기에서 낙태의 선택적이고 양심적인 반대에 이르기까지 온갖 정치적이고 입법적 쟁점들에 대한 머레이의 입장들이 왜 한 번도 공적 담론에서 우세한 적이 없었는지 설명할 것이다.

머레이에게 이것은 단지 자연법 전통에서 형성된 사람들의 책임감을 증가시켜 미국의 합의를 명확하게 할 것이다. 따라서 『우리는 이런 진리들을 주장한다』의 마지막 장에서 자연법의 전통을 회복하려는 행동이 촉구되어야 한다고 호소한다. 그러나 다음 같은 물음이 생긴다.

합의가 나타나기까지 얼마나 오랫동안 기다려야 하는가?

기독교인들은 얼마나 오랫동안 진정한 정치 공동체에 대한 교회의 이해와 근본적으로 다른 사회 질서를 위해 살인을 저지르고 죽어야 하는가?

만약 교회가 도덕적 전통의 유일한 살아 있는 보고라는 머레이의 말이 맞다면 그리스도에 대한 충성심, 예수의 정치에 대한 충성심은 민족 국가에 대한 충성심과 함께 근본적 긴장 상태에 있어야 한다.

머레이가 죽은 후 몇 년 동안 가톨릭의 사회주의 윤리학자들이 머레이가 실천하고자 했던 문제들을 추구하기 위해 헌신했다. 하지만 미국의 합의가 머레이의 시대에 있었던 것처럼 파악하기 어려운 채로 남아 있다. 시간이 지남에 따라, 이 사실은 머레이의 양립론이 타당하지 않음을 암시할 것이다.

참고 문헌

Appleby, R. Scott, and Haas, John (1995). "The Last Supernaturalists: Fenton, Connell, and the Threat of Catholic Indifferentism." *US Catholic Historian* 13: 23–48.

Connell, Francis J. (1948). "Christ the King of Civil Rulers", *American Ecclesiastical Review* 119 (October), 244–53.

Curran, Charles (1982). *American Catholic Social Ethics*. Notre Dame, Ind.: University of Notre Dame Press.

Murray, John Courtney (1942). "Christian Co-operation", *Theological Studies* 3 (September), 413–31.

_____.(1948). "St. Robert Bellarmine on the Indirect Power." *Theological Studies* 9: 491–535.

_____.(1953). "Leo XIII: Separation of Church and State." *Theological Studies* 14: 145–214.

_____.(1954). "Leo XIII: Two Concepts of Government. II: Government and the Order of Culture." *Theological Studies* 15: 1–33.

_____.(1960). *We Hold These Truths*. New York: Sheed & Ward.

Neuhaus, Richard (1987). *The Catholic Moment*. San Francisco: Harper & Row.

Pelotte, Donald E., SSS (1976). *John Courtney Murray: Theologian in Conflict*. Ramsey, NJ: Paulist.

Ryan, John A., and Millar, Moorhouse F. X., SJ, eds. (1922). *The State and the Church*. New York: Macmillan.

Sheedy, Charles E., CSC (1949). *The Christian Virtues*. Notre Dame, Ind.: University of Notre Dame Press.

Weigel, George (1987). *Tranquilitas Ordinis*. Oxford: Oxford University Press.

제12장

윌리엄 템플

앨런 M. 서게이트(Alan M. Suggate)

1. 템플의 배경과 생애

영국의 잉글랜드 국교회 전통에는 오늘날 정치신학 안에서 재확인되고, 어떤 면에서 되찾을 가치가 있는 오래 지속되어 온 몇 가지 특징이 있다.

첫째, 예배와 성찬 안에서의 교회의 내적 생활과 세상의 삶과의 연관성과 밀접한 관련성
둘째, 성경 및 성경이 제시하는 세계관에 대한 관심과 지나치게 단순한 추론과 대조를 이루는 중재에의 헌신
셋째, 복잡한 세상에서 무엇이 일어나고 있는지 파악하려는 결심과 적절한 경험적 훈련에 대한 주의
넷째, 좋든 나쁘든 국가의 잠재력을 포함한 사회의 운동들과 제도들에 대한 건설적이고 비판적인 민감성
다섯째, 신앙과 도덕을 명확히 표현하고 더 인간적인 사회 질서를 위한 타인들과 대화를 가능하게 하는 선천적 도덕성과 이성의 역할에 계속적인 위임
여섯째, 교회와 사회에 누적된 역사적 경험에 많은 지혜가 있다는 신념 등

윌리엄 템플(William Temple)은 전형적인 잉글랜드 국교회 교도다. 그가 1881년 태어났을 때 부친 프레드릭(1821-1902)은 이미 엑세터의 잉글랜드 국교회 신부고 런던과 캔터베리의 신부로 갈 예정이었다. 프레데릭과 다른 지도자들은 윌리엄을 전체 잉글랜드 국교회 전통, 특히 자유주의적인 가톨릭주의에 입문시켰다.

럭비 학교(Rugby School)에서 윌리엄 템플은 이 학교의 유명한 교장 토마스 아놀드(Thomas Arnold, 1795-1845)의 영향을 받은 학풍을 받아들였다. 그곳은 엄격한 지성과 사회적 양심의 기풍을 지닌 곳으로, 그 학교 출신의 특권층은 사회 여건들을 향상시키는 데 지도력을 보여 주어야 했다. 그는 국가의 존재가 신적 섭리의 일부라는 것과 세상 나라는 그리스도의 나라가 되어야 한다는 아놀드의 견해를 받아들였다.

옥스퍼드의 발리올대학(Balliol College)에서 그는 실재에 대한 광범위한 합리적 이해를 추구함으로써, 후기 빅토리아와 에드워드 시대의 확신과 낙관주의를 반영하고 있는 지배적인 영국 헤겔주의 전통에 흠뻑 젖어 있었다. 그는 인격의 중심성을 강조하는 변종을 선호했다. 철학과 사회적 관심에 있어 발리올의 석학 에드워드 케어드(Edward Caird)에게 고무된 템플은 '기독교사회연맹'(Christian Social Union)에 가입했다.

'기독교사회연맹'은 F. D. 모리스(F. D. Maurice)와 J. M. 러들로(J. M. Ludlow)에게 그리고 노동자 교육 단체에 고무되었던 기독교 사회주의 전통에 많은 빚을 지고 있었다. 교육 기회, 정치적 책임, 산업 및 경제 정의는 템플이 죽는 날까지 그에게 매우 중요한 것으로 남아 있었다.

이런 영향 아래서 또 타고난 기질을 따라 템플은 기독교철학을 발전시켰다. 『창조자의 정신』(Mens Creatrix, 1917)에서 그는 철학적 과제가 포괄적으로 삶의 문제들을 생각하는 것이라고 분명히 밝혔다. 그는 우주가 합리적이라는 것과 이성으로 인간의 정신이 전체를 파악할 수 있다는 것을 가정했다.

그는 세상의 통일성의 원리가 지적인 것만이 아니라 상상력과 의식, 과학, 예술, 도덕과 종교도 포용한다고 믿었다. 이 모든 것은 모든 것을 포괄하는 진리 체계로 수렴하지만 만나지는 않는다. 이때 템플은 누락된 통일성을 제공하기 위해 기독교 교리인 성육신의 중심성을 수용했다.

그는 제1차 세계 대전에 구애받지 않고 『그리스도의 진리』(Christus Veritas, 1924)에서 성육신 사상에 근거를 둔 그리스도 중심의 형이상학을 구성하려 했다. 이 개념에서 그는 사회 문제들을 이야기하기 위해 인격들의 본질에 중심을 이루는 원리들을 구체화하고자 했다. 또한, 템플이 소집하고 주재한 기독교 정치, 경제, 시민의 권리 (COPEC)에 대한 1924년 모임에서 이런 문제가 전개되었다.

한편, 기독교와 국가에 대한 그의 생각은 『교회와 국가』(Church and Nation, 1915)에서, 「필그림」(Pilgrim)이라는 계간지에 기고한 글들에서(어떤 글들은 1927

년에 『기독교 정치학의 소고』[Essays in Christian Politics]에 출판되었다), 『교회와 국가』 (Church and Nation, 1915), 『교회 안에 계신 그리스도』(Christ in His Church, 1925), 『기독교와 국가』(Christianity and the State, 1928)에서 발전하고 있었다.

COPEC(기독교 정치, 경제, 시민의 권리)의 관념론은 1926년 있던 파업들과 1929년 시작된 재정 위기 때문에 급속하게 퍼져 나갔다. 1932-34년 템플의 기포드 강연인 『자연, 인간, 하나님』(Nature, Man and God)은 그가 기독교 철학을 위해 탐구한 최절정이었다.

물질에서부터 마음과 정신의 출현을 추적하는 그는 성례전적 우주에 대해 논증했고, 또 유신론을 논증하기 위해 목적의 개념을 설명하는 힘으로 강조했다. 그는 인간의 목적 형성과 추구에서 성격과 의지(행동을 위해 조화되는 전인격으로 정의된)를 강조했다. 또한, 그는 인간의 악을 근본적 본성으로 더 솔직하게 인식했다.

1934년에서 그가 죽은 1944년까지 템플의 생각은 나치 권력의 영향과, 1937년 옥스퍼드에서 개최된 '교회, 공동체, 국가'라는 국제적이고 초교파적인 학회 관계로 유럽과 북미 신학자들, 특히 에밀 브루너와 라인홀드 니버를 만난 것에 도전을 받게 되었다. 그해 출판된 그의 『기독교 민주주의』(Christian Democracy)는 의식적으로 유럽의 비합리적이고도 무신론적인 전체주의에 대한 하나의 대답이었다. 1930년대 후반, 템플은 그리스도 중심의 종합에 대한 열망이 더 이상 가능하지 않다고 밝혔다. 이 같은 악의 세상에서 많은 것이 비합리적이고 이해 불가능하기 때문이었다.

그리스도인들은 구속의 신학을 향하는 성육신 신학에서 압력을 받고 있었다. 이런 과업은 세상을 설명하지 않고 세상을 변혁시키려는 것이었다. 이것이 신적 은혜의 사역이 되어야만 한다는 것이었다(DCE 16 이하; TWT 94103 참조). 그가 생각을 바꾸는 것은 쉽지 않았다. 그의 형이상학적 탐구는 연기되었지만 이성의 역할은 부정되지 않았다. 그는 바르트주의의 방식을 명백히 거부했고, 잉글랜드 국교회-가톨릭 국가 단체의 말에 경청했으며, 1941년 말 말번 모임(Malvern Conference)에서 이성의 탁월성을 제시했다.

그는 고전 신학자들 시대를 매끄럽게 종합하는 것에 대항하는 소장파 도널드 맥키넌(Donald MacKinnon)이 취했던 비판의 힘을 이해할 수 있었다. 그렇지만 템플은 전체주의와 자유주의에 직면한 상황에서, 교의에 의존하는 기독교 사회 질서를 규정함으로써 기독교 국가를 회복하는 단체의 계획에 대해 심각한 의구심이 들었다. 그는 지혜롭게, 더 광범위하고 자유롭게 남기를 선호했다.

그의 『시민과 교인』(Citizen and Churchman, 1941)은 교회와 국가에 관한 초기 작품들과 연속선상에 있었다. 하지만 이 작품은 국가와 교회의 상호 보완보다 두 역할 간의 갈등에 대해 다루었다. 그의 『기독교와 사회 질서』(Christianity and Social Order, 1942)는 그의 초기의 사회적 신학의 많은 부분을 가져왔으며, 또한 세상의 냉혹한 현실들에 대한 그의 관심을 반영했다.

이 작품은 기독교 시민들에게 당시의 긴급한 사회적 쟁점들과 씨름하고 또 전후 시대를 형성하는 데 동참하기 위한 도구들과 동기 부여를 제공했다. 템플 역시 가톨릭의 자연법 전통에 대한 사상을 추구했고, 1943년 아퀴나스 협회에서 '토마스주의와 현대성의 필요'(Thomism and Modern Needs)에 대해 발표했다. 그는 생애 마지막 해에 『그리스도인들이 세속적 세상에서 나타내는 것』(What Christians Stand for in the Secular World, RE 243-55)을 출판했으며, 이 책을 통해 자신이 기억되길 바랐다.

그는 파시즘과 공산주의 같은 영향력이 상당한 이념들에 직면해, 이상들을 전파하고, 이상들을 실현하기 위해 의지에 호소하는 것은 충분하지 않다는 데 기독교 국가 단체(Christendom Group) 소속인 V. A. 데먼트(V. A. Demant)에게 동의했다. 위기는 도덕적인 것이라기보다는 문화적인 것이기 때문에 사람들의 이상과 이들의 궁극적인 가정 사이의 간극이 메워져야 했다. 그는 니버를 따라, 권력의 자기중심적 사용에 용감히 맞서고 정의를 추구해야 할 필요성을 강조했다.

나는 나중의 더 성숙한 이 작품들에 초점을 두지만, 내용이 나중 삶에서 템플을 타당하게 하는 것이라면 무엇이든 초기 작품들도 이용할 것이다. 우선 나는 교회와 국가에 대한 템플의 폭넓은 입장을 전개한 다음, 정치에 대한 그의 기독교적 관점들을 전개할 것이다. 마지막으로 나는 그의 사상과 그가 제시하는 지속적 전통을 간략히 평가할 것이다.

2. 교회와 국가

1) 역사적 관계

템플의 관심은 콘스탄티누스의 설정에가 아니라 중세 시대 기독교 국가의 실험에 초점이 있다. 교회와 국가는 한 국제 사회의 두 가지 활동이었다. 교회는 계시의 저장소고 보관소로서 국가를 통제하려고 시도해 왔다. 이는 원칙적으로 칭찬할 만한 것이었다. 그러나 교황 제도는 시민 정부에 적절한 권력의 방법들을 이용했다.

이 결과 교회는 심각하게 세속화되고 영적인 권위를 상실했다. 더욱이 교회는 모든 영적인 활동을 자기의 것으로 주장함으로써, 국가의 도덕적 힘을 약하게 하고 국가를 질서를 유지하기 위한 단순한 장치로 축소시키는 경향이 있었다(IC 63; CN:43; 참고, CC 9-23).

종교개혁은 순수하게 종교의 영적인 성격을 강하게 주장했지만 불행하게도 그 대상을 개인으로 좁혔다. 이런 변화는 마키아벨리를 통해 강화되었다. 마키아벨리는 정치가 종교의 통제에서 해방되는 것을 촉진했다. 국가는 자체로 하나의 목적이 되었다. 기독교 국가는 경쟁적인 실체 속으로 분열되었고, 대부분 해법은 교회와 국가를 분리하는 것이었다(CIC 44, 63-66).

2) 템플의 입장

템플은 사회 기관에 대한 의견을 역사를 통해 추정한다. 국가는 종교를 통제해서는 안 되며 교회는 교회 자신의 역할을 넘거나 영적인 영역에서 강제하려고 국가를 이용해서도 안 된다. 기본적으로 교회는 신적 임무가 있기 때문에 사회 기관은 교회에 대한 일이 아니라 국가에 대한 일이다. 사회 기관의 진정한 의미는 국가가 교회를 지지함으로써 교회는 신적 명령과 충성이 있다는 인식을 공포한다는 것이다(CC 38; CLC 73).

실제로 템플은 교회가 사회를 이끌도록 제공한 기회들에 대해 점점 사회 기관들을 중요하게 여겼다. 또 템플의 계획은 국가적 또는 국제적 규모의 초교파 기독교 연합 같은 것에 대한 자발적인 수용에 관한 것이었다. 이는 매우 비현실적이었는데, 사회의 세속성이나 타종교들, 또는 교회 자체가 지닌 문제를 거의 감안하지 못한 것이었다. 템플의 후기 사상은 이상과 사회적 현실을 함께 수용하려고 열심히 씨름한다.

템플은 교회와 국가 간의 새로운 기능 차이를 요청한다. 출발점은 하나님 나라와 교회의 관계일 필요가 있다.

하나님 나라는 시간의 마지막에 도래하는 순수한 종말의 대변동도 아니며 인간 존재의 개인적이고도 시민적 덕목에 따라 세워진 실재도 아니다.

> 하나님 나라는 실제로 하나님에 의해서만 세워진다. 부분적으로 이 나라는 여기에 이미 존재하고 … 아직 부분적으로 하나님이 정하신 때에 하나님의 활동을 통해 도래해야 한다(RE 135).

인간의 죄 때문에 하나님 나라는 인간 역사 속에 완전히 임할 수 없다.

> 역사는 한 번 확립되면 지속할 완벽한 어떤 문명의 형태로도 우리를 이끌지 못하고 있다. 역사는 역사 밖의 어떤 것(하나님의 완전한 왕국)의 길을 준비하는 과정이다(CC 14).

준비의 중심 도구가 교회다. 교회는 하나님의 피조물이다. 교회가 세상에 제공할 수 있는 최상의 섬김은 매우 참된 행동을 통해 교회가 되는 것이다. 교회의 첫 번째 의무는 선교를 통한 확장이나 나라의 활동에 영향을 미치는 것이 아니다. 그리스도인의 첫 번째 의무는 하나님을 경배하고 성화되는 것이다. 그러나 기독교는 전 세계의 위대한 종교 중 가장 구체적이다. 성례전은 온갖 삶의 성스러움에 초점을 맞춘다.

그러므로 삶에서 분리된 성례전은 현실을 상실한다. 예배가 결여된 삶은 방향과 힘을 상실한다. 세상을 변화시키는 것은 예배하는 삶이다.

그리스도인의 믿음은 도덕적인 체계가 아니라 역사 속으로 진입해 온 삶의 새로운 운동을 공유하는 것이다. 하나님의 나라는 세속 질서의 행동과 갈등들 안에서 구현을 부분적으로 달성하면서 계속 추구하고 있는 초월적 실체다. 하나님 나라 없이는 정치와 윤리적 투쟁조차 진정한 의미가 궁극적으로 사라지게 되고, 모든 원칙은 순수한 상대성 속으로 붕괴되며, 편의주의가 유일한 지혜라는 삶의 전적인 세속화에 굴복할지 모른다(CC 40, 85-8; TWT 46; RE 254).

이런 사상에 비추어 템플은 교회와 국가, 성도와 시민 사이의 관계를 복잡하게 이해한다. 기독교 시민의 영혼 속에는 긴장이 있다. 한편에서는 교회가 독특하고 최종적이고 보편적인 계시를 가지고 있지만, 다른 한편에서는 국가가 보편적 주권을 가진 공동체로 행동하기 때문이다. 하나의 완전한 기독교 국가는 결코 달성되지 않았다. 정말 이런 국가는 결코 성취될 수도 없다.

우리는 항상 다양한 믿음과 성숙함을 지닌 공동체 속에서 살아가야 한다. 문제는 마치 나치가 한 것처럼 하나님 대신 국가를 절대적으로 만듦으로써 해결할 수 없으며, 그렇다고 교회와 국가를 루터교회의 경건주의가 행한 것처럼 완전히 분리된 영역으로 배치함으로써 해결되지도 않는다.

> 아니다. 교회와 국가는 … 동일한 영역(인간의 삶)을 가지고 있다. 그러나 교회와 국가는 서로 영역의 관계에서 다른 기능을 가지고 있으며, 그리스도인 시민은 교회와 국가의 적절한 요구들에 부응함으로써 자기 삶 전체 속에서 교인의 의무와 시민의 의무를 다해야 한다(CC 12 이하, 65 이하).

템플은 몇 가지 방식에 따라 이런 관계를 설정한다(CC 66 이하).

첫째, 국가는 정의를 대표하고 교회는 사랑을 대표한다.

국가는 자체가 목적이 아니다. 국가는 시민들의 행복한 삶의 통로다. 템플은 전체주의자들의 주장이 어떤 인본주의적 근거에 반대가 될 수 있을지 의심한다. 각 개인의 가치와 만인의 평등은 하나님의 실재에 근거한다. 그래서 정의는 한 개인과 모든 개인에 대한 것으로 간주되어 설명된다.

특히, 국가는 갈등을 야기할 수 있는 명백한 이해관계를 가진 사람과 집단에 관심을 갖는다. 그러므로 국가는 사랑이 최고의 덕목이 아닌 곳에 적용되는 것처럼 보인다. 이제 교회가 정의를 대체할 완전한 사랑으로 살아가도록 모두에게 요청한다.

그러나 만일 모든 개인이 사랑에 근거한다면, 정의는 쓸모없게 될 것이다. 현대 삶의 주된 문제들이 협력 단체의 상호 의존 관계에 관심을 갖기 때문이다. 개인들의 마음속에 있는 사랑은 이런 관계들을 설정하는 의무를 덜어줄 것이다. 하지만 교회는 공적 일들에서도 엉뚱하게 사랑을 요구할 수 있다. 사실 공적 일에서 교회는 국가가 특별히 관심 갖는 정의라는 덕목을 우선적으로 강조해야 한다.

이런 상황에서 사랑은 정의보다 앞설 수 없다. 오히려 사랑의 방식은 정의를 통하는 것이다. 예를 들어, 갈등하는 이해관계의 중재를 통한다. 그리스도인들은 모든 이가 경건해지기 전까지는 인간 경험의 이런 영역에 아무 효력 없이 복음의 영향력을 남기지 못한다. 그때까지 기독교 시민은 사랑의 동기의 힘으로 정의의 체제에 헌신해야 한다. 여기서 우리는 라인홀드 니버의 사랑과 정의의 변증적 관계가 영향을 준 것을 추적해 볼 수 있다.

둘째, 국가에 있어 삶의 물질적 기준이 우선이고, 교회에 있어 영적인 목표와 근원이 제일이다. 템플에게 이런 구분은 넓은 의미에서 유효하다.

하지만 우리는 교회가 영적이고 국가가 물질적이라고 단순히 말하기는 어렵다. 템플 자신의 성례전 신학은 이런 구분을 지양한다. 국가는 국가가 일반 시민의 행복한 삶의 증진을 이끌기 위한 어떤 원칙들이 있어야 한다. 더욱이 인간에게 국가의 직접적인 관심을 넘는 영원한 운명이 있다면, 국가는 적어도 시민들이 영원한 운명을 위한 자격을 갖추는 것을 방해해서는 안 된다.

교회로서는 세상에서 교회의 의무를 수행하기 위해 국가법의 지배를 받는 재산을 공정하게 소유한다. 교회는 시민의 기본적인 필요에 관심을 가지고 있어야 하고 기독교의 양심을 무시하는 조건을 지적해야 한다. 교회는 교회'로서' 특정한 해결책을 옹호할 수는 없지만 교회의 권위를 존중하는 사람들에게 해결책을 찾고 적용하도록 고무할 수 있다.

셋째, 국가는 특정한 자연적 공동체의 기관이다.

반면 교회는 성령의 전 세계적인 유대 관계일 것이 요구된다. 그리스도인들은 세 가지 유형의 공동체, 곧 가족과 나라의 자연 공동체, 단체들, 교회에 속해 있다. 자연 공동체는 자신들을 위해 존재한다, 이 공동체는 이기주의를 수반한다. 단체들도 이기주의를 수반할 가능성이 있다. 이는 단체들이 충성심에 대한 특정한 요구를 필요로 하기 때문이다. 템플은 전체를 지배하는 충성심이 없다면, 특정 집단에 대한 충성심이 올바른 관점에서 검토되고 설정될 희망은 없다고 생각한다.

그리스도인 시민들은 자신들의 시민 의무에서 벗어날 수 없으며, 보다 한정된 충성심을 제거하려고 해서도 안 된다. 그리스도인 시민들은 시민의 의무를 기독교 신앙에 비추어 해석해야 하고, 더 넓은 충성을 고려해 한정된 충성을 검토해야 한다. 교회 소속이라는 것을 의식하는 것은 이를 가능하게 할 것이다. 왜냐하면, 교회는 교회의 목표 안에서(교회의 실패가 무엇이든지) 모든 것을 포괄하는 유대 공동체며, 전체를 지배하는 충성의 본연의 대상이기 때문이다.

3. 기독교와 정치

1) 정치신학의 역사

템플은 전형적으로 경쟁적 정치 이론들의 장점들의 종합을 추구한다(CS 43-90). 그는 두 가지 넓은 유형을 추적해 간다. 그가 지지하는 첫째 유형은 정치적 사회를 자연적 성장으로 다룬다.

아리스토텔레스가 이해했듯이, 인간은 사회적 피조물이고, 국가는 먼저 생명을 보호하고 이어 선한 삶을 도모한다. 이를테면, 몽테뉴와 비코와 같은 이 유형의 이론가들은 추상적인 것을 피하고 현실 사회와 국가의 역사들에 대해 성찰한다.

템플은 버크(Burke)를 비판하는데, 버크의 몇몇 문제에 대한 거의 터무니없는 보수주의와, 신비주의적 국가관, 사회와 국가의 동일시 때문이다. 하지만 버크는 사회를 하나의 기계처럼 취급했던 혁명가들에 대한 비판에서 탁월하게 표현했던, 역사와 역사의 연속성에 대한 생생한 의식을 갖고 있었다.

템플은 헤겔주의자들에 대해 T. H. 그린(T. H. Green)에게 동의한다. 그린에 따르면 법은(공리주의자들이 믿었던 것처럼) 나를 해치려는 타인의 자유를 강제하는 수단일 뿐 아니라, 때에 따라 자신의 욕망에 대항해 좋은 시민으로 살아갈 자신의 자유를 보호하는 수단이 되기도 한다.

그린은 마쯔니(Mazzini)를 따르면서 진정한 사회 진보는 권리가 아니라 의무에서 발견되어야 한다고 옳게 주장했다. 그렇지만 헤겔이 민족 국가를 절대 존재의(the Absolute) 구체화로 다룬 것은 옳지 않았다. 더욱이 템플은 사회가 하나의 유기체라고 말하는 것을 거부한다. 이는 사회의 구성원이 판단에 있어 독립적이며 목표에 있어 자기 결정적인 인격들이기 때문이다.

다른 유형은 사회 혹은 정부 가운데 어느 한쪽이 먼저 시작한다거나, 동시에 시작한다고 말하는 사회계약론이다. 플라톤의 『국가』에서 라우코는 정부의 고전적 표현을 보여 준다. 기독교 시대에 이론들은 정부에 더욱 관심을 가지고 있었다.

바울이 "존재하는 모든 권세는 하나님에게서 왔다"라고 표현한 것은 교회가 일정한 형태의 신적 권위에 따르게 했다. 문제는 신적 권리가 어떻게 무슨 조건으로 부여되었는지다. 예수회 신부들과 칼빈주의자들은 많은 사람이 공유하는 주권에 대한 개념을 발전시켰다. 이들은 자유를 믿지 않았지만, 적어도 절대 주권 이론을 약화시켰다. 템플이 토마스 홉스를 거절한 것은 놀라운 일이 아니다.

템플에게 사회계약론은 부분적인 진리를 내포한다. 라우코와 홉스의 인간 본성이 비관적이라는 견해는 상당한 결점이지만, 사회가 도시 치안 및 형벌의 제도를 통해 표현되는 한 사실이다. 더욱이 사회계약론은 사회 제도에 대한 불만을 잘 설명할 수 있다. 정부의 권력은 그 권력을 유지하는 사람들을 너무 쉽게 부패시키고, 정치 기관들은 변화된 환경에 너무 느리게 순응한다.

계약 이론의 중요한 입장은 주권은 나름의 적절한 기능을 가지고 있는 사회 조직이며, 이 기능이 위반될 수 있다는 것이다. 계약 이론은 효과적인 행정, 법에 대한 복종, 자유를 종합하려는 인정받을 만한 요구를 반영할 수 있다. 또한, 계약 이론은 국가가 마지막 수단으로 힘이 아닌 동의에 의지한다는 신념을 증명한다.

템플은 이 연구의 결과는 사회 복음이라는 용어로 설명할 수 있다고 밝힌다.

> 일반적 동의를 통해 사회 질서에 적용되는 복음의 처음 두 가지 원칙은 인격의 거룩함과 교제의 사실이다. … 하나님의 약속으로 우리는 자유로운 영혼이 된다. 그리고 그의 약속으로 우리는 '서로의 지체'가 된다. 정치의 모든 문제, 즉 정치가의 수완은 뒤따르는 시대의 다양한 환경 속에서 어느 한쪽의 희생 없이 이런 원칙들에 대해 완전한 정의를 행하는 것이다(CS 89).

2) 사회적 원칙과 정치

템플의 사회적 원리들은 그의 기독교철학의 부분을 이루며 1930년대 후반의 의문들을 견디어 냈다. 그의 사회적 원리들은 그의 『기독교와 사회적 질서』(Christianity and Social Order)의 중심에 놓인다.

그렇지만 이 원리들을 설명하는 것보다 원죄 교리에 대한 유명한 설명이 앞선다.

> 우리들 각자가 자기 세계의 중심에 자리를 잡고 있다. 그러나 나는 세계의 중심도 아니고, 좋은 것과 나쁜 것 사이에서의 기준도 아니다. 준거의 기준은 내가 아니라 하나님이시다. 다르게 말해, 처음부터 나는 내 자신을 하나님의 자리에 올려놓았다. 이것이 나의 원죄다(CS 89).

그러므로 완전한 사회 질서에 대한 윤곽을 제시하고 이런 사회 질서를 세우기 위해 사람들을 다그치는 것은 교회의 의무가 될 수 없다.

만일 모든 것이 완벽하다면 그 질서가 최상의 것이 될 수 있을까?

혹은 실제 남자와 여자의 세계에 있는 것이 최상의 질서일까?

만일 전자의 질문이라면 이런 질서는 확실히 시도해서는 안 된다. 우리는 2주일 후 이 질서를 망가뜨려야 한다. 만일 후자의 질문이라면 교회가 무엇이 그런 질서인지 알 것이라고 기대할 수 없다.

따라서 아마 지상 역사가 끝날 때까지 정치가는 자신이 자유와 권력을 남용하는 사람일 것이고, 또한 자유와 권력을 남용하는 사람들을 다루고 있을 것이다. 정치 및 경제 체제는 바람직하기는 하지만 근본적으로 사랑을 표현해야 한다는 요구를 받지는 않으며, 정의도 첫 번째 윤리적 요구이기는 해도 역시 표명이 요구되지 않는다.

이 체제는 도적질, 살인 및 빈곤을 방지할 합리적 보안 수단을 제공할 것을 요구받는다.

> 원죄에 대한 주장은 교회를 매우 현실적이 되게 하고 유토피아에서 아주 자유롭게 되게 한다(CSO 36-8, 참조 42).

이렇게 템플은 이상적인 것이 아닌 원칙을 말하고 있다.

처음 두 가지 원칙은 우리의 목적에 매우 중요하다.

첫째, 만일 각 남자와 여자가 하나님이 사랑하고 그리스도가 대신해 죽으신 하나님의 자녀라면, 각자에게는 사회에 대한 모든 유용성과는 완전히 독립된 가치가 있다. 개인이 우선이지 사회가 우선이지 않다. 국가가 이 같은 시민을 위해 존재하지 국가를 위해 시민이 존재하지 않는다.

모든 분명한 개인적 자질은 가능한 한 최대한의 범위가 주어져야 한다. 가장 근본적인 것은 신중한 선택이다. 자유는 정치의 목표다. 단순히 강압이나 강제에서의 자유를 말하는 것이 아니라 하나의 목적을 만들어가고 이행하는 자유를 뜻한다.

여기에 훈련(처음에는 외부적이지만, 나중에는 자기 훈련)이 내포된다.

자유를 위한 능력에서 시민을 훈련하고 이들에게 자유로운 행위를 위한 범위를 제공하는 것은 모든 참된 정치 중 가장 지고하고 으뜸되는 것이다(SSO 44 이하).

둘째, 인간은 자연스럽게 무조건적으로 사회적이고, 우리의 상호 영향을 통해 우리가 존재하는 그대로 서로를 구성한다. 이런 영향은 첫 번째로 가족에게서 일어나고, 그런 다음에는 가족과 국가 간을 매개하는 사회의 다양한 단체 속에서 일어난다. 자유가 효력이 있다는 것이 여기에 있다. 사람들은 어떤 것에 의존하며 상호 의존적이라는 것을 느낀다.

국가는 이들이 공동체 생활의 일반적 질서 안에 거하며, 다른 집단들의 자유를 존중하는 한, 이들을 육성하고 자신만의 활동을 하기 위한 자유를 주어야 한다(CSO 46-8).

교회는 이런 원칙들을 이용할 수 있다. 기존의 사회를 비판하고(템플은 장기간에 걸친 실업에서부터 설명한다), 나아가 사회가 원칙에 더욱 밀접히 반응하기 위해 움직여 가야 하는 방향을 제시하기 위해서다. 이런 방향들은 종종 원칙과 프로그램 사이를 중재하는 "중간 공리"(middle axioms)라 불린다.

템플은 주택, 교육, 소득, 산업, 여가 영역에서 구체적 예들을 보여 준다. 교회는 이제 역량의 한계에 도달했기에, 자신들의 시민적 능력으로 행동하는 기독교 시민들에게 책무를 넘겨주어야 하는데, 곧 시민의 복지에, 다시 말해 공동선에 도움이 되는 프로그램들을 산출하는 책무를 넘겨야 한다. 여기에는 기술에 대한 문제뿐 아니라 다수 시민의 사회적 심리에 대한 문제들이 있다(SCO 12, 79, 35 이하).

이 책의 나머지 부분과는 완전히 다른 부록에서, 템플은 기독교 원칙을 구현하는 사회 프로그램에 대해 몇 가지 제안을 하지만 모든 기독교인이 지지해야 할 프로그램은 있을 수 없다고 경고한다.

템플은 『자연, 인간, 하나님』에서 시종일관 이 방법으로 이상적 공리주의의 윤리론을 수용했다. 그의 사회 원칙들은 의무론적 구성 요소를 제공했다. 그러나 행동을 평가하는 데 있어 옳은 것을 행하는 것은 환경 속에서 가장 좋은 것이었다고 그는 믿었다(1934:192 이하). 따라서 그리스도인들이 세상에서 교인으로 행동하려고 시도해 봤자 세상이 교회의 타당한 원칙들 위에 질서를 세우는 것을 거부하다는 사실만 깨달을 뿐 소용이 없었다.

세상이 생각하는 기독교는, 없어도 되는 부속물이기에 이들에게 가장 알맞은 세속 정치적 형태를 기대할 수가 없었다. 그리스도인들은 사회적 목적을 공유하는 모든 사람과 협력할 필요가 있지만 명확한 기독교의 근거들은 분명히 해야 했다. 템플은 데먼트(Demant)와 함께 파시즘과 공산주의 같은 이 세상의 순진한 철학들이 효과가 있는지 점차 염려하기 시작했고 결국 그리스도인과 다른 사람들 사이에는 사상과 실천의 날카로운 차이가 있다는 것을 보았다(RE 243-246).

3) 자연적 질서

템플은 원칙들의 방법과 함께 자연적 질서 또는 자연법을 상호 교환 가능한 용어로 제시했다. 그는 기독교 신앙의 근거와 관계에 대해 다소 상반된 감정을 가지고 있었다. 그는 자연법을 '자체의 본성을 고찰할 때 파악되는 인간 활동 본연의 기능'으로 묘사하며, 이런 기능은 사실 부분적으로, 일반적으로 수용되는 판단 기준들을 지킴으로써 발견된다고 말한다.

보편적 기준을 지키는 것은 인간 이성의 과제다. 따라서 자연법은 자연적 질서지, 초자연적인 질서가 아니었다. 그러나 하나님이 창조자시기 때문에 이 자연적 질서는 하나님의 명령이고, 자연법은 하나님의 법이었다(CSO 57).

따라서 1937년 이후 템플은 다양한 신념을 가진 사람들이 인간에 대한 어떤 근본적 진리들에 동의할 수 있는 법이라고 주장했다. 하지만 점차 템플은 특히 나치주의(Nazism) 현상에 직면해 이런 진리들이 취약하다는 것을 깨닫게 되었다. 정말로 종교를 사유화한 태도와 마주한 그는 한 번 문명에 스며든 원칙들이 하나님에 대한 믿음에서 자체들의 모든 타당성을 이끌어 냈다고까지 말한 적이 있다(NHW 10).

그래서 그는 그리스도인들이 이런 진리들을 자신들의 믿음에 통합하고 문명의 생존에 결정적이라고 보아야 한다는 사실에 매우 예민하다. 그는 자연적 질서 개념에 대해 잉글랜드 국교회와 로마가톨릭교회 간의 협력을 촉진시켰다. 템플의 모호함은 결과적으로 제2바티칸공의회 후기의 로마가톨릭교회의 더 급진적 도덕 신학자들을 통해 잘 해결되었다. 이들은 은총을 입은 자연적 존재에 대해 말했고 이론과 역사적 실천을 다 같이 주장했다.

4) 기독교 민주주의

템플은 민주주의에 대한 과장된 어떤 주장들을 부정했다.

첫째, 국민에게 고유한 주권이 있다는 것이다.

참으로 모든 정부는 최후의 수단으로 동의에 의존한다. 하지만 누가 '국민'인지 인식하기가 매우 어렵고, 프랑스혁명에서 국민의 주권을 회복한 것은 위선적인 말과 광신적인 행위가 특징이었다.

우리 정부의 세속적 수단들은 기껏해야 임시변통적인 것들이다(ECP 70).

> 고유한 주권은 인간의 인격이나 인격 집단에 해당하는 속성이 아니다. 주권은 오직 도덕법의 속성이고, 또 인격 형태로 도덕법 자체이신 하나님의 속성이다. 오로지 하나님과 공의에 대해서만 절대적으로 헌신해야 한다(ECP 70).

둘째, '시민의 소리'가 곧 '하나님의 소리'(*vox populi, vox Dei*)라는 말은 무의미하다는 것이다.

군중은 프랑스혁명의 대량 학살에서 올바른 행동을 하지 않았다. 대중은 좀처럼 일치된 생각이나 목적을 갖지 못한다. 민주주의는 항상 다수의 통치에 효과적이라는 것을 의미한다. 다수는 언제나 지혜롭다고 볼 수 없다. 정말로 가장 최상의 견해들은 주로 소수에게서 주장된다.

그러나 아마 대체로 다수의 의견이 소수의 의견보다 거의 옳을 것이다.

> 그리고 민주주의의 요구들을 주장하는 이런 길을 따라가는 것이 안전한 것처럼 보인다(ECP 70 이하; CD 28).

템플은 민주주의를 신뢰하는 깊은 이유들을 가지고 있다. 그는 민주주의 정치에서 훈련을 받은 공동체가 더욱 풍성하게 발전되고 다른 질서보다 더 안정적일 수 있는 것처럼 보인다고 주장했다.

하나님이 인간을 만드신 것처럼 민주주의도 인간의 성격을 가장 정당화하는 입법의 형태로 구성된다. 1920년대 템플은 각 개인의 인격성에 대한 관심에서 민주주의의 뿌리와 영감을 강조했다.

1937년에 이르러 유럽의 위기와 아마도 라인홀드 니버의 영향으로 그는 이런 근거를 확대했다.

> 다른 어느 제도보다 나은 민주주의는 인간('타락한' 인간)의 완전한 기독교적 개념과 일치한다. 즉 인간은 이기적이기에 지배를 받아야 할 필요가 있으며 힘으로 통제를 받아야 한다. 하지만 인간은 '하나님의 형상대로' 지음을 받았기에 도덕적 호소에 반응할 수 있다(CD 28-30, 참조 40).

민주주의는 만병통치약이 아니다. 다른 어떤 입법 형태보다 한 국가의 도덕적 근원에 대한 요구가 더 큰 것이 민주주의다. 대다수는 쉽게 폭압적이 될 수 있다. 사람들은 쉽게 군중 본능이나 선동에 굴복할 수 있다. 군중에게는 권리가 의무보다 중요하다. 민주주의는 단지 경쟁적 이기주의의 엄청난 혼란 상태가 되어 버린다면, 민주주의가 멸망하는 과정에 있고 이 운명을 감수해야 한다(CD 29-31; CIC 84 이하; ECP 72-80; HNW 22-26). 가장 교활한 유혹은 민주주의가 국가주의와 결탁을 하는 경우이다. 국가주의는 민주주의 운동의 부산물이다.

> 위험 중 하나는 … 우리가 마키아벨리의 원칙들에 따라 행동하는 다수의 형태로 더욱 위험한 폭군을 세우도록 만들 것이라는 것이다(CIC 87 이하; CD 13, 23).

민주주의가 근원적 원리에서 참인지 이해할 수 있는 세 가지 시험이 있다. 곧 개인들의 정의에 대한 깊은 관심, 소수의 권리에 대한 관심, 개인의 양심에 주어지는 세심한 존중이다. 마지막 것이 가장 중요하다. 양심적 병역 거부자에 대한 존중은 참된 민주주의의 특징이다(ECO 77).

템플은 이런 위험과 시험들에 직면하면서도 기독교 민주주의의 필연성을 주장한다. 민주주의가 실제로 기독교의 산물이고 원칙적으로 기독교의 필연적 결과라고 믿는다. 왜냐하면, 민주주의가 기독교 안에서, 기독교를 통해 인격성의 진정한 의미가 나타났기 때문이다. 그러므로 민주주의는 인격성의 원천을 인식해 민주주의를 다스리는 기독교 원칙들을 허용해야 한다(CIC 77 이하, 85). 그렇지만 템플은 단순히 민주주의를 계시에서부터 추론하지 않는다.

그의 소책자 『기독교 민주주의』(*Christian Democracy*)는 민주주의 자체에 대한 것이 아니라 민주주의 훨씬 너머까지 미치는 원칙을 예를 들어 증명한다.

> 사상의 자유와 언론의 자유를 가지는 민주주의는 정치 영역에서 이성을 충분히 발휘시키는 가장 자연적인 수단일 수 있다. … 우리가 관심을 갖는 원칙은 기독교가 본분을 다할 때 이성과 합리적 방법들과 필연적으로 연합한다는 원칙이다.

템플은 콘스탄티누스 이후 처음으로 기독교 전통이 도전을 받고 이성이 공공연하게 매도당하는 때 글을 쓰는 자신을 보았다. 이성은 기독교와 동의어가 아니다. 이성은 결코 기독교를 발전시키지도 증명할 수도 없었다. 하지만 기독교 신앙과 이성의 궁극적인 직관적 통찰들 사이에는 본래적인 관계가 있다. 공산주의와 파시즘 모두 어떤 비판도 폭력적으로 억압하는 맹목적 믿음을 고무하는 비합리적인 것들이다.

공산주의와 파시즘은 무의식적 이기주의에 호소한다. 따라서 공산주의와 파시즘은 보편화하려는 경향과 더불어 이성의 자유로운 작용 안에 머무르지 못한다 (CD 9-16, 32 이하). 비록 교회가 이성의 권위와 비판적 지성의 자유로운 영향을 결코 찬성해 오지 않았을지라도, 기독교 신학은 이성에의 호소에 깊이 전념해 왔다.

기독교는 자체가 지속적 발전의 원천이다. 이는 그리스도가 세상에 남겨 두신 것이 신학 체계나 삶의 규정이 아니라, 그리스도의 정신으로 연합된 남자와 여자의 살아 있는 교제이기 때문이다. 이 정신은 영속적인 정치적 소동과 같다.

기독교가 모든 고등 종교 중 가장 구체적이기(materialistic) 때문에 기독교는 문명에서의 구체적 발전들과 이 발전들이 의존하는 세속적 지식을, 발전들이 가져오는 유혹들에도 불구하고 긍정한다.

> 인간의 사회생활은 창조 속에 있는 하나님의 목적의 일부고, 그 유지에 필요한 것은 창조가 존재로 불러낸 것을 보존하시는 하나님의 활동의 일부다. 이것이 국가와 국가의 온갖 장치에 대한 신학적 정당성이다.

법은 자체의 본질적인 보편성 특징을 따른 이성의 표현이다. 법을 유지하기 위해 범법자들에게 힘을 행사하는 것은 원칙적으로 힘을 이성에 종속시키는 것이다. 사회적 삶의 원칙들을 어떻게 잘 실행할 것인지 결정하는 것도 이성의 역할이다. 이 결정은 서로 다른 사람들에게 이치를 따져 설득하는 것을 포함한다.

이성을 신뢰하는 것은 명증성에 대한 정신의 표현이자 명증성을 일으키는 근원이다.

기독교가 이성을 주된 동맹으로 간주하기를 그친다면 기독교 자체의 정신은 거짓이 될 것이다(CD 21, 38-44).

5) 국제 관계

교회가 특정 국가와 관계가 있는 것과 마찬가지로 세계 교회는 국제 공동체와 관계가 있어야 한다. 또한, 개별 국가의 역할이 자유와 연대를 증진하는 일인 것처럼, 이 공동체의 목적은 국제적으로 공동선과 정의를 추구하면서 독립된 국가들의 조화를 일으키는 것이어야 한다. 템플에게 시민 의무는 핵심 개념으로 남아 있다.

세계 대전을 두 번이나 경험한 템플에게는 평화주의를 찾아볼 수 없다. 그는 공정한 전쟁 이론을 지지했고, 평화주의를 이단적 경향이 있는 일반적 원칙으로 생각했다(York Diocesan Leaflet, Nov. 1935).

이 입장은 세 가지 사려에 근거한다.

첫째, 복음은 율법과 예언서를 성취하지만 대체하지는 않는다. 세상 나라들은 하나님이 정하신 자리를 차지하고서, 하나님의 법에 순종하며 행사할 힘과 권리를 갖는다. 필요하다면, 우리는 공격자를 견제하고 억압받은 자에게 자유를 주어야 한다(RE 176).

둘째, 우리는 싫든 좋든 사회와 시민의 구성원이고, 정의와 별도로 있는 것이 아니라 정의에 대한 시민적 계획에 동참할 필요가 있다(KG 86 이하, 91; TWT 28 이하).

강제력은 삶의 질서에 없어서는 안 될 요소로, 인류 지고한 안녕을 표명하는 법에 따라 사용해야 한다. 템플의 성례전적 의식은(sense) 그가 (다소 지혜롭지 않게) '힘의 봉헌'이라는 표현을 여기에 사용하게 한다(*Church Assembly Report*, 4 Feb. 1932; "Education for Peace", Birkbeck College, 18 June 1941).

셋째, 인간은 하나님의 은총으로 회심하고 성화되지 않는 한 사랑으로 살아갈 수 없다.

국가들도 근본적으로 부족하다. 그러므로 모든 나라는 죄로 엉켜 있고, 이런 상황에서 우리는 그리스도인 시민을 위한 의무를 포함한 교회신학과 함께 국가에 대한 신학(a theology of the state)도 필요하다. 템플은 자신이 이해한 전 세계 평화주의자들에게 이런 국가신학이 결여되어 있다고 말했다(*York Diocesan Leaflet*,

Nov. 1935; CW 10-13; SLL 138).

템플은 전 세계 평화주의자들과 양심적 병역 거부자들을 부분적인 진리의 증언자지만 중요하게 존중했다. 그는 또한, 자신의 견해에 있는 긴장의 일부도 알고 있었다. 그는 힘을 사용함으로 오는 위험성을 알았고, 영국인들이 싸우는 목적, 곧 국제법과 문명이라는 명분을 상기하도록 영국인들을 다그치기도 했다.

그러므로 이들은 이런 목적과 양립할 수 없는 방법을 사용하지 않아야 한다(TWT 9; RE 178).

> 우리는 우리가 있는 환경에서 우리가 존재하는 상태 그대로, 할 수 있는 한 최선을 다해야 한다. 그러면 하나님은 죄인인 우리에게 자비를 베푸실 것이다(Iremonger 1948; 542 이하).

4. 평가

템플의 입장은 그가 실질적인 합의를 이끌어 냈기 때문에 그가 살아 있을 동안에는 크게 비판을 받지 않았다. 스티브 스펜서(Stephen Spencer, 1990)는 초기 템플의 역사주의적 경향들이, 역사는 외부 세계를 고려하지 않고 자체의 의미를 수행한다는 개념을, 국가는 자유로이 우리를 강제함으로 사회적 성취를 가져왔다는 개념을, 또한 도덕적 의무는 사회와 국가의 협약을 따르는 데 있다는 개념을 내포한다는 것을 보여 주었다. 이런 사실들은 영국 헤겔주의를 반영했다.

템플이 주로 다른 출처의 개념을 소개함으로써 이런 동향을 확인했으며 따라서 조금씩 그의 역사주의가 쇠퇴했다고 스펜서는 주장한다. 헤겔주의의 영향은 정말로 상당했지만 줄어들었다. 하지만 처음부터 플라톤과 기독교 사회주의 전통을 포함해 다른 입장들이 작용하고 있었다. 템플에게 결정적인 것은 그의 기독교 신앙, 특히 성육신 신앙이었다. 그는 헤겔주의와 다른 개념들을 성육신의 의미를 전개하는 방식으로 사용했다.

템플은 도널드 맥키넌과 라인홀드 니버의 자극에 잘 반응했다. 맥키넌은 부드러운 종합(syntheses)에서 떠나 십자가 신학을 향하도록 템플을 더 밀어붙였다. 오늘날 니버를 미국의 자유주의에 굴복한 독단적 비관주의로 폄하하는 것이 유행이다. 그러나 그의 영향력이 최고조에 있을 때인 1940년쯤에는 사실이 아니다.

템플은 올바른 사랑과 정의에 대한 니버주의의 입장을 사실 받아들였다. 사회적 원칙과 중재의 방법(이상적 공리주의)에서, 자연 질서에 대한 그의 태도에서, 교회, 사회, 국가에 대한 어떤 입장을 만들기 위해 교회와 성례전에 대한 인식에서는 니버보다 템플이 낫다. 템플의 두 동시대인은 마음을 끌지 않았다. 그의 주요한 비평가 헨슬리 핸슨은 과도한 개인주의 때문에 당연히 큰 비중이 있지 않았다.

칼 바르트처럼 템플은 창조주와 피조물 사이의 극복할 수 없는 구분에 그리고 경험으로서의 이성적 추론과 완전히 다른 계시의 필연성에 동의했다. 그러나 템플에게 계시는 이성과 양심이라는 잣대에서 계시의 요구를 입증해야 했다. 그가 죄를 고려해 계시와 이성 간의 긴장을 더 어떻게 다루었을 것인지 말할 수는 없다. 하지만 그는 바르트에게 동조하지는 않았을 것이다.

전통이라 불릴 만한 가치가 있는 것은 여전히 없지만, 이 잉글랜드 국교회 전통은 사회 책임을 위한 잉글랜드 국교회 위원회의 업적 속에서 그리고 사회 신학을 공들여 만들어 내는 일에, 많은 출처에 특히 템플과 니버에 의존한 로널드 H. 프레스턴(Ronald H. Preston) 같은 신학자들을 통해 전개되고 발전되어 왔다. 이 전통은 북유럽과 북미에서 제2차 후기 바티칸로마가톨릭 사회 윤리와 밀접한 연관을 갖는다.

최근 몇 해 이 문제에 대한 많은 도전이 있어 왔다. 흑인신학과 여성 신학을 포함해 해방신학들은 억압받는 자와 소외된 사람에 대한 시각을 올바르게 밀어붙이고, 정치적이고 경제적인 현 상태에 대해 템플보다 비판적 태도를 취한다. 이들은 템플의 접근에 특히 중간 공리를 만드는 데 어떤 위험성이 있다고 경고한다. 즉 기독교 지도자나 전문인들이 세속적 권세와 함께 모든 사람의 관심사 안에서 쉽게 말할 수 있다는 가정을 통해 권력들에의 기독교의 안락한 순응에 대해 경고한다.

프레스턴은 이 같은 위험성을 잘 인지하고 이런 방법이 소외된 사람들에 대한 관심과 아주 일치한다고 주장했다. 더는 템플의 방법이 너무 추상적이고 사변적이라고 비판하며 사람들의 이야기에 대한 관심과 유연성을 호소한다.

사실 템플은 신앙의 이해와 세상에서 삶의 경험 간의 변증적 흐름을 추천했다. 원칙들은 행동으로 이끌게 되지만, 원칙들 자체가 검증받고 명확하게 이해되어야 한다. 가능하다면, 원칙들은 삶의 경험에 비추어 수정되어야 한다. 그런데 해방주의 신학들은 자체로 곤란한 점들이 있다. 세계화를 악령으로 묘사하고, 정치적이고 경제적인 의무를 국가적으로, 세계적으로 좌절시키고 신앙을 지엽적으로 여기는 어떤 경향이 있다.

  김용복 같은 한국의 민중신학자들은 민중(일반인[the people])을 위한 하나님 나라의 결정적인 침투를(kairotic inbreaking) 바라본다. 그러나 민중이 쉽게 확인될 수 있는지, 이들은 신앙과 어떤 관계인지, 현재의 상황을 개선하려는 시도를 무가치한 것으로 여길 수 있는지에 대해 매우 의문스럽다.

  템플의 전통은 확실히 해방주의 신학에 더 귀를 기울일 필요가 있고, 국가의 권력을 덜 신뢰하는 것을 배워 오고 있다. 그러나 템플의 전통은 그 사이 우리가 직면한 피할 수 없는 세계화의 복잡성들에 대해 보다 건설적으로 대처할 준비가 되어 있다.

  템플로 대표되는 전통의 다른 신학적, 철학적 도전들은 알레스데어 매킨타이어(Alasdair MacIntyre)와 스탠리 하우어워스(Stanley Hauerwas)에게서 왔다. 계몽주의 기획이 경쟁하고 현격히 다른 윤리적 견해들 간의 끝나지 않은 논쟁 속으로 붕괴되었다는 매킨타이어의 설명과, 교회가 자체로 사회적 윤리의 성격을 갖는 공동체라는 하우어워스의 설명은 둘 다 기독교의 특수성을 강조하는 윤리에 대한 생기 넘치는 해석이다.

  따라서 잉글랜드 국교회 안에서 우리가 마이클 베너(바르트주의자), 올리버 오도노번(복음주의, 성경의 근원과 초기 기독교 전통에서부터 윤리와 정치신학을 이해하는 복음주의자), 존 뱅크(이념에 대항하는 저명한 기독교 내러티브를 강조하는 가톨릭주의자)의 윤리들을 발견한다.

  템플은 자기 삶 후반에 할 말이 많았는데 특히 교회의 중요성에 대해 할 말이 많았다. 이 전통에 서 있는 사람들은 기독교 이야기의 특수성과 기독교 인격 공동체의 중요성에 기꺼이 동의할 수 있다. 그렇지만 영국에서는 적어도 교회와 사회가 오랫동안 설상가상으로 복잡하게 서로 얽혀 있었다. 순수한 교회 공동체의 특성은 없다. 교회는 기독교의 거대 담론에 대해 말하지만 비판 아래에 있으며 또 의문시된 채로 남아 있다. 단호한 교회론은 우리의 공통된 인간성에 대한 다른 사람들과의 쓸데없거나 불쾌한 대화를 보여 주지 않는다.

  매킨타이어 자신은 더 어렵기는 하지만 대화가 여전히 가능하다고 주장하고, 제프리 스타우트와 몇몇 사람은 다원주의적 포스트모던 세계 속에 있는 많은 협력 영역을 언급했다. 정말 오늘날의 엄청난 갈등 속에서 대화를 추구할 필요가 더 있어 보인다.

템플의 전통은 사회 속에 있는 인격 이해에 초점을 맞추었던 자연적 도덕성의 가능성을 올바르게 고집해 왔다. 존재의 질서에서 자연적인 것은 기독교에서 완전히 분리된 영역이 아니라는 것이다. 그것은 은총의 영역이다. 지식의 질서에서 종교적이든 다른 신념을 가졌든 인간은 자기의 근본적 인격성을 성찰해 어떤 공동의 근거를 찾을 수 있는 능력이 있다.

이와 마찬가지로, 모든 그리스도인은 수많은 공동체 속에서 살아가며, 기독교 특성에 대한 관심이 세상 속에서의 행동에 대한 문제들을 대신할 수 없다. 이런 행동을 결정하는 데 우리는 중재를 활용할 필요가 있는데, 곧 복잡함을 해결하려고 노력하며 사회과학의 견해를 통해 입장을 바꾸는 것이다.

세속적 이념에 순응하는 것은 계속되는 위험이기는 해도 불가피한 것은 아니다. 비판적인 자세를 견지하며 가능한 대안들을 추구하는 동안 사회적이고 세계적인 운동을 단단히 붙들고, 인류의 행복을 위해 기존 기관들의 잠재성을 개발하는 것은 중요하다. 하나님 나라가 최종적으로 도래하기 전까지 이런 방식으로 이성을 사용해야 할 신학적 근거는 많다.

참고 문헌

Temple's main writings on social and political theology
CC *Citizen and Churchman*. London: Eyre and Spottiswoode, 1941.
CD *Christian Democracy*. London: SCM Press, 1937.
CIC *Christ in His Church*. London: Macmillan, 1925.
CN *Church and Nation*. London: Macmillan, 1915.
CS *Christianity and the State*. London: Macmillan, 1928.
CSO *Christianity and Social Order*, Harmondsworth: Penguin, 1942.
CW *Christianity and War*. London: Oxford University Press, 1914.
DCE Chairman's Introduction. In *Doctrine in the Church of England*, London, SPCK, 1-18, 1938.
ECP *Essays in Christian Politics and Kindred Subjects*. London: Longmans Green, 1927.
HNW *The Hope of a New World*, London: SCM Press, 1940.
KG *The Kingdom of God*. London: Macmillan, 1912.
RE *Religious Experience and other Essays and Addresses*, ed. A. E. Baker. London: James Clarke, 1958.
SLL *Some Lambeth Letters, 1942-1944*, ed. F. S. Temple. London: Oxford University Press, 1963.
TWT *Thoughts in War-Time*. London: Macmillan, 1940.
Temple's main philosophical works
Mens Creatrix. London: Macmillan, 1917.
Christus Veritas. London: Macmillan, 1924.

Nature, Man and God. London: Macmillan, 1934.

Works related to Temple

Bayer, Oswald and Suggate, Alan M., eds. (1996). *Worship and Ethics: Lutherans and Anglicans in Dialogue*. Berlin: Walter de Gruyter. (Suggate's two essays: "The Anglican Tradition of Moral Theology", 2–25; "In Search of a Eucharistic Social Ethic", 164–86.)

Craig, Robert (1963). *Social Concern in the Thought of William Temple*. London: Gollancz.

Fletcher, Joseph (1963). *William Temple, Twentieth-Century Christian*. New York: Seabury.

Hastings, Adrian (1991). *A History of English Christianity 1920–1990*. London: Collins.

Iremonger, F. A. (1948). *William Temple, Archbishop of Canterbury: His Life and Letters*. London: Oxford University Press.

Kent, John (1992). *William Temple: Church, State and Society in Britain 1880–1950*. Cambridge: Cambridge University Press.

Lowry, Charles W. (1982). *William Temple: An Archbishop for All Seasons*. Washington: University Press of America.

MacKinnon, D. M. (1941). "Revelation and Social Justice." In *Malvern 1941*, 81–116. London: Longmans, Green.

Matthews, W. R. et al. (1946). *William Temple: An Estimate and an Appreciation*. London: James Clarke.

Norman, E. R. (1976). *Church and Society in England 1770–1970*. Oxford: Clarendon.

Oliver, John (1968). *The Church and Social Order: Social Thought in the Church of England, 1918–1939*. London: Mowbray.

Padgett, Jack F. (1974). *The Christian Philosophy of William Temple*. The Hague: Nijhoff.

Preston, Ronald H. (1981). "William Temple as a Social Theologian." *Theology* 84 (Sept. 1981), 334–41.

Ramsey, A. M. (1960). *From Gore to Temple: The Development of Anglican Theology between* Lux Mundi *and the Second World War, 1889–1939*. London: Longman.

Spencer, Stephen C. (1990). "The Decline of Historicism in William Temple's Social Thought." D.Phil. thesis, Oxford University.

Suggate, Alan M. (1987). *William Temple and Christian Social Ethics Today*. Edinburgh: T. & T. Clark.

제13장

라인홀드 니버

윌리엄 베르페호우스키(William Werpehowski)

특정 정치신학을 평가하는 하나의 방식은 한편에서 인간의 정치적 책임을 위한 사례에 관심을 갖는 것이고, 다른 한편에서는 비판적 독립성에 대한 요구에 관심을 갖는 것이다. 전자는 왜, 어떻게 인간 피조물이 정치 공동체에 관심을 가져야 하는지, 어떻게 이런 관심이 적절한 정치 활동을 통해 구현될 수 있는지 탐구하는 것이다.

그렇지만 만일 관심과 행동이 정치적 사회에 대한 우리의 책임을 특징짓는 것으로서 결국 하나님에 대해 책임을 져야 한다면, 정치신학은 특정 정치 계획과 이상에서 독립되어 있다는 것을 인식하고 이에 준비가 되어 있어야 한다. 그렇지 않으면 정치 사회를 위한 우리의 관심과 활동이 주권자이신 우리 주님에 대한 책임이 아니라, 정치적 사회나 어떤 이상적인 다른 것에 대한 궁극적인 책임에서 나올 위험성이 있다(R. Niebuhr 1946:123-5).

그러면 정치신학은 자유로운 정치적 책임의 문제다. 예컨대 정치에 대한 칼 바르트의 사색은 인간 관계에서 '동료 인간'의 결속을 다지라는 신적 요구와 일치하는 한에서 시민 공동체를 위한 기독교의 자유를 확증하고자 했다.

정치적 삶을 위한 이 자유는 만일 예수 그리스도 안에서 유일한 하나님의 말씀으로 검증되지 않은 정치적 이념에서 독립된 자유를 전제하지 않는다면, 잘못 해석된 것이다. 기독교 신앙과, 자연신학으로 드러난 문화적이고 정치적 관점들 사이에는 정치적 연관성이 없다. 교회는 정치적 체제나 현실에 순종하거나 이를 신뢰해서는 안 되며 하나님이 온갖 정치적인 것을 포함해 모든 사물을 지탱하게 하시는 하나님 말씀의 능력만 신뢰하고 순종해야 한다(Barth 1968:161).

라인홀드 니버의 정치 윤리는 자유로운 정치적 책임을 위한 근거를 세우려는 바르트의 윤리와 조화를 이루는 것처럼 보인다. 니버는 정의를 위한 일이 일어나는 역사의 갈등에서 달아나거나 이런 갈등에 대해 부적절하거나 위험하게 말하는 완벽주의 관념론의 형태에 대항한다. 사람은 모든 정치적 행동을 특징짓는 단편적이고 부분적이며 불가피하게 이기적인 관점들을 인식해야 한다.

이런 경쟁적인 관점들은 사람들 가운데서 어떤 완벽한 조화 실현을 방해하지만 인간 존재의 규범이 사랑의 법이라는 것은 사실이다. 사랑의 법은 사회적 평등성, 자유 같은 것들을 정하는 규제력 있는 원리들을 통해 역사에서 여전히 불완전하고 간접적인 모습으로 나타난다.

현실적 정치 주체는 결코 규범을 원리로 흡수해서는 안 된다. 왜냐하면, 규범은 구현된 원리들과 항상 비판적 갈등 관계에 있기 때문이고 마찰이 없는 조화를 이루고자 하는 목표에 근접해 가는 어떤 한계도 미리 설정할 수 없기 때문이다.

공동체 안에서 완전하고 상호적인 자기희생의 이상이 결정적으로 불가능하다는 것이 무책임한 감상주의를 막는 것처럼, 정의의 성취에 대한 규범의 결정적 타당성도 무책임한 사회적 절망을 막아준다(R. Niebuhr 1979:64). 여기에 의견을 달리하는 입장들이 있다.

스탠리 하우어워스(Hauerwas 2001a:60-1)는 라인홀드 니버의 윤리에서 기독교 윤리의 주제가 미국이며 예언적 기독교 신앙이나 심지어 이 신앙을 형성한 교회도 아니라고 주장한다.

> 그는 민주주의가 그리스도인들을 위한 가장 적합한 정부와 사회 형태라는 가정을 결코 의문시하지 않았다(Hauerwas 2001a: 466).

한스 프라이(Hans Frei)는 형제인 라인홀드와 리처드 니버 비교를 통해 또 하나의 무관하지 않은 우려를 나타낸다.

프라이는 인간의 합리성과 도덕적 민감성의 한계에 대한 라인홀드 니버의 강조에도, 두 가지 점에서 그의 신학적 윤리가 적절히 통제되거나 상황화되어 있는지, 그래서 제한되어 있는지 의문을 품는다.

첫째, 정치적 행위자와 인간의 자유에 대한 두 형제의 생각 사이에 차이가 있다. 라인홀드는 유한하고 공정하지 못한 우리 자신의 지식조차 단순히 행위자의 자유 행사를 시작하는 기능이라고 보는 인간 자유의 현대적 견해를 최종적으로 주장했다. 이런 개인, 특히 인간 집단 편에서의 방해받지 않는 도덕적이고 자발적인 주도는 역사에서의 적극적인 신적 통치에 의존하는 윤리를 세우려는 리처드 니버의 시도와 대단히 상충할 것이다. 리처드의 윤리에서 우리의 독립성은 우연적이며, 또한 우리의 중대한 자유는 하나님이 이 세상에서 행하시는 것에 대해 즉각 반응한다.

프라이의 요점은 라인홀드의 윤리가 정치적 행위자에게 도덕의 규제(와 자제)가 없다는 쪽으로 더 불안정하게 맞추어졌다(또는 방향을 틀었다)는 것이다. 이런 윤리는 덜 제한적이고 검정되며, (하나님이 한 사람의 행위와 더불어 타인들의 행위를 통해 행위와 함께, 행위 안에서 우리에게 행하시는 동안) 우리에게 영향을 미치는 다른 행위자들에 대해 덜 의존적이 될 것이다. 따라서 이런 윤리는 특정하거나 고정된 정치적 입장에 대한 표현으로 더욱 일방적이 될 수 있다(Frei 1993:231).

둘째, 프라이는 리처드 니버에 대해 다음과 같이 말한다.

> 리처드에게 하나님의 통치 아래 있는 중요하게 창조된 행위자들은 단순히 민족과 제국들의 정치적 집단이 아니다. 신적 행동은 국가나 다른 사회적 집단들과 교회 사이에 불안하게 놓여 있다. 처음에 어리석게 균형잡히지 않은 양극성 속에 놓인다. 그의 급진적 유일신론은 이 양극성을 주장했다. 왜냐하면, 교회를 포함해 한 유형의 집단의 보편성은 항상 택일신론주의적(우상을 숭배하는 것이라 말할 만하다)이기 때문이다(Frei 1993:231).

라인홀드의 사상에서 명확하게 전개되지 않았던 양극성은 우상 숭배에서의 보호와 방어적인 정치적 삶을 제공한다. 둘 다 말할 필요도 없이 하나님 앞에서의 중대한 독립성을 위협한다.

나는 이 글의 두 번째 항목과 세 번째 항목에서 나오는 니버의 정치적 윤리에 대한 설명을 따라, 마지막 항목에서 이런 비판들을 고찰하고, 니버가 이들에게 논박하고 대답하기 위한 자료가 많이 있으며 이 자료들이 적절하고 유용하다는 것을 제시할 것이다.

기독교의 정치적 책임을 위한 사례는 지금 상태로는 비판적 독립성을 위한 요구들을 저해하려는 경향이 있다. 나는 정치신학에서 이런 요구들이 다음 같은 중요한 것에 더 주의 깊게 관심을 가질 필요가 있음을 결론에서 제시할 것이다.

첫째, 기독교 공동체의 실천
둘째, 역사 속에서 하나님이 주이신 것
셋째, 이런 주님이 회개와 회심으로 계속 부르시는 것을 우리가 인식하는 것

1. 니버의 정치적 윤리 1

라인홀드 니버(Reinhold Niebuhr, 1892-1971)는 미주리 라이트(Wright) 시에서 태어났고 독일의 복음주의 루터교회(나중에 복음주의적인 개혁주의 교회로 바뀜)에서 성장했다. 그는 예일대학교에서 2년 공부한 후, 1915년부터 1928년까지 디트로이트에서 목회 사역을 했다. 이 사역은 도시 산업의 삶에서 오는 무거운 부담과 불의를 경험하게 했다. 이런 상황에서 그는 자신의 단순하고 뻔한 도덕적 설교는 명백히 부적절하다는 사실을 깨닫게 되었다(R. Niebuhr 1991:8).

그는 뉴욕 유니온신학교 교수로 부임해 1960년 은퇴할 때까지 그곳에서 가르쳤다. 그는 정치적, 사회적, 신학적 문제들에 대해 상당히 많은 글을 쏟아 내었으며, 여러 곳을 여행하면서 넓게 의견을 교환했고 정치, 문화, 종교 지도자들 가운데 가장 영향력이 큰 인물이었다.

1930년대 니버는 워싱턴 글라덴(Wahington Gladden), 월터 라우센부시(Walter Rauschenbusch) 같은 사람의 사회 복음이 지향하는 이상을 비판했다. 산업혁명으로 사회의 잔인함에 대응하는 19세기 개신교 윤리의 개인주의의 한계를 인식한 사회 복음 신학자들은 개인적이고 제도적인 삶을 위한 규범으로서의 예수의 윤리에 반대해 왔다.

여기서 핵심은 하나님 나라 교리다. 하나님 나라 교리는 사회적 일치가 특징이고 또 하나님이 창조하신 인격들의 존엄성에 대한 개인적이고 구조적인 공격을 뒤엎는 것이 특징인 역사적으로 가능한 것이라고 여겨진다.

니버는 사회 복음이 감상적이고 부적절하다고 생각했다.

사회 복음은 온갖 사회적 문제에 단순한 해결점으로서 사랑의 법을 제시했기 때문이다. 정말로 사회 복음은 미국에서 기독교 신앙의 과도한 개인주의를 극복하려는 요구였지만 하나의 근시안적인 견해고 이에 도움도 되지 못했다.

> 사회 복음은 비판하려고 한 것과 동일한 윤리를 역설했기 때문이다. 사회 복음은 그리스도인이 사랑의 법을 개인적인 관계뿐 아니라 인간의 집단적 관계에서 실천해야 한다고 주장했다. 이런 관계에서 자기희생의 무아지경에 빠진 충동적인 사랑은 실천하기 불가능하다(R. Niebuhr 1976:25).

니버는 도덕주의적 경향 곧 교회의 사역이 "이기적인 사람을 이기적이 아닌 사람으로, 적어도 갈등 없이 정의를 만들어 가는 것을 가능하게 할 정도로 이기적이지 않은 사람으로 만든다"고 보는 경향과 다르게, 하나님 나라에 대한 바른 신학은 역사에서 죄의 보편성과, 인간의 사악함과 거짓에 대한 하나님의 철저한 심판을 인정하는 것과 떨어질 수 없다는 것을 견지했다.

> 우리는 그 나라를 얻으려고 노력할지 모르지만, 그 나라가 이 땅 위에서 완전히 실현될 것이라고 기대하기 어렵다. … 하나님 나라는 역사 가운데 항상 단편적이고 부패된 채로 있다(R. Niebuhr 1991:134).

이는 역사에서 부패된 하나님 나라가 권력에 대한 이기주의적인 갈등으로 점철되었고, 사리사욕으로 추구하는 권력이 제거되지 않고 분명 이용되었기 때문이다. 다시 말해, 도덕적으로 위험한 권력들이 이런 위험에도 사용되어야 한다는 것이다(R. Niebuhr 1976:59).

비판적 변증법에 주목하라. 우리는 초월적 이상 면에서의 비판의 여지가 항상 있는 정치적 목표에 책임을 진다. 과도한 이상주의적 노력은 현실적 책임을 변질시키지만, 이런 책임은 조급한 종결을 미연에 방지하는(여전히 현실주의적) 방식으로 하나님 나라의 이상을 갈망하게 한다.

니버의 성숙한 신학적 윤리는 아퀴나스, 파스칼, 키에르케고르의 사상에 크게 빚을 지고 있는 인간의 본성과 상태에 대한 해석에 근거한다. 한편으로 인간 주체나 피조물은 유한하고 제한된 존재다. 이들의 제한성으로 사악하지 않던 인간 피조물은 자연 세계, 다른 사람들, 하나님에게 의존되어 있었다. 이들은 이들 존재를 부정하는 자기 주권에서 이들이 성취하고자 하는 것을 발견하지 못한다.

다른 한편으로 인간 피조물은 자유롭거나 자연, 시간적 과정, 사람과 사람 사이에서 생기는 환경과 연관해 비결정적이고 자기 초월적이다. 자유는 다름 아닌 자기 자신과 세상을 평가하고 변혁하는 능력으로 표현된다. 그러나 자신의 능력을 뛰어넘어 세상을 초월해 어떤 의미를 구성하는 근원과 출처를 찾지 않으면 의미의 세계를 세울 수 없는 무능력 역시 특징이다(R. Niebuhr 1964a:164).

하나님의 형상으로 창조된 피조물에게 나타나는 자기 초월성의 질적 요소들은 단순히 자기 자신이나 자기의 이상적인 것(그것이 아무리 훌륭한 것이라 해도)을 계획하고 찾으려는 의미 이상을 추구한다. 따라서 니버(1964a:158)는 "인간의 삶은 자체를 초월하고자 하지만 초월성 자체가 되어서는 안 된다"고 말한다.

유한성과 자유가 일치하는 것은 역사에서 창조적 업적을 가능하게 하는 조건이지만, 개인의 의존성과 취약성에 대한 피조물의 불안이라는 형태를 초래한다. 예를 들어, 나는 인간의 상황에서 나의 지식과 관점이 부분적임을 인식한다.

하지만 나는 애타게 이런 한계성을 부정하려는 유혹을 받는다.

> 나는 유한한 인생의 한계를 뛰어 넘는 지식의 정도를 성취한 것처럼 가장할 수 있다. 그러나 이것은 모든 인간의 지식과 관련된, '이념적 오염'(ideological taint)으로 단순히 무지보다 더한 것이다. 이것은 항상 무지를 가장하려고 노력하는 것이다(R. Niebuhr 1964a:182).

자유와 유한성의 역설에서 발생하는 필연인 불안은 죄의 내적인 선결 조건이고 유혹의 내적 설명이다. 따라서 인간의 창조성은 우연을 절대적이고 무한한 차원으로 끌어올림으로써 우연성을 극복하려는 노력으로 항상 타락한다.

계속적인 영적 불안의 상태는 불가피하게 필연적인 것은 아니지만, 교만이나 욕망을 불러일으킨다. 어떤 사람은 자신의 유한한 존재와 가능성을 절대적 중요성으로까지 높인다. 또 어떤 사람은 변할 수 있는 선함에 자신을 파묻고 완전히 몰입해 자기 결정과 가능성을 회피하려고 한다(R. Niebuhr 1964a:185).

혹은 다르게 말해 교만은 한계를 넘어선 자유 때문에 꼼짝하지 못하며, 욕망은 인간의 한계에 달라붙어 어떻게 하든지 이것을 부정하고 자유를 구현하려 한다(Lovin 1995:148).

불가피하지만 필연적이지 않은 이 불안은 죄가 아니며 죄를 짓게 하지도 않는다. 니버는 불안이 일어나는 불안정한 것을 극복하는 완전한 신뢰를 가능한 이상적인 것으로 놓으며, 모든 죄의 근원은 하나님을 신뢰하지 못하는 불신앙이라고 단언한다.

죄의 치명적이고 비통한 성격은 우리가 죄의 집단적 표출과 특히 국가 안에서의 집단적 표출을 고려할 때 가장 명백하게 나타난다.

> 집단은 더 교만하고 위선적이며 자기중심적이고 죄의 목적을 추구하는 데 개인보다 더 무정하다(R. Niebuhr 1964a:183, 252).

집단적 삶은 더욱 권력을 갈망하고 구체화하려 하고, 존재의 근본과 목적으로 자신의 중요성을 위해 많은 것을 요구하려는 경향을 조장한다. 국가의 경우도 권력이 마치 신처럼 각 구성원 개인의 무한 충성을 요구하려 할 것이다.

또한, 개인은 욕망과 교만을 드러내는 방식으로 서로 협력할지 모른다.

> 집단적 이기주의는 개인에게 더 넓은 전체성 속에 자기를 희생할 기회를 부여한다. 또한, 자기 강화에 비해 개인의 허식들은 타당해 보이지 않고 믿을 수 없는데, 집단적 이기주의는 이런 자기 강화의 가능성을 제공한다(R. Niebuhr 1964a:208, 212-213).

이 같은 역동성은 죄의 균일성과 죄에 대한 책임의 차별성의 한 형태를 나타낸다. 모든 인간의 노력은 죄로 말미암아 하나님의 영광에 이르지 못한다.

그러나 죄의 결과인, 범죄에 대한 책임은 다르다.

> 경제적이고 정치적 권력을 가진 자들은 권력 및 명성이 부족한 자들보다 하나님에 대한 교만과 약한 자들의 불의에 대한 죄책이 크다(R. Niebuhr 1964a:225).

니버의 비판적 변증법은 계속 약한 자의 자기 의는 물론, 영적이고 문화적인 지도자의 교만을 비난하는 방향으로 움직인다. 그는 경제적이고 정치적 권력에 대한 주장에서, 다른 도덕적 실재들에게 맹목적이게 하는 법으로 돌아가지 않을 것이다. 그럼에도 개인적이든 집단적이든 자아의 확장이 허용될 때 역사는 우리에게 역사가 확장될 것이라고 가르치며, 가난한 자들과 약한 자들에 대해 "지나치게 단순한 사회적 급진주의의 실수는 특정한 역사적 배경에서 권력을 쥔 사람이나 계층이 권력을 갖지 못한 사람들보다 실제로 불의와 교만의 죄가 크다는 사실을 모호하게 하지 않아야 한다"(R. Niebuhr 1964a:224, 226).

2. 니버의 정치적 윤리 2

그래서 니버는 우리가 자신을 과도하게 주장하고 얼렁뚱땅 포기해 버리는 악한 개인이나 집단 안에 있는 역사의 제한들에 항상 직면한다고 주장한다. 타인의 복지를 위해 사랑의 관심으로 자기 이익을 초극하려는 광범위한 정치적이고 경제적인 집단들을 전망하는 것은 개인에 대한 전망과 비교하면 극히 제한된다. 하지만 우리가 창조적 업적의 핵심으로서의 자기 초월성과 관련해 언급했듯이 역사도 자기 초월성의 가능성이 있다.

니버는 하나님과 이웃에 대한 희생적 사랑을 완성해 인간 본성의 완전한 규범이 되신 예수 그리스도에 대한 설명으로 기독론적 의미를 보여 준다. 자기 초월성은 이런 사랑에서 완성된다.

물론, 이런 사실을 드러낸 십자가는 인간의 완전함을 역사 안에서 얻을 수 없다는 것을 보여 준다.

> 희생적 사랑은 역사를 초월한다. … 이런 사랑은 역사 안에서의 행위다. 하지만 이 사랑은 역사에서 자체를 정당화할 수 없다. 역사의 관점에서 상호적인 사랑은 가장 지고한 선이다. 타인의 유익에 대한 관심이 서로 애정을 끌어내고 자극하는 상호적 사랑에서만 역사적 현실의 사회적 요구를 만족시킬 수 있다. … 이해관계가 있는 일반적 영역 속 모든 요구는 서로 조화롭게 관련되고 적절히 충족되어야 한다. 그러므로 타인을 위한 자기희생은 역사적 실존을 통해 제한된 것 같은 도덕의 자연적인 기준을 깨뜨리는 위반 행위다(R. Niebuhr 1964b:69).

또한, 희생적 사랑은 모든 역사적 윤리와 관련된다. 상대가 화답해주지 않을 것이라는 비상호성 원리가 인간 관계를 지배하게 되면 상호적 사랑의 규범은 현실화되지 않을 것이기 때문이다. 이런 분석은 자기 자신을 추구하지 않는 사랑은 단순히 사회에서 자체로 유지될 수 없다는 주장으로 다시 돌아온다. "다른 사람의 지나친 자기주장으로 공격을 쉽게 받을 수 있고, 경쟁적 의지와 이익들의 균형에 동참하기를 거절함으로 모본을 가장 나쁘게 할 것이기 때문이다"(R. Niebuhr 1964b:2, 72).

예수 그리스도의 사랑은 결국 역사에서 결코 입증될 수 없는 불가능한 가능성이다. 그런 사랑의 역사적 결과는 비극으로 끝나는 삶이다. 그럼에도 '아가페'나 십자가의 희생적 사랑은 상호관계의 불완전성을 완성한다. 인간의 자기초월성을 감안할 때 십자가의 희생적 사랑에는 한계가 없으며, 또한 상호관계를 완전하게 하는 '아가페'에도 한계가 없기 때문이다.

니버는 여느 때처럼 부정문으로 이 점을 주장한다.

> '아가페'의 가장 순수한 형태, 곧 원수에 대한 사랑, 악행자를 향한 용서조차 역사적 가능성과 모순되지 않는다.

이런 사랑은 자기 이익, 강제, 반칙적인 세상 질서와 정의에 대한 관심과 결합된 혼합물로 변질될 수 있다. 그렇지만 정직한 역사적 가능성을 의식하는 것을 단념하지 않는 한, 이 혼합물 가운데 사랑이 차지하는 비중에 한계가 있을 수 없다.

이 완전한 사랑은 또한 무엇이 가능한지 분명히 한정한다.

> 하나의 규범으로 이 사랑은 한 순간에 영원에 도달하는 역사의 차원을 부정하면서 역사 속에서 무조건적인 완성의 성취를 꿈꾸는 사람들의 한심한 환상을 지속적으로 반박한다(R. Niebuhr 1964b:85-86, 88).

마지막으로, 십자가의 완전함은 사회적 삶을 위한 모든 협정을 수정하거나 판단한다. 자기주장과 사랑의 제거할 수 없는 혼합은 또한, 당연히 항상 죄가 되는 혼합이다. (용서의) 교정하는 정의는 보복적이지 않은 경우가 없고, 제국주의에 영향을 받지 않는 공동체의 교제는 없으며, 공정한 정의를 위한 권력을 이용함에 있어 그 자체가 편파적이지 않는 경우는 존재하지 않는다.

이 마지막 요점은 '죄의 균일성'을 다시 한 번 언급한다. 이어 '죄에 대한 책임의 차별성'에 대해 다룬다. 상이한 사회 프로그램들 사이에는 진정한 도덕적 차이가 있는데, 예를 들어, 인간 피조물을 위한 삶의 조건들의 평등성의 확실한 달성을 실현하는 정도 만큼이다.

평등성은 이상적 정의의 정점으로서 암시적으로 사랑을 정의의 궁극적 규범으로 가리킨다. 왜냐하면, 평등한 정의는 죄의 조건 아래 형제애에 가까운 것이기 때문이다. 더 지고한 정의는 항상 더욱 평등한 정의를 의미한다.

평등성에 찬성하고 반대하는 요구들은 '이념의 오염'(한 경우는 사회적 필요나 기능의 차이를 무시하고 절대적 타당성을 강조한다. 다른 경우는 그 달성의 불가능함을 너무 많이 강조한다)이 불가피하다는 사실은 이런 현실을 극복하지 못한다(R. Niebuhr 1964b:254-255). 그리고 단순한 사실은 앞서 지적한 부패를 거의 극복하지 못하며, 따라서 비판에 취약함을 노출한다.

정부의 원칙이나 사회적 생명력을 주는 전 영역의 구성에 대한 니버의 주장은 다음과 같은 잘 알려진 언명으로 시작한다.

> 다른 삶에 한 삶이 지배받는 것은 권력과 생명력의 균형을 통해 가장 성공적으로 억제될 수 있으며, 이로써 약한 자가 강한 자의 노예가 되지 않는다.

그러나 이 같은 어떤 균형은 은밀하고 잠재적인 갈등 속에 항상 나타나는 긴장의 조건을 내포한다. 명백한 갈등의 위협은 불가피하고 지속적 정의의 실패와 함께 갈등을 더욱 공정하게 중재, 축소하고 불의를 교정하며 우월한 권력을 통해 법에 대한 복종을 명령하는 제도적 기관을 요구한다.

하지만 잘 생각해 보면 정부는 결국 어떤 계급이나 집단에 편파적이기 쉽고, 정부의 권위에 대한 모든 저항을 질서 자체에 대한 저항이라는 도덕적 흠으로 몰아가는 질서를 유지하기 위해 자의적으로 공동선과 자유를 남용할 수도 있다. 따라서 민주주의 사회의 가장 위대한 성취는 정부에 대항하는 원리를 민주주의 사회가 정부 자체의 원리 안에 담는 것이다(R. Niebuhr 1964b:265-268).

성경적 전통은 정부의 도덕적 모호함을 다루는데, 곧 정부를 신적 위엄을 반영하는 권세를 가진, 하나님의 법적 기관으로 여기고, 또한 집권자가 가난한 자를 억압하고 신적 위엄에 반대하는 한 항상 변함없이 하나님의 심판을 받게 되는 것을 이야기한다. 질서의 원칙으로서, 정부의 권력은 무질서의 상태를 막는다. 그러나 정부의 권력은 신적 권세와 동일시되지 않으며 어떤 독재의 자격도 갖지 못한다.

그러므로 정부와 정치하는 사람은 모든 정치적 업적 속에 무정부와 독재의 위험성이 나타날 수 있다는 위험성을 인식하는 것은 물론, 모든 사회적 상황에서 더 지고한 정의의 가능성에 유념해야 한다.

> 이것을 이해하는 것은 믿음으로 의롭게 되는 경험의 관점에서 더 높은 정의를 위해 애쓴다는 것이다. 정의의 영역에서 믿음으로 의롭게 된다는 것은 우리가 정의를 성취하고 유지하기 위해 필요한 압력과 반(反)압력, 긴장들, 암시적이고 명시적인 갈등들을 절대적인 의미에서 규범적으로 여기지 않는다는 의미지만 우리가 이런 것 속에 연관되는 것을 회피해 우리의 양심이 편안해지려 해서도 안 된다는 것이다. 우리는 정의의 창조적 가능성을 위한 책임을 솔직히 인정하지 않고 정치의 모호함에 관련되어 있는 죄와 책임에서 우리 자신을 정화시킬 수 없다는 것을 알아야 한다(R. Niebuhr 1964b:284).

니버가 세계 공동체 속 정의를 위한 투쟁을 다룬 것은 동일한 주제들을 논한다. 세상의 정부는 더 강한 권력의 피할 수 없는(심지어 암시된) 지배에 대처해야 한다. 그런데 이 사실은 제국주의의 위협을 예고한다. 따라서 모든 나라의 권력은 지배에 저항하는 힘으로 무장해야 한다.

만일 중심적 권력이 너무 약해지면 우리는 무정부 상태 조짐을 보이는 질서 잡히지 않은 힘의 균형으로 결국 끝나고 말 것이다. 새로운 세계 공동체는 희망이 사라질 때 믿음으로 희망을 가지려는 사람의 손으로 세워져야 한다(R. Niebuhr 1964b:285).

니버는 다음과 같이 말한다.

> 정의를 추구하는 것은 질서를 요구한다. 질서는 정의를 위협한다. 정의는 얼마나 개인의 독특한 가치가 … 단지 도구인 정치적 프로그램에 그 개인을 맞추는 것이 잘못인지를 인정하는 자유의 타당한 척도를 모색한다. 자유는 두말할 필요 없이 질서에 도전할 수 있다. 정의가 요구하는 평등성은 평등성을 권위가 억압적으로 강제하는 것에 대항하는 자유를 재천명하는 저항을 자주 겪는다(Lovin 1995:225-226).

민주주의는 이런 가능성과 갈등에 직면해 자유의 조건 내에서 통합을 추구하며 또 질서의 구조 안에서 자유를 유지하는 방식을 주장한다.

> 정의에 대한 인간의 능력은 민주주의를 가능하게 한다. 그러나 불의에 대한 인간의 성향은 민주주의를 필요하게 만든다. … 만일 인간이 동료를 불의하게 다루는 경향이 있다면 힘의 소유는 이런 성향을 악화시킨다. … 자유로운 사회의 민주주의적 기교는 집권자와 행정가의 힘을 견제하고 무질서하게 되는 것을 막는다(R. Niebuhr 1944:xiii-xiv).

니버(1991:257)의 민주주의 선호는 민주주의에 대한 우상적 헌신에 대한 염려로 완화된다.

> 특히, 미국인이 이런 죄를 범하는 경향이 있다(R. Niebuhr 1991:257).

그릇된 숭배는 단순히 이념적 오염과 쉽게 혼합되며 특히 권력을 가진 특정 사람에게 권력 의지가 나타난다.

결론적으로 기독교 현실주의자인 라인홀드 니버는 정치에서 도덕적 가치를 버리는 냉소주의와 준비되지 않은 이상주의를 동시에 공격했다. 우리는 기존의 사회적 계획에 끊임없는 비판을 허용하는 것처럼 보이는 그의 사상에서 그 근거를 찾아 왔다.

하지만 그는 도덕적 순수성을 유지하려는 헛되고 공허한 요구 속으로 회피했던 사람을 비웃으면서 역사에서 도덕적 책임의 필요성을 높이 평가했다. 기독교 평화주의의 많은 형태를 그가 비판하는 것은 부적절한 이상주의와 죄를 심각하게 취급하지 못한 것에 대한 그의 일반적 비판에 접붙인 반완전주의 계통을 따랐다.

그가 겨냥한 평화주의자는 다음처럼 한다.

> 만일 인간이 서로 사랑하기만 한다면 모든 복잡하고 때로 끔찍한 정치적 질서의 실체들이 필요 없게 된다고 평화주의자들은 단순히 주장한다. 이들은 자기들이 인간 역사의 가장 근본적 문제를 요구하고 있음을 이해하지 못하고 있다. 정의가 오직 한편으로 어느 정도의 강제성을 통해 다른 한편으로 강제와

독재에의 저항을 통해 실현될 수 있는 것은 바로 인간이 죄인이기 때문이다
(R. Niebuhr 1992:35).

'비(非)이단적' 평화주의는 기독교의 원죄 개념을 거부하지 않고 완전한 사랑이 세상에 소박한 승리를 보장한다는 일종의 부조리한 개념을 지지하지 않는다. 대신 이런 평화주위는 자기희생적 사랑의 개인적이고 집단적 삶을 칭찬한다. 자기희생적 사랑은 정치적 의무를 거절하고 이 사랑 지지들에게 사회 정의를 위한 책임을 면제한다.

책임을 지지 않는 평화주의는 역사에서 달성될 수 없지만 역사에 아주 중요한 규범을 결정적으로 생각나게 하는 것으로서만 적절하다. 책임을 지지 않는 평화주의는 망상적이고 위험스러운 정치의 타당성을 추구한다.

3. 니버의 논박

니버가 자유로운 책임의 정치 윤리의 전형적인 모본이라는 것을 누가 부정할 수 있을까?

우리가 말할 수 있듯이 그가 바라는 것은 무비판적인 만족에 편안히 쉬는 것이 아니다. 정의는 사전에 어떤 적극적인 제한을 가하지 않는 사회들 속에서 실현될 수 없다. 그렇지만 모든 인간이 죄로 타락했기 때문에 모든 것은 성취되기 어렵고 사랑의 법으로 심판받는다. 의문을 제기하는 입장을 생각해 보자.

스탠리 하우어워스는 니버가 기독교 윤리학을 전개하는 데 단호하다고 생각한다.

> 비교적 더 정의로운 사회를 이루기 위한 명확하지 않은 의무를 지지하는 데 필요한 신학적, 도덕적, 사회적 통찰을 발전시키려는 시도로 … 그는 기독교 윤리학의 과제가 그리스도인들이 자기들의 사회 특히 미국 사회에 기여하는 방편을 형성해 내는 것이라고 전제했다. … 니버와 사회복음주의자에게 기독교 윤리학의 주제는 미국이었다(Hauerwas 2001a:59-60).

이 같은 견해는 니버 사상의 몇몇 측면에 의문을 제기한다.

첫째, 이 견해는 일종의 인간 중심 신학 또는 심지어 '자연신학'이다.
이런 신학은 기독교의 주장을 인간 경험에서 다소 피할 수 없는 요소로 보이는 부분 면에서, 예를 들어 지나친 자기 확신에 대한 고집, 자기 초월성의 힘의 한계에 대한 불안, 자기희생에서 상호 조화가 인간에게 규범적이라는 뿌리 깊은 의식 면에서 평가한다.

니버는 비록 예수 그리스도의 하나님을 믿는 깊은 믿음을 가진 "교회의 자녀"(Hauerwas 2001b:122)였지만, 여전히 하나님이 이렇게 이해되는 우리 인간의 본성과 곤경에 대한 대답과 설명이 되신다는 신학과 윤리를 제시했다. 예수 그리스도 안에서 주권적으로 계시되신 하나님에 대해 자유로운 정치적 행동은 길을 잃는다. 곧 이런 행동이 우리의 자기 이해의 투영 같은 것에 근거하고, 자기 초월성의 불안한 길을 따르는 답변은 설득력이 없을 정도로 헛되다.

둘째, 니버는 기독교 공동체의 명확한 실천에 대해 조심스러워한다.
이는 어떻게 정치 윤리가 교회론적으로 형성된 기독교 신학 및 삶의 양식과 독립적으로 지속할 수 있는지 증명하는 문제와 관련 있다. 이런 방식은 종교적으로 다양한 미국의 무대에 도움이 되었는데, 자기 의에 대한 지속적 경고가 겸손을 조성한 것과 꼭 마찬가지다. 즉 "겸손은 정의, 강압, 권력의 균형이라는 용어와 어울리지 않는 거룩한 이름으로 행해지는 기독교의 정치적 실험을 배제한 관용의 실천을 지지한 것이었다"(Hauerwas 2001b:115-16, 131, 135-7).

민주주의를 기독교 이상으로 더 적절한 문화적 근거라고 제시하는 니버의 노력은 하우어워스의 관심을 촉발했다. 하우어워스는 니버가 단순히 자유주의 사회 질서들이 그리스도인에게 규범적이며, 특히 정의에 대한 요구는 자유와 평등성을 보존하는 권력의 질서화된 균형을 위한 건전하고 적절한 노력에 근거한 것으로 상정한다고 생각한다.

그리스도인의 생활과 행동은 보편적인 도덕적 위엄으로 자유 민주주의를 유지시키는 요구로 효과적으로 잘 규제되고 있었다. 이런 경우, 공동체에 속한 그리스도인들은 이들의 민주주의가 민주주의적 가치를 방어하고 확대하기 위해 전쟁에 돌입할 때 무방비 상태가 될지 모른다(Hauerwas 1994:98-106).

이 문제는 폭력을 제한하고 전시에 민간인에 대한 직접적 공격을 금하는 것과 같은 인간의 권리를 보호하는 엄격한 규범을 간과한 결과주의자의 분석을 옹호하는 니버의 성향으로 더욱 악화된다. 예를 들어, 제2차 세계대전 중 일본 민간인을 표적으로 했던 미국의 원자 무기와 관련해 니버는 적의 무조건적인 항복을 얻어내고 미국 사람의 생명을 구하기 위해서라는 정당성의 근거를 찾았다. 확실히 또 일반적으로 정치 윤리와 조화를 이루기 위해 그는 미국의 행위가 그들의 악 때문이며 자기 의를 위한 것이라고 말한다(Fox 1985:224-5).

그러나 니버는 우리가 보아 온 것처럼 민주주의의 우상 숭배에 의문을 제기한다. 지배 권력은 정치적이고 경제적인 이해관계에 편파적일 수 있다는 그의 인식을 상기하자. 이런 인식은 포괄적 정치 비판의 여지를 없애 준다. 사랑의 법은 민주적이든 다른 어떤 것이든 모든 특정한 역사적 계획들과 마찰을 빚는 걸림돌을 제공한다.

민주주의의 전쟁 앞에서 그리스도인의 무기력함이 지속되는 한, 우리는 지혜로운 정치는 갈등을 피하는 것을 추구할 뿐 아니라 갈등 속에 있는 폭력을 피하기를 추구한다는 니버의 주장에 무게를 둘 수 있다(R. Niebuhr 1991:242).

마지막으로 니버의 기독교 현실주의는 로버트 폴 램지(Robert Paul Ramsey) 교수가 추구했던 맥락을 따라 공리주의적 과도함을 바로잡는 수정 대상이 된 것처럼 보인다(Ramsey 1968:260).

하우어워스는 이 모든 것이 요점에서 벗어난 사실을 알게 될 것이다. 니버 신학의 인간 중심적 기초는 무엇보다 우리가 헌신해야 하는 하나님의 실재에서 멀리 떨어져 나가게 한다. 교회 안에 있는 그리고 교회에서 나오는 세상에 대한 뚜렷이 평화롭고 비폭력적인 기독교 증언의 사회적 자리에 대한 이 인간중심적 신학의 무관심은 그리스도인들에게 민주주의 문화, 무엇보다 국민 국가의 사회적 자리만 남겨둘 것이며, 자유 사회에서 인간의 현장을 이해하는 많은 세계관 중 하나로 자신들의 믿음을 보도록 이들을 미혹한다.

무엇보다 전쟁 중 사람을 죽일 수 있고 또 죽여야 한다는 요구에 포함된, 시민에 대한 국가의 충성 요구는 구체적이고 대항력 있는 어떤 예언적 압력에도 부닥치지 않을 것이다. 결국, 무고한 사람을 보호한다는 원리들은 우리의 양심을 편안하게 하고 또 우리의 도덕적 품위를 입증할 목적을 위해 이 원리들을 이용하고 다른 정의로운 전쟁의 기준을 만들어 내는 민족주의적 열망에 자리를 내주고 말 것이다.

하우어워스(1994:105-106)에게 그리스도인들은 사회는 단순히 강제적이거나 폭력적인 정치적 집단의 힘을 실행함으로 사회를 결정한다고 가정하는 사람이나 지배자가 되려는 야심을 포기하면(또는 포기하기 위해 힘써 싸운다면), 진정으로 하나님에 대한 자유로운 정치적 책임을 요구할 수 있다. 이런 야심은 예수 그리스도 안에 나타나신 하나님에게 충성하지 않는 사회에 대한 책임으로 쉽게 바뀐다. 그는 다음처럼 누가복음 22:22-30을 도전하는 체계로 인용한다.

> 또 그들 사이에 그 중 누가 크냐 하는 다툼이 난지라. 예수께서 이르시되 이방인의 임금들은 그들을 주관하며 그 집권자들은 은인이라 칭함을 받으나 너희는 그렇지 않을지니 너희 중에 큰 자는 젊은 자와 같고 다스리는 자는 섬기는 자와 같을지니라. 앉아서 먹는 자가 크냐 섬기는 자가 크냐 앉아서 먹는 자가 아니냐 그러나 나는 섬기는 자로 너희 중에 있노라. 너희는 나의 모든 시험 중에 항상 나와 함께 한 자들인 즉 내 아버지께서 나라를 내게 맡기신 것 같이 나도 너희에게 맡겨 너희로 내 나라에 있어 내 상에서 먹고 마시며 또는 보좌에 앉아 이스라엘 열두 지파를 다스리게 하려하노라(눅 22:22-30).

여기서 하우어워스는 존 하워드 요더(John Howard Yoder)의 작업에 신세를 지고 있다고 표현한다. 그러나 요더는 국가를 반대만 하는 것이 아니라 국가를 우선적으로 위한다는 긍정적인 기독교 증언의 성격을 분명히 밝힘으로써 자신과 하우어워스를 구별할 것이다.

누가복음의 동일한 본문에 대한 요더의 분석은 파격적으로 니버주의적이다. 집권자의 지배에 대한 사실이 가정되었다. 집권자는 자신을 은혜를 베푸는 사람이라고 여기며 설상가상 인간적 혹은 도덕적 가치에 호소한다. 예수는 이런 사실에 대해 부인하지 않는다. 다만 제자들에게 다른 일, 적어도 집권자가 어떻게 우리를 돕는지 보여 주는 것이 아닌, 다른 일을 할 것을 요구한다.

우리는 본문을 통해 권력과 강압 및 권세에 대한 인식과 정치의 도덕적 가치에 대한 호소라는 두 가지 요소를 발견한다. 그러나 그리스도인에게 첫 번째 요지의 현실주의는 공동선의 가치에 대한 자기 정당화하는 호소가 예수 그리스도에게 신실하고 비폭력적으로 증언하는 교회의 지배를 받고 다스리는 자를 반대하기 위해 비판적으로 사용되어야 한다는 점에서 두 번째 요지와 현실주의와 만난다.

이 관점에서 민주주의는 기독교적 가치라는 면에서 어떻게든지 우리의 동의를 요구하는 지배 체계나 제도로 보기 어렵다. 대신 그리스도인은 하나님에 대한 헌신과 함께 이념적으로 부패한 대표자에게 대항하는 민주주의적 이념을 사용하고 제자도의 실행에 기초한 새로운 공동체 형태를 증언하는 특별한 역할을 수행해야 한다(Yoder 1984:155-159). 따라서 요더는 제자들의 입장이 비폭력적이고(라인홀드 니버에게 미안하지만) 무책임하지도, 책임이 없는 것도 아닌 방식으로 구별된다고 주장한다.

기독교 공동체는 정치적 책임을 부정하지 않을 것이고 역사적 갈등 속에서 사랑의 법이라는 감상적 나팔만 불고 있지도 않을 것이다.

> 기독교 공동체는 국가(말하자면 민주주의 국가)를 억압을 최소화하는 소수 독재 정치로 증언하고, 동시에 국가가 폭력을 제한하고 반대 의견의 가치를 인정하고 강한 자의 경제적, 사회적 특권에서 소외된 … 부류의 사람들을(Yoder 1964:41) 보호하는 본연의 역할에 계속 충실하게 하려고 노력할 것이다(Yoder 1984:158-159).

교회는 국가의 폭력과 강압을 하나님이 복음의 사역을 위해 이 땅을 깨끗하게 하시기 위해 악으로 악을 심판하신 옛 시대와 다른 어떤 것으로도 보지 않을 것이다. 더욱이 복음 사역 자체는 평등주의(한 몸이 되는 기독교 세례[침례]를 생각할 때), 온전한 친교(성만찬에서 암시된), 가난한 자를 환대하는 일, 용서의 사회적 정책을 세우는 일과 같은 공동체 시민을 위한 긴급한 일을 포함한다(Yoder 1997:33, 49). 전쟁에 관해서도 비폭력적 증언은 전쟁을 정의로운가 정의롭지 못한가의 문제가 아니라 얼마나 덜 정의로운가를 구분하는 증대하는 관용의 연속성으로 이해한다. 이 모든 것은 복음화 그리고 회개하고 조금씩 하나님에게 귀의해 가는 과정이 될 것이다(Yoder 1964:48, 25).

이 요점에서 어떤 니버주의자가 한 대답은 예수의 비저항적 윤리가 강압으로 가득한 사회적 갈등에 몰입해 더 나은 사회를 추구하는 어떤 평화주의에 의해서도 위태롭게 된다는 것이다. 비폭력적 저항도 폭압성을 받아들이며 자신의 유익을 위해 다른 사람을 의지에 반해 행동하도록 강요할 수 있다.

그러나 이 비폭력적 저항과 폭력적 저항 사이의 차이는 내포된 폭압의 정도기 때문에 선으로 악을 이기라는 악에 대한 예수님의 비저항적 원리에서의 판단이 아니라 유리함에 대한 판단만이 어떻게 나아가야 할지 결정한다. 따라서 예수 그리스도의 비폭력적인 제자들은 이들이 책임이 없다고 생각할 수 있는 (니버의 경우 당연히 그렇게 생각하는) 역사의 권력투쟁에 동참하고 있는 자신을 발견한다(R. Niebuhr 1932:252, 263-265).

요더의 관점을 정리하면 다음과 같다.

첫째, 요더는 하나님의 통치 아래 정의를 위해 행하는 선한 일은 항상 폭압, 권력 투쟁 혹은 폭력에 몰두하기를 요구한다는 주장을 부정하는 대답을 한다.

둘째, 그는 저항 행동이나 시민 불복종은 '이들의 증언하는 기능과 권력 투쟁에 대한 이기주의적 동참 사이를 가장 잘 구분할 수 있을 경우에 가장 타당할 것'을 기꺼이 인정한다.

> 이 구별이 어렵다는 것이 … 그런 증언 방식을 완전히 거부하는 것을 정당화할 수 없다(1964:55).

셋째, 미국에서 있은 시민 권리 운동의 비폭력적 저항이 대표적인 사례다.

> 시민 권리 운동의 비폭력은 다른 방법과 교체될 수 있는 것이 아니다. 왜냐하면, 이것이 진정한 사랑의 표현이기 때문이다. 동참의 목적은 '적'을 폭압하려는 것이 아니라 그와 대화하려는 것이고 "그를 이해하려는" 것이며 그가 인식하지 못했던 그의 행동의 도덕적 차원에 주목하려는 것이다. 이런 목적에서 그에게 체면을 손상하지 않으면서 품위 있는 출구를 열어 주는 것이 받아들여진다. 배척 운동은 무기가 아니라 오히려 그릇된 실천과 협력하는 것을 거부하는 것이어야 한다. 시위가 바로 이런 것인데, 다시 말해 시위는 도덕적 쟁점에 대한 사람의 의식을 일깨우려는 노력이다. 충분한 이유가 있을 때만 이 같은 방식이 가능하다. 왜냐하면, 시위의 대상이 되는 자가 잘못되었다는 것에서만 항의할 수 있는 힘이 나오기 때문이다. 변혁된 제도는 궁극적으로 확실하지만 즉각 신뢰할 수 있는 결과는 아니다. 이 방법은 성공으로가 아니라 도덕성으로 정당화된다(Yoder 1997:101).

요더와 하우어워스는 기독교의 비폭력적 정치에 대한 책임이 용서와 화목 같은 기독교 공동체의 실천에서 시작된다고 본다.

> 우리는 오로지 이 같은 실천을 통해 어떻게 살 것인지 배워 우리의 삶에 나타나는 폭력을 볼 수 있다. 이렇게 하지 않으면 주목하지 못할 것이다(Hauerwas 1994:130).

니버의 문제점은 그가 정치적 증언의 형태를 보여 주는 데 있어 교회의 이런 실천을 충분히 신중하게 취급하지 못했다는 것과 이런 실천의 자리에 소위 미국 민주주의적 신앙이라는 신학을 배치했다는 것이다.

만일 니버에 대한 이런 비판이 타당하다면, 이 비판은 자신의 신학보다 타당한 하나님의 살아 있는 역사 속 임재의 신학에 의존한 때문이다.

요더는 다음과 같이 대조한다.

> 악한 사회를 조직함에 있어 교회의 사명과 역사의 의미를 국가의 기능과 동일시하는 것을 거부하며 … 신약성경에서 역사의 의미는 더욱 발전된 관용적 사회 질서를 추구하는 방식으로 국가가 성취해야 할 무엇이 아니라, 복음을 통해 서서히 변화를 주는 과정을 통해 교회가 성취해야 하는 것이다(Yoder 1994:163).

우리는 니버가 자신의 입장에 대한 이런 주장에 대해 부정할 것이라고 생각한다. 왜냐하면, 역사는 사회의 선한 질서를 통해 스스로 완성할 수 없을 뿐 아니라 죄인들이 너무 빨리 역사를 완성하려고 추구한다는 점에서 비극적이기 때문이다.

그럼에도 그는 이 방향에서 이탈하는데, 이는 그의 형제 리처드 니버가 보았던 것처럼 역사적 기독교 신앙이 예수 그리스도의 부활을 전제함에도 부활을 강조하지 않으려는 경향 때문이다. 따라서 역사는 우리가 창조되었고 형벌을 받았으며 용서함을 받은 무대로서 하나님이 지배하고 정확하게 통치하시는 장소가 아니라, 인간을 지배하려는 모호한 권력들의 현장과 죄의 현장으로 나타난다(R. Niebuhr 1996:98, 100).

리처드 니버는 하나님의 통치를 단지 복음과 서서히 변하는 과정에 둔 것이 아니라 교회와 국가, 사회적 삶의 다른 형태와 반대적인 관계에 두었다. 그러나 그에게 역사 안에서의 하나님의 살아 계신 임재는 세상에 약속되고 교회가 특징적으로 고백한 새 생명을 포함하고 있다(그가 기독교의 차별성을 지나치게 강조한 교회론을 아무리 반대했다고 할지라도). 더욱이 하나님의 통치에 대한 니버의 관심은 도덕적 심사숙고의 개인적, 집단적인 과정의 일환인 역사적 행동의 가능성과 제한성에 동의하는 이상을 요구한다.

이런 관심은 다른 사람과 사회의, 자연의 형태나 힘에 대한 사람의 행위 안에서, 이 행위와 함께, 또는 이 행위에 맞서 하나님이 행하고 계신 것에 분명하고 분별력 있게 주의할 것을 요구한다. 이런 형태와 힘은 회개와 전향, 즉 미국적이고 민주적인 헌신을 포함해 방어적이고 자기를 정당화하는 택일신론적 헌신에서 벗어나게 하는 마음과 생각의 영원한 혁신을 요구한다.

한스 프라이(Hans Frei)가 라인홀드 니버에게서 신적 통치에 반응하는 리처드 니버의 윤리와 차이를 보이는 방해받지 않고 이기적인 주도권을 가진 인간 자유의 현대적 견해를 발견한 것은 정확해 보인다. 그렇다면 정의를 위한 윤리적 행동으로 자유는 여러 가지로 조건화하고 제한하는 요인에서 벗어나 자유롭게 떠돌아다니는 경향이 있을 것이다.

나의 분석은 부활하신 그리스도 안에 약속되고 나타난 새 생명에 대해 증언하는 교회 속에서 구체적 실천을 고려하지 않으면, 또 하나님이 정치 활동가들에게 좁은 믿음을 넘어 회개와 변혁을 요구하면서 이 세상에서 행하시는 일에 분명한 관심을 갖지 않으면 정치적 자유가 상실될 것이라고 제안한다(참고, Hauerwas 2001b:240).

정치적 자유는 교회가 정치적 삶에서 구체화를 추구할 기독교 가치 체계에 맡겨진다. 그러나 관련 있는 사례에서 미국의 민주주의 제도에 대해 너무 쉽게 기독교적인 것으로 인정할 위험이 있어 보인다. 따라서 고립된 정치적 자유는 니버가 너무 많은 다른 강력한 방식으로 추구하던 자유로운(왜냐하면 비판적이기 때문에) 정치적 책임에 역행하는 것이다.

그러므로 나는 여기서 제시한 교회의 실천에 대한 신학적 요소, 역사에서 하나님의 살아계신 임재, 하나님의 보편적 섭리의 행위자에 대한 인식 요구는 전반적으로 정치적 사회를 위한(하나님에 대한) 자유로운 정치적 책임의 사례에 긍정적으로 공헌한다고 생각한다(Tanner 1992:98-107).

감사

나는 이 글의 초안을 읽고 유익하게 비평해 준 마크 그라함, 유진 맥카라허, 에드문트 N. 산터리, 데린 포자드 위버와 이 책 편집자들에게 감사드린다.

참고 문헌

Barth, K. (1968). *Community, State, and Church*. Gloucester, Mass.: Peter Smith.
Fox, R. (1985). *Reinhold Niebuhr: A Biography*. New York: Pantheon.
Frei, H. W. (1993). *Theology and Narrative*, ed. G. Hunsinger and W. C. Placher. New York and Oxford: Oxford University Press.
Hauerwas, S. (1994). *Dispatches from the Front*. Durham, NC, and London: Duke University Press.
_____.(2001a). *The Hauerwas Reader*, ed. J. Berkman and M. Cartwright. Durham, NC, and London: Duke University Press.
_____.(2001b). *With the Grain of the Universe*. Grand Rapids, Mich.: Brazos.
Lovin, R. W. (1995). *Reinhold Niebuhr and Christian Realism*. Cambridge: Cambridge University Press.
Niebuhr, H. R. (1946). "The Responsibility of the Church for Society." In K. S. Latourette (ed.), *The Gospel, the Church, and the World*. New York: Harper & Row.
_____.(1996). *Theology, History, and Culture*, ed. W. S. Johnson. New Haven and London: Yale University Press.
Niebuhr, R. (1932). *Moral Man and Immoral Society*. New York: Scribner's.
_____.(1944). *The Children of Light and the Children of Darkness*. New York: Scribner's.
_____.(1964a). *The Nature and Destiny of Man*, Vol. I: *Human Nature*. New York: Scribner's.
_____.(1964b). *The Nature and Destiny of Man*, Vol. II: *Human Destiny*. New York: Scribner's.
_____.(1976). *Love and Justice*, ed. D. B. Robertson. Gloucester, Mass.: Peter Smith.
_____.(1979). *An Interpretation of Christian Ethics*. New York: Seabury.
_____.(1991). *Reinhold Niebuhr: Theologian of Public Life*, ed. L. Rasmussen. Minneapolis: Fortress.
_____.(1992). "Why the Christian Church is not Pacifist." In R. B. Miller (ed.), *War in the Twentieth Century*. Louisville, Ky: Westminster.
Ramsey, P. (1968). *The Just War*. New York: Scribner's.
Tanner, K. (1992). *The Politics of God*. Minneapolis: Fortress.
Yoder, J. H. (1964). *The Christian Witness to the State*. Newton, KS: Faith and Life.
_____.(1984). *The Priestly Kingdom*. Notre Dame, Ind.: University of Notre Dame Press.
_____.(1994). *The Royal Priesthood*, ed. M. G. Cartwright. Grand Rapids, Mich.: Eerdmans.
_____.(1997). *For the Nations*. Grand Rapids, Mich.: Eerdmans.

제14장

남부 여권주의 신학

곽 푸이란(Kwok Pui-lan)

> 다른 방식으로 생각하기 시작하는 것은 앎에 대해 다른 입장을 취하는 것이다. 이는 새로운 사고방식의 수용과 우리의 목표가 우리 사고에 어떤 영향을 미칠지 우리 각자가 생각하도록 유도한다.
>
> 이본느 게바라(Ivone Gebara)
>
> 여성들의 견해에 귀를 기울이고 이들의 참여를 허용하고 보장할 때에서야 진리가 드러나고 하나님이 통치하신다는 가치관으로 살라는 부르심을 향해 나아갈 것이다.
>
> 무심비 R. A. 켄요로·머시 암바 오두고예(Musimbi R. A. Kanyoro & Mercy Amba Odugoye)

남부의 정치신학은 제2차 세계대전 후 벌어진 정치적 독립을 위한 투쟁과 신식민주의와 발전주의 이념에 대한 비판에서 출현했다. 남부 신학자들은 유럽과 북미의 신학적 주도권을 공공연히 비판해 왔고, 자신들이 자기 운명의 주체로서 하나님에 대해 말할 권리가 있음을 재천명했다.

이들은 구체적 사회정치적 관심을 표방해 사람들이 살아온 삶의 경험들에 기독교 전통을 연결하는 상황 신학들을 다른 형태들로 전개했다.

남성 신학자들은 단호히 제국주의와 부패한 독재 정권에 맞서 싸웠지만, 부수적으로 가부장적인 특권과 사회에 가장 취약한 부류인 여성과 아이들의 복종을 강요하는 문제는 절대 비난하지 않았다. 여권주의 신학자들은 여성의 희망과 열망에 대한 신학적 이상을 분명히 표현하기 위해 하나의 대안적 입장을 주장했다.

남부에서 성, 인종, 계급에 따른 어마어마한 억압들 때문에 여성의 투쟁은 종종 제정된 국가 정치 통로 밖에서, 심각히 소외된 입장에서 일어난다(Young 2001:361). 여성 운동은 교육과 출산의 권리 같은 여성에게 영향을 미치는 실제적인 사회적 정치적 문제, 특정 지역의 투쟁, 다른 억압적인 단체와의 연합, 특정 필요를 해결하려는 공동체의 노력에 초점을 맞춘다.

여권주의 신학자들은 이런 환경에서 살아가면서 정치를 국가 권력, 정부 참여, 정치적 선출과 권리들에 한정되지 않는 포괄적이고 광범위한 면에서 이해한다. 이들에게 정치는 국가(polis)라는 틀에서 전체 국민의 집단적인 복지에 대해 관심 갖는다. 이들의 정치신학은 사회적, 문화적, 심리적 관점이 성의 문제와 또 정치 경제적 근거와 어떻게 상호 작용하는지 고려하면서 생존, 건강, 전체 공동체의 안녕을 고무하는 데 목적을 둔다.

1970년대 이래 여권주의 신학 운동은 남부에서 국가적, 지역적, 세계적인 초교파적 소통 체계 수립으로 힘을 모았다. 남부가 수많은 문화, 언어, 사람들로 구성된 그야말로 거대한 영토에 이르는 정신적인 구성체이므로, 우리는 다양한 영역을 동질화하거나 매우 다른 배경에서 온 여권주의 신학을 일반화해서는 안 된다. 남부의(the South) 해방신학자들은 신학이 출현하는 상황을 중요하게 받아들이고, 사회적 분석을 통해 신학적 성찰을 시작한다. 나는 이들의 방법론을 따라 이 영역들의 공통점과 차이에 대한 담론을 간략히 제시할 것이다.

1. 남부 여권주의 신학의 사회정치적 상황

쿠마리 제이어워드에나(Kumari Jayawardena, 1986)는 『제3세계의 여권주의와 국가주의』(*Feminism and Nationalism in the Third World*)에서 1980년대부터 아시아와 중동의 반제국주의 운동에 참여한 여성의 역사를 제시하며 문서화했다. 제3세계에서 여권 신장 의식의 출현은 국가적 투쟁, 경제적 착취에 대항하는 싸움, 문화적 자기규정을 위한 탐구라는 더 넓은 정치적 풍토에서 발생했다. 사회적, 정치적 환경의 급속한 변화와 대중의 유동은 여성이 이들의 가정 영역에서 벗어나 전통적으로 받아들이지 않던 새로운 역할에 대한 실험을 하게 했다.

남부에서 여권주의 정치학의 성격은 제한적으로 성의 불평등과 여성의 자유 및 해방에만 초점을 맞추지 않는다. 대신 여권주의의 투쟁은 일반적으로 모든 사람의 전반적인 해방의 일부면서 선명한 초점과 뚜렷한 전략이 있는 것으로 이해될 수 있다.

필리핀의 메어리 존 마난잔(Mary John Mananzan)은 다음과 같이 기술한다.

> 사회 속에서 여성의 해방 없이는 완전한 인간 해방도 없다. 그리고 여성 해방은 경제 발전이나 정치 혁명의 자동적인 결과로 실현되지 않는다. 다시 말해, 여성 해방은 사회적 해방의 모든 과정에서 본질적이라는 것이다(Mary John Mananzan 1989:105).

남미 대륙의 서로 일치하지 않은 역사적, 문화적, 경제적 상황으로 여권주의 신학자들은 이들의 사회적 분석과 신학적 의제에서 다른 강조점과 우선성을 갖고 있다. 라틴 아메리카 국가들이 19세기 독립을 쟁취했던 것처럼, 해방신학자들은 신식민주의(neocolonialism), 서구 성장 모델의 실패, 정치적이고 군사적 독재 문제에 초점을 맞추었다.

이들은 마르크스주의 사회 이론에 영향을 받아 가난한 사람을 위한 우선적인 선택, 역사에서의 구속(redemption)과 해방, 신학과 실천의 통합, 하나님 나라를 초래하는 교회의 변혁적인 역할을 강조하다. 1970년대 후반 전개된 라틴 아메리카의 여권주의 신학은 남성 지배 문화의 억압과 여성에 대한 폭력을 강조하면서 이런 관심을 공유했다. 여권주의 신학 의제는 점차 확대되어, 인종주의, 대륙 내 인종 혼합의 다양한 형태에 따른, 문화적 억압의 여러 차원 그리고 생태계 정의도 포함한다.

아시아와 아프리카 여권주의 신학자들은 사회 안에서 여성의 역할에 대한 견고한 문화적 신화, 의례, 전통의 영향 때문에 문화적이고 종교적인 차원에서도 억압이 있음을 강조하는 경향이 있다. 이들은 식민주의와 가부장 제도를 지지하는 기독교의 역할을 평가하는 데 관심을 둔다. 왜냐하면, 이들 중 다수에게 정치적 독립이 오직 한 세기 전에 이루어졌기 때문이다.

과거 기독교에 대한 식민지 독립 후의 해석은 선교 사업에 대한 새로운 해석, 문화적 혼합과 저항에 대한 주목, 인종적 계층 구조에 대한 쉬운 설명, 억압의 도구로의 성경 사용에 대한 비판적 평가 같은 새로운 읽기를 포함한다. 문화적 연구와 탈식민지 이론들은 포괄적 분석의 틀을 세우기 위해 채택되었다. 또한, 아시아의 여권주의 신학자들의 특별한 관심들도 있다. 태평양 주변 지역들의 경제는 과거 30년 동안 놀라울 정도로 성장했다. 사실 21세기는 태평양 시대로 인정되었고, '아시아의 기적'은 다른 개발 도상국들을 위한 하나의 모델로 권유되었다.

막스 베버(Max Weber)가 유럽에서 자본주의 발전을 칼빈주의 윤리 덕으로 돌렸지만, 아시아 여권주의자들은 동아시아의 기적이 소수 독재 정치, 다국적 자본, 가부장적 신유학 윤리의 요소들의 활성화로 유지되어 왔다고 지적한다 (Kwok 1995).

초점은 화려한 환태평양 지역에 맞추어졌지만, 아시아 일부 국가들은 여전히 극심한 빈곤으로 고통당하고 있고, 빈곤은 계급적 체제와 민족 간 폭력적 충돌로 악화된다. 여성에 대한 성적 착취, 특히 동남아시아의 성매매 관광, 신부 지참금, 급속히 번진 에이즈 바이러스, 아동 성매매는 아시아 여권주의자들의 주요 관심거리다.

많은 사람이 기근, 영양실조, 비위생적인 물, 질병, 교전으로 죽은 대륙에서, 아프리카 여권주의자들은 생존에, 곧 단순히 자원의 분배와 삶의 평등에 관심의 초점을 맞추었다. 이들의 신학적 저술 중 많은 부분은 일부다처제, 피 오염의 낙인, 과부 신세와 애도 의식, 여성 할례 같은 여성을 무력화하는 문화적, 의례적, 종교적 관습들에 몰두해 왔다.

동시에 르완다, 짐바브웨와 다른 아프리카 국가들의 인종적, 민족적 분쟁과 마찬가지로 남아프리카공화국의 인종 차별 정책도 사회 갈등에서의 종교의 역할과 인종적 억압에 대한 이들의 관심을 강화해 왔다. 아프리카 여권주의 신학자들은 자기 대륙의 여성들이 이들 사회에서 집단적 힘과 존중을 얻기 위해 전진을 계속하는 것처럼, 들고 일어나려는 의지를 표출한다.

세계화로 여성들은 남부를 넘어 유사한 사회 경제적 도전들과 마주했다. 여성의 생존 경제는 대규모 산업들과 다국적 기업들, 큰 국가 부채에 따른 사회적 경제적 결과, 어떤 경우에는 불안정과 전쟁의 끊임없는 위협들로 붕괴되었다. 지정학적 관심들과 빈곤한 국가들에게 부과되는 경제 구조 조정에 따른 세계 권력들의 재편성으로, 정치적 자율권과 민주주의적인 참여가 축소되었다.

국경을 넘는 자본 이동과 더 값싼 자원과 노동을 위한 최저로 가는 노력 속에서 남부 국가들은 북부에 이용당하기 위해 서로 경쟁해야 한다. 정보 기술 시대에 수많은 여성은 접근성과 훈련 부족으로 후기 산업 사회와 기술 혁신에 따른 재구성 과정에서 완전히 소외되었다.

2. 여권주의, 식민주의, 기독교

식민지를 만든 서구 문화와 토착 문화의 만남은 여성의 역할과 성, 지나치게 가리기, 일부다처제, 조혼, 중국의 전족(纏足), 힌두교의 관행인 사티(sati)와 관련한 어려운 문제를 자주 수반했다. 식민주의 방침에서 없어서는 안 될 부분으로서 식민지 여성을 억압, 무지, 야만적인 풍습에서 구해 내는 것은 서구인들의 동정에 호소되었고(Naraya, 1997:17), 기독교 선교를 위한 지원을 얻었다.

기독교와 식민주의의 결탁 및 선교 운동에 대한 유럽 중심의 해석에 도전하기 위해 남부의 여권주의 정치신학은 선교와 연관된 '성 신학'(sexual theology)에 의문을 제기하고, 종교적 다원주의 문화들에 대한 유일신교적, 남성 중심적 신학의 영향을 폭로하고, 기독교 상징주의를 이념적으로 비판하는 것 같은 다양한 방법을 사용한다.

선교 운동이 여성의 교육과 건강, 일부일처 결혼을 소개함으로써 여성 해방을 불러일으킨 것을 인정해 왔던 반면, 남부 여권주의 신학자들은 식민지 체제와 가부장적 교회 구조들이 갖는 부담이 실제로 성의 이분법적이고 계급적 질서를 규정화하는 일종의 성의 신학을 강조하게 되었다고 비난했다.

여권주의 신학자 마난잔(1991)은 스페인 사람들의 필리핀 이주 때 함께 들어온 로마가톨릭교회가 여성들을 교회, 부엌, 아이들과 관련된 일에 한정해 여성의 자유를 축소시켰고, 필리핀 여성의 사회적 지위가 식민지 건설 이후 더욱 낮아졌다고 소견을 밝혔다. 교회의 성별(gender) 이념은 여태까지 성들 간 관계가 심한 차별 없이 평등했고, 모계 사회의 유산이 우위를 차지했던 필리핀의 공동체에 압력을 가했다.

19세기에는 여성의 성적 행동에 있어 조신함을 강조하고 여성에게 내조를 요구한 빅토리아 시대 식의 전제가 선교적 성의 신학과 윤리에 영향을 미쳤다. 여성의 몸과 성에 대한 뿌리 깊은 두려움을 가지고 있던 청교도는 종교적이고 공동체적인 활동에서 여성의 지도권을 제한했다.

가나의 머시 엠바 오두요에(Mercy Amba Oduyoye, 1992)는 아칸 족 여성들이 출생, 결혼 적령기, 결혼 및 죽음과 연관해 제사 의례에서 중요한 역할을 담당했던 반면, 기독교 예배에서는 여성들의 참여가 과소평가되고 이들이 소외되었음을 주시했다.

아르헨티나의 마르셀라 알다우스-리이드(Marcella Althaus-Reid, 2001)는 식민지의 성 신학이 성차별주의일 뿐 아니라 동성애자 차별주의며, 여성의 성을 통제하는 것과, 확립된 규범을 벗어났다고 여겨지는 성행위를 규제하는 것에 정당성을 더해 주었다고 비난했다. 식민지 개척자들의 성적 이념은 폭력이나 소위 문명화하는 선교를 통해 다른 민족에게 강요되었다.

서구 여권주의 신학자들이 이 같은 남성 중심의 기독교 상징 구조에 도전해 온 반면, 남부에 있는 대응되는 신학자들은 신적인 것에 대한 폭넓은 표현을 간직하는 자신들의 문화에 단일신교와 남성 지배를 표상하는 질서 도입이 영향을 끼쳤다고 밝혔다. 기독교 선교는 신의 여성적 힘과 연관된 신화와 실천을 훼손시켰다.

예를 들어, 무사 두베(Musa Dube, 2002)는 나이지리아의 입고(Ibgo) 사람들 가운데 여성들이 재산과 유산 소유권을 생각할 때 확실하게 경제적이고 사회적 특권을 누릴 수 있었고, 이들의 성별(gender) 구조가 여성의 종교적 표상과 힘을 인식했던 영적인 세계로 지지되었다고 지적한다. 이런 능력 있는 여신들을 언급하는 것은 여성들에게 이들 자신의 영향력에 대한 사회적 위치와 영역을 개척하도록 허용되었다는 것을 보여 준다.

그러나 기독 교회와 기독교 학교들은 조직적으로 여신 종교를 정죄했고 이 결과 여성들의 자존감의 기반이던 상징적 구조는 산산조각이 나고 말았다. 아시아의 종교 전통들 가운데 여신 숭배와 신의 여성적 이미지는 선사 시대까지 거슬러 올라가는 오래된 역사를 가지고 있다. 여성과 남성에게 경배되던 이나, 구안니, 두르가, 칼리, 시타는 어머니, 배우자, 딸, 보호자로서 메소포타미아와 선사 시대의 유럽에 존속했던 남성 신들로 대체되지 않았다.

따라서 기독교의 유일신 하나님에 대한 선전은 남성 존재로 이미지화되었고, 아버지, 왕, 주를 따라 만들어졌으며 성의 불균형이 종교적 상징체계로 도입되었고 남성 지배를 강화했다(Kwok 2000:72-3). 식민지에서의 기독교 악용에 대한 가장 지속되는 설명은, 특히 예수와 동정녀 마리아 두 인물에 초점을 맞추는 기독교 상징에 대한 이념적 비판이다.

케냐의 테레사 힌가(Teresa M. Hinga)는 그리스도의 제국주의적 이미지가 어떻게 아프리카에 유입되었는지 다음과 같이 설명한다.

식민지와 제국주의의 확장 정책 기간에 그리스도의 지배적인 이미지는 정복자의 이미지였다. 예수는 무사 왕이었는데, 그의 이름과 깃발(십자가) 아래 물리적이든 영적이든 새로운 영토를 두고 싸우고 이를 합병하고 정복할 것이었다. 따라서 제국주의 기독교는 진군하는 황제 같은 그리스도를 따르고 있었다. 선교사들의 그리스도는 정복하는 그리스도였다(Teresa M. Hinga 1992:187).

아프리카 사람들의 문화와 종교를 존중하지 않은 선교사들은 아프리카인들을 소외와 혼란 속으로 내몰았다. 왜냐하면, 이들의 문화와 정체성은 식민지 개척자들이 속한 외국 종교로 말살되고 대체되었기 때문이다.

그러나 힌가는 선교 과업의 그리스도가 한편으로 아프리카인 추종자들을 매혹시킨 해방하는 충격을 포함한 것에 주목한다. 아프리카 여성들은 이들이 성경의 자료들로 돌아와 신약성경에서 권한을 부여하고 치유하는 이미지를 발견했을 때 더욱 그리스도의 해방적 이미지를 인식할 수 있었다. 이들이 아프리카의 교회들과 이들의 문화적 관점 속에 있는 경험들을 통해 성경을 해석하면서 자신들의 신학적 권한을 주장했다.

힌가는 아프리카의 상황에서 그리스도의 세 가지 유명한 이미지를 제시한다. 어떤 이들은 예수를 여성의 복종을 요구하지 않는 인격적 친구, 구세주 혹은 치유자로 이해한다. 이 같은 예수의 이미지가 수반된다는 사실을 받아들이면서 이들의 고통 가운데 예수를 이해하는 것이다. 아프리카의 독립 교회들의 여성들은 제도화된 교회들에 속한 여성보다 덜 억제되고 더 목소리를 낼 수 있다.

이런 독립 교회들 사이에서는 성령, 하나님의 능력의 구체화로서의 그리스도의 이미지가 두드러진다. 그리스도는 이 영적인 기독론에서 약자들의 힘이자 목소리를 낼 수 없는 사람들의 소리가 되어 주는 분이시다. 많은 사람이 공유하는 그리스도의 다른 이미지는 현상 체제에 도전하고 권력의 관계를 뒤엎는 인습을 타파하려는 예언자다.

힌가는 여성 해방이 타당하다는 평가를 받기 위해 그리스도가 억압받는 자들에게 희망과 용기를 주고, 사회에서 버려진 사람들을 변호하는 구체적 인물이 되어야 한다고 생각한다. 식민지 통치를 고착화하기 위해 사용되던 기독론의 더 진일보한 차원은 예수의 고난과 희생의 영광이었다.

마난잔(1993)은 스페인 식민지 시기 동안, 그리스도의 고난이 매년 열리는 홀리위크(Holy Week) 예배 행진 가운데 십자가에 못 박는 재현으로 완성된다는 사실을 언급한다. 그리스도의 수난과 복종을 강조하는 것은 스페인에 대한 충성심과 현재 삶의 운명에 대한 수동적인 수용을 심어주려는 것으로 여겨진다. 성금요일이 극적으로 표현되던 동안, 고난 후에 부활의 축제가 따라오는 것이 아니라 부활과 새 생명의 출발점이 따라오는 것이었다.

하지만 채찍에 맞고 쓰라린 패배를 당한 그리스도를 묘사하는 것과 다른 세계를 향한 구원이 지향하는 방향은 식민지의 지배자들 아래서 고통을 감내하는 사람들을 회유하고 달래는 기능으로 작용했다. 더욱이 여성들은 그리스도의 희생과 복종에 따라 이것들을 모본으로 삼고 따르도록 내면화해 이들 자신의 고통과 고난도 참아 내면서 자기들의 권리를 포기하도록 설득을 당했다.

기독교 제국주의에 대항하기 위해 마난잔(1993)과 아시아의 다른 여권주의 신학자들은 그리스도가 가진 상징의 전복적이고 혁명적인 힘을 재발견했다. 스페인 사람들이 예수의 고난을 억압을 위한 도구로 사용한 반면 필리핀 사람들은 19세기에 반식민주의 언어를 만들기 위해 수난의 이야기를 그들 자신의 천년왕국 신앙과 결합시켰다.

복종과 맹종을 강요당하는 여성들에게 구원과 복음은 소극적 고난과 끊임없는 희생, 삶의 부정을 암시하지 않는다. 예수의 고난은 국가의 폭압이나 가정폭력을 눈감아주기 위해 사용되지 않았다.

다른 아시아 여권주의자들이 아래서 논한 것처럼 이들의 문화적이고 종교적인 자원을 사용해 그리스도의 새로운 이미지들을 실험하는 반면, 필리핀 여권주의자들은 예수를 사회의 불의에 맞서 하나님의 통치를 초래하는 정의를 위해 대항하는 분으로 재해석한다.

기독교 전통 속에 지배적으로 나타난 여성상인 동정녀 마리아의 이미지는 억압과 혁명의 의미를 위한 주의 깊은 관찰의 대상이 되었다. 로마가톨릭교회는 마리아를 주로 여성을 위한 온화하고 유순한 모본으로 묘사했다. 마리아의 순종심은 식민지와 가부장적 관심에 봉사하기 위한 도구로 사용되었다.

라틴 아메리카에서 마리아주의(Mariology)의 발전을 추적하는 이본느 게바라와 마리아 클레르 빙에머(Maria Clare Bingemer, 1989)는 식민지 기간에 마리아가 신앙이 없는 사람들로 간주되곤 하던 인디언들에게 대항하는 정복자들의 위대한 보호자로 숭배되었다고 지적한다. 주로 마리아의 남성 중심적이고 이분법적이며 이상주의적 해석들은 여성들의 자존감을 발전시키고 힘을 요구하는 데 도움을 주지 못했다.

그러나 마리아에 대한 식민지의 이미지와 더불어 무수히 많은 방식으로 가난한 사람들과 어울리는 동정녀에 대한 다른 이야기들이 나타났다. 가장 두드러진 것은 1531년 인디안(Indian) 유안 디에고(Juan Diego)에게 처음 나타나, 대륙의 성 수호성인으로 널리 숭배되던 구아덜루페의 여인(Our Lady of Guadalupe) 이야기다.

이 이야기에서, 검은 피부를 한 동정녀는 토착민들을 자기 자녀로 받아들였고, 이들의 기도를 듣고 친절한 호의와 동정을 베풀 것을 약속했다. 신식민주의와 다른 압제에 대항하는 지속적 투쟁 가운데 게바라와 빙에머는 가난한 자의 어머니로서 회복시키는 마리아를 제시한다. 곧 이 마리아는 불의를 비난하고, 하나님 나라의 도래를 알리며, 가난한 자를 대신해 이적들을 수행하기를 중단하지 않으시는 하나님을 대리한다.

또한, 아시아의 여권주의 신학자들은 마리아를 더욱 해방하는 이미지로 이용했다. 마리아는 역사적 의식과, 부자 및 권력자의 불의에 항거하는 예언자적 분노를 표출하는 것에 대해 인정받았다. 마리아는 높은 받침대 위에 세워지는 대신 인간 존재를 완전히 해방하기 위해 이 땅으로 내려오셨다. 그의 동정녀성은 다른 사람에게 종속되는 것이 아니라, 그의 자율과 독립의 시작을 알리는 것이다. 그의 어머니 역할은 하나님과 새로운 인간성에 대한 생명의 수여자로 나타나는 것이다.

초기 기독교의 초석자 중 한 사람으로 마리아는 해방을 위한 저항, 위험, 분리의 제자도를 만든 것으로 기억된다. 그리고 해방의 모본으로서의 역할과 인류의 구속을 위한 중재자 역할 때문에 그는 그리스도와 함께 인류의 구원을 위한 공동 구속자로 이해된다(Chung 1990:74-84).

기독교 상징의 이념적 비판에서 이런 신학자들은 신학의 수사적이고 정치적 기능에 주의를 기울였다. 기독교는 결코 진공 속에서 선포되지 않았고, 권력과 권위의 문화적이고 정치적 담론 속에, 특히 힘의 균형을 잃었던 식민지의 상황 속에 항상 자리 잡고 있었다. 이 같은 목표는 식민지 기독교의 황폐시키는 노력들을 완화하고 그리스도인 여성들을 위한 새로운 문화와 의식을 만들기 위해 더 긍정적이고 해방적인 상징들을 회복하는 것이다.

3. 문화 정치와 신학

성별이 식민지에서 논쟁이 된 것처럼, 남성 중심의 국가 엘리트들은 오래되고 성스러운 전통으로 남성 우월성을 지지하는 반응을 보였다. 남부의 많은 지역에서 여권주의자의 투쟁은 식민주의, 민족주의, 서구주의를 불편한 교차점에 빠뜨렸다. 어떤 경우 이런 엘리트 남성들은 이들의 문화가 오염되지 않았던 식민지화 이전의 원시 시대를 회상하면서 '현대화'가 요구하는 사회적 변화에 강력히 저항한다. 근본주의와, 수반되는 여성의 사회적 참여 제한이 유사한 예다.

심지어 '현대화'가 필요할 때, 몇몇 국가의 엘리트는 이들이 여전히 소속감을 찾을 수 있는 정신적 영역과 가족 영역을 그대로 둔 채 서구의 과학과 기술 개발만 모방하기를 원한다. 남부에서 여권주의 신학은 문화적 정체성에 관한 이런 생동감 넘치는 논쟁들이 세속적 영역과 신학적 영역 양쪽에서 일어났을 때 이런 무대로 진입했다. 남성 신학자들이 기독교를 고국의 토양에 토착화하거나 상황화하려 했을 때 이들 중 다수는 단일적이고 전체적이면서 모든 사람의 가치와 행동을 지배하는 문화 인류학적 이해를 지지했다(Tanner 1997:25-37).

오두요에(Oduyoye)가 통렬하게 비평하는 것처럼, 동질의 국가 및 문화적 정체성의 신화들은 권력을 가지고 여성, 소수자, 이주 공동체들을 배제하려는 사람들에게 종종 유익을 준다.

> 매시간마다 나는 "우리의 문화로" 또는 "어르신들이 말하길"이라는 말을 듣는다. 그러니 나는 묻지 않을 수 없다.
> 누구를 위한 유익인가?
> 어떤 사람이나 집단 혹은 구조는 무엇이 따라오든지 간에 그들의 편안함과 풍성함을 수확한다(Oduyoye 1995:35).

한편으로 남부 여권주의 신학자들은 여권주의가 서구의 개념이고 신학적 주제에 중요하지 않다는 남성 동료들의 가정에 저항해야 한다. 다른 한편으로 이들은 자신들을 서구 및 중산층의 여권주의와 구별하기를 원한다. 서구 및 중산층 여권주의는 어느 곳에 있는 여성이든지 다 동일한 것처럼 여성들의 경험에서 요점을 도출하는 경향이 있고, 특정 사회들의 성(sex) 또는 성별(gender) 체계에 주로 초점을 맞추는 경향이 있어서다.

신학적으로 이런 구별은 여성에 대한 억압의 두터운 층들에 주의를 기울이고 성경과 전통을 이해하기 위해 비판적 시각으로 이 같은 통찰을 전개한다는 의미다. 두드러진 예는 구원 역사를 복잡하게 하는 여성인 하갈이라는 인물에 대한 엘사 타메츠(Elsa Tamez, 1986)의 재해석이다.

하갈은 노예로서 아마 혹독한 가난 때문에 사라의 종으로 팔려온 여성일 것이다. 이집트 사람인 하갈은 히브리인 가운데 매우 낮은 계층의 삶을 사는 사람 중 하나다. 히브리인들의 관습과 문화는 낯설고 나그네 같은 그를 차별한다. 여성으로서 그의 생식 기능은 남자 상속자를 출산하는 데 이용되었고, 그의 여주인은 이런 그를 질투하고 억압한다. 그런데 자비와 연민을 가지신 하나님이 광야에 있는 하갈에게 나타나시고, 하갈은 신의 현현을 경험하는 것뿐 아니라 하나님 곧 보고 계시는 하나님을 위해 이름이 주어진다.

타메츠의 해석은 라틴 아메리카 신학에서 가난한 자에 대한 균질화(homozenization)에 도전한다. 타메츠는 가난한 자들이 항상, 차별받고 문화적으로 정해지는 성의 사람인 것을 보여 주기 때문이다. 타메츠의 작업은 경제적인 면에서 가난한 자에 대한 마르크스주의 이해를 따르는 대신 성차별주의가 가난한 사람들이 해방되어야 하는 압제 집단들에 포함되어야 한다고 주장한다.

다른 방법론적 관심은 인종과 성별에 대한 분석들을 통합하는 것이다. 어떤 경우 라틴 아메리카 신학자들은 다른 제3세계 동료들에게서 자신들의 계급적 분석에서 인종적 억압을 방치해 둔 것에 대해 비판받았다.

타메츠(1996)는 라틴 아메리카 문화의 세 가지 다른 단계 곧 토착민, 흑인, 백인 혼혈인(mestizo-white) 가운데 있는 문화적 폭력에 초점을 맞춤으로써 그 쟁점을 밝힌다. 이런 다른 단계들은 복잡한 거미줄 같은 망 속에 서로 맞물려 있다. 백인 혼혈인의 문화가 부유한 나라들의 문화에 영향을 받고 지배되기 때문에 흑인 여성과 토착민 여성은 주변으로 밀려난다. 타메츠는 인종 집단들 간의 더 넓은 상호 문화적 대화나 연대를 지지한다.

또한, 다른 대륙의 여권주의 신학자들도 신학을 하는 데 있어 문화의 더 많은 층, 유동적이고 논쟁할 수 있는 개념을 수용할 것을 촉구한다. 무심비 칸요로(2001)는 아프리카 여권주의자들에게 문화적 해석학에 동참하도록 요청한다. 즉 문화적 분석을 통한 이 해석학은 지켜야 할 전통과 버려야 할 전통에 대해 평가하는 통찰을 이용한다.

오두요에(1995:1976)는 신화, 민간 설화, 아프리카 격언에 대한 자신의 비판적 평가로 약간의 원칙들을 제공함으로써 이 문화적 해석학이 어떻게 작업하는지 입증한다. 그는 민간 설화들 전체가 여성의 삶을 어떻게 반영하는지 또 여성의 태도와 행동을 형성하는 데 있어 이것들의 수사학적 기능이 무엇인지 물음으로써 시작한다.

그러고 나서, 그는 전해 내려와 영구화된 이런 격언과 신화들이 누구에게 유익한지 묻는다. 만일 이 신화들이 여성에게 해를 끼친다면, 여성들은 이런 신화들의 어떤 부분을 버려야 할지 충분히 용기를 가져야 하고, 인간 공동체의 상호성과 상호 독립성을 유지하는 의미의 새로운 방식을 만들기 시작해야 한다.

오두요에의 문화적 해석학은 의의가 있는데, 아프리카 여성들을 통해 신학을 수해하는 데 있어서 구전 자료를 우선시했기 때문이다. 곧 노래, 이야기, 즉흥적인 가사들은 성경의 사건들을 해석하고 예배의 부름을 분명히 보여 준다.

아프리카의 남성 신학자들은 이 같은 풍부한 문화적 문서들을 무시했다. 이들은 더 많은 시간을 들여 문서화된 엘리트 문화에 열중했기 때문이다. 아프리카 여성과 성경에 대한 최근 논문집에서 기고자들은 이야기의 방법론, 사회 분석적 방법인 직관적 인지의 사용, 여성의 비학문적 해석의 문제, 가부장적이고 식민지적 해석들에 대한 도전을 제안하고 있다(Dube 2001). 대다수 아프리카 그리스도인 여성은 구두 청취자이자 독자이기 때문에 이야기 방식이 특히 중요하다. 이야기들은 사회 실체를 해석하고 가치를 전하고 한 세대에서 다른 세대로 지혜를 전달하기 위해 지속적으로 전해진다.

무사 두베(1998:53)는 구전의 영적 틀을 사용하는 새로운 해석 양태를 요구했다.

> 여권주의의 구전의 영적 공간에서 억압받는 수많은 목소리와 공감에 주의 깊은 경청을 포함하는 책임 있는 창조성, 압제에 대항하기 위해 말하고 자유를 추구하는 활동적 예언, 하나님과의 동반을 구하는 간절한 기도는 새로운 삶과 정의의 새로운 말을 듣고 말하고 쓰기 시작한다.

또한, 아프리카의 여권주의 신학자들은 여성을 위한 통과 의례들을 둘러싼 문화적 실천과 그리고 출산, 결혼 지참금, 과부 신세, 성(sexuality), 일부다처제, 여성 할례와 같은 쟁점들에 관심을 가지고 있다. 서구 여권주의자들은 성의 자유와 여성 통제의 관점에서 일부다처제와 여성 할례 실행을 집요하게 정죄해 왔다.

그러나 오두요에(1992:22-23)와 칸요로(2001:109-11)는 이런 실행들이 아프리카의 종교적 신념들, 사회 경제적 구조, 인간의 성에 대한 가정들의 더 넓은 상황 속에서 이해되어야 한다고 주의를 준다. 서구 여권주의자들은 자기 신체를 통제할 수 있는 여성의 권리, 쾌락을 추구하는 자유, 두 인격체 간의 일부일처제의 동반적 관계를 지지한다.

아프리카 문화는 자신의 신념들에 근거한 인간의 성에 대한 다른 이해를 가지고 있는지 모른다. 때로 갈급한 경제적 조건에서 일부다처제가 발생하기에 그 상황을 고려하지 않고서는 노골적으로 비난할 수 없다. 어떤 아프리카 여권주의 신학자들은 여성 할례의 종언을 요청하지만 어떤 아프리카 여성들이 이런 관습을 자기들의 문화적 유산의 일부분으로 여기고 있다는 것도 생각한다.

문화와 종교의 관계도 아시아의 여권주의 신학자들의 마음을 빼앗는다. 이들 역시 결혼 지참금, 남편을 위해 기꺼이 죽는 아내의 순장인 '사티'(sati), 과부 상태, 원치 않는 결혼, 이들의 대륙에 있는 여성에 대항하는 금기와 같은 쟁점들은 말할 필요가 있다.

특히, 인도의 신학자 아루나 그나 나다손(Aruna Gnanadason, 1989)은 이런 실천들이 여성들을 얼마나 제한하는지 그리고 해방을 위한 인도 여성 요구의 긴 역사에 대해 썼다. 그러나 아시아의 여권주의 신학자들도 이들의 아시아 문화적 요소들, 상징들, 이미지들을 어떻게 신학화하고 적용할 수 있는지 관심을 갖기 시작했다.

한국 신학자 정현경(Chung Hyun Kyung, 1991)은 제7차 세계교회협의회 모임에서 동아시아철학, 불교, 한국의 샤머니즘을 성령을 해석하기 위한 근거로 사용했고 다양성과 혼합주의를 초교파적 논쟁의 전면에 가져다 놓았다.

서구 그리스도인들이 다양성의 제한성과 기독교 정체성의 경계들에 문제를 제기하면서 이어지는 토론에서 아시아의 여권주의 신학자들(Kwok 1991:Chung 1996)은 여러 요점을 밝혔다.

첫째, 이들은 기독교가 결코 순수한 적이 없었고 지속적으로 다양한 문화에서 야기한 요인들을 처음부터 수용해 왔다고 주장했다. 신학자들은 비서구 교회들이 다양한 문화를 수용하기 때문에 더 제도화된 교회들을 경멸하는 면에서 통제와 권력을 실행하려고 혼합주의(syncretism)와 같은 실천들이 따라온다고 말한다.

사실 복음과 문화의 관계는 결코 도매 급으로 빌려오거나 노골적으로 단순히 거부하는 것이 아니라 수용과 마찬가지로 완전한 부정과 논거로 이해되어 왔다. 만일 아시아 신학이 단순히 서구 신학을 모방하는 것이 아니라면, 아시아 신학자들은 문화적 대화와 타협을 무수히 다양한 형태로 충분히 시도하는 용기가 있어야 한다(Kwok 2000:33-36).

둘째, 아시아의 종교적 전통들은 신념 체계로 조정되지 않고, 그렇다고 주로 참과 거짓의 요구로 형성되지도 않는다. 그 결과, 교리적 순수성은 결코 일반 사람들의 관심, 특히 여성들의 관심을 끌지 못했다. 종교적으로 다원적인 아시아에서 종교적 정체성은 명확히 규정되지 않고 서구처럼 엄격히 경계 짓기도 어렵기 때문에 유교, 불교, 도교, 신도(Shinto)의 전통 가운데 많은 유동적인 수용과 상호작용이 있어 왔다.

예를 들면 한 중국 사람이 그들의 환경과 종교적 필요에 의존하면서 어떤 다른 순간에 유교, 불교, 도교의 실천을 받아들일 수 있었다. 아시아의 여권주의 신학자들은 이들이 무수히 많은 영적 뿌리나 전통을 요구하는 것처럼 단 한 번에 여러 종교적 전통을 구현하고 있는 자신을 종종 발견한다. 이 같은 종교적 경험은 신학에서 종교 간의 문화적 혼합과 융합을 위한 여지를 허용한다.

셋째, 문제가 되는 샤머니즘을 교회에서 실천하고 있다는 것을 발견하게 되었다. 이런 실천은 한국에서, 특히 하층 계급 가운데 여성 문화의 일부를 형성하고 있었다. 여권주의 신학은 변두리의 여성 문화를 해방할 수 있는 잠재력을 재검토할 필요가 있다.

넷째, 기독교의 주장들이 검증되어야 한다는 비판적 규범은 이 주장들이 서구에 의해 무조건 강요된 신학적 체계에 순응하는지가 아닌, 복음의 요청에 따라 연대와 해방의 구체적 기독교 실천을 통해 정의되어야 한다.

가난한 여성들이 교리에 관심이 없고 생계와 권한의 하부 이양을 위해 많은 종교적 자원에 접근했다고 지적하면서, 정현경(1990:113)은 교리적 순수성을 넘어 생존과 해방 중심의 혼합주의로 나아가야 한다고 아시아 여권주의 신학을 고무했다. 더러는 정현경만큼 나가지는 않았다. 그러나 그녀의 신학적 입장은 아시아에서 그리스도인이 아닌 대다수 사람의 울부짖음에 경청하기 위해 아시아 기독교인들이 적당히 하는 것을 넘어서야 한다고 이들에게 도전을 준다.

4. 생태 정의와 삶을 위한 투쟁

식민지화는 사람의 종속만을 의미하지 않고 식민지 개척자의 개발과 유익을 위한 천연 자원의 약탈을 의미한다. 1920년대 서구의 권력은 세상 영토의 반을 거의 지배했다. 신식민주의와 세계화와 더불어 국가적 경계들이 덜 중요시되고 전 지구가 억제 없는 폭리 추구를 위한 좋은 사냥감이 되었다.

남부에서 여성들은 생계의 변화와, 다국적 기업의 출현으로 침식되고 변한 숲과 물의 관리인 역할을 증언한다. 산림 파괴, 오염, 환경적 인종 차별, 다른 생태계 재앙들은 충분한 연료와 깨끗한 식수 정도의 소박한 꿈을 꾸는 가난한 여성들의 살림을 파괴하는 대재앙을 가져왔다.

아마존의 숲이 엄청난 속도로 사라지고 또 지구 온난화가 삶의 기본적인 생계를 위협할 때 살아 있는 유기체인 지구는 서서히 쇠퇴하고 유지나 보존 가능성도 사라지고 있다. 이런 삶과 죽음에 대한 관심들은 생태주의적, 여권주의적, 해방주의적 관점들에서 심각하게 고려하는 신학적 성찰을 필요하게 한다.

가난한 여성들의 권리를 위한 예언자적 목소리로 알려진 브라질의 이본느 게바라(Ivone Gebara)는 라틴 아메리카의 관점에서 가장 날카롭고도 포괄적인, 즉 생태 여성 신학(ecofeminist theology)을 썼다. 그의 책 『흐르는 물의 갈망』(*Longing for Running Water*)은 전통적인 신학의 인식론적 구조를 비판하고 삼위일체, 기독교, 인간학의 새로운 이해를 위한 지적 접근을 제안한다(Gebara 1999).

그는 하나님과 창조, 정신과 몸, 남자와 여자, 문화와 자연의 이분법을 만들어 내는 계급적, 이원론적, 가부장적 세계관을 비판한다. 이 같은 구조에서 하나님은 남성 지배 계급의 모범으로 삼아지며, 자연 외부에 존재하고 전 우주를 통제하신다. 유일신론에 연결된 인간 중심주의는 기독교가 제국주의 입장에서, 열등한 것으로 간주하는 다른 종교적인 표현들을 파괴하고 성스러운 힘에 대한 여성의 요구를 몰아내게 한다.

게바라는 자신의 생태 여성주의와 북부에서 더 개인주의적 중산층 '새 시대' 운동을 통해 전개되고 있는 생태 여성주의를, 인종, 세계화, 빈곤층의 요구들에 대한 자신의 집중을 들어 구분한다. 그는 가부장적 아버지, 모든 능력의 주님, 모든 사람과 살아 있는 것들의 왕, 전능하고 편재하시는 하나님의 이미지가 가난한 여성과 남성을 계속 교회와 다른 사람들에게 의존하게 하는 역할을 한다고 주장한다.

내면성과 합리성의 하나님을 제안하는 그는 물질과 반대되는 정신의 이원론을 극복하고, 신비한 우주의 몸속에 있는 모든 존재의 상호 연결성에 대해 말하려고 시도한다. 하나님에 대한 이런 이해는 서로에게 지구를 향한 우리의 윤리적 책임과 인간의 근본적 관계성을 강조한다.

게바라는 전통적 기독론을 비난했는데, 전통적 기독론 대부분은 계급적이고 인간중심적이며, 다른 모든 인간과 자연 환경에서 예수를 분리한다. 예수는 이들의 죄에서 인간을 구원하는 영웅적 인물이면서 초인을 가장해 오는 메시아로 묘사된다.

이 같은 속죄 이론은 독립적인 문화를 지지하고, 인간에게만 초점이 맞추어져 있다. 게바라는 병든 자, 굶주린 자, 쫓겨난 자, 억압받는 자를 대신하는 예수의 행동을 암시하면서 구원의 생명 중심적 이해와 인간과 지구 사이 새로운 관계성을 창조하기 위한 예수의 부르심을 고려하도록 우리에게 요청한다.

게바라는 예수는 십자가에서 죽고 우리의 왕으로서 부활한 하나님의 능력 있는 아들이 아니라 사랑과 연민에 약함의 상징이라고 밝힌다.

> 예수는 자신을 보낸 우월한 의지의 이름으로 우리에게 오지 않는다. 오히려 그는 여기서 오는데, 곧 이 땅에서, 이 몸, 이 육체에서, 또한 사랑이 머무는 성스러운 몸 안에 어제도 오늘도 존재하는 혁명적 과정에서 온다. 혁명적 과정은 예수 안에서 신성한 몸을 넘어 계속되며, 삶을 위한 열정이, 자비와 정의가 된다 (Gebara 1999:190).

게바라의 생태여권주의 신학은 기독교 전통을 가져와 재구성한다. 아시아적으로 토착화한 여권주의자들은 다른 종교와 전통들의 공헌에서 통찰을 빌려오며 그 공헌을 받아들인다.

정현경(1996)은 아시아 사람의 이야기들과 종교성을 우선시해 이 이야기와 종교성으로 시작하는 방법론을 제안했다. 반면 나는 아시아의 우주적 통찰을 통해 알려진 전통 자료들과 성경의 재해석을 선택했다. 나의 관심은 성경이 아시아의 교회들에게 엄청난 힘을, 아시아의 그리스도인 여성에게 대단한 영향을 가지고 있다는 것이다.

또한, 만일 성경이 대부분 경우 인간중심적 관점으로 읽히지 않는다면, 우리의 생태계 위기를 전하기 위해 나는 풍부한 통찰로 성경을 믿는다. 이를테면 나는 죄와 속죄를 단순히 인간의 불순종이나 이기주의로(egotism) 이해하지 않고 우주적 결과가 있는 중요한 개념과 행동으로 이해하는 기독교의 유기적 모델을 발전시킬 가능성에 대해 썼다(Kwok 1997).

이런 모델은 신약성경에 나오는 예수 이미지의 다원성에 주목한다. 이런 이미지는 자연의 상징들을, 곧 생명의 떡, 포도나무와 가지들, 새끼들을 보호하는 암탉을 포함한다. 예수는 자주 버림받은 사람, 세리, 사회에서 소외된 사람과 밥상 친교를 공유한다. 굶주린 수천 사람에게 먹을 것을 제공하는 기적들은 인간의 구체적 필요를 위해 그가 관심을 가지고 있다는 것을 증명한다. 그의 메시아적 연회는 모든 사람에게 열려 있으며 모든 인종의 사람을 환영한다.

유기적 모델은 또한 예수를 아시아 전통들 속에 있는 지혜 전통의 더 넓은 문화적 종교적 모체 안에서 육신이 된 지혜(incarnated Wisdom)로 수정한다. 서구 여권주의 신학자들은 예수라는 인물을 창조적 에너지, 내재성, 평화, 정의 및 구원의 약속을 구체화하는 지혜의 신(Sophia)인 하나님으로 강조해 왔다. 이 지혜(Wisdom) 전통은 아시아와 다른 종교적 전통 속에 있는 지혜 인물들과 현자들(프라자나, 구안넌, 이시스 같은)의 관점에서 검토되고 성찰될 수 있다(Kim 2002).

따라서 유기적 모델은 유한하면서 역사적으로 조건화된 인간에 국한하지 않으면서도 다양한 방법과 문화로 그리스도를 만나도록 우리에게 허용한다. 하나님의 현현인 예수의 의미는 그리스도인들의 다양한 종교 체험과 문화적 상황으로 이들이 정립한 또 다른 그리스도의 이미지들을 배제하지 않는다.

남부의 여권주의 신학자들은 또한, 문화적이고 종교적인 실천들이 담긴 원리나 원천들을 기계적, 자본적, 다윈적(Darwinian) 사고방식을 극복하기 위해 찾는다. 이 같은 문화적 회복은 단순히 낭만적 과거를 다시 만들려는 것이 아니라 대안적인 것이 존재하지 않는다고 선포하는 세계화의 신화에 대항하기 위한 문제적 담론을 구성하려는 시도다.

인도의 배경에서 그나나다손(Gnanadason)은 여성이면서 우주의 창조적 근원인 샤크티(Shakti)의 원리를 칭송하는데, 이 원리는 인간과 자연의 조화가 특징이다. 그나나다손이 말하기를 인도의 생태 여성주의 신학은 인도의 영적인 과거에 근거하며 서구 패러다임의 이념적이고 신학적인 가정에 의존하지 않는 전체적 이상의 안녕에서부터 끌어내야 한다.

여성들이 나무를 포옹해 보호한다는 칩코 운동(Chipko movement)의 역사를 인용하는 그나나다손(1996:79)은 생태 여성주의 신학이 여성의 생생한 경험에서 나와야 하는데, 즉 "구원과 자유를 위해 자연을 향해 울부짖어서 되는 것이 아니라 의미 없는 파멸에 대항하는 조직화된 저항의 순간에서 나와야 한다"라고 말한다.

토착민들은 열정적으로 자신들의 성스러운 기억, 제의, 공동체 소속감이 있는 땅의 중요성에 대해 말해왔다(Weaver 1996). 이들 땅의 정복과 오염은 어머니인 대지에 대항하는 죄며, 토착민들에게서 생존 수단뿐 아니라 문화적으로 보전되어야 하는 종교 유적들을 빼앗는 문화적 대량학살의 한 형태이다.

앤 패텔-그레이(1991) 같은 태평양 지역의 원주민 여권주의 신학자들은 신학과 영성을 위한 자신들의 우주적 이상에서, 자연, 공동체적 주인의식과 청지기 직, 의식에 있어, 또 삶을 위한 생계수단을 제공하는 데 있어, 여성의 역할들에 대한 깊은 존경심을 강조해 왔다.

유사하게 아프리카에서 종교학자들과 신학자들은 돌봄, 책임, 환경적 정의의 공동체 윤리를 건설하려는 자원들로서, 다른 다문화 집단들 속에 있는 포괄적 우주적 윤리의 풍부한 유산을 가져온다.

과거 서구인들이 종종 아프리카 종교들을 경멸적으로 애니미즘적(animistic)이나 자연 숭배라는 꼬리표를 달았다. 여권주의 신학자들은 이런 편견에 도전해 인간의 자연에 대한 의존과 자연과의 조화에 대해 가르치는 치유의 실천과 의례들의 중요성을 회복해 왔다.

5. 결론

북미 여권주의 운동과 비교해 보면 남부 여권주의 투쟁은 여성 참정권 운동, 여성의 권리들, 남성들이 누리는 기회들과 특권들에 대한 동일한 접근을 위한 요구의 진보 정치로 규정되지 않았다. 남부 여권주의자들은 준거 집단, 인종적, 식민지적, 종교적 억압을 동시에 고려하지 않으면서 성차별만 관심 갖는 사치를 누리지 못한다.

이들의 정치신학은 가난한 자들의 연대를 위한 대안과 문화적 소외에 대한 비판, 인종 탄압, 세계화된 경제의 도전 또는 생태 정의와 자연 보호를 위한 행동을 포함해 다양한 형태를 취하고 있다. 버지니아 페벨라와 오우요에(1988:xi)는 이 같은 신학의 성격을 다음과 같이 분명히 말한다.

우리의 신학은 우리에게 권한을 부여하는 우리의 투쟁과 믿음에 대해 말해야 한다. 우리의 신학은 개인적이고 사적인 것을 넘어 공동체를 포용해야 하고, 성별을 넘어 성실히 인간성을 포함해야 한다. 우리의 신학은 학문적 연구를 자각해야 하지만 여성의 영감과 통찰을 위해 그들의 경험과 현실의 더 넓은 스펙트럼을 요구해야 한다. 제3세계 상황에 있다는 것은 여성들의 신학이 사회 경제적인 것과 나란히 종교 문화적인 것을 포용하고 생동감 넘치는 대화 속에 동참했다는 것을 의미한다(Virginia Fabella and Oduyoye 1988:xi).

상대적으로 남성들의 정치신학과 비교해 보면, 남부의 여권주의 정치신학은 인간 역사에서 행위자와 심판자이신 하나님에 대해 많은 강조점을 두지 않는다. 하나님에 대한 인간중심적 담론의 한계를 인식하는 여권주의 신학자들은 인간의 역사를 단지 하나님을 위한 영역으로만 묘사하는 것을 피한다. 또한, 이들은 특권층 남성을 본떠 만들어진 전능하고 지배하는 여성들의 보호자와 후원자인 신을 투사하는 지혜에 대해 의문을 제기한다.

남성 해방신학자들이 교회에 사회적 변화를 이끌도록 강하게 요구하는 반면, 여권주의 신학자들은 교회의 힘에 대해 더 현실적이며 이들의 낙관주의에 더 신중하다. 남성의 계급주의와 전통으로 높이 세워진 교회는 희망의 봉화와 변화를 위한 대리인이 될 수 있기 전에 교회의 성차별에 대해 회개해야 한다.

남부 여권주의 신학자들은 북부 여권주의 신학자들과의 대화를 환영하며 연대를 추구한다. 여권주의 투쟁들은 점차 상호 관련되고 세계화되고 있기 때문이다. 또한, 이들은 북부에서 인종차별을 당하는 소수자 출신 여권주의 신학자들과의 다문화적 대화에 참여해야 한다.

남부 여권주의 신학자들은 열정과 연민을 가지고, 모든 사물에 대한 생명 경외와 존경과 함께 희망과 기쁨으로 가득한 새로운 신학적 목소리를 명확히 계속 내야 한다. 이론과 실천을 융합시키는 이들의 정치신학은 지역 속에 근거하면서, 한편으로 세계화와 연결되어야 한다.

참고 문헌

Althaus-Reid, M. (2001). *Indecent Theology: Theological Perversions in Sex, Gender, and Politics.* London: Routledge.
Chung, H. K. (1990). *Struggle to Be the Sun Again: Introducing Asian Women's Theology.* Maryknoll, NY: Orbis.
_____.(1991)."Come, Holy Spirit – Renew the Whole Creation." In M. Kinnamon (ed.),
Signs of the Spirit: Official Report, Seventh Assembly, 37-47. Geneva: World Council of Churches.
_____.(1996). "Asian Christologies and People's Religions." *Voices from the Third World* 19: 1, 214-27.
Dube, M. (1998). "Scripture, Feminism, and Post-Colonial Contexts." *Concilium* 3, 45-54.
_____.(2001). "Introduction." In M. Dube (ed.), *Other Ways of Reading: African Women and the Bible*, 1-19. Geneva: World Council of Churches.
_____.(2002). "Postcoloniality, Feminist Spaces, and Religion." In L. E. Donaldson and P. L. Kwok (eds.), *Postcolonialism, Feminism, and Religious Discourse*, 100-20. New York: Routledge.
Fabella, V., and Oduyoye, M. A., eds. (1988). *With Passion and Compassion: Third World Women Doing Theology*. Maryknoll, NY: Orbis.
Gebara, I. (1999). *Longing for Running Water: Ecofeminism and Liberation*. Minneapolis: Fortress.
Gebara, I., and Bingemer, M. C. (1989). *Mary: Mother of God, Mother of the Poor*. Maryknoll, NY: Orbis.
Gnanadason, A. (1989). "Towards an Indian Feminist Theology." In V. Fabella and S. A. Lee Park (eds.), *We Dare to Dream: Doing Theology as Asian Women*, 117-26. Maryknoll, NY: Orbis.
_____.(1996). "Toward a Feminist Eco-Theology for India." In R. R. Ruether (ed.), *Women Healing Earth: Third World Women on Ecology, Feminism, and Religion*, 74-81. Maryknoll, NY: Orbis.
Hinga, T. M. (1992). "Jesus Christ and the Liberation of Women in Africa." In M. A. Oduyoye and M. R. A. Kanyoro (eds.), *The Will to Arise: Women, Tradition, and the Church in Africa*, 183-94. Maryknoll, NY: Orbis.
Jayawardena, K. (1986). *Feminism and Nationalism in the Third World*. London: Zed.
Kanyoro, M. R. A. (2001). "Cultural Hermeneutics: An African Contribution." In M. Dube (ed.), *Other Ways of Reading: African Women and the Bible*, 101-13. Geneva: World Council of Churches.
Kim, G. J. S. (2002). *The Grace of Sophia: A Korean North American Women's Christology*. Cleveland, Ohio: Pilgrim.
Kwok, P. L. (1991). "Gospel and Culture." *Christianity and Crisis* 51: 10-11, 223-4.
_____.(1995). "Business Ethics in the Economic Development of Asia: A Feminist Analysis." *Asia Journal of Theology* 9: 1, 133-45.
_____.(1997). "Ecology and Christology." *Feminist Theology* 15, 113-25.
_____.(2000). *Introducing Asian Feminist Theology*. Cleveland, Ohio: Pilgrim.
Mananzan, M. J. (1989). "Redefining Religious Commitment in the Philippine Context." In V. Fabella and S. A. Lee Park (eds.), *We Dare to Dream: Doing Theology as Asian Women*, 101-14. Maryknoll, NY: Orbis.
_____.(1991). "The Filipino Woman: Before and After the Spanish Conquest of the Philippines." In

M. J. Mananzan (ed.), *Essays on Women*, 6-35. Manila: Institute of Women's Studies.
_____.(1993). "Paschal Mystery from a Philippine Perspective." *Concilium* 2, 86-94.
Narayan, U. (1997). *Dislocating Cultures: Identities, Traditions, and Third World Feminism*. New York: Routledge.
Oduyoye, M. A. (1992). "Women and Ritual in Africa." In M. A. Oduyoye and M. R. A. Musumbi (eds.), *The Will to Arise: Women, Tradition, and the Church in Africa*, 9-24. Maryknoll, NY: Orbis.
_____.(1995). *Daughters of Anowa: African Women and Patriarchy*. Maryknoll, NY: Orbis.
Pattel-Gray, A. (1991). *Through Aboriginal Eyes: The Cry from the Wilderness*. Geneva: World Council of Churches.
Tamez, E. (1986). "The Woman Who Complicated the History of Salvation." In J. S. Phobee and B. von Wartenberg-Potter (eds.), *New Eyes for Reading: Biblical and Theological Reflections by Women from the Third World*, 5-17. Oak Park, Ill.: Meyer Stone.
_____.(1996). "Cultural Violence against Women in Latin America." In M. J. Mananzan et al. (eds.), *Women Resisting Violence: Spirituality for Life*, 11-19. Maryknoll, NY: Orbis.
Tanner, K. (1997). *Theories of Culture: A New Agenda for Theology*. Minneapolis: Fortress.
Weaver, J. (1996). *Defending Mother Earth: Native American Perspectives on Environmental Justice*. Maryknoll, NY: Orbis.
Young, R. J. C. (2001). *Postcolonialism: A Historical Introduction*. London: Routledge.

제15장

북부 여권주의 신학

엘라인 그래함(Elaine Graham)

> 여권주의 신학은 우리의 사회적 억압과 교회의 배타성이 여성의 '결함'이 아니며 하와가 지은 죄의 결과도 아니며 하나님의 뜻이나 예수 그리스도가 의도한 것도 아니라는 것을 보여 준다. 이 억압과 배타성은 사회적이고 교회적인 가부장 제도를 통해 발생하고, 언어와 상징체계에서 남성중심적 세계 구성으로 합법화된다. 종교적 언어와 상징체계가 여성에 대한 사회적 억압과 문화적 주변성을 정당화하려고 기능하는 한, 기독교의 침묵과 교회의 비가시성은 정의, 해방, 완전을 위한 여성 투쟁의 중심에 있을 수밖에 없다.
>
> 엘리자베스 피오렌자(Elisabeth Fiorenza)
> 『침묵을 깨며-드러내 보이기』(Breaking the Silence-Becoming Visible)에서

서론

여권주의 신학은 정의에 대한 요구로 시작한다. 교회적이고 문화적인 삶에 대한 여성의 전적인 동참은 여권주의 신학 전체의 기초가 된다.

그러므로 여권주의 신학은 다음의 두 가지 이유로 '정치신학'의 특징을 가진다.

첫째, 교회와 사회 내 여성의 복종에 대한 저항
둘째, 다른 20세기 해방신학과 마찬가지로 변화된 교회와 사회 질서를 꿈꾼다는 점

따라서 여권주의 신학은 종교 제도 및 신앙과 실천에 대한 신학적 체계가 더 넓은 사회 및 문화 영역에 미치는 영향에 대한 문제들을 구체화할 뿐 아니라, 또한 권력의 문제가 신학 자체의 형성에 내포되는 방식들을 드러내고, "신학적 담론의 정치적 조정들"(Tanner 1997:187) 자체를 추적해 가시화한다.

신학적 담론이 수용된 전통의 남성 중심적 성격의 것이든, 종교로 간주되는 것에서의 성별의 차이 구조들에 따르는 역할이든, 또는 권력의 계급 구조와 신적 언어의 연결에 관한 것이든, 여권주의 신학은 여성에 대한 체계적인 배제와 억압을 문화적, 정치적 문제자 '신학적 문제'로 판단한다.

'여권주의'는 자체가 논란이 있는 용어다. 이 용어는 보통 20세기 미국과 유럽 여성 해방 운동에서 부상한 이론과 실천의 체계를 지칭하기 위해 사용된다. 이 용어는 이론적 관점들의 복잡한 체계와 일련의 정치적 캠페인(여성의 참정권을 위해, 성적 자유를 위해, 평등한 급여를 위해, 더 폭넓은 문화적, 문학적, 예술적 표현들과 더불어 임신, 낙태, 의료혜택의 접근성을 위한)을 반영한다(Tong 1998).

성별(gender)과 관련한 정치적 견해들이 여성 중심의 정치와 이론화를 위해 하나의 공유된 구조 틀을 제공하지만 여성 경험의 공동 연대가 계급, 성적 성향, 인종, 민족성과 같은 차이와 힘의 다른 지표들로 복잡해졌다. 따라서 20세기 여성 운동의 기원과 최초로 조직화된 징후들이 미국과 유럽에 있었더라도 여권주의 상황과 전략의 다양함은 항상 제1세계의 사회 내에서조차 현상의 다원성과 이종성(異種性)에 대한 민감함을 불러일으켰다

비록 신학적 또는 세속적 학문에서 지배하는 경향이 있다 해도, 앵글로(Anglo) 백인 미국인의 관점들이 다른 파생적 형태들이 반응해야 하는 가장 권위 있는 규범이라고 가정하지 않는 것이 중요하지 않다. 오히려 흑인 여성주의자(아프리카계 미국인), '무헤리스타'(*Mujerista*, 라틴계 미국인), 아시아인, 아프리카인, 히스패닉, 여권주의자 목소리들이 확산되는 것은 관련되지만 다른(diverse) 상황들의 세계적인 혼합을 반영한다(Ortega 1995).

이 글은 유럽계 미국 여성들의 신학적 연구(여권주의, 흑인 여성주의, 라틴 여성주의)에 있는 이런 통일성과 다양성에 대한 핵심 주제들에 집중하고 정치신학의 더 넓은 명사들이 가진 견해들을 평가할 것이다.

1. 역사적 개관

역사적으로 유럽과 북미 안에서 여성 운동의 출현은 17세기 사회적, 정치적, 종교적 혼란으로 거슬러 올라간다. 침례교도, 형제단, 수평파(Levellers)와 다른 청교도와 같은 급진적 신교도의 신학적 확신들은 분명한 정치적 암시들을 가지고 있었다. 하나님의 견지에서 모든 창조된 피조물이 똑같다는 매우 강한 평등주의의 신학적 인간학은 모든 믿는 자에게 자유롭게 이용되는 성경에서 하나님 말씀의 우위성을 강조한다.

덧붙여, 모든 사람은 일시적 신분과 관계없이 성령의 역사에 개방될 수 있다는 계시의 이해와 결합되어 있다. 여성 설교자와 예언자들은 남성 지도권의 형태를 깨뜨릴 수 있는 조건이 형성되는 데 도움을 주었다(Mack 1992).

18-19세기 동안 비순응주의 신학과 사회 개혁의 동일한 융합이 여성들에게 정치적 지도력과 전략적 체계의 중요한 기술을 얻는 중요한 기회들을 제공했다. 엘리자베스 케디 스탠턴(Elizabeth Cady Stanton), 소저너 투르스(Sojourner Truth), 루크레티아 모트(Lucretia Mott), 수잔 B. 앤서니(Susan B. Anthony), 엘리자베스 프라이(Elizabeth Fry), 플로렌스 나이팅게일(Florence Nightingale), 한나 시코올(Hanna Seacole), 세라 그림케(Sarah Grimke) 같은 여성들은 노예 폐지 운동에서 지도적인 인물들이기 때문이 아니라 종교적 여권주의의 초기 선구자들이기 때문에 오늘날 기억되고 있다(Ruether 1998:160-77).

정말 동시대의 수많은 여권주의 및 흑인 여성주의(womanist) 신학자들은 더 넓은 정치적이고 사회적인 운동에 대한 진보적 기독교의 공헌을 재발견하고 특히 여성의 역할을 강조하는 것을, 자신들의 학문적 과업의 일부분으로 여긴다.

이 일은 정치적 기독교의 대안적 계보를 구성하는 중요한 측면인데, 이 계보 안에서 진보적 성 정치들은 현 시대의 여권주의적 해방주의 기독교의 선구자들로 여겨진다.

예를 들어, 훈련받은 역사학자인 북미 로마가톨릭교회의 로즈마리 레드포드 류터(Rosemary Radford Ruether)는 현대 여권주의 신학들의 지적이고 정치적 선조인 청교도, 몬타누스파, 퀘이커교의 급진적이고 의견을 달리하는 전통들이, 이 전통들의 인습 타파를 억제하는 데 지대한 관심을 가진 사람에게 불신되었지만, 이제는 새로워진 해방의 여권주의 신학을 위한 근본적 원천들로 회복되었다고 주장한다(Ruether 1983, 1998).

이와 유사하게 20세기 후반 여권주의 신학의 출현은 폭넓은 사회 변화의 상황 속에 있었다. 미국과 유럽의 산업 사회에서 여성의 지위는 1945년 이후, 경제 활동과 교육 기회 확대와, 가정에서 더욱 효과적인 피임과 노동력 절감 장치들과 같은 기술 혁신들에 힘입어, 급속하게 변하기 시작했다. 그럼에도 20세기 중반까지 많은 여성이 경험하는 부조화는 1960년대와 1970년대 내내 의식을 높이고 이론화하는 변화의 물결을 일으켰다.

이 부조화는 기회 확대와 기술 혁신으로 여성들의 지평이 확장된 것과, 베티 프리댄(Betty Friedan)이 백인 중산층 가정의 성별(gender) 관계들의 핵심에서 여성의 신비라고 일컬은 것 사이의 부조화다.

또한, 기독교 안에서의 발전들도 여성들의 운동을 지원했다. 20세기 내내 일반적으로 신학교에 여성을 받아들인 미국과 유럽의 고등 교육 확대는 로마가톨릭교회와 개신교 여성들에게 신학적 가르침과 연구의 경력을 추구할 수 있게 했다.

제2차 바티칸공의회의 '현대화'(aggiornamento)는 로마가톨릭교회 사람들에게 평신도의 소명, 세속 사상에 대한 개방, 교회 구조의 민주화, 사회 정의를 위한 투쟁 참여에 대한 문제들을 살피는 것을 허용했다. 따라서 마르크스주의와 여권주의 같은 세속 정치 이론들에 대한 통찰들은 신학적 분석을 위한 합법적인 자원들이 되었는데, 이를 이용하는 신학적 분석은 분석을 시대의 징표에 의식적으로 개방하고 정의를 위한 발전적 투쟁과 동맹을 맺었다.

따라서 이 시기에 최초의 여권주의 신학자들이 출현하기 시작했다. 미국에서 1960년 『종교 저널』(Journal of Relligion)에 처음 발표된 밸러리 세이빙(Valerie Saving)의 "인간의 상황: 여성의 견해"(The Human Situation: A Feminine View)는 최초로 발표된 여권주의 신학의 작업으로 종종 간주되었다. 비록 유니테리언 목사이자 신학자인 마가릿트 브랜컨베어리 쿠루크(Margaret Brackenbury Crook)의 『여성과 종교』(Women and Religion, 1964)가 기독교 실천과 규범들에서의 여성 배제를 폭로하고 새로운 기반을 붕괴했다고 할지라도, 메어리 데일리(Mary Daly)의 『교회와 제2성』(The Church and the Second Sex, 1968)은 북미 여권주의 신학 최초의 주요 문서로 인정받고 있다.

유럽에서 초기 선구자들의 작업은 상당히 인정을 받았다. 1980년대 중반이 되어서야 비로소 여권주의 신학에 대한 대학 연구의 기회들이 생겨났다. 여성의 진출에 걸림돌로 작용한 교회의 후원에서 대학 연구가 자유롭게 된 이 시기에 케더리나 헐케스(Catharina Halkes), 엘리자베스 고스만(Elisabeth Gossmann), 칼 엘리자베스 보레손(Kari Elizabeth Borreson) 같은 학자들은 이들의 특정한 학문적이고 교파적인 상황에서 기독교 교리와 교회론에 대해 비판을 전개하기 시작했다.

1945년 이래 독일 정치신학의 신흥 전통에서 도로테 쥘레(Dorothee Sölle)는 진보적 성, 성경의 유물주의적 읽기, 정치적 행동주의, 자유주의 개신교의 실존주의 비판과 함께 여권주의 분석을 종합했으며, 이로써 전통 신학을 재구성하는 데 가장 넓은 근거를 만들어 내고, 또 잘 알려지고 영향력이 있는 동시대의 정치신학자 중 하나로 남았다(Sölle 1990, 2001).

초기 여권주의자, 흑인 여성주의자, 라틴 여성주의 신학자들의 강단과 교회의 입장들을 공고하게 하려는 다른 요인은 처음부터 초교파적 운동 안에서 여성과 평신도의 역할을 지지한 세계교회협의회의 격려에 있었다. 강단 신학과 교회신학을 실천적 정책의 문제 곧 가난의 여성화, 성별 역할들, 여성에 대한 폭력과 같은 것과 연관 짓는 일과 마찬가지로 세계 교회 협의회의 영향은 세계의 3분의 2의 여권주의 신학들이 세계적 중요성을 갖게끔 많은 노력을 했다(Ortega 1995).

2. 해방신학으로서의 여권주의 신학

1960년대와 1970년대 미국 성공회 여권주의 신학자 중 많은 제1세대들은 라틴 아메리카 해방신학들에 고무되었다. 이는 주로 진보적 로마가톨릭주의에 대해 이들 사이에 공유된 연관성 덕분이었다. 북미와 남미 정치신학자들 사이의 초기 대화 사례가 이미 1970년 중반에 계급과 인종차별 및 다문화는 물론, 성별 구조에 중요성을 부여하고 있었다(Eagleson and Torres 1976).

그러므로 라틴 아메리카의 해방신학자들에게 수용되었던 가난한 사람을 위한 하나님의 우선적 선택이라는 자명한 이치는 특별히 여성의 지위에 대한 비판을 적절히 취급했다. 그곳 여성들은 빈번히 경제적으로 가난한 자 중 가장 가난했다. 또한, 이들은 지역 특유적으로, 철저히 역사, 교리, 기독 교회 자체의 구조들에서 소외되었다.

로즈마리 류터, 레티 러셀, 이사시 디아즈 외 여러 여권주의자, 흑인 여성주의자, 라틴 여성주의 신학자는 이 전통에 대한 명백한 관계를, 억압의 역동성과 예언자적, 해방적 가르침의 보정하는 전통의 식별에 대한 자신들의 관심을 통해 계속 보여 준다.

그런데 여권주의 신학의 정치적 차원들도 더 넓은 제2의 물결인 여권주의 이론화에 대한 영향력을 반영하는 특유의 풍취를 가지고 있다. 여권주의 이론화는 정통 자유주의 정치이론 안에서 공적인 것과 사적인 것의 구분을 올바르게 하려고 의도하면서 예컨대, "인격적이라는 것은 정치적이다"라는 것을 항상 주장해 왔다. 따라서 정치는 "서로에 대한 우리의 정치적이고 열렬한 관계의 조건에 대한 갈등과, 이런 조건에 영향을 미치는 온갖 자원 및 가정들에 대한 갈등으로 더 적절하게 인식된다"(Roberto Unger, Tanner 1997:180에서 인용).

여권주의 신학자들은 일과 가난, 무능력과 여성에 대한 폭력 같은 문제들을 들면서, 이런 구체적이고 즉각적인 관심의 문제들에 대한 주목은 교회가 여성의 경험과 현실을 목회적, 윤리적, 교회 공동체적으로 우선시하지 못하는 것을 밝힌다고 주장한다(Graham 1993:Bons-Storm 1997; Conture 1991).

여성의 필요에 대한 신뢰 부족, 성별에 대한 고정관념과 기대를 형성하는 종교적 가르침의 힘, 신학이 여성에게 복종과 자기부정을 의식화하도록 이용했던 방법은 기독교 복음의 치명적인 왜곡을 드러낸다(Miller-McLemore 2000:239-41).

3. 올바른 질문

처음부터 여권주의 신학은 핵심적인 신학 교리들을 구성하는 데 인지된 편견들에 대해 말했다. 발레리 세이빙의 1960년 논문은 죄와 덕에 대한 기독교 이해가 본질에 있어서 '성 편향적'인지 문제를 제기했다. 곧 이 점에서 여성이 결코 공통된 인간의 조건을 공유하지 않고, 여자와 남자가 근본적으로 다른 도덕적 우주에 살고 있는지 문제를 제기했다.

세이빙은 라인홀드 니버의 신학적 윤리와의 대화에서, 죄를 피조물이 하나님에게 의지하지 않는 교만과 자기만족으로 죄를 전통적으로 번역함으로써 남자에게 들어맞는 경험들을 반영한다고 주장한다. 왜냐하면, 남자는 자율적인 개인 정체성을 확립하는 것이 어머니와의 관계에서 분리하려는 욕구가 있는 어린 시절부터 깊이 배기 때문이다(세이빙은 정신 분석 이론에 의지한다. 그러나 또한, "도덕성에는 성 구분이 없다"는 자유주의적 여권주의 속에 여전히 흐르고 있는 견해에 대한 비판을 분명히 표명한다).

전형적으로 남성적 특징들이 교만과 권력 의지인 것처럼, 여성성의 문화적 구조는 '소소함, 산만함, 장황함 곧 조직 중심이나 초점의 부족, 자기 인식의 정서를 위해 다른 사람에게 의존함, 사교성, 이성(理性)에 대한 불신, 간단히 말해 자기 부정이나 미발달'을 중요하게 여긴다(Saiving 1979:37). 결과적으로 기독교의 도덕적 가르침이 교만을 교정하는 것으로서 희생과 섬김을 찬양한다.

그러나 여성에게 이런 것들은 단순히 자기희생과 예속 상태에 대한 문화적 기대를 강화하게 한다. 여성에게 죄는 실제로 이들 자신의 독립성과 특유성을 확증하지 못하게 하는 것이다. 그리고 이런 방해물을 극복하는 것은 자기 사랑, 자기 확신, 곧 긍지, 자존심, 자기 존중을 필요로 하는데, 이런 것들은 교육과 문화가 이전에 여성들에게 주지 않았던 것들이다.

세이빙은 전통의 고유한 남성 중심주의를 드러내면서 이후 많은 여권주의 신학을 위한 패턴을 세웠다. 그러나 그의 관점은 신학적 윤리학 안에서만 계속 유지되었다. 예컨대 악과 고통에 대한 흑인 여성주의의 신학적 성찰은 흑인 여성들이 애쓰고 있는 인종 차별과 성차별의 이중적 역학을 제시한다. 죄란 개인적 도덕성의 문제만이 아니라 비인간화나 차별의 정치적이고 경제적인 구조 속에 빠져 있었다(Townes 1993).

그렇지만 여권주의자, 흑인 여성주의자 혹은 라틴 여성주의 신학자들의 목표는 단순히 현존하는 전통 속으로 편입되는 것이 아니다. 안수 받는 사역, 교회 지도권, 학문적 연구에 대한 권리의 평등이 바람직한 목표들임에도, 이런 활동들 자체가 남성 중심 인습 안에서 만들어졌고 또 바로 신학적 인간학 자체가 여성의 경험을 철저하게 배제하거나 잘못 나타냈다는 것은 분명한 사실이다.

따라서 지속적 변화들은 남성 중심적 세계관과 신학에서 세계, 인간 삶, 기독교 신앙에 대한 여권주의 개념으로 일종의 지적인 패러다임 전환에 못지않은 요구를 하고 있다(Fiorenza 1996b:167).

그러므로 여권주의 신학자들은 교회와 사회 안에 있는 가부장적 권력 체계들과, 서구 종교 자체에 깊이 뿌리박힌 상징적 구조들 사이에 근본적으로 관련이 있는 것을 본다. 상징적인 것과 현실적인 것, 표상적인 것과 실제적인 것 간의 이 통합적 연관에 대한 초기 표현은 유대교 여권주의 신학자 주디스 플라스코우(Judith Plaskow)에게서 유래한다.

그는 문화적 상징의 근원으로 종교에 스며들어 있는 영향력에 대해 강하게 논증했다. 여성들이 남성 중심의 전통 안에서 타자(他者)로 특징지어 왔다는 시몬느 베이유의 분석을 받아들인 그는 인간이라는 것은 '남성'이라는 것과 동일하다고 밝힌다.

그런데 더 근본적으로, 하나님은 또한 이 같은 관점을 통해 지배하는 남성성의 특징들을 부여하고 정당화하는 것으로 제시된다.

> 남성 하나님의 언어가 명백하고 악의 없게 보이게 되는 것처럼, 상징들은 개인적 차원과 사회적 차원 모두에서 중요하다. 비록 오래도록 사용해 온 이 하나님의 언어가 우리 이미지가 암시하는 것들에 익숙하게 한다 하더라도, 종교적 상징들은 임의적이거나 타성적이지 않다. … 하나님에 대해 말할 때 유대인이 사용하고 있는 남성적 묘사는 남자들이 규범을 정하는 유대인들이고 여자들이 타자로 인식되는 종교적 상징에서부터 일어난다(Plaskow 1980:125).

플라스코우가 주장하듯, 여성에게 금지하는 유대의(Jewish) 법적 조항들의 여권주의적 해체에 참여하는 것만으로 충분하지 않다. 유대교의 비종교적이고 발전적인 형태를 장려하는 것으로도 타당하지 않은데, 이는 이런 전략들이 서구 문화의 깊은 상징적 토대를 다룰 수 없기 때문이다. 이 근저에는 결정적인 현실을 밝히는 것이 있다.

결정적 현실은 가부장적 세계관을 신성시하며, 여성들을 하나님의 형상으로 지은 남성과 동일시하는 것을 막을 뿐 아니라 여성의 특징을 덜된 존재로 영속화한다. 다시 말해, "올바른 질문이 신학이다"(Plaskow 1983).

또한, 근원적인 질문은 여성의 비가시성과 배제성을 문화적, 종교적, 정치적 제도에서부터 추적하는 것이다. 하나님을 제시하기 위해 사용된 바로 그 언어들이 삭제되어야 한다. 따라서 언어는 성별의 특유한 체제를 구분하기 위해 상징적 체계의 널리 퍼져있는 영향을 통한 하나의 중요한 정치적 고안물로 간주되어야 한다.

그런 토대에서 이렇게 주장하는 것은 신학적 전통의 많은 측면을 부분적이고 이념적 관심들의 결과와 동일시하면서 지식의 사회학을 끌어들이는 것이다. 물론 가장 결정적인 문제는 공식적 전통이 여성의 삶, 성취, 관점들을 포용하지 못한다는 것이다.

주지하는 바와 같이 로즈마리 류터는 다음과 같이 주장해 왔다.

> 여권주의 신학 사용은 경험의 기준을 사용하는 것보다 오히려 과거에 대한 신학적 성찰에서 완전히 닫힌 '여성'의 경험을 사용하고 있다는 사실에 주안점을 두어야 한다. 그러므로 여권주의 신학에서 여성의 경험을 이용하는 것은 성문화된 전통들을 포함해 보편적 인간 경험보다 남성 경험에 근거를 둔 전통적 신학을 폭로하면서 일종의 비판적 힘으로 탐구하게 하는 것이다(Ruether 1983:13).

이것이 역사적으로, 제도적으로 경험된 전통이 궁극적 실재 자체가 아니라 단지 진리의 한 표현이라고 신학자들로 하여금 주장하게 한다. 전통은 인간 행위 곧 주어지는 존재론적 구성이 아닌 사회적 역사적 구성의 산물로서, 또한 이론의 여지가 있고 바뀔 수 있는 것이다(Reuther 1983:19-20).

그러므로 여성 중심의 신학들은 단지 저항하기 위해 훈련받는 것이 아니다. 거기에는 도전과 마찬가지로 변혁에 대한 명령을 받아들이는 부분이 있다. 이는 기독교 전통의 가부장적 편견을 폭로해야 할 필요에 따라 추진될 뿐 아니라, 신앙의 이 동일한 계시들이 인간 해방을 위한 진정한 잠재력을 가지고 있다는 확신으로 추진된다. '비평'과 '재구성'의 변증법은 아마도 여권주의 신학 연구의 가장 중요하고 창의적이고 또한, 의문의 여지가 있는 공헌에 해당할 것이다.

4. 비평과 재구성

여성을 해방하는 목표는 시작부터 두 가지 측면이 있다.

첫째, 여권주의자들이 여성들의 삶을 구조화한 억압의 다양한 형태를 식별하려 했다.

둘째, 이들은 억압 없는 대안적 미래를 상상하고 창출을 시도했다. 그렇지만 곧 명백하게 밝혀지는 것은 억압을 말하기가 항상 쉬운 것만은 아니라는 것이었다. 사실 억압이 자기 자신과 자신의 세계에 대해 생각하는 방식에 영향을 미치기 때문에 억압을 정확히 밝히는 것은 물론이고 보는 것조차 종종 어려울 수 있다는 것이다.

억압은 스스로 비가시적으로 만들고, 이상을 왜곡시켜 사상을 비틀기도 한다. 이와 유사하게 누군가 경험하는 모든 것이 인식과 행동의 오래되고 억압적인 형태들 속에 깊이 뿌리박혀 있을 때 새로운 삶의 방식을 계획하기 어렵다(Jones 2000:3).

저항과 변혁의 과정은 여권주의 신학 안에서 되풀이되고 있는 요소며, 다양한 방식으로 특징지어진다. 실라 브릭스(Sheila Briggs)는 여권주의 신학의 비판과 재구성을 위해 세 가지 비판적 국면, 즉 가부장적 근거를 폐지하는 것, 여성의 과거를 재발견하는 것, 현재와 미래의 종교적 체제를 변혁시키는 것이라는 점을 밝힌다. 이 같은 확대된 전통에 근거해 여권주의 신학은 수정된 대안적 궤적을 전개한다(Briggs 1997:167; 또한, Miller and Grenz 1998:Chopp 1995 참조).

이와 유사하게 엘리자베스 피오렌자는 의심의 해석학, 기억, 변혁을 주장한다. "의심은 침묵, 부적합, 비일관성, 인간중심적 기록과 학문의 이념적 메커니즘을 향하는 방향으로 맞추어졌다"(Fiorenza 1996b:172-173).

'기억'은 바로 여성의 역사적 부재와 비가시성의 상태에 대항해 여성을 자율적 주체로 포함하는 것을 주장하는 결정적인 임무를 내포하고 있다. "여성들이 교회며, 항상 교회가 되어 왔다, 여성들은 하나님의 부름을 받은 선택된 사람들이다"(Fiorenza 1996b:172).

또한, 변혁은 포괄적 믿음과 실천의 지속적 공동체를 위한 새로운 패러다임에 생기를 불어넣는 데 기여하는 '여성들의 교회'(ekklesia gynaikon) 또는 평등의 제자도의 역사적 증거를 발견한 것에 의존한다. 따라서 진정한 규범과 원천을 위한 피오렌자의 기준은 전형(archetype)으로서의 역사적 사건들과의 일치를 덜 강조하며, 이보다는 현대 공동체들이 모본으로 따라야 할 원형(prototype)으로서의 과거의 증언에 충실하다.

'하나님-언어(talk)' 안에 있는 남성중심의 편견도 다른 중요한 주제로 나타나는데, 이런 편견을 드러내는 것은 여권주의 신학자들이 정치적으로 비난을 받는 종교 언어의 성격을 주장하는 방식의 또 하나의 예다. 도로테 쬘레는 주인 되심, 힘, 아버지 되심의 신학적 상징들 속에 암시되어 있는 전체주의적 윤리에 대한 자신의 저항에서 유용한 예를 제공한다.

이런 언어는 그리스도인들이 이들의 운명을 전능하고, 다른 세상적 권력, 대안에 대한 부정, 인간의 책임과 자기 소중함에 대한 삶의 긍정적 가치들을 포기하는 복종의 문화라고 쬘레가 일컬은 것을 신성시하는 것이다(Sölle 1996:152-3).

종교 언어와 정치 간의 직접적이고 또 다른 연결점은 가장 넓은 의미에서 철학적 신학에 대한 셀리 맥퍼규(Sallie McFague)의 재구성을 통해 그려졌다. 여기서 상징은 해체주의적 기교와 재구성적 기교 둘 다로 사용된다. 만일 하나님에 대한 모든 언어가 인간이 만든 일시적이고 우발적인 것이라면, 독특한 사회적 관계를 반영하는 것과 심지어 구체화하는 것이 불가피하다.

그런데 이런 인식이 신앙 공동체에게 비판적으로 반영되고 발전적 변혁에 동참하게 하고, 심지어 핵 위협과 생태계 위기 같은 시대의 문제 있는 쟁점들을 말하는 새로운 이미지를 만들게 한다(McFague 1982).

맥퍼규의 모델은 인간 존재들이 신적 실재의 객관성을 이해한다는 중립적인 전통적 관점의 개념을 비판한다. 이런 점에서 그는 현대 신학자들 가운데 독특하다고 볼 수 없다. 그의 작업은 이를테면, 데이비드 트레이시와 고든 카우프만의 것과 유사하다.

그러나 여권주의적, 생태주의적 감수성 대한 정치적 고무는 맥퍼규가 신학적 상징과 권력 구조의 강제적인 연결 고리를 주장하게 한다. 어머니, 애인, 친구와 같은 삼위일체의 비유적 묘사로 재구성하는 것은 "하나님과 세계의 관계에 대해 하나의 새로운 상상적 그림으로"(McFague 1987:xiv) 전환하는 것이다. 맥퍼규에게 이런 그림은 변혁적 행동을 위한 전제조건이 되는 것이다.

이와 유사하게, 전통적인 기독론들도 여권주의 신학자들과 흑인 여성주의 신학자들에게 암묵적 편견들에 대해 비판을 받아 왔다. 비록 다른 신학자들은 해방하는 기독론의 핵심과 특히 소외되고 배제된 사람들과 함께하는 자신들의 사역의 동일성을 형성하기 위해, 예수를 고난 받는 사람이라고 주장했지만(Reuther 1983), 예수의 남성성은 수많은 작가에게 여성의 구속에 대한 극복하기 어려운 장애물(Daly 1973)로 이해되어 왔다.

재클린 그랜트는 제임스 콘의 분석과 류터의 분석을 종합해 예수를 백인 유럽인으로 나타내는 것에 이의를 제기하면서, 흑인 여성들이 인종주의, 경제적 불이익, 성차별주의 등에서 받는 여러 영향으로, 죽으시고 부활하신 그리스도의 실재를 구체화한다고 주장한다(Grant 1989).

그런데 역사나 핵심적 교리의 재구성을 다시 말하는 것은 변혁으로 이어지게 되고, 특히 남성 중심적 정경과 반대인 진정한 정경이 어떻게 정의되는지 규범들에 대한 문제를 제기한다. 여성과 종교의 가장 오래된 논문들을 묶은 것 중 하나에서 편집자들은 다음 같은 물음을 제기했다.

> 여권주의자들은 과거를 필요로 하는가?
> 만일 필요하다면 이들이 필요로 하는 과거는 무엇인가?
> (Christ and Plaskow 1979:9)

이는 다음 같은 사실을 인정한다. 즉 여성을 신학적 주체로 밝히는 것은 역사적으로, 또 시대의 요청으로 정당한 지식으로 간주되는 기준을 적용해야 한다는 것이다. 비판과 회복의 과정은 이미 흑인 여성주의, 라틴 여성주의, 여권주의 학자들에게 바로 신학적 지식의 성격에 대한 근본적 물음들을 던질 것을 이미 요구해 왔다. 곧 어떻게 신학적 지식이 구성되고 소통되며 또 입증되는지 물을 것을 요구했다.

예를 들어, 유러슐라 킹(Ursula King)은 다음과 같이 말한다.

> 종교라고 생각하는 것, 종교 활동을 위한 역사적 증거로 생각하는 것, 우리가 가지고 있는 본문과 문서의 근거가 철저하게 만들어졌다고 주장한다(King 1995).

그레이스 젠첸(Grace Jantzen)은 이어지는 해석자들이 여성다움, 열등감, 가정적임 같은 연관성을 거쳐 사적이고 개인적인 신비주의를 다시 구성하면서 신비주의를 남성 중심적 패러다임으로 설명하려고 선택했다고 주장한다(Jantzen 1995).

이는 결과적으로 종교 경험의 개인화를 만들었다. 이로써 종교의 영향을 받는 부분은 제한적이 되고 종교의 정치적 효과는 감소된다. 그러므로 성별 주제들은 근본적으로 역사적 증거를 잘못 나타내는 방식으로 종교 경험의 범주들을 재구성하려고 이용되었다.

역사적 이야기에서 또 기독교 교리 자체에 이렇게 덧붙여지는 것이 여성을 단지 객체가 아닌 행위자나 주체로 회복하는 힘 있는 수단들을 증명해 왔다. 이러는 동안 또한, 여권주의 학자들은 여성이 역사에서 체계적으로 배제되는 것을 설명하기 위해 그리고 남성 중심적 자료나 문헌들을 읽는 방식을, 곧 여성 배제 너머나 밑에 있는 작용을 엿보는 같은 방식을 구성하기 위해, 더 복잡한 해석학적 모델을 발전시킬 필요를 느꼈다.

하지만 누가, 어떻게 이전에 숨겨지고 침묵되던 증거의 어떤 요소들이 정당하게 포함될지 판단할 것인가?

이 같은 비판적, 재구성적 입장이 기존 질서들을 새롭게 하려할 때 따를 기준은 무엇인가?

주디스 플라스코우는 다른 많은 여권주의, 라틴 여성주의, 흑인 여성주의 신학자들에게 소중하게 여겨진 해석적 원리, 곧 비판적이고 변혁적인 원리로서 동시에 이용할 수 있는 '정경 내 정경'을 다시 한 번 구체화한다.

> 성경과 (특히, 신비적) 전통 속에 있는 여성적 이미지는 굉장히 남성적인 성격을 변화시키지 않고서도 우리의 비유적 묘사의 적절성을 우리에게 상기시키는 '반체제 풍조'(*underground stream*)를 형성한다(Plaskow 1983:227).

공식적 전통과 평행을 이루면서 지속되고 있음에도 지배적인 전통에 가려진 반체제 풍조의 소재는 다른 곳에서도 되풀이되고 있다.

로즈마리 류터는 주류와 비주류의 출처 둘 다를 구성하고 있는 "유용한 전통"(Ruether 1983:21)에 대해 이야기한다. 이 유용한 전통은 기독교 신학이 여성의 온전한 인간성에 대한 가치들을 더 잘 인식할 수 있게 한다. 비록 잔존하는 전통 속에 있는 해방적 입장들을 확실한 해석학적 기준 적용으로 이끌어 낼 수 있다 해도, 이런 입장들은 지배하는 권위들에 의해 주변적 혹은 이단적 전통으로 해석되었던 옛 비정경 자료들 같은 부가적인 요소들을 통해 그리고 참된 신앙의 해방적 궤적과 일관적인 동시대의 자료들을 통해 보강될 필요가 있다.

여권주의, 흑인 여성주의, 라틴 여성주의 신학자들이 기술하는 출처의 범위는 전통적인 자료와 규범이 다시 변경된 정도를 드러낸다. 케이티 커논과 데로레스 윌리엄스는 둘 다 여성주의의 신학적 정경을, 즉 공식적 전통 내에서 간직해 왔던 것보다 문학적이고 전승적인 자료들을 통해 더욱 근접할 수 있는 출처를 재구성하는 데 있어서의 흑인 여성의 진정한 목소리의 중심적 역할을 강조한다. 이것은 아프리카계 미국인 공동체의 목소리, 행동, 견해, 경험, 믿음으로, 특히 흑인 여성의 삶으로 분명히 말해진 자국어 신학 유형을 구성하려고 고려하는 것이다.

흑인 여성들의 비범한 재능이 숨겨졌다는 것에 대한 몰두와, 이 재능을 회복하기 위해 일하는 정치적 필요의 한 전형적인 예는 소설가 알리스 워커와 여성주의 신학자 케이티 케논을 통해 아프리카계 미국인 작가 조라 니일 허스턴의 작품의 명예 회복이다.

워커가 허스턴이 죽어 조그마한 마을에 묻혀 있다고 알려진 무덤을 찾으려는 시도에 대한 생생한 설명은 모호하게 죽은 사람들이지만 이제는 흑인 여성주의의 교정에 대한 명확한 선구자들로 간주되는 사람들을 되찾아 재평가하고 이 계획을 위해 어떤 강력한 상징을 제공한다(Walker 1984).

케이티 케논은 조용한 은혜의 진리라고 일컬은 것에 근거하는 특유의 흑인 여성주의 윤리 체계를 명확히 말하기 위해, 도덕적 추론과 정치적 전략에 대한 허스턴의 비순응주의 접근에 의존한다(Cannon 1988:125).

지금은 미국에서 터전을 잡고 있는 쿠바 신학자 아다-마리아-이사시-디아즈(Ada-Maria Isasi-Diaz)는 여성의 경험을 이용할 수 있는 문제로 민족학적 접근을 받아들인다. 『교회 공동체』라는 풀뿌리 조직은 그가 히스패닉 미국 여성을 해석하는 것에 동등한 것이 있다. 다시 말하지만 이들 이야기들의 '고유어' 특징은 가장 놀라운 것으로 나타난다. 이런 놀라움에 이사시-디아즈는 인종차별과 성 차별에 직면해 있는 라틴 여성주의자들이 자존감과 도덕적 주체에 대해 또렷한 윤리를 세우기 위해 보편적 종교와 히스패닉 문화의 토착적인 자료들을 찾고 있다고 주장한다(Isasi-Diaz 1993).

신학적 전통을 수정하기 위해 특유하고 자전적인 것을 자료로 인정한다는 것은 라틴 여성주의, 여권주의, 흑인 여성주의의 전형적인 사상인데, 특히 이를 강조함으로써 다시 한 번 정치적이고 개인적인 것, 즉 이전에 불리지 않은 억압과 저항에 대한 증언들의 계시로서 이야기를 상당히 강조하는 사상이다.

물려받은 유산의 많은 것에 대해 정반대의 입장을 고수하지만 여권주의, 흑인 여성주의, 라틴 여성주의 신학자들이 주장하는 것처럼 전통 중 어떤 부분의 지속적 해방적 궤도를 주장하는 것은 많은 방식에서 불편하고 심지어 일관적이지 않은 입장이다. 주류 교회의 제도에 지속적으로 머무르는 사람들은 지배하는 또는 가부장적인 근거와 전복하거나 여권주의적인 근거 사이의 적정선을 밟아 간다.

어떤 점에서 이것은 '유용한 전통' 자체의 성격과 어떻게 이런 전통의 사용이 실제로 긍정적인 변화를 가져오는지에 대한 논쟁이다. 비평가들이 지적하듯, 사람은 '주석'(*exegesis*)보다 '자기 해석'(*eisegesis*)의 오류를 범할 것이고 자신의 선호에 따라 증거를 재구성할 위험성이 있다(Woodhead 1997).

여권주의자들은 전통을 객관적으로나 중립적으로 읽을 수 없으며, '유용한 전통'의 중심적 기준이 이들에게 현대 수정주의 해석학을 통해 과거의 본질들을 충실하게 유지할 수 있다고 주장함으로 반응할 것이다.

그렇지만 실제 변화를 상징과 언어의 힘을 통한 의식의 변화에 두는 여권주의 신학자들과(예를 들어, 맥퍼규의 하나님에 대한 새로운 모델 지지에서처럼), 실질적으로 정행(orthopraxy)의 형태인 것을 지지하는 신학자들 간에, 어떤 모순이 여전히 존재한다. 곧 기독교 교리와 실천들은 고유하고 본질적인 의미가 아닌 이것들이 실천적 목표를 추구하는 데 이용되는 한 해방적으로 여겨진다(Hogan 1995; Chopp 1995).

레베카 촙(Rebecca Chopp)은 이론(신학, 철학, 원전, 교리)과 실천(윤리, 정치, 공동체) 간 옛 (가부장적) 구별은 없어져야 한다고 주장하며, 신학을 기독교 순종과 변혁을 이끄는 궁극적 가치를 분명히 말하는 비판적 학문으로 이해하는 것을 지지한다(Chopp 1995).

물질적이고 사회적인 정의를 위한 여성의 투쟁은 여권주의 비판과 재구성을 위한 근본적 실재를 형성한다. 그러므로 여성을 위한 어떤 신학이 적절하다는 것은 불의에 대항하고 해방을 향해 여성이 투쟁하는 가치와 이상을 제공하는 정도에 따라 측정되어야 한다는 것이다. '진실한' 전통은 명제적 진리에 일치하는 것에 비추어 이해되는 것이 아니라 진실한 행동과 변혁을 고무하기 위해 원전, 교리, 실천의 힘으로 이해되어야 한다.

그러므로 '정경 속에 있는 정경'을 추구하는 것과, 권위적인 원천을 과거의 기원 속에 존재하는 규범과 동일시하는 것 대신 이 접근은 끊임없는 순환 속에서 전략적 전개에 이용될 수 있는 상징적 출처의 체계로 모든 '전통'을 간주하는 것이다.

이것은 기원을 소급할 필요를 덜어주고, 완전히 평등주의가 될 수 있었던 과거 시간이란 존재하지 않는다고 인정하지만 수용된 정경적 지혜의 요소들을 재목적화할 수 있게 한다. 또한, 그것은 전통의 개념에 필연적인 유동성을 회복하고, 미셸 푸코와 같이 주도권과 저항의 상호관계성과 편재성을 확인한다.

따라서 캐서린 테너에게 이 같은 임무는 '재편성'보다 고유한 가부장적 개념들, 문서들, 실천들을 완전히 해체하지 않는 것이다. 그리고 여기서 후기 구조주의 이론들의 영향도 명백하다. 왜냐하면, 의미들이 타협을 위해 이용될 수 있고 유동적으로 이해되기 때문이다.

그러므로 '유용한 전통'의 문제는 마치 활동적 구성과 저항의 전개를 위한 문화적 근거들처럼 정치적 논거와 실용성의 근거로 다시 나타난다.

여권주의 신학자들은 아래서 위로 일어나는 여권주의 담론을 강요하지 않는다. 이들은 가부장적 신학 담론을 다른 신학 담론의 형식으로 대체하려고 시도하지도 않는다. 이런 유형의 기획을 순수하게 유지시키기는 아주 어려울 것이다 (Tanner 1997:188).

그렇지만 이런 재편성과 '프락시스'의 공동체들이 실제로 어디에 있고 또 여권주의적 해방주의 기독교의 지배적인 초점을 어디에 두어야 하는지의 문제는 여전히 남아 있다. 이는 흑인 여성주의, 여권주의, 라틴 여성주의 신학자들이 가리키는 다원성과 이질성일 것이다.

여기서 지지층의 다양성은 말할 것도 없는데, 이 다양함은 데이빗 트레이시가 말한 기독교 신학의 '세 공중'을 통한 삼중적 충성 곧 정치적, 학문적, 교회적 맥락을 반영한다. 그렇지만 다른 많은 요인이 제2의 물결인 여권주의 자체의 미래의 방향과 일관성에 의문을 제기할 때, 초점이 다양한 것은 미래에 대해 날카로운 논쟁을 일으킨다는 점에서 장점이 아닐수도 있다.

5. 미래 전망

얼핏 보기에 여권주의 이론의 현 상태가 신학 공동체의 복잡한 문제를 드러낼 뿐 아니라, 여권주의 신학에서 현재 인식되고 있는 많은 약점도 노출하고 있다. 여성 경험이라는 범주의 결정적인 영향을 강조함에도 라틴 여성주의, 흑인 여성주의, 여권주의 신학들은 성별에 대한 비판적 이론들의 관점에서 다소 이론화할 수 없는 경향이 있다. 최근의 저서들이 여권주의 이론에 주목을 끌지 못하는 것에 대해 어떤 방식을 시도했음에도(Chopp and Daveney 1997; Jones 2000) 여전히 중요한 결점들이 있다.

이를테면, 여성 경험의 투명성에 대한 초기 확신은 무수히 많은 새로운 전개로 복잡하게 되었다.

첫째, 여권주의, 흑인 여성주의, '무헤리스타' 공동체들의 특이성과 다원성은 본래적으로 보편적 주체인 여성을 해방적 인식의 근거로 주장하는 어려움이 재차 확인되었다.

둘째, 후기 구조주의와 관련된 이른바 '주체의 죽음'은 정체성과 자기 결정권의 일관적 담론을 배제하고 비가시적 집단들을 오랫동안 약탈함으로 여권주의자들을 포함해, 무수히 많은 사람에게 자각되었다.

낸시 하트쇼크(Nancy Hartshock)가 쓴 것처럼, "침묵해 왔던 우리 중 많은 사람이 우리 자신들을 거명하는 권리를 요구하기 시작할 때 역사의 객체가 아니라 역사의 주체로 행동하기 위해 우리 자신의 이름이 불리길 바라는 권리를 요구하기 시작한다. 그런데 이때 정확히 주체성의 개념은 왜 문제가 되는가?"(Hartshock 1990:206).

셋째, '성'과 '성별'의 전통적인 모델은 새로운 접근들로 대체되었다. 성은 남성과 여성의 생물학적 토대를 뜻하고, 성별은 문화적으로 사회화를 통해 부여된 역할과 정체성을 형성해 왔다.

"동성애(Queer) 이론"(Jagose 1997)은 생물학적 성, 성별의 정체성, 성적 지향을 연결하는 균일한 관계를 깨고, 정체성과 선호성의 확대를 위해 성과 성별 체계들의 전통적 이형성에 이의를 제기한다(Gudorf 2001).

한편 루스 이리가레이(Luce Irigaray) 같은 신정신분석 여권주의 작가들은 새로운 여성의 주체성과 성의 근거로서 여성의 구체화된 차이를 널리 알림으로써, 성적 차이에 대한 최소주의 혹은 반(反)본질주의 접근들을 뒤흔든다(Irigaray 1985).

몇몇 여권주의 신학자는 후기 구조주의를 통해 알려진 것에 근거해 '저항과 음모의 복잡하고 헝클어진 혼합물'(Ronam 1998:3)로 여성의 경험을 고쳐 만듦으로써 그리고 언어와 주체성의 표상적이고 투명한 모델에 반론을 제기함으로 이런 도전에 반응해 왔다(Fulkerson 1994; Chopp 1998).

그렇지만 도나 진 하러웨이(Donna Jeanne Haraway)와 주디스 버틀러(Judith Butler) 같은 여권주의 학자들이 제안한 대리권, 주체성, 정체성의 과다한 복잡화를 가지고 있는 조건들을 받아들이지 못하는 여권주의 신학자는 없다. 이는 두 작가가 부분적으로 반(反)인간주의의 의견을 표현하기 때문이다.

곧 하러웨이는 미래 인간적(posthuman) 주체성을 모순적으로 요청한다는 점에서, 버틀러는 담론에 앞서 대리 행위에 대한 어떤 근본주의 개념 같은 것에도 회의적이라는 점에서 그렇다(Haraway 1991; Butler 1999).

제1세대 여권주의 신학자들이 더 넓은 여성들의 시민권, 노동 조합, 1960년대와 1970년대 평화운동을 통해 초기 운동을 이끌어 왔던 것처럼 여권주의의 미래는 더 넓은 정치적 발전을 통해 부분적으로 영향을 미치게 될 것이다.

후기 여권주의의 유행이나(여권주의는 목표가 달성되기도 하고, 동시에 여성의 필요와 희망을 근본적으로 잘못 판단했기 때문에 실패했지만, 너무 과도하다고 주장하고 싶어 하는 것처럼 보이는 혼란스러운 현상[Coward 1999]) 반동의 이야기(Oakley and Mitchell 1997) 그리고 심지어 '제3의 물결' 여권주의(Stainton Rogers and Rogers 2001)를 고려할 때, 이전 시대의 여성들에 대한 성취와 가정이 검열을 받아왔다는 것은 놀라운 일이 아니다.

불가피하게, 21세기가 시작되면서 두드러진 여성의 신학적 의견은 30년이나 40년 앞선 연장자들과 아주 다른 의미의 목소리를 낼 것이다. 그러나 바로 지금 제2의 물결 여권주의와 해방신학에 상당하는 것들을 이런 뒤따르는 세대들이 의지할 실천적인 맥락들로 밝히는 것은 어렵다.

결론

가장 선두적인 시대의 여권주의 신학자들은 세속적 여권주의 관점들을 신학의 남성중심주의를 드리내는 수단으로서 신학적 담론 속으로 수용하는 데 관심을 가졌다. 이런 점에서 여권주의 신학자들은 종교적 제도들과 신학적 체계를 정치적 억압의 문화적 원천으로 밝히면서 세속적 종교 비평가들과 제휴했다.

이는 정치신학 전반에 대한 이들의 가장 중요한 공헌 중 하나로 남는다. 물론 차이는 기독교가 이념적 사용에도 더욱 공평하고 해방하는 세력으로 개혁될 수 있고, 또 실제로 개혁되었다는 몇몇(다는 아니지만) 종교학자의 확신에서 찾을 수 있다. 정말 종교의 역사적 현실과 유토피아적 약속 간의 변증법은 모든 여권주의, 흑인 여성주의, 라틴 여성주의 신학의 스펙트럼을 걸쳐 가장 일관적이고 통일적인 주제다. 그런데 여권주의 신학자들이 많은 제2의 물결 (곧 앵글로 미국인) 여권주의의 초기 세속주의에 더욱 생동감 넘치도록 도전할 때가 되었는지 모른다. 종교와 신학 연구에 있어 여권주의 관점들은 여전히 학문적으로 주로 무시된다는 것은 지적인 고립의 척도일 수도 있다.

그러나 이런 시각은 미셸 렐위카(Michele Lelwica)가 주장한 것처럼, 세계적으로 수많은 여성의 경험을 깨닫지 못하고 정치적 투쟁을 위한 영성의 중요성을 가리는 것이다.

> 나는 종교와 여권주의를 치명적인 적으로 만드는 가정들과 반감을 말하면서 더욱 주도권을 가지는 것이 여성과 종교를 연구하는 우리 중 어떤 이들에게 매우 중요하다고 믿는다. 이 같은 양극화된 원동력은 종교적 의식과 여권주의 의식이 적어도 잠재적으로 공유하는 것, 곧 상처받은 세상에서 이해하고 행동하는 대안적 방식, 변혁하고자 투쟁하는 것으로서 현실을 넘어 초월하는 방식을 보기 어렵게 한다(LeLwica 1998:122-123).

여권주의적 해방주의 기독교의 중심에는 더욱 건전한 영성(정확한 문제는 '신학적')의 이름으로 종교를 재구성해야 한다는 강력한 주장이 있다. 하지만 여권주의 신학들은 다소 핵심적인 자료들, 원문 및 전통의 상징들에 초점을 맞추는 접근과 더욱 실제적이고 정치적 시도를 추구하는 접근 간의 다소 양분된 형태로 남아 있다.

정치신학에 여권주의가 개입한 의의는 아마도 두 가지가 더 필요하다는 것을 깨닫는 데 있을 것이다. 곧 "행동의 힘"과 함께 "밝힘의 힘"(Fiorenza 1996a)을 상기시키는 것이다. 이 주제는 개관 속에 강하게 나타났다. 그리고 이 주제는 종교적 전통 속에 있는 여성의 존재를 확증하고, 만연한 상징적이고 물질적인 것 내에서 여성들을 가시적이게 하고, 또 여성들을 역사 행위자로 여기는 것의 정치적(개인적이고 구조적인 단계들에서) 중요성과 관계있다.

하지만 이 주제는 또한 상징과 권력의 상직적인 것과 구체적인 것의 상관성에 대한 것이며, 교회와 사회 안에 새로운 이상과 구조들을 가져오기 위해 언어, 교리, 상징의 힘을 이용할 필요가 있다는 사실에 대한 것이다.

참고 문헌

Bons-Storm, R. (1997). "Putting the Little Ones into the Dialogue: a feminist practical theology." In D. Ackermann and R. Bons-Storm (eds.), *Liberating Faith: Feminist Practical Theologies in International Context*, 9–26. Kampen, Netherlands: Kok Pharos.

Briggs, S. (1997). "A History of Our Own: What Would a Feminist History of Theology Look Like?" In R. S. Chopp and S. G. Daveney (eds.), *Horizons in Feminist Theology: Identity, Tradition, and Norms*, 165–78. Minneapolis: Fortress.

Butler, J. (1999). *Gender Trouble: Feminism and the Subversion of Identity*, 2nd edn. London: Routledge.

Cannon, K. G. (1988). *Black Womanist Ethics*. Atlanta: Scholars.

_____.(1989). "Moral Wisdom in the Black Women's Literary Tradition." In C. P. Christ and J. Plaskow (eds.), *Weaving the Visions: New Patterns in Feminist Spirituality*, 281–92. San Francisco: Harper & Row.

_____.(1995). *Katie's Canon: Womanism and the Soul of the Black Community*. New York: Continuum.

Chopp, R. S. (1989). *The Power to Speak: Feminism, Language, God*. New York: Crossroad.

_____.(1995). "Feminist Queries and Metaphysical Musings." *Modern Theology* 11: 1, 47–63.

_____.(1996). "Theological Methodology." In L. M. Russell and S. Clarkson (eds.), *Dictionary of Feminist Theologies*, 180–2. Louisville, Ky.: Westminster/John Knox.

Chopp, R. S., and Daveney, S. G. (eds.) (1997). *Horizons in Feminist Theology: Identity, Tradition, and Norms*, Minneapolis: Fortress.

Christ, C. P., and Plaskow, J. (1979). "Introduction: WomanSpirit Rising." In C. P. Christ and J. Plaskow (eds.), *WomanSpirit Rising*, 17. San Francisco: Harper & Row.

Collins, P. H. (1991). *Black Feminist Thought*. London: Routledge.

Couture, P. D. (1991). *Blessed Are the Poor? Women's Poverty, Family Policy, and Practical Theology*. Nashville: Abingdon.

Coward, R. (1999). *Sacred Cows: Is Feminism Relevant to the New Millennium?* London: HarperCollins.

Daly, M. (1973). *Beyond God the Father*. Boston: Beacon.

Eagleson, J., and Torres, S., eds. (1976). *Theology in the Americas*. Maryknoll, NY: Orbis.

Fiorenza, E. S. (1983). *In Memory of Her: A Feminist Theological Reconstruction of Christian Origins*. London: SCM.

_____.(1994a). *Searching the Scriptures*, vol. I: *A Feminist Introduction*. London: SCM.

_____.(1994b). *Searching the Scriptures*, vol. II: *A Feminist Commentary*. London: SCM.

_____.(1996a). "Feminist Liberation Theology as Critical Sophialogy." In E. S. Fiorenza (ed.), *The Power of Naming*, xiii–xxxix. Maryknoll, NY: Orbis.

_____.(1996b). "Breaking the Silence – Becoming Visible." In E. S. Fiorenza (ed.), *The Power of Naming*, 161–74. New York: Orbis.

_____.(1996c). "Justified by All Her Children: Struggle, Memory and Vision." In E. S. Fiorenza (ed.), *The Power of Naming*, 339–58. New York: Orbis.

Fulkerson, M. M. (1994). *Changing the Subject: Women's Discourses and Feminist Theology*. Minneapolis: Fortress.

Graham, E. L. (1993). "The Sexual Politics of Pastoral Care." In E. L. Graham and M. Halsey (eds.), *Life-Cycles: Women and Pastoral Care*, 210–24. London: SPCK.
Grant, J. (1989). *White Women's Christ and Black Women's Jesus: Feminist Christology and Womanist Response*. Atlanta: Scholars.
Gudorf, C. E. (2001). "The Erosion of Sexual Dimorphism: Challenges to Religion and Religious Ethics." *Journal of the American Academy of Religion* 69: 4, 863–91.
Haraway, D. J. (1991). "A Cyborg Manifesto: Science, Technology, and Socialist-Feminism in the Late Twentieth Century." In *Simians, Cyborgs and Women: The Reinvention of Nature*, 149–82. London, Free Association Books.
Hartsock, N. (1990). "Rethinking Modernism: Minority vs. Majority Theories." *Cultural Critique* 6–7, 187–206.
Hogan, L. (1995). *From Women's Experience to Feminist Theology*. Sheffield: Sheffield Academic Press.
Irigaray, L. (1985). *This Sex Which Is Not One*. Trans. C. Porter and C. Burke, Ithaca, NY: Cornell University Press. (First publ. 1978.)
Isasi-Diaz, A. M. (1993). *En la Lucha/In the Struggle: Elaborating a Mujerista Theology*. Minneapolis: Fortress.
Jagose, A. (1997). *Queer Theory: An Introduction*. New York: New York University Press.
Jantzen, G. M. (1995). *Power, Gender and Christian Mysticism*. Cambridge: Cambridge University Press.
Jones, S. (2000). *Feminist Theory and Christian Theology: Cartographies of Grace*. Minneapolis: Fortress.
Kanyoro, M. R. A. (1996). "Naming." In L. M. Russell and S. Clarkson (eds.), *Dictionary of Feminist Theologies* 191. Louisville, Ky.: Westminster/John Knox.
King, U., ed. (1995). *Religion and Gender*. Oxford: Blackwell.
Lelwica, M. (1998). "From Superstition to Enlightenment in the Race for Pure Consciousness: Anti-religious Currents in Popular and Academic Feminist Discourse." *Journal of Feminist Studies in Religion* 14: 2, 108–23.
McFague, S. (1982). *Metaphorical Theology: Models of God in Religious Language*. London: SCM.
_____.(1987). *Models of God: Theology for an Ecological, Nuclear Age*. London: SCM.
Mack, P. (1992). *Visionary Women: Ecstatic Prophecy in Seventeenth-Century England*. Berkeley: University of California Press.
Miller, L., and Grenz, S. J. (1998). *Fortress Introduction to Contemporary Theologies*. Minneapolis: Fortress.
Miller-McLemore, B. J. (2000). "How Sexuality and Relationships have Revolutionized Pastoral Theology." In S. Pattison and J. W. Woodward (eds.), *Blackwell Reader in Pastoral and Practical Theology*, 233–47. Oxford: Blackwell.
Oakley, A., and Mitchell, J., eds. (1997). *Who's Afraid of Feminism? Seeing Through the Backlash*. London: Penguin.
Ortega, O. (1995). *Women's Visions: Theological Reflection, Celebration, Action*. Geneva: World Council of Churches.
Plaskow, J. (1980). *Standing Again at Sinai*. San Francisco: Harper & Row.
_____.(1983). "The Right Question is Theological." In S. Heschel (ed.), *On Being a Jewish Feminist*, 223–33. New York: Schocken.

Ronan, Marian (1998). "Reclaiming Women's Experience: A Reading of Selected Christian Feminist Theologies." *Cross Currents* 48: 2, 1–15.

Ruether, R. R. (1983). *Sexism and God-Talk*. London: SCM.

_____.(1985). *Women-church: Theology and Practice of Feminist Liturgical Communities*. New York: Harper & Row.

_____.(1998). *Women and Redemption: A Theological History*. London: SCM.

Saiving, V. (1979). "The Human Situation: A Feminine View." In C. P. Christ and J. Plaskow (eds.), *WomanSpirit Rising*, 25–42. San Francisco: Harper & Row. (First publ. 1960.)

Sölle, D. (1990). *Thinking About God: An Introduction to Theology*. London: SCM.

_____.(1996). "Paternalistic Religion." In E. S. Fiorenza (ed.), *The Power of Naming*, 150–60. New York: Orbis.

_____.(2001). *The Silent Cry: Mysticism and Resistance*. Minneapolis: Fortress.

Stainton Rogers, W., and Rogers, R. (2001). *The Psychology of Gender and Sexuality*. Milton Keynes: Open University Press.

Tanner, K. (1997). "Social Theory Concerning the 'New Social Movements' and the Practice of Feminist Theology." In R. S. Chopp and S. G. Daveney (eds.), *Horizons in Feminist Theology: Identity, Tradition, and Norms*, 179–97. Minneapolis: Fortress.

Tong, R. (1998). *Feminist Thought: A Comprehensive Introduction*, 2nd edn. Brighton: Harvester Wheatsheaf.

Townes, E. M., ed. (1993). *A Troubling in my Soul: Womanist Perspectives on Evil and Suffering*. Maryknoll, NY: Orbis.

Walker, A. (1984). "Looking for Zora." In *In Search of Our Mothers' Gardens*, 93–116. London: Women's Press.

Williams, D. S. (1993). *Sisters in the Wilderness: The Challenge of Womanist God-Talk*. Maryknoll, NY: Orbis.

Woodhead, L. (1997). "Spiritualising the Sacred: A Critique of Feminist Theology." *Modern Theology* 13: 2, 191–212.

제16장

위르겐 몰트만

니콜라스 애덤스(Nicholas Adams)

몰트만의 정치신학은 희망의 신학이자 십자가 신학이며, 성령론, 교회론, 창조 교리, 삼위일체 교리 그리고 종말론의 신학이다. 다시 말해, 정치신학은 분리된 신학이 아니라 모든 것을 관통하는 영역이자 언어다. 그러므로 정치신학은 오로지는 아니지만 독일 철학과 독일 정치학을 배경으로 가장 잘 해석되는 곧 인식할 수 있을 정도로 독일의 정치신학이다.

몰트만의 정치신학에서 하나의 큰 주제는 이상적인 것과 현실적인 것의 관계다. 기억과 희망의 관계에 대한 몰트만의 해석 중심에는 20세기 중반 역사에 적절하게 대처하지 못한 독일 정치 제도의 실패의 배경이 있다.

이 글은 몰트만의 정치신학을 세 방향, 곧 종말론, 기독론, 교회론의 배경에서 검토할 것이다. 그러나 이러한 방향들은 분리되지 않는다. 왜냐하면, 몰트만에게 이 세 가지(그리고 교리의 모든 다른 영역)는 상호 간 서로 정보를 주고 전개되고 있기 때문이다.

요한 밥티스트 메츠(Johann Baptist Metz)에게 영향을 받은 몰트만은 정치신학을, 교회가 종종, 부자나 백인, 혹은 남성(아니면 유럽에 있는 것처럼 백인이면서 부자고, 또 남성인 이 세 가지를 다 가진)에게 특권을 주어 근본적 비판과 치유가 필요한 사회 형태들과 결탁했다는 것을 인식할 때 일어나는 반성으로 이해한다. 몰트만은 이런 반성의 유형이 그의 조직 신학에 스며들게 하는 것을 시도한다.

이 장은 더욱 중요한 사상의 맥락을 추적할 것이다. 특히, 정치신학과 관련된 몰트만의 저서는 세 가지 주요 영역으로 나눌 수 있다.

첫째, 정치에 대해 명시적으로 언급된 저술들로서 『종교, 혁명 그리고 미래』(*Religion, Revolution and the Future*, 1969), 『희망과 기획』(*Hope and Planning*, 1971), 『인간의 존엄성에 관하여: 정치신학과 윤리』(*On Human Dignity: Political Theology and Ethics*, 1984) 그리고 『정의로운 미래 창조: 평화의 정치와 위협받는 세계에서의 창조의 윤리학』(*Creating a Just Future: The Politics of Peace and the Etthics of Creation in a Threatened World*, 1989)이다.

둘째, 그의 초기 3부작인 『희망의 신학』(*Theologie der Hoffnung*, 1965), 『십자가에 달리신 하나님』(*Juergen Moltmann Werke*, 1974) 그리고 『성령의 능력 안에 있는 교회』(*The Church in the Power of the Spirit*, 1975)다.

셋째, 확대한 조직 신학인데, 『삼위일체와 하나님 나라』(*Trinity and the Kingdom of God*, 1981), 『창조 안에 계신 하나님』(*God in Creation*, 1985), 『예수 그리스도의 길』(*The way of Jesus Christ*, 1989), 『생명의 성령: 보편적 확증』(*The Spirit of Life: A Universal Affirmation*, 1992), 『오시는 하나님: 기독교 종말론』(*The Coming of God: Christian Eschatology*, 1995), 『신학의 경험들』(*Experiences in Theology*, 2000)이다.

이번 장은 두 번째 영역으로서 주요 주제들이 분명한 개요 속에 드러나는 3부작에 초점을 맞출 것이다. 이런 저술들은 몰트만의 신학과 정치적 민감성이 어떻게 밀접한 관계를 갖고 발전했는지 보여 준다. 나는 몰트만의 신학이 어떻게 정치적이고, 신학적인지 언급할 것이다. 다른 문헌들에 대해 논하는 것도 이 문헌들의 주장이 초기 3부작의 주장들을 반박하거나 중요하게 발전시키는 경우 소개할 것이다.

이 접근의 부족한 부분은 몰트만의 마르크스주의와 다른 정치적 운동들과의 연계에는 주목하지 않는다는 것이다. 몰트만의 '바울의 공동체'(그리스도인과 마르크스주의자와의 만남과 토론의 장)와의 연대는 물론 이 매혹적인 부분을 탐구하기를 바라는 사람들은 정치적 저술들을 더 세심하게 살펴보아야 한다.

1. 종말론

유대인 무신론 철학자 에른스트 블로흐(Ernst Bloch)의 저술에 깊이 영향을 받은 몰트만의 종말론은 현재와 미래의 관계를 신학적으로 기술하려고 했다. 구체적으로 말해 몰트만은 미래의 힘이 성령을 통해 어떻게 그리스도인들에게 주어진 상상의 힘을 조명하고 가능하게 만드는지 보여 주려 한다.

몰트만의 『희망의 신학』(1965) 속에 흐르고 있는 중심 메시지는 종말론이 단순히 교의학의 부록에 머무르지 않고 신학적 사고 자체의 매개체라는 것이다(Moltamnn 1967:41).[1]

이 저서의 보조적 논제는 이스라엘 이야기와 그리스철학이라는 두 원천에서 받은 기독교 사상의 이중적인 유산이 기독교 종말론 안에서 그리스철학으로 기울어졌기 때문에 수정이 필요하다는 것이다.

> 몰트만은 존재의 영원한 현재의 현현을 의미하는 그리스어 '로고스'(logos)가 이스라엘의 언어, 희망 그리고 경험 속에 각인시킨 약속을 희미하게 만들었다고 믿는다(Moltamnn 1967:40-41).

몰트만의 종말론적 목표는 예수 그리스도의 삶과 죽음, 부활을 통해 세상에 알려진 하나님의 미래를 예견한다는 의미에 관한 부단한 묵상을 통해 이스라엘의 약속에 대한 인식을 회복하는 것이다. 하지만 종말론이 부딪치는 문제들은 현재의 경험과 미래의 약속 사이에 있는 어떤 적합성의 결여에서부터 일어난다. 고난, 악, 죽음에 대한 우리의 현재적 경험은 정의와 평화 속에 있는 온갖 것의 새로운 창조에 대한 약속과 날카롭게 대립한다(Moltamnn 1967:19, 23).

현재의 경험과 미래의 약속 중 어느 것이 더 실제적인가?

몰트만은 이 질문이 실재가 무엇인지, 또 어떻게 그리스도인이 실재를 묘사해야 하는지에 대한 모호한 가정들에 의존하므로 오도한다는 것을 보여 주려고 한다. 확실히 현재는 어두우며, 그리스도인들은 이런 지식을 부정하거나 억압하지 말아야 한다. 오히려 이들은 이 지식에 덧붙여야 한다.

---

[1] 모든 강조는 몰트만 자신의 것이다. 나는 자유롭게 독일어에서의 번역들을 변경해, 일반명사들을 포괄적인 언어로 옮겼다. 그러나 본문에서 이를 표시하지는 않았다.

그리스도인들은 예수 그리스도에 대한 자신들의 지식을 덧붙여야 한다. 그래서 '이들이 사실상 부서진 곳에서 경험하고 있는 고난, 죄, 죽음의 막힌 담'에 그리스도의 죽음과 부활을 통해 맞서야 한다(Moltamnn 1967:19). 다른 미래의 어떤 개념은 이러한 지식 없이는 삶의 진정한 어려움에 처한 사람들에게 올바른 대처 방안을 제시하지 못할 것이다.

그리스도인의 상상력은 그리스도의 부활에 대한 기억 속에 뿌리내려 있으므로 짝을 이루는 억측과 절망의 위험들이 없다. 예를 들어, 토끼와 거북이의 동화에서 토끼 같이 미리 축배를 들게 해서 우리 행동의 나약함과 인간 실패의 실제적인 가능성을 이해하지 못한다는 것이다.

절망이란 의무가 불가능한 것처럼 보이기 때문에 포기하는 것을 뜻하며, 따라서 불가능한 것과 어려운 것의 차이를 이해하지 못하는 것을 의미한다. 하나님의 미래로 나아가는 길은 어렵지만 불가능한 일은 아니다. 또한, 그 길이 예수 그리스도의 길이기 때문에 그 어려움은 우리가 홀로 견디는 어려움이 아니다. 우리는 그 길의 일부분이고 현재에 하나님의 미래의 힘을 깨우칠 수 있다.

몰트만은 이 모든 것을 한 단어로 '희망'이라고 말한다. 몰트만은 그렇게 희망함으로써 아우구스티누스와 아퀴나스에게까지 뻗어 있는 조셉 파이퍼에게서 물려받은 전통과 주기도문에 대한 이들의 해석들을 결합시킨다. 곧 하나님 나라가 임한다는 것이다.

그리고 종말론은 현재를 변혁시키는 힘을 지각시키기 때문에 동시에 정치신학인 것이다

> 그리스도의 부활은 절망으로 가득하고 죽을 수밖에 없는 운명인 삶에 대한 위로일 뿐 아니라, 고난과 죽음, 굴욕과 모욕, 악의 사악성에 대한 하나님의 반대이기도 하다. 믿음은 믿음이 희망으로 발전하는 곳마다 안식이 아니라 불안을, 인내가 아니라 초조함을 일으킨다. 믿음이 불안한 마음을 진정시키는 것이 아니라 신앙 자체가 인간 속에 있는 불안한 마음이다. 그리스도에게 희망을 둔 사람은 주어진 현실을 그대로 받아들이지 않고, 현실에서 고난을 당하며 현실에 대항하기 시작한다. 하나님과의 평화는 세상과의 갈등을 의미한다(Moltamnn 1967:21).

몰트만은 여기서 자신에게 만만찮은 과제를 부과한다. 그는 신학적 덕목(믿음, 소망, 사랑), 특히 소망에 관한 기독교 전통을 20세기 독일 철학의 주요 주제,

곧 '기대감'과 융합하고 싶어 한다. 이는 다른 사상가들에게는 다른 것들을 뜻한다. 하이데거를 따르는 가다머의 철학에 기대는 한 본문의 의미를 결정하려 할 때 독자가 수행하는 행위다.

독자는 심지어 본문 읽기를 끝내기 전에 본문 전체의 의미가 무엇인지 기대하고, 이런 기대감에 비추어 읽고 있는 특정 구절을 해석한다. 이런 기대감이 읽은 내용을 통해 도전받고 바뀌는 반응 과정이 존재하며, 읽은 내용은 이렇게 형성된 새로운 기대감을 따라 해석된다.

몰트만은 이런 원리에서 기독교 내러티브의 종말론적 지평에 대해 다음과 같은 사실을 배운다.

> 닫힌 체계가 아니라 누구나 토론할 수 있는 물음과 기대를 포함하고 있고, 따라서 새로운 것과 알려지지 않은 것을 향해 열려 있다(Moltamnn 1967:191).

셸링을 따르는 에른스트 블로흐의 철학에서의 기대감은 역사의 궤도를 분간하고, 가능한 것에 대한 인식을 가지며, 이런 인식을 통해 자신의 상상력과 실천을 변혁하는 정치적 공상가의 행위다.

몰트만은 이것에서 다음과 같은 사실을 배운다고 말한다.

> 희망은 현실 자체가 역사적 흐름 속에 있고 역사적 실재가 열린 가능성의 여지를 가질 때에만 의미 있는 현존의 기회를 얻는다. 기독교의 희망은 이런 희망이 소망하는 그분을 통해 세계가 변화될 수 있을 때만 의미가 있다(Moltamnn 1967:92).[2]

하지만 이런 철학 중 어느 것도 기독교 해석에 충분하지 않다. 왜냐하면, 온전함에 대한 가다머의 기대감은 독자의 행위를 수정할 수 있는 산물이고, 또 실질적으로 가능한 것들에 대한 블로흐의 기대감은 자연의 타고난 경향의 산물이기 때문이다. 이와는 대조적으로 종말론에서 온전함에 대한 기독교적 기대는 하나님에 의해 주어진 일종의 약속이다.

---

2   또한, 몰트만의 블로흐(『종교, 혁명, 미래』[1969:148ff], "Hope and Confidence")에 대한 글들 및 God in Creation(1985:42-5)에서 블로흐에 대해 간략히 논한 것 참조

따라서 인간 행위의 산물도 우리를 통해 수정될 수 있는 것도 아니다. 그리고 역사의 가능성은 자연에 속한 것이 아니라 하나님이 주시는 것이다. 따라서 몰트만은 일반적으로 해석학(가다머)보다는 성경에, 자연신학(블로흐)보다는 기독론에 호소함으로써, 이런 독일 철학의 지류를 수정할 필요가 있었다.

수정한 결과, 기독교 종말론은 하나님에 의해 주어지고, 예수 그리스도 안에 있는 하나님을 통해 알려진 가능성의 지평에 대한 인간의 기대감으로 이해하게 되었다. 『희망의 신학』의 주된 요지는 그리스도인들이 실재에 대해 말할 때 실제로 일어난 일이나 일어나고 있는 일에 오로지 아니면 주되게라도 관심을 갖지 않는다는 것이다.

이들은 또한 미래, 곧 하나님의 창조적 미래에 대한 기대가 현실의 일부분이고 영향을 끼치며 그리고 근본적으로 현실을 변혁시킨다는 것을 이해해야 한다.

종말론은 '영원한 현재', 혹은 '영원의 침입'에 관심을 갖는 것이 아니다. 종말론은 현재를 변화시키는 약속된 미래에 관심을 갖는다. 다르게 말해 상상이 현실이 되는 것이다. 몰트만에게 정치는 현실의 예술만큼이나 상상의 예술이다.

몰트만은 종말론을 영원성과 동일시하는 어떤 독일신학(예를 들어, 바르트, 알트하우스, 불트만)에 나타난 경향을 수정하기 위해 유대철학(블로흐, 로렌츠바이크, 숄렘, 벤야민)을 해석하는 『오시는 하나님』(*The Coming of God*, 1995)에서 이 문제를 다시 논한다.

『희망의 신학』이 최근 독일 철학의 주제에 내린 기독교의 실험적 재고인 반면, 『오시는 하나님』에서 다룬 주제들(죽음, 하나님 나라, 새로운 창조)은 교의신학의 직접적 요구들로 드러난 주제들이다. 『희망의 신학』과 『오시는 하나님』의 근본적 차이는 전자가 종말론의 단 하나의 관점에서 신학 전체를 다루려 한 반면, 후자는 상호 관련된 교리들의 더 넓은 관계의 부분으로서 종말론을 재해석하려 한 것에 있다.

2. 기독론

> 종교개혁 시대에 십자가 신학은 교회에 대한 비판으로 해석되었다. 어떻게 십자가 신학이 사회에 대한 비판으로 실현될 수 있을까?(Moltmann 1974:317)

몰트만은 『희망의 신학』에서 "종말론은 모든 유한한 인간 행위를 의문스럽게 한다"라고 주장한 것처럼, 그의 두 번째 주저 『십자가에 달리신 하나님』(2nd edn. 1973)에서 십자가가 인간의 확실성에 영속적인 반대로서 서 있다고 주장한다.

> 십자가는 사람들에게 이들이 우상화하고 절대화한 부분적인 역사의 현실과 운동들을 비판하고 거기서 물러서게 할 수 있다(Moltmann 1974:17).

종말론에 대한 대체로, 철학적인 구조 틀에서부터 십자가에 달리신 그리스도에 대한 더 힘든 묵상에 이르는 강조의 변화가 중요하다. 『희망의 신학』의 철학적이고 신학적인 주장들은 하나님의 '약속'에 대한 성경적 증언을 통해 변화된 만물을 잠재적인 것이나 현실적인 것으로 진술하는 아리스토텔레스의 전통과 다시 연관함으로써, 실재에 관한 개념을 정교하게 다시 생각하게 한다.

독일 철학은 몰트만이 어떤 가능성에 대한 인간의 상상력은 사람들이 '실재'라고 생각하는 것에 강한 영향력을 갖는다는 사실을 이해하도록 돕는다. 미래를 상상한다는 것은 근본적 방식으로 현재의 삶에 영향을 미치는 것이다. 이것은 하이데거, 블로흐, 뢰비트, 가다머를 포함해 20세기 독일 사상에 흐르는 중심적 주제 중 하나다.

몰트만은 신학을 위해 '미래' 대신 '하나님의 미래' 및 성경과의 연관성에 대해 말함으로써 이 철학을 수용한다. 또한 이는 엄청난 설명하는 힘이 있으며, 어떻게 상상이 현실에서 분리되지 않고 사람들이 세상을 이해하는 방식과 세상 안에서 행동하는 방식의 핵심에 있는지 보여 줄 수 있다. 동시에 이는 너무 많은 것을 설명한다.

비록 고난이 비극의 결과라 해도 이런 비극은 인간을 위한 하나님의 약속들에 비추어 해석되고 부정될 수 있다는 인식을 통해 미리 완화될 수 있다. 몰트만이 말하고 있듯이, 종말론은 "고난, 악, 죽음에 대한 우리의 현재 경험과 모순되는 희망의 진술들을 명확하게 만들어야 한다"(Moltmann 1974:19).

하나님의 약속은 고난을 포함하는 것처럼 보이지 않는다. 몰트만은 이것에 대해 자신의 생각을 바꾸었다. 십자가에 달리신 그리스도의 모습은 종말론에 의해 없어질 수 없다. 십자가에 달리신 그리스도는 고난을 부정하지 않고 구체화한다. 이처럼 십자가 신학은 '기대'와 같은 철학적 개념들 바로 그 자체에 의미를 부여하지 않지만, 모든 개념에 대해 매우 저항적이다. 십자가 형벌은 생각할 수 없다.

고난은 개념이 아니다. 여기서 철학적 추론은 단지 의문의 여지가 있는 것이 아니다. 만일 철학적 추론이 적절하게 행해진다면, 그것은 막히거나, 또는 그렇게 되어야 할 것이다. 그리스도의 십자가 형벌은 역사의 어떤 훌륭한 해석으로도 동화될 수 없고, 십자가 형벌이 의미하는 것에 대해 쉽게 이야기할 수 있는 것 또한 없다.

이는 몰트만이 그리스도인들의 정치적 책임을 다루는 방식을 변화시킨다. 이 방식은 더 이상 고난과 고통을 영속화하는 삶의 형태에 맞서 문제를 제기하는 종말론을 허용하는 문제가 아니다.

거기에는 더 깊은 물음이 있다.

> 낙관주의적 사회 속에서 냉정하고도 공공연하게 십자가에 달리신 하나님을 회상한다는 것은 무엇을 의미하는가?(Moltmann 1974:4)

이런 하나님 상기는 철학적 사고를 포기하고 금언으로 퇴각하는 것을 의미하지 않는다. 오히려 이는 속박당하기 쉬운 철학적 언어를 찾는다는 것을 의미한다. 몰트만은 블로흐를 포기하지 않지만, 독일 철학의 어려운 다른 요소로 그를 교정한다. 어둡고 때로는 우울한 철학은 프란츠 로렌츠바이크, 발트 벤야민, 데오도르 아도르노, 막스 호르크하이머와 같은 유대인 철학자들 속에서 발견되었다.[3]

이런 인물들은 모든 것이 이미 철학에서 화해한 것처럼 보이는 헤겔의 사상과 씨름한다. 매우 다른 방식으로 유대인 철학자들은 화해하는 것이 철학의 임무가 아니라, 고난의 세계에서 사고의 어려움을 분명히 말하고 법규화하는 것이 임무라고 주장한다.

그런데 다시 말하자면 몰트만에게는 어려움들이 있다. 이런 철학들은 주로 무신론적이면서, 성경에 대한 묵상에서 시작하지 않고 자주 미학적 비판에서

---

[3] 『십자가에 달리신 하나님』과 『오시는 하나님』에 나오는 이름 색인은 연관된 본문들을 보여 준다.

나온다. 더 우울한 저술, 특히 아도르노의 것과 같은 저술에서 이런 추론들은 기존 철학적 접근들을 아포리아(aporias)를 보여 주는 것 이상으로 나아가지 않는다. 선한 삶을 분명히 말할 수 있게 하는 가장 가까운 접근은 상처받은 삶이 상처가 되고 원칙적으로 상처받지 않은 삶이 존재한다는 것을 아는 것이다.

어떻게 몰트만이, 철학이 그의 신학적 작업에 대해 어떤 강제함 없게 하면서 철학을 이용해 내는가?

일반적으로 몰트만은 다소 임시변통 방식으로 이 같은 철학에서 배운다. 즉 몰트만은 자신의 블로흐와 '기대' 사용과 마찬가지로 '부정'에 함축된 형이상학에 대한 지나친 염려 없이 아도르노의 '부정의 변증법'과 함께 작업하는 경향이 있다(Moltmann 1974:171).

이것이 어렵게 한다. 일련의 추론은 마지막 순간에 포기된다. 왜냐하면, 그 연쇄들이 몰트만이 가야 한다고 생각하는 곳으로 가지 않았기 때문이다. 이 사고로 암시되었던 구체적 것들이 또는 오히려 그 암시들의 완전한 결여가 무시되었고, 때로는 세상에 대해 아주 양립할 수 없는 그림들이 대단히 가시적인 이 음새와 결합했다.

그런데도 이 같은 철학은 몰트만에게, 그리스도의 고난에 대한 묵상이 고난을 무시하거나 부인하려는 인간 시도의 특징인 단정하고 깔끔한 사고를 망치는 방식들을 위한 효과적인 언어를 제공한다.

몰트만의 정치신학은 부분적으로, 부정의(negativity) 철학적 실천과 그리스도의 십자가 형벌의 중요성을 분명히 말하려는 시도 간의 상호 작용에서 일어난다. 그는 신학이 권력과 국가의 정치를 지지하고, 또 부자와 권력자의 관심에 도움을 주기 위해 이용되어 온 기독교 역사의 기간에 대해 의문을 제기한다. 이를 수행한 신학들만큼 아주 단정하고 깔끔한 것은 전혀 없다.

게다가 메츠의 저술에서 배우고 있던 몰트만은 신학과 독일이나 다른 어떤 곳에서든 중산 계급의 관심들 사이에 있는 어떤 동일성을 거부한다. 이는 권력이나 권세 간의 결탁의 노골적인 남용들을 단지 의미하지는 않는다. 그것은 사회 통합에 유용한 공헌자로서의 정치인들을 통해 보던 종교의 성향을 확대하는 것이다.

그리스도인들은 애국주의적 축제에 기여하라는 지속적 억압 아래 있고, 사회주의의 '범신론적 유물론'과 '금과 소유물을 포함하는 물신 숭배'의 자본주의 사이에 갇혀 있는 자신들을 발견한다(Moltmann 1974:323).

몰트만은 십자가 신학이, 그리스도인들이 역사 속에서 로마 제국이나 이를 계승하는 국가들의 무비판적인 종이 되지 않게 한다고 주장한다.

> 기독교는 국가 종교로 형성되지 않았기 때문에 국가 종교일 수 없다. 기독교는 시민의 마음을 국가에 묶어 두지 않고 오히려 국가에서 분리한다(Moltmann 1974:324).

이는 쉬운 문제가 아니다. 이는 정치신학에 대한 하나의 딜레마를 만들어 내기 때문이다. 교회들은 중산 계급 종교(bourgeois religion)의 한 부분이 되면 될수록, 그리스도에 대한 정치적 재판에 대한 회상을 더 강하게 억눌러야 하고 기독 교회로서의 정체성을 더욱 상실하게 된다. 왜냐하면, 그리스도의 정치적 소송에 대한 회상은 교회들의 종교-정치적 적합성을 위태롭게 하기 때문이다.

그러나 만일 교회가 중산 계급 종교라는 사회적 자리에서 물러날 때, 사회의 변두리의 부적합한 소종파가 되고 그 자리를 다른 종교들에게 양도하게 될 것이다(Moltmann 1974:324).

'적절성'을 추구하는 사람들은 자신들의 기독교의 차이성과 명료성을 포기하는 위험을 무릅쓴다. 아주 강한 기독교 '정체성'을 추구하는 사람들은 이들이 봉사해야 하는 사회의 이러한 희생자들에 대해 이해하지 못하고 무관한 자가 될 위험이 있다.

몰트만은 교회를 비판했던 루터에게 배웠던 십자가신학을 위해 이 같은 대립을 거절하지만 자신의 현대 상황을 위해서는 수용하다. 종교로서의 기독교 정체성은 이미 십자가에 달리신 그리스도와의 연관성 때문에 안전한 항구로서는 이미 파멸되었다. 사회를 위한 기독교의 적절성은 중산층 계급의 이해관계에 동화한 결과가 아니라 가난한 사람, 소외된 사람 그리고 불의로 희생당한 사람을 위한 사회의 비판과 모든 우상에 대한 반대에 동화된 결과다(Moltmann 1974:325).

그리스도의 평화(Pax Christi)는 결코 로마의 평화(Pax Romana)와 동일하지 않고, 확실히 하나님의 권세는 높은 지위에 있는 사람들에 의해 직접 나타나지 않는다. 인간 제도들과 역사는 그리스도의 섬김, 곧 십자가 위에서 죽기까지 확대되는 섬김을 구체화할 때만 하나님의 임재를 감지한다(Moltmann 1974:327).

기독교 신학에 대한 결론은 사회와 교회 내 정치적 종교에 대한 비판적인 자세를 수용해야 한다는 것이다. 정치적 십자가신학은 국가를 정치적 우상 숭배에서 그리고 인간을 정치적 소외와 권리 박탈에서 해방시켜야 한다(Moltmann 1974:327).

이것은 사춘기의 저항적 태도를 의미하지 않는다. 이것은 기독교가 관계하는 모든 제도에 대해 다시 생각한다는 것을 의미한다. 기독교가 확장하는 곳마다 국가의 개념이 변한다(Moltmann 1974:328).

이는 역사적 사실 진술이 아니다. 오히려 이는 판단 기준이다. 만일 한 국가가 기독교 국가가 되고서 국가의 사상이 변하지 않는다면, 이것은 기독교 자체가 변했고 또 지배 계급의 관심에 스스로 동화했다는 징표다. 십자가에 달리신 하나님은 국가도 계급도 없는 하나님이시다. 하지만 이것 때문에 하나님이 비정치적 하나님이라는 말은 아니다. 하나님은 가난한 자, 억압받는 자, 멸시받는 자의 하나님이시다(Moltmann 1974:329).

실제로 이것은 무엇을 의미하는가?

성경 해석은 하나님은 "가난한 자와 착취당하는 자의 하나님이시다"라는 일반론으로 만족할 수 없다고 몰트만은 이해한다. 그리스도인들은 구체적 판단을 내려야 한다.

몰트만은 1970년 초 쓴 글에서 고려해야 할 것과 행동해야 할 것을 위해 빈곤, 제도권의 폭력, 인종 차별, 환경 그리고 사람들의 심해지는 무의미한 삶과 같은 다섯 가지를 제안한다.

첫째, 경제에 있어서 그리스도인들은 경제적 착취의 문제와 싸워야 하고, 사회 정의를 고무시켜야 하며 그리고 사회 구성원들이 이들이 생산하는 노동 생산물의 만족할 만하고 정당한 몫을 받아야 한다고 주장해야 한다. 사회주의가 이런 목적들을 실행하는 한, 그리스도인들은 사회주의자가 될 필요가 있다(Moltmann 1974:332).

둘째, 정치에 있어서 그리스도인들은 특정 계급과 집단의 주도권에 저항해야 하고, 정의의 기준으로서 인권의 보편적 선언을 수용할 것을 주장해야 하며, 정치적 억압의 희생자들인 모든 사람의 해방을 추구해야 한다. 민주주의가 이런 목표에 기여하는 한 그리스도인들은 민주주의자가 되어야 한다(Moltmann 1974: 333).

셋째, 문화적 삶에 있어서 인종 차이를 그리스도인이 유익함과 생산적 협력의 근원으로 간주해야 한다. 인종적, 문화적, 개인적 차이를 인정하는 것과 자신의 정체성을 인정하는 것은 서로 결합되어 있다. 해방을 위한 운동들이 이런 목적으로 섬기는 한 그리스도인들은 이 운동들에 참여해야 한다(Moltmann 1974:333-4).

넷째, 환경적 삶에서는 그리스도인들이 자연의 부당한 착취에 저항해야 하고, 자연과의 동반자임을 고취해야 하며 그리고 자연을 정복하기보다는 자연과 화목해야 한다(Moltmann 1974:334).

다섯째, 사회화와 관련해 그리스도인들은 경제적, 정치적, 문화적, 환경적 정의를 가진 것으로 충분하지 않다는 것을 인식할 필요가 있다. 이런 것들이 없다면 사람들이 속박당하게 되겠지만, 이런 정의들 자체로는 의미가 없다.

그리스도인들은 이런 정의들을 하나님의 충만함에 있는 일부분을 취하는 것으로 이해해야 한다.

> 하나님 자녀들의 자유와, 노예화된 자연의 해방(롬 8:19 이하)은 하나님이 만물 안에 충만하게 거하시게 될 때 완성된다(Moltmann 1974:335).

그리스도인들은 하나님을 믿는 믿음의 선물을 가지고 있는데, 이 선물은 자신들이 살고 일하는 사회에 주기 위한 것이다. 이 믿음이 정말 필요한 다른 정치적 행동들을 이해하고 행동들의 동기가 된다.

몰트만이 제시하는 특유의 정치적 제안들은 무엇보다도 그가 빠뜨린 것들이 있다는 점에서 구식이라고 할 수 있다. 그의 제안들은 성차별에 대해(그의 저술에 나오는 인용들이 포괄적 언어의 현재 실천들을 반영하는 이 논문에서 수정되었다), 장애인들에 대해[4], 노인에 대해, 국제적 기업이 범한 오용들에 대한 것 등이다. 제안된 것들은 실천되어야 한다. 만약 구체적 의견이 시대에 뒤떨어질 수 있다는 위험을 무릅쓰지 않는다면, 정치신학은 아마도 매우 빠르게 일반성 속에 빠져 있게 될 것이다.

몰트만 특유의 선택들은 시대착오적인 것 없이 명백히 논쟁에 개방되어 있다. 더욱 놀라운 것은 그의 구체적 판단들의 현대성이다. 그의 판단들이 기록된 후 이것들 중 어느 하나도 적절히 다루어진 것이 없다.

몰트만의 이상을 새롭게 한다는 것은 이전의 항목들을 없앤다는 것이 아니라 담론을 위해 새로운 항목들을 첨가한다는 것을 의미한다. 세상의 온갖 질병이 한 사람의 생애 동안 다 치유되지 않았다는 것은 아마도 놀라운 일이 아닐 것이다.

그럼에도 불구하고 30년 동안 지속된 정의에 대한 몰트만의 요청은 사회 안에서는 말할 것도 없고 기독교 안에서 소수의 목소리처럼 여전히 들린다는 것은 확실히 걱정할 이유다. 몰트만 자신이 어떤 중요성을 갖는 주류 신학자라는

---

4   그러나 참고, Moltmann(1977) 187.

것을 고려할 때 신학 자체는 기독교 안에서 소수의 목소리라는 의심을 피하기는 어렵다. 오직 이런 이유에서라면 기독교 안에서의 정체성과 적절성의 문제에 대한 몰트만의 논의는 오늘날 여전히 타당해 보인다.

3. 교회론

정치신학의 설득력은 교회에 대한 해석의 강점에 따라 판단된다.
교회가 어떻게 구체화하고, 세상에서는 어떻게 하나님의 사랑을 가르치는가? 세속적 권세들과의 관계는 어떻게 해야 하는가?
교회는 어디서 찾을 것인가?
몰트만에게, 이런 물음들은 순수히 형식적 용어만으로 만족스럽게 대답될 수 없을 것이다. 교회에 대한 적절한 묘사는 그리스도인들이 처한 역사적 상황에 대한 구체적 묘사를 요구한다. 그러나 몰트만은 초기 작품에서조차 한 가지 것에 일관적이었는데, 역사상 교회 지도자들이 자신들의 임무가 이른바 사회의 '자연적 질서'를 보존하는 것이라고 생각하던 시기들이 있었다는 것이다.
오늘날에는 이럴 수 없을 것이다.

> 기독 교회는 세상이 현재 모습 그대로 남아 있거나 아니면 현재 있는 상태로 보존되게 하려고가 아니라 세상 자체가 변화되고 장래를 향해 약속된 것이 되게 하기 위해 인류를 섬겨야 한다(Moltmann 1967:327).

이것은 보다 넓은 몰트만의 연구인 『성령의 능력 안에 있는 교회』(*Kirche in der Kraft des Geistes*, 1975)에서 되풀이된다. 거기서 몰트만은 오래 전 평화로운 시기에는 "교회가 단절되지 않고 변경되지 않은 자체의 전통과 전통들의 계속되는 증명을 통해 스스로 확증할 수 있었다"라고 말한다(Moltmann 1977:2).
이는 더 이상 가능하지 않다. 우리 시대는 위기의 시대고 교회의 엄청난 고난으로 특징지어진다. 현재의 조건 아래서 지배적인 주제들은 메시아적이고 하나님의 약속인 구속을 갈망하는 것이다.
교회 때문에 구체화된 전통은 사람들을 변화시키고 이들에게 성령으로 거듭나도록 만드는 것이다.

이 전통 안에 들어가는 사람은 성령의 모험, 해방의 경험, 회개로의 부름, 도래하는 하나님 나라를 위한 협력 안에 들어간다(Moltmann 1977:3).

그러나 불안한 시대는 정치적으로 불안한 세계가 교회에 미치는 영향에 따른 결가가 아니다.
불안은 교회 자체의 중심에 내포되어 있다.

교회의 불안은 자체 안에 교회가 호소하는 십자가에 못 박히신 그리스도 안에 교회를 움직이는 성령 안에 존재하고 있다. 현대의 사회적이고 문화적인 변혁은 교회는 교회 자체가 '새 하늘과 새 땅'의 미래와 관련해 세 계에 증언한 '새로운 피조물'로서, 또 '새로운 하나님의 백성'으로서 묘사하는 더 큰 변혁에 주의를 갖게 해야 한다(Moltmann 1977:3).

예배의 정치적 차원을 설명하려는 신학들은 교회를 수단화할 위험이 있는데, 곧 교회를 교회 자체이게 하지 않고 다른 어떤 것을 위한 수단으로 만들 위험이 있다. 하나님 나라와 세속 도시들 간의 차이를 묘사하는 일을 스스로 설정하는 신학들은 좋은 삶을 가능하게 만들기 위해 하나님의 사랑의 창조적 능력을 말하지 않고 사회 비판에 모든 노력을 쏟을 위험이 있다.
그러면 몰트만은 자신의 교회에 대한 설명에서 어떻게 정치적 행동이(예배와 경쟁 관계에 있지 않고) 예배서부터 일어나는지 보여 주는가?
또한, 몰트만은 사회에 대한 해석에서 비판과 창조성 간 균형을 어떻게 다루는가?
이에 대한 답은 다음과 같다.

첫째, 교회가 특정한 '관심사'에 대해 섬겨야 하며 이것은 그리스도의 관심이기도 하다고 대답한다.
둘째, 하나님의 영광과 그리스도인의 삶의 관계를 고려함으로써 다룬다. 이것은 축제, 우정, 빈곤 주제들을 통해 주로 해결된다.

1960년대와 1970년대의 독일 좌파의 철학에 깊은 영향을 받은 몰트만은 성령으로 충만한 교회의 이런 불안에 대한 비판적 문제를 묻는다.

> 교회론이 누구에게 유익이 되고, 또 누구를 위해, 어떤 관심에서 설정되었는가?(Moltmann 1977:4)

몰트만에게 유익과 관심 개념들은 완전히 신학적이다. 다시 말해, 이 개념들의 임무는 하나님과 하나님의 피조물 관계에 대한 묘사를 지지하는 것이다. 따라서 몰트만은 삼위일체를 제시하고 기독론적 대답을 제시한다. 만약 교회가 모든 것을 삼위일체 하나님의 이름으로 행한다면, 신학적 가르침은 세상을 다루시는 하나님의 삼위일체적 역사(歷史) 안에 있는 교회를 볼 것이다.

> 그리스도는 그의 교회의 기초고 힘이며 희망이다. … 그리스도만이 지배하고 교회가 그의 음성을 듣는 곳에서만 교회는 진리 속에 거하고, 자유를 누리게 되며 그리고 세상에 해방적 힘이 되는 것이다(Moltmann 1977:5).

몰트만은 1934년 바르멘 선언을 성찰한다.

> 그리스도의 교회 안에서 그리스도의 유일한 주권을 인정한다는 것은 유일한 하나님 말씀 외에 존재하거나 하나님 말씀에 덧붙는 다른 '선포의 근원'을 인정할 수 없다는 것이다(Moltmann 1977:6).

이 때문에 교회에 대한 신학적 이해와, 정치적이고 사회적인 이해 사이에는 구별이 없다. 정치와 사회 영역이 신학의 영역이므로 교회의 영역이다.
교회는 누구의 관심사를 위해 섬기는가?
그리스도의 관심사다.
교회는 누구에게 도움을 주려는 의향이 있는가?
그리스도께서 찾아오신 자들이다.
몰트만은 사명의 현대적 의미에 큰 강조점을 둔다. 교회 역사에서 교회가 아프리카와 아시아에서도 보급하려 한 유럽이나 북미 기독교 문화생활의 전달자이던 시기들이 있었다. 이것은 변화되었다. 오늘날 교회는 유럽에 대한 사명이 있으며, 이 사명은 더 이상 유럽 교회에만 한정되지 않는다.
이 사명은 문화적으로, 인종적으로 다양한 세계 교회에 있다. 사명을 갖는 교회는 더 이상 국가 교회가 아니며, 또 산발적인 몇 예외를 빼고는 제도화된 교회도 아니다. 사명을 가진 교회는 교파를 초월한 세계 교회다. 초교파 연합 운동은 그리스도교회의 가시적 통일성을 추구한다.

이것은 교회들이 속해 있는 사회들의 중산 계급과 정치적 종교들에의 속박에서 교회를 해방시키는 데 기여하고, 또 이런 식으로 교회들에게 그리스도의 교회로서의 새롭게 변화된 삶을 제공하는 데 이바지한다(Moltmann 1977:12).

몰트만은 이런 운동을 지지하기 위해 "룬드(1952), 멕시코시티(1968), 웁살라(1968), 제2차 바티칸공의회(1962-5), 방콕(1993)"(1977:7-15)과 같은 여러 모임을 열거한다. 유럽에서 세계로의 초점의 변화 그리고 교회가 누구의 유익을 위해 섬겨야 하는가라는 중요한 문제는 몰트만의 교회론에 결정적이다.

또한, 그는 자신이 확고하게 메츠와 연관된 현대 정치신학과 제휴하고 있음을 보여 준다.

> 유럽에서 회복 시대에는 교회들이 의식적이든 무의식적이든 오늘날까지도, 기본적으로 보수적인 선택을 해 교회의 공적 입장을 결정했다. 교회에 정치적 자유를 다시 주기 위해, 사람들에게 유럽 교회들이 한 기본적으로 보수적인 선택을 의식하게 하고 이를 그만두게 하는 것이 현대 정치신학의 의도다. 현대 정치신학은 옛 정치신학과는 달리 교회가 종종 충분히 항복했던 정치적 종교들의 이념이 아니라, 교회의 이 거룩하지 않은 동맹들에 대한 비판적 끝맺음이다(Moltmann 1977:16).

몰트만은 자신이 라틴 아메리카의 혁명신학과 해방신학(몰트만이 1975년에 저술하고 있을 당시에는 상대적으로 새로운 신학들이던)을 기꺼이 배울 수 있다는 것을 보여 준다. 특히, 그는 유럽 신학을 가르치기 위해 억압받는 사람과 천한 사람의 해방에 대한 중요한 가르침을 전하는 구티에레즈, 아스만과 보니노 같은 사상가들의 이름들을 말한다.

교회는 하나님의 영광에 대한 증언자다. 몰트만은 특히 하나님과 기독교의 관계가 축제, 우정, 빈곤을 분명히 하는 방식에 관심을 갖는다.

이 세 가지 주제는 몰트만과 밀접하게 연관되어 있고 비기독교 사상 속에 정상적으로 나란히 놓고 있지는 않을지라도, 교회가 예수 그리스도의 교회라고 이해하는 신학자에게 아주 자연스럽게 일어난다. 대부분 예수를 주님으로 묘사하는 과도하게 권위주의적인 교회론들에 반발하는 몰트만은 예수의 변형과 나라의 주님뿐 아니라 고린도전서 2:8처럼 영광의 주님이신 예수의 중요성을 나타내려 한다(Moltmann 1977:109).

하나님 나라는 자체가 결혼 축제와 같고 부활절은 부활하신 그리스도가 제자들과 함께 앉아 있는 '자유의 축제'다. 신학적 저술들 속에 나오는 축제와 기쁨에 관한 담론들은 주제에 비해 종종 이상하리만큼 강제적이고 단조로워 보일 수 있다. 축제의 주제는 더 자발적이고 아름다운 것을 요구한다.

따라서 몰트만은 어떻게 교회가 "구속받은 자의 웃음, 해방을 받은 자의 무도, 환상의 창조적 유희"(Moltmann 1977:10)와 연관되어 있는지 보여 주기 위해 더욱 비형식적 논의를 주최하고, 사도 바울(Paul), 폴 게르하르트(Paul Gerhardt), 존 웨슬리(John Wesley)를 통해 울린 찬송의 묵상들을 포함시킨다.

축제는 시간과 공간, 율법과 자발, 기억과 해방의 재배치다. 축제는 모든 삶에서 사람들이 경험하는 자유의 결여를 부정하기 위한 것이 아니라 자유를 기대하고 심지어는 매일의 삶이 잠재적으로 웃음, 유희, 무도의 삶이라고 주장하기 위해 축하하는 것이다.

여기에는 위험이 있다. 축제가 어둡고 능숙하게 더 깊은 억압에 대한 보상으로 이용되거나 실제 사회적 모순들 경험에서 일어나는 열정에 대한 압력 조절 장치로 도구화될 수 있다. 더욱이 이 같은 남용에 대해 교회의 축제를 방어하는 것에는 단순한 공식은 없다. 오히려 교회는 경계와 감시를 해야 한다.

몰트만은 유럽의 교회들이 너무 열광적인 축제의 위험 속에 있다고 생각하지 않는다. 이와는 거리가 멀다. 유럽의 교회들은 아프리카와 다른 나라에 있는 오순절교회와 독립 교회들에서 하는 예배의 모본적인 실천들에서 이런 축제를 다시 배울 필요가 있다. 동시에 십자가에 달리신 그리스도는 축제에서 잊어버릴 수도 없고 억누를 수도 없다.

다른 어떤 것보다 더 십자가 형벌의 기억은 기독교 축제가 고난에서 도피하는 수단이 되는 것을 용납하지 않는다. 축제는 신음하고 있는 피조물과 연대한 부활하신 그리스도의 즐거움을 상연하는 것이다. 축제는 십자가에 달리신 부활의 그리스도인 예수에게 향해 있다(Moltmann 1977:109-114).

이후 저술에서 몰트만은 이 같은 그림을 수정하고 이론의 여지는 있지만 이를 버린다. 『오시는 하나님』에서 축제에 대한 그의 해석은 십자가에 달리신 그리스도보다는 부활하신 그리스도에게 집중되어 있고 지배적인 주제는 연대하는 것이 아니라 웃음이다.

몰트만은 그 이유를 설명하지 않는다(Moltmann 1977:336-339). 『십자가에 달리신 하나님』에 제시된 복잡한 축제의 유형은 고통의 축제인데, 이 고통은 단지 기쁨으로 변형되는 것이 아니라 실제로 고통의 한 부분이다. 이런 축제는 그리스도의 평범한 삶에서의 교제와 우정 그리고 연대와 참여를 불러일으킨다.

예언자, 선지자, 왕과 같은 '그리스도의 삼중 직분'에 대한 전통적인 해석은 그리스도의 삶에 대한 묵상의 풍성한 전통을 만들어 낸다. 몰트만은 예언자, 선지자, 왕 그리고 친구로서의 그리스도가 세상에 와서 구체화하는 우정에 대한 강조를 더 주장한다(1977:115). 몰트만은 또 하나의 직분 명칭으로서 '친구'를 생각하는 것에 대하여는 약간의 잘못이 있다는 사실을 인정한다. 그 명칭은 명예를 주는 것이라기보다는 더 관계적인 명칭이다.

몰트만에게 우정이 포함하는 것은 무엇인가?

그것은 사랑, 충성, 신뢰, 어려움 가운데서의 일관성, 개방, 자유, 동정이다. 우정 주제는 몰트만에게 사회에 대한 비판과 선한 삶의 창조적 이미지의 균형을 이루도록 허락한다. 우정에는 지배와 억압과 특권이 없는 무계급의 사회라는 긍정적인 의미가 있다. 우정의 힘이 없이는 우정 있는 세계라는 목표 없이는 계급 투쟁이나 정권 투쟁에 대해 사람들은 아무런 희망이 없다(Moltmann 1977:116). 예수의 우정은 명시적으로 성경에서 오직 두 번 묘사되었다.

그는 "세리와 죄인의 친구이고"(눅 7:34), 그는 자기 제자들에게 다음과 같이 말한다.

> 너희는 내가 명하는 대로 행하면 곧 나의 친구라(요 15:14).

흥미롭게도 이런 본문 중 어느 것도 '죄인과 병든 자의 친구'(Moltmann 1977:117)로 예수를 묘사하는 몰트만의 신학적 작업에 쉽게 조화되지 않는다. 누가의 묘사는 비난에 대한 예수님의 반응에서 나온 설명이다.

몰트만이 예수의 권위와 우정을 구분하려는 반면, 요한의 본문은 예수의 권위와 그의 우정 간의 강한 연관성을 주장한다. 성경은 몰트만이 설명하는 것처럼 예수의 주 되심을 우정이라는 개념으로 수정하려고 시도하는 대신 우정으로서의 예수님의 주 되심 개념을 다시 생각하도록 그를 도와주어야 한다.

마찬가지로 몰트만은 예수가 제자들에게 이제부터는 이들을 종으로 부르겠다고 하지 않고 이들을 친구로 부르겠다고 말하신 요한복음 15:15에서는 상당히 자유로운 해석을 제시한다. 몰트만은 예수가 이렇게 말한 것은, 예수가 겸손해서가 아니라 즐거움에서 제자들과 공감하기 때문이라고 주장한다(Moltmann 1977:118).

성경의 실제 본문은 다음과 같다.

> 이제부터는 너희를 종이라 하지 아니하리니 종은 주인이 하는 것을 알지 못함이라 너희를 친구라 하였노니 내가 내 아버지께 들은 것을 다 너희에게 알게 하였음이라(요 15:15).

여기서 예수와 제자들의 우정은 지식을 공유하는 관계에서 생기며, 예수 쪽에서의 어떤 태도가 아닌 하나님과의 우정을 말한다. 요한복음 15:14과 요한복음 15:15은 다 같이 묶어서 보면, 변화된 주님이심을 암시한다. 우정은 하나님 아버지의 지식을 공유하는 것에 근거가 있다.

그럼에도 불구하고, 예수와 제자들의 우정, 예수와 아버지의 우정, 마지막으로 예수의 기도를 통해 제자들과 아버지의 우정에 대한 중요성을 지적하는 것은 하나님의 영광에 대한 몰트만의 신학에서 중요한 점이다.

> 내 이름으로 아버지께 무엇을 구하든지 다 받게 하려 함이라(요 15:16).

몰트만은 우정과 기도가 서로에게 일어나는 방식을 아름답게 묘사한다. "기도하는 것과 기도를 듣는다는 것은 사람이 하나님의 친구가 되는 것이고, 하나님이 사람의 친구가 된다는 사실을 표하는 것이다. … 하나님의 친구는 자유로 기도를 드리는 것이고, 자유로우신 하나님의 우정을 신뢰한다는 것이다"(Moltmann 1977:119).

몰트만은 이 논고에 비추어 삼중 직분을 재해석한다. 예언자, 제사장, 왕으로서의 그리스도의 신적 역할 속에서 그리스도는 친구로서 살고 행동하며 친구들을 사귄다. 여기서 몰트만은 걱정스러운 추가적인 생각을 덧붙인다. 우정은 아주 잘못 이해된 개념이라는 것이다.

『희망의 신학』에서 '기대'라는 개념의 범주가 영원한 현재에 대한 그리스 철학 개념에서 하나님의 약속에 대한 이해로 수정된 것처럼, '죄인들의 친구'는 평등한 관계 사이의 우정에 대한 그리스철학적 개념을 예수님과 의롭지 못한 자 및 멸시받는 자와의 우정에 대한 이해로 수정해야 한다.

같은 수준의 사람들 사이에서 평등으로서의 우정의 고대 개념은 수정이 필요한 유일한 대상이 아니다. 또한, 사적 영역을 위한 친밀감으로서의 우정의 현대적 개념이 있다. 대조적으로 예수의 우정은 공적이고 널리 공유된 것이다. 우정을 우리와 같은 사람에게 한정시키고 사사로운 영역에만 한정한다면, 예수의 우정은 경험될 수 없고 확장될 수도 없다(Moltmann 1977:121).

모든 교파의 그리스도인들은 퀘이커교도들에게서 많은 것을 배울 수 있다. 몰트만이 제시하듯이 우인회(Society of Friends, 편집자 주-퀘이커 교파의 공식 명칭)는 우정이 빈민가에서 일하는 이들을 통해 또 노예 폐지를 위해 일하는 이들을 통해 실행된다는 것을 보여 준다. 여기서 몰트만은 이미 다음 단계로 이동하고 있다. 축제에서 우정으로 옮기고 있는 그는 이제 우정에서 빈곤으로 옮겨 가고 있다.

> 교회는 어디에 있는가?
> 우비 크리스투스 이비 엑클레시아(*ubi Christus-ibi ecclesia*).
> 즉 그리스도가 있는 곳에 교회가 있다는 것이다.
> 그리스도는 어디에 있는가?
> 많은 곳, 곧 사도직, 성례전, 그리스도인의 교제, 그의 가족 중 가장 작은 자들, 그의 파루시아에 있다(Moltmann 1977:123).

따라서 교회는 그리스도의 현존의 이런 모든 양태를 매개하는 임무를 가지고 있다. 몰트만은 이 모든 것의 자리에 몰두하지만 대부분 가난한 자 안에 있는 그리스도의 현존에 몰두한다.

몰트만 특유의 강조들이 있는 데가 어디인지 종종 알기 어렵다. 그의 논의들은 백과사전적 성격을 가지고 있고, 그는 종종 논쟁의 과정에서 요약된 모든 견해를 집어넣으려고 시도한다. 신학의 방대한 영역들을 한정된 분량 속에서 논하기 때문에 독자는 때때로 몰트만이 하는 생각 중 핵심적으로 중요한 것이 무엇인지 구별하기가 아주 어려운 것이다.

이런 맥락에서 모든 것이 명백하다. 가난한 자와 함께 하는 그리스도의 우정에 대해 몰트만이 생각하는 것은 교회는 누구고 어디에 있는가를 이해하는 것이 가장 중요하다는 것이다. 몰트만은 여기서 마태복음 25:31-46에 나오는 세상의 심판자로서의 인자에 대한 해석을 통해 그의 설명을 전개한다.

의로운 사람에게 왕은 이렇게 말할 것이다.

> 내가 주릴 때에 너희가 먹을 것을 주었고 목마를 때에 마시게 하였고 나그네 되었을 때에 영접하였고 헐벗었을 때에 옷을 입혔고 병들었을 때에 돌보았고 옥에 갇혔을 때에 와서 보았느니라(마 25:35-36).

그는 의롭지 않은 사람에게 이렇게 말할 것이다.

> 내가 주릴 때에 너희가 먹을 것을 주지 아니하였고 목마를 때에 마시게 하지 아니하였고(마 25:42).

나라에 대한 이 비유의 중심적 메시지는 왕의 굶주림, 목마름, 소외, 헐벗음, 병듦, 옥에 갇힘은 가난한 자, 곧 '내 형제 중에 지극히 작은 자'의 배고픔과 감옥이라는 것이다(마 25:40). 몰트만은 교회론을 위해 이 사실의 중요성을 보여준다. 세상의 심판자를 지극히 작은 자들과 동일시하는 표현은 신앙 공동체와 그리스도를 동일시한 것과 분명하게 평행을 이룬다(Moltmann 1977:126).

누구든지 사도들의 말을 듣는 사람은 그리스도의 말씀을 듣는 사람이다. 그리고 '가장 작은 자'에게 행한 것이 곧 그리스도에게 행한 것이다. 몰트만은 교회가 가난한 자와 굶주린 자와 동일시되어야 한다는 것을 제안하려고 이런 병렬적 배열을 나란히 전개한다.

마태복음 25:31 이하는(말하긴 해도) 이웃에 대한 사랑과 윤리를 가장 중요하게 말하지는 않는다.

> 장차 오실 자가 가난한 자들 안에 숨겨진 현존은 … 먼저 교회론에 속한 일이고, 그 다음에 윤리 가운데 속하는 것이다(Moltmann 1977:127).

교회에 대한 몰트만의 해석은 그의 정치신학의 중심이다.
어디서 교회가 발견되는가?
그리스도가 있는 곳이다.
그러나 만일 그리스도가 말씀과 성례전 속에 임재하고 또 가난한 자들 가운데 드러나지 않은 심판자로서 현존한다면 이 둘은 어떤 연관이 있는가?

우리는 그리스도와 함께하는 믿는 자들의 교제와 그리스도와 함께하는 그의 구성원들 중 가장 작은 자의 친교에 대해 말해야 한다.

> 너희들의 말을 듣는 그 사람은 곧 내 말을 듣는 자이다.
> 그들을 찾아주는 그 사람은 곧 나를 찾아주는 자이다.
> 이 둘을 결합하는 것은 교회의 역사에서 별로 이루어지지 못했다
> (Moltmann 1977:128-129).

흥미로운 사실은 몰트만이 이 두 가지의 교제에 대한 노력을 나눌 것을 제안한다는 것이다. 사도들은 교회가 무엇인지를 말한다. 그리스도의 구성원들 중 가장 작은 자는 교회가 어디에 속하는지를 말한다(Moltmann 1977:129). 우리는 여기서 초대장 속에 요약한 몰트만의 정치신학 전체를 보게 된다. 그는 교회가 교회를 두 교제, 즉 사도의 교제와 가난한 자의 교제 둘이 결합된 것으로 이해하기를 요청한다.

이런 이유에서 교회는 "가난한 자"에게 사역하는 것이 아니라, 교회가 "가난한 자"라는 것이다. 그리고 같은 이유로 교회는 "사람들을 위한" 교회가 아니라, 교회는 "사람들의" 교회다(Moltmann 1977:93). 따라서 정치란 하나님의 삶에 동참하는 행위다.

참고 문헌

Bauckham, Richard (1995). *The Theology of Jürgen Moltmann*. Edinburgh: T. & T. Clark.
_____., ed. (1999). *God Will Be All in All: The Eschatology of Jürgen Moltmann*. (Edinburgh: T. & T. Clark.
Moltmann, Jürgen (1967). *Theology of Hope*, 5th edn, trans. J. Leitch. London: SCM. (First pub. in German 1965.)
_____.(1969). *Religion, Revolution and the Future*, trans. M. D. Meeks. New York: Scribner's.
_____.(1971). *Hope and Planning*, trans. M Clarkson. London: SCM.
_____.(1974). *The Crucified God*, trans. R. Wilson and J. Bowden. London: SCM. (First publ. in German 1972.)
_____.(1977). *The Church in the Power of the Spirit*, trans. M. Kohl. London: SCM. (First publ. in German 1975.)
_____.(1981). *Trinity and the Kingdom of God*, trans. M. Kohl. London: SCM.
_____.(1984). *On Human Dignity: Political Theology and Ethics*, trans. D. Meeks. London: SCM.
_____.(1985). *God in Creation*, trans. M. Kohl. London: SCM.
_____.(1989a). *The Way of Jesus Christ*, trans. M. Kohl. London: SCM.
_____.(1989b). *Creating a Just Future: The Politics of Peace and the Ethics of Creation in a Threatened World*, trans. M. Kohl. London: SCM.
_____.(1992). *The Spirit of Life: A Universal Affirmation*, trans. M. Kohl. London: SCM.
_____.(1996). *The Coming of God: Christian Eschatology*, trans. M. Kohl. London: SCM. (First publ. in German 1995.)
_____.(2000). *Experiences of Theology*, trans. M. Kohl. London: SCM.
Rasmusson, Arne (1995). *The Church as Polis: From Political Theology to Theological Politics as Exemplified by Jürgen Moltmann and Stanley Hauerwas*. Notre Dame, Ind.: University of Notre Dame Press.

제17장

요한 밥티스트 메츠

J. 매튜 애슐리(J. Matthew Ashley)

요한 밥티스트 메츠(Johann Baptist Metz)는 그의 신학이 '체계 개념들'로 지향하는 신학이 아니라 '주체 개념들'로 지향하는 신학이라고 빈번하게 주장해 왔다. '주체 개념들'은 얼마나 논리 정연한 체계를 갖추고 있는가보다는 특정 시간과 장소에서 특정한 사람들이 주체가 되고 잔존해 투쟁하는 방식들을 분명히 말하고, 뒷받침하는 능력 면에서 평가되어야 한다.

주체인 사람들은 역사를 형성하는 상징과 내러티브를 이들에게 부가된 짐으로 보는 것이 아니라 자신의 상징과 내러티브로 인식하는 역사의 행위자다(Metz 1984:363). 메츠가 논문보다 짧은 글을 선호하는 것과 더불어 이 주체 개념들의 방법론을 선택한 것도 그에 내란 체계직 윤곽을 보여 주는 과제를 복잡하게 한다.

이 논고의 접근 방식에서 자신의 신학은 '근본주의 실천신학'이라는 메츠의 주장에 초점을 맞출 것이다. 나는 메츠가 신학자로서 가진 관심을 잘 나타낼 해석적 틀을 구축한 다음 그가 정치신학에서 이런 관심들을 만나려고 시도하는 특정한 방식에 대한 윤곽을 제시할 것이다.

이 윤곽을 제시하기 위해 나는 신학적 유형을(근본주의 신학) 우선 밝히고, 다음 근본적 문제인 신정론을 논의할 것이며, 마지막에는 메츠의 신학의 기본 구조를 묘사하는 교리적 입장(종말론)을 밝힐 것이다.

1. 위험한 기억들과 방해: 신학 여정

1928년 바이에른(Bavaria) 북동부의 아우어바흐(Auerbach)에서 출생한 메츠는 이 작은 시골 마을의 유래를 다음과 같이 기술한다.

> 그곳 출신 사람들은 마치 오래된 사대 사람들 같다. 우리는 50년 전에 태어난 것이 아니라 마치 중세 시대의 아득한 시기에 태어난 것 같다. 나는 처음부터 수많은 것에 매우 느리게 다가가야 했다. 내가 다른 사람이나 사회가 오래전에 발견해 이미 상용화된 어떤 것들을 발견하려면 상당한 수고를 해야만 했다 (Metz 1984:171).

이 회상은 적어도 처음에는 20세기 초 일어난 '현대성'(modernity)의 억압에 방해를 받은 현대(곧 후기 계몽주의) 문화 및 사상과의 대화를 계속하는 것을 임무라고 여긴 가톨릭 학자들의 시대에 메츠를 위치시킨다. 무엇보다도 이 회상은 그를 카를 라너(Karl Rahner)와 밀접하게 연관시킨다.

정말로 30년 동안 학생으로서, 공동 협력자로서 또 친구로서의 메츠와 라너의 밀접한 관계는 이 글의 주요한, 발견을 돕는 전략들 중 하나에 대한 타당성을 제공한다. 메츠의 신학은 거의 항상 라너의 신학과의 비교를 통해 특정한 요지를 설명할 수 있다.

라너와 마찬가지로 메츠도 아우어바흐의 로마가톨릭교회를 '옛날' 대(大) 가톨릭 세상에서 현대성의 세속적이고 다문화적인 세상으로 여행하도록 돕는 것이 자신의 임무라고 이해한다.

이 사실은 유행하는 관습과 무언의 성스러운 존재론을 가진 요긴한 바이에른의 가톨릭 문화에 대한 절망적인 작별을 암시하는 것도 아니며, 그렇다고 근대주의가 실재에 대한 요구를 수용해 어떻게 현대성 속에 살아가야 하는지에 대해 요구하는 조건에 완전히 굴복한 것도 아니라는 사실을 암시한다.

라너의 초월적 패러다임을 묘사하는 메츠는 이 임무를 다음과 같이 일컫는다.

> 현대 유럽 세계의 도전과의 생산적이고 호전적인 대화를 통해 정확히 고전적 교부 전통과 스콜라 전통의 유산을 이용하려는 시도다(Metz 1998:32).

기본적인 확신은 아우어바흐에 의해 가능하게 된 신앙의 삶이 현대성의 폭풍에 견딜 수 있었고, 또 견디어 내야 한다는 것이다. 이는 바로 형태는 다르겠지만 필요한 곳에서 이런 폭풍들에 맞서 저항하고, 새로운 상황에 새로운 구조적 타당성을 다시 엮기 위해서다. 이런 노력들 없이는 아우어바흐의 실천, 교리, 관습들은 살아남는다 해도 박물관의 조각품이나 세속화된 현대 삶을 아름답게 장식하는 또 다른 '삶의 방식'에 지나지 않을 것이다.

메츠는 라너의 사상 가운데 종종 정당하게 평가받지 못한 또 하나의 특성을 활용했다. 아무리 라너가 현대성 영역 위에서 기독교 신앙과 실천을 말하고 해석하기를 원한다 해도, 현대의 근거와 조화를 이루지 못하는 것으로 보이는 기독교의 모든 특성을 희생해야 한다는 생각까지는 하지 않았다. 따라서 라너는 몇 가지 예를 들면 성심(Sacred Heart), 연옥, 성인 숭배 의식, 대사(大赦)에 대한 신학에 몰두하는 광범위하고 엄격하게 다룬 논문들을 썼다.

전해지는 바에 따르면, 그는 이전의 이런 낡은 유물 시대에 머물기를 원했다. 메츠는 이런 실행을 교회 전통에 대한 "종교적 비동시대성의 모험", "창조적 순박함", "호전적 충실성"으로 찬양한다(Metz 1984:171; 1998:108, 92 이하). 사실 메츠는 아우어바흐에게서 오는 것이 현대성을 정의하는 표어와 판에 박힌 문구와 어떤 비판적 거리를 둘 수 있게 하는 한, 이 같은 모험에 대해 분명한 이점을 제공한다고 믿는다.

이런 거리는 종종 신학자로 하여금, 장성한 사람들에게는 당연하게 여겨져 보이지 않는 함정과 근거들을 보게 한다. 이런 '생산적 비동시대성'을 배양한 신학자는 '현대성 의식'이 버리고 싶어 하는 이미지 및 개념과 조금 더 같이 있고 싶어 한다.

하지만 이는 엄밀히 말해 '합리적인 사람들'이 공공 영역에서 이성적이고 실제적이라고 받아들이는 것의 바보 같은 계통에서 현대 의식들을 '해방'시키기 위해서다. 메츠가 시간에 대한 종말론적 의식이 현대에도 적합하다고 주장하는 것은 이 '생산적인 비동시대성'(productive noncontemporaneity)의 가장 중요한 사례다.

1963년, 메츠는 뮌헨대학교에서 근본주의 신학적 입장을 취했으며, 곧 그의 동료 및 스승과 갈라서기 시작했다. 그는 스스로 초월적 토미즘의 인식론 집중과 『순수 이성 비판』의 칸트에서, 칼 마르크스의 연구에 있는 사상 노선 확대와 함께, 두 번째 비판과 역사 철학의 칸트로 방향을 바꾸었다(Metz 1970:63; 1980L 53 이하; 1998:33).

이 시점에서 또 다른 회상이 점차 메츠의 신학의 결정 요인으로 자리 잡았다.

> 내가 16살 무렵 제2차 세계대전은 종전을 향해 가고 있었다. 나는 학교를 중단할 수밖에 없었고 학도병으로 군에 징집되었다. 나는 위츠버그 기지에서 짧은 훈련을 마친 후 전방에 도착했다. 당시 전선은 이미 라인 강을 건너 독일 지역으로 옮겨졌다. 우리 부대에는 백 명이 훨씬 넘는 군인이 있었는데 모두 어린 병사였다. 어느 저녁에 사령관은 연락 사항을 전달하라고 나를 대대 본부로 보냈다. 나는 밤새 폭탄으로 붕괴되고 불에 타고 있는 마을과 농촌을 오랫동안 배회한 후, 다음날 아침 부대로 돌아와 부대가 연합군의 폭격과 기갑 부대 맹공으로 완전히 쑥대밭이 되어 시체만 가득 쌓인 것을 보았다. 오로지 죽은 사람과 창백한 얼굴들만이 여기저기 뒹굴고 있었다. 전날 어린아이가 느낄 수 있는 두려움과 젊은이들이 흔히 보여 주는 천진난만한 웃음을 짓던 이들이었다. 나는 말할 수가 없었고 그야말로 소리 없는 통곡 외에는 달리 표현할 길이 없었음을 기억한다. 그래서 나는 지금까지도 이 기억 속에서 내 어린 시절 모든 꿈이 산산 조각나고 만 것을 본다. 난공불락의 확신이 있는 나의 바이에른 가톨릭 사회화에 틈이 생겼다. 만일 어떤 사람이 이 마음의 상처를 심리학자에게 가져가지 않고 교회에 가져갔다면, 누군가가 이런 화해되지 않는 기억들을 심지어 신학에서 언급되게 하지 않고, 도리어 이런 기억들과 함께 신앙을 갖고 또 이런 기억들과 함께 하나님에 대해 말하고 싶어 한다면, 도대체 어떤 일이 일어날까?(Metz 1998:1 이하; 1987:39 이하)

이 기억은 메츠의 전기에서 또 하나의 방해물을 보여 준다. 1960년 초 메츠는 '세계 신학'(theology of the world)을 발전시킴으로써 가톨릭의 문화 정치적 정체성(아우어바흐)에 대한 세속화의 영향에 대처했다. 메츠는 세계의 세속성을 절대화한 부당한 세속주의를 비판하면서 신앙과 신학이 삼위일체 중 제2 위격의 성육신으로 하나님이 세상으로 들어오신 사건에 동참해 '세상으로 돌아와야' 한다고 주장했다(Metz 1969).

이런 발전은 메츠가 로저 가로우디, 에른스트 블로흐, 막스 호르크 하이머, 데오도르 아도르노, 발터 벤야민 같은 많은 수정주의 마르크스주의자를 만남으로 어느 정도 형성되었다. 이들의 방향의 주요 부분은 서로 강화하는 현대 세력들 곧 경제, 과학, 기술, 정치 세력의 연계에 직면해, 참으로 인간 해방을 위한 전망들을 평가하고 밝히는 것이었다. 이런 현대 세력들은 칼 마르크스가 궁극적으로 자본주의를 붕괴시킬 수 있다고 주장한 사회적 모순들을 현저히 없애고 완화할 수 있는 것이 드러나고 있었다.

혁명적 충동은 인간 존재들의 유토피아적 이상, 이들의 고통, 이들의 분노를 이용하고 심지어 이것들에서 이윤을 낼 수 있는 전체주의화하는 사회 체제 안에서, 무엇 위에서 자신을 키워 가는가?

이것은 그들로 하여금 인간 삶의 세계에서 정당하게 평가되지 않은 특징들(아도르노와 벤야민에게 있어서 음악, 예술, 심지어 가로우디와 블로흐에게 있어서 종교)이 서구 자본주의적 현대성의 불가항력 '밖에서' 관점을 제공할 수 있을 것인지 묻게 한다. 이런 관점에서 서구 자본주의적 현대성은 비판받고 더 인간적인 방향으로 변화될 수도 있을 것이다.

메츠의 이 지성적 흐름에 대한 영향에 대해 두 가지 요인에 주목해야 한다.

첫째, 메츠는 현대적 목표를 '무조건' 거부하게 한 영향(또는 이 사상가들을 따라 주장한 포스트모던 시대) 속에 있는 이런 궤적들을 피했다. 그에게 있어서 이들의 사상에서 재발견하고 발전시킬 만한 것은 '자기 파멸적 힘'에서 현대성을 구하기 위해 '계몽주의를 가르치려는' 투쟁이었다.

둘째, 메츠는 사회적 진보라는 가치 있는 목적에도 불구하고 종교를 '도구화'하는 어떤 경향도 거부했다. 종교를 현대적 활동 '안에' 포함시키는 것은(심지어 종교를 구하기 위해) 종교를 마비시키는 내면화한 종교를 현대성 자체의 운동과 결탁하는 것이다.

메츠가 이런 사상가들에게 감사하게 생각하는 것은 현대 조직 신학자들이 현대적 방식들에 대한 자기들의 헌신을 비판적으로 점검하게 하고, 또 '세계 신학'에 대한 그의 초기 논문들에서 허용된 것보다 진보적 방식으로 현대적 세계 속에서 기독교 신앙의 딜레마가 무엇인지 이해하게 할 몇 가지 강조점 때문이다(Metz 1980:32-48, 119-35).

메츠가 이렇게 강조한 것들 중 특별히 두 가지만 생각해 보자.

첫째, 그는 지금까지 꿈꿀 수 없었던 '유토피아적' 미래를 가능하게 하는 현재와 현재에서 추론될 수 있는 미래에 의문을 제기하는 에른스트 블로흐가 강조한 고난의 힘을 받아들였다.

둘째, 그는 합리적인 사람들이 스스로 희망할 수 있는 미래를 '과학적으로' 설명하는 것과 사실을 확인하는 것과는 전혀 다른 관계망으로서 인간의 희망을 성취하는 힘의 기억과 이야기의 중요성(특히, 현재에 대한 비판적 문제들로 이끄는 이런 '위험스럽고' 혼란스럽게 하는 것들)에 대한 확신을 벤야민(Benjamin)에게서 받아들였다.

기억과 이야기는 '기술적 합리성'의 힘을 피하는 현재의 전망을 열어 준다. 메츠는 정치적, 사회적 현상 체제 유지를 위해 인간의 고난과 희망을 억압하거나 심리학자를 통해 치유 방식으로 다루어지고 비정치화되게 한 동일한 사회 세력들이, 또한 기독교 신념의 고결성과 생명력에 치명적인 위협이라고 의심하기 시작했다.

무엇보다도 그는 이런 질문들을 던지기 시작하면서 독일 사회와 기독교 신앙 및 신학에 억압되었던 하나의 흉악한 기억이자 역사로서 아우슈비츠(Auschwitz)가 있었다는 사실을 천천히(그 자신의 주장으로는 너무 느리게) 인식하기 시작했다.

> 아우슈비츠가 있었지만 신학에서는 논의되지 않았기 때문에 나는 풍부한 역사의 이야기가 존재하고 있음에도 신학적 관념론과 신학적 무능 속에 있는 무관심과 무감각이 너무 팽배해 있어서 역사적 경험과 대면하지 못한다는 사실을 느리지만 확고하게 깨닫게 되었다. 전 세계를 통틀어 독일신학들처럼 역사성에 대해 그렇게 많이 이야기한 신학은 없을 것이다. 하지만 독일신학들은 오로지 역사성에 대해서만 이야기하고 있지, 아우슈비츠의 현실을 언급하지 않았다. 분명한 것은 이것인데, 곧 아우슈비츠를 등지고는 역사적 의미가 없으며, 역사적 사실 및 진실도 없으며, 경배할 수 있는 역사적 하나님도 없다는 것이다(Metz 1987:41 이하).

메츠는 역사의 탐탁하지 않은 어둠 속으로 사라지고 기독교 신앙과 신학에 잊힌 사람들에 대한 이런 관심에, 해방신학자들과 자연스럽게 협력하게 되었다. 그가 특별히 관심을 가진 아우슈비츠는 메츠를, 기독교가 유대교와의 관계를 지속적으로 유지하는 또는 반대하는 방식들에 민감하게 했다.

이런 기억들과 이 기억들이 불러일으키는 관심은 메츠가 신학적 언어와 논증을 찾으려고 지속적으로 노력해 온 필요, 도전, 난점의 갈등적 영역을 형성한다. 이런 영역은 어느 하나의 '체제'를 따라 쉽게 해결되지 않는다. 메츠가 점차 주장하는 것은 정말로 신학의 과제가 이런 기억들이 말해야 하고 또 우리의 '현대적' 의식이 불편한 언어를 제공하는 것처럼 이런 기억들을 어떤 체계 속으로 흡수되지 않는다는 것이다. 어느 사건에서든, 이런 기억들은 그의 사상을 이해하는 데 도움을 주는 관심의 체계를 제시한다.

여기서 나는 네 가지를 열거하고자 한다.

첫째, 신학적 담론에 대한 부적절하거나 외적인 도전을 무시하는 사람들이 가진 성급함과 함께 모든 문화와 사상과의 호전적이고 창조적 연대를 변호하는 것

둘째, 전통에서 현대성에 대한 반(反)직관적 이미지와 개념을 주장함으로써 성미에 맞지 않는 현대 문화와 사상을 주입하려는 마음 상태(Metz and Wisel 1999:40)

셋째, 신학이 뻔하고 부적절한 것이 되지 않고 기독교 신앙이 널리 퍼진 사회적 합의들을 진부하게 반영하지 않으려면, 역사의 재앙들에 대한 기억들이 필수적이도록 신학과 신앙이 구성되어야 한다는 주장

넷째, 신학은 '신학에 희망의 설명을 요구하는 사람들에게 변론하기 위해 항상 준비해야 한다는' 관심(벧전 3:15)

신학은 항상 고난 받는 사람을 위한 '희망의 변론'(Metz 1980:3)이다.

게다가 희망의 변론은 고난당하는 사람을 대신하는 행동과 이런 사람들과 함께하는 무조건적인 연대를 포함하지 않고서는 희망하는 사람이 가장 위태로울 수 있고 잘 해쳐 나갈 수 없다는 것을 변론하는 것이다. 간단히 말해 희망의 변론은 기독교 제자도의 근본적 행위에 수반되어야 하는 희망이다.

2. 실천적 의도와 메츠의 근본주의 신학 구조

이 관심들은 서로 지향하는 바가 다르며 이 사실은 메츠의 사상에 있는 긴장들을 설명하는 데 많이 도움이 된다. 하지만 근원적인 일관성이 있다. 이 일관성은 그의 신학의 장르와 결정적 문제와 교리적 입장 고려를 통해 드러날 수 있

다. 첫 번째로는 장르다. 메츠는 자기 신학을 '실천적 근본주의 신학' 혹은 '실천의 의향을 가진 근본주의 신학'으로 부른다(그중에서도 특히 Metz 1980:ix, 49).

로마가톨릭교회 신학의 최근 역사로의 간결한 역사적 우회는 이것이 의미하는 것이 무엇인지를 조망하는 데 도움을 준다. 근본주의 신학은 로마가톨릭교회 신학의 여러 의식을 이어 받았다. 그중에서 신스콜라주의로 이어졌던 철학적 신학과 사도권은 다양한 교의적 논문을 구성하는 출발점을 제공하기 위해 계시적 진리들을 믿는 믿음에 동의하는 것을 합리적으로 변론하는 것이었다.

이런 관심들은 신앙의 궁극적 대상의 현존을 증명함으로써(하나님 존재를 위한 증명들) 그리고 일반적으로 성경과 전통적 진리를 믿는 믿음에 동의하는 것이 합리적이라고 논증함으로써 이 사실을 변론했다. 후자는 신약성경의 기적들과 예수와 교회에 대한 구약 예언들의 성취에 호소함으로써 주로 이루어진다. 따라서 이런 내용에 동의하는 합리성은 교의신학의 지속적 작업에 남겨진 내용 자체를 이해하는 내적인 근거들에 대해 변론한다.

카를 라너는 근본주의 신학과 교의학(또는 조직 신학)의 이처럼 엄격한 분리를 의식적으로 깨뜨렸으며, 메츠는 이런 학제 간 경계에 대한 무시를 자신의 저서로 가져왔다.

라너는 현대철학적 다원주의와 일반적 '지식의 팽창' 그리고 현대의 성경적 지식이 원칙적으로 지지할 수 있는 것인지에도 개의치 않고, 실제로는 옹호할 수 없는 신스콜라 신학의 기획을 성취하려고 결합을 시도한다고 주장했다. 따라서 믿음의 타당한 합리성(근본주의 신학의 과제)은 조직신학을 한층 더 정교하게 다듬으려는 것보다는 신앙의 내용을 묘사하려는 것이었다. 이것은 정해진 교리의 포괄적인 이해를 동반하지 않고, '사색의 처음 단계'에 대한 탐구를 동반한다.

'새로운 근본주의 신학'은 어떻게 교리 내용들이 현대 사람들의 정체성 경험과 일관성 있고 이 경험을 표현으로 이끌고 구체화할 수 있는지 보여 주는 데 필요한 정도까지 교리 내용들을 정교하게 할 것이다. 특히, 정체성이 죄 때문에 죽음의 최종적이고 항상 내적이며 제한된 상황에 위협을 받기에, 이를 수행할 것이다.

이 같은 접근은 일상적인 그리스도인의 삶을 이 세상에서의 하나님 현존의 신비에 근거를 두게 해, 그리스도인들의 일상 삶을 조명하고 이 삶에 힘을 주는 능력에서 설득력을 얻는다(Rahner 1978:3-14; 1982:123-128).

메츠는 라너의 신학을 내러티브신학으로 묘사하면서 이 접근을 높이 칭찬했다. 라너의 내러티브신학은 "현대의 기독교에 비추어 삶을 해석하는 것에 신학적으로 살을 붙이려 했다"(Metz 1980L 224; 1977:200)[1]는 것을 보여 주고자 한다.

하지만 라너가 개인인 주체의 위험한 정체성을 기독교 신앙의 타당성과 진리를 논증하는 활동 무대로 받아들인 반면, 메츠는 개인의 활동 무대가 사회적, 정치적 연관성을 포함하기 위해 확대되어야 한다고 주장했다.

> 실천적 근본주의 신학의 전체적인 접근에서, 교의신학을 인식하는 이 (라너의) 전기적 방식을, 기독교의 신학적 전기에 이용할 수 있게 하는 일은 필요할 것이다. 기독교 신학 전기에서 한 짝 같은 기독교 신앙의 신비적이고 정치적 성질이 즉 기독교의 사회적으로 책임 있는 형태가 훨씬 더 중요하게 다루어지고 신학적 성찰의 원동력이 될 것이다(Metz 1980:1977:200).

그러면 라너는 신학적 담론이 어떤 유리한 입장을 발견할 수 있는 이 영역이 인간의 신비적, 실존적 성격에 의해 준비되는 것으로 인식한다. 이것은 은혜의 신학을 전제로 한다. 은혜의 신학 안에서 인간 삶의 실존적인 풍부함과 도전들이 궁극적으로, 신적 생명을 통해 조명되고 고려되고 성취될 운명에 있다.

이런 운명은 이 풍부함과 도전들을 심지어 지금 재해석하고 다시 지향하는 방향을 성해는 것을 포함한다. 신학적 방법론이 중요한 것은 신비적, 실존적 상호 내재성(circumincessio)의 차원에서 그리고 직접적인 경험적 설명보다 깊은 단계에서 신학적 담론이 어떻게 이해되고 인간에게 권한을 부여하는지 보여 줌으로써 그 근거가 무엇이고 또 어떻게 정당화될 수 있는가를 보여 주기 때문이다.

메츠는 동의하지만 인간 존재의 실존적, 전기적 구조화는 너무 협의적이라고 주장한다. 이 구조화는 우리가 인격적 만남을 '나와 당신'의 관계가 아닌 상반된 역사적 전통과 갈등이 내포된 사회 제도로 만들고, 또 이런 사회 제도를 통해서 서로를 구성하는 관계 방식을 더 근본적으로 강조하는 정치적 설명으로 보완되고 수정되며 혹은 이런 설명 안에 포함될 필요가 있다.

---

[1] *Glaube in Geschichte und Gesellschaft*의 영어 번역에 나타나는 오류들 때문에 나는 종종 내 자신의 번역들을 제시한다. 이탤릭으로 표기된 부분에서 재판된 독일어를 참고하면서 내가 영어 인용을 따르는 그 번역을 정정했다는 것을 언급해야 할 것 같다(Metz 1980:224; 1977:200).

메츠의 접근을 이렇게 설명하는 것은 그가 생각하는 정치신학이 무엇인지에 대한 첫 번째 지침을 제공한다.

첫째, 메츠의 견해에서 신학은 인격들로서의 신자들의 정체성이 사회적, 정치적 역사의 재앙들에 위협을 받는다는 점에서 신자들을 다루어야 한다. 정치적이라는 것은 역사적 전통과 사회적 구조들에 의해 구성된 인간 현존의 기본적인 차원을 의미하며, 역사적 전통과 사회적 구조들은 인격들을 현재와 과거 모두에 다른 사람들의 삶 및 경험과 관계 짓는다.

메츠의 근본적 신학 이해와 관계있는 정치적 문제는 이 차원이 타당하다는 우리의 암묵적 확신이 위협받거나, 타인들의 소멸을 초래한 (그리고 계속 초래하는) 구조들 안에서 (무의식적이나 익명인) 우리가 한 공모의 고통과 죄책이 너무 심하게 되어 우리가 이 차원에서 사유화된 실존성(privatized existentiality)이나 여전히 사유화된 '나와 너'로 물러나게 될 때, 발생한다.

바로 이 지점에서 기독교는 정치적 성격을 보여 준다. 내가 정확히 이해하고 있다면, 기독교 신앙은 위험에 빠진 정체성을 긍정하고 살아가는 힘이다. 이것이 정확히 신앙과 역사가 다 같이 결합되는 관점이다(Metz 1986:181).

둘째, 라너와의 이 대조는 메츠가 특정 교리들을 구체적으로 분석하는 일에 관여하지 않고 특히 사회적인 정황에서 독특한 프락시스에 대한 주장들을 전개한 이유를 다소 밝힌다. 메츠의 교리 분석 없는 이런 주장은 널리 비판을 받았다(예를 들어, Browning 1991:67 이하; Chopp 1986:79-81). 메츠의 '실천적 근본주의 신학'은 그리스도인들이 순수하게 철학적 논증이나 사회-역사적 '메타 이론'(metatheory)의 도움으로 갖는 희망을 정당화하려는 대신 특정 교리들에 호소하려 한다.

하지만 메츠는 기독교의 위기가 먼저 교리를 더 복잡하게 정교화하거나 교리들 적용들에 대해 구체적으로 '계획'(이러한 것들이 중요하기는 하지만)을 한다고 해서 극복될 수 없다고 확신한다. 기독교를 믿는 사람들은 인식적이고 혁명적으로 신뢰할 수 있는 것을 기본적으로 변론하지 않고서는 현 세계에 '좋은 소식'이라는 면이 상실될 위험 속에 처하게 되고, 그 위험 속에 있는 기독교의 위기를 헤쳐 나갈 수 없다.

메츠의 신학은 진리와 기독교 신앙의 혁명적 힘을 입증하기 위한 '반성의 첫 번째 단계'에 대한 하나의 시도다. 그러나 그의 신학은 개인 자신의 실존을 이해하기 위한 개인의 시도가 아니라, 역사적 재앙들과 정치적 투쟁의 활동 무대 안에서의 시도다.

셋째, 이 대조는 메츠의 절차를 조명하는 다른 방식을 제안한다. 기독교 신앙과 진리가 표현하는 것에서 이상의 측면을 보여 주는 정체성의 근본적 불편함을 청중에게 일깨우지 않는다면, 위에서 묘사한 유형의 근본주의 신학은 지속될 수 없다.

잔인하게 말하자면, 질문이 청자들 속에 먼저 일어나고 던져지지 않는다면 기독교 신앙은 정답을 제시하지 못할 것이다. 이것은 쉬운 과제가 아니다. 특히, 그 문제는 일상적인 관심들 아래 있는데, 특히 과학의 온갖 중요한 문제들을 남겨 두고 또 다른 모든 것을 정보와 즐거움의 기술화된 문화들의 압도적인 문제 속으로 빠져드는 기술 문화 속에 깊숙이 파묻혀 있다.

『존재와 시간』(*Being and Time*)에서 하이데거는 '존재의 잊기 쉬움'이나 존재들에 대한 물음을 지지하려고 존재를 감추는 것이 형이상학이 행하는 것, 곧 존재의 의미를 폭로하는 것이야말로 정말로 불가능하게 하는 방식들이라고 논증했다.

1934-1936년 하이데거의 세미나에 참여한 라너는 어떤 기초 학문(기초 존재론이나 근본주의 신학이라고 함)과 마주하는 도전에 대한 인식을 받아들였다. 라너에게 근본적 문제는 사람이 시간이 지나면서 자기 존재의 물음에 대해 자기 삶과 함께 제시할 대답을 형성하는 매일의 결정들의 거대한 묶음이 갖는 일관성 및 진정성과 관련 있다(Rahner 1978:90-116).

이런 결정들은 정말로 내가 내린 결정인가?

아니면 이런 결정들이 익명의 '다른 사람들'이 내린 결정으로 영향을 받은 것인가?

말하자면, 요지는 이 물음에 '대답'하거나 이 물음을 조직 속으로 통합하는 것이 아니다. 물음은 지속적으로 새로운 것을 향해 열려야 하고, 현대 사회를 특징짓는 얕은 도구적, 기술적인 사고보다는 인간의 의식을 자극해야 한다. 그래야 참된 사고를 얻어 낼 수 있다.

메츠 역시 몇 가지 중요한 질문은 현대 사회에서도 금기라는 현실에 관심을 갖는다. 근대주의 현대성의 억압이 계몽주의의 기획과, 더 깊은 수준에서 기독교 신앙에 의해 제기된 주제들과 창조적으로 만날 수 없게 한다. 우리는 이 문제와 이것의 특권적 입장과 이미 만났다. 이 문제는 메츠가 말하듯이 앞에서 인용한 제3의 기억에 비추어 그에게 강요되던 문제다.

아우슈비츠의 기억은 다음과 같다.

> '아우슈비츠 이후' 내가 그런 상황을 의식하게 되면서 하나님의 문제는 가장 강하고, 가장 오래되고 또 가장 갈등을 빚어내는 해석을 나에게 강요했다. 즉 하나님 문제는 신정론 문제 형태로 존재한다. 곧 실존적 형태로 있지 않고 어느 정도 정치적 외형 속에 있다. 하나님 문제는 타자들의, 불의로 고통당하는 사람들의, 우리 역사 속 희생자와 피정복자들의 구원을 위한 부르짖음으로서의 하나님에 대한 담론이다(Metz 1998:55).

역사의 피정복자들의 구원에 대한 문제는 하나님의 신비가 우리 역사와 정치적으로 연관되어 있는 난해하고 모호한 숲에서 만날 수 있는 자리를 열어줌으로써, 기독교 신앙의 진정한 합리성(반성의 첫 단계에 대하여)에 영향을 미친다. 이 문제는 정치적 문제다. 이 문제는 '타자'의 운명에 관심을 갖는 것이고, 사회적 정치적 구조들이 이들에게 일어난 것이 나와 연관되면서 나타나는 방식들에 관심을 갖는 것이다.

메츠는 종교 철학을 이루는 "나는 무엇을 바라는가?"라는 질문에 답을 얻으려고 노력한 칸트의 잘 알려진 주장을 응용한다.

메츠는 다음과 같이 정정한다.

> 기독교 희망의 기본적인 형태는 이 기억을 통해 결정되어야 한다.
> "나는 무엇을 바라는가?"
> 이런 물음은 "당신을 위해 그리고 종국적으로 나 자신을 위해 희망해야 하는 것은 무엇인가?"라는 물음으로 바뀐다(Metz 1987:40).

이것은 희망의 물음이고, 위협받고 있는 희망에 대한 물음이다. 그러나 이제는 '타자'(the other)를 위협하는 것의 면에서 전략을 세운다. 희망의 물음은 아주 사회정치적 논조로 던지는 물음이다.

어디에 있든 인간은 기독교 신앙이 인간의 곤경에 대한 하나의 해답을 제공할 수 있는 곳에서 유일한 구조틀로서 이 사회적 문제를 상세히 설명해야 한다.

하나님 나라에 대한 예수의 이미지와 이상들은 곧 하나님의 존재 안에 있는 남자와 여자들, 자연 가운데의 광범위한 평화에 대한, 가정과 아버지에 대한, 평화의 나라에 대한, 정의와 화목에 대한, 하나님의 자녀의 닦인 눈물과 웃음에 대한 이미지와 이상은 마음속에 자신만 있어서는 또 자기만을 위해서는 희망할 수 없다. … 다른 사람들이 이런 이미지와 이상들에 의지할 수 있다고 믿을 때, 이것들을 다른 사람들에게 전하고 또 다른 사람들을 위해 희망할 때, 이 이미지와 이상들은 또한, 자기 것이다. 오로지 이 때만이다(Metz 1998:164 이하).

메츠는 초월적 존재론(하이데거) 혹은 초월적 근본주의 신학(라너) 속에 있는 근본적 문제와 같이 개념적이고 체계적인 해답을 찾으려고 질문하는 것은 아니다. 메츠의 목적은 계속 인간 주체성에 관해 질문을 제기함으로써 사람으로 하여금 이 물음에 대한 진정한 대답 자체인 삶을 시작하게 하는 것이다.

곧 진정한 대답은 애통과 한탄의 일 같은 영성이다.

다시 한 번 신학에 나타난 신정론의 주제를 다루면서, 나는 악에 직면해 그리고 이 세상의 고난과 사악함에 직면해 하나님을 정당화하려는 다소 다루기 힘들고 시대에 뒤진 것을 제안하지 않는다. 정말로 문제가 되는 것은 우리가 '그의' 세상인 이 세상에서, 참담한 고난의 역사와 마주하면서 하나님에 대해 어떻게 말할 것인가다. 내 생각으로는 이것이 '바로' 신학의 문제다.

신학은 이 문제를 제거하거나 이 문제에 대해 과잉 반응을 보여서는 안 된다. 이 문제는 종말론적 문제며, 신학은 이 문제 앞에서 모든 것과 조화를 이루는 해답들을 내지 못한다. 그러나 이 문제는 끊임없이 하나님에게로 다시 돌아가게 한다(Metz 1998:55 이하).

만일 이것이 궁극적으로 메츠의 신학에 결정적인 것으로 드러나는 '문제'라면, 신학은 기독교 메시지를 개인화하는 방식에 대한 그의 신학적 여정이 왜 항상 비판을 내포하고 있는가를 명백하게 한다.

오직, 역사의 재앙에 대한 기억이 신학을 통해 마법처럼 사라지지 않고 하나님에 대한 우리의 신념과 담론을 지향하는 교회와 신학에 받아들여진다면, 역사 속 인간 정체성이 위험에 빠졌다는 특징은 기독교 신앙과 행동 자체가 참되고, 적절하고, 신뢰할 수 있다는 것을 증명하는 영역이 될 수 있다.

또한, 그가 초점을 점차 맞추던 관심은 유럽 문화가 정의의 규범에 따라 체계화된 세계의 계몽주의적 열망들을 포기했던 방식이다. 다시 말해, 개인들은 자신들과 역사들에 대한 책임을 진다는 것이다.

그는 자신의 생각에서 기독교의 가치들에 고무된 자기의 거대한 유토피아적 이상이 극도의 피로감으로 위협을 받게 된다는 것을 두려워한다.

> 우리는 우리의 사회적 정황에서 현대 문화 산업에 받는 부드러운 유혹을 통해 널리 퍼진 새롭게 증대하는 개인화를 보지 못하는가? 한 주체로 존재하는 것에는 어떤 피로감이 없는가?
> 한 주체가 적용하려고 맞춘 우리는 작은 자리의 관점에서 생각하지 않는가?
> 비판적으로 인식할 책임을 지지 않으면서 오히려 사회적, 정치적 위기들을 관음증적 방식으로 취급하는 일종의 방관자의 정신이 점차 늘어나고 있지 않은가?
> 세속화되고 계몽화된 세계에서 어느 정도는 새로운 2류의 미성숙의 … 징표들이 있지 않은가?(Metz 1998:105)

'미성숙'(Unmündigkeit)은 분명히 칸트의 계몽주의 정의를, 인간이 미숙과 보호에서 벗어나 역사의 의무를 취하고 더욱 인간적이게 하기 위해 자기 이성을 (적어도 공적 영역에서 논증할 때) 사용하는 상태로 암시한다.

메츠의 견해에서 이처럼 지나치게 요구하는 이상적인 (그리고 정말로 아마도 불합리한) 것들을 달성하면서 발생하는 관심과 불안이 최근 현대 문화를 통해 진정되고 마비될 수 있다면, 그것은 계몽주의적 기획의 목적이 아니라, 신뢰할 수 있는 의미가 이런 관심과 불안의 배경을 드러내는 기독교에 하나의 재앙인 것이다. 그것이 신학이 왜 계속적으로 '신학의 문제'를 제기하는 이유고 역사의 재앙들을 기억하는 것이 신학에 없어서는 안 되는 필연적인 것인지의 이유다.

신정론 문제는 신학이 모든 것을 화해하려고 신정론의 대답을 발전시키기보다는 오히려 하나님에게로 끊임없이 되돌아가는 문제에 방향을 맞춘 문제로서 '종말론적 문제'라고 위에서 기술되었다. 이것이 메츠의 신학인 종말론의 교리적 초점을 우리에게 가져다준다.

메츠는 그의 활동 초기에 세상과 역사에 대한 기독교의 근본적 문제들을 입증하기 위해 관심을 가졌다. 반면, 그가 이 관심을 가진 신학을 주장한 방식은 1960년대에 극적으로 전환했다. 세계의 자율성을 타당하게 만드는 합당한 교리인 성육신의 중심에서 그는 지평을 열어 주는 역사의 운동에 참여하는 신앙에서 그리스도인들의 의무와 미래의 개방성을 이해하는 타당한 길로 종말론을 바꿨다.

1963년 6월, 에른스트 블로흐와의 만남이 이런 변화에 결정적으로 영향을 주었다. 몰트만을 그런 사람으로 만들었던 블로흐가 메츠에게도 유사한 동기를 부여하다. '희미한 거울처럼' 지금은 얼핏 보이는 미래를 향해 역사의 방향을 강조하는 신학의 영역인 종말론은 메츠가 마치 미래의 종말론적 완성을 향해 움직여 가듯이 세상의 정당한 자율성을 존중하고 고무시키는 교회의 필요를 위해 논쟁하는 영역이 되었다.

그러나 예수가 하나님 통치의 긴박성으로 의미한 것에 대한 주장들이 극적으로 묘사된 것처럼, 신학을 '종말론적'이게 하는 한 가지 이상의 방식이 있고, 이런 점에서 종말론적 배경에 대항하는 것처럼 보이던 메츠의 운동은 유익한 것이다.

메츠가 종말론을 처음 사용한 것에는 분명히 종말론적 함의들이 있었다. 그는 '이념 비판'의 이론과 실천에 대한 수정주의 마르크스 전개를 바꾸어, 교회를 '비판적 자유의 제도'로 이해하는 것을 생각해 냈다. 교회는 20세기의 너무 끔찍한 특징인 폭력 형태를 인정하는 이념의 절대성으로 오싹하게 만드는 특유한 인간의 유혹에서, 역사 과정의 개방성을 지켜야 한다. 그것은 미래에 대한 하나님의 주권을 주장해 행하게 된다. 하나님의 주권은 역사에서 모든 특정 인간의 계획을 각각 상대화한다(Metz 1969:107-24).

그가 '종말론적 단서'의 개념을 결코 부정하지 않지만 그것은 그의 후기 작업에서는 두드러지게 결여된 부분이었다. 언제나 그렇듯이, 이 변화 너머에 있는 것은 (위에서 정의된 것 같은) 인간의 주체성에 대한 정치적 차원을 '위태롭게 만드는' 것에 대해 그가 매우 민감하다는 사실이다.

60년대가 막을 내리고 보다 차분한 70년대가 들어서면서 메츠는 현대성의 가장 깊은 병폐를, 이념으로 감정을 불러일으키는 폭력의 발작에 영향 받기 쉬움으로가 아니라(우리가 이미 보았던 것처럼) 점차 커져가는 무관심인 '주체의 피로감'으로 진단하기 시작했다. 메츠에게 한 주체가 된다는 것은 자기 자신과 타인을 위해 책임을 진다는 의미다. 사람은 항상 역사, 사회와 이미 연관된 존재다.

이 피로감이 의미하는 것은 인격들이라는 것이 무엇을 의미하는지, 더 의미심장하고 엄격히 말해 '누가' 인격들로 여겨질 것인지 결정하는 사회적 정치 과정들 속에 활동적으로 개입, 참여하려는 마음이 점점 없어지거나, 이런 일에의 무능함이 증가된다는 것을 뜻한다.

메츠는 역사 속에서 인간 되기가 위험에 처했다는 사실에 대해 우리의 의식이 무뎌졌다고 염려한다.

우리가 세상에 일어난 재앙들에 대해 많이 인식하지만 행동에서는 그렇지 못하다는 것이다.

> 재앙들은 음악 악보처럼 라디오를 통해 들린다. '시대 사조'처럼 모든 것이 무정하게 흘러나오는 음악은 어느 것도 간섭 할 수 없다고 들린다. 폭우가 쏟아지는 것처럼 잔악한 행위가 일어날 때 '멈춰라!'라고 소리칠 사람도 사라졌다!(Metz 1980:170 이하. 1977:150).

메츠의 경구는 "임박한 기대로서의 희망 혹은 잃어버린 시간을 위한 투쟁: 묵시의 때 이른 논제들"이라는 제목이 붙은 서른세 번째의 논제들로 구성된 에른스트 블로흐에게 보내는 그의 찬사에서 취해졌다(Metz 1980:169; 1977:165).

이런 논제들에는 시간과 세상에 대한 메츠의 지속적 관심이 표현되어 있다. 이 관심은 그를 마침내 하이데거와 접촉하던 초기로 돌아가게 했다. 그런데 이제는 기독교의 실존적 인간학의 근거로서가 아니라 현대성이 인간 실존의 현세성을 가렸다는 것을 가장 많이 이해한 20세기 사상가로 돌아왔다.

아무튼 메츠가 현세성에 대한 우리의 고갈되고 역기능적인 취급을 지적하는 하이데거의 통찰을 강조하지만 그는 소크라테스 이전 시대로 돌아가는 것보다는 "그가 묵시 전통들을 응시하는 것이 더 나을 것이라고 주장한다"(Metz and Wiesel 1999:29). 메츠는 종말론의 묵시적 형식을 단호하게 바꾸었다.

메츠는 우리 시대의 사조를 바라보는 우리의 죽은 감정과 같은 배경이 진화의 현대적 상징들, 곧 모든 것이 사라지는 것에 따른 경험적 개념의 신비적 보편화고, 또한 정말로 역사의 과정에 개입할 수 있는 새로운 것은 없다고 주장한다. 역사의 희생자를 대신해 인간의 희망과 행동을 작동할 수 없는 불구로 만드는 이 신비적 상징이 지배적이기 때문에 묵시적 종말론에 의한 비판과 수정은 불가피하다.

메츠는 역사에 개입하고 역사의 경계를 정하시는 하나님 안에서 희망으로 가득한 생명의 생기 넘치는 능력의 종말론(apocalypticism)을 옹호한다.

이런 종말에 대한 희망은 타자를 대신해 '정치적' 희망과 행동을 고무하는 것이다.

'주의 날'을 강렬하게 기대하는 것은 제자도에서 주장되는 모든 것이 흩뜨려지거나 잊히는 묵시의 거짓된 상상을 춤추면서 이끌어가는 것이 아니다. 또한, 이런 기대는 열망하고 바라는 간구 속에서 회피나 자기기만 같은 속이 뻔한 형태들 외에는 다른 것을 전혀 볼 수 없는 반성 없는 광신주의로도 이어지지 않을 것이다. 절박한 기대는 제자도를 연기하는 것도 허용하지 않는다. 그것은 우리를 무관심하게 만드는 삶의 종말론적 의미가 아니라 진화론적인 것이다. 그것은 제자도를 못쓰게 만드는 진화의 시간에 대한 상징일 뿐이다. 이와는 달리, 절박한 기대는 진화론적으로 마비되고 중독된 그와 같은 희망에 대한 기대와 시간의 관점들을 제안하는 것이다. … 종말론적 의식은 … 마태복음의 작은 계시 속에서 말해진 것처럼 너의 형제들 중 가장 작은 자와 실제적으로 연대하도록 도전하는 것 아래서 대항하는 것이다(Metz 1980:176 이하; 1977:156).

그러므로 종말 신앙에 호소하는 것은 마지막 날의 사건과 시간을 계산하는 시도 속에 누적되지 않는다. 이 호소는 희망과 창조적 정치적 행동을 고무하는 설득하는 기술이다. 이것은 메츠의 견해에서 치명적인 무관심과 절망적인 광신주의 둘 다를 야기한, 시간과 역사의 죽은 의미에 대항함으로써 호소하려는 것이다(Ashley 2000 참조).

미래를 지향하는 희망의 목표가 항상 타자들, 심지어는 자신의 원수를 위한 희망이기 때문에 메츠는 이 목표가 타자의 *소멸*을 추구하고 타자를 악으로 묘사하는 폭력적인 프락시스(praxis)를 불러오지 않으며, 비록 고난과 절망을 견디는 종말론적으로 일관된 프락시스일지라도 대가가 무엇이든지 모든 인격의 온전한 인간성을 위한 투쟁을 지속하는 것이라고 주장한다.

> 절박한 기대감의 제자도, 이것이 무관심과 증오에 저항하는 고난을 일으키는 것이 아니라 오히려 고난을 받아들이게 하는 일종의 종말론적 의식이다(Metz 1980:P 176; 1977:156).

교회론적으로 보여 준 묵시적 종말론은 종말론적 단서의 역사에 없어서는 안 될 공헌과 더불어 '비판적 자유의 제도'로서의 교회에 초점을 맞추는 것이 아니라 오히려 (현대 용어로 하면) 이 비합리적인 묵시적 희망의 불씨를 살리는 교회 안에서 이런 집단들(종종 작고, 논쟁적이며 주변적인 집단들)을 강조하는 데 초점을 맞추는 것으로 이어진다. 이런 강조는 특히 교회 안에 있는 종교적 삶의 자리를 메츠가 숙고함으로 명백하게 나타난다(Metz 1978; 1998:150-74).

우리는 메츠가 이 묵시적 종말론과 연관시킨 특유한 영성으로 끝맺어야 할 것 같다. 행동을 측정하기 위해 '과거를 고정시키지 않는' 하나님 안에 있는 묵시적 희망은 메츠가 '하나님의 고난'(Leiden an Gott)이라고 부르는 어떤 신비적 경향을 따라 유지된다.

메츠는 우리의 문제를 가지고 하나님에게 돌아가는 이 '하나님에게 물음'(Rückfragen an Gott)이라고 명하는 다른 능동적인 경향과 연관시킨다. 나는 이를 언급하기 위해 '하나님의 고난'을 해석했다. '하나님의 고난'은 '하나님에게서 고난을 받다' 혹은 '하나님을 견디다' 같은 대안적 번역이 제시할 수 있을 것 같은 수동적인 용납이나 인내가 아니다. 이것은 누군가의 모본이 욥과 마가의 예수 수난 이야기에 나오는, 즉 하나님에게 울부짖고 하나님을 부르게 하는 능동적인 입장이다. 이 영성은 고난의 기억을 지탱할 수 있고, 이 같은 행동은 희망이 없어 보인다 해도 고난의 기억을 갖고 행동할 수 있게 한다.

왜냐하면, 하나님의 약속된 응답에 희망하고 그리고 이 희망 위에서 선을 성취하기 위한 하나님의 부르심이기 때문이다.

> 이 영성은 더하게 덜하지 않게 보이는 열려진 관점의 신비주의를 인식할 만큼 준비된 하나님의 신비다. 특히, 이 영성은 모든 보이지 않고 불편한 고난을 보이게 하고, 또 인간의 친구이신 하나님을 위해 편하든 아니든 이 고난에 관심을 갖고 책임을 진다(Metz 1998:163).

메츠가 기독교 신앙의 신비적 정치적 성격의 이중적인 것에 대해 말할 때, 이는 타인을 남이라는 관점에서 인식하는 정치적 입장에 신비적 보완을 규정하고, 무엇보다도 타인의 고난을 받아들이는 사랑 속에서 정치적으로 행동하는 것이다(Metz 2003).

3. 결론

나는 여기서 기독교가 유대교적 뿌리를 회복하는 것에 호소하는 것 같은 메츠의 기획에 대한 여러 가지 결정적인 특성을 논의하지는 않았다(Metz 1999). 또한, 나는 메츠의 작업에 대한 특유의 비판을 검토하지도 않았다.

내가 주장한 것은 예를 들어, 신정론, 고난에 대한 기억 그리고 인간 주체가 되고 인간 주체로 남는 것에 대한 여전히 근본적으로 위험에 빠진 기획에 대한 메츠의 확고한 초점은 비역사적이고 승리를 단정하는 기독교(확실히 왜곡되었지만)에 너무 가혹하게 반응하기에, 그는 예수의 죽으심과 부활로 단번에 일어난, 기독론과 구원론에서 기독교 신앙이 주장하는 진정한 승리를 정당화할 수 없다는 사실이다(Reno 1992; Tück 1999).

이런 비판들은 부분적으로 메츠가 적어도 이를 했을 기독론의 윤곽들을 산출해 내는 이런 입장들을 적절하게 검토하지 못하면서 일어난다고 나는 판단한다. 또 부분적으로 20세기 '고난의 역사'가 기독교 신앙과 신학에 제기하는 도전의 엄중함에 대한 매우 다른 불일치에서 일어난다고 생각한다(Metz 1998; Metz and Wisel 1999).

하지만 이런 문제들은 메츠가 그의 스승 카를 라너의 상징성이던 교리적 쟁점(논문 양식에서조차도)을 공들여 만들어 제시하지 않았다는 것을 보여 준다. 나는 소브리노(Jon Sobrino)의 기독론이 메츠의 작업으로 제시된 근본적 접근에 적합하고 그리고 메츠의 기독론적 주장에 대한 비판들에 답하고 있다는 것을 알 것 같다. 그러나 이 같은 제안은 여기에 제시될 수 있지만 논의되기는 어려울 것 같다. 마지막으로 메츠의 신학은 근본적 신학이고, 근본주의 신학이 공헌하는 데에만 그의 신학이 존재한다.

메츠의 신학은 기독교 신앙의 진리와 타당성, 특히 현대인들에게 제시하고자 하는 희망에 대한 '첫 번째 단계의 사색'을 정당화하려는 의도가 있다. 특히, 그의 신학은 인격들이 자유의 계몽주의적 이상, 박탈할 수 없는 모든 인간의 존엄성, 정의 그리고 어떠한 희생의 대가를 치르더라도 이런 이상들을 위해 투쟁할 의무를 포기하게 하는 '제2차 미성숙'으로 위협을 받고 있는 세상 속으로 밀어 넣는다.

메츠의 정치신학이 정말 잘 보여 주는 것은 이런 이상들을 배경으로 희망에 대한 설명을 제시할 수 없는 기독교가 정치적으로 부적합하다는 것이 아니다.

더 중요하게는 교회가 '예수의 고난, 죽음, 부활'에 대한 기억(*memoria passionis, mortis, et resurrectionis Jesu*)의 도전에 불성실하다. 이 도전은 우리로 하여금 기억된 공동의 역사적 과거에서 출발하는 미래에 대한 교회의 독특한 희망 방식으로 움직이게 할 수 있고 움직이게 해야 하는데 말이다.

참고 문헌

Ashley, J. M. (1998). *Interruptions: Mysticism, Politics and Theology in the Work of Johann Baptist Metz*. Notre Dame, Ind.: University of Notre Dame Press.
_____.(2000). "Apocalypticism in Political and Liberation Theology: Toward an Historical *Docta Ignorantia*." *Horizons: The Journal of the College Theology Society* 27: 1 (Spring), 22–43.
Browning, Don (1991). *A Fundamental Practical Theology: Descriptive and Strategic Proposals*. Minneapolis: Fortress.
Chopp, Rebecca (1986). *The Praxis of Suffering: An Interpretation of Liberation and Political Theologies*. Maryknoll, NY: Orbis.
Metz, J. B. (1969). *Theology of the World*, trans. William Glen-Doepel. New York: Herder & Herder.
_____.(1970). "Kirchliche Autorität im Anspruch der Freiheitsgeschichte." in J. B. Metz, J. Moltmann and W. Oellmüller, *Kirche im Prozeß der Aufklärung*. Munich: Kaiser-Grünewald.
_____.(1977). *Glaube in Geschichte und Gesellschaft*. Mainz: Matthias-Grünewald.
_____.(1978). *Followers of Christ*, trans. Thomas Linton. Mahwah, NJ: Paulist.
_____.(1980). *Faith in History and Society: Toward a Practical Fundamental Theology*, trans. David Smith. New York: Crossroad.
_____.(1984). "Productive Noncontemporaneity." In Jürgen Habermas (ed.), trans. and intr. Andrew Buchwalter, *Observations on "The Spiritual Situation of the Age"*. Cambridge, Mass.: MIT Press.
_____.(1986). "Politische Theologie und die Herausforderung des Marxismus: Ein Gespräch des Herausgebers mit Johann Baptist Metz." In Peter Rottländer (ed.), *Theologie der Befreiung und Marxismus*. München: Edition Liberación.
_____.(1987). "Communicating a Dangerous Memory." In Fred Lawrence (ed.), *Communicating a Dangerous Memory: Soundings in Political Theology*. Atlanta: Scholars.
_____.(1989). "Theology in the New Paradigm: Political Theology." In Hans Küng and David Tracy (eds.), *Paradigm Change in Theology: A Symposium for the Future*. Edinburgh: T. & T. Clark.
_____.(1998). *A Passion for God: The Mystical-Political Dimension of Christianity*, trans. and intr. J. Matthew Ashley. Mahwah, NJ: Paulist.
_____.(1999). "Christians and Jews after Auschwitz: Being a Meditation Also on the End of Bourgeois Religion." In John K. Downey (ed.), *Love's Strategy: The Political Theology of Johann Baptist Metz*. Harrisburg, Pa.: Trinity.
_____.(forthcoming 2003): "Toward a Christianity of Political Compassion." In Kevin Burke SJ and

Robert Lassalle-Klein (eds.), *The Love that Produces Hope*. Collegeville, Minn.: Liturgical Press

Metz, J. B., and Wiesel, E. (1999). *Hope Against Hope: Johann Baptist Metz and Elie Wiesel Speak Out on the Holocaust*, trans. J. Matthew Ashley. Mahwah, NJ: Paulist.

Rahner, Karl (1978). *Foundations of Christian Faith: An Introduction to the Idea of Christianity*, trans. William Dych. New York: Crossroad.

_____.(1982). "The Intellectual Formation of Future Priests." In *Theological Investigations*, vol. VI: *Concerning Vatical Council II*, trans. Karl-H. and Boniface Kruger 113–38. New York: Crossroad.

Reno, R. R. (1992). "Christology in Political and Liberation Theology." *The Thomist* 56: 2 (April), 291–322.

Tück, Jan-Heiner (1999). *Christologie und Theodizee bei Johann Baptist Metz*. Paderborn: Schöningh.

제18장

아시아의 정치신학들

알로이시우스 피에리스(Aloysius Pieris)

　아시아의 기독교는 두 유형의 정치신학을 표방했다. 두 번째 밀레니엄의 후반기(1500년 이후부터)에서 아시아의 지배적인 정치신학은 기억을 더듬어보면 밀레니엄(1970년대 이후부터) 마지막 10년 동안 모습을 드러낸 다양한 해방신학들과는 현저하게 다른 '지배신학'으로 명명할 수 있을 것이다.

　지배신학은 기독교 선교와 서구 식민주의의 세속적 연합에서 나온 결과로 '유럽 교회의 팽창주의' 정책 속에서 암암리에 작동했다. 이 지배신학은 아시아의 선교신학에서는 특이한 것이 아니다. 그리고 지배신학은 서구 교회에 있는 특정 역사의 기간들을 취급하고 있는 공동 항목 아래서 다루어져야 하는 주제기에, 이 장에서는 범위를 위에서 언급된 두 번째 유형의 신학으로 한정할 것이다.

　아시아의 정치신학은 아시아 기독교 공동체가 내리는 정치적 선택에서 발생하고, 전개하고, 누적되는 신학 유형들로 잠정적으로 기술될 수 있다. 아시아 기독교 공동체는 교회와 교회 주변의 더 큰 (비기독교) 공동체에 영향을 미치는 사회적 갈등이나 사회적 필요에 성경적으로 영감을 받은 하나의 반응으로서 정치적 선택을 한다. 이 같은 정의와 부합하는 신학의 모든 미묘한 차이를 기술하기에는 이 장의 지면이 부족할 것이다.

　하지만 폭넓은 주요 경향들을 묘사하는 것은 아시아의 제3세계신학이나 해방신학이라는 주제 아래 다양한 형태들로 간략히 언급될 것이다. 이 주요 경향을 준거로 해 희망적 기대로서 한국의 민중신학(Korean Minjung theology), 비교할 수 있는 운동으로서 달리트신학(Dalit theology) 그리고 이 두 신학과 평행을 이루는 운동으로서 아시아 여권주의 신학을 다룰 것이다.

1. 아시아의 제3세계신학 또는 아시아의 해방신학

1) 양극성: 종교성과 빈곤

1970년대는 제3세계와 해방이라는 용어들이 신학에서 같은 어원적 개념들로 인식되기 시작한 때다. 제3세계의 개념은 제1세계의 자본주의 국가들과 제2세계의 공산권에서 이어지는 세 번째 세력이라는 의미로 주로 이해되지 않았다. 오히려 이 말은 원래 프랑스어 '띠에르 몽드'(tiers monde)라는 용어에 따라 1950년대와 1960년대의 탈식민지화한 나라들이 열망했던 '대안적 세계'를 암시한다.

그리스 교부들이 이들의 종교가 유대교도 아니고 헬레니즘 종교도 아니라 '테르티움 퀴드(tertium quid), 곧 '제3의 어떤 것'을 강조하기 위해 이 동일한 용어인 '트리톤 게노스'(triton genos)를 기독교에 적용시켰다는 점에서 많은 부분에서 다른 두 나라의 어느 것과도 다른 세계를 암시한다. 그럼에도 불구하고 제3세계는 수적 우위성을 가리키는 것에 더해 엄청난 빈곤과 다른 두 세계들의 약탈을 통해서 구분되는 개념으로 이해되었다.

미국의 베트남 전쟁 패전과 초강대국의 지원 없이 자립한 중국의 발흥은 1970년대에 일어난 아시아의 제3세계 의식에 힘을 불어넣었다. 비동맹국 운동은(Non-Alignment Movement) 이 새로운 자각을 가장 잘 표현한 정치적 상징이었다. 이 정치적 의식을 사용한 제3세계 그리스도인들은 짐치 1960년대의 '개발' 모델을 거부했고 제3세계의 지도자들의 '해방' 의제를 지지했다. 제3세계 지도자들에게 개발된 두 세계가 지배의 중심이었다.

그런데 해방신학자들 가운데 공산주의 체제에서 시민의 자유를 부정하는 것에 반기를 든 비판적인 목소리들이 분명히 있었던 것이 사실이기는 해도, 일부 해방신학자들이 자본주의를 맘몬 숭배로 보아(오늘날에도 여전히 이 신학의 근본적 공리) 혐오한 불가피한 결과로 사회주의 영역에 의존했던 것도 사실이다.

페루의 신학자 구스타보 구티에레즈(Gustavo Gutiérrez)의 획기적인 책『해방신학』(A Theology of Liberation, 1971)은 1976년 다르 에즈 살람(Dar es Salaam)에서 제3세계신학자초교파협의회(EATWOT)를 결성함으로써 절정에 달할 정도로 제3세계 신학자들이 생각하는 광범위한 영향을 드러냈다.

제3세계신학의 아시아적 해석은 '아시아의 해방신학'으로 더욱 빈번하게 언급되기 시작했다. 왜냐하면, 경제적 도움을 얻으려고 야곱의 굶주린 자녀들이 이집트의 부유한 나라를 향해 서쪽으로 여행했으나, 결국 후자의 문화 정치적 지배의 희생자로 떨어지게 되면서, 이제부터는 제3세계라는 표현이 '신학적' 범주의 입장을 얻게 되었기 때문이다.

이스라엘의 기억 속에 각인된 노예 상태에서의 탈출은 죽음과 종의 상태에서 성령 안에서의 생명과 자유를 향한 예수님의 유월절에서 절정에 달함으로써 이 신학이 되풀이하고 있는 성경적 축이 되었다. 이는 탈출이 언약 동반자들로서의 야훼와 이스라엘이 가나안, 바벨론, 이집트에 정착했던 인간의 공동체와 생태계의 공동체를 조직화하는 세 번째 대안의 길, 즉 정의로운 사회의 대안적 모델을 세움으로써 계승되었기 때문이다.

또한, 새로운 이스라엘의 탈출은 대조적인 사회인 예수 공동체의 결과다. 따라서 제3세계 신학자들은 자신들의 신학 작업의 중심지가 근본적 기독교 공동체들일 것이라고 주장했다. 예를 들어, 핵심적인 가난한 나라 공동체일 것인데, 이 공동체를 통해 바라건대 제도화된 교회가 복음의 정신을 따라 서서히 변화되고 고무되며 교회가 원래 되어야 했을 것, 곧 대조적인 사회가 되게 한다.

이 신학에 대한 아시아식 해석은 1979년 '제3세계신학자협의회'(EATWOT, Ecumenical Association of Third World Theologians)의 아시아신학위원회(ATC)에서의 격렬한 논쟁을 통해 라틴 아메리카 모델을 배경으로 자신의 고유한 정체성을 성공적으로 자세히 밝혔다. 곧 아시아화된 신학이 갖는 일반 대중들의 착취와 빈곤으로 구성되는 '제3세계성'(third worldness)과 다양한 측면을 가진 종교성 면에서 구체화되는 '아시아성'(Asianness) 사이에 어떤 구별이 이루어졌다.

이후로 신학적 상황을 지배하기 시작한 '빈곤'과 '종교성' 두 개념은 구원론적으로 상반되는 대립으로 평가되었다. 예를 들어, '빈곤'은 부요하고 사치스러운 일부의 탐욕으로 일반 대중에게 부과될 때, 하나님 통치에 반하는 징표로서 반(反)복음주의적 현상이 된다. 그러나 빈곤이 자발적으로 수용될 때는 아시아의 여러 종교에 대한 해방적인 자기 훈련으로 반응하는 기독교 제자도의 지복적인 상태가 된다.

이와 유사하게, 서로 다른 종교들이 불의한 사회 질서를 드러내고 지속시키는 일반 대중의 가난과 계급제도를 용인하거나 비난하는 것에 따라 아시아의 '종교성'은 해방하거나 노예화하는 것으로 보이기 시작했다. 자체로 악인 것은 부가 아니다. 부는 마치 성만찬의 떡처럼 모든 사람에게 공유될 때, 역시 공동체의 성례전이 될 수 있다. 하지만 이기적인 소수만 부를 향유한다면 이런 부는 맘몬 숭배(곧 주의 몸에 대항하는 죄)가 된다.

이론적으로는 모든 종교가 조직화된 욕심과 대중의 빈곤이, 선택하는 빈곤 실행과 강압적 빈곤 감소가 인과적으로 연결되어 있다는 사실을 본다. 그러므로 개인의 탐심(탐욕스러운 본능)에서의 해방을 가르치는 아시아의 종교에 적합한 자기 성찰이나 자기 분석 도구들과, 제도화된 탐욕(억제되지 않은 자본주의)의 방식을 드러내는 사회 분석, 계급 분석 도구들은 이 아시아의 신학에 따르면 해방 이론을 우선적으로 형성하는 해방적 프락시스를 위한 전략으로서 서로 결합되어 이용된다.

이 같은 신학에서, 보편적 종교(서구 인류학자들에게 경멸적으로 정령주의, 또는 자연 숭배로 언급되었고 또 식민지 기독교의 초기 사람들에게 '다신론'과 '우상'으로 여겨져 거부되었다)는 긍정적으로 재평가되었다. 실제로 보편적이란 말은 주요한 세계 종교들의 일반적 형태와 마찬가지로 아시아와 오세아니아의 부족 및 씨족 문화를 언급하기 위해 이런 신학자들의 어휘 속으로 점차 진입한 하나의 신조어다. 이 세계 종교의 일반적 형태들은 아래 설명되고 있듯이 '초보편적' 구원론들로 알려졌다.

이렇게 알려진 부족과 씨족 문화들을 특징짓는 신념 및 실천의 순환 속에서 자연의 능력들이나 보편적 영향력들이 보편적 공동체의 소유자나 집권자들이 아니라 보편적 공동체에 참여하는 구성원들인 인간의 중요한 필요들을 나타내고 유지하는 것이다. 그러므로 두렵게 하기도 하고 도움을 주기도 하는 불, 바람 등과 같은 자연의 힘들은 기술 관료 정치 국가에서처럼 부당하게 이용되지 않으며, 인간의 안녕을 위해 경건하게 의존되고 제의적으로 다스려진다.

과학 기술은 이런 자연적 에너지들을 제어하는 현대적 방식으로 제공되며, 따라서 반드시 해로운 것은 아니다. 예컨대 가뭄 동안 비를 요청하는 의식들은 현대의 물 저장과 관개 시스템을 만듦으로써 보완되는 것이지 이와 모순되지 않는다. 이런 방법들이 보편적 종교의 생태 영성과 반드시 충돌하는 것이 아니기 때문이다.

하지만 이와는 달리 생태 공동체를 세속화하려는 노력들과 함께 기술 관료 정치는 보편적 종교성에 해를 가하고 있다. 신학자들은 가난한 자의 생태 보편적 종교성을 자신들의 신학적 프락시스로 통합하는 노력 속에서, 과학 기술과 기술 관료 정치 사이를 이렇게 구분한다.

죽음으로 인간은 우주 속에, 에너지를 부여하는 힘(신들, 조상들, 망령들, 영혼들)으로 흡수된다. 자연의 모든 힘은 인간들과 결합하는 인격적 신 존재들로서 간구되고 경외되기도 한다. 이런 힘들은 인간 속에 있는 비인격적 도구들이 아니다. 인도 종교의 '데바'(devas), 동남아시아의 '피스'(phis), 티벳의 '본'(bons)은 인간들과 상호 교류하는 그와 같은 보편적 세력들이다.

일본 신도의 '카미'(kamis) 숭배와 중국 유교의 조상 숭배는 문화적으로 정의되며, 종교적으로는 보편적 정신의 우아한 형태들이다. 따라서 불교 같은 초보편적 종교는 다양한 아시아 지역에서 이런 숭배들을 문화화 과정에 포함해야 했고, 대중 불교로 알려진 것은 다름 아닌 초보편적 불교에 지역적 특성이 더해진 보편적 토대다.

'보편적'과 '세속적'의 차이에 주목해야 한다. 비록 이 둘이 현 세계를 긍정적으로 확신한다고 하더라도 보편적인 것이 '성스러운 이 세상'(sacred this-worldliness)을 가리키는 반면, 세속적인 것은 자체에 대해 성스럽지 않음으로 정의한다. 그러면 우주는 신성하기에 창조의 성례적 이론을 유발하는 생태 영성을 고무하고, 기술 관료 체제, 곧 창조의 도구적 이론에 오염된 기술과 충돌한다.

이와 달리 이 세상은 아시아 역사에 기록된 여러 혁명적 폭동의 물결 속에 부족 및 씨족 사람들의 두드러진 참여에 대해 설명하고 있다. 따라서 혁명적 잠재력이 있는 종교적 현상으로서의 보편적인 것은 아시아의 해방신학에서 불가피한 요소가 되었다.

다른 한편으로, 초보편적 종교는 초자연적이거나 초현상적인 지평을, (전적으로가 아니라 대부분) 영지적인, 또는 (전적으로가 아니라 대부분) 아가페적인 용어로 정의된 구원론적 목적으로 상정한다. 영지(靈智)를 추구하는 종교에서는 궁극적인 목표(베단트 힌두교의 브라만-아트만, 불교와 자이나교의 니르바나, 도교의 도)에 '영지'(gnosis)나 구원을 초래하는 지식을 통해 도달한다. 여기서 사랑은 지식에 부차적이다.

구원론의 두 번째 종류에서는 궁극적 실재(유대교의 야훼, 기독교의 아바와 예수의 아버지, 이슬람교의 알라)와 '아가페'(agape)와 해방하는 사랑을 통해 만나게 된다. 여기서는 지식이 사랑에 흡수된다.

초보편적 종교성의 이런 두 흐름은 각 나라나 지역에서의 인구 통계 상황에 따라 아시아 해방신학에 다 같이 혼합되어 있다. 아시아에서 아주 작은 소수자들의(거의 3퍼센트에 해당하는) 종교가 집중되어 있는 지역을 제외하고는 기독교가 초보편적 종교들의 영지적이고 아가페적인 형태에 대한 해방하는 힘의 관점에서 해방신학을 말해야 한다.

하지만 초보편적 종교들은 이 종교들의 '순수한' 형태 속에서는 결코 발견되지 않는다. 왜냐하면, 이런 형태들은 아시아의 다양한 영역에 널리 퍼질 때 유일한 자연스러운 토양인 보편적 문화 속에 항상 그 뿌리를 내려야 했기 때문이다.

다시 말해, 이런 초보편적 종교들의 대중적 형태들이(대중 불교, 대중 힌두교 그리고 심지어 대중 기독교로 알려져 있는) 일탈되었다고 거부되는 것이 아니라 보편적 표현, 또는 더 엄밀히 말해 이런 초보편적 종교들의 보편적 토대로 평가되고 있다는 것이다. 따라서 만일 아시아의 다양한 구원론의 인격적, 영적, 사회적, 정치적 그리고 보편적, 생태적 차원들이 통합되지 않는다면, 아시아 해방신학은 아시아적이지 않고 그렇다고 해방적인 것도 되지 못한다.

2) 언약의 기독론

이제 기독론에 대해 한마디 해야 한다. 기독론은 기독교 신학을 '서 있게도 하고 무너지게도 한다'(*punctum stantis et cadentis*). 일반적으로 아시아 신학이 그리스도의 유일성을 타협한다는 의심은 해방신학을 말할 때 직접적으로 비난을 받게 된다.

아시아의 정치신학에서 빈곤의 정치학과 기독교 신학이 다른 어떤 대륙에서보다 서로를 받아들이는 것을 배우고자 하는 더 큰 임무를 가지고 있기 때문에 기독론의 아시아적 패러다임은 칼케돈 모델로부터 극적으로 변화를 시도했다. 이는 교회의 기독론적 회의들이 본디오 빌라도 아래서 예수의 죽음을 역사적으로 기록한 정치적 차원을 무시했고, 또 역사적 입증의 범위를 넘어서는 성육신의 신비에서 인간과 하나님을 화해시키려는 철학적 문제에 과도하게 초점을 맞추었기 때문이다.

해방신학자가 주장할 성육신 사건은 예수의 삶, 일, 언어 그리고 특히 승리를 거둔 죽음에 비추어 해석되어야 한다. 반대로 해석해서는 안 된다. 예수의 죽음은 승리적이었다. 왜냐하면, 십자가가 단순히 그의 죽음의 장소가 아니라 그의 찬미, 곧 그의 부활과 승천 그리고 오순절의 장소기 때문이다.

이 사건들에 대해 복음서 저자들은 나약한 인간 마음들에 일련의 예배 의식을 통해 천천히 되돌아보며 경험할 필요가 있는 시간을 주는 십자가 죽음 이후 사건들로 널리 전한다. 해방의 언어로서의 십자가는 하나님이 맘몬 사상을 굴복시키고, 사랑이 권력을 무너뜨리며, 생명이 죽음에서 일어나며, 희생자가 승리자로 돌아오는 정치적 갈등의 현장을 의미한다. 십자가는 해방의 기쁜 소식을 상징한다. 이 소식의 주요 수신자들과 이 소식 전달을 도맡은 사람들은 오늘날 정치적 갈등의 희생자들이다.

십자가의 정치에 대한 어떤 관심도 없이 다른 종교와의 대화에 참여하는 아시아의 그리스도인들(때때로 신학자들이 토착주의자와 원주민주의자라 불렀던)은 칼케돈 사상을 아시아 기원을 갖는 신-인간 숭배들과 평행하는 이론들이라고 대부분 확신할지 모른다. 그러나 정치신학은 예수의 두 세례(침례)를 다 같이 주장해야 한다.

하나는 '아시아의 종교성이라는 요단 강'(에세네파, 바리새파, 사두개파, 열심당의 속박적인 종교성 아래서가 아니라, 나중에 정치적 암살의 희생자가 되는 요한이 제시한 해방적 종교성의 신명기의 예언자적 줄기 아래서 제자도를 선택하는)에서의 세례다.

다른 하나는 '아시아의 빈곤이라는 갈보리'에서의 세례다(아시아의 빈곤은 종교적 정신을 가진 일반 대중들의 지역 착취자들과 제국의 식민주의자들 간 정치적 음모의 제물이다). 갈보리를 상정하는 이 그림은 대부분 아시아 국가의 현실에 있어서 정말 사실적이기 때문에 복음서에 침례(세례)라고 언급된 예수의 겸손하고 용감한 사랑의 행동은 복종을 요구하는 환희의 정복자가 아닌 사랑을 이끌어내는 겸손한 종이자 선생으로서의 그리스도를 나타낸다.

그리스도의 특별함이 드러나는 것은 바로 이런 그리스도(마음이 온유하고 겸손한), 곧 결코 누구에게도 종교를 바꾸라고 요구하지 않지만, 그의 온유함과 낮아지심과 일치하게 오로지 사람들의 방식을 바꾸신(슈브[*shub*], 메타노이아[*metanoia*]: '회개하다'라는 뜻의 헬라어 두 단어-역주) 그리스도의 이미지 안에서다.

이 같은 그리스도는 다른 종교들의 창시자들과 경쟁하지 않으시고, 어느 위대한 선생도 행하지 않은 방식으로, 아시아의 종교성을 빈곤의 정치로 활성화한다. 따라서 칼케돈 신조가 (예수 안에 있는 인성과 신성이 분열도 혼합도 하지 않는다는 것을 주장한 것은 옳지만) 예수에게 진정으로 독특했던 것을 간과했다는 것은 예수의 삶과 죽음이 갖는 정치적 측면을 무시한 데 있다.

아시아 정치신학자들은 전통적 기독론이 그리스도의 사명에 헌신하는 것을 고무하는 대신 성육신에 대한 지나친 사색에 몰두했다고 지적한다. 곧 전통적 기독론에서 성육신은 프락시스를 사변적으로 생각해 추출해야 하는 하나의 이론이라는 것이다. 위에서 언급된 두 세례(침례)를 요구하는 사랑의 메시지가 이 칼케돈의 실행에는 없다. 이는 성육신에 몰두하는 것이 십자가의 정치를 가리기 때문이다.

사랑의 두 명령(마 22:40) 속에 있는 계시와 구원 전부를 되풀이한 예수는 하나님에 대한 사랑을 이웃 사랑(마 7:12)으로 집약하는 정도뿐 아니라, 이웃 사랑을 우리의 삶 여정에서 만나는 도적과 위법의 희생자의 이웃이 되는 삶으로 규정하는(눅 10:29-37) 정도까지 나아갔다. 이 사실은 예수 안에서 하나님이 나의 이웃이 되신다는 것뿐 아니라, 이런 신적 이웃은 특별히 불의의 희생자며 내가 그의 역경과 연관되는 것에 대해 나에게 구원을 베푼다는 것을 확인해 준다.

"하나님은 압제당하고 있는 나의 이웃이 된다"는 것처럼 그리스도를 이런 방식으로 이해한다는 것은 언약의 기독론이라고 부르는 것을 발전시켰다. 왜냐하면, 탈출이 여호와와 이집트에서 탈출한 노예들의 언약으로 절정에 이르게 하는 해방의 과정이기 때문이다. 해방의 목적은 정의와 사랑에 근거한 대안적 사회를 세상에 제시하는 것이다.

어떤 점에서 여호와만이 지배하고 다른 피조물이 지배하지 않는 대립적인 사회는 주권으로 섬기게 되는 것이다. 제국주의의 권력이나 지배적 사회 계급에 대한 동의에 서명하지 않는 것은 여호와의 성격이었다. 따라서 비기독교 국가들에 대한 서구 압제자들과 공모했던 식민주의 기독교는 해방에 대한 하나님의 메시지를 설교하라는 위임이 없었다. 이는 그리스도가 하나님과 억압받은 자를 한 인격 속에 구현하기 때문이다. 따라서 그들의 지배신학은 이 언약에 기초를 두고 있는 해방신학으로 대체되어야 한다.

새로운 언약은 육신으로 오신 예수가 그의 제자들을 언약의 동반자로 두었다는 것을 보여 준다. 칼케돈 신조가 그리스도를 '신성과 인성'의 연합으로 본 반면, 해방의 기독론은 '하나님과 불의의 희생자'가 분리할 수 없는 하나의 구속적(언약적) 실재로서 만나게 된 분으로 예수를 본다. 그러므로 예수의 인격은 칼케돈에서 가정되던 개별적 실체가 아니라, 그는 가난한 자를 자기 자신의 몸으로서 받아들이는 점에서 '합체된 인격'(corporate person)이다.

아시아의 해방신학자들에게, "예수는 주님이시다"라고 고백하는 것은 말과 행동으로 "예수는 새로운 언약이시다"라고 선포하는 것이다. 따라서 만일 이런 선언이 '가난하게 되려는 개인적인 투쟁'을 통해서뿐 아니라 '가난한 자를 위한 정치적 투쟁'을 통해 하나님의 분리할 수 없는 언약 동반자로서의 열정적인 연관성에 따르는 진정성을 보이지 않는다면, 예배모임 가운데 경험한 주님을 전하기 위해 목소리를 높이고 공적 증거를 나타내는 것은 의심을 받는다.

이 투쟁의 두 가지 유형이 위에서 언급한 예수의 두 번의 세례(침례)를 불러일으킨다. 분명 아시아 해방주의자와 복음주의자는 두 가지 다른 강단에서 말한다. 이들은 서로 다른 두 그리스도를 설교하고 있다.

이 언약의 기독론은 신약성경에서 계시와 구원 전체를 요약한 사랑의 두 명령으로 집약될 수 있다. 예수가 성경에서 반복하여 말하고 있는 말씀(Word)이기에 예수가 육신의 몸으로 온 이중적 사랑의 명령이 따라온다.

이 같은 추론에 따라 첫 번째 명령(예수가 우리를 사랑한 것처럼 당신의 희생자 이웃을 사랑하라)은 해방의 기독론으로 전개하는 두 가지 명쾌한 격언(혹은 경구)은 제각기 변형되었다.

첫째, 하나님 사랑: 예수는 하나님과 맘몬 숭배 간 폐기할 수 없는 이율배반이다.
둘째, 이웃 사랑: 예수는 하나님과 가난한 자 간 폐기할 수 없는 보호 협정이다.

따라서 하나님에 대한 사랑(복음적으로 가난한 자가 되려는 투쟁)과 이웃 사랑(사회적으로 가난한 자를 위한 투쟁)은 그의 육체의 날에 예수가 살아온 것처럼 그를 따르는 행동이고, 또 가난한 자 안에서 우리가 그를 이제 알고 있는 것처럼 그리스도를 섬기는 행동인 해방주의 프락시스를 구성한다. 이것이 우리 신앙의 그리스도가 되시는 역사의 예수를 선포하는 제자도와 섬김의 이중 행동이다.

하나님이 공동의 적에 대항해 가난한 자들과 맺으시는 방위 조약으로서 그리스도를 만나는 이 방식은 기독교 소수 집단이 아시아에서 무시할 수 없는 하나의 사명인, 인간 상호 간 정의 영역에서의 종교 간 협력에 대한 중요한 정치적 함의들이 있다. 그리스도 안에서, 하나님에게 반대하는 모든 것이 가난한 자에게 반대하는 모든 것과 일치하기 때문에 물신(하나님과 가난한 자 둘 다의 적)을 왕좌의 자리에 앉히는 어떤 사회, 경제적 체계는 언약의 위배로서 저항되어야 한다.

이것이 성경에서 또 아시아 해방신학의 가르침에서 으뜸 되는 자명한 이치다. 오로지 하나님만이 통치하시는 곳은 어디든지(즉 '하나님의 통치', 예수의 계획에서) 절대 억압적인 빈곤이 없고, 아시아의 모든 종교의 공동 유산들인 해방적 빈곤의 축복만 있을 뿐이다.

우리는 다음 같은 이유에서 그것을 '비(非)우상 숭배의 빈곤'이라고 정의할 수 있다. 대부분의 아시아의 종교적 체계가 비(非)유신론적 구원론인 것처럼,

진정한 종교성을 부정하는 것은 무신론과 동일한 것이 아니라 우상 숭배(피조물의 탐닉, 상대성에 대한 절대화, 우연성을 위한 탐욕, 물욕 본능의 노예, 곧 우리가 물신 숭배로 알고 있는 것에 해당하는 것들)와 동일한 것이다. 따라서 가난한 자로 살아가려는 개인적인 투쟁(모든 종교에게 공유된 반[反]우상적 영성)은 종교 간 대화를 위한 일반적 근거(paltform)인 반면, 개인 구원의 한 조건으로서의 가난한 자를 위한 정치투쟁은 이 대화에 대한 독특한 기독교적 공헌을 구성한다.

사회 해방과 개인 구원이 같이 새로운 언약의 어떤 분리할 수 없는 헌신을 구성한다는 독특한 메시지와 함께, 기독교는 다른 종교들과 경쟁하지 않고 다른 종교들을 상호 보완한다. 다시 여기서 이교도를 개종시키려는 복음주의적 열성이 해방주의자의 다른 종교주의자들과의 연대로 대체된다. 후자의 경우에는 적이 다른 종교의 사람들이 아니라 종교적이고 교파적인 연합을 초월하는 맘몬을 숭배하는 사람과 제도들이다.

마지막으로 중요한 질문 하나에 답할 필요가 있다.

"아시아 해방신학, 기독론의 저자들은 누구인가?"

대학에서의 가르침과 도서관에서의 학문적 연구들로 알 수 있는 것은 확실히 없다. 이런 것들은 단지 기본적 인간 공동체들의 경험을 설명하고 표현한다. 공동체들에서는 서로 다른 종교를 갖거나 종교가 없는 사람들이 정치적으로 도전받는 상황들에서 가난한 자들을 위해, 또한 가난하기 위해 투쟁한다. 이들의 행동주의는 서로의 종교적인 경험들과 상호 경전 연구들을 주기적으로 공유함으로써 강조된다.

이 결과가 혼합주의(각 종교의 특유한 맛이 다른 종교의 맛으로 바뀌는 종교들의 칵테일)도 아니며 그렇다고 종합주의(그들의 구별되는 정체성들을 이 과정에서 다 같이 잃어버린 종교의 구성 요소에서 완전히 새로운 것을 창조하는 것)도 아니라 종교들의 '공생'(symbiosis)이다. 이것은 해방의 프락시스에 대한 다른 종교들의 독특한 접근들에 도전을 받았던 각 종교가 다른 접근들과의 반응에서 자체의 특유성으로 자체를 발견하고 새로운 이름을 붙인다는 의미다.

근본적 인간 공동체에서는 종교적 정체성을 분류하고 그리스도의 유일성을 상세히 설명하게끔 그리스도인들을 돕는 사람은 비(非)그리스도인들이며, 이런 방식 안에서 강단의 신학자들이 나중에 기독론을 상세히 설명한다. 이 신학을 독특한 유형으로 발전시키는 다른 나라들과 함께 이런 사고의 맥락에는 변화들이 있다. 스스로 '상황적 사회신학'이라고 부르는 인도네시아 모델이 출현했던 것에 반해, '투쟁신학'은 몇몇 필리핀 신학자가 이런 신학에 대한 자신들의 해석이라고 일컫기를 좋아하던 이름들 중 하나다.

교회가 중국에서 나타나는 토착화와 같은 것에 참여하고 현명하게 수용하도록 요구되고 있는 애국협회(Patriotic Association)와 중국의 삼자교회 운동(Three Self Movement)을 주도하는 신학자들은 달성해야 할 목표로서가 아니라 이들의 사람들 가운데 주어진 사실로서 해방을 검토하는 것처럼 보인다. 이와 평행하는 추세는 베트남에서 관찰되어 왔다.

북한에서 이런 경향에 해당하는 것이 주체 철학자들(다음에서 '민중신학' 아래 논할)과 협력하는 그리스도인들에게서 발견된다. 팔레스타인 그리스도인들 역시 이들이 "사벨"(길, 통로나 생수의 샘이라고 하는 아랍어)이라고 부르고 "모퉁이의 돌"(평화와 정의를 향한 비폭력적 투쟁을 고무시키는 잡지의 이름이기도 한)인 예수 그리스도의 삶과 가르침에 근거한 평화와 정의를 위한 비폭력적 투쟁을 지지하는 '초교파 해방신학 운동'을 차츰 발전시키기 위해 애썼다.

2. 민중신학, 달리트신학 그리고 아시아 여권주의 신학

1) 한국의 민중신학

한국의 민중신학(MT)은 아시아 최초의 정치신학이다. 비록 민중신학이 1970년대 한국에서 출현되었다고 하지만 이 민중신학이 부화하기까지는 약 한 세기가 걸렸다. 왜냐하면, 민중신학은 사실상 발전의 세 번째 단계기 때문이다. 민중신학 발전은 민중신학자들이 민중 기독교(MC)로 칭하는 것으로 거슬러 올라갈 수 있는데, 민중 기독교는 19세기 일본의 한국 지배에 저항한 민중 운동(MM)을 기독교가 전용한 것이었다.

민중신학에서 '민중'(Minjung)이란 말은 (신약성경에 나오는 '라오스'[laos]에 대응되는) 의식화된 사람들을 의미하며, '대중'(Daejung) 곧 방향 감각을 잃은 '일반 대중들'(신약성경에 나타나는 '오클로스')에 반대되는 개념이다. 이렇게 신학적으로 분명한 표현(MT)처럼 민중 기독교(MC)는 억압받는 대중들을 정치적으로 각성한 사람들로 변화시켜 이들의 사회정치적 운명을 이들 자신의 손에 맡기는 것을 전제로 한다.

민중 운동의 핵심적인 특징은 번역이 거의 불가능한 한국어 표현인 '한'(恨, han)의 개념과 역할에 있었다. 한은 많은 것이 혼합된 개념이다. 한은 피할 수 없는 억압에 대한 체념의 느낌, 억압자의 비인간성에서 오는 분개, 절망적인 상황에 갇힌 자신에 대한 화 그리고 또 다른 감정들의 덩어리다.

이런 감정들은 모두 누적되어 사회적으로 조직화된 방식으로 발산될 수 있는 혁명적인 잠재력을 가진 심리적 에너지의 강한 원천을 형성한다. 일상생활에서 이 혁명적인 에너지는 의례와 무당의 도움이 있는 제의적 행위를 통해 조금씩 개인들에게서 발산된다.

그러나 전해지는 바에 따르면, 집단적 '한'의 가장 극적인 발산은 탈춤이며, 탈춤에서 민중은 억압하는 체제 편을 들고 있는 유학자 엘리트와 초보편적 종교(한국에서는 불교)의 승려들에 대항해, 예언적 해학을 보여 준다. 또한, 큰 공동체 축제들(대동 굿)이 있으며, 이런 축제들 안에서 집단적 황홀감은 세상 너머에 있는 것이 아닌 새로운 이 세상 삶을 생각하면서 일반적으로 인정된 가치 체계를 산산이 부순다. 이런 공동체 동참들의 두드러지게 보편적인 성격은 이 동참들의 해방하는 잠재력을 분명히 밝혀준다.

그러면 민중 운동에서부터 형성된 민중 기독교는 매우 이해할 만하다. 무엇보다도 한국에서 기독교는 다른 아시아 국가에서처럼 식민주의 권력과 연관된 서구 선교사들을 통해 직접적으로 소개되지 않았고, 이웃 나라들 교회의 토착화된 기독교 공동체들과 만난 평신도들을 통해 소개되었다.

그래서 기독교의 첫 한국인 개종자들은, 처음부터 성경을 침략한 서양인의 종교적 지침서로 보는 것을 알지 못했다. 왜냐하면, 이들의 경우에는 침략자가 아시아의 식민주의자, 곧 불교 국가인 일본이었기 때문이다. 이는 아시아에서 독특한 상황이었다. 따라서 한국 기독교는 토착민 기독교인의 신학이 서구 기독교화 하려는 사람들의 지배신학과 대립해 발전한 많은 다른 식민지 국가들과는 달리, 반식민주의 운동에서 소외되지 않았다.

더욱이, 일본의 침략 동안 일본어와 중국어가 한국 지성인들의 언어들로 환영되었기 때문에 어떤 선견지명이 있는 선교사들 덕분에(한국인들을 위한 한글 활자로 인쇄된) 한국어 성경이 나타난 것은 폭발적인 효과가 있게 되었다. 왜냐하면, 여기 이 성스러운 책에서 민중들은 자신들과 연대하는 하나님을 만났고 해방에 대한 하나님의 말씀을 경멸받던 자신들의 언어로 들었다.

곧 이런 하나님의 말씀은 식민지화하는 자들의 문자가 아닌 민중 자신들의 문자로 기록되었을 뿐 아니라, 선교사들의 교리 교육에 나오는 하나님에 의해 사용되던 추상적인 어려운 용어와 현저하게 차이 나는 이야기, 드라마, 시의 민속적 용어로 기록되었던 것이다. 따라서 그리스도인들의 이 성스러운 책은 정치적 억압 상황 속에서 자유를 위한 일종의 헌장으로 한국인들에게 나타났던 것이다. 식민주의 권력이 출애굽기와 다니엘서를 체제 전복적인 것으로서 금지시켰던 것은 조금도 놀라운 일이 아니다!

그러므로 한국 기독교는 처음부터 대부분 '정치화된 신앙'이었다. 이것이 남한에서 해방 이후의 매우 침략적인 체제 아래서 대략 1970년대 형성된 지금 현재의 민중신학을 탄생하게 한 배경이다. 민중신학이 발아한 토양은 투옥되거나 고문 받은 농부, 노동자, 학생, 교수, 언론인들의 말과 행동들이었다. 이들은 자신들의 예언자적 역할을, 첫 기독교인들에게 사용된 민중 운동의 옛 (비기독교) 한국적 문헌들로 돌아감으로써 발견했다.

오늘날 이 민중신학은 남한에서, 특히 미국에서 수입된 근본주의적 복음주의의 강한 흐름의 영향으로 생존을 위해 투쟁하고 있다. 이 상황에서 주목되는 하나의 발전이라면, 북한과 남한의 기독교인들의 대화가, 복음주의자들의 반대에 맞서 북한의 마르크스주의자들과 민중신학자들 가운데 주체 철학자들까지 포함시키는 가치 있는 노력을 보여 준 것이다.

주체는 종교에 대한 마르크스주의의 신조와는 관계가 없다고 했을 것 같은 해방주의 종교의 비유신론적, 세속적 대행자다. 몇 년 동안 지속되어 오던 이 대화는 미국 제국주의의 군사적이고 선교적인 현실과 대면하고 있는 한국의 통일에 대한 견해와 더불어 주체의 정치 철학과 민중의 정치신학 간의 일치를 추구해 왔다.

2) 인도의 달리트신학

1970년대에 기독교인 달리트(전통적인 카스트 제도에서의 최하층민, 곧 천민집단), 즉 인도의 결정된 카스트 제도와 소위 높고 낮은 계층 사이에 있는 차별의 사악한 제도에 상처받고, 짓밟히고, 파괴된 사람들 가운데서 이 인도의 달리트신학이 출현했다. 접촉할 수 없고 버림받은 사람들로 낙인찍힌 이들의 연약한 자기 정체성은 몇 세기에 걸쳐 힌두의 경전법 『다르마샤스크라』(*dharmasastra*)에 의해 종교적으로 구분되는 잔인한 격리에서 유래되었다.

오늘날에도 카스트(낮은 천민 카스트와 버림받은 카스트라고 불리는 현재의 완곡어법), 부족 사람들 그리고 당시 인도에서 주로 노예의 영역을 유지하고 있는 농노들은 대략 '달리트'(Dalits)라는 이름으로 불렸다. 민중신학 경우에서처럼 달리트 운동 역시 신학적으로 사용하는 기독교 사상과 마주하는 신학이다.

달리트는 생색을 내면서 힌두의 종교 제도 속으로 이들을 끌어들이는 브라만의 책략으로서의 마하트마 간디의 호칭인 '하리잔'(Harijan, 하나님의 백성)을 거부했다. 이들은 자신들의 이름이 나타내는 것, 곧 부서진 자들이기를 선호한다. 이 부서짐은 하위 카스트 속으로 이들 자신을 내면적으로 분리되는 것을 포함한다.

달리트의 의식화된 기독교인들 가운데서 출현한 달리트신학자들은 자신들의 정체성을 구성하는 것은 달리트의 기독교성보다는 기독교인들의 달리트성이고, 이 결과 기독교인들의 달리트성이 이들의 기독교성의 토대가 된다고 주장한다. 그래서 초기 달리트 문학(dalit sahitya)은 영감의 원천으로 마하트마 간디나 어떤 위대한 인도 혁명가들이 아닌 마르크스, 레닌, 마오쩌둥, 체 게바라, 호치민, 마틴 루터 킹 주니어, 말콤 엑스를 든다.

하지만 달리트신학은 선구적인 인도의 기독교 신학자들이나 마르크스나 레닌 같은 혁명가들에게서 어떠한 영감을 발견하지 않는다. 왜냐하면, 바로 그 기원과 성격에 따라 알려진 달리트신학은 단순히 힌두의 카스트 제도에 대항하는 것뿐 아니라 똑같이 인도 교회에 대항하는 것이었기 때문이다.

이들의 불평은 구체적으로 설명될 필요가 있다.

첫째, 기독교는 사도 시대 동안 인도에 도달했고 페르시아(동시리아, 네스토리안) 교회의 후원 아래 발전되었다고 하는데, 기독교는 바울이 말한 "종이나 자유인이나"(갈 3:28)라는 교훈을 깨닫지 못하는 것처럼 보였다.

일설에 따르면 신약성경은 그때 아직 기록되지 않았기 때문이다. 힌두의 종교적 에토스에 순응했던 동시리아 기독교는 스스로 영향을 받고 있었거나, 아니면 카스트 의식에 오염되었을 것이다. 그때가 프란시스 사비에르(Francis Xavier)가 인도에 와서 처음으로 달리트 사람들에게 세례(침례)를 베풀기 1500년 전이었다.

하지만 그런 사건 이후 기독교의 인도화 과정은 17세기 로베르토 드 노빌리의 주도권과 오늘날 문화주의자들과 마찬가지로 19세기의 토착화하려는 시도에서 앞쪽 카스트(현대 용어로는 높은 계층이라고 부르는)에게서 열렬한 지지를 받고 있는 기독교인들을 포함하는 신학의 브라만주의라고 무시되었다. 달리트 사람들에게, 이런 시도들은 인도의 동일한 해석에 대한 식민주의 지배신학을 대체하는 것에 지나지 않았다.

둘째, 인도의 기독교인 대다수가 달리트 사람(어떤 곳에서는 60퍼센트, 다른 곳에서는 90퍼센트 정도)이라고 해도 소수의 앞쪽 카스트는 교회의 지도권과 강단의 신학계에서 중심적 역할을 지속적으로 받아들인다.

셋째, 해방신학자들은 똑같이 높은 계층의 카스트에서 대다수가 유래되었다고 말한다 할지라도, 가난한 자를 위한 이들의 열정이 달리트 사람에 대한 관심을 포함하지 않았다. 해방신학자들이 전개한 사회 분석의 마르크스주의 도구들은 인도 사회의 카스트 관점을 무시함으로써 둔해졌다.

덧붙여 말하면, 그들은 이것이 인도의 마르크스주의자들의 맹점이었다고 불평했다. 인도의 촌락에 대한 어떤 현지 조사가 아닌 산스크리트 문학에 대한 막스 밀러의 연구에서 유래한 정보에 의존한 마르크스와는 달리, 이런 인도 마르크스주의자들(더 높은 계층의 카스트 출신인 사람들)은 카스트 제도가 달리트 사람들에게 가하는 개인적이고 구조적인 대규모 폭력을 괘씸하게도 무시했다.

그러므로 인도와 다른 제3세계의 해방신학자들에게 대단히 중심적 출애굽 문서는 당연히 출애굽 사람들의 역사적 뿌리들을 세우는 고백적 본문인 신명기 26:5-12로 소급해 감으로써 재해석되고 있다.

이는 달리트 사람들이 아리안족을 침략할 때 노예 계급(베다 찬송에 나오는 '다시누스')으로 취급했던 그들의 색깔 의식(카스트는 베다 말로 '바르나' 즉 색깔이란 의미다)을 가지고 있는 인도의 '아디바시스'(원주민들)로 그들 자신들을 간주하기 때문이다.

이사야 53:2 이하가 표현한 말 중에 달리트를 암시하는 말이 있다.

    간고를 많이 겪었으며 질고를 아는 자.
    얼굴을 가리고 멸시를 당하는 자.
    귀히 여김을 받지 않는 자.

이런 달리트성은 바로, 슬픈 신인(神人)이며 종인 하나님 곧 예수가 자신의 메시아적 임무에 합당한 것으로서 자기 것으로 한 특징과 같다. 복음서들은 아주 분명하게 또 강조적으로 선포하는 이 달리트의 예수나 '달리트 사람 예수'는 인도 교회에 의해, 심지어는 주장되기를, 인도화된 교회의 영역에서조차도 인식되지 못했다. 달리트 세계의 중심은 바로 이 예수며, 그러므로 예수에게서 달리트 기독론이 발산된다.

더욱이 오늘날 달리트는 2001년 인종 차별에 관한 더반 회의와 동시대 인도의 호전적 힌두교, 혹은 힌두트바(hindutva)의 이념에 직면한 후부터 전 세계가 인식하도록 요청해 왔던 정치적 담론이 되었다. 이 때문에 우리는 인도의 기독교 해석이 미래에 인도의 주된 정치신학이라고 결론을 내린다.

3. 아시아 여권주의 신학

아시아의 종교성이 변형된 것 중 하나는 실제적으로 아시아에 있는 모든 주요한 (초보편적) 종교들이 남성 지배 중심 사회 속에서 기원과 성장이 있었다는 것이다. 달리트와 민중이 이 같은 초보편적 종교 계급들에 차별을 당했기 때문에 아시아의 여성들은 때로 자신들을 '민중들 중의 민중'이나 '달리트들 중의 달리트'로 일컬어 왔다.

왜냐하면, 이런 종교들의 경전이 여성 혐오나 여성 공포증(gynophobia)에서 자유롭지 않기 때문이다. 따라서 아시아의 종교들은 여성에게 구속을 가져다주지 않으며 여성들이 성차별주의에서 종교를 구속하는 메시아적 과제를 맡게 된다. 이는 여권주의가 아시아에서 가장 촉망되면서 동시에 가장 문제가 되는 정치신학이라는 것을 의미한다.

정치신학의 온갖 다른 형태와 함께 여권주의 역시 현상 체제를 부정적으로 비판함으로써 시작했고, 두 번째 단계로 더욱 긍정적인 조건 속에 있는 여권주의의 특유한 형태와 내용을 분명하게 말하기 시작했다. 이미 제3세계신학자협의회(EATWOT)는 여성 참여자들의 지적에 이 단체의 반(反)여권주의를 인정하지 않을 수 없었다. 그러므로 여성 참여자들은 이 단체 안에서, 곧 해방의 아시아 신학 속에서 자신들의 독특한 의제를 발전시켰다.

특히, 인도에 있는 비기독교 여성들이 아시아 여권주의의 독특한 형태를 위해 기초를 놓기 위한 돌파구를 만들어 온 것으로 보이는 반면, 몇 가지 금지하고 있는 기독교 개척자들은 서구 여권주의의 지배 모델을 아시아 상황에 적용하려는 경향을 보였다. 이것은 당연히 아시아 여권주의 신학의 첫 번째로 일어난 물결이었고, 비기독교 여성의 공헌에서 여권주의 논쟁으로 이끌어 가면서 신학 영역 속에 이들의 여성됨에 대한 여권주의 신학자들의 개인적이고 집단적인 선언을 반영하는 두 번째 물결이 따라왔다.

지금 유행하는 세 번째 물결은 충분하게 자료로 입증되지 않을지라도 계급과 성별(class-gender) 간 관련성에 대한 인지를 반영한다. 아시아 해방신학에서처럼, 또한 따라서 아시아 여권주의 신학에서, 가장 창조적 공헌은 특히 아시아 농촌 지역에 있는 가난한 사람들 사이에서 다양한 기독교인과 비기독교인 여성들의 풀뿌리 운동에 참여했던 그리스도인 여성들에게서 왔다.

성별과 계급 모두를 근거로 억압받으면서 집단적 행동과 정치적으로 연관된 여성들은 기독교인 여성이(그리고 남성이) 진정으로 여권주의적고 아시아적인 신학을 분명히 말하는 것을 배우는 학교로 인식되어 온다.

또한, 위에서 주장한 아시아 해방신학들에 대한 소견은 아시아 여권주의 신학들에 대해서도 옳다. 곧 혁명적 잠재력(가부장적 지배에 대한)은 초보편적 종교들에서보다 보편적 종교성에서 더욱 조성되는 것이다. 여권주의의 어떤 불꽃들을 발견하는 최상의 기회가 보편적 종교성에 있다는 것은 바로 아시아의 부족사회 안에서다.

여권주의 불꽃들은 남성 지배적 요새를 축소할 수 있는 큰 불로 부지런히 번져 왔다. 하지만 이것은 결코 부족 문화들이 양성의 모범이라고 말하는 것이 아니다. 여권주의 신학자들의 희망은 이런 부족적이고 다른 보편적 문화들이 의식화 과정을 통해 전통적 가부장 제도의 초보편적 종교들을 구속할 수 있다는 것이다.

이 같은 희망이 함의하는 것은, 여신 숭배가 더 자연스러운 자리를 가지는 초보편적 종교들조차 흔히 대중 종교성(대중 불교, 대중 힌두교, 또는 대중 기독교)을 가리킨 보편적 하위 문화들 속에 깊숙이 뿌리박고 있다는 것이다. 훨씬 더 중요하게는 이 대중의 종교성도 아시아의 가난한 자들의 유산이며, 따라서 성별을 계급과 연관 짓는 유산이다. 예를 들어, 남아시아의 힌두 문화에서 억압받는 가난한 자들은 정의가 위배될 때마다 칼리(Kali)와 파티니(Pattini) 같은 여신들에 의지한다.

또한, 필리핀에서의 대중 가톨릭교회의 마리아 숭배는 물론 어머니 신 '이나'(Ina)나, 또는 심지어 중국에서의 대중 불교와 대중 도교의 '콴인'(Kwan Yin. 일본의 칸논) 숭배는 가난한 자의 영성 속에 있는 여권주의의 열망을 나타낸다.

따라서 아시아 여성들이(그들 스스로를 위해 그리고 남성들을 위해) 종교적 상징들을 발견하는 것은 아시아의 종교적 스펙트럼의 보편적(대중적) 목적 속에 있다. 아시아 여성들은 이런 종교적 상징들로 자신들의 노예 신분 상태에 직접적으로, 혹은 간접적으로 대항하고, 가족, 종교적 공동체 또 시민 사회 안에서 자신들을 위한 자유의 공간을 마련한다.

여권주의에 대한 이 '보편적' 접근은 서구에서와 마찬가지로 아시아에서도 성공하지 못한 '세속적' 여권주의 학파와 차이가 있다. 서구의 양태는 종교의 반여권주의에 대응하는 여권주의의 반종교적 도전을 반영하고 있다. 하지만 '보편적'이라는 것은(이 용어가 아시아 해방신학에서 의미하는 것처럼) 가난한 자들의 종교심 안에서 세속적인 것과 여성적인 것을 혼합한 개념이다. 그러므로 아시아의 여권주의 신학은 전형적으로 여권주의 정치신학에 대한 아시아의 종교적 접근이라고 볼 수 있다.

그런데 세속적 요인이 아주 없는 것은 아니다. 예컨대 억압받는 계급 출신 여성들의 생태 운동 관여는 종교적인 정의의 여신들 숭배에 대한 세속주의적 평행으로 간주될 수 있었다. 이는 정치와 자기 지역 모두에서의 남성 지배의 중요 부분인 자연 훼손이 대부분의 아시아 농촌 여성들에게 영향을 미치기 때문이다.

생태 운동이 여성의 문제가 되는 것은 아시아 여권주의의 중요한 특징이었다. 따라서 제3물결의 여권주의 신학자들은 자신들의 정치신학의 '여성 생태적'(gyne-ecological) 주제로서, 여성의 세속적 풀뿌리 운동과 마찬가지로 보편적(곧 대중 종교적) 실천을 연구하고 동참하며 또 동원한다.

마지막으로, 비록 아시아의 여권주의 신학이 서구의 신학들보다는 아마 빈곤을 만들어 내는 사회 경제적 구조들의 결과로서 더욱 정치화된 신학이라고 할지라도, 아시아 기독교인의 여권주의가 서구에 있는 여권주의 신학들처럼 널리 분열되거나 날카롭게 주장된 것은 아니라는 것에 주목해야 한다. 그럼에도 불구하고 서구 여권주의자들 자신들의 아시아 상대자에 대해 엄청난 영향을 계속 준다.

여권주의 성경 해석은 서구 영향의 예인데, 비록 여기에 우리의 비기독교인 자매들과 연대하는 기본적 인간 공동체들 속에서 아시아 해방신학자들이 개척한 방법론인 상호 경전 해석을 신선하게 시도하는 징표들이 있다 할지라도 그렇다.

후기를 덧붙이자면, 우리는 역사적 예수가 남성임이 의심스럽지 않다 해도, 예수가 자신의 해방적 프락시스 안에서 또 이를 통해 된 그리스도는 성별적 규정에(gender definition) 저항하는 것으로 보인다.

남자나 여자나 다 그리스도 안에서 하나이니라(갈 3:28).

이런 바울의 의견에 대한 문자적 해석은 아시아 여권주의자들에게 무리하게 갖다 붙인 것처럼 보이지 않는다. 이들의 사상에서 '크리스투스'(Christus)와 크리스타(Christa)는 둘 다 대안적으로 예수의 속성을 나타내기 때문이다. 그러나 우리는 완전히 발달한 성숙한 여권주의 기독론을 아직 기다리는 중이다.

참고 문헌

Part I: Asian third world theology or Asian theology of liberation
Arokyasamy, S. and Gispert-Sauch, S., eds. (1987). *Liberation in Asia: Theological Perspectives*. Delhi: Vidyajyoti.
Banawiratma, J. B. and Muller, J. (1999). "Contextual Social Theology: An Indonesian Model." *East Asian Pastoral Review* 36: 1-2, 1-249.
Chinese Theological Review. S. Anselmo, Calif.
Fabella, V. and Torres, S., eds. (1980). *Asia's Struggle for Full Humanity*. Maryknoll, NY: Orbis.
_____.(1983). *Irruption of the Third World: Challenge to Theology*. Maryknoll, NY: Orbis.
Pieris, A. (1988). *An Asian Theology of Liberation*. Edinburgh: T. & T. Clark.
_____.(1999). *God's Reign for God's Poor: A Return to the Jesus Formula*. Kelaniya: Tulana Jubilee Publications.
_____.(2000). "Christ beyond Dogma: Doing Christology in the Context of the Religions and the Poor." *Logos* 39: 3, 1-69.
Voices from the Third World. The biannual publication of the Ecumenical Association of Third World Theologians.

Part II: theology of the minjung, the dalits and the Asian feminists
the minjung theology of korea
Cho, Eunsik (2000). "Dialogue between North and South Korean Christians." *Dialogue*, n.s., 28, 79-105.
Chung, Hyun Kyung (1989). "'Han-pu-ri': Doing Theology from Korean Woman's Perspective." In V.

Fabella and A. L. Park (eds.), *We Dare to Dream*, 141–5. Maryknoll, NY: Orbis.
Commission on Theological Concerns of the Christian Conference of Asia, ed. (1983). *Minjung Theology: People as Subjects of History*. Maryknoll, NY: Orbis.
Kwon, Jin-Kwan (1991). "Minjung Theology and its Future Task for People's Movement." *CTC* [Christian Theological Concerns] *Bulletin* (Christian Conference of Asia, Hong Kong), 10: 2–3, 16–22.
Lee, Chung Hee (1992). "Liberation Spirituality in Dae-dong Gut." In Virginia Fabella, Peter K. H. Lee and David Kwang-sun Suh, (eds.), *Asian Christian Spirituality: Reclaiming Traditions*, 36–43. Maryknoll, NY: Orbis.

the dalit theology of india

Nirmal, Arvind P., ed. (1991). *A Reader in Dalit Theology*. Madras.
Prabharkar, M. E., ed. (1981). *Towards a Dalit Theology*. Delhi.
Rasquinha, Dionysius, SJ, "A Brief Historical Analysis of the Emergence of Dalit Theology." *Vidyajyoti Journal of Theological Reflection* 66: 5, May 2002, 353–70.
Sha, Ganshyam (1990). "Dalit Movement and the Search for Identity." *Social Action* 40: 4, 217–35.
Webster, J. (1994). *Dalit Christians: A History*. Delhi: ISPCK.

asian feminist theology

Abraham, D. et al., eds. (1989). *Asian Women Doing Theology: Report from Singapore Conference Nov. 20–29, 1987*. Hong Kong: Asian Women's Resource Centre for Culture and Theology.
Chung, Hyun Kyung (1990). *Struggle to be the Sun Again: Introducing Asian Women's Theology*. Maryknoll, NY: Orbis.
Dietrich, Gabriele (1987). *Women's Movement in India: Conceptual and Religious Reflections* (selected essays). Bangalore: Breakthrough.
Fabella. V. and Park, S. A. L. (1989). *We Dare to Dream: Doing Theology as Asian Women*. Maryknoll, NY: Orbis.
In God's Image. Quarterly published by the Asian Women's Resource Centre, Hong Kong.
Kwok Pui-Lan (1995). *Discovering the Bible in the Non-Biblical World*. Maryknoll, NY: Orbis.
Pieris, A. (1996). *Fire and Water: Basic Issues in Asian Buddhism and Christianity*. Maryknoll, NY: Orbis.

제19장

흑인 정치신학

M. 숀 코플랜드(M. Shawn Copeland)

> 우리 자신과 전우인 인류를 위해, 우리는 새로운 한 장을 넘겨야 하고, 새로운 개념들을 고안하고 새로운 인간을 일으켜 세워야 한다.
>
> 프랜츠 파논(Franz Fanon)

마틴 루터 킹(Martin Luther King, Jr.)의 암살 후 갑작스럽게 나타나 분리주의에 아주 가깝게 방향을 전환한 제임스 콘(James Cone)의 분노하는 통곡의 반론부터, 흑인 기독교인들이 백인 인종차별주의자들이 있는 미국에서 하나님의 화목하게 하시는 사랑 밖에서 살아간다는 티오티스 로버츠(J. Deotis Roberts)의 통렬한 주장에 이르기까지 그리고 흑인 여성의 삶과 경험들의 소외와 축소를 지켜보는 들로레스 윌리엄스(Delores Williams)의 신랄한 저항부터 배타적 남아프리카공화국이 새로운 윤리가 필요한 것을 드러내고 제기하는 윌라 보에삭(Willa Boesak)의 흑인 분노의 명백한 검토에 이르기까지, 또한 아프리카인들이 참아 왔던 폭력과 비참함을 폭로하는 밥 말리(Bob Marley)의 경쾌하면서도 죄를 폭로하는 음악부터 영국 안에서 자행되고 있는 인종 차별과, 의로운 분노나 억울함을 표현하는 흑인 문화에 반응하는 로버트 베크포드(Robert Beckford)의 신랄한 분석을 거쳐서 서구 제국주의를 조성하고 성경의 결정적인 역할을 강조하는 무사 두베(Musa Dube)의 움츠리지 않는 담론에 이르기까지, 우리가 흑인 정치신학을 인간 상태에 대한 포괄적이고도 비판적 성찰로 여긴다면 어떻게 흑인 정치신학이 정치적이지 않을 수 있을까!

설령 이 같은 묘사가 흑인 정치신학의 상황적이고 이론적인 전개를 숨긴다고 할지라도, 정치는 외피 바로 아래 정치가 있음을 분명히 보여 준다. 한 꺼풀만 벗기면 정치 철학자가 드러나고, 두 꺼풀을 벗기면 정치신학자가 드러난다. 하지만 흑인 정치신학의 철저한 정치적 성격은 우리가 살고 있는 문화적이고 사회적인(곧 정치적, 경제적, 기술적) 형태를 형성하고 에워싸고 있는 실천들과 가정들의 체제, 규범, 관습 그리고 기대를 읽고 해석하는 가장 본질적인 해석학을 실행하기 위해 평범한 남녀와 협력하고 동참하는 의향과 의지에 기초를 둔다. 흑인 정치신학은 토착적인 것을 경청함으로써 배운다.

흑인 정치신학은 비판적 이론뿐만 아니라 도시 생활의 지혜도 흡수한다. 흑인 정치신학은 낙담, 의기소침, 질책, 또는 공포를 인식하면서도 재즈, 팝, 블루스를 연주한다. 이 신학은 삶의 지혜이자 성경의 지혜다(Middleton 2000:257).

왜냐하면, 흑인 정치신학은 자신들의 곤경에 대한 일반인들의 비판적 의식을 존중하고, 따라서 미셸 푸코(Michael Foucault)가 복종하는 지식이라고 불렀던 것을 소중히 여기기 때문이다.

인식론과 방법론의 요건에 대한 이론적 반응으로서 흑인 정치신학은 이런 정신을 탈식민지화하려고 투쟁하는 응구기 와 티옹오(Ngugi Wa Thiong'o)와 버나드 로너간(Bernard Lonergan)의 편이다. 흑인 정치신학의 가장 좋은 점은 자기 검열을 신중하게 받아들이고 복음에 근거한 창조적이며, 치유적인 사회적 프락시스를 통해 문화를 이해하고 해석하며, 변혁하는 목표를 두면서 열정적이고 공동체적이며, 협력적 지적인 연관성으로 그 이론을 파악하는 것이다.

흑인 여성들과 남성들은 역사 속에서, 심지어는 억압과 거대한 고난의 시간 속에서, 문화적 사회적 지평들을 통해 위엄과 기쁨이 있는 자신들의 인간성을 인식하고 성취하고자 한다. 흑인 정치신학은 이런 문화적이고 사회적인 지평들을 따져 묻는다.

흑인신학은 종교와 문화적 의미와 가치들의 사회적 표현들 간의 복잡한 관계에 초점을 맞춤으로써 이 일을 한다. 흑인신학은 승인받은 권력의 합당한 사용으로서의 정치와 탐욕스럽고도 약탈적인 상처들의 비열한 정복 간 차이를 설명한다. 흑인 정치신학은 세계 시장이 모호하지만 폭력적이고 몸과 마음, 노동과 정신의 복종을 강요한다는 사실을 보여 준다.

그것은 우리가 반감정주의, 성차별주의, 인종 차별주의, 동성애 혐오증, 제국주의, 식민주의를 위장하는 거짓된 무고한 형태를 경멸한다.

흑인 정치신학은 정치의 적나라한 현대성이 경제에 종속되어 있다는 것을 제시한다. 이 경제는 사회와 인간의 공동선의 관계에서 등을 돌리고 공동선의 타당성에 대한 의문에서 회피하려 한다는 것이다(Habermas 1983:3-4).

더욱이, 흑인 정치신학은 과학의 실증주의 개념을 찬양하고, 형이상학을 "사치와 무의미"(Harbermas 1971:67)로 몰아내는 과학 기술에 경제가 예속되어 있음을 분명히 한다. 경제에 대한 이런 판단은 기술적 합리성으로, 환원할 수 없는 육신을 갖춘 정신을 억압하고 대체하는 이른바 불안하고 돈만 바라는 갈망을 드러낸다. 흑인 정치신학은 과학 기술의 지배에 탄식하는 것 이상을 한다. 기독교적 해석 행위로서, 흑인 정치신학은 나사렛 예수의 십자가에 방향을 맞춘다. 따라서 흑인 정치신학은 문화의 억압적인 패턴을 가리는 현상 체제에 굴복하게 하는 제도화된 종교의 유혹, 곧 정말로 인간의 온갖 제도들이 주는 유혹을 경고한다.

흑인 정치신학은 하나님의 현존과 통치를 위한 우리의 목마름을 해갈하는 지혜를 말해야 하는 책임을 떠안고 있다. 이 신학은 구조적 불의를 뒤집으려는 노력 속에서 연민과 연대를 조성하면서, 이웃을 향한 프락시스를 통해 정의를 이루려 애쓰며 겸손하고 의로운 분노를 위해 노력한다.

흑인 정치신학은 인간 존재를 방해하는 사적이고 개인화하는 경향들을 중단시킨다. 이 신학은 앞으로 나아가도록 격려하고, 열정과 연민으로 진실하게 살아가게 하는 새로운 실천과 행습(行習)의 토대를 놓음으로써 삶의 개인적인 변화를 지지한다. 흑인 정치신학은 프락시스를 삶의 방식, 곧 진정으로 인간이 되고, 이 세상에서 거룩하게 되는 길로 이해한다.

다시 말해, 흑인 정치신학은 과테말라의 시인 오토 르네 카스틸로의 질문에 프락시스적 대답을 구체화하려는 노력과 같다.

> 가난한 자들이 고통당할 때, 온유함과 삶이 이들 안에서 완전히 불탈 때, 당신은 무엇을 했는가?

따라서 흑인 정치신학은 다른 인간인 타자들에게 사회적 고난이 갖는 어떤 형태의 등급 매기기도 결코 허용할 수 없고 허용해서도 안 된다는 것이다. 흑인 정치신학의 가장 좋은 점은 나사렛 예수를 따르려 한다는 사실이다. 이런 따름은 버림받고 멸시받고 소외된 아이, 여자, 남자들의 상태를 받아들이고 십자가를 지고 살아가는 것이다(막 8:34).

1. 기원과 전개

변화무쌍한 세계화 현상에서 흑인 정치신학은 미국, 남아프리카, 카리브에서 1960년대와 1970년대 초 거의 동시에 나타났고, 1980년대에는 영국에 나타났다. 각 지역마다 흑인 정치신학은 뚜렷이 다른 강조와 관심을 드러내었고, 특성화 곧 '신학들'을 확고히 했다.

그런데 이 같은 구별성은 흑인 정치신학들의 아프리카 유산, 저항의 역사적 전통들, 범아프리카 지향을 위험에 빠뜨리지 않았고 무기력하게 만들지도 않았다. 이런 종교적 문화적 토양에서 흑인신학들은 자기 뿌리 찾기 곧 흑인 해방을 위한 투쟁, 실존적 권리 및 복음에 비추어 영적인 해방을 이해하려 했다.

이런 신학들은 이중의 지적 프락시스를 설정했다. 한편에서는 이 신학들이 예수의 메시지를 매우 저하시켰던 미국과 유럽의 가짜 기독교를 불신하기 위해 비판적 변증론을 선택했다. 다른 한편에서는 흑인 정치신학들이 백인의 인종 우월감의 다양한 형태들에 저항했고 검은 색의 힘과 흑인의 문화적 의식을 분명히 밝혔다.

흑인 정치신학들은 출현한 곳이 어디든지 첫 단계에서조차 유럽 정치신학들과는 달랐다. 유럽 정치신학들의 프로그램은 계몽주의, 자유시장의 의미, 현대성의 "세속화 및 과학 기술에 대한 심취"(Bosch 1991:434)에 대한 인식론적 관심들을 따라 형성되었다.

흑인 정치신학들은 이런 주제들의 취지를 파악했다 하더라도, 무비판적으로 이런 주제들을 승인할 수 없었다. 세계 주변에 퍼져있는 흑인 일반 대중들의 역사적, 문화적, 사회적 상황이 요구되었다. 흑인 정치신학들은 두 번째 단계에서, 차별받고 금지당하고, 파업하고 행진하며, 구타당하고 투옥되고 살해되는 흑인 여성과 남성들 그리고 부조리한 백인 우월감에 등을 돌린 소수 백인들과 협력해 나갔다.

흑인 정치신학은 상아탑에서 결코 위안을 삼을 수 없었고, 이 신학의 기원인 바로 그 '삶의 자리'(Sitz im Leben)가 이 신학들로 하여금 밖으로 나오게 했다. 이런 신학들은 미국의 버밍햄(Birmingham)과 왓츠(Watts), 남아프리카의 샤퍼빌(Sharpeville)과 딤바자(Dimbaza), 킹스턴(Kingston), 자메이카(Jamaica), 세인트 조지(St. George)의 그레나다(Grenada), 노팅힐(Notting Hill)과 브릭스턴(Brixton)에서 자기 신학들의 중심을 찾았다.

이 신학들의 프락시스적 소요가 일어난 것은 억압당하는 흑인 여자와 남자들에게 도덕적이고 영적인 용기를 고무시키고 검은 색의 힘, 자유, 반(反)인종차별 운동을 제시하면서 흑인의 표출적 문화들을 격려하고 검토하는 투쟁의 장소들에서 추적될 수 있다.

1) 미국

미국에서 가장 초기 단계의 흑인 정치신학이 제임스 H. 콘(James H. Cone), 앨버트 클리지(Albert Cleage, 1968), J. 디오티스 로버츠(J. Deotis Roberts)와 관련된다. 1960년대의 문화적이고 사회적인 소요 곧 시민의 권리, 흑인의 힘과 흑인의 문화적 국수주의 운동, 말콤 엑스(Malcolm X), 메드가 에버스(Medgar Evers)와 마틴 루터 킹 주니어(Martin Luther King Jr.)의 암살, 스토클리 카마이클(Stokely Carmichael)과 버니스 존슨 리건(Bernice Johnson Reagon)의 모험적인 용기, 엘라 베이커(Ella Baker), 로자 파크스(Rosa Parks), 패니 루 해머(Fannie Lou Hamer)의 용기에서, 콘, 클리지, 로버츠는 예수의 복음이 흑인 해방의 신학적 근거를 제공한다고 주장했다.

클리지는 설교에서 형식적인 신학적 분석을 피했고, 흑인 힘의 사회적 구조 속에 자신을 연관 지었으며, 디트로이트 교회의 블랙 마돈나의 초상화집을 통해 흑인 문화와 종교적 미학을 부활시켰다.

콘은 "흑인의 실존이 매일 백인 권력의 교활한 촉수에 일상의 위협을 받는 흑인들의 무기력함"(Cone 1997:32)과 연관해 기독교 교리들의 무의미함을 주장했다. 흑인 정치신학과 흑인의 힘에 대한 반론적 어조에도 불구하고 콘의 신학은 명시적이지는 않지만 노예의 고통을 경험한 아프리카인들의 종교성과 흑인 교회를 근본적으로 지지하는 전통을 고려하면서 흑인 기독교 신학을 유지했다.

이와 달리, 로버츠는 흑인 정치신학을 근본적으로 해방과 화해로 이해하는 신학을 형성하는 데에 종교성과 전통을 포기했다(Roberts 1971). 그는 신앙과 윤리를 종합하는 신학적 비판을 제시했고 권력의 사회 제도들을 인간화하고 변화시키는 것을 시도했다(Roberts 1974:35-6).

그러나 변화를 요구하는 이런 제도들에 대한 저항은 철학자 윌리엄 존슨의 불손하고 도발적인 작품인 『하나님은 백인 인종차별주의자인가』(1973)를 불러일으켰다. 이 작품은 무례했고 계속 그렇게 보이는데, 이 책이 흑인 정치신학들을 위한 출애굽(Exodus) 패러다임의 유효성에 이의를 제기했기 때문이다.

존슨은 미국 흑인 사회의 상황을 하나님이 출애굽 사건에서 노예가 된 사람들에게 약속했던 종교적, 문화 사회적 해방의 약속과 나란히 제시한 것에 대해 강하게 비판했다. 믿는 사람들이 하나님과 "불균형적이고, 초세대적이며 부정적이며 대학살의 성격을 가진 흑인 사회의 고난과의 관계를 의문시한다고 주장하기 때문에"(Jones 1973:3-22), 이 작품은 도발적이다.

존슨의 작품은 경멸당하는 흑인의 인격과 함께 하시고, 여자와 남자들과 함께, 안에 그리고 통해 철저하게 인간의 변화를 만들어 내기 위해 이들에게 악과 불의에 저항할 수 있는 용기를 주셨던 하나님에 대한 교리를 주장해 나가도록 클리지, 콘, 로버츠를 자극했다.

2) 남아프리카

'샤르빌(Sharpeville) 대학살'이 있던 1960년 3월 21일 남아프리카공화국에서는 경찰이 '평화시위대'를 향해 총을 발포해 흑인 67명이 죽고, 부상자 168명을 남겼다. 이때부터 흑인신학은 정치적으로 돌아섰다. 불의에 대응하기 위해, 거의 50년 동안 인종차별 정책에 대항하는 흑인의 주요하고 온건한 목소리를 내 온 '아프리카 민족회의'(ANC)와, 비교적 새롭고 전투적인 '범아프리카 통일회의'(PAC)는 남아프리카공화국의 백인 진보 인사들과 너불어 대중 시위를 시작했고, 이 시위는 전 세계의 주목을 받았다.

결과적으로 아프리카 민족회의와 범아프리카 통일회의를 금지했던 정부는 차별 정책에 반대하는 흑인 및 백인 지도자들 중 지하로 숨거나 외국으로 달아나지 않은 자들을 체포했다. 이런 상황에서 정부는 1965년에 넬슨 만델라를 법정에 세워 구속했다. 이처럼 도에 지나친 일련의 탄압 상황은 흑인 남아프리가인들의 건설적인 저항을 무력하게 만들었다.

하지만 1970년대 초 스티브 비코(Steve Biko)의 지도력 아래 흑인의 의식화 운동은 새로운 시대를 자극하고 고무시켰다. 비코의 분석은 흑인 해방을 통제하고 매개하는 백인 자유주의 시도들의 위선을 벗겼고, 남아프리카공화국의 '흑인 거주 구역'(bantustanization)이나 가장 비생산적인 지역으로 보내는 흑인들의 유배 정책과 함께 백인의 토지 강탈 정책을 맹렬히 비난했다.

마나스 부델레찌(Manas Buthelezi, 1975, 1976), 알랜 A. 보에삭(Allan A. Boesak, 1976, 1981), 시몬 마이멜라(Simon Maimela, 1981), 프랭크 치케인(Frank Chikane)은 남아프리카공화국의 교회와 국가 연계로 탄생한 가짜 시대정신(*saeculum*)을 해결하기 위해 최전선에서 신학을 구상했다. 부델레찌와 보에삭은 인종 차별 정책의 아가페적 사랑, 혹은 이웃 사랑 위반을 둘러싼 성찰에 초점을 맞추었고, 마이멜라는 인종차별 정책이 사회적 죄의 형태가 되는 것이라고 주장했다.

남아프리카공화국의 흑인 정치신학은 사랑과 정의의 구체적 표현으로서 정치적 및 경제적 권력의 재분배와 회복을 요구했다. 남아프리카 교회협의회의 서기장인 치케인은 아파르트헤이트(인종 분리 정책) 체제가 국가의 긴급한 상황을 야기하고 흑인 구역이 군사 점령 아래에 있던 시기 동안 「카이로스 문서」 (*Kairos Document*, 1985)를 흑인과 백인 그리스도인들이 준비하는 것을 촉진했다.

이런 상황 속에서 로마서 13:1-7을 소상하게 설명하고 있는 이 문서는 세 가지 상충적이고 실효성이 있는 신학들을 밝혔다.

첫째, 국가신학은 인종 차별 제도(아파르트헤이트)에 대한 백인 독일개혁주의 교회의 지지를 반영했다.
둘째, 교회신학은 수많은 값싼 평화, 곧 정의가 없는 화해, 보상 없는 화해 또는 사회적 변화 없는 화해에 대해 그리스도인들의 선택을 예시했다.
셋째, 예언신학은 정의를 위한 기독교의 사회적 프락시스와 사회적이고 개인적인 변혁에 근거한다.

또한, 치케인은 신학자들이 새로운 제안들을 발전시키고 연합 행동주의자들, 사회과학자들 및 교육자들과의 대화를 실시할 수 있도록 창조적 지적 공간을 제공한 상황신학협회(ITC)의 최초 사무총장으로 봉사했다. 남아프리카의 흑인 정치신학은 평범한 여성들과 남성들의 고난과 불안에서 신학의 권위를 이끌어 냈고, 경찰봉의 구타 앞에서의 젊은 청년들의 저항 노래인 토이토잉(*toyi-toying*), 곧 이들이 발을 구르며 한마음으로 노래하는 것에 넘쳐흐르는 과감한 반항 정신에서 용기를 얻었고, 십자가에 달리신 예수에게서 희망을 찾았다.

3) 카리브와 영국

카리브는 섬나라 40개국에 대한 편의상의 이름이다. 카리브는 두 개국의 본토 국가를 포함해 카리브 해 북서쪽에 있는 쿠바에서 베네수엘라 해안에서 멀리 떨어진 트리나다드 토바고까지 거의 4,000 킬로미터에 이르는 아치 모양으로 뻗어 있다. 아이티, 쿠바, 그레나다를 제외하면 이 지역은 대부분의 유럽인과 북미인들에게 이국적인 관광 명소밖에 되지 않는 경향이 있다.

이 지역 자연의 아름다움이 감추는 잔인한 폭력의 역사는 무시된다. 언어, 인종, 문화, 종교와 정치 조직에서 다양한 이 섬나라들은 거센 식민지 통치, 곧 정치적 복종, 인간 노동과 자연 자원의 징발, 문화적이고 교육적 제도의 규제, 등급화된 사회적이고 채색된 계급 제도의 복제와 모방을 견뎌 내야 했다. 백인 우월주의와 흑인 열등주의의 신화와 상징들은 20세기 후반 교회와 사회 안에서 '식민성'(*imperium*)을 강요해 왔다.

1971년 11월 발전을 위한 '개발을 위한 카리브 초교파 협의회'는 지배적인 유럽 중심적 선교와 단절하려는 최초의 노력이었다. 『물의 요동』(*Trobuling of the Waters*, Hamid 1973)에 나오는 글들은 이 새로운 관점에서 신학화하려는 노력을 보여 준다. 르윈 윌리엄스(Lewin Williams, 1994)가 지정학적 면에서 신학적인 문제를 고민하고 있을 때, 카리브 신학의 표제 아래서 노엘 어스킨(Noel Erskine, 1998)과 코트라이트 데이비스(Kortright Davis, 1982, 1983, 1990)는 이 지역의 복잡한 정체성의 문제를 전개했다.

위 신학자들은 레너드 E. 바레트(Leonard E. Barrett)의 선구적인 작업에 빚을 지고 있다. 바레트는 『혼의 요새』(1974)라는 책에서 카리브 디아스포라로 살아가는 아프리카의 종교 문화적 유산들의 지속적이고 널리 퍼져 있는 영향력을 주장했다. 그러나 현재까지 카리브의 가장 뚜렷한 흑인 정치신학은 라스타파리안(에티오피아 황제 하일레 셀라시에 1세를 그리스도로 믿으며 아프리카인을 고대 히브리인의 후손으로 믿는 종교-역주) 음악가 밥 말리(Bob Marley)에게서 왔다.

아프리카의 유산을 물려받은 사람들은 몇 세기 동안 영국에서 살아 왔다. 하지만 카리브에서 틸베리에 이르는 동력선 '엠파이어 윈드러시'호 항해의 500명 승객들은 '재식민지화'(Phillips, 1998)라고 일컬어지는 널리 퍼진 아시아, 아프리카, 카리브에서의 이주의 선봉을 이루었다. '윈드러시'의 승객들은 교육적, 경제적인 기회들을 구하고 있었다.

그런데 제2차 세계대전 후 영국은 국왕 폐하의 '다른 아이들'을 환대하는 것을 바로 보여 주지 못했고, 주거 문제에 대한 심한 갈등들은 1958년 노팅 힐 인종 폭동으로 절정에 달했다 (Gilroy 1991).

1970년대가 돼서야 카리브 사람들은 영국 인구에 속하게 되었고, 영국의 정체성을 다시 정의하고 흑인 영국 문화를 발전시키기 시작했다. 이런 노력으로 서인도제도 자메이카의 음악인 레게(reggae), 라스타파리안주의, 영국 흑인 권력 운동과, 아프리카 해방 주제들은 흑인 이주와 1980년대 후반 흑인 여성주의 신학에 호의적인 흑인 영국의 황폐한 문화 안에서 결합되었다.

잘 알려진 영국의 흑인 정치신학 지지자는 로버트 베크포드(Robert Beckford, 1999)와 조 알드레드(Joe Aldred)다. 베크포드는 자신의 오순절 신앙과 떨어지지 않는 정치 및 문화 신학을 형성하려 했고, 알드레드는 목회적 문제에 집중했다.

2. 현대 지형

백인 우월주의의 형태와 영향에 몰두한 흑인 정치신학 최초의 물결은 흑인 여성들의 삼중적 억압에 주의하지 못하고, 또 자본주의에 대해 엄밀한 분석을 제공하지 못했다는 비판을 받았다. 비록 반(反)흑인 인종주의에 대한 관심은 여전히 필요하다고 할지라도 이런 관심에는 한계가 감추어져 있었다. 흑인신학자들, 철학자들, 문화 비평가들의 제2의 물결은 비판적 인종 이론을 통한 인종 분석을 문제화했고, 성, 계급, 성적 취향을 이해하는 새로운 범주들을 소개했다.

식민주의의 세계적 유산에 대한 새로운 이론적 해석들은 혼혈과 사회적 위치 같은 범주들을 만들어 냈고, 공동체, 민족, 다름의 의미들을 약화시켰다.

전 세계를 통해 흑인 정치신학의 새로운 책임들을 인식하기 위해 우리는 먼저 현대 지형을 형성하는 네 영역 형태들을 찾아낸다.

첫째, 흑인의 정치적 과제
둘째, 흑인의 신체, 성별(sex), 성행위(sexuality), 성적 지향
셋째, 성경적 해석
넷째, 기독론

1) 흑인의 정치적 과제

흑인 정치신학자들과 흑인 정치 철학자들의 제2의 물결은 이 주제를 다른 방식으로 밀어붙인다. 미국에서는 제임스 콘의 끊임없는 작업(1999)과 엠마누엘 척워디 에체(2001), 루이스 리카르도 고든(1997, 2000), 벨 훅스(1992, 1994)가 '존재론적 흑인성'은 '인간으로서의' 흑인의 번영을 질식시킨다는 빅토르 앤더슨의 주장에 대한 비판적 이해를 분명히 설명한다(Anderson 1995:14).

동시에 이 같은 학자들은 이 번영의 기본적인 조건들이 흑인 자유를 구체적으로 현실화하는 형식적인 요소들을 구성한다는 단호한 입장을 보여 준다. 하지만 몇 세기 동안 가장 결정적인 선험성, 곧 흑인이나 아프리카인 또는 아프리카 유산을 물려받은 사람들은 바로 그 인간성을 목표로 해 싸우고 투쟁해 왔다.

따라서 이들의 인간성을 부정하는 것(곧 비인간화)에 대항하는 흑인이나 아프리카인, 또는 아프리카의 유산을 물려받은 사람들의 저항을, 계몽주의가 고무시킨 것처럼 자유로운 자기주장과 혼동하는 것은 저항의 급진적이고도 위험천만한 성격을 이해하지 못하는 것이다.

흑인 여성들과 남성들에게는 살아가고 존재하는 것 자체가 위험한 일이기 때문이다. 솔직히 말하자면 흑인으로 존재한다는 것은 생사의 문제다. 따라서 인종 차별에 대한 분석은 인종이 마치 투쟁의 범주로서 존재하는 것과 마찬가지로 흑인 정치신학의 성격을 보여 주는 것이다.

남아프리카공화국의 신학자들은 이런 쟁점에 대해 '아파르트헤이트 이후'(postapartheid) 상황과의 관계에서 틀을 짠다. 『하나님의 분노하는 자녀들』(*God's Wrathful Christian*, 1995)에서 윌라 보에삭은 흑인의 삶을 뒤덮게 하는 분노와 격분을 전개한다.

보에삭은 의로운 분노의 창조적이고 치유적인 잠재성을 증오로 가득 찬 복수와는 구별한다. 그는 모든 기독 교회에게 식민지 시대 동안 토착민들에게서 소유권을 박탈해 얻은 교회들의 토지 재산권을 재평가하도록 요구한다.

특히, 그는 남아프리카 태생의 백인(Afrikaner) 교회들에게, 백인이 흑인들에 대한 비이성적인 두려움을 극복하도록 돕는 책임을 맡으라고 요구한다. 그는 단지 죄를 고백하는 것뿐 아니라 정의를 회복하는 과정에 동참하도록 백인들을 권면하고, 흑인들에게는 모든 백인을 비난하려는 경향을 검증하도록 요구한다.

전 잉글랜드 국교회 대주교 데스몬드 투투를 통해 진행되었던 '진리와 화목 위원회'(TRC)가 설립되기 전에 그가 쓴 『하나님의 분노하는 자녀들』은 이 위원회가 허용한 광범위한 자유 범위에 대한 의혹들이 있다는 것을 암시한다.

보에삭은 다음과 같이 쓴다.

> 수많은 백인은 흑인들이 아무리 많이 약탈당하고 심적 외상을 입었더라도 쓰라림, 분노, 혹은 공격적인 마음을 가지지 않기를 바라는 것처럼 보인다. 그러나 비참함의 역사와 비교할 때, 이 자연스럽지 못한 '기독교적' 실천과 합리성은 전적으로 기독교적이지 않고 오히려 억압당하는 사람들에게 복종을 강요하는 강압의 왜곡된 풍조로 보인다(Kunnie 1995:242).

줄리안 쿤니는 충분한 음식, 건강 보험, 은신처, 교육과 일터가 부족한 가난한 시골 농민과 흑인 노동 계급의 관점에서, 현재 남아프리카공화국의 상황을 따져 묻는다. 그는 가장 퉁명스럽고도 단호한 질문인 "아파르트헤이트(인종 분리 정책)가 정말로 사라졌는가?"라고 반문한다.

매우 날카로운 의심의 해석학을 휘두르는 쿤니는 '자본주의와 식민주의'의 늘어나고 심화되는 결탁을 간파하고, 이것을 하위 계급의 경멸받는 사람들을 희생시키고 이들에게 이 억압적인 문화에 봉사하도록 강요하면서 유럽의 지배 계급 문화(Kunnie 2000:252)를 재창조하려는 시도로 나타났다고 밝힌다. 그는 '진리와 화목위원회'(TRC)에 대해서는 대체로 냉소적이고 "정의를 현실화하지는 않고 정의와 진리의 서로 상반되고 얽혀 있는 측면에 동의한다"(Kunnie 2000:197-198)고 주장한다.

쿤니는 남아프리카인들에게 진보의 자본주의적 개념들을 거부하라고 호소한다.

> 질적으로 급진적으로 다른 가치 체계를 포용하라고 호소한다. 이런 가치 체계는 본질에 있어서 정신적으로, 문화적으로 토착적이다. 곧 이 가치 체계는 이런 본질 안에서, 핵심에 있어서 친노동자적이며 반개인주의적이고 집단적으로 정의되고 사회주의적이며 그리고 여성 지도권과 지시를 받아들인다(Beckford 2001:194).

흑인들이 투옥되는 전 세계적으로 높은 비율을 고려할 때, 흑인 정치학의 당면 과제는 단연 투옥되는 대상에 관한 것이다. 로버트 베크포드는 구체적으로 이런 주제를 다루고, 인종 차별적 억압의 격렬하고 다양하고 복잡한 체제 아래 살아가기에 들끓는 흑인들의 분노에 대한 질문의 일부로서 이렇게 하는 소수 흑인신학자 중 한 사람이다.

베크포드는 '라티드(Rahtid)의 하나님', 곧 '영국에서 자행되고 있는 인종 차별적 억압에 대응하면서 흑인의 분노에 동조하고 이해하시는 하나님'에 대해 성경을 철저히 검열한다. 하지만 이런 라티드의 하나님은 예수의 가르침과 양립하는 하나님이다(Beckford 2001:40).

'진노'라는 말의 자메이카어 파생어인 '라티드'라는 용어를 사용하는 베크포드는 구원하는 복수 개념을 되찾는 것을 목표로 한다. '가장 작은 자'가 흑인의 정치신학, 해방신학에 대해 부인할 수 없는 관심을 가지므로, 베크포드는 구체적 프락시스에서 자신의 신학화 근거를 마련한다.

포로들을 자유롭게 하는 고대 희년 전통에 대해 예수가 호소한 것을 심각하게 취급하는 그는 버밍햄 교도소에서 한 주간 계속되는 세미나들을 인도하기도 한다. 선교 현장으로서의 감옥 개념이 새로운 것은 아니다. 하지만 베크포드는 킹과 말콤 X(Malcolm X)가 행했던 것처럼 이 개념의 잠재력을 근본적 자기변혁을 위한 장소로 활용한다(Beckford 2001:134). 버밍햄에 감금되었던 사람들은 흑인들을 복종시키고 진정시켜 범죄 행위를 억압을 피하는 유일한 수단으로 받아들이게 하는 구조들 속에 갇혀 왔을 수도 있다.

그러나 베크포드는 이들이 잘못된 선택을 했고 많은 이가 상습범이라는 소견을 밝힌다. 여전히 그는 '거친 사람을 구원하기'를 모색하는데, 이는 보상이 교도소에서 보내는 시간을 통해 또 근본적 '마음'과 삶의 변화를 통해 오기 때문이다(Beckford 2001:145, 136). 공통된 교재로서 영화를 이용해 베크포드와 수감자들은 경제, 정치, 권력, 다름에 대해 서로 이야기한다. 또한, 이것은 사람들이 자신들의 상황을 성찰하고 대면하고 분노를 표현함으로써 삶의 의미 있는 변혁을 유지하는 실천들을 조성하는 것을 통해 보상의 의미를 파악함으로써 더 깊은 자기검열을 위한 길을 열어준다(Beckford 2001:133-136, 150).

흑인 주체에 대한 카리브의 신학 담론은 아마 그 지역의 인종적, 문화적, 민족적 다양성과 흑인 담론 속에 있는 색깔, 민족성 또 국민성을 융합하려는 동질화 경향 때문에 아주 침묵해 왔다. 그래서 '아프리카 사람', 혹은 '자메이카 사람'이라는 외모는 검고 어두운 피부를 가진 사람 이미지를 바로 상기시킨다(Chisolm 1997:75-6). 거의 틀림없이 카리브에서의 흑인 주체에 대한 가장 중요한 작업은 신학에서 오지 않고 철학에서 온다는 사실이다.

『칼리반의 이성』(2000)에서 안티구안 피아제 헨리는 '자아의 문제를 숙고할 필요성'(Henry 2000:274)을 중요하게 여긴다. 그는 카리브의 철학과 신학이 유럽의 철학적 인간학의 담론에서 벗어나 어떤 새로운 것을 고안해야 한다고 주장한다.

헨리의 기획은 노예제, 식민주의, 인종 차별에 대항한 카리브인의 역사적이고 지루하게 오래 끈 투쟁에서 나타나는 종잡을 수 없는 유산을 사용하도록 카리브인 신학자들을 순차적으로 이끌어 간다.

첫째, 진정한 인간의 정치와 경제 질서를 구성하도록 공헌하는 것이다.
둘째, 인종 내 색깔의 차별과 민족적 분열과 같은 차별을 만드는 행습들을 비판하는 것이다.
셋째, 후설(Husserl)과 하버마스의 재발견을 초월하고 부정하는 정말로 인간성의 문제에 관여하는 것이다(Beckford 2001:281).

2) 흑인의 몸, 성별, 성, 성적 지향

흑인의 정치적 주제는 '구체화된 주체'다. 대서양 저편에 있는 노예 무역이 왕성하던 시대를 이해해 보면, 아프리카와 아프리카 계통의 여자와 남자들은 정치적, 경제적 그리고 성적 욕망의 대상이 되어왔다. 더욱이 유럽인과 유럽계 미국인의 대표적인 미학은 이런 흑인의 몸을 원시적, 선정적, 불쾌한 것으로 평가했다.

이 평가는 단연 종교적이고 도덕적이었다. 이는 몸, 성별, 성행위에 대한 서구의 백인 기독교의 모순을 반영했다. 하지만 스튜어트 홀은 규정과 전형을 손상시키고, 대립적인 미학을 표현하며, 저항과 우아함을 중재하기 위해 몸을 캔버스로 사용하는 흑인의 정치적 주제의 창조성과 발동력을, 우리에게 상기시킨다(Hall 1992:27).

미국의 흑인 여성주의 신학은 흑인의 구체화된 경험을 철저히 조사하고, 아프리카계 미국 여성들을 아프리카계 미국인의 종교적, 문화적, 개인 간 상황들 속에서 인식했고 계속 인식하는 편파적인 방식들과 싸우는 방법을 보여 준다(Cannon 1995; Williams 1993; Gilkes 2001). 다방면에 걸친 비판적 전략으로서, 흑인 여성주의 분석은 흑인 여성들(또는 남성들)의 정신, 마음, 몸, 성별, 성을 되찾고 조심해서 다룰 수 있는 가치 있는 미학을 제시한다(Hooks 1992; Townes 1998).

켈리 브라운 더글라스(Kelly Brown Douglas)는 흑인의 몸에 대한 지배와 악마화로 이어진 인종 차별주의뿐 아니라 성별과 성에 대한 흑인 정치신학과 흑인 교회의 건설적인 담론 회피도 비판한다. 또한, 더라스는 세계적인 규모로 흑인의 몸을 중대한 위험에 노출시킨 HIV/AIDS에 대한 소홀함에도 문제를 제기한다(Douglas 1999:22, 87-108, 139-41).

제임스 에반스(James Evans)도 이런 소홀함의 무게와 신학과 교회의 책임을 무시해서는 안 된다고 주장한다. 그는 1932년에서 1972년에 걸쳐 앨라배마 주의 터스키지에서 흑인 남성 재소자들에게 실행된 매독 실험을 통해 야기된 의혹과 두려움에 이 문제를 연관시킨다. 터스키지 실험은 "흑인의 몸이 다른 사람의 건강을 위해 희생될 수 있다는 역사적 추정을 확인해 주었다"(Evans 1997:58).

다른 흑인 정치신학들과 마찬가지로 카리브의 신학도 라틴 아메리카의 해방신학에서 가난한 자와 억압당하는 자를 해석학적으로 특별 취급하는 방법론적 가정을 사용해 왔다. 중국인이 조상인 자메이카인 테레사 로웨-칭(Theresa Lowe-Ching)은 이 가정을 이용해, 카리브 신학에서 여성들 경험 언급이 없고 이 지역 흑인 여성주의 신학자들이 부족하다는 부족하다는 것을 지적한다.

로웨 칭과 쿠바 신학자 오펠리아 오르테가(Ofelia Ortega)는 여권주의적 분석이 외래 수입이어서 신뢰할 수 없다는 것은 아니라고 주장한다(1999). 로웨 칭은 여권주의 관점에서 강조된 가치들, 곧 헌신, 결론, 협력, 상호성이 위기를 초래하는 문제의 치료법으로 무시될 수는 없지만, 카리브의 현실에 관심 갖고 접근하는 종합적인 방식을 만들어 내는 데 온전히 한몫해야 한다고 분명히 밝힌다(Lowe-Ching 1995:30).

3) 성경 해석학

성경은 아프리카 후손들의 억압과 강탈과 밀접하게 연관되어 있다.
전승으로 전해 내려오는 아래 익명의 이야기를 생각해 보자.

> 백인이 아프리카에 왔을 때 성경을 가지고 있었고 아프리카인들은 넓은 땅을 가지고 있었다. 백인은 아프리카인들에게 우리 다 같이 머리를 숙이자고 정중히 부탁했고 그리고 "기도합시다"라고 말했다.

기도를 마친 후 이 백인은 이 넓은 땅을 차지하게 되었고 아프리카인들은 성경을 갖게 되었다.

사하라 이남 아프리카 지역의 흑인 정치신학자들에게, 이 이야기는 그곳 사람들의 식민지 기독교 경험을, 곧 '복음'을 사회적 억압과 문화적 제국주의를 복음과 혼합시킨 기독교에 대한 가슴 아픈 경험을 담아낸다. 이터멜랭 모살라(Itumeleng Mosala)와 무사 두베(Musa Dube)는 '식민지 시대 후 성경 해석'의 최전선에서 자신들의 작업을 행하는 두 대륙 학자다.

모살라는 '백인, 성경 그리고 흑인의 땅' 이야기 해석에, 땅에 초점을 맞춘다. 백인이 땅을 몰수하고 흑인을 약탈하는 남아프리카공화국의 상황에서부터 글을 쓰는 그는 다르게 해석할 수 없었다.

쿠니와 마찬가지로 모살라가 마르크스주의 범주를 사용하는 것도 흑인 경험의 외형에 종속되어 있다. 그래서 모살라는 인간 해방의 물질적 차원을 강조하지만 결코 문화적, 도덕적, 또는 영적인 차원을 대가로 강조하지는 않는다.

더욱이 그는 미가서의 유물론적 읽기를 제안함으로써 비판적 해석학 없이(곧 성경적 진술들과 사건들 너머에 있는 가정들에 대해 의문을 제기하는 해석의 형식 없이) 논증한다.

> 지배적이고 전통적인 신학은 왜곡된 물질적 상황에 대한 증거긴 하지만 성경이 대개 정치적으로, 이념적으로 위안적임을 발견해 왔다(Mosala 1989:121-2).

땅을 찾고 재분배하는 것에 대한 요구는 항상 반(反)아파르트헤이트 강령의 통합적 부분을 구성해 왔다. 하지만 흑인의 땅을 강탈하는 문제에 대해 모살라가 성경의 역할을 다루는 것은 전 세계적으로 흑인 정치신학과 성경 해석학에 중요한 공헌을 보여 주는 것이다.

무사 두베는 제국주의의 기본적인 주제들 곧 땅, 인종, 권력, 성별(gender), 부, 투쟁, 역사를 추려내면서, '백인, 성경 그리고 흑인의 땅' 이야기를 분석한다(Dube 2000). 문헌적 방법 곧 수사학적 방법을 사용하는 두베는 다른 고대와 현대의 제국주의화하는 문헌들과 더불어 성경의 상호 문헌 읽기(intertextual reading)를 통해 제국 건설과 가부장제도의 친숙한 관계를 따져 묻는다. 이런 방법으로 그는 압류와 정복을 정당화하면서 하나님, 황금, 영광의 제국주의를 교묘하게 조작한 것을 폭로한다(Mosala 1989:57).

두베는 라합의 해석 프리즘이라고 부르는 새로운 "탈식민지화하는 여권주의의 성경적 실행"을 주장한다.

> 국가, 성별, 인종, 종족, 환경, 또는 개발 간의 해방적 상호 의존에 대한 공간을 조성하기 위해 가부장적 억압과 제국적 억압, 둘 다에 저항한다(Mosala 1989:111).

라합의 해석 프리즘, 곧 탈식민지 후 여권주의 입장은 문헌의 본문을 읽고 해석하는 다양한 관점에 의지하면서 제국적이고 가부장적 억압의 구조와 이념(Mosala 1989:123)에 대한 논증적이고 실천적인 저항을 요구하는 것이다.

카리브의 성경 해석학은 성경 본문을 이해하려는 독자들에게 새로운 주의를 불러일으켰다. 카리브 문화에서 성경 연구(Mosala 1989:1994-1997)로 4년 동안 미국 성서학회(Society for Biblical Literature) 회원이던 오펠리아 오르테가와 나다니엘 머렐은 해석에서 독자를 강조한다. 여권주의 관점에서 작업하는 오르테가는 신적 계시의 역동적이고 해방적 성격을 강조하고, 성경에 나오는 가부장적 본문들이 규범적이라기보다는 상황적이라고 언급한다.

왜냐하면, 이런 본문들이 복음의 정신을 위반하기 때문이다. 그는 문헌의 재구성에서 문헌의 본문과 독자의 본문 간 해방적 만남의 결과로 신적 계시가 저절로 드러난다고 주장한다(Ortega 1999:45).

머렐은 다음과 같이 말했다.

> 특히, 억압당하는 사람, 소외된 사람, 권리를 박탈당한 사람을 위해 … 삶의 질을 향상시키는 것과 카리브의 성경 해석에의 실행 가능하고 효과적인 접근을 서로 관련시킨다(Murrell 2000:21).

그는 카리브인 신학자들이 제안한 이 같은 여러 해석 모델 가운데 네 가지 모델, 곧 차구아라마스 기획(Chaguaramas project), 예수 모델, 토지 획득 모델, 라스타파리의 메시아적 희망을 선별해 제시한다(Mosala 1989:21).

지면이 한정된 관계로 나는 여기서 첫 번째 모델만 고려하려고 한다. 차구아라마스 기획은 차구아라마스, 트리니다드, 서인도에 있는 카리브교회협의회의 1971년 초교파 학회 장소의 이름을 가져와 명명한 것이다. 이 접근은 식민주의 해석학에서 관리 역할을 단절시키고 그리고 카리브인의 삶에서 성경을 통제하고 조작한 지배적인 정치적 문화적 내러티브를 거절하도록 교회에 호소하는 것이다(Mosala 1989:21).

그러나 차구아라마스 해석학은 유럽 중심적 '식민주의적 욕조 물'을 버릴 때 성경을 같이 버리지 않고, 정치적이고 성경적인 신학자에게 그 지역에 있는 사회적, 종교적 비판으로 예언의 정신을 경청하고 평범한 카리브인들이 성경의 하나님을 만나고 말하는 친밀감을 이해하게 한다(Mosala 1989:22).

4) 기독론

흑인 정치신학들에 요구되는 기독론적 반성의 유형은 무엇인가?
가난하고, 멸시받고, 실직당하고, 병들고, 교도소에 있는 흑인들에게 예수 안에 계시는 하나님이 소외되고, 이방인이며, 멸시당하는 '타자'라고 말한다는 것은 무슨 의미가 있는가?
이것들은 흑인의 정치적 상황을 중시한 기독론적 묵상에 대한 물음이다.
로버트 베크포드는 동정 어린 글들을 한데 묶은 『예수는 공포다』(*Jesus is Dread*, 1998)를 제시한다. 이 책은 영국의 흑인 오순절교회와 흑인의 표현적 문화 안에서 기능한 여러 가지 상징과 아이콘을 검열한다. 베크포드는 흑인 기독론을 주장하기 위해 역사, 혼합주의, 혼혈 그리고 계급, 성(sex), 성별(gender), 나이, 종족, 경제와 정치적 의식에 퍼져 있는 차이가 특징인 흑인의 문화적 모체를 출발점으로 삼는다(Beckford 1998:138, 140; 1999:53).

'흑인 이야기'는 정치적이고 존재론적 결과들을 가지는 이 모체에서 유래하고 이 모체를 생산하고 강요한다. 따라서 예수를 '공포'라고 부르는 것은 흑인 영국인의 상황에서 예수의 이야기와 의미를 다시 자리매김한다. 또한, 백인 우월주의에 대한 억압받는 흑인 영국인들의 저항과, 신(新)식민주의적 상황을 변혁시킬 수 있는 정치적 구조에 대한 이들의 일들 속에서, 예수가 이런 흑인 영국인들에게 어떤 의미가 있는지 고려한다. '공포'의 그리스도는 흑인 주민들의 삶과 투쟁에 참여하고 이를 통치하신다(Beckford 1998:146-147).

동시에 베크포드는 '공포' 개념이 남권주의와 가부장적 중압감과 마찬가지로 그 공포의 구체화된 성격을 암시한다고 이해한다. 그럼에도 불구하고 그는 영국에서 자유를 추구하는 흑인 교회에서 흑인 정치신학을 행하는 규범으로서의

'공포'의 그리스도를 확신한다.

1980년대 중반 코르트리트 데이비스는 예수 그리스도의 의미를 개인적, 종교적, 역사적, 사회적 차원의 '흑인의 인간성을 위한 해방의 패러다임'으로 묘사했다(Davis 1985:63). 몇 년 후 인도 혈통의 가이아나 신학자 윈스턴 페르사우드(Winston Persaud)는 칼 마르크스의 인간학과의 대화를 통해 십자가 신학을 끌어냄으로써 이 주제를 공격했다(Persaud 1991).

페르사우드가 칼 마르크스의 유물론적 세계관을 축소하는 것이라고 거절하지만 그럼에도 그는 새로운 사회적이고 유물적 구조를 위한 카리브 지역의 필요를 긍정한다. 그는 구조적 변화가 그리스도의 십자가에서 암시하는 이율배반적 법에 순종함으로 이것의 성취를 발견하는 내적인 영적 변혁에 근거해야 한다고 주장한다(Persaud 199:262).

그러나 페르사우드는 우리가 프락시스나 하나님의 연약하심을 오해하게 하지 않을 것이다. 하나님을 믿는 믿음과 소망 선포를 진정한 사랑의 행동과 분리하는 것은 친절함의 단순한 행동이든 비인간화하는 구조를 새롭게 하려고 추구하는 급진적 행위든 복음을 왜곡하는 것이다((Persaud 1991:265).

3. 흑인 정치신학을 위한 새로운 책임

모든 신학의 형성처럼, 흑인 정치신학들도 일시적이고, 잠정적이고, 불완전하고, 모호한 채로 남아 있다. 미국에서 흑인 정치신학은 악화되어 가는 정치적이고 경제적인 상황, 특히 정부가 국가 안보를 구실로 인간의 권리와 시민의 권리를 침범하는 것을 논해야 한다.

남아프리카공화국에서 흑인 정치신학은 HIV/AIDS와 아파르트헤이트의 악명 높은 경제적 유물을 직접 다룰 필요가 있다. 카리브에서 흑인 정치신학은 정치 과정을 탈취하는 갱단의 폭력에 대해 더 분명히 말해야 한다.

영국의 흑인 정치신학에서는 이분법적 분석의 덫을 피하고 다른 인종적 및 종족적 그리고 종교적 공동체들의 경험과 통찰을 연관지음으로써 비판의 문제들을 덧붙이는 것이 좋다. 나는 흑인 정치신학들의 다섯 가지 지속적 책임을 세계적인 상황에서 제안함으로써 결론을 내고자 한다.

첫째, 흑인 정치신학은 제국주의, 신식민주의, 자본주의, 또 민주주의의 실천들의 엄격한 분석을 실행할 필요가 있다. 이 탐구의 중심에는 도시의 흑인 노동자 계층과 시골 흑인 농민인 성인 남녀 및 아이들의 삶, 슬픔, 기쁨, 희망들이 있다.

미국의 2,000개 선거와 짐바브웨와 나이지리아의 정치적 상황은 자치로서의 흑인 정치 주체의 과잉을 암시한다. 이들 나라에서 흑인신학의 비판이 지속적으로 부재하는 것은 공공신학으로서 흑인 정치신학의 수사를(rhetoric) 경시하고, 교회의 목회적 프락시스를 더 왜곡시킬 수 있다.

둘째, 9월 11일 사건과 이라크에 대항하는 전쟁이 일어났던 지정학적 재편성은 흑인 정치신학들이 상황화되는 곳이 어디든지, 흑인 정치신학들의 방향에 긴급한 쟁점들을 강하게 요구한다.

이런 쟁점들은 다음과 같다.

① 전 세계적인 인종 차별, 성 차별, 동성애자 차별, 경제적 착취, 제국주의의 상호 작용과 상호 조절에 대한 설명을 계속하는 것
② 결코 허용될 수 없는 반유대주의와 결코 제멋대로 해서는 안 되는 다듬어지지 않은 자기 민족 중심주의를 주의 깊게 구분하는 것
③ 유대교와 이슬람교와의 신중한 대화
④ 인간의 권리와 시민의 권리의 세계적 침해에 대한 주목
⑤ 문화적 종교적 다양성의 비판적 포용

거의 10년 전 루윈 윌리엄스가 카리브 신학자들에게 관심을 야기한 사건을 출간한 적이 있었다. 그가 기록하기를, 1980년대 미국의 그레나다와 파나마 침략은 평판이 좋지 않은 정치구조들을 대체하고 파괴하기 위해 군사력을 사용하는 주요 강국의 의지를 증명하는 것이었다(Williams 1994:136). 이라크 전쟁의 후유증으로, 그가 한 발언들은 거의 선견지명이 있는 것처럼 보인다. 또한, 이 새로운 상황에서 흑인 정치신학들은 그 중심이 어디에 있든지 인간의 생명과 위엄, 창조성, 정신을 방어하는 책임을 떠안아야 한다.

셋째, 제임스 콘은 30년보다 오래 전, 흑인다움이 피부 색깔의 문제라기보다는 마음, 혼, 정신, 몸을 빼앗긴 흑인들에게 이를 다시 찾아 주는 문제라고 단언했다. 흑인 정치신학들은 협력을 장려하고 요구하고 받아들여야 한다. 게이

로드 윌모어(Gayraud Wilmore)가 한때 비평했듯이, 흑인 정치신학은 정말 중요하기 때문에 흑인신학자들에게만 신학의 과제를 남겨 두어서는 안 된다.

HIV/AIDS에 대한 남아프리카의 백인 신학자 데니스 액커만의 연구(2000)와 산업화된 교도소 단지에 대한 유럽계 미국 백인인 마크 루이스 테일러의 연구(2001)는 아프리카 유산을 물려받은 사람들의 복지에 대한, 또한 정말 모든 인간의 안녕에 대한 진지한 신학적 공헌이다.

여기서 미국의 흑인신학자들은 인종적, 문화적, 종족적 타자들을 이해하고 인종적, 문화적, 종족적 경계를 초월하는 공통적인 문제를 파악하는 창조적 지적, 실존적 자리를 만들어 가는 카리브와 남아프리카에 있는 우리의 동료들에게서 많은 것을 배울 수 있다.

넷째, 타이노족과 카리브인 노예 무역부터 대량학살에 이르기까지, 백인 농장주의 흑인 여성 강간부터 흑인 남성들에게 폭행을 가해 죽이고 거세를 자행하는 KKK단(Ku Klux Klan, 남북 전쟁 후에 생겨 난 인종 차별주의적 극우 비밀 조직-역주)에 이르기까지, 스티브 비코 살해부터 스티븐 로렌스 살해에 이르기까지, 폭력이 세계 흑인들에게 단호하게 가해졌다.

그러나 아프리카와 아프리카계 후손 사람들은 모두가 제도화되거나 임의적인 증오 범죄의 폭력 희생자들인 것은 아니다. 흑인들도 다른 사람과 서로에 대해 폭력을 자행하고 있다. 이 문제가 큰 목소리를 내는 흑인 정치신학적 비판이 부족하다고 시달리는 상황이다. 카리브에서 흑인 정치신학은 흑인 젊은이의 피와 잠재력을 허비하게 하는 야만적인 범죄 집단의 폭력을 더 이상 묵인하지 않아야 한다. 미국에서, 흑인 정치신학은 단도직입적으로, 살인자의 삶을 모방하는 힙합 예술가가 예찬하는 마약과 총기를 정죄할 필요가 있다.

흑인 여성주의자 체리 커크-두간(Cheryl Kirk-Doggan, 2001)은 이 같은 분석에 대한 좋은 출발을 시작했지만, 도덕적인 것이 더 필요했다. 남아프리카공화국에서는 여성과 젊은이들 및 유아 소녀에 대한 성폭행이 공공연한 것에 대한 규탄을 청원해야 한다. 영국의 흑인신학은 인종적, 다민족적, 종교적 집단들의 태생적으로 틀에 박힌 방식과 싸워야 한다.

그래서 영국의 흑인 정치신학은 유럽에서 다시 출현한 다양성의 확신을 통해 '영국적임'(Britishness)의 의미를 재구성하기 위해 협력하고 또한, 동화와 소외를 향한 경향에 비판적 자기 검열로 흑인 중산층을 고무시켜야 한다.

다섯째, 복음의 의미는 결코 고갈되지 않았고, 십자가의 비판적 해석은 결코 더 필요하지 않았다는 것이다. 흑인 정치신학들은 베크포드가 "전복하는 경건"(Beckford 1998:171)이라고 불렀던 것을 뒤흔들 필요가 있다. 전복하는 경건은 아프리카 선조들의 혁명적 기개와 정신을, 자유의 하나님 안에 있는 이들의 진보적 희망을, 또 투쟁에의 헌신을 회복하는 것이다.

전복하는 경건은 거짓된 거룩함이나 피상적인 영성의 어떤 시도도 거부한다. 이 경건은 복음 메시지(성령 안에 계신 그리스도의 현존에 거하는 것)와 진정한 실천과 훈련들(기도, 금식, 관용, 연대)에 대한 헌신이다. 전복하는 경건은 예수가 가르친 예언적 희년의 전통을 구체적으로 포용하고 실현한다.

하지만 전복하는 경건은 전략적으로도 신학적으로도 순수한 것은 아니다. 이것에는 비판을 불러일으킬 위험이 있다. 왜냐하면, 인간의 자유와 프락시스를, 평화, 치유, 기쁨의 통치로 절대적으로 우리에게 희망을 선물로 주시는 자유의 하나님의 은혜와 힘과 혼동하지 않기 때문이다.

오직 이 같은 경건은 우리 자신을 위해, 우리의 인간성을 위해, 모든 하나님의 창조를 위해 사회와 교회에 정의를 가져오게 하는 투쟁에 이타적이고 장기간에 걸친 동참을 지속할 수 있어야 한다.

감사

대학원 조교, 안나 카나피 퍼킨스에게 감사한다. 안나의 비판적 시각과 사려 깊은 주의는 이 글에 매우 귀중한 공헌을 했음을 밝힌다.

참고 문헌

Ackermann, D. (2000). "Lamenting Tragedy from 'the Other Side.'" In J. R. Cochrane and B. Klein (eds.), *Sameness and Difference: Problems and Potentials in South African Civil Society*, South African Philosophical Studies, I, 213–241 (Cultural Heritage and Contemporary Series, vol. VI). Washington DC: Council for Research in Values and Philosophy.

Anderson, Victor (1995). *Beyond Ontological Blackness: An Essay on African American Religious and Cultural Criticism*. New York: Continuum.

Beckford, R. (1998). *Jesus is Dread: Black Theology and Black Culture in Britain*. London: Darton, Longman & Todd.

_____.(1999). "Black Pentecostals and Black Politics." In A. Anderson and W. Hollenweger (eds.), *Pentecostals after a Century: Global Perspectives on a Movement in Transition*, 48–59. Sheffield: Sheffield Academic Press.

_____.(2001). *God of the Rahtid: Redeeming Rage*. London: Darton, Longman & Todd. Biko, Steve (1998). *I Write What I Like*, ed. Aelred Stubbs. New York: Harper & Row (First publ. 1978).

Boesak, A. (1976). "Coming In Out of the Wilderness." In S. Torres and V. Fabella (eds.), *The Emergent Gospel*, 76–95. Maryknoll, NY: Orbis.

_____.(1981). *Farewell to Innocence*. Maryknoll, NY: Orbis.

Boesak, W. (1995). *God's Wrathful Children: Political Oppression and Christian Ethics*. Grand Rapids, Mich.: Eerdmans.

Bosch, D. J. (1991). *Transforming Mission: Paradigm Shifts in Theology of Mission*. Maryknoll, NY: Orbis.

Buthelezi, M. (1975). "Daring to Live for Christ: By Being Human and Suffering for Others." *Journal of Theology for Southern Africa* 11 (June), 7–10.

_____.(1976). "Toward Indigenous Theology in South Africa." In S. Torres and V. Fabella (eds.), *The Emergent Gospel*, 56–75. Maryknoll, NY: Orbis.

Cannon, K. (1995). *Katie's Canon: Womanism and the Soul of the Black Community*. New York: Continuum.

Chisholm, C. A. (1997). *A Matter of Principle*. Spanish Town: Autos.

Cleage, A. (1968). *The Black Messiah*. New York: Sheed & Ward.

Cone, J. (1970). *A Black Theology of Liberation*. Philadelphia: Lippincott.

_____.(1975). *God of the Oppressed*. New York: Seabury.

_____.(1997). *Black Theology and Black Power*. Maryknoll, NY: Orbis. (First publ. 1969.)

_____.(1999). "Looking Back, Going Forward: Black Theology as Public Theology." In D. Hopkins (ed.) *Black Faith and Public Talk: Essays in Honor of James H. Cone's Black Theology and Black Power*, 246–59. Maryknoll, NY: Orbis.

Davis, K. (1982). *Mission for Caribbean Change: Caribbean Development as Theological Enterprise*. Frankfurt am Main and Berne: Peter Lang.

_____.(1983). *Cross and Crown*. Barbados: Cedar.

_____.(1985). "Jesus Christ and Black Liberation: Toward a Paradigm of Transcendence." *Journal of Religious Thought* 42: 1, 51–67.

_____.(1990). *Emancipation Still Comin': Explorations in Caribbean Emancipatory Theology*. Maryknoll, NY: Orbis Books.

Douglas, K. B. (1999). *Sexuality and the Black Church: A Womanist Perspective*. Maryknoll, NY: Orbis.
Dube, M. (2000). *Postcolonial Feminist Interpretation of the Bible*. St. Louis: Chalice.
Erskine, N. (1998). *Decolonizing Theology: A Caribbean Perspective*. Maryknoll, NY: Orbis. (First publ. 1981.)
Evans, J. H. (1997). *We Shall All Be Changed: Social Problems and Theological Renewal*. ㅠMinneapolis, Minn.: Fortress.
Eze, E. C. (2001). *Achieving Our Humanity: The Idea of the Postracial Future*. New York: Routledge.
Gilkes, Townsend C. (2001). *"If It Wasn't for the Women . . ." Black Women's Experience and Womanist Culture in Church and Community*. Maryknoll, NY: Orbis.
Gilroy, P. (1991). *"There Ain't No Black in the Union Jack:" The Cultural Politics of Race and Nation*. Chicago: University of Chicago Press. (First publ. 1987.)
Gordon, L. R. (1997). *Her Majesty's Other Children: Sketches of Racism from a Neocolonial Age*. Lanham, Md.: Rowan & Littlefield.
_____.(2000). *Existentia Africana: Understanding Africana Existential Thought*. New York: Routledge.
Gregory, H., ed. (1995). *Caribbean Theology: Preparing for the Challenges Ahead*. Kingston: Canoe 1995.
Habermas, J. (1971). *Knowledge and Human Interests*. Boston: Beacon.
_____.(1983). *The Theory of Communicative Action: Reason and the Rationalization of Society*. Boston: Beacon.
Hall, S. (1992). "What is the 'Black' in Black Popular Culture?" In G. Dent (ed.), *Black Popular Culture*, 2–29. Seattle: Bay.
Hamid, I., ed. (1973). *Troubling of the Waters*. San Fernando, Trinidad: Rahaman Printery.
Henry, P. (2000). *Caliban's Reason: Introducing Afro-Caribbean Philosophy*. New York: Routledge.
hooks, b. (1992). *Black Looks: Race and Representation*. Boston: South End.
_____.(1994). *Outlaw Culture: Resisting Representation*. New York: Routledge.
_____.(1995). *Killing Rage: Ending Racism*. New York: Henry Holt.
Hopkins, D. (1989). *Black Theology USA and South Africa: Politics, Culture, and Liberation*. Maryknoll, NY: Orbis.
Jones, W. R. (1998). *Is God a White Racist? A Preamble to Black Theology*. Boston: Beacon. (First publ. 1973).
Kirk-Duggan, C. (2001). *Misbegotten Anguish: A Theology of Ethics and Violence*. St. Louis, Mo.: Chalice.
Kunnie, J. (2000). *Is Apartheid Really Dead? Pan-Africanist Working-Class Cultural Critical Perspectives*. Oxford: Westview.
Lowe-Ching, T. (1995). "Method in Caribbean Theology." In H. Gregory (ed), *Caribbean Theology: Preparing for the Challenges Ahead*. Kingston: Canoe.
Maimela, S. (1981). "Man in 'White' Theology." *Journal of Theology for Southern Africa* 36 (September), 64–78.
Middleton, D. J. N. (2000). "Riddim Wise and Scripture Smart: Interview and Interpretation with Ras Benjamin Zephaniah." In H. Gossai and N. S. Murrell (eds.), *Religion, Culture, and Tradition in the Caribbean*, 257–70. New York: St. Martin's.
Mosala, I. (1989). *Biblical Hermeneutics and Black Theology in South Africa*. Grand Rapids, Mich.:

Eerdmans.
Murrell, N. S. (2000). "Dangerous Memories, Underdevelopment, and the Bible in Colonial Caribbean Experience." In H. Gossai and N. S. Murrell (eds.), *Religion, Culture, and Tradition in the Caribbean*, 9-35. New York: St. Martin's.
Ortega, O. (1999). "God Has Called Us: Caribbean Women Searching for a Better Future." *Caribbean Journal of Religious Studies* 20: 2, 38-46.
Persaud, W. (1991). *The Theology of the Cross and Marx's Anthropology*. New York: Peter Lang.
Phillips, M. (1998). "Windrush - the Passengers." http://www.bB.C..co.uk/history, accessed May 11, 2003.
Roberts, J. D. (1971). *Liberation and Reconciliation: A Black Theology*. Philadelphia: Westminster.
_____.(1974). *A Black Political Theology*. Philadelphia: Westminster.
Robinson, R. (2000). *The Debt: What America Owes to Blacks*. New York: Penguin.
Taylor, M. L. (2001). *The Executed God: The Way of the Cross in Lockdown America*. Minneapolis: Fortress.
Townes, E. (1998). *Breaking the Fine Rain of Death: African American Health Issues and a Womanist Ethic of Care*. New York: Continuum.
Van Dijk, F. J. (1998). "Chanting Down Babylon Outernational: The Rise of Rastafari in Europe, the Caribbean, and the Pacific." In N. Murrell et al. (eds.), *Chanting Down Babylon: The Rastafarian Reader*, 178-198. Philadelphia: Temple University Press.
Williams, D. S. (1993). *Sisters in the Wilderness: The Challenge of Womanist God-Talk*. Maryknoll, NY: Orbis.
Williams, L. (1994). *Caribbean Theology*. New York: Peter Lang.

제20장

구스타보 구티에레즈

로베르토 S. 고이추에타(Roberto S. Goizueta)

1. 해방신학: 리마에서 메델린까지

몇몇 현대 신학자는 해방신학의 아버지로 자주 거론되는 페루의 신부 구스타보 구티에레즈(Gustavo Gutiérrez)가 보여 준 전 신학 분야에 의해 영향을 받아 왔다. 구티레에즈는 자신의 고전적 작품인 『해방신학』(A Theology of Liberation)에서 '신학의 새로운 주제들을 내놓는다기보다는 신학하는 새로운 방법'(Gutiérrez 1973:15)을 제시한다.

따라서 해방신학의 가장 두드러진 부분과 그리고 구성적 신학부터 성경 연구에 이르기까지 신학적이고 종교적 연구들의 모든 영역에 영향을 미친 부분은 구티에레즈가 그의 혁신적인 책에서 체계적으로 진술했던 신학적 방법론이다.

구티에레즈의 신학적 방법론은 두 가지 근본적 논제에 의존한다.

첫째, 하나님은 모든 인간을 공평하게, 또 값없이 사랑하신다.
둘째, 하나님은 가난한 자를 우선적으로 사랑하신다.

이런 통찰들은 성경과 기독교 전통에 대한 구티에레즈의 반성에서 나오며, 또한 그의 저술에 오늘날까지 계속 활기를 불어넣는 자신의 생생한 경험에서 비롯되기 때문이다. 그는 페루에서 성장한 한 아이로서 십대 시절 골수염으로 병상에서만 누워만 있었기에, 신체적 질병과 빈곤의 고통이 어떠한지 알고 있었다.

이런 고통의 세월들은 그에게 여러 저서를 탐독할 수 있는 기회를 제공했고, 그의 기독교 신앙과 사회 정의의 관계에 대한 특정한 관심을 전개하게 하는 밑거

름이 되었다. 따라서 이 어린 나이에 인간의 고난에 대한 깊은 개인적인 경험들이 내면에서 우러나오는 인간의 고난의 성격을 실제로 '알고 있는' 것을 강조하기 위해, 구티에레즈의 비범한 능력을 발전시킬 수 있었던 그 영향력을 기억하는 것은 도움이 된다.

일찍 질병의 고통을 경험한 구티에레즈는 의료와 의학 연구에 관심이 생겼고, 이를 더 추구하기 위해 그리고 궁극적으로 정신 의학 분야에 몸담으려는 의향을 갖고 리마에 있는 산마르코스대학교(University of San Marcos)에 입학했다. 하지만 3년 동안 의학을 공부한 후 그는 신학으로 전환하기로 마음을 먹고 리마의 교구 사제 수업을 받기 위해 산마르코스대학교를 떠나기로 결심했다.

그는 더 많은 연구를 위해 곧 유럽으로 보내졌다. 그는 벨기에의 루뱅가톨릭대학교에서 철학과 심리학 석사 학위(1955)를 받고, 이어서 프랑스의 리용신학교에서 신학 석사 학위(1959)를 받았다. 역설적이게도 구티에레즈는 리용 대학이 출판된 그의 저술과 이 저술이 신학 분야에 끼친 영향에 근거해 그에게 학위를 수여했던 1985년이 되기까지는 신학 박사 학위를 받지 않았다.

1959년, 구티에레즈는 페루의 폰티피컬가톨릭대학교(Pontifical Catholic University)에서 교수 지위를 얻기 위해 유럽에서 돌아와 사제 서품을 받았다. 그 다음 10년은 그에게 형식적인 기간이었다. 대학의 상황은 그로 하여금 알베르 카뮈(Albert Camus), 칼 마르크스(Karl Marx), 특히 호세 카를로스 마리아테기(José Carles Mariátegui), 호세 마리아 아르구에다스(José Maria Arguedas), 카사르 발레조(Casar Vallejo)와 같은 영향력이 있는 인물들의 사상에 대한 관심을 더 전개시킬 수 있게 했다.

특히, 페루의 위대한 문학가들로서 위의 마지막 두 인물 호세 마리아 아르구에다스와 카사르 발레조는 수년 동안 구티에레즈의 작업이 빛을 보도록 지속적으로 그의 작업에 영감을 주었다.

그의 사회학적 분석에서 구티에레즈는 라틴 아메리카의 사회주의 발전에 대해, 특히 마리아테기(Mariátegui)의 요구에 양향을 크게 받았다. 하지만 이런 지적인 영향력들을 넘어 구티에레즈는 가톨릭 학생 국가연맹의 고문으로서 그의 목양적 일터에서 영감과 지적인 풍부함을 찾았다.

이 연맹은 가톨릭 실천 운동의 일부분이었다. 가톨릭의 사회적 가르침 자체를 하나의 토대로 삼은 평신도 학생 운동은 라틴 아메리카를 통해 미래의 젊은 가톨릭 지도자들 가운데 사회적 의식을 만들어 가는 데 매우 영향력이 있었다. 구티에레즈의 생애 내내 그랬을 것처럼, 구티에레즈의 신학은 사제로서의 자신의 사역에 직접적으로 연결되어 있었다.

1960년대 초에 이 페루신학자의 개인적이고 지적인 발전에 결정적인 것이 드러나는 두 사건들이 있었는데 다음과 같다.

첫째, 라틴 아메리카를 통해 일어난 대중적인 사회 운동들의 부흥
둘째, 제2차 바티칸공의회

이 두 사건은 모두가 해방신학을 불러일으키게 하는 역사적 상황이 조성되는 데 도움을 주었다. 동시에 해방신학에 대한 설명은 거의 유럽에서 교육을 받고 최근에는 사회 정의 운동을 확대하는 사람들과 함께 하기 위해 돌아온 수많은 라틴 아메리카 신학자와 연관되어 있었다.

사회 정의 운동은 당시 대륙에 널리 퍼져 있는 대화를 통해 이미 윤곽이 서서히 드러나고 있었다. 일련의 모임들을 통해 당대의 지성인들은 명시적으로 그들의 기독교 신앙, 특히 이것이 제2차 바티칸공의회에서 분명하게 언명된 것처럼 라틴 아메리카에서 정의를 위한 투쟁과 그들의 기독교 신앙을 명시적으로 연결지으려고 했다.

1968년, 그의 '라틴 아메리카 안에서의 목회와 교회'(La pastoral en la Iglesia en América Latina)에서 구티에레즈는 이런 쟁점을 직접적으로 발표했다. 구티에레즈는 페루 침보떼에서 국립 사회연구소에서 행한 그해 6월의 연설에서 주교 사제들을 보호하기 위해 '해방신학'(theology of liberation)이라는 용어를 정치 포럼에 처음으로 사용하면서, 이 용어의 의미를 전개했다.

제2차 바티칸공의회에서 나타난 변화들, 라틴 아메리카의 대중적 운동 및 초기 해방신학은 1968년 가을 콜롬비아의 메데인에서 개최된 라틴 아메리카 주교들의 제2차 평의회에서 제도적 가시성과 공적 승인을 얻어 냈다. 여기서 주교들은 분명하게 라틴 아메리카 교회의 특정한 상황에서 제2차 바티칸공의회의 꿈을 실현하는 과제를 그들 스스로 분명하게 설정했다.

만약 제2차 바티칸공의회가 하나님의 자기 계시의 자리로서 '시대의 징표들', 그래서 교회가 복음화의 과제를 달성해야 한다는 그 같은 상황을 응시하도록 교회를 격려했더라면 라틴 아메리카의 주교들은 라틴 아메리카에서 시대의 징표들을 변별하는 도전을 받아들였을 것이고, 이런 근거에서 라틴 아메리카 교회를 위한 실천적이고도 목회적인 의제를 제시할 수 있었을 것이다.

주교들의 '공식적 신학의 자문'으로서 구티에레즈는 메데인 생각(Medellin deliberations, 메데인 회담에서 나온 생각은 빈곤으로 고통받는 가난한 사람들의 운명에 같이 하자는 생각-역주)에 직접 관여했다. 그의 사상과 정신의 흔적은 주교들이 발행한 최종적인 문서 속에 명백히 나타났다. '가난한 자를 위한 우선적 선택'이라는 실제적인 표현은 11년 뒤, 멕시코 푸엘라에 있을 다음 평의회에서 메데인의 최종적 문서가 오류가 없다는 사실을 확정함으로써 이런 선택의 필연성을 마련하고서, 비로소 라틴 아메리카 주교들이 사용하게 되었다.

주교들은 다음과 같이 주장했다.

> 교회는 가난한 자를 위한 교회일 뿐 아니라, 또한 가난한 사람과 함께하는 교회여야 하며, 교회는 가난한 자의 교회가 되어야 한다.

2. 신학하기의 새로운 방법: 가난한 자를 위한 우선적 선택

가난한 자를 위한 우선적 선택에 근거한 해방신학을 체계적으로 처음 표현한 것은 1971년 출판된(영어 번역본은 1973년에 출판됨) 구티에레즈의 『해방신학』에서 시작한다. 여기서 구티에레즈는 모든 신학은 "말씀에 비추어 기독교 실천인 프락시스(praxis)의 비판적 성찰"(Gutiérrez 1973:13)이어야 한다고 주장했다.

신학은 기독교인들(이들 중 대다수는 라틴 아메리카에서, 또 정말로 전 세계에서 가난한 사람들)의 구체적이고 살아가는 신앙에 근거해야 한다. 그리고 신학을 정의하자면 기독교인으로서 이 프락시스(실천)는 우리의 역사적 행동에 도전하고 변혁시키는 하나님의 말씀에 조명되어야 한다는 것이다. 결과적으로 기독교 프락시스와 신학적 성찰의 관계는 '해석적 순환'을 형성한다.

구티에레즈는 이 기독교 프락시스의 관점에서, 즉 라틴 아메리카에서 투쟁하고 있는 가난한 자와의 연대에서부터 읽을 때 성경은 한편으로는 하나님의 사랑이 보편적이고 값없는 것으로 나타나고, 다른 한편으로는 가난한 자들과의 연대를 우선적으로 선택하는 것으로 나타난다고 주장한다. 이 같은 이중적 논제는 모순적인 것처럼 보인다.

하지만 말씀에 비추어 기독교 프락시스의 비판적 성찰의 상황 속에서 이해될 때에는 이 이중적 논제는 실제로 상호 암시적인 것처럼 보일 것이다. 하나님 사랑의 보편성은 가난한 자를 위한 하나님의 우선적 사랑을 포함한다.

하나님의 사랑이 보편적이라고 말하는 것은, 그것이 중립적이라고 말하는 것은 아니다. 하나님 사랑의 보편성은 객관적이고 중립적인 하나님을 배제한다. 하나님의 사랑이 비역사적이고 추상적인 것이 아니라면, 그의 사랑은 역사 속에 명백히 나타나는 것이다.

더욱이, 만약 대다수 인간이 권력의 소수자들에게 자신들의 존엄성이 체계적으로 부정되고 착취당하는 점에서 역사가 지속적 사회적 갈등으로 특징지어진다면, 중립적인 하나님은 '편들기'를 거부할 것이고 사실상 권력을 가진 소수의 관심에 도움을 줄 것이다. 만일 하나님의 사랑이 활동적으로 정의롭지 못한 현 체제의 상태를 변혁하지 않는다면, 이런 하나님의 '중립성'(모든 이를 위한 평등한 사랑으로 위장된)은 불의를 합법화할 수 있을 것이다.

동시에 구티에레즈는 가난한 자를 위한 선택이 우선적이지 독단적이라고 말하는 것은 아니라고 항상 주장해 왔다. 다시 말해, 우리는 우선적으로 가난한 자를 사랑하도록 부름을 받았다. 왜냐하면, 우리가 하나님의 사랑을 실천함으로써 모든 사람을 진정으로 사랑할 수 있기 때문이다. 억압받는 자를 위한 진정한 사랑은 억압의 상황에서 억압하는 자와 희생자들에게 비인간화하고 있다는 그러한 확신으로부터 탄생해야 한다.

하지만 구티에레즈는 개인으로서의 가난한 자가 권력을 가진 사람보다 나은 사람들이라고 단정하지 않는다. 가난한 자를 위한 선택은 특정한 사회적 자리에 우리 자신을 놓고, 특정한 관점, 곧 가난한 자, 멸시당한 자, 소외된 자의 관점에서 현실을 바라보는 선택이다. 우리가 그렇게 바라보도록 부르심을 받았다. 가난한 자가 권력을 가진 자보다 낫거나 도덕적이기 때문이 아니다.

성경에서 계시된 하나님은 사회에서 소외되고 버림받은 자들 가운데 우선적으로 나타나 선택하시는 하나님, 기쁜 소식의 전달자가 되도록 가난한 자를 선택하시는 하나님, 역사의 십자가에 달린 희생자들을 따라 십자가에 달리신 하나님이시다.

무엇보다도 가난한 자를 위한 우선적 선택은 '신학적' 선택이다. 우리는 가난한 자들의 편에 서 있어야 하고 그리고 이들을 선택해야 한다. 왜냐하면, 하나님이 가난한 자를 받아들이셨기 때문이다. 이유는 가난한 사람들 속에 있는 것이 아니라 하나님 속에 있다. 즉 이유는 가난한 사람들이 누구인지에 있지 않고, 하나님이 누구신지에 있기 때문이다.

따라서 구티에레즈가 주장하듯이, 가난한 사람들은 스스로 가난한 자를 위한 우선적 선택을 하도록 부름을 받은 자들이다. 가난한 자 역시 특권과 권력에 유혹될 수도 있다. 권력을 갖지 못한 자들은 자신들의 해방이 자기들이 부와 권력을 얻게 될 때 이루어질 수 있다고 믿을 수 있다. 가난한 사람들은 스스로 권력, 부, 폭력의 가치를 선택함으로써 자신들의 공동체를 버리는게 아니라, 가난한 자의 편에 서도록 부름을 받았다는 사실이다.

그런데 더 큰 문제가 여전히 남아 있다.

"누가 가난한 사람인가?"

"가난이라는 용어는 무엇을 의미하는가?"

복음서에서는 이것을 구분할 수는 없지만 구티에레즈는 세 가지 명백한 가난의 규범이나 형태가 보인다고 제안한다.

첫째, 가난의 첫 번째 이해는 가장 가시적이다. 이것은 경제적 빈곤이고, 누가의 팔복에서 말하고 있는("가난한 자는 복이 있도다." 눅 6:20-3) 가난한 자를 괴롭히는 빈곤이다. 영적인 가난이라는 두 번째 이해는 마태의 팔복(마 5:3-12)에서 표현되고 있는 '심령이 가난한 자'를 특징짓는 빈곤을 말한다.

구티에레즈는 심령이 가난한 자들의 삶이 하나님에게 근본적으로 의지한다는 깊은 의식을 보여 주는 사람들로 이해한다. 영적인 가난은 우리 삶과 정말로 모든 창조물이 하나님의 손에 있다는 인식이다. 따라서 이런 심령의 가난은 하나님의 섭리를 확신하고 깊이 신뢰하는 결과를 낳는다.

둘째, 이 가난의 두 번째 개념에 대한 담론에서 구티에레즈는 몇 년에 걸쳐 제1세계의 수많은 기독교인에게서 제안되어 왔고 또 그다지 놀라운 일은 아니지만, 이들 자신의 물질적, 경제적 이해관계를 우선한 '영적인 가난'의 특정한 오해에 대해 경고한다.

제1세계의 해석자들과 특권적 상황에 있는 다른 기독교인들도 종종 영적인 가난을 물질적 부에 대한 심리적, 혹은 감정적 '무관심'과 동일시해 왔다. 따라서 영적인 가난과 물질적 가난의 개념을 분리함으로써 부유한 기독교인들은 자신들의 부를 합리화하거나 합법화하려 했다. 우리는 우리의 소유들을 감정적으로 '무관심'하게 생각하는 한, 부가 허용된다. 중요한 것은 단순히 우리의 소유들에 대한 우리의 '태도'에 있다는 것이다.

하지만 성경 본문의 이 같은 조급한 '영성화'는 물질적 가난과 영적인 가난의 본래 연관성을 무시한다. 정말 심한 가난에 직면해 부를 유지하고 있는 한 물질적 부에 정말로 '무관심'할 수 있다는 것은 불가능하지는 않지만 상당히 어렵다. 따라서 구티에레즈는 누가의 팔복과 마태의 팔복이 함께 읽혀야 한다고 주장한다.

가난한 자는 '심령이 가난한 자'와 분리해 이해할 수 없고, 이 반대도 마찬가지다. 진짜 영적인 가난은 물질적으로 단순하게 살아가는 삶에서 자체를 반드시 드러내야 할 것이다. 그럼에도 불구하고 물질적 가난은 자체로 영적인 가난을 보장해 주지는 않는다. 사람은 물질적으로 가난할 수 있지만, 여전히 물질적 보호나 특권의 욕망에 사로잡혀 지낼 수 있다.

셋째, 물질적 가난과 영적인 가난의 이 본래적인 연관성은 무엇보다도 가난의 세 번째 개념에서 한 예로 제시될 수 있다. 구티에레즈는 이 세 번째 가난을 '저항하기 위한 가난'이라고 부른다. 여기서 한 인간은 가난한 자와의 연대 속으로 들어가기 위해 자신의 세상 권력과 특권을 포기하면서 자발적으로 가난하게 된다.

가난한 자에게 연민이 있는 사람은 가난의 모든 악에 대한 일종의 저항으로서, 즉 근본적으로 다른 삶의 방식을 증언하는 길로서 가난의 위험과 약함을 받아들인다. 따라서 가난한 자와 함께하는 사람은 이 가난한 사람들과 마찬가지로 사회의 부정의를 드러내는 하나의 거울과 같다.

그리고 대부분 사람과 사회들은 이들의 세계관, 가정, 가치 및 자기 이미지가 문제시되는 것을 좋아하지 않으므로, 사회에 하나의 거울을 잡고 검열하려는 사람은 역시 가난한 자들처럼, 추방과 핍박을 당할 가능성이 있다.

'저항으로서의 가난' 개념의 모형적인 기독교 상징은 물론 십자가에 달리신 그리스도 자신에 대한 것이다.

> 그는 근본 하나님의 본체시나 … 오히려 자기를 비워 종의 형체를 가지사(빌 2:6-7).

물질적 가난과 영적인 가난은 하나님의 자기상실적이고 자기비하적인 행위(케노시스[kenosis]) 속으로 결합된다. 아버지에 대한 예수의 온전한 순종(심령의 가난)은 그가 사회에서 추방당한 자와 함께 연대(물질적 가난) 속으로 들어가게 하고, 그렇게 함으로서 정치적이고 종교적인 지도자들의 분노를 초래한다. 이런 다음에 그런 분노들이 무고한 희생자를 십자가에 못 박는다. 십자가 위에서 신체 고문을 당하는 희생자는 모든 세상이 가진 깊은 죄성을 온 세상에 알린다 ("진실로 하나님의 아들이었도다!" 마 27:54).

자신의 신학 전체와 마찬가지로 가난에 대한 구티에레즈의 삼중적 이해는 영적인 것과 물질적인 것의 분리를 거부하는 전인적 세계관 속에 근거한다. 그러나 이 물질적인 것과 영적인 것은 비록 본래 상호의존적이기는 해도 서로 특별한 것으로 이해한다. 그 같은 전인적 세계관은 그의 방법론에서 그의 신학적 인간학에 이르기까지 구티에레즈의 신학을 특징짓는 열쇠다.

만일 누군가 구티에레즈의 방법의 토대인 가난한 자를 위한 우선적 선택을 통합적인 보편적 이상으로 인정하지 않기에 이해할 수 없다면, 이런 인정 없이 바로 '해방' 개념도 이해할 수 없다.

3. 통합적 해방

만일 구티에레즈의 방법론에 대한 단초(端初)가 가난한 자를 위한 선택이라면, 그의 신학 내용은 '해방' 개념에 초점을 맞추고 있다(여기서 다시 주의할 부분은 '해방신학'에 대한 '내용이 극적으로 신선하다고 구티에레즈가 결코 주장하지 않으며, 반대로 해방에 대한 요청은 기독교 케리그마의 중심에 항상 있어 왔다는 것이다).

해방 개념도 다양한 차원들을 분리하지 않고 통합적으로 이해되어야 한다.

구티에레즈에 따르면, 해방이란 분리될 수 없는 차원임에도 불구하고 세 가지 독특함을 받아들임과 함께 이해되어야 한다.

첫째, 정치적 해방이다.

이 단계의 해방은 해방은 사회적 구조의 변혁을 내포한다.

둘째, 심리적 또는 인간적 해방이다.

이 단계의 해방은 가난한 사람이 스스로 역사적 주인이라는 긍정을 통해 열등하고 심리적인 변혁을 수반한다. 가난한 사람은 자신이 단순히 역사의 수동적 객체로서 바라보는 데 익숙해 있고, 역사적 세력과 권력을 가진 엘리트의 관심에 봉사함으로 행동해 왔다. 하지만 가난한 자는 이제 단순히 무대의 주인공이고 진정한 '주체'로서 자신의 책임을 행사할 수 있는 역사의 주인이 실제로 되어야 한다.

셋째, 죄에서의 해방(Gutiérrez 1973:21-42)이다.

이 단계의 해방은 구원 자체와 동일시된다. 곧 죄에서의 해방은 십자가에 달리고 부활하신 그리스도를 통해 효력을 일으킨다. 구티에레즈는 반복적으로 이 사실을 강조한다. 이 세 가지 차원들은 이론적으로는 구별되지만, 실천에 있어서는 하나의 단일한 해방적 과정의 내재적으로 연결된 측면들이다. 가장 깊은 이 세 번째 단계가 바로 질적인 차이를 가져다준다. 이것의 실현은 하나님의 활동에 전적으로 의존한다.

구원은 순전히 선물이다. 우리가 사회적이고 개인적인 변혁을 위해 일할 수 있고 일해야 한다면, 이들 차원들의 가장 깊고 완전한 실현은 예수 그리스도의 인격 속에 있는 하나님의 값없는 사랑을 통해 이루어진다. 예수 그리스도의 인격과 동시에 하나님의 사랑은 항상 역사의 구체성을 만들어 낸다.

그래서 우리가 하나님의 뜻과 일치해 역사를 변혁하기 위해 돕는 한, 우리는 우리 마음을 여는 동시에 역사 속에 있는 하나님의 은혜와 마주한다.

따라서 해방에 대한 구티에레즈의 이해는 죄의 통합적이고 전인적 개념을 동반한다. 한편으로는 인간의 노력만으로 결코 가장 깊은 단계에 있는 죄를 뿌리째 뽑을 수 없다. 다른 한편으로는 죄가 단순히 '영적인' 것이 아니라 항상 개인 각 사람들의 삶 속에서 그리고 죄의 행동을 용이하게 하고 조성하는 사회적 구조 속에서 구체적으로 나타난다.

만일 죄가 다른 사람과 하나님과의 교제에 대한 파열 및 분열로서 정의된다면, 이 파열이나 분열은 하나님과 다른 사람들의 관계와 더불어 우리가 살아가고 있는 구조, 체제, 제도의 관계망에 따라 객관화되고 매개된다.

이런 구조들은(예를 들어, 암시적으로 혹은 명시적으로 폭력, 갈등, 탐욕 등을 조장함으로써) 교제를 방해하는 가치와 행동을 불러일으킬지 모른다. 아니면 그런 구조들이(예를 들어, 협력, 동정, 섬김 등에 보상함으로써) 교제를 용이하게 하는 가치와 행동을 조성할지 모른다.

다시 말해, 교제를 위한 인간의 투쟁과 죄에 대항하는 인간의 투쟁은 인간이 타인과 하나님과 원래 상호 연결되어 있는 본질적으로 '사회적' 존재라는 사실을 항상 반영한다는 것이다.

4. 해방의 영성

가난한 자와의 연대를 위해 실천적 행동을 요구하는 것과 더불어 가난한 자를 위한 우선적 선택은, 해방하는 행동의 본질적 측면으로서 깊은 영성을 요구한다. 구티에레즈의 해방신학은 그 핵심에 있어서 정말로 영성의 신학이다. 그는 자신이 말하는 영성을 『우리는 우리의 우물에서 생수를 마신다』(*Drink from Our Own Wells*)와 『욥에 관하여』(*On Job*)라는 저술에서 더 완전하게 또 명시적으로 전개했다.

『우리는 우리의 우물에서 생수를 마신다』에서 구티에레즈는 가난한 자를 위한 우선적 선택에 근거한 영성의 윤곽을 묘사하며, 따라서 가난한 자의 살아 있는 믿음에 대한 부유한 자원들에 의존한다.

이 같은 영성은 기도하는 삶과 사회적 역사적 행동 간의 어떤 분리도 거부한다. 생각하는 것과 행동하는 것은 동전의 양면 같다. 우리가 위에서 논한 것처럼, 하나님 사랑의 보편성과 값없는 은혜를 삶에서 분리해 이해할 수 없으며, 우리의 기도나 '영적인 삶'도 역사 속에 있는 모든 인류를 향한 하나님의 사랑을 믿게 하는 사회적 프락시스를 떠나서는 정확히 이해되지 않는다.

구티에레즈가 '가난한 자의 문화'라고 부르는 것의 바로 그 중심에서 우리는 살아있는 믿음을 구체화하는 영적인 실천, 상징, 내러티브를 표현하는 것을 찾는다.

> 값없는 은총에서 상징의 언어가 온다. … 일상의 환경이든 특별히 중요한 순간이든, 가난한 자들은 자신들의 종교 축제들 속에서 아버지에게 자기 고통을 이야기해 희망을 말하는 한 어린아이의 신뢰함과 자발성으로 주님에게 돌아온다(Gutiérrez 1984:111-12).

이런 사실은 구티에레즈 자신은 강조하지만 해방신학의 비평가들이 정말 자주 놓친, 가난한 자를 위한 우선적 선택의 매우 중요한 차원을 드러낸다. 가난한 자를 위한 선택은 필연적으로 가난한 자의 살아 있는 믿음을 위한 선택, 곧 가난한 자의 영성을 위한 선택을 의미한다는 것이다. 가난한 자를 위해 선택하는 행동은 가난한 자가 기도하듯이 필연적으로 기도한다는 뜻이고, 또 가난한 자가 기도를 드리는 하나님에게 기도한다는 뜻이다.

구티에레즈가 공언하듯이, 만일 가난한 자의 세계관 중심 속에 "하나님이 먼저 우리를 사랑하셨다"라는 흔들리지 않는 신념이 있고, 모든 것이 이 신념에서부터 출발한다면 모든 인간의 프락시스는 그 밑바닥에서 예배의 행위, 기도의 행위가 되며, 또 기도의 모든 행위는 사회정치적 행위가 되는 것이다.

이런 실천적 영성이 결여된다면, 우리를 위한 하나님의 사랑에 반응하여 살아갈 때 가난한 자를 위한 어떤 추정상의 선택도 참된 연대나 공감을 불러일으킬 수 없다.

"역사에서 짓밟힌 대부분 사람들의 상황을 고려하지 않고서는 라틴 아메리카에서 신학을 한다는 것은 불가능하다"라고 구티에레즈는 말한다.

> 이는 "나의 하나님, 나의 하나님, 왜 나를 버리셨나이까?"라고 예수가 부르짖은 것처럼 신학자들도 똑같이 울부짖어야 한다는 의미다(Gutiérrez 1993:101).

그런데 사회적 역사적 프락시스는 단지 정치적 행동만으로 이해되어서는 안 된다. 묵상, 기도, 예배는 자체로 프락시스의 본질적인 측면이다. 사실 구티에레즈는 나중 저술에서 묵상과 행동이 서로 다른 실재들인 것처럼 이 둘의 '관계성'을 이야기하기를 꺼린다. 오히려 묵상은 모든 진정한 그리스도인의 프락시스의 본래적인 차원이다. 묵상과 행동의 본래 연관성이 살아 있으려면, 가난한 자를 위한 선택은 단지 정치적 차원에서뿐 아니라, 영적이고 감정적 차원에서도 포용하는 것으로 이해될 것이다.

이렇다면 가난한 자를 위한 선택은 이 선택의 '영적인' 근원인 하나님의 값없는 사랑에 대한 '응답'으로 살아가는 삶일 것이다. 이처럼 가난한 자와 연대하는 것은 확실히 정치적 행동일 뿐 아니라 또한, 타인과 하나님과의 교제가 살아 있는 모든 활동, 예컨대, 우정, 축제, 내면적 삶, 예배 등을 포용하는 것으로 이해될 것이다.

사실 구티에레즈는 나중 저술에서 정의를 위한 투쟁에 중심이 되는 우정의 의미에 대해 더 중요하게 강조한다. 연대성의 가장 근본적 형식은 살과 피를 가진 각 인간 인격들과의 우정이다. 이런 우정 없이는 '가난한 사람'은 너무 쉽게 단지 추상적인 존재로 환원된다.

프락시스와 가난한 자를 위한 선택의 사변적이고 감성적인 차원에 대한 이런 강조는 구티에레즈의 저술 가운데, 『욥에 관하여』에서보다 명백하게 표현한 저술은 없다. 욥기의 이 확대된 반성을 통해 제기된 문제는 이렇다.

"우리가 무고한 고난 가운데서 사랑의 하나님에 대해 어떻게 말할 수 있는가?"

여기서 욥은 그리스도 같은 인물, 곧 하나님의 뜻을 행하고 믿는 자의 원형이며 본보기다. 구티에레즈는 욥이 하나님과 사탄과 투쟁하는 동안 우리에게 욥의 편에 서도록 요청한다. 착한 사람인 욥에게 불어 닥치는 재앙들, 즉 바로 이것들이 불의한 것처럼 보이는 부분에서 욥의 믿음은 도전받았다.

욥은 자신의 믿음에 대한 상을 받지 않을 때에도, 심지어 자신이 사랑하는 하나님 앞에서 정말로 괴롭고 굴욕적인 것 외에 어떤 것도 경험하지 않는 상황에서도 계속 믿을 수 있을까?

진짜로 사심 없는 믿음은 가능한가?

아니면 하나님이 그 자신을 버렸다고 느껴도 욥은 이전에 충성하던 하나님을 버리지 않을까?

이런 질문에 대한 욥의 대답은 구티에레즈가 결론을 내리듯이, 욥이 자신의 무죄(그래서 그의 고통에 대한 불합리)에 대한 자기 확신이나, 하나님에 대한 믿음을 포기하기를 거부하는 한에서만 나타난다. 심지어 바로 욥의 믿음이 골고다 위에서 십자가에 달리신 예수의 외침을 예표하면서 욥으로 하여금 침묵하시는 하나님에게 큰 소리로 "나의 하나님, 나의 하나님, 왜 … ?"라고 부르짖게 하는 때에 나타난다.

욥은 영혼의 어두운 밤 가운데, 먼저 하나님은 완전히 신비고, 그러므로 우리를 위한 하나님의 이해할 수 없는 사랑을 납득하려는 모든 인간의 시도들이 어리석다는 것을 경험한다. 그리고 두 번째로 욥은 자기와 같이 매일 죽음과 고통 가운데 살아가는 다른 모든 사람과의 연대와 이들에 대한 연민을 경험한다.

유일하게(상대적으로) 이 이야기의 첫머리에서 제기된 질문들에 대한 적절한 대답은 신학 서적에서 발견되거나 아니면 신정론을 고상하게 만들어서 되는 것이 아니라 침묵 속에서, 곧 신비이신 하나님에게 예배하고 하나님을 묵상하고 만나면서 얻어진 연민의 고요한 실천 속에서 발견된다. 구티에레즈에 따르면 이 같은 신비는 정의의 예언적 언어가 혁명적이고 신비적인 것이 되는 지점에서 묵상하는 예배의 침묵과 만나면서 명확히 나타난다.

또한, 예배와 정의의 연관성은 구티에레즈의 또 다른 주요 작품 중 하나인 『라스 카사스: 예수 그리스도의 가난한 자를 찾아서』의 중심이 된다. 다시 말해, 역사적이고 신학적인 연구의 이 주요한 작업의 전환점은 구티에레즈 자신의 삶에서 하나님 사랑과 이웃 사랑과의 불가분함, 곧 기독교 신앙의 본래 관계된 두 차원으로서의 묵상과 행동의 불가분성을 경험할 때 주인공이 겪는 변화다.

다시 한 번, 우리는 구티에레즈의 작품 전체를 통해 반복해 돌아오는 동일한 두 주제인 하나님의 사랑에 대한 '보편성'(우리가 고요한 묵상에 들어가게 하는 것)과 '값없는 은혜'(우리 자신을 가난한 자와 연대하도록 명령하는 것)에 여기서 직면하는 우리 자신을 발견한다.

물론『라스 카사스』(Las Casas)는 스페인 선교사이자 신학자인 바돌로메 데 라스 카사스(Bartolomé de Las Casas)의 생애와 사상에 대해 다룬다. 어떤 면에서 이 저술은 25년 과정 동안 심혈을 기울인 구티에레즈의 최고 걸작이다. '인디언들의 변증가'로 알려졌던 라스 카사스가 미국 토착민에 대한 스페인의 폭력을 예언자적 정신으로 비판한 것은 노예 소유주에서 가난한 자를 위한 우선적 선택을 결정한 사람으로의 변화를 통해 가능하게 되었다. 그리고 카사스의 변화는 그의 기도하는 삶이 정치 영역에서 그의 인생을 만난 시점에 정확히 일어났다.

'정통'(orthodoxy)과 '정행'(orthopraxis)의 본질적인 연관성은 1514년, 그가 오순절에 대한 성례적 예배를 축하하는 것을 준비하고는 있었지만, 라스 카사스의 회심에서만큼 분명하게 예시된 적은 결코 없었다.

그날 읽은 성경을 묵상하던 그는 시라크(Book of Sirach, 34:18-22)에서 다음 같은 말을 우연히 마주하게 되었다.

> 불의하게 얻은 것으로 제사를 드리는 자는 제물을 더럽히리니!
> 무법한 자들의 거짓 제물은 하나님이 열납하지 않으시리라.
> 가장 높으신 주재는 불경건한 자의 선물들을 인정하지 않으시도다.
> (그들의 제물들이 아무리 많다 해도 그는 그들의 죄를 용서하지 않으시도다.)
> 가난한 자의 소유물을 빼앗아 제사를 드리는 자는 아버지가 보는 앞에서 아들을 죽이는 사람과 같다.
> 사랑의 빵은 가난한 자에게 목숨과 같다.
> 그것을 주기를 거절하는 사람은 잔인한 사람이다.
> 이웃의 생계를 빼앗는 자는 살인자다.
> 노동자의 급여를 주지 않는 자는 피를 흘리는 자다(Gutiérrez 1993:47).

라스 카사스는 이 시라크 구절을 읽자마자, 이런 말들에 자신이 비춰지고 도전을 받았다. 그는 자신이 인디언 노예들을 통해 만들었던 빵과 포도주를 하나님에게 드리려고 준비하고 있었다. 따라서 외관상으로 기독교 예배의 한 행위던 것은 사실 우상의 행위였다. 정말로 그가 폭력과 파괴의 신, 착취한 인간의 노동의 열매를 받는 신을 숭배하면서 예수 그리스도의 하나님께 예배한다고 주장하고 있었다.

인간을 희생하는 관습을 실행하는 아메리카 인디언들을 비난하면서 자신은 (스페인 사람들의 관습에 따라) 빵과 포도주라는 물질을 통해 인간의 피, 땀과 눈물을 희생시켜 왔다. 라스 카사스가 회심에 이어 반복해 주장한 것처럼, 그의 '회심'(metanoia)은 살아가는 다른 방식을 내포했을 뿐 아니라, 또한 다르게 살아가면서 자신이 이전에 미사를 드리던 그 '신'과는 근본적으로 다른 하나님에 대한 믿음과 예배를 수반했다. 역으로 말하자면 가난한 사람과 연대하지 않고 행하는 어떤 예배도 우상 숭배일 수밖에 없다는 것이다.

가난한 자를 위한 우선 선택은 구티에레즈의 신학에 대한 방법론적 단서로서, 단지 기독교적 정행(올바른 실천)의 특별히 취급되는 기준이 되어 우리의 믿음대로 살라고 요구하는 것이 아니다. 이 선택은 더욱 근본적으로 정통 자체(올바른 예배, 또는 '독사'[doxa, 영광])의 특별한 기준이며 우리로 하여금 십자가에 달린 역사의 시람들 가운데서, 십자가 위에 드러나신 하나님을 믿고 예배하도록 요구한다.

만일 우리 자신이 가난한 자들과 함께하지 않는다면, 또한 우리가 그들의 시각을 통해 현실을 바라보지 않는다면, 우리는 가난한 자와 동행하시는 하나님을 보거나 깨닫거나 예배할 수 없을 것이다. 역으로 말하자면 우리가 가난한 자와의 이런 실천적 연대를 소홀히 한다면, 우리가 믿고 숭배하는 그 '신'은 필연적으로 거짓된 신이고 우리 자신이 만들어 낸 우상일 것이다. 동시에 우리가 이 같은 실천적 선택에 기독교 신앙을 강요하는 것처럼 가난한 자를 위한 선택을 해석한다면, 나는 우리가 가난한 자를 위한 선택에 대한 구티에레즈의 이해를 잘못 읽고 있다고 생각한다.

무엇보다도 구티에레즈가 그의 저술들을 통해 반복적으로 전달하고 강조하는 부분은 가난한 자를 위한 우선적 선택에 대한 보증이 '하나님 중심'이라는 것이다.

> 가난한 자의 특별 은혜를 받는 처지를 위한 궁극적 근거는 가난 자체에 있는 것이 아니라 하나님에게 있고, 하나님의 '아가페적 사랑'에 근거하는 값없는 은혜

와 보편성에 있다는 것이다(Gutiérrez 1984:109-112).

우리가 가난한 자와의 연대를 실천하는 것은 기독교 신앙의 근거 자체는 아니다. 오히려 실천하는 프락시스는 하나님 자신의 주도권에 대한 응답이고, 우리 세계와 삶 속에서의 하나님의 값없는 은혜의 계시에 대한 응답이다.

구티에레즈는 "하나님이 먼저 우리를 사랑하셨음이라"(요일 4:19)라고 쓴다.

> 모든 것이 거기서 출발한다. 하나님 사랑의 선물이 우리의 존재 근원이고, 하나님은 우리의 삶에 이 선물의 흔적을 남기신다. … 타인은 하나님에게 도달하는 우리의 방식이다. 그러나 하나님과 우리의 관계는 타인과 함께하는 참된 교제와 만남을 위한 조건이다(Gutiérrez 1984:109-112).

우리가 하나님, 혹은 타인을 위해 선택하기 전에 하나님이 우리를 위해 먼저 선택하셨다. 우리는 우선적인 방식으로 가난한 자를 선택할 수 있다. 왜냐하면, 하나님이 우선적으로 가난한 자를 먼저 선택하셨기 때문이다.

또한, 우리를 값없는 은혜로 선택하시고 사랑하신 하나님은 성경 속에, 전통 속에, 역사 속에 가난한 자를 우선적으로 선택하시고 사랑하시는 하나님으로 나타났기 때문이다. 따라서 우리는 가난한 자를 우선적으로 사랑하도록 권한을 부여받고, 그 책임을 다해야 한다.

구티에레즈는 다음처럼 단언한다.

> 가난한 자를 위한 하나님의 우선적 선택에 대한 궁극적 근거는 하나님 자신의 선하심에서 발견되는 것이지 사회의 어떤 분석이나 인간의 동정심에서 발견되는 것이 결코 아니다. 그래서 이런 이유들은 적절한 것이다(Gutiérrez 1987:xiii).

정말로 이 페루 신학자는 가난한 자를 위한 선택에 대한 다음 같은 왜곡된 해석을 경고한다.

> 해방주의 관점의 성급하고 단순한 해석은 지배적인 주제들이(다른 주제가 없는 것은 아니지만) 의무적이고, 신앙의 사회적 차원, 불의에 대한 비난, 유사한 성격을 가진 타자들이라고 확언하도록 우리를 이끌어 갔다. 해방주의의 강압은 기독교

인의 삶의 조건인 개인적 회심의 필요를 파악하는 데 여지를 거의 남기지 않는다고 지적된다. … 이런 해석과 비판은 단순히 과장이다. 오로지 필요한 것은 기독교인들 접근의 복잡함과 영적 체험의 깊이를 알아보기 위해 의문의 여지를 보이는 그리스도인들과 접촉해 보는 것이다(Gutiérrez 1984:96).

구티에레즈가 재빨리 지적하는 이 과장들은 『해방신학』의 바로 첫 페이지에 나오는 분명하고 일관된 주장에도 불구하고 언론을 통해 널리 퍼지게 되었다.

> 우리의 목적은 이미 작정하고 있는 태도를 정당화할 어떤 이념을 공들여 정립하는 것이 아니며, 우리의 신앙을 흔들어 놓는 과격한 도전에 직면하면서도 당황하지 않는 안전책을 찾으려고 급급해 하는 것은 더더욱 아니다. 또한, 우리가 정치 활동을 추론할 수 있는 어떤 신학을 만들어 내려고 하는 것도 아니다. 우리의 의도는 주님의 말씀에 비추어 우리 자신을 판단하고, 신앙에 근거해 성찰하고, 우리의 사랑을 고무하려는 것이다.
> 그리고 더 급진적이고 총체적이며 효율적인 것이 되기 위해 우리의 행동에서 우리가 품고 있는 희망의 근거를 찾아내려는 것이다. 기독교인 생활의 훌륭한 과제들을 전적으로 변화된 이 전망에서 다시 생각하고, 우리의 이런 과제를 수행함으로써 새로 제기되는 문제들의 과제들을 판단하려는 것이다(Gutiérrez 1783:ix).

기독교 신앙을 정의하고 가능하게 하는 것은 이 같은 프락시스가 아니라 하나님의 말씀으로 만나게 되는 프락시스다. 그리고 이런 프락시스는 바로 하나님이 우리를 위해 값없이 주시는 사랑에 대한 최고의 확신인데, 이런 사랑은 우리 삶 속에 그리고 하나님의 말씀 속에 나타나며 무엇보다도 가난한 사람 자신들의 신앙을 특징짓는다.

오랜 세월에 걸쳐 구티에레즈의 저술들은 정의를 위한 투쟁에서 때때로 간과하던 풍성한 영적 자원으로서의 가난한 자의 신앙에 점차 초점을 맞추어 왔다. 근본적으로 영적인(신 중심적) 해방의 씨앗들은 가난한 자의 실천되는 믿음 속에 이미 존재한다.

5. 이상을 확장하기: 비판과 대화

해방신학에 대한 일반적 비판, 특히 구티에레즈에 대한 비판들 중 많은 부분은 철저한 문헌적 지식에 근거하기보다 언론을 통해 지속되는 틀에 박힌 방식에 근거한다.

하지만 구티에레즈는 『해방신학』의 수정본에 있는 두 번째 서문에서, 이런 비판들이 그의 개념을 명확하게 하고 더 엄밀히 표현하는 데 도움을 준 점에서, 이 비판들의 중요성을 인정했다. 예를 들어, '이상을 확장하기'(Expanding the Vision)라는 부제가 붙은 다소 긴 글에서, 그는 어떤 사회 분석 모델, 특히 마르크스주의와 종속 이론들의 무비판적 주장들을 수용하는 초기 해방주의 경향에 의문을 제기했다. 그는 모든 '과학'은 변하는 역사적 환경에 비추어 지속적으로 수정되어야 하는 전제에 근거한다고 주장한다.

마르크스주의자 샌데로 루미노소(Sendero Luminoso)의 손에 의해 페루의 가난한 자들에게 묵인되는 끔찍한 폭력이 곧 가난한 자들의 이름으로 행하는 모든 것이 이 점에 대한 구티에레즈의 생각에 지대한 영향을 주었다는 것은 의심할 여지가 없다.

이처럼 구티에레즈는 초기 시절에 어떤 용어가 암시하고 있는 연관과 함축들에 대해 자신이 충분히 세심한 주의를 기울이지 않은 것을 인식했다. 그래서 그는 다양한 점에서, 예컨대 『해방신학』 수정본에서 더 분명히 마르크수주의의 어원적 역사를 가지며 팽팽한 긴장감 있는 용어인 계급 투쟁을, 사회 갈등이라는 용어로 바꾼다.

이런 용어들의 출처에 비추어 가장 결정적인 비판들은 해방신학에 대한 다음 두 개의 바티칸 문서들 속에 제공된 것들일 것이다.

첫째, 『해방의 소식』(*Libertatis Nuntius*, 1984)

둘째, 『해방의 지식』(*Libertatis Conscientia*, 1986)

신앙 교리를 위한 바티칸 성회(Sacred Congregation)와 이 회합의 회장인 추기경 요세프 라찡거(베네딕토 16세)에 의해 발간된 이 문서들은 정치적 해방의 구원을 제공하는 몇몇 해방신학자와 마르크스 계급 투쟁의 정치학을 비난했다. 특히, 두 번째 『해방의 지식』이라는 문서에서 라찡거는 해방의 기독교 신학을 진정으로 고려한 것을 분명하게 말했다. 여기서 해방이란 성경과 기독교 전통 속에서 대화해 오던 것으로서 십자가에 달리고 부활하신 주님의 구원 활동에서 흘러나오고, 이 구원 활동 안에서만 오로지 근거를 갖는다고 이해된다.

라틴 아메리카의 해방신학자 일부가 이런 환원주의에 위험스럽게 근접해 갔다고 주장할 수도 있고, 라칭거(Ratzinger)의 경고가 적절한 것일 수도 있지만, 구티에레즈 자신이 그 같은 환원주의에 대해 비난받는 것은 공정한 일일 수 없다는 것이 앞서 논한 것을 생각할 때 분명할 것이다. 그리고 실제로 그 문서들 중 어느 것에서도 특정한 신학자들 이름이 거론되지는 않았다.

『진리가 너희를 자유케 하리라』(The Truth Shall Make You Free, 1990)에서 구티에레즈는 바티칸 문서들에 대해 명시적으로 반응했다. 그는 라틴 아메리카의 불의에 대한 문서들의 예언적 비판과 현대 서구 개인주의에 대한 신랄한 비판을 강조하면서 이 문서들의 인간 자유에 대한 그리스도 중심적이고 통합적인 이해를 확인했다.

바티칸이 공식적 문서들에서, 해방신학 운동과 직접 관계를 맺기로 결정한 것은 놀라운 일이 아니다. 누군가가 20세기의 마지막 삼분의 일을 돌아본다면, 교회의 생명에 거의 틀림없이 가장 큰 영향을 준 신학적 통찰은 예수 그리스도의 하나님이 우리 세계에서 가난한 자들과 소외된 사람들 가운데 특별한 은혜로 우선적으로 선택하는 방식 속에 나타나시게 되었다는 개념, 곧 복음 자체가 바로 그 중심에 있다는 개념이다.

오늘날 기독교 세계에서는 회심과 변혁을 위한 자극으로든, 혹은 제도화된 신학적, 교의학적 실천에 대한 도전으로든, 이 같은 주장에 대한 새로운 관심의 영향을 느끼지 않는 외떨어진 부분은 없다. 오늘날에도 어떤 식으로든 가난한 자를 위한 우선적 선택 속에 내포되는 요구들을 대면하지 않고서는 어느 누구도 기독교 신학을 하거나 심지어 신학적으로 생각할 수 없다. 기독교가 지배적인 유럽의 종교에서, 지지자들이 지배적으로 제3세계에 있는 종교로 진화해 감에 따라, 이 주장들은 오직 이 지지자들의 관련과 영향 안에서 발전할 것이다.

라틴 아메리카의 해방신학자들은 투쟁 속에서, 자기들의 독특한 소외 상황에서 해방에 대한 다른 신학들을 발전시켜 온 신학자들을 동반해 왔다. 미국의 흑인 정치신학은 억압의 중심적 요소로서 인종 차별의 중요성을 강조해 왔고, 따라서 가난의 명시적 차원으로서 이해될 수 있었다. 세계를 통해 여권주의 신학자들은 억압의 경험을 심화시키고 격렬하게 하는 성별이 경제적 계급과 인종

차별과 상호작용하는 방식에 관심을 불러일으켰다. 가난한 자들 가운데 가난한 여성들은 이중적으로 억압받은 자들이다. 정말로 북미 여권주의 신학자 로즈메어리 레드포드 류터는 구티에레즈에게 페루에 있는 풀뿌리 여성 운동에 더욱 명시적으로 관여하고 여권주의 신학의 통찰력을 더 체계적으로 분석해야 한다고 자극했다(Ruether 1996:28).

유럽에서는 정치신학자들이 세계적 불의를 합리화하는 현대 서구의 '부르주아 종교' 역할을 분석해 왔다. 구티에레즈는 이런 정치신학자들과의 계속되는 대화와, 또 억압의 형태로서의 인종 차별과 성차별의 특정한 역할 같은 다른 맥락들에서 유래한 통찰들을 그 자신의 신학이 접하게 함으로서, 해방에 대한 그의 이해를 확대할 것을 요청한 다른 신학자들과의 지속적 대화에 깊숙이 관여해 왔다.

가난한 자를 위한 우선적 선택이 해방의 온갖 신학들의 방법론적 중심에 남아 있기 때문에 그 같은 선택에 대한 이해는 지속적으로 풍부하고 깊이 있고 미묘한 차이가 있을 것이다.

특히, 구티에레즈는 개인적으로 미국의 라틴계 신학의 발전에 중요할 만큼 큰 영향을 끼쳤다. 미국의 히스패닉 신학자들이 라틴 아메리카의 해방신학에 점차 영향을 받아왔기 때문에 구티에레즈는 이들을 자신들의 특정한 상황에 진실하게 남아 있도록 격려했다.

미국의 라틴 아메리카의 해방신학을 단순히 북미의 상황(미국 라틴계의 상황이라고 할지라도) 속으로 도입한다는 것은 라틴 아메리카 신학자들이 유럽인들을 오랫동안 비난해 왔던 방법론적 오류를 자행하는 꼴이 될 것이다. 이를테면, 문화적 소수자로서의 미국 라틴계 공동체의 경험은 주변적 문화 형태가 독특하게 두드러지고 있다는 것을 보여 준다.

이와 동시에 '혼혈'(mestizaje)이나 인종적 문화적 혼합의 경험과, 가난한 자의 대중적 종교 실천들은 방법론적으로 가난한 자에 대한 하나님의 자기 계시의 매개들인 해방을 위한 수단으로서 되찾으려고 했다.

만일 해방신학이 더 이상 신문의 일면을 장식하지 않는다면, 이는 해방신학 운동이 전달하는 쟁점이 사라졌든지, 아니면 그 중요성이 감소했든지 이 중 하나가 이유일 것이다. 이와는 달리 세계적 빈곤, 부정의, 착취의 문제가 아직도 타협될 수 없는 심각한 문제기 때문에 이 결과는 가히 충격적이다.

해방신학의 공적 가시성이 감소한다면, 이것은 대부분 구스타보 구티에레즈 같은 해방신학자들이 제기한 근본적 문제들(한때는 새롭고 논쟁적인 것을 고려했던 문제들)을 오늘날 교회나 대학이 심각하게 다루는 것이 요구되는 어떤 신학적인 대화를 피할 수 없다.

그리고 이런 문제들 가운데 으뜸 되는 문제는 신학적 계획의 중심에서 구티에레즈가 지적하는 문제들이다.

> 여기서 우리의 과제는 굶어 죽어가는 수백만 사람, 열등한 인종으로의 경멸, 여성 특히 가난한 여성에 대한 차별, 체계적인 사회의 부정의, 지속적으로 높은 영아 사망률, 어느 날 그냥 갑자기 사라지는 사람들, 자유를 박탈당하는 사람들, 생존권을 위해 투쟁하는 사람들의 고난, 망명자들과 피난민들, 온갖 종류의 테러리즘 그리고 페루에 있는 시민 투쟁의 현장인 아야쿠초(Ayacucho)의 시체로 가득한 흔한 무덤들 가운데서 하나님에 대해 이야기하는 말들을 찾는 것이다 (Gutiérrez 1996:318).

인간사에서 가장 잔혹한 국가 때문에 무수히 흘린 피가 기독교인의 손에서 발견되는 사실을 보면 이 역사의 희생자들은 오늘날 신학자의 주요한 대화자다. 따라서 이 희생자들과 함께하시는 하나님의 우선적 연대가 21세기 여명에 기독교 신학을 위해 피할 수 없는 도전, 곧 불가피한 도전이다.

더 중요하게는 십자가에 달리고 부활하신 그리스도의 인격에서, 하나님이 역사의 희생자들과 우선적으로 동일시된다고 주장하는 것은 가난한 자를 위한 우선적 선택을 모든 기독교 신학에서 특별히 취급되는 '신학의 자리'(locus theologicus)로 전환한다. 이 같은 주장이 분명하게 제기된 후에는 어떤 기독교 신학도 이런 문제를 피할 수 없다.

참고 문헌

Works by Gustavo Gutiérrez cited in text

A Theology of Liberation: History, Politics and Salvation (1973). Maryknoll, NY: Orbis. Rev. edn. with second intr., 1988.
We Drink from Our Own Wells: The Spiritual Journey of a People (1984). Maryknoll, NY: Orbis.
On Job: God-Talk and the Suffering of the Innocent (1987). Maryknoll, NY: Orbis.
The Truth Shall Make You Free: Confrontations (1990). Maryknoll, NY: Orbis.
Las Casas: In Search of the Poor of Jesus Christ (1993). Maryknoll, NY: Orbis.
Gustavo Gutiérrez: Essential Writings, ed. James B. Nickoloff (1996). Maryknoll, NY: Orbis.

Other works by Gutiérrez

The Power of the Poor in History (1983). Maryknoll, NY: Orbis.
The God of Life (1991). Maryknoll, NY: Orbis.
Sharing the Word (1997). Maryknoll, NY: Orbis.

Secondary works on Gutiérrez

Brown, Robert McAfee (1990). *Gustavo Gutiérrez: An Introduction to Liberation Theology*. Maryknoll, NY: Orbis.
Cadorette, Curt (1988). *From the Heart of the People: The Theology of Gustavo Gutiérrez*. Oak Park, Ill. Meyer-Stone.
Chopp, Rebecca (1986). *The Praxis of Suffering: An Interpretation of Liberation and Political Theologies*. Maryknoll, NY: Orbis.
Ellis, Marc H., and Maduro, Otto (eds.), *The Future of Liberation Theology: Essays in Honor of Gustavo Gutiérrez*. Maryknoll, NY: Orbis.
Ruether, Rosemary Radford (1996). "Rift between Gutiérrez and Peru Women: Liberation Theology Said to Be Too Narrow." *National Catholic Reporter*, Oct. 18, p. 28.

Other theologies of liberation

Aquino, María Pilar (1993). *Our Cry for Life: Feminist Theology from Latin America*. Maryknoll, NY: Orbis.
Cone, James H. (1970). *A Black Theology of Liberation*. Philadelphia: Lippincott.
Elizondo, Virgilio (1983). *Galilean Journey: The Mexican-American Promise*. Maryknoll, NY: Orbis.
Ferm, Deane William (1986). *Third World Liberation Theologies*. Maryknoll, NY: Orbis.
Goizueta, Roberto S. (1995). *Caminemos con Jesús: Toward a Hispanic/Latino Theology of Accompaniment*. Maryknoll, NY: Orbis.
Hennelly, Alfred T., SJ (1995). *Liberation Theologies: The Global Pursuit of Justice*. Mystic, Conn.: Twenty-Third Publications.
Isasi Díaz, Ada María (1996). *Mujerista Theology: A Theology for the Twenty-First Century*. Maryknoll, NY: Orbis.
Metz, Johann Baptist (1980). *Faith in History and Society: Toward a Practical Fundamental Theology*. New York: Seabury/Crossroad.
Ruether, Rosemary Radford (1983). *Sexism and God-Talk*. Boston: Beacon.

제21장

스탠리 하우어워스

R. R. 레노(R. R. Reno)

20세기 마지막 10년 동안 스탠리 하우어워스(Standey Hauerwas)는 북미 상황에서 가장 일관적이고 영향력 있는 정치신학을 분명하게 표방했다. 그가 정당이나 정책에 대해 주목할 만한 어떤 것을 말해 왔기 때문은 아니다. 수많은 공적 관심의 문제에, 그는 '발전된 자본주의'에 대한 아주 표준적인 학문적 비호감을 표현한다(Hauerwas 2000:35-46). 이것이 그를 전통적 도덕과는 상반된 감정을 품게 한다.

획일적으로 표준화된 학문적 입장을 따르는 북미 대학 교수들은 희망이나 대책 없이 공적 부분을 포기하고 사적 부분만 실행하는 부르주아적 삶의 양식과 연관했다(Hauerwas 2000:47-51).

하우어워스가 낙태와 안락사를 반대하는 것은 확실히 발전된 자본주의를 비판하는 사람과의 불화를 일으킨다. 하지만 이 같은 주제들에 그가 접근하는 것은 현 정치적 의제와는 그다지 어울리지 않는다. 왜냐하면, 그가 공적 주장(예를 들어, '삶의 권리' 또는 '선택의 자유')의 일반적 어휘에 너무 강하게 저항하기 때문이다.

전쟁 문제에 대해서는 하우어워스가 분명하고 일관된 평화주의자고, 그의 주장의 함의들은 분명하고 긴급하다. 그러나 여기서 주목할 만하고 밀접한 관계가 있는 것은 실제로 큰 영향을 주지 못한다. 평화주의자들은 종종 존경을 받지만 이들을 본받는 사람은 거의 없다. 이렇게 하우어워스는 유력한 정당이나 운동과 동일한 태도를 가진 대중적인 견해를 가진 사람은 아니었지만 이례적으로 영향력을 미치는 정치신학자다.

유력한 정치적 입장을 갖지 않으면서도 이처럼 현저한 영향력을 행사하는 데는 어떤 모순도 없다. 왜냐하면, 하우어워스 연구의 중요하고 지배적인 통찰 하나는 공학 기획에 미적분학을 사용하는 것이 수학 분야를 구성하지 않는 것처럼, 정치에 도덕 원리들을 적용하는 것이 정치신학을 구성하지 않는다는 것이기 때문이다. 도덕적 원리들과 이 원리들의 적용을 교환하는 것은 그가 싫어하는 윤리주의자(ethicist)로 만드는 것이다.[1]

이 같은 매우 서투른 종류는 자주 하우어워스의 격렬한 비판의 대상이 되며, 그의 정치신학에 대한 평가를 시작하기에 좋은 곳이기도 하다. 윤리학과 윤리주의자에 대한 하우어워스의 비판에는 공통된 주제가 있다. 미국에서 신학적 학문으로서의 윤리학은 사회 안에 있는 고착된 문제로서 권력의 성격과 실행을 다루고, 이런 다음 기독교의 도덕적 내용이 이런 권력 사용을 어떻게 이끌고 통제해야 하는지 보여 주기 시작한다.

예를 들어, 윤리주의자는 미국 사회가 대의민주주의를 통해 겸허하게 억제된 자본주의 시장 경제에 맞춰 구조화됐다는 소견을 밝힐 수도 있을 것이며, 이러고 나서 기독교적 원칙에 따라 이런 사회적 상황들을 평가할 것이다. 동일한 방식으로 윤리주의자는 국제 정세를 언급하려고 특정한 기독교적 준거 틀을 사용할지 모른다.

기독교인들은 인권 운동에 책임을 져야 하는가?

또는 더 일반적으로 말해, 윤리주의자는 현대인의 필요를 고려하고 도덕성과 사회적 사상의 다양한 새로운 발전들을 찬반으로 신중히 평가해야 할지도 모른다.

그런데 기독교적 원칙들에 따라서 주어진 권력의 형식들과 이 형식들의 상호작용이 공정한지 공정하지 않은지, 또는 어떻게 그것들이 그와 같은 동일한 원리들에 근거해 지켜지고 수정되거나 전복되는지의 긴급한 문제들이 존재한다. 더욱 단순하게 말하자면, 하우어워스가 싫어하는 윤리의 전통에 있어서 권력은 기독교 진리에 비춰 수정되고 완화되어야 할(혹은 아마 거부되어야 할) 필요가 있는 별도의 기독교 현실이다.

하우어워스는 윤리학을 이렇게 접근하는 것이 매혹적이고 흥미로울 수 있다고 인식한다. 하지만 그는 이런 접근에 한 가지 문제가 있는데 이 문제가 큰 문제라고 말한다. 개념들은 결과를 만들어 내고, 권력 사용에 대한 원칙적인 평

---

[1] 미국에서 윤리 실천에 대한 하우어워스의 비판들은 너무 많다. 특히, 재치 있는 실례에 대해 Hauerwas(2000), 55-69 참조.

가는 해 볼 만한 가치가 있지만, 매우 중요한 것을 놓치고 있다. 그것은 1968년 (드골 정부의 실정에 대항해 일어난 파리의 대학생들의 5월 혁명을 의미함-역주)에 파리에서 학생들이 책이 아닌 도로 포장용 자갈과 벽돌들을 던졌던 것은 놀라운 일이 아니다.

벽돌은 사람들을 더 크게 다치게 한다. 벽돌은 어떤 명백하고 즉각적인 힘을 갖지만 윤리적 원칙들이 아무리 창조적으로 통찰력 있게 적용되더라도 결여된다. 벽돌들을 던지면 이 벽돌들은 해를 가하는 견고함을 가지고 있다. 벽돌들이 도로 위에 가지런히 놓여 있을 때에는 건축의 매우 내구력이 좋은 물질로 사용된다.

다시 말해, 벽돌 자체는 어떤 이상이나 계획도 아니다. 벽돌은 누군가 어떤 이상이나 계획을 실행하기 위해 취할 수 있는 잠재적인 물체다. 이 벽돌들은 원칙에 입각한 권력 사용도 아니다. 이것들은 밀도와 무게 특성에 따라 사용되는 힘의 사례들이다. 하우어워스는 마치 기독교의 진리가 적어도 벽돌들과 같이 단단하고 견고하다는 것을 인식한다. 이는 그의 훌륭한 통찰이다.

그는 특유의 단언적 어투로 다음과 같이 쓴다.

> 기독교 신념들의 명료성과 진리성은 실천적인 힘에 있다(Hauerwas 1981a:1).

다시 말해, 기독교 신념들의 명료성과 진리성은 이것의 벽돌 같은 성질에 있다. 세례(침례)를 받는다는 것은 가르침이 주어지는 것보다 벽돌로 머리를 맞는 것에 가깝다. 주일마다 성만찬을 기념하는 것은 매주 강의에 참석하는 것보다 집을 위해 견고한 기초를 놓는 것과 더 비슷하다. 두 가지 실례에서 우리는 원칙이나 이상들을 배우지 않는다. 단지 우리는 힘을 행사한다. 아주 다르게 말해, 세례(침례)나 성례전에서 우리는 힘을 가진 어떤 것에 예속된다.

이런 이유에서 미국에서 실행되는 윤리와 정치신학으로 전해 내려온 많은 부분은 근본적으로 잘못된 방향으로 사용되고 이끌어져 왔다.[2] 요지는 도덕적 원칙이나 신학적 개념들에 따라 세속적 권력이나 힘을 통제하거나 이끌어 가서는 안 된다는 것이다.

---

2   아런 라스무슨의 날카롭고 도움이 되는 연구(Rasmusson 1995)는 하우어워스에게서 그가 단서를 분명히 얻은 정치신학의 유럽 전통에 대한 구체적 개요를 제공한다.

참된 정치신학은 기독교의 진리 자체의 힘의 형태를 받아들이는 방식에 주의해야 한다. 참된 정치신학은 제자도의 삶에 견고함과 힘을 제공하는 예수 그리스도의 '엑수시아'(exousia), 즉 권세 및 힘을 구별하고 해석해야 한다. 따라서 정치신학자로서 하우어워스는 기독교의 힘, 곧 세상에서 차이를 만들어 내는 기독교 진리의 견고함을 두드러지게 강조한다.

힘에 이렇게 강렬하게 초점을 맞추는 것은 하우어워스의 정치신학과 그의 주목할 만한 영향력에 대한 단서다. 그는 무수히 많고 이질적인 자신의 논문들과 저서들 전체에 걸쳐, 항상 구체적 기독교적 힘의 형태가 있다고 생각하는 신학자다. 기독교 진리의 견고함, 곧 벽돌과 같은 성질을 가진 복음의 힘을 그가 연구하는 것은 특정 어휘와 그가 발견한 다양성을 표현하는 데 주안점을 두고 해결하려고 한다.

이런 일관성은 그의 출판물 전체에서 반복되는 '세 가지 C'로 가장 잘 표현되는데, 곧 성격(Character), 교회(Church), 콘스탄티누스주의(Constantinianism)다. 이제 이 문제들을 생각해 보자.

1. 성격과 견고한 자아

하우어워스의 작업 초기 주안점은 벽돌들 및 벽돌 던지는 행위와, 세상 안에서의 기독교의 힘에 대한 관심과 멀어 보인다. 그의 첫 번째 저술인 『성품과 그리스도인의 삶』(Character and the Christian Life)은 그리스도인의 도덕적 삶의 성격에 대해 설명하고자 한다(Hauerwas 1985:229). 이 저술은 단지, 주의를 기독교인의 삶이 세상에서 갖는 중요성으로 돌릴 우려가 있는 개념적인 것에 초점을 맞춘다.

하지만 이 초기 연구에서, 하우어워스는 개념들에서 벗어나 그의 특징인 기독교 진리의 견고함과 살아 있는 독특함에 심취할 것을 궁리한다. 1970년대 초 쓴 글에서 하우어워스는 현 세기 중반쯤 영어권의 학문적 삶을 지배했던 신학적이고 철학적인 접근 속에 이 두 가지의 평행적 경향이 있다는 것을 본다.

그가 연구를 통해 개신교 사상의 많은 부분은 '명령의 상징'(metaphor of command)에 몰두해 있다는 것이다. 행위를 통한 의로움에 대해 걱정하는 것은 지나친 성화 강조가 칭의 교리를 약화시킨다는 가정으로 이어진다.³ 하우어워스는 나중에 이 같은 넓은 특징들에서 물러난다(Hauerwas 1985:xxii을 참조). 그럼에도 그는 성화와 칭의가 제로섬 게임에서 경쟁적이라는 생각을 무시한다.

이 같은 신학적 조망은 하나님의 목적에 인간이 지속적으로 참여한다는 것을 묘사하는 어휘를 막는다. 곧 이런 가정이 행위를 전개하지 못하도록 끊임없이 막는다는 것이다. 지속적 참여가 없이는 기독교의 힘은 특정한 경우를 위해 마련되고 덧없는 것처럼 쉽게 보일 수 있다. 지속적 참여는 일상생활의 수평적 차원이 아니라 초월성의 수직적 차원과 관계가 있다.

더욱이 과학적 결정론에 대한 현대의 불안들은 가치 영역인 비결정적 자유의 지경을 보존하고자 도덕철학을 끌어들였다. 자유로운 결정들은 사회적이고 자연적 힘들의 상황 속에서 구체화된 삶을 도덕적 의미의 중심적 순간들로 이해한다. 이 결과, 도덕철학은 결정의 역동성을 철저하게 분석하기 시작한다.

다시 말해, 수직적인 것은 수평적인 것과 나란히 평행해 놓여야 한다. 어려운 결정들은 세심하게 평가하기 때문에 우리가 의무와 책임이라는 협소한 길들을 따라 우리의 방법을 찾아간다. 이른바 '궁지의 윤리학'(quandary ethics)이 무대의 중심에 선다.

하우어워스에게, 행위를 통한 칭의에 대한 관심과 자유의 협소한 영역을 보호하려는 희망은 자아에 대한 실체 없고 분해할 수 없는 견해를 자극했다. 여러 많은 방식에서 문제가 발생한다. 경선주의는 내면으로 들어갈 것이고, 신정통주의는 신적 개입으로 세상적인 형태들을 산산이 부숴버리는 일련의 파열로서 취급할 것이다. 공리주의는 유익이 되는 것과 유익이 되지 않는 문제를 가지고 감정에 좌우되지 않고 공정한 실리적 계산법을 지지할 것이다. 반면, 칸트주의 도덕은 의도의 순수함에 중점을 둘 것이다.

하우어워스는 다른 경향들에 대해 말할 것이 상당히 많지만, 이것이 가장 중요한 결말은 아니다. 수많은 현대 도덕 사상에서 그리고 현대 개신교 신학에서 윤리적 성찰로 모든 것을 초월하려는 영지주의적 정서가 널리 깔려 있다. 우리의 삶에서 정말로 중요한 것(의롭다고 인정하시는 하나님의 은혜에 참여하는 것, 우리의 도덕적 선택의 자기 결정적 순간들, 공리성 계산)은 우리의 삶을 정의하고 형성하

---

3   하우어워스는 나중에 이 같은 넓은 특징들에서 물러난다(Hauerwas 1985:xxii 참조). 그럼에도 그는 성화와 칭의가 제로섬 게임에서 경쟁적이라는 생각을 무시한다.

는 많은 것과 분리되었다. 이 결과는 어떤 강력한 것이다. 수직적인 것에 한정했던 도덕적이고 종교적인 삶은 거리가 너무 멀고 덧없기 때문에 세상에서 힘을 발휘할 수가 없다.

『성품과 그리스도인의 삶』에서 하우어워스는 우리에게 다르게 생각하도록 요구한다. 그는 우리가 중심적 상징인 명령보다는 인격을 사용하기를 원한다. 이것은 성화, 힘과, 자아의 성격에 대한 신학적이고 철학적인 일련의 주제들을 구체적으로 연구할 것을 요구한다. 신학적으로 하우어워스는 어떻게 바르트(불트만이 공적으로 확신하지 않았지만)의 급진적 아우구스티누스주의가 '상황 윤리'를 왜곡하는 것에 노출되었는지 보여 준다(Hauerwas 1985:177-8).

만일 그리스도인의 삶과 실천의 지속적이고 견고한 형태들을 명확하게 표현하는 것이 하나님의 선행적 은총을 침범하는 것으로서 거부된다면, 기독교 윤리학자들은 그러한 형태들을 찬성하듯이 자유롭게 주장할 수 있는 것처럼 보인다. 하우어워스는 철학적으로 인간의 힘이 항상 어떤 사람의 힘이고, 사람이 된다는 것은 역사와 인격을 갖는다고 주장한다.

하우어워스가 그의 독자들에게 상기시키는 것에 결코 지치지 않은 것처럼, '아무 것도 없는 견해'는 '아무것도 없는 결정'과 친인척 관계와 같은 환상에 불과하다. 따라서 불확정성은 자유의 조짐이지만 적어도 사람의 자유는 아니다.

하우어워스가 결정 지향적 윤리 이론(decision-oriented ethical theory)을 지지할 수 없는 철학적 가정들을 주장하는 것과 마찬가지로 개신교 윤리를 위한 지배적인 신학적 구조 틀에 대한 하우어워스의 '귀류법'(*reductio ad absurdum*)은 설득력이 있다.

하지만 『성품과 그리스도인의 삶』에서 말하고자 하는 가장 중요한 부분은 기본적으로 하나의 관심이다. 왜냐하면, 관심은 벽돌 그리고 그의 후기 작업에서 그가 그의 독자들에게 매우 자주 그렇게 던지는 다른 견고한 물체들을 향해 이끌어가기 때문이다.

그의 분석을 활기 있게 하는 것은 분명한 신학적 판단이다. 복음은 기쁜 소식이다. 하나님은 "우리의 존재와 현존의 양태로 진정한 변화"(Hauerwas 1985:228)를 포함하시고, 우리를 위해 어떤 것을 행하시는 분이시다. 더욱이 하나님은 신실하시다. 하나님은 이런 참된 변화를 지속적으로 견고하게 하신다.

여기서 어떻게 하우어워스가 그 문제를 말하고 있는가 하는 것이다.

> 그리스도 안에 존재하고 있다는 것은 우리의 삶이 진정한 '연속성'과 '성실성'을 달성할 수 있는 방식으로 실재의 나머지를 형성하고 명령할 수 있도록 요구하는 실재에 의해 결정된다는 것이다(Hauerwas 1985:226).

간단히 말해, 그리스도는 인격으로서 우리를 형성하는 권세 및 힘을 가지고 있다. 이런 확신적 견해에서 『성품과 그리스도인의 삶』의 중심적 주제는 분명한 역할이 있다. 성격은 실제적이고 지속하는 변화에 영향을 미치는 힘에 예속되는 인격의 연속성과 성실성을 위한 근거다. 미덕은 더 나은 쪽으로 변화하는 삶의 연속성과 성실성을 세우는 성품의 질적 성질을 나타낸다. 악덕은 더 나쁜 쪽으로(따라서 붕괴되는 쪽으로) 변화하는 삶의 이 같은 질적 성질을 나타낸다.

하우어워스는 그리스도인의 성격-진실, 화평, 인내, 소망 등-을 형성하는 미덕의 종류에 대해 말하려 한다. 또한, 이런 미덕을 형성하고 유지하는 사랑과 실천은 탐구하고 논쟁할 수 있는 문제다. 그렇지만 더 중요한 것은 성품의 기초를 이루는 의미다. 미덕은 하우어워스가 쓴 것처럼, "자아의 연속성을 우리에게 제공함으로써 우리가 미래와 과거를 결합하게 한다"(Hauerwas 1988:265).

요약하자면, 성품은 우리 삶의 견고함을 암시한다. 하우어워스가 『성품과 그리스도인의 삶』에서 쓴 모든 것은 이 견고함을 확대해 온 담구의 일종이다. 그는 그리스도인의 삶에서 중요성과 견고성을 나타내는 독특한 방식 들을 이해하고 싶어 한다. 그는 어떻게 이 벽돌과 같은 질적인 성질이 우리의 삶을 지배하고 세상의 힘들과 충돌하고 저항하고, 이 충돌과 저항이 기독교인의 성격의 정치적 실재를 규정하는지 설명하고 싶어 한다.

2. 영혼의 가마(Kiln)로서의 교회

『성품과 그리스도인의 삶』은 미덕의 중심성을 위한 분명한 사례를 만들고 있지만, 이것의 결론은 놀랍게도 형식적이다. 하우어워스가 이 초기 저술의 마지막 부분서 결론을 내리듯이, 그리스도 안에 있다는 것은 우리의 삶에 명령하고 형성하고, 우리의 성격을 빚어가는 어떤 힘, 어떤 x에 의해 만들어진다는 것을 의미한다.

하우어워스가 루터파 교인이라면, 그는 아마도 주저하지 않고 x가 바로 복음이라고 말했을 것이다. 그들이 하나님의 진중하고 중요한 힘을 강조하고 싶어 할 때 복음을 사용하는 말이기 때문이다. 만일 하우어워스가 로마가톨릭교회 교인이라면, 그는 아마도 x가 은총이라고 말했을 것이다. 로마가톨릭교회는 하나님이 우리를 위해 또 우리 안에서 행하시는 모든 것을 나타내기 위해 은총이라는 용어를 자주 사용하기 때문이다.

하지만 하우어워스는 감리교인이다. 감리교인들은 천막 집회(tent meetings)의 성격을 가지고 있다. 하지만 이들은 현란한 신학적 언어를 사용하지 않는다. 결과적으로, 그가 성품의 핵심적인 중요성을 설득한 것처럼 하우어워스는 복음의 약속에 따라 우리의 삶을 만들어주는 x를 탐구해야 한다. 하우어워스가 탐구한 결과들은 편향된 사용법이다. 루터교회의 측면에서, 복음이라는 말을 사용할 수 없는 그는 내러티브에 호소하고, 그렇게 함으로써 그리스도인의 성격을 형성하기 위해 성경의 근본적 역할 쪽으로 관심을 돌린다.

이와 동시에 하우어워스는 교회로 관심을 돌려 로마가톨릭교회 교인들이 '은총'이라는 말을 사용할 때 그들이 항상 당연히 여기는 수많은 제도적인 실천을 지적한다. 이 둘의 경우에 하우어워스는 그리스도인의 성격을 형성하고(혹은 형성해야만 하는) 그 x를 만들어가는 구체성 속으로 뛰어든다.

그 결과는 우리의 삶을 견고하게 하는 '그리스도인의 구체성', 즉 하나님이 형성하는 능력의 특정한 형상을 가리키는 다소 순응적인 어휘 곧 내러티브, 공동체, 교회, 실천, 성례전, 이야기다. 이 x는 더 이상 형식적이지 않다. 이것은 물질적 내용을 떠맡고 정치적 결과들이 직접적으로 수반되는 것을 의미한다. 견고함은 잠재적으로 흩어져 있는 파편적 요소들을 다 같이 모으는 강력한 힘의 기능이다.

그러면 우리의 삶을 다 같이 묶어 주는 것은 무엇인가?

우리의 성격을 진정한 인내와 힘으로 만들어 주는 것은 무엇인가?

하우어워스에게, 인격적 삶에 대한 단서는 내러티브나 이야기다. 하우어워스가 쓴 것처럼, "만일 우리의 삶이 연속성과 통일성이 있어야 한다면, 우리의 이상을 결정하는 상징들은 일관성 있는 이야기로 형성되어야 한다"(Hauerwas 1981b:3).

우리의 삶은 원칙이 아니라 내러티브며 의무가 아니라 이야기다. 이야기는 우리를 도덕적 삶의 역동적이고 발전적인 현실에서 이해한다. 예를 들어, 아우구스티누스의 『고백록』은 이 같은 영향력을 실천한다. 이는 그가 자신의 삶에 대해 이야기할 수 있기 때문이다. 그의 인격적인 변화는 이해되고, 그가 어떤 의미 있는 결정을 선택했거나 아니면 그가 자기 삶을 긍정했다는 사실 때문이 아니라, 전체로서의 내러티브가 이해되기 때문이다.[4]

개신교 자유주의의 의미에서 탈출하는 하우어워스에게 이야기를 응축하는 힘은 하나의 중심적 주제다. 비록 하우어워스가 "사회 복음"을 고수해야 하는 중요성을 우리에게 끊임없이 상기시키고 있을지라도, 기독교 확신 및 신념의 정치적 차원에 주의를 돌리게 하는 월터 라우센부시(Walter Rauschenbusch) 같은 사람들은 이들의 방향 속에 있는 근본적 문제를 본다.

그는 다음과 같이 말한다.

> 이들은 그런 확신들의 성격에 너무 제한된 해석과 확신들이 어떻게 도덕적으로 작용하는지 보여 주었다(Hauerwas 1981a:90).

그런 강조는 기독교 언어와 실천의 구조로부터 분리됐던 기독교적 원칙들이 의미론적으로 비결정적이라는 것이다. 기독교적 확신들의 내용이 널리 퍼져 나간다. 따라서 하나님의 사랑과 의로우심은 치유적 목표와 20세기 미국 문화의 자유-정치적 구조 틀 속으로 쉽게 흡수되었다.

그것은 하우어워스가 내러티브를 단단하게 하는 그 의미를 설정하는 이 불안정한 경향에 대항하는 것이다. 우리의 삶이 이야기 속에 깊숙이 박혀 있는 견고함을 잡고 있듯이 신학적 확신들도 마찬가지다.

기독교 신학에 있어서 사랑과 의로움은 하나님이 실제로 이스라엘을 선택함에 있어서 또 예수 그리스도의 생애, 죽음, 부활의 선택을 달성함에 있어서 하나님이 행했던 것을 이야기로 구성하는 어떤 확정적인 의미를 정확히 가지게 된다. 그가 신랄하게 말하고 있듯이, "복음이란 삶에 대한 것이 아니라 이 사람, 곧 예수 그리스도에 대한 것이다"(Hauerwas 1981b:115).

따라서 하우어워스에게 기독교 확신들의 이야기적 성격에 주의를 요청하는 것은 개신교 자유주가 지지에 의해 지지됐던 윤리와 관계되는 환원주의적 가정들을 피할 수 있게 한다(Hauerwas 1981a:90). 나사렛 예수 이야기는 사랑과 의로움 같은 기독교적 언어의 내용을 제공한다.

---

4 Hauerwas(1977), 33-5에서 아우구스티누스에 대한 하우어워스의 설명 참조.

요지는 기독교적 확신들이 내러티브의 상황 속에서 더 분명한 것은 아니라는 것이다. 이스라엘의 하나님에 대한 정의가 어떻게 의로운 남은 자들의 탈출을 요구하는지 이해하는 것은 대단히 어려울 수 있다. 의로운 아들의 고난을 예시하는 것은 어렵다. 오히려 그 요지는 내러티브가 견고함을 창조한다는 것이다.

우리가 내러티브 안에서 하나님의 의로우심의 성격을 알아내야 하기 때문에 우리는 여러 층을 이루고 있는 사건과 일화를 설명해야 한다. 개념들은 분류되지 않는다. 개념들은 해석적 반성의 의미를 갖는다.

그렇지만 결정적이지 않고 또 복잡한 것은 경쟁적이고 별도의 기독교 해석들에 쉽게 포착되지 않는다는 것이다. 그것이 바로 이런 이유고, 또 그가 모든 개념의 상황적 성격을 보여 주려고 종종 사용하는 철학적 논증을 근거 짓는 것은 아니다.

하우어워스는 다음과 같이 주장한다.

> 우리가 도덕적 암시들을 발견해야 할 교리들은 없다. 그것보다는 오히려 '교리들'과 '도덕성'이 내러티브에서 도덕적 암시들을 이해한다(Hauerwas 1981a:90).

내러티브들은 견고함의 원동력이고, 또 기독교 교리들이 이런 견고함의 무게 중심을 가진다면, 그것들은 내구력을 갖게 된다. 하우어워스의 탐구는 벽돌과 같은 기독교 신앙의 진리에 이야기가 중심이라는 것이다. 그러나 우리가 내러티브에만 초점을 맞출 때 추상적인 개념들에 부합하는 추상적인 문학의 위험성이 있다.

하우어워스가 주의를 주고 있다.

> 신학적 반성을 위한 내러티브의 중요성을 재발견하려는 위험성은 텍스트로서의 텍스트에 너무나 많은 관심이 집중되었다는 것이다(Hauerwas 1988:55).

이야기들은 말해지고 다시 말해지면서 힘을 갖는다. 정말로 이야기는 다시 말해짐으로써 재현될 때 힘을 갖게 된다. 이야기는 장소, 기억, 훈련을 요청한다. 우리는 이야기를 모두가 듣기 위해서 와야 한다. 전통은 이야기를 영원히 동시대적이게 한다. 재현의 공동체는 이야기에 따라 우리를 형성하는 훈련을 지지하게 한다.

그의 삶의 이야기를 말하는 아우구스티누스의 힘은 용서자로서 하나님의 상징에 의존하지 않지만, 그가 자신의 삶을 놓을 수 있는 내러티브의 구조틀을 요구하듯이 내러티브의 구조틀이 기독교 공동체를 특징짓는 회개의 실제적인 실천에 의존하는 능력이라는 것을 보여 준다. 하우어워스에게 교회는 이 장소, 기억, 훈련을 확인하는 곳이다.

여기서 하우어워스는 간명하다.

"내러티브는 교의적 상황으로부터 추상적이 되면 이해할 수 없다."

그리고 한번 추상적이 되면, 그것은 교회를 위한 해석 이론을 대체하려는 시도에서 일반적 해석 이론들을 발전시키려는 유혹을 너무 많이 받게 된다(Hauerwas 1988:55).

이 유혹은 저항돼야 한다. 왜냐하면, 그것이 자유주의 개신교의 환원주의로 다시 돌아가기 때문이다. 내러티브의 형식은 그리스도인이 선포하는 것의 내용을 대체하고, 형식의 공허함은 신학적 자유주의의 보다 앞선 형식들을 특징짓는 똑같은 공허한 결론을 만들어낸다. 사실, 하우어워스가 말하고 싶어 하는 것처럼, 자유주의의 이야기는 우리가 이야기를 가지고 있지 않은 이야기다. 우리는 우리의 삶을 구체성에서 벗어나는 이야기를 받아들일 수도 있다.

우리는 우리의 삶을 왜곡하고 파괴적 이야기들로 깊게 엮을 수도 있다. 그러므로 내러티브와 이야기 사이에 있는 자료의 연관성이 결정적이다. 벽돌과 같이 단단하고 견고한 그리스노인의 삶의 실적 요소는 이야기를 추상적으로 믿는 것에서 오지 않는다. 삶의 질적 요소는 교회 안에서 기억되고 구체화된 예수 그리스도의 이야기를 받아들임으로써 오는 것이다.

이런 이유에서, 하우어워스에게 있어서 교회는 세상에서 하나님의 능력에 대한 근본적이고 견고함을 만들어내는 형태다. 만일 당신과 내가 교회에 의해서 형성된다면, 우리는 천상의 도시 벽에 단단히 고정된 벽돌이거나, 아니면(하우어워스의 수사적 특징들을 더욱 공격적으로 받아들이기 위해) 우리는 이미 위협에 대항해 높고 완만하게 보내는 발사체들인지 모른다.

그러나 궁극적으로 공허한 힘은 의로움으로 배열되었다. 만일 우리가 이 부분에서 하우어워스를 이해한다면, 그가 언급한 말들은 윤리, 진리, 세상, 또 교회에 대한 말들로 이해할 수 있다.

이런 주장들을 생각해 보자.

> 만일 우리의 세계가 이야기로 구성될 수 있다고 우리가 바로 알고 있다면, 교회는 존재론적 필연성이다. 교회 없이는 세계는 역사를 가지지 못한다. 교회의 헌신은 세상의 운명에 결정적이다(Hauerwas 1988:61).

이 같은 공식화들은 기만적일 수 있다. 하우어워스는 교회가 없는 세상이 과거나 현재, 미래가 없다고는 생각하지 않는다. 그는 다음과 같은 생각을 제시한다. 견고하게 형성된 교회의 실천에서 하나님이 주시는 견고한 역사가 없다면, 세상의 삶은 가볍고 무게가 없을 것이다. 확실히 우리는 정치적, 경제적, 윤리적, 가족적 책무들이 있지만 전체의 합이 부분들 보다 적으며, 결과적으로 우리는 우리 삶을 휩쓰는 폭력과 두려움이라는 폭풍에 맞서는 견실함이 거의 없다.

그렇지만 우리가 교회를 통해 형성된다면 우리는 무거움과 견고함을 가지게 된다. 우리는 악을 타당하고 설득력 있게 보이게 하는 상정된 삶의 필수적인 것들(자기 생명 보존, 자신의 재산 보호, 자신에 대한 변호)에 맞서는 입장을 가진다.

이런 통찰에서 볼 때, 윤리에 대한 하우어워스의 주장은 분명하다. 원칙과 의무로 악을 만나려 하는 것은 헛되다. 원칙과 의무는 세상의 권력들에 대항하는 세상적 무게가 결여되어 있다. 이와는 반대로 기독교 공동체의 정체성이 형성된 실천(하우어워스가 이런 실천들을 묘사할 때 매우 넓게 제시하는)은 우리의 헌신을 다지고 우리의 방어를 단단하게 한다.

이런 이유에서 하우어워스에게 교회는 그야말로 기독교인들의 사회적 윤리다. 의로움의 원칙을 정의하고 선을 지향하며, 의무를 분명히 하고 정의의 기독교적 이상을 소상하게 설명하기 위한 이 모든 노력은 교회 생활 안에 구성하는 실천들로서 가치가 있다. 하지만 이 자체만으로는 무력하다. 교회는 이 같은 실천들과 많은 다른 것을 세상적 힘들을 저항할 수 있게 하는 전체성으로 다같이 단단히 묶어 주는 접착제다.

따라서 하우어워스에게 교회는 벽돌처럼 견고한 영혼의 가마와 같다. 교회는 궁극적 관심으로 정의되는 하찮은 영혼이 아니라 성례전을 의례적 행위보다 더 실제적이 되도록 공유하게 하는 공동체적 실천, 성경적 이야기, 도덕적 교육을 통해 형성되는 영혼이다. 여기서 하우어워스의 신학적 관심은 현대적이라기보다는 고전적이다.

하나님의 진리가 인격들을 변화시키지만, 정치 체제들을 변화시키지는 않는다. 그러나 이런 고전적 관심들이 모두가 비정치적이라는 것은 아니다. 결국, 연약한 인간의 육체가 하나님의 백성으로 단단히 묶일 때 그것은 악에 저항할 수 있고 의로움의 근거를 견고하게 한다. 그리고 확실히 하우어워스가(그리고 고전적 전통이) 옳다. 왜냐하면, 거짓이 체제의 많은 변화를 견디는 것을 보여 주었기 때문이다.

두려움과 폭력은 어떤 정치적 프로그램을 돕기 위해 쉽게 이용될 수 있다. 그렇지만 순교자들의 증언이 그렇게 생생하게 보여 주는 것처럼 거짓, 두려움, 폭력, 어느 것이든 그것은 신적 사랑의 정체성을 형성하는 힘이 되지 못한다.

따라서 하우어워스에게 교회는 근본적 성례전, 곧 교회가 암시하는 것을 현실화하는 구속적 힘의 징표다. 교회는 그리스도의 몸이며, 그의 세상 속 사역의 지속되는 현세적 형식이다. 이런 이유로 하우어워스는 기독교 신앙의 진리가 교회에 의존한다고 종종 말한다. 그가 진술하듯이, "신학적 주장들의 진실성은 이 주장들이 거룩한 삶을 형성하기 위한 행위를 반드시 수반한다"(Hauerwas 2001:17).

하나님의 진리는 악에 저항하는 힘이다. 곧 하우어워스가 쓴 것처럼 "예수의 이야기를 통해 교육을 받은 우리는 악의 힘들을 확인하고 우리 삶을 이것들의 것이라고 주장하지 못하게 할 수단들이 있다"(Hauerwas 1981a:50).

저항은 첫 번째 단계다. 주님은 종말의 완성에서 모든 사물을 소생하기를 지향하신다. 그리고 이 저항의 힘은 하나님 백성의 삶을 형성하는 실천 속에 나타난다.[5](하우어워스가 진리 같은 개념을 사용한 미래 지향적 구조에 대한 통찰력 있는 검토를 보려면, Jenson[1992], 285-95에 나오는 로버트 W. 젠슨의 평가 참조)

따라서 교회의 힘이 커지고 세상의 힘이 약해지는 한 세상은 역사 혹은 더 정확히 말해, 진실한 역사를 갖는다. 하우어워스가 그의 최근 기포드 강연인 『우주의 결을 따라』(With the Grain of the Universe) 결론부에서 보여 주었듯이, 정말로 존재하는 모든 것은 교회의 증언 본연의 무게와 실재에 비춰, 완전한 무게와 실재를 찾는다. 교회가 더욱 벽돌처럼 단단하게 되고 우리의 삶이 교회를 통해 형성된다면, 악을 왜곡하는 힘들은 헛되고 공허하며, 창조적 질서는 더욱 목적을 향해 현실적으로 나아갈 것이다.

---

5 하우어워스가 진리 같은 개념을 사용한 미래 지향적 구조에 대한 통찰력 있는 검토를 보려면, Jenson(1992), 285-295에 나오는 로버트 W. 젠슨의 평가 참조.

3. 콘스탄티누스주의에 대항하기

　기독교의 힘은 저항과 마주한다. 예수의 이야기를 통해 훈련된다는 것은 새로운 도상의 실천과 관행을 받아들인다는 의미다. 교회와 세상은 갈등을 일으킬 수밖에 없다. 왜냐하면, 세상은 세상 자체의 해로운 목적들을 우리에게 강요하려고 하기 때문이다.

　특히, 하우어워스의 작업에서 많은 부분은 이런 갈등적인 측면에 초점을 맞추고 있다. 실질적으로 갈등의 다양성은 폭력과 평화의 일반적 계획 아래 통일된다. 하우어워스에게 세상의 힘들이 불의나 억압 속에 가장 잘 보이고 잠재되는 것은 아니다. 세상의 힘들은 추정에 따른 폭력의 필연성에서 그 진정한 면모를 보여 준다. 세속적 힘은 효과를 내려고 위협한다. 반대로 교회의 규정적 실천은 평화를 중재하며, 정확히 말해 이 평화 중재 때문에 교회의 견고함은 힘을 유지하기 위해 협박을 요구하는 사회적 실재들과 필연적으로 대립해 있다.

　하우어워스는 교회와 콘스탄티누스주의(Constantinianism)로서의 세상적 힘 간의 이런 갈등을 시종일관 묘사한다. 이 콘스탄티누스주의는 하우어워스의 사전에서 변화무쌍한 용어이며, 그는 다양한 방식으로 이 용어를 사용한다. 어떤 경우 하우어워스는 세상의 헛된 것과 사회적 중요성의 잘못된 생각에 사로잡혀 고대 교회가 타락한 것에 대한 설득력 없는 역사적 논지를 제기하는 것처럼 보인다.

　또 다른 경우에는 그의 콘스탄티누스주의 사용은 선명하게 대조하기 위한 수사학적 방책이다. 교회와 세상의 갈등은 서로 자극하며, 하우어워스는 이 갈등의 어떤 감소도 콘스탄티누스주의적인 것으로 이해한다.

　그러나 하우어워스는 '콘스탄티누스주의'라는 용어를 가장 자주, 기독교 진리가 재미없고 중요하지 않게 되는 방식을 나타내기 위해 사용한다. 그가 이런 문제를 직시하듯이, 아우구스티누스주의는 영성화(spiritualization)의 접근이다. 또한, 그가 쓴 것처럼, "나는 영성화로 단순히, 교회로 불린 관습들의 체제 없이 기독교를 이해할 수 있게 하려는 시도를 의미한다"(Hauerwas 1988:159).

　따라서 콘스탄티누스주의자는 교회를 비가시적이고 중요성을 인식하지 못하게 만드는 사람이다. 가정들과 실천들은 기독교의 정체성을 확고히 하지 않고 실체 없게 한다면, 바로 콘스탄티누스적이라 할 수 있다.

　하우어워스는 미국의 상황을 가장 명확하게 기술한다. 그의 분석에 따르면 교회들은 만연해 있는 정치적, 경제적, 문화적 방식을 고려해 교회를 형성한다.

미국은 기독교를 필요로 하고, 교회는 보수주의의 지지를 받든, 진보주의의 비판을 받든 이런 필요를 만족시켜야 한다고 아우성치고 있다. 이 결과는 혼합적이고 흐려진 상황인데, 곧 그리스도인의 성품과 실천을 비가시적이게 만드는 상황이다.

일반적 법과 질서, 가족의 가치를 중시하는 보수주의와 기독교 우파 대변인과의 차이는 무엇인가?

일반적이고 포괄적인 진보주의자와 자유주의 개신교 대변인과의 차이는 무엇인가?

하우어워스는 양쪽 진영이 다 사라지기를 바란다. 왜냐하면, 각자가 미국 사회의 필요에 따라 기독교의 증언을 정의하기 때문이다. 그리고 교회가 이런 필요들을 성공적으로 충족시킬수록, 더 비가시적이 된다. 이는 교회가 더 지배적인 문화 속에 흡수되기 때문이다.

하우어워스가 콘스탄티누스주의를 거부하는 것은 분명해 보인다. 콘스탄티누스주의는 그리스도인의 삶과 실천의 견고하게 형성된 실재를 비난하는 모든 것을 대표한다. 하지만 그의 공식적 주장은 모순이 있는 것처럼 보일 수 있다. 다음 같은 것을 생각해 보자. 우리의 모든 범주는 서구 문명의 필연적 부분으로서 교회라는 제도를 통해 세워졌다(Hauerwas 1991:10).

교회는 문명을 구성하고 이 문명의 역할이 극명하고 규정적인 대립을 막는다. 그런데 우리가 보았듯이, 그가 교회의 역할을 긍정적으로 표현한 것에서(곧 세상의 견고함을 위한 교회의 필요성, 만물의 진리를 이해하는 우리의 능력에 대한 결정적 역할), 그는 이른바 콘스탄티누스주의자들보다 더욱 강력하게 기독교를 세우고 있는 것처럼 보인다. "이 혼란은 '문화적 기독교를 변론해: 교회됨에 대한 성찰'과 같은 주제의 글들 때문에 더 강조된다"(Hauerwas 1998:157-173).

여기서 멈추지 않고 하우어워스는 수많은 개혁주의 사상가의 급진적 아우구스티누스주의를 일관적이고 집요하게 거부한다. 이 사상가들은 콘스탄티누스주의의 기획을 회복시키는 것으로 보일 세상의 바로 이런 형태들을 공격하는 신학적 성향이 있기 때문이다. 개신교 전통에 대항하는 그는 그 자신을 종교적 제도와 문화와의 밀접한 연관성과 통하는 가톨릭 신학 전통과 연결한다.

모순적으로 보이는 것은 그렇게 모순적이어야 할 필요가 없다. 교회는 여러 다른 방식으로 비가시적이고 중요하지 않을 수 있다. 그리고 하우어워스의 분명해 보이는 모순들은 단순히 그의 충분한 근면성을 나타내는 것이다. 한편으로는 하우어워스가 타당성과 책임성을 주장하는 사람을 공격한다. 지도자와 주교가 다 같이 더럽혀지면, 세상에서 역사하시는 하나님의 능력을 보는 것이 어려워진다. 부르주아 미덕들이 기독교의 성격과 혼합되면, 복음은 우리의 삶을 떠맡아야 하는 특별한 의미를 확인하기가 어렵다.

이 둘의 경우에서 기독교 신앙은 정체성의 형태를 공격하고, 교회는 그 자신의 구별하는 문화와 정치를 두드러지게 할 수 없다. 그렇지만 타당성과 책임을 부르짖는 것은 단지 위험한 것은 아니다. 수직적인 것에 대한 본질적인 초월성과 예언자들을 지지하는 것도 신앙의 비가시성에 공헌하는 것이다.

하우어워스가 그의 첫 번째 저술 『성품과 그리스도인의 삶』에서 깨달은 것처럼 개신교의 신정통주의는 하나님의 통치와 계시의 자율성을 거듭 주장하기 위해 사용한 지배적인 신학적 동향이 모든 기독교의 구체성 형태들을 가로막고 있다. 개신교의 원리는 교회를 비가시적이게 하고, 아마도 환경을 지지하는 에라스투스주의자보다 더욱 가시적으로 만들 것이다.[6]

그래서 하우어워스는 교회가 진정한 권력(정치적, 문화적, 지적인 힘의 유행하고 있는 체제)과의 동맹을 통해 중요성을 얻는다는 잘못된 견해에 분노한다. 동시에 그는 기독교를 영적인 덕목 속으로 비가시적이게 하는 현대신학적 시도들에 대해 공격한다. 타당성과 책임성을 지지하는 것에 대항하는 그는 기독교가 이 세상의 것이 아니라고 주장한다.

교회는 세속적 정치를 다루고 문화를 유지하는 데 규칙적인 역할을 받아들이려고 세상적 힘들과의 관계를 원래 상태로 되돌릴 수는 없다. 근본적 초월성을 지지하는 것에 대항하는 그는 기독교가, 세상의 중요한 것은 아닐지라도 세상 속에서 아주 중요한 성스러운 정치라고 주장한다.

콘스탄티누스주의에 대한 이 두 전선은 아우구스티누스를 통해 전달된 위대한 이교도 변증가, 빅토리누스(Victorinus)의 회심 이야기에서 잘 이해된다. 아우구스티누스가 보고하듯이, 성경을 검토한 후 빅토리누스는 공개적이지 않고 사적 친구의 관계로 심플리카누스에게 "내가 이미 기독교인인지 알지 못했는가?"라고 말했다.

---

[6] 예를 들어, 기독교를 미국의 문화와 분리하기 위해 리처드 니버가 사용하는 "초월성"에 대한 그의 분석 참조. 표면적으로는 니버의 전략이 완전히 "콘스탄티누스주의"에 대한 하우어워스의 공격과 닮은꼴이지만, 그는 니부어의 전략을 철저히 거부한(Hauerwas 1998:158-60).

심플리카누스는 이렇게 대답했다.

그리스도의 교회 안에서 내가 너를 볼 수 없다면, 나는 기독교인들 가운데 당신을 믿지 않거나 신뢰하지 않을 것이다.

빅토리누스는 웃으면서 "그렇다면 벽들이 그리스도인을 만드는가?"라고 말했다(Augustine 1991:136).

아우구스티누스에게, 이 대답은 분명하다. 벽들이 그리스도인들을 만든다는 것이다. 빅토리누스는 신비의 가르침에 몸소 복종하고 또 세례(침례)를 위해 그의 이름을 드리면서 교회의 공적 삶으로 들어가기 전까지는 그리스도인이 아니라는 것이다.

하우어워스에게, 이 대답은 마찬가지로 분명하다. 벽들은 그리스도인을 만든다. 정치신학의 과제는 예수 그리스도 안에서 하나님의 진리가 사람의 일에 있는 견고성, 실체성, 연속성의 수많은 방식을 밝히고 나타냄으로써 교회의 벽들을 위해 벽돌들을 준비하는 것이다.

그리고, 이런 벽들은 그 벽들이 둘러싸여 있는 만큼 분리시킨다. 사람은 이 천상 도시에 들어가기 위해, 종종 회개를 통해 고통스럽게 돌아서면서, 우리가 우리에게 유일하게 가능한 집이라고 생각한 지상의 도시에서 떠난다.

따라서 콘스탄티누스주의에 대한 하우어워스의 논섬은 '엉적인 것'이 '중요한 것'과 동의어가 되는 실제적인 일들에서 믿음을 떼어 놓든지 아니면 그리스도인의 삶이 눈에 보이지 않는 보다 넓은 문화의 관습과 실천에 믿음을 관련짓든지, 교회는 나누어진 벽들을 붕괴하고 회개의 비통한 전환을 알맞게 하려고 노력하는 수많은 방식에 대한 당면한 문제를 비판적으로 이해해야 한다는 것이다.

4. 자유주의자 혹은 보수주의자?

하우어워스는 자유주의자인가 아니면 보수주의자인가?
이 질문은 대답하기는 쉽지 않다. 왜냐하면, 대부분 그의 정치신학이 체계적으로, 현대성 안에서의 이런 양극적 선택을 낳는 개념적 전제들을 무효화하기 때문이다. 그럼에도 불구하고 하우어워스의 정치신학의 포부를 분명히 할 수만 있다면 이 같은 시도는 노력할 만한 가치가 있다.

하우어워스에게 자유주의라는 용어는 정치적 프로그램이나 철학적 의제라기보다는 도덕적 훈련과 습관으로 잘 이해된다. 자유주의가 된다는 것은 비판적인 것을 사랑하고 실천하는 것을 수용한다는 것이다. 자유주의란 우리에게 "특정한 판단에서 물러나는 능력을 길러서 이 판단들을 다른 이들의 견해를 생각하도록" 설득하는 것이다(Hauerwas 1983:17).

그는 삶을 계승하고 특정한 형식들에게 강하게 영향을 미치기 위해 생각하고 행동하는 대신 자유주의자로서 항상 전통의 특유한 힘에서 멀리 떨어져 객관적이고 편견 없이 생각하고 행동한다. 물러서는 것에 대한 하우어워스의 강렬한 논거는 분명히 그를 자유주의의 반대자로 만들 것이다. 하우어워스는 사유 재산의 권리나 배심원을 통한 판결을 칭찬할 것이다.

그러나 그는 이 같은 사회적 선들이 보편적인 관점에서 정당화하려 노력하기보다는 우리의 문화에 생명과 긴급함을 제공하는 내러티브와 실천에 더욱 밀접하게 다가가 양성되어야 한다고 분명 주장할 것이다. 하우어워스에게 자유주의의 문제는 사회의 조직을 위해 구체적으로 무엇을 제안하는가의 문제가 아니다. 자유주의가 실패하는 것은 아마 보편적으로 사람의 인격(이성, 의지, 느끼는 감정) 속에 있는 것들 때문이 아니라, 모든 힘에 대한 적대감 때문이다. 하우어워스에게 결과는 비참하다.

형식적인 전통과 실천을 접하는 한, 우리는 주어진 견고성과 잠재성을 제공한다. 만일 자유주의자가 지지하는 것처럼 우리가 전통과 실천에서 자신을 해방하려고 한다면, 우리는 아무런 의미 없는 무능력에 대해 자신을 비난할 것이다. 그리고 우리가 획득할 수 없는 보편성을 이야기한다면, 우리는 우리 사회에서 일어날 수 있는 형식적인 힘들의 희생자들이 될 것이다.

이것이 하우어워스를 보수주의자로 만드는 것일까?

그가 특정한 영향력과 중요성을 갖기 위해 내러티브와 공동체의 일반적 필요를 말한다면, 그는 적절하게 전통의 상위 역할에 대한 변증가 같은 사람이라고 확실히 들린다. 미국의 상황에서 하우어워스처럼 남부의 토지 균분론자들은 현대적이고 추상적인 인본주의에 대해 비난했다. 더 신랄하게 말하자면 그 남부의 토지 균분론자들은 현대 산업화로 쫓겨나는 것에 대해 공공연히 비난했다. 지역과 전통에서 분리되는 것은 이들의 집단 정신에 "파열, 분열, 혼동을 낳는다"(Twelve Southerners 1962:xiv).

뿌리가 없는 사람은 안정되기가 어렵고, 자유로워진 정신은 쉽사리 현대성의 비인간적 대중 현상에 봉사하는 데로 동원된다.

토지 균분론자들은 영향력이 없는 것에 대해 하우어워스와 관심을 공유했을 뿐 아니라 전통과 내러티브의 불가분의 역할에 대한 그의 통찰을 공유했다. 이들의 해석에 따라, "적절하게 말하자면 인본주의는 추상적인 제도가 아니라 … 명확한 사회적 전통으로 살아가는 일종의 문화다. 결과적으로 전통은 식탁, 의자, 초상, 축제, 법, 결혼 관습에서 특수화되어야 한다"(Twelve Southerners 1962:xvii).

그러므로 인간의 삶을 살기 위해, 또 진정한 인본주의를 조성하기 위해 우리는 "전진하는 것보다는 뒤를 돌아봐야 한다"(Twelve Southerners 1962:1). 우리는 삶을 견고하게 하는 삶의 특수화된 형태들과의 접촉을 다시 확립하기 위해 일해야 한다. 따라서 토지 균분론자들은 우리의 곤궁을 이해했으며, 미국인 독자는 이런 이해를 보수적이라고 일컫기를 전혀 주저하지 않았다.

이것이 하우어워스의 접근일까?

적어도 부분적으로는 그렇다. 이를테면 그의 초기 경력에서 아이리스 머독을 발견한 하우어워스는 도덕적 이상에 대해 복종하는 근거를 머독이 강조하는 부분을 눈에 띄게 했다. 우리는 선에 대해 결정하지 않는다. 우리가 그 찬란한 빛에 도취돼 황홀하게 된다. 혹은 그가 자신의 용어로 이 점을 진술하듯이, 우리를 통해 이야기를 살아 있게 함으로써 우리는 변형되고 이야기가 있는 그대로 존재하게 된다(Hauerwas 1981b:115).

여기서 강한 아우구스티누스주의는 철학적 통찰과 혼합한다. 선의 찬란한 빛줄기처럼 하나님의 은총은 인간에게 부여하는 권한의 진정한 근거고, 우리의 역할들은 만들어진 것이 아니라 주어진 것이며, 선택된 것이 아니라 받은 것이다. 따라서 도덕적이고 종교적인 생활의 임무는 비판적으로 평가하기 위해 뒤로 물러가는 것이 아니라 큰 순종을 위해 앞으로 나아가는 것이다.

앞으로 나아가는 것은 특유하고 견고한 인격들로 형성하는 독특한 형태들(식탁, 의자, 초상, 축제, 법, 결혼 관습) 속으로 더 긴밀히 들어가고 또 이것들에 더 애착을 갖는 것이다.

하우어워스는 순종의 이 보수주의적 패턴에도 불구하고 이를 벗어난다. 그는 우리에게 교회의 정체성을 형성하는 힘을 조성하기를 바란다. 이는 사람들을 교회의 구성원으로 형성해 내는 특수화된 훈육과 힘들에 더욱 가까이 간다는 것을 의미한다. 그리고 이것이 보수주의적 동향이다.

그러나 교회에 대해 높아진 충성심을 강조하는 것은 문화를 유지하고 요구하는 일반적 원리가 아니다. 하우어워스가 교회의 정체성을 형성하는 힘을 지지하는 것처럼, 그의 반콘스탄티누스주의의 논거는 교회가, 오로지 교회만이 그 같은 충성을 요구해야 한다는 것을 항상 우리에게 상기시킨다.

우선순위를 위해 우리는 수많은 타인, 곧 비기독교적 전통과 충성에서 우리 자신을 분리하고 뒤로 물러나야 한다. 우리는 자신들을, 우리의 삶을 형성하는 세속적 전통, 특히 하우어워스가 생각하듯이, 민족 및 국가에 대한 우리의 충성을 고무시키는 전통에서 분리해야 한다. 이것이 매우 자유주의적 동향이다.

따라서 교회와의(사람은 교회 속에 너무 깊게 얽매이게 될 수 없다) 관계에서 하우어워스의 보수주의는 힘의 모든 다른 형태에 대한 자유주의를 만들어 낸다. 교회에 의해 형성된 사람은 결코 뒤로 물러갈 수 없다.

이런 이유에서 하우어워스의 정치신학은 철저하게 기독교 자유주의로서 가장 잘 이해될 수 있다. 확실히 그는 비판과는 무관한 자유주의적 이상을 거절한다. 우리는 결코 우리 자신을 삶을 제공하는 현실에서 분리하면서 시작할 수 없다. 우리는 적절하게 그리스도인의 삶 속에서 견고함을 추구해야 한다. 그렇지 않으면, 자유와 이성에 대한 우리의 주장은 환상에 불과하다.

하나님의 권세 아래 있는 것처럼, 우리는 반응을 보이기보다는 충분한 안정감과 힘을 가지고 행동하는 주체로서 우리에게 권한이 주어진 것에 동참해야 한다. 그러나 이런 이유로 하우어워스는 일관되게 현대 자유주의 사상의 비판적 문제를 필사적으로 받아들일 수 있다.

제자도의 삶으로 "앞으로 나아가는" 것은 우리에게 현재의 삶을 지배하는 경제적, 정치적, 군사적, 문화적 힘들로부터 뒤로 '후퇴'하는 것이다. 왜냐하면, 교회가 우뚝 설 수 있는 장소를 우리에게 제공하기 때문이다. 이런 방식으로, 하우어워스는 상정되고 부과되는 힘들을 약하게 하고 축소하게 하는 것을 피하려는 자유주의의 희망을 변호한다. 만일 우리가 하나님의 율법에 오직 "예"라고 말할 것이라면 우리는 세상의 규칙들에 대해 "아니오"라고 말할 수 있다.

그래서 하우어워스에게, 교회를 형성하는 힘에 복종하는 그리스도인은 교회의 정치를 만들어가는 실천들과는 멀리 떨어지게 하는 어떤 세속적 자유주의나 어떤 신학적 자유주의보다 더욱 성공적으로 자유주의라고 말할 수 있다. 자유주의의 열렬한 비판이 이 같은 결론을 내려야 한다는 것은 아마 매우 역설적일 것이다.

그러나 이런 역설은 공허한 것이 아니다. 왜냐하면, 하우어워스가 질색하는 (bete noire) 자유주의 미국 개신교가 실행하지 못했던 것을 정확히 실행하기를 바라고 있기 때문이다. 따라서 그리스도인들은 하나님 나라를 섬기려 갈망함으로 제국주의적 국가와 자유주의적 문화를 대표하지 않고 세상의 시민들로 존재해야 한다는 신학적 이상을 분명히 표현해야 한다.

참고 문헌

Augustine (1991). *Confessions*, trans. Henry Chadwick. Oxford: Oxford University Press.
Grant, George Parkin (1985). *English-Speaking Justice*, Notre Dame, Ind.: University of Notre Dame Press.
Gustafson, James (1985). "The Sectarian Temptation: Reflections on Theology, the Church and the University." *CTSA* [Catholic Theological Society of America] *Proceedings* 40, 83–94.
Hauerwas, Stanley (1977). *Truthfulness and Tragedy: Further Investigations in ChristianEthics*, with Richard Bondi and David B. Burrell. Notre Dame, Ind.: University of Notre Dame Press.
_____.(1981a). *A Community of Character: Toward a Constructive Christian Social Ethic*. Notre Dame, Ind.: University of Notre Dame Press.
_____.(1981b). *Vision and Virtue: Essays in Christian Ethical Reflection*. Notre Dame, Ind.: University of Notre Dame Press.
_____.(1983). *The Peaceable Kingdom: A Primer in Christian Ethics*. Notre Dame, Ind.: University of Notre Dame Press.
_____.(1985). *Character and the Christian Life: A Study in Theological Ethics*, 2nd edn. with new int. San Antonio: Trinity University Press. (First publ. 1975.)
_____.(1988). *Christian Existence Today: Essays on Church, World, and Living in Between*. Durham, NC: Labyrinth.
_____.(1991). *After Christendom: How the Church is to Behave if Freedom, Justice, and a Christian Nation Are Bad Ideas*. Nashville: Abingdon.
_____.(1997). *Wilderness Wanderings: Probing Twentieth-Century Theology and Philosophy*. Boulder, Col.: Westview.
_____.(1998). *Sanctify Them in the Truth: Holiness Exemplified*. Nashville: Abingdon.
_____.(2000). *A Better Hope: Resources for a Church Confronting Capitalism, Democracy, and Postmodernity*. Grand Rapids, Mich.: Brazos.
_____.(2001). *With the Grain of the Universe: The Church's Witness and Natural Theology*. Grand Rapids, Mich.: Brazos.
Jenson, Robert W. (1992). "The Hauerwas Project." *Modern Theology* 8: 3, 285–95.
Rasmusson, Arne (1995). *The Church as Polis: From Political Theology to Theological Ethics as Exemplified by Jürgen Moltmann and Stanley Hauerwas*. Notre Dame, Ind.: University of Notre Dame Press.
Twelve Southerners (1962). *I'll Take My Stand: The South and the Agrarian Tradition*. New York: Harper Torchbooks.

제3부

구성적 정치신학

제22장　삼위일체론

제23장　창조론

제24장　기독론

제25장　속죄론

제26장　성령론

제27장　교회론

제28장　종말론

제22장

삼위일체론

캐서린 테너(Kathryn Tanner)

신학자들은 정치를 포함해 이들의 적절한 주제인 하나님과 연관된 모든 주제를 이야기하는 면허를 가진 사람들과 같다. 그러므로 대부분 신학자들은 사회정치적 쟁점들, 이를테면 제국의 우월감이나 고리대금 또는 남자와 여자, 자유인과 노예의 관계에서의 제도화된 사회적 규범 같은 주제들에 대해 논한다. 하지만 신학이 정치적 신학이 되기 위해 이런 주제들을 이야기해야 하는 것은 아니다.

모든 신학은 두 가지 이유에서 정치적이다(정치신학은 사회적 관계가 어떻게 질서화되는지 관심 갖는다).

첫째, 기독교가 추상적인 지적 담본에 석합한 신념들 체계가 아니라 신념들이 깊숙이 스며들어 있는 삶의 방식이라는 사실 때문이다(Tanner 1992:9, 19; 1997:70, 97). 이런 신념들은 삶의 방식이 의미 있고 고무적인 것처럼 보이게 하는 것에 도움을 준다. 따라서 만일 세상이 살아 계신 하나님에 의해 창조되고 그분의 영향력을 보여 주려고 예정된 것을 믿는다면, 타인과의 충만한 사랑의 관계들은 의미가 있다.

그리고 이 같은 관계들이 상상할 수 있는 가장 지고한 선, 곧 구원을 얻을 수 있는 조건이나 징표인 것을 믿는다면, 이 관계들은 좋은 동기가 부여된다. 그러므로 기독교의 신념들, 예를 들어 신념들의 의미, 연관성, 관계성을 주장하는 것은 옳은 것(기독교의 방식)으로 보이는 사회적 관계들과 연관된 모든 것을 갖춘다.

이런 이유로, 기독교인들 가운데 문화적 문제들에 대해, 즉 기독교인들이 대부분 밝히려 해 열심을 쏟고 있는 신념들의 의미에 대한 논증 안에서 또 이를 통해 정치적 논쟁이 격렬해지는 경향을 보인다(Tanner 1992:20, 1997:56, 74-75, 121, 135).

오늘날 국가의 방향에 대한 투쟁이 국가적 가치 및 초석을 놓는 공약들에 대한 논쟁(예를 들어, 미국에서 가족의 의미, 공정성, 자유, 평등성에 대한 논쟁)을 초래하는 익숙한 방식은 기독교적 유추를 발견한다. 곧 신학은 기독교 공동체의 문화적 정치학과 같다.

따라서 기독교인들은 관대한 일들을 이들의 교회가 해야 할 과제라고 주장한다. 왜냐하면, 예수가 전부라고 생각하기 때문이다. 마치 미국인들이 애국이라고 하는 것을 전부라고 생각하므로 그들은 국가의 군사적 업적을 조건 없이 지지하는 것과 같다. 그러므로 이런 정책(자선과 군사적 지지)에 대한 일반인의 지지를 허물어 버리는 노력들은 각각 그와 같은 정책 자체의 지혜에 대한 염려만큼이나 예수나 애국의 의미에 대한 관심이 되어야 한다.

둘째, 신학이 정치적 이유는 그 같은 주제가 얼마나 멀리 벗어나든지 신학 자체의 목적을 위해 사회적, 정치적 이미지와 연결될 때마다 정치적 논평을 항상 말하고 있기 때문이다(Tanner 1997:93-110, 120-121 참조).

가장 기본적인 신학의 주장들은 얼핏 보기에 신학적 형태가 엄격하지만 예를 들어, 예수가 누구고 하나님의 은총의 성격이 무엇인지 등 그 같은 이미지를 통해 의미를 부여받는다. 따라서 예수는 자주 '주님'으로, 하나님의 나라를 위해 일했고, 정의를 회복하려고 빚을 갚음으로써 혹은 우리가 지은 범죄를 위한 형벌로 고통을 당함으로 죽음을 경험했다고 말한다.

신학적 주장들의 의미는 역사의 시대 정황에서 이것들의 사회적 정치적 이미지와의 연상을 이용한다. 이런 연상은 이 같은 신학적 문제들이, 위에서 예를 든 것처럼 우리가 기도에서 예수를 말하는 방식(주님)에 대해, 세계를 위한 하나님의 계획의 성격(나라, 정의)에 대해, 또 예수가 구원하는 수단들(빚을 갚음, 대속의 형벌)에 대해 무엇인가를 말해준다.

하지만 이 반대도 마찬가지로 옳다. 이런 범주들에 대한 신학적 이용은 이런 범주들에 대해 무엇인가 말하고 있기 때문이다. 가령 신적 문제들에 대한 담론에 사용된다는 단순한 사실만으로도 이것이 가리키는 사회적, 정치적 실천들을 승인하고 인정하는 것일 수 있다. 왕 되심에 비춰서 하나님의 신분을 이야기하는 것은 왕들을 신들로 주장하는 방식이 될 수도 있다.

또한, 히브리 성경의 반(反)군주제적 성향에서 볼 수 있는 것처럼, 이 성향은 하나님의 합법적인 왕 되심만을 인정해 인간의 왕권 개념을 제한하는 방식이 될 수도 있다. 더욱이 그와 같은 용어들의 연상이 신학적인 쓰임으로 변형되는 방식은 그 시대의 사회적, 정치적 실천에서 문제가 되는 비판적 해석을 제시한다.

예수가 주님이시지만 인간의 주인들과는 달리 어떤 희생을 치르더라도 겸손히 다른 사람들을 섬긴다면, 이는 주이신 것의 참된 성격에 대해 그리고 우리가 알고 있는 모든 인간 주인에게 만족하지 않는 이유에 대해 말해 준다.

삼위일체에 대한 현대신학은 모든 신학이 정치신학의 경향을 갖는 일반적 두 이유를 모두 보여 준다. 삼위일체에 대한 논증들을 통해 신학자들은 독특한 유형의 공동체에 대한, 말하자면 차이가 존중되는 평등주의, 포괄주의 공동체에 대한 지지를 호소한다. 이들은 문화적 토대에 대한 정치적 싸움을 즐긴다. 삼위일체의 의미는 그리스도인들이 지지해야 하는 사회적, 정치적 정책들과 교회 생활의 형태에 대한 정치적 불일치가 일어나는 곳이다.

삼위일체 교리는 기독교적 삶의 방식이 이 삼위일체의 신념이 어떻게 이해되는지에 많은 공을 들였기 때문에 이런 불일치가 일어나기에 적당한 데로 보이는 것은 아니다(사실 많은 신학자는 처음에 칸트와 슐라이어마허 같은 부류의 사람들에 맞서 삼위일체는 그런 실제적 노력에 적합한 문제라는 사실을 입증해야 한다고 생각한다). 삼위일체는 그 의미가 현재의 정치적 논쟁의 조건들을 결합시켜 쉽게 발전될 수도 있다는 사실 때문에 특별히 적절한 지점이 된다.

이런 논쟁들(자유주의자와 공산주의자 사이의 논쟁, 평등주의자와 사회 체제에서의 계급의 다양한 역할을 옹호하는 사람 사이의 논쟁, 경제 민주주의를 옹호하는 사람과 자유 시장 정책을 옹호하는 사람 사이의 논쟁)은 특정 공동체와 그 공동체의 구성원들과의 관계 및 공동체의 구성원들 사이의 관계 유형에 대한 근원적인 문제들을 가지고 있다.

삼위일체의 통일성과 다양성은 특히 전통적 삼위일체 담론에서 인격(person)의 의미가 인격을 현대적 의미의 방향으로, 곧 다른 사람들을 지향하는 의식적 주체로 이동하게 될 때, 이런 면들에서 설명되어야 한다(Boff 1988:89, 112-113; O'Donnell 1988:10-15).

삼위일체 안에 있는 한 실체(substance)와 세 위격과의 관계는 한 공동체와 그 구성원들에 비추어 설명될 수 있다. 삼위일체는 한 공동체의 내적인 구성이라는 관점에서 세 인격 가운데 존재하는 관계성을 의미하기 때문이다. 따라서 이렇게 해석한 노력의 결과로서 삼위일체는 그 시대의 바로 기본적이고 일반적 정치적 문제들을 설명하는 하나의 방식이 되는 것이다.

공동체는 위에서 아래로 내려오는 위계적인 질서보다는 모든 구성 간의 관계를 통해 일어나는가?

이 같은 관계들은 평등 가운데 이상적으로 존재하는가?

공동체의 정체성과 개인의 정체성은 어떻게 조화를 이루고 있는가?

각자의 개별적 인격은 공동체 속에 있는 다른 개별적 인격들과의 관계에 불과한가?

닫힌 자아의 원자적 개체로부터 진정한 공동체가 형성될 수 있는가?

혹은 공동체는 다른 극단적 측면에서, 획일적이고 철저하게 보호된 문화적 정체성과 그 공동체의 구성원들 가운데 차이성에 대한 억압을 요구하는가?

삼위일체가 이런 질문들에 하는 답은 전적으로 명확하지는 않다. 비록 여기서 신학적으로 판단하는 것이 매우 단순해 보일지라도(예를 들어, 세 위격의 평등한 관계는 평등한 인간 관계의 타당성을 제시한다), 삼위일체를 통해 전달되는 사회적 정치적 가르침을 이해하는 것은 복잡성과 위험성으로 가득한 과제다.

본 장의 나머지 내용은 이런 복잡성과 위험성들을 체계적으로 논하고, 삼위일체의 경우가 정치신학들의 유익성을 보여 주는 본보기가 될 수 있음을 희망하면서 이런 복잡성과 위험성에 어떻게 잘 대처할지 제시할 것이다.

1. 삼위일체의 과장된 주장들

많은 현대신학은 삼위일체의 진보적, 정치적, 잠재력을 과대평가한다. 일신론(monotheism)은 권력이 오로지 한 지도자나 집단에 있는 정부의 독재적인 형태와 획일적인 정체성들을 지지한다고 주장된다. 반면 내적으로 다양한 삼위 하나님은 세 위격이 서로를 동등하게 공유한다는 점에서 이런 위험들을 피한다고 단언된다(Peterson 1935; Moltmann 1991:192-202; Boff 1988:20-24).

이 같은 단순한 대조가 간과하고 있는 것은 신학적 주장들의 복잡성과 의미 유동성 그리고 정치적 목적에 따라 이 주장들을 적용하는 데 있는 복잡함이다. 따라서 일신론이 제기되는 혐의들과 반대로, 일신론은(특히, 신성이 정도에서 서로 차이를 보이는 만물의 일반적 범주라는 것을 부정한다고 이해되었을 때) 아무도 신성을 공유하지 않으며, 따라서 아무도 하나님의 대리인으로서 대표할 수 없다는 것을 암시할 수 있다. 또는 대표들이 허용되는 곳에서 국민 전체와 동일시될 수도 있지만, 이들의 지도권과 동일시되지는 않는다. 이런 흐름은 아마 고대 이스라엘 가운데 역사적으로 예시되었을 것이다(Assmann 1992:75-76).

더욱이 삼위일체론은 조금도 과장하지 않게 말해, 역사적으로 평등한 정치와 공동체 내에서의 다양성을 존중하는 것과 좀처럼 연관되지 않는다. 이 문제에 대한 수많은 가능한 이유 가운데 하나는 분명, 삼위일체신학의 많은 측면에 있는 모호한 정치적 잠재력이다.

이렇게 삼위일체는 세 공동 통치자들의 절대적인 지배의 타당성이나, (역사상 삼두정치가 드문 것을 생각할 때 더욱 가능성이 있는 것으로서) 삼위 가운데 우주적 질서 및 안정과 연관된 위격이신 말씀과 동일시되는 유일한 절대 집권자의 정당성을 제시한다. 예를 들어, 이 두 생각은 유세비우스의 콘스탄티누스 황제를 찬양하는 연설(1890)에 나온다.

유세비우스는 말씀을 아버지에게 종속시킨 반면, 이 특별한 정치적 추론들은 이런 개념에 의존하지 않고 더 정통적인 교리에 의해 약화될 것이었다. 더 정통적인 교리의 경우에, 황제는 단순히 성부의 뜻을 실행하는 종속적인 근원과 동일시되지 않고 바로 성부와 동등한 말씀과 동일시되었을 것이다.

더욱이 정통적 삼위일체론은 정치적 진보주의가 강조한 면들을 제외하면, 여러 측면이 표면적으로는 정치적으로 어색해 보인다. 따라서 차이성을 존중하는 것과 상반되게, 신적 인격들은 서로 동등하다.

왜냐하면, 어떤 매우 강한 의미에서, 인격들이 동일하기 때문이다.

> 아들은 아버지가 아니라는 사실 외에는 모든 면에서 아버지와 동일하다.

곧 아버지의 신성을 이유로 아버지에게 부여되는 모든 속성은 인격들의 구분을 구체화하는 아버지 같은 속성이 아닌 한 모두 아들에게 부여될 수 있다는 것이다. 삼위일체의 통일성이나 단일성은 비록 이 부분을 주장하는 다른 방식들, 예를 들어, 상호 침투 개체성 그리고 다른 두 인격의 발생에 있어서 아버지의 우선성 등이 있지만, 자주 같은 종류의 근거가 주어진다. 곧 근거는 일반적으로가 아니라 구체적으로 이해되는 실체의 동일성(identity of substance)이다.

삼신론(tritheism)과는 다르게 하나님의 세 인격들은 인간의 인격들이 서로 차이가 있듯이 서로 다르다고 주장하기 어렵다. 더구나 신적 위격들 사이의 다양한 성경적, 예전적 순서는 아무리 복잡하다고 해도(발생과 보냄의 고전전 순서는 아버지, 아들, 성령이며, 이 순서는 아버지에게 돌아감. 아들, 성령, 아버지과 함께 오늘날 현대신학에 대개 아버지, 성령, 아들의 순서로 참여한다), 여전히 순서에서의 위치에 따라 위계을 구분한다. 그러므로 삼위일체는 위계적인 단계를 정당화하기에 이르다.

예를 들어, 자신에게 할당된 사회적 역할이 다름에도 불구하고 사람들은 평등하다는 주장들을 쉽게 지지한다. 신적 인격들은 그들의 관계를 따라 구성되었고, 존재와 행위에 있어서 나뉠 수 없다는 전통적인 개념은 사회의 지배적인 구성원들과의 관계에서 소외되는 인격들의 존재를 만들어 내는 정치와 일치하기에는 어려움이 있다.

방금 언급된 모든 견해는 이른바 내재적 삼위일체(immanent Trinity)와 관련된다. 반면 성경적으로 묘사된 것처럼 세상에서 활동하시는 삼위일체에 대부분 현대 정치신학자들이 의지하는 것은 곧 경륜적 삼위일체(economic Trinity)에 의지하는 것은 덜 긍정적인 면이 있다. 따라서 신약성경의 아버지와 예수 간 관계를 설명하는 부분은 감지되는 특색에서 일반적 내재적 삼위일체의 설명보다 훨씬 더 종속주의적이다(요 14:28; 막 13:32, 10:18; 눅 18:18; 마 19:16 참조).

예수는 아버지에게 기도하고, 아버지의 뜻을 따르며, 아버지의 결정에 맡기며, 때로는 아버지가 알고 있는 것을 모르는 것처럼 보인다. 이 아들과 아버지의 위계적 관계 유형은 아주 분명하게 인간의 위계적 질서나 계급 제도의 타당성을 제시한다(칼 바르트『교회 교의학』III, 4 [1961]에서 남자와 여자의 관계에 대해서 평판이 좋지 않게 취급했듯이).

더욱이(내재적 삼위일체와는 대조적으로), 경륜적 삼위일체에 대한 성경의 설명은 아들과 아버지 간 관계의 성격의, 정치적 문제가 있는 특징지음을 쉽게 조장한다. 곧 명백한 자기 비움은 아닐지라도 (아버지의 보냄에 대한, 성령에게서 오는 명령들 아래서의) 순종으로 특징짓기 그리고 자기희생(십자가 죽음)으로 특징짓기 같은 것이다(von Balthasar 1992:183-191; Ratzinger 1969:132-135 참조).

마지막으로 내재적 삼위일체와 경륜적 삼위일체 안에서 형성된 성별(gender) 이미지는 정치적 분파와 같은 엄청난 문제들을 야기한다. 성별 지정이 없는, 절대적으로 평등한 삼위일체라는 가장 훌륭한 각본에서조차 인격들의 본질적 관계성을 이성애주의로 이끌어갈 수 있다. 여성의 정체성이 상대자인 남성과의 관계에서 본질적으로 구성될 수 있다는 점을 제시하기 위해, 인간의 정체성에 남성과 여성의 차이가 중요하다는 것이 인격들의 본질적 관계성에 대한 삼위일체적 해석 안에서 상정되고 대체된다(Volf 1996:187).

이렇다면 분명히 삼위일체론은 일신론과 마찬가지로 매우 위험할 수 있다. 모든 것은 삼위일체론(혹은 일신론)이 어떻게 전개되고 적용되는 지에 의존한다. 삼위일체론의 고유한 특권을 주장하는 것은 유대교와 이슬람교의 진보적 정치의 잠재력을 못 보고 넘어가는 경향이 있고, 기독교 삼위일체론과 일신론의 날카로운 구분을 아주 이상하리만큼 고무시킨다.

또한, 이런 주장은 삼위일체론이 무엇인지에 대한 매우 제한적 견해를 유발하기도 한다. 진보 정치와 연관되지 않은 삼위일체론의 입장들은 실제로는 삼위일체적이 아니거나, 이 입장들의 삼위일체론이 심각하게 훼손된 것으로 보인다(내 생각에는 몰트만이 이 모든 세 가지 방향으로 움직인다[1991]. 라쿠나[LaCugna]는 마지막 세 번째 방향으로 움직인다[1991]).

삼위일체론이 일신론과 마찬가지로 매우 위험할 수 있다는 견해를 무시하는 것은 정치적으로 진보적 삼위일체신학자들을 안심시켜 나태하고 진부한 말과 자기만족의 잘못된 생각을 갖게 하는 것이다. 요지는 정치적으로 진보적 삼위일체론이 불가능한 (또는 심지어 비삼위일체론 대안들에 비해 현명하지 못한) 것이 아니라는 점이다.

그러나 진보적 삼위일체론 같은 신학은 만들어지기 어려우며, 진보적이지 않게 사용될 뿌리 깊은 가능성을 경계하면서 주장되어야 한다. 분명히 일신론(의 어떤 형태들)보다 정치적으로 진보적 삼위일체론만이 매우 十제석, 해식과 적응 양태들의 범위 안에 있는 삼위일체론이다.

사실, 엄격한 일신론에 대한 삼위일체론의 정치적 장점들을 칭송하는 자들은 결국 이런 주장이 적절히 이해되고 사용될 수 있는 곧 적극적으로 구성할 수 있는 삼위일체에만 해당된다는 사실을 분명히 한다. 이런 신학자들은 내가 밝히려고 한 삼위일체론의 문제에 대한 정치적 측면들을 가능한 많이 체계적으로 수정하려 한다. 따라서 몰트만과 볼프는 삼위일체의 위격들이 단순히 그 인격들의 관계들을 따라 구성되지 않았다고 주장한다.

정치적으로 몰트만을 따르는 진보적 삼위일체론 신학자들은 위격들 간 완벽한 '상호 침투적'(reciprocal perichoretic) 관계를 강조해 삼위 간 순서를 경시하려는 경향을 보인다. 아들이 아버지 안에 있는 것처럼 아버지도 아들 안에 있다. 그리고 이런 상호 침투적 관계들은 실체의 동일성 대신 삼위일체의 연합의 근거로 제시된다.

그러므로 이런 정치신학들의 신학적 장점은 이런 신학적 동향에 대한 주장들의 강점에 달려 있다. 내 생각에 이런 주장들은 적어도 지금까지 진보적 삼위일체신학자들이 적절하게 마주하지 않은 도전이다. 여기서 삼위일체론 자체의 진보적 가능성을 과장되게 확신하는 것은 해롭다.

삼위일체론의 고유한 진보적 가능성을 위한 주장들은 진보주의 신학자들은 자신들이 제시하는 특정한 해석에 대한 증명의 부담을 가질 것이 요구된다는 사실에 관심이 쏠리지 않게 하는 선험적 보호 전략 유형과 마찬가지일 수 있다.

더욱이 삼위일체 신학의 이런 흐름들은, 이념적 영합이라는 불평을 초래하는 일 없이는 이 흐름들의 지지가 진보적 정치를 찬성할 것이라는 사실에 주로 근거할 수 없다. 사실 삼위일체적 입장을 위한 논증들이 이런 정치적 근거들을 많이 가질수록, 정치적 문제를 논평하는 삼위일체론은 더욱 유익하지 않게 된다. 즉 삼위일체가 정치에 대해 말하는 것은 누군가가 이미 정치를 믿는 것이나 다름이 없다(Kilby 2000:442-443 참조).

소수 삼위일체신학자들이 정치를 말해야 한다는 것을 허용한다. 하지만 이들은 삼위일체론의 정치적 장점들이 있어도 이들이 주장하는 것보다 많은 논증의 약점을 보완해야 한다.

예컨대, 내 생각으로는 불가사의하게도 완전한 상호 침투가 이런 신학들 속으로 가져오는 무거운 부담이 어떻게 이 신학들이 똑같이 확고히 강조하는 성경적 경륜과 양립하는지 어느 누구도 적절하게 말하는 사람이 없다. 성경적 경륜에서 예수는 분명 아버지에게 종속되는 비상호적 관계에서(아들은 아버지에게 기도하지만 아버지는 아들에게 기도하지 않으며, 아들은 아버지의 뜻을 행하지만 아버지는 아들의 뜻을 행하지 않는 것 등) 활동하는 것으로 보인다.

2. 하나님에서 인간으로

삼위일체의 정치신학들이 갖는 가장 큰 골칫거리는 삼위일체에서 정치적 함의들을 도출할 때 하나님에 대한 담론에서 인간 관계들에 대한 담론으로 어떻게 옮겨올 것인지를 결정하는 것이다(Volf 1998a:191-200; 1998b:403-407 참조).

삼위일체 묘사는 정확히 우리에게 어떻게 적용되는가?

여기서 세 가지 주요한 문제가 발생한다.

첫째, 삼위일체가 인간 관계에 대해 말하고 있는 내용은 명확하지 않다.
이는 삼위일체에 쓰이는 용어들의 의미가 불분명하기 때문이다. 하나님의 위격들은 서로 동등하다.
하지만 어떤 면에서 그런가?
위격들은 서로 안(in)에 있다.
그런데 여기에서 '안'이라는 의미는 뭔가?
하나님의 위격들은 이들의 관계성에 대한 성격에 비추어 보면 서로 구별된다. 그러나 그런 성격은 정확히 무엇을 말하는가?
푸아티에의 힐라리우스(Hilary of Poitiers)는 다음과 같이 말한다.

> 발출(begetting)은 아버지와 아들의 비밀이다. 만일 누군가 이 신비를 이해하지 못하고 자신의 지성이 나약하다고 확신한다면 … 나 역시 내가 아무것도 모르는 무지의 상태에 있다는 사실을 안다면 그는 더욱 의기소침할 것이다(1989:55; 더욱 세련된 번역으로는 Boff 1988:174 참조).

정말로 인격이라는 표현이 보여 주는 것은 무엇인가?
아우구스티누스는 다음과 같이 말했다.

> 세 위격의 형식은 이 형식으로 완전히 설명하기 위해서가 아니라 우리가 어쩔 수 없이 침묵하지 않기 위해 고안되었다(1956:92, 더욱 훌륭하게 표현된 번역으로서 Boff 1998:143 참조).

하나님은 우리에게 많이 이해될 수 없을 뿐 아니라 확실히 완전하게 드러나지도 않는다. 따라서 삼위일체에 대해 논하는 것은 인간의 관계에 대한 어떤 특정한 지침을 보여 줄 수 없다.
어떤 신학자들은 당면한 문제는 이른바 내재적 삼위일체에 지나친 초점을 맞추는 것이라고 말한다. 우리가 삼위 하나님의 구원 경륜이라는 관점에서 삼위일체를 이해하면 삼위일체에 사용된 용어들을 더욱 명확하게 이해되는 것은 사실이다. 이를테면 누군가 삼위일체의 통일성은 예수님과 그가 아버지라고 부르는 분과 향유된 대화적 친교의 유형을 의미한다고 말할 수 있다.

하지만 삼위일체의 인격적 관계성을 아마 보장되는 것보다 더 많이 알고 있다고 주장하지 않는 한, 여전히 아주 모호한 권장들, 곧 평등의 사회적 선들, 다양한 공동체, 주고받는 것의 상호 관계성에 대한 권고를 떠안는다.

정확히 그중 하나라도 의미하는 것이 무엇인지 이해하기 어렵고, 문제가 되는 작업("공동체를 위해 문화적 획일성의 정도와 종류가 요구하는 것이 무엇인가?", "획일화된 사회 안에 있는 차이들이 얼마나 멀리 가야하는가?")은 다른 근거들에 대해 논쟁하는 신학자의 창의력에 맡겨져야 할 것처럼 보이는가?

이것은 삼위일체가 사회정치적 중재가 없이(곧 유용한 사회적, 정치적, 경제적 이론들을 잘 활용하면서 현재의 정치적 환경들에 대한 원인과 결과를 연구할 필요가 없이) 정치적 질문에 답을 제공할 수 없다는 것을 의미한다는 점에서 반드시 나쁜 것은 아니다.

그렇지만 위험성은 여전히 남아 있다. 예컨대 만약 신학자가, 삼위일체에 사용된 용어들이 인간의 인격들과 사회들에 사용되었을 때 자신이 생각하기에 의미하는(또는 의미해야 하는) 것을 따라, 이런 용어들의 의미를 좁혀 보려고 시도한다면, 삼위일체의 해석은 정치적 문제에 대한 비판적 칼날을 상실한다.

또한, 단순히 신학자의 우선적 정치 견해들을 정당화하기 위해 구성한 것처럼 보일 수 있다. 만일 신학자가 모호한 일반성을 남기지 않는다면, 결정적인 질문은 다시, 인간 사회를 위한 삼위일체의 함의들을 어떻게 계속 끌어내는지가 될 것이다.

둘째, 삼위일체에 대해 말한 것 중 많은 부분이 인간에게 직접적으로 적용되지 못하는 문제가 있다.

만일 사람들이 더 이상 인간이 아니라면 인간 사회는 삼위일체의 형태를 취할 수 있었을지 모른다. 예를 들어, 삼위 인격들에 대해 말하는 것처럼 인간 사회는 은유적으로만 상호적이라고 말할 만큼 또는 부분적으로만 중첩된다고 말할 만큼(이로써 한 인격이 행동할 때 다른 인격도 이 사실 때문에 행동하고 있다는 것을 의미한다), 인간의 본질적인 유한성과 밀접한 관련이 있는 것처럼 보인다(Volf 1998a:209, 211).

또한, 인간의 유한성은 다른 사람의 유익을 위해 자신을 내어주면 그만큼 잃는 것이 있다는 것이 따라오는 것처럼 보인다. 반면 삼위일체의 위격들 같은 경우 위격들의 완전한 동등성은 주어서 상실하는 것은 없으며 받아도 더하는 것이 없다고 보통 생각된다. 제1위격은 제2위격에게 자신의 것을 잃으면서 모든 것을 내어주는 것이 아니다.

또한, 제2위격은 제1위격에게서 원래 자신의 것이 아닌 것을 받는 것이 아니다. 마지막으로 인간의 인격들은 삼위일체 위격들에 대해 확언되는 유력한 의미에서 다른 인격들과의 관계로 구성될 수 없다(Weinandy 2000:115, 119, 128, 134-135, 140, 207-208 참조).

따라서 인간의 인격들이 그들의 성격을 형성하는 다른 인간들과의 관계를 통해 (그래서 예컨대 나는 나를 신뢰할 수 없는 인격으로 불성실한 사람들과의 관계에 앞서 존재하기 때문에) 존재하는 것과 달리, 삼위일체의 인격들은 그들을 존재케 하는 그들 자신들의 상호적 관계에 앞서 존재하지 않는다. 삼위일체의 위격들은 이들을 존재하게 하는 상호적 관계가 끝난다면, 존재하지 않을 것이다.

인간 존재들은 존재한다. 곧 나는 내 자신의 성격에 가장 공헌한 공동체와 사람의 죽음에도 불구하고 존재한다는 것이다. 삼위일체의 인격들은 다른 인격들과의 관계가 이들 자신들 간 관계를 넘어 세상으로 확대되어도, 더 이들 자신들의 존재가 되는 것은 아니다.

그러므로 다양한 인간 존재가 삼위일체의 인격들과 접촉할 때 그들은 그 같은 삼위일체의 인격들의 모든 존재와, 곧 완전히 실현된 성품(character) 속에 있는 그 인격들과 접촉한다. 이와는 대조적으로 인간의 인격은 다른 사람과 관계를 맺음으로써 발전적으로 형성하는 성격을 가진다.

그러므로 한 인격이 관계하는 어떤 인격도 이 한 인격을 오직 부분적으로만 이해한다. 동일한 많은 이유에서 삼위일체의 인격들은 이들의 참된 자아들을 기만하지 않는 어떤 외연성이나 중재가 없이도, 즉각적으로 서로와 관계한다. 인간의 인격 경우에는 유한성이 이런 관계를 방해한다.

셋째, 삼위일체를 사회적 프로그램으로 직접 번역하는 것이 문제다.

인간 사회는 삼위일체의 평화롭고 완전한 사랑의 상호적 관계와는 다르게 고난과 갈등, 죄로 가득 차 있기 때문이다. 삼위일체를 사회적 관계의 견해로 이해하면, 삼위일체는 비현실적이지만 순진하게 희망적인 것처럼 보인다. 그렇게 되면, 삼위일체는 아마도 정치적으로 위험하지 않을까 싶다. 폭력, 부패, 이기적인 사람의 세상 속에서 삼위일체는 "왜 우리는 서로 조화를 이루면서 지내지 않을까?"라는 다소 불평 섞인 말을 내뱉을지 모른다.

삼위일체를 인간적 관계의 견해로 직접적으로 번역할 수 없는 어려움으로 신학자들은 종종 삼위일체를 오직 "유토피아적 목표"(Boff 1988:6) 또는 인간의 "종말론적 목적"(Volf 1998a:405)의 종착점으로 제시한다. 만일 그와 같은 제안이 종말에 못 미치는 인간 사회가 삼위일체의 성격에 다가간다는 의미로 받아들인다면 이는 옳은 것처럼 보인다.

그럼에도 만일 삼위일체가 우리가 그곳에 도달하기 위해서 우리를 본질적으로 인간으로 만든 모든 것을 떠나야 한다는 의미라면 그것은 대단히 특이하거나 별난 목적이거나 종말론적 종착점일지 모른다. 또한, 한편으로 그런 제안은 궁극적 목적이나 종착점으로서의 삼위일체가 사회의 직접적인 변혁에 도움을 준다고 암시하는 것처럼 보인다.

하지만 답변할 수 없는 것이 있는데, 그것은 삼위일체가 하나님과 우리 사이에 명백히 존재하는 차이 때문에 어떻게 그렇게 되는가 하는 결정적인 문제다. 하나님과 우리 사이의 간격을 극복하기 위해 어떻게 실행해야 하는가?

동일한 이유에서 우리가 제안한 삼위일체적 공동체의 목표가 거의 일반적으로 공상적이다. 이 문제는 우리가 폭력, 갈등, 상실, 고난으로 드러난 사회적 관계의 절박한 특성들에서 얻을 수 있는 어떤 실마리도 없이 보물이 우리 앞에 놓여 있는 것과 같다.

이런 하나님과 우리 사이에 있는 간격을 메우기 위한 우리의 전략은 아래서부터 이동하는 인간 사회를 계획할 때 삼위일체에서부터 아래로 내려오게 함으로 보완하는 것이다(Volf 1998a:200; 1998b:405-406). 즉 우리가 피조물로서의 인간 존재들을 이해하고자, 인간 관계를 삼위일체 관계를 모방해 이해하려고 노력하는 것이다.

삼위일체는 인간 관계가 이상적이어야 한다는 것을 우리에게 말해 준다. 피조물로서의 인간 이해는 실제로 우리가 할 수 있는 이상적인 것과 유사한 것을 우리에게 말해 준다.

따라서 삼위일체의 위격 가운데 가장 가까이 근접한 것은 인간들 가운데 인격적인 성격들을 상호 내주화 또는 조건화하는 과정이다(Volf 1998a:211-212). 마치 그들이 나와의 관계를 통해 그들의 성격을 받아들이듯이, 나는 내가 다른 사람들에게 영향을 받은 내 성격을 받아들인다. 이 예가 보여 주듯이, 이 같은 전략의 위험성은 삼위일체가 어떤 일도 하지 못한다는 것이다.

우리는 인간들이 이들의 관계 방식을 따라 서로에 내주하는 것을 우리에게 말하려고 삼위일체를 필요로 하는 것은 아니다. 심지어 인격들이 타인들에 의해 조건화되거나 내주화함으로 편협하지 않다는 것을 말하기 위해서 삼위일체를 필요로 하는 것도 아니다(Volf 1998a:212).

이런 생각들은 철학적 문헌에 나타난 진부한 이야기이고, 삼위일체의 문서들은 이런 생각들을 넘어 우리로 무엇인가를 행하지 못하게 한다. 아마 가능할 수도 있을 것인데 만일 누군가가 다른 사람과의 관계의 종류가 무엇인지 묻는다면, 예를 들어, 사랑하는 관계인지, 다른 사람이 한 사람의 소용에 관심 갖는 관계인지 묻는다면, 여기서 단순히 인간의 동일성이 관계적인지 또 어느 정도로 그런지에 대해 초점을 두는 것은 더 본질적이고 덜 형식적인 문제에 대한 관심을 피한다. 이 이상한 형식적 관심은 신적 관계와 인간의 관계 사이의 간격을 메우는 또 다른 전략의 문제고 그리고 다음 항목에서 이야기하는 보다 넓은 근거를 갖는다.

이 같은 간격을 메우는 또 하나의 전략은 경륜적 삼위일체를 이해하는 것이다(Moltmann 1991; LaCugna 1991). 신학자는 삼위일체적 관계가 자신이 알고 있는 인간 삶의 제한성과 삼위일체의 해석을 다 같이 묶어 인간 존재와 같을 것이라고 이해하려는 시도는 하지 않아야 한다.

경륜적 삼위일체는 곧 삼위일체가 우리를 구원하기 위해 어떻게 행동하는지는 삼위일체가 인간이 행할 수 있는 것에 다가오는 방식 자체다. 다시 말해, 경륜적 견해에서 삼위일체는 사랑과 상호 섬김의 대화적 친교로 나타난다는 것이다(인간 존재들이 모방할 수 있는 삼위일체의 종류). 죄의 경우도 마찬가지다.

경륜적 삼위일체는 죄와 죽음의 세계로 진입하는 삼위일체론이다. 그러므로 어떤 신학적 생각과는 달리 경륜적 삼위일체는 삼위일체의 관계가 죄의 세상에서 어떻게 살아가야 하는지의 실마리를 보여 준다. 이런 관계들은 다른 사람을 대신해 죽음을 경험하고 자신의 아들을 잃어버린 아버지의 깨어지고 상하고 마음 아파하시는 성격을 갖는다.

그렇지만 이는 삼위일체의 관계를 인간의 관계와 같은 것으로 생각함으로써 그 간격에 근접하려는 시도 때문에 이 전략은 자체 안에 문제를 가지게 된다. 삼위일체의 관계가 인간의 관계에 근접할수록 삼위일체는 인간 관계를 넘어 활동하는지에 대한 조언을 덜 제시할 것이다. 우리 모두는 사랑의 교제의 대화적 관계가 어떤 것인지 잘 안다.

삼위일체는 그런 것이다. 우리 모두는 죽음이 관계를 단절하는 방식과 순종이 어려울 때 희생의 가치가 어떻게 오는지에 대해서도 잘 안다. 삼위일체 역시 이 모든 것과 밀접하게 유사한 것처럼 보인다. 이런 경험을 넘어 상상적으로 더 나은 것, 곧 단순한 의지와 사랑의 연합 이상의 어떤 것, 희생 이상의 어떤 것으로 밀어 넣는 것도 삼위일체에 이상의 것이 되라고 요구하는 것처럼 보인다.

이런 생각 없이는 비판적이고 유익한 해석을 위한 삼위일체의 가능성은 단순히 과장되었다고 보인다. 그러나 삼위일체가 그 이상일 경우, 예를 들어, 단순한 의지와 사랑의 연합이 아니라 상호 침투적인 연합이 제시될 때, 인간과 하나님의 간격을 메우려는 일반적 문제가 단지 다시 나타나고 다루어지지 않는다.

이상하게도 이 전략도 충분치 않게 경륜적인 경향이 있다. 경륜 속에 있는 삼위일체의 위격들 간 관계들에 초점을 맞추고 있는 것은 경륜의 삼위일체가 우리를 위해 행하려고 시도하는 것에 대한 관심을 대체하려는 경향이 있다. 다시 말해, 경륜에 대한 바로 이 점이 삼위일체 위격들이 경륜에 참여하는 동안 이 위격들 간 관계의 성격이 되는 경향이 있다.

그래서 몰트만이 결코 지치지 않고 강조하기를, 우리는 경륜(예: 성육신)이 하나님에 대해 만드는 차이성에 초점을 맞춰야 한다. 몰트만의 경우, 이것은 구원사적 관심과 밀접하게 연결되었다. 삼위일체 위격들 사이에 일어나는 것은 고난과 죄의 세계에 신적 생명이 들어가 극복하는 어떤 여지를 만들어 낸다. 그러나 경륜 속에 있는 삼위일체 위격들 간 관계에 대한 이런 초점은 이런 관계를 바로 구원의 의미로 이해해 보려는 유혹의 불을 지핀다.

다시 말해, 인간의 관계가 삼위 위격들의 성격을 받아들여야 한다는 개념은 자체가 목적이 되고, 신적 인격들 간의 관계들이 하고 있는 것 곧 인간들 삶 속에서 죽음, 죄, 고난의 결과를 초래하는 것을 고려하지 않는다는 것이다.

3. 우리가 삼위일체를 양태로 삼아야 하는가, 아니면 삼위일체에 참여해야 하는가?

경륜적 삼위일체를 바라보는 전략의 이런 문제들은 전략의 기본적 통찰을 충분히 따르지 않는 결과인 것처럼 보인다. 삼위일체의 경륜적 작업들은 삼위일체가 인간의 삶에 어떻게 적용하는지의 질문에 답하고 있다.

이 통찰이 의미하는 것은 기본적으로, 인간은 삼위일체가 인간 관계에 대해 의미하는 것을 이해할 때 자신들의 고안에 의존하지 않는다는 것이다. 삼위일체는 단지 우리가 모방하려는 양태나 이상을 제공하는 것이 아니다. 삼위일체는 "어떻게 신적 관계들이 인간에게 적용될 수 있는지 보여 주기 위해 우리에게 주어진 것이다"(양태론적 개념에 대한 비판에 대해 Fiddes 2000; Bauckham 1997:160-162; McFadyen 1992:12-14 참조).

경륜적 삼위일체는 어떻게 인간 관계가 삼위일체의 형상으로 만들어지는가를 이해하기 위해 우리 세상 속으로 진입해 하나님과 인간 사이의 간격을 메우는지 보여 준다. 이 전략이 인간 관계보다 더 삼위일체적 관계를 마련해 더 쉽게 그것을 모방하는 양태를 제시함으로써 하나님과 인간의 간격을 메우려는 경륜적 견해를 보여 준다.

그럴지라도 경륜을 바라보는 일반적 전략은 일관되게 이 통찰을 계속 따르는 데에는 실패하는데, 바로 이런 전략이 경륜적 삼위일체를, 삼위 간 관계들을 더 인간 사이 관계들처럼 만들어 간극을 메우고 이로써 더 쉽게 모방되는 본을 제공하는 것으로 간주할 때마다 실패한다.

경륜적 삼위일체가 우리를 향해 가지는 의미에 대해 그런 식으로 곧 우리가 모방하기를 원할 수 있는 본을 제공하는 것으로 생각하지 말고, 경륜적 삼위일체에 대해 이 삼위일체 안에 인간을 포함시켜 간극을 메우는 것으로 생각해야 한다. 즉 처음에는 예수의 인성이 이러했고, 다음에는 예수를 통해 성령의 능력 안에 있는 인간이며, 모든 자기의 관련성 안에 있는 다른 사람들이다(Tanner 2001:1-95 참조).

삼위일체의 관계들은 인간 관계를 회복하기 위해 인간이 이런 방식(성령 안에서 그리스도와 연합하고, 그래서 예수가 아버지와 성령과의 관계를 공유하는)을 반드시 받아들일 필요는 없다. 이런 맥락에서 우리가 메울 수 없는 간격을 회복할 필요가 없기 때문에 우리는 앞서 언급한 모순적인 문제를 피하게 된다.

삼위일체의 관계성이 성격상 인간의 관계성(따라서 인간 존재들이 모방할 수 있는 관계성)과 유사할수록, 삼위일체는 우리가 이미 이런 관계성을 알지 못한 것이 무엇이든 이를 우리에게 덜 말해준다.

더욱이 삼위일체가 죄와 고난으로 가득한 세계에 희망을 주기 위해 인간을 통해 모방될 수 있다는 사실은 더 이상 바랄 수 없다. 대신 그와 같은 희망은 인간들이 죄성을 가진 피조물과 유사하다는 것과는 아주 '다른' 삼위일체의 관계 속으로 받아들여지면서 다시 살아난다는 것이다.

게다가 인간에게 접근하기 어려운 이상의(ideal) 문제는 인간의 관계성이 삼위일체의 관계성을 반영하게 된다면 해결될 수 있다. 올바른 반영은 인간의 관계성이 삼위일체의 관계성 안으로 완전히 들어갈 때 이루어지지, 인간의 관계성이 자체로 또는 스스로 삼위일체의 관계성처럼 될 때 이루어지지 않는다.

인간 관계들은 아무튼 자체로, 스스로 인간적인 것 이상이 되어 삼위일체에 근접할 필요가 없다. 완전히 인간적인 것으로 남아 있는 인간 관계들은 삼위일체의 생명과 연합될 때 단지 삼위일체를 반영한다. 인간들은 삼위의 관계들을 재생산함으로써가 아니라, 인간들이 바로 창조물이기에 삼위의 관계 속으로 포함됨으로써 삼위일체 관계들의 극치에 이른다.

경륜적인 것을 바라보는 일반적 전략도 우리가 삼위일체를 인간의 관계성을 모델로 삼는다는 견해로 빠지게 된다. 이는 인간의 관계성을 모델로 삼는 것이 줄곧 삼위일체의 작업들을 경륜적인 것으로 이해할 수 없기 때문이다. 즉 삼위일체의 경륜은 스스로 인간의 관계들에 대해 제시하고 있는 것을 완수하기보다는 그들에게 인간의 관계들을 위한 양태를 만듦으로 경륜 안에 있는 삼위일체의 인격들 간의 관계성을 중단시키는 것이다.

만일 누군가 완전한 경륜을 바라보고 삼위일체의 인격들의 단 하나의 관심을 회피한다면, 아버지와 성령과 함께 예수의 관계는 인간들 간의 관계를 위한 양태가 되는 어떤 분명한 방식으로 나타나지 않을 것이다. 대신 인간 존재들이 성령을 통해 그리스도와 함께 연합하게 되고 그의 삶 안에 공유하는 것처럼 경륜적 삼위일체는 인간들이 아버지와 아들과 함께 하는 관계성의 유형이다. 삼위일체의 위격들이 예수의 삶의 여정을 통해 서로와 관계하는 방식이다.

다시 말해, 우리가 성령 안에서 그리스도와 함께 연합해 공유해야 하는 신적 인격들 가운데 있는 관계들이 인간들 가운데 있는 관계들을 변화시킨다. 그러나 누구나 신적 인격들 간 관계들의 모습을 보기 위해 예수의 삶의 방식의 구체적 성격을 이해해야 한다. 아버지와 성령과의 관계에서 예수는 하나님 나라를 전파하라는 아버지가 주신 직무를 위해 예배, 찬양 또 충성스러운 섬김으로 자신의 온 삶을 준비한다. 우리가 예수의 삶을 공유하듯이, 교회 안팎에서 우리의 삶도 그렇게 공유해야 한다.

아버지의 명령에 따라 예배, 찬양 또 충성스러운 섬김의 삶은 예수가 타인과의 관계에서 타인을 위한 삶의 형태를 내포한다. 이때 예수의 타인들과의 관계는 간단히 말해 하나님 나라인 '바실레이아'의 성격은 삼위일체의 경륜 자체가 구체화하는 인간 관계의 형태라는 것이다. 우리가 예수의 삶의 방식을 공유하듯, 타인을 향한 예수의 삶의 방식은 우리가 이 방식을 공유할 때 인간의 사회적 관계들의 삼위일체적 형식이다.

이런 예수의 삶의 방식은 삼위의 관계들이 경륜 안에서(아버지에게 드리는 기도에서, 성령의 능력 안에서 아버지의 뜻을 섬기는 가운데) 나타나듯이 인간의 관계 면에서 이르게 되는 방식이다. 하나님 나라가 예수 자신의 삶 속에서 비롯된 것처럼 도래하는 하나님 나라는 삼위일체 경륜적 작업들이 구체화하는 인간 관계들의 형태를 세우기 때문에 삼위일체적 정치신학의 전형은 단순히 형식적이고 추상적이라는 것에 집중되어 왔다.

누구도 개인주의 혹은 획일적인 사회적 동질성에 대한 공격을 중단할 수 없고, 사회의 특성을 더 구체적으로 고려할 수도 없다. 심지어 내적으로 다양하기도 하고 개인주의적이지 않은 공동체들도 그들이 헌신하는 목표를 비판적으로 검토해야 한다.

그렇다면 이런 공동체들은 다른 사람들과의 관계에서 예수가 헌신한 것처럼 헌신해야 하는가?

공동체들은 그들에게 모든 구성원, 특히 가난하고 고난 받는 사람의 물질적이고 영적인 복지를 위해 예수가 관심을 가졌던 것을 따르면서 모든 영향력을 앗아간 구성원들의 포괄적인 복지를 보장하는 정책들에 헌신해야 하는가?

예수가 대부분 연약한 자의 불리한 입장을 대변했음에도 그들은 죄인들과 의로운 자를 구분하는 정결 규범 같은 모든 유비를 파괴하는 데 헌신해야 하는가?

경륜적 삼위일체에 우리 자신을 양태화하기보다는 그것에 우리가 동참하는 관점으로 경륜적 삼위일체를 생각하는 이 전략이 성차별적 언어의 문제들을 해결하기 위해 대항하는 것 외에 다른 아무것도 아니다(이런 점에서 아주 훌륭한 글을 보려면 Johnson 1992 참조).

하지만 이 전략은 이 장의 앞부분에서 언급했던 남은 문제들을 해결하려고 한다. 예를 들어, 특히 내재적 삼위일체 같은 것을 주장하는 불가해성(incomprehensibility)은 문제가 안 된다. 왜냐하면, 삼위일체가 다른 수단들을 통해(궁극적으로 예수 자신의 삶의 모습을 통해) 우리가 지향하는 방향을 우리에게 제시하기 때문이다.

게다가 경륜을 바라보는 현재의 전략은 경륜 안에서 예수가 아버지에게 종속되었다는 것을 약화시키는 진보적 정치신학자들과 덜 진보적 정치신학자들의 유혹 둘 다를 피하는 것이다. 둘 다 아무런 의미가 없다. 이는 예수의 아버지와 성령과의 관계가 인간 관계를 위한 본이 아니기 때문이다.

우리와 삼위 하나님과의 관계는 삼위일체의 경륜적 임무에 대한 예배와 섬김의 관계와 같다. 말하자면 이 관계는 완전히 적절한 방식으로 인간을 하나님에게 종속시키는 관계라는 것이다.

마지막으로 인간의 관계가 삼위일체 하나님의 형상으로 지음을 받았던 차별화된 방식 때문에 우리가 삼위일체의 정치적 입장에 그 근거를 두는 것은 비현실적인 정치나 무비판적인 대용적 정치 중 하나를 생산하든 두려워할 필요가 없다. 인간 관계는 획일적인 방식으로 삼위일체의 인격들 간의 관계들을 공유하지 않는다. 이는 마치 삼위일체가 단순히, 새로운 구성원들을 포함시켜 사회적 모임을 확대하는 친구들 집단인 것과 같다(Bauckham 1997:160-161).

다시 말해, 삼위일체의 위격들이 가지는 것처럼 인간들은 삼위일체의 구성원들과 함께 관계성의 동일한 유형을 갖지 못하기 때문에 서로와의 관계성은 그냥 두어야 한다. 이 차별의 견해로는 예수 자신은 성육신을 제외하고 고려되는 말씀(the Word)이 가진 것과는 달리, 경륜 안에 있는 아버지와 성령과의 관계 유형을 갖지 못한다.

이를테면, 경륜을 제외하고 고려된 삼위일체 위격들의 완전한 질적 요소와는 달리, 예수 곧 육신이 된 말씀은 단지 말씀일 뿐 아니라, 또한 인간이라는 사실에 적합한 방식으로 자기 자신을 아버지에게 종속시킨다. 예수는 적어도 명백해 보이게 자신의 최고의 관심을 거슬러 아버지에게 순종했으며, 그의 부활을 위해 아버지와 성령에 의존한 것처럼 보인다(이것은 매우 오래된 개념으로 기원은 초기 기독교에 일어난 아리우스 논쟁이다. Athanasius [1957] 참조).

상호 침투(perichoresis)는 경륜 속에 있는 소통적 교제다. 왜냐하면, 예수는 정말로 유한한 인간이지 단순히 삼위일체의 다른 구성원들과의 상호 침투적 관계를 향유하는 말씀이 아니기 때문이다. 다시 말해, 그의 인성이 아버지와 성령과의 관계에 도움을 주는 참된 차이 때문에 예수는 적절하게 아버지와 성령에 전적으로 상호 의존하지 않은 독립된 상태에서도 행동한다.

이와 유사하게 인간 존재는 인간의 삶이 만들어 내는 차이성을 가지고 있는 인간들처럼 삼위일체를 공유한다. 또한, 예수와는 달리 인간들은 단순히 인간으로서 그렇게 행한다. 인간 존재들은 마치 자신들이 그리스도와 동등한 것처럼 그리스도의 자리에서가 아니라 그 안에서 그의 방식을 통해 공유하는 것이다.

이 모든 차이는 삼위일체를 반영하는 인간 관계들이 이른바 내재적 삼위일체(서로와의 관계들이 순환적이지 않은 반면에 이러한 관계들은 순환적이다)나 경륜적 삼위일체(처음부터 예수는 전 생애를 우리의 유한성과 우리의 죄 때문에 하나님 나라를 위해 아버지의 뜻에 완전히 일치하면서 살았다) 또는 다른 존재와의 예수의 관계(우리가 구원하지 못하지만 예수는 사람을 구원하면서 다른 사람과 관계하는 데 우월한 자리를 가지고 있다)와 같은 정확히 동일한 성격을 갖지 못한다는 사실을 설명한다.

간단히 말해, 인간의 관계성은 인간 피조물의 유한성과 죄성에 적합한 방식으로 삼위일체를 반영한다는 것이다. 그러므로 경륜에 대한 매우 다른 신학적 해석을 따르는 인간의 성격이 이런 방식으로 조심스럽게 나타났을 때 삼위일체의 근거를 요구하는 정치는 현실적일 수 있다.

하지만 무비판적인 자기만족도 성격 속에서 우리 자신에게 미치지 못하는 관계성의 절정, 그들 속에서 서로에 대한 우리의 관계가 일치함이 없이도 근사치에 도달하려고 노력할 수 있는 관계의 절정(가장 절정에서 이해할 수 없는 점에서 잃어버리거나 얻는 것이 없이 서로에게서 또 서로 안에서 소용돌이치면서 완전히 동등하고 순환적 인격들 간의 관계들)에 대한 지식을 통해 극복하게 된다.

인간의 관계성은 자체가 그 같은 완전성의 성격을 취하지 않고서도 삼위일체와 연합해, 곧 삼위일체가 이 세상 속에 있는 우리에게 은혜롭게 다가오는 것처럼 그 관계성이 삼위일체의 삶 속에 다가감으로써 절정에 도달하게 될 것이다.

참고 문헌

Assman, Jan (1992). *Politische Theologie zwischen Ägypten und Israel*. Munich: Siemens.
Athanasius (1957). "Four Discourses against the Arians." In Philip Schaff and Henry Wace (eds.), *Nicene and Post-Nicene Fathers*, vol. IV. Grand Rapids, Mich.: Eerdmans.
Augustine (1956). "On the Holy Trinity." In Philip Schaff (ed.), *Nicene and Post-Nicene Fathers*, vol. III, Grand Rapids, Mich.: Eerdmans.
Barth, Karl (1961). *Church Dogmatics* III, 4. Edinburgh: T. & T. Clark.
Bauckham, Richard (1997). "Jürgen Moltmann's *The Trinity and the Kingdom of God* and the Question of Pluralism." In Kevin Vanhoozer (ed.), *The Trinity in a Pluralistic Age*, 155–64. Grand Rapids, Mich.: Eerdmans.
Boff, Leonardo (1988). *Trinity and Society*. Maryknoll, NY: Orbis. Eusebius of Caesarea (1890). "Oration in Praise of the Emperor Constantine." In Philip Schaff and Henry Wace (eds.), *Nicene and Post-Nicene Fathers*, vol. I. New York: Christian Literature Co.
Fiddes, Paul (2000). *Participating in God*. Louisville, Ky: Westminster/John Knox.
Hilary of Poitiers (1899). "On the Trinity." In W. Sanday (ed.), *Nicene and Post-Nicene Fathers*, vol. IX. New York: Scribners.
Johnson, Elizabeth (1992). *She Who Is*. New York: Crossroad.
Kilby, Karen (2000). "Perichoresis and Projection." *Blackfriars* 81: 956, 432–45.
LaCugna, Catherine (1991). *God for Us*. New York: HarperCollins.
McFadyen, Alistair (1992). "The Trinity and Human Individuality." *Theology* 95, 10–18.
Moltmann, Jürgen (1991). *The Trinity and the Kingdom*. New York: HarperCollins.
O'Donnell, John (1988). The Trinity as Divine Community. *Gregorianum* 69: 1, 5–34.
Peterson, Erik (1935). *Der Monotheismus als politisches Problem*. Leipzig: Jakob Hegner.
Ratzinger, Joseph (1969). *Introduction to Christianity*. London: Burns & Oates.
Tanner, Kathryn (1992). *The Politics of God*. Minneapolis: Fortress.
_____.(1997). *Theories of Culture: A New Agenda for Theology*. Minneapolis: Fortress.
_____.(2001). *Jesus, Humanity and the Trinity*. Minneapolis: Fortress.
Volf, Miroslav (1996). *Exclusion and Embrace*. Nashville: Abingdon.
_____.(1998a). *After our Likeness*. Grand Rapids, Mich.: Eerdmans.
_____.(1998b). "'The Trinity is our Social Program': The Doctrine of the Trinity and the Shape of Social Engagement." *Modern Theology* 14: 3, 403–23.
von Balthasar, Hans Urs (1992). *Theo-Drama III*. San Francisco: Ignatius.
Weinandy, Thomas (2000). *Does God Suffer?* Notre Dame, Ind.: University of Notre Dame Press.

제23장

창조론

피터 M. 스콧(Peter M. Scott)

> 우리는 말해야 한다. 아무리 가난해도 삶의 정의로운 질서가 있을 수 없는 사회란 없다고. 그리고 아무리 부유해도 정의로운 질서를 필요 없다고 여길 수 있는 사회는 없으며, 또한 부유하게 된다고 해서 바른 질서를 얻을 수 있는 것도 아니다.
>
> 레이몬드 윌리엄스(Raymond Williams)

교회는 정치적 증언에서 창조 교리가 예수 그리스도의 하나님에게 영광을 돌리려는 생각의 중심에 있다는 것을 잘 알고 있다. 이는 사실인데, 창조로 향하는 것은 인간의 삶에 대한 진리에 중심적 신학적 주제들을 확인해 주기 때문이다.

인간들이 (또한, 다른 생물이) 처한 피조물의 상황은 무엇인가?

기독교 관점에서 인간 사회란 무엇이고, 인간 사회와 다른 생태계 군집들의 관계는 무엇인가?

인간의 본성이나 다른 동물과 인간과의 관계에서 파생하는 규범적인 측면들은 있는가?

이런 내용은 정치신학에서 창조론의 중심적 관심들이다. 그렇지만 이 같은 중요성에도 불구하고 창조론은 정치신학에서 가장 적게 논의되는 교리 주제 가운데 하나다. 결과적으로 창조 교리는 흔히 실천적인 측면들에서 주목받지 못하고 있다.

이렇게 정치신학이 창조론을 적절하게 제시하지 못하면 무엇이 잘못되는 것일까?

창조에 대해 말하지 못하는 것은 속죄론 주제가 지나치게 강조되기 때문이다. 이 같이 신학을 구원론으로 집중시키는 것은 구속과 물리적 세계, 사회, 세상 역사의 관계를 단절시키는 것이다.

신학이 이런 경향을 극복하지 못한다면, 신학은 생태계에 대한 관심, 사회에서의 우리의 사명 및 세상 역사에서의 하나님 영의 현현(顯現) 같은 주제들을 신앙과 연결시키기가 어렵게 된다(Hefner 1984:272).

다시 말해, 창조 주제에 관심 갖지 않는 것은 불충분하게 물질주의적인 정치신학으로 이어진다. 물질은 기독교에 중요하다. 인간과 다른 생물의 신체들이 어떻게 기술, 경제 생태, 사회, 정치, 문화 영역의 범주에서 서로 관련하며 존재하는지 또는 존재해야 하는지는 오늘날 기독교 정치신학에 중심적 문제다. 이런 영역들은 현대 민족 국가의 법적, 운영상의, 행정부와 의회의 강제력 있는 권력 행사가 있는 정치 지배의 권세를 포함한다.

이런 방식으로 유물주의로 이해될 때, 정치신학은 구속을 창조로부터의 구원으로 다루지 않는다. 이런 구원은 기독교의 사명에 대한 오해일 것이다. 오히려 정치신학은 창조의 완성에 대해 말한다. 이 때문에 창조에 대한 기독교의 증언은 그리스도 안에 있는 인간 본성 상정에 대해, 건설적인 임무인 인간과 비인간 창조물들의 통일성과 다양성을 확보하는 것에 대해, 정치적 질서들의 본질과 목표에 대해, 우상에 대한 분별과 거부를 지속적으로 요구하는 것에 대해 말한다.

하지만 정반대로 피해야 할 유혹도 있다. 창조는 구속 과정 자체로 이해되지 않아야 한다는 것이다. 예수 그리스도의 부활은 창조를 입증하는 것이지, 자신의 계획이나 궁리에 창조를 내맡기는 것은 아니다. 즉 정치신학에서 창조를 이해하려면 창조론과 '종말론'의 관계에 대한 지속적 관심이 요구된다.

창조 주제는 큰 이목을 끌지 않았지만 암시적으로 정치신학의 모든 담론을 드러낸다. 이것이 사실인 것은 내가 이미 제안했듯이, 창조는 정치적이고 사회적인 우상들에 대해, 피조물의 통일성과 다양성에 대해, 사회 집단과 인간 집단의 관계성에 대해 그리고 인간, 자연 및 다른 피조물(동물들)의 관계에 대해 신학적으로 말하는 방식이기 때문이다.

다르게 표현하면, 창조는 유기체들의 조직(organization of bodies) 문제를 다룬다. 이 같은 정치적 조직은 '하나님의 형상'(하나님의 형상으로 창조된 인간)의 성격과 자연의 법 그리고 창조의 질서들에 대한 논의를 불러일으킨다. 다만 여기서는 인간 피조물과 다른 피조물의 관계에 대해, 특히 청지기의 문제와 연관해 살펴볼 것이다. 이런 신학적 개념들은 인간들이 서로 관계되는 것으로, 자신들의 자연적인 상황과 관계되는 것으로 이해될 수 있는 방식들에 대한 어떤 설명을 제공하고자, 기독교 전통을 따라 만들어졌다.

이는 충분히 복잡하다. 하지만 사실 이 문제는 더 어려운 문제다. 창조론은 기독교 관점 속에 있는 질서의 문제를 제기한다. 창조론은 어떻게 이 질서가 이해될 수 있으며, 어떤 점에서 질서가 세워졌고 변경되었는지 그리고 어떤 규범으로 그런 질서가 판단되고 전개되는지의 문제를 제기한다.

정치적 문제들이 신학에서 또 신학을 통해 제기될 때, 창조론은 이 이중적인 면, 곧 질서와 분별의 규범에서 주의를 환기한다. 요약하면 창조론 관점에서 정치신학은 정치적 질서들, 곧 질서들의 기존 헌법과 규범적 상황 및 발전 등에 관심을 돌리게 한다.

종종 보수주의적으로 해석된 현실적인 실천에서 질서의 이런 준거를 따라 정치신학은 창조 개념을 의심한다(Westhelle 1998). 의심하는 근거는 충분하다. 하지만 타당한 답을 하려면 신학적 난제들을 만나게 된다. 진정, 타당하게 해석된 창조론은 정치신학에 적절한 방안들을 제시한다.

1. 창조의 질서화

정치신학에서 창조를 고려할 때 두 가지 근본적 주제가 있다.

첫째, 기독교 공동체가 어떤 정치적 질서들과 대면해 왔으며, 이 정치적 질서들과 창조자 하나님의 존재와 행위 및 목적과의 관계는 어떻게 되는가?
둘째, 창조는 규범적인 개념이라는 점에서 창조의 선은 어떤 방식으로 항상 이해되는가?

나는 이런 요점들을 다음의 차례대로 전개하고자 한다.

첫째, 정치적 질서와의 관계에서 창조론을 이해하는 것은 이 질서를 하나님과 관계있는 정치적 연합으로 인식하는 것이다. 여기서 우리는 창조론은 항상 인간을 하나님과의 관계 안에 있는 것으로 보기에, 인간의 실존을 전체적으로 다룰 것이다(Prenter 1967:250).

둘째, 이런 질서는 보편적으로 적용될 수 있는 것으로 이해되어야 한다(Hardy 1996:190). 이 질서가 먼저 신학적으로 하나님과 관계되는 것으로, 보편적인 것으로 파악되는 것은 창조론 안에서다.

그래서 정치적 질서는 창조에 호소됨으로써 이 이중적 측면에서 정당화된다. 곧 하나님에 의해 정당화되고 보편적인 것으로 인정된다. 창조를 통해 하나님이 정하신 사물의 질서는 이렇게 하나님과 보편성이라는 이중 근거가 있다는 사실을 이해해야 한다.

파시스트가 기독교의 지지를 호소할 때 이런 식의 창조 교리를 들먹이지만, 제한된 수정을 가한다. 예를 들어, 히틀러 치하의 국가 사회주의(독일, 1933-1945) 체제에서 성행한 인종주의적 질서(이 안에서 '타자' 곧 유대인, 공산주의자, 집시, 동성애자, 장애인이 배제된다)는 단지 하나님에게 돌려진 것이 아니다. 또한, 더 심각한 문제가 되는 것은 연합된 인류를 서로 관련 없고 동종으로 인정될 수 있는 민족들로 분류하는 것이 보편적 하나님의 질서의 일부로 확언되는 것이다. 인류가 이렇게 분류되고 인식된다면, 인간을 분류하는 것은 창조 안에서 하나님의 복으로 잘못 제안된다.

따라서 이 같은 파시즘에 신학적으로 반대하는 것은 정치적 질서들이 전체적으로 하나님과 관련되는 것을 요구한다. 이 관련 짓기는 민족들 간의 세상적 구분을 항상, 중요하고 선행하는 창조물과 하나님 간의 신학적 구분의 면에서 이해한다. 이 신학적 반대는 유럽 기독교의 불행한 최근 역사가 보여 주듯이(여기서 또한, 남아프리카공화국의 아파르트헤이트를 참조하라), 쉽게 이루어지지 않는다.

이제 우리는 제2차 세계대전에서, 설득력 있는 신학적 평가를 제시할 만큼 충분히 멀리 떨어져 있다. 그렇다면 다른 사례 곧 세계화를 생각해 보자.

어떻게 세계화가 창조론의 관점에서 창조주 하나님과의 관계로 생각될까?

세계화를 양호한 것으로 읽어 내는 것은 무역이 인류의 기본적 보편적 대화의 일부며, 또 무역의 확장은 모든 참여자에게 동등하지는 않더라도 혜택을 줄 것이라고 주장할지 모른다(Sen 1999; 이 책에 나오는 피터 제드윅이 쓴 33장 세계화 참조).

더욱 세심하게 세계화를 읽어 보면, 무역의 이 같은 증대에 대한 경제적이고 생태적인 측면들은 세계적 과정에서 사람들이 참가하는지(또는 참가하지 않는지)에 대한 설명과 함께 세심한 주의를 요구한다고 주장할 수도 있다.

나는 이 문제를 여기서 논할 생각은 없다. 그렇지만 분명히 지시되는 것은 단지 보편적이고 규범적인 측면에 주의해야 한다는 것이다.

보편화로서의 세계화는 세계에서 또 세계를 통해 하나님의 선하심을 진행시키는가, 아니면 방해하는가?

이 신세계의 질서가 오히려 하나님의 목적과의 관계에서 근본적 질서를 혼란스럽게 하는가?

물론 질서의 다른 종류와, 방향의 다른 양태들이 있다. 정치신학의 목적에 대해 우리는 다음 같은 것, 곧 생태적인 것, 경제적인 것, 사회 윤리적인 것, 법적이고 정치적인 것, 문화적인 것들을 구분할 것이다. 생태 질서에는 자연적으로 주어진다는 성질이 있으며, 이 성질은 생태 질서를 다른 것들과 차이 나게 한다.

그런데 이 같은 대조가 너무 날카롭게 이루어져서는 안 된다. 칼 마르크스가 언급했듯이, 인간은 역사를 만들지만 이들이 선택하는 환경 속에서 만들지 않는다. 인간 삶은 사회 구조 안에서 또 이 구조를 통해 가능해지고 갱신되는데, 경제적인 것, 사회 윤리적인 것, 문화적인 것은 이런 사회적 구조들로 이해되어야 한다. 가장 쉽게 변형되는 것은 아마 법적이고 정치적인 것일 수 있다. 하지만 이것들의 변형은 특정 사회에 대한 가장 소소한 변화들로 일어난다.

우리는 위에서 제시한 것처럼, 창조론의 두 번째 쟁점인 창조의 선함 속에서 이미 우리 자신을 발견한다. 신학적 용어를 사용하자면 질서는 항상 하나님의 선하심을 향해 움직이고 있다.

어느 정치적 질서가 하나님의 창조의 선함과 일치하는 것으로 이해될 수 있는가?[1]

이 질문에 답하기 위해 우리는 인간이 자신들의 기본적인 필요를 얻어야 하고, 자기들의 사회를 재생산해야 하며, 또한 앞에서 열거한 모든 질서를 내포하는 사회적 프락시스를 통해 만족스러운 관계성을 세워야 한다는 것을 우선 언급해야 한다.

이 같은 인간의 활동은 항상 규범에 따라 수행된다. 질서화되는 것처럼, 인간의 삶은 선을 향해 있고, 이로써 그 선을 부분적으로 실현하기 위한 어떤 규

---

1 이 문제를 고려하기 위해 우리는 창조와 종말론적 완성 간의 연관성을 살펴야 한다. 역사하시는 하나님은 항상 역사를 마치시는 하나님이시다.

범을 요구한다. 요약하면 인간 사회는 항상, 적어도 어느 정도 목적을 가지고 있다. (정치적 자유주의의 어떤 유형은 잘못되게도 이를 부정할 것이다.) 그리고 선을 위한 규범은 이 같은 유목적성을 이끄는 것이 요구된다. 정치신학의 쟁점은 어떻게 하나님의 선하심 개념이 정치적 규범으로 기능하는 창조 교리 속에 깊숙이 스며들었는가 하는 것이다.

어떻게 이 규범이 세워지며, 또 어떤 신학적 기준을 따라 세워지는가?
이 규범이 해방적 혹은 억압적 방식으로 작동하는가?
이런 규범이 정적인 질서 및 역동적인 질서를 불러일으키는가?

그러므로 나는 웨스트헬리(Westhelle)가 옳다고 생각한다. 정치신학은 정의롭지 못한 정치적 질서들에 대한 정당화들이 창조에 호소하는 것을 통해 신학으로 몰래 들어온다는 점에서, 그런 창조 교리를 신뢰하지 않아야 한다. 그런 질서화들은 하나님의 선하심에 돌려진다.

더욱이 하나님의 생명을 창조물 곧 나사렛 예수의 삶에 옮겨 놓은 것은 또한, (마땅히 그러하듯이) 부당한 질서화들을 반대하지 않고 긍정하는 것으로 이해될 수도 있다.

2. 창조, 역사 그리고 언약

하나의 의제가 출현한다. 창조 교리는 보편적으로 사실인 것과 무엇으로 정치형태가 하나님과 관련이 있는지 결정하면서 선에 대한 정치적 규범을 고려하는 일에 신학적 맥락을 제공한다. 특히 이 점을 전개하기 위해 창조 교리의 기원에 대한 해석은 정치적 함의들을 읽는 것과 마찬가지로 언약과의 연관성을 요구한다.

기독교의 창조 교리가 어떻게 해석되어야 하는가?

첫째, 창조는 하나님의 자유롭고, 어떤 제약도 받지 않는 행위다.
창조는 필연적으로 이해되는 것이 아니라 우발적으로 이해된다. 전통적으로 이런 원칙은 '무에서의 창조'(creatio ex nihilo)로 설명되었다. 다시 말해, 하나님은 자신의 자유와 뜻을 따라 창조하신다. 무에서의 창조는 어떤 물질도 존재하지 않고 하나님의 뜻에 저항하는 어떤 것도 존재하지 않았다는 것이다.

완전한 형태의 창조는 하나님의 행위에서 나온 결과다.

> 하나님과 세상의 관계는 다음에 어떤 상태로 형성되는 선재하는 무질서와의 투쟁이 아니라 순수한 불러내심이다(Williams 2000:68).

창조는 사회적이신 하나님의 자유로운 결정이다. 곧 창조는 하나님의 은혜로운 행위다. 하나님은 창조할 필요가 없다. 창조는 하나님 사랑의 행위다. 범신론에 대항하는 우리는 세계가 우발적이라고 결론을 내릴 것인데, 이 세계가 필연이 아니라는 것이다. 때문에 세계는 진정으로 하나님에게 타자다. 하나님은 하나님이 아닌 것이 되기로 작정하실 때, 창조가 있게 된다.

이처럼 창조 행위는 최초의 정치적 행위다. "하나님은 모든 것이 되기를 원하지 않으신다"(Pohier 1985L 266). 이 같은 정치적 행위에서, 하나님은 만물이 되지 않으려는 바람을 따라 공간을 만드시며, 이로써 우리가 세상이라 부르는 외부로의 활동이 생긴다. 공간이 만들어지면서, 피조물들은 시공간 속 어떤 질서화 아래 존재하게 된다. 창조가 최초의 구속적 행위라면(Gutiérrez 1988:86-87), 창조는 타자를 존재하게 하는 경건한 의지인 최초의 정치적 행위에 기초하는 것이다.

둘째, 창조 질서는 하나님의 행위에 의존한다.

창조 행위는 세상의 시작에 관련되는 것으로뿐 아니라 세상의 중간과 마지막과 관련되는 것으로도 이해된다. 창조는 내재적인 창조석 과정으로 이해되어서도 안 된다. 자연은 독립적으로 자기 원인적 활동을 행한다는 개념인 '능동적 자연'(natura naturans)은 주류 기독교에 거부되는 개념이다.

요약하면 세상은 내적으로 하나님과 관계한다. 세상은 존재하며 그리고 사랑하시는 하나님의 목적에 따라 지속적으로 존재한다. 창조를 하나의 기계처럼 이해하는 이신론의 창조 해석에서처럼 창조를 하나님과 외적으로 관계한다고 설명하는 것은 배제된다. '무에서의 창조'라는 주제는 이스라엘이 언약 안에서 활동하시는 하나님을 이해하는 것에 근거하는 것 같다.

예를 들어, 로완 윌리엄스는 바벨론 포로기부터 이스라엘의 귀환에 이르기까지 무에서의 창조에 대한 주제를 추적해 간다.

> 이 해방 사건은 결정적이고 기대하지 않은 두 번째 출애굽과 같다. 이 출애굽 같은 해방 사건은 창조의 간략한 윤곽 같은 것을 보여 준다. 정체성도 없고 이름도

없으며, 다만 노예의 익명이나 특정 지역의 무기력만이 있던 상황에서 하나님은 인간 공동체를 만드시고, 그 공동체를 '이름'으로 부르신다(사 40-55). 그리고 하나님은 이 인간 공동체를 보여 주고 회복하신다. 하지만 이런 행위는 혼돈에 형태가 부여되는 하나의 '과정'이 아니다. 이런 행위는 불러내시는 것이며, 바로 해방에 대한 회답의 가능성을 확고히 하는 부르심이다(Williams 2000:67-68).

셋째, 주류 기독교 전통에는 예수 그리스도의 준거를 제외하고는 언약이나 해방에 대한 어떤 논의도 있을 수 없다(참조, 요 1:1-18).

따라서 창조는 항상 성육신과 관련된 사건으로 이해되어야 한다. 이는 성육신 행위 속에서 하나님의 활동이 창조의 해방 및 변혁과 관계있기 때문이다. 다시 말해, 창조는 삼위일체적 활동으로 이해되어야 한다. 즉 창조는 삼위일체 하나님의 외적인 활동이다.

이런 점에서, 역사와 창조를 비교하려는 경향은 거부되어야 한다. 실제로 창조를 인간이 노력하는 어떤 배경으로 이해하려는 것은 하나의 유혹이다. 이 같은 견해를 지지하려는 현대의 서구 문화에는 수많은 동기가 있다. 대신 창조는 항상 현재와 더불어 이해되고, 현재 사이에서 모든 인간이 애쓰고 노력하는 것으로 이해되어야 한다(Hardy 1996:189).

창조 자체는 인간 역사와 깊고 복잡하게 얽힌 역사를 가지고 있다. 사실은 이런 표현이 창조 문제를 정당화하는 것은 아니다. 거기에는 두 가지 역사(하나는 창조의 역사고, 다른 하나는 인간의 역사다)가 있지만, 인간과 자연은 협력적 동반자들이라는 유일한 역사만 존재한다(Scott 2003).

더욱이 만일 창조가 정적인 배경으로 이해된다면 결과적으로, 기독교 신학이 요구한 것보다 더 보수주의적인 역사 해석이 나타날 것이다. 정치신학에서 창조는 기원의 문제가 아니기에 기원 연구(protology) 때문에 그 의미가 훼손되지 않아야 한다.

이 견해에서 창조는 역사적이고도 구속적이다. 곧 창조는 명령되고, 하나님의 구속적 목적들을 따라 그 목적을 받는다. 다시 말해, 창조는 하나님에게(무에서 창조된) 타자며, 확립되었지만 아직 열려 있다. 여기서 제안된 질서는 결정적이지(질서는 창조 안에서의 하나님의 선물이다) 고정된 것이 아니며, 자체 외부에서의 질서 실현을 받아들여 적절하게 조화를 이룬다. 조화를 이룬 모든 측면은 창조가 새로운 방향으로 열렸고 안정된 것으로 이해된다는 것을 주장한다.

이런 측면들의 관계는 매우 중요하다.

왜 그런가?

질서를 개방성의 대가로 강조하는 것은 창조에 존재하는 것에 대한 정당화를 요청하는 것이기 때문이다.

개방성을 지나치게 과장하는 것은 창조된 세계 구조들이 선물을 받는 방식으로가 아니라 전가를 통해 질서를 가지게 되며, 이로써 이 구조들의 선함을 부정한다고 주장하는 것이다.

첫째, 창조의 시간 불변적 성격을 강조한다.
둘째, 시간 변화적 양상을 강조한다.

이것은 시공간의 구분이 아니라 시간을 통해 규칙성을 향유하는 시공의 측면들이고 더 빠르게 변하는 이런 형상들을 말하는 것이다.

앞서 논의한 것에 비춰 보면, 시간 불변적 측면들은 우리에게 정치적 질서에서 먼저 생태적인 것을, 다음에는 경제적인 것을 보게 한다. 그리고 시간 변화적 측면들은 정치적이고 법적인 것을 언급한다. 이 두 측면의 관계를 올바로 이해하는 것이 중요하다.

시간 불변적 측면들을 지나치게 강조하면, 사회 질서는 약하고 고정되기에 정의를 실현할 수 없는 것으로 여겨지고 사용될 수 있다. 또는 시간 변형적 측면은 변화 자체가 정의를 만들어 낼 수 있다는 점을 주장하기 위해 과하게 강조될 수도 있다. 레이몬드 윌리엄스(1989:222)가 쓴 것처럼, 양쪽 견해 모두를 거부해야 한다.

우리는 정치신학이 왜 창조 교리를 의심하는 경향이 있는지에 대한 이유를 본다. 시간 불변적 측면만을 확신하는 것은 창조된 질서의 정적인 견해를 제시하는 것이다. 질서는 종종 지배, 억압, 학대를 위해 대부분 위장된 이념이다. 이념적으로 질서를 정당화하는 궁극적인 호소는 하나님의 창조로 되돌아가는 것이다(Westhelle 1998:149).

또는 루터(1983:85)가 진술하듯이 비판받아야 할 것은 존재의 연쇄의 근원으로서 비물리적 정신(하나님)으로 시작하고 존재의 연쇄의 밑바닥과 명령 체계에서 가장 열등하고 무가치하며 또 지배하는 부분에서 비정신적 물질로 계속

전해 내려오는 계급 제도의 양태다.

이와는 달리 시간 변화적 측면을 확신하는 것은 정치적 질서를 유동하는 상태로 밀어 넣는다. 변화는 불안정과 혼동되고, 선함은 난폭과 혼동되며, 사회적 주체가 부정된다. 이런 두 측면의 관계가 요구되고 그리고 어떻게 하더라도 이 두 측면이 항상 상호 의존적임을 암시한다.

우리는 무에서의 창조에 대한 기원이 이런 방식으로 소급해 간다는 것을 이미 이해했다. 야훼가 비공동체에서 한 공동체를 세우는 방식으로 소급해 올라간다. 다시 말해, 창조는 하나님을 통한 이들의 목표에서 "상이하고 상호 의존적인 피조의 영역"(Welker 1999:13)을 나타낸다는 것이다.

또한, 창조주와 피조물과의 관계는 확정적인 내용이다. 유대교 및 기독교 전통에서는 이 관계를 언약이라고 부른다. 여호와와 이스라엘 사이에 있는 언약 발전에서 이해된 것처럼 율법은 언약의 중심이다. 시내 산에서 모세에게 율법이 수여된 것은 고전적 경우다(출 19-20장).

이 같은 율법은 언약적 약속들을 제시하지만 이 반대는 그렇게 하지 못한다. 율법은 공동체의 책임들을 구성하고, 결국에는 율법이 외적으로 따라야 하는 질서의 규범적 해석을 보여 주는 역동적인 것으로 이해되어야 한다.

이 같은 이해의 맥락에서 예수의 황금률은 이런 구성과 운동을 분명하게 한다.

> 그러므로 무엇이든지 남에게 대접을 받고자 하는 대로 너희도 남을 대접 하라 이것이 율법이요 선지자니라(마 7:12; 눅 6:31).

창조와 언약의 관계는 정치신학에서 무엇인가?

유명하고도 체계적인 설명을 보여 준 바르트(1958)는 언약이 창조의 내적인 근거라고 논증한다. 이런 언약은 창조의 물질적 전제인 창조의 이론적 근거로 이해된다. 그런 다음에 창조는 언약의 외적인 근거로 해석된다.

창조는 언약의 조건이나 배경이 아니다. 창조는 인간이 본성에서 언약을 위해 미리 정해졌다는 것을 보여 준다. 마치 선이 인간의 속성인 것처럼 선은 단순히 과정의 결과로서 간주되는 것이 아니다. 대신에 선은 언약, 곧 공동체를 제정하고 충성을 불러일으키고 사회적 삶을 완전히 궁핍하지 않도록 하는 약속의 합의와 연관되었다.

지금까지 나는 한 사회가 스스로 체계화하는 사회의 질서와 선의 규범을 고려하는 신학적 입장이 창조론이라고 주장했다. 더욱이 무에서의 창조 교리는 현재 질서가 신적 은총이지만, 고정된 것으로 간주되지 않아야 한다고 단언한다. 언약의 현실성은 이런 견해를 강화하고 발전시킨다. 피조물 형태들이 부정되지 않고 오히려 약속의 성격과 언약적 관계들의 탈중심적 역동성으로 받아들여진다. 이제는 창조가 정치신학에서 이해된 이런 방식을 고려해 창조론에서 생태계의 생생한 논의를 간략히 검토해야 할 때인 것 같다.

3. 자연을 통해

만일 피조세계 영역이 창조주 하나님 안에서 근원을 갖는다면, 정치 윤리를 발전시키기 위해 인간의 성격에는 어떤 충분한 속성이 있는가?

만일 창조론이 보편적으로 영속적인 경우를 나타낸다면, 인간의 성격을 고려하는 것은 시공간 안에서 신체들의 보편적 체계를 위한 윤리적 원칙들에 양보되어야 하는가?

로마가톨릭교회에서 특별히 중요한 도덕적 탐구의 전통인 '자연법'(엄밀히 말해 자연의 도덕적 법칙)으로 들어가 보자.

몇몇 자연법을 지지하는 사람에게 도덕적 탐구의 이 같은 양식은 기독교가 세속적 영역을 끌어 들이는 방식이다. 비록 창조의 삼위일체적 교리(이 책에서 바우어슈미트가 쓴 4장 참조)에서 자연법의 기독교적 근거를 되찾고, 자연법의 성경적 출처를 강조하는 시도들이 있다고 할지라도(Porter 1999), 영향력 있는 경향은 오히려 기독교에서 말하는 중심적 구원론적 주제들에서부터 생각하는 자연법과 독립되어 있다는 것을 강조한다.

존 피니스와 저메인 그리세츠의 작업과 연관된 이른바 '신(新)자연법'은 신학적 형이상학을 피하고, 인간이 반대할 수 없는(적어도 상당히 해로운 것이 아닌) 기본적인 인간의 가치(훌륭한 소개에 대해 George 1992 참조)에 대해 말하기를 더 좋아한다.

자연법은 인간들이 동물과 공유하는 어떤 공통점들을 통해 부분적으로 확립된 인간의 본질(essence)과 이성이라는 두 관점에서 인간의 보편적 성격에 대해 말한다.

첫째, 도덕적으로 분별하기 위해 이성을 사용하는 관점이다. 이 같은 견해로 해방신학의 마르크스주의로의 전환과 여권주의 신학의 성 담론 이론으로의 전환이 자연법의 전통에서 작동하고 있는 것으로 이해될 수 있다.

둘째, 인간이 무엇인지를 본성으로 생각하는 것이 합리성 사용을 초월한다는 관점이다. 인간은 생각을 요구하고, 공유된 본성은 이성에 제한하지 않는다는 것이 자연스럽다.

다시 말해, 인간들은 동물들과 함께 자기 보존과 음식 및 주거 같은 기본적인 필요를 충족하는 자연적인 특징을 공유한다. 더욱이 아퀴나스의 고전적인 체계적 표현(이 책에서 바우어슈미트가 쓴 4장 참조)에서 구체적 인간의 특징들도 자연법의 일부로 간주된다. 이런 특징들은 정치 공동체와 우정, 하나님의 진리를 인식하는 가치들을 포함한다. 이 확신 너머 신학적 견해가 있다. 자연법은 "하나님의 형상과 연관돼 있는데, 모든 남자와 여자 속에 발견되는 도덕적 판단 능력이다"(Porter 1999:17).

확실히 어떤 사람들에게, 출산 윤리의 논쟁에서 교권(敎權)을 통한 자연법에 대한 특유의 추론적이고 물리주의적인 읽기를 사용하는 것은 자연법의 매력을 위태롭게 한다(성에 관한 논쟁에 나오는 자연법 담론을 보려면 Rogers 1999 참조). 그렇지만 자연법의 매력은 곧 드러나는데 자연적인 것과 전통적인 것의 구분에 근거를 제공하고 이 구분을 제한하는 다양한 힘들의 관점에서 인간 행동을 해석하는 하나의 보증으로 이용된다(Porter 1999:51).

생물학적 유전자 조작에 초점을 맞추고 또 생태계의 관계성을 이해하는 실천에 관심을 갖고 있는 경우에도 생물학적 자료들에 대한 관심이 도움이 될 정도로 중요하다. 사실은 자연법 이론이 생태계의 방향으로 움직이고 있다(Northcott 1996). 그렇지만 문제가 되는 것은 본래 인간의 본질이 무엇인지 결정하는 선택과 분별이 존재한다는 것이다.

주어진 것은 무엇이고 누가 그렇게 말하는가?
여기서 창조론의 정치적 폭력이 다시 발생한다.
인간 본성에 대해 창조 질서는 바르고 분명하며 정적으로 해석되어야 하는가? 다시 말해, 자연법을 대하는 보수주의는 매우 걱정스러운 부분이다. 게다가 자연법은 보수주의의 문제만이 아니다. 자연법이 작동하는 일반적 적용의 단계는 보수주의를 만들기 위해 비판적 경계(Hughes 1998:56)인 자연법을 부정하려는 경향을 갖는다. 자연법에 대한 보수주의의 문제는 비가톨릭에서도 제기되었다.

예를 들어, 하우어워스(1984:59)가 대표적인데 그는 다음과 같이 주장했다.

> 너무 빈번하게 자연법은 그들의 사회들, 특히 서구 민주주의 사회들이 하나님의 목적에 본질적인 어떤 기독교 전제들을 유지하는 이념으로 기능한다.

또한, 하우어워스는 잘못 생각하고 있는 자연법은 폭력을 고무하고 내러티브적 형태와 기독교 윤리의 특정 근거를 불명료한 방식으로 보편적인 것처럼 제기하고 있다고 주장한다.

예수의 유일성, 하나님의 결정적인 종말론의 행위자로서 그의 역사성이 상실되었기 때문에 하우어워스(1984:56, 61)는 "폭력과 강제는 개념적으로 자연법의 관점에서 이해될 수 있다"고 주장한다.

자연법의 공정성에서 보면, 하우어워스가 주장하듯이, 보편적 관점이 역사에서 자유로운 입장을 주장하는 것이 아니라 오히려 인간 자연의 풍요로움으로 생각되어야 한다고 주장한다. 곧 그것은 특정한 인식론적 입장에서, 올바른 질서의 규범적인 원리들과 인간의 통일성에 대한 피조적인 근거를 찾아 묻는 것이다.

더욱이 자연법에 대해 역사적이고 비판적 개념을 더 분명하게 말하는(특히, 여권주의 신학자들[Gahill 1996:Parsons 1996]의) 시도들이 지지되었다.

그렇지만 하우어워스의 부분적인 비판이 남아 있는데, 여기서도 작동하는 자연 개념이 더 완전하게 관여해야 하지 않는가 하는 것이다. '데우스 크리스티아노룸'(Deus Christianorum), 곧 남성 그리스도인들의 하나님과 특정하게 동일시하는 것은 내가 마지막 부분으로 돌아가야 하는 문제다. 이 같은 자연적 사회에 대한 비유는 창조 질서를 논하는 개신교 신학 속에 발견된다.[2]

루터교회의 기원에 대해서는(비록 독단적으로 그렇게 할 수는 없어도, Brunner 1937 참조), 창조의 질서 개념이 인간 삶의 이런 영역들을 구체화한다. 인간 피조물로서 그들이 일반 자연에 의해 그리스도인과 비그리스도인으로 구분된다. 인간들은 창조주 하나님에게 제정되었고 모든 사람에게 공통적인 특정 구조들이나 사회적 현존의 질서들 안에서 발견된다.

---

2   공간의 제한성은 '일반 은총'(*common grace*)과 관련된 개념에 대한 논쟁을 방해한다.

비록 이 용어 자체가 19세기 중반에 비롯됐을지라도 여기 개혁주의적 성향은 적절하게 지속되고 있다. 루터는 결혼, 정치 및 교회를 포함하는 조례나 재산권의 범위를 언급한다.

어떤 확고한 동의가 없지만 그 질서들은 일반적으로 결혼과 가족, 일, 정부 또는 문화(때로 공동체라고 불렀음)를 내포한다고 생각되었다.[3] 몇 가지 목록에는 교회가 포함되었다. 더러는 정부가 일과 결혼 및 가족의 기존 실재들에 의존하고 있다고 주장한다(Bonhoeffer 1955:182).

이와 달리 더러는 국가가 자연의 형태가 아니라 오히려 창조의 타락에 대한 근거를 갖는다고 주장한다(Brunner 1937:212). 창조 질서들은 주로 나치 시대 동안 독일 기독교 정당에 소속된 신학자들에 의해 이들이 남용했다는 설명에 대해 신중하게 논쟁되었다.

이 논쟁은 "하나님의 질서가 민족과 종족의 자연적인 조건들 속에 발견될 수 있고, 하나님의 의지가 히틀러가 집권하는 사건에서도 나타났다"(Moltmann 1985:xi)고 주장되었다.

여기서 쟁점이 되는 부분은 이런 질서들이 성경에서 보장되는지의 문제가 아니다. 본회퍼(1955:179-84)는 그 질서들이 성경적 근거를 위한 설득력 있는 사례가 된다고 주장하고, 프렌터(1967:203)는 구약과 신약에 제시되 된 것처럼 하나님과 이웃 사랑에 대한 명령을 실현하는 것이 가족, 민족, 국가, 직업, 일과 같은 명백한 질서들과 상황들 속에서 일어난다고 주장한다. 반면 핵심적인 쟁점은 인간 사회의 보편적 체제들에 대한 독립성에 있다.

이런 것들은 신학적으로 자율적 영역으로서 혹은 창조와 구속에서 하나님의 목적과의 관계로 이해될 수 있는가?

특정한 체계들은 하나님의 뜻과 혼동해 자율적이거나, 아니면 하나님의 대리인에게 개방하는 것으로 이해되는가?

주지하는 바와 같이, 본회퍼는 존재의 결정보다는 신적으로 부여된 과제를 실행하는 문제를 효과적으로 지적하기 위해 위임이라는 용어를 최종적으로 창조의 질서들로 대체하면서 이 쟁점과 씨름했다(1955:179).

---

[3] 여권주의 비판은 자연에 대한 인간 번식의 사회적 조건들이 부분적으로 사람들에 대한 자연의 중재인 결혼과 가족의 질서에 대한 비판을 포함해야 한다고 올바르게 주장할 것이다.

이전에 본회퍼는 질서들의 관점에서 모든 환경이 대부분 방어될 수 있다고 주장했다.

> 사람을 민족, 국가의 투쟁, 전쟁, 계급 투쟁, 강한 자의 약한 자 착취, 경제의 치열한 경쟁으로의 분열에서 하나님이 지향하고 하나님이 창조한 것을 영원히 변호하려는 어떤 필요가 제공되어야 한다(1970:161).

하나님의 의지와 피조물의 형태와의 혼동을 극복하기 위해 본회퍼는 보존의 질서들에 대해 이야기해야 한다고 제안하다. 곧 질서들은 기독론적 종말론의 지평 안에 두어야 한다는 것이다.

이 같은 보존의 질서들은 "그 질서들이 그리스도 안에 있는 계시를 위해 개방되는 한에서만 존재한다." 정말로 어떤 질서는 세우는 자를 위해 융해될 수 있다. 흥미롭게도 이 글에서 설정된 용어들에서 본회퍼가 행하려고 추구하는 것(비록 이런 두 가지 동향이 분명히 분리되지 않을지라도)은 이런 형태들의 보편성을 주장하는 것이고, 참과 거짓의 질서를 구분하기 위해 기독론적 선의 규범을 전개하는 것이다.

명시적으로 어떤 정치적 질서의 자기 충족에 대항하려고 논쟁하는 본회퍼는 현대 민족 국가의 상태를 암시적으로 묻는다. 하나의 대안적, 신학적 동향(본회퍼의 기독론석 관심과는 차이가 있는)은 마지막 부분에서 선개될 것이나. 창조에 내한 삼위일체적 교리는 보편적 범위와 선의 규범을 가리킨다.

4. 생태학

인간과 다른 생물의 관계가 생명이 있는 존재다움(creatureliness)의 면모들을 준다는 점에서, 인류와 환경 간 생태적 관계에서의 위기는 창조 교리의 적절한 주제다. 이런 관심들이 신학적으로 어떻게 관여하는 것이 가장 잘한 것인지에 대해, 생태 신학에서 합의된 바는 없다.

선의 규범과 보편성이 어떻게 설정되는지는 논쟁거리다. 특히, 중요한 것은 친환경 여권주의(ecofeminist)의 관심들이다. "남성의 여성 지배와 자연 지배는 문화적 이념에서, 또 사회적 형태들에서 상호 관련된다"(Ruether 1993:2).

이것들은 '남성 풍조'(엘리자베스 S. 피오렌자) 신학의 문화 이념에서 어떻게 재생산되는가?

또 이런 지배들에 어떻게 저항해야 하는가?

넓은 의미에서, 생태 신학은 두 가지 경향이 구별될 수 있다(Scott 2003 참조).

한 경향은 주류 또는 전통 기독교가 인간과 동식물의 자연 간 관계들에 발생하는 위기를 해결하기 위해 재건이 필요하다고 주장한다. 이 경향은 기독교의 인간 중심주의를 (그리고 연관된 남성중심주의를) 극복하려는 건설적 노력을 위해, 종종 기독교 외의 자원들에, 예를 들어 과정 철학이나 자연 과학이 말하는 '일반적 창조 이야기'에 심하게 의존한다.

다른 한 경향은 재구성적이다. 곧 주류 기독교가 전념하는 것들, 즉 보통 성육신이나 하나님의 형상(imago Dei) 개념이, 알맞게 수정되어 생태적 위기에서 기독교 책임이 갖는 범위와 규범적 형태를 보여 주는 것으로 추천될 수도 있다. 이런 점에서 '청지기의 직무'가 중요한 주제가 된다.

신학적 쟁점이 바로 여기서 하나의 중요한 문제로 나타난다.

기독교 역사에서 인격주의적 설명은 하나님과 인간에게 적용되어 왔다. 이 때문에 어떤 경향이 출현하는데, 인간은 자연보다 '타자'(other)로 이해된다는 것이다. 하나님과 인간은 자연이 갖지 못하는 도덕적이고도 의지적인 능력을 소유한다(하나님과 인간이 차이 있게 갖는다 해도). 따라서 자연은 하나님과 인간에 의해 작동되는 것이다.

물론 인간과 하나님 간 중요한 존재론적 구분은 남는다. 하지만 인간과 자연 사이에 두 번째 구분이 발생한다. 카우프만은 "자연은 인간 본연의 고향과, 인간 존재의 훌륭한 근원과 자양물로 우선적으로 인식되지 않고", 자연에서 그리고 자연에 대해 작용하는 (비자연적) 의지들을 통한 목적론적 활동의 배경으로, 또 이 활동을 위한 재료로 인식된다고 말한다(1972:353).

인간과 자연의 이 두 번째 구분을 다룰 때, 신학적 문제들의 범위가 밝혀질 수도 있다.

첫째, "생태적 법칙의 보편성 안에 있는 인간의 형태를 바꾸려는 시도에서 예수 그리스도의 유일성이 하나의 근거가 되는가?" 아니면 "이런 근거를 제시할 수 없는가"(McFague, 1987, 1993)의 대답은 분명하다.

곧 성육신 개념은 그리스도 교리에서 하나님 교리로 전이된다. 이런 전이에서 성육신 개념은 세상을 향한 그리고 세상 안에서의 하나님의 범재신론적 현존을 나타내기 위해 본질적으로 변화된다.

내가 볼 때, 명확하지 않은 채 남아있는 것은 과연 이렇게 전개되는 신학적 측면들이 지지될 수 있는지다. 세계를 하나님의 몸으로 이해해야 한다는 주장은 암묵적으로 자연에 대한 자연주의적 해석을 하나님의 형상으로 이해한다.

하나님의 편재는 철학의 자연주의적 관점에서 해석될 수 있는 방식인가?

이 같은 해석을 효과적이게 하는 증거는, 예수 그리스도에 대한 묘사로서 규범과 패러다임과 같은 용어들을 사용함으로 이해될 수 있다. 직접적 결과로서, 창조는 더 이상 반드시 그리스도 안에서 또 그리스도를 통해 있지 않다. 요약하면 예수의 유일성은 세상에 대한 하나님의 계시의 내용으로 이해되지 않고, 오히려 그런 관계의 결과나 예증으로 이해된다.

둘째, 하나님의 내재성이나 현존을 어떻게 이해할지는 심한 논쟁거리다.

세상에 대한 하나님의 관계를 다시 이해하려는 것의 목표는 칭찬할 만하다. 곧 목표는 안에서 규범적인 상태가 인간에게 주어지는 가치의 위계를 뒤집는 것이다. 이 담론이 열중하는 것은 자연의 매혹 주제다. 우리가 자연의 연관성을 깊이 느끼는 것이 자연의 재안정에 공헌하는 것으로 이해될 수 있는가?

내 생각으로는 이 담론은 자연의 환멸과 자연의 치욕 사이를 구분하지 못한다. 생태계의 위기가 사인의 개념을 은혜에서 분리하는 자연의 치욕이 결과라는 것은 사실이다. 서구 사람들은 자신들을 자연에서 구분해 생각하는 경향이 있고, 마치 활동을 통해 자연이 다른 생물에게 어떤 '목적'(telos)을 제공하는 것처럼 활동한다.

이 분리를 고려하면, 자연이 다시 매혹하기를 요청하는 일은 사려 없는 것처럼 보인다. 필요한 것은 어떤 매력적인 자연에 호소하는 것이 아니라, 창조주 하나님의 활동에 비추어 볼 때, 그릇되고 추상적인, 자연의 "타자를 만드는" 것을 극복하는 것이다.

셋째, 모든 생태 신학은 관계성에 대한 주제를 강조한다. 곧 인간 사회들이 어떻게 생태계 안에 놓여 있는 것으로 이해될 수 있는지에 대한 것이다.

그렇지만 관계성과 책임은 어떤 연관이 있는가?

이 질문에 대한 기독교의 표준적 대답은 청지기의 책무를 언급하는 것이다. 청지기 개념은 창세기 1장에 나오는 인간의 역할에 대한 제안을 재해석하려는 시도다.

> 하나님이 이르시되 우리의 형상을 따라 우리의 모양대로 우리가 사람을 만들고 그들로 바다의 물고기와 하늘의 새와 가축과 온 땅과 땅에 기는 모든 것을 다스리게 하자 하시고 … 하나님이 그들에게 복을 주시며 하나님이 그들에게 이르시되 생육하고 번성하여 땅에 충만하라 땅을 정복하라 바다의 물고기와 하늘의 새와 땅에 움직이는 모든 생물을 다스리라 하시니라(창 1:16, 28).

그런데 청지기 개념은 생태 시대를 위해 상황 신학에서 행하는 실천을 말한다. 인간은 자연의 주인이 아니라 청지기다. 인간은 지배할 권리가 있는 것이 아니라 청지기의 책임이 있다(Hall 1986).

이 문제를 자세히 논하기에는 지면이 부족하지만(이 모든 것에 대해서는 Scott 2003 참조), 청지기 개념에 대해, 불가피할 수도 있는 실천적 신학적 어려움이 상당히 많다. 인간과 자연과의 관계에서 절대적인 사악함을 경시하는 방식으로 이 개념의 관리자적 측면들이 확실히 있는 것으로 보인다. 더욱이 청지기의 직무는 자연이 원래 유순하고 무익함을 향한 어떤 경향도 보이지 않는다는 것을 (성경의 증언과 조화되지 않는 견해) 내포한다.

또한, 나는 청지기의 책임이 생태 신학의 문헌 속에 나오는 많은 사람이 공유하는 방법으로 계속 남는다고 본다. 이는 청지기의 책임이 주관주의적이고 모범주의적인 경향과 함께 구속의 상징으로 작용하기 때문이다(훌륭한 일례에 대해 Hall 1990:24 참조).

이 사실은 이런 주관주의적 모범주의적 측면들이 존재론과 분리해 선의 규범을 제공할 것이 요구된다는 것을 의미한다. 청지기의 책임을 고려하는 데의 이 같은 강조는 의지주의 경향이 있으며, 의지가 행사되는 경제적 생태 영역은 면밀히 설명되지 못한다. 다시 말해, 책임감 있는 행동 요구는 인간의 관계적 상황성과 주의 깊게 관련되지 않는다.

청지기는 생태적 위기 속에서 또 이 위기에 맞서 행동하라는 추상적인 명령을 넘어 무엇에 반응할 것인가?

5. 정치신학의 창조

창조된 질서의 신학적 비판에는 지속되는 두 쟁점이 있다.

첫째, 보편적인 질서로 받아들여지는 것은 정말 보편적인지
둘째, 선에 대한 무슨 규범을 통해 보편적 질서가 알려지고 변형되는지

우리가 보아 온 대로 이 쟁점의 두 부분이 종종 오해된 것은 사실이다. 예를 들어, 나치 독일에서, 보편적인 것은 민족의 분리성에 적용되었고, 또 선을 향한 하나님의 의지가 국가 사회주의 나라의 정치적 도구와 혼동되었다. 그렇지만 우리는 또한 자연법과 창조의 질서들이 정치 영역 안에 있는 중심적 기독교적 헌신을 취하려는 것임을 보았다. 하나님이 창조하신 것은 보편적이고 선하며, 하나님과 이웃을 섬기는 가운데 관대하게 이용되어야 한다.

교회는 이런 관점에서, 정치 행위자들의 책임과, 이 책임과 관련된 교회 자체의 책임을 확인할 수도 있다. 생태 담론에서, 생태적 관계들의 위기는 보편적이라고 이해된다. 그러나 그 위기가 이 같은 보편성이 삼위일체 하나님과 관련해 세워져야 하는지는 논란이 있다. 선에 대한 규범들이 더욱 생태적으로 보존하는 방식으로 인간 사회의 변혁을 알리는 것에 대한 어떠한 동의도 존재하지 않는다.

그런데 창조의 보편적인 선함이 어떻게 설명될 수 있는가?

이 글을 통해 이미 시사된 것처럼 나는 '무에서의' 창조 전통에 대한 작업을 다시 할 것을 권한다. 삼위일체 하나님은 오로지 자유로운 결정을 통해 창조하신다. 삼위일체 하나님은 필요해서, 또는 조작하거나 통제하기 위해 피조물을 창조하신 것이 아니다.

이 사회적 하나님이 필요로 하는 것은 아무것도 없다. 하나님은 아무런 이득이 없으시다. 창조란 삶을 실험하는 것처럼 자기를 파멸시킬 만한 괴물을 만들어 내는 프랑켄슈타인(Frankenstein)도 아니다.

피조물을 존재하게 하시는 것은 피조물을 위해 존재하는 하나님에게 의존하게 하려는 것이다. 공유된 영역에서 창조물들을 하나님의 창조물들로 인정하게 하는 것은 창조물들이 하나님에게 의존하고 있다고 말하는 것이다. 이런 의존은 노예 상태로 의존하는 것이 아니다.

창조물들이 하나님에게, 그래서 서로에게, 또 환경에 의존하는 것은 당연하다. 여기서 우리는 우리로 피조물이 되게 하는 근본적 의존성을 갖는다. 곧 어떤 결핍도 없는 삼위일체 하나님이 정하신 불균형적 상호성에 대한 인식을 갖게 된다(Willaims 2000:67-75).

어떤 속임수나 조작을 초월하시는 삼위일체 하나님의 존재를 향하는 많은 종류의 의존이 이로써 보편적인 것으로 확립된다. 피조물들은 탈중심적이게 되고, 서로 주고받으면서 타인을 향하게 된다. 정치적 과제는 옳은 의존과 그릇된 의존의 차이를 말하는 것이다.

하지만 우리는 사회적 과정들이 선을 향해 작용하는 것을 사람들이 신뢰할 수 있는 사회에 살고 있을까?

우리에게 주어진 삶의 방식들은 신뢰 위에 세워졌을까?

아니면 경쟁 위에 세워졌을까?

생태 시대에 살고 있는 우리는 다음 같은 질문을 던져야 한다.

인간이 아닌 다른 생물들의 이득 곧 생명과 번성에 대한 이득들은 어떻게 고려될 것인가?

자연의 가치를 어떻게 공유해야 하는가?

이런 질문들을 탐구하는 것이 정치신학을 위한 삼위일체적 창조론의 과제일 것이다.

참고 문헌

Barth, Karl (1958). *Church Dogmatics* III, 1. Edinburgh: T. & T. Clark.
Bonhoeffer, Dietrich (1955). *Ethics*. London: SCM.
_____.(1970). *No Rusty Swords*. London: Fontana.
Brunner, Emil (1937). *The Divine Imperative: A Study in Christian Ethics*. London and Redhill: Lutterworth.
Cahill, Lisa Sowle (1996). *Sex, Gender and Christian Ethics*. Cambridge: Cambridge University Press.
George, Robert P., ed. (1992). *Natural Law Theory*. Oxford: Clarendon.
Gutiérrez, Gustavo (1988). *A Theology of Liberation*, rev. edn. London: SCM. (First publ. in English 1973.)
Hall, Douglas John (1986). *Imaging God: Dominion as Stewardship*. Grand Rapids, Mich.: Eerdmans; New York: Friendship.

_____.(1990). *The Steward: A Biblical Symbol Come of Age*. Grand Rapids, Mich.: Eerdmans; New York: Friendship.
Hardy, Daniel W. (1996). "Creation." In P. B. Clarke and A. Linzey (eds.), *Dictionary of Ethics, Theology and Society*, 189–96. London: Routledge.
Hauerwas, Stanley (1984). *The Peaceable Kingdom*. London: SCM.
Hefner, Philip J. (1984). "Creation." In C. E. Braaten and R. W. Jenson (eds.), *Christian Dogmatics*, 267–357. Philadelphia: Fortress.
Hughes, Gerald J. (1998). "Natural Law." In B. Hoose (ed.), *Christian Ethics: An Introduction*, 47–58. London: Cassell.
Kaufman, Gordon (1972). "A Problem for Theology: The Concept of Nature." *Harvard Theological Review* 65, 337–66.
McFague, Sallie (1987). *Models of God*. London: SCM.
_____.(1993). *The Body of God*. London: SCM.
Moltmann, Jürgen (1985). *God in Creation*. London: SCM.
Northcott, Michael (1996). *The Environment and Christian Ethics*. Cambridge: Cambridge University Press.
Parsons, Susan Frank (1996). *Feminism and Christian Ethics*. Cambridge: Cambridge University Press.
Pohier, Jacques (1985). *God in Fragments*. London: SCM.
Porter, Jean (1999). *Natural and Divine Law*. Grand Rapids, Mich., and Cambridge: Eerdmans.
Prenter, Regin (1967). *Creation and Redemption*. Philadelphia: Fortress.
Rogers, Eugene F. (1999). *Sexuality and the Christian Body*. Oxford: Blackwell.
Ruether, Rosemary R. (1983). *Sexism and God-talk*. London: SCM.
_____.(1993). *Gaia and God*. London: SCM.
Scott, Peter (2003). *A Political Theology of Nature*. Cambridge: Cambridge University Press.
Sen, Amartya (1999). *Development as Freedom*. Oxford: Oxford University Press.
Welker, Michael (1999). *Creation and Reality*. Minneapolis: Fortress.
Westhelle, Vitor (1998). "Creation Motifs in the Search for Vital Space." In S. B. Thistlethwaite and M. P. Engel (eds.), *Lift Every Voice*, 146–58. Maryknoll, NY: Orbis.
Williams, Raymond (1989). *Resources of Hope*. London: Verso.
Williams, Rowan (2000). *On Christian Theology*. Oxford: Blackwell.

제24장

기독론[1]

라이문트 슈바거(Raymund Schwager)

20세기에는 정치신학의 다양한 형태들이 쏟아져 나왔다. 여러 신학적 논쟁은 직접적이든 간접적이든 온갖 전통적 종교와 사회에서 중심적 역할을 하는 근본적 희생 범주에 대한 논의를 항상 포함해 왔다. 희생 범주는 또한, 기독교 역사를 형성했으며, 기독교는 예수의 십자가 죽음을 이 희생 개념을 통해 해석하고 이에 따라 자기 희생의 깊은 영성을 발전시켜 왔다.

그러나 희생의 전통은 위르겐 하버마스가 판단하듯이, 규범적 중심에서 공적으로 부여된 희생(sacrificium)의 도덕성을 폐지하려는 직접적인 목표를 두고 있는 계몽주의 사상을 통해 의문시되었다(Habermas 1998:152).

국민 전체를 위한 개인의 희생을 끊임없이 요구한 국가 사회주의(나치) 경험과 현대의 심원한 심리학은 기독교 집단들 안에서조차 희생의 종교적 개념을 아주 모호하고 의문의 여지가 있게 하는 데 일조했다. 이는 아마 초기 형태의 해방신학이 구원하는 예수의 죽음에 대해 전혀 말하지 않고 임박한 하나님 나라 곧 '바실레이아'에 대한 예수의 왕국 메시지에 주로 호소한 이유 중 하나일 것이다.

궁극적으로 기독교 신학에서 희생 주제에 대한 수많은 비판이 일어났다. 즉 그 비판은 다른 존재들에게 희생을 강요함으로 인간 존재의 경향을 자극하는 것처럼 하나님의 아들에게 희생을 강요하는 하나님의 가부장적 이해가 포악한 행위를 고무한다는 주장이다(Strahm, ed., 1991). 이 새로운 신학은 모든 억압의 희생자들을 대변해 줌으로써 이런 징표를 드러냈다.

---

[1] 글은 칼 뮐러(Karl Möller)에 의해 번역된 것임.

이와 유사한 문제들의 상황에서 인스부르크의 『드라마신학』(Dramatic Theology, Schwager 1999; Niewiadomski and Palaver 1992; Schwager, Niewiadomski, et al. 1996; Palaver, Guggenberger, et al. 1998)은 전통에 반대하지 않으면서 새로운 문제들을 다루는 것을 모색한다. 이 신학은 희생과 폭력에 대한 비판으로 표현되지만, 그리스도의 죽음을 희생으로 이야기하기를 부인하지는 않는다.

이 신학은 사회적 정황과 현대 문화의 다원성을 인지하지만 억제되지 않은 다원성과 독단성 추세에 저항하려는 경향이 있다. 이 신학은 전통적인 철학적 종교적 문제에도 답을 줄 수 있다고 믿으면서 제3의 문화로서, 포스트모던 사고와 아주 대조적으로 보편적 주장을 하는 과학적 도구적 이성에도 직면한다(Brockman 1995).

이 다원주의적 상황에서, 드라마신학(dramatic theology)은 다원성에 대한 관심과 보편성에 대한 과학적 요구를 둘 다 제대로 다루고자 한다. 이런 이유에서 전통적 드라마를 암시하는 것으로서 예수의 사명은 다섯 가지 막(acts)으로 나뉜다. 각 막은 자체의 특성이 있지만 모두는 분명히 상호 작용 수단을 통해 서로 연결된다.

그리고 모든 막은 하나의 일관적인 플롯을 보여 준다. 드라마신학은 한 체계의 통일성에 관심을 갖기보다는 극적인 사건 속에서의 통일성에 관심을 갖는다. 사건은 논리적 결론에서 유래하는 것이 아니라, 긍정적이든 부정적이든, 다른 배우에게 반응하는 배우들이 행한 결정들에서 유래하는 것이다. 그러므로 드라마신학은 놀라운 이야기들의 전통과 제휴하는 것을 꺼리지 않는다.

다음으로는 전통적인 정치신학과 대비되는 신학적 정치의 어떤 암시들에다 (Rasmusson 1995) 주의하기 전에 드라마 모델들의 윤곽을 간략하게 보여 주기 시작할 것이다.

1. 예수의 구원 드라마

예수의 선재, 성육신 및 동정녀 탄생에 대한 성경적 진술들이 부활 후 관점을 반영하기 때문에 드라마 모델은 그의 공생애에서 시작한다. 하지만 선험성이 신적 행위를 제외하는 역사 비평적 해석의 유형은 따라오지는 않는다. 이와는 반대로 이 모델은 수많은 전통적인 역사 비평적 해석보다 더 비판적이게 하는 복음서를 고려한다.

왜냐하면 복음서들이 현대 세계(이 글의 나중 부분에서 보이게 되는)를 암시하면서 집단적 기만과 폭력의 구조를 노출시키기 때문이다. 따라서 드라마신학은 진정성이나 진실성이 없다(즉 심판에 대한 예수의 말씀들)고 종종 외면 받아 온 본문들도 중요하게 여긴다.

1) 제1막: 바실레이아의 메시지

무엇보다도 임박한 하나님 나라에 대한 메시지를 가지고 예수는 하나님의 개념을 단지 가르치지 않고 이스라엘의 편에서 하나님을 새롭고도 확고하게 결합하는 행위로 선포했다. 예수의 사역에서 시작된 이 신적 행위는 이스라엘의 하나님이 누구이신지를 보여 주는 것을 의미했다. 곧 그는 자비로운 사람이 되기 위해 인간의 희생이나 화목의 선행적 행위를 요구하지 않으시는 하나님이시라는 것이다.

예수가 가장 개인적인 면에서 '아바'(Abba)로 부르는 하나님은 죄인들에게 용서(원수들에 대한 신적 사랑)를 은혜롭게 베풀면서 자신의 주도로 죄인들을 돌아오게 하신다. 이런 방식으로 인간의 마음들이 회복되고 변화되면서 서로를 용서할 수 있고 선으로 연합된다. 곧 악에 선으로(원수 사랑, 비폭력) 반응할 수 있고 새로운 사람으로 연합된다. 많은 개인의 해석에 따르면, 예수의 사역은 언덕 위의 도시와 같이 빛을 제공하는 새로운 이스라엘의 창조와 그 민족들을 모아 이끌어 가는 것에 목표를 두었다.

2) 제2막: 심판의 메시지

비록 예수의 메시지가 그의 치유 속에서 실현되고 직접적으로 사람들에게 경험될 수 있었다고 하더라도 짧은 열정의 공적 기간을 따르는 메시지는 점차로 거부되었다. 예상했던 근본적 회심이 일어나지 않음으로써 예수는 심판을 그의 메시지로 답했던 새로운 상황을 전개했다.

하지만 스스로 받아들여진 경고의 어떤 격렬한 말들이 진노하시는 하나님의 이미지를 제시함에도 불구하고 예수는 은혜의 하나님에 대한 그 자신의 메시지를 모호하게 전달하지 않았다. 그는 심판에 대한 그의 말을 거절한 내적 결과들을 보여 주셨다.

사람들은 무조건적인 은혜의 용서함을 받아들이지 않아 심판에서 헤어 나오지 못한다. 그래서 남을 심판함으로써 그들 스스로가 심판을 받는다. 그들은 스스로 근본적으로 의롭다고 여겼기에 하나님의 새로운 제안이 필요하지 않다고 여기거나, 공공의 죄인들을 용서하는 은총의 제안도 수치스럽게 여긴 사람들이다.

예수는 그들에게 자신의 심판의 언어로 분노하는 하나님의 모습을 보여 주면서 그들 스스로의 마음의 거울로 볼 수 있게 하셨다. 그는 또한, 궁극적으로 완고한 마음으로(그리고 지옥으로) 끌어 가는 거짓과 폭력의 내면적 정신을 폭로했다. 따라서 예수는 청중을 자극할 의향이었다. 하지만 그가 전파한 심판의 담론은 그러한 갈등을 심화시켰고, 결국에는 말로서 거절하는 것이 난투와 폭력으로 이어지는 결과가 빚어졌다.

3) 제3막: 십자가형

다른 참여자들의 반응에 의해 더욱 결연히 하면서 연루된 모든 사람의 행동들은 갈등의 절정을 보여 주었다. 해석 및 동참하는 관찰자에게 이것은 의도적인 것과 단순히 허용된 것을 혼동하거나 이런 연결을 간과할 위험을 제기한다. 그러므로 상당한 오해를 피하기 위해 드라마 모델은 우리가 이들의 다양한 의도들과 마찬가지로 십자가의 사건에서 행동하는 다양한 집단들과 개인들을 분명하게 구별 짓도록 제안한다.

죄인들의 행위. 서로 다투어왔던 여러 집단(바리새인, 사두개인, 열심당, 헤롯당, 유대인과 이방인)은 짧은 시간 안에 그에게 저항하는 동맹을 효과적으로 결성하면서 예수를 죽이기로 공모했다. 그가 드러냈던 인간 본성은 자신에 대한 고발로 이어졌다. 그가 폭로했던 어두운 세력들은 그를 향해 이제 보복해 왔다. 사람들의 반응을 통해 예수는 간접적으로 자신의 행동의 희생자가 되었다. 그는 거짓을 폭로했고 이제 거짓으로 그가 고소를 당하고 있었다.

예수는 폭력의 방법들을 폭로했지만, 돌아온 것은 폭로한 그 폭력적 방법으로 자신을 죽음으로 몰아가고 있었다. 예수는 공공연하게 마귀가 들린자를 언급했지만, 이제 예수 자신이 바로 마귀 들린 영(다시 말하면, 신성 모독자라고)으로 고소를 당했다. 그는 심판을 알렸지만, 이제는 그 자신이 심판을 받는 사람이 되었다. 따라서 그는 죄를 짊어지고 버림받은 자와 피고인(희생양)이 되었다.

예수는 맞대응함으로 더한 폭력을 부르는 폭력으로 대응하지 않았다. 사실 그는 선지자 예레미야가 유사한 상황에서 행한 것처럼(렘 15:5; 18:18-32), 악담하거나 저주하는 기도로 영적인 폭력에 의존하지도 않았다. 원수들에게 보인 그의 반응은 자신의 삶으로 원수에 대한 사랑과 비폭력이라는 메시지를 실천한 것이며, 이 극한적인 상황 속에서도 하나님 나라를 밝히는 구체적 형태를 알리고 있었다.

십자가에 달렸을 때도 그는 원수를 위해 기도했고 이들을 대신해 하나님 앞에서 중보의 기도를 올렸다(눅 23:34). 마치 최후의 만찬에서 예수의 마지막 말이 이미 암시한 것처럼, 예수의 헌신은 비참함 속에 있는 이들의 처지에 공감하는 데까지 나아갔다. 따라서 예수가 당한 거부에도 불구하고 예수 자신의 헌신으로 막 도래한 하나님 나라는 여전히 유효했다. 그러나 결국 그는 버림받아 죽음을 맞이했다.

예수의 '아바'(*Abba*, 아버지)의 행동. 그의 아들이 버림받은 것처럼 최악의 고통과 외로움으로 번민하는 상황에서도 하나님은 침묵하셨다. 하지만 이것은 바르트와 몰트만이 생각했던 것처럼 예수에게 승리를 다짐하는 지상의 적들이 지금 갑자기 "하나님의 손에 있는 도구들과 주체들 그리고 그의 신적 의지의 집행자"가 되었다는 것을 뜻하지 않는다(Barth 1956:239; Moltmann 1993).

격렬해지는 저항과 인간의 판결에 직면해 있으면서도 예수는 하나님의 참된 의지가 그 자신의 행동으로 반드시 이루어질 것이라는 그의 주장을 확고하게 믿었다. 하지만 이 순간에 이 하나님의 침묵은 예수가 가르쳤던 것처럼 하나님이 정말로 그런 분이신가하는 문제를 제기하고 있었다. 이 하나님의 침묵의 문제에 관해서 뒤를 이은 사건들이 판결을 내려야 했다.

4) 제4막: 부활

예수의 부활에서의 문제는 단지 사후 생존이 아니라, 무엇보다도 그의 죽음에서 답해지지 않은 채 계속 남겨진 의문이다.

누가 옳았는가?

그가 '아바' 아버지에게 호소했던 십자가에 달린 예수의 말인가?

아니면 이스라엘의 하나님의 이름으로 행동했던 그의 적들의 말인가?

부활을 통해 하나님은 자기 자신이 사람들에게 정죄당해 십자가에 달리신 예수 그리스도의 하나님이 되시고, 따라서 급진적 비폭력의 하나님이 되신다는 것을 증명하신다. 이 계시에 비추어 회고해 볼 때, 십자가의 형벌에서 보여 주었던 천상의 아버지의 침묵은 충분히 이해할 수 있다.

만일 하나님이 그의 아들을 구원하기 위해 개입했다고 하면, 그는 어떠한 권세로 행동해야만 했을 것이고, 그로 인해서 그의 적들은 마음대로 행했던 자유가 사라졌을 것이다. 그 자신이 가진 권세의 행동은 비폭력의 메시지와 모순 및 갈등을 일으키고 있다.

그러므로 무고한 고난을 허용하는 것은 그들을 억압하거나 강압하려는 의도를 결코 추구하려는 것이 아니라 그 자신의 자유로운 의지에 의해 그의 피조물의 마음을 얻으려고 추구하는 하나님의 근본적 비폭력을 위한 대가다.

부활하신 분이 그의 제자들에게 안부를 물었던 "너희에게 평안히 있을지어다"라는 말은 용서하시는 하나님의 무한하신 의지를 확정하는 말이었다. 예수는 이미 바실레이아의 메시지에서 이것을 알렸다. 하지만 그가 심판의 설교를 통해 바실레이아의 메시지가 제한되었다는 인상을 심어주고 있었다. 그의 제자들은 회복된 용서를 필요로 하고 있었다.

일반 사람들과는 대조적으로 제자들은 그의 지상 사역 동안에 주님의 신비 속에서 더 깊은 통찰력을 얻어 왔다. 그런데 이 결정적인 순간에 이들은 자기 스승을 버리고 배반했다. 만일 누군가가 예수가 몰락하는 이 광경에서 인격적으로 또 개인적으로 잘못을 저지르는 경우가 혹시라도 있었다면, 제자들이 바로 그런 경우였을 것이다.

그래서 악한 농부에게 내려진 심판의 비유는 누구보다 이들에게 적용되어야 했다. 이 비유는 우선 그의 이해할 수 없는 관용과 자비로 인해 눈에 띄고 그리고 그의 아들을 그의 노예들이 죽이는 위험에 내맡기는 포도원 주인으로 묘사하고 있다.

그러나 아들까지 죽이자 포도원 주인의 관용은 생각했던 관용과는 정반대로 바뀌고, 그는 살인자 농부들을 죽일 것을 명령한다(막 12:1-10). 이 심판의 비유는 예수의 운명을 가리키고 포도원 주인의 행동에 따라 부활절은 심판의 날이 될 수도 있었다.

하지만 정확히 그 반대가 일어났다. 엄밀하게 말해, 가장 사악한 자가 되었던 사람들에게 다시 한 번 평안과 용서가 제시되었다. 따라서 예수 그리스도의 하나님은 사악한 농부들의 비유에서 주인보다 더욱더 인내하고 있음을 입증하고 있다. 그의 아들의 죽음에서조차 하나님은 진노를 드러내지 않으셨다.

이는 이 비유의 마지막 말이자 제2막에서 요약된 심판의 말에 대한 해석을 확증하고 심화시키는 것이다.

> 너희가 버린 돌이 모퉁이의 머릿돌이 되었나니 이것이 주로 말미암아 된 것이요 우리 눈에 놀랍도다(막 12:10-11).

5) 제5막: 성령의 강림

부활의 경험과 부활의 평화에도 불구하고 제자들은 두려움의 마법에서 벗어나지 못하고 있었다. 이들은 어느 누구도 들어올 수 없도록 철저하게 걸어 잠근 문 안에서 만났다. 오순절의 성령만이 이들에게 예루살렘의 거리로 나가게 할 수 있었다. 따라서 새로운 공동체는 일반적으로 정치적이고 종교적인 사회에 대항하기 위해 이 세상의 공공 장소 안에서 결성되었다.

하나님 나라가 가까이 왔다는 사실을 알리기 위해 예수는 이스라엘의 새로운 모임과 새로운 사람을 만드는 일을 목표로 삼았다. 그런데 그의 메시지가 거절됐기 때문에 하나님 나라는 먼저 그 자신에게 되돌아가게 되었고, 거기에서 그에 대항하는 유대인과 이방인들의 동맹인 반대자들의 모임들이 일어났다.

하지만 그의 비폭력과 자기 자신의 죽음까지도 받아들이게 했던 원수에 대한 그의 사랑을 통해서 또 부활절에서 하늘의 아버지의 새로운 주도권을 통해 모인 적들의 나라가 안으로부터 극복되고 있었다.

그러므로 사랑과 진리의 영을 통해 성취됐던 부활절과 오순절에 모인 새로운 모임은 더 이상 단순한 모임을 알리는 것이 아니라 거짓과 불화 그리고 폭력의 온갖 반대세력들과 대면하는 그러한 목적을 보존하려고 했던 하나의 현실이었다.

마지막으로, 이 승리에 비춰 주어진 명확한 대답은 이 예수가 누구인가의 문제고, 자기 자신을 도래하는 하나님 나라와 완전히 동일한 사람이며 그리고 그는 정말로 그런 분이셨다. 예수는 세상이 존재하기 전에 존재한 아들이며, 거짓과 폭력의 세상에서는 그와 같은 존재를 찾을 수 없다.

2. 암시들 위에서 윤곽을 그린 구원의 드라마

암시들 위에서 윤곽을 그린 구원의 드라마(Schwager 1999 참조)는 지배적인 물음에 의존하면서 더 구체적으로 만들 수 있는 많은 암시를 가지고 있다. 이런 맥락에서 우리는 신학적 정치에 관련하는 어떤 측면들만을 소상하게 설명할 것이다.

1) 교회의 역할

해방신학의 모든 유형은 하나님 나라에 대한 예수의 메시지에 호소한다. 하지만 이것들은 거의 기대하지 않고, 아주 체계적으로 흔히 비판하는 교회와는 엄청난 거리가 있다. 하나님 나라에 대한 강조는 완전히 정당화된다.

그러나 드라마신학의 관점에서 교회와 거리를 두는 것은 오해로 인해 일어났다. 예수의 몰락과 마찬가지로 이스라엘 예언자의 경험들도 윤리적 호소와 현상 체제에 대한 비판이 이 땅 위에 정의와 평화를 더 성취하기에는 충분하지 않다는 것을 아주 분명히 지적한다.

예수의 치유적 능력조차도 인간의 마음과 거짓과 폭력의 권세들과 관계되어 있는 그런 저항을 편안하게 극복할 수 있는 것은 아니다(Schwager 1997). 예수가 몸소 십자가에서 죽고(히 9:14) 또 부활절에 살아나시게(롬 1:4) 한 성령, 곧 오순절의 성령만이 내면의 마음을 얻고 악을 극복할 수 있다.

하지만 이 성령이 우리가 살고 있는 세계의 공적 영역에서 한 새로운 공동체를 만들어 교회로 이끌어가신다. 따라서 진정한 대안이 소개되는데 그것이 하나님과 비폭력 그리고 모든 다른 사회적, 정치적 구조들이 새롭게 평가돼야 한다는 근거를 명시적으로 세우는 것이다.

그러므로 인스브루크 드라마신학[2](Innsbruckian dramatic theology)은 공적이고 제도적 공동체로서의 교회에 정치적 중요성을 제공하는 신학적 접근들을 환영한다(Milbank 1990; Milbank et al. 1999; Hauerwas 1995). 윤리적 노력뿐 아니라 역사에서 하나님의 활동은 궁극적으로 결정적인 것이고, 이 활동은 구체적으로 교회

---

2   오스트리아 인스브루크대학교는 르네 지라르의 이론을 단초로 삼아 다양한 종교 속에 은폐되어 있는 폭력적 기원을 추적하는 학제 간 연구를 펼쳤다(역주).

에서 경험할 수 있는 사람의 창조를 목표로 한다(Lohfink 1998). 따라서 가장 근본적 단계에서 정치신학은 교회의 신학이 필요하다.

하지만 다른 문제가 일어나는데 교회 일에 죄성이 많이 있다는 것이다(롬 7:14-25 참조). 이것은 하나님의 일이 분명히 교회의 어떤 활동들 속에 분명히 나타나게 되는지 혹은 마지막으로 모든 것이 모호한 채로 남아 있는지의 쟁점과 관계한다.

드라마신학은 예배, 특히 성례전의 기본 구조를 예수의 드라마에 대한 실제적이고 동시에 상징적인 현현으로, 명확성의 지속적 징표로서라고 간주한다(Cavanaugh 1998). 건축자들(유대인과 이방인)이 거절했지만, 하나님에 의해 모퉁이의 머릿돌로 만들었던 그 분을 우리가 상기하는 것이 바로 예배의 축제이고 시간이다(막 12:10-11 참조).

따라서 예수의 사역과 예수 안에서 하나님의 사역의 목표는 현재를 만들고 역사적으로 실현시킨 각 시대를 새롭게 하는 것이다. 반면에 현대의 관심에 스스로 굴복하는 위험성에 항상 놓여 있는 예배는 기념의 중심적 구조에 의해 전복되는 것으로부터 지켜져야 한다.

2) 신학과 사회 과학

신학적 정치가 교회에 의존하는 것은 세상으로부터 도피하는 사고방식을 조장할 수 있다는 오해를 일으킬 수 있다. 이는 인문학과 사회학의 중요성을 간과하기 때문이다. 그렇지만 드라마신학의 목표는 정확히 그 반대다.

사실상, 드라마신학은 근대 비평이 많은 측면에서 반(反)성경적이라고 보여주는 르네 지라르(René Girard)의 작업을 주로 활용한다. 만일 이 신학이 급진적으로 비판적 의문들에 대한 근현대 세계의 가정들을 드러내면서 실행한다면 이 신학은 결국 성경적 근거에서 발전되고 성경으로 돌아오는 것이다.

역사, 예술 그리고 일상생활의 경험은 인간이 욕망하고 열정적인 피조물이라는 것을 암시한다. 동시에 인간은 본능적으로 아주 어릴 때부터 다른 사람들에게서 일반적 지식, 관습들 및 언어를 모방해 배운다는 사실을 확인해 준다.

따라서 지라르는 근본적이고 가장 깊은 욕구들조차도 자발적으로 발생하지 않고, "미메시스"(*mimesis*)라고 일컫는 하나의 과정이라는 양식을 통해 알려진다는 것을 보여 준다.

다른 어떤 것을 욕망하는 이 본능적인 모방은 긴장과 갈등의 다양한 종류를 일으키고 격렬하게 하는 경쟁을 유발하면서 동일한 대상을 지향하는 두 개 혹은 그 이상의 욕망들로 쉽게 이끌어간다. 따라서 열정적 욕망들은 해로운 것은 없지만 항상 인간의 사회적 존재를 위험에 빠뜨리게 한다.

만일 경쟁이 모방의 일반적 경향 속에 빠지지 않고 무한한 선에 전적인 목표를 두는 어떤 양식에 의해 고무된다면, 심하게 경쟁하는 것이 도리어 평화의 힘이 되기도 한다. 많은 사람은 더 심한 경쟁의 근원을 차단하면서 서로 관계를 맺기 위해서 동참할 수는 있다(Girard 1965).

이런 배경에 대해 그의 온전한 존재에서 거의 하나님 '아바'를 향하도록 됐고 또 동일한 이름으로 인간 존재를 이해하려고 추구했던 그리스도의 모방은 어떤 무작위의 가능성을 입증하는 것이 아니라 인간 본성에 가장 깊게 일치하고, 참된 자유와 온전한 평화로 이끌 수 있는 하나의 제안을 입증하려는 것이다.

하지만 이런 제안은 다른 방식으로 지배하는 세상에 발생한다. 일상의 경험은 인간을 피조물들을 모방함으로서 제시되는 것만은 아니다. 또한, 그것은 참되고 지속적 평화가 달성되기가 매우 어렵다는 것이며, 열정은 이성에 의해 이로운 길로 이끌어가지 않는다는 것을 증명한다.

공공의 삶은 질서의 어떤 영역들을 만드는 사회적 방식을 구조화한다. 미메시스의 영향으로 유지됐던 열정이 어떻게 폭력을 증대하고 그런 폭력을 향하는 경향이 있는지를 입증했던 지라르는 이 폭력적 위험성의 경향을 확인하는 매커니즘을 보여 주려고 한다.

상호 경쟁과 공격은 한 사람에 대항하기 위해 다수의 사람의 호전성으로 넘어오면서, 한 사람을 희생시키는 그 다수의 사람이 짧은 시간 동안 희생양 매커니즘을 통해 피상적(또한, 기만적) 평화를 다시 경험한다. 한 사람은 약간의 유예를 즐기려는 타인들을 위해 희생돼야 한다.

예수에게 이와 유사한 일이 일어났다. 예수가 하늘의 아버지의 이름으로 먼저 이스라엘을 모으려는 그의 바람은 나사렛으로부터 온 골치 아픈 예언자에 대항하기 위해 반대하는 모임, 즉 바리새인, 사두개인, 열심당 그리고 유대인이나 이방인의 헤롯당의 동맹을 결성하게 만들었다.

이전에는 원수로 지냈던 헤롯과 본디오 빌라도는 예수 때문에 동지 관계에 있게 되었다(눅 23:12). 이것은 우연히 일어난 사건이 아니었다. 만일 예수가 그의 아버지의 이름으로 인간들 가운데 참된 평화와 참된 화목을 가져오려고 의

도했다면, 그에게 일어난 것은 사악하고 불경건한 세상의 가장 깊은 구조들을 폭로하는 것이었다.

이것들은 희생양 매커니즘(the scapegoat mechanism)의 구조들이다. 희생양 매커니즘은 인간 사회가 피해자들을 희생시키면서 시간과 다시 일시적인 평화를 만들기 위한 조건들을 내놓지 못하는 희생자로 이동시키는 것이다. 모든 사람이 죽는 것보다는 한 인간이 다른 사람들을 대신 죽는 것이 훨씬 낫다.

이것이 바로 대제사장이 예수를 판결하면서 주장했던 것이다. 그리고 이 논쟁은 흔한 정치적 논쟁이다. 논쟁의 통상적인 전략은 자신의 추종자들이나 그의 사람들을 '적들'에 대한 반론들을 통해 결속하도록 구성하는 방식이다. 심지어는 칼 슈미트(Carl Schmitt)도 이러한 전략을 정치의 매우 중요한 성격으로 간주했다(Schmitt 1996; Palaver 1998).

지라르의 논리는 이론의 여지가 많다. 하지만 인스브루크 드라마신학은 설득력이 있다. 성경적 관점에서 이 기본적인 것들은 긍정적으로 우리에게 강요한다. 만일 예수가 하나님의 능력으로 참된 평화를 가져오려는 시도로 군중의 집단적 저항과 대면했더라면, 그는 저항하기 위해서는 이 세상의 능력들을 그 스스로 나타내야만 한다.

확실히 수많은 이가 그를 실제적으로 따랐기 때문에 사람들이 예수를 일반적으로 거부한다고 이야기할 수 없다는 것을 제기해 왔다. 그러므로 집단적 매커니즘 이론은 성경을 통해서 보장되는 이론은 아니다.

그렇지만 예수의 공생애의 사역을 돌아보는 요한복음은 이 제기된 문제에 적절한 답을 제시한다.

첫째, "이렇게 많은 표적을 그들(유대인들) 앞에서 행하셨으나 그를 믿지 아니하니"(요 12:37)라고 지적한다. 이것은 사람들의 강퍅해져 가는 것에 대한 선지자 이사야로부터 구약성경의 두 곳에서 인용되었는데, 예수를 일반적으로 거부하고 받아들이지 않는 것은 그가 사람들과 함께 하나님의 초기 경험들과 일치한다는 것을 증명하고 있다.

요한복음은 사람들이 일반적 거부에 대해 말해야 하는지에 관한 이유들을 보여 주는 동시에 하나의 중요한 자격을 덧붙여 말하고 있다.

그러나 관리 중에도 그를 믿는 자가 많되 바리새인들 때문에 드러나게 말하지 못하니 이는 출교를 당할까 두려워함이라 (요 12:42).

예수는 많은 사람에게 어떤 종류의 믿음을 일깨우면서 호소했다. 하지만 피상적 열정의 시간이 지난 후 저항 그 자체가 느껴지기 시작하면, 그는 대중들을 얻거나 선동하기가 어렵게 된다. 개인적이고도 주관적인 차원에서 그는 다수 군중들에게 그들의 사적 태도를 가르칠 수 있었다. 하지만 다수 군중들은 그 자체의 법들을 믿고 있었고, 이 법들이 예수를 저항하기 위한 근거로 작동했다. 요한복음은 왜 그런지 설명한다.

그들은 사람의 영광을 하나님의 영광보다 더 사랑하였더라 (요 12:43).

명성과 명예를 추구하는 것은 주요한 모델들에 의해 좌우된다는 뜻이고, 명성과 명예는 하나님보다는 다른 인간들이 원하는 것들이다. 그러므로 요한복음은 이런 이유 때문에 대다수 군중들이 개인적인 인간 존재의 선하고 주관적인 의지와는 다른 법과 권력을 따르는 이유라고 설명하는 일련의 모방 원리를 분명히 가리키고 있다.

둘째, 예수의 제자들에게서도 유사한 점이 예시되었다. 제자들은 그의 부르심을 제자도로 응답했고, 점차 그의 메시지와 그가 누구인지에 대해 어떤 통찰을 얻게 되었다. 베드로는 예수를 메시아라고 고백하고 (막 8:29), 변함없는 충성 (막 14:29, 31)을 맹세했지만, 결국 달아나고야 말았다.

하지만 그가 고백할 때 예수는 베드로를 사탄이라고 꾸짖었다. 왜냐하면, 그가 하나님의 뜻을 생각하지 않고 (막 8:33) 사람의 뜻을 생각했기 때문이다. 심문을 당하고 있을 때에도 그는 그의 결연한 맹세에도 불구하고 정확히 사람의 뜻을 따랐다. 그는 그의 주인을 배신했다 (막 14:66-72).

예수의 추종자들의 가장 깊숙한 내부 집단 안에서조차도 공적인 것의 본래적 법들과 힘들도 궁극적으로 예수로부터 나왔던 그 힘보다 더 강했다.

오순절의 성령이 내면에서부터 제자들을 휘어잡았을 때 이들에게 어떤 변화가 일어났고, 십자가에 못 박히시고 부활하신 이들의 주를 공개적으로 증언하는 능력이 이들에게 부여되었다. 바로 이때 세상의 일반적 사회와는 다른 모임을 구성하면서 한 특정 공동체가 시작되었다.

따라서 오순절의 경험에서부터 거부의 매커니즘(원죄에 의해 특징짓는 이 세상에 있는 대다수의 군중을 통제하는 매커니즘을 거부하는 것), 곧 세상의 명예와 부를 따르기를 거부하는 매커니즘이 이들에게 분명히 제시되었다.

오순절교회는 예수의 몰락과 마찬가지로 구약의 경험을 돌아보고, 동시에 그 자신의 경험을 말로 표현하면서 이 원리를 분명히 밝히고 있다.

> 과연 헤롯과 본디오 빌라도는 이방인과 이스라엘 백성과 합세해 하나님께서 기름 부으신 거룩한 종 예수를 거슬러(행 4:27).

비록 예수 시대에 이스라엘 부족들 중 대부분이 더 이상 존재하지 않고 오로지 이방인 중 몇몇이 그의 재판에 연관되었다고 할지라도 교회는 보편적 동맹에 대해 이야기한다. 그것 때문에 그것은 되풀이해 교회의 이어지는 역사에서와 마찬가지로 계시의 전 역사에서 보일 수 있는 기본 과정을 드러낸다.

대중들은 자신의 양심과는 상관이 없는 법을 가지고 있다. 법은 피해자나 적들을 희생해서라도 집단적 분열을 통해 (임시적인) 구조들을 만들어낸다. 그렇지만 예수는 이러한 매커니즘의 희생자가 되었기 때문에 그가 그 희생자들의 편에 설 수 있는 것이다.

예수 안에서 또 통해 여명이 밝아 오는 하나님 나라가 근본적으로 이 세상의 구조들과 대면했듯이, 참된 기독교 신학도 신학적 정치를 끌어내면서 공적 제도 및 체제들과 대면할 필요가 있다. 지라르의 이론은 사회적 구조와 욕망하는 인간 존재를 탐구하는 모든 인문학과 사회학과의 비판적 토론에서 기독교 메시지의 중심에 관여하는 데에 우리에게 도움을 준다(Lagarde 1994).

3) 희생

희생은 모든 전통적 사회에서 공적이고 사적 삶을 형성하는 매우 중요한 역할을 했다. 전통적 기독교에 있어서도 그리스도의 희생적 죽음은 근본적으로 중요하다. 그러나 위에서 언급했듯이, 계몽주의는 "공적으로 부여된 희생(sacrificium)의 도덕성을 폐지하는" 것을 목표로 했다(Habermas 1998:152).

하지만 근대 국가들조차 그들의 군인들에게 고향을 위해 희생할 것을 요구해 왔다. 니체는 기독교를 비판했다.

하지만 그의 비판은 기독교의 희생신학 때문이 아니라 계몽주의의 주요한 경향과 다르게, 어느 누구도 더 이상 희생되지 않을 것이라는 견해를 강요한 거짓 인본주의 때문이었다.

> 기독교는 개인을 중요하게 취급한다. 정말 개인이 절대적으로 여겨지기 때문에 더 이상 희생될 수 없다는 것이다. 하지만 종들은 오직 인간의 희생들 때문에 존재한다. 하나님 앞에 모든 '영혼'은 평등하다. 엄밀히 말해 그런 견해는 있을 수 있는 모든 견해 중 가장 위험하다(Nietzsche 1980:470-471).

따라서 희생의 문제는 복잡한 문제고 오늘날에도 해결되지 않고 골치 아픈 사회의 어떤 포괄적인 이론의 문제로 남는다. 지라르는 왜 이것이 그런지 또 왜 인간 사이에 폭력이 존재하는 한, 희생의 문제가 지속적으로 연관될 것인지 이해하도록 우리를 도와준다.

어떤 사회를(모든 사회가 그러는 것처럼 혼동에 위협받는) 안정시키는 희생의 기제들은 제의적(종교적) 희생과 밀접하게 연관된다. 이는 이 기제들이 심지어 세속화의 시대에도 잠재된 채 있고, 하위 문화들 속에 계속 살아남아 그리고 후기 기독교 세계의 공식적 문화 속으로의 침투를 꾀하는 이유다.

그러므로 정치적 문제의 근원에 침투기를 모색하는 신학적 정치는 희생과 폭력의 지속적 문제에 대한 비판뿐 아니라, 희생에 대한 비판에도 주의하면서 희생의 문제와 마주할 필요가 있다. 드라마신학은 둘 다 행하려고 한다.

한편으로는 드라마신학이 계몽주의와 자유주의 신학에는 동의하지만 하나님의 진노가 그의 아들의 잔혹한 죽음을 통해 평화를 누리고 화목을 얻게 된다고 주장하는 전통적 희생신학에 대해서는 비판한다. 다른 한편으로는 드라마신학이 예수의 죽음을 폐지함으로써가 아니라 오히려 희생을 근본적 변혁으로 이해해야 한다.

드라마 장르를 통해 우리는 하나님이 그의 아들의 죽음을 바라지 않았음에도 하나님은 그로 하여금 죄인들을 따르면서 대다수의 군중의 비참함 속으로 들어가도록 이끄셨다는 것을 예증하고자 한다.

하지만 선한 목자로서 하나님은 잃어버린 양들을 찾아 나서고, 심지어 이 양들이 자기 목자에게서 돌아서서 그를 죽인 때도 이들을 대신해 탄원해야 했다. 하나님이 아니라 이 양들이 예수를 죄 있는 사람으로 만들면서 예수에게 사형을 선고하고 그를 십자가에 못 박았다.

하지만 사형 선고를 받았던 이 사람은 그의 사명에 진실하게 남으려고 하고, 용서의 사랑으로 그에게 행했던 악에 반응하고, 그를 죽인 자들을 위해 기도하고 자기 자신을 포기하면서까지 자기를 희생했다. 따라서 희생이라는 용어는 완전히 새로운 의미를 갖는다.

희생은 기독교 이전의 모든 종교와 다르게, 더 이상 도살해 희생시키는 제사장들이 아니다. 왜냐하면, 예수의 죽음에 책임이 있는 사람들은 부도덕한 인류에 속했기 때문이다. 희생하는 자는 이제 새로운 의미에서, 잃어버린 자들을 찾으면서 자신에게 맡겨진 사람들의 고독함을 공유하면서, 이들을 자기 감금에서 구원하기 위해 자신의 생명을 바치는 자다.

드라마신학은 세상에서의 후퇴나 주관적 자기 성찰의 길을 제시하지 않는다. 또한, 드라마신학은 세상의 지속적 향상이나 폭력 문제가 사라지는 것을 상상하지 않는다. 오히려 드라마신학은 교회와 신자가 여러 형태로 있는 폭력과 대면하고, 은폐되어 드러나지 않은 폭력을 조금씩 들춰내기를 기대한다.

이런 일은 성만찬 의식 속에서 매우 심오하게 일어나며, 성만찬 의식은 하나님의 건축자들이 거절한 돌을 모퉁이의 머릿돌, 곧 새로운 공동체의 생명의 원천이고 중심으로 삼으셨다는 것을 우리에게 상기시킨다.

이 의식에 비춰, 끊임없이 우리는 인간들이 거절당하고 쫓겨나게 된 과정들을 밝히고, 세계 속에 있는 이런 과정들을 믿는 눈으로 발견하고 분명히 설명할 필요가 있다. 이로써 새로운 생명력이 쫓겨나거나 죽임을 당한 사람들에게서 나온다. 하지만 이 모든 것은 사람들이 십자가에 죽고 부활한 자를 믿는 믿음 속에서, 필요하다면 위험에 처하고 자신의 생명을 희생할 각오할 때만 오로지 가능한 일이다.

대주교 로메로(1980년 엘살바도르에 있는 자신의 성당 제단에서 총을 맞았다)는 이런 일을 실천했다. 그리고 그가 죽는 상황을 통해 희생의 문제들과 폭력 간 관계들과, 순교로서의 희생에 대한 새로운 이해가 분명해졌다.

4) 역사신학

드라마신학은 하나님의 행동을 윤리로 축소하지 않으며, 또한 한쪽으로만 치우친 영혼의 자기 성찰을 주장하지도 않는다. 드라마신학은 죄인이 없는 교회를 고려하는 것도 아니며, 그렇다고 교회 밖은 사악함뿐이라고 생각하는 것도 아니다. 예수가 선포하고 죽음에 이르기까지 살게 한 도래하는 하나님 나라는 부활 이후 교회의 보이는 추수보다 더 많은 것을 내포한다.

교회가 성령의 역사가 분명히 인식될 수 있는 유일한 장소일지라도, 하나님의 영은 이 영이 선택하는 곳으로 불어오신다. 그러므로 신앙 공동체와 세상의 갈등은 복잡한 갈등으로 남으며, 신앙의 시각은 역사 신학에까지 열릴 필요가 있다.

극적인 사건을 무대 연극에 비유함에 따라, 예수의 생애와 죽음의 드라마에서 시간은 압축된다. 예수가 임박한 종말을 알리는 것은 묵시적 풍요로움과 주관적 기만이 아니라 믿음으로 시간의 종말을 기대하는 것이다(Pannenberg 1991-7 참조). 예수의 짧은 공생애 동안에 하나님 나라와 이 세상의 어두운 권세 간의 근본적 충돌이 일어났다. 비록 극적으로 집약된 방식이기는 해도, 최후의 전쟁에 성패가 달려 있다.

요한계시록이 나타내는 것처럼, 예수의 사명에 대한 이 드라마에 반응하는 것은 그리스도의 재림 후 시기에 대한 유사한 드라마다. 이 시기는 직선적 과정의 시간도, 끊임없는 변절의 시간도 아니며, 그렇다고 순환적 반복의 시간도 아니다. 오히려 이 시기는 격렬한 투쟁의 시간이다.

한스 우르스 폰 발타자르(Hans Urs von Balthasar)는 그의 『신적 드라마』(*Theodrama*)에서 "로고스의 전쟁"과 "승리자로서 패배시킨 자"에 대해 형이상학적으로 말한다(von Balthasar 1980:399-468). 인스브루크 드라마신학은 마지 그리스도의 오심 이후에 올 시간을 격렬한 투쟁의 시간으로 이해하는 것처럼 이 견해에 공감한다.

이는 역사적 개관으로 설명될 수 있다. 자연 종교들과 힌두 세계와 이집트 왕정 신학의 긴 순환은 붕괴되었다. 로마 제국의 숭배도 직접적으로 쇠퇴하게 됐고, 심지어 기독교 세계도 새로운 평형 상태를 찾지 못했다. 복음의 이름으로 교의 논쟁과 교회 비판은 분열로 향하는 길을 마련했다. 황제와 교황의 싸움에시 황제로서는 권력 영역에 있는 정치적 권위에 작정하고 덤비는 교회를 굴욕감을 느끼게 했다.

반면, 교회의 요구는 점차 정치적 권위의 신성한 매력을 잃게 했다. 종교개혁은 오랜 세기들 내내 어떤 파열도 없이 발전한 단일한 공동체로의 교회의 자기 인식을 결국 붕괴시켰다. 보이는 교회의 중심, 곧 교황 제도는 적그리스도로 보이기까지 했고, 또 연이어 일어났던 갈등은 종말론적인 것으로 경험되기도 했다. 이런 다양하고 상호적인 비평의 영역에서 현대의 과학적, 역사적, 사회적 비평이 발전되었다.

신(新)과학들도 이 과학의 장려자들과 옹호자들에게 중요한 과정으로, 정말로 구원의 새로운 방식으로 이해되었다. 하지만 현실적으로 이런 과학들은 선도, 악도 아니며, 그렇다고 중립적인 것도 아니다.

오히려 탁월한 원자 물리학자 C. F. 바이츠체커(C. F. von Weizsäcker, 1970)가 강조하듯, 과학은 격렬한 성격만을 가지고 있다. 이 과학들은 선과 악의 가능성을 증가시키고, 따라서 선택하는 우리에게 책임을 전가시킨다. 원자 무기들이 만들어진 이래 이 과학들은 인류가 자신들을 파멸시킬 수 있다는 것을 증명까지 하고 있다.

따라서 구약과 신약에 매우 분명하게 표현되었던 폭력 문제에 대한 전적인 중요성은 경험적으로 명백하게 되었다. 인류는 세계적 자기 파멸로서의 자기 심판이 암시할 수도 있을 것을 보여 주는 자신들에 대한 실험을 시작한 것이다.

폭력의 문제를 인간 사회의 중심적 문제로서 드러내는 지라르의 생각은 이런 상황 안에서부터 이해되어야 할 필요가 있다. 그의 사고는 기독교와의 극적인 대면으로 출현한 현대 사회를 분석하고 그리고 과거로 거슬러 올라가 성경의 본문들에 대한 더 분명하고 엄밀한 이해에 도달하기 위해 결과적으로 발생하는 물음들을 이용한다.

그의 사고는 아주 넓고 끊임없이 확대되는 해석학적 범위 안에서 진행된다. 이 범위는 개별적 해석자들을 포함하지 않지만, 완전히 포괄적이며 그리스도가 오신 이후의 전 역사를 포함한다. 그러므로 기독교와 인간 사회들의 복잡한 상호 작용 역사를 되돌아보는 기독교 문헌들에 대한 회고적 분석은 문헌의 메시지가 더 분명하게 나타나게 한다.

따라서 지라르의 생각은 계몽주의의 어떤 상정들을 새로운 교의로 간주하고, 이 상정들에 근거해 성경의 어느 부분은 받아들일 수 있고 어느 부분은 받아들일 수 없는지를 결정하는 반(半)근대화된 신학에 대해 특히 비판적이다.

지라르의 생각은 이런 신학과 다르게 유대교와 기독교의 계시 역사에서, 특히 예수 드라마에서 어떤 비판력을 발견한다. 그런데 근대 비평조차 이 비판력에서 설득력을 얻는다. 다만 지라르의 사고는 근대 비평의 깊은 부분까지 들어가지 않는다.

드라마신학은 드라마신학이 포괄적인 관점으로, 얼기설기 얽힌 역사의 길들 위에서 내려보는 입장에 이르렀다고 결코 주장하지 않는다. 오히려 드라마신학은 폭력의 원리가 기만의 원리와 나란히 간다는 것을 강조한다. 폭력의 가능성이 클수록, 기만의 가능성도 더 예민해 진다.

따라서 역사는 되풀이하면서 신학을 해결되지 않은 새로운 문제들과 마주하게 한다. 특히, 오늘날에도 교묘하게 작용하는 폭력의 문제가 긴급하고 절실한 문제다. 의학, 컴퓨터 과학, 유전자 공학의 현대적 상호 작용을 통해 지금까지는 명백하던 자연과 문화 그리고 미리 조정된 창조와 인간의 과학 기술의 경계가 서서히 붕괴된다.

인류도 다른 방식으로, 곧 생식 같은 근본적 과정들을 조작해 자신들의 유전에 개입함으로써 자신들에 대한 실험에 착수하고 있다. 참으로 인간은 하나님의 형상으로서 하나님의 창조력을 함께 나눈다.

하지만 이 공유는 어디까지며 하나님에 대한 왜곡된 모방(아우구스티누스)으로 하나님 노릇하기를 추구하는 것은 어디서 시작될까?

요한계시록에서 불경건한 세력은 거대한 흑암에서 두 짐승의 형상으로 나타난다(계 13:1-18).

첫 번째 짐승은 정치적 세력이다.
두 번째 짐승은 첫 번째 짐승을 섬기는 이념적 세력이다.

두 번째 짐승은 기적적인 징표들을 통해 땅의 거주자들을 혼란스럽게 하며, 이들에게 첫 번째 짐승에 경의를 표하는 우상을 만들라고 명령한다고 쓰여 있다. 짐승은 "그가 권세를 받아 그 짐승의 우상에게 생기를 주어 그 짐승의 우상으로 말하게 한다"(계 13:15)는 것이었다.

이념적 권세가 인간의 생기를 죽은 형상에 불어넣는 능력이 주어진다는 성경의 진술은 현대의 상황에서 완전히 새로운 의미를 얻는다. 오래 전 인공 생명을 만들어 낼 가능성에 대한 논쟁이 격렬하게 벌어졌다. 요한계시록은 상징적 언어로 이를 정말로 가능한 것, 곧 인간에게 주어진 가능성으로 여긴다.

그러나 성경의 본문은 동시에 이 능력의 거대한 남용에 대해 말한다. 권세는 첫 번째 짐승의 우상에게 경배하지 아니하는 자를 다 죽게 하는 짐승에게 주어진다. 이 견해에 따르면 창조자의 형상으로서 인간에게 주어진 창조하는 능력, 곧 문화를 창조하는 자유와 이성뿐 아니라 또한, 자식을 낳는 능력(창 5:3)은 그리스도가 오신 이후 시대에 증가할 것이다. 하지만 이 능력 또한 점차 우상의 목적들을 위해 남용될 것이다.

이 드라마는 오늘날 정말로 차츰차츰 주목을 끌고 있는 것처럼 격렬해 질 것이다. 의학 연구도 인류의 더 부유하고 성공한 부류를 위해 점점 더 인간의 생명의 가장 연약한 형태를 여분의 저장소로 이용할 것이다. 따라서 인간은 새로운 방식으로 인간의 희생자들이 된다.

'하나님 놀이'(playing God)를 두려워하는 것은 이미 어떤 사람을 통해 거짓 두려움으로 판명되며(Dworkin 1999), 또한 인간들이 불필요하게 되는 미래가 나타나기 시작한다. 왜냐하면, 인간의 재주로 탄생한 창조물들이 인간의 파멸을 노리기 때문이거나(Joy 2000), 인류가 만들어 낸 종, 새로운 초인적 존재가 현재의 인간보다 나을 것이라고 믿기 때문이다(Extropy Institute; Moravec 1998). 하지만 기독교 관점에서 하나님의 창조적 능력에 동참하는 것은 인간의 양도할 수 없는 존엄성의 일부분이고, 그래서 연구가 절대적으로 악마화되지 못할 것이라는 사실이다. 그렇지만 하나님과 조화를 이루는 연구와 맹신적 자부인 연구를 구분하는 선은 가늠하기 어렵다.

왜냐하면, 그와 같은 질문이 단순히 각 개인이 사람들과 관계하는 것이 아니라 제도들과 경향들과 관계하기 때문이다. 이런 제도와 경향들은 대대로 많은 사람이 자신들의 선행자들의 작업을 기반으로 한 유사한 태도와 체계(과학적 기술적 합리성)의 근거로 활동해 왔다는 이유에서 엄밀히 말해 영향력이 있다. 그래서 제도들이 개발되고, 개별적 인간들은 실제로 이런 제도들 밖에서 행동할 가능성이 없게 된다.

그러므로 그리스도인들은 자신들이 더 이상 평가할 수 없는 중장기적 결과들인 극적인 역사와 연관된다. 이런 면에서 기독교인들이 공동체의 일원이라는 것은 더욱 중요하다. 이 공동체는 아래서 오는 세력에게 압도당하지 않고 초인적 능력이 있는 짐승들에 압도되지 않을 것을 약속받았다.

교회 자체가 죄에 의해 공격을 받고 어떤 특정 문제들에 대해 잘못된 결론들을 형성할 수 있더라도, 교회는 예수의 구원 드라마에 항상 존재하는 기억 장소로서 세상 속에서 결정적인 저항 세력으로 남아 있다. 교회에 반대하는 권세들의 성공을 목도할 때, 교회는 두려워할 필요가 없다. 계시 드라마의 역사는 정확히 갈등과 위기들이 배가 되고 악이 많아진다는 것을 보여 주었기 때문이다.

바로 이런 관점으로 드라마신학은 역사를 본다.

> 죄가 더한 곳에 은혜가 더욱 넘쳤나니 (롬 5:20).

참고 문헌

Barth, K. (1956). *Church Dogmatics*, vol. IV, 1, *The Doctrine of Reconciliation, Part One*, ed. G. W. Bromiley and T. F. Torrance, trans. G. W. Bromiley. Edinburgh: T. & T. Clark.

Brockman, J. (1995). *The Third Culture: Scientists on the Edge*. New York: Simon & Schuster.

Cavanaugh, W. T. (1998). *Torture and Eucharist: Theology, Politics, and the Body of Christ*. Oxford: Blackwell.

Dworkin, R. (1999). "Die falsche Angst, Gott zu spielen." *Die Zeit*, 16 Sept., Dossier 15-17.

Extropy Institute. *Incubating Positive Futures*. http://www.extropy.org.

Girard, R. (1965). *Deceit, Desire and the Novel: Self and Other in Literary Structure*. Baltimore: Johns Hopkins University Press.

_____.(1987). *Things Hidden since the Foundation of the World*, trans. S. Bann and M. Metteer. London: Athlone.

_____.(1994). *Quand ces choses commenceront*. Paris: Arléa.

_____.(1995). "Mimetische Theorie und Theologie." In J. Niewiadomski and W. Palaver (eds.), *Vom Fluch und Segen der Sündenböcke*, 15-29. Thaur: Kulturverlag. Habermas, J. (1998). *Die postnationale Konstellation: Politische Essays*. Frankfurt: Suhrkamp.

Hauerwas, S. (1995). *In Good Company: The Church as Polis*. Notre Dame, Ind.: University of Notre Dame Press.

Joy, B. (2000). "Why the Future Doesn't Need Us: Our most powerful 21st-century technologies – robotics, genetic engineering, and nanotech – are threatening to make humans an endangered species." *Wired*, April, 238-62.

Lagarde, F. (1994). *René Girard ou la christianisation des sciences humaines*. New York: Lang.

Lohfink, G. (1998). *Braucht Gott die Kirche? Zur Theologie des Volkes Gottes*. Freiburg: Herder.

Milbank, J. (1990). *Theology and Social Theory: Beyond Secular Reason*. Cambridge, Mass.: Blackwell.

_____.(1997). "Postmodern Critical Augustinianism: A Short Summa in Forty-two Responses to Unasked Questions." In G. Ward (ed.), *The Postmodern God: A Theological Reader*, 265-78. Oxford: Blackwell.

Milbank, J., Pickstock, C., and Ward, G. (1999). *Radical Orthodoxy: A New Theology*. London: Routledge.

Moltmann, J. (1993). *The Crucified God: The Cross of Christ as the Foundation and Criticism of Christian Theology*, trans. R. A. Wilson and John Bowden. Augsburg: Fortress.

Moravec, H. (1998). *Robot: Mere Machine to Transcendent Mind*. Oxford: Oxford University Press.

Nietzsche, F. (1980). *Sämtliche Werke. Kritische Studienausgabe*, vol. XIII: *Nachgelassene Fragmente 1887-1889*, ed. G. Colli and M. Montinari. München: Deutscher Taschenbuch.

Niewiadomski, J., and Palaver, W. eds. (1992). *Dramatische Erlösungslehre: Ein Symposion*. Innsbruck: Tyrolia.

Nordhofen, E. (1995). "Beleuchtung des schwarzen Lochs." *Die Zeit*, March 3, 66-7.

Palaver, W. (1998). *Die mythischen Quellen des Politischen: Carl Schmitts Freund-Feind-Theorie*. Stuttgart: Kohlhammer.

Palaver, W., Guggenberger, W., et al. (1998). "Pluralismus – ethische Grundintuition –Kirche." *Zeitschrift für Katholische Theologie* 120, 257-89.

Pannenberg, W. (1991-7). *Systematic Theology*, trans. Geoffrey W. Bromiley. Grand Rapids, Mich.:

Eerdmans.
Rasmusson, A. (1995). *The Church as Polis: From Political Theology to Theological Politics as Exemplified by Jürgen Moltmann and Stanley Hauerwas*. Notre Dame, Ind.: University of Notre Dame Press.
Schmitt, C. (1996). *The Concept of the Political*, trans. G. Schwab. Chicago: University of Chicago Press.
Schwager, R. (1997). *Erbsünde und Heilsdrama: Im Kontext von Evolution, Gentechnologie und Apokalyptik*. Münster: Lit.
_____.(1999). *Jesus in the Drama of Salvation: Toward a Biblical Doctrine of Redemption*, trans. P. Haddon and J. Williams. New York: Crossroad.
Schwager, R., Niewiadomski, J., et al. (1996). "Dramatische Theologie als Forschungsprogramm." *ZKTh* 118, 317-44. (English text available at: http://theol.uibk.ac.at/rgkw/xtext/research-0.html.)
Strahm, D., ed. (1991). *Vom Verlangen nach Heilwerden: Christologie in feministisch-theologischer Sicht*. Fribourg: Edition Exodus.
von Balthasar, H. U. (1980). *Theodramtik*, vol. III: *Die Handlung*. Einsiedeln: Johannes.
von Weizsäcker, C. F. (1970). "Die Aufgabe der Kirche in der kommenden Weltgesellschaft." *Evangelische Kommentare* 11, 641.

제25장

속죄론

티모시 J. 고린지(Timothy J. Gorringe)

인도의 감리교 선교사의 아들인 E. P. 톰슨(E. P. Thompson)은 20세기 가장 유명한 역사적 저술 중 하나에서, 영국을 혁명에서 구출한 것이 감리교 교리(Methodism)라는 엘리 알레뷔(Elié Halévy)의 주장을 받아들이고 이 주장을 특히 속죄에 적용했다. 그는 앤드류 유레(Anerew Ure)의 『산업철학』(*Philosophy of Manufactures*)을 살피고서 이런 주장을 수용하게 되었다. 이 책은 종교가 통제가 잘되는 노동력을 창출하는 데 필요하다는 것을 논증한다.

다루기 힘든 노동자들을 고분고분한 임금의 노예가 되게 하기 위해 어느 정도의 힘이 필요해진다.

그렇다면 인간은 이 탈바꿈시키는 힘을 어디에서 찾을 것인가? 바로 그리스도의 십자가에서 찾을 것이다. 그리스도의 십자가는 죄책을 제거하는 희생이다. 십자가는 죄를 사랑하는 마음을 제거하는 동기다. 십자가는 그 같은 끔찍한 죗값을 치루는 것 외에도 죄의 타락을 씻어 버릴 수 없는 것을 보여 주어 죄를 억제한다. 십자가는 불순종에 대해 속죄한다. 십자가는 복종을 불러일으키며, 복종을 위한 힘을 획득한다. 십자가는 복종을 행할 수 있게 하며 받아들이게 한다. 십자가는 어떤 의미에서 복종을 피할 수 없게 하는데, 십자가는 복종하게 만들기 때문이다. 결국, 십자가는 복종의 동기일 뿐 아니라 복종의 모범이다 (Ure 1835:423-5).

톰슨은 주석에서 어린 시절부터 즐겨 부르던 감리교의 찬송가를 소개했다.

> 피 흘리신 어린 양의 참된 제자들이여, 이제부터 우리는 십자가를 지고 매일 죽습니다.

톰슨은 가사를 이렇게 바꿨다.

> 노동은 변화된 산업 역군들이 매달려 죽는 십자가였습니다(Thompson 1968:406).[1]

그는 자신이 쓴 장의(chapter) 제목을 아주 역설적으로 "변혁하는 십자가의 능력"이라고 붙였다. 예를 들어, 신학들, 신조들, 찬송가 및 설교들 속에 표현된 것처럼, 이념이 정확히 어떻게 사회적, 정치적, 경제적 현실과 관계있는지에 대해 합의가 없다는 것은 사실이다. 틀림없이 이 문제는 결코 최종적으로 해결될 수 없다. 그러나 이는 여기에 파악돼야 하는 관계가 전혀 없다고 주장하는 것과는 상당히 다른 것이다. 그런데 이런 주장은 불행하게도 여전히 기독교 교리사에서 표준이 되고 있는 가정이다.[2]

감리교는 혁명을 미연에 방지했는가?

아편 역할을 한 것은 특히 감리교의 속죄 교리나 십자가에 대한 가르침이었는가?

아마 현대 역사가들이 회의적이라는 것을 말하는 것이 타당할지 모른다 (Thompson 1985:126). 그러나 우리는 이 같은 회의주의에 대항하기 위해 속죄 이미지의 비범하고 지속적 힘에 집중해야 한다. 우리가 속죄론이라고 부르는 것에 대해 무엇을 믿어야 하는지 논의한 종교회의는 영국에서는 찾을 수가 없었다.[3] 이 속죄론과 연관해 6세기 초에 발행한 화폐는 서구 기독교 신앙의 상징적 중심을 제공한 십자가 의미에 대한 특정한 해석을 반영한다.

---

1 톰슨의 부친은 인도에서 신앙을 잃어버렸고 죽음의 형벌, 인종 차별 및 속죄의 형벌 교리에 저항했던 한 편의 희곡 『속죄론』(*Atonement*)을 썼다. 이 희곡은 그의 아들이 나중에 감리교회의 속죄론을 공격하는 데 영향을 미쳤다.
2 이것은 관계에 대한 가장 세련된 주석가들 중 두 사람의 견해다, Comaroff and Comroff(1977), xv 참조.
3 1141년에 있었던 센스의 종교 회의는 다른 가르침들 가운데 아발라르의 속죄론의 가르침을 정죄했지만, 지시적인 효력이 있었던 것은 아니었다.

동방정교회에서는 십자가 성상(icon)이 상당히 풍부하고 다양한 상징적 중심을 제공했지만 로마가톨릭교회에서는 가난한 자가 기도하는 것은 십자가에 달린 예수 상 앞에서였다. 중세 교회 강단에 놓이고 중세 교회에 밑그림을 제공한 것도 십자가다. 십자가는 주교, 수도원장 그리고 나중에는 셀 수 없이 많은 평신도가 목에 치장하기 위해 걸고 다녔다.

개신교의 찬송가에 발견되는 엄청난 비유적 상징을 제공한 것도 십자가다. 콘스탄티누스가 312년 하늘에서 봤다고 주장한 것도 십자가다. 이 십자가는 그에게 승리를 고취했고 이에 그는 단독적인 황제권을 손에 쥘 수 있었다. 상징적 가치의 뒤바뀜이 이미 여기서 완결되었다. 십자가는 황제의 위력 이미지, 곧 황제의 권력에 도전하는 자들에게 무슨 일이 일어날 것인지에 대한 상징이기를 시작하면서부터, 호전적 상징, 전쟁의 상징이 되었다.

교황 우르바누스 2세(Pope Urbanus II)가 1095년 11월 클레멘트공의회에서 그리스도인들에게 "십자가를 짊어지자"라고 촉구하면서 최초의 십자군 운동을 설교했을 때, 콘스탄티누스 환상의 논리가 오직 분명히 역설되었을 뿐이다.

예수는 제자들에게 자신을 따라 오려거든 "자기 십자가를 져야 한다"고 말했다. 이 말이 이제는 십자군 운동에 동참하는 것으로 해석되었고, 우르바누스는 그의 청중들에게 '거룩한 땅'을 차지하기 위해 전쟁에서 죽는 것도 절대적이고 죄를 면제받는 행위라고 설교했다(Runciman 1951:107-109).

속죄론이 때때로 체계적이고 엄밀한 논문들에서 제시되었을지라도, 우리가 속죄론의 사회적 영향력을 이해하고자 한다면 이념을 넘어서는 범주가 필요하다. 십자가의 상징적 중심성은 바로 이를 의미한다. 십자가의 정치적 중요성을 이해하기 위해 레이몬드 윌리엄스가 생각하는 감정의 구조로 향해야 한다.

감정의 구조는 우리에게 특정한 사회 속에서 살아가는 것이 무엇과 같은지 말해 주는 모든 것을 집약한 느낌이다. 이 감정 구조는 사회의 정서적 기저 곧 모든 실제적인 공동체들이 소유하는 가장 깊고도 폭넓은 것이다. 이는 바로, 소통이 의존하는 것이 감정 구조기 때문이다(Williams 1965:64-65).

추상적인 논문들은 다소 불완전하지만 이 감정 구조를 암시적으로 설명한다.

윌리엄스는 이런 점과 관련해 훌륭한 개신교인이지만, 윌리엄스가 결코 보지 못한 것은 의례들이 그와 같은 구조들을 표현하고 유지하는 역할을 한다는 것이다. 의례는 교훈적 연극 같은 것을 제공하는데, 이런 연극을 통해 참관자는 무엇을 느낄지, 어떻게 반응할지, 어떤 감성이 요청되는지 배운다(Garland 1990:67).

중세 서구 유럽이 미사 축제를 중요하게 여긴 것과 그리스도의 죽음을 미사의 중심으로 상기시킨 것을 생각해 보라. 이 미사와 더불어 셀 수 없는 다른 방식으로 십자가는 특유의 문화적이고 정치적 결과들을 일으키는 감정 구조를 만들어 냈다.[4]

또한, 스티븐 런시맨이 주장한 것처럼 비잔틴 제국이 서구보다 덜 호전적인 것이 사실이라면, 서방과 동방 간 기독교의 상징적 중심에 대한 다른 해석이 다른 감정 구조를 만들어 내고, 그래서 다른 결과를 초래한 방식을 바라보는 것은 터무니없는 것이 아니다(Runciman 1951:83-88).

> 이 징표(십자가)로 그대는 승리하리(*In hoc signo vinces*).

물론, 십자가는 처음부터 말 그대로 정치적 상징이었다. 십자가형은 형벌의 억제이론(deterrent theory)의 한 범례다(Hengel 1977). 당신은 저항의 어떤 소란이든지 억누르기 위해 사람을 십자가에 못 박는다. 이 같은 관행은 고대 내내 널리 이용됐지만, 로마에서는 노예들과 반란자들에 대해 유지되었다.

로마에 노예 대반란을 일으킨 스파르타쿠스의 패배 후 경고로서 6,000명 노예들이 아피아 가도(이탈리아의 로마 공화정 시대에 형성된 도로)의 양쪽을 따라 십자가 처형을 당했다(Hengel 1986:147).

그렇다면 이 폭력의 상징은 신앙의 중심으로 초점이 맞춰진다면 도대체 무엇이 일어나는가?

가장 우선적인 답은 그것이 바울이 고린도전서에서 탐구한 것처럼, 폭력의 상징이 가장 경악스러움을 일으킨다는 것이다.

> 고대 사상에서, 예를 들어 스토아 사상 가운데, 십자가의 형벌에 대한 윤리적이고 상징적인 해석은 여전히 가능했다. 하지만 하나님 자신이 죽음의 권세를 깨뜨리고 모든 사람에게 구원을 가져다주기 위해 십자가에 달린 갈릴리 출신의 유대인 육체 노동자의 형태로 죽음을 받아들이셨다고 주장하는 것은 고대 사람들에게 오로지 어리석음과 광기처럼 보일 수 있었다(Hengel 1986:181).

---

4 종교적 실천이나 신념이 확고한 정치적 결말을 만들어 낸다는 주장은 물론 입증되지 않지만, 그것은 증거를 위한 것이다. Spivey(2001), 4장 참조.

이 경악스러움은 신학적으로 중요하다. 이것은 우리가 오늘날 반(反)문화라고 부르는 것과 니체의 노예 도덕성을 이루는 토대다. 이 반작용들은 정치적 태도 속에 나타난다. 우리가 알고 있듯이, 바울은 십자가 외에 자랑하지 않았다(갈 6:14).

이 개념은 바울이 사람들에게 그 요점을 보여 주려고 다양한 비유에 의존해야 할 만큼 낯선 개념이었다. 많은 사람이 공유하는 주장과는 반대로, 우리는 이 다양성이 신약성경에는 십자가의 의미에 대한 어떤 지배적 해석도 없다는 것을 의미한다고 주장해야 한다.

여러 비유의 함의가 제시되며, 기독교 국가의 공동 기억과 상상 속에 싹트게 된다. 이 함의들은 몇 세기 동안 그 중요성에서 각각 흥하기도 하고 쇠하기도 했는데, 이러면서 서로 다른 방식으로 감정의 구조를 채색하고 덧칠했다.

또한, 이러면서 이것들은 각기 어떤 면에서 주어진 문화에서 나오고 이어서 특유의 문화적이고 정치적 결과들을 일으키기도 했다. 흥하고 망하는 역사는 동시에 기독 교회가 어떻게 그 정치적 중요성을 이해했는가를 보여 주는 하나의 윤곽이다.

바울은 네 가지 주요한 비유, 곧 구속, 칭의, 희생, 화목을 사용한다. 덧붙여 말해, 나는 이른바 빌립보서 2:5 이하에 언급된 '그리스도의 송가(頌歌)'는 연대의 구원하는 능력을 암시한다고 주장할 것이다. 나는 용서에 대한 어떤 숙고로 마무리하기 전에 다양한 이미지를 차례로 탐구할 것이다.

2. 구속

나는 구속(redemption) 비유로 시작한다. 이것 역시 두 뿌리가 있지만, 둘 다 정치적 개념이다. 말할 필요도 없이 어떤 유대인들도 애굽에서의 탈출, 곧 노예들을 속박에서 해방하는 것에 비춰 구속을 이해할 것이다.

마찬가지로, 우리는 1세기의 많은 그리스도인이 비유적이 아니라 실제적으로 값으로 산 것이었다는 사실을 안다(고전 6:20). 당시에는 노예가 충분히 돈을 축적해 값을 치르고 노예 신분을 벗는 것이 가능했다.[5] 그런데 구속은 속박

---

5   나는 여자 노예가 값을 치르고 해방되는 어떤 사례가 있는지는 잘 모른다.

이나 억압, 또는 노예 신분에서 벗어나는 일에 대한 것이다. 다시 말해, 우리는 질문해야 한다.

이 일이 십자가를 통해 어떻게 이루어지는가?

> 그의 피로 말미암은 속량 곧 죄 사함(엡 1:7).

이것은 무엇을 의미하는가?

잘 알고 있듯이 어떤 초기 신학자들은 우리가 마귀의 속박 아래 있었고 십자가는 마귀를 속이기 위한 하나의 미끼였다고 추측했다. 스웨덴 신학자 구스타프 아울렌(Gustav Aulen)은 다양한 가장 속에서 이 비유가 2세기 이레니우스부터 6세기 대 그레고리에 이르기까지 교부들의 속죄 신학의 지배적인 형태였다고 주장했다(Aulen 1931).

이 같은 주장이 받아들여진다면 왜 이 형태가 지배적이었는지 추측하는 것은 흥미로울 것이지만, 사실 이는 논쟁의 여지가 없는 것은 아니다(Kelly 1965:ch. 14).[6] 안셀무스가 이런 논증들 중 많은 부분에서 부도덕성을 비판했지만, 이 같은 비판들은 이미 4세기에 발견되었다.

파시즘의 보호 아래 집필했던 아울렌은 메타포의 중요성을 감지했지만 이를 완전히 활용할 수 없었다. 바르트가 그의 『교의학』 마지막 부분에서, 또 무엇보다도 월터 윙크(Walter Wink)가 이를 완전히 활용했다(Barth 1981; Wink 1984, 1986, 1992). 윙크는 운동, 문화, 국가, 교회, 제도의 내면성이나 영성으로서의 권세들(엡 6:12)에 대해 말한다. 이런 영성들은 우리의 삶을 깊은 데까지 형성하므로 우리는 이것들에 속박된 자신을 쉽게 발견한다.

윙크는 폭력을 당시 서방의 참된 영성으로 밝힌다. 그러나 그는 선한 사람과 악한 사람 사이를 날카롭게 구분해 사물들을 다루는 우리의 습관을 계속 추적해 간다. 그는 이런 주제가 바벨론의 마르둑과 티아마트 신화부터 현대 만화와 범죄 영화들에 이르기까지 줄곧 발견된다는 것을 보여 준다.

그는 세상을 바라보는 이원론적 방식에서 나오는 것을 지배 체제(domination system)라고 일컫는다. 이는 인간사들이 어디서든지 지배를 위한 투쟁으로 특징지어지기 때문이다. 우리의 발목을 잡는 부분은 바로 이 체제다.

---

6 켈리는 만일 어떤 것이 있다면 희생적 개념이 지배적일 것이라고 주장한다.

십자가가 지배 체제의 '기만적인 가정들', 곧 사유 재산의 불가침성이나 돈의 최고 가치 같은 가정들을 폭로하므로 그리스도는 우리를 해방하신다. 이 같은 기만적 가정들 모두는 힘으로 방어된다.

예수는 폭력을 폭력으로 갚는 것을 거절해 지배 체제를 거부했다.

> 욕을 당하시되 맞대어 욕하지 아니하시고 고난을 당하시되 위협하지 아니하시고 오직 공의로 심판하시는 이에게 부탁하시며 (벧전 2:23).

이렇게 거절하는 행동이 믿는 자들의 삶으로 받아들여졌다.
윙크는 골로새서 2:20을 다음과 같이 옮긴다.

> 만일 만약 그리스도와 함께 너희가 지배 체제(사회를 지배하는 관습적인 규칙과 규율들)의 근본적 가정들로 죽었다면, 마치 너희의 삶이 여전히 그 체제에 통제를 받고 있는 것처럼 왜 너희 자신이 지시받고 있느냐?

사실상 윙크는 구원을 비판적 과정에서 발견하지만 이는 아주 날카롭게 해석학적 의문을 제기한다. 우리가 십자군 운동의 경우에서 본 것처럼, 십자가와 성경적 증언이 예수가 의미했던 것과 정반대인 행동을 정당화하는 데 사용됐고, 교회의 역사는 이런 오용을 막는 어떤 비법도 존재하지 않는다는 것을 분명하게 주장한다.

우리 세상에서 권세들은 가부장제의 규범들을 따라 구조화되었다. 속죄 신학의 정치적 차원은 여권주의 신학이 제기한 전통 기독교 신학에 대한 비판을 반드시 언급한다. 로즈마리 R. 류터(Rosemary R. Ruether)는 남성 구세주가 여성을 구원할 수 있는지의 문제를 제기한다. 그는 비록 윙크를 거론하지는 않지만 다시 한 번 해방하는 비판의 잠재력에 비춰 대답한다. 다만 이번에는 종교 및 사회 계급 제도에 대한 예수의 비판을 통해서다(Ruether 1983).

예수는 비계급적 삶의 방식을 통해 새로운 인간성을 알린다.

엘리자베스 S. 피오렌자(Elisabeth S. Fiorenza)는 더 최근, 단지 가부장제가 아닌 지배적인 엘리트가 주인이 되는 "지배 체제"(kyriarchy) 면에서 인간의 문제에 대해 말하면서 이 개념을 발전시켰다. 이 같은 이해에 따르면 구속은 단번에 일어나지 않는다.

그리스도의 인간성은 교회 안에서 계속되며, 인간 해방의 더 나아간 차원들로 우리를 부르면서 우리보다 앞서 가는 속량하는 인간성이다. 결론부에서 이 개념을 다시 다룰 것이다.

3. 칭의

두 번째 비유는 서방에서 알려진 것이고, 특히 루터 이래로 '칭의'(justification)로 알려진 것이다. 서구 전통에서, 칼 바르트에게 사용된 것처럼, 칭의는 법정의 이미지로 묘사된다.

바르트는 "재판관이 우리 입장에서 판결했다"는 것을 말한다.

나는 기소되고 유죄임이 밝혀지지만, 선고 때 재판관은 내 편에 선다. 법정이 근본적으로 중요한 역할을 하는 사회에서 이 이미지는 상당히 설득력이 있다. 하지만 이 같은 재판과 연관된 언급이 바울이 뜻한 것과 일치하는지는 결코 분명하지 않다.

엘사 타메츠(Elsa Tamez)는 바울의 칭의 개념이 그의 감옥 경험에서 유래하지만 바울이 '의롭다 하심'(디카이오쉬네[dikaiosune])을 사용한 것은 동시에 이 단어가 시편과 제2 이사야에서 자주 이용된 것을 고려한 것일 수도 있다고 지적한다. 이 두 책에서 "의롭게 하다"로 번역되는(디카이오오[dikaioo]) 동사는 하나님이 자신의 뜻이 정당함을 입증하는 데 필요한 것을 행하신다는 것을 의미하고, 명사형은 '구원'(deliverance)을 의미한다.

만일 이 용어들이 재판관을 염두에 둔다면 이는 법정 재판관이 아니라 가난한 자를 옹호하고 억압하는 이를 처리하는 히브리적인 유형일 개연성이 가장 크다. 여기서 의로움은 '샬롬'(shalom)을 낳는데, '샬롬'은 부자는 이들의 자리에서 내치고 가난한 자는 높이 들어 올리는 평화와 정의의 구체적 상황이다. 이 히브리적 개념은 무시되기는 했어도 구원의 성경적 의미의 매우 중요한 측면이다.

동시에 로마서 5:18, 19과 같은 구절이 이사야 53:11을 생각한다는 것은 전적으로 가능하다.

> 의로운 나의 종은 많은 이를 의롭게 할 것이고, 그는 그들의 불의들을 담당할 것이다.

여기서 의로움의 표현은 고난을 대신 짊어지는 이미지와 그리고 어쩌면 속죄 행위의 이미지와도 융합되며, 법정 개념은 아마 고려되지 않을 것이다. 그럼에도 모든 사람이 봉건 시대 유럽에서처럼 군주의 처분에 좌우되지 않고 법 앞에 평등한 사회의 단계적인 출현과 일치하는 기간인 지난 400년의 역사 전통에서 법정 비유는 매우 중요했다는 것을 인정해야 한다.

역설적으로 법정 비유는 인간이 법의 힘을 해체하지 않고 재확인한다는 법의 원래 의미와 정반대로 사용되었다. 그리스도가 법의 처벌로 고난을 당했다는 것은 법정 절차를 정당화한 것처럼 보였다. 영국에서 순회 재판은 항상 개정 설교로 시작했다.

19세기 러시아에서는 법정에 십자가가 눈에 잘 띄게 있었고, 톨스토이(Tolstoy)는 『부활』(Voskresenie)에서 다음과 같이 표현했다.

> 신부가 사람들에게 입 맞추라고 내민 애나멜의 큰 메달이 양끝에 달려 있는 금박 십자가도 다름 아닌, 그리스도가 지금 거기서 그의 이름으로 행해지고 있는 바로 그 일들을 비난한다는 이유로 처형당한 교수대의 상징이라는 것을 깨닫는 사람은 전혀 없어 보였다.[7]

개신교 사상의 중심이 되는 칭의 비유를 만든 책임이 있는 루터도 원래부터 법정 개념을 염두에 둔 것은 아닌 것 같다. 그는 십자가 신학을 영광의 신학과 대조하면서 시작했다. 영광의 신학은 고난을 멀리 기피했고, 십자가 신학은 고난을 포용했다.

루터에게, "그리스도와 함께 십자가에 못 박힌다"는 것은 세상의 증오심을 짊어진다는 의미다. 사실, 순교는 교회의 참된 징표다(von Loewenwich 1976:118-27). 십자가신학에서 문제가 되는 것은 반(反)문화의 형성이다. 반문화에서 행위로의 의로움의 온갖 형태들은 가치가 전혀 없다.

재세례파는 이 같은 행위로의 의로움이 법의 작용들을 내포한다고 생각했다. 이들은 칭의의 결정적인 함의들을 자신들의 논리적 결론까지 밀고 나갔고, 사람들이 적대적인 방식들로 서로를 다루지 않고 배운 용서로 다루는 다른 유형

---

7 나는 『하나님의 공정한 복수』(Gorringe 1996)에서 어떤 구체적 것을 통해 언급된 이 이야기를 따른다.

의 정치 조직을 추구했다.

이 급진적 이상은 짧은 기간에 크라쿠프에서 구체적 예로 나타나게 되었다. 그러나 나중에 이런 이상은 17세기 무장한 군인들에게 무참히 짓밟혔다. 오늘날에도 우리는 이런 이상을 하워드 제어(Howard Zehr)의 메노나이트 신학과 비판적인 정통 신학인 신(新)아우구스티누스주의에서 발견한다.

제어의 신학은 회복적 사법 프로그램에 반영되며, 신아우구스티누스주의는 아우구스티누스를 평화의 존재론을 추구한 최초의 반문화적 인물로 옹호하는 있음직하지 않은 위업을 달성한다(Zehr 1990; Milbank 1990, 19장).

4. 희생

우리는 이제 바울의 세 번째 비유에 이른다. 바울과 신약성경의 서신 부분을 쓴 저자들은 제의적 희생이 여전히 실행되던 세계에 살았고, 그리스도의 죽음을 명상함에 있어서 이 이미지를 사용하는 것은 자연스러운 수단이었다.

이 이미지가 신약성경에 얼마나 중심적인지에 대해서는 다양한 견해가 있지만, 부정할 수 없는 것은 이 이미지가 기독교의 상상력에 발휘한 영향력이다. 이 이미지는 다른 어떤 비유보다, 죄를 지은 사람에게 용서는 대가가 크다는 사실을 인식시키고 강조했다.

최근 수 년 많은 논평을 불러일으킨 희생 이론은 르네 지라르(René Girard)의 이론이다. 그는 십자가를 희생양 제사의 관점에서 해석한다. 희생양 제사는 비록 레위기 16장에 언급된 제물을 바치는 실천들에 대한 설명에 깊숙이 스며들어 있을지라도 희생 이론을 적절하게 말하고 있지 않다.

희생 이론은 동물을 바치는 제사와, 죽음이 종종 내포된다는 것(실제로는 레위기 16장에 있지 않을지라도), 죽음이 죄를 다루는 신적 제정 방식으로 본문 속에 언급된다는 사실을 공유한다.

문화 인류학자인 지라르는 모든 인간의 문화가 모방 위에 세워지며, 이 사실이 폭력의 근저를 이룬다고 주장한다. 우리 모두는 동일한 것들을 원한다. 그러나 우리 모두가 원하는 것들을 가질 수 없기 때문에 그 결과로 나타나는 것이 폭력이라는 것이다.

만일 우리가 이 희생양 이론이 학문적으로 사소한 내용이 아니라는 어떤 증거를 원한다면, 우리는 20세기의 자본주의를 보존할 필요가 있다는 것에 대한 진지하고 냉담한 해설서인 수전 조지의 『루가노 리포트』(The Lugano Report)를 읽어볼 필요가 있다(George 1999).[8]

지라르의 견해에서 희생양 방식은 모방하는 폭력을 다루는 수단으로 발생했다. 시간적으로 일정한 간격을 두고 희생자(본래 인간 희생자고, 나중에는 동물 희생자)가 선택되고 공동체의 공격을 마구 받을 것이다.

공동체 전체는 온갖 억눌린 공격성을 분출하면서, 다음 시기까지 무작위적 폭력에서 공동체를 구하기 위해 한 명의 희생자를 죽이는 일에 동참하게 된다. 이 희생양 방식 이론은 사변적이다.

하지만 사변적이지 않은 것은 희생양을 삼는 것이 실제로 세상 전체의 공동체들 안에서 작용하는 방식이다. 심리학자들이 분명히 주장해 온 것처럼 희생양을 삼는 일은 죄를 다루는 매우 흔한 방식이다. 우리가 자신들을 죄가 있는 것으로 알 때, 우리는 다른 사람을 비난하고 공격을 가해 죄 문제를 처리한다. 10세기와 20세기 사이 유럽의 유대인 역사는 이런 관계로 이해할 수 있다.

지라르의 주장은 그리스도가 이 작동 원리를 이해하고 드러내었다는 것이다. 예수는 "창세부터 감춰진 것들을"(마 13:35) 드러낸다고 말할 때, 폭력의 비밀, 곧 희생양 방식에 대해 이야기한다. 예수 자신은 희생양으로 죽지만, 그렇게 죽음으로써 단번에 희생양으로의 죽음을 폭로하게 되고, 따라서 폭력이 없는 새로운 질서의 가능성을 열어 준다.

신약성경은 지라르의 해석을 입증할 수 있는가?

마르틴 헹엘(Martin Hengel)은 그리스도의 죽음 이해를 위해 이사야 53장이 중요함을 보여 주었다. 이 본문은 타인의 죄를 짊어지는 종에 대해 이야기하는 데서 희생양 비유를 사용하는 것처럼 보인다.

그렇지만 신약성경에서 우리가 발견하는 것은 반(反)혁명이 시작되는 때인 히브리서에 이를 때까지 이러한 이미지의 탈신화화라는 것이, 지라르의 주장이다. 이 반혁명이 20세기까지 기독교 공동체의 희생양 관행을 가능하게 했다.

---

8   조지는 분석하기 전에 다음 세기에 자본주의의 생존을 위해 어떤 기준들이 필요할 것이라는 허구적 해석을 제공하기 위해 현대의 지배 구조 정책에 기초해 추정하고 있다

지라르의 해석을 받아들이기 어려운 측면이 남아 있는 것처럼 보인다. 하지만 지라르는 희생 속에 내포된 폭력을 강조하는 데 상당히 노력한다. 희생의 수사(rhetoric)는 죄가 대가를 치르지 않는다면 도덕적 질서가 손상된다는 것을 주장한다. 이는 죄악에 대한 본능적 반응과 일치한다.[9] 범죄자들은 자신들이 행한 일에 대가를 치러야 하며, 동일한 보상적 논리에 따라 그리스도는 죄인들이 마땅히 치러야 하는 그 값을 대신 갚으셨고, 그래서 우주가 도덕적 균형을 맞췄다.

안셀무스가 첫 번째 십자군 운동에 대해 한 설교 후 1-2년 내 나온 속죄론에 대해 이제까지 쓰인 것 중 가장 유명한 논문 『왜 하나님은 인간이 되셨는가?』(Cur Deus Homo?)의 뒤에는 이런 논리가 있다. 안셀무스는 희생 이미지와 법정 이미지를 효과적으로 결합시킨다.

그의 세계에서 범죄자는 상처받은 상대를 만족시켜야 하고, 이 만족의 양은 범죄 피해를 입은 상대의 사회적 지위에 달려 있다. 하나님은 무한하시기 때문에 필요로 하는 만족의 양은 무한하다. 범죄자가 인간이기 때문에 인간만이 보상할 수 있다.

따라서 '하나님-인간'이 필요한 것이다. 콜린 군튼(Colin Gunton)은 이 논리가 인간의 보속(補贖)이 필요함을 무효화한다고 주장한다. 모든 속죄 행위는 부족하고 은총은 모든 빚을 능가하기 때문이라는 것이다(Gunton 1988).

그렇지만 안셀무스 자신도, 천 년 동안 개정(Opening a court) 설교를 들었던 재판장들도 이 같은 함의를 보지 못했고, 영국에서의 교수형에 대한 논쟁들에서 주교들은 사형 제도의 가장 결의에 찬 옹호자들로 남았다(Potter 1993). 19세기 교리사는 안셀무스가 중세 시대와 종교개혁에 남긴 추적할 수 있는 영향에 비추어 볼 때 거의 받을 만하지 않은 위치를 그에게 부여했다.

동시에 법적인 이미지와 희생적인 이미지의 혼합은 서구 정신에 매우 특별한 영향력을 끼쳤다. 가톨릭과 개신교의 일반적 설교는 청중들의 죄책을 강조하고서 무죄를 선언하고 이로써 실감나는 자유감과 해방감을 일으키는 것이었다.[10]

---

9   1993년, 영국에서 10살, 11살 두 소년이 유괴되어 고문당하고 살해됐고, 두 살배기 제이미 불거는 기차에 치이도록 철로에 남겨지기도 했다. 이들에 대한 발표가 있자마자 가해자들이 자행한 일에 대한 값을 지불하지 않았다는 근거에서 대중의 분노는 극에 달했다.
10 Thomason(1968), 11장의 예들 및 James Joyce, *Portait of the Artist as a Young Man*(1916) 참조.

그리스도는 죽음으로 내 죗값을 치르신다. 믿는 자는 이 문제를 성찰하도록 촉구되는데, 특히 자신이 그리스도의 죽음에서 한 역할에 대해 촉구된다. 이런 식으로 구원에 대한 이해는 개인화되었고, 하나님 나라와 구원을 연결시키는 것은 상실되었다.

또한, 지라르와는 독립적으로 코스타리카의 초교파 연구소(Departmento Ecumenico de Investigaciones)에 근거를 둔 신학자들도 속죄에 대한 희생적 견해들과 폭력 간 연관성을 인식했다.[11]

프란츠 힌켈라메르트(Franz Hinkelammert)는 희생의 배후에는 모방이 아니라 법이 놓여 있다고 주장한다. 희생은 화목에 관심을 갖지 않는 현실에 대한 한 접근에 해당한다. 우리가 '구조적인 죄'라고 일컫는 것은 법적 절차 주장을 변호한다. 이는 정확히 안셀무스와는 거리가 있는 견해다. 그런데 성경에서 우리는 일관적으로 강조된 용서의 필요성과 가능성을 발견한다.

주님의 기도에서 빚이 탕감되기를 바라는 탄원은 안셀무스처럼, 우리의 빚은 갚을 수 없기에 우리가 그리스도의 죽음을 필요로 한다고 주장하는 대신 다른 사람의 빚을 탕감함으로써 우리 빚이 치러진다는 것을 인식한다(Hinkelammert 1992).

힌켈라메르트는 이것을 가난한 나라들이 서구 은행에 "빚을 진" 것에 적용한다. 안셀무스의 원칙은 가난한 나라들이 계속해서 지불해야 하는 필요성을 제시한다. 힌켈라메르트가 지적하듯이, 이것이 다다르는 정도는 인간의 희생에 대한 강조다. 이것에 반대하는 것이 그가 '아브라함 패러다임'이라고 부르는 것인데, 인간의 희생은 단번에 포기되고 그 자리에는 용서가 자리 잡게 된다.

엘사 타메츠는 힌켈라메르트를 따른다. 하지만 타메츠는 힌켈라메르트의 비판을 칭의와의 관계로 옮긴다(Tamez 1992). 무엇보다도 타메츠는 바울이 감옥에서 경험한 것이 바울에게 적법한 절차의 부도덕성에 대해 가르쳤다고 주장한다.

바울이 재판 표현을 사용하는 데 있어서 염두에 두는 것은 법의 책략이 아닌 다른 방법을 통해 우리가 나아가는 새로운 공간을 열어주는 하나님의 의다. 의롭다고 하시는 하나님은 더욱 공정한 세상을 위해 화목을 우리에게 가르치신다(Tamez 1992:113). 그리스도의 죽음은 법을 승인하는 것이 아니라 법을 전복한다.

---

11 그렇지만 이런 신학자들과 지라르의 만남이 1990년 상파울루에서 이뤄졌고 그 후속의 결과 *Sobre idolos y sacrificios*(San José: DEI, 1991)로 출판되었다. 나는 다음 두 항목에서 James Grenfell, "The Theme of Justice in Lantin American Liberation Theology", unpublished D. Phil. thesis, University of Oxford, 2000의 작업의 덕을 크게 크게 보았다.

안셀무스의 희생신학은 희생이 따르는 용서에 대한 주장에 기초한다. 이것을 이해하는 다른 방식은 불의에 직면한 비통, 분개 및 분노에 휩싸이지 않는 것의 대가가 무엇인지에 관한 것이다.

이를 위한 대가는 예수가 무엇을 겪게 했고, 더 낫게는 무슨 생활 실천들이 예수로 하여금 십자가에서 고통 속에 죽어가면서 "아버지 저들을 사하여 주옵소서 자기들이 하는 것을 알지 못함이니이다"(눅 23:43)라고 말할 수 있게 했을까. 값비싼 용서의 이 두 가지 해석은 아주 다른 정치적 실천들에 근거를 둔다. 두 가지 해석은 다음과 같다.

첫째, 그리스도의 희생에 호소하는 유형이 있다.
우리는 이 유형이 앤드류 우레에게 완전히 냉소적으로 사용되는 것을 보았다. 여기서 십자가는 자체와 반대되게 돌려진다. 또한, 우리는 이 유형이 억압하는 이념으로 이용되는 것도 보았다.

둘째, 용서에서 교훈을 얻는 유형이 있다.
이 교훈은 예를 들어, 산디니스타(Sandinistas)들에게 자신들을 고문했던 자들을 용서하게 한다. 이런 각오는 바울의 마지막 비유인 화목을 받아들이게 한다.

5. 화목

1970년대 이후, 신약학은 초기 공동체에 발생한 유대인과 이방인 간 분열의 중요성을 강조해 왔다. 분열은 화목을 요구한다. 이 분열을 바울의 서신들만큼 두드러지게 반영하는 마태복음은 화목하라는 명령(마 5:21 이하)과 소외의 현실(마 23장) 사이에 구성된다. 처음 본문은 나중 본문에 해석의 중요한 실마리가 된다. 이 특정한 갈등은 우리가 갈라디아 교회에서 보는 것처럼 특별히 바울에게 아픈 상처다.

그러나 이 서신에서 바울은 화목의 내용 속에서 노예와 자유인, 심지어는 여성과 남성을 포함시키면서 지평을 확장한다. 우리는 빌레몬서와 고린도전서에서 해당 지역들에서의 구체적 갈등들을 처리하려는 바울의 실제적인 시도들을 본다. 에베소서는 누가 썼던 간에 다른 집단들 간의 중간에 막힌 담을 허물어 버리시면서 십자가의 맥락에 확고하게 이 화목하게 하는 일을 더한다(엡 2:13-16).

유대인과 이방인들 그리고 나아가 다른 소외된 집단들이 십자가를 통해 화목하게 된다는 의미는 무엇인가?

추측컨대, 저자가 마음에 두고 있는 것은 우리가 율법의 저주를 받은 자를 통해 구원이 일어나는 것을 확인한다면(갈 3:13), 이는 유대인과 이방인들 간 새로운 화해의 길을 열어 주는 율법에 대한 새로운 해석 방식을 가르친다는 것이다.

에베소서 본문에서 저자는 하나님과 두 진영이 화해하는 것에 대해 말한다. 하나님과 인간 사이의 화목은 정말로 신약성경의 많은 이 비유 사용에 초점을 맞추고 있다. 그러나 우리는 마태복음에서 다시 한 번 인간 관계가 하나님과의 관계를 예증한다는 사실을 기억한다(마 25:31 이하).

우편에 선 자들은 낯선 사람을 환영하고 헐벗은 사람에게 입을 옷을 줌으로써 인자를 환영했던 것이다. 동일한 맥락에서, 소외당한 사람들이나 집단들 간의 화목은 하나님과 인간 사이의 화목을 구체적으로 예시하는 것이다.

막힌 담을 허무는 십자가의 다른 차원은 칼 바르트를 통해 제시되었다. 바르트는 그의 『로마서 강해』에서 그리스어 '노모스'(nomos, 율법)를 종교로 해석한다. 그가 주장하듯이, 종교(또는 신학)는 우리가 하나님에게 나아가는 것을 막고 하나님의 요구에 귀 기울이지 않게 할 수 있다.

그리고 실제로 제1차 세계 대전 중 모든 나라의 전쟁 신학들을 통해 명백하게 이렇게 했다(Rumscheidt 1972). 만약 이것이 사실이라면 말씀과의 신선한 씨름은 우리가 종교를 통해 이해하는 것을 갑자기 열어 준다. 중요하게도 바르트는 그의 두 주석 모두에서(두 번째 주석보다 첫 번째 것에서 강조하지만), 로마서 12-14장까지에 대한 그의 주해에서 그리스도 안에서 일어난 것의 의의에 대한 정치적 이해로 옮겨 간다. 이런 설명에서 십자가는 모든 합법적인 이념에 대한 비판으로 나타난다.

1880년에서 1945년 사이에 일본에서 일어난 일들에 맞서려 한 코스케 코야마(Kosuke Koyama)보다 심오하게 발전시킨 사람은 어느 누구도 찾을 수 없다. 코야마는 제2차 세계대전 막바지에 도쿄의 폐허 속에서 믿음을 찾았다. 그는 그의 주변에 흩어져 있는 황폐가 그릇된 중심의 상징주의, 곧 일본 권력의 우상 숭배의 결과라는 사실을 보았다.

그가 깨달은 것은 십자가가 이런 모든 우상에 대한 비판이라는 것이다. 루터를 따르는 그는 십자가의 참된 신학은 필연적인 단절 곧 신학과 이념 간 아주 중요한 구분선을 수반한다고 이해한다. 신학적으로 지도를 받은 공동체는 이런 필연성을 전혀 알지 못하는 이념에 지배당하는 공동체와 대조적으로 필연적으로 깨지고 예리한 자기 비판의 순간을 포함한다(Koyama 1985:258). 이 같은 깨짐은 우상 숭배인 중심의 상징주의에서 나를 보호하고, 화목을 가능하게 한다.

6. 용서

바르트가 그리스도의 온전한 사역을 위해 선택한 비유인 화목은 용서를 요청한다. 우리가 보았듯이, 용서는 그리스도의 죽음을 요구하는 것으로 이해되거나, 용서를 가능하게 하는 하나님 말씀에 따라 전승된 삶의 실천의 결과로 이해될 수 있다. 우리는 이 두 번째 의미로 시작하면서 교회를, 존 뱅크(John Milbank)의 용어들을 사용하자면, 폭력의 존재론이 아닌 평화의 존재론에 근거한 반문화로 이해한다(Milbank 1990).

그레고리 존슨은 용서가 누군가를 책임에서 해방하는 것이 아니라, 끝없이 어려운 선택이고 평생에 걸쳐 배워야 할 기술이라고 주장했다(Jones 1995). 존슨은 사실상 제자도에 대해 이야기하고 있으며, 여기서 우리는 속죄의 모범 이론에 대한 아주 잘못 이해된 개념을 소개할 수 있다.

19세기 역사가들은 이 모범 이론의 기원을 아벨라르(Abelard)에서 찾았다. 아벨라르는 우리가 예수의 모본을 따라 사랑으로 인도되었다고 주장했다.

확실히 이 견해가 1915년, 제1차 세계 대전의 대학살 한가운데서 해스팅스 래쉬돌(Hastings Rashdall)에게 지지되어야 한다는 것은 역설적이었고, 20세기 후반 신학자들은 이 견해를 미약하고 펠라기우스적이며, 또한 죄의 심각성에 대해서는 비참하리만큼 근시안적이었다는 것으로 이해했다. 그러나 다분히 이런 반대들은 아무 것도 아닌 문제를 공격하는 것이다.

이들은 두 가지 이유에서 요점을 놓치고 있다.

첫째, 가장 중요한 것으로 R. C. 모벌리(R. C. Moberly)가 래쉬돌 전에 몇 년 동안 주장했듯이 오순절이 없는 속죄는 존재하지 않는다는 것이다(Moberly 1909). 오로지 십자가의 단번의 사건을 강조하는 것은 비삼위일체적이다. 몰트만은 "삼위일체에 대해 누가 말을 하든지 그는 예수의 십자가에 대해 이야기하고 있고 천국의 수수께끼에 대해 사변적으로 말하는 것이 아니다"라고 주장한다(Motmann 1974:204).

이 문장은 도치될 수 있다. 곧 우리는 십자가를 말할 때 삼위일체와 성령의 지속적 사역을 말하는 것이다. 처음부터 기독교는 구체적 결과를 지향하는 교훈을 받아 따르는 길이었다. 이는 맞다. 예수는 유토피아 정치 이론가가 아니었다.

하지만 그는 자기 제자들에게 하나님 나라가 이 땅에 임하기를 기도해야 한다고 가르쳤고, 동일한 기도에서 그들에게 용서의 실천을 행하도록 촉구했다. 이와 관련해 우리는 오로지 십자가의 상징에만 맞춰진 초점은 또한, 물론 구원을 초래하는 예수의 가르침과 치유 사역의 중요성을 놓치고 있다고 주장해야 한다.

초기 공동체가 인식했던 것처럼 예수에게 배운 기도와 실천의 새로운 형태에서 만사를 행하는 대안적 방식이 나온다(막 10:43). 교회의 역사는 복음서에 따라 살아가라는 계속된 요구에 도전을 받은 반복된 타협의 역사로 기록될 수 있다. 만일 우리가 이 같은 부르심들이 중대한 정치적 결과들을 낼 수 있다는 어떠한 증거가 필요하다면, 우리는 베네딕트수도회 제도가 서구 문화에 끼친 공헌을 보면 된다.

둘째, 모본주의(exemplarism)에 대한 공격은 성령 아래서 공동체가 성경을 읽어 형성된다는 의식을 이해하지 못한다. 이그나티우스 로욜라의 『영적 수련』은 '모본'이라는 말을 매우 부적절한 방식으로 사용하여 공동체의 읽기를 구조화하려 한다. 이런 읽기를 통해 하나님은 하나님의 뜻, 곧 단지 각 개인 그리스도인에 대한 것이 아니라 전 인류 공동체를 위한 뜻을, 다시 말해 정치적 차원을 가지는 뜻을 실현하신다.

아마 가장 흥미로운 20세기의 예는, 공동체적 폭력에 대해 속죄하고 폭력을 종식해 보려는 간디의 금식 단행이 이해된 방식이다. 미국 선교사 스탠리 존슨은 간디가 동포들이 민족을 위해 기쁘게 고난을 받아들일 수 있다고 주장한 것은 십자가를 정치에 더하는 것이라고 생각했다.

이런 읽기들이 십자가를 원리가 되도록 한다는 것이 반대될 수도 있지만, 아마 이런 읽기들은 복음 안에 굳게 근거를 둔 제자들이 걸어가야 할 길로서의 십자가에 대한 인식이다.

7. 연대

이 용서함에 대한 이해와 연관된, 구원이 작용하는 방식에 대한 다른 이해는 빌립보서 2:5 이하의 위대한 구절을(hymn) 통해 우리에게 제시된다. 이 구절은 십자가를, 인간의 잔인함 속에 고문당하고 처형당한 사람들의 형언할 수 없는 고난과 연대하는 하나님의 사랑을 입증하는 것으로 이해한다(Hengel 1986:180).

내가 볼 때 헹엘은 바르게도 노예와 십자가를 묶는 것이(빌 2:7-8) 1세기에서 오직 한 방식으로 이해되었을 것이라는 근거에서 이를 주장한다.

역설적으로 이런 방식으로 십자가를 해석하는 것은 20세기에 이르기까지(비록 흑인 영성 속에 예시되었을지라도) 서구에 전해 내려온 속죄의 신학 역사에서 어떤 종류든지 역할을 전혀 하지 않았다.

1973년 몰트만의 『십자가에 달리신 하나님』(*Juergen Moltmann Werke*)이 출판된 이래, 속죄의 신학은 주류가 됐고, 심지어 이론(異論)이 제기되기도 했다. 몰트만은 물론 대량 학살과, 역사의 어둠에 대한 프랑크푸르트 학파의 숙고에 대응한다.

그들은 질문한다. 강제 수용소의 관리자들이나 고문자들이 오히려 역사의 승리자들이 아니었을까?[12]

몰트만은 단호히 아니라고 답한다.

왜냐하면, 십자가에서 우리는 하나님이 독가스로 가혹하게 처형당해야 했던 사람과 함께 하신다는 것을 배우기 때문이다.

> 아우슈비츠 안에 계신 하나님과 십자가에 달린 하나님 안에 있는 아우슈비츠 바로 이것이 이 세계를 포용하고 또 극복하는 진정한 희망의 근거며, 죽음보다 강하고 죽음을 견디게 하는 사랑의 근거다(Moltamnn 1974:278).

연대를 최고의 정치적 질서로 자각하는 것은 우리가 스파르타쿠스까지 멀리 거슬러 올라가는 초기 계급 투쟁에 대한 기사들에서 연대의 실재를 발견하더라도, 아마 19세기 노동 조합의 투쟁부터 시작되었을 것이다.

특히, 파울로 프레이리(Paulo Freire)의 『억압자의 교육학』(*Pedagogy of the Oppressed*)에 비추어 보면 연대성은 해방신학에 있어서 근본적이다. 연대는 권력에

---

12 특히, 몰트만은 막스 호르크하이머의 『비판 이론』(1968)의 첫 번째 책을 언급하고 있다.

대한 매우 다른 이해를 내포한다. 곧 수동적인 것(영향을 받는 희생자들)에서 능동적인 것(단합이 힘인)으로의 변화가 있다. 연대는 위대한 인물의 역사가 아니라 끊임없이 다른 입장과 다른 형태로 쓰러지지만 일어나는 민중 운동의 역사로 읽히는 것을 허용한다.

이것의 본질적 부분은 십자가에 달리신 구세주에게서 시초부터 힘을 발견한 가난한 자와 낮은 자의 역사로 교회의 역사를 새롭게 읽는 것이다. 이런저런 형태로 십자가에 달린 이런 사람들을 위해 십자가에 달리지 않는 구세주는 아무 것도 말할 수 없을 것이다.

이는 콘스탄티누스의 표어에 대한 아주 다른 이해로 이어진다. 이런 이해는 십자군에 참가하는 것과는 거리가 멀며, 순교자의 피가 교회의 씨앗이라는 1세기의 인식과 비슷하다. 순교자들이 이들의 이야기들이 전해질 때 의미와 중요성을 갖는 것처럼, 연대는 결국 기억 의식에 기초한다.

이처럼 교회의 역사는 학문적인 문제가 아니라 이념적 경쟁의 자리며 자체로 상당히 정치적이다. 따라서 거짓 성인들(예를 들어, 성 조지)이 우후죽순 생겨난 중세 시대의 정점에서의 성인 숭배는 순교론의 중요한 힘으로 향하는 방식으로 이해될 수 있다.

오순절주의의 형태들은 오늘날 동일한 효과를 가지고 있다(Berryman 1996). 이럼에도 불구하고 E. P. 톰슨(E. P. Thompson)과 노먼 콘(Norman Cohn)이 논증했듯이, 대안적인 기억들은 가난한 자의 투쟁을 지속적으로 지지하게 한다. 구속에 대한 이런 설명과, 그리스도를 희생자로 보는 교부와 중세 시대 개념을 구분하는 것이 중요하다.

6세기 찬송가의 첫째 절은 "내 입술은 영광스러운 전쟁을 찬양합니다"로 끝난다.

> 그리스도, 세상의 구원자를 전하라.
> 희생자로서 어찌 그 날을 이겼는지.

여기서 희생자는 그리스도가 기꺼이 희생을 감수한 것을 의미한다. 이를 출발점으로 고통을 어떤 능동적인 것으로 이해하는 고난에 대한 신비주의가, 곧 십자가에 달리신 그리스도와 동일시하는 것이 전개되었다(Spivey 2001).

라틴 아메리카 신학자들은 이것이 남아프리카에서 얼마나 중요했는지 보여주었고, 또한 어떻게 숙명주의와 정치적 수동주의를 낳았는지 실증했다(Sobrino 1978). 이와 대조적으로 십자가에 달리신 하나님의 신학은 '평화'(shalom)의 미래 상황을 기대한다.

신학은 폭력의 체제를 작동시키는 학대자, 버림받은 자, 비인간적 대우를 받는 자의 개종을 포함해 이제 평화와 정의를 추구할 뿐 아니라, 새 창조에서 희생자에 대한 입증을 갈망한다. 신학은 지금 여기서 열정을 갖고 행동하는 마지막 날들에 대한 어떤 희망을 제시해야 한다.

그런데 십자가는 희생 이론의 소외에서 취해져 왔으며 하나님을 믿지 않고 타락한 자의 구원을 적극적으로 구하면서 역사에 열려 계신, 취약함에 열려 계신 삼위일체 하나님의 지속하는 생명의 중심에 놓인 것으로 이해되었다.

"이 표지로 그대는 승리하리"(*In hoc signo vinces*). 십자가는 정치적 상징으로 시작했고 정치적 상징으로 남아 있다. 십자가는 가난한 자들이 기업 자본의 제단 위에서 일상적으로 제물로 바쳐지는 세상에서, 모든 희생이 단번에 폐기되는 것을 말한다.

십자가는 가난한 자가 유달리 많이 투옥되고 처형되는 세상에서, 모든 사법적 형벌에 의문을 제기한다. 여러 소외가 있는 세상에서, 십자가는 화해의 가능성을 지속적으로 선포한다. 권력자들에게 지배되는 세상에서는 1세기 사회에서 한 것처럼 이들의 기만적인 권력 독점을 계속 비판한다.

이런 점에서, 고대 교회의 전통인 "십자가를 사랑하라, 십자가가 유일한 희망이다"(*Ave crux, unica spes*)라는 말에 동의하는 것이 가능하다.

참고 문헌

Aulen, G. (1931). *Christus Victor*. London: SPCK.
Barth, K. (1933). *The Epistle to the Romans*. London: Oxford University Press.
Barth, K. (1981). *The Christian Life*. Edinburgh: T. & T. Clark.
Berryman, P. (1996). *Religion in the Megacity*. New York: Orbis.
Comaroff, J., and Comaroff, J. (1997). *Of Revelation and Revolution*, vol. II. Chicago: University of Chicago Press.
Freire, P. (1972). *The Pedagogy of the Oppressed*. Harmondsworth: Penguin.
Garland, D. (1990). *Punishment and Modern Society*. Oxford: Clarendon.

George, S. (1999). *The Lugano Report*. London: Pluto.
Gorringe, T. J. (1996). *God's Just Vengeance: Crime, Violence and the Rhetoric of Salvation*. Cambridge: Cambridge University Press.
Gunton, C. (1988). *The Actuality of Atonement*. Edinburgh: T. & T. Clark.
Hengel, M. (1977). *Crucifixion*. London: SCM.
_____.(1986). *The Cross of the Son of God*. London: SCM.
Hinkelammert, F. (1992). *Sacrifcios humanos y la sociedad occidental: lucifer y la bestia*. San José, Costa Rica: Departmento Ecumenico de Investigaciones.
Jones, E. Stanley (1926). *The Christ of the Indian Road*. London: Hodder & Stoughton.
Jones, L. Gregory (1995). *Embodying Forgiveness*. Grand Rapids, Mich.: Eerdmans.
Kelly, J. N. D. (1965). *Early Christian Doctrines*, 3rd edn. London: A. & C. Black.
Koyama, K. (1985). *Mount Fuji and Mount Sinai: A Critique of Idols*. New York: Orbis.
Loewenwich, W. von (1976). *Luther's Theology of the Cross*. Belfast: Christian Journals.
Milbank, J. (1990). *Theology and Social Theory*. Oxford: Blackwell.
Moberly, R. C. (1909). *Atonement and Personality*. London: J. Murray.
Moltmann, J. (1974). *The Crucified God*. London: SCM. (First publ. in German 1973.)
Potter, H. (1993). *Hanging in Judgement: Religion and the Death Penalty in England*. London: SCM.
Ruether, R. (1983). *Sexism and God-Talk*. London: SCM.
Runciman, S. (1951). *A History of the Crusades*, vol. I. Cambridge: Cambridge University Press.
Rumscheidt, H. M. (1972). *Revelation and Theology: An Analysis of the Barth–Harnack Correspondence of 1923*. Cambridge: Cambridge University Press.
Schüssler Fiorenza, E. (1993). *Discipleship of Equals*. London: SCM.
Sobrino, J. (1978). *Christology at the Crossroads: A Latin American View*. London: SCM.
Spivey, N. (2001). *Enduring Creation: Art, Pain and Fortitude*. London: Thames & Hudson.
Tamez, E. (1992). *Contra toda condena*. San José, Costa Rica: Departmento Ecumenico de Investigaciones.
Thompson, E. P. (1968). *The Making of the English Working Class*. Harmondsworth: Penguin.
Thompson, K. (1985). "Religion, Class and Control." In R. Bocock and K. Thompson (eds.), *Religion and Ideology*. Manchester: Manchester University Press.
Ure, A. (1835). *Philosophy of Manufactures*. London.
Williams, R. (1965). *The Long Revolution*. Harmondsworth: Penguin.
Wink, W. (1984). *Naming the Powers*. Minneapolis: Fortress.
_____.(1986). *Unmasking the Powers*. Minneapolis: Fortress.
_____.(1992). *Engaging the Powers*. Minneapolis: Fortress.
Zehr, H. (1990). *Changing Lenses*. Scottsdale, Ontario: Herald.

제26장

성령론

마크 루이스 테일러(Mark Lewis Taylor)

    정치신학을 위한 가장 극적인 자리 중 일부는 성령에 대한 기독교 견해와, 정령과 영매의힘에 대한 아프리카 신앙들 간 상호 작용에서 발생한다. 이는 아프리카 기독교만의 문제가 아니다. 이는 또한, 대서양 연안 주변에 있는 유럽, 아프리카, 아메리카에 흩어져 있는 이주한 다양한 민족에게 변화를 촉진한 상호 작용이다. 이런 변화들은 종교적이었던 것과 마찬가지로 정치적이고 혁명적이었다.
    이 같은 변화의 현장들은 17세기에 일어난 영국의 반란과 혁명, 대서양 연안의 폭동 소요와 18세기 북미에 일어난 미국 혁명 그리고 17세기에서 19세기에 이르는 노예 제도 폐지를 위한 저항 운동(아메리카와 유럽)을 포함한다(Linebaugh and Rediker 2000:327-34).
    기독교 성령과 아프리카의 영들 간 이런 동반적 관계의 상징은 예수의 성령이 오시게 하는 사역에 대한, 세례 요한에게 돌려지는 금언의 역사(歷史)에 있다. 1세기 신약성경의 복음서들에 기록된 이 부분은 20세기에 밥 말리(Bob Marley)를 통해 지금도 회자되고 있다.
    요한은 오만하고 교만한 자들에 대한 성령의 역사가 "도끼가 나무 뿌리에 놓을 때"(마 3:10-11) 일어나는 것처럼 되리라고 선포했다. 영국 혁명에서 수평주의자들(Levellers)과 평등주의자들(Diggers)은 오만한 부자들에 항거하는 가난한 자들을 결집시키기 위해 위의 성경 구절을 이용했다.
    복음주의자들과 세속적 진보주의자들도 영국과 카리브의 사회 정의를 위한 이들의 운동에서도 이 구절을 이용했다. 자메이카 태생의 폐지론자들은 「도끼가 나무뿌리에 놓으니」라는 제목의 잡지를 출판하기도 했다(Linebaugh and Rediker 2000:301-18). 이 잡지에는 노예 제도에 저항하는 수많은 글이 나온다.

리 페리와 함께 작사한 밥 말리의 노래는 여전히 다음 같은 가사로 울려 퍼진다(Perry and Marley 1973:2).

> 만약 당신이 거목이라면, 나로 당신에게 말하게 해 주오.
> 우리는 조그마한 도끼, 예리하게 준비된 도끼지요.
> 그대들을 찍어 내릴 준비가 되었죠(충분히 예리하게).
> 그대들을 찍어 내려고.

위 노래는 말리의 래스터페리언(Rastafarian) 영성, 곧 정치적 고뇌 가운데서 기독교 성령의 담론과 상호 작용하는 아프리카, 카리브 운동의 단지 한 표현이었다(Murrell et al. 1998:326 이하; Beckford 1998).

나는 이 장에서 다음의 순서로 글을 이어갈 것이다.

첫째, 어떻게 성령에 대한 기독교 이해가 정치적이고 해방하는 변화의 정신을 낳는 아프리카 전통들과 상호 작용하는 것에 개방될 수 있는지 설명할 것이다.

둘째, 이 동반적 관계의 역사가 어떻게 혁명을 필요로 하는 대서양 지역에 신비주의 정치를 촉진했는지 강조할 것이다.

셋째, 나는 이 동반적 관계의 존재와 구체적 역사가 미래의 해방 성신의 성치신학에 어떻게 영향을 미칠 것인지 언급하면서 결론을 내릴 것이다.

1. 성령: 해방의 신비주의 정치

신학자들이 자주 성령론에 대해 말해 왔지만, 성령(Holy Spirit)에 대한 이야기는 교리로 형식화하기 어려웠다.

성령에 대한 글을 남긴 초기 기독교 교부들 중 하나인 나지안조스의 그레고리우스(Gregory of Nazianzus)는 이 알기 어려운 주제의 문제에 대해 이렇게 고백해야 했다.

> 성령에 대해 단지 약간의 오류가 있다는 것은 정통이라는 것이다
> (Pelikan 1971:213).

여기서 정통 교리의 이 같은 약간의 오류를 추적하는 일은 유용할 것이다. 규정하기 어려운, 성령에 관한 담론으로 고민하고 있는 우리는 이 복잡한 개념이 어떻게 지속적으로 나타나 해방하는 공동체적 변화를 말하는지 이해할 수 있다. 이 해방하는 역할은 억압과 식민화 환경에서 극적으로 주목을 받게 되고, 특히 성령론을 노예 제도 같은 억압 구조들에 대항해 전개된 아프리카의 영(spirits) 개념들과의 동반적 관계를 열어 놓았다(Ventura 1985L 113).

성령에 대한 신학적 담론의 세 가지 주요한 근원은 기독교의 성령 개념들을 해방하는 실천의 이런저런 의미들을 받아들이게 했다. 이 근원들은 어떤 성경의 강조들, 성령의 위격에 대한 논쟁에 있는 교리적 딜레마 그리고 초기 예수 운동의 제국주의적 틀이다.

1) 성경의 강조들

많은 사람은 여전히 성령에 대한 성경의 언급을 주로 비상한 이적들과 연관된 것으로 이해한다. 믿는 자들은 모두 어떻게 만물이 발생하는지 입증해 온 확립된 서구 과학의 견해들을 거부하면서, 수많은 몸의 이탈이나 영매 경험들을 포함한다고 생각되는 하나님의 기적적인 역사들을 생각할 수 있다. 이런 경험들은 심령론(spiritism) 유형으로 다 같이 범주화할 수 있다.

성경에는 이 같은 영적 현상에 대한 언급이 많이 있다. 예수의 기적 이야기들은 종종 기적적이고도 초자연적인 이적들로 이해되어 왔다. 사도행전 저자는 성령의 능력으로 초기 그리스도인들이 행한 이적과 표적의 경이로움을 충분히 급하지 않게 전달한다.

하지만 이런 영적 현상들은 성령에 대한 성경적 이해의 독특한 의미들을 파악하지 못한다. 결국, 영적 현상들은 성경의 유일한 현상이 아니다. 에우리피데스(Euripides) 같은 극작가들이나 그리스 철학자 데모크리스토스(Democritus) 시대부터 기이한 능력과 기적적인 행동은 사실로 믿어졌고 또 묘사되었다. 유사하게, 기이한 영적 현상들은 과거에만 제한되지 않는다. 예를 들어, 황홀경 속에서의 알아들을 수 없는 말은 다양한 종교와 문화 상황에서 알려진 영적 행위다(Goodman 1972).

성령을 이해하기 위해 성경 학자들은 비범한 강신술이라는 표면적인 사실 너머를 보아야 했다. 성경 본문들은 성령의 의미에 대한 통합된 견해를 쉽게 내놓지 않으며, 또 확실히 모든 관련 있는 본문들이 여기서 검토될 수도 없다. 그런데 영에 대한 성경적 담론의 모든 범위를 검토하는 사람은 담론 안에서, 내가 신비적 공동체주의(mystical communalism)라고 일컬을 것을 발견한다. 이 공동체주의에서 성령은 공동체적 삶과 발전에 본래적이고 내재적인 하나님의 신비성을 주로 가리킨다.

예를 들어, 마태복음과 마가복음에 있어서, 성령이 역사와 공동체 속에서 특정 활동들을 행하는 하나님의 능력이라는 히브리 성경의 상정에 대한 기억이 있다. 이 활동들은 애굽에서의 해방 행위(출 3-14장)과 기술과 예술적 착상 같은 인간의 행위들(출 35:31-2)을 포함한다. 여기서 하나님의 영의 신비는 역사와 문화의 특별하고 일상적인 활동 '위에' 있다기보다는 '안에' 있다.

누가복음과 사도행전의 저자가 다양한 영적인 표적들(특히, 치유, 방언으로 말하기, 감옥에서의 구출)을 요약해 말할 때, 강조는 구체적으로 근본적 과업들을 실행하는 기독교 공동체의 독특한 능력에 있다.

신약학자 램프(G. W. Lampe)는 이런 경향을 다음처럼 요약한다.

> 성령은 일련의 사건을 모두 결합해 하나님의 단일한 활동으로 묶는다. 이 사건들은 예루살렘 성전에서 사가랴에게 수태를 알리는 일로 시작하고, 이방 세계의 수도에서 대표하는 사도가 하나님 나라를 거리낌 없이 선포하면서 절정에 이르는 사건들이다(Lampe 1962:633).

그리스도를 선포하는 공동체에 능력을 부여하는 존재로서의 성령 개념은 또한, 바울과 요한의 저작들에서도 강조된다. 바울은 표면상 개인적인 영적 현상에 대해 쓸 때에도 성령을 주로 믿는 자들 가운데의, 또 이들 안에서의 그리스도의 현존으로 받아들인다.

여기서 바울의 논리를 요약하는 것은 신약 신학자 헤르만 리델보스(Herman Ridderbos)가 아래 같이 훌륭히 보여 주었다.

> 이 생각은 성령이 먼저 각 개인 신자들에게 나타나, 이들을 다 같이 하나의 전체가 되게 해 그리스도의 몸을 구성한다는 것이 아니다. … 따라서 순서는 정반대다. '공

동의 유대' 덕분으로 둘째 아담이신 그리스도와 연합된 사람들은 그와 함께 죽고 장사되었고, 자신들이 죄에 대해 죽고 하나님을 위해 산다는 것을 알 것이며, 또한 "성령 안에" 있다는 것을 알 것이다. 이들은 이 새 생명의 상황 속에 포함되었기 때문에 더 이상 육 안에 거하지 않고 성령 안에 거하는 자들이다(Ridderbos 1975:221).

요한의 문헌은 자주 성령을 위에서부터 오신 분으로 언급할지라도, 성령을 사랑의 공동체 안에서 또 공동체와 함께 거하는 인격적 존재와 위로자로 나타낸다. 사랑하지 않는 사람은 하나님을 사랑할 수 없다고 강조한 사람은 바로 요한 서신의 저자였다(요일 4:20).

그렇다면 이런 성경의 강조들은 아가페 사랑의 공동체들을 만들고 양육하는 것과 (필수적으로) 밀접히 관계있는 성경적인 성령 개념에 무게를 둔다(Outka 1972). 공동체를 강조하는 것은 결과적으로 영의 신비적 의미들을 무효화하는 것이 아니라, 그 의미들을 공동체적 기풍(ethos) 안에서 사랑의 경험 속에 놓는 것으로, 결국 윤리적으로 적절하게 마음에 그리는 것이다. 성스러운 자들의 초월적인 경험들이 역설적으로, 가장 역동적으로 아가페적 공동체의 구체적 인간 경험들에 내재하는 방식으로 나오는 곳이 바로 신비적 실천이다.

이는 하나님의 신비를 단지 사회적인 것으로 끌어내린다는 의미서든지, 인간 개인들의 신비를 단지 사회적인 기능으로 끌어내린다는 의미서든지, 사회적 환원주의가 아니다. 오히려 하나님과 개인은 인간들의 서로 관계가 있는 아가페 사랑의 정신 안에서 자리 잡고, 발견되고, 알려지고, 또 이들 자신의 가장 완전한 의미들을 드러낸다. 이렇게 이런 성경적 강조들은 신비적 공동체주의 속에서 신비적인 것을 사회적인 것과 혼합시켰다.

2) 교리적 딜레마

교리가 발전하는 시대는 성령이 신적 삼위일체의 고유한 위격이라는 주장을 설명하는 데 몰두했다. 신약성경 해석자들은 통상적으로, 성령이라는 용어가 성경에서 위격 개념보다 하나님의 신비적 능력이나 하나님의 행동 양식, 백성에 대한 하나님의 특별한 재능 부여, 혹은 교회에서의 하나님의 활동 양태에 초점을 맞추고 있음을 지적해 왔다(Lampe 1962:626).

성령을 인격으로 전개하려는 시도들에 대해 특히 놀라운 것은 딜레마에 봉착하게 된다는 것이다. 여기서 벗어날 수 있는 유일한 방법은 나의 이전 항목에서 요약된 어떤 성경적 강조들로 돌아가 성령의 신비적, 공동체적 해석을 강조하는 일인 것으로 보인다.

딜레마의 성격을 고려해 보자. 한편으로 정통적 삼위일체의 공식에 동의하는 기독교 신학자들은 신성의 실재(Godhead) 안에 있는 세 위격 중 하나로 오랫동안 논의해 왔다. 다른 한편으로 이 세 번째 위격의 인격 같은 특징을 생각하는 견해를 성립시키려는 대부분의 노력은 일반적인 신적 힘과 임재에 대한 다양한 묘사들을 제시하면서 당황한다.

이 딜레마의 양단이 문제다. 만약 우리가 한쪽 주장을 고수하면, 성령에 인격이라는 설득력 있는 의미를 부여하지 못한다. 확실히 성령은 삼위일체에 있는 다른 두 인격에 대해 사용된 이름들인 아버지와 아들 같은 용어가 주는 상징적 명료성을 부여받지 못한다.

성령이 하나의 인격이라는 주장에 이르는 길을 추론하는 신학자들은 보통 교리적인 논증을 너무 복잡하고 난해하게 제시하기 때문에 이런 논증은 일반 사람과 동떨어진 교의 전문가의 영역에서만 이해될 수 있다.

딜레마의 다른 쪽 끝을 주장하는 것은 성령의 인격을 명확히 이해하지 못하는 것을 고려할 때 당연해 보이는데, 불만족스럽기는 마찬가지다. 성령을 지칭하는 데 쓰이는 표현, 곧 일반적인 신적 힘과 임재에 대한 표현이 하나님의 영에 대한 기독교적 담론을 비인격화하기 때문이다. 성령을 인격으로 말하는 것은 적어도 하나님과 성령의 상징을 필요로 하는 사람을 만족시키는 이점을 가졌으며, 이는 인격 이미지를 전개시켰다.

인류학자와 비교 종교학자들이 강조한 것처럼 어떤 상징체계와 일치하는 사회적 삶을 규정하는 인간의 충동이 문화 간에 존재하는 것으로 보이며, 이런 상징체계는 사회적 삶을 인격적인 영들 면에서 묘사되는 궁극적 실재와 관련시킨다(Douglas 1970:45).

그렇지만 사실 어떤 신학자들은 모든 창조 속에 있는 성령의 역사 곧 인간이 아닌 존재의 힘, 능력, 활동 같은 것을 나타내기 위해 성령의 비인칭 대명사를 선호한다. 폴 틸리히의 성령과 생명의 포괄적인 연관성은 바로 잘 알려진 예다(Tillich 1967:III, 11-294).

만약 성령을 인격으로 이해하는 담론은 창조에서의 창조주의 능력과 분명히 관련되지 않는다면, 이 비인격적 비유의 필요성에 대해 말하지 않았다. 하지만 문제를 일으키는 딜레마와 극소수만 이해할 교리적 개념에도 불구하고 인격으로서의 성령은 지속적으로 주장되었다. 인격으로서의 성령은 기독교 상징들에서, 신실한 사람들이 성부와 성자의 인격 이미지 아래 적절히 포함시키기 어려운 하나님에 대한 이야기의 인격적 양상들을 위치시킨 것이기 때문이다.

이 딜레마로 말미암는 결과는 신학자들에게 하나의 도전이다. 즉 도전은 어떻게 그리스도인에게서 성령의 인격 같은 상징적 이미지를 빼앗지 않으면서 인격으로서의 성령에 대한 전통적인 담론의 실패를 인정할 것인지다. 인격 이미지 박탈은 두 가지 외에는 상실이 아닌 것처럼 보일지 모른다.

곧 이런 박탈은 조셉 하로우투니언(Joseph Haroutunian)이 성령을 희미한 타원형(oblong blur)이라고 부른 것 같은 어떤 것이 되게 만드는 경향이 있다는 사실이며, 다른 하나는 성령을 호의적 정령이나 개인의 수호천사 같은 미신적 개념들로 재인격화하게 한다는 사실을 제외하면 상실이 아닌 것처럼 보일 것이다 (Haroutunian 1975:319-20). 정령과 보호천사는 어떤 인격적 신화에서는 환영을 받겠지만, 공동체 사이에서는 성령의 이해로 거의 공유할 수 없는 개념들이다.

그 딜레마에 의해 제기된 도전에 응하는 방법은 인격 개념을 신적 생명에 대해 사용될 때 성경 내러티브의 신비적 공동체주의에 따라 재구성되게 하는 것이다. 다시 말해, 성령의 인격적 특성은 별개의 자아보다 관계의 문화적 측면으로 많이 이해된다는 것이다. 후자의 관계의 문화적 측면에서 한 인격은 다른 인격들과의 상호 관계를 통해 형성된다. 인격이라는 것은 자연과 인간의 다양한 상황에서의 변하는 많은 관계 안에서 한 자아라는 뜻이다(Tillich 1967:I, 168-70; MacMurray 1961).

이 모델에서는 성령은 '상호 인격'(inter-preson)이다. 성령은 하나님의 인격적 현존이지만, 이 현존은 상호 인격적, 관계적, 상호 주체적이다. 자아에 대한 이런 견해를 잘 보여 주는 가장 분명 한 예들 중 하나는 아마 대화 안에 있는 자아를 자메이카 사투리로 '나와 나'(I-an'-I)라고 일컫는 경향에 있다(Murrell et al. 1998:107 이하). 아우구스티누스가 성령의 '인격(들)'을 구성하는 존재들 간의 이 같은 상호 작용의 방향을 이미 가리킨 교리적 논쟁의 좋은 예다.

『삼위일체』(De Trinitate)에서 아우구스티누스는 사랑하는 자로서의 첫 번째 위격(아버지)과 사랑을 받는 자로서의 두 번째 위격(아들)이 있으면서 세 번째 위격에게 아버지와 아들 간의 사랑의 역할을 주는 비유적 표현을 시도했다(Schaff 1956:215-217).

최근 다른 신학자들도 성령에 상호 인격적 의미를 부여해야 한다고 제안했다. 이런 점에서 성령의 신비에 있는 사회적 성격을 가장 급진적으로 형성하는 견해 중 하나가 슐라이어마허에 의해 제안되었다. 그는 성령을 교회의 삶과 동일시한 것으로 본다(Schleiermacher 1976:560-561). 20세기에는 틸리히가 성령을 영적인 공동체로서 빈번히 논의한 것으로 유명한 신학자로서, 이 공동체는 예수를 그리스도로 그리는 성경적 묘사의 영향 아래서 믿음과 사랑의 공동체로 실현된 이상적인 공동체다(Tillich 1967:II, 86-245).

라틴 아메리카 해방신학자들이나 현대 여권주의 신학자들 같은 20세기 해방신학자들도 성령에 대한 견해를 상호 인격적 관계로 강조해 왔다. 구스타보 구티에레즈의 경우 성령은 주로 "구체적 역사적 정황 속에 살고 있는 사람들, 인간 관계의 특정한 구조 안에 있는 하나님의 현존을 가리킨다"(Gutiérrez 1988:109).

여권주의 신학자 샐리 맥퍼규는 여권주의자들이 성령을 제일의 것은 아니더라도 하나님의 중심적 이름으로 이해한다고 주장하지만 하나님의 영을 기본적으로 또 본질적으로 내재적인 것으로 그리고 자연 세계와 인간을 위한, 생명과 해방의 관계와 또한, 사랑과 힘 부여의 관계들 안에 있는 것으로 강조했다(McFague 1996:147).

이 모든 방식에서 하나님의 영에 대한 인격 같은 이미지는 유지되지만, 인격으로서의 성령 개념은 상호 인격적으로 다시 초점이 맞추어졌다. 그런데 해방주의와 여권주의 해석은 다른 근거에서 곧 성령에게 신비적 공동체의 상호 인격주의뿐 아니라 해방과 연관된 초점을 맞추는 개념을 끌어낸다. 이제 이 근거를 살펴보자.

3) 초기 예수 운동의 제국주의적 구조

예수 운동들의 제국주의적 상황은 이 운동들의 영 담론에 다른 특성을 부여하는 경향이 있다. 성령을 아가페의 신비적 공동체주의로 이해하는 성경 내러티브의 견해는 권력들의 갈등과 연관된 것으로 이해될 수 있다. 따라서 성령의 신비적 공동체주의도 신비적 정치다.

제국주의 구조를 살펴보자. 예수의 생애와 사역은 갈릴리와 유대에서 이루어졌다. 갈릴리와 유대는 로마의 점령과 지배 아래 있었고, 로마의 통치는 헤롯 분봉왕들과 종교 엘리트들을 예루살렘의 성전-국가 체제에 중심을 둔 지배 조직체로 삼았다(Mack 1995).

예수가 농경 생활과 갈릴리 사람들과 가까운 것은 그의 사역에 독특한 영적 성격을 부여했으며, 이런 성격은 예수를 이 지배 기구와 그 종교인 지지자들과의 긴장 속에 밀어 넣었다(Sawicki 2000).

갈릴리는 제국주의적 갈등의 기로에 서 있는 지역이었고 농민들은 제국의 경제적, 정치적 필요들을 충족시키기 위해 오랫동안 예속되어 오던 곳이었다. 또한, 이들은 제국에 저항의 시기를 일으키기도 했다(Horsley 1995:275-276). 예수 역시 예루살렘의 성전-국가 중심에 있는 지배하는 종교, 정치 엘리트들의 눈에는 주변적인 인물로 보였을 것이다.

많은 공식적 교회가 자신들의 메시지에서 메시지가 갖는 정치적 의미 대부분을 제거했다. 그러나 정치적 의미는 초기 예수 운동에 본질적이었다. 예를 들어, 예수의 메시지에 적용된 복음이라는 개념은 복음이 정복한 장군들이 전쟁 후 시민들에게 알릴 희소식을 위해 사용된 로마 제국의 담화에서 유래되었다(Myers 1998:123-4). 이 복음이 예수의 근본적 메시지에 대해 사용된 것은 지속하는 제국주의 질서의 종교와 정치에의 전면적인 도전을 암시한다.

예수 운동의 반제국적 성격이 갖는 표징들은 이 글에서 다룰 수 있는 것보다 많다. 다만 몇 가지 열거하면 다음과 같다. 성전-국가 체제에 이의를 제기하는 것으로 예수의 복음이 제시된 것, 마가가 예수가 '군대'(레기온[legion])라는 이름을 가진 귀신이 들린 사람에게 축사한 이야기를 통해 예수가 로마 점령군을 반대했음을 감추지 않고 암시한 것, 종교적으로 지지되는 제국 질서를 위협하는 선동적인 사람에게 가해지는 형벌 방식인 십자가 처형에 의한 예수의 죽음이다.

또 사도 바울이 자신의 메시지를, 굴욕적인 십자가형으로 처형당한 이가 전통적으로 가이사에게 사용되던 칭호인 '주님'(*kyrious*)이나 '구세주'(*soter*)일 수 있다는, 제국이 불쾌해할 개념에 중심을 둔 것이다.

부활 후 다섯 번째 맞는 주일(오순절)에 믿는 자에게 강림한 성령에 대한 잘 알려진 본문에서, 우리는 성령의 강림이 갖는 반제국적 함의들을 언급할 수 있다. 사도행전 2장에 서술된 것처럼 여러 나라에서 온 많은 사람은 예수의 새로운 메시지를 듣는데 이들의 언어로 들었다.

가장 전통적인 해석가들은 이례적인 일, 곧 이들의 다양한 언어로 듣게 되는 이상한 일이 일어난 이 사건에 초점을 맞춘다. 그런데 진짜 경이로운 것은 메시지가 여러 나라말로 놀랍게 번역된 것에 있는 것이 아니라 많은 사람 간의 다중 언어 이해가 갈릴리에서 온 사람들에게서 비롯되고 있었다는 것이다(행 2:7). 이는 또한, 작은 저항 지역 갈릴리가 놀라운 반제국적 여지에서 생겨 존재하는 새로운 정치 조직을 암시한다.

누가복음 및 사도행전의 저자가 말하듯이, "성령의 능력"(눅 4:14)으로 일하고 있던 예수라는 사람의 메시지 내용을 상기할 때, 이 갈릴리인이 제국의 정치적 범위에 이의를 제기하는 데 갖는 관심은 정말로 강하다.

누가의 예수는 해방에 대한 급진적이고 포괄적인 메시지를 전파하기 위해 예언서를 돌이켜 보게 하는 사람으로 극적으로 묘사된다.

> 주의 성령이 내게 임하셨으니
> 이는 가난한 자에게 복음을 전하게 하시려고 내게 기름을 부으시고
> 나를 보내사 포로 된 자에게 자유를
> 눈 먼 자에게 다시 보게 함을 전파하며
> 눌린 자를 자유롭게 하고
> 주의 은혜의 해를 전파하게 하려 하심이라(눅 4:18).

이 해방의 메시지는 매우 강한 반제국적 자세와 행동을, 아가페를 실천하는 성경의 신비적 공동체주의로 뚜렷이 그린다.

그러므로 예수 운동에서 성령의 공동체는 사실상 완전히 반제국적이었고, 정말로 상황의 의미에서도 반제국주의적이었다. 이 공동체는 계층적 권력의 제도를 거절하는 공동체 정신을 발전시키는 경향이 있었다(Schüssler Fiorenza 1993:94. 참고, Horsley and Siberman 1997:163-83).

이 공동체는 끊임없는 정치적 투쟁, 곧 억압하는 권력에 대한 일련의 크고 작은 매일의 저항과, 탄압받는 집단 가운데 새로운 공동체를 세우는 것이 특징이었다(Sawicki 2000:172-4). 이는 기독교 공동체 안에 있는 하나님의 성령에게 해방적 성격을 부여했고, 아가페를 실천하는 신비적인 교제는 강한 정치적 요소가 있다는 것을 뜻한다.

물론, 성령이 해방하고 자유를 주고 있었다는 것은 또한 신적 생명이 본질적으로 자유로 구별된다는 것을 의미했다. 따라서 역사 속에서 활동하고 모든 창조의 역동과 구조에 깊이 각인되어 있다고 믿어지는 신적 생명은 자유의 진정한 생동감이고 현재에서 다양한 정도로 변화를 촉진하는 또는 종말론적 혹은 계시적 미래 속에 있는 변화를 일으키는 원천이다(Tillich 1967:232-3).

2. 수평주의 정신: 혁명적 대서양에서의 해방하는 투쟁

기독교 성령 담론의 신비로운 정치적 긴장들을 놓쳐서는 안 되기 때문에 역사 내내 부단히 활동하면서 탄압받는 집단들은 기독교의 성령 담론이 이들의 투쟁에 적절하다는 것을 발견해야 하는 것은 놀라운 일이 아니다.

본 항목에서 나는 두 가지 목표가 있다.

첫째, 나는 기독교 영 담론의 신비로운 정치적 차원들이 실제로 어떻게 역사적 실천으로 나타났는지 몇몇 예를 보이고자 한다. 이런 차원은 단지 이 글의 첫 번째 항목에서 제시된 것 같은 있음직한 개념적 신학으로만 존재하는 것은 아니다.

둘째, 나는 처음에 언급한 것처럼, 신비적인 정치의 구체적 역사가 서양 기독교 안에서 또 서양 기독교와 밀접히 관련되어 발견될 수 있다는 것을, 특히 아프리카와 기독교 주제들을 통합하는 영 담론들 속에서 발견될 수 있다는 것을 보여 주고자 한다.

이 두 가지 목표는 영국 혁명의 수평주의파들과 평등주의파를 우선 이해하고서 다음 이들이 대서양 혁명의 역사 동안 아프리카인들과 접촉하고 상호 대화한 방식을 파악함으로써 달성될 것이다(Linebaugh and Rediker 2000). 이는 길고 복잡한 다문화적 역사며, 나는 여기서 전부를 충분히 다룰 수는 없다. 나는 단지 몇몇 특징을 강조할 것이다.

우리는 초기 미국 대통령들 중 한 사람이고 미국 의회의 핵심적인 건설자던 제임스 매디슨(James Madison)의 애가를 통해 역사에서 작동하는 신비의 정치를 소개할 수 있다. 1787년 매디슨은 자유에 과도한 애착을 품은 곧 수평주의 정신(leveling spirit)을 가진 어떤 집단들에 대해 경고했다.

이런 사람들은 누구인가?

라인보와 레디커에 따르면, 이들은 거의 2세기 동안 대서양 연안 국가들의 혁명적 변화를 유발한 세속적으로, 종교적으로 급진적 "각양각색의 패거리"다(Linebaugh and Rediker 2000:211-47).

매디슨은 수평주의 정신을 두려워한 유일한 사람은 아니었다. 영국 제독들은 혁명 정신에 푹 빠진 해군들과 폭동들에 대해 불안해했다. 제독들은 이런 군인들을 거의 수평주의파들이라고 말했다(Linebaugh and Rediker 2000:215, 236).

수평주의 정신에 대한 이 이야기를 따라가 17세기 영국의 종교적 급진주의의 상황으로 들어가 보자.

1) 평민을 위한 영국의 싸움

16세기 후반과 17세기에 영국의 무역상 계층과 지주들은 새로운 전국적 및 국가 간 시장의 기회들을 이용했다. 그런데 이들은 이렇게 하기 위해, 대중들을 그들의 본토에서 강제로 쫓아내고 다른 경제 계획들을 위해 그들의 노동력을 새로운 곳에 재배치해야 했다(Linebaugh and Rediker 2000:17).

영국에서 이는 더 권력을 가진 계급들은 이른바 울타리 관행을, 즉 이전에 공동으로 소유되던 경작지들을 전용하기 위해 울타리를 두르고 소유권을 주장하기를 시작하면서 아주 소란스러운 방식으로 벌어졌다. 울타리 관행은 많은 소규모 자작농에게 이들의 땅에서 퇴거할 것을 요구하고 시골 소작농들을 추방해 무수한 사람들을 그들의 땅에서 내쫓았다.

이는 엄청난 이동이었다.

> 영국에서는 토지의 4분의 1이 몰수되었다(Linebaugh and Rediker 2000:17).

이런 토지에는 나무들이 사라졌고, 늪지대는 말라비틀어졌으며 들판은 온통 산울타리로 경계가 표시되었다. 결국, 공동으로 하는 관행들이 소멸되면서 17세기 말, 숲으로 덮인 곳은 오직 영국의 8분의 1에 불과했다(Linebaugh and Rediker 2000:43).

현대사에서 드러난 것처럼, 다른 지역으로 재배치되지 않은 사람들이나 바다 건너로 보내지지 않은 사람들은 일자리, 토지나 돈 없이 방치되어 방랑자로 살게 되고, 근대 역사에 이미 나타난 어느 것에 견주어도 뒤지지 않는 극심하고 무서운 노동법과 형법의 무자비한 잔인함의 대상이 되는 공포를 겪었다(Linebaugh and Rediker 2000:18).

이런 배경에서 수평주의파들과 평등주의파들이 탄생했고, 수평주의 정신이 막 고조되고 있을 무렵에 매디슨이 경고했던 것이다. '수평파'라는 호칭은 몰수에 위협을 받은 많은 사람이 울타리를 제거하려고 직접적인 행동을 취한 1607년의 영국 잉글랜드 중부 지방의 반란 때에 처음으로 사용되었다. 이들의 직접적인 행동들은 종종 "헤집는 자들"(Diggers, 평등주의파)로 알려진 사람들과 결탁했다. 곧 재산을 빼앗길 이 사람들의 행동이 울타리를 치기 위해 파 놓은 도랑을 메우고 다시 공유지로 삼은 땅에서 일하는 것을 포함했기 때문에 이런 이름이 붙여졌다(Linebaugh and Redicker 2000:18; Bradstock 1997:72-5).

수평파들과 평등주의파들은 여러 지방에서 또 17세기 선언문들로 자신들의 생각을 퍼뜨렸다. 선언문은 『버킹엄셔의 광명: 세상에서 그러나 주로 영국에서 일어난 모든 노예제도의 주된 근거들과 최초의 원인들의 발견』(*A Light Shining in Buckinghamshire*, 1648), 1648년의 『참된 수평주의자의 표준적 전개』(*The True Leveller's Standard Advanced*, 평등주의자의 선언문) 그리고 1649년 5월, 『영국의 자유인에 대한 합의』(*The Agreement of the Free People of England*, Lingbaugh and Rediker 2000:85, 101, 235)다.

이 기간 정치적 급진주의와 성령 담론을 혼합시킨 예를 보여 주는 중심적 저자가 제라드 윈스턴리(Gerard Winstanley)다.

그는 영국에서의 1640년대 후반 혁명의 가장 명백한 대변인으로 자주 묘사된다.

> 그는 노예 제도, 강탈, 공유지 파괴, 가난, 임금, 사유 재산 및 사형 제도를 반대했다. 그가 사회를 재건하기 위해 합리적 계획을 제안한 최초 사람은 아니었지만, 크리스토퍼 힐이 썼듯이, 그는 그 같은 계획을 모국어로 표현하고 특정 사회 계층 곧 대중들에게 계획을 행동으로 옮길 것을 촉구한 최초의 사람이었다(Lingbaugh and Rediker 2000:140).

윈스턴리는 사악하게 둘러치는 과정의 결과인 울타리를 지칭하면서, 모든 국가는 이 신 포도, 곧 탐욕스러운 살육하는 검에 초조해한 것을 본 사람들이었다. 그는 영국에서 벌어진 몰수를 영국이 일으킨 잠비아와 바베이도스의 고난과 연결시켰고, 그래서 "세계적 계급 의식으로 다가갔다"(Lingbaugh and Rediker 2000:141). 그는 예를 들어 『영국의 가난한 억압받는 대중에게서 나오는 선언』(*A Declaration from the Poor Oppressed People of England*, 1649)이라는 문헌에서 "가난한 일반 대중들 가운데서" 일어날 미래의 구원을 설교했다.

윈스턴리가 설교하던 미래의 구원은 그가 기다린 도래하는 성령의 시대에 의존한다(Knott 1980:86). 급진적이고 변혁적인 잠재력에도 불구하고 이 성령은 두드러지게 공동적인 사건들의 체제로 이해되었다(Bradstock 1997:89). 성령은 영광스러운 자유 속에 살았다. 영광스러운 자유에 대해 사도 바울이 로마서 8장에 썼지만, 이 자유는 이미 사람들의 신음 속에 존재했고 사람들이 맛본 첫 열매에서 지금 미래 실현으로 옮겨가게 한다.

성령에 대한 이 구절은 윈스턴리의 천년설에 결정적이었고, 그는 모든 저작에 걸쳐 로마서 8장에 나오는 성령과 연관된 본문들을 서로 관련성 있게 인용했다(Lingbaugh and Rediker 2000:110-11).

그는 다음 같은 말로 그의 논문들 중 하나를 마무리했다.

> 그리고 나는 여기서 끝나며, 의를 전진시키기 위해 내 힘이 닿는 한 내 팔을 내밀었다. 나는 썼고 행동했고 평화롭다. 이제 나는 성령이 타인들의 마음속에 성령의 일들을 행하는 것을 기다려야 한다(Lingbaugh and Rediker 2000:103).

윈스턴리의 작업과 희망은 힘차게 성령을 지향했다. 성령에 대한 그의 다른 말들은 우리를 다음 항목으로 넘어가게 한다.

다른 곳에서 그는 이렇게 썼다.

> 이제 아들들과 딸들 안에서 동쪽에서 서쪽으로, 북쪽에서 남쪽으로 자신을 널리 확산시키는 성령은 영원하고, 결코 사라지지 않는다. 그럼에도 성령은 여전히 영원하고 인류에게 또 인류 안에서 자신을 드러내면서 더 높이 더 높이 올라간다 (Lingbaugh and Rediker 2000:142).

2) 항해 중인 수평주의파들

종교적 급진주의는 17세기 후반, 특히 영국의 배가 "상거래의 원동력, 제국의 기선"이라는 주목할 만한 명성을 얻었을 때 대서양 연안 주변으로 널리 퍼져나갔다. 선박들은 새로운 자본주의 세력들이 노동 착취를 위해 체계화한 몇몇 주요 생산 방식을 결합시킨, 떠다니는 공장이었다(Linebaugh and Rediker 2000:149).

그렇지만 선박은 또한 저항 세력과, 환멸을 느낀 대서양 주변국 출신 노동자들 사이의 상호 작용을 만들어 내는 공장이 되었다. 영국 자신들의 공유지에서 쫓겨난 수평주의자들과 평등주의자들은 이렇게 섞인 항해하는 급진주의자들 속으로 들어갔다. 그들은 놀랄 만큼 다양한 무리였고 착취당한다는 의식과 분노를 공유했는데, 이런 의식과 감정은 특히 강제 해군 징용 같은 불의에 촉발되었다(Lingbaugh and Rediker 2000:228-36). 노예 상태에서 벗어났거나 항상 노예로의 전락에 취약했던 아프리카인들과 아프리카계 미국인들은 해상의 저항에 부가적인 활력과 투지를 더했다.

선원들의 저항은 종종 폭동으로 절정에 이르고 해적 행위로 저항을 조직화했다. 수 세기 동안 유럽의 학자들과 이야기꾼들에게 비난을 많이 받은 해적은 라인보와 레디커 같은 최근 역사학자들에게 의외의 특징들이 있다고 재조명되었다. 해적선들은 비민주주의 시대에, 선장의 지배 구조를 다수결에 의존하게 만드는 민주주의 공간이었다.

해적들은 계급 제도의 시대에 평등주의자로서 이들의 전리품과 탈취한 물품들을 새로운 동등한 방식으로 나누었으며, 이는 당시 다른 모든 해상의 작업 환경 속에 존재하던 임금 불평등을 수평적으로 만든 것이었다(Linebaugh and Rediker 2000:162-7).

많은 흑인 자유민과 도주 노예는 해적선에서 은신처를 발견했다.

> 다른 도주자들이 산이나 밀림을 이용한 것처럼, 저항자들은 다인종 해적 공동체로서 바다를 이용했다(Linebaugh and Rediker 2000:167).

바닷사람들의 정신과 급진주의가 있는 새로운 진보적 공동체로서, 수평주의자들은 영국에서뿐 아니라 다른 상황에서도 마찬가지로 잃어버린 공유지에 대한 꿈을 꺼지지 않게 했다.

공유지는 영국 특유의 농경지 관행이나 이것의 아메리카 변형 이상이었다. 동일한 개념이 작은 마을(스코틀랜드와 아일랜드 촌락), 씨족(씨족 사회의 일문), 토지 배분법(초기 아일랜드와 스코틀랜드의 상황 속에서 토지의 공동 소유), 아프리카 서부 마을 그리고 아메리카 원주민의 오래 농사를 쉬는 고유한 전통의 밑바탕에 깔려 있었다. 다시 말해, 이 개념은 비민영화되고, 땅의 경계를 치지 않고, 비시장재, 인간의 상호 관계성의 다양한 가치를 위한 버팀대로 여전히 남는 대지의 모든 부분을 포함시켰던 것이다(Linebaugh and Rediker 2000:26).

여기서 공유지를 가치 있게 여기는 것은 결코 단지 유기적 결속과 원시 공산제적 유토피아에 대한 단순한 낭만주의가 아니다. 반대로 대서양 주변의 해상과 항구에서 수평주의 정신을 가지고 있는 사람들에게 공유지는 생존을 위해 수용된 삶의 방식이었다. 이들에게 잔인하게 가해진 대안은 추방, 고문, 죽음이었다.

따라서 대서양 전 주변에서 온 집단들과 동시에 해상의 다양한 수평주의자 집단들도 세계의 추방된 사람들의 다문화적 각양각색 선원들, 곧 아래서부터의 '물 계층'(hydrachy, 물의 지배)을 형성했다. 이 계층은 발전해 영국의 해상과 군사 체계인 위로부터의 물 지배층과 경쟁하게 되었다.

각양각색 수평주의자들은 대서양 지역 어디든 빈약한 임금과 불공정한 작업 환경에 저항하는 대중을 결집하는 데 도움을 주었다. 그들은 런던 도시의 폭도들로 변하기도 했고, 북미 식민지의 항구에서 수많은 폭동을 유발하기도 했으며 사무엘 애덤스(Samuel Adams), 토마스 파인 그리고 토마스 제퍼슨(Thomas Jefferson) 같은 다소 소극적인 혁명적 유형의 인물들에게 영향을 미친 혁명적 분위기를 조성하기도 했다.

정말로 라인보(Linebaugh)와 레디커(Rediker)는 세상의 기백 있는 노예들, 선원들, 평민들로 구성된 이 오합지졸을 1760년대와 1770년대 혁명적 위기의 원동력으로 묘사한다(Linebaugh and Rediker 2000:212). 영국과 아프리카의 노예들과 선원들로 구성된 이 추방당한 오합지졸이야말로 북미 대서양 모든 연안을 따라 혁명 정신을 불러일으킨 17세기 후반 아메리카 혁명의 진짜 개척자들이었다(Linebaugh and Rediker 2000:214). 매디슨이 수평주의 정신을 두려워한 것은 이런 상황 가운데였었다.

역사적으로, 기독교와 아프리카의 신비적 정치의 융합은 곧 수평주의자들의 해방하는 정신은 자메이카인 로버트 웨더번(Robert Wedderburn)에게서 극적으로 나타난다. 내가 이미 언급한 그가 편집한 잡지 「도끼가 나무뿌리에 놓였으니」

는 아프리카, 아메리카, 유럽의 소리들을 대서양 연안 국가들 간 지적인 대화로 활기를 띠게 했다(Linebaugh and Rediker 2000:306).

이 간행물의 표제는 자메이카에서 뉴욕으로 전해져 알려졌고, 뉴욕에서 사람들은 도주 노예들이 인상적인 '작은 도끼'에 대해 들었다고 말한다. 웨더번은 그의 글들에서 자메이카에 있는 노예인 자기 가족의 개인적인 공포를 기억해 기록했을 뿐 아니라, 카리브의 농장에서든 해상 선박에서든 공유지 수호자에게 가해진 징계적 폭력과 가공할 만한 체벌들을 증언했다.

웨더번은 영국에서 많은 노동 운동, 노예 폐지 활동, 폭동에 가담했다. 웨더번은 자메이카에서 영국으로 오고 아프리카화된 카리브해 지역으로(또한, 아시아인과 토착민들을 위한 곳) 돌아가면서, 수평주의자의 원칙과 정신을 받아들였고 이를 아프리카인의 영적인 삶과 생명력으로 풍부하게 했다. 그는 영국에서 자메이카로 답하는 서신에서 독자들에게, 무인도에 고립된 사람들의 순수성, 곧 노예 제도 폐지와 자유를 위한 이들의 용기 있는 투쟁을 상기시켜 도전을 주었다.

웨더번은 혁명이 일어나는 대서양에서 출현하고 있는 영적인 정치에서 중심을 이루는 중요한 인물이었다.

그는 아프리카의 영성, 초기 기독교, 카리브 부흥주의, 노예 종교에 대한 저술에서 다음처럼 표현했다.

> 웨더번은 시대를 넘어 고대 근동 지역의 공산주의자 기독교인을 영국의 수평주의자와 또 자메이카의 원주민 침례교도와 연관시켰다. 그는 지역을 넘어 노예와 서인도 제도 탈주 흑인들을 선원 및 항만 근로자들과, 평민, 장인 및 공장 근로자들과 연결시켰다. … 그는 노예와, 대도시에 있는 노예 제도를 반대하는 노동자 계층 및 중산층 사람들을 관련시켰다. 그에게 노예 무역을 폐지해야 한다는 생각은 평등하게 하는 체제와 인권과 관계있었다. 그는 이런 사람이었다(Linebaugh and Rediker 2000:306).

웨더번은 해방하는 영의 신비적 정치가 아주 역사적 현상임을 보여 주었을 뿐 아니라, 윈스턴리가 희망을 두었던 성령의 여러 대륙에서의 역사함을 자신의 인품에서 구현한 극적인 인물이다.

3. 정치신학을 향한 해방의 성령

나는 혁명이 일어나는 대서양 국가의 해방하는 투쟁에 대한 기독교와 아프리카의 영 담론과, 또 다른 영 담론의 동반 관계를 고려할 때 향후 발전을 요청하는 탐구의 네 가지 주된 요점을 간략하게 언급함으로써 결론을 내리고자 한다.

1) 북대서양의 해방신학

기독교 성령 담론의 이 유산의 정치적 지향은 살필 필요가 있는 북대서양의 생생하고 오래된 해방신학 전통들이 있다는 것을 의미한다.
이 사실에는 두 가지 결과가 따른다.

첫째, 이 사실은 이른바 제1세계의 정치신학과 제3세계의 해방신학 사이에 종종 만들어지는 구분을 모호하게 한다. 북대서양 전통들은 오랫동안 버림받고 가난한 사람의 공동체들 가운데 자체의 해방신학이 있었다. 북미 배경의 많은 신학 교육자는 자주 해방신학을 그 주된 초점이 해외에, 곧 라틴 아메리카의 개발도상국들에 있는 것으로 본다.
우리는 흑인 해방신학과 여권주의 해방신학뿐 아니라, 미국과 유럽의 가난한 자들의 공동체들 가운데 작용하는 해방의 영의 많은 요소가 존재한다는 것을 인정할 필요가 있다. 신학자들은 아마 『혁명의 신앙』(*Faith in the Revolution* 1997)에서의 뮌처와 윈스턴리에 대한 앤드류 브래드스톡의 중요한 연구를 따라, 이 사실을 인식할 때일 것이다.
둘째, 현대 정치신학과 해방신학은 이런 북대서양 영 전통들의 내용으로 풍부하게 된다는 것이다. 예를 들어, 오늘날 신학자들은 수평주의자와 평등주의자들의 영 담론을 따라 이들의 해방하는 투쟁의 영성에 결정적이었던 신학적 개념들에 대해 새롭게 생각하기 시작할 것이다.

그 개념들은 다음과 같이 발전되었다.

첫째, "모든 것이 가하나"(고전 10:23)와 같은 성경 구절들에서 가져와 발전시킨 반율법주의다. 아프리카 노예들과 노예 폐지론자들은 이 구절을 노예가 존재하고 착취가 이루어지는 모든 곳에서 변화를 일으킬 수 있는 허가증으로 읽었다(Linebaugh and Rediker 2000:81, 235).

둘째, 하나님의 영광, 곧 성령의 수여 개념은 억압의 모든 멍에를 부수는 것으로 해석되었으며, 이른바 영국 브리스톨에 있는 프랜시스라고 불린 블랙키모어 메이드(Blackymore Maide) 같은 혁명이 일어나는 대서양 전역 아프리카인들에게 소중하게 여겨졌다(Linebaugh and Rediker 2000:83-4, 99).

셋째, 하나님은 성령을 보내심에서 사람을 차별하지 않으신다는 신념은, 1949년 평등주의 선언(Digger Manifesto)과 인종 차별에 대항하는 1926년 마르코스 가르베이의 고발에서 발견되는 개념(Linebaugh and Rediker 2000:100)이다.

넷째, 희년의 성경적 개념이다. 기독교 영성은 이 개념을 특정 민족에 속하지 않는 국제적인 담론으로 확립했다(Linebaugh and Rediker 2000:320).

희년 메시지는 수평주의, 평등주의의 해방신학들을 통해 흐르고 있는 해방 담론의 일부다. 이 해방 담론은 바하마를 여행했던 삼보 스커리번, 자메이카에 갔던 조지 릴리, 런던과 노바 스코티아에서 설교했던 존 마란트 같은 아프리카계 미국인 설교자들에게 강화되었다(Linebaugh and Rediker 2000:268). 역사가들은 성경적 '희년의 나팔'을 자메이카와 아이티 노예 저항의 '나각 부는 기념제'와 관련지을 좋은 이유가 있다.

2) 대륙 간, 문화 간 공동체

영적인 것으로 분석되는 영역들은 정치신학의 작업을 요청하는데 대륙 간, 문화 간 공동체가 될 필요가 있다. 저항하는 사람들 가운데서 번영하는 해방의 성령은 이들의 변화시키는 역할과 관련 있다. 곧 이들은 종종 강제로 추방되고, 이리저리 이동하며 각 대륙의 문화 방식들을 혼합한다. 이것은 확실히 아프리카와 아메리카 대륙의 수평주의파, 평등주의파, 노예들, 선원들 가운데서 성령이 일하고 역사하는 사례다.

때때로 상황주의 시각으로 해방신학과 정치신학을 보려는 경향이 있다. 이런 시각은 신학적 담론을 땅의 경계가 있는 환경과 관련시킨다. 그렇지만 저항의 영을 따르기 위해 신학자들은 또한, 육지와 바다를 넘어 문화적으로 대륙적으로 혼합된 세계들을 분석할 필요가 있을 것이다.

더욱이 정치신학과 해방신학은 아마 특히 세계화된 문화의 시대에, 상황성의 훨씬 더 유동적인 의미에서부터 연구할 필요가 있을 것이다.

3) 은사주의와 오순절주의 그룹들

이 장의 논고는 정치신학과 해방신학이 영과 해방하는 정치의 새로운 융합들을 탐구하기 위해, 특히 가난한 자들의 공동체 속에서의 다양한 은사주의 및 오순절주의 집단에 대한 자신들의 연구를 강화하는 것이 마땅할 것이라는 사실을 제시한다.

특히, 미국에서는 성령에 대한 오순절파적인 강조를 정치적 권리 면에서만 정치와 혼합되는 것으로 보는 경향이 있지만, 이 글에서 살펴본 역사는 그렇지 않음을 보여 준다. 정말로 한동안 학자들은 흔히 다른 세계로 보인 오순절 담론들이 어떻게 해방하는 기능들을 포함해 정치적 기능들을 실제로 가지고 있는지에 대해 주목했다.

영국의 로버트 벡퍼드(Robert Beckford)의 획기적인 작품 『두려워하는 예수』(*Jesus is Dread*, 1998)와 『공포와 오순절』(*Dread and Pentecostal*, 2000)이 이런 예다. 다국적 시장의 신자유주의 정치들과 격렬하게 싸우는 에콰도르의 신오순절주의 원주민 복음주의자들에 의한 최근의 행동들은 이 성령이 인도하는 급진주의는 다른 어떤 곳이는 저항 방식으로 살아 있으며 다양한 사람들을 통해 전개되고 있다는 사실을 보여 준다(Ainger 2001; Batista 2000).

4) 종교 간 성령의 성격

마지막으로 이 글에서 내가 정치신학을 향하게 한 상호작용이 있고 가변적인 지점들은 성령이 심지어 기독교 해방신학자와 정치신학자들에게 종교 간의 성격 속에서 숙고되는 것을 요구한다. '평등하게 하는 영'이 영국 수평주의파들과 평등주의파들 가운데서 일어났고 이후 노예들, 고용된 종들, 선원들, 군인들 그리고 대서양 주변 국가들에서 권리를 박탈당한 자들의 정치적 영적 열망들과 상호 작용했을 때, 성령이나 '영들'은 좀처럼 어떤 종교적 전통에 속하지 않았다는 것을 상기하라.

이 모든 것은 신비적인 저항의 정치의 성령 담론을 함양할 수 있었다. 하지만 저항하는 성령을 받아들이는 사람들은 확실히, 단순히 그리스도인, 요루바족, 케추아어족, 부두교 신봉자들이 아니었다.

저항하는 성령은 말리의 '작은 도끼'와 이 노래의 생각 뒤에 놓인 수 세기의 전통에서처럼, 수많은 종교적 언어를 초월해 문화와 대륙을 넘나들면서 그 생명력과 성격을 융합했다. 혁명이 일어나는 대서양은 정치신학을, 해방을 위해 투쟁하는 공동체들을 통해 전개되는 종교적 표현의 완전하고도 창조적 융합 속으로 들어가도록 고무한다.

참고 문헌

Ainger, Katherine (2001). "Indigenous Peoples Open a Crack in History." *New Internationalist*, Oct. 5, 6.
Batista, Israel (2000). *Comunidades de Jubileo: las iglesias evangélicas en el nuevo milenio*. Quito: Ediciones Consejo Latinoamericano de iglesias.
Beckford, Robert (1998). *Jesus is Dread: Black Theology and Black Culture in Britain*. London: Darton, Longman, & Todd.
_____.(2000). *Dread and Pentecostal*. London: SPCK.
Bradstock, Andrew (1997). *Faith in the Revolution: The Political Theology of Müntzer and Winstanley*. London: SPCK.
Douglas, Mary (1970). *Natural Symbols: Explorations in Cosmology*. London: Barrie & Rockliffe/Cresset.
Goodman, Felicitas D. (1972). *Speaking in Tongues: A Cross-Cultural Study of Glossolalia*. Chicago: University of Chicago Press.
Gutiérrez, Gustavo (1988). *A Theology of Liberation: History, Politics and Salvation*, rev. edn. Maryknoll, NY: Orbis.
Haroutunian, Joseph (1975). "Holy Spirit." In *Westminster Dictionary of Christian Theology*. Philadelphia: Westminster.
Horsley, Richard A. (1995). *Galilee: History, Politics, People*. Valley Forge, Pa.: Trinity.
_____., ed. (1997). *Paul and Empire: Religion and Power in Roman Imperial Society*. Harrisburg, Pa.: Trinity.
Horsley, Richard A., and Silberman, Neil Asher (1997). *The Message of the Kingdom*. New York: Grosset/Putnam.
Knott, James R. (1980). *The Sword of the Spirit: Puritan Responses to the Bible*. Chicago: University of Chicago Press.
Lampe, G. W. H. (1962). "Holy Spirit." In *The Interpreter's Dictionary of the Bible*, vol. II, 626–39. Nashville: Abingdon.
Linebaugh, Peter, and Rediker, Marcus (2000). *The Many-Headed Hydra: Slaves, Sailors, Commoners*

and the Hidden History of the Revolutionary Atlantic. Boston: Beacon.

McFague, Sallie (1996). "Holy Spirit." In *Dictionary of Feminist Theologies*, ed. Letty M. Russell and J. Shannon Clarkson, 146–7. Philadelphia: Westminster/John Knox.

Mack, Burton (1995). *Who Wrote the New Testament? The Making of the Christian Myth*. New York: HarperCollins.

MacMurray, John (1961). *Persons in Relation.* London: Faber.

Murrell, Nathaniel; Spencer, William David; and McFarlane, Adrian A., eds., (1998). *Chanting Down Babylon: A Rastafari Reader.* Philadelphia: Temple University Press.

Myers, Ched (1988). *Binding the Strong Man: A Political Reading of Mark's Story of Jesus.* Maryknoll, NY: Orbis.

Outka, Gene H. (1972). *Agape: An Ethical Analysis.* New Haven: Yale University Press.

Pelikan, Jaroslav (1971). *The Christian Tradition: A History of the Development of Doctrine*, vol. I. Chicago: University of Chicago Press.

Perry, Lee, and Marley, Bob (1973). *African Herbsman.* London: Trojan Records.

Ridderbos, Herman (1975). *Paul: An Outline of his Theology.* Grand Rapids, Mich.: Eerdmans.

Sawicki, Marianne (2000). *Crossing Galilee: Architectures of Contact in the Occupied Land of Jesus.* Harrisburg, Pa.: Trinity.

제27장

교회론

윌리엄 T. 카바노프(William T. Cavanaugh)

20세기 말의 모든 정치신학은 어떤 식으로든, 교회의 사유화를 단순히 묵인하지 않고 기독교 국가(Christendom)의 몰락을 파악하려는 시도로 이해될 수 있다. 그럼에도 불구하고, 이상하리만큼 기독교 정치신학은 교회에 대한 주제를 등한시해 왔다. 이렇게 등한시해 왔던 것은 신학 관점에서 보면 이상하지만 현대 자유주의 민족 국가에서 이루어지는 정치 관점에서 보면 전적으로 이해될 수 있다.

정치 관점에서 정치는 신학에서 해방되었고 신학과는 당연히 차이를 드러낸다. 정치는 자체 토대들 위에 세워진 독자적인 세속 영역에서 이루어진다. 교회는 다양한 방식으로 이 과정에 공헌하거나 혹은 공헌하지 않을 수도 있다. 하지만 세속사와 구속사는 서로 뚜렷이 다른 과정이다.

세속화에 대한 계몽주의 이야기를 수용하지 않는 대부분 신학자들에게도, 기독교 국가의 종말은 교회를 세속적 권력에서 마땅히 분리되는 것으로 받아들여져야 한다. 민족 국가라는 테두리 속에 있는 정치는 모든 시민을 이들의 다른 소속과 상관없이 망라하면서 보편적인 것으로 나타난다.

반면, 교회는 시민 사회에 존재하는 많은 단체 중 하나인 매우 특정한 단체다. 정치의 근거를 교회에 두는 것은 배타적이고 편협한 기초 위에 정치를 세우는 일이 될 것이다. 그러므로 교회는 더 넓은 정치적 삶에 어떤 공헌을 할 수 있지만 교회 자체가 정치 조직은 아니라는 것이다.

나는 이 글에서, 교회에 대한 전적인 신학적 이해가 우리에게 이 같은 교회의 정치적 소외를 거부할 것을 요구한다고 주장한다.

어떤 타당한 교회론도 두 가지 결정적인 신학적 사실에 정치적 함의들이 있다는 것을 인식해야 한다.

첫째, 구속사와 분리된 정치사는 없다.
둘째, 교회는 구속사와 불가분의 관계다.

1. 이스라엘과 그리스도의 몸

우리가 국가에 대한 베버의 정의, 곧 정치는 국가라는 정치 기구에 대한 권력을 획득하고 유지하는 것과 관련이 있다는 생각을 성경으로 돌아가 시대착오적으로 해석하지 않는다면, 이스라엘 및 교회는 이것들이 율법과 제의를 통해 사람들의 구별된 공동체의 사회생활과 일상의 실천에 정치적 질서를 부여한다는 일반적 의미에서 정치적 실체다.

그러나 교회의 정치적 의의는 단지 사회학적 관점에서 언급될 수 없으며, 구속사 안에서 교회가 갖는 신학적 중요성으로 시작되어야 한다.

오늘날 교회 자체를 정치의 한 유형으로 이해하기를 꺼리는 일 중심에는 교회를, 구원의 진정한 대상이라 여겨지는 개인들의 모임 이상으로 이해하지 못하는 것이 있다. 하지만 성경의 증언에서 보면 구원은 본질적으로 사회적이다. 구원에 대한 유대인과 그리스도인의 확신은 바로 "구원은 역사가 있다"는 점에서 놀라운 것이다.

구원은 나라들이 보는 앞에서 역사적 시간 속에서 전개된 완선히 공개직인 사건이다. 구원은 타락 후 창조의 파괴에서 몇몇 생존한 개인을 잡아 끌어내는 문제가 아니라 새 하늘과 새 땅을 재창조하는 것에 대한 이야기다(벧후 3:13; 계 21:1). 구원의 역사는 정치의 역사에서 분리되어 설명되지 않는다. 성경에서 구원 이야기는 공적 무대 위에서 구체화되고 바로, 왕, 가이사들과 상호 작용한다. 구원 자체가 도래하는 하나님 나라이자 새로운 도성으로 묘사된다.

구속사와 불가분 관계에 있는 것이 이스라엘과 교회다. 하나님은 사람들의 한 공동체를 부르시어 구원의 맛보기가 되게 하신다. 곧 다르게 살도록 명하시는 구체적 공동체가 있어 다른 사람들이 하나님의 평화로운 혁명을 맛보고 이해해 역시 복을 받게 하신다.

정치사와 구속사를 결합하려는 정치신학들조차 구속사에서 하나님의 사람들이 중심이라는 것을 무시하려는 경향이 있다. 하나님의 특이한 방식, 즉 유대인을 선택하는 문제는 입 밖에 내지 않는 반복되는 말이다. 왜냐하면, 선민 개념이 현대 정치의 보편주의에 대한 일종의 모욕이기 때문이다. 그럼에도 불구하고 선민 개념은 기본적인 신학적 사실이며, 최근 종종 대체주의(supersessionism) 곧 교회가 이스라엘의 특수주의를 개방시키고 보편화한다는 주장에 의해 무시되었다.

그러나 게르하르트 로핑크(Gerhard Lohfink)가 그의 중요한 책인 『하나님은 교회가 필요한가?』(Does God Need the Church?)에서 주장하듯이, 자유로운 창조의 논리 속에는 한 특정 백성을 통해 전 세계를 구원한다 (창 12:3)는 신학적 이치가 내포되어 있다(Lohfink 1999:27).

> 자유를 빼앗지 않고서 어느 누가 세상과 사회를 근본적으로 변화시킬 수 있을까? 하나님이 세상에서 소소한 방식으로, 단 한 장소에서 시작하는 일만이 있을 수 있다. 세상의 구원이 시작될 가시적인 유형의 장소가 있어야 한다. 다시 말해, 세상이 하나님의 계획에 따라 합당한 세상으로 바뀌어 나갈 장소가 있어야 한다는 것이다. 새로운 것은 이 장소에서부터 시작되어 널리 퍼져 나갈 수 있다. 그런데 이 새로운 것은 설득을 통해서도, 세뇌를 통해서도, 폭력을 통해서도 퍼져 나가지 않는다. 모든 이는 와서 보는 기회를 가져야 한다. 모든 이는 이 새로운 것을 보고 검증할 기회를 가져야 한다. 그리고 나서 이들은 원한다면 하나님이 창조하고 계시는 구속사 속으로 이끌려 가도록 자신들을 내어 놓을 수 있다.
> … 새로운 것으로 이들을 이끌어 가는 것은 강제력일 수 없고, 심지어 도덕적 압력일 수도 없다. 오직 변화되는 세상의 매력만이 이끌어 갈 수 있다(Lohfink 1999:27).

이스라엘과 교회가 구속사의 중심이고, 따라서 이스라엘과 교회가 정치사의 중심도 된다는 기본적인 성경의 사실을 감안할 때, 대체주의를 피하기 위해 선택의 논리를 그렇게 설명하는 것도 필요하다.

물론, 이스라엘 민족은 정말 자주 다른 공동체들과 실제로 상당히 다르게 보이지는 않았다. 구약성경은 이스라엘 민족의 죄와 이 죄에서 구원이 약속된 것을 강조하면서, 회개를 중심으로 구속사를 말한다. 이스라엘 민족이 하나님의 백성이라는 주장은 이스라엘의 도덕적 우월성을 주장하는 것이 아니라, 바로 구원과 죄로 구성된 드라마가 이스라엘을 통해 세계 속에서 구현되고 있다는 것을 주장하는 것이다. 이런 구현의 중심이 바로 언약이고 예배이며 율법이다.

월터 브루그만(Walter Brueggemann)이 쓴 것처럼, "신명기는 언약을 독자적 정치, 착취의 경제 또 방종의 신학에 대한 급진적이고 체계적인 대안으로 제시한다"(Brueggemann 2000:48). 정말로 신학과 정치는 불가분의 관계다. 왜냐하면, 왕권의 자율이 이스라엘과 앗수르의 상황에서 하나님과 대립하는 자치며 따라서 우상 숭배의 형태이기 때문이다.

결코 예배는 단지 종교적이거나 내세의 것이 아니라 여호와가 이스라엘의 억압자들에 대항해 의도하신 다른 유형의 정치 질서와 다른 유형의 권력을 보여주는 드라마다.

> 이 구별된 공동체는 예배 속에서 구성된 세계가 외부에 있는 세계보다 더 믿을 수 있고 확실하다는 사실을 단언하는 것이 요청된다(Lohfink 1999:43. 강조는 원래의 것).

마찬가지로, 토라는 종교적 율법이 아니며 시민법과 형사법에서부터 몸의 털에 이르기까지, 지배에서부터 새의 둥지에 이르기까지 삶의 모든 측면을 아우른다.

그럼에도 불구하고, 이스라엘은 다른 고대 정치 집단과 똑같은 정치적 질서의 개체가 아니다. 우리가 다윗의 통치에서 앗수르와 바벨론의 정복에 이르기까지 이스라엘의 '자주 국가 지위'(statehood)라고 부를 것의 경험은 비교적 잠시 동안이며, 이 자주국 경험은 이스라엘에 정체성이나 연속성을 부여하는 경험이 아니다. 이전의 부족 연합 시대(B.C. 1,200-1,000년)는 마치 군주 제도에 앞선 원시적 형태인 것처럼 단순히 국가 이전 시대는 아니었다. 부족 연합은 가나안 도시 국가의 군주제를 반대하는 의도적인 형태였을 것이다(Lohfink 1999, 107-8).

신명기 저자가 이 이야기를 할 때, 왕정으로 변동하는 것은 부정적인 시각으로 제시된다(삼상 8장). 토라를 통해 성문화되었던 사회적 질서는 왕정의 규범화에 대해 왕정까지 닿으며 다윗의 국가와 어떤 연결점을 피한다.

왕정의 바벨론 포로 이후 형태에서, 또 이어지는 회당 연합에서, 이스라엘 민족은 제3의 형태(tertium quid)다. 회당 공동체는 도시(polis)도 아니고 단체(koinon)도 아니다. '코이논', 곧 단체는 '폴리스'의 부분이다. '코이논'은 특정하고 특별한 이해관계를 중심으로 형성된 모임이었다.

하지만 회당의 관심은 토라에 명령을 받으면서 삶 전체에 있었다. 회당은 서로 소통을 유지했고 이스라엘의 토지와 계속 연관되는 것에 관심을 가지고 있었다. 로마 제국은 그들의 독특한 지위를 인정했고, 그들에게 군사적 의무와 황제 숭배를 면제해 주었다(Lohfink 1999:116-18).

교회는 회당으로부터 이런 형태를 수용했고, 하나님 백성의 특유한 정치적 지위를 나타내기 위해 "에클레시아"라는 용어를 사용하기 시작했다 '에클레시아'는 그리스의 도시 국가에서 시민권을 가지고 있는 모든 사람의 회합이었다. 교회가 "에클레시아" 용어를 사용하는 것은 시내 산 장면에서 총회 날이라고 표현한 신명기 구절에 궁극적인 기원이 있다(신 9:10, 10:4, 18:16).

교회는 "에클레시아" 용어를 받아들이면서 단지 '코이논'(단체)인 이상의 존재라는 것을 주장하고 있었다. 교회는 단지 전체의 부분이 아니라 전체 그 자체였다. 또 교회의 관심은 특정적이 아니라 보편적이었다.

교회의 관심들은 전 세계의 운명을 포괄했다. 교회는 자신을 이스라엘의 종말론적 성취로 보았고, 그러므로 세상의 구원을 증언하고 구체화하는 존재로 이해했다. 교회는 '폴리스'가 아니지만, 예수 그리스도의 사건 속에서 머지않은 이스라엘의 구체적이고 가시적인 성취를 묘사하기 위해 하나님 나라라는 표현을 사용했다(막 1:15).

교회는 폴리스가 아니지만, 교회 안에 있는 구성원들을 묘사하려고 시민권이라는 용어를 사용했다(엡 2:19; 빌 3:20). 교회는 폴리스 안에 시민권 지위에서 배제된 사람들, 곧 여성, 아이 및 노예들에게도 세례를 통해 시민권을 부여했다.

지난 몇 십 년에 걸쳐, 예수가 유대인임에 대한 학문적 발견(예컨대, Sanders 1985)은 교회의 정치적 의미에 대해 중요한 함의들이 있다. 이 발견이 복음의 (자주 반유대적인) 정신화와 내면화를 잠재우기 때문이다. 예수는 노골적으로 외적인 율법을 대체하고 그것을 개인적인 믿음과 동기의 문제로 바꾸기 위해 오신 것이 아니다.

그는 율법을 폐기하러 오신 것이 아니라 율법을 완성하러 오셨다(마 5:17-18). 세례와 성만찬은 이제, 그리스도의 권력들과의 대립을 상기시키고 그리스도의 몸으로의 참여를 요구하는 예전적 드라마를 연출하는 율법의 제의적 완성의 중심이 되었다.

성례전의 몸과 공동체의 몸이 아주 밀접하게 연결되어 있으므로 바울은 사회 경제적 상황에 따른 공동체 내의 분열이 성례전을 정죄함을 받는 경우로 바꿀 위험이 있다고 확신했다(고전 11:17-34). 그리스도의 몸은 신비의 숭배 대상이 아니라 세상에서 화목하게 사는 삶의 새로운 방식이었고, 이런 방식이 삶의 모든 측면을 포함했다. 교회는 모든 창조물을 위한 하나님의 구원 계획을 예시하는 종말론적 징표가 되어야 했다. 바울이 이해한 것처럼, 교회의 이야기는 참회하면서 말해야 한다고 자주 요구되지 않았다.

로마가 교회를 정치적 위협으로 다룬 것은 놀라운 일이 아니다. 교회의 관습들이 제국의 선한 질서를 전복하는 것으로 보였다. 플리니우스(Pliny)는 트라야누스 황제에게 보내는 서신에서(A.D. 110년경) 자신이 트라야누스의 정치적 모임 금지령을 소아시아의 기독교 공동체들에 적용했다고 보고한다.

로마의 시각에서 그리스도인들이 이교 신들을 숭배하지 못하는 것과, 가이사에 대한 충성이 그리스도에 대한 충성과 충돌한다고 여기는 것은 단순히 종교적인 문제가 아니라 제국의 정치 질서의 문제였다.

N. T. 라이트(N.T. Wright)가 말한 것처럼, 그리스도인들은 그들이 사적 회원 조직 또는 특정 관심들을 주창하는 모임(collegium)이라는 주장과 함께 가해지는 핍박에서 자신들을 변론하려고 하지 않았다. 그들은 비록 그리스도의 왕권은 가이사의 왕권 방식에 근거한 것이 아니었지만 그리스도가 왕이심을 계속해 선포했다(Wright 1992, 346-357).

그리스도의 나라는 세상의 것(요 18:36)이 아니라는 것은 기원을 진술한 것으로 간주되었다. 그리스도의 나라는 세상에서 오지 않고, 세상 속에 또 세상과 깊숙이 연관되어 있는 나라다.

2. 기독교 국가와 교회

만일 구속사가 4세기에 단순히 긴 우회를 시작한 것이 아니라면, 우리는 콘스탄티누스 이전과 이후 교회의 연속성에 대해 설명할 수 있어야 한다. 우리는 기독교가 로마 제국의 공식적 신조로 확립된 일이 교회의 과거와의 단절을 나타낸다고 생각하기 쉽다. 그리고 실제로 그랬다. 그러나 교회가 자체를 정치적 의미를 가진 단체로 항상 생각하는 한, 더 강한 연속성이 있다.

콘스탄티누스의 전환은 내세적인 교회에서 세속적 교회로, 문화에 대항하는 그리스도에서 문화의 그리스도로, 종파적 유형에서 교회적 유형으로의 변화가 아니다. 오히려 그 전환은 하나님이 구속사에서 행하시는 것을 그리스도인들이 읽는 방식에 있다.

올리버 오도노반(Oliver O'Donovan)의 작업이 도움이 되는데, 콘스탄티누스의 전환을 설명할 수 있기 때문이다. 4세기 그리스도인들은 단순히 권력에 취해 교회를 근본에서 이탈시키지 않았다. 이제 수많은 그리스도인은 하나님이 하나님의 통치 아래 있는 정부 권력들을 최종적으로 가져오셨다고 생각했다. 따라서 순교에서 통치로 아마 일시적일 것이지만 교회의 정치적 책임이 바뀌었다고 생각했다(O'Donovan 1996:215-217).

콘스탄티누스는 정치신학의 시작이 아니었고, 하나님 나라가 어떻게 이 세상에 드러나야 하는지에 대한 그리스도인의 생각과 행위에 있어서의 전환에 해당했다. 콘스탄티누스를 최종적으로 또 명확하게 따랐던 기독교 국가(Christendom)에 대한 오랜 실험은 20세기에 끝났다.

정치신학에 대한 열정은 하나님이 현 시대의 정사와 권력에 대해 행하고 계시는 것을 한 번 더 생각하려는 시도로 이해할 수 있다. 교회를 폭력의 수단에서 분리시키는 것은 내가 옳게 생각하고 있다면 일반적으로 선으로 받아들여진다.

하지만 만약 우리가 성령이 교회를 포기하셨다는 가정에서 기독교 국가에 대한 이야기를 풀어 나가려는 것이 아니라면, 우리는 기독교 국가가 교회의 타당한 형태를 찾아가는 하나의 전환이라는 사실 이상을 말할 필요가 있다.

콘스탄티누스는 단지 의의 순수한 상태에서의 교회의 타락을 보여 주는 것이 아니며, 기독교 국가도 근대화에 계몽된 사람인 우리가 마침내 적절히 분류하고 구분한 본질적으로 다른 두 가지 곧 신학과 정치, 교회와 국가의 적절하지 않은 혼합에 해당하지 않는다.

사실, '기독교 국가'라는 용어 아래 묶이는 총괄적인 개념은 교회의 고유한 정치적 성격과, 예수 그리스도 안에서의 세상의 통합적 구원을 위한 교회의 도구적 역할을 심각하게 받아들이는 일련의 매우 복잡한 시도들이라는 것이다.

서방에서 로마 제국의 몰락 후 교회는 빈틈터리가 되었으며 사람들은 재판장과 보호자로서 지역 주교에게 의지했다. 왕권이 강화되면서 교회와 세속 집권자들 사이에 갈등이 많아졌는데, 이는 주로 왕권 자체가 성경적으로 또는 성례적으로 인정된 하나님의 사람들 안에서 임명되는 직분이라는 신학적 이해 때문이다. 국가와 교회의 권위들이 갈등하는 것은 본질적으로 구별된 책임에 대한 혼동 때문이 아니라 교회와 정치의 고유한 불가분성에 기인한다(Tierney 1964, 1-11).

그럼에도 불구하고, 우리는 기독교 국가를 단순히 성령의 엄청난 오류라고 일축할 수 없지만 그리스도인의 강압적 힘의 행사와 관련된 모호성들은 결국 기독교 국가에 대한 실험의 실패를 가져왔다.

초기 중세 시대를 지배한 아우구스티누스의 견해에서 강압적인 정부는 인간에게 정상적인 것이 아니었다. 정부는 인간의 죄성으로 인해 타락 후 필연적일 수밖에 없었다. 종말론적인 초점이 유지될 수 있는 한, 우리는 세상 권세가 강압적인 모습을 보여 주는 것을, 하나님 나라가 새 하늘과 새 땅에서 완전히 실현되기를 기다리는 동안에 일시적으로 필요한 것으로 볼 수 있다.

따라서 아우구스티누스는 강압으로 만들어진 지상의 평화가 단지 임시적으로 모방된 것으로서 『하나님의 도성』(De civitate Dei)에 의해 사용된 것이라고 가르쳤다.

> 하나님의 도성, 또는 지상에서 순례하면서 믿음으로 살아가는 이 도성의 구성원은 평화를 필요로 하는 인간의 상황이 사라져 없어질 때까지 이 평화를 이용할 수밖에 없다. 그 결과, 이 구성원은 이미 구속받은 약속과 보장으로 성령을 받았다 할지라도, 지상의 도성 속에서 나그네와 포로 된 자 같이 살아가는 동안에는 지상의 도성이 이 땅에서 살아가기 위해 필요한 것으로 요구하는 법에 순종하는 일에 주저해서는 안 된다(Augustine 1950, 695-6 [XIX. 17].)

영적인 권세와 세속적 권세의 차이는 공간이 아닌 시간의 차이다. 영적인 권세는 영원을 다루고, 세속적 권세는 예수 그리스도의 초림과 재림 간의 잠정적 조치들을 다룬다. 정치는 구속사 위에 계속 투영되어 남는다. 하지만 11-12세기에 아우구스티누스주의 견해의 부족함과 아리스토텔레스 및 로마법의 재발견으로 세속적인 것이 공간이 되는 과정이 시작되었다. 그 공간은 영원히 교회 밖에 존재하는 공간이다.

강압적인 정부는 영속성을 부여받았다. 이런 정부는 그리스도의 나라의 완성을 기다리는 인간 죄성의 우발적 실재에 기초한 유감스럽게도 필요한 것이 아니라, 인간의 사회적 본성에 근거한 인간 사회의 본래적이고 불가피한 특성을 말한다.

아퀴나스에 따르면, 인간이 다수의 사회 속에 살아가는 것은 자연스러운 것이다. 그러나 "모든 구성원의 공동선을 지키는 체제 속의 보편적 통치력이 없다면"(Aquinas 1949, 5-6), 이 같은 다수는 붕괴될 것이다. 강제력 있는 정부가 정상적이고 또 영속적이라는 의미는 중세 시대 후기에, 지배자와 지배를 받는 사람 둘 다와 별도로 존재하는 불변하는 영속적 제도인 국가라는 용어와 그 실재가 발흥함으로써 인식되었다(Skinner 1978, 352-8). 동시에 세속적 권세는 종말론적 준거를 상실하고 공간화되었다.

캐서린 픽스톡(Catherine Pickstock)의 말을 빌리자면, 세속적 권세는 본질적으로 영적인 것과 분리된 하나의 공간으로 재규명된 것이다(Pickstock 1998, 135-66). 이런 논란에서 왕권은 교회의 영적인 권위의 우월함과 독립성 보호를 위해 왕권의 제의적 준거가 사실상 제거되었다.

하지만 시간이 지남에 따라 이 일은 "피로스의 승리"[1](Pyrrhic victory)로 판명될 것이었다. 이는 교회와 무관하게 스스로 신성시하는 자기 충족적이고 독자적인 국가의 권위가 일어나는 무대를 제공한 때문이다(Kantorowicz 1957; Cavanaugh 1998, 212-221).

따라서 죄를 억제하는 교회 내 방식으로서의 강제적인 권력이라는 초기 아우구스티누스 견해의 모호함과 긴장은 깨지고, 강압적 권력과 영적인 권세, 또는 권력과 사랑의 완전한 분열이 발생한다. 근대에 국가는 단체들에 대해 파괴적 권력을 가진 독자적 체제로 발달하기 시작할 것이고, 교회는 영혼의 관리인이라는 자리를 차지할 것이다.

세속적인 것과 영적인 것은 뚜렷이 구별되는 자리들을 점하게 될 것이다. 세속적인 것은 정치, 경제 등과 같은 영역과 관계있고, 영적인 것은 양심, 성례 등과 같은 다른 영역과 관계있다. 기독교는 하나의 종교로서 내면화될 것이고, 종교와 정치, 교회와 국가의 근대적 구분들은 세속적 민족 국가 안에서 제도화될 것이다.

이런 과정은 20세기에 완전히 완성될 것이었다. 우연치 않게, 20세기에는 그리스도인들이 기독교 국가 이후 복음의 정치적 함의들을 통해 이리저리 생각해 보려 하면서 놀랍게도 정치신학들이 풍성히 쏟아져 나왔다. 교회는 마침내 기독교 국가에서, 강압적 권력 행사라는 모호함에서 해방되었다.

그러나 우리는 교회의 정치적 본질 문제에서 벗어나지 못했다. 정치신학들은 우리가 교회의 사유화(privatization)를 따를 수 없다는 인식 위에 세워진다. 그렇지만 정치신학들이 교회에 남기는 역할은 상당히 다양하다.

---

1 고대 그리스 지방인 에피로스의 왕 피로스(Pyrrhus)는 로마와의 두 번에 걸친 전쟁에서는 모두 승리를 거두었지만 대신 장수들을 많이 잃어 마지막 최후의 전투에서는 패망했다. 이후부터 많은 희생이나 비용의 대가를 치른 승리를 '피로스의 승리'라 부르게 되었다-역주.

3. 간접 정치의 교회론

 정치에 대한 기독교 국가 이후(post-Christendom) 신학 대부분은 구속사가 사유화되어 왔다는 생각을 단순히 수용하지 않는다. 그럼에도 기독교 국가 이후 신학들은 신학에 대한 정치의 상대적 독자성을 지지하고 정치에 대한 교회의 영향력을 간접적으로 만든다.

 기독교 국가는 세속 권세에 대해 교회 권세의 다양한 주장들을 이해했다. 이 중 더러는 교회가 직접적인 정치적 권위가 있다는 주장에 근거했고, 더러는 교회가 가진 세속 안에서의 권위가 '간접적 권력'(postestas indirecta)이라는 생각에 근거했다. 후자 이론들은 전형적으로 교황이 소유한 영적인 권력에 근거하며, 이런 권력은 특히 세속 집권자들을 포함해 신도들을 훈육한다(Tierney 1964:2-5).

 기독교 국가 이후 시대의 정치신학은 교회가 단순히 정치를 단념하고 개인적 관심사로 물러날 수 없다는 것을 인식한다. 하지만 기독교 국가 이후 정치신학은 중세의 간접 권력 개념에서 간접성을 다시 한 번 없애려는 경향을 보인다. 기독교 국가에서는 세속적인 것에 대한 교회의 직접 권력이나 간접 권력의 문제는 그리스도인 집권자들을 징계하는 교회의 힘과 연관되어 있다.

 그렇지만 근대 세속 사회에서 정치신학은 시민 사회 안에서 살아가는 기독교 시민의 활동을 통해 국가에 영향을 미쳐야 한다고 주장함으로써 국가에서 더 떨어지려는 경향이 있다. 더욱이 대부분 사람은 다원주의 사회를 다루는 문제에서 신학이 직접적으로 정치화될 수 없고 시민 사회에서 영향을 미치기 위해 공공적으로 접근할 수 있는 담론 형태로 바뀌어야 한다고 생각한다.

 예를 들어, 자크 마리땡(Jacques Maritain)에게 기독교 국가의 몰락은 마치 '양차원'처럼 공간화되는 세속적인 것과 영적인 것을 적절히 구분하는 것을 허용했다. 이것은 교회의 양보가 아니라 복음 자체의 외부 작용(outworking)이다. 그리스도는 그의 나라가 영적인 나라지 이 세상에 속한 나라가 아님을 분명히 주장했다. 그리스도는 이교들과 다르게 성스러움을 내면화하고 인간의 마음속에 위치시켰으며 시간에 따른 변화에서 벗어나게 했다.

 결과적으로, 그리스도는 가이사의 것과 하나님의 것을 뚜렷하게 구분함으로써 우리를 해방시켰다. 그러므로 근대 세속 국가가 발생하고 성장하는 것은 기독교적 이상을 거부하는 것이 아니라, 반대로 현실 문화와의 혼동을 적절히 해결해 영적인 삶을 풍성하게 하는 기회를 제공하는 것이다(Maritain 1931:1).

그러나 세속적 차원은 자체의 상대적 독자성을 가지지만 영적인 차원에 종속된다. 정치적이고 사회적인 삶에 포함된 자연적인 덕목들은 곧 사업을 경영하고 정부를 운영하고 전쟁을 치르는 것은 초자연적인 영적 덕목들에 의해 향상되는 것으로 여겨진다. 그럼에도 교회는 세속적 공간과 시간 밖으로 영혼들을 결속시킨다. 그리고 교회는 정치적 윤리 영역에 직접적으로 관여하지 않는다.

그러므로 교회는 세속 차원의 조직으로 활동하지 않고, 개인들을 통해 간접적으로 영향력을 행사한다. 정치적인 것과 사회적인 것의 세속적 차원에서 활동하는 개별적 그리스도인에게 영적인 차원에 의해 생명이 부여된다. 세속적 차원에서 그리스도인은 그리스도인답게 행동하지만 보통 말하는 그리스도인처럼 행동하지는 않는다(Maritain 1968:294).

이런 방식으로 새로운 기독교 국가는 국가가 명시적으로 세속화된 채로 남아 있으면서 가능하다. 하지만 개개의 그리스도인이 공적 포럼에서 명시적으로 기독교 언어로 말하지 않고서도 공공의 삶과 관련된 복음의 조직화되지 않은 영향을 끼칠 수 있다.

머레이(John Courtney Murray)는 교회의 간접적인 정치적 영향에 대한 다른 중요한 예를 보여 준다. 여기서는 결정적인 구분이 국가와 시민 사회 사이에 있다. 국가는 공적 질서를 보호하는 제한된 역할을 한다. 자유와 도덕적 주체의 영역은 시민 사회고, 공공의 선을 추구하는 것은 사회 전체의 문제다. 교회는 국가의 강제적인 권력을 가지고 있지 않지만, 진리, 정의, 사랑, 자유의 기독교 정신을 통해 사회의 온갖 제도들 곧 경제, 사회, 문화, 정치에 스며들어 공동선에 공헌한다(Murray 1993:183).

여기서 머레이는 교회의 간접 권력에 대한 중세 개념을 재정립한다. 곧 간접 권력의 주체는 집권자나 국가가 아니라 민족 국가의 기독교 시민의 개인적 양심이라는 것이다. 머레이에게 교회 자체가 사회에 봉사하는 활력과 생기 넘치는 단체인 것을 의미한다.

그러나 마리땅에게서 볼 수 있는 것처럼 교회가 정치적 제도 자체로 이해되는 것은 아니다. 복음의 정치적 함의들은 현실적 제도들 속에 파고드는 정신(spirit)으로 바뀌어야 한다. 더욱이 자연적인 것과 초자연적인 것 사이에는 분명한 분기점이 있다. 즉 다원주의적인 공공 영역에서 교회는 신학적으로 말해서는 안 되며 그리스도인이든 아니든, 합리적인 사람이라면 이해할 수 있는 이론 안에 있는 자연법의 언어로 말해야 한다(Murray 1960:295-336).

기독교 국가 이후 시대의 정치적 자유주의 영역 안에서 기독교 메시지를 이해 가능하게 해야 한다는 이 같은 주장은 교회로 하여금 라인홀드 니버의 정치신학을 거의 완전히 포기하게 만든다. 니버는 머레이 못지않게 종교가 다원주의적 민주주의 정신을 유지하는 데 필요하다고 확신한다.

하지만 니버는 교회가 공동선에 본질적인 어떤 진리들에 대한 특권적 권한을 가지고 있다는 확신에 있어서는 머레이보다 덜하다. 니버에게 있어서 민주주의 사회 질서가 바르게 기능함에 종교가 공헌하는 것은 특권적 권한에 대한 주장이 가장 자주 교만의 죄에 기인함을 인식하는 것이다.

죄는 인간의 환경에 골고루 퍼져 있다. 이기주의적 관심은 불가피하다. 엄밀하게 말해 민주주의의 탁월성은 그 같은 관심들의 균형을 이루고, 특정 주장들이 보편적 지위를 획득하는 것을 용납하기를 거부한다는 것이다.

따라서 인간 죄성의 인간학과 더불어 기독교는 정의와 진리에 대한 어떤 주장도 상대화함으로써 민주주의 질서에 기여한다,

> 그러므로 종교적 믿음은 끊임없는 겸손의 원천이 되어야 한다. 왜냐하면, 믿음이란 인간을, 자신들의 본성적인 교만을 억제하고 가장 궁극적인 진리일지라도 이에 대한 자신들 진술의 상대성을 합당하게 인식하도록 고무해야 하기 때문이다 (Niebuhr 1944:135).

물론, 이 같은 겸손은 교회가 사회의 질서화에 대한 하나님의 뜻을 중재하는 특권적 지위 같은 것이 주어진다는 식의 가능성을 배척한다. 교회론은 니버의 정치신학에서는 단지 부재한다. 그는 교회가 기독교가 조직화된 형태로 존재하는 데 사회학적으로 필요하지만 교회가 대안적 정치의 원천이라는 어떤 주장도 교만의 발현으로 치부될 수 있으며, 따라서 민주주의 정치 질서를 위협하는 것으로 여겨질 수 있다고 의심의 여지 없이 생각했다.

위의 정치적 교회론들은 병적 증상을 세분화하는 것을 공유한다. 강조점은 세속 영역 안에서 활동하는 개별적인 기독교 시민들에게 초점을 맞춘다. 교회는 세속적인 것에서 조직체로 활동하지 않는다. 이와는 달리 요한 밥티스트 메츠(Johann Baptist Metz)의 새로운 정치신학은 교회가 근대 세속 민주주의 사회 안에서 사회 비평 기관으로 활동한다고 본다. 그럼에도 불구하고 메츠의 교회론은 정치 문제들에 있어서 교회의 간접적인 영향력에 여전히 방향을 맞춘다.

메츠(Metz)는 종교적인 것에서의 정치적인 것의 타당한 해방을 수용하면서 시작한다. 사실 메츠의 정치 독자성은 마르땡에게서 발견되는 영적인 것에 대한 명시적인 종속 같은 것에 방해를 덜 받는다. 메츠에게, 계몽주의는 인간 자유의 성숙을 달성하는 것을 의미한다.

세속화된 정치적 질서는 자유의 질서다. 정치적 현실들은 더 이상 주어지는 것이 아니라 자유로운 인간 행동에 달려 있다. 마리땡의 생각에서처럼 구속사의 윤곽들은 세상의 교회에 대한 상대적 독자성 속에서만 이해된다.

세속화는 그리스도를 이 세상에서 몰아내는 것이 아니라, 오히려 이 역사에서 그의 통치가 결정적인 요소라는 것이다(Metz 1969:19). 왜냐하면, 세상을 그 자체로 자유롭게 하는 것이 기독교기 때문이다.

메츠는 정치신학의 옛날 해석들 곧 보날드, 도 노소 코르테스, 슈미트 등이 비판력 발전 전이라고 생각한다. 이는 그들이 종교의 계몽주의 비판을 받아들이지 않기 때문이다. 그들은 신학이 직접적으로 정치화될 수 있다고 믿는다. 하지만 동시에 메츠는 교회를 정치적 영역에서 타당하게 분리하는 것이 단지 교회를 사유화하는 것을, 곧 부르조아적 감상의 무기력한 포용에 복음을 넘기는 것을 초래해서는 안 된다는 데 관심을 갖는다.

메츠의 해결책은 교회가 사회 비판의 기관으로서 시민 사회 안에서 그 자리를 받아들여야 한다는 것이다. 이런 교회의 과제는 계몽주의 이래로 전개되는 자유의 역사를 섬기는 것으로 정의된다. 예수가 권력과 대립하고 소외된 사람을 특별히 사랑하는 것에 근거하는 교회는 하나님 나라에 이르지 못하는 온갖 사회적 형태들에 대해 비판해야 할 것이다. 심지어 교회 자체도 사회의 모든 역사적 실제 상황을 임시적으로 보이게 만드는 종말론적 조건 아래 놓여있다(Metz 1969:114).

교회가 제시하는 비판은 단지 부정적인 것이 아니라, 성경적 전통의 종말론적 약속들, 곧 자유, 평화, 정의, 화목 등을 현재 실현하라는 도전을 준다. 그런데 신학은 직접적으로 정치화될 수 없으므로 시민 사회 영역 안에서 활용되기 위해서는 실천적인 공공 이성 형태로 바뀌어야 한다. 메츠가 세속화를 긍정적으로 평가한 것은 해방신학의 많은 부분에 전수되었다(was taken over by).

구스타보 구티에레즈의 작업은 성스러운 역사와 세속 역사라는 두 역사가, 즉 구속사와 다른 역사인 정치사가 있지 않다는 것을 강조하는 상당한 장점이 있다.

구속사는 바로 인간 역사의 중심이다(Gutiérrez 1988:86).

하지만 이 평가는 교회론을 덜 강조하는 결과를 가져온다. 구티에레즈에게 라틴 아메리카의 해방신학을 지속하게 한 정치신학의 마리땡적 형태는 기독교 원칙들에 고취되는 사회를 창조하려는 바람 때문에 여전히 어떤 교회론적 자기도취에 감염되어 있었다(Gutiérrez 1988:36). 세속화는 우리가 세속적인 것의, 곧 자유가 있는 인간들이 역사의 주체라는 전제 위에 작동하는 전적으로 세속적인 세계의 완전한 독자성을 인식하는 것을 요구한다. 구티에레즈에 따르면 세속화는 반기독교적 도전이 아니라, 단지 창조가 창조주와 분리되고 또 하나님이 이런 창조 세계의 인간 주인을 선포하신다는(Gutiérrez 1988:42) 성경적 개념의 외적 적용이다. 세상은 독자적이지만, 하나님의 은총이 그 속에 스며들어 있다.

따라서 구티에레즈는 교회의 부르조아적 사유화를, 현세 정치 세계의 영적인 상태를 끌어올림으로써, 또한 신학과 정치 간 담을 허물어 버림으로써 극복하고 싶어 한다. 교회는 온갖 사회적 정치적 죄를 포함해 모든 죄에서 인간을 해방하는 것에 대한 명백한 증인이다. 하지만 교회들은 사회적 정치적 과정들을 이해하는 데 인식론적인 특별한 위치에 있지 않다.

이 과정들은 자체의 세상적 독자성 안에서 작동하기 때문에 사화과학들을 통해 가장 잘 이해된다.

> 세상은 종교 현상과 연관되어 정의될 것이 아니라, 종교가 세속과 관련해 재정의되어야 할 것으로 보인다. … 전에 교회라는 관점에서 세계를 논하는 경향이 있었다면, 오늘에 와서는 그와 반대로 세계의 관점에서 교회를 논하고 있다는 것이다. 과거에는 교회가 자기 목적을 달성하는 데 세계를 이용했다. 오늘날에는 많은 그리스도인, 심지어 비그리스도인들도 예를 들어 사회 구조 변혁 과정을 촉진하는 데 교회의 영향력을 이용해야 할지를 생각한다(Gutiérrez 1988:42).

해방신학이 신앙을 정치화한다는 비판에도 불구하고 여기에 직접적 정치의 교회론을 위한 여지는 없다. 교회는 정치 사회 구조들을 변혁하는 데 공헌해야 하지만 교회는 도구적 역할을 하는 것이지, 자체를 일종의 정치로 여겨서는 안 된다. 독자적 과정으로서의 정치는 어떤 면에서 교회 밖에 있으며, 그래서 교회를 정치에 적용하는 것은 다시 한 번 말하지만 간접적이다.

4. 정치 형태로서의 교회

위 접근들이 서로 다른 만큼 공유하는 가정은 신학과 정치 간 근대의 분리가 타당하다는 것이고 또한, 정치는 교회가 한계를 지었던 것과는 다른 독자적인 공간 속에 있다는 것이다. 그러므로 교회는 멀리서 정치에 간접적으로 접근해야 한다. 하지만 이런 구분을 극복하려는 다른 접근이 있다. 이 접근은 신학을 정치로 또는 정치를 신학으로 번역할 필요가 없는 기독교 신학의 중심 주제들에 내재하는 정치를 고찰한다.

이 접근의 핵심은 정치적인 것을 세상에서의 하나님의 행위에 직접적인 반응으로 다시 생각하는 것이다. 즉 정치가 구속사와 연관될 때만 참된 정치라는 아우구스티누스의 확신으로 돌아가는 것이다. 하나님의 행위와 인간의 행위가 동일시되어서는 안 되지만, 오도노반이 말하고 있듯이 이 둘은 "하나님의 구원하시는 목적과 인간의 사회적 책임의 공연장인 하나의 공공의 역사"(O'Donovan 1996:2) 속에 다 같이 일어난다. 이렇게 다시 생각하는 중심에는 교회가 하나님의 구원 계획의 중심에 있다는 확신이 있다.

올리브 오도노반의 작업은 이런 면에서 대담하다. 기독교 국가를 신학이 정치라는 확신의 가장 중요하고 실제적인 사례로 여기기 때문이다. 오도노반이 이해하고 있듯이, 기독교 국가는 구약성경에서 나타난 것처럼 그리스도의 왕 되심이 성취된, 그야말로 하나님의 통치가 펼쳐지는 드라마다. 만일 기독론에 마땅한 정치적 중요성이 주어진다면, 승천 후 민족들은 정말 그리스도를 인정하기를 거부할 수 없었을 것이다.

만일 그리스도가 정말로 이스라엘에서 시작된 구속사의 완성이라면 하나님은 실제로 새로운 사회 질서를 불러오는 자신의 목적들을 위해 다스리는 당국을 사용하고 계셔야 한다. 그렇지만 정부는 교회가 아니다. 교회는 특정 증인으로 섬기기 위해, 정부에 정부의 임시적 지위를 상기시키기 위해 존재한다. 집권자는 집권자로서 심판해야 하며, 교회의 구성원으로서는 관대하게 판단해야 한다. 또한, 교회는 두 의무 간 고유한 긴장을 특징으로 한다(O'Donovan 1996:200).

따라서 교회는 사회 질서의 변혁에 중요한 역할을 한다.

교회 자체는 역사를 통해 완전한 하나님의 정치를 낳는다.

복음이라는 말의 권위는 복음을 담지하는 공동체에 전혀 사회적 구조를 부여하지 않는가?
그 공동체는 진리에 따라 결정된 '사회적 공간'이 있지 않는가?
(O'Donovan 1996:208)

영지주의적 관점에서, 독자적인 정치 공간을 점하는 개인 시민들의 양심에 영향을 미치는 데만 애쓰는 현실에서 유리된 기독교는 결코 문제가 없을 수 있다.

오도노반은 자유주의 사회 질서들을 기독교적으로 수용하는 것에 중요한 도전을 준다. 그럼에도 불구하고 오도노반은 제도화된 국가 교회를 받아들이고 교회의 경찰국으로서의 국가에 의존한다. 그가 정치를 구속사 안에 다시 위치시킨 것은 현시대 정치신학의 많은 부분에서 빠진 종말론적 차원을 되찾는다. 하지만 그의 종말론은 그리스도의 승리의 '이미'(already)를 아주 강조한다. 결과적으로 그는 방황, 나그네, 탈출, 또 외국인의 상태로 거주하는 이미지들을 제외시키는 정도까지 성경의 통치 이미지들을 정말 많이 강조한다.

이런 주제들은 스탠리 하우어워스에게 받아들여졌다. 하우어워스는 오도노반이 종말론의 정치를 회복한 것과 기본적으로 공감하기는 해도, '아직 아닌'(not yet)을 더욱 단호하게 강조한다.

하우어워스는 아무런 의심 없이 하나님의 통치가 승리할 것이라고 믿지만 하나님의 통치가 도중에 실제로 어떻게 나타나는지에 대해서는 오도노반보다 신중하기를 원한다. 하우어워스는 짐작하기를, 예수의 주권은 전혀 세상 국가의 통치 같은 것이 아니고 기독교의 십자가의 도를 나타내는 약함과 모순의 표징에서 가장 자주 발견된다.

기독교 국가 이후 시대 교회의 정치적 과제는 가능한 한 신실하게 집권자들에게 고통을 당할 수 있고, 만일 필요하다면 순교의 상황에 이를 수 있으며 그리고 주님을 기다리지만 그의 자리에서 지배하지 않는 것이다(Hatteras 1997:199-224).

하나님의 통치에 대한 이런 조심스러움은 교회에 대해 더 말하도록, 즉 감시하는 경찰국이 없는 도성이라고 할지라도 교회를 '도성'(polis)으로 밝히도록(그의 책들 중 한 부제가 나타내듯이) 하우어워스를 자극하는 것처럼 보인다. 이런 교회는 지배 필요에 방해받지 않으며, "하나님을 알지 못하는 모든 정치에 대한 '대립 모델'이라고 불린다"(Hatteras 1981:84).

구속사에서 교회의 역할은 정확히 역사를 통해 하나님의 정치를 가져오는 것이다. 하나님의 정치의 특징은 폭력을 통해서가 아니라 진리의 능력을 통해 그 권위가 작동한다는 것이다. 근대의 민족 국가에서 하나님의 통치에서 떠난 정치의 독자성은 사회 질서가 오로지 의지로 의지를 자의적으로 억압하는 것에 반드시 근거하게 한다.

교회의 역할은 단순히 국가에 정책을 추천하는 것이 아니라 다른 유형의 정치를 구체화시키는 것이다. 이로써 세상은 참된 정치를 보고 변화될 수 있을 것이다. 이를 통해 교회는 세상에서 도피하지 않고 세상에 기여한다. 곧 교회는 하나님의 세상 구원의 징표가 되고, 세상에 아직 이루지 않은 세상의 변화를 상기시킨다.

5. 문제들

교회 자체가 정치를 구체화한다는 주장에 가장 일반적으로 반대하는 점은 그렇게 구현된 정치가 분파적이라는 것이다. 이 같은 반대는 '분파'(sect)라는 용어의 비교적 새로운 사회학적 사용에 의존한다. 신학적 담론에서 분파는 교회의 권위 밖에 놓인 집단이었다. 왈도파와 프란시스코파 사이의 차이는 문화나 세상에 대한 이들의 태도에 놓여 있는 것이 아니라 교회의 권위에 대한 이들의 관계에 놓여 있다.

하지만 20세기에 분파는 그 실천들에 있어서 지배적인 문화와 민족 국가의 정치 엘리트들과 불화하는 집단이라고 지적되었다. 근본적 가정은 보편적인 쪽은 교회가 아니라, 민족 국가라는 것이다. 교회는 정치적 행위자인 한, 민족 국가의 보다 넓은 보편적 정치 영역에 포함되는 시민 사회의 특정 단체다.

신학적으로 말하자면, 이는 심각한 오류다. 오도노반이 인식하듯이, 카타콤에서조차도 교회는 보편적이었다(O'Donovan 1996:216). 구속사는 세계사의 한 부분이 아니며 그야말로, 은혜가 충만한 세계 안에서의 인간 행위의 역사다.

다만, 이 역사가 아직 완성되거나 또렷이 식별하기 어려울 뿐이다. 오도노반이 이해한 기독교 국가와 하우어워스의 거주 이주민과의 차이가 큰 만큼, 오도노반과 하우어워스는 모두 정치신학이 교회의 직접적으로 정치적 성격과 구속사에서 교회의 역할을 설명하지 않고서는 이루어질 수 없다는 것에 동의한다.

그렇지만 만일 구원이 교회의 것이 아니라 세상의 것이라면, 교회가 세상에서 물러나는 일은 문제가 없을 것이다. 보편적 교회는 디아스포라 유대인들처럼 살아야 하며, 살게 된 도성이 바벨론이라고 해도 "내가 너희를 사로잡혀 가게 한 그 성읍의 평안을 구해야"(렘 29:7) 한다(Yoder 1997:1-5).

지배하기를 구하지 않으면서, 교회는 더 공헌해야 한다. 이는 바로 교회가 하나님의 정치를 가져오는 담지자기 때문이고, 또한 교회가 보편적이고 초국가적이어서 민족 국가의 지역주의적인 경계들을 초월하기 때문이다.

그럼에도 불구하고, 직접적 정치의 교회론이 발전되어야 한다면 몇 가지 어려운 문제에 주의해야 할 필요가 있다. 교회가 중대한 신학적 현장이라고 해도 교회의 경계가 놓여 있는 실천에서 결코 언제나 명확한 것은 아니다. 교회와 세상은 종종 기술적이라기보다는 규정적인 용어다.

세상에는 교회가 해야 할 실천적인 것들이 가득하다. 교회는 실천적인 일을 해야 한다. 죄와 구원의 교훈적 드라마는 교회와, 세상과 하나님을 포함하는 타자와의 대화적 관계를 수반한다. 정말로 성령은 그가 원하는 대로 불어오시며, 성령의 활동은 교회에 한정하지 않는다.

그러므로 교회는 관계적 조직이지 닫힌 체제가 아니다. 교회는 하나의 '폴리스'(도시)가 아니다. '에클레시아'(교회)는 세상의 특정한 문화에서부터 모인 보편적 "문화"에 더욱 가까운 것을 제시한다(Healy 2000:159-175).

교회는 비교회적 요소들과 혼합될 뿐 아니라, 또한 반그리스도적 요소들을 포함하기도 한다. 교회는 성자와 죄인들로 가득한 '혼합된 몸'(*corpus permixtum*)이다. 니콜라스 힐리(Nicholas Healy)가 상기시킨 것처럼, 교회론은 갈라디아서 6:14에서처럼 "내게는 우리 주 예수 그리스도의 십자가 외에 결코 자랑할 것이 없나니"라고 말한 바울의 언명의 양 끝을 품어야 한다.

한편으로, 우리는 교회가 이미 세상의 모든 사회적 질병들에 대한 답인 것처럼 교회를 자랑하지 않아야 한다. 다른 한편으로는 우리는 그리스도를 자랑하고 교회를 그리스도의 십자가가 승리한 구원 드라마 전개 속 중심 배우로 여겨야 한다(Healy 2000:1-24).

'아직'이라는 말은 드라마의 역사가 주변적 소리와 갈등의 여지와 더불어 어느 정도 희망적이지만 회개하면서 언급될 필요가 있다는 것을 뜻한다. 이 이야기를 서사적 방식으로 마치 교회가 지배해야 하는 것처럼 말하는 것은 아니다.

그럼에도 불구하고, 하나님의 정치의 구현체로서 교회는 여러 상황을 헤쳐 나가야 한다. 하나님은 모든 역사에 책임이 있다. 교회의 임무는 각각의 구체적 상황들 속에서 고난당하는 세계에 십자가의 정치를 어떻게 가장 잘 구현할지 분별하려고 애쓰는 것이다.

참고 문헌

Aquinas, St. Thomas (1949). *On Kingship*. Toronto: Pontifical Institute of Medieval Studies.
Augustine, St. (1950). *The City of God*. New York: Modern Library.
Brueggemann, Walter (2000). "Always in the Shadow of the Empire." In Michael Budde and Robert Brimlow (eds.), *The Church as Counterculture*. Albany, NY: State University of New York Press.
Cavanaugh, William (1998). *Torture and Eucharist*. Oxford: Blackwell.
Gutiérrez, Gustavo (1988). *A Theology of Liberation*, rev. edn. Maryknoll, NY: Orbis.
Hauerwas, Stanley (1981). *A Community of Character*. Notre Dame, Ind.: University of Notre Dame Press.
_____.(1997). *Wilderness Wanderings*. Boulder, Col.: Westview.
Healy, Nicholas (2000). *Church, World, and the Christian Life*. Cambridge: Cambridge University Press.
Kantorowicz, Ernst (1957). *The King's Two Bodies*. Princeton: Princeton University Press.
Lohfink, Gerhard (1999). *Does God Need the Church?* Collegeville, Minn.: Liturgical.
Maritain, Jacques (1931). *The Things That Are Not Caesar's*. New York: Charles Scribner's Sons.
_____.(1968). *Integral Humanism*. New York: Charles Scribner's Sons.
Metz, Johann Baptist (1969). *Theology of the World*. New York: Seabury.
Murray, John Courtney (1960). *We Hold These Truths*. Kansas City: Sheed & Ward.
_____.(1993). *Religious Liberty*. Louisville, Ky.: Westminster/John Knox.
Niebuhr, Reinhold (1944). *The Children of Light and the Children of Darkness*. New York: Charles Scribner's Sons.
O'Donovan, Oliver (1996). *The Desire of the Nations*. Cambridge: Cambridge University Press.
Pickstock, Catherine (1998). *After Writing*. Oxford: Blackwell.
Sanders, E. P. (1985). *Jesus and Judaism*. London: SCM.
Skinner, Quentin (1978). *The Foundations of Modern Political Thought*, vol. II. Cambridge: Cambridge University Press.
Tierney, Brian (1964). *The Crisis of Church and State 1050-1300*. Englewood Cliffs, NJ: Prentice-Hall.
Wright, N. T. (1992). *The New Testament and the People of God*. Minneapolis: Fortress.
Yoder, John Howard (1997). *For the Nations*. Grand Rapids, Mich.: Eerdmans.

제28장

종말론

로버트 W. 젠슨(Robert W. Jenson)

1. 종말론과 정치

이 장의 주제인 종말론(Eschatology)은 역사의 마지막 결말과 변혁, 곧 역사의 마지막(에스카톤[eschaton])에 대한 기독교적 담론을 가리킨다. 극적인 이야기가 정말로 실제 전체에 대해 기술될 수 있다고 생각하는 사람들과 그렇지 않다고 생각하지 않는 사람들 사이에는 큰 형이상학적 분열이 있음은 의심할 여지가 없다.

유대교와 기독교는 실제 전체가 언급될 수 있다는 첫 번째 입장의 분명한 예를 보여 준다. 이들의 성경이 약속한 진실은 어딘가로 진행해 가고 있다. 그러므로 우여곡절이 많은 이야기의 줄거리가 형성된다. 만일 우리가 이 어딘가를 추상적으로 생각한다면, 우리는 종말에 대해 말하고 있는 것이다. 만일 우리가 이를 인격적으로 생각한다면, 우리는 하나님에 대해 말하고 있는 것이다.

따라서 처음부터 말해 두어야 할 것은 기독교는 사건이라고 부르는 것조차 언어의 한계점에 이를 만큼 정말 근본적 피조물의 변화 사건을 기대하고 있다는 것이다.

과연 더 이상 뒤를 잇는 것이 없는 사건이란 무엇인가?

하나님 자신의 실재, 삼위적(三位的) 삶의 사건이 아니라면 무엇이란 말인가?

성경은 마지막 때에 대한 많은 시나리오를 담고 있다. 그러나 이 시나리오들은 쉽사리 일치하지 않으며, 중요한 부분에서 내러티브의 어법과 결과가 암시적이다. 하지만 여기서 논증할 공간이 부족할지라도 이 시나리오들은 역사의 결말이며 절대적인 현실성 속에서 하나님 나라와 영원한 삶의 실재가 될 단 하나의 사건을 불러일으킬 것으로 가장 잘 이해된다.

첫 번째 생각에도 불구하고 아마 이 사건을 상술하기 위해 이루어질 수 있는 많은 개념적 분석과 감각적 시적 구성이 있다. 또 이 사건을 구체화하는 것에서 일어나는 수많은 수정된 형이상학이 있다. 그러나 이런 맥락을 일반적으로 논하는 것(Jenson 1999:309-369)은 이 장의 지면을 소진할 것이다.

아마 사람은 삼위일체 하나님의 둘러싸는 생명을 통해 완전한 상호 관계 속으로 요동하며 들어간 창조된 공동체, 곧 무한한 사랑의 폭발적인 힘에 대해, 거의 이해불가능하게 요약해 이야기할지도 모른다. 나머지 부분에 대해서는 독자들이 이 항목과 앞선 항목을 안내판 같은 것으로서 주목하고 뒤 잇는 것을 지나는 내내 마음에 새겨야 한다.

이 장에서 우리는 기독교 종말론과 정치적 담론이 일반적으로 규정된 신학 아래 어떻게 관계하는지 고려해야 한다. 우리는 근본적 상황에 주목하는 것으로 시작해야 한다. 곧 성경의 종말론과 기독교의 고전적 종말론은 직접적으로 또는 거의 오로지 정치에 대한 담론이기에 종말론과 정치학 사이를 어느 방향으로든 오가기 위해 어떤 보완적 추론도 필요하지 않다.

아브라함이 받은 약속과 선지자들의 글에서 종말은 이스라엘의 정치 체제를 완성하는 것이다. 복음서에서 종말은 왕국(kingdom)이며, 이 왕국은 바로 하늘의 왕국으로서 로마의 권세가 금방 인식했듯이 이 시대에도 정치적 실체다(Wright 1998). 신약성경의 다른 곳에서는 종말이 이 세상의 정치 조직체와는 달리 진정 평화와 정의의 체제로서의 "도성"(polis)이다(히 13:14).

이 도성은 아우구스티누스의 멋진 문구에서 "질서 정연한 평화"(*tranquilitas ordinis*)의 체제로서, 상호 간 지지하는 질서화를 통해 이루어질 수 있는 활기 넘치는 평온이다. 우리가 근대 서구의 세속화된 체제들이 패러다임을 대표하는 것을 허용하지 않는다면, 성경적 종말론과 고전적 기독교 종말론을 정치 이론으로 직접 받아들일 수 있다(Milbak 1990).

따라서 종말론은 초기 양식이자 기독교의 정치적 사색을 위한 하나의 중요한 이정표다. 나는 다소 신속히 성경 주해를 시작할 것이고, 또한 기독교 정치 이론에 집요하게 종말론적인 고전인 아우구스티누스의 『하나님의 도성』(*De civitate Dei*)을 예로 들면서 시작할 것이다.

이런 작업에서 모든 장이 정치라는 말을 사용하는 자체의 방식이 있을 것이라고 생각한다. 처음에 이 장의 아주 단순한 용례를 제시하는 것이 현명할 것이다.

이제 정치란 말은 이 글이 고수할 매우 다른 두 가지 일반적 용례로 쓰이게 될 것이다.

첫째, 일반적으로 아리스토텔레스주의와 전통적 기독교 신학 의미에서 정치 조직체는(polity) 모든 시민의 회합이든지 절대 지배자의 침실이든지 또는 이 둘 사이에 있는 어떤 것이든지, 공동체의 도덕적 숙고의 영역이다. 그래서 정치는 이런 숙고 과정 끝에 다음과 같은 질문들에 다다르게 된다.

"정치는 우리 아이들에게 무엇을 가르칠 것인가?"

"공동의 재화를 공정하게 분배하는 것은 어떻게 해야 하는가?"

둘째, 정치란 말은 이제 반대적인 의미를 전달하기도 한다. 곧 정치는 바로 도덕적 성격을 잃지 않도록 공동체적 토론에 영향을 받지 않아야 한다는 것이다. 여기서 정치는 공동체에 대한 조작이며, 이를 행할 수 있는 위치를 차지하기 위한 투쟁이다. 물론 이 같은 조작하고 속이는 노력들이 전자의 의미에서 정치를 억압한다.

이런 사용들의 관계는 다소 생소한 역설을 낳는다. 바로 정치가로 알려진 이들이 공동선을 진지하게 다룰 것을 주장할 때, 이들이 이런 역설로부터 정치를 지킬 것을 어떻게 서로 촉구하는가?

우리는 기독교 종말론이 우리가 '정치'라고 명명하는 이 두 현상을 해석하고, 나아가 이 현상들의 관계에 대한 이해를 제공하는 것을 볼 것이다. 우리는 첫 번째 의미에서 정치적 동물이다. 공동체 안에서 일어나는 정의 담론은 우리의 창조주가 우리에게 의도하신 목적이기 때문이다. 우리가 이런 소명을 억제되게 하는 것은 기독교 신학이 죄라고 부르는 것이며, 심판을 받게 되는 것, 곧 목적을 잊어버리는 것이다.

아우구스티누스의 말을 빌리면, 죄와 심판 사이에 있는 연관성은 우리가 바라는 인간 존재의 구조라는 것이다. 우리는 궁극적 선을 갈망하며, 공동체적으로 그 선을 갈망한다.

2. 이스라엘의 종말론적 역사

이스라엘 역사를 시작하는 아브라함의 부르심은[1] 새로운 숭배를 세우거나 경건의 패턴을 추구하거나 현명해지라는 것 같은 고대 세계에서 잘 알려진 가능한 모든 것이 아니었고, 정치적 의미를 가진 역사적 행위를 수행하라는 곧 이주(移住)를 이끌라는 것이었다. 또한, 부르심의 약속은 다른 민족들과의 특수한 관계에서 새로운 민족을 창출하는 것이었다.

이 새 민족은 다른 민족들에게 축복이 되고, 이들을 번창할 수 있게 할 것이었다. 나중에 이 민족의 실제적인 개창은 제국의 지배에 억압당하는 사람들을 해방하는 출애굽이라는 역사 속 정치적 갈등으로 일어난다.

확실히 모든 국가는 역사를 가지고 시작한다. 하지만 고대에 국가들은 자신들의 경우에서 이 같은 사실을 인식하지 못할 뿐 아니라 지금도 실제로 인식하지 못한다. 오히려 보통의 고대 국가는 국가 기원 이야기를 언제나 반복되는 기원에 대한 기사로서 신화적으로, 정말 정치와 무관하게 말했으며, 이런 기원은 우주의 항상 순환적인 기원과 동일하다.

이스라엘은 이에 반해(Jenson 1997:63-74) 그 시원이 창조 후 상당한 시간이 흘러 있었고, 심지어 국가로 형성되기 전 형태로 존재한 족장 시대 다음에 있었다. 그래서 이스라엘의 기원은 그 자체로 시간적이면서도 역사적 사건이었다. 사실 이런 인식은 신조의 조항이었다.

신조의 조항은 이렇게 고백했다. 예를 들어, "어느 신에게서 내가 나왔는지"가 아니라 "내 조상은 방랑하는 아람 사람이었다"(신 26:5). 이스라엘은 자신들이 우연적이었다는 것, 즉 결정 행위들이 이스라엘의 존재를 구성했다는 것을, 만일 아브라함이 "나는 가고 싶지 않아요"라고 말했다면 어떻게 되었을지 알았다.

따라서 이스라엘의 자기 이해는 처음부터 공동체적 도덕과 관련되었으며 곧 정치적이었다. 일반적으로 학자들이 동의하듯이, 열두 지파의 한 이스라엘은 지파들이 약속된 땅으로 들어간 후 가나안에서 최초로 구성되었다. 이스라엘의 최초 정치 형태에 대해 논란이 많다.

---

[1] 대부분 경우, 나는 오직 특정한 목적을 위해 "역사 비평적" 재구성을 이용하면서 이스라엘이 최종적으로 한대로 이스라엘의 역사를 이 이야기와 연관시킬 것이다. 그리고 나는 이 이야기에 대해 독자들이 일반적으로 잘 알고 있다고 가정할 것이다.

이스라엘은 한동안 '근린 동맹'(amphictiony) 곧 종교적으로 결합된 연방이었는가?

사사기와 사무엘상·하에 언급된 이야기 중 얼만큼이 역사적인가?

우리의 목적들에 대해 한 가지 요점은 명백히 알 수 있다. 초기 시대에는 입법과 사법이 직접적으로 '주님', 특히 나중 용어로는 선지자들인 하나님의 사람들을 통해 말하시는 이스라엘 특유의 하나님에게 속한 것으로 여겨졌다.

이런 사람들은 하나님에게 위임받은 사람이며, 이들의 심판이 곧 하나님의 심판이었다. 이스라엘이 결국 전형적인 중동의 왕정을 가져 다른 민족들처럼 되길 원했을 때, 주님은 현재 심판하는 예언자들에게 "그들은 내가 그들의 왕이 되는 것을 거절했다"라고 말씀하셨다(삼상 8:7-20).

위대한 선지자 모세의 지도 아래 있던 이스라엘의 출애굽과 가나안 진입 사이의 40년 이야기는 예언자들을 통한 이 같은 신적 정부의 모형적 그림을 보여준다(신 34:5-12). 40년 이야기에서, 한 예언자가 담당하는 입법 및 사법에 상응하는 것은 머무는 도시 없이 이동하는 공동체, 곧 광야로부터 또 광야를 지나는 여정의 목표에서 자신들을 이해하는 한 민족이다.

하나님이 아브라함에게 하신 말씀은 항상 "가라"는 명령과 "내가 할 것이다…"는 약속이었다. 이 정치 형태를 구성하는 것은 하나님이 이스라엘에게 주신 협정인 언약이었다. 언약은 억압받는 민중으로 하나의 민족을 이루는 하나님의 행동에 근거한다.

언약은 이들에게 근본적 율법, 가장 간략한 구체적 형태로 십계명(출 20)을 주었다. 언약은 어떤 식으로든 여호와에게 속한 모든 민족 가운데서 이스라엘 민족이 다른 민족들을 위해 제사장 나라가 되어야 한다는 전 세계와 관련된 약속을 포함한다(출 19:5).

따라서 본래 이스라엘의 정치 형태는 처음부터 종말론적이었다. 공동체적으로 조성해야 할 가치는 만일 완전히 달성될 수만 있다면 여호와를 경배하는 것 안에서 모든 민족을 통일할 것이다. 이런 사건은 물론 우리가 지금 살고 있는 것 같은 역사 체계를 파괴하는 사건일 것이다.

실제로 한 왕조가 다윗과 솔로몬의 통치 아래 그다지 크지 않은 제국으로 세워졌다. 이 왕조는 일반적 민족이 되려는 기원에서 출발했음에도 불구하고 이런 정치 형태 역시 이스라엘 민족에게 특수성을 가지도록 만들었다. 왕조의 창시자 다윗조차도 자신이 예언자가 됨으로써 역할이 정당화되어야 했다.

다윗의 '마지막 말'은 예언자의 충만에 대한 선언으로 시작한다.

> 여호와의 영이 나를 통하여 말씀하심이여 (삼하 23:1-2).

왕들은 항상, 예언자들에게서, 때로는 자기 기술 중 주술사들에게서 괴로움을 당했다. 예언자들은 하나님의 말씀으로 인간의 계획들을 무효화할 수 있다고 주장했다. 매우 중대하게도, 왕조와 맺은 언약의 도덕적인 내용은 광야 언약의 도덕적 내용 곧 '의'와 동일하다. 이 의라는 조건 안에서 공동체의 각 구성원은 서로의 유익을 위해, 이동 중인 사람들에게 필요한 연대를 위해 자신의 지위를 활용한다.

그럼에도 불구하고, 그 왕조는 B.C. 1000년 이래로 수도와 보통의 경제적이고 군사적 힘을 보유하고 있는 평범한 나라가 되었다. 광야의 이동식 회막은 지역적이고 시대를 따른 성전으로 대체되었다. 성전은 피라미드 후, 인간 건축물 중 가장 고정된 것이었다.

그러나 이 성전에는 이런 성전들이 대개 세워지는 목적, 신이 함께 함을 보여 주는 내장되고 고정된 이미지가 없었다. 사막 공동체처럼, 이런 정치 형태는 비록 왕조와 장소의 언약이었지만 자체를 언약에 근거한 형태로 이해했다.

이 두 번째 언약에 대한 섭리자의 의도를 추적하기 위해서는 위(爲)헤겔주의 논쟁이 구성될 수 있다. 여호와가 심지어 양보하면서까지 이스라엘을 왕조로 만드셨다는 것은 이들에 대한 여호와의 의도가 정치적이라는 설명과 일치한다. 엄밀히 말해, 직접적인 예언 발언에 오로지 지시받는 백성들에게는 정치가 없었다.

이 장의 시작에서 밝힌 정치의 두 가지 용례 가운데 어느 것에도 해당되지 않는다는 것이다. 즉 의사 결정을 위한 공동체의 토론의 장이나, 직접적으로 하나님의 손에 달려 있었던 의사 결정을 억제하는 방식도 없었다. 따라서 위에서 예언적 정치 형태를 언급한 것은 그 말을 약간 확대하고 있는 것이다.

확실히 광야 언약에 대한 이스라엘의 그림은 부분적으로는 적어도 이념적 '역투사'(retrojection)로 볼 수 있지만(물론 역사적으로 일종의 부족 사법권이나 특별한 목적을 위한 모임들은 존재했겠지만), 여기서 요지는 이스라엘이 자신의 역사를 이해했던 방식이다.

아마도 우리는 왕위의 언약이 당시의 역사 안에서 광야 언약의 종말론적 동력을 확립했으며, 그래서 여호와와 그의 백성의 공동체를, 단순히 유랑하는 하나님의 사람들이 아니라 정치 조직체라고 일컬을 만한 것으로 형성시켰다고 말할지 모른다.

따라서 우리는 하나의 정치 형태를 생각해야 한다. 이 정치 형태는 지리적으로 위치하며, 무역 거래를 하고, 전쟁을 수행하고, 일반적 공동체의 논의를 통해 공동의 결정들을 내리고, 또 이 결정들을 억제하기 위해 노력한다. 하지만 이 정치 형태는 하나님의 직접적인 말씀으로 정당화되며, 자체가 역사적으로 취약하다는 것을 알며, 어떻게든 전진해야 한다는 적어도 잠재의식적인 느낌에는 불안정하다.

예언자들의 개입이 다양한 경우와 문제를 가진 동안, 예언자들은 항상 어떤 식으로든 제2이사야에서 명시적으로 표현된 수행력을 가졌다. "옛날 일을 생각하지 말라 보라 내가 새 일을 행하리니"(사 43:18-19). 이 같은 정치 형태는 적어도 확실히 보이는 이 세상에서의 생존 요구와 종말론적 정의 요구 사이에서 분열되는 영속적인 불안 가운데 있을 것이다.

왕조가 세워진 이래로 이스라엘 역사의 주요한 사건은 번갈아가며 강대국으로 부상한 메소포타미아와 나일 제국들 사이에서 오랜 침체기를 겪는 것이었고, 또 두 국가로 분열됨으로써 세력이 더 약해졌다.

바벨론은 예루살렘과 예루살렘 성전을 파괴하고 바벨론으로 유대 엘리트들을 강제로 추방함으로써 유다가 애굽의 종주권을 받아들인 것에 대해 응징했다. 이로써 6세기 초에 일련의 과정이 끝나고 말았다. 예상되는 것과는 달리 오랜 포로기간은 예언을 진보적이게 하는 계기가 되었다. 이제 포로 시대의 예언자와 이후 예언자들을 통해 약속된 어떤 새로운 것은 현재의 용어로 말하면 명백히 역사의 가능성을 넘어 이스라엘의 임무를 완성하는 것이다(Jenson 1997, 69-71).

포로 시대와 포로기 후의 예언에서 이스라엘의 정치적 희망은 공공연히 종말론적이다.

> 이 나라와 저 나라가 다시는 칼을 들고 서로 치지 아니하며 다시는 전쟁을 연습하지 아니하고(미 4:3).

하나님은 말씀하셨다.

> 모든 민족의 얼굴을 가린 가리개와 열방 위에 덮인 덮개를 제하시며 … 사망을 영원히 멸할 것이라(사 25:7-8).

마지막으로, 이스라엘의 예언의 마지막 시대에 던져진 계시적 계획에서 '이 시대'와 '오는 시대'의 차이는 뚜렷하며 실로 존재론적이다. 그럼에도 불구하고 오히려 더, 오는 시대는 정치 형태로 그려진다((Jenson 1997:70-71).
　예수는 다음과 같이 설교하려 왔다.

> 하나님 나라가 가까이 왔으니(막 1:15).

　그래서 정말로 예수를 따르는 것은 하나님 나라에 들어가는 것이고, 예수에게서 돌아서는 것은 하나님 나라의 문에서 망설이는 것이다(막 10:21-7). 이런 사실과 함께 종말의 정치 형태인 평화의 보편적 정치 형태가 현재의 시민권에 대한 가능성으로 나타났다.
　그리고 예수는 그의 급진성 때문에 죽음에 이르게 되었지만, 이스라엘의 하나님이 예수를 그 죽음에서 일으키셨을 때 그를 따르는 것은 이 세상 안에서 유대인이나 이방인에게 열려 있는 어떤 지속적 가능성이 되었고, 어떤 사명이 이런 시민권으로 모두를 이끌어 가기 시작했다.
　따라서 우리는 우리가 따라오고 있던 역사의 마지막에 도달한다. 곧 정치에 대한 종말론적 약속의 끝이고, 이 종말론적 약속을 만드는 역사가 바로 교회가 인정하는 이스라엘의 정치 역사다. 따라서 우리는 적어도 서구 교회의 기초를 이루는 정치 이론가인 아우구스티누스의 생각에 도달하게 된다.

3. 아우구스티누스

　아우구스티누스(Jenson 1999:76-85)는 성경을 읽는 동안, 하나님이 영원히 그의 피조물을 위해 의도하신 것에 대해 그리스와 로마의 정치 담론의 용어를 받아들이는 것이 옳은 것처럼 보였다. 하나님의 영원한 뜻은 완전히 창조된 도성(*civitas*), 완전한 정치 형태가 있을 것이라는 점이다.[2] 다시 말해, 로마 이론의 언

---

[2] 아우구스티누스의 단어는 '시비타스'(*civitas*)며, 이는 물론 "도시"로 번역하는 것이 관례적이다. 그러나 아우구스티누스의 라틴어는 헬라어 '폴리스'(polis)에 대응하고 그가 관심 있는 이 시대의 실체(entity)는 무비판적으로 로마의 도성과 로마 제국이므로, "정치 형태"(polity)가 확실히 훨씬 나은 번역이다.

어를 계속 이용하면 하나님은 주권과 시민권, 상호 의무들이 있는 국가(*res publica*), 즉 공적인 것을 뜻하신다는 것이다.

국가는 정치 조직이 시민들에게 주어야 하는 복, 곧 '질서 정연한 평화'(*tranquilitas ordinis*)를 완전히 달성하거나 또는 이것이 주어진다는 점에서 완벽하다. 하나님의 뜻은 항상 이루어지므로 이런 정치 형태는 창조와 분명 공존한다. 그런데 국가는 원래 오직 천사들만이 구성원이지만, 인간 구성원들이 생기면서 이 시대 내내 투쟁하는 순례 공동체로 출연한다. 이 공동체는 이 시대의 악과 연루되고 또 국가의 궁극적인 완성을 갈망하면서 힘을 얻는다. 바로 이런 점에서 이 정치 형태는 종말론적이다.

아우구스티누스는 이 시대 정치 형태에 의한 어떤 궁극적인 요구들에도 대항하는 무기를 만들기 위해, 로마의 정치 이론을 차용하기보다는 뒤엎는다. 그는 로마의 정치가자 장군인 스코피오를 인용하는 키케로를 예로 든다. 타당한 의미로 국가는 합의된 법에 따라 결합된 공동체며, 합의된 법은 오직 덕이 있는 공동체가 앞서 존재하는 데서만, 곧 공동선에 상호 헌신하는 것이 먼저 있는 데서만 있을 수 있다.

아우구스티누스는 이것이 정확히 옳다고 말한다. 그러나 타락한 세상에는 이런 기준에 부합하는 정치 형태가 존재하지 않는다. 우리가 공동으로 가질 수 있는 유일한 선은 유일하신 하나님인데, 타락한 세상은 바로 하나님에게 돌아오기를 거절함으로써 만들어지기 때문이다.

그러므로 이 시대 정치 제도들은 관대한 유추를 통해 국가로 불릴 수 있다. 이런 정치 제도들은 기껏해야 참된 정치 형태의 유사물로서, 통시적이고 공시적으로 부분적인 선에 대한 사랑으로 결합되고, 모두가 모두와 싸우는 전쟁으로 발생할 전적인 파멸에서 타락한 피조물들을 보존하도록 하나님이 정하셨다.

따라서 내적 모순은 이 시대의 모든 정치 형태를 불안정하게 한다. 유일한 삼위일체 하나님은 오직 향유될 수 있고 우리의 자기 사랑에 이용되지 않으신다. 우리는 무엇을 위해서도 하나님을 사용할 수 없다. 그러나 부분적인 선들은 정말로 우리의 이전 목적들을 위해 사용될 수 있다. 실제로 이런 선들은 그 같은 사용을 요청하고, 자기 사랑에 의해 조종될 수 있다.

그러므로 이 시대의 정치 형태를 끌어내는 바로 그 동일한 부분적인 선들이 다른 사람을 희생하면서 자신을 강화하도록 그 구성원들 각각을 유혹한다. 이 시대 모든 국가의 자기 파멸적인 내적 원동력은 국가의 정치 형태 속에서의 자기애, 지배하려는 열망, 곧 아우구스티누스가 부른 것처럼 '권력욕'(*libido dominandi*)이다.

이 시대의 정치 형태 가운데서, 하나님의 정치는 이 시대를 위한 형태로 존재한다. 교회는 투쟁하고 유혹을 받는 하나님의 정치의 모호한 현존이다. 우리는 누가 최종적으로 교회에 속하는지도 알지 못한다. 그러나 교회는 다름 아닌 하나님의 정치 조직체다. 교회의 연합은 유일한 하나님께 예배함 속에서 이루어진다. 즉 하나의 가능한 공동선에 대한 갈망을 공동체적으로 실천하는 가운데 이루어진다.

그러므로 교회는 참되신 하나님에게 예배하기를 중단해 교회이기를 완전히 그만두지 않는 한, 교회의 결함과 갈등들이 조화로운 상태로 되돌릴 수 없다. 왜냐하면, 하나님은 모든 사람을 위해 참으로 존재하는 유일한 분이시기 때문이다. 우리가 이것이 낭만적이라고 생각하지 않도록, 아우구스티누스가 교회사에서 갈등이 가장 많은 시기에 감독 직무를 맡았다는 사실을 기억해야 한다.

아우구스티누스의 『하나님의 도성』(*De civitate Dei*)을 생각할 때 우리의 희망 속에 항상 있는 것이 성례전이다. 성례전은 하나님이 당신의 공동체에게 자기 자신을 내어 주시고, 그 결과 온갖 상황과 부류의 사람들이 떡 한 덩어리를 먹고, 같은 잔을 마시는 공적 장소가 되며, 공동으로 드리는 기도의 모임이 완전하게 동참하는 민주주의의 공적 장소가 된다.

이 세상의 정치 형태를 통합하는 사랑은 교회를 통합하는 하나님의 사랑을 단순히 부정하는 것이다. 만일 우리가 유일하신 하나님을 경배하지 않으면, 분명 우리는 유일하지 않은 어떤 것, 곧 일반적 종교의 여러 신을 숭배하는 것이다.

따라서 이 시대의 정치 형태를 주장하는 것의 다른 이름은 우상 숭배다. 이 같은 사랑은 형식적으로 하나님의 사랑을 모방하는 것이며, 이런 모방조차도 잠깐 공유된 적은 법을 유지할 수 있다. 정말로 '권력의 욕망' 자체는 망가지기 쉬운 덕목이라면 실체를 숨길 수 있고 또 숨긴다.

아우구스티누스의 눈에는 로마의 영광 사랑 자체가 한때 영광스러운 것이었다. 아마 우리는 아우구스티누스의 신플라톤주의를 상기하면서, 아우구스티누스가 진정한 국가의 형태일 것을 기억함으로써 지상의 국가가 존재하게 되고 임시로 지속한다고 말한 것이라고 해석할 수 있을 것이다.

그래서 유명한 격언이 말한 것처럼, "두 사랑은 두 정치 형태를 만들어 낸다. 자기 사랑(정치적 형식으로는 권력의 욕망)은 지상의 정치 형태를 만들고, 하나님 사랑은 하늘의 정치 형태를 만든다"(Augustine 1972:xiv, 28).

이런 구분이 바로 종말론적이다. 모든 창조된 자아는 사라질 것이다. 정말로 자기를 사랑하는 것은 바로 역사의 파멸로 가는 원리다.

자신의 목숨을 구하고자 하는 사람은 그것을 잃어버릴 것이다.

하나님의 사랑은 영원히 사라지지 않을 것이다. 모든 것이 하나님에게 돌아가기 때문이다. 따라서 지옥의 문들은 이 시대의 모든 정치 형태를 압도할 것이다. 하지만 지옥의 문들은 교회를 압도하지 못할 것이다. 교회는 바로 교회의 이 시대 순응을 태워 버리는 심판을 통해 완성될 것이다.

4. 근대성

만일 이 장의 목적이 역사적인 것이라면, 우리는 거의 시작도 안 한 것이다. 그러나 목적이 역사적인 것이 아니기 때문에 긴 시간을 건너뛰어도 정당화될 수 있다. 그래서 대부분의 신학 역사는 토마스 아퀴나스와 조나단 에드워즈처럼 종말론적 사색에서 중요한 인물들을 건너뛰고 또 풍자의 관점에 대한 반증을 빼 버린다. 하지만 우리는 근대성에서 교회의 경향이 종말론을 비정치화하고 정치를 비종말론화하는 것이었다는 사실을 주장할 것이다.

19세기의 교부는 하나의 패러다임으로 기여할지 모른다. 프리드리히 슐라이어마허에 따르면 그리스도의 복에 대한 소통이 교회의 통시적 공동체 속에 일어난다고 해도 이 관계의 내용인 구원은 각 개인의 경험이다. 이 경험은 정말로 서로 공유하려 하지만 그 공유의 성공이나 실패에 따라 형성되는 것은 아니다.

정치적이고 일반적으로 공동체적인 내용과 함께 예언자들에게 주어진 위대한 약속들은 지식을 산출할 수 없는 공상적 담화로 간주되어야 한다(Schleier-macher 1967:II, 163). 역사적 방식들을 근본적으로 변혁시키는 것은 불가능하므로, 그 약속들은 우리가 실제로 일어날 것이라고 기대할 만한 것을 기술할 수 없다(II, 157).

혹은 우리는 20세기 교부인 루돌프 불트만에게로 향할 수도 있다(Jenson 1969: 158-75). 불트만에게 종말은 미래의 사건이 아니라, 십자가의 말씀이 나를 이 세상 환경 속에 있는 안전에서 불러내는 진정한 결단의 순간에 일어나는 사건이다. 불트만은 성경 메시지에서 이 같은 호전적인 테두리를 벗겨 내기 위해 종말이 비(非)신화화되어야 한다고 말했다.

그러나 신화(myth)란 무엇을 의미하는가?

불트만의 여러 정의 중 공통된 내용은 신화가 하나님이 사건들의 시간적 연속에 관여하는 것으로 묘사하는 어떤 이야기라는 것이다. 십자가의 말씀을 말하고 듣는 '말씀-사건'(word-event)은 시간을 중단시키는 사건이며, 이는 이 사건이 종말이 되는 이유다. 우리는 복음의 탈신화화를 비정치화하는 종말론으로 바꿔 쓸 수 있다.

이 말씀 사건을 재현하는 로마가톨릭교회를 포함해야 하는 새로운 기독교(Neo-Protestantism)는 기독교의 근대적인 형태며, 우리는 모든 측면에서 말씀 사건을 거부하지 않아야 하는 것처럼 단지 근대성이 성취한 업적 없이 나아가기를 바라지는 않을 것이다. 그러나 현재의 문제에서 성경과 전통에 충실하다는 것은 확실히 우리가 '종말론 재정치화하기'라고 부를 수 있는 과제를 부과한다.

종말론을 탈정치화하는 것, 곧 정치적 종말론을 던져 버리는 일은 단순히 근대성 배후에서 전통적 종말론으로 거슬러 올라가는 것 이상을 요구한다. 아우구스티누스가 하나의 모델과 열정을 제공할지 모른다. 그러나 단지 그를 확신하는 것은 신학적 궁지로 완전히 내몰리지는 않을 것이다. 우리는 근본으로 돌아가도록 요구받는다. 내 생각에 우리는 하나님의 교리로 완전히 다시 돌아가도록 요청을 받는다.

독자들은 종말에 대해 말하는 것과 종결자 하나님에 대해 말하는 것 사이에, 즉 궁극적 사건과 궁극적 존재에 대해 말하는 것 간 양태적 차이가 있다는 것을 기억해야 한다.

5. 하나님의 정치 형태

성경에서 아우구스티누스의 '도성'이 종말론적으로 성취하려는 것은 하나님 나라다. 그러나 종말의 정치적 성격 부여는 신학적 전통을 통해 처음으로 아주 다른 것으로 생각되는 성격 부여, 즉 신격화하거나 '하나님의 이상'(물론 첫 번째 용어는 동방 전통에서 지배적으로 사용하고 있고, 두 번째 용어는 서방 전통에서 지배적으로 사용하고 있다)으로 인간 현존을 완성하는 것과 한 짝을 이루는 성격화 내내 있다.

또한, 영원한 생명, 완전한 정의, 무한한 사랑 같은 것들 곧 종말을 성경적으로 상기할 수 있는 것이 실제로 하나님의 생명, 정의, 사랑 등과 같은 것일 수 있기 때문에 이 개념들은 성경적으로 지지를 받는다. 만일 우리가 영원한 생명을 가져야 한다면, 이것은 우리가 하나님의 생명을 공유해야 하는지다. 하나님은 하나님 자신의 속성과 동일하다는 점에서 영원한 것뿐 아니라 영원성 자체시기 때문이다.

그러나 두 유형의 종말론이 진짜라면 하나님 나라에 들어가는 것은 하나님의 삼위일체적 생명 속으로 들어가는 것이다. 이 반대의 경우도 마찬가지다. 다시 말해, 하나님 나라로 들어가는 것은 하나님 자신이 본질적으로 정치 형태인 어떤 정치 형태로 들어간다는 뜻이다. 그리고 정말로 그러한 일은 일어나야 하는 일이다. 이는 삼위일체 하나님에 대한 고전적 교리가 바로 완전한 정치 형태를 보여 주기 때문이다.

다음 같은 것은 대부분 종교가 하나님으로 생각하는 것을 대체로 기술하지 못한다. 그것은 정말로 삼위일체 교리가 특정한 그리스도인을 사랑하는 하나님 곧 복음과 교회의 묘하신 하나님을 확인하는 방식이라는 것이다.

삼위일체 하나님 안에서는 다수의 '사회적 인격'(*social personae*)이 있다. 아버지, 아들, 성령은 하나님 자신 안에서 실제로 각각 역할이 다르다. 곧 성부는 낳으시지만 낳음 받지 않으시고, 성자는 낳음 받지만 낳지 않으시며, 성령은 자유롭게 하지만 유리되지 않으신다).

또 하나님의 역사들에서도 역할이 다르다. 즉 역사하실 때 "모든 행위는…아버지로 시작하고, 아들을 통해 구체화되며, 성령 속에서 완전하게 된다"(Gregory Nyssenus 1958:125). 그럼에도 불구하고 이 세 위격은 세 신이 아닌데, 바로 이들의 공동의 덕목이나 정의가 완전하다는 점에서다.

각자는 오직 다른 위격들에 자기를 내어 줌으로써, 완전히 위임된 존재가 되는 것이다. 이 의는 침묵하는 완전성이 아니라 담론으로 일어난다. 두 번째 동등한 인격이나 존재가 말씀(Word)이기 때문이다. 하나님은 이 두 번째 위격 안에서 하나님이 어떤 존재인지 아신다. 더욱이 이 담론에서 일어나는 것은 '결정'이다. 하나님은 자유롭게 존재하시는 분이고, 그래서 그가 누구인지는 자신의 영원한 결정이기 때문이다(Jenson 1997:221-223).

각 위격이 다른 위격들과 함께 갖는 신적 본성으로 세 위격은 다른 무엇이 아닌 하나님이다. 이 신적 본성은 따라서 이들의 의와 동일하며, 곧 세 위격의 '공동선'이다. 하나님이시라는 것은 절대선이라는 것이며, 곧 무엇보다도 하나님에게 선이기 때문이다.

마지막으로, 위 모든 것의 결과로 영원한 삼위일체의 생명은 도덕적 행동의 자리다. 하나님 자신 안에 근원, 운동, 목표가 있고, 우리와의 관계에 그저 이것들이 맞추어지는 것은 아니다. 하나님은 서로 대립되는 것이 없기 때문에 영원하시다는 것이 아니다. 하나님은 이런 것들 사이에 갈등이 전혀 없기 때문에 영원하시다(Barth 1957:690). 하나님에게 이런 것들은 '권력의 욕망'에 조종되지 않는다.

창조된 하나님의 정치 형태는 하나님의 영원한 정치적 삶으로 들어갈 수 있다. 이는 아들 예수가 자신과 함께하는 교회를 있게 하기 때문이다. 아우구스티누스의 마지막 때를 기술하는 "토투스 크리스투스"(*totus Christus*) 곧 전체 그리스도라는 것은 그의 몸인 교회가 있는 부활하신 예수를 뜻한다. 몸 없이 머리뿐인 인격은 더 이상 존재할 수 없다. 머리가 없는 몸으로서의 인격은 존재했을 수 있다.

따라서 무엇이 있었든 사실이 그런 것처럼, 삼위일체의 두 번째 위격은 종말론적으로 말해 창조된 공동체를 포함하는 공동체적 실체다. 구속받은 사람이 하나님의 생명으로 들어가는 것은 하나님을 삼위일체성에서 다원성으로 변화하게 하는 것은 아니다. 우리는 아들이 자신을 내어 주고 자기 자신과 동일시하는 사람들로 들어가기 때문이다.

그러나 내주는 것과 동일시하는 것은 실제적이다. 아들은 참으로 그의 제자들이 없지 않으며, 또한 하나님의 신분으로서 이렇게 하신 것이 아니다.

그렇다면 우리는 마지막에 대해 어떻게 생각해야 하는가?

지금 교회에 대해 사실인 것처럼 추구하는 공동선이 하나님인 인간의 정치 형태에 대해 생각해야 한다. 하지만 교회에 두 차이점이 있다.

이 차이들을 만드는 것은 마지막 심판이다.

첫째, 하나님 나라에 속한 구성원들은 다른 공동체들에 속하지 않을 것이다. 이 세상 공동체들의 궁극적인 가치들이 무엇이든지 그것은 하나님 나라 속에 있는 가치들이다. 여기서 우리는 종말론의 본질적인 요점을 위해 중단해야 한다. 영원한 생명은 소생이 아니다. 성도들은 단지 삶을 회복해 지속해 가는 것이 아니다. 죽음으로 삶은 정말 종지부를 찍었다. 오직 이렇게 현세의 삶은 의미를 가질 수 있는 완전한 것으로 만든다.

영원한 삶은 삼위일체적 삶 담론에서 완성된 삶의 무한한 전유(appropriation)와 해석이다. 바로 그렇게 함으로써 완성된 이 세상 인간 공동체들, 이 세상의 정치 형태와 가족들 및 시민 사회들, 그들의 영광과 공포, 이 모든 것은 하나님 나라에 대한 공동체적 담론을 위한 문제들이다.

따라서 하나님 나라 공동체 시민들은 다른 공동체 구성원이기도 한 것을 이유로 자신들의 상호적인 의에서 분열되지 않을 것이다. 물론 그리스도인들이 소크라테스 철학의 요지에 대해 검토하는 것이나 천사들이 모차르트를 연주하는 것을 듣기를 갈망하는 것을 말할 때 물론 그것은 한편의 시와 같다. 그러나 진리를 말하는 것이 바로 시다. 그리고 현재 관심의 요지는 성도들이 창조된 미와 진리를 찾기 위해 교차하는 다른 공동체로 향할 필요가 없다.

성도들은 종말론적 시를 계속 이어 가면서 "벽옥 … 남보석 … 옥수 … 녹보석 … 홍마노 … 홍보석 … 황옥" 같은 것 안에서 향유하기 위해, 서로에게서 별도의 상업이나 예술 공동체로 눈을 돌릴 필요가 없다. 이 보석들은 단순히 성도들 자신의 도성 벽의 기둥들에 장식되어 있다(계 21:19-20).

둘째, 하나님의 정치 형태의 삶을 통해 만들어진 정치 형태의 삶을 형성하고 활기차게 하는 것은 즉각적이다. 이 시대에 교회는 그리스도의 몸인데, 그리스도가 교회 안에서 어떤 다른 것으로 유형적으로 나타난다는 점에서 그렇다. 다른 것은 오직 믿음에 분명히 보인다. 교회에서 선포되는 그리스도의 말씀도, 성례전의 식탁에 현현하는 그의 몸과 피도, 교회의 신비한 다른 어떤 것도 이것들이 원래 무엇인지가 보이거나 들리지 않는다. 곧 교회 안에서의, 교회를 향한 그리스도의 현존을 직접 보거나 들을 수 없다.

이 시대 교회 안에서의 그리스도의 현존은 아우구스티누스의 다른 말을 사용하자면 정말로 세상을 위한 그리스도의 임재인 교회의 참된 존재를 드러내는 징표다. 그러나 교회 안에서의 그리스도의 현존인 이 징표는 조금이라도 이해되려면, 이 자체가 들을 수 있고 볼 수 있는 징표들로 알려지는 것이 필요하다. 그리고 이런 징표의 고유한 가시성 안에서 이해되는 것만큼이나 이 안에 숨은 것도 많이 있다. 삼위일체적 삶 안에 숨겨졌던 하나님 나라는 빵과 잔, 물, 들을 수 있는 설교 등 이 같은 모든 매개가 필요하지 않을 것이다.

우리는 자신들이 그리스도의 몸인 것을, 우리가 지금 빵과 잔의 징표들을 아는 것처럼 직접적으로 알 것이다.

> 성 안에서 내가 성전을 보지 못하였으니 이는 주 하나님 곧 전능하신 이와 및 어린 양이 그 성전이심이라. 그 성은 해나 달의 비침이 쓸데 없으니 이는 하나님의 영광이 비치고 어린 양이 그 등불이 되심이라. 만국이 그 빛 가운데로 다니고 땅의 왕들이 자기 영광을 가지고 그리로 들어가리라. … 사람들이 만국의 영광과 존귀를 가지고 그리로 들어가겠고 무엇이든지 속된 것이나 가증한 일 또는 거짓말하는 자는 결코 그리로 들어가지 못하되(계 21:22-27).

6. 마지막 사건 이후

이 세상의 정치에 관심이 많은 독자는 지금쯤 참을성을 잃었을지 모르겠다.
이 모든 형이상학적인 생각과 시풍은(poetry) 무엇과 관련이 있는가?
우리가 주변을 돌아보면 모든 것이 연관되어 있다.
이 세상 안에 교회가 존재한다는 것은 이 시대의 온갖 정치 형태를 상대화하며, 정치 형태들의 눈에서도 상대화해야 한다.
"도대체 교황은 얼마나 많은 조직을 갖고 있지?"
어느 독재자의 유명한 물음이다. 그러나 독재자는 사라졌고 독재자의 제국도 사라졌다. 하지만 교회는 여전히 살아남았고 끝날 때까지 존속할 것이다.
교회를 제외한 현재 존재하는 모든 정치 형태는 죽음의 문을 이겨 내지 못할 것이다. 희미하게나마 이 사실을 아는 것은 이 시대 정치 형태들이 자체의 본질적 취약함으로 생기는 한계들 안에서라도 건전하기 위해 필요한 한 가지다. 단지 갈등을 일으킨 것이 아니라 잔인했던 근대 후기의 정치 형태들은 이 형태들이 하나의 종말론적 희망이 될 수 있다는 가정으로 혼란에 빠졌다.
국가사회주의는 천년 제국을 꾀했다. 마르크스주의도 노동자 계급의 독재가 달성되기만 하면, 어떤 지배 계층도 그것을 대체할 수 없을 것이라는 꿈을 꾸었으며, 세계화 이념들은 마르크스주의 망상을 반대로 재생산한다.
교회의 현존을 통해 세상 나라들을 상대화하는 것은 교회의 구성원만이 자각할 수 있는 것이 아니다. 아우구스티누스의 분석 같은 것이 모두 옳다면, 나라들은 아무리 느끼지 않으려 해도 분명 스스로 그것을 느낀다. 왜냐하면, 이 시대의 정치 형태들을 구성하는 사람들은 교회만이 공공연하게 인식하고 추구하는 그 선 안에 참되고 타당한 목적이 있기 때문이다. 이 세상의 정치 형태들은 교회를 바라볼 때³, 그런 필요를 자각하고 교회 같은 존재가 되지 못하면서 동요가 일어날 수밖에 없다.

결국, 왜 현대 전체주의 국가들이 교회를, 또 교회의 더욱 불안한 형제인 유대교를 붕괴하려고 힘을 쏟았고, 실패하면서도 이들을 흡수하려 애썼는가?

교회의 첫 번째 정치적 소명은 곧 이 시대 정치 형태들을 위한 복이 되는 첫째 방도는 교회가 그야말로 교회다워지는 것이다. 다시 말해, 교회가 바로 종말의 징표가 되어야 한다는 것이다. 우리는 심지어 교회의 우선되는 정치적 소명이 성례전을 거행하는 것이라고 말할 수 있다(Cavanaugh 1998). 교회는 이 시대 안에서 자체의 정부 형태, 애국 유형, 내적 문화를 가진 완전히 가시적인 통시적 역사적 공동체다. 이 공동체는 유일한 절대선에 알아 볼 수 있게 충성한다.

이 세상의 정치 형태는 이 선을 조종할 수 없고, 나아가 이 충성을 보충한다. 교회는 지도자와 분파들의 가장 나쁜 노력으로도 공동적이지 않게 만들 수 없는 공동의 절대선을 따라 모인다. 교회는 교회가 지배하지 않고 섬겨야 하는 공동체임을 인식하는 자체의 정해진 근거에 따라 의도하지 않아도 자연스럽게 위계가 형성될 것이다. 교회는 민족들이 통과해야 하지만 통과하지 못할 수 있는 관문을 가시적으로 제공하는 정치 조직이다. 이 관문은 오직 존재하는 미래를 향한다.

교회의 초기 몇 세기의 로마 집권자들은 시민들의 분쟁과 사악한 황제들에도 불구하고 유례없이 통치할 수 있는 집단이었고, 정확히 그 같은 도전을 자각했다. 현재는 훨씬 덜 정확하긴 해도 자유주의 국가들이 이를 자각하며, 자체의 가치들을 위해 교회를 사적 영역으로 몰아내야 한다고 여긴다. 또 종교적 전체주의가 그런데 교회를 직접적으로 핍박한다. 문명화된 후 중국이 아마 이런 나라들 중 으뜸일 것이다. 교회의 첫째 임무는 언제나 돌아오는 것이다.

교회는 종말론적 정치 형태의 관문이다. 그래서 교회는 이 세상의 모든 정치 형태를 상대화한다. 이 글을 마치면서 우리는 상대화하는 것이 단지 부정적인 효과만은 아니라는 점을 생각해야 한다. 어떤 것을 상대화한다는 것은 그것을 다른 것과 연계한다는 뜻이다. 이런 경우에 이 세상의 민족들을 상대화한다는 것은 민족들을 하나님 나라들과 관련시킨다는 뜻이다.

---

3 물론 교회의 분열들이 그 같은 모든 주장에 의문을 제기한다는 것이 명백하다. 그런데 이는 오직 교회가 바로 교회의 존재를 의심스럽게 한다고 말하는 것이다. "분열된 교회 같은 것이 있을 수 있을까?" 이는 참된 질문이다. 그러나 여기서 대답되기는 어렵다(Radner 1998).

믿을 수 없게 명백한 격언이 있다. 곧 될 것은 될 수 있다는 것이다. 만일 질서 정연한, 정의와 사랑으로 만들어진 공동체가 마지막에 존재할 것이라면, 정의와 사랑은 만들어진 공동체들에게 불가능하지 않다. 이 시대에 정의와 사랑은 언제나 만족스럽지 못하고, 실제로 깊은 의미에서 왜곡되기까지 한다. 하지만 정의와 사랑은 반드시 일어난다.

또한, 하나님 나라가 도래한다고 인식하는 사람은 이런 가능성을 인식하는 사람이다. 지배 수단을 점유하기 위해 온갖 조작과 경쟁을 통해 왜곡하는 정치 형태는 약간 치유될 수는 있다. 상대적으로 공정하고 상호적인 정치 형태는 더욱 공정하고 사랑까지 깃들 것이다. 하나님 나라를 기다리는 사람들은 바로 이런 사실을 아는 사람이다.

하나님이 자신의 절대적이고 인격적인 행위를 통해 그의 나라를 세우실 것이라는 사실은 역사가 단지 저항할 수 없는 힘만으로 결정된다는 것이 아니라 우리의 인간 행동이 헛된 것이 될 필요가 없다는 것을 의미한다. 이제 미국과 다른 일부 나라 법으로 인정받은 요구만 있으면 가능한 낙태 같은 악과, 법정의 결정으로 즉시 이루어진 우둔하고도 사악한 합법화는 인간의 오류로 자행되었다.

바로 이렇기에, 이런 악행들은 인간의 진리에 의해, 하나님 나라에 충실하고 그래서 하나님의 섭리로 지속되는(물론 하나님의 채찍 자체가 국가의 파멸을 의도하는 하나님의 심판이 아닐 때 그렇다) 결정과 행위로 대체될 수 있다. 또는 겉보기에 경제 세계화로 제기된 동질화와 부족주의 간의 선택도 인간의 사고로 해석되는 선택이다. 하나님의 강복과 더불어 인간의 사고는 다른 가능성들을 배제할 수 있다.

이 시대를 위한 하나님 나라의 상호 관계성과 가까운 것이 성례전(Eucharist)이다. 그러므로 성례전은 정치적 투쟁의 참된 이상을 제공한다. 교회로 연합된 그리스도의 몸은 교회인 상호 사랑의 몸과 동일한 실재다(고전 10:17-34). 따라서 우리는 한 정치 형태의 선이 도구적(말하자면, 국민 생산)인 것이 아니라 시민들의 상호적 섬김과 동일한 것으로 이해한다.

물론, 이 세상의 정치 형태가 추구하는 선이 유일하신 하나님이 아니라 부분적 선이므로, 정치 형태의 상호 관계성은 그 선의 성격에 따라 동력이 주어지고 '권력 욕망'에 영향을 받을 것이다. 그러나 시민인 것에서 얻는 선이 궁극적으로 시민으로서 행동하는 특권이라는 사실을 우리 자신과 다른 사람들에게 상기시킴으로써, 많은 것이 달성될 수 있다. 우리는 이런 특권이 국가나 다른 정치 집단에 복종하는 종이라는 것과 매우 다른 것임을 재빨리 알아야 한다.

온갖 계급과 인종은 같은 잔을 마시고 같은 빵 덩어리를 떼어 먹는다. 그래서 교회를 구성하는 가치는 모두가 동일하게 공유하는 것이다. 때로는 사회 정의를 울부짖는 것이 불확실하게 신앙적인 목적들을 가리는 것으로 이용되었다. 하지만 이 부르짖음의 기원은 교회의 생명 속에 깊숙이 자리하고 있다. 만일 한 정치 형태가 너무 많이 타락해 공동선이 실제로 독(毒)이 되는 경우가 아니라면(이런 경우 죽음을 불사한 혁명과 저항만이 기여할 것이다), 항상 정치적 투쟁의 주된 목적은 그 선을 평등하게 공유하는 것이어야 한다.

성례전 담론은 전형적으로 공동의 기도다. 이 성례전 담론에서는 모든 사람이 말하고 모든 사람이 경청한다. 대의 민주주의는 상대적으로 좋은 정치 형태다. 하지만 한 가지가 대의 민주주의 체제 속에서 일어날 수 없다. 즉 결정이 논의되고 내려지는 토론회에 자기 자신이 나가지 못하며 그래서 자신의 관심들은 그곳의 담론으로 변혁될 수 없다.

내 대표가 나를 위해 많은 것을 할 수 있어도 나 대신 회개하지는 못한다. 가능한 한 정치 형태에서, 원하는 사람이 모두 모여 공동체의 미래를 논하는 권한 있는 토론의 장을, 곧 하위 정치 조직들을 많이 만들고 육성하는 것이 목표가 되어야 한다.

마지막으로, 성례전은 참석자와 사람들의 다양한 목회자들의 계층 구조를 구별한다. 유일한 하나님은 이 회중 모임에서 절대선이시기 때문에 성례전에 존재하는 계층 구조는 담론의 상호 관계를 방해하거나, 과두정치 또는 심지어 단순히 대의 민주주의도 세우지 않는다.

성례전 정치 형태의 시민들은 은사의 차이와 많고 적음의 차이들도 자체가 악이 아니라, 이 세상의 정치 형태들에서 소중히 여겨져야 하는 것을 안다. 그리고 프랑스혁명이 저지되려 한 이래 이 시민들은 모든 서구의 정치에 내재된 무정부주의적 기세를 안다. 그리스도인들은 신앙이 종말론적이므로, 이 세상 정치 형태들 속에 독특하게 놓여 있다. 모든 사람이 선거 유세 중 혹은 거리에 있을 때, 그리스도인들은 그 대의가 자신들이 성례전 속에서 알게 된 것과 어떤 유사점이라도 있으면 거기에 있을 것이다.

하지만 이들은 또한 자신들의 성례전 같은 모임과 다른 모임들에 기도하면서 동참할 것이다. 이 시대 정치 형태는 완전해질 수 없다는 것을 알기 때문이다. 또 주님이 집을 세우지 않으시면, 종말 이후 모든 구조가 무너지게 될 것을 알기 때문이다.

그리고 다른 모든 사람이 포기하고 집으로 돌아갈 때, 그리스도인들은 여전히 행동하고 상당한 노력과 경주를 지속할 것이다. 이들은 정의와 평화가 보이는 모든 것에도 불구하고 가능하다는 것을 알기 때문이다. 그리스도인들은 종말을 알기 때문에 이런 정의와 평화가 성취될 것이라는 사실을 알고 있는 것이다.

참고 문헌

Augustine (1972). *The City of God*, trans. Henry Bettenson. Harmondsworth: Penguin.
Barth, Karl (1957). *Church Dogmatics* II, 1. Edinburgh: T& T Clark.
Cavanaugh, William T. (1998). *Torture and Eucharist: Theology, Politics, and the Body of Christ*. Oxford: Blackwell.
Gregory Nyssenus (1958). *That There Are Not Three Gods*, ed. F. Mueller. Leiden: Brill.
Jenson, Robert W. (1969). *The Knowledge of Things Hoped For*. Oxford: Oxford University Press.
_____.(1997). *Systematic Theology*, vol. I. Oxford: Oxford University Press.
_____.(1999). *Systematic Theology*, vol. II. Oxford: Oxford University Press.
Milbank, John (1990). *Theology and Social Theory*. Oxford: Blackwell.
Radner, Ephraim (1998). *The End of the Church*. Grand Rapids, Mich.: Eerdmans.
Schleiermacher, Friedrich (1976). *The Christian Faith*, ed. H. R. Mackintosh and J. S. Stewart. Philadelphia: Fortress.
Wright, N. T. (1998). "Paul's Gospel and Caesar's Empire." *Reflections* 2: 42–65.

제4부

구조와 운동

제29장　국가와 시민 사회
제30장　민주주의
제31장　비판 이론
제32장　포스트모더니즘
제33장　세계화

제29장

국가와 시민 사회

다니엘 M. 벨 Jr.(Daniel M. Bell Jr.)

1960년대 이래로, 정치신학과 동일하게 여겨지는 다양한 신학적 사고의 흐름의 시점에서 국가와 시민 사회에 대한 주제로 접근하려는 것은 일종의 유혹이다. 이런 과제는 신학들이 정치적 실체들을 해석하고 기독교와 그 실체들과의 관계를 이해하는 방식들을 검토하는 일이어야 할 것이다.

하지만 이 책에 있는 다른 글들이 제시하듯이, 그리스도인이 정치에 관여하는 문제는 포괄적으로 정치신학으로 알려진 현대신학 운동들의 탄생에 앞선다. 정말로, 정치신학의 다양한 요소를 지지하는 사람들이 우리에게 상기시키는 것처럼 모든 신학은 언제나 이미 정치적이다.

이런 생각을 확대하는 이 글은 가장 넓은 의미에서 '정치적인 것'(the political)과 '정치'(politics)를 이해하는 것이다. 정치는 우선적으로 국가와 정당의 공무자들의 책략과 기만을 가리키지 않고, 인간 사회의 조직(정치 형태 혹은 정치의 근원적 의미), 즉 체제의 사회적 협의를 가리킨다. 비록 체제들의 협의에 항상 관심을 갖고 있더라도, 온갖 정치는 공동체의 이상 곧 '신화'(mythos)를 (재)생산하는 것을 내포한다.

이런 통찰은 우리가 신학적인 것, 특히 정치신학에 진입하도록 도와준다. 모든 신학이 항상 이미 정치적이라고 주장하는 것은 모든 신학이 암시적이든 명시적이든 하나의 '신화', 곧 인간 공동체들이 어떻게 구성되어야 하는지에 대한 이상을 구체화한다는 사실을 인식하는 것이다.

꽤 유명한 현대 정치신학 선구자 칼 슈미트(Carl Schmitt)가 20세기 초 인식한 것처럼, 신학적 개념과 이미지들은 정치적 상관성이 있다(이 책에서 마이클 홀러리치가 쓴 8장 참조). 물론 신학적인 것의 정치적 영향을 인식하는 것과 특히 기독교 신화를 인식하는 것은 20세기 초보다 더 깊게 확장되는 근원을 이해하려는 것이다.

기독교 사상사에서 기독교 신화는 아우구스티누스의 『하나님의 도성』(De civitate Dei)에 가장 오래된 심오한 표현들 중 하나가 있다. 거기서 로마의 정치신학이 신학적 비판을 받으며, 비판의 중심에는 그 같은 신학이 구원을 줄 수 없다는 아우구스티누스의 주장이 있다. 이는 구원이 세상의 도성이 아닌 다른 도성, 곧 하나님의 도성의 제단에서 발견되기 때문이라는 것이다(이 책에서 진 베스크 엘쉬타인이 쓴 3장 참조).

모든 신학이 항상 이미 정치적이라는 것을 생각할 때, 정치신학의 현재 표명들로 시작하면서 국가와 시민 사회에 대한 주제를 다루는 것은 이야기를 너무 늦은 데서 시작하는 감이 있다. 이는 맞지만, 그리스도인의 정치 참여 역사가 아주 오래되었기 때문이 아니라, 실제로 우리가 국가와 시민 사회로 인식하는 것에의 그리스도인의 참여 역사가 동시대 정치신학보다 많이 오래되지는 않았기 때문이다. 국가와 시민 사회에 대한 관심은 오히려 신학적이다.

다시 말해, 만일 이런 문제들을 다루는 것이 특히 신학적이려면, 즉 현대 사회과학이나 정치 철학의 신화 속 대신 기독교 신화 속에 기반을 둔 판단의 양태들과 규범들에 지배되려면, 우리는 국가와 시민 사회의 출현 직전에서 우리의 이야기를 시작할 수 밖에 없다.

왜냐하면, 국가와 시민 사회가 우리 상상 속에 일단 자리를 잡은 후 대화를 시작하는 것은 그래서 국가와 사회가 당연한 것의 지위를 회득하고 그야말로 사실로 보인다면, 아마 모르는 사이에 이 세상에서의 기독교의 정치적 존재의 성격에 대한 중요한 신학적 판단을 그저 따르는 것이다.

유사성과 차이성을 다룰 수 있는 여러 방법이 있다. 이런 유사성과 차이성들은 정치와 시민 사회에 대한 잡다한 형태의 정치신학의 국가와 시민 사회에 대한 접근들을 특징짓는다. 정말로 대중의 생각은 자유주의나 (신)보수주의, 녹색당과 노동당, 자본주의자와 사회주의자 등에 의해 결정되는 축을 따라 놓이는 중요한 차이성을 제시할지 모른다. 아우구스티누스의 정신에서 뚜렷이 촉진된 신학적인 해석으로서, 이 속에 있는 판단의 중심축은 동시에 구원론적, 종말론적, 교회론적이다.

현대 정치신학에 동의하는 신학적 가정들은 무엇인가?

국가와 시민 사회에 대한 이 가정들의 이상은 교회의 본질과 사명, 역사에서의 하나님의 활동의 성격, 구원의 특징에 대해 무엇을 말하는가?

기독교 신화와 타당한 정치적 관계에 있는 것은 무엇인가?

그럼에도 불구하고, 이 같은 분석은 모든 중요한 차이에 대한 정치신학의 세 가지 두드러진 흐름(엄밀한 의미의 정치신학, 라틴 아메리카의 해방신학, 공공신학)을 지지하는 사람들은 국가와 시민 사회 같은 정치적 실재들에의 그리스도인 참여의 특징에 기본적으로 동의한다.

나는 오늘날 기독교 정치신학의 지배적인 전통을 집단적으로 구성하고 있는 이런 흐름들을 밝히고자 한다. 일반적으로 동시대의 신학적 반성 영역에 주도적으로 영향을 행사하는 단일한 운동이 현재 존재하지는 않지만, 이런 운동들은 다 같이 받아들여져 오늘날 정치신학을 인식하는 데 의심 없이 지배적 패러다임이라 할 것을 구체화한다.

나는 '출현하는 전통'이라고 불릴 만할 것을 대조적 방식으로 보여 줄 것이다. 이 출현하는 전통은 '후기 자유주의'(postliberal)라고 일컬을 수 있다. 신학 용어에서, 이런 명칭은 보통 알래스데어 맥킨타이어(Alasdair MacIntyre)와 조지 린드벡(George Lindbeck) 같은 사람들과 연관된 어떤 방법론적 방향을 지칭한다. 여기서 강조하는 것은 정치적 차이에 대한 것이다. 곧 차이는 그 같은 운동들이 전형적으로 후기 자유주의로 분류되는 여러 유명한 신학자의 작업 속에 일으키는 차이다.

1. 현대 국가와 시민 사회의 출현

앞서 제시된 것처럼, 이런 실재들이 규범적인 명성을 얻은 현재 시점에서 국가와 시민 사회에 접근하는 것은 기독교의 정치적 존재의 성격에 대한 중요한 신학적 판단을 고려하지 못하게 한다. 따라서 오늘날 정치신학의 확정적인 분열을 은폐시킨다. 이 글은 이 같은 판단과 분열을 조명하는 마지막 부분에 가서, 이런 실재들의 대조적인 해석들을 강조하는 현대 국가와 시민 사회의 간략한 계보를 보여 줄 것이다.

기독교인의 정치적 연관성에 관한 논의에서 국가와 같은 용어들은 마치 별로 변하지 않은 정적인 실재들인 것처럼 언급된다. 따라서 우리는 국가에 대한 초기 기독교의 견해를 말하거나, 아우구스티누스를 교회와 국가의 이론을 제공해 주는 것으로 해석하거나, 교회와 국가에 대한 중세 이론을 연구한다. 이 경우들 각각에서, 역사적 가변성이 기독교의 입장 때문이라고 생각될 때 국가는 겉보기에 그런 발전과 변화를 거부하는 안정성이 인정된다.

국가는 공적 권위를 행사하는 제도들의 총체며, 그 공적 권위는 폭력의 합법적 사용 독점을 통해 집행된다는 것이 자명한 것으로 받아들여진다. 하지만 이런 사고방식은 국가에 대한 우리의 현대 경험을 통해 정말 철저히 형성되어 온 방식들을 반영한다. 이렇게 정의된 국가는 오랜 역사를 갖고 있다. 이런 국가는 뚜렷하게 현대적인 민족 국가다.

사실, 마치 교회와 국가가 근대성 출현 이전에 존재한 두 가지 구별되는 사회적 실재들인 것처럼 교회와 국가를 말하는 것은 어쩌면 시대착오적인지 모른다(Ladner 1947). 대조적으로 중세 기독교 국가는 단일한 조직으로 이루어지며, 이 조직 안에서 교회 영역과 국가(civil) 영역은 공간적인 지배권이나 통치의 양태들이 아닌 목적을 구분한다. 교회의 권위는 인간 공동체의 초자연적 목적에 관계하는 반면, 국가의 권위는 공동체의 세속적 목적에 관계한다.

사회는 평행적이고 보편적인 두 권력(교황과 국왕)에 지배받는 유기적 전체였다. 사실 국가가 14세기 정치 담론에서 널리 쓰이면서 나타났을 때, 국가는 지배적인 제도나 기구를 말하는 것이 아니었고, 그렇다고 지리적으로 국왕의 통치가 행해지는 어떤 한정된 장소를 가리키는 것도 아니었다. 오히려 국가는 세속 국왕들의 신분이나 지위를 가리키는 것이었다.

1) 종교 전쟁과 시민의 평화: 국가 출현의 두 가지 이상들

오늘날 국가로 인식되는 것, 곧 한정된 영토 안에서 폭력을 전유하는 중심적 권력은 16세기와 17세기에 걸쳐 서구를 심하게 요동치게 한 유혈과 혼동 가운데 나타났다. 역사가들과 정치 철학자들뿐 아니라 신학자도 널리 반복해 제시하는 이런 사건들과, 근대 민족 국가의 발흥과 이 사건들과의 관계에 대한 일반적 설명은 이런 갈등들을 종교 전쟁으로 밝히고 유혈 사태와 종교적 갈등으로 인한 잔인함에서 우리를 구출한다고 칭송하는 정도까지 민족 국가에 진정한 구속의 의미 및 중요성을 부여한다.

종교개혁의 각성에서도 일반적 해석은 지속적으로 로마가톨릭교회와 개신교가 심한 갈등으로 점철되었고, 종교적 열심은 정치권력과 결합해 유혈 사태를 야기했다는 것이다. 결과적으로 무력을 배경으로 하는 과도한 종교적 열심에 두려움에 휩싸인 유럽은 종교가 슬픔을 야기하는 무력을 더 이상 이용하지 않을 정치 질서를 전개시켰다. 이후 종교는 사적 문제로 이해되었고, 공적 정치 영역은 평화를 유지할 책임이 부과된 통치권이 있는 세속 국가가 살펴야 했다.

최고 권력을 가진 국가가 관장하는 공적 정치 영역과, 사적 종교 영역으로 양분해 사회적 공간을 설명하는 이런 특정한 방식은 독일 사회학자 막스 베버(Max Weber:1864-1920)를 통해 설득력 있고 명확하게 전개되었다. 베버의 작업은 당시 정치신학을 발전시키는 조건들을 설정하는 데 정말 엄청난 영향을 미쳤다.

베버는 우리가 다양한 삶의 영역으로 살아가며 각 영역이 자체의 법과 윤리적 기능들이 있다는 것을 지적하면서, 정치와 종교 간 구분을 받아들였다. 물론 그가 주목했듯이 이런 구분을 끌어내는 것은 이 두 영역이 상호 작용하지 않는다는 것이 아니다. 오히려 법과 윤리적 기능의 영역들이 상호 보완적이라는 것이다.

특히, 베버는 종교가 원칙적으로 이상을 조성하는 과제에 대한 것인 반면, 정치는 주로 궁극적인 목적이나 이상이 아닌 실용적으로 가능한 것을 달성하기 위한 수단을 다루는 것에 관계한다고 지적했다. 더욱이 우리에게 특별한 관심을 갖게 하는 것으로서, 정치는 '국가적 경륜'(statecraft)으로 정의된다.

베버는 정치를 지도권이나 지도부의 영향력 혹은 정치적 단체의 영향력, 따라서 오늘날 국가의 영향력에 대한 것이라고 말했다(Weber:196:77). 우리가 보게 될 것처럼, 베버는 종교를 가치나 이상들의 저장소 역할을 하는 사적 비정치적 영역이며 이 가치나 이상들은 국가 통치를 통해 정치 영역에서 예시되어야 한다고 해석한다. 이런 해석은 현대 정치신학의 지배적 전통에 대한 문제들을 대체로 규정한다.

최근 근대 국가의 출현에 대한 이 일반적 해석은 역사적 신학적 근거들로 이의가 제기되었다. 역사적으로, 16, 17세기 갈등들은 종교 전쟁들로 정확하게 기술되지 않으며, 또한 근대 민족 국가는 오늘날 돌이켜 보면 너무 빈번히 꾸며지는 자비로운 평화 유지자의 옷을 입은 싸움에서 출현하지 않았다는 것이다.

이 반대 해석에 따르면, 이런 갈등들은 주로 신조 차이에 대해 로마가톨릭교회와 개신교 사이에 벌어진 종교 간 갈등의 사례들인 것이 아니었다. 이와는 달리 이런 전쟁들 중에 로마가톨릭교회와 개신교는 자주 같은 편에서 싸웠고, 따라서 전선을 가로질러 자주 서로 마주하게 되었다(Cavanaugh 1995).

전선이 단순히 신조의 동일 및 차이와 연관이 없다는 것은 그 갈등들이 종교적 차이 이상이었다는 것을 제시한다. 이는 우리로 하여금 일반적 해석에 신학적 이의를 제기하게 한다. 일반적 해석은 근대 국가는 이런 갈등들의 여파 속에서 시민의 평화를 보호하고 우리를 종교 갈등의 잔인함에서 구해 내기 위해 발전했다고 주장한다.

반면 대안적 해석은 더 정확한 신학적 평가는 즉 역사적 기록의 윤곽들에 더 면밀히 부합하는 판단은 사실 16세기 또는 17세기의 갈등들이 근대 국가가 중세 질서의 잔존물을 떨쳐 내기 위해 투쟁하는 동안, 주권적 권위 아래서 다른 모든 사회적 집단을 포섭하려고 분투하는 동안, 근대 국가가 겪은 진통이었다는 것이다.

특히, 이런 갈등들은 '종교'(*religio*)라는 덕목을 부각해 중세 사회를 결속한 공적 교회가 독자적인 국가로 대체되는 일에 대한 것이었다. 다시 말해, 베버의주의적 세계가 출현한 것은 교회의 비시민성의 결과가 아니라 떠오르는 주권국에 교회가 패배한 결과였다. 교회는 공적 정치적 존재가 배제되었고, 정치는 국가 통치의 문제가 되었다. 당시 출현하는 정치신학의 전통에서, 교회의 본질과 사명이 이해되는 방식에서의 신학적 전환은 기독교의 정치 관여의 문제들을 규정하는 것이었다.

2) 리바이어던 길들이기: 시민 사회의 출현

시민 사회는 준(準)공적 영역으로, 곧 전통적으로 국가와 개인 간 중재적 영역을 일컫는 중간적 용어로 이해된다. 시민 사회에는 많은 자발적인 단체가 존재한다. 시민 사회는 가족, 이웃 집단, 사업 조합 그리고 사람들이 자발적으로 가입하는 다양한 사회단체 같은 조직들과 자주 연관된다. 국가와 시민 사회를 구분하는 것은 정확히 시민 사회 운영의 자발적이고 비강제적인 성격이다.

국가 영역이 (이상적으로 무언의, 항상 암시적인) 국가 폭력의 위협을 통해 궁극적으로 경계가 정해지는 반면, 시민 사회는 사람들이 관계하고 교류하는 자치

운영의 공간이며 보통 국가의 폭력과 강제성의 위협이 없는 영역이다.

현대 정치신학과 관련해, 넓게 말해 시민 사회에 접근하는 두 방식, 곧 두 시민 사회 모델이 있다. 지배적인 모델에 따르면, 시민 사회는 근본적으로 자유의 공간이다. 이 모델은 국가를 종교의 불가피하게 폭력적인 정치적 야망에서 벗어난 공간으로 제시하는 것을 반영하면서, 시민 사회를 국가의 전체주의적 성향으로부터 개인을 보호해야 하는 자유의 공간(흔히 다원주의, 민주주의 또는 자유방임 시장 면에서 이해되는)으로 생각한다.

시민 사회는 국가를 견제하면서 국가와 맞선다. 시민 사회가 괴물의 본성을 지닌 리바이어던(원래 의미는 욥기에 나오는 괴물을 의미함-역주)을 길들인다고 말할 수 있다. 이런 시각에 따르면 시민 사회는 국가 정당화의 근원이다. 국가는 시민 사회를 보존하고 보호하는 데 소명이 있을 정도로 시민 사회에서 국가의 권위를 얻으며, 또 도덕적인 지침과 방향을 얻는다.

이 모델에 대한 약한 해석들은 사람들이 시민 사회 조직들을 통해 국가에 영향을 미치고 유도할 때 사회적 변화가 초래된다고 주장한다. 국가는 대중의 뜻을 위한 도구로서 봉사한다. 강한 자유주의 해석들은 시민 사회 자체가 사회적 변화의 공간이라고 주장한다. 곧 국가의 타당한 기능은 변화를 초래하는 것이 아니라 오로지 시민 사회를 보호하는 것이며, 아마 드문 상황이기는 해도 시민 사회가 다룰 수 없는 것으로 판명된 어떤 필요들과 문제를 처리하는 것이다.

이 모델에서 교회와 시민 사회의 관계는 다양하다. 어떤 해석들은 여러 자발적인 제도와 함께, 교회를 완전히 자격을 갖춘 시민 사회 참여자로 인식한다. 다른 해석들은 교회를 무시하거나 시민 사회의 중재적 영역 밖에, 곧 개인 영역에 둔다.

전통에 얽매이지 않는다는 것은 시민 사회를 밝기가 덜한 곳으로 던져 넣는 듯하다. 반대 시각에 따르면, 시민 사회는 자유의 공간, 곧 개인과 자만심이 강한 국가 간 완충 공간을 세우는 것이 아니라, 본질적으로 규율적인 공간인 것으로 이해된다. 시민 사회는 인격들이 국가의 이미지로, 즉 국가의 목적(이제 점차적으로 경제적인 목적)에 부합하는 이미지로 형성되는 공간이다.

엄청나게 많은 훈련을 통해 정부 관리인들과 관료들의 손에가 아니라, 전문가들, 경영인들 및 상담가들에게 자발적으로 배워, 사람들은 자유롭고 평온하게 그리고 대부분 자진해서 지배하는 '신화'에서의 자신들의 자리를 찾는다.

이처럼 교육적이거나 훈육적인 공간인 시민 사회는 국가가 중세의 공적 교회에 승리한 것을 통해 행사하는 권력의 다른 유형이다. 따라서 시민 사회는 특히 여기서 사회와 교회의 리바이어던을 길들이는 요소로 이해된다. 이것은 시민 사회가 획일적인 국가가 이끄는 어떤 어두운 음모의 사례라고 말하는 것은 아니다. 시민 사회는 근대 국가와 마찬가지로 인간 공동체들이 어떻게 조직되는지에 대한 현대 신화, 곧 교회에서 직접적이고 구체적 정치적 존재를 박탈한 신화에 대한 정치적 상관물이다.

따라서 이 모델은 시민 사회를 교회를 위한 타당한 공간으로 받아들이지 않는다. 이 접근의 강한 해석들은 시민 사회를 본래적으로 기독교 신화와 대조를 이루는 것으로 제시하려는 경향이 있다. 반면 약한 해석들은 시민 사회가 본래는 그렇지 않더라도 우연하게도 교회의 타당한 정치적 현존과는 반대되는 것이라고 주장한다.

다시 말해, 약한 해석은 근대 국가와 마찬가지로 시민 사회가 생각할 수 있는 바로는 교회와 평화롭게 공존할 수 있고, 심지어 교회의 과제를 수행할 수 있다는 희망을 버리지 않는다.

2. 지배적인 전통

국가와 시민 사회의 이런 이상들은 현대 정치신학의 다양한 흐름들로 통합되면서 기독교가 정치에 관여하는 성격에 관해 매우 다른 구원적, 교회론적, 종말론적 신념들을 일으킨다.

나는 현대 정치신학의 지배적인 전통을 바탕으로 국가와 시민 사회에 대한 일반적 이해를 받아들인다. 이로써 이 기관들은 자유의 주체로 알려지는 반면, 교회는 비정치적 존재, 혹은 기껏해야 가치의 보호자로서 추상적으로 또는 일반적으로 정치적 존재라는 것이 지지되며 구체적 정치적 현존을 박탈당한다.

다시 말해, 지배적인 전통은 인간 공동체가 질서화되는 방식에 대한 근대의 베버주의적 신화를 전통의 출발점으로 받아들인다는 것이다. 결과적으로 정치신학의 근본적 과제는 근대성의 출현과 더불어 나타난 자유를 지지하고 완성할 필요가 있다고 생각되는 가치들과 이상들의 선전이 된다. 우리가 현대 정치신학의 주된 흐름들 중 세 가지를 고려하면, 이는 더욱 명백해진다.

1) 정치신학

1960년대 중반, 독일에서 요한 밥티스트 메츠, 위르겐 몰트만, 도로테 죌레가 시작한 운동인 타당한 정치신학은 사회적 정치적 현상 체제가 어떤 도전도 받지 않을 만큼, 철저하게 사유화되었던 부르주아적 기독교에 대한 반동으로 일어났다(Metz 1981).

이런 신학자들에 따르면 기독교는 기독교의 개인화 결과로 사회적, 정치적 삶이, 아우슈비츠로 입증되었듯이 야만 행위의 벼랑으로, 핵무기 경쟁, 빈곤한 세계의 현실로, 더욱 최근에 생태계의 황폐 같은 위기에 근접하는 상황과 사실상 무관하게 된다(Moltmann 1999).

정치신학은 이 길들여진 기독교와 맞서, 교회를 비판적 자유의 제도로 간주한다. 이처럼 정치신학은 중산층의 위안을 위해 존재하는 것이 아니라 도래하는 평화, 정의, 자유의 이름으로 현재의 안정을 깨면서 현재 상황에 의문을 제기하는 종말론적 미래의 전령이다.

얼핏 보기에는 정치신학이 정치의 현대 신화를 국가 통치로 받아들인다고 제안하는 것이 이상할지 모른다. 결국, 정치신학의 특징 중 하나가 교회에서 어떤 정치적 영향력도 박탈하는 교회의 부르주아적 사유화(bourgeois privatization)를 거부하는 것이다.

하지만 정치신학이 자체를 근대성의 출현과의 관계에서 어떻게 위치시키는지 고려할 때, 교회의 정치적 현존이 추상적 가치의 관리인으로 제한되기는 해도, 국가와 시민 사회가 사회적 정치적 변화의 주된 주체들로 받아들여져야 한다는 것은 명백해 보인다. 근대성에 저항하는 전통 신학을 억압하는 정치신학은 직접적이고 열정적인 일종의 근대성 운동이다(Metz and Moltmann 1995).

정말로 정치신학은 자체를 현대 서구의 출현과 더불어 손에 손을 잡고 어우러져 가는 세상에서 자유의 발전에 부합하는 신학적 희망으로 이해한다. 정치신학에 따르면 전통에서의 근대성의 해방, 세속화의 발전, 계몽주의 및 민족 국가 출현은 역사에 스며드는 자유의 정신에 대한 온갖 표현이다. 물론 정치신학은 근대성을 지지하는 데 무비판적일 수 없다.

결국, 근대성이 약속하는 자유는 아직 완전하게 실현되지 않았다. 근대성은 부정의(不正義)와 억압에 대항하는 지속적 투쟁에 대해 증언한다. 따라서 정치신학자들이 근대성을 자유 발전의 한 단계로서 받아들이듯이, 이들은 교회가 더욱 공정한 미래의 이름으로, 역사의 희생자들을 기억하면서 모든 사회 질서에 대한 영속적인 비평가로서 일한다고 주장한다(Metz 1980).

정치신학이 꿈꾸는 것은 국가와 시민 사회가 모든 것을 자명하게 만드는 현대적 신화와 상관관계가 있다. 정치신학은 사유화된 부르주아의 신학을 비판한다고 해도, 사회적 공간이 어떻게 질서화되는지에 대한 현대적인 베버주의적 이상에 도전하지 않는다. 정치는 국가 통치의 문제로 남고, 영속하는 비판 기관인 교회는 정치적 결과들을 야기하는 가치들을 알려 주며, 국가와 시민 사회 영역 정치 참여에 영향을 미쳐야 한다는 가장 일반적이고 추상적인 의미에서만 정치적이다.

실제로, 기독교에 더욱 본질적인 공적 혹은 정치적 내용을 제공하려는 어떤 시도도(기독교를 구체적이고 특정한 정치적 프로그램과 연관시키든지, 교회가 국가의 주도권과 경쟁하는 자체의 권리에서 공적, 정치적 형태라고 주장하든지) 근대성이 올바르게 우리를 해방시킨 정치적 종교의 해로운 형태라는 비판을 받는다(Moltmann 1999).

정치신학은 종말론적 미래의 이름으로 종교적 이상들과 정치적 실재들의 베버의 연관성이 완성되어야 한다는 요구에 이른다. 정치신학자들의 저작들 속에서, 이것은 사회 민주주의, 민주 사회주의, 또는 더 일반적으로 인간의 권리들 중 어느 것과 관계되든지 발전적인 정치에 대한 지지가 된다.

2) 라틴 아메리카의 해방신학

라틴 아메리카의 해방신학은 1960년대 후반에 나타났고, 후고 아스만(Hugo Assman), 레오나르도 보프(Leonardo Boff), 구스타보 구티에레즈(Gustavo Gutiérrez) 같은 신학자들의 노력을 통해 세계의 주목을 받았다. 북미의 같은 계통의 신학처럼, 라틴 아메리카의 해방신학은 '현상 유지'(*status quo*)에 너무 밀접히 결합되어 있던 기독교에 저항하면서 출현했다.

특히, 해방신학은 가난한 자들의 급증으로 촉발된 신앙의 위기에 대한 반응이었으며, 조기 사망으로 고통을 가중시키는 빈곤과, 아니나 다를까 가난한 자들의 역경을 완화하지 못하는 강령에 대항하는 목소리들을 높여 내었다(Gutiérrez 1998).

대중의 물질적 곤경을 무시하고 영적인 진리를 거래하던 교회에 저항하는 해방주의자들은 가난한 자의 권리와 정의의 혁명적인 운동을 지지함으로써 하나님의 가난한 자를 위한 우선적 선택이라는 기쁜 소식을 선포하는 가난한 자들의 교회에 대한 이상을 분명히 말했다(Sobrino 1984).

종종 해방주의자들이 신학자들 가운데 가장 정치화된 사람들이라고 여겨져 왔기에 이들이 정치의 현대적 이상을 정치적 수완으로 받아들이고, 비정치적, 가치와 이상 영역에 있는 교회를 차단한다고 주장하는 것은 직관에 어긋난다. 그럼에도 불구하고 이것이 사실인 것은 이들 작업의 여러 측면에서 명백하다.

해방주의자들은 교회에 가난한 자를 위한 선택을 촉구하면서 교회가 직접적으로 정치권력에 몰입하던 기독교 국가 시대로 되돌아가는 일이 있을 수 없다는 데 단호하다. 해방주의자들은 이런 식으로 정치신학자들만큼 교회의 정치 지배에서 가져온 자유 근대성에 헌신했다. 이들 역시 정치의 현대적 세속성을, 역사를 통한 자유의 행진에서의 승리로 인식한다(Gutiérrez 1983).

세속 국가의 발흥과 정치적 경제적 영역과 삶의 종교적 차원의 명백한 구별은 분명히 축하할 만한 성취다. 하지만 정치신학자들에게서 볼 수 있는 것처럼 해방주의자들의 근대성 수용은 무비판적이지 않다(Gutiérrez 1983; Sobrino 1984). 이들도 근대성의 자유가 완전하게 구체화되지 않았다는 것을 인식한다. 언론과 사상의 자유 같은 정치적 자유가 주로 결실을 맺었지만, 사회적 자유 및 경제적 자유는 신기루를 잡는 것처럼 여전히 손에 잡히지 않은 채 남아 있기 때문이다.

따라서 근대성의 약속은 달성되지 못하고, 해방주의자들은 교회를 정의를 선포하고 정의를 위해 투쟁하는 사람들을 지지하라고 자극했던 것이다. 현재의 정치 경제 질서에 도전하는 물결에도 불구하고 이 혁명적 이상은 치국책으로서 정치의 현대적 신화에 확고히 근거를 둔다.

누군가 억압당하는 자들이 국가를 장악해 정의로운 사회적 질서(이때 흔히 사회주의의 어떤 형태와 동일시되는)를 세워야 한다는 이들의 초기 희망을 고려하든지, 시민 사회에 자리 잡은 자발적 단체들이 국가에 영향을 미칠 수 있다는 희망에서 해방주의자들이 최근 시민 사회로 돌아온 것을 고려하든 간에, 해방주의자들은 일관적으로 국가 정치를 받아들이고 교회에 가장 일반적이고 간접적인 의미에서만 정치적으로 특징지을 수 있는 공적 존재를 부여한다.

곧 교회는 진정한 베버주의적 방식으로 세속 정치에의 참여를 자극하고 인도해야 하는 가치들과 이상들을 조성한다. 교회에 대한 더 본질적이고 직접적인 어떤 정치적 현존은 구시대의 잘못 인도된 정치 종교적 메시아주의로 되돌아가는 것을 거절한다(Gutiérrez 1983, 1988).

3) 공공신학

'공공신학'(public theology)은 20세기 후반 그 탁월성을 보여 준 지배적으로 많은 북미 신학자들의 광범위한 운동이다. 비록 이들의 정치적 견해들이 진보주의에서 보수주의에 이르기까지 넓게 퍼져있다고 할지라도, 이런 신학자들은 다 같이 기독교 안에 있는 분파적 충동에 저항하는 데 몰두한다. 이런 충동은 수 세기 동안 서구 자유주의 정치 형태를 승인해 온 도덕적 합의가 분열되는 것에 묶인할 것이기 때문이다.

이런 신학자들은 서구 자유주의 사회의 건전성과 생명력을 유지하는 데 필요한 도덕적 합의를 보증할 수 있는 공공 철학이나 공공신학을 기독교로부터 이끌어낸다. 예를 들어, 리처드 존 뉴하우스, 마이클 히메스와 케니스 히메스의 작업 속에 나타난 로마가톨릭교회의 표현에서, 공공신학은 사회를 위한 공공 철학을 말한 존 커트니 머레이(1904-1967)를 통해 시작된 계획을 지속하려는 의식적인 시도로 보인다. 신보수주의자 뉴하우스에 따르면 공공신학은 이 같은 토대를 제공하는 기독교의 종말론적 이상이다(Neuhaus 1987).

이 이상은 일종의 모순이다. 하나님 나라에 대한 초월적 약속을 붙잡자마자, 이 이상은 그 같은 약속이 약속으로, 곧 초월적 미래의 선물로 남아야 한다는 것을 인식한다. 이로써 이 이상은 모든 인간의 정치적 프로그램을 비판적으로 판단한다. 모든 정치에 대한 이런 초월적 비판은 질서화된 자유에 대한 미국의 실험 속에서 정치적 연관성을 찾는다.

단, 자유 시장 경제와 연결된 민주주의 및 다원주의 정치 형태가 단일한 사회정치적 이상을 부과하려는 노력들을 옳게 물리치지만, 동시에 어떤 제한된 선과 자유가 현실적으로 이룰 수 있는지 계획하는 한 그렇다. 마이클 히메스와 케니스 히메스도 기독교가 다원주의, 자유 민주주의 사회 질서를 제공한다고 주장한다(Himes and Himes 1993).

공공신학에 대한 이들의 이상은 로마가톨릭교회 전통의 중심적 상징들의 사회적 중요성을 추론하려는 시도다. 이들이 말하는 공공신학의 이상에 따르면, 이는 기독교가 삼위일체, 성육신, 은혜 같은 상징들로 표현되는 세계관이나 방향을 제시하는 것이다. 이런 세계관이나 방향은 한창 때의 서구 자유주의의 핵심 가치들, 곧 세속화된 정치, 인간의 권리들, 연대, 정의, 평등 등을 발견한다.

로날드 티만(Ronald Thiemann)과 맥스 스택하우스 같은 신학자들에 의해 발전된 것처럼, 개신교의 해석에서 공공신학은 라인홀드 니버(1892-1971)의 전통 속에 있다. 니버의 활동은 기독교, 특히 신학의 공적 가능성을 보여 준다. 루터교인 티만은 다원주의 문화에서 공공의 목소리와 공공의 책임(시민의 권리)을 찾기 위해 그리스도인들에게 노력하라고 말하면서 그의 해석을 전개한다(Thiemann 1996).

그러나 티만은 그의 로마가톨릭교회 대응자들처럼 단지 어떤 목소리를 내고 찾는 것을 넘어, 기독교가 미국의 공적 삶을 위해 새로운 공공 철학을 만드는 일에 적극적으로 공헌할 수 있다고 믿는다.

특히, 그는 기독교를 '자유 민주주의의 도덕적 갱신의 기원'으로 이해한다. 자유 민주주의는 자유, 평등, 관용에 헌신하는 속에서 기독교 신앙의 기본적인 신념 및 원리들에 부합하는 가치를 반영한다. 기독교 복음은 공적 영역 속에 있는 하나님의 지속적 현존을 인식하기 때문에 공동선을 위해 일하려는 다원주의적 자유주의 사회들의 노력을 지속시키는 데 결정적인 희망의 원천이 된다.

개혁주의 신학자 맥스 스택하우스에게, 올바르게 이해되는 기독교는 서구 문명을 위한 도덕적이고 영적인 본질을 제공한다(Stackhouse 1984). 구체적으로 말해, 기독교는 역사적 궤적을 진행시켰다. 이 역사적 궤적은 개신교의 종교개혁의 영향 아래서, 제한된(또는 세속적) 국가와 함께 마침내 현대 자유 민주주의의 꽃을 피웠고, 시민 사회를 번성하게 하고 현대 인간의 권리들로 요약되는 보편적 도덕법에 헌신을 계속했다.

스택하우스는 성경의 언약 개념, 히브리 예언자들, 예수의 생애 및 가르침에서 시작하면서, 기독교의 기본 가치가 다원주의, 권력의 분산, 질서화된 자유 그리고 강압이 없는 넓은 사회적 영역이 따라온다고 주장한다. 이런 영역에서 자발적이고 자치적인 단체들이 번성한다.

두드러진 구체화들에 대한 이 간략한 윤곽에서, 공공신학과 현대 베버주의적 신화의 밀접한 관련성을 즉시 알아볼 수 있다. 이 개념들 각각에서 정치는 국가 통치의 이상으로 남는다. 공공신학자들은 모두 직접적으로 공적이고 구체적으로 정치적 교회에 대한 중세의 이상(vision)을 신앙의 끔찍한 왜곡으로 여겨 싫어한다.

실로 이들은 올바로 이해되는 기독교는 본질적으로 가치, 세계관, 근본적 방향들의 문제라고 주장한다. 곧 이런 것들에서 구체적 정치 강령이 어떤 직접적이고 매개되지 않은 방식으로도 추론될 수 없다.

따라서 공공신학의 공적 성격을 구성하는 것은 베버주의의 상관관계가 완성된다는 주장이다. 더 구체적으로 말해, 공공신학의 '공공성'(publicness)은 기독교의 가치 체계나 이상이 현대 자유주의적 사회 질서들의 영속적인 실행 가능성을 필요로 한다는 것을 인식해야 한다고 요청한다. 그리고 이 신학자들이 주장하는 것처럼, 이런 사회적 질서들의 정점에서, 활력이 넘치는 시민 사회를 통해 적절히 제한되고 이끌리어 자주 국가는 그대로 남게 된다.

4) 신학적 개요

내가 앞서 현대의 정치신학에서 가장 중요한 분열은 정치적으로 진보주의적 이상과 보수주의적 이상 간 분열이 아니라, 사실상 근본적으로 신학적 성격에 있었다고 주장했다. 중요한 신학적 판단들은 국가와 시민 사회에 대한 다양한 정치신학의 접근에 동의한다.

교회론적으로 지배적인 전통은 교회를 가치와 이상들을 주고받는 비정치적(혹은 가장 일반적이고 추상적인 의미에서 정치적)인 영역으로 일관되게 묘사한다. 이런 전통은 정치 곧 체제의 구체적 계획을 국가에 넘기는 것이다.

이처럼 기독교의 종말론적 이상은 지속적 비판으로 현재에 영향을 미치는 '부재'(뉴하우스와 정치신학자들에게 미래 또는 약속으로 일컬어지는)의 면에서, 또는 정치적 책임을 고무시키는 '현존'(해방주의자들의 성령을 역사의 혁명적 진행에서 확인함 또는 티만의 자유 민주주의 과정에 대한 섭리 의식)의 면에서 해석된다. 구속론적으로 지배적인 이상은 현대 정치의 구속과 관계된 과제를 지지한다(물론 이것이 일시적으로나 영원히 구원의 완성을 고갈시키지 않는다는 것을 인식하면서).

적어도 시대들 사이에 있는 이 시대 동안, 곧 여기 지금, 구원은 인간의 권리에 대한 보편적 인식의 면에서 해석되든, 자유 민주주의의 확장의 면에서 해석되든, 미국의 실험의 확장의 면에서 해석되든, 민주 사회주의 형식의 체제의 면에서 해석되든, 국가 통치의 성공 속에서 사회적, 정치적 형태를 취한다. 그리고 교회는 구원의 전령으로서 국가 통치의 성공을 뒷받침하는(비판적) 이상과 가치들을 조성함으로써 그 구원을 앞당기는 것이 요구된다.

3. 출현하는 전통

 내가 현대 정치신학의 출현하는 전통으로 부르는 것은 스탠리 하우어워스, 존 뱅크, 올리버 오도노반 같은 어떤 후기 자유주의 신학자들로 확인할 수 있으며, 국가와 시민 사회에 대한 대안적 해석과의 확실한 관련성을 갖는다.[1] 대안적 해석은 국가와 시민 사회에 대한 통상적인 해석에서 교회 본래의 공적이고 정치적 성격의 퇴색과 이에 따른 교회 사명의 왜곡에 대한 '변론'(*apologia*)을 인지한다.

 따라서 출현하는 전통은 국가 통치술로서의 정치를 거부하고 교회를 자체의 권리에서 구체적 공적, 정치적 영역인 것으로 여긴다. 후기 자유주의 신학의 윤곽들을 가장 잘 파악하는 길은 이 신학이 지배적인 전통에서 문제로 여기는 것들과 함께, 이 신학이 교회를 뚜렷하게 신학적 정치의 장으로 보는 아우구스티누스의 시각을 회복하려는 방식들을 파악하는 것이다.

1) 정치신학의 정치적 속박

 출현하는 전통의 관점에서, 국가 통치를 정치적으로 해석하는 문제와 함께 현대적 신화를 지배적인 전통을 통해 받아들이는 것은 이 전통에 정치적으로 사로잡혔음을 나타낸다.

 이 같은 비판을 설명하는 것은 정치적으로 지배적인 전통의 환원주의적 성격으로 시작한다. 지배적인 전통이 정치적 환원주의라고 말하는 것은 정치신학이 자주 그랬던 것처럼 신앙을 세속적이고 정치적 문제로 한정하거나 기독교의 초월적 영적 차원을 무시한다고 주장하는 것은 아니다. 정치적 환원주의에 대한 비판은 이런 것이 아니라, 역설적이게도 바로 지배적인 전통이 이 전통 자체를, 신앙을 정치로 환원한다는 혐의에서 멀리 떨어지려 하는 방식과 관계있다.

 어떤 정치적 질서도 신성시하는 것에 대한 뉴하우스의 종말론적 금지든, 구티에레즈의 "정치 종교적 메시아주의"에 대한 정죄든, 메츠와 몰트만의 정치적 종교에 대한 혐오든, 가치들의 수호자로서의 교회에 부여되는 일반적 또는 간접적 역할보다 본질적인 정치적 현존을 기독교 신화에 승인하기를 거절하는 것은 기

---

1 "출현하는"이라는 명칭은 이 전통의 지배적인, 병합하는 등의 미래 상태에 대한 어떤 예언도 함축하지 않는다.

독교의 정치 관여를 세상이 제안한, 더 구체적으로는 우세한 자유주의 질서가 제공한 선택지로 축소하는 것이다. 이는 지배적인 전통은 기독교가 정치에 관여하는 문제를 세상의 방식으로 이해한다는 뜻이다(Milbank 1990).

실로 각자의 요소는 사회적 정치적 공간에 대한 근대성의 지도 제작을 받아들이는 데서 아주 명확하다. 정치신학의 지배적인 형태들의 중심에는 그리스도인들이 더 보수주의적 양태에 있든, 더 진보주의적 양태에 있든, 기독교적 가치와 이상의 영향 아래 근대성의 방식으로 정치에 참여해야 한다는 주장이 있다.

또한, 각 요소는 국가 통치의 근대적 '신화'에 의해 제한된 것들과 다른 방식으로 기독교인의 정치적 관여를 표현하는 파벌적이거나 자기도취적으로 교회 중심적 어떤 노력이라는 비난에 마찬가지로 격렬하다.

정치적 속박의 이 같은 증상을 드러내는 것은 두드러진 정치신학자들의 관점에 대한 어떤 망각을 성찰하는 방식이다. 이들은 모든 신학이 항상 이미 정치적이라는 자신의 교훈을 잊어버렸다. 독자적인 영역들 속에서 현대의 차이성, 신학과 정치를 분리하는 것은 일종의 책략이다.

모든 신학은 공동체의 이상인 신화를 구체화한다. 정치신학자들은 현대 서구의 정치적 이상을 포용하면서도 정치적 종교를 비난한다. 그리고 이들은 교회를 정치의 구체적 프로그램과 동일시하는 것에 대해서도 비난하고, 기독교의 정치적 과제가 그 이상을 조성하는 것이라고 주장한다.

비록, 이들이 기독교가 구체적으로 혹은 직접적으로 정치적이지 않다고 주장할지라도, 기독교는 정치적으로 자유주의, 국가 통치, 사회주의, '미국의 실험'과 연관된 것으로 보인다. 결국, 정치신학은 근대적이기는 하지만 정치신학을 지지하는 사람들이 혐오한다고 공언하는 정치적 종교의 다른 예일 뿐이다.

그런데 지배적인 전통이 정치적 종교의 현대적 예라고 하는 것은 이 전통을 정치적 사로잡힘이라는 비판을 받기 쉽게 만드는 것이 아니다. 출현하는 전통에 따르면 정치적 종교는 본래적으로 문제가 되는 것은 아니다. 지배적인 전통을 문제 있게 하는 것은 정치적 사로잡힘 형태이게 하는 것은 잘못된 정치를 인정하는 것이다. 지배적인 전통은 기독교적 신화를 잘못된 정치적 상관물들 곧 현대 국가와 시민 사회와 동일시하는 한 정치적 사로잡힘의 사례가 된다.

지배적인 전통은 당연히 나쁜 기독교 정치에 따른 치명적인 결과를 두려워하지만(비록 16세기와 17세기의 갈등들의 원인을 무조건적으로 교회에 잘못 돌릴지라도), 이를 해결하지 못한다. 참된 기독교 정치를 이야기하는 대신 정치로부터 교회를 떼어 놓으려는 것은 헛된 시도다. 이 결과로 지배적인 전통은 기독교인들을 국가 통치로서의 근대 정치에 고통받게 한다(국가 통치는 적어도 기독교 국가만큼 살벌한 것으로 드러났다). 출현하는 전통은 참된 정치를 회복함으로써 이 같은 속박에서 풀려나기를 추구하고 있다.

2) 진정한 정치를 향하여

국가 통치로서의 정치의 현대적 신화가 지배적인 전통을 거부하는 것은 지배적인 전통에 동의하는 판단들과는 다른 교회, 구원, 종말에 대한 신학적 판단들에 기초한다. 출현하는 전통은 근대 민족 국가가 그 자체의 이미지로 인간 공동체를 조직하는 권리를 주장하는 것을 거부하면서, 교회의 실천 속에서 진정한 정치를 본다. 이는 출현하는 전통이 기독교적 신화의 정치적 상관성을 세속 국가와 시민 사회에서가 아니라 교회 안에서 찾을 수 있다고 말하는 것이다 (Hauerwas 1991; Milbank 1990).

따라서 기독교의 정치 관여는 추상적인 가치들과 세속 정치의 선택들 간의 베버주의적 상관관계로 축소될 수 없는 뚜렷하게 신학적인 정치 속에서 구체화된다. 교회는 더 이상 비정치적(혹은 일반적으로 정치적) 가치와 세계관들의 관리인으로 간주되지 않는다. 교회의 임무는 서구 자유주의를 증진시키는 것이기를 중단한다. 오히려 기독교의 정치는 하나님 안에서 인간 공동체의 교제를 부흥시킴으로써, 그리스도의 정치 구속에 대한 교회의 분명한 증언에서 형태를 갖춘다.

신학적 정치를 회복하는 이런 노력의 선도적인 입장들 중 두 작업이 아우구스티누스의 『하나님의 도성』(*De civitate Dei*)과 비교되었다는 것은 틀리지 않는다. 이는 출현하는 전통의 신학자들이 자신들을 아우구스티누스의 신학적 정치의 이상을 이어받아 작업하는 것으로 여기기 때문이다.

하나님의 도성에서 아우구스티누스는 로마에 놀랄 만한 비난을 가한 것을 상기해 보자. 참된 의미에서 로마는 공화국이 아니었다. 아우구스티누스는 로마의 질서를 정치적으로 축소하고 조금도 참된 정치가 아닌 것으로 폭로했다.

왜냐하면, 자기 이익과 폭력적인 지배에 토대를 둔 로마의 질서가 구속을 일어나게 할 수 없었기 때문이다. 로마의 질서가 제시했던 공동체는 단지 어떤 닮은 모습이거나 진정한 인간 공동체의 서투른 모방에 불과했다. 아우구스티누스는 대조의 방식으로 기독교 공동체를 높인다.

기독교 공동체의 삶은 참으로 공적이고 확실히 정치적이다. 아우구스티누스는 이것이 사실이라고 밝힌다. 이는 기독교 공동체 삶의 질서가 성례적이기 때문이다. 다시 말해, 기독교 공동체가 구속, 곧 인간 공동체(혹은 교제)의 갱신을 일으키는 그리스도의 화목하게 하는 희생에 성례적으로 참여하기 때문이다. 이것이 참된 정치 형태, 즉 진정한 정치가 무엇인지를 정확히 말해 주는 것이다.

그렇지만 교회를 참된 정치적 의미로 수정하는 것은 근대 국가와 시민 사회 같은 다른 정치 형태들을 전면적으로 거부하는 것을 반드시 의미하지는 않는다. 후기 자유주의 정치신학자들이 적절하게 신학적인 정치는 이런 제도들과 그 제도들과 교회와의 관계에 대한 이론을 배제한다고 주장하지만(그 같은 이론들이 불가피하게 현세적인 것으로 이해되는 것을 구체화한다는 근거에서며, 현세적이라는 의미는 원래 기독교의 정치적 담론에서 뜻한 것처럼 "우발적인", "지나가는", "일시적인"을 의미한다), 오도노반과 요더 같은 일부 신학자는 교회와 구별하는 특정한 정치적(혹은 더 정확하게 말하면, 아우구스티누스의 맥락에서 '하위 정치적') 형성물의 기능과 형태들에 대해 적절한 확증에 해당하는 특별한 판단들을 제공했다.

예를 들어, 오도노반은 몇 가지 사례에서 초기 근대 자유주의의 몇몇 형태의 주의 깊고 미묘한 변론을 전개했다. 이는 초기 근대 자유주의가 국가 통치의 형태로 설명될 수 있는 근거기 때문이었다.

국가 통치 형태는 참된 인간의 공동체 교제의 선포이자 모임인 교회에게 공적이고 정치적 과제를 적절하게 수행할 수 있는 어떤 질서를 유지함으로써 교회를 섬긴다(O'Donovan 1996; Yoder 1997 참조). 이것이 지배적인 전통이 하는 것처럼 현대 신화의 한계 내에서 교회를 세우는 것의 사례가 아니라, 초기 근대 국가를 기독교 신화 내에 두는 예라는 것에 주목해야 한다.

이런 자리매김의 결과로 사회적 정치적 영역이 교회의 과제를 수행하기 위해 국가와 교회를 통해 형성된다. 다시 말해, 오도노반이 초기 근대 국가를(애매하다고 보지만) 교회의 종으로 인식하는 것은 교회를 비정치적(혹은 일반적으로 정치적) 실재로 축소하기를 거절하고, 교회가 효과적으로 국가를 섬기는 베버주의적 모델에서 권위의 방향을 바꿈으로써 지배적인 전통의 정치적 속박을 잘 피해 간다.

오도노반과 요더가 특히 분명히 밝히는 것은 출현하는 전통의 핵심은 단순히 자주적인 국가가 주도권을 잡은 교회로 대체되는 것이 아니라, 그리스도가 주님이시라는 주장을 정치적으로 보여 주려는 것이다. 출현하는 전통을 지지하는 자들에게, 교회를 인간 공동체의 모본적인 형태(exemplary form)라는 주장은 무엇보다도 모든 정치와 공동체의 의미가 그리스도 안에 참여하는 데서 나온다는 주장이다. 정치의 진정한 형태는 모든 정치적 형태가 민족들의 소망인 예수 그리스도와의 관계로 들어갈 때만 보일 수 있다.

3) 신학적 개요

출현하는 전통이 뚜렷하게 신학적인 정치를 옹호하면서 국가 통치로서의 정치의 현대적 신화를 거부하는 것은 하나님이 역사 속에서 새 시대를 일으키며 활동하고 계신다는 확신에 근거한다. 새 시대의 윤곽들은 서구 자유주의, 민주 사회주의 혹은 '미국의 평화'(Pax Americana)에서가 아니라 그리스도 안에서, 그리스도의 몸인 교회를 모으는 그리스도의 영의 역사 안에서 알아볼 수 있다.

인류가 성례전으로 서로 또는 하나님과의 친교로 연합하는 장소에서 우리는 참된 공동체, 참된 정치 형태, 참된 정치를 바라본다. 이런 정치는 지배라는 (무)질서와, 이기적인 개인들의 끊임없는 갈등 속에 박혀 있는 현대 국가 통치는 꿈꿀 수조차 없고 단지 흉내만 낼 수 있는 정치다.

4. 결론

현대 정치신학에서 국가와 시민 사회에 대한 평가는 자유와 규율에 대한 주제에 따라 다양하다.

국가와 시민 사회는 기독교가 가치와 비판적 이상을 가지고 섬겨야 하는 자유의 주체들인가?

아니면 국가와 시민 사회는 교회의 참된 공적 과제와 정치적 사명을 소멸시킨 교정적인 형성물인가?

마지막 분석에서 이 같은 쟁점은 다음 질문으로 요약될 수 있는 교회론, 종말론, 구원론에 관한 신학적 판단들 중 하나다.

기독교 '신화'의 타당한 정치적 상관물은 무엇인가?

리바이어던(인간)인가 아니면 그리스도의 몸인가?

참고 문헌

Cavanaugh, W. (1995). "A Fire Strong Enough to Consume the House: The Wars of Religion and the Rise of the State." *Modern Theology* 11: 397–420.
Gutiérrez, G. (1983). *The Power of the Poor in History*. Maryknoll, NY: Orbis.
Gutiérrez, G. (1988). *A Theology of Liberation*, rev. edn. Maryknoll, NY: Orbis.
Hauerwas, S. (1991). *After Christendom*. Nashville: Abingdon.
Himes, K., and Himes, M. (1993). *The Fullness of Faith*. Mahwah, NJ: Paulist.
Ladner, G. (1947). "Aspects of Medieval Thought on Church and State." *Review of Politics* 9: 403–22.
Metz, J. B. (1980). *Faith in History and Society*. New York: Seabury.
Metz, J. B. (1981). *The Emergent Church*. London: SCM.
Metz, J. B., and Moltmann, J. (1995). *Faith and the Future*. Maryknoll, NY: Orbis.
Milbank, J. (1990). *Theology and Social Theory*. Oxford: Blackwell.
Moltmann, J. (1999). *God for a Secular Society*. Minneapolis: Fortress.
Neuhaus, R. J. (1987). *The Catholic Moment*. San Francisco: Harper & Row.
O'Donovan, O. (1996). *The Desire of the Nations*. New York: Cambridge University Press.
Sobrino, J. (1984). *The True Church and the Poor*. Maryknoll, NY: Orbis.
Stackhouse, M. (1984). *Creeds, Society, and Human Rights*. Grand Rapids, Mich.: Eerdmans.
Thiemann, R. (1996). *Religion in Public Life*. Washington DC: Georgetown.
Weber, M. (1946). "Politics as a Vocation." In *From Max Weber*, ed. H. Gerth and C. Mills. New York: Oxford University Press.
Yoder, J. H. (1997). *For the Nations*. Grand Rapids, Mich.: Eerdmans.

제30장

민주주의

존 W. 드 그루치(John W. de Gruchy)

정부의 어떤 체제도 완전한 것은 없으며, 그리스도인의 어떤 주장도 완전한 것은 없다. 하지만 민주주의는 오늘날 가장 유용한 정치 형태로 널리 간주되고, 많은 교회 전통도, 이전에 민주주의를 경계하던 전통들조차도 지금 민주주의를 기독교 가치와 잘 동조하는 통치 형태로 여긴다.

그러나 이 같은 합의에도 불구하고 민주주의가 무엇을 의미하는지에 대해서는 모든 사회이론가나 신학자가 다 동의하는 것은 아니다. 이런 이유 중 하나는 개념의 복잡한 역사 때문이다. 또 하나의 이유는 민주주의가 다양하게 형성되어 오고 서로 상이한 민족의 상황 안에서 이해되어 온 방식 때문이다.

더욱 문제가 되는 것은 민주주의와 민주주의적 규칙을 따랐던 여러 나라에서 자명한, 민주주의의 미사여구와 사회적 현실들 사이에 있는 간격이다. 사실 민주주의는 정치적 편의에 대한 관심에서 하나의 슬로건으로 사용될 수 있다. 하지만 이런 문제들과 결점에도 불구하고 민주주의의 세계 질서에 대한 이상은 저항하기 어렵다. 나는 민주주의의 성격을 고려함으로써 민주주의의 기원과 민주주의의 구체적 통치 형태나 제도 및 체제들을 언급하려 한다.

1. 민주주의의 성격

민주주의는 자유롭고 공정한 선거로 대중에게 선택되어 대중에게 책임을 다하는 통치 체제를 수반한다는 것에 민주주의를 옹호하는 모든 사람이 동의한다. 또한, 이들은 민주주의가 법 규정, 시민 자유의 보호, 입법과 사법의 권력 분리, 언론의 자유 및 인간의 권리를 지지하는 것을 요구한다는 사실에 동의한다.

그러나 가장 일치하지 않는 부분은 개인의 자유가 사회적 책임에 비추어 어느 정도까지 통제되어야 하는지 그 범위에 대한 것이다. 이런 불일치는 자유 민주주의와 사회 민주주의의 구분으로 이어졌고, 이 둘에 대한 더욱 급진적 무정부주의적 해석으로 이어지기도 했다. 무정부주의는 국가주의나 전체주의를 향하는 어떤 경향도 거부한다.

이처럼, 무정부주의는 민주주의 내에서 사람들을 통치하면서 민주주의를 사람들의 자발적인 참여와 협력과는 거리가 먼 곳으로 끌어가는 어떤 경향에 대해서도 지속적으로 비판한다.[1]

모든 민주주의자는 대중의 뜻과 공동선에 헌신해야 한다고 고백한다. 반면 자유 민주주의는 개인의 자유의 중요성을 강조하고, 일반적으로 자유 시장 경제 체제를 지지한다. 민주주의에 대한 이 같은 이해는 현재 서구에서 지배적이다. 서구에서 이런 이해는 민주적이기를 주장하는 모든 사회에 규범적인 것으로 간주된다.

하지만 민주주의에 헌신하는 많은 대중은 사회 민주주의 형태가 자신들의 상황에 따른 요구들과 또한, 세계화 사회에 직면해 발생한 요구들과 특히 날로 커지는 빈부 격차 문제를 처리하는 데 필요불가결한 것으로 믿는다. 사회 민주주의를 수창하는 사람들에게, 자원의 평등한 분배와 모든 사람을 위한 공평한 기회들은 진정으로 민주주의 질서에 본질적인 요소다.

세계의 민주주의 질서를 위한 투쟁은 단순히 서구의 자유주의적 민주주의가 존재하지 않는 장소로 확대되는 문제가 아니다. 이 투쟁은 특수한 다른 상황들에 뿌리내리는 진정으로 민주적인 세계 질서를 발전시키는 문제다. 이 같은 질서는 인간의 권리들을 보호하고 공동선을 고무시키는 어떤 힘이 있다. 이런 사실은 오랜 민주주의의 전통을 가지지만, 민주주의 발전이 정체된 나라들에게도 마찬가지로 적용될 수 있다.

자유주의 전통은 특히 개인의 권리와 자유들을 보호해야 한다는 주장을 통해 의심할 여지 없이 민주주의 발전에 지대하게 공헌해 왔다. 하지만 사회 민주주의

---

[1] 무정부주의와 민주주의와 연계된 여러 문제에 대해서는 *Dictionary of Ethics, Theology and Society*, ed. Paul Barry Clarke and Andrew Linzey(London: Routedge, 1996)의 논문들 참조.

를 옹호하는 사람들이 높이는 평등주의 이상과 사회적 책임에 주의하지 않으면 민주주의는 걸핏하면 공동선을 추구하는 것보다는 개인의 자기 이익을 보호하는 수단으로 전락하기 쉽다. 이를테면 민주주의와 자유 시장 체제를 연결하는 것은 경제적으로 강한 나라의 이점과 개발도상국의 손실들과 관련해 자주 강조된다.

실제로, 미합중국과 다른 제1세계 국가들의 무역 정책들은 종종 다른 나라들에게 개방적이기보다는 보호주의 정책을 펼치고 있다. 정치적 경제적 관심에 따라 민주적으로 선출된 정부에 놓이는 제약을 생각할 때, 이렇게 자유 및 사회 민주주의 전통들 간의 균형을 발견하기가 쉽지 않다.

특정한 역사적 상황의 현실 가운데서 개인의 자유와 사회적 책임 둘 다를 잘 지켜지게 하려는 노력은 민주주의의 능력에 대한 지속적 논쟁의 중심에서 정치적 안정을 제공하고 정의와 공정의 목표를 달성하려는 것이다.

민주주의자들 가운데 일치하지 않는 또 다른 영역은 국민의 권력이 만들어지고 행사되는 방식에 대한 것이다. 국민의 권력을 만들고 실행하는 방식의 차이는 직접 및 참여 민주주의와 대의 민주주의 사이에 생기는 구분으로 이어졌다.

'참여 민주주의'(participatory democracy)는 민주적 과정에서 전체 사람들의 적극적인 참여를 강조하지만 종종 바라는 만큼 현실적이지는 않다. 사람들이 자신들 대신 결정하고 활동할 다른 사람들을 뽑는 '대의 민주주의'(representative democracy)는 지역적, 민족적, 세계적 차원에서 필요해졌다. 이것은 의회의 조직과 절차와 함께, 민주주의적으로 다스릴 수 있는 정당과 정치 제도들의 발전을 요구한다. 그러나 대의 민주주의는 항상 풀뿌리 민중의 필요들에서 분리되고, 통제되기 어렵고 스스로 영속시키는 관료주의를 발전시킬 위험성을 가지고 시행된다.

따라서 강한 시민 사회에 필요한 것은 관직으로 선택된 사람들이 권력을 행사하는 방식을 점검하고 확인하는 것이다. 이것은 단순히 4, 5년마다 선거권을 행사하는 유권자를 통해 이루어질 수 없다. 특히, 정당 안에서의 정치적 성숙을 위해 필요한 것은 정치적 구조들이며, 특히 차이를 해결하는 데 폭력에 의지하는 것을 피하는 것이다.

시민 사회는 정부나 정당에 통제되지 않는 다양한 기관 및 체제들(예: 노동 조합, 교육 단체, 대중 매체, 신앙 공동체)로 구성된다. 만일 정치적 사회가 행정 조직을 포함해 정부 기관들이나 국가와 관련 있다면, 사람들이 사회적 목표를 추구하고 특별한 이익을 보호하는 것에 참여할 수 있게 하는 수단을 제공하는 시민 사회는 비정부 기구들의 관계망으로 이해된다.

시민 사회는 권력 행사를 비판적으로 점검하고 견제하는 것 때문에 중요한 것이 아니다. 시민 사회는 또한, 많은 대중이 사회의 가치들과 조직들을 형성하는 데 참여할 수 있는 구조 틀을 제공하기 때문에 중요하다. 정부가 시민 사회의 기구들을 반대하기 시작한다면, 정부는 민주주의의 기둥 중 하나를 공격한 것이다. 따라서 정부는 자체의 정당성과 민주주의적 규칙의 미래를 훼손하는 위험 속에 있는 것이다.

세계화와 민주주의를 위한 투쟁들은 이 투쟁들이 일으킨 이론적 논쟁들(특히, 성[gender], 문화, 경제 주제들에 대한)과 함께, 자유주의와 사회주의 또는 참여 정치와 대의 정치 간 논쟁을 넘어설 필요가 있게 했다.

또한, 이 투쟁들은 민주주의가 상황적으로 이해되고, 구체화되고 발전될 필요가 있음을 강조했다. 분명해진 것은 민주주의가 번성하려면, 민주주의는 과거 형태들과 구체화에 갇힌 채 있지 않고 오늘날의 정의, 평등, 자유의 대의에 기여하는 방식들로 세워지고 지속되어야 한다는 사실이다.

이것은 민주주의 이론을 제도와 이상으로 구분할 필요가 있음을 보여 준다. 다시 말해, 민주주의가 근본적 원칙과 절차들, 상징과 신념들 위에 세워진 통치 체제라는 인식을 제시한다. 이런 것들은 정의롭고 공평한 사회가 요구하는 계속 밝혀지는 이상을 구체화하기 위해 수 세기에 걸쳐 발전해 왔다.

우리가 민주주의를 단순히 정치 체제로만 여긴다면, 우리는 사회의 필요와 희망에 부응해 더욱 포괄적이고 공정하고 세계적이 되기를 추구하는 제한을 두지 않는 과정으로서의 민주주의의 성격을 이해하지 못한다. 비록 기독교가 보통 말하는 민주주의를 항상 지원해 오지는 않았다고 할지라도, 민주주의의 이상은 기독교 전통 안에 있는 근본적 요소들과 공명하고 있다.

2. 기독교와 민주주의

서구 세계에서의 민주주의의 뿌리는 고대 아테네와 이탈리아의 르네상스로 거슬러 올라갈 수 있다. 그러나 지금 우리가 알고 있는 민주주의는 유럽의 계몽주의, 특히 프랑스혁명 이후에 발전되었다. 결과적으로, 민주주의는 근대성의 정치 형태가 되었다. 현대 시대 이전과 현대 시대 동안 기독교와 민주주의의 관계는 모순과 모호함, 심지어 적대감으로 가득했다. 그리스도인들은 민주주의를 정부의 최고 형태로 결코 간주하지 않았다. 정말로 그 반대가 종종 사실로 여겨지기도 했는데, 특히 유럽에서 더욱 그랬다.

더욱이 기독교 신학자들 가운데에는 기독교 증언과 민주주의를 연결하기를 단연코 의심하는 신학자들도 있다(Hauerwas 1981). 물론 많은 부분이 민주주의가 특정한 역사적 상황 안에서 어떻게 이해될 수 있는지에 달려 있다.

그러나 민주주의 안에서 근본적으로 고무된 부분들은 고대 히브리 예언자들에까지 거슬러 올라갈 수 있고, 역사적으로 서구 기독교 국가가 현대 민주주의를 발생시키는 요람을 제공했다는 사실은 여전히 남아 있다(Berman 1983; de Gruchy 1995).

이런 점에서 우리는 민주주의 이론과 실천의 발전에 중요하게 공헌해 온 기독교 전통 안에서 적어도 다섯 가지 궤적을 지적해 볼 수 있다.

첫째, 평등주의적 공동체의 경험과 초대 교회 자체의 모본 그리고 보편적 정의 및 평화의 약속과 더불어 하나님 통치의 임박한 도래에 대한 기대감이다. 어떤 식으로든 이것은 초기 수도원 운동을 포함해 콘스탄티누스 이후 기독교 내에서 일어난 다양한 급진적 운동으로 구체화되었다.

둘째, 중세 로마가톨릭교회 안에서 일어난 것으로서 기독교를 아리스토텔레스의 정치 철학과의 창조적 상호 작용 속으로 가져온 것이다. 결정 사항을 조직 전체가 아닌 관계국에서 시행하는 방식과 공동선 같은 중심적 정치 개념들이 기독교적 근거 위에서 발전했다. 특히, 이런 개념들은 인류의 연대를 위한 필요와 사회의 인격주의 및 유기적인 성격을 공언하면서 사회 민주주의 이론을 형성하는 데 중요한 역할로 일조했다.

셋째, 개혁주의 전통이나 칼빈주의 전통에서 유래한 언약이다. 이것은 예수 그리스도 안에 있는 하나님의 언약에 근거해 하나님 앞에서의 또 타인을 향한 인간의 책임을 강조했다. 어떤 점에서 이것은 세속의 사회 계약 학설과 부합한다. 그렇지만 언약을 묶어 주는 힘은 사회적 의무의 구속력이 아니라 하나님의 권위 아래에 있는 정치 체제 안에서 타인에게 헌신하는 것이다. 이는 유권자와 하나님에게 책무를 강하게 강조하는 것으로 이어진다.

넷째, 우리가 급진적 개혁주의, 영국의 비순응주의, 북미의 자유주의 개신교의 유산에서 다양하게 표현된 것을 보게 되는 자유주의 기독교인이다. 이들은 개인의 존엄, 인간의 권리, 양심의 자유, 교회와 국가의 분리 및 종교적 관용을 주장한다.

다섯째, 공정한 경제적 질서가 없이는 민주주의도 없을 것이라고 주장하는 기독교 사회주의다. 인류의 연대, 민주주의적 과정으로의 참여, 경제적 정의가 중심적 관심이다. 기독교 사회주의는 해방신학의 관심들 중 많은 부분과 강하게 동조한다.

이런 궤적들 각각은 다른 시대와 전통의 그리스도인들이 지배적 신학의 동기와 당시의 통찰에 근거해 공공의 영역 안에서 자신들의 신앙을 표현하려 하는 동안, 특정한 역사적 정황 속에서 나타났다. 궤적들이 강조하는 점은 다르지만, 각 궤적은 독재적이고도 절대주의적인 정부 형태를 거부한다. 단 궤적들은 이런 것을 반대하는 데 서로 다른 전략을 전개했다.

어떤 것들이 다른 어떤 것보다 인간 본성에 더 낙관적이기는 해도 모든 사람은 인간의 죄성이 정치적 부패로 이어진다는 것을 인식하고, 모든 사람은 참된 공동체의 이익을 위해 이기적인 개인주의를 피해야 한다. 이런 궤적들은 상호 보완적이기는 해도, 민주주의 발전을 이해하고 이에 영향을 미치는 방식에서 동일한 것은 아니다.

민주주의 통치 체제가 발전된 방식과 이 궤적들 사이에 분명한 인과적 추론이 있는 것도 아니다. 하지만 각 궤적은 사회 정의와 공정을 위한 예언자적 요구를 표현해 온 것처럼 그 자체의 방식으로 민주주의 이론과 실천에 공헌해 왔다.

이미 암시되는 것처럼, 프랑스혁명은 현대 민주주의 태동을 알렸다. 그렇지만 프랑스혁명이 반교회적이고 때로는 반기독교적이기 때문에 민주주의는 특히 유럽에서 기독교에 해악을 끼치는 사회적 세력들과 동일시되었다. 하지만 일반적으로 민주주의적 통치를 강하게 옹호하고 있던 영국에서 비순응주의자들은 이런 경우가 덜했고, 미국에서는 기독교가 새로운 아메리카 공화국을 형성하는 데 유익한 역할을 했다.

이런 예외에도 불구하고 19세기 로마가톨릭교회와 동방정교회 그리고 주류 개신교 기독교는 민주주의에 회의적이거나 악의적인 태도를 보였다. 그들은 민주주의가 국가를 위한 도덕적 보호자로서의 교회의 역할과 기독교 신앙을 거부하는 것이라고 생각했다. 민주주의는 세속주의와 무신론의 정치적 표현인 것이었다.

20세기에 파시스트, 나치, 스탈린 전체주의의 종말에 뒤이어 결정적인 정반대 현상이 나타났다. 이 현상은 민주주의에 대한 교회의 모든 반감이 사라졌다는 것을 뜻하는 것이 아니라, 초교파적 기독교가 공정한 세계 질서에 대한 기독교의 이상에 필수적인 것으로 여기는 민주주의 회복에, 아마 돌이킬 수 없을 정도로, 헌신하는 일이 나타난 것을 의미한다.

이런 새로운 기독교의 민주주의 가치 인정을 보여 주는 것은 적대와 양가감정의 수 세기 이후 로마가톨릭교회의 사회적 가르침이 민주주의를 정치적 지배 방식의 최고 형태로서 강하게 옹호하고 있다는 사실이다.[2]

또한, 전에 앵글로색슨 개신교가 민주주의의 본산지였다면, 우리가 지난 수십 년 동안 목격해 온 이른바 '제3의 민주주의 변혁'이 포르투갈, 스페인, 폴란드, 칠레 같은 로마가톨릭교회 국가에서 주로 시작되었다는 것은 주목할 만하다. 하지만 이런 민주주의 옹호는 기독교 집단들 안에 위계와 절대론을 향하는 강한 경향이 남아 있는 동안, 당연한 일로 여겨질 수 없다.

3. 민주주의 전환과 변화

제2차 세계대전에서 독일, 이탈리아, 일본에 대항한 연합군의 승리는 서구 민주주의의 승리라고 환호했고, 곧이어 이런 나라들도 민주주의 정부를 수립하게 되었다. 전쟁이 끝난 직후 오랫동안 식민지 통치를 받아 온 인도와 많은 나라 곧 두드러지게 아프리카 나라들(예: 보츠와나, 가나, 나이지리아, 우간다)은 독립을 쟁취했다.

이들 모든 국가는 민주주의 체제를 받아들였다. 과두정치나 전체주의 통제에서 전환된 다른 예들은 여러 라틴 아메리카 나라(예: 니카라과, 아르헨티나, 칠레), 몇몇 아시아 나라와 마찬가지로 스페인과 포르투갈에서도 일어났다.

그러나 민주주의로의 가장 극적인 변화는 아마도 20세기 후반에 일어났을 것이다. 이런 변화들 가운데 가장 두드러진 것은 공산주의 지배를 받던 동유럽 나라들(예: 폴란드, 동독, 헝가리, 체코슬로바키아, 소비에트 연방)과 인종 차별의 '아파르트헤이트 정책'을 펼친 남아프리카공화국에서 출현한 민주주의 혁명이었다. 세계 전역에서 더 많은 나라가 이런 나라들을 따라 하기 시작했다.

---

2   이것과, 연관된 문제들에 대한 가톨릭의 사회적 가르침을 발전시키는 것은 교황 회람인 *Rerum Novarum*(1981)과 *Centesimus Anus*(1991)에 비추어 가장 잘 이해될 수 있다. *Catholic Social Thought: The Documentary Heritage,* ed., Daivd O'Brien and Thomas A. Shannon(Maryknoll, NY: Orbis, 1992) 참조.

민주주의의 이런 추이들은 원래 외부에서 도입된 것인지, 아니면 내부에서 성취된 것인지 간에 세계 정치의 판도를 바꾸었다. 이런 추이는 민주주의의 잠재력을 증명했을 뿐 아니라 민주주의의 취약함과 이에 따른 새로운 민주주의가 성숙해지도록 도울 수 있는 대책을 시행할 필요성도 입증했다.

오랜 민주주의 전통을 가진 나라들은 식민지나 전체주의 통치에서 민주주의로 갑작스러운 변화를 경험한 나라들과는 분명히 다른 역사적 상황에 있다. 오랜 전통이 있는 경우 선거들이 만연하는 폭력에 방해받는 일이 일어날 것 같지 않은 반면, 급격한 변화를 겪은 경우는 폭력적 위협이 없는 자유롭고 공정한 선거를 치르는 것이 자주 문제가 된다. 민주주의는 어떤 정신적 풍조를 발전시키는 것을 요구한다.

따라서 민주주의는 하룻밤 만에 세울 수 있는 체제가 아니다. 이 같은 정신적 풍조는 정치적 관용, 곧 대립하는 정당들과 지도자들 간의, 공동선과 강한 시민사회 건설을 추구하면서 폭력을 배제하고 함께 일하는 관계를 포함한다. 정신적 풍조는 상당한 노력을 요구한다. 수립된 민주주의에서 도전이 되는 것은 민주주의를 당연하게 여기지 않고 민주주의 정신을 계속 살아 있게 하는 일이다.

그러므로 시민 사회와 민주주의의 이상이 높아지는 것에 대해 감사할 필요가 있다. 민주주의가 최근 도입된 나라들에는 성취된 것을 강화하고 적절한 제도들을 발전시키는 것뿐 아니라, 사회의 민주주의적 변화를 향해 긴급하게 밀고 나갈 필요가 있다. 지금은 세계 주변에서 제도들과 기관들의, 점점 확대되는 네트워크가 존재한다.

이런 변화를 겪은 나라들에서 이 네트워크의 지시는 민주주의로의 변화를 용이하게 할 것이다. 동시에 오래된 민주주의 국가들은 새로운 민주주의 국가에게 많은 것을 배울 수도 있다. 왜냐하면, 민주주의가 그 가능성을 깨닫고 약속을 성취하고자 한다면, 민주주의는 끊임없이 비판하고, 발전하고, 상대화하는 것을 필요로 하기 때문이다.

특히, 전체주의나 독재주의 통치를 받은 국가들이 오랜 세월이 지난 후에 민주주의 체제로 바뀌는 것은 반드시, 나라가 부정의와 억압의 지난 역사를 청산하는 것을 요구한다. 이런 변환이 정치적 타협들을 필요로 할지 모르지만, 이룩된 것을 유지하려면 획득한 민주주의를 잠재적으로 무너뜨릴 위험이 있는 유산들을 극복하는 것이 필요하다.

남아프리카의 '진리와 화해위원회'와 이와 유사한 다른 위원회들도 이런 점에서 무엇을 할 수 있고 무엇을 했는지의 사례들을 보여 준다. 이들의 의견을 따르는 것은 쉽거나 정치적으로 적절하다고 항상 판명되는 것은 아니지만, 정의를 회복하기 위해서는 이런 과정이 없이는 국가적인 치유와 재건을 실행하는 일은 일어날 것 같지 않다. 그리고 정의를 회복하려는 과정이 없이는 민주주의가 위협을 받게 될 것이다.

그렇지만 민주주의로의 전환은 과거를 다루는 것뿐 아니라 새로운 문제와 관심들에 반응할 것을 요구한다. 이런 문제와 관심들은 우리로 하여금 민주주의적 변혁에 대해 생각하게 한다. 만약 민주주의를 통치 체제일 뿐 아니라 지속적 도덕성을 요청하는 것으로 이해한다면, 정의와 공정을 위한 투쟁에서 어떤 단계에 도달하자마자 민주주의적 실천으로 다루어지고 구체화될 필요가 있는 다른 문제들이 발생한다.

수많은 나라에서 노예들이나 여성에게 자유를 부여한 참정권 확대는 이런 나라들(미국과 스위스가 좋은 예다)이 민주주의의 길에 나선지 오랜 후에야 실시되었다. 그래서 오늘날에는 동성애, 태아, 난민과 외국인의 권리들이 더욱 일반적으로, 현대 민주주의적 법령을 만드는 데 중대한 관심거리다. 더러는 민주주의가 동물의 권리까지도 포함해야 한다고 주장하기도 한다.

이 글 내내 나는 민주주의를 강화하고 보호하는 데 시민 사회가 중요함을 강조했다. 많은 나라에서, 민주주의로의 전환은 시민 사회에서 오는 압력 때문에 일어났다. 어떤 나라에서도 민주주의적 변혁은 이런 참여 없이는 가능하지 않다. 권위주의 통치에서 민주주의로의 전환이 지속되고 역변화가 저지되고 민주주의적 변혁이 추구되려면, 강한 시민 사회가 반드시 필요하다. 이는 민주화에서 우리를 기독 교회와 다른 신앙 공동체들의 현대적 역할에 인도한다.

4. 신앙 공동체와 시민 사회

신학적 관점에서 교회는 단순히 시민 사회 안에 있는 다른 비정부 기구(NGO)로 결코 간주될 수 없다. 그럼에도 불구하고 다른 신앙 공동체들을 비롯해 교회는 시민 사회 안에서 매우 중요한 제도다. 특히, 20세기 민주주의적 전환에서 보면, 교회는 동유럽(폴란드와 구동독)이나 라틴 아메리카(니카라과가 좋은 예다) 또는 남아프리카공화국 어디서든, 다양한 상황 속에서 중요한 역할을 해 왔다.

남아프리카공화국에서는 초교파적 교회가 인종 차별 정책에 저항하는 투쟁과 민주주의로의 변화로 이어진 과정에 깊숙이 관여했었다. 이것은 국가적 수준에서 또는 많은 지역적 상황 속에서 다양한 방식으로 일어났다. 이를테면 국제 에큐메니칼 동반자들을 돕기 위해 '남아프리카교회협의회'에 의해 설립된 '초교파 평화감시 대책 본부'(ecumenical peace monitoring task force)는 1994년 자유롭고 공정한 선거를 치러질 수 있게 한 매우 중요한 것이었다.

정말로 교회는 풀뿌리 공동체들과 이들의 지도력에 대한 직접적인 연관성 때문에 교회 자체의 독특하고 구체적 공헌을 했다. 마찬가지로 선거인 등록이 이런 중요한 문제던 미국에서의 시민 권리 투쟁에서처럼 교회는 자주 투표 교육에서 결정적인 역할을 했다. 지역 수준에서 교회의 역할은 참여 민주주의가 실행되는 공동체들을 세우는 일과 연계해야 한다. 우리가 잠시 후 다시 돌아볼 문제지만, 교회는 물론 매우 계급적이고 가부장적이고 비민주적이다.

하지만 필요한 가치들과 기술들에 대한 발전과 더불어 공동체의 평신도 지도권이 장려되는 회중들의 많은 예가 있다. 정치 기관, 노동 조합, 비정부 기구, 시민 단체 같은 것들에 있는 많은 지도자는 교회에서 최초로 훈련을 받았다. 19세기 영국에서는 이것이 확실히 사실이고, 남아프리카공화국이나 다른 곳에서는 최근에 더욱 사실이 되고 있다.

교회는 종종 비민주적인 것과 꼭 마찬가지로 종종 다문화적으로 속박되어 있다. 그러나 더 넓은 단계와 지역적 단계에서 교회가 문화와 정치적 이념의 다양성을 보여 주는 많은 사례가 있다. 이처럼 교회는 서로 다른 민족 공동체 사람들 간 이해와 관용의 새로운 정신을 세우는 잠재력을 가지고 있다. 이런 정신이 없다면 민주주의는 가능하지 않다.

다시 말해, 남아프리카공화국을 한 예로 들 수 있는데, 교회 안에서도 인종 차별 정책(apartheid)이 널리 이행되었다. 그러나 다른 인종적 배경들로 구성된 수많은 사람이, 일반적 다른 어떤 경우에서보다도 교회를 통해 서로 의미 있는 관계를 가졌다는 것도 사실이다.

이는 근본적 중요한 쟁점, 즉 그리스도인들이 민주주의 문화를 세우는 데 다른 신앙의 사람들과 연합할 필요가 있는지의 쟁점을 일으킨다. 교회는 인종차별 정책에 반대해 투쟁하는 데서, 서로 다른 믿음의 사람들은 정의를 위해 함께 일할 수 있다는 것뿐 아니라 이렇게 하면서 유사한 가치와 관심들을 공유하는 것을 발견했다.

비록, 신앙을 가진 사람이 많은 중요한 문제에 대해서는 일치하지 않을지라도, 모든 종교적 전통은 인간 존재의 존엄성, 정의와 공평의 필요성, 사회의 연민에 대해 수긍한다. 이런 가치들(그리고 다른 가치들도 있다)은 진정으로 민주적인 시민 사회를 형성하는 데 상당히 중요하다. 사실, 이런 사회는 이 같은 가치들 없이는 태어나거나 존재할 수 없다.

예컨대, 대부분 종교적 전통들은 개인과 공동체의 중요성을 강조하면서 이기적인 개인주의로 퇴보하는 개인이나 비인간적 집단주의로 퇴보하는 공동체를 허용하지 않고 양자의 가치를 유지하려고 한다. 이런 점에서 어떤 종교 전통들은 자유 민주주의가 특히 경제 영역에서 자주 인간의 자유를 사회적 책임 위로 높이는 방식에 대해 비판적이다. 혹은 전체주의적 공산주의가 삶의 모든 면에 걸쳐 통제의 중심을 유지하려는 관심에 인간의 자유를 부정해 오던 방식에 대해서도 비판적이다.

주된 종교 전통들 중 많은 전통이 개인의 필요와 권리들이 공동선에 기여하는 것과 분리되지 않은 공동체를 형성할 필요를 강조한다. 이런 강조는 자유 민주주의를 지지하는 많은 사람에게 이의가 제기되겠지만, 기독교 신학적 관점에서 이것이 민주주의의 본질이다(Barth 1960; Niebuhr 1960; Maritain 1986; Dorrein 1990).

정치적이고 종교적인 급진주의 및 근본주의가 정치의 불확실성과 변화의 상황 속에서도 번창하는 것은 놀라운 일이 아니다. 그러나 참으로 자유롭고 민주적인 사회의 주요한 시험은 사회가 종교의 자유(단지 예배의 자유가 아닌 증언과 사회 비판의 자유)를 허용하고 보호하는 범위다.

북아일랜드, 중동, 인도, 또 다른 나라들에서 그런 것처럼, 종교적 헌신은 자주 타인들에게 무관용으로 이어져 사회적, 정치적 분열을 강화하고, 신자들이 상반되는 입장들에 대한 신의 인준으로 여기는 것을 제공한다. 남아프리카에서는 주로 그리스도인들 가운데 종교적 갈등이 있어 왔다. 그리스도인들은 교회의 정치적 역할과 인종차별 정책과 관련해 철저히 나뉘었다. 비록 이 같은 갈등의 가능성이 틀림없이 있기는 해도, 다행스러운 것은 다른 신앙 공동체 추종자들 간에는 갈등이 거의 없었다는 점이다.

한 민족 안에도 정치적 불일치가 존재하는 것처럼, 다른 신앙과 심지어 동일한 전통의 사람들 가운데서도 불일치가 있을 수밖에 없다. 또한, 사회가 더 나아지기 위해 발전하고 변화하려면, 불일치는 또한, 건강한 것이다. 사실, 갈등하는 견해들의 상호 작용이야말로 민주주의의 본질이다.

이는 양심적인 이견의 중요성을 강조하는 어떤 종교적 전통들이 민주주의 사회를 형성하는 데 중요한 역사적 역할을 해 온 이유다. 그러나 이 모든 것은 교회와 다른 신앙 공동체 내에서의 관용, 존경, 상호 이해 문화의 발전을 필요로 한다. 종교인들은 이 같은 입장을 받아들이는 데서, 어떻게 서로 관계하는지 배울 뿐 아니라 민주주의 문화 발전에 중요한 공헌을 하고 있을 것이다.

보편적인 이상을 넓히는 것은 기독교 복음의 진리 주장에 대한 관심이 부족한 것을 의미하지 않으며, 대화도 증언의 종식을 암시하지 않는다. 관용은 진리에 대한 관심의 부족을 나타내는 것이 아니라, 진리가 공동체를 붕괴하지 않고 세우는 데 도움이 되는 방식으로 진리를 말하는 능력을 나타낸다.

관용은 다른 종교를 향한 매우 다른 태도와 접근을 장려하고, 환경의 위기를 다루고 또 인간의 가치들을 변성하게 하며, 사회의 정의를 확보하려고 그들과 공유하는 것이다. 교회들과 다른 종교 공동체들은 그 지지자들을 도와, 이들의 태도와 관점을 변화시키고 이들에게 잘못을 범한 사람들을 어떻게 용서하는지 배우고 또한, 타인들을 억압하는 잘못이 있는 사람들이 보상과 배상할 필요를 이해하는 것을 돕게 할 수 있다.

교회들은 사람들에게 차이와 변화를 다루고, 위기를 지나 살아가고, 사회적 변혁 과정들에 더 완전히 창의적으로 참여할 수 있게 해야 한다. 교회는 여러 장소에서 돌보고, 정의감을 가지고 신앙의 자원과 상호 지지를 통해 사회적 변혁을 다룰 수 있는 사람의 거대한 관계망을 형성하고 유지하는 잠재력이 있다. 더욱이 많은 교회는 특히 평신도의 참여와 책임을 강조하는 교회들은 공동체를 세우고 필요할 때 창조적 방식으로 갈등을 해결하는 데 도움이 되는 아주 중요한 상호 인격적 기술을 연마하는 훈련의 장을 제공한다.

민주주의 질서는 교회와 국가 간에 진정한 구분이 있을 것을 암시한다. 이는 유럽의 많은 나라에서 기독교 국가의 유산의 일부로서 현존하는 제도화된 교회들 때문에 복잡해진다. 이런 교회들 중 더러는 비제도화가 실제적으로 선택할 수 없는 문제고, 반드시 공동선을 섬기는 데 교회들을 더욱 효과적으로 만들지도 못한다고 주장한다. 그렇다고 해도 민주주의는 모든 신앙 공동체가 권력을 가진 사람들에게 공정하게 존중을 받아야 한다.

이것은 학교에서의 종교 교육 같은 쟁점들에 대해서뿐 아니라, 종교가 더 일반적으로 훨씬 공적 삶에서 감당할 더 넓은 역할에 대해서도 중요한 함의들이 있다. 확실히 교회와 국가를 분리하는 일은, 기도를 공공의 영역에서 배제하는 것과 국가(國歌)가 하나님을 언급하지 않는 것을 의미할 필요가 없다(결국 남아프리카공화국 국가는 원래 찬송가로 구성되었다).

그러나 얼핏 보기에 세속적이라는 사람과 마찬가지로 모든 믿음의 사람들도 국가의 상징들과 동질감을 느낄 수 있어야 하고 그 상징들을 그들 자신의 것으로 여겨야 한다.

또한, 교회와 국가의 분리는 종교 공동체들이 매일의 삶에서 그들의 신앙으로 살아가고 예배하는 필수적인 자유가 있어야 한다는 것을 의미한다. 이것이 의미하는 것 중 하나는 종교 공동체들이 더 넓은 공적 영역에 대해 책임을 진다는 것이다. 종교는 단순히 사적 영역의 것이 아니다. 따라서 종교의 자유는 예배의 목적을 위해 필요한 것이 아니라, 내가 언급한 그 예언적 과제를 수행하기 위해 필요한 것이다.

신학적 관점에서 교회의 자유는 민주주의의 우연적인 요소가 아니다. 오히려 자유는 교회의 증언에 대한 신실성에서 유래된 것이다. 그리고 교회는 이렇게 행사하는 자유와 특히 정의와 공정에 대한 예언자적 증언을 통해 민주주의 이상에 최선을 다해 기여해야 한다.

5. 비판적 신학과 예언적 증언

정의와 공평의 민주주의 이상은 하나님의 '평화'(*shalom*)의 통치가 현실이 되리라고 믿는 사회에 대한 메시아적 희망에 기원이 있다. 물론, 유대인이든 기독교인이든 이런 희망의 관리인들은 이 희망의 요구들에 종종 충실하게 증언하지 못했다. 이 결과, 이 희망은 다양한 방식으로 세속화되어 왔다.

그중 일부는 마르크스주의에서처럼 혁명적으로 세속화되었다. 일반적으로 이런 것들 역시 새롭고 공정한 세상의 질서를 세운다는 약속을 실현하지 못했다. 그러나 그 희망의 꿈은 지속되었고, 억압에서의 해방을 갈망하거나 인간의 평등을 주장하고 사회 정의를 이룩하려는 투쟁을 경험하면서 역사를 통해 다시 출현한다.

게다가 이 희망은 우리에게, 진정한 민주주의 사회의 시금석은 사회가 혜택을 받지 못하는 사람들을 돌보고, 따라서 나라나 세계의 자원을 공평하게 나누는 구조를 발전시키려 노력하는 방식이라고 상기시킨다. 이 희망은 유토피아적으로 보일지 모르지만, 이런 예언적 충동은 비록 그것의 종교적인 뿌리들이 종종 깨닫지 못한다고 할지라도 세상의 많은 부분에서 민주주의적 변혁을 위한 투쟁을 가능하게 한 원동력이 되었다.

이전에 억압적인 상황 속에 있던 데에 새로운 민주주의 사회 질서를 세우는 것은 하나님 나라나 유토피아를 가져오는 것이 아니다. 하지만 그런 기대나 희망 없이는 민주주의적 변혁을 위한 투쟁은 실행되지 않을 것이다.

민주주의에 대한 비판적인 신학적 성찰을 통해 지속적으로 기독교 신앙의 예언적 근원으로 돌아와야 한다. 그렇게 함으로써 우리는 민주주의를 위한 투쟁이, 과거에 사회 변화를 막기 위해 가진 힘으로 모든 것을 수행하는 보수 교회에 반대하는 투쟁으로 종종 여겨졌다는 점을 기억할 필요가 있다. 구약성경 계율 안에는 절대주의 경향이 있는 왕족주의적 궤적과 B.C. 8세기 예언자들의 평등주의적 궤적 간의 긴장이 존재한다. 이 긴장이 기독교 역사를 통해 지속되고 있다.

그러나 예언자적 전통은 기독교가 모든 절대주의 정치적 주장들을 우상 숭배로서 거절해야 하는 근거를 제공한다. 왜냐하면, 그런 절대주의 정치적 주장들이 언제나 억압하고 비인간화하기 때문이다. 또한, 예언자적 전통은 교회로 하여금 민주주의의 어떤 특유한 표현에도 무비판석인 신학적 정당성을 제공하는 위험성을 계속 인식하게 한다. 왜냐하면, 이런 정당화는 너무 쉽게 교회의 부패로 이어지기 때문이다.

예언자적 전통은 또한, 세계적 필요와의 관계에서, 가령 환경의 정치와 실천을 발전시키는 데 있어서 민족의 주권과 같은 쟁점들을 다루는 근거를 교회에 제공한다. 세상의 경제적 질서, 사회 발전, 건강 및 환경에 대한 것도 작은 문제가 아니다. 하지만 인류의 미래와 마주하는 수많은 문제는 국가 경계들 안에 한정되지 않고 한정될 수도 없는 것들이다. 이런 문제들이 만족스럽게 다루어지려면, 국제단체들과 정치적 의지가 필수적이다.

개인의 관심과 공동체의 관심 간의 갈등이 민주주의적 과정을 통해 다루어질 수 있는 것처럼, 마찬가지로 동일한 방식으로 자국의 관심과 국제적인 관심 간의 갈등을 다루는 것 외에는 공정하고 평화로운 세계 정치의 미래를 위한 다른 방도는 없다. 민주주의적 세계 질서는 서구 모델을 모든 나라에 도입하는 것을 뜻하지 않고, 세계적 관심의 문제들이 다루어질 수 있는 진정으로 세계적인 민주주의 질서를 발전시키는 것을 의미한다.

그리스도인들은 올바로 또 반드시 국가 건설에 참여하려 하는 것처럼, 민족주의의 위험성들을 경계해야 한다. 인종차별 정책의 황폐함에서 한 나라를 세우는 것에서처럼, 진정한 국가적 열망들과, 이웃 국가들에 대한 혐오감이나 대항하는 전쟁으로 이어지는 민족주의 간의 관계는 민주주의와 교회가 마주하고 있는 중대한 문제다.

동유럽 공산주의의 붕괴는 민주주의 사회를 만들려는 시도뿐 아니라 지역의 안정을 위협해 왔고 인종 청소로 이어진 역사적 민족주의들의 부활을 야기했다. 세계적 공동체로서의 교회는 무비판적이고 공격적이고 정의롭지 못한 민족주의와 애국주의의 어떤 형태에도 반대하는 데 중요한 역할이 있다. 민족의 주권은 합법적이지만, 절대적인 의미에서 합법적이라고 말하는 것은 아니다.

인종차별 정책인 '아파르트헤이트'에 저항하는 교회의 투쟁에서 비판 이론은 인종주의의 우상에 반대하는 분명한 과제를 가지고 있었다. 오늘날 다문화적이고 종교적 관용에 전념하는 세속적 민주주의 사회 안에서는 기독교 신앙과 신학이 공공연하게 참여하고 예언적이어야 하는 도전을 보장받아야 한다.

해방의 대의를 지지해 왔던 예언자들이 마침내 권력을 성취한 이전 동료들에게 자신들의 비판적 기술을 행사하는 일이란 쉽지 않다. 이를테면 남아프리카공화국에는 부패, 권력의 남용, 인종과 성 차별, 경제적 불의, 환경 파괴 및 사회의 안녕을 파괴하는 것에 대해 여전히 목소리를 낼 필요가 있다.

이런 점에서, 핵심적인 문제들이 다루어질 필요가 있다. 이 비판적 과제는 단지 새로운 민주주의 국가에서뿐 아니라 역사적으로 잘 세워진 민주주의 국가에서도 민주주의 사회의 미래의 안녕을 위해 필수적이다.

예컨대, 어떻게 교회가 기독교 신앙이 불가피하게 개인화되게 하는 세속적 이념을 위해 신념을 버리는 일 없이 민주주의적 가치와 목표를 확증하는가?

기독교 신학자들은 현대 민주주의 이론과 실천에 무엇을 공헌하는가?

만일 예언적 이상이 비판적 신학의 반성과 교회의 실천에 필요한 유토피아적 우상 타파의 근거를 제공한다면, 삼위일체 교리에 대한 성찰은 민주주의가 근대성의 모순들과 연결된 방식을 극복하는 데 필요한 통찰을 우리에게 준다. 실제로 기독교 신학의 반성과 전통의 예언자적(비판적)이고 삼위일체적(사회적) 차원들을 인식함으로써 우리는 민주주의에 대한 논쟁에 공헌하고, 교회로 하여금 민주주의적 과정 안에서의 교회의 역할을 파악할 수 있는 신학적 근거를 갖는다.

그리스도인들이 믿고 있는 삼위일체의 하나님은 각 위격의 독특성이 전체 속에 포함되는 동질적인 집단성이 아니라, 각 위격의 구별성이 확증되고, 따라서 다른 위격이 중요한 다른 인격으로 여전히 남는 하나의 공동체다. 동시에 하나님은 하나이시지만, 인간의 역사, 관계, 투쟁, 고난과 거리가 아주 먼 우주의 획일적이고 가부장적인 주권자가 아니다.

유추하자면, 삼위일체신학은 개인적 자유의 위장 아래 공동선 희생을 대가로 하는 개인의 자기 이익 추구를 조장하는 사회 이해를 지지할 수 없다. 그러나 마찬가지로 삼위일체신학은 인격의 정체성과 자유가 한 집단에게 유린되는 사회 이해에도 결코 동의할 수 없다. 어떤 역사적 환경 아래 있는 두 경향을 피하는 것은 쉽지 않다.

그런데 삼위일체 관점에서 참으로 민주주의적인 질서는 자유주의와 사회주의의 논쟁을 혼란스럽게 한 개인주의와 집단주의의 분열을 초월하는 방식들을 분별하고 또 개인의 권리와 공동선이 갈등이 아닌 상호 보완적이 되는 인간의 사회성 이해를 발전시키려는 지속적 노력을 요구하고 있다.

6. 민주주의 모델로서의 교회

기독교 운동의 시작에서부터 교회의 사회적 역할은 하나님의 통치에 대한 메시지를 선포하는 것뿐 아니라 교회의 교회다운 삶과 조직 안에서 하나님 통치의 징표를 추구하는 것이었다. 따라서 기독교 역사가 이어지면서 교회법과 '에클레시아'(ekklesia, 교회)의 정치 형태가 서구의 헌법을 형성하는 데 상당한 영향을 미쳤다(Berman 1983).

더욱이 제3제국(Third Reich) 같은 많은 상황에서 교회의 조직은 상당히 신학적이고 정치적으로 중요한 문제가 되었다. 1934년 바르멘 선언이 보여 주는 것처럼 나치주의에 대한 이념적 비판은 불충분하다. 따라서 인간의 사회성과 연대성에 대한 교회론의 필요성이 절실했다.

앞서 언급한 것처럼, 신학적 관점에서 교회는 시민 사회의 일부이기는 해도 단순히 또 하나의 비정부 기구를 의미하지는 않는다. 비정부 가구들은 주어진

시대에 특정한 역할을 하기 위해 존재하게 된, 또 일반적으로 유사한 생각을 가진 사람들로 구성된 근본적으로 자발적인 단체다.

비정부 기구들의 목적이 만족되거나 때로는 그 설립자나 지도자가 더 이상 관여하지 않을 때, 비정부 기구들은 해산되거나 해체되는 경향이 있다. 이와는 달리 교회는 그리스도 안에서 세례를 받은 매우 다양한 사람들이 모인 공동체이다. 이 공동체로 부름을 받은 이들은 자신들이나 자신들의 선택을 초월해 세상에 대한 하나님의 뜻에서 유래하는 어떤 목적을 위해 존재하는 유기적 생명에 참여한다.

교회는 민주주의, 즉 사람에 의해 또 사람을 위해 통치되는 공동체가 아니다. 왜냐하면, 그리스도가 하나님의 뜻을 섬기려고 존재하는 조직의 머리시기 때문이다. 이미 강조했듯이, 교회에 대한 이 같은 이해는 신학적인 것이지만, 교회가 사회 안에서 갖는 특유한 역할을 이해하는 데 본질적이다. 교회는 하나님의 정의와 평화와 관계있는 목표를 이루는 수단으로서 존재하고, 인간의 분열들이 성령의 연합으로 초월되는 공동체로서 존재한다.

교회와 민주주의의 관계에 대한 문제들은 복잡하다. 특히, 지금 다른 교파들과 신조들을 특징짓는 다양한 교회 정치 형태 때문이다. 어떤 전통들에서 계급이 교회의 본질인 반면, 다른 전통들에서는 목표가 평등한 공동체다. 그리고 이런 스펙트럼의 끝 사이에는 선택할 수 있는 것들이 많이 있다.

그러나 모든 교회 전통은 교회에 대한 최종적 권위가 다수의 뜻이 아니라, 성경에 따라 예수 그리스도 안에 계시된 하나님의 뜻이라고 주장할 것이다. 교회는 좀처럼 다수 안에 있지 않고 종종 계시의 진정한 소리에 민감한 예언자의 가능성을 허용하는 공동체다.

정말로 교회가 사회에서 예언자적 증인이 되기 위해서는 복음과 모순을 일으킬 수 있는 대다수의 뜻을 대변하는 입이 되지 않도록 유의해야 한다. 예를 들어, 나치 독일의 제3제국 교회가 민족적인 뜻과 유대인에 대한 나치의 박해에 속박되었던 방식을 이해해 보면 잘 알 수 있을 것이다.

그렇지만 교회가 세상에서 정의와 평화에 대한 하나님의 목적들을 수행하기 위해 존재하고, 민주주의가 그 목적을 수행하는 데 근접한 최상의 정치 형태라고 한다면, 교회의 삶과 증언 그리고 공정한 민주주의의 투쟁 사이에는 분명히 어떤 연관성이 있다.

만일 민주주의가 정치적 통일 체제 안에서 인간의 성취와 번영을 촉진해야 한다면, 교회의 생명은 얼마나 더 많이 교회의 구성원으로 하여금 그리스도 안에서 훨씬 더 깊은 성취와 자유를 발견할 수 있게 해야 하는가?

만일 교회가 시민 사회 안에 있는 핵심적 기관이고 어떤 방식으로 민주주의의 시녀라고 한다면, 교회 자체가 민주주의의 가치들을 모방하는 것이 중요하지 않는가?

결국, 모든 하나님의 사람이 교회의 생명에 참여하는 것은 특히 항상 조직을 지배하는 것은 아닐지라도, 교회의 정치 대부분 형태들에서 중요한 요소다. 이것은 세례를 받은 사람들, 즉 성별과 무관한 사회적 계급 혹은 다민족의 모든 사람이 세상에서 교회의 선교를 다 함께 공유하고 한 몸 안에서 서로 평등한 것으로 연합되어 있다고 선언하는 세례의 성례전으로 상징화된다.

교회의 민주화 논쟁은 정말로 세례의 함의들에 대한 것이다. 이런 관점에서, 위계적 직분을 가진 사람들은 하나님의 사람들을 지배하거나 통치하는 사람들이 아니라 이들을 섬기는 자들로 여겨져야 한다. 이는 확실히 라틴 아메리카 해방신학자들이 그들의 공동체 기반의 교회론으로 표명하기 시작한 제2차 바티칸공의회의 이해다.

여권주의 및 흑인 여성주의 신학 내에서도 이와 유사한 발전이 일어났다. 교회의 지배적인 가부장적 구조에 대한 이 신학들의 비판은 사회의 더 넓은 민주주의적 변혁과 연관된 대안적 교회론으로 이어섰다. 몇몇 아프리카 토착 교회도 아프리카에서의 민주주의 전환과 전통 문화의 관계를 발전시키는 데 잠재력 있는 계급 제도와 참여를 통합하는 방식들을 찾아냈다.

이 같은 교회론들이 전체적으로 사회 민주화에 실제로 얼마나 공헌했는지 정확하게 결정하는 것은 어렵다. 그러나 이런 교회론들은 최소한 민주주의 이상을 구체화해 주었고, 교회와 사회 모두에 상당히 중요한 문제들을 제기했다. 이 문제들 가운데는 평등과 차이의 관계에 대한 문제, 곧 민주주의와, 오늘날 기독교 신앙의 공적 증언 둘 다에 아주 중요해진 문제가 있다.

교회의 삶에서 성별 차이와 이것이 여성 안수에 어떤 영향을 주는지를 인식하는 것은 가부장적 제도와 위계적 제도 간 관계에 대한 문제들을 제기하는 데 근본적으로 중요하다.

여성들은 인류의 연대를 표명하고, 평등한 참여를 가능하게 하며, 가부장적 지배를 극복하며, 사회 안에서의 정의를 고무하는 방식으로 교회 전체의 변혁을 일으키지 않고, 자신들을 교회의 계급적 구조들로 흡수되게 해야 하는가?

이 관점에서 교회의 이상은 민주화 과정의 중심, 곧 교회와 사회의 삶 속에 있는 권력을 공유하는 것과 직접적으로 연결되어 있다.

교회론의 중요성에서 더 큰 문제는 민주주의의 세계화다. 이것은 지금 본질적인 문제가 되었다. 왜냐하면, 세계적 상호 관련성이 국가의 정치적 체계들의 성격과 역동성을 바꾸면서 국가들과 그 시민들 가운데서, 서로 맞물린 정치적 결정과 결과들의 사슬(Held 1993:39)을 만들어 내기 때문이다.

따라서 과거 민주화의 초점이 도시 국가에서 민족으로 이동한 것처럼, 미래의 민주화 초점은 전 세계적이어야 한다. 세계주의(ecumenism)는 본래 교회에 대한 것이 아니라, 정의로운 세계 질서에 대한 것이다. 교회의 연합과 세계 안에서의 교회의 사명을 찾는 것은 정의, 평화와 창조의 완전함으로 특징지어지는 세계의 이상과 밀접하게 관련되어 있다.

7. 민주주의의 미래

민주주의는 성격상 정부의 약한 형태고, 전체주의 질서에서 민주주의 질서로의 전환은 엄청난 문제들이 따르기 마련이다. 많은 나라에서 민주주의 과정이 대규모의 불의들, 돈과 시간을 포함하는 자원의 부족, 민주주의 참여를 위한 교육과 준비의 불충분함으로 악화되었다. 남아프리카공화국 같은 나라에서는 사람들이 자원을 조직적으로 박탈당해 온 인종적 억압의 유산 때문에 더욱 악화되어 왔다.

세계 평화와 정의의 새로운 민주주의 질서가 바로 가까이 와 있고, 우리에게 요구되는 모든 것이 깨끗이 정리하는 작업이라고 가정하는 것은 이론적으로는 어리석을 수 있고 정치적으로는 치명적이며 신학적으로는 건전하지 않을 수 있다. 그렇지만 정곡을 찌른 민주주의 이론들은 아마도 스스로의 힘으로 목표를 달성할 수 있을 것 같지 않다.

하지만 좋든 나쁘든, 우리가 새로운 역사적 신기원에 진입했다는 것은 사실이다. 우리는 그 신기원의 위험성, 현재의 무질서 그리고 도래하는 더 많은 것에 대한 약속을 무시할 수 없다. 그러나 현재 민주주의적 변혁이 그 약속을 성취할 것이라는 기대 속에서 살고 일하는 사람들에게는 결코 어둡지만은 않다. 국가적 또는 국제적 범위에서든 민주주의로의 전환은 불가피하게 길고 고단한 행진을 포함할 것이다.

하지만 현대 세계에서 새로운 민주주의 질서를 위한 투쟁을 밀고 나가는 것 외에 다른 대안은 없다. 그런데 지속적 확신이 필요한 것은, 민주주의는 올바르게 작동하려면 모든 시민의 헌신과 참여가 필요하다는 사실이다. 이것을 이상적이라 할지 모르겠지만, 민주주의는 이를 위해 노력하고 투쟁해야 할 가치가 있는 이상이다.

아마 이는 몇몇 저자가 민주주의가 궁극적으로 영성의 발전에 달려 있다고 주장하는 이유일 것이다. 곧 이 영성 안에서 인간의 자유와 진정한 공동체 그리고 자진해 공유하는 마음이 정치적 프로그램과 행동을 뒷받침한다는 것이다.

참고 문헌

Barth, Karl (1960). *Community, State and Church*. New York: Doubleday.
Bellah, Robert, et. al. (1991). *The Good Society*. New York: Knopf.
Berman, Harold J. (1983). *Law and Revolution: The Formation of the Western Legal Tradition*. Cambridge, Mass.: Harvard University Press.
de Gruchy, John W. (1995). *Christianity and Democracy*. Cambridge: Cambridge University Press.
Dorrien, Gary J. (1990). *Reconstructing the Common Good: Theology and the Social Order*. Maryknoll, NY: Orbis.
Dunn, John, ed. (1992). *Democracy: The Unfinished Journey, 508 B.C. to AD 1993*. Oxford: Oxford University Press.
Gifford, Paul, ed. (1995). *The Christian Churches and Africa's Democratisation*. Leiden: E. J. Brill.
Hauerwas, Stanley (1981). *A Community of Character: Toward a Constructive Christian Social Ethic*. Notre Dame, Ind.: University of Notre Dame Press.
Held, David, ed. (1993). *Prospects for Democracy*. Cambridge: Polity.
Maritain, Jacques (1986). *Christianity and Democracy*. San Francisco: Ignatius.
Niebuhr, Reinhold (1960). *The Children of Light and the Children of Darkness*. New York: Charles Scribner's Sons.
Provost, James, and Walf, Knut (1992). *The Tabu of Democracy within the Church*. London: SCM.
Witte, John, ed. (1993). *Christianity and Democracy in Global Context*. Boulder, Col.: Westview.

제31장

비판 이론

마르샤 에일린 헤위트(Marsha Aileen Hewitt)

> 마르크스주의는 인류의 가장 진보적 사상들의 … 완성이다.
> 에른스트 블로흐(Ernst Bloch)

'정치신학'이라는 용어는 그 성격에 비추어 보면 적어도 두 가지 이유에서 모호하고 잠재적으로 오해의 소지가 있다.

첫째, 마치 일부 또는 대부분 신학이 어쨌든 정치적이 아니듯이 정치적 신학에 대해 뚜렷이 구별되거나 독특한 요소가 존재한다는 가정에 기초한다.

신학이 비정치적이라는 생각은 비판적 자기 성찰을 통해 보이게 되는 신학의 억압적인 자극과 해방적인 자극 간 내적 모순을 깨닫지 못한다. 이런 생각은 신학이 온갖 문화 형태 및 이론들처럼 사회 조직 형태들과 권력의 계급 제도들을 만들어 내면서 인간의 행동과 경험을 통해 중재되고 따라서 불가피하게 정치적이라는 사실을 간과한다.

루더(Rosemary Radford Ruether)가 여권주의 신학에서 경험의 역할에 대해 언급한 것은 신학의 정치적 성격에 대한 문제와 정확히 연관이 있다는 것을 떠올리게 한다. 루더는 신학의 모든 객관적 근거가 "집단적 인간 경험으로 체계화될 수 있기"(1983:12) 때문에 경험 개념이 여권주의 신학에만 독특한 것은 아니라고 본다. 특히, 칼 마르크스의 이념 비판이 프랑크푸르트 학파의 비판적 사회 이론으로 계승 발전한 이래로 모든 신학의 이념 영역과 정치적 영역은 더 이상 무시할 수 없다.

신학의 정치적 의미와 인간 행동을 형성하고 방향을 정하는 신학의 역할을 평가하기 위해 물어야 하는 중요한 질문들 중 하나는 이것이다.
"특정 신학 교리들과 개념들은 누구의 관심사를 위한 것인가?"
역사적 의미가 현재에 있다는 루돌프 불트만의 주장을 비판하는 도로테 죌레(Dorothee Sölle)는 이렇게 말한다.

> 이 같은 진술과 마주할 때 우리는 그런 관심들을 무시할 수 있는 권한을 가지고 있지 않다. 그것은 우리가 칼 마르크스가 원래 제기한 문제들을 제기해야 한다는 것을 정확히 의미한다.
> 역사의 의미를 항상 현재 속에서 인식하는 것은 누구의 관심사를 위한 것인가? 이 방식을 말하는 사람들이 속해 있는 집단은 '어떤 부류'인가?
> (1974:49).

여기서 관심이란 죌레의 불트만 비판에 대한 평가와 관련된 것이 아니라 오히려 죌레의 비판적 방법과 관련된다.
"특정 이론들을 제공하는 것은 누구의 물질적 관심을 의미하며 그리고 공공연하게 어떤 방식으로 인식되는 것을 말하는가?"
이런 질문을 무시하는 신학은 의식적이든 의식적이지 않든 신학이 자신이 처한 상황에 순응하는 것이다. 이런 신학은 "사회적 의무"(Moltmann 1967:316)를 결여한 신학인데, 신학을 지속적 형이상학적 반성의 영역에서만 한정한다면, 낭만주의적 도피주의와 다를 바가 없다(Moltmann 1967:315).
"누구의 관심사인가"라는 질문은 신학의 정치적 성격을 정하고 인간 경험의 어떤 이론을 내포하는 것이다. 제2차 바티칸공의회를 통해 발생한 더 자유주의적인 신학 풍토를 인식하면서 출현한 해방의 비판적 신학들(해방신학, 여권주의 신학, 흑인신학, 민중신학 등) 모두는 이론 및 실천이 작동하는 이런 사람들의 해방을 고무하기 위해 이 같은 문제를 암시적으로 혹은 명시적으로 제기한다.
해방신학의 방법 중 가장 중요한 특징은 억압받는 특정 집단들과 함께한다는 것뿐 아니라 억압에 기여하는 주류 신학의 암시적이고 책임을 회피하는 정치적 관심들에 대한 비판이라는 것이다. 따라서 이런 신학들은 두 가지 면에서 암시적으로 정치적이다. 하나는 이 신학들이 억압당하는 집단들의 해방을 지지한다는 것이고, 또 하나는 신학적 전통들이 "현시대의 질문들을 통해 정의되고 … 그리고 현대의 정치적 관심과 지배의 구조들에 따라 조건화된다"(Schüssler Fiorenza, 1984L, xvii)는 것을 그들이 인식한다는 것이다. 이런 점이 정치신학에서 중심적이다.

둘째, '정치'라는 용어가 특별히 무엇을 의미하는지에 대한 것이다. 역사적으로 정치신학에 대해 일반적으로 통용되는 의미는 특정한 정치적 질서와 이념을 지지하는 주도권에 대한 신학적 정당성을 말한다. 기독교는 여전히 정치적인 것을 비난하면서 정치적 정책들과 국가적 활동이 정당하다고 호소하고 있다.

라틴 아메리카 신학자 호세 콤블린은 이전의 라틴 아메리카 군사 정부를 위해 국가 안전 이념들을 지지하는 기독교의 이념적 역할에 대해 논평을 하면서 정치신학의 이런 용법들을 설명한다. 즉 라틴 아메리카 군사 정부들이 이들의 국가 안전에 위험한 사람으로 의심되는 자들에게 잔인한 박해를 가하는 일을 초래했다는 것이다.

그는 다음과 같이 쓴다.

> 많은 라틴 아메리카 정부는 민주주의와 기독교가 가장 서정적이고 감성적인 열정이 있다고 칭찬한다. 이들 자신의 선언문들에 따르면 이들의 모든 정치의 유일한 목적은 민주주의와 기독교를 구원하는 것이다. 이들 모두는 기독교 원리에 근거해 새로운 사회를 창조하기를 원한다. 칠레 군사 쿠데타로 세워진 정부의 원칙 선언문을 읽고 있는 사람이라면 기쁨과 놀라움의, 곧 확실히 현대 세계에는 그와 같은 기독교적 목적을 가지고 있었던 정부가 확실히 없다는 눈물을 흘려야 한다(Comblin 19789:77).

콤블린(Comblin)의 씁쓸한 소견은 우리가 정치신학을 언급할 때 이야기하고 있는 정치의 유형에는 중요한 문제가 있다는 것을 제기한다. 이것과 밀접히 연관된 것이 바로 신학적 방법론의 문제다.

이 문제는 아래의 질문과 같다.

"신학과 정치의 관계는 어떻게 인식되고 전개되는가?"

과거 라틴 아메리카의 잔인한 군사정부의 근본이 되는 정치신학은 독재를 합리화하기 위해 보호를 받았고, 기독교 사회를 찬양하는 광범위한 독재 권력을 옹호해 주었다. 테러와 폭력을 통해 강제했던 엄격한 계급적 권력 구조와 전체주의적 보수주의 정치를 병합시켰던 군사정부들은 부분적으로 기독교 가치를 유지할 필요성에 따라 정당하다고 보인다.

그렇지만 이런 독재 권력은 다른 관점과 동일하게 기독교적 관점을 기독교적 가치들을 부정하는 것으로 이해될 수 있다. 정치신학의 현재 용법으로 어떤 종류의 정치가 의도되는지의 문제와 어떻게 신학과 정치가 연결되는지의 문제는 정치적이라는 용어를 이해하고, 그 용어를 더욱 타당한 역사적 용법과 차별화하는 데 결정적이다. 하지만 현대 정치신학은 자신을 아주 다르게 이해한다.

다시 사용하고 있는 정치신학의 개념은 1966년 요한 밥티스트 메츠에 의해 처음 소개되었다(Davis 1980:13).

메츠에게 신학이란 실천적으로 재인식되고 세상에서 행동하는 목표에 방향을 맞추고 있다.

> 기독교의 정신은 세계사의 몸 속으로 영원히 스며들었고, 몸의 돌이킬 수 없는 과정 속에서 자체를 유지하고 입증해야 한다(Metz 1969:16).

기독교 자체가 "세상의 세속화"(Metz 1969:39)이기에 기독교는 신학을 하나님과 구원에 대한 개인의 관계에 초점을 맞추는 사적 영역에서 사회적 행동의 공적 영역으로 옮겨야 한다. 정치신학은 사적 신앙을 사회적 행동의 공적 영역에서 분리하는 지배적인 경향에 대한 "비판적 바로잡음"(Metz 1970:35)을 포함한다.

이 결과, 종교와 사회는 새로운 관계 속으로 들어간다. 신학은 정치를 신성시하거나 어떤 특정 국가나 정당 조직과 동일시하지 않고서도 세상의 역사를 완전히 포용하고 이에 참여할 수 있다.

그는 이렇게 말한다.

> 정치신학은 이론과 실천 간 관계라는 새로운 개념에 고무된, 비판적인 신학적 사고의 전체 구조의 근본적 요소기를 자처하며, 이에 따라 모든 신학이 자체로 '실천적'이고 행동을 지향해야 한다고 주장한다(Metz 1969: 35).

위르겐 몰트만은 이 개념을 더 강조한다. 그는 다음과 같이 적는다.

> 그리스도 안에서 희망하는 사람은 주어진 현실을 그대로 받아들일 수 없고 현실에서 고난을 당하고, 현실에 저항하기 시작한다. 하나님과의 평화는 세상과의 투쟁을 의미한다. 이는 약속된 미래의 날카로운 가시가 아직 성취되지 않은 모든 현재의 삶 속에서 냉혹하게 찌르기 때문이다(1967:21).

메츠와 몰트만 모두, 사회 정의와 변혁된 현실을 지향하는 이론 및 행동의 관계성이 어떤 '형태'를 받아들일 것인지에 대해 불가피하게 애매한 상태로 남는다. 애매하게 남지 않는 것은 정치신학이 특정 정치 이념이나 집단과 결탁할 위험이 따른다. 이런 결탁은 그 집단이 평화와 민주주의를 지지하는 잠재적이거나 명시적인 가치들이 있는지와 관계없이 정치신학의 비판력을 위축시킨다.

정치신학의 주된 관심사 중 하나는 다른 특정 이념이나 집단과 동일시하지 않는다는 것이다. 정치신학의 노력은 신학, 사회 및 행동 간의 관계를 새롭게 이해하는 하나의 방법론을 만들려는 욕구에 고무된다. 이 방법론은 신학으로 하여금 이념으로 전락하지 않으면서 역사적 변화를 위해 효과적인 힘을 발휘하게 할 것이다.

정치신학이 긍정하는 부분은 이것이다.

> 신약성경에 나오는 하나님 통치에 대한 중심적 약속은 곧 자유, 평화, 정의, 화목은 근본적으로 사적인 것일 수 없다. 하나님의 약속들은 자유와 평화에 대한 개인의 갈망에 상응하는 것으로 완전히 내면화되고 영성화될 수는 없다(Metz 1970:36).

정치신학의 이 개념은 신학과 형이상학은 "순응주의를 위한 이념적 열쇠로서 … 정죄되었다"는 아도르노의 비판에 이의를 제기하며, "사람의 형이상학적 관심들은 이들의 물질적 관심들이 완전히 추구되는 것을 요구할" 것이라는 그의 다른 통찰은(Adorno 1973:398) 받아들인다.

아도르노와 그의 동료 막스 호르크하이머와 허버트 마르쿠제처럼 메츠도, 신학적 성찰과 행동의 필연적이고 가치가 있는 대상 가운데서 구체적 인간 경험과 이 경험을 만들어 내는 유형적 조건들을 포함시킨다. 이것이 정치신학이 비판 이론과 공유하는 중심적 특징들 중 하나다.

1. 비판 이론의 반향과 마르크스

'철학과 비판 이론'에서 마르쿠제는 구체적 현실보다는 관념의 영역에서 화목하는 데 관심을 갖는 철학을 부정한다. 화목에 대한 관심은 사회 이론으로서의 형이상학적 철학을 실천적, 해방 지향적으로 바꿈으로써 인간의 구체적 행복을 추구하며 움직여야 한다(Marcuse 1968:142).

인간의 행복을 가능하게 하는 물질적 조건들은 그 자체가 이론적 관심의 대상이다. "나은 세상과 참된 존재에 대한 철학적 꿈들은 이런 꿈들이 인간의 모습을 만들면서 투쟁하는 인류의 실천적 목표와 결합하는 것이다"(Marcuse 1968:142). 비판 이론은 불의의 사악한 현실성과 대면하게 하고, 따라서 역사와 사회 형태에 내재된 선한 잠재성을 가지고 비합리적인 세상과 마주한다.

합리적 사회의 두드러진 특징은 경제가 인간의 필요들을 제공하고, 자유와 행복이 경쟁적, 호전적 및 탐욕스러운 세상에서 성공의 우연적 부산물이 되는 것보다는 그 자체를 하나의 목적으로 추구하는 것이다(1968:144). 비판 이론은 형이상학과 신학의 중심적 특징인 "영원을 향해 비행하는 것"(Herkheimer 1978:45)을 회향시키는 것과 같다. 즉 "비판 이론은 개인의 현존을 초월하는 내세에서가 아니라 우리 뒤에 따라오는 사람들과의 연대에서 미래의 희망을 제시한다"(Herkheimer 1978:102).

마르쿠제는 철학이 인간 조건을 결정하는 경제적 정치적 구조들의 역할을 수용하거나 무시하게 되면 부정의 및 불의와 결탁한다고 보았다(Marcuse 1968:153). 비판 이론은 미래의 세계를 묘사하거나 어떤 특정한 정치나 사회 조직과 제휴하기를 거부하면서, 희망이 출현하는 부정적인 것과 함께 머물기를 택한다.

현실을 부정하는 비판 이론의 초점은 인간 경험을 부정하고 그리고 불필요한 인간 고난의 이유들을 설명해야 한다는 것을 의미한다. 사상은 상세한 부분인 개별적인 것에 의해 조정되어야 한다는 의미를 말하는 "대상과 접촉했다는 느낌"(Adorno 1974:247)을 얻어야 한다.

이런 면에서 비판 이론은 메츠가 신학을 위해 제안했던 철학의 비판적 상관관계 유형에 관여한다. 그가 썼듯이, "정치신학이란 오늘날 사회의 조건들 속에서 기독교의 종말론적 메시지를 전달하는 현재의 노력이다"(Metz 1970:35).

이런 관점에서 구원과 같은 기독교 개념들은 종말론적 희망을 인간의 인간화, 인류의 사회화, 모든 피조물의 평화와 같은 정의를 위한 투쟁으로 표현되기 위해 재구성되어야 한다는 것이다(Moltmann 1967:329). 메츠와 몰트만이 표명한 이런 개념들은 비판적이고 정치신학의 발전에 비판 이론의 강력한 영향을 보여 준다(Fierro 1977:108).

정치신학과 약간 다른 범주에 있는 정치신학과 더불어 출현하는 해방신학은 한편에서 야고보서 2:7("행함이 없는 믿음은 그 자체가 죽은 것이라")의 강조 안에서 일어나고, 다른 한편에서는 포이어바흐에 대한 마르크스의 열한 번째 테제(철학자들은 오로지 세계를 해석한다. … 하지만 사실은 세상을 변혁해야 한다, Marx and Engels 1976:5)에서 일어난다. 정치신학에 의해 고안되었던 이론 및 실천의 비판적 관계는 마르크스주의 사회 이론 속에 근거가 있다.

어떤 점에서 마르크스의 사회 이론은 하나님 및 인간의 사랑과 "정의를 행하는"(Gutiérrez 1973:194-196) 프락시스와의 연관성을 강조하는 히브리와 기독교 성경의 사회 정의 주제들과 공명한다. 여기서 사고는 실천적 행위다.

마르크스 철학자고 정치신학을 위한 다른 중요한 지적 근거를 제공하는 에른스트 블로흐(Ernst Bloch)는 포이어바흐에 대한 마르크스의 두 번째 테제인 "이론의 관계만이 아니라 이론과 실천 간 명확한 관계"(Bloch 1995L 268)라는 진리의 개념을 제시함으로 기술한다.

마르크스는 다음처럼 말한다.

> 객관적 진리의 문제는 이론의 문제가 아니라 실천적인 문제이다. 인간은 진리, 곧 실재와 권력, 실천 속에서 인간의 생각을 세속성으로 입증해야 한다(Marx and Engels 1976:3).

마르크스에게 사고는 "일종의 행위인데, 비판적, 일관적, 계시적 활동(Bloch 1995:268)이고, 정치적 행위로 중재될 때만 구체적이고 역동적이다"(Davis 1980:17).

데이비스는 이론을 안정된 대상에 대한 사색으로 축소시키는 이론과 실천 간의 고전적 분리를 마르크스가 거부한 것에 동의한다. 데이비스가 말했듯이, 정치신학에 있어서 이론은 "실천에 대한 의식, 사회적 행위에 대한 사색적 요소가 되고, 이념과 구별되는 것으로서, 현존하는 사회의 모순을 극복하려는 구체적 역사적 노력과 분리될 수 없다"(Davis 1980:117).

위르겐 몰트만은 자신의 '테제 4'에서 유사한 것을 염두에 둔 것처럼 보인다. 그는 테제 4에서 "신학과 신앙의 새로운 기준이 프락시스(실천)에서 발견되어야 한다"라고 말하고, 프락시스는 다른 종교들 가운데 기독교가 "미래를 갈망하는 희망을 현재의 신비와 함께 실천적으로 접촉하는 것"을 의미한다고 진술한다(Davis 1980:139). 세계를 해석하는 것에 만족해 온 전통철학과 마찬가지로 기독교도 매우 오랫동안 시대를 초월하는 영원성에 대해서만 사색해 왔다. 이런 영향이 불가피하게 지배의 현 상태를 유지하도록 뒷받침했다.

정치신학은 불의에 대한 신학의 공헌을 분명히 하는 데 도움이 되는 해방하고 회귀하는 경향들의 내적 변증법을 밝히기 위해, 종교 안에 있는 모순들을 다루기를 시도한다. 이런 방식으로 정치신학은 자체가 사회의 변혁적 힘이 되기를 갈망한다. 이런 생각은 구티에레즈에게 받아들여졌다. 그는 해방신학을 "세상을 변혁하는 과정의 일부"(1973)로 묘사한다.

쉴리벡스를 인용하는 그는 다음처럼 쓴다.

> 하나님 나라의 해석학의 주요 특징은 세상을 더 나은 공간으로 만드는 데 있다 (Davis 1980:18).

사고가 자체로 해방하는 잠재력이 있는 실천적 행동이라는 마르크스의 개념은 초기 비판 이론의 중심 개념이다. 호르크하이머의 1937년 유명한 논문인 전통 이론과 비판 이론은 전통 이론과의 결정적인 차이로서 이 점을 강조한다. 비판 이론은 단지 사회적 모순들을 구체적 역사적 상황의 표현으로 보여 줄 뿐 아니라, 그 자체를 변화를 자극하는 역사 내부의 세력으로 행동한다는 것을 보여 준다(Horkheimer 1972:215).

연구 대상인 역사, 사회, 인간 경험은 신학적, 철학적 형이상학과 전통 이론이 그런 것과는 다르게, 이론과 분리해 다루어질 수 없다.

> 이론의 모든 부분은 기존 질서에 대한 비판과, 이론 자체에 의해 결정되는 노선을 따라 행하는 이 질서에 대한 투쟁을 전제로 한다(Horkheimer 1972:229).

호르크하이머와 정치신학에 있어서 비판적 사고는 변혁적 행동을 불러일으킨다. 이 같은 분석에 관여하는 이론가의 역할은 "피억압자의 계급과 역동적 단결을 형성하는 것이다"(Horkheimer 1972:215).

쉴리벡스와 강하게 공명하는 위에서 인용된 진술에서, 호르크하이머는 주장한다.

계급, 착취, 잉여 가치, 이윤, 빈곤화, 도산이라는 마르크스주의 범주들이 개념적 총체의 요소들이며, 이 총체의 의미를 현 사회의 보존에서가 아니라 '사회의 올바른 유형'으로의 변혁 속에서 찾아야 한다(Horkheimer 1972:218).

비판 이론과 정치신학에 있어서 이론가와 신학자의 과제는 사회의 정의로운 유형을 제공할 필요나 세상을 더 나은 공간으로 창조할 필요에 비추어 사람의 사고를 체계화하는 것이다.

정치신학은 비판 이론과 부정적 비판을 강조하면서 이론과 실천의 관계를 재설정하는 방식을 공유한다. 앞서 언급된 것처럼, 이 둘은 정치나 사회 조직의 특정 형태를 지지하지 않는다. 다만 확실히 특정 형태를 암시하는 것으로 이해될 수는 있다. 메츠에게, 기독교의 종말론적 메시지는 어떤 특정 이념의 매력에 빠지는 것을 막는 데 도움을 주는 비판적으로 부정하는 역할이 있다. 비판 이론은 모든 개별적인 것, 구체적 기존의 것을 지속적으로 부정적으로 비판하는 일을 옹호하기 때문이다.

비판 이론의 관점에서, 메츠를 통해 지지된 부정의 유형은 성육신과 십자가 형벌의 신학적 상징을 다소 둔화시킨다. 십자가 형벌이 기존 세상을 부정하는 징표일 뿐 아니라 기존 세상이 최종적 세상이 아님을 보증하는 징표인 반면, 성육신은 완전한 세속성 속에서의 세상에 대한 하나님의 포용을 보여 준다는 점에서 그렇다.

이 같은 위안을 고의적으로 거부하는 비판 이론과는 달리, 정치신학은 어느 날 모든 것이 밝혀지게 될 인간의 고난에는 분명한 의미가 있다는 것을 보증하는 영원의 영역으로 돌아온다. 약 60년 전 있었던 호르크하이머와 발터 벤야민의 유명한 논쟁에서는 비판 이론이 이 같은 어떤 위안을 거절한 것으로 나타난다. 그 근거는 이 같은 위안 속에 내재한 것이 우선적으로 그 필요성을 만들어 냈던 조건들을 암묵적으로 받아들이고 있다는 것이다.

벤야민에게, 그런 경우는 다소 다른 것이었다. 그에게 역사의 과거는 열려 있다. 따라서 현재 살아가고 있는 사람들이 사라진 과거의 시대들과 추억의 연대를 만들 수밖에 없다는 것이다. 그는 이런 방식으로, 그들의 고난과 죽음이 무의미한 것이지 아니길 바랐다.

호르크하이머는 철저히 이런 생각을 거부했다.

가장 절박한 순간에 박해를 받았던 모든 사람의 기도들, 자신들의 상황을 설명하지도 못한 채 죽어야 했던 무고한 사람들, 초자연주의의 대법원에 올리는 마지막 상소의 희망들은 무시당해야만 했고, 누군가의 빛으로도 밝혀 낼 수 없었던 그 잔인한 밤도 하나님의 빛으로도 침투하지 못했다. 하나님이 사라진 영원한 진리는 무한한 사랑의 발자국으로도 그 어떤 근거가 되지 못했다는 것은 끔찍한 생각이다. 정말로 이 모든 것은 생각할 수 없는 개념이고 추상에 그치는 것들이었다. 하지만 어떤 판결이 그 판결의 결과로 절망하게 한 것을 단순히 논리성이 거짓이라고 말하는 것처럼, 법을 포함하고 있는 것보다 그 사건을 단언하거나 부정하는 것만큼 더 이상 어떤 정곡을 찌르는 주장은 있을까?

그렇게 과거를 부정하는 것이 생각의 잔인성이지 않을까?

(Horkheimer, Peukert 1986:2019-210에서 인용).

정치신학은 비판 이론이 거절하는 그 종교적 위안을 보존한다. 왜냐하면, 비판 이론의 관점에서 종교적 위안들이 불가피하게 현재 상황을 지지하는 것처럼 보이기 때문이다. 종국에는 고난이 극복될 것이고, 정의는 역사에서가 아니라 역사를 넘어 미래에 세워질 것이다. 비판 이론에 이는 정치신학이 궁극적으로 비판적, 사회적, 실천적 기능을 상실한다는 것을 의미한다.

호르크하이머에게, '선' 혹은 아마도 참된 종교는 인간의 즉각적이고, 진실한 소건들에 대한 초점을 유지해야 한다고 주장한다. 따라서 변화를 위한 갈망은 끊임없이 조성되어야 한다.

이 같은 종교는 현실을 질식시키는 것이 아니라 변혁에 대한 충동, 주술을 깨뜨리려는 욕구, 사물을 정의롭게 바꾸려는 희망을 유지해야 한다. 우리는 모든 몸짓으로 내려온 삶의 특징이 이런 결의이게 하는 종교가 있다(Horkheimer, Peukert 1978:163).

종교의 견해에서 정치신학은 정확히 세상의 변혁을 지향한다.

2. 새로운 협력: 정치신학과 비판 이론

벤야민과 아도르노가 표현하듯이, 정치신학과 비판 이론이 대화나 협력으로 함께 이끌어진다면, 중요한 이론적 요점들에서 교차하는 것을 보일 수 있다. 비판 이론과 정치신학은 삶의 어떤 특정한 형태를 지지하기를 거절하지만 둘 다 정치적 행동에 비추어 이론을 재배치하는 방법을 강조한다.

하지만 정치신학은 이 신학이 궁극적으로 이의를 제기하지 않는 가치와 신념들로 구성된 특정한 종교적 세계관에 근거하기에, 이것은 전적으로 사실인 것은 아니다. 유대교에서 하나님의 보이는 표상을 금지하는 유사한 방식으로 호르크하이머는 비판 이론 역시 선한 삶인 것의 식별을 금지한다고 설명한다(Horkheimer, Peukert 1978:236).

비판 이론과 정치신학에서 희망되는 자유, 정의, 화해는 인류에게 알려진 어느 시대에서도 구체적으로 경험된 적이 없다. 선한 삶의 개념화는 오직 존재하는 가능성들로 이루어질 수 있으며, 이는 비판 이론이 그리고 아마 정치신학까지 정의로운 사회를 위한, 계획에 따른 구성들에 관여하는 것을 거부하는 이유다. 부정(否定)의 개념은 부정의 반대처럼 무엇을 희망할 것인지의 긍정적인 것을 포함하고 있다는 것으로 분명 충분하다(Horkheimer, Peukert 1986:236).

찰스 데이비스는 정치신학에 암시되는 유일한 종교적 정체성은 특정 종교의 전통에 충성하지 않고, 미래에 실현될 보편성의 현재적 형성에 능동적으로 참여하는 정체성임을 지적한다. 비판 이론은 인간과 이들을 형성하는 조건들 간의 진정한 관계를 왜곡하는 베일을 찢으려 한다.

반면 정치신학은 공적 영역을 통해 중재한 다음 세계 안에서 정치적 행동을 요구하는 비판적 신학을 주장한다. 이런 면에서 정치는 권력을 위한 투쟁이나 권력의 분배가 아니라, 규범과 가치의 집단적 형태를 언급하는 것이다(Davis 1980:178).

비판 이론과 정치신학이 둘 다 이론과 실천의 관계를 만들어 내는 방법론에 초점을 맞추고, 사악한 현실성을 부정하는 것에 초점을 맞추면서 더 나은 삶의 방식과 전략적인 정치적 행동을 장려하거나, 기술하기를 거절한다는 점에서 이것들은 많은 이에게 크게 만족되지 못한 채로 남는다.

정치신학을 계승하는 해방신학은 정치신학의 방법론과 유사한 방법론을 수용하고, 소비에트 유형의 과학적 사회주의 같은 이전의 이론들과는 정반대의 성향을 가진 비판 이론을 통해 중재하는 마르크스주의 사회 이론에 깊게 영향을 받고 있다. 하지만 해방신학은 특정 집단의 사람들과 정치적 활동의 독특한 형태와 결탁함으로 정치신학 자체를 제한한다.

해방신학을 통해 강조된 방법론적 요점들 중 하나는 종교적 갈망의 저항 성격이라는 마르크스적 개념에 그 근거가 있다.

종교적 고통은 … 실제 고통에 대한 표현이고, 실제 고통에 대한 저항이다. 종교란 영혼이 없는 정신인 것처럼, 억압당하는 피조물의 한탄이고, 상심한 세상의 마음이다(Marx and Engels 1975:175).

종교적 행동에 대한 저항적 성격은 브라질 해방신학자 레오나르도 보프가 해방의 실천을 우리의 신앙 속에서 행하는 방식으로서 윤리적 분노와 동일시하면서 그를 통해 긍정되었다(Marx and Engels 1989:409).
구티에레즈는 마르크스의 종교적 소외 비판의 영향을 공공연하게 인정했다.
마르크스는 신학의 소외하는 효과들을, 신학을 실천적인 해방하는 힘으로의 변환의 필연적인 부분인 것으로 비판적으로 밝히려는 해방신학의 노력에서의 종교적 소외를 비판했던 것이다.

해방신학은 그 자체의 근거를 위해 탐구하는 신학적 사고가 이 세상의 변혁과 역사에서의 인간 행동에 대한 의미를 반성하기 시작했다는 마르크스주의의 영향에 어느 정도 기인한다.

해방신학이 마르크스에게서 차용한 중요한 생각들 중 하나는 마르크스의 열한 번째 테제에 포함되어 있으며, 역사에서의 인간 행동이 모든 반성을 위한 출발점이라는 것이다(Gutiérrez 1973:9).
그렇지만 구티에레즈는 『해방신학』 수정판(1988)에서 이 입장을 의미 있게 뒤바꾸었다. 그럼에도 불구하고 많은 라틴 아메리카 해방신학자들은 고난과 부정의에 대한 구조적 이유들을 새롭게 생각하는 방식으로 전환하기 위해 솔직하게 마르크스의 중요성을 인정했다. 철학의 마르크스 비판과 유사한 방식으로 라틴 아메리카 해방신학자들은 신학에 혁명의 필요를 알렸다.
신학은 행동 다음의 두 번째 단계인 사색적인 비판 이론이 되어야 한다(Gutiérrez 1973:11). 신학이 세상을 변화시키려는 분명한 목표가 있는 곳에서 새로운 신학적 방법론에 헌신하는 것은 정치신학과 해방신학에 있어서 둘 다 공통적이다. 몰트만은 변혁된 기독교의 "표면적으로 드러나지 않은 혁명적 가능성"을 생각했다(Gutiérrez 1984:133).
신학의 유일한 출발점과 목표로서의 사회의 비참한 현실과 억압당하는 자의 해방에 대한 레오나르도와 클로도비스 보프의 입장(Gutiérrez 1984:124)도 정치신학에 동일하게 적용되고 있다. 정치신학과 해방신학은 사회주의 정치에 명시적으로 헌신하는가에 따라 종종 차이가 있다.

레오나르드 보프는 이렇게 말한다.

> 기독교 사고는 자본주의 이상보다는 사회주의 이상과 가까이 일치한다. 기독교 사고는 기독교 사회주의를 구성하는 문제가 아니다. 오히려 사회주의 개념이(정말로 달성되고 실현된다면) 그리스도인들로 하여금 더 온전히 이들 신앙의 인도주의적, 신적 이상들대로 살아가게 한다고 말하는 것이 허용되는지의 문제다(Gutiérrez 1989:422).

세군도(Segundo)는 그 시대의 필요성에 더욱 적절하고 더욱 공정한 제도를 요청하는 제3세계 주교들의 진술과 진정한 사회주의가 기독교라는 사실을 언급한다(1976:72).

또한, 그는 종교적 믿음이 정치적 이념에 중재되지 않는 한, "징으로 박혀 죽은" 것이나 다름 없다고 주장한다.

> 믿음은 바르게 이해될 때, 믿음이 구체화되는 이념에서 그 자체를 결코 분리할 수 없다(Gutiérrez 1989:18).

세군도의 쟁점은 이념이 해방을 야기하는지, 곧 이념을 포용해야 하는지에 관심을 갖는다. 정치신학자들처럼 그도 해방을 위한 투쟁에서 본질적인 내용에 대한 신학적 방법론의 중요성에 집중한다. 하지만 그는 정치신학자들에 대해 비판적이다. 이는 정치신학자들이 역사의 종말론적 요소를 강조하기 때문이다(Gutiérrez 1989:144).

구티에레즈도 정치신학이 동시대의 정치적 상황을 분석하는 데 이론과 실천 간 관계의 타당성과 그 이론과 실천의 관계를 바꿈으로써 이론적 초점이 너무 모호질 수 있다고 비판한다. 구티에레즈의 견해에서 이런 결과의 주된 이유는 인류 대부분이 처한 의존, 불의, 착취의 상황을 꿰뚫어 볼 수 없다는 것을 의미하는 유럽적 상황에서의 정치신학의 출현이다(Gutiérrez 1973:224).

이 비판은 정치신학자들이 풍요로운 나라들에서 살고 글을 쓴다는 엄연한 사실에 근거해 보면 매우 공정한 것은 아니다. 함의는 이들은 가난한 나라에서 살아가는 사람들의 경험이 없기 때문에 어쨌든 착취에 대한 정치적 투쟁을 적절히 이론화할 수 없다는 사실인 것 같다.

구티에레즈는 정치신학자들이 마음에서 우러나오는 해방에 대한 열망의 경험을 알 수 없다고 다소 멸시하는 투로 가정한다. 이것이 구티에레즈가 정치신학의 추상적인 성격을 설명하는 가정들 중 하나다. 또한, 구티에레즈는 정치신학이 마르크스주의 사상의 확고한 측면들을 더욱 심각하게 다루었다면 더 건전하고 적절했을 것이라고 말한다(Gutiérrez 1973:224). 그렇지만 위에서 주장했듯이, 마르크스는 정치신학의 가장 중요한 지적 원천들 중 하나다(Fierro 1977:16).

그레고리 바움(Gregory Baum)은 사회적 변화의 전략을 위한 긍정적인 권고와 행동에 대한 긍정적인 헌신을 언급하면서 부정적인 비판에 정치신학이 초점을 맞추고 있다고 비판한다. 그의 견해에서 정치신학의 부정적인 비판과 긍정적인 대안을 거절하는 것은 예언과 멀리 떨어진 곳에 교회의 정치적 과제를 놓고 있는 것과 같다(Fierro 1975:288).

바움은 정치신학을 착취당한 사람의 편을 선택하지 않으며, 전혀 대항력이 없는 운동이라고 비난한다. 이런 비판은 "정치신학이 지배 계급의 이익과 밀접한 관련이 있는 것으로 여겨진다는 것이다"(Fierro 1977:289). 바움은 정치신학에서 사실이 완전히 정반대라고 생각하지 않는 것으로 보인다. 바움과 다른 해방신학자들에게, 현재 상황을 비판하는 것은 사실상 특정 혁명 운동들과의 정치적 동질감 없이는 이루어질 수 없다.

이 같은 비판은 해방을 추구하는 정치신학의 목표가 분명히 억압당하는 자의 불필요한 비참함을 완화하거나 덜어주는 것을 향하고 있다는 점을 놓치고 있다. 더욱이 의미 있는 부정의 비판은 해방하는 힘을 보유하기 위해 어떤 특정 혁명의 주체나 이념에 정치적 충성심을 요구한다는 것이 필연적으로 따라오는 것은 아니다.

전략적 정치들은 전략적 견해에서 이해될 수 있는 아주 심하게 비판적인 자기 성찰을 쉽게 견디지 못하는 이념적 발판 위에 구성된다. 이념들과 이념 지지자들은 목표를 유지하기 위해 다른 의견을 주변으로 몰아내거나 일소하면서, 순응을 요구하고 강요하는 경향이 있다.

이념의 필연적인 내재된 경향은 비판을 발전시키기보다는 비판을 억제하려는 것이다. 이 결과, 강조하는 전제들과 가치들이 내부나 외부로부터 진지한 비판을 받을 수 없게 한다. 이념은 보편적이지 않으며, 오히려 사회적 관계와 문화적 형태의 특정한 체제에 반응하는 사고 체계다. 이런 점에서 이념은 인간 행동을 규제할 뿐만 아니라 생각하는 것이 무엇인지를 규제하기도 한다.

비판 이론가들은 이를 알았으며, 이것이 그들이 사회적 프로그램이나 정치적 운동들과 제휴하기를 거절하는 또 하나의 이유다. 이 문제에서 예외인 사람이 마르쿠제다. 마르쿠제는 1960년대 말, 인생 후반에 학생 저항 운동에 동참했다. 그럼에도 불구하고 비판 이론가들은 불가피하게 현존하는 사회적 조건들과 동시에 일어나는 이른 화해를 감히 시도함으로써 비판적 사고의 독립성과 타협하려고 하지 않았다.

다음은 아도르노가 한 말이다.

> 절망과 마주하면서 이성적으로 실천할 수 있는 유일한 철학은 구속의 관점에서 그들 자신을 나타내는 것처럼 모든 것을 바라보려는 시도다. … 관점들이란 세계를 바꾸기도 하고, 틈과 균열을 이간질하기도 하며, 메시아적 빛으로 어느 날 모든 것을 낱낱이 드러나게 하지만 분개하고 왜곡하는 모습으로 나타나는 그런 세계를 만들기도 한다(Adorno 1974:247).

정치신학은 해방신학보다는 비판 이론에 더 가깝다. 이 같은 입장이 만족스럽지는 않지만, 특히 절박한 사회적 불의와 만연해 있는 고난과 대면하는 정치신학은 모든 인간의 사고와 행동에 내재한 이념적 요소들에 대안적으로 제시하기 위해서는 예언자적인 것과는 먼 거리감을 금지해야 한다. 비판 이론가들과 마찬가지로 정치신학자들도 북반구에 거주하고 일한다는 사실로 인해 좁은 의미에서 이들의 사고나 유용성에 대한 동일한 비판을 받을 수 없다.

초기 라틴 아메리카 해방신학자들 중 대부분은 외국에서 출생했거나 유럽에서 교육을 받은 사람들이다. 이는 이들이 기독 교회들과 신학이 사회의 불의에 기여한 방식을 비판적으로 낱낱이 밝힐 수 있는 억압에 대한 마르크스주의 사회 분석 능력을 갖추는 데 도움이 되었다.

많은 점에서 정치신학자들처럼 해방신학자들도 가난한 사람을 대신해 목소리를 높여 왔다. 하지만 해방신학자 자신들은 아무리 그들이 함께하는 연대 속에 있더라도 억압받고 비인격적 대우를 받는 자의 범주에 일반적으로 속하지 않았다. 호세 콤블린의 요지는 신학자들이 "그들의 경제적이고 사회적 상황에 영향을 받고 … 그들의 배경, 교육, 경력, 사회적 지위와 수입은 그들이 주장하는 신학적 확신과 연결되어 있다"는 것이다(Fierro 1977:384).

하지만 이것은 그들이 비판적 사고를 할 수 없다거나, 불운한 사람들과 덜 연대한다는 것을 의미하지 않는다. 정치신학은 모든 이론이 성찰하고 명확하게 하는 사회적, 역사적, 경제적 요인들에 영향을 받는다는 것을 깨닫는 만큼, 이념에 흡수되는 것에 대해서는 완전히 저항한다.

스콜라주의는 아리스토텔레스의 흔적 아래 작용하고, 자유 개신교 신학은 칸트의 흔적 아래 작용했다. 이와 마찬가지로 정치신학도 마르크스의 흔적 아래서(Fierro 1977:80) 발전했다. 하지만 정치신학을 마르크스주의 신학이라고 말하지 않는다.

또한, 정치신학은 라틴 아메리카와 아프리카 미국의 시민 운동, 북미와 유럽에서 일어난 학생 저항 운동, 프랑스의 1968년 5월의 혁명적 활동의 사회 정황 속에서 출현하는 데도 불구하고 특정 사회 운동과 연결되어 있는 것도 아니다(Fierro 1977:81). 정치신학이 시도하는 모든 것은 철저하게 역사적, 사회적이면서 신학적으로 정당한 새로운 개념을 만들어 내는 것이다.

해방신학은 의식적으로 일반적 사회주의 정치적 실천들을 지지하는 데도 불구하고, 정치신학과 마찬가지로 일반적으로 특정한 정치도, 어떤 정당이나 국가도 지지하지 않는다. 더욱이 정치신학이나 해방신학도, 얼마나 발전되든지 혹은 민주주의적이든지, 사회의 어떤 형태가 "단 한 번에 고착되고 마칠 수 있는"(Fierro 1977:25) 것을 받아들이지 않는다.

이런 특징은 주로 기독교 국가와 라틴 아메리카 군사 정부의 정치신학과 이런 신학들을 구분하는 것이다. 정치신학과 해방신학은 명목상의 기독교인 엘리트나 권력 집단을 통해 규정되고 강요되는 기독교 정치보다, 정치 속의 그리스도인들 곧 어떻게 이들이 행동하고 기독교 윤리와 가치들을 고양하고 누구를 위하는지에 관심을 갖는다.

3. 공공신학은 정치신학에 역행하는가?

정치신학에 일어난 최근의 더 큰 변화는 동시대에 필요한 공공신학의 형태로 나타났다는 것이다. 공공신학은 정치신학과 해방신과는 매우 다른 형태의 신학이다. 공공신학에 대한 간략한 담론이 여기서 중요하다. 정치신학의 후계자로 이해될지도 모른다는 것 때문이다.

그러나 공공신학은 정치신학이 아니다. 공공신학자들은 기독교 가치의 활성화와 갱신을 통해 사회적 무질서와 영적인 파멸에서 현대성을 구출하기 위해 사회의 영적인 문화와 궁극적 의미를 만들고 발전시키는 종교적 비판가의 역할을 자처한다(Dean 1994:xiv).

이것은 역사적 변화와 정치적 행동에서, 기독교 맥락을 따라 사회 가치들에 대한 보다 영적인 회복으로 초점을 옮겼음을 보여 준다. 이런 관점에서, 기독교 신념과 가치의 정치적 적절성은 현대성 안에 있는 사회와 인간의 성격을 더 진실하게 이해하도록 기여한다(Schüssler Fiorenza 1992:3).

트레이시(David Tracy)는 인간의 일반적 경험과 기독교를 상관적이게 하는 것을 통해 기독교를 수정해야 한다고 주장한다(Tracy 1978:43). 인간의 일반적 경험은 종교를 영적인 신앙과 개인적 구원의 순수한 내면적 및 인격적 영역으로 추방한 현대성에 저항한다.

트레이시가 언급하듯이(Tracy 1978:43), 기독교 혹은 기독교 실재는 합리적이고 공적 대화를 통해 상술될 수 있는 인간의 보편적 경험과 일치한다. 램(Matthew Lamb)에 따르면 "공공 영역을 위한 기독교 신학들은 하나님의 통치와의 연대를 통해 보편성을 전달한다"(Tracy 1992:113).

공공신학은 "기독교 신념들과 더 넓은 사회적이고 문화적인 정황의 관계에서 이해를 추구하는 신앙이다"(Thiemann 1991:21). 공공신학의 질문은 이렇다.

인간의 보편적 경험은 무엇이고, 그것을 정의하는 것은 무엇이며, 누가 그것을 정의하는가?

기독교 신학이 말하는 현대적, 다원적 및 다양한 사회들 안에 내재해 있는 인간의 보편적 경험은 어떻게 해서 거기에 있는가?

많은 공공신학자는 위르겐 하버마스(Jürgen Habermas)에 의해 전개된 소통의 합리성 이론에 오랜 관심을 가져 왔다. 소통의 합리성 이론은 하버마스가 이성을 확장한 개념으로서 현대성의 인간 경험에 대한 대부분 영역을 차지한 이성의 도구적 개념들과 마주하는 기독교 가치를 회복시키는 방식으로 이해한다. 공공신학자들은 하버마스가 사회와 개인의 삶에서의 종교의 역할에 진지한 관심을 보이지 않는다는 사실에 개탄한다(Schüssler Fiorenza 1992:3).

공공신학자들은 하버마스의 이론이 종교(이들이 의미하는 종교는 기독교)가 현대성의 통찰들과 양립될 수 있는 현실과 인간의 현실 경험에 합리적으로 변론할 수 있는 의미를 제공하는 데 이용될 수 있다고 주장한다. 현대성 모호성에 대한 하버마스의 비판에 도움을 받고 있는 이들은 신중하게 취급하는 새롭게 된 신학이 현대성의 인식적 통찰을 받아들였다는 것을 강조한다.

따라서 그 자체의 진리, 규범의 적절성 그리고 다원주의 세계 내에서의 성실성을 증명할 수 있다는 것을 지적한다. 종교가 현대 문화와 일치하는 종교 자체의 내적 합리성을 갖는다고 주장된다. 그래서 공적 상관관계 신학은 정당하게 "완전히 현대적인 비판적 학문"이 된다(Tracy 1992:35-36).

현대 사회에서 도구적 이성의 주도권에 대한 하버마스의 비판과 함께 그의 소통 행위 이론(theory of communicative action)에 호소하는 방식을 이해하는 것은 어렵지 않다. 이는 현대 신학자들이 비판적으로 사색적이고 사회적으로 적절한 기독교를 고무시키는 데 관심을 가졌기 때문이다. 그들의 입장은 기독교가 공적 영역을 위한 독특하고 더욱 우월한 윤리적이고 영적인 근거들을 제공한다.

심지어 그들은 공적 및 정치신학이 종교적 주장들과 그 정치적 함의들을 공적 담론의 이의 제기에 기꺼이 종속시켜야 한다는 것에 동의하면서 하버마스의 정신을 따르기까지 한다(Schüssler Fiorenza 1992:6).

이 같은 표현은 그다지 솔직하지 않다. 어떤 신학도 아무리 상관적이거나 새롭게 되기를 노력할지라도 불가피하게 고유하게 타협할 수 없는 확고한 공리적 가정들에 기초하기 때문이다. 이것은 인간의 보편적 경험의 설명을 주장하는 신학에서는 어쩔 수 없이 사실이다. 하버마스의 견해에서, 실재에 대한 전체주의적 견해의 보편적 정당성에 호소함으로써 모든 인간 경험을 설명하기를 바라는 어떤 이론도 자기 모순적이고 포스트모던적이다.

하버마스가 형이상학 철학들에 대해 비판하는 것도 신학에 마찬가지로 적용될 수 있다.

> 철학은 전체화하는 지식의 측면에서 더 이상 세상의, 자연의, 역사의 전체성을 언급할 수 없다. … 모든 것은 궁극적인 토대를 발견하려고 시도한다. 지속되어 온 제1철학의 의도가 붕괴된다.

소통적 합리성에 대한 그의 이론은 단호한 신학적 확신을 무의미한 것으로 여긴다(Schüssler Fiorenza 1985:12). 하버마스는 종교에 의해 제공된 포스트모더니티의 확실성(Schüssler Fiorenza 1992:240)이 종교적 전통과 형이상학적 세계관이 붕괴된 복잡하며 다양한 현대 사회에는 존재하지 않는다는 공공신학자들에게 그가 반응하면서 이 점을 분명히 밝힌다(Schüssler Fiorenza 1990b:72).

신학이 그 자체의 언어와 상징적 체계를 가지고 있는 어떤 특정한 종교적 전통에 스며들어 있기 때문에 신념 그 자체의 경계를 초월한 진리의 보편적 주장(universalizable claims)은 존재할 수 없다. 하지만 공공신학자들은 공적 및 정치적 삶 속에서 기독교적 정서와 정치적 가치에 특권을 주려고 노력함으로써 기독교 가치와 진리 주장들의 보편적 정당성을 계속 주장한다.

이것은 정치신학과는 매우 다른 접근이다. 데이비스의 견해를 고려해 보라. 즉 종교 언어가 없고, 모든 종교적 의미의 직접적인 성격이 다른 경쟁적 주장들과 마주할 때 정치적 주장을 근거 짓는 것이 불가능하다는 것이다(Schüssler Fiorenza 1994:115).

데이비스에게 다른 모든 전통을 특정한 종교 전통으로 특권화하려는 논쟁은 합리적으로 요구할 수 있는 것을 초월해 있다(Schüssler Fiorenza 1994:204). 그렇게 하지 않는 것은 모든 전통에 대한 해방적 비판에 관여하는 비판 신학을 포기하는 것이고, 구조와 사회 지배에 참여하는 징표를 잃어버릴 위험이 있는 것이다.

공공신학은 이전의 정치신학의 의도보다 뒤떨어져 있다. 정치신학의 비판적 방법론은 아무리 제한될지라도 세계를 기독교화하려는 시도들을 거절했다. 공공신학은 단지 정치와 사회에 적용되는 신학을 야기하면서, 사회 정의를 추구하는 의미의 중심지로서 역사와 사회를 기독교 신학으로 대체하려 한다. 정치신학에 의해 유지되는 이론과 실천의 관계에 대한 변증법적 성격은 기독교 가치와 목표 및 정치적 실천을 동일시함으로 무너진다.

공공신학은 정치신학이 문화적 정치적 주도권을 암시적으로 회복하려는 시도에서 세속화 혹은 종교적으로 해방된 사회를 받아들이는 것에 반대한다(Metz 1970:37).

정치신학은 사회와 자체에 이념 비판을 세우고 유지하려는 노력 속에서 "본질적으로 보편적 범주를 … 부정의 비판"(Metz 1970:37)이라고 주장한다. 반면 공공신학은 기독교의 보편적 범주들을 정치 이념으로 만들기를 선호한다. 현대의 다원주의적 사회 속에서 이것을 성취하려는 것은 정치적 행동에 차이성을 내버려 두는 것으로 끝나 버릴 수 있다.

인생의 마지막 여정을 향해 가고 있을 때, 막스 호르크하이머는 "매우 사려가 부족해 스스로 신학적 순간을 보존하지 않는 정치는 기술이 얼마나 있든지 최종적으로 분석해 보면 단지 기계적 업무에 불과하다"고 선언했다(Metz 1975:60).

신학적 순간(theological moment)이라는 말은 호르크하이머가 어떤 종교 혹은 정치 이념에 충성을 표현하는 것은 아니다. 신학적 순간이라는 말은 완전한 정의를 기다리는 것을 가리킨다. 그 말은 마르크스에게 냉정한 세상에 대한 온정의 마음을 뜻한다.

호르크하이머의 견해에서 희망의 저장소로서 하나님 개념은 정의가 단순히 환상이 아니며, 이 세상의 비참함에 대안이 없는 것이 아니라는 의미로 기능한다. 그가 밝히고 있듯이, "이 세상의 운명을 만족하지 않는 것은 초월적 존재를 받아들이는 매우 강한 동기가 된다는 것이다"(Max Horkheimer 1972:129).

서로 다른 차이에도 불구하고 비판 이론과 정치신학은 해방하는 목표를 가지고 역사적 행동 속으로 들어감으로써 인간의 세상을 변화시키고, 그 갈망을 통해 정의를 위한 희망을 영원한 초월성에서 역사적 현재로 전환하려고 시도한다.

호르크하이머의 견해에서 이런 유토피아적 운동은 적절하게 '신학'으로서의 종교에 의해 지지되거나 발전되지 않을 수 있다.

> 역사를 통해 움직이는 인류는 종교를 잃어버릴지 모른다. 그러나 그렇게 잃어버림이 종교라는 징표의 자국을 크게 남길지 모른다. 종교적 신념이 보존되고 유지하려는 운동과 욕구의 일부는 종교적 형식을 억제하는 것에서 분리된 사회적 실천의 생산적 힘들이 되게 한다(Max Horkheimer 1972:131).

비판 이론은 종교와, 종교에 수반하는 신학이 현대성으로 이동하면서 이것들의 역사적 기준점에 도달했다고 주장한다. 하지만 이것들의 내용들이 사라지지 않고, 의식적인 의도가 온갖 소외에서의 인간 해방인 행위 형태들과 더욱 어울리는 새로운 형태로 진입하고 있다. 인간이 삶의 궁극성과 인간의 바꿀 수 없는 고독성을 의식하는 '무한성 개념'(concept of infinity)을 보존해야 한다는 호르크하이머의 주장이 바로 신학적 순간, 즉 완전한 정의다.

비판 이론에서 신학적 순간은 역사적 가능성과 살아 있는 유한한 인간 존재와의 연대성에 깊숙이 뿌리내려져 있는 유토피아적 이상으로 변화된다. 비판 이론은 보장하지도 위로하지도 않으며, 정치신학이 궁극적으로 부정을 신적 약속의 긍정으로 바꾸는 동안에 부정적 비판을 유지하게 된다.

이것이 아마도 왜 정치신학과 해방신학이, 특히 복잡하고 다원주의적 현대 사회 속에서, 이것들의 비판적 영향을 유지하거나 발전시킬 수 없는지의 이유 중 하나다. 현대성 속에 있는 종교의 미래에 대한 문제는 더 많은 설명을 요구하고 있다.

참고 문헌

Adorno, Theodor W. (1973). *Negative Dialectics*, trans. E. B. Ashton. New York: Continuum.
_____.(1974). *Minima Moralia: Reflections from Damaged Life*, trans. E. N. F. Jephcott. London: Verso.
Baum, Gregory (1975). *Religion and Alienation: A Theological Reading of Sociology*. New York: Paulist Press.
Bloch, Ernst (1995). *The Principle of Hope*, vol. I, trans. Neville Plaice, Stephen Plaice and Paul Knight. Cambridge: MIT Press.
Boff, Leonardo (1989). "The Contribution of Liberation Theology to a New Paradigm." In Hans Küng and David Tracy (eds.), *Paradigm Change in Theology*, trans. Margaret Kohl. New York: Crossroad.
Boff, Leonardo, and Boff, Clodovis (1984). *Salvation and Liberation*, trans. Robert R. Barr. Maryknoll, NY: Orbis.
Browning, Don S., and Schüssler Fiorenza, Francis, eds. (1992). *Habermas, Modernity, and Public Theology*. New York: Crossroad.
Comblin, José (1979). *The Church and the National Security State*. Maryknoll, NY: Orbis.
Davis, Charles (1980). *Theology and Political Society*. Cambridge: Cambridge University Press.
_____.(1994). *Religion and the Making of Society: Essays in Social Theology*. Cambridge: Cambridge University Press.
Dean, William (1994). *The Religious Critic in American Culture*. New York: State University of New York Press.
Fierro, Alfredo (1977). *The Militant Gospel: A Critical Introduction to Political Theologies*, trans. John Drury. Maryknoll, NY: Orbis.
Gutiérrez, Gustavo (1973). *A Theology of Liberation: History, Politics and Salvation*, trans. Sister Caridad Inda and John Eagleson. Maryknoll, NY: Orbis. Rev. edn. 1988.
Habermas, Jürgen (1979). *Communication and the Evolution of Society*, trans. Thomas McCarthy. Boston: Beacon.
_____.(1985). *Philosophical–Political Profiles*, trans. Frederick G. Lawrence. Cambridge, Mass.: MIT Press.
_____.(1990a). *Moral Consciousness and Communicative Action*, trans. Christian Lenhardt and Shierry Weber Nicholsen. Cambridge, Mass.: MIT Press.
_____.(1990b). *The Philosophical Discourse of Modernity*, trans. Frederick G. Lawrence. Cambridge, Mass.: MIT Press.
_____.(1992). "Transcendence from Within, Transcendence in this World." In Don S. Browning

and Francis Schüssler Fiorenza (eds.), *Habermas, Modernity, and Public Theology*. New York: Crossroad.
Horkheimer, Max (1972). *Critical Theory: Selected Essays*, trans. Matthew J. O'Connell et al. New York: Continuum.
_____.(1975). *Die Sehnsucht nach dem ganz Anderen: Ein Interview mit Kommentar von Helmut Gumnior*. Hamburg: Furche.
_____.(1978). *Dawn and Decline: Notes 1926–1931 and 1950–1969*, trans. Michael Shaw. New York: Seabury.
Lamb, Matthew (1992). "Communicative Praxis and Theology: Beyond Modern Nihilism and Dogmatism." In Don S. Browning and Francis Schüssler Fiorenza (eds.), *Habermas, Modernity, and Public Theology*. New York: Crossroad.
Marcuse, Herbert (1968). *Negations: Essays in Critical Theory*, trans. Jeremy J. Shapiro. Boston: Beacon.
Marx, Karl, and Engels, Frederick (1975). *Collected Works*, volume III. New York: International.
_____.(1976). *Collected Works*, vol. V. New York: International.
Metz, Johannes Baptist (1969). *Theology of the World*, trans. William Glen-Doepel. New York: Herder & Herder.
_____.(1970). "Political Theology." In *Sacramentum Mundi: An Encyclopedia of Theology*, volume V. London: Burns Oates.
Moltmann, Jürgen (1967). *Theology of Hope*, trans. James W. Leitch. New York: Harper & Row.
_____.(1969). *Religion, Revolution and the Future*. New York: Charles Scribner's Sons.
Peukert, Helmut (1986). *Science, Action, and Fundamental Theology*, trans. James Bohman. Cambridge, Mass.: MIT Press.
Ruether, Rosemary Radford (1983). *Sexism and God-Talk: Toward a Feminist Theology*. Boston: Beacon.
Schüssler Fiorenza, Elisabeth (1984). *In Memory of Her*. New York: Crossroad.
Schüssler Fiorenza, Francis (1992). "Introduction: A Critical Reception for a Practical Public Theology." In Don S. Browning and Francis Schüssler Fiorenza (eds.), *Habermas, Modernity, and Public Theology*. New York: Crossroad.
Segundo, Juan Luis (1976). *The Liberation of Theology*, trans. John Drury. Maryknoll, NY: Orbis.
Sölle, Dorothee (1974). *Political Theology*, trans. John Shelley. Philadelphia: Fortress.
Thiemann, Ronald F. (1991). *Constructing a Public Theology: The Church in a Pluralistic Culture*. Lousiville, Ky.: John Knox.
Tracy, David (1978). *Blessed Rage for Order*. New York: Seabury.
_____.(1992). "Theology, Critical Social Theory, and the Public Realm." In Don S. Browning and Francis Schüssler Fiorenza (eds.), *Habermas, Modernity, and Public Theology*. New York: Crossroad.

제32장

포스트모더니즘

캐서린 피크스톡(Catherine Pickstock)

1. 기원의 문제

우리 역사는 포스트모던 시대에 진입했는가?

만일 역사가 포스트모던 시대에 진입했다면, 이 사실에 자축해야 하는가, 아니면 유감스러워해야 하나?

만일 모던 시대가 진보적이라면, 포스트모더니즘은 모든 영리한 위장에도 불구하고 아무래도 반동적인가?

나는 다음에서 이중적 관점을 통해 포스트모던과 모던의 관계를 검토할 것이다. 이론적 부분에서 모던 사고의 궁극적 전제로 여겨질 수 있는 유일성(univocity)과 재현(representation)이 결합된 철학적 유산을 집중 다룰 것이다. 실천적 부분에서는 시민 사회에 집중할 것이다. 시민 사회는 보통 모던 시대 공공 영역의 핵심으로 간주되기 때문이다.

프랑스 과학철학자 브뤼노 라투르(Bruno Latour)는 『우리는 결코 모던이 되어본 적이 없다』라는 책에서, 시대의 흐름 속에 있는 문화들 간에 절대 환원할 수 없는 단절들이 존재한다는 신화의 거짓을 폭로한다(Latour 1993). 이런 소견은 이 글의 주제와 아주 관계있다.

중세 후기에서 근대 초기에 이르기까지 신학적이고 실천적인 변화를 추적해 가다 보면, 사실상 중세 후기 신학적 사상의 어떤 면들이 후대의 모던 특징이 있는 개념들을 지지하는 것을 볼 수 있다. 계몽주의의 많은 생각을 이런 변화에 대한 적절한 반동으로 볼 수 있다 해도 말이다.

물론, 계몽주의의 모호한 체계에 비추어 모더니티의 기원을 설명하는 것과, 모던 시대를 종교 전쟁을 종식시킬 필요가 있는 세속 근대 국가의 발흥과 동일한 기간으로 이해하는 것이 일반적이었다. 또한, 모던 시대에는 의료, 교육, 형법 제도의 체계적 구성이 있었다.

그러나 세속적 방식으로 국가와 시장을 통해 사회를 향상시키려 한 시도가 역력하게 실패한 것을 고려할 때, 아마 왜곡된 종교 이론과 실천의 유산을 강조하는 수정된 계보가 우리에게 자유주의와 포스트모던의 비판보다 더 훌륭한 대안적 미래 정치 형태를 간접적으로 가리킬 수 있을 것이다.

그러나 어떤 사람들은 이보다 한층 더 나아간다. 포스트모던철학자와 문화 이론가들은 다양성, 탈인간중심, 불가공약성(the incommensurable)의 이름으로 진보에 대한 일차원적 모던주의 이상에 저항해 왔다. 이들 중 더러는(특히, 질 들뢰즈, 알랭 바디우, 자크 데리다) 이러면서 대안적 희망을 위해, 돌이켜 13세기 인물인 둔스 스코투스(Duns Scotus)에 명시적으로 호소해 왔다.

그들은 스코투스가 단일한 존재의(univocal being) 무한성과 유한성의 차별을 없앤 것과 가상의 교정할 수 없는 불연속성의 속박을 푼 것을, 전체주의화하는 합리성과의 철저한 단절을 허용하는 것으로 여긴다. 하지만 최근 들어 이 모든 스코투스주의자의 획기적인 사상 자체들이 모더니티의 시초라고 주장되었다(Alliez 1996; Cunningham 2002).

이 사상늘이 어떻게 모더니티와 단절하는 단서를 제공할 수 있는가?

이 사상들은 모더니티의 바로 그 기원들의 급진화와 기원들로의 회귀의 전조인가?

스코투스가 실제적(actual) 필연성과 존재를(being) 허물어 각각 순수한 가상성과 존재한다는 그대로의 사실로 넘어가게 한 것은, 근대 합리주의 동향이고 존재론에 대한 인식론의 우위성을 뒷받침한다. 이런 스코투스의 혁신은 정말로 모던의 더 무질서한 방향으로의 급진화를 시사한다. 온갖 가능성들은 제한 없고 동등해진 범위를 요구하며, 모든 실체(existence)는 단지 현상적이고 일시적으로 나타난다. 가능성과 실체 모두 심층이 없고, 자체 너머에 있는 영원한 진리나 변함없는 인간의 가치들을 상징적으로 가리키지 않는다.

이것은 포스트모더니티를 이해하는 하나의 방식이 모던 후기 또는 모더니티 안에서 확립된 경향들의 강화로서 이해하는 것이라는 사실을 제시한다. 들뢰즈, 바디우, 데리다를(또 그 밖의 다수 사상가들을) 통해서 스코투스와 후기 중세 시대에 호소하는 것은 모더니티 자체의 성격에 대한 수정된 이해로서 가장 잘 이해되는 것의 결정적인 부분이다.

2. 존재의 법칙

철학 영역에서 모더니티는 주체로의 회귀, 인식론의 지배, 신뢰할 만한 방법을 통한 확실한 지식의 보장으로 특징지어지곤 했다. 오늘날 우리는 20세기 초 에티엔 질송의 작업으로 시작되고 마리땡, 쿠르탱(Courtine), 불느와(Boulnois)의 엄밀한 학문에서 정점에 있는 경향들을 따라, 데카르트주의와 칸트주의의 운동들이 라틴 스콜라주의 안에서 일어난 변화들에 의존한 방식을 인식하게 되었다.

이는 데카르트와 칸트 두 사상가가 어느 정도 '스콜라 학자'(scholastics)로 남았다고 타당하게 말할 수 있을 정도다로 남았다고 타당하게 말할 수 있을 정도다(Boulnois 1995; Burrell 1986; Courtine 1990; Gilson 1952; Marion 1982).

특히, 데카르트와 칸트는 객관적으로 비판적인 이성에 대한 충실을 실제 그대로의 존재를 안다는 보증되지 않은 주장에서, 명백하게 파악할 수 있고 내적으로 일관된 것의 면에서 참된 지식을 정의하려는 시도로, 또한 심지어 존재를 정의하려는 시도로도 단순히 옮긴 것이 아니라고 이해될 수 있다. 다시 말해, 존재론에서 인식론으로의 이동을 위해, 존재를 이해하는 데서의 선행되는 전환이, 곧 존재론의 우선적인 방향 전환이 필요했다.

그레코-아랍과 그리고 이후 서구 가톨릭의 아리스텔레스와 신플라톤주의 합성이 계속 유지되는 한, 존재론에서 인식론으로의 이동은 비판적 명증성이 있을 수 없었다. 이런 합성 안에서, 속성들의 모든 추상화는 곧 실재(the real)로부터 온 '존재'나 '진리'나 '선'이나 '실체'(entity) 같은 속성들의 모든 추상화는 (논리적 추상화와 대조되게) 실재 안에 있는 보편적 요소로서의 속성들의 실례(instance)에 여전히 관심 있었다.

동시에, 추상화 행위마저도 더 순수한 정신적 이해를 특징짓는 더 높은 실상(actuality)과 완전함을 향하는 상승으로 여겨졌다. 작용하는 전제는 진리, 선, 실체 같은 존재의 유한한 발생은 존재가 참여하는 무한한 존재를 제한한다는 것이다.

따라서 지식이 비교적 보편적인 측면에서 유한성을 파악할 때, 지식은 단순히 유한성을 반영하지 않고, 오히려 실재의(reality) 지고성에 도달함으로써 지식의 본질을 만족시킨다(Bounlnois 1990:308-314).

이와는 대조적으로 지식을 사실적으로 묘사되는 거울이나 표상 그리고 대응으로 인식하는 것은 완전히 다른 점에서 이해하는 것이고 모든 것을 내포하는 추상적인 생각을 분명히 요구하는 것이다. 추상성은 하나의 지고함이 아니라 모방의 이중적 종류를 포함한다.

추상성이 엄밀함을 요구하기 때문에 존재는 초월적 지고성과 영성과는 구분하는 초월적 보편성과 영적인 자기 수련을 강하게 유지한다. 이것이 둔스 스코투스가 자신의 방식으로 위-디오니시우스와 아우구스티누스를 해석함으로써 달성한 부분이다.

스코투스에게, 존재와 다른 초월적 것은 완전한 지고성으로 이동하지 않는다는 것을 암시한다. 대신에 무한한 창조자와 마찬가지로 유한한 피조물은 엄정한 의미에서 있음이 아닌 것과 있음의 반대에 있는 존재다. 곧 유한한 피조물들은 본질적인 속성으로 이들에게 속해 있는 본성, 즉 '무엇 안에 있는'(in quid) 동질성이다. 마치 이들은 본성 안에 있는 동일한 의미에서 존재하는 모든 실체와 비본질적인 속성, 부류, 종, 개체와 같다.

특질 안에는 유한성과 무한성의 차이와 초월성의 차이를 포함해 성질의 종류의 특정한 차이들과 관련해, 동일성이 존재하지 않는다(Ordinatic, I d 8 q 3 nn 112-15). 하지만 그것은 오히려 순수 유의성(equivocity)과 같은 것일 수 있다. 이것은 매우 복잡하고 널리 알려져 있는 것처럼 모호한 개념을 보여 주지만 간단하게 설명될 수 있다. '존재'(esse)의 순수한 논리적 본질과 관련해, 모든 사례 사이에는 동일성이 존재한다.

궁극적으로 차이를 보이는 성질의 속성들과 관련해, 유사한 의미의 다양성이 존재한다. 따라서 존재가 본성 안에서(in quid), 곧 존재가 완전히 결정된 본질적 사례 안에서 동일하다고 할지라도, 거기에는 순수한 동질성 위에 또 너머에 실존적으로 현존하는 어떤 것이 항상 존재하고 그리고 정말로 완전히 다른 것으로 나타나기도 한다. 그럼에도 불구하고 차이성들은 오로지 존재하는 본성 안에서만 예증된다.

따라서 스코투스는 창조되지 않은 존재와 유한성의 열 가지 모든 종류(genera)가 동질적인 존재와 위(僞) 종류 안에 본질적으로 내포되어 있다고 단언한다.

더욱이 유한성의 특유한 차이들, 무한성의 속성 그리고 초월성이나 열정은 실제적으로 동일한 존재 안에 내포된다.

3. 유비 관계

불느와가 결론을 내리듯이, 스코투스가 유비에 관해 이야기할 때 이것은 양적 모델에 대한 '강도'(intensity)의 정도나 유사성으로 축소하는 것처럼 보인다(Boulnois 1999b:290-1). 사실 스코투스는 무한한 정도가 양적인 것을 초월한다는 것을 인정한다. 하지만 이 접근은 다시 한 번 말하지만 유의적인 의미에서 인식되는 것이다.

강도를 강조하는 모델 자체가 그것의 패러다임 속에 있는 성질을 남겨두지만, 스코투스의 주장에서 이해된 것처럼, '더 큰 선'의 개념은 우리가 '선'의 의미를 파악하는 것에 (아우구스티누스의 생각과는 다르게) 영향을 미치지 않는다(Ordinatio I d 3358-60).

제3의 입장이나 동일성과 차이성의 중립을 유지하는 유비설의 입장은 말로 표현할 수 없이 함께 소속되어 있는 것에 따라 매우 유사한 어떤 것과 같을 수 있다. 하지만 이 입장은 스코투스에게 거부되었다. 왜냐하면, 유비의 입장이 합리적으로 생각하는 것처럼 보이지 않기 때문이다(Duns Scotus, In Elench, q 15 para [8] [22a-23a] In Praed, q 4 para [5][444b-117a], para [6]; 447a Boulnois 19991, 1999b:246-7). 남는 것은 단지 단의적인 것과 다의적인 것 사이를 구분하는 의미론적 세계다.

유한한 존재는 그 자체로서의 존재를 본질 속에 소유한 것으로 간주되고(유한한 존재는 무한한 원인을 여전히 요구한다고 해도), 따라서 정신이 존재를 유한에서 끌어낼 때 그 유한한 존재도 지고성(the elevation)을 경험할 수 없다.

하지만 그 유한한 존재는 형식적으로 빈 공간의 어떤 것을 분리시킨다. 곧 그것은 이미 초월적으로 하나의 선험적 범주이고, 또한 형이상학적으로 보편적 범주에 대한 중세의 일반적 의미에서 더 이상 초월하지 않는 어떤 것이다. 보편적 범주는 물질적 사례를 가지거나 없거나 그 같은 모든 존재에게 적용된다.

이런 이유에서 유한한 존재가 표상적인 행동을 일으키는 어떤 것을 나타낸다 할지라도 그것은 가치의 느낌이 없이 단순히 거기에 존재하는 어떤 것을 표상하는 것이고, 그것이 이 새로운 의미에서 초월적이다. 여기서 스코투스는 형이상학의 주제는 존재고 제1원리(아베로즈가 주장한 것처럼)가 아니라는 아비센나주의 견해(Avicennian view)에 공감한다. 왜냐하면, 존재는 하나님과 피조물에게는 초월적으로 선험적이고 보편적인 것으로 간주되기 때문이다(Boulnois 1999b:327-405, 457-93).

어떤 의미에서, 이것은 존재 신학(onto-theology)의 시작이고, 그래서 모던하지 포스트모던하지 않다고 보는 것이다. 하지만 다른 의미에서 보면 스코투스는 고려할 가능성을 열어 두면서 하나님이 없는 존재를 유한 대 무한, 혹은 시간 대 영원의 양자택일보다 더욱 근본적인 것으로 이해한다.

또한, 헤겔이 이런 입장에 몰두했던 것처럼 하이데거, 데리다, 들뢰즈도 이 입장에 몰두했다. 여기서 스코투스가 말하는 최초의 모더니티도 포스트모던(post-modern)을 내포하고 있다고 보인다.

어떤 것들은 스코투스주의의 효과를 신학에 활용한다. 최초의 모던 사상가로서 스코투스의 공헌은 신학과 형이상학이 유사하다는(존재 신학의 의미에서가 아니라 넓은 의미에서) 것을 암시한다. 이는 완전성에 참여하는 신학의 담론에서 이성과 계시의 연관성이 이미 있었기 때문이다. 이성 자체는 신적 조명으로 위를 향해 올라가고, 반대로 계시는 빛을 받은 존재와 결합하게 되고, 나아가 조명을 받은 정신이 된다.

여기서 우리가 보는 것처럼 선을 지향하는 것은 믿음처럼 하나님을 높이는 것이었다. 그러나 초월성들 간 관계를 한번 인식하는 것은 위에서 기술한 그런 전환을 경험하는 것이다. 선을 제한하게 되면, 신적 성품의 어떤 것도 우리에게 알려질 수 없다. 신적 성품을 이해하기 위해서는 우리가 형이상학적 필연성보다는 우리의 경험적 사실에서 영향을 미치는 어떤 확실한 계시를 더 기다릴 필요가 있다.

사람은 형이상학의 결과를 모던적 불행인 개념적 및 신비적 방식의 상실로 해석할 수 있다. 이미 스코투스 앞에 있는 하나님의 이름을 부르는 문제는 변화의 시작이다. 그것은 어떤 이름에 대한 실존적 변혁을 수반하는 요소를 차츰 상실하게 된다는 것이다.

스코투스에게 있어서 신비적 차원은 사라졌고 그리고 신비적 차원은 부정의 방식 혹은 '부정의 길'(via negativa)만이 긍정적으로 인식되는 질적 요소에서 유한한 불완전성을 제거할 수 있고, 명백하고 신비스러운 불명료함을 우리에게 소개하지 않는다(Duns Scotus, Ordinatio, I d 8 q 3 n 49 nn 70-86). 신비적 구성 요소로 이렇게 변하는 것은 신학에 교회 계급 제도의 형언할 수 없는 권위를 제공하고, 나중에는 대안적으로 성경의 권위를 제공한다(Tavard 1959).

그러나 더러는 스코투스를 포스트모더너티의 신학적 희망을 제공하는 사람으로 여기기도 한다. 신학적 사고의 범주를 배척하는 스코투스는 일반적으로 지성을 강등시키고 신학을 명료성의 순수한 담론으로 개방시킨다. 따라서 우리는 하나님의 사랑스러운 의지를 받아들이고, 우리가 응답하는 의지와 함께 하나님의 의지에 반응하는 것이다(Duns Scotus, Ordinatio I dist 8 pars I Q 4 Boulnois 199b).

결국, 스코투스를 모던적으로 이해하는 것은 비난을 피하기는 어렵지만, 그렇다고 해서 스코투스를 포스트모던적으로 지지하는 것도 비논리적이다. 또한, 포스트모던의 스코투스는 철학과 신학 둘 다에 적용된다. 만일 누군가 스코투스주의의 존재 신학을 지지할 수 없다면, 그 또한 비신비적 존재에 관심을 갖는 순수철학에 의문을 제기해야 한다.

이것은 궁극적으로 동일성에 근거하지만 어떤 점에서 디오니시우스주의적인 하나님 이름과 일치하는 유비를 거부하는 것이다. 이런 방식으로 보면, 하이데거에게도 문제가 된다. 마찬가지로 누군가 지고성에서의 추상성의 스코투스주의적 분리나, 그의 신비적인 것의 특별한 거절을 경계한다면, 또한 자신의 반주의주의(semivoluntarism)를 조심스러워해야 한다.

매우 똑같이 구분하기 위해 스코투스가 적용한 아우구스티누스의 삼위일체 담론은 우리가 인간의 지성과 의지의 성격이 동일한 것처럼 신적 지성과 신적 의지를 해석해야 한다고 확신시킨다.

의지는 운동(아리스토텔레스에 따르면 운동이란 항상 다른 것에서부터 시작된다) 법칙의 타율성의 외부에 있는 순수 자발성의 운동으로 간주된다. 그리고 그 의지는 지성을 인식하는 것과는 독립적으로 존재하는 운동이다(Boulnois 1999bL 107-14 Scotus; Wolter 1975:5a 3). 만일 지성이 평가 없이 한 중립적 존재를 표상한다면, 이 때문에 수반되는 의지는 토대 없이 순수하게 놓여 있는 활동을 시작한다. 이것이 순수한 경건성과 순수한 무책임을 다 같이 열어준다.

그런데 그 같은 문제는 모던과 포스트모던 사이에 있는 갈등과 연관되어 있는 것은 아니다. 오히려 그 문제는 우리의 문화가 여전히 놓여 있고, 우리가 적어도 재검토하기를 바랄 문화의 가정들을 가지고 중세 시대(스코투스 전에 있던 프란치스코회 선조들과 이븐 시나 선조들에게로 거슬러 올라가는 뿌리들과 함께)를 보여주는 것이다.

4. 모더니티와 주체의 재현

그래서 포스트모더니티는 모더니티보다 더 근본적이라는 개념을 지지할 수 있는가?

포스트모더니티에서 동질성을 나타내는 것은 더 진보한 모던적 표상의 단계인가?

상당히 일치하는 생각들은 다소 문화 분야에 적용되고 있다. 더러는 모더니티를 특징짓는 개인의 권리들, 정부 형태, 추상적인 경제적 등가 같은 문제에 집중한다. 이와는 달리 일반적 풍조의 미묘한 차이 및 양식에 대한 강조를 포스트모더니티를 나타내는 것으로 여길 수도 있다.

그렇지만 처음부터 모더니티는 예배 의식을 대신해 문명을 높이는 일에 관심을 보여 왔다. 우리 자신의 새 시대에 일어나는 온갖 것들은 고정되거나 고착된 방식을 거부하기 때문에 당시의 행동 표현 양태와는 점차로 멀어져 간다.

하지만 많은 방면에서 이것은 합리성을 강조하는 형식의 부재를 늘리고, 비존재와 같이 적절하지 않은 많은 것이 표면 뒤에서 진행되고 있고, 표면적인 신뢰성의 필요가 증대한다는 것을 동일하게 보여 준다.

더욱이 모더니티의 시작부터 동일성은 표상주의(presentation, 지식이나 사물 및 현상은 사실적으로 재현된다는 인식론적 입장-역자 주)를 강화시켜 왔다. 이처럼 문명도 권리 같은 깃을 강화시켰다. 평등의 권리에 대한 형식적 담지자들인 주체들의 표상은 그들의 인간성이 신격화를 향한 부수적인 발전이 없이 그들의 피조물로부터 배제되었을 때 가능한 것이었다. 표상주의는 완전성을 평등하게 하는 내재성을 강조하는 프란치스코주의의 변화와 엄밀하게 평행을 이루는 운동이다.

중세의 신격화는 다른 사물들 가운데 수도사와 기사들에게 영적인 순수함과 육체의 위생을 정결케 하는 것과 더불어 몸의 고결함을 포함하는 청결성 덕목을 고안해 내었다. 반면 르네상스에서 18세기까지 인간 존재는 점차 분리된 이성과 비결정적 자유의 추상적이고 명목상의 영적인 본질을 가진 그야말로 문자적으로 불결한 주체가 되었다.

예방의학에 대한 지속적 플라톤식 실천 속에 포함된 것은 목욕하는 행위였다. 이런 행위는 이따금 정말로 옛날 로마의 욕조 안에서 로마식 실천으로 정성을 드리는 것이었다. 반면, 중세 후반과 르네상스 시대에 공중 목욕은 도덕성을 위협했다. 이는 물 자체가 오염된 것으로 이해되기 시작했기 때문이다. 정욕을 떨쳐 버린다는 보편화된 세례는 빈번히 갈아 입을 옷들과 화장을 은폐하는 수단으로 대체되곤 했다.

특히, 새로운 예절은 남에게 들키지 않는 것으로 인식되었고, 존재론적 무정부주의 관점과 문화적으로 동등하게 위장하는 기술과 맞먹는 것은 형식적인 차이를 통해 개방되었다. 보편적 인간성은 몸으로 이해되었다.

이처럼 중세의 청결은 초월성의 의미로 확대되었다. 그리스도 이후 사도 바울에게는 보편적 인간성이 있었는데, 이제 더 이상 단지 헬라인나 유대인, 남자나 여자, 종이나 자유인인 사람은 존재하지 않게 되었다. 하나님이 인간으로 오셨으므로, 모든 인간은 더 이상 단지 인간인 것이 아니었다.

그러므로 인간은 마치 선을 인식하는 것이(보나벤투라와 스코투스 전에) 자신의 본질적 존재 속에 하나님을 향해 나아가듯이, 인간성을 초월하는 지고함을 통해 참된 인간 존재가 되었다.

하지만 이와는 달리 모더니티에서 사고하는 것 혹은 의지하는 것이 암시하듯이, 인간은 변화 없이도 인간이 될 수 있었다. 형식적으로 인식하는 이 새로운 양태는 사회적 존재론 속에 있는 변화를 암시했다. 사회는 더 이상 그리스도에게 예배하는 육체 및 몸에 비추어 이해되지 않았다(Lubac 1949).

처음에는 그것이 하나님의 강림("하나님의 영광이 완전히 인간으로 살아 있는")과 일반적 인간의 상호 인식이 처음으로 확증되었던 기적적인 승천(이레니우스의 2행 연구를 완성하듯이 "인간 존재의 삶은 하나님의 이상이다")의 신화가 되어 왔다.

그러나 예배로서의 예절 또는 정중함을 나타내는 것과 더불어 보편적 인간은 헛된 형식적 규정들을 균일하게 실행하기 위해 단지 주어졌다. 그래서 요약해 보면, 옛날에는 일반적으로 보편적 신화와 제의를 매개로 개별성을 초월하는 보편성이 있었다. 나중에 모든 양식이 동일성과 서로 또는 적절히 영향을 받은 환경들 속에서 동등성으로 판단되는 곳에는 보편성이 있었다.

오늘날은 어떤가?

오늘날에는 모든 것이 같은 시기에 똑같이 거꾸로 된 매개될 수 없는 양식들을 걸쳐 입은 곳에 보편적 인간성이 있다.

5. 포스트모던의 청결

 인식적 재현은 단의적 의미를 전제로 한다. 이처럼 이 일반적이고 합법적이며 민주주의적인 재현(일반 의지의 추상성, 그래서 아마도 정부가 유일하게 반영하는 정신을 구성할 수 있다)은 정중함 혹은 예의 바름이라는 문명을 가정한다. 그러나 여기도 상응하는 토대가 있다(Alliez 1996).
 정중함에도 형식적인 재현을 가정한다는 사실이다. 선거나 법정 재판에서 경쟁 상대자들 사이에 악수를 하거나 어떤 태도를 보일 때에도 그는 순차적으로 어떤 행동을 보인다. 정중함 속에 있는 숨은 가정도 추상적 평등성과 형식의 부정적 자유가 있다.
 모든 이는 포크(르네상스의 고안물)를 사용하고 그들이 순응하면서 대체하는 스타일로 입거나, 수많은 전통적 방식이나 파격적인 방식들(이제 어떤 상징적 반향 없이)로 지저분하기도 하고 외적으로 깔끔하게 꾸미기도 한다(Bossy 1985:121-122).
 그러나 그 어느 것도 완전히 지시하거나 표상하는 것은 존재하지 않는다. 그러므로 어느 것(혹은 모든 것)도 전적으로 순응할 어떤 확증된 것이나 전복되는 것이란 없다. 만일 모든 사람이 자유를 목표로 세웠다면, 그 행동은 역설적으로 그 목표를 당연시하게 만든다.
 하지만 반대로 말하자면 본질적으로 만족스럽지 못한 행동임에도 그 행동은 항상 자유와 멋진 몸짓을 공공연하게 나타낸다. 그러므로 포스트모던적 문명과 모던적 재현은 계속해 일어나고 있다. 그리고 이것들은 둘 다 중세 시대를 따르고 있다. 중세 시대는 헌신을 개인화하고 성직자의 힘과 평신도의 힘을 분리하려는 경향이 있었다(이로써 평신도의 힘을 내면화시킨다).
 문명과 권리는 규범적인 형식 개념 주변에서 결합한다. 권리는 시장의 '갈등'(agon)과 서로 경쟁하는 국가의 관료들을 가장하는 질서를 통해 평화의 출현을 허용한다. 시민 사회 혹은 국가 체제 그리고 문명은 관념적 자원에 완전히 종속되지 않은 자유로운 문화 교류의 장소 안에 팽배해 있다. 현대 사회를 철저하게 분석하는 것은 기만한 관심이 있는지 구체적 활동을 구별함으로써 문명과 권리라는 한 쌍의 형식들을 드러내어야 한다.
 포스트모던 담론들은 그 같은 급진화에 도달할 수 있을까?
 여기서는 레비나스(그리고 어느 정도는 데리다), 들뢰즈, 바디우의 명성과 관련 있는 세 가지 경향을 가능한 구분해 보아야 한다. 우선, 레비나스의 관점에는 문명의 관점과 권리의 관점을 다 같이 결합하려는 경향이 있다. 보편화된 타자와 관련해 칸트주의 형식은 자유를 합법적으로 승인하는 것이 타자의 차이성과 연관짓는 비합법적인 양식으로 넘어가는 점에서 아마 뛰어나다고 보인다. 이것은 단순히 어떤 규칙을 따르는 것보다는 어떤 문명의 예의범절이나 정중함 또는 방식을 가르치고 양육하는 문제다.

그리고 이것은 명백히 예배 의식의 특징이다. 이는 레비나스를 통해 배울 수 있는 타자에 대한 존중인데, 곧 이것은 문명이 돌이킬 수 없는 부재에서는 절대적으로 타자를 존중할 수 없기 때문이다(Lévinas 1969).

이런 점에서 알랭 바디우는 그 같은 종교적 관점이 오히려 인간 관계를 기만하고 모호하게 만든다고 보았기에 레비나스에 반대한다. 만일 모든 존재가 우리에게 하나님의 절대적 거리감(the absolute distance of God)을 보인다면, 우리는 인간들 안에서 형언할 수 없는 대상을 경외할 것을 항상 요구받는다.

또 우리는 인간들이 불건전함에 대한 흔적을 내포하고 있는 한, 인간의 실제적인 외적 속성들을 어떻게 존중하고 유지하는지에 관해 말할 수 있는 것이란 아무것도 없다(Badiou 2002).

여기서 타자를 향한 고상한 문명의 관습과 권리를 결합하는 것은 실제로 또 다른 타자들의 특징으로 움직이게 한다. 이제 타자의 본질은 권리에 대한 칸트주의적 주체자의 자유와 합리성을 초월한다. 여기서 절대 존중을 보장하는 징표로 여겨지는 것은 아무것도 나타나지 않기 때문에 타자에 대한 이 같은 존중은 누군가가 신체적으로 주체들에게 자행했던 폭력의 어떤 행동을 막을 수 있을지 분명하지 않다.

나아가 레비나스에게 있어서, 드러나는 영역은 항상 필연적으로, 정치를 넘어서, 전체주의의 억압에 오염된다. 이 후자 관점 때문에 레비나스는 인간의 생명과 인간의 신체를 도구화하는 것이야말로 인간의 노동과 생존의 세계 안에서는 불가피하다는 사실을 부정해서는 안 되는 것처럼 말한다. 그러나 그에게 수용할 수 있는 도구화와 수용할 수 없는 도구화를 의도적으로 구분하는 수단은 없다.

결론적으로 가장 사악한 도구화는 아직 나타나지 않은 타자에 대한 존중과 양립할 수 없다는 것을 스스로 드러낸다. 당연히 바디우는 서구가 권리와 다원주의 담론과 관련지으려는 경향이 있다는 사실을 공언한다. 타자에 대한 존중이 소수 자본주의 권력과 부합하게 되면 자유주의가 허용된다. 독재권력의 특정 양태가 상대적으로 비자본주의 세력들에 위협을 받게 되면, 자유주의는 연기되어 더 멀어지면서 온갖 종류의 폭력적인 행동과 고문이 합법화된다(Badious 2002: 18-40).

궁극적으로 레비나스의 윤리에 대한 희망이 사라진 형식주의(formalism)는 그것의 반동적 성향의 성격에 좌우된다. 레비나스에게, 윤리를 요구하는 것은 우리가 타인의 고통 때문에 박해를 받으면서 탄생한다는 것이다. 다시 말해, 레비나스의 윤리는 죽음과 폭력을 윤리적으로 연관된 근본적 현실로 생각한다.

이 같은 관점은 완전히 허무주의와 일치하고, 어떤 면에서는 레비나스가 허무주의자를 위한 하나의 윤리를 제공하려 한다는 사실을 보여 준다. 이 부정성은 레비나스에게, 우리 모두가 말로 표현할 수 없을 정도의 탁월함을 넘어 죽을 수밖에 없는 인간으로서 함께 공유하는 속성을 가지고 있다는 것을 의미한다.

이런 관점에 대항하는 바디우는 아우구스티누스와 조화를 이루면서 몇 가지를 제안한다. 선은 악보다 우세하고, 인간에게 선은 생각하는 인간의 행동 속에서 일어난다.

우리는 고상한 계획들을 인식하기 때문에 단순히 동물성과 죽을 인간의 운명을 초극하려고 한다. 그러므로 레비나스, 데리다, 심지어 지젝(Zizeck)을 따르는 많은 사람처럼 악은 대체로 파생적이다. 하지만 악은 전체성의 이름으로 죽음의 도구를 휘두르는 근본적이고 적극적인 힘은 아니다(Badiou 2002: 40-90).

레비나스에게 누군가 할 수 있는 최선은 죽음에 직면해 어떤 형이상학적 고상함을 실행하는 것이라고 말할지 모른다. 그렇지만 바디우는 레비나스가 윤리를 종교에 오염되게 하는 위험성을 보여 준다고 말하면서 그 문제를 확실히 더 단순화해 버린다. 더러는 레비나스도 정반대의 잘못을 범하고 있다고 주장한다. 즉 초월성은 우리 자신으로서 동일한 단의적 입장을 가지는 주체적 타자의 내재적 거리감을 본질적으로 제한한다는 것이다.

만일 레비나스가 문명과 권리의 현대철학자로 설명될 수 있지만, 질 들뢰즈(Gilles Deleuze)는 그처럼 분명하게 설명될 수 없을 듯하다. 이와는 다르게 들뢰즈의 관점은 시민 사회의 개념들이 힘의 논쟁에서 놀이하는 입장으로 숨기려는 성향이 있다는 것을 알 수 있다. 이는 들뢰즈를 통해 고무된 권리에 대한 추상적 존중이 아니라, 상호 변창을 허용하기 위해 스피노자의 더 넓은 활동적인 힘과 결합하기 때문이다(Deleuze 1968).

들뢰즈에게 그 같은 힘들은 기본적인 욕구나 가능성을 드러내지 않지만, 항상 실제적이고 독창적인 본질을 숨기지 않고 표면적으로 닮은 모습, 즉 유사성(simulacra) 놀이 그 자체다. 순수한 마르크스주의 정통과는 거리를 두는 니체주의는 완전한 유사성을 유지하는 요소로서 맹목적으로 숭배하는 상품이라는 마법의 역할이 커지는 관점에서 후기 자본주의의 "구경거리 사회"(Debord 2001)로 읽기를 거절하는 것이라고 지적한다(Debord 2001).

들뢰즈에게 있어서, 니체로 특징지어지는 1960년대 이후 세대 중 대부분에 대해 말하자면 특히 자본주의의 환상이 초월성의 이전 본질적 규범들보다는 추상적인 근본 규범들을 통한 대용물과 이탈의 놀이를 속박하는 데 관심을 갖는다. 이것이 완전히 '탈영토화'(deterritorialization: 주체와 대상이 사라지고 여기저기서 생산하는 욕망만이 분출한다는 들뢰즈의 신조어)를 다시 붙잡는 것과 같다(Deleuze and Guattari 1987).

그럼에도 불구하고 모던적이고 자본주의적인 질서는 여전히 들뢰즈를 중요한 인물로 부각시켰고, 심지어 역사적 과정 안에서 탈영토화 단계가 숙명적인 것처럼 보인다. 들뢰즈의 입장이 마르크스주의와 정말로 양립될 수 없는 것으로 드러나는 곳은, 순수한 탈영토화가 결코 도달할 수 없는 것처럼 보이는 곳이다. 이는 들뢰즈철학의 영역이 인식론적 표상의 자리 속에 구성되기 때문이다.

현실의 자리를 넘어 항상 그 자리를 지배하고, 그것을 원상태로 되돌리려는 것은 표상적인 것이 아니라 사건의 새로운 체제를 구성하는 실재로 남게 한다. 그리고 그것은 무정부주의적 예측불가능성 때문에 단순한 가능성이 아니다. 그러나 하이데거에서처럼 존재의 역사는 실재 속으로 들어가는 시간적 영역의 환상과 표상 및 본질에 대한 존재적 환상이 되어야 한다는 것을 확실하게 한다(Badiou 2000: 82-91).

우리는 이렇게 말할 수 있다. 아퀴나스는 표상에 대한 아비스니안(그리고 후기 스코투스주의) 체제의 사례를 의문시한다. 반면 들뢰즈는 실재의 확실한 영역 안에서 그것이 동요하고 있다는 것을 확증한다. 이번에도 하이데거의 존재와 마찬가지로 이것은 그에게 있어서 실재의 존재론적 내용을 가지고 있지 않다는 것이다. 단순히 이 절대가 하나님이 아니기 때문에 그것이 일어나고 끊임없이 원래대로 회복하는 시간적 질서들의 모든 체계가 역설적으로 기생적이고 파생적이다.

긍정적인 차이성의 절대적 속도는 존재와 이해 안에서는 너무 빠르다. 그들의 이차적인 환상은 항상 너무 늦게 도착한다. 하지만 이런 이유로 시대에 뒤늦음은 불가피하다. 남아 있는 모든 것은 공허한 뒤늦음의 빈 공간에 유사성밖에는 아무것도 남기지 않을 것이다. 다시 말해, 결국 남는 것은 표상이나 본질이 아니라 유사성과 차이성밖에 없다는 것이다.

들뢰즈와 바디우가 논쟁하는 것은 정치적 부분이다. 이론가는 정의와 자유의 이상에 들어가는 어떤 양태를 모호하게 허용하는 '영토의 집권자'와 탈영토화를 시도하는 '테러리스트들과 독불장군들' 간 피할 수 없는 갈등에 대해 단순히 방관자인 곳에서 동일성, 사실성 그리고 형식적 구분과 같은 것을 쟁점화한다.

들뢰즈의 형이상학은 깨끗한 파열을 위한(혹은 연속성이 없는 불화를 위한) 어떤 입장을 허용하지 않는다. 그것은 억제와 출현 사이에 있는 일시적 균형(황제들과 유목민들 사이에 따라 다니는 참된 방식들이 미리 결정되고 비인격적 규정에 따라서 일어났던 것에 반해)에 대한 시민의 관습을 발전시키는 것을 결국 허용할 것이다.

레비나스에 대한 바디우와 들뢰즈의 세 번째 대안은 무엇인가?

그리고 이것은 문명의 복잡하게 똘똘감긴 나선 배관들에서의 포스트모던의 도피를 제공하는가?

어떤 면에서는 그렇다. 바디우의 방법이 너무 많은 혁명적 파열(rupture)에 관한 것들을 말하고 있다. 그는 정치학, 우주론, 예술 및 사랑의 영역에 있는 수순한 사건 혹은 혁신의 출현을 축하한다(Badiou 1989). 들뢰즈와 비교해 보면 출현하는 사건은 존재론적 기반을 제공하지 않는다(사건이 동시에 숨기고 부정하는 본질로부터 출현하는 모순적인 것이라고 해도).

그렇지만 동시에 바디우의 철학에서 사건은 들뢰즈와 데리다의 차이성 주변에 여전히 매달려 있는 다원적 파편들의 의미를 알지 못한다. 반대로 바디우는 주장하기를, 어떤 영역에서라도 혁명적 사건은 보편적으로 모든 인간을 강제하고 그리고 이 사건을 다문화적, 인종적 그리고 성적 차이에서 전통적 마르크스주의자(혹은 모택동주의자)의 성급함과 결합한다(Badiou 2000: 18-30).

이런 점에서 바디우에게, 보편성은 신플라톤주의적 통일체의 숨은 배경에서가 아니라 특이성에서 나타난다. 그가 동일성에 대한 들뢰즈의 확고함을 공유한다 해도 단의적 의미와 다의적 의미 사이에서 선택을 강요받는다면, 그는 다의적인 의미를 선택할 것이라고 단언한다.

또한, 바디우에게, 사건들은 운동과 정지의 꾸민 듯한 놀이를 만들어 내는 단일론적 사실의 배경에 대항해 일어나지 않고, 오히려 무의미한 다의성의 배경에 대항하면서 일어난다. 여기서 그는 무한성의 칸토어 이론(Cantorian theory)에 근거한 기본적 존재론을 전개한다(Badiou 1988b).

존재하는 모든 것은 무한한 체계들과 부분적 체계들로 끊임없이 해체되고 붕괴되는 다수의 무한한 체계다. 어떤 이는 이런 구조적이고 설정된 우주들은 표상의 환상을 허용하는 거울 놀이를 소중히 여긴다고 말한다. 하지만 들뢰즈와는 반대로 이런 우주는 원래 거기에 존재해 있었고, 따라서 표상의 가능성이 더욱 근본적이고, 기본적 존재론과의 비모순적 관계에 놓여 있다.

이제 표상과 반대로 서 있는 것은 존재보다는 선의 플라톤적 우선성에 지배되던 순수 사건의 영역 속에서 이전이 아닌 이후에 일어난다. 순수 사건은 표면적으로 존재론의 흐르지 않는 유형이다. 그러나 지금의 선은 새로운 가능성의 근본적 상상에 비추어 정의된다.

순수 사건은 다수의 어떤 체계나 다른 체계를 구체화하는 정적인 상황을 파열시킨다. 여기서 바디우는 들뢰즈보다도 상황주의자들과 초현실주의자들의 유산에 훨씬 더 가깝다는 것을 보여 준다. 유용한 멋진 우주를 붕괴하고 파열하는 것은 절대적으로 이해되고, 순수 사건은 파생성(secondariness)이나 모방성에 오염되지 않은 진짜 원초성과 같은 고결함으로 진행하기 때문이다.

전체화하는 것과 파괴하고 혁신하는 것 사이에서 피할 수 없는 존재론적 '갈등'(agon)에 대한 시민적 또는 예의바른 사회적 관리 방식이 더 이상 필요하지 않다.

따라서 정치적으로 바디우는 군사 산업을 방해하는 일에 지지하고 나섰고, 나아가 의회의 과정에서 그런 산업을 제거하려고 했고, 동시에 불안정한 특권들을 주장하기 위해 국가에게 압력을 가했다. 그는 들뢰즈에 대항하기 위해 그의 존재론에서 그 같은 사례들을 이끌어가는 사회주의 희망을 실현해 가는 것이 불가능하지 않다고 주장한다(Badiou 2002: 95-145).

이 정치적 접근은 바디우가 종교적 유비를 전개하는 것과 유사하다. 우리는 바디우가 레비나스의 종교적인 문제에 비판적이고, 데리다(아마도 들뢰즈 혹은 니체)보다 호전적 무신론자라는 것을 이미 보아 왔다.

그리고 스피노자의 실체적 공간 혹은 디오니소스적 권력에의 의지(아마 니체에게 있어서 문자적으로 '신의 의지')의 자리에 있기 때문에 우리는 우주의 주사위를 순수 말라르메(Mallarméan)의 변칙성으로 대신 이해한다(Badiou 2000: 74-5). 말라르메처럼, 여기서 주사위를 한 번 던지거나 연속적으로 던지게 되면 우연 자체의 응분의 기대감을 무너뜨릴 수 있다(Mallarmé 1999: 122).

한 단계에서 이것은 인본주의자의 희망으로 나타나기도 했고, 또한 프랑스에서 유토피아 혁명을 시도한 '1968년 5월 사태'(soixante-huitards)의 다른 단계에서보다 바디우가 사르트르의 인본주의의 잔류물이었다고 보인다. 하지만 그는 사르트르의 인본주의에 반대한다. 인본주의는 완전히 불분명한 개념이다. 바디우는 말라르메주의의 희망 속에 초월성의 흔적을 보존한다.

만일 그가 어떻게 특정 사건이 보편성의 유혹을 가질 수 있는지를 설명하는 것이라면, 정말로 그는 그렇게 해야 하는 것처럼 보일 것이다. 이를테면, 프랑스혁명이나 입체파 그림 및 칸투어의 수학, 혹은 낭만적 사랑에 대한 숭배는 모든 인간을 존중하는 것을 올바로 끌어내어야 하고, 사전에 주어진 존재론적 혹은 인식론적 환경에는 부재한 것에 호소하고 전적으로 스스로 발견하게 된다.

여기서 바디우의 후기 플라톤적 대화의 급진적 주제를 표현하는 다수의 플라톤주의를 제안하면서 자신을 여전히 플라톤주의자라고 선포한다. 하지만 바디우는 (아마도 너무 성급하지만) '집단 공유'(methexis)에 대한 설명과 더불어 후기 플라톤의 형상의 지속적 역할을 거부한다.

그는 보장 없는 존재의 단의성에 대한 인식을 플라톤의 원인으로 돌린다. 이것은 무수한 조합으로 다수성의 존재론을 솔직히 포기한다. 이 우주에서 인간 실천들의 절대성은 형식에, 존재에, 하나에 혹은 하나님에 동참함으로 보장받지 않는다.

그렇다면 유일한 시작을 갖는 어떤 것이 권력의 독단적 지배 이상을 드러낼 수 있는가?

이 질문을 던지면서 바디우는 요컨대 포스트모던을 여전히 남겨두지만, 차이성의 갈등에 대한 포스트모던적 허무주의와 포스트모던적 추앙을 해체하고 붕괴하는 것처럼 보인다.

6. 은총의 사건들

유일하고 가능한 대답은 이것이다. 사건은 은총의 사건(the event of grace)이다. 이 말이 정확히 바디우가 선언하고자 하는 말이다. 그는 기독교의 도래를 그 같은 사건의 한 결정적인 패러다임으로서 사건을 이해하려고 한다. 이는 사도바울에 대한 자신의 책에서 제시된다(Badiou 1997).

하지만 물론 이것은 하나님 없는 은총이다. 은총 사건은 그 자체의 은총을 전달하지만 사전에 주어진 체제나 상황의 경우, 수로서 경험적 혹은 수학적 예증을 넘어서는 것처럼 보이는 은총을 통해서만 도달한다. 더러는 그 같은 개념이 모순적임을 발견할지 모른다.

하나의 보편적 사건이 되기 위해서 그 같은 사건 자체가 너무 지나치다는 것을 견디어야 한다면, 다른 곳(elsewhere)의 개념은 피할 수 없는 것처럼 보인다. 그 같은 개념에 덧붙인 질문이 있다.

바디우는 화육의 사건(the event of the Incarnation)이 한 사건의 최고 예증이 아니라 오히려 본질적으로 사건들의 영역(새로운 우주가 시작하는 단수성)을 출현하는 최초 사건이었다는 사실을 무시하는가?

만일 바디우가 칭찬받을 만한 무한성, 유한성을 '접선'(folding)의 변증법으로부터 피하고 산뜻하게 하이데거의 존재들과 들뢰즈의 사실성, 표상성의 도식이 단순히 전통적 형이상학의 이원론과 단일론의 변형이라면 그리고 '후기'(post)가 무엇이든지, 그래도 그는 매개가 없는 가혹한 신데카르트주의와 사르트르주의의 이원론을 제시하는 것처럼 보인다.

만일 우리가 다시 전체주의화해야 하는 운명, 곧 모든 파열을 바라보는 그 같은 포스트모던적 절망을 거부하는 일에 찬사를 보낸다면, 그럼에도 우리는 한편에서는 정치적으로 역행하는 상황과 다른 한편에서는 예컨대 어떠한 전례가 없는 해방하는 사건들 사이를 구분하는 명확한 차이가 있다고 생각하는 어떤 관점을 가진 사춘기 앞에 아연하게 서 있는 느낌일지 모른다.

사실, 바디우가 정말로 문명이 부족하다면 그는 어떤 종류의 예배 의식을 갈망하지만 완전히 예상하지 못하면서 때로는 이행하지 않는 무례함을 우리에게 제시한다. 더러는 너무나 쉽게 널리 호평을 받는 사건들의 추종자들을 특권화된 '아방가르드'(avant-garde) 곧 최첨단을 달리는 전위적 해석가들로 그들 자신을 간주한다. 그들은 이런 사건들이 암시하는 것들에 대해 절대적 보편적 복종을 요구하고 있다고 추측한다.

정말로, 악으로 미끄러지는 것을 막기 위해 다원주의의 기준은 잠재적으로 소통하지 못하는 차이성, 즉 가능한 경쟁적 보편성의 이런 시간에 대한 포스트모던적 가능성을 다시 열어 준다. 바디우는 분명히 화육의 사건을 그릇된 자기절대화의 사건으로 보여 줄 것이다.

화육의 사건은 그들을 포섭하는 관점이 아닌 그들에게 대담하게 보여 주는 모든 사건을 개방하려고 추구하는 사건인지를 묻는 것보다 오히려 사건들이 함께 있는 불가능한 특징인가?

그 같은 사건들 중의 사건이 없이 다양성에 대한 통탄할 만한 집착에 직면해 보편성을 회복하려는 바디우에게 칭찬해야 할 욕구는 어쩌면 달성될 수 없는 것처럼 보인다. 그러므로 자유주의적 전체주의의 가능성들에서 바디우의 통찰은 자신의 철학에서 시대에 뒤떨어진 비자유주의적 전체주의에 대해 완전한 개방성을 우리에게 막지 말아야 한다.

그 정반대의 얼굴이 포스트모던의 자유주의로 지속적으로 이어지고 있다. 우리는 포스트모던적 정치가 때로는 반문화의 부정적인 양태 속에 있어도 모던적 문화의 변형들을 제공하고 있다고 본다.

예의범절과 공손한 존중과 같은 문명의 형식적인 거리감을 초월하는 문화의 본질적인 양태가 있을 수 있을까?

모든 것이 닮은 꼴, 유사한 모습이라는 포스트모던적 의미를 받아들이는 우리는 여전히 진짜 사본에서 가짜를 구분해야 하고, 또 이러한 방식으로 바디우의 사건을 보편적 의미에서 찾을 필요가 있다. 그렇게 하는 방식은 파열이 없이 동일하지 않은 반복성만이 있을 것이고, 따라서 때로는 사실과 사실이 제공하는 그것 간의 긍정적인 관계에 대한 어떤 예증을 만들어 준다고 가정하는 것이다.

이런 방식으로 거기에는 해체를 수반하는 사실적인 사건을 다시 접을 수 없게 될 것이다. 그러나 더러는 동일한 방식으로 사건과 상황에 대한 바디우의 절대적 대조를 묵인하지 않을지 모른다. 신약성경은 기독교에 의해 오래되고 낡은 것의 잔재들을 기대하지 않은 방법으로 성취된 것으로 이해한다. 이처럼 모든 창조적 사건은 주로 끔찍한 과거의 숨겨지고 억제된 씨앗을 키우는 것으로 이해될 수 있다.

이 사실을 말하는 것은 종종 혹은 심지어 시간의 대부분에 있어서 들뢰즈와 바디우의 다양한 그림들이 역사적 실재와 일치하지 않다는 것을 완전히 부정하는 것은 아니다. 대부분, 교회의 역사를 포함해 역사는 정말로 정지 및 운동 그리고 고착된 상황 및 혁명적 파괴(바디우의 그림이 덜 실제적인 것이라고 해도) 사이를 변경하는 폭력적 상호작용이다.

그럼에도 이 역사적 실재가 궁극적인 존재론적 상황을 반영하는가와, 또는 만일 그것이 반영하지 않는다고 한다면, 차이가 있는 비관용적 가능성들을 잠깐 동안에 또는 단편적으로 폭로하는 역사적 과정이 있을 수 있는가 하는 것이 관건이다: 사건들의 그 같은 드문 연속성들은 바디우가 모방하는 방식으로 폭력의 영향력을 압도하기보다는 더욱 강요하는 것이 될 수 있다.

만일 그런 연속성들이 너무 강요된다면 그리고 만일 진짜 사건들이 상황과 완전히 단절 속에 있지 않다면, 이것은 존재론적 근거를 요구할 것이다. 만일 보편적인 상황과 개별적인 사건이 조화를 이루면서 일어난다면, 사건은 보다 높은 실재의 이런 측면들보다 더 높은 근거가 된다.

이 같은 더 높은 근거는 신플라톤주의적인 일자(neo-Platonic One)가 될 수 없고, 단지 사실적인 것도 되지 않는다. 오히려 그것은 어떤 특정한 기준으로 제공하거나 내버려 두는 유한한 존재로 표현됨으로써 충만하고 무한한 실재적 존재가 된다.

무한하고 통일을 이룬 다수인 모든 상황과 사건의 근원에 동참하는 이 개념은 참으로 사건으로 출현하는 것이 하나의 선물이라는 것을 암시한다. 그것이 조화 속에서 선하고, 그것이 선하다는 것은 그 선이 우리를 향해 선한 의지를 표현하기 때문이다.

어떻게 우리가 선의 개념을 우리에게 다가옴으로 유익을 제공하는 지향의 개념으로부터 분리할 수 있는가?

이런 이유에서 참여는 사건이 은총의 사건이 되는 것을 요구한다. 그렇지만 동시에 그것은 또한 근원의 신비가 보존되어야 한다는 것을 요구한다. 우리에게 자원은 무진장한 것처럼 나타난다는 것을 우리가 인식하고 또 무한하게 보존되는 것보다 더 높은 근원에서 온 선물이 사건이라고 이해하기 때문이다. 참여는 항상 참여할 수 없는 것에 대한 것이다. 은총은 우리에게 알려지지 않은 하나님을 말한다.

대조해 보면, 포스트모던 사상은 은총을 '부정의 방식'(via negative)과 다같이 결합시킬 수 없다. 특징적으로 세속적인 것이 신학적 주제로 탐구하는 것처럼 보인다. 따라서 레비나스와 데리다는 우리에게 세속적 부정신학을 보여 주고, 바디우는 은총을 세속적으로 설명하는 것을 보여 준다.

하지만 우리가 이해하고 있듯이, 전자는 권리의 칸트적 형식주의보다 더 형식적인 문명의 형식주의를 전달하고 있으면서 똑같이 폭력의 가면을 쓰고 활동한다. 역으로 후자는 '아방가르드적' 자기 근거의 신비로움에 동의한다.

이 아방가르드적 자기 근거의 신비로움은 높은 권위에 호소하기 위해 부당하거나 잘못된 것을 시정할 가능성이나 유사한 매개도 없이 순수한 인간 긍정을 위장하는 은총을 제공한다.

어떤 이가 은총과 부정 신학 둘 다를 요구한다고 주장하는 것을 말할 수는 없을까?

정치 윤리는 대답할 수 없었고, 또 보여 주는 신체들을 결합하고 보이지 않는 주체들을 헛되이 인식하지 못하는 인간적 상상력의 계획에 대한 권한을 허용할 수 있었다. 그러나 신비로움이 다소 인간 속에 나타난 것은 결코 시민으로서의 과정에서 놀이자들로 제한할 수 없다는 사실을 인식한다.

하지만 동일하게 우리는 부분적으로 또는 부적절하게 우리가 결코 완전히 명령할 수 없는 것을 보여 줌으로써 이런 계획들의 의심을 유지할 수 있었다.

이런 방식으로 은총과 부정의 방식과 동등한 세속성은, 인간적 견지에서 제정된 우상들이나 알려지지 않은 초월의 존재가 더욱 모호한 우상의 실체화(hypostatization)를 초월해 있는 것으로 생각할 것이다. 오히려 그것은 외모나 모양 안에 숨겨진 것 혹은 숨기는 것의 겉모습만을 인식할 것이다. 이 생각도 인간들을 조화로 다같이 결합하는 은총을 알려지지 않은 근원으로부터의 신비로움으로서 받아들이기 위해 탐구하는 예배적 실천을 요구한다.

그러나 이렇게 생각하는 것은 신학적으로 생각하는 것이다. 세속적 동등성은 화육과 신성화의 사고 속으로 사라진다. 그리고 예배의 실천에 대한 탐구는 신적 영광이 인간에게 지속적으로 도달하기 위해 허용되어야 한다. 포스트모던 세속 신학들은 결코 엄청난 어떤 것이 아니라는 사실이 드러난다. 포스트모던 세속 신학들은 결국 지엽적 신학이다.

감사

이 글을 비판하고 의견을 개진해 준 데이비드 부렐, 한스 올리히 굼브리히트, 퍼거스 커, 존 밀뱅크, 로버트 소콜로우스키, 토마스 해리슨에게 감사의 말을 전하고 싶다.

참고 문헌

Alliez, Eric (1996). *Capital Times: Tales from the Conquest of Time*, trans. Georges van den Abbeele. Minneapolis: University of Minnesota Press.

Badiou, Alain (1988a). *L'Etre et L'Evènement*. Paris: Seuil.

_____.(1988b). *Court Traité d'Ontologie Transitoire*. Paris: Seuil.

_____.(1989). *Manifesto for Philosophy*, trans. Norman Madarasz. Albany: State University of New York Press.

_____.(1997). *Saint Paul: La Formation de l'universalisme*. Paris: Presses Universitaires de France.
_____.(2000). *Deleuze: The Clamor of Being*, trans. Louise Burchill. Minneapolis: University of Minnesota Press.
_____.(2002). *Ethics: An Essay on the Understanding of Evil*, trans. Peter Hallward. London and New York: Verso.
Bossy, John (1985). *Christianity in the West: 1400–1700*. Oxford: Oxford University Press.
Boulnois, Olivier (1990). *Duns Scot: sur la connaissance de Dieu et l'univocité de l'etant*. Paris: Presses Universitaires de France.
_____.(1995). "Quand commence l'ontothéologie? Aristote, Thomas d'Aquin et Duns Scot." *Revue Thomiste* 1 (Jan.–March), 84–108.
_____.(1999a). "Duns Scotus: Jean." In J.-Y. Lacoste (ed.), *Dictionnaire Critique de Theologie*. Paris: Presses Universitaires de France.
_____.(1999b). *Etre et représentation: Une généalogie de la métaphysique moderne à l'époque de Duns Scot*. Paris: Presses Universitaires de France.
Burrell, David B. (1986). *Knowing the Unknowable God: Ibn-Sina, Maimonides, Aquinas*. Notre Dame, Ind.: University of Notre Dame Press.
Courtine, J.-F. (1990). *Suarez et le système de la metaphysique*. Paris: Presses Universitaires de France.
Cunningham, Conor (2002). *A Genealogy of Nihilism*. London: Routledge.
Debord, Guy (2001). *The Society of the Spectacle*, trans. Donald Nicholson-Smith. London: Verso.
Deleuze, Gilles (1968). *Différence et répetition*. Paris: Presses Universitaires de France.
Deleuze, Gilles, with Guattari, Felix (1987). *A Thousand Plateaus*, trans. Brian Massumi. London: Athlone.
Duns Scotus (1969). *Opera Omnia*. Hildesheim: G. Olms.
_____.(1975). *God and Creatures: The Quodlibetal Questions*, trans. Felix Alluntis OFM and Allan B. Wolter OFM. Washington DC: Catholic University of America Press.
Gilson, Étienne (1952). *Jean Duns Scot: introduction à ses positions fondamentales*. Paris: Vrin.
Latour, Bruno (1993). *We Have Never Been Modern*, trans. Catherine Porter. New York and London: Harvester Wheatsheaf.
Lévinas, Emmanuel (1969). *Totality and Infinity; An Essay on Exteriority*, trans. Alphonso Lingis. Pittsburgh: Duquesne University Press.
Lubac, Henri de (1949). *Corpus Mysticum: l'eucharistie et l'eglise au moyen-age*. Paris: Aubier-Montaigne.
Mallarmé, Stephan (1999). *To Purify the Words of the Tribe*, trans. Daisy Alden. Huntington Woods, Mich.: Sky Blue Press.
Marion, Jean-Luc (1982). "Une époque de métaphysique." In *Jean Duns Scot ou la révolution subtile*, p. 62–72. Paris: Editions Radio-France.
Tavard, George (1959). *Holy Writ and Holy Church*. New York: Harper & Row.
Williams, Rowan (2002). "The Converging Worlds of Rowan Williams: Living the Questions." *Christian Century*, April–May, 21.

제33장

세계화

피터 제드윅(Peter Sedgwick)

나는 기독교가 세계화에 두 가지 도전을 받고 있다고 주장할 것이다.

첫째, 신학은 서구에서, 특히 루터의 '두 왕국 이론'에서 정치 사상과 오랫동안 연관되어 왔다. 또한, 기독교는 19세기 사회주의와 신자유주의 이념과 연관되어 왔다. 하지만 세계화의 영향은 정치의 미래를 보장하는 어떤 확실성도 없다는 것이다(Lloyd 2001a). 한때 민족 국가 안 시민에 대한 고전 이론에 의지하는 정의에 대한 합리주의, 공리주의, 종속주의 정치 이론들이 있었다.

오늘날에는 이런 사상들이 상당히 빠르게 변하면서 세상에 대처하는 실용주의적 이론 같은 임기응변적 이론들에 크게 의존하고 있다. 이를테면, 마사 누스바움(Martha Nussbaum)과 아마르티아 센(Amartya Sen)은 빈곤에 반응할 수 있는 정의론의 근거로서 다수의 동일성(multiple identities)에 대해 말한다.

하나의 현상으로서의 세계화가 과장된 해석이라 할지라도(Hay and Marsh 2000), 이 같은 철학적 변화는 매우 중요하고, 정치적 삶에 대한 그들의 분석을 다시 생각하도록 많은 정치학자를 이끌어 왔다.

둘째, 세계화가 주는 도전은 선교 실천이다. 대도시에 있는 지역 교회들은 전 세계에 퍼져 있는 수많은 기독교를 위한 미래다. 이런 지역 교회들이 권위, 전통 및 신념에 대한 이들의 이해에 있어서 점차 탈서구화되면서 기독교의 실천은 더욱 분산될 것이고, 전통 교리의 틀 속에 맞추기 더 어려워질 것이다.

선교 문제는 세계 기독교의 미래에 핵심이다. 현대신학에서 반문화로서의 교회 개념에서 일어나는 선교의 미래에 대한 글들이 엄청나게 쏟아져 나왔다(Budde and Brimlow 2000). 데이비드 보쉬, 어레이 템스터 그리고 그 밖 여러 선교

신학자는 모두 한결같이 그 같은 중요성을 강조해 왔다. 그들의 글은 비서구적이고 도시적인 기독교의 실천을 영국에 중재한다는 점에서 매우 중요하다. 그런 도전은 지역 교회에 예민한 방식으로 선교 실천을 상황화하려는 것이다.

흥미로운 사실은 정의와 다양한 정체성에 관한 토론이 어떻게 선교에 대한 반성과 조화를 이룰 수 있는가다. 누스바움과 센에게서 발견된 이론들은 공동체 안에 있는 어떤 가능한 희망을 만들어 내기 때문에 중요하다. 그 다음에는 그 같은 이상이 사회적 변화를 창조하고 재앙적 빈곤과 기근을 막는 힘을 가지게 된다.

개발도상국의 교회들은 지역(혹은 신앙) 공동체다. 교회들의 경우, 센과 누스바움이 근본적이라고 이해하는 지역 기독교 공동체들은 전통적 정치 이론들과는 매우 다른 방식으로 정의론과 관계하고 또 선교의 새로운 형태를 실천하기를 추구한다.

그런 갈등은 매우 창의적인데, 세계 도시들을 확장하는 데 결정적 요인은 선교 전략과 정의의 전략 둘 다를 다 같이 주장한다. 매력적인 문제는 빈곤에 대항하는 기독교인들과 세속 조직의 연합이 기독교의 지역 형태들의 성장에 영향을 받는지 여부다.

사실 이런 문제는 정의와 정체성의 문제가 선교의 쟁점과 연결되는가 하는 것이다. 내 견해로는 전 세계를 초월해 지역 교회들을 통해 선교와 정의를 이해하는 문제가 새로운 요소로서 기독교 미래에 대한 쟁점으로 소개될 수 있다고 본다.

다시 말해, 나는 비서구 기독교의 미래가 한편으로는 세속 제도와 환경 및 여권주의 운동과 연합하면서 가난과 폭력에 저항하여 투쟁을 계속 이어갈 것이라고 생각한다. 다른 한편으로는 대부분 지역과 도시 지역들에서 활동하고 있는 지역 기독교 단체(교회들)의 선교에 관한 부분이 될 것이다.

세속 조직들과의 연합은 정의론이 기독교 단체들과 이런 조직들과 결합해 복잡한 철학적 쟁점을 제기한다. 선교와 문화작용은 매우 다른 문제인데, 곧 성령의 운동 속에 있는 기독교의 정체성에 대한 문제를 일으킨다.

1. 세계화를 말한다는 것은 무엇을 의미하는가?

세계화가 유일한 과정이라는 주장은 더 이상 국제 이론가들의 견해가 아니다. 오히려 여러 가지 변화가 일어났다.

첫째, 세계 무역, 자본 흐름, 이민이 1919년 이전 상황으로 돌아오고 있다. 이 변화가 정확히 똑같은 것은 아니지만, 그 같은 추세들은 거의 유사하다는 것을 가리키고 있다. 특히, 자본 흐름 및 이동성은 1914년 이전과 마찬가지로 커지지만 규모로 보면 더욱 거대하다.

둘째, 수많은 지역의 정치적, 사회적, 문화적, 경제적 경향들을 악화시키는 정보와 자본 등의 흐름들을 포함하는 일련의 과정들이 있다. 이런 흐름들은 전 세계적 과정에 이르지 않는다(세계화는 마력을 가진 외적인 힘이 아니다). 하지만 이 흐름들은 세계의 많은 지역에 정치적 삶의 위기를 만들어 내고 있다.

다르게 말하자면, 많은 사회 안에서 일어나고 있는 것은 정치적 힘이 현대 국가의 합법성을 평가절하한 일이다. 세계화는 도움을 주었지만, 그 과정은 어떤 경우서든 진행 중이었다.

오랜 세월 동안 정치적 독립을 쟁취했던 비서구 국가에서는 1945년과 1980년 사이 세워진 정치적 합법성의 많은 부분이 기껏해 매우 취약한 부분이었고 그리고 이 기간에 서구 민주주의 사회에서 보여 준 국가 권력은 그 자체를 뛰어넘었다. 사회주의의 세속적 이념들은 1945년에서 1960년이라는 기간에만 매우 강하게 작용했다.

이스라엘의 벤 구리온(Ben Gurion)은 미래의 위대한 이상으로서 키부츠주의와 함께 세속적 이스라엘 국가를 건립했다. 인도 수상이었던 네루, 이집트의 나세르, 탄자니아의 니에레레도 유사한 이상에 헌신했다. 이들 대부분은 사적 문제 같은 것을 제외하고는(니에레레는 여기서 예외였지만), 종교와는 관련이 적었다는 것을 보았다. 이런 정치적 운동들이 지나치게 야심적이었고, 1990년에는 경제적으로 그리고 이념적으로 완전히 산산조각 나고 말았다.

셋째, 비록 전 세계적 문화에 대해 말하는 것이 잘못이라 할지라도, 문화적 패턴과 흐름들이 전 세계에 도달하고 있다는 인식이 있다. 이렇게 문화적 패턴과 흐름들이 재빨리 퍼져나가는 것은 개발도상국가에서 불규칙하게 성장하는 도시 속에 살고 있는 어떤 사람들의 극악하고 절박한 빈곤과 결합된다.

그렇지만 여기서 내가 염두에 두고 있는 것은 실제로 우발적이고 지엽적인 문화를 신마르크스주의로 읽는 부당한 결정론에 대해 해이와 마쉬(2000)를 통한 설득력 있는 비판이다. 비록 그것이 전 세계에 걸쳐 되풀이되고 있는 패턴에 영향을 받고 있다고 할지라도 말이다. 국가들이나 국가들 시민의 발전에는 어떤 결정론도 없다.

2. 세계화에 대한 담론의 형태들

지난 10년, 세계화는 학문, 정치, 실업 영역에서 상세히 논의되어 왔다. 신학자, 교인, 교회 지도자들이 세계화를 언급했다는 것은 그다지 놀라운 일은 아니다(Stackhouse and Paris 2000; Selby 1997). 교회들은 지역 문화, 복지 국가와 그리고 세계적 권력을 가진 제국주의, 냉엄한 다국적, 문화 경시에 대항해 유지될 수 있는 경제의 변론가들로 이해된다. 하지만 세속적 논쟁 안에는 대화의 독특한 형태를 가진 명확한 담론들이 있다.

경제학자들은 신고전주의 이론에서처럼 시장이 물자의 완전하고 세계적인 이동, 노동 및 자본을 통해 완전한 경쟁에 근접해 있는 범위를 논의한다. 자본은 재정적이고 사회적인 투자나 제도적 투자를 통해 만들어질 수 있다. 세계 시장은 규제 완화, 재정 자유화 그리고 정보 통신 기술로 초래된 변화들을 통해 창출되었다. 과학 기술 발전과, 이의 사업 및 사회서의 완전한 구현 사이의 시간이 상당하다는 것에 주의해야 하지만 때로는 그것이 과학 기술 혁명으로 불린다.

유사하고 관계있지만 그래도 구분되는 영역에서, 정치 경제학자들은 이런 경제적 과정이 국가의 힘을 축소하는 데 기여하는지의 문제를 논쟁한다. 한편에서는 이는 명백한 사실이다. 나의 아주 짧은 인생에서, 영국 정부는 금융 회사들이 이끌어 가는 간접적 통제를 통해 주택 담보 대출 자금을 중단했고, 크게는 경영을 자본 전문가에게 위임했고, 영국의 국가 은행에 이자 체계를 양도했다. 자본 이동과 시장의 힘은 재정과 금융 정책에서 국가 정부의 권리를 약하게 만든다.

사회학자들도 특히 많이 늘어나는 비정부단체(NGO) 안에서 세계 시민 사회가 있는지 논쟁해 왔다. 유사한 논쟁은 세계의 늘어난 도시화가 발생하고 있고, 어떻게 이 같은 도시들이 공통된 특징들을 공유하는지의 문제가 발생하는가 하는 것이다.

마지막으로 문화 이론가들과 도시 이론가들도 거대한 (근본적으로 경시하는) 문화적 힘이 전통과 지역 공동체들을 어떻게 압도할 것인지 설명하려 한다. 이런 실재들에 대한 신학적 반성을 시작하기 전, 이런 자료는 사람과 정보의 흐름을 분석한다는 점에서 언급할 가치가 있다.

이런 흐름들은 자본, 문화, 과학 기술 또는 이미지의 흐름들이다. 이 같은 역동적 실재들은 다른 성격과 형태들, 변하는 정체성이 있다. 신학적인 반응을 포함해 어떤 반응도 복잡하고 복합적이어야 한다. 하지만 이런 주의도 충분하지 않다. 상호 학문적 접근은 세계화의 한 과정이 있는지, 아니면 세계화 자체가 별개의 인식 가능한 과정인지의 문제를 제안할 수도 있다.

1990년대 후반 이래 정치 과학자들은 세계화를 하나의 사물 혹은 저항할 수 없는 권력으로 묘사했을지라도 세계화 방식에 관해서는 비판적이었다. 대신에 우연적 방식으로 상호 작용하면서 다수의 세계적 과정을 마음에 그리는 것이 낫다. 우연적 방식은 불규칙적으로 다른 장소와 시간에서 발전되었다.

거듭 말하지만 주의해야 하는 이유가 있다. 역사가 다양한 문화적, 정치적 이유들로 중단되고 천천히 쇠퇴하는 과정으로 들어가는 경제적 변화의 예들을 보여 주기 때문이다(Landes 1998).

아래는 이러한 사례이다.

첫째, 유럽 정세와 특히 러시아 경제가 1914년 이후 제2차 세계대전의 세계적 재앙을 최종적으로 만들었던 일련의 보호주의 경제 정책들, 시민 전쟁 그리고 궁극적으로 경제 관계의 완전한 붕괴가 시작되면서 정반대가 되었다는 사실에서 온다. 그런 재앙을 회복하는 데는 오랜 시간이 걸렸다. 그래서 1990년대 이후 정치인들과 학자들은 1914년 이전에 공통적이었던 세계 무역과 국제 관계의 언어를 사용하기 시작했다.

둘째, 국가가 과학 기술 과정을 통재했던 15세기의 중국이다. 명조(The Ming dynasty, 1368-1644)는 1세기 동안 해외 무역을 금지시켰다. 여러 세기 동안 세워진 우세한 국가도 제강, 인쇄, 다른 산업들의 기술에서 쇠퇴했다. 지식을 존재하게 하는 것은 더 이상 사용하지 못한다.

길드가 시민의 정치적 대의의 수단으로 군주와 봉건 귀족의 권력을 대체했던 중세 유럽에 일어났던 것처럼 국가에 도전하는 사적 사업이 없었기 때문에 중국은 오랫동안 과학 기술, 경제 그리고 궁극적으로 국내와 국외의 정치적 힘을 억압했다(Coyle 2000). 만일 입증이 필요하다면, 이런 사례들이야말로 경제 발전이나 문화 변화가 불가피하다는 것을 적절하게 보여 줄 수 있을 것이다.

3. 경제 세계화의 신화

어떻게 세계화를 기술할 것인지에 관한 상당한 학문적 논쟁이 있었다.
1980년대 후반 논쟁은 시작되었고, 짧은 기간에 두 단계를 거쳐 진행되었다.

첫째, 그 논쟁은 정치인들과 언론이 세계화의 실재를 발견했을 때 시작되었다. 세계화는 모든 것을 정복하는 거대한 괴물로 이해된다. 세계화는 시민 사회, 복지 국가 및 민족 국가를 삼킨다는 것이다.

자본, 문화. 소통은 몇 세기가 아니라 몇 십 년 동안 받아들여 온 것을 말살해 버리고, 세계화의 찬란한 '새벽녘 미광'(Gray 1998)은 우리가 이루어 놓은 수많은 문명의 붕괴를 알리고 있다. 많은 학자가 보여 준 반응들은 이 자료들이 여과되지 않고 무비판적이며 그리고 엄청난 신화를 만들어 낸다는 것이었다. 그들은 경영에 대한 세계화의 신화가 액면 그대로 받아들여지지 않는다는 것을 주장한다.

둘째, 1995년에서 2000년까지 세계화의 정체를 폭로하는 두 번째 학문적 논쟁이 전개되었는데, 그것은 우리 시대를 정복하는 사실로서의 그와 같은 용어 사용에 대한 보류를 설명하는 것이다.

경제에 관한 논증들은 복잡하지만 다음과 같이 요약될 수 있다.

첫째, 그것은 복지 국가에 대한 사회 지출의 높은 단계가 긍정적으로(스칸디나비아와 같은 지역에서는) 세계 경제에 경쟁적인 이점과 연결되어 있다고 논증되었다. 그래서 세계화가 복지 국가의 종말을 고할 것이라는 것은 사실이 아니다.
깊숙이 뿌리내린 국내 제도들도 급진적으로 바꾸어야 한다는 어떤 기대를 가져야 할 이유가 없다. 왜냐하면, 국내 제도들이 기업의 유익에 불리하게 영향을 미치기 때문이다. 특히, 이것은 OECD 국가의 시민 대부분 가운데 널리 인정받는 복지 국가에는 옳다.

둘째, 생산적 자본 투자와 외국인 직접 투자(FDI)는 생각했던 것처럼 유동적이지 않다. 여기서 국가 경계들이 중요하게 남아 있지만, 그 같은 이동은 어떤 도시들과 주로 거대한 무역 지역 속에 있는 산업에서 일어난다. 특히, 미국과 아시아 지역에서 국내 생산자들은 여전히 국내 수요를 주로 충족시키고 있다. 정말로 많은 선진 산업 국가에서 국내 총생산 비율로서 FDI(외국인 직접투자)의 흐름들은 1900년에서 1914년 있었던 것보다 더 크지는 않다.

따라서 유럽의 금융 자본가들과 산업가들 혹은 그들의 미국과 아시아 관계자들은 제1차 세계 대전 전에 흔한 경제 유형이던 경제의 중심적 부분이 되는 수입, 수출, 자본 투자 같은 것으로 돌아올 수밖에 없을 것 같다. 두 가지 차이는 다소 작은 역할로서는 20세기의 시작과 비교해 이동이 이제 거의 자유롭게 되었다는 것이고, 보다 큰 역할은 국제 금융 투자가 오늘날에는 더 많은 역할을 수행하고 있다는 것이다.

재정적 요인은 생산 자본이 국가의 경제 규제를 크게 의식한다는 것이다. 심지어 경제 생활의 수많은 지역에서 국가가 철수하는 것에 이르기까지 규제는 항상 있어 왔다. 세계화의 경제 논쟁에 대한 반대 논증은 제1의 물결 논증의 오류들을 상세히 설명한다. 실제로 수많은 논평가는 1914년 이전의 무역의 패턴을 훨씬 더 통합된 세계적 체제로 지목한다.

이런 체제에서 노동력은 자유롭게 세계를 이동했는데, 뉴욕의 작은 섬인 엘리스 섬을 통해 새로운 세상을 찾는 이민자인 수백만 사람들이 유입되었다. 잘 알려진 문장에서, 케인스는 자본의 투자와 쉬운 여행 그리고 1990년에서 1914년의 소통 속도를 숙고한다. 세계화는 현실이다. 하지만 세계화는 또한 우리가 생각하는 것보다 새로운 현상은 아니다.

4. 도시 세계화의 오류

도시 이론 영역에서도 유사한 주의를 필요로 하는 것이 있다. 이를테면 스미스(2001)는 신마르크스주의가 문화를 '더 깊은 정치 경제적 결정론'으로 축소한다고 주장한다. 마사 누스바움과 아마르티아 센도 동일한 비판을 보였다. 보편주의는 진보적 합리성과 융합된다는 것이다.

일반적으로 공적 것은 "미적이고 문화적인 엘리트에게 이끌려 온 문화 생산에 두드러진 변모"(Smith 2001:46)에 직면해 부정적이라는 것을 추정한다. 자본이 문화를 상품화했다고 주장하기에 이주하는 사회적 네트워크의 반향은 마르크스주의에 인식되지 않았다. 계급에 근거하지 않은 문화적, 종교적 운동들은 지엽적이고 부분적이며 그리고 그다지 효과가 없는 것처럼 잊혀졌다.

스미스는 오히려 다문화, 종교, 성, 환경 문제 및 성별에 근거한 정치를 주장하는 지역 및 사회 운동들을 강조한다.

> 지금 냉정하게 그들의 정치와 사회적 삶을 활성화하면서 전 세계를 통해 다국적 도시들의 풍경들을 교차하는 정치와 문화의 무수한 다국적 실천들이 있다(Smith 2001:188).

이 같은 문화적 세력들은 카스텔스(1997), 바우먼(1988), 사센(2000)을 통해 도식화되었다. 또한, 문화 세력들도 도시 선교를 위한 상황들이라고 보인다. 우리는 다음 항목에서 이 부분을 논하기 위해 돌아올 것이다.

5. 신학과 세속화의 대화로서의 선교

신학과 세계화의 이론적 논의가 적절하고 타당한 것인가의 문제는 새로운 것이고, 점차 사회 안에 현존하는 교회들과 신앙 공동체들의 수용된 입장과 기존의 문화, 사회적 전통, 가치들에 도전하는 것이다. 신학의 과제는 이런 도전들이 일어나고 교회가 된다는 것이 무엇을 의미하는지 이해하고, 이런 변화들이 복음의 정체성에 대해 갖는 함의들을 분별하는 것이다.

오순절주의는 흥미로운 사례 연구를 주장한다. 동아시아와 라틴 아미리카에서 세계화 경험에 야기된 도전에 대한 오순절주의의 반응은 어떻게 이런 자체 국가에서 발생하고 있는 경제적이고 사회적인 변화들을 통해 오순절주의적 믿음이나 신념들을 재검토하도록 강요하고 있는지를 보여 준다.

많은 오순절주의는 경제적으로 빈곤하고 사회적으로 버려진 상황에서 일어났다.

경제적 빈곤 가운데 복음에 대한 오순절교회들의 경험은 세계 교회에 결정적인 선물이다. 이 선물은 경제적 빈곤을 호소하는 개인들과 가족들에게 이들의 개인적 삶과 가족 삶의 변화를 통해 힘을 주었다. 더 넓은 문화적, 사회정치적 문제들을 다루는 데 사람들을 준비시킬 수 있는 영성을 발전시킬 필요가 있었다 (Samuel 1999).

이것이 일어날 수밖에 없는 시작의 조짐들이 있다. 로널드 부에노(Ronald Bueno, 1999)는 자신이 인류학자와 오순절주의자로서 연구하는 사람들의 바뀐 범위는 이민자, 피난민, 망명자, 외국인 노동자들 그리고 그 밖의 이주 집단들과 온갖 유형의 사람들로 이루어졌다고 말한다.

그는 불평등한 권력 경험이 실제로 오순절주의를 형성한다고 주장한다. 오순절주의는 기존 사회들 및 이 사회의 가치들에 세계화를 통해 제기된 도전에 반응하면서 그리스도인의 대답을 보여 준다.

다른 이들은 엄청난 경제적 문제에 직면해 있는 동아시아에 오순절주의가 침묵하는 것에 대해 매우 비판적이다. 오순절주의 교회들은 사회적, 경제적 억압의 문제에 씨름하는 것을 회피하면서 폭발적인 성장을 이루어 왔기 때문이다. 하지만 한국과 필리핀의 오순절주의 교회들은 마약 중독자와 도시의 왕따 청소년을 위한 새로운 프로그램들이 있는 것은 사실이다(Jungja Ma 1999).

어느 견해라도 그것이 틀린 것이 아니기 때문에 선교와 교회 동질감은 사회적, 문화적 변화의 급속함에 깊이 영향을 받았다는 것은 명백하다. 비판적 쟁점들 중 하나는 오순절주의자든 아니든 간에, 선교에 방향을 둔 교회들의 교회적 동질감에 대한 것이다.

라틴 아메리카에 나타난 가난한 자의 새로운 교회론은 "문화, 매일의 삶, 정의를 위한 확고한 갈망을 반영한다"(Cadorette 2000). 카토레트는 제도화된 교회가 종종 추구해 온 이상이 정의가 아니라고 논증한다.

그는 로마가톨릭주의의 제도적 성격이 라틴 아메리카에서 인기 있는 기독교의 성격과 날카롭게 대조된다고 주장한다. 무엇보다도 지도권과 권위의 문제가 있다. 목회자들이 아닌 공동체는 선교의 주요 담당자들이다. 이전의 방법으로 가르치는 교회와 배우는 교회 간의 구분을 없애는 데에는 오랜 시간이 걸릴 것이지만, 그럼에도 목회자들은 공동체 삶의 한 부분을 이루고 있다. 필요한 것은 지역 공동체 안에서 활동적인 평신도 신학을 고무시키는 일이다(Bosch 1996).

이전의 항목들은 오순절주의가 선교와 연관되어 있다는 것을 기술했다. 세계화에 대한 또 다른 반응은 풍요로운 서구의 교회들이 국제 경제를 개혁하고자 하는 헌신이었다.

6. 정의를 위한 투쟁

폭력과 가난 사이에는 밀접한 연관이 있다. 2001년, 전 세계에 걸쳐 무장된 군인들의 갈등 조사에서 『금융 타임즈』(런던)는 현재 벌어지고 있는 스물 일곱 전쟁 중 스물 다섯이 내전이라고 주장한 것은 놀라운 일이다. 내전은 종교적이나 민족적 분열, 또는 한 나라 안에 있는 경제적 불평등과 자동적으로 서로 연관되지 않고, 심각한 빈곤과 연관되어 있다.

예를 들어, 매우 가난한 아프리카 국가들의 군사 지휘관들은 다이아몬드나 기름을 수출하는 것으로 그들의 내전을 위한 자금을 공급할 수 있다.

아시아와 남아프리카의 반란을 일으키는 사람들도 원료 마약류를 수출하고 이런 수출에서 얻는 부로 반란을 지원한다. 서구 교회들은 이런 쟁점에 대해 그들의 정부들과 대화를 시도하기 시작했고, 동시에 교회와 마찬가지로 다른 신앙 공동체들도 특히 희년 2000년 캠페인을 통해 부채 상환의 무거운 짐을 종결지으려고 싸웠다.

당연히 교회들은 인간의 삶을 방해하고 또 가능하다면 해결해야 하는 큰 도덕적 악과 같은 부채에 가중되는 무거운 짐을 지고 있었다. 몇몇 지역 교회가 내전과 부패한 정부나 군사 지휘관들 문제를 다루는 데에는 큰 거부감이 있었다(긍정적인 견해에 대해서는 Shriver 2000 참조).

교회들은 남아프리카공화국의 아파르트헤이트, 곧 인종차별 정책과 배타주의에 항거하는 투쟁에 가담해 왔고, 또한 1970년대 1980년대의 우파 독재에 대항하는 중앙아프리카에 중요한 역할을 감당해 왔다. 하지만 지역 교회는 짐바브웨와 자이르에 일어나고 있는 현재 폭력에 저항하기에는 쉽지 않다는 것을 발견한다.

짐바브웨의 몇몇 성공회 신부는 무가비 대통령을 지지한다는 사실에서 문제를 여실히 드러낸다. 폭력의 많은 부분은 가난(예컨대 자이르의 광석을 통제하는 것)과 권력 남용에 집중되어 있다. 원산 재료의 통제는 권력을 부여하고, 빈곤과 가난의 상황 속에서 부를 축척하면서 폭력과 착취를 일으키고 있다.

교회들은 공정한 무역과 세계적인 부채 문제들과 점차 씨름하고 있다.

세계 경제를 통제하는 것은 운동가들과 정책 입안자들에게 중심적 쟁점들 중 하나가 되었다.

> 세계 경제는 오랫동안 극소수의 유익을 위해, 오로직 소모적인 위기와 갈등을 만들어 내면서 쥐어짜졌다(Coyle 2000).

시장은 제도적이고 합법적인 틀로 강력한 규제를 요구한다. 재정 안정성은 아시아와 남미에서 종종 발견된 것처럼 작고, 열려진 경제들을 제압할 수 있다. 거기에는 양립불가능한 것이 있는데, 아마도 계발국가들에는 '불경스러운 삼위일체'(unholy trinity)가 존재한다.

즉 통화 안정성, 자본 이동성, 국가 금융의 자율성이다. 그렇지만 그것이 단순히 문제가 되는 시장의 불안정은 아니다. 또한, 가난한 국가의 정부들에 의한 독점권 문제도 여전히 존재하고 있고, 더욱 가난한 국가들 안에 있는 기업의 사회적 책임에 대해 낮은 기준들이 적용되고 있다는 것도 큰 문제다.

자유 시장은 그것의 고유한 가치들과 관심들을 보호하기를 희망하는 엘리트들에 대항하는 인구 대다수의 관심에 개방하는 방식으로 변호되어야 한다. 명조(Ming Dynasty)의 예가 이 시점에서 아주 설득력 있는 예다(Sen 1999b).

또한, 규제의 유익성이 종종 주어진 관심들에 집중된 반면, 자유 시장은 그 유익성을 지혜롭게 보급하는 경우다. 자유 시장이 만들어지는 것은 무질서가 아니라 사회 질서의 새로운 형태다. 희년 2000년은 그런 운동이 어렵지만 장기간의 변화가 효과적인 연합을 통해 달성될 수 있다는 것을 보여 준다.

개발도상국들의 장점으로 이동하기 위해서는 무역의 균형을 허용할 필요가 있다. 똑같이 중요한 것은 개발도상국의 산업에서 일하는 사람들이 수입을 올리기 위해서는 세계 미디어, 소비 운동 그리고 궁극적인 국제적 협력을 통해 제3세계의 착취하는 관행을 계속 폭로할 필요가 있다는 것이다.

재시도하는 그림은 아니지만, 확실히 진보의 고무적인 조짐들이 있다. 이를테면, "개발 국가를 위한 성인 교육 비율이 1973년에 43퍼센트에서 1994년도에는 64퍼센트까지 상승했다"(Hicks 2000).

수명도 지난 몇 십 년 동안 상당히 높아졌다. 만일 경제적 변화가 수많은 국가에 의해 갚아야 할 채무를 감소시킴으로써 가난 문제를 해결할 수 있다면, 많은 역동적인 에너지가 넘쳐날 것이다. 가난과 채무는 시민들의 모든 능력을 성취하기 위해 사회의 느린 변화를 야기하는 원동력이나 에너지를 상당히 억압하는 문제로 작용하기 때문이다.

7. 철학적 사고

지금까지 우리는 선교와 정의를 위한 투쟁을 검토해 왔다. 이제 정의에 대한 철학적 사고에 이런 관심을 연결할 때가 되었다. 미국 철학자 마사 누스바움(Martha Nussbaum)은 어떻게 종교가 정의와 연관되는지를 묻는다.

종교와 자유 사이에 갈등이 있을 때, 인도나 다른 비서구 국가에 일어났던 것처럼 무엇이 일어나는가?

거기에는 자유 국가의 딜레마가 일어난다. 종교 표현의 자유에 지장을 주는 것은 인간의 기본 권한들 중 하나에 해를 가하는 공격이다. 하지만 그 같은 종교적 실천은 어떤 사람들, 특히 여성들을 강압할지 모른다. 아동 결혼, 가혹한 이혼 합의, 다른 관행들은 인간의 권한들을 침해할지 모른다.

세속 여권주의자들은 그 같은 문제를 알지 못한다. 이는 세속 여권주의자에게, 여성의 평등성 및 존엄성의 가치들이 모든 종교적 요구들보다 중대하기 때문이다. 더러는 종교를 마르크스주의 용어로 이해하고, 따라서 가부장적으로 이해할 수 있다. 더러는 종교를 자유주의적 용어로 묘사하고, 따라서 종교의 내용이 도덕적 가치들로 번역될 수 있다고 믿는다.

하지만 여권주의자의 제3의 입장은 그런 평가를 뒤집는다. 공동체의 핵심적이고 전통적인 가치들은 현대성의 잔인함에 반대한다. 전통적 가치를 가지고 있는 무슬림, 기독교인 혹은 힌두교인은 이 견해에 대해 인간의 존엄성을 확정한다. 그 같은 어떤 논증들은 다른 상호 문화적 도덕 규범들이 정의에 정당성을 제공하기가 불가능하다는 것을 주장하는 문화적 상대주의에서 파생한다.

또 다른 이들, 특별히 기독교 복음주의 운동에 있는 사람들은 지역적 가치와 전통이 개인의 삶을 이끌어 가는 더 나은 방식이라고 생각한다. 이는 가치와 전통이 그 장소와 시간 속에서 한 인격이 되는 것을 의미하는 유기적 이해에서 나오기 때문이다. 전통과 자유주의의 갈등은 세계화를 통해 야기된 변화들이 어떻게 충족되어야 하는지에 대한 동의가 부족한 것에서 발생한다.

종교와 자유주의의 논쟁을 해결하는 하나의 방법은 재능 개념에서 온다. 『여성과 인간 발달』(2000)에서 누스바움은 광범위한 문화적 합의를 모을 수 있는 인간의 재능 개념에 근거해 논쟁한다. 결과적으로 이것은 정치적 목적에 서명할 수 있는 개념이다.

그것은 인간 존재에게 완전히 선한 삶이 무엇인지에 동의하지 못하는 사람들을 통해 지지되었던 헌법의 보장을 위한 도덕적 근거를 제공한다. 이런 중심적 재능들은 그들 자신들 속에 가치를 가지고 있고, 가능한 행동으로 더 나아가는 단순한 도구가 아니라는 것이다. 누스바움은 열 가지 중심적 인간의 기능적 재능을 주장한다. 그 인간 중심적 재능들은 다음과 같다.

가정 폭력이 없는 상태, 성폭행이 없는 상태 그리고 재생산의 선택을 포함하는 생명, 신체적 건강, 신체적 위엄, 또한 종교적 실천, 표현의 자유 그리고 문명퇴치와 계산하는 능력의 사용을 포함하는 의식, 상상 및 사고, 외상, 두려움 혹은 불안에 의해 무디게 된 사람의 감정들을 가지는 것과는 다른 정서, 양심의 자유와 실천적 이성을 통한 선한 삶의 개념을 수행하는 능력, 가입, 사회적 상호 작용 그리고 인종, 종교, 성적 취향, 계급, 혹은 출신지에 근거한 차별의 없음을 수반하는 자기 존중과 배려의 사회적 근거를 가지는 것, 다른 종과 자연의 세계에 대한 관심을 표현하는 것, 놀이와 웃음 그리고 정치적, 물질적 개인의 환경에 대한 통제 등이다.

누스바움이 주장하듯이, 이런 목록은 정의가 어떻게 실천되어야 하는지를 인식하게 한다. 이 목록 중 더러는 인생의 성쇠와 행운의 순수한 존재가 역할을 하는 자연의 가치들로 구성되어 있다. 건강과 감정적 균형은 적어도 자연적 속성에 부분적으로 근거한다.

하지만 정부는 이런 재능들의 사회적 근거를 전달하려고 지향해야 한다. 예를 들어, 한 특정 정부가 여성의 감정적 건강을 결정할 수 없지만, 정부들은 폭력, 강간 그리고 가족 관계에 대한 법을 시행할 수 있다고 누스바움은 주장한다. 또한, 정부들은 내전을 방지함으로써 한 국가가 내적으로 평화를 유지해야 하는지를 결정할 수 있다.

왜 우리가 재능들을 선택하고 기능적이지 않아야 하는가?

재능들은 인간의 선택을 허용한다. 그래서 재빨리 자신의 재능을 선택하는 사람은 그렇게 행하고, 독신으로 살기를 원하는 사람은 그렇게 될 수 있어야 한다. 거기에는 하나의 유일한 세계나 세계의 과정이 존재하지 않으며 무수히 많은 지엽적 문화, 전통 및 가치가 존재한다. 선택을 존중하는 것은 아주 중요하다. 그런 견해는 인간의 권리가 재능의 권리(capability rights)가 된다는 것을 의미한다.

만일 역사에서 한 사람이 정치 참여의 자유를 가지고 있지만 실천에서 아무것도 행할 수 없다면, 그것의 의미에 대해 의심해 봐야 한다.

> 수많은 나라에서 여성들은 재능의 측면에서 이런 권리를 갖지 못하면서 정치 참여의 명목상 권리를 가지고 있다. 예컨대 그들은 폭력으로 위협을 받고 집을 떠나고 있다. 간단히 말해, 재능에 비추어 생각하는 것은 마치 우리가 어떤 다른 사람에게 권리를 보장하는 것을 생각하는 것처럼 우리에게 하나의 벤치마크를 제시한다(Nussbaum 2000 98).

종교와 인간의 권리 사이에 있는 딜레마는 정치권력이 쇠퇴하면서 수많은 나라에서 세계화가 민족 국가에 영향을 준 방식들 중 하나에 더욱 민감하게 한다. 누스바움은 그가 종교를 도덕적 선택의 합리적 설명으로 축소하는 종교의 자유주의적 이해를 받아들이지 않고 있다고 반복적으로 말한다.

그렇다고 할지라도, 누스바움은 종교가 도덕적 행위를 고무하는 데 역할을 맡을 수 있기 때문에 아주 어려운 문제라고 주장한다. 여기서 누스바움은 그 문제를 해결하는 것이 그의 관심사가 아니라고 못박는다. 대신에 그는 종교가 중심적 역할을 맡을 수 있다는 것이 하나의 딜레마로 인식하는 문제에 관심을 갖는 것이 자신의 관심사라고 말한다.

아마르티아 센은 그 문제를 다른 방식으로 간단히 말한다. 그는 정의와 정치적 제도들의 연관성에 관심을 갖는다. 그는 존 롤즈의 『정의론』(A Theory of Justice)이 공정(fairness)으로서의 정의를 해석하고 있다고 가정할 때 그것은 그를 더욱 어렵게 만든다고 주장한다.

만일 고전 공리주의와 칸트주의적 합리성으로 묘사하는 보편적 정의가 정치적 제도들과 연관되어 있다고 한다면, 정의의 이런 규칙들을 실행할 수 있는 그 같은 보편적 제도들은 어디에 있는가?

보편적 제도들은 분명히 존재하지 않는다. 그러므로 존 롤즈(John Rawls)는 제도들이 발전될 수 있고, 그래서 자신의 이론이 실행하는 중요성을 전달할 수 있는 개별적 정치 사회들 안에서 설정되기를 선택한다. 그렇지만 그는 보편적 이상에 대해서는 지속할 수 없다고 말한다.

하지만 그는 1996년에 『정의론』의 수정본에서 정의에 근거한 관계를 가지는 민족 국가와 다른 집단들에 대해 말한다.

롤즈는 정의론을 너무 많이 제한하지 않는가?

롤즈는 정의가 발견될 수 있는 두 장소, 즉 하나는 민족 국가고 또 하나는 국가와 사회 사이에 있다는 것을 가정한다. 이 움직임이 다국적 집단에 근거한 연대성의 대안적 견해와 더불어 잠재적 갈등 속으로 그를 이끌어 간다. 센의 논문은 전 세계에 여권주의자의 연대를 누스바움이 호소하는 책을 출판하기 전에 쓰였다.

하지만 센은 전문가 집단이나 노동자 연대에서부터 일어나는 전문적 책임과 더불어 이 선택을 자신의 마음에 간직하고 있다는 것은 분명한 것처럼 보인다. 누스바움과 유사한 방식으로 센은 전 세계에서 정의의 미래가 다양한 정체성에 대한 생각을 요구하고 있다고 주장한다. 개인들은 다른 정체성(여성적, 기독교적, 시민적, NGO의 회원들의 정체성 등)을 가지고 있을 것이다.

그는 그의 논증을 다음과 같이 요약할 수 있다.

> 경쟁하는 단체들로부터 일어나는 다양한 요구들에 대한 상대적인 장점을 평가하려는 실천은 사소한 것이 아니다. 그러나 이 문제에 직면하는 것을 피하기 위해 우리의 다양한 정체성들과 단체들을 부정하는 것은 지적으로 만족하지도 않을 뿐만 아니라 실천적인 정책을 위해서도 적절하지도 않을 것이다(Sen 1999b).

누스바움이 종교를 세속적 가치에 종속하기를 거절하는 동일한 많은 방식으로 센은 시민들이 최후 수단이 되는 것처럼 인격의 개념을 허용하기를 거절한다. 세계의 공적 재화들은 부패를 방지하고, 행위 규칙을 만들어 소비자들과 다른 사업과의 건강한 관계를 조성하는 경영 윤리의 규정을 포함시켜야 한다. 교회를 위한 암시들은 교회가 다양한 정체성들의 힘을 인식할 필요가 있다는 것이다. 다양한 정체성은 교회의 정체성 문제를 제기하고, 그래서 우리는 다시 한 번 선교의 쟁점과 마주해야 한다.

지역 교회는 사도적 성격을 유지하면서 복음에 대한 충성과 함께 행동하는 다양한 정체성을 이해해야 한다.

교회가 진심으로 사도적이기를 추구할 때 교회는 앞으로 나아갈 수 있다. … 우리는 모든 시대에서 새롭게 만들어 가고 이야기에 의해 형성되고 전달한다 (Green 2001).

동시에 도시 선교는 그들의 새로운 나라에서 몇 년 동안 이민자들로서 개인들의 정체성을 인식하고, 성령의 임재를 통해 능력을 부여받았음을 느끼게 하는 것을 의미한다. 이런 점에서 선교가 상황화되는 것이 중요하다.

8. 신학적 결론

사회적, 정치적 변화의 세계적 현실을 보면 1945년 이후, 유럽 제국에서 독립을 쟁취한 민족들 안에서 세속적이고 좌파적인 이념들은 시들해지고 사라져 버렸다. 그들의 장소에서는 때때로 다음과 같이 묘사하는 일련의 문화적, 사회적 변화들이 대체되었다. 현대 도시는 세속적이고 계획적이며 그리고 사회주의자가 설립한 것이 아니라 민족적, 종교적, 문화적 이주자들 때문에 혼란스러운 성장을 가져왔다.

데이비(Davey)는 현대 도시에 있는 종교의 반향의 정당한 비중을 제공하지 못한 카스텔에 대해 비판적이다(Davey 2001). 오순절과 다른 교회들의 수많은 이주자는 선교에 깊이 헌신했다. 동시에 예배의 새로운 패턴을 전개하고 다른 신앙들과 대화를 시도해 왔다.

예배의 새로운 패턴들은 항상 서구 그리스도인들을 위한 안정된 과제가 아니지만, 초자연적인 것에 대한 강조가 소동을 일으킬 수도 있다. 그렇지만 교회와 세속 조직들의 연합을 세울 필요성과 함께 경제적이고 사회적인 정의를 위한 지속적 투쟁도 있다.

동시에 정치론을 더욱 실용주의적 접근으로 형성하려는 것은 교회와 정부의 연합을 정당화할 수 있는 해석을 요구한다. 여기서 주요한 쟁점은 어떻게 NGO(비정부기관)들과 신앙 공동체들이 그것의 위상을 상실함이 없이도 서로 경청할 수 있는가 하는 것이다.

라틴 아메리카의 해방신학은 센에게 깊은 빚을 지고 있는 재능 접근으로 재형성할 수 있다. 그와 같은 사회 경제적 요인들은 인간됨을 위한 최소한의 요구들을 보여 준다. 따라서 우리가 삶의 다른 영역들을 간과하지 않아야 한다면, 거기에는 기본 재능의 평등성에 대한 토론으로서 사회 경제적 재화들에 특별한 주의를 위한 정당성이 있다(Hicks 2000).

만일 우리가 영국으로 다시 옮겨야 한다면, 교회들은 모두가 정의에 관심을 가졌던 다른 주체들과 아우르는 센의 다양한 정체성과 인격에 대한 해석을 일으키면서 교회들이 세속적 주체들과 함께 동역자 의식을 만드는 도시 지역들에서 생존할 것이라는 것은 명백하다(Atherton 2000).

기독교 공동체들이 어떻게 세속적 조직체와 NGO와의 연합을 통한 민주주의적 대조들의 형성과 실행에 공헌할 수 있는지는 이 논증에서 하나의 끊임없는 상투어다. 남아프리카의 조이스 세로케(Joyce Seroke, 2000)가 간주한 것처럼 누스바움은 종교는 단순히 세속적이고 민주적인 사회를 쟁취하기 위해 숨겨진 것으로 간주될 수 없다.

필요한 것은 그들에게 표현의 장애물을 제거하는 방식으로 인간의 재능들을 발전시켜주고 종교적 조직체, 정치적 집단 그리고 NGO와 연합하는 일이다.

특히, 누스바움이 고전철학과 여성의 필요에 주의하는 것과의 연결하는 것은 인간의 재능들의 증대에 기여하기 위해 지역의 종교적 전통들을 허용하는 하나의 혁신적인 접근이다. 센은 동일하게 주장한다. 빈곤에 반응하는 정의론은 공리주의적 혹은 칸트주의적 전통들 속에 있는 보편주의자가 단순히 될 수 없지만, 지역의 정체성에서부터 만들어질 수 있다는 것이다.

21세기, 전 세계는 그 같은 형태를 취하기 시작한다. 가장 적절한 정치신학은 지역적, 상황적이고, 개발국의 도시에서 발견된다. 정치신학은 신학적이고 철학적인 담론들의 상호 작용으로 구성될 것이다. 기독교 공동체들은 과학 기술과 자본주의를 통해 만들어진 엄청난 변화들에 사로잡혀 있다.

그들은 억압이 도전을 받게 될 수 있다는 인식에서 선교와 헌신을 연결할 필요가 있다. 이것이 일어날 시작의 징후들이 있다. 동시에 센과 누스바움에 의해서 시작된 철학적 접근은 더 언급될 필요가 있다. 교회들은 어떤 다른 주체처럼 인간의 재능들을 조성하는 것과 더 많이 연결해야 한다.

미래의 세계 도시들에서 정의의 형성을 지지하는 연대성은 복잡하고, 여러 다양한 정체성의 교회론을 기술한다. 그것은 이 글의 마지막 부분에서 주장할 가장 중요한 요지다. 많은 작가는 세계화를 하나의 힘으로 과도하게 강조했고, 그런 현실은 종종 허용된 것보다는 훨씬 더 모호하고 복잡하다.

그럼에도 불구하고, 그 같은 정체성을 위한 탐구는 이 세기의 가장 결정적인 과제가 되지 않을까 싶다. 교회들은 종종 그들이 세워진 문화적이고 국가적인 관계들을 너무 수용할 수도 있다. 교회들은 정말 쉽게 그들 자신의 문화의 속박자들이 되기도 한다(Williams 2000). 세계의 새롭고 역동적인 도시들 중 많은 곳에 있는 교회들과 마주하는 임무는 그런 문제를 쉽게 해결하도록 허용하지 않는다.

기독교에는 두 가지 도전이 있다.

첫째, 정치적 사고의 변화이다. 이것은 특정 분야에 있는 기술적 전문가들의 솜씨에 호소하는 것 외에는 인간 본성의 이론들을 위한 여지를 허락하지 않는 쓸모 있는 실용적, 임기응변적 이론들로의 전환이다. 이것은 기독교에 대한 비판의 관점에서 기독교를 불충분하게 실용적인 종교로서 소외시킬 수 있고 그리고 시민과 민족 국가의 관계성에 대한 과거의 이해에 의존하고 있는 정의론들과 밀접하게 연관되어 있다.

둘째, 상황에 비추어 선교를 재정의하는 문제에 대한 것이다. 이 글은 세계화가 유일하고 단 하나의 과정이라는 생각에 강하게 저항한다. 대신에 거기에는 기독교에 대한 이런 도전들과 함께 상호 작용하는 일련의 도전들이 있다.

1945년 이래 서구 사회주의자들에게 지지된 방식들에는 계획할 민족 국가의 힘이 쇠퇴와 나란히 전 세계에 걸친 빠른 도시화가 있다. 이렇게 혼란스럽고도 빠르게 성장하는 도시 교회들과 다른 신앙 공동체들은 복음 전도를 추구한다. 그러나 그들은 그들의 도시 자체의 변화들에 대한 문화적 정체성을 그들의 정체성으로 갖도록 지속적으로 도전을 받고 있다. 또한, 그들은 정의를 위한 투쟁에 사로잡혀 있다.

나는 누스바움과 젠이 그들의 두 가지 중심적 생각과 함께, 이 혼란스러운 상황에서 하나의 방식을 제안하고 있다고 보여 주었다.

첫째, 재능의 방식이다. 어떻게 이런 재능들이 사용될 것인지를 규정하지 않고서도 정의를 위한 투쟁은 발전될 재능들을 허용하게 하는 것이다. 이것은 인격이 된다는 것이 무엇을 의미하는지에 대한 엄격한 정의를 이해하지 못한다는 것을 뜻한다. 하지만 그것보다는 누군가가 인격적 정체성이 무엇이든지 간에 그 자신의 인격적 정체성을 성취하는 것이라면 그는 필요한 부분에 관해서는 동의해야 한다. 이런 방식으로 다양성은 논쟁으로 설정된다.

둘째, 여러 다양한 정체성에 관한 것이다. 그것은 정의론이 여러 면이 될 수 있다는 것을 의미한다. 이 두 가지 생각은 생존하기 위한 투쟁의 복잡한 현실과 연관되고, 인격이 된다는 것은 모던적 도시와 연관된다.

결국 세계의 자본주의는 다시 개혁될 필요가 있다. 힉스(2000)는 이 부분을 잘 말하고 있다. 만일 많은 국가가 안고 있는 부채가 탕감될 수 있다면, 많은 선이 성취될 수 있을 것이다. 세계화의 복잡성은 많은 지역 문화를 한계점으로 이어지는 변화의 압박 아래 놓이게 하는 일련의 정보, 자본, 인간의 지역 흐름들로서의 현실에서 유래한다.

50년 전만 해도 정치 이론가들은 새로운 사회, 곧 사회 발전과 상호 연결지으려는 계획된 경제들을 창조할 수 있는 지배 존재로서의 국가 권력을 생각했다. 이것은 가치 있는 이상이었지만, 지금은 사라지고 더 이상 존재하지 않는다.

그 자리에는 세계 시장의 힘이 들어왔고, 교회는 교회가 가야 할 길에서 더 많은 희생자를 얻지 않으려고 투쟁해야 한다. 동시에 교회는 이 세계 시장의 힘을, 세계화의 도전들을 통해 말할 수 있는 복음의 역동성을 다시 찾으려는 도전으로 받아들여야 한다.

참고 문헌

Atherton, J. (2000). *Public Theology in Changing Times*. London: SPCK.
Ballard, P., and Couture, P. (1999). *Globalization and Difference: Practical Theology in a Global Context*. Cardiff: Cardiff Academic Press.
Barnet, R. J., and Cavanagh, J. (1994). *Global Dreams: Imperial Corporations and the New World Order*. New York: Simon & Schuster.
Bauman, Z. (1998). *Globalization*. Cambridge: Polity.
Bosch, D. J. (1996). *Transforming Mission*. Maryknoll, NY: Orbis.
Budde, M. and Brimlow, M., eds. (2000), *The Church as Counterculture*. Albany: State University of New York Press.
Bueno, R. N. (1999). "Listening to the Margins". In M. W. Demster, B. D. Klaus, and D. Petersen (eds.), *The Globalization of Pentecostalism*. Oxford: Regnum. Cadorette, C. (2000). "Legion and the Believing Community". In M. Budde and M.
Brimlow (eds.), *The Church as Counterculture*. Albany: State University of New York Press.
Castells M. (1997). *The Information Age*, 3 vols. Oxford: Blackwell.
Cohen, B. (2000). "Money in a Globalized World". In N. Woods (ed.), *The Political Economy of Globalization*. London: Macmillan.
Coyle, D. (2000). *Governing the World Economy*. Cambridge: Polity.
Davey, A. (2001). *Urban Christianity and Global Order*. London: SPCK.
Garrett, G. (2000). "Globalization and National Autonomy". In N. Woods (ed.), *The Political Economy of Globalization*. London: Macmillan.
Gascoigne R. (2001). *The Public Forum and Christian Ethics*. Cambridge: Cambridge University Press.
Gorringe, T. (1999). *Fair Shares: Ethics and the Global Economy*. London: Thames & Hudson.
Goverde, H. (2000). *Global and European Polity?* Aldershot: Ashgate.
Gray, J. (1998). *False Dawn*. London: Granta.
Green, L. (2001). *The Impact of the Global: An Urban Theology*. Sheffield: New City.
Gunnell, B., and Timms, D. (2000). *After Seattle: Globalization and its Discontents*. London: Catalyst.
Hay, C., and Marsh, D. (2000). *Demystifying Globalization*. London: Macmillan.
Hicks, D. (2000). *Inequality and Christian Ethics*. Cambridge: Cambridge University Press.
Jungja Ma (1999). "Pentecostal Challenges in East and Southeast Asia". In M. W. Demster, B. D. Klaus, and D. Petersen (eds.), *The Globalization of Pentecostalism*. Oxford: Regnum.
Kaul, I., Grunberg, I., and Stern, M. (1999). *Global Public Goods: International Cooperation in the Twenty-First Century*. Oxford: Oxford University Press/United Nations Development Programme.
Landes, D. (1998). *The Wealth and Poverty of Nations*. New York: Little Brown.
Lloyd, J. (2001a). "Blessed Are the Pure in Heart". *New Statesman*, 23 April, 8–10.
Lloyd, J. (2001b). "How New Labour Wrestled with a World it Never Made". *New Statesman*, 30 April, 9–11.
Madeley, J. (2000). *Hungry for Trade*. London: Zed.
Micklethwaite, J., and Wooldridge, A. (2000). *Future Perfect: The Challenge and Hidden Promise of*

Globalization. London: Heinemann.
Nussbaum, M. C. (2000). *Women and Human Development*. Cambridge: Cambridge University Press.
Ohmae, K. (1990). *The Borderless World: Power and Strategy in the Interlinked Economy*. London: Collins.
Reich, R. (1992). *The Work of Nations*. New York: Vintage.
Rugman, A. (2000). *The End of Globalization*. London: Random House.
Samuel, V. (1999). "Pentecostalism as a Global Culture". In M. W. Demster, B. D. Klaus, and D. Petersen (eds.), *The Globalization of Pentecostalism*. Oxford: Regnum.
Sassen, S. (2000). *Cities in a World Economy*. London: Sage.
Schaeffer, R. (1997). *Understanding Globalization*. London: Rowman & Littlefield.
Sedgwick, P. (1995). *God in the City*. London: Mowbray.
_____.(1999). *The Market Economy and Christian Ethics*. Cambridge: Cambridge University Press.
Selby, P. (1997). *Grace and Mortgage*. London: Darton, Longman & Todd.
Sen, A. (1999a). *Development as Freedom*. Oxford: Oxford University Press.
_____.(1999b). "Global Justice". In Kaul et al. (1999).
Seroke, J. (2000). "The Church – Advocate of Democracy". In L. S. Mudge and T. Wieser (eds.), *Democratic Contracts for Sustainable and Caring Societies: What Can Churches and Christian Communities Do?* Geneva: World Council of Churches.
Shriver, D. W. (2000). "The Taming of Mars: Can Humans of the Twenty-First Century Contain their Propensity for Violence?" In Stackhouse and Paris (2000).
Smith, M. P. (2001). *Transnational Urbanism*. Oxford: Blackwell.
Stackhouse, M. L., Dearborn, T. and Paeth, S. (2000). *The Local Church in a Global Era*. Grand Rapids, Mich.: Eerdmans.
Stackhouse, M. L. and Paris, P. J., eds. (2000). *God and Globalization*, vol. I: *Religion and the Powers of the Common Life*. Harrisburg: Trinity.
van Leeuwen, M. S. (2000). "Faith, Feminism and the Family in the Age of Globalization". In Stackhouse and Paris (2000).
Williams, R. (2000). *On Christian Theology*. Oxford: Blackwell.
Woods, N. (2000). *The Political Economy of Globalization*. London: Macmillan.

제5부

전망

제34장　사회정치적 정의를 위한 이슬람 탐구
제35장　아브라함의 신율 정치: 유대주의 견해

제34장

사회정치적 정의를 위한 이슬람 탐구

부스타미 모하메드 키르(Bustami Mohamed Khir)

오늘날 세계 정세에서 이슬람의 정치적 영향력은 넓은 관심을 끌고 있고, 분명 신조어 같은 이른바 '정치적 이슬람'(political Islam)에 관한 글들이 홍수처럼 범람하고 있다(Beinin and Stork 1997). 정치적 이슬람은 이슬람이 정치와 국가에 대한 이론이 있다고 주장하는 학설 또는 운동으로 정의된다(Ayubi 1991).

이런 현상은 현대성과 대립되어 보인다. 그래서 무슬림의 정치적 행동주의는 관행적으로 테러주의 혹은 극단주의와 단순히 동일시되고 있다. 많은 사람은 무슬림 세계 안에 있는 이슬람을 현대 사회적 관심사와 연관시키려는 지속적 움직임을 간과한다.

이 글의 목적은 사회정치적 정의에 대한 현대 이슬람 사상들의 출현과, 무슬림 단체들이 오늘날 무슬림 세계에서 이 사상들을 어떻게 서로 다르게 실현하려 하는지를 간략하게 검토하는 것이다. 현재 무슬림의 상황을 이해하기 위해서는 과거를 알아야 할 필요가 있다.

따라서 이 글은 이슬람의 정치 사상과 그 근원들의 발달에 영향을 준 주요한 변화들의 간략한 서론적 역사로 시작한다 그리고 이어, 현대 무슬림들에게 서구 제국주의가 미친 영향과, 이런 영향에 대한 반응으로 일어난 폭동과 개혁에 대해 개관한다.

정의에 대한 무슬림의 현대적 견해들은 서구 현대성과 만나는 상황에서 전개되어 왔다. 제기되었던 주요 쟁점들은 해방, 평등, 빈곤의 완화, 억압에 대한 저항이었다. 이런 문제들은 몇몇 영향력 있는 현대 무슬림 사상가의 견해를 참조하면서 간략하게 검토될 것이다.

아래 제시된 담론은 이슬람의 정치 윤리와 정치신학 간의 차이가 필연적인 결과라는 사실을 보여 준다. 하지만 정치신학이라는 용어는 그 말의 특정 기원 및 암시와 더불어 이슬람에 직접적으로 적용되지 못한다. 그래서 정치신학이라는 용어는 좀처럼 사용되지 않는다(Obermann 1935). 다른 문화를 서구 용어와 개념으로 기술하는 것은 단지 얼추 비슷하게 참고해 보는 경우 외에는 항상 문제가 따를 것이다.

따라서 여기서 사용된 방식은 이슬람이 자신에 대해 말하고, 자체의 용어로 이슬람의 생각들이 무엇인지 제시하게 하는 것이다. 유명한 프랑스의 동양학자 루이 마시뇽(Louis Massignon)이 제시했듯이, 그들의 본래적 상호 의존성, 친밀한 구조, 역사적 성장을 이해하기 위해서는 무슬림들이 그리는 사고의 범주들에 집중하면서 내부로부터 연구하는 것이 필수적이다(Kerr 1966:12에서 재인용).

1. 역사의 관련성

이슬람의 예언자 무함마드(Muhammad)는 610년경 그가 태어난 곳, 메카에서 설교하기 시작했다. 메카는 당시 아라비아의 중요한 종교적, 경제적, 문화적 요충지였다. 그의 초기 정치적 책략은 늘어나는 추종자들의 집단을 확보하는 것이었다.

처음에 그는 지하 운동을 조직하고, 그와 그의 추종자들이 피할 수 없었던 심한 반대와 박해에 직면해 평화롭고 수동적인 저항으로 대응했다. 이슬람은 메카 사회의 불의 때문에 가난하고 약한 자들을 해방하는 세력이 되는 것을 포함해, 여러 요인에 따라 탄력을 얻었다.

본고장의 메카인들은 그를 암살하려고 음모를 꾸미고 있었기 때문에 622년, 예언자는 비밀리에 근처 도시 메디나(Medina)로 이주하면서 메카의 시대가 끝났다. 그가 피신한 '히즈라'(hijra)는 중요한 축을 이루는 일종의 전환이었고, 무슬림에게 이들 달력의 시작 날짜가 이날로 받아들여졌다.

예언자 무함마드와 그의 추종자들이 겪은 억압에서의 '히즈라' 경험은 오랜 시대를 걸쳐 오늘날까지 무슬림의 전략들에 영향을 지속적으로 미치는 하나의 모범이 되었다.

무슬림의 새로운 고향 메디나는 거주인들이 합의한 계약을 따라 무슬림과의 동맹을 결정하면서, 무함마드의 지도 아래 이슬람의 정치 형태가 되었다(Bashier

1990:99-119). 어떤 작가들은 이것을 메디나 헌법이라 부른다(Watt 1968). 이 도시의 유대인들도 그 언약에 서명한 사람들 가운데 있었고, 그 같은 참여가 언약적 비무슬림(covenanted non-Muslims), 즉 나중에 이슬람의 영토 안에 살게 되는 '디히미스'(dhimis)라 불린 사람들과 관계하는 하나의 토대를 놓았다.

예언자는 정치적, 종교적 권위를 행사하고 그 사회를 규제하는 다양한 법들을 실행하는 메디나의 사실상의 지배자가 되었다. 출현한 무슬림 장치 조직은 메카의 부족들을 포함한 인근 부족들과의 여러 전쟁에서 승리했다. 이렇게 군사적 투쟁인 '지하드'(jihad)는 방어, 생존, 지배를 위한 이슬람의 중요한 도구가 되었고, 오늘날에도 이런 투쟁의 외침이 계속되고 있다.

623년 예언자의 죽음으로 초래된 후계 문제는 칼리프라는 지위의 최초 제도를 구성함으로써 재빨리 해결되었다. 약 30년 동안, 무슬림의 통치 아래 있던 그 지역이 순식간에 확장되어 아시아와 북아프리카의 넓은 영역을 포함시키면서 칼리프 체제는 더 공고해졌다. 칼리프들의 처음 네 정부를 형성한 합법적인 전례들은 수니파 이론들 안에서 초기 발전을 시작했으며, '알라쉬둔'(올바로 인도된)으로 묘사되었다.

'알 라쉬둔'(al-rashidun)의 실천들은 의견의 합의를 뜻하는 '지마'(jima)에 의해 지지된다는 신념 속에 후세대에게 권위로 이해되었다(Maududi 1980:203). 이 같은 논증의 맥락에서 유래한 가장 중요한 원리는 칼리프 제도가 회의와 동의에 근거한 선택의 직무였다는 것이다.

수니파들은 그들이 보고한 내용에서 첫 번째 칼리프 교주인 아부 베커(Abu Baker)가 예언자의 죽음 이후에 메카의 중요한 인물들의 모임에서 선택되었다는 것을 입증했다.

두 번째 칼리프 우마르(Umar)는 그가 메디나에서 공적 설교에서 다음과 같이 언급한 말로써 인용되었다.

> 만일 어떤 사람이 무슬림에게 의견을 묻지 않고 어떤 사람에게 충성을 서약한다면, 그는 복종하는 것이 아니다.

그렇지만 선거 절차를 집행하는 일치된 정확한 방식이 있지 않아 보였고, 또한 두 번째, 세 번째, 네 번째 칼리프 선택은 변형된 방법들을 따랐다(Khir 1996:85-86). 그럼에도 불구하고 현대 사상가들은 그런 원리를 민주주의적 규칙의 근거로 사용한다.

'라시둔' 칼리프의 모델은 오래 가지 않았다. 약 30년 후 내전이 일어났다. 갈등의 여파로 통치의 형태에 주요한 변화가 일어났던 것이다. 처음에는 동의에 근거한 선택받은 권위였던 칼리프가 힘 위에 세워진 '물크'(*mulk*)라는 군주 제도로 변형되었다(Ibn Khaldun 1958:598-608). 무슬림은 고대 제국에 흔한 것이던 통치 형태를 받아들였고, 권력은 세습으로 이양되었다.

통치권을 잡은 첫 번째 가문은 우마니아드 왕조였고, 이들의 제국적, 독재적 유형의 통치는 20세기가 시작하면서 지배의 종말을 맞은 오스만 시대까지 무슬림 역사 내내 계속되었다.

이렇게 전개된 결과 중 하나는 무슬림 사회가 사실상 사회의 사안들을 정부와 독립적으로 관리하는 역할을 맡기 시작했다는 것이다. 정부의 개입에서 자유로운 비정부의 자율은 여러 것 가운데 교육, 건강, 교통, 사원(mosques) 그리고 영적 질서를 포함했다.

거대한 기부 사업 제도인 '아우콰프'(*awqaf*)는 업무를 통해 수입을 창출했고 이들의 독립을 용이하게 했다.

> 이런 제도들은 오늘날 우리가 시민 사회라고 여길 제도들과 비슷한 역할을 했다 (Hashmi 2002:61).

2. 정치 사상의 출처

수용된 정치적 원리들의 기원은 이슬람의 성스러운 책인 꾸란에서 발견된다. 무슬림은 예언자의 실천과 전통들을 꾸란의 정치적 가치들의 실천적 모범과 설명으로 이해했다. '하디스'(*Hadith*) 혹은 '순나'(*Sunna*)로 불린 전승들은 수많은 책 속에 수집되었고, 비판의 다른 방법들을 적용함으로써 입증되었다.

이런 예언적 전승들은 무슬림의 역사를 통해 정치 활동의 지침으로 활용되는 많은 원리를 포함한다. 꾸란과 하디스에 더해, 정치에 대한 다양하고 많은 이론가가 있었다. 여러 사람 가운데에는 법학자, 신학자, 철학자, 윤리학자, 역사학자들이 포함되어 있었다.

정치의 복잡한 성격과 많은 분야와 관련된 연계는 다른 배경에서의 다양한 접근을 필요로 했다. 하지만 정치는 다른 것에 의존함 없이 하나의 분야로 발전되지는 않았다. 법(*fiqh*)은 통치 문제들을 논하는 가장 적절한 자리인 것으로 여겨졌다(Rosenthal 1958:38). 정치적 문제들에 관심을 가졌던 '피크'의 분과들은 입법, 행정, 국제법 같은 현대 용어로 표현될 수 있었다.

신학에서는 서로 다른 사상의 학파들이 출현했다. 이들 중 두 학파가 가장 중요한데, 하나는 수니파(Sunnites)이고 다른 하나는 시아파(Shiites)다. 시아파는 지도권 원칙을 믿음의 주된 원리들의 하나로 간주했고, 그러므로 지도권 원칙은 법학보다는 시아파 신학에 주로 포함되었다.

또한, 철학에서도 어떤 발전이 있었다. 그리스의 정치 철학을 아람어로 번역한 것들에는 플라톤의 작품들, 『국가』와 『법』이 있었지만, 아리스토텔레스의 『정치학』은 없었다. 결과적으로 플라톤의 주제들과 접근들은 무슬림의 정신을 지배해 왔다(Butterworth 1992).

다음 세 가지 특성이 무슬림의 정치를 특징지었다.

첫째, 계시와 헬레니즘 간 종합을 시도한 것을 제외하면 대체로 무슬림의 정치 철학은 창의적이지 않고 모방적이었다.
둘째, 무슬림의 정치 철학은 관념론적이고 거의 실천적 영향을 주지 않았다.
셋째, 무슬림의 정치 철학과 시아파의, 특히 극단적 형태들과의 밀접한 연관 때문에 정치 철학은 주류 이슬람에서 소외되었다.

3. 서구의 영향

현대 이슬람의 역사는 흔히 "서구의 영향 또는 더 구체적으로 유럽 제국주의의 영향(제국주의의 도착, 확장 그리고 제국주의가 개시한 변혁 과정)으로 시작하면서 정의된다"(Lewis 1996:273). 이런 영향은 1792년 러시아가 오스만을 패배시킨 것이나 1798년 이집트에 나폴레옹이 도착한 것으로 거슬러 올라간다.

또한, 이런 서구의 영향은 20세기에 탄력을 받았다. 여러 자연적이고 역사적 이유에서 터키, 이집트, 인도는 이슬람과 서구의 갈등과 마주하는 최초의 지역이었다. 터키의 변화는 무슬림의 땅에 서구화 과정에 대한 기준적인 예로 제시된다.

서구화의 첫 번째 '먹잇감'은 전쟁을 치르면서 빌려온 서구의 과학 기술 형태로, 셀림 3세(1789-1807)의 시대에 전통적 오스만 제도 속으로 주입되었다. 하지만 이 초기 단계가 모든 점에서 서구를 모방한다는 강력한 압박을 일으켰다.

몇 십 년 뒤, '탄지마트'(Tanzimat)라고 불린 새로운 개혁들은 두 경쟁적인 체제로 양분된 사회를 도입했다.

> 정치와 행정에서, 교육과 지적 삶에서 제도의 두 체제, 개념의 두 체제, 두 애국심(하나는 옛날 체제고 다른 하나는 새로운 체제다)은 나란히 평행을 이루고 있었다(Berkes 1959:17).

서구 현대화의 힘은 1867년에 서구의 헌장과 구성된 의회를 모델로 한 오스만 헌법의 선포로 계승되었다. 그런데 헌법과 의회는 그다지 오래 가지 않았다. 전통적 체제는 1918년, 제1차 세계 대전에서 오스만이 패배한 후, 그 체제가 완전히 붕괴되기 직전까지 저항하고 있었다. 1924년 3월 3일에, 칼리프는 폐지되었고 마지막 오스만의 이슬람국 군주는 그 나라에서 추방되었다(Black 2001:311-14).

오스만 칼리프의 몰락으로, 무슬림 세계의 모든 지역은 서구의 세속주의로 확산되고 있었던 이슬람이 국가의 권력을 배제했다. 힘을 상실한 이슬람의 새로운 현상은 해방 운동에서 근본주의에 이르기까지 당시 무슬림의 정치적 생각과 경향을 이해하는 열쇠가 되고 있다. 서구 모더니티를 정치적, 경제적 및 문화적인 형태로 이슬람 영토에 소개하는 것은 상황을 뒤바꾼 결과가 되었다.

그 영향은 파괴적이기도 하고 건설적이기도 했다. 분명히 제국주의는 무슬림 문화를 해체시켜 그 문화는 서구의 사고와 행동 양태로 변모되었다. 그러나 현대화는 무슬림에게 유익한 것이었다고 주장할 수 있다. 제국주의의 대차 대조표는 의심 없이 평가하기가 어려웠다(Fieldhouse 1976:42).

하지만 무슬림은 일반적으로 악들이 유익을 능가한다고 믿었다. 제2차 세계 대전의 뒤를 이었던 탈식민지 후에 많은 사람은 신식민주의나 세계화나 그 어느 것이든 여전히 그들의 정치적, 경제적 발전을 서구의 지속적 지배로 생각했다.

무슬림 국가의 현실은 다음과 같은 말로 잘 묘사된다.

> 지난 20세기 중 10년 동안, 중동은 두 가지 중대한 위기들을 만났다. 그 중 하나가 경제적이고 사회적인 위기이다. 즉 경제적 박탈과 경제적 혼란 그리고 그들

의 사회적 결과들로부터 일어나는 어려움들이었다. 다른 하나는 정치적 사회적 위기, 곧 합의의 붕괴(정치 형태가 작용하고, 한 사회가 자율적 정부 아래서도 기능할 수 없는 원리와 규율을 일반적으로 받아들여진 체계의 붕괴)였다(Lewis 1996:485).

4. 이슬람의 폭동과 개혁

알제리 사상가 벤나비(Bennabi)는 현대 무슬림의 혼란이 식민지의 결과일 뿐 아니라 무슬림 사회가 약해지고 쇠퇴한 결과라고 주장했다. 그는 식민성이라고 일컬은 한 상태로 무슬림을 이해한다. 그러나 그의 견해에서 식민지화는 종국적으로 약하게 된 이 상태를 부정하고, 개혁을 위한 하나의 자극으로 행동한다는 것이다. 그는 다음과 같이 설명했다.

누군가는 식민지화가 식민지화된 사람들의 삶 속에 스스로 식민지성을 극복하도록 도움을 주는 모순된 행위자로 소개했다는 것을 찾아낼 것이다. 식민지의 중재를 통해서 식민지성은 식민지화된 사람들의 의식 속에 있는 그 자체의 부정이 된다. 식민지화된 사람의 의식이 스스로 비식민지화를 하게 한다(Bennabi 1987:53).

"유럽은 침묵과 생각의 진영에서 폭발하는 다이나마이트의 역할을 아무런 의식도 하지 않은 채로 담당했다"(1987:53)는 벤나비의 표현은 폭동에 의해 그리고 무슬림 세계를 식민지화하는 기간과 그 후에 표면화되었던 개혁 운동들을 통해 탄생되었다는 것이다.

특히, 초기 식민지주의에서 일어났던 폭동 대부분은 주로 유럽의 제국주의적 정복들에 저항하기 위해서 발생했다. 무슬림은 동남아시아에 있는 네덜란드인, 인도에 있는 영국인, 코카서스에 있는 러시아인, 알제리아에 있는 프랑스인 그리고 리비아에 있는 이탈리아인에게 저항했다(Keddie 1994; Peter 1979).

제2차 세계대전이 끝난 직후, 독립을 위해 싸운 쓰라린 해방을 쟁취하려는 전쟁들이 있었다. 가장 중요한 전쟁은 알제리아의 독립 전쟁이었다. 이 전쟁은 거의 7년 이상을 끌었고 수십만 명의 무슬림인과 프랑스 군사와 시민의 목숨이 희생되었다. 1948년 이스라엘의 탄생은 현재에 이르기까지 지속되어 온 레지스탕스 운동을 촉발시켰다.

지성적 차원에서 개혁 운동들은 무슬림 사상이 정체되고 쇠퇴해 간다는 사실을 알리려고 했다. 부흥 운동은 이슬람의 전통 속에 깊이 뿌리박혀 있었고, 무슬림인들은 생각과 실천을 새롭게 하고 수정하는 지속적 순환이 있다고 믿는다. 이슬람 역사를 통해 개혁의 역할에 도움을 주었던 많은 사상가가 있었다(Esposito 1984:2장).

현대에 일어났던 개혁 운동들은 지대한 관심을 끌었고, 그 운동들에 관한 엄청난 문헌이 있다. 역사적으로 다양한 국면들을 밝히는 것이 가능하다(Keddie 1994).

18세기와 19세기 운동들 중 최초로 유명한 운동은 주로 교리와 실천의 순수성을 지지하는 것과 무장된 투쟁, 특히 유럽의 제국주의와 맞서기 위해 '지하드'를 활용하는 운동이었다. 19세기 후반과 20세기 초의 운동들은 대부분 서구의 문화적이고 정치적 지배로부터 해방의 수단으로서 지성적 개혁주의에 대한 관심이었다.

개혁의 다음 국면은 제2차 세계대전 전에 세속적 서구의 체제들을 대체할 이슬람의 사회-정치적 체제들을 세우려는 이상으로 나타났다. 20세기 후반부에 개혁적 혁명 단체들은 그들의 이상들과 체계들을 달성하는 방법들에서 더욱 다양해졌다. 1979년 이란의 혁명이 성공한 것은 이슬람의 정치적 행동주의를 강화시켰고 그것을 더욱 현실화하게 만들었던 영향이었다.

5. 사회정치적 정의의 개념들

현대 이슬람의 지성적 개혁은 서구 모더니티와 밀접하게 마주하는 상황에서 전개되었다.

그러나 생각과 개념의 서구적 양태에 단순히 영향을 받는다고 생각하는 것은 순진한 견해인지 모른다.

> 새로운 힘에 반응했던 사상과 예술적 창조의 활동들 그리고 유럽의 사상들은 대부분의 사상가와 작가의 작업에서 과거와의 완전한 단절을 제시하지 못했고, 오히려 대략적으로 새로운 세계로 변하는 사회들의 필요를 사상의 전통적 범주들로 수용하려는 책임 있는 시도를 제시했다(Hourani 1991:128-9).

이것은 주목할 만하다. 위에 언급한 부분에 비추어 보면, 외적인 영향과 내부로부터 일어나는 내적인 변화에 반응하는 이 이중적인 면에서 이슬람 안에 있는 사회, 정치적 정의의 현대적 견해에 대한 발전을 보여 주는 것은 중요하다. 기본적으로 사상가들은 전통적인 개념들을 사용하고, 그런 개념들을 현대 언어로 제시하려고 시도해 왔다.

사회정치적 정의를 위한 탐구는 이론화와 행동화를 포함시켰고, 그러한 정의에 공헌한 사람들은 폭넓은 운동가들의 범위를 나타내었다. 그러나 아래의 사상가들의 저작들은 가장 영향력이 있었다.

선구적 저술은 시리아의 무슬림 형제단 운동의 지도자인 무스타파 알-시바이(1914-1964)의 『이슬람의 사회주의』였다(Enayat 1982:144-149). 현시대에 이슬람주의의 유명한 이집트 옹호자인 사이드 꾸뜹(1906-66)의 저술들은 수많은 행동주의자에게 지대한 영향을 미쳤는데, 특히 그의 책 『이슬람의 사회 정의』(Shepard 1996)가 상당한 영향을 미쳤다.

동일하게 중요한 사상은 파키스탄 사상가 사이드 아불 알라 알-마우두두이(1903-79)의 정치적 사상과 레바논에 있는 히즈불라(신의 정당)의 시아파 사상가인 무함마드 우세인 파들라하(b. 1986)의 정치적 사상이다. 이러한 인물들의 개개의 저술들을 따로 점검하는 것은 불가능하다. 하지만 사회 정의에 대한 현대 이슬람의 사상을 일반적 동향으로 묘사하기 위해서는 특히 꾸뜹의 작품들에 집중하여 약간의 선택된 개념들을 제시하는 것으로도 충분할 것이다.

6. 해방의 의미

꾸뜹(Qutb)의 견해에서 이슬람의 사회 정의에 대한 토대는 인간 본성을 지배하는 모든 인간의 영혼을 완전히 해방시키는 것이다. 이 해방은 이슬람이 인간과 신 사이에 설정하는 관계에서 파생한다(Shepard 1996:41-56). 신은 종교 경험의 본질이고, 이슬람의 신앙 고백인 '샤하다'(shahada)에서 무슬림은 신만이 신이라고 증언한다.

신의 이름인 알라는 단순히 '유일한 신'이란 뜻이다. 간결한 이 진술은 긍정적이면서 동시에 부정적이다. 그것은 인간존재의 양심, 생각, 행동에서 중심적 자리를 차지해야 하는 신의 존재를 긍정한다. 그것은 신보다 다른 어떤 것에 인간이 예속되는 것을 부정한다(Al-Faruqui 1992).

꾸틉이 주장하듯이, 이 부정이 복종과 지배의 모든 형태로부터 인간을 해방한다. 신에게 예속되는 것만이 그 자체나 다른 인간존재들에 노예가 되는 것으로부터, 욕망과 두려움으로부터 그리고 외적인 환경과 사회적 압박으로부터 그 영혼을 자유롭게 한다.

꾸틉은 다음처럼 주장한다.

> 따라서 이슬람은 인간 본성 속에 있는 지고한 힘과 가장 큰 욕망들을 깨우치고 또 그것들을 통해 영혼의 완전하고 분명한 해방을 위해 밀어붙인다. 만일 해방이 없다면, 그것은 약함, 복종, 노예를 만드는 요인들에 저장할 수 없고, 사회 정의에서 그것의 공유를 요구하지 못할 것이다. 또한, 이슬람은 정의가 주어지면, 정의에 대한 부담감으로 그것을 성취하려고 참지 못할 것이다(Shepard 1996:56).

꾸틉은 사제직이나 신성한 계급제도든 어떤 형태에서도 신과 인간 사이에 중재가 없어야 한다는 견해를 주장한다. 특히, 꾸틉이 인간 정신의 자유를 신학적으로 논증하는 것은 억압을 정당화하기 위해 종교를 도구로 사용하는 권력자들에 의한 종교의 오용에 직면해 있다는 점에서 이상적이다.

무슬림의 종교 학자들인 '울라마'(*ulama*)는 그들의 세상적 관심을 위해 종교를 착취했고, 역사를 통하여 그리고 현대 무슬림 국가들에서 부와 권력에 의해 가난한 자를 착취하도록 도왔다. 비록 꾸틉이 그와 같은 착취가 일어났다는 것을 인정한다고 할지라도, 그는 학자들의 태도를 비난했다.

왜냐하면, "이 종교의 참된 정신은 그와 같은 행위를 부정하기 때문이다." 그는 소외된 자들에게 그들의 권리를 요구하도록 독려했고 억압하는 지배자들과 그들에게 불의를 일삼는 검찰관들을 비판했던 다른 종류의 종교 학자가 존재했었다고 덧붙였다(Shepard 1996:15).

정신적 해방은 그들 자신의 편에 있지 않았다. 하지만 그는 정치적, 법적, 경제적 정의를 위한 토대가 되어야 한다고 주장했다. 이는 이슬람이 "영혼의 힘과 생명의 실천적인 면을 인식하기"(Shepard 1996:56) 때문이다. 다시 말하자면 해방은 정신적이고 물질적이어야 한다는 것이다.

7. 평등성

사회 정의를 위한 꾸틉의 두 번째 토대는 그가 꾸란과 수니파의 주요 문서들을 인용하고, 입법적 기초들과 역사적 전례들을 언급하면서 상세히 말하고 있는 부분이 평등성이다(Shepard 1996:566-68, 182-276).

이슬람의 평등성 이론은 인간이 동일한 기원에서 창조되었다는 믿음에 의존하고 있다. 꾸란의 본문은 모든 사람이 동일한 한 쌍으로부터 내려왔고, 인간들은 서로 협력하고 상호 향상시키기 위해 부족과 민족으로 구성된다고 선포한다. 따라서 인종에 근거하는 차별성이나 우월성을 위한 어떠한 주장들이 제거된다.

예언자의 전통은 그가 말했던 것에서 흔히 인용되고 있다.

> 오, 백성들아. 정말로 너의 주는 하나이고 너희의 아담도 하나이니라. 진심으로 비아랍인에 대한 아랍인의 우월성이 존재하지 않으며, 또한 흑인에 대한 붉은 사람의 우월성도 존재하지 않느니라(Qur'an 49:13).

결과적으로 도덕적 가치들과 합법적 명령은 단 하나며, 인간의 어떠한 계층들로 제한할 수 없다. 인간은 이 세상과 다음 세상에서든 법 앞에서 그리고 신 앞에서 권리와 의무가 평등하다(Shepard 1996:56-7; Al-Faruqi 1992:96; El-Awa 1980:110-13).

평등성의 원리에 근거하여 이슬람은 현대 인간의 권리들과 균등한 기본적인 개인의 권리들을 요구했다고 주장한다. 그 같은 문제에 대한 논쟁은 격렬하고, 거기에는 불일치하는 부분이 많이 존재한다.

한편으로는 이슬람의 정치적 문화가 인간의 권리들을 보호하기 위해 처신하는 것이 아니라는 견해가 있다. 이것은 수많은 무슬림 국가 안에 있는 인간의 권리에 대한 현재 가난한 자들에 의해 지지되는데, 특히 이슬람의 정치적 목표를 가지고 있는 사람들의 기록된 예들에 의해서 지지된다. 종교적 소수자들(전통적으로 '디미스'라 불린 기독교인이나 유대교인)의 입장도 차별과 불평등의 증거로 사용된다(Price 1999:157-176).

성 불평등과 여성의 탓으로 돌리는 열악한 상태에 반대하는 문제들도 제기되었다. 수많은 무슬림 여성은 현대 무슬림 사회에서 그들의 권리를 변호하기 위해 여권주의로 돌아왔다(Price 1999:161). 그렇지만 많은 작가는 이슬람이 확고하게 세워진 법의 테두리 안에서 다양한 개인의 권리들을 구체화시켰고, 평등의 근거 위에서 모든 인간에게 법을 제공했던 것을 언급해 왔다(Moussali 2001; Osman 2001; Mawdui 1976).

이슬람 안에서의 인간에 대한 권리들의 근거들은 현대적 오해들을 불러 일으키는 이유들 중의 하나다. 이슬람의 법은 "후쿠크 알-이바드"(개인의 권리들)라고 불렀던 것에 대해 말해 왔고, 법률인들은 보호되어야 하는 다섯 가지 필요성, 즉 생명, 종교, 재산, 지성 그리고 명예를 언급한다.

이런 토대들 위에 세워지는 현대 이슬람 사상가들은 모든 개인이 향유해야 하는 수많은 기본적 권리를 열거해 왔다. 그들 중 더러는 간략하게 아래서 논의될 것이다. 마우두디(1976)는 인간 영혼의 성스러움을 보호하는 것이 중요한 의무로 구성되어 있는 생명의 권리를 처음으로 언급하고 있다.

"법의 정당한 과정을 통한 것을 제외하고는 신이 성스럽게 만든 영혼을 죽이지 말라"고 말한 꾸란의 구절은 생명의 권리를 지지하기 위해 인용되고 있다. 법정은 사형 선고를 무시할 권리가 있다. 그 구절 속에 있는 영혼이라는 말은 일반적이고, 인종, 국민성 혹은 종교에 근거된 어떠한 특이성이나 차별성이 없이 모든 사람을 포함한다.

그러므로 인간의 생명은 성스럽고 모든 상황 속에서 보호되어야 한다. 만일 한 인간이 굶주림과 질병과 같은 원인으로 죽음의 위험에 처해 있다면, 무슬림은 개인적으로 혹은 집단적으로 삶의 어떤 결과로서 일어나는 상실감을 막기 위한 수단을 제공할 의무를 갖는다(Mawdudi 1976).

필요한 사람과 가난한 사람에게 음식을 제공하는 것은 부자들에게 부여한 의무이다. 왜냐하면, 꾸틉에 따르면 "필요보다 더 큰 굴욕적인 원인은 없으며, 굶주린 배는 지고한 이상을 알지 못한다"(Shepard 1996:55). 마우두디의 견해에서 명예를 보호한다는 것은 또 다른 중요한 권리다.

그는 다음과 같이 말하는 꾸란을 인용한다.

> 다른 모임의 사람들을 믿고 자유롭게 하는 당신은 다른 그룹에게 즐거움을 주는 사람이다. 당신은 다른 그룹에게 중상모략하지 말며, 애칭을 사용함으로써 서로를 모욕하지 말며 그리고 서로에 대해 나쁘게 말하거나 험담하지 말지어다 (Qur'an 49:11, 12).

이러한 명령들은 도덕적 가치들 뿐만 아니라 이슬람의 법 안에서 조화를 이루는 형벌을 포함시켜 왔다. 중상모략은 범죄의 심각성과 유형에 따라 불이익에 대한 책임을 져야하는 범죄다(Mawdudi 1976:26). 종교적 믿음들과 감정들은 명예와 존경을 받아야 하는 것들이며 "이러한 믿음과 감정들에 대한 권리가 침해받는 말을 하거나 행해서는 안 된다"(Mawdudi 1976:33).

성의 평등과 사회에서의 여성의 지위에 대한 문제는 상당히 주목을 받고 있고, 여기에서는 간략하게 언급할 수 있을 것 같다.

알-파루키(al-Faruqi)는 이렇게 주장한다.

> 남성과 여성은 그들의 종교적, 윤리적, 시민적 권리들, 의무와 책임에서 평등하게 창조되었다(Faruqi 1982:133-134).

하지만 "몇 가지 예외가 있다. 그런데 이러한 예외들은 아버지와 어머니로서 그들의 기능과 관련되어 있다." 꾸란의 많은 구절은 성의 평등을 제정했다(3:195; 9, 71-2; 16:97). 남성과 여성은 서로 다르지만, 상호 보완적 역할로 주어졌다. 아이들을 키우고 가정을 돌보는 어머니의 기능과 가정을 지키고 가족의 생계를 책임지는 아버지의 기능은 남성과 여성 속에 있는 다른 육체적, 정신적 그리고 감정적 구성요소들이라고 부른다.

역할에서의 차이는 남성과 여성의 역할이 윤리적 규범을 통해 보호되어야 하고 재능, 에너지, 자기실현을 요구하는 것이지 차별이나 분리를 의미하지 않는다. 성의 활동에 대한 이러한 영역들은 자연적 적성이나 필연성이 이런 욕구를 만드는 수용된 경계들을 통상적으로 능가할 수 없다.

무슬림 사회에서 종교적 소수자들의 권리와 다른 믿음에 대한 이슬람의 태도는 특별한 설명을 요구한다. 알-파루키(1998:281-301)는 이슬람은 모든 인간이 종교적이 되려는 경향을 가지고 있고 그가 자연 종교라고 부르는 것을 발전시킬 수 있다고 인식해 왔다고 주장한다. 다른 차원에서 이슬람은 신은 모든 민족에게 계시적 지식을 주었다고 확신한다.

하지만 시간이 경과함에 따라 신적 영감의 종교는 역사적 종교로 변형되었다. 그러므로 믿음 간의 대화는 이슬람을 포함하여 각 종교의 신적 기원들을 발견하기 위해서 또 이러한 종교적 기원들과 역사적 형태들을 구별하기 위해서 이슬람에 의해 고무되고 있다.

기독교와 유대교와 마찬가지로 이슬람도 그들의 신념들 중 많은 부분과 그 자체를 동일시해 왔고, 또 그 자체가 신념들과 무슬림들 간의 수많은 간격을 메꾸어 왔다. 무슬림 법률가들은 조로아스터교인, 힌두인 그리고 불교인처럼 이슬람과 충돌하는 다른 종교적 집단들을 포용하기 위해 이러한 특권들을 확장시켰다.

알-파루키(1998)는 비무슬림을 위한 수많은 권리, 즉 그들의 믿음을 지킬 권리, 그 믿음을 공적으로 표현할 권리, 그들의 자녀들에게 그 믿음과 일치하여 가르칠 권리 그리고 그들 자신의 가치체계에 적절한 모든 문화적이고 사회적 규범들을 실현할 권리들을 계속해 언급한다.

8. 빈곤의 완화

빈곤 문제를 논하는 꾸틉(Shepard 1996)은 빈곤을 사회적 불평등에서 유래하는 가장 큰 악들 중의 하나로 여긴다. 그러므로 빈곤을 경감시키는 일은 이슬람의 사회 정의의 제도에 가장 중요한 토대가 된다. 꾸틉과 다른 이슬람 저자들은 분배적 혹은 경제적 정의와 같은 용어를 사용하지 않는다. 그들은 그 용어를 '사회 연대'(al-takaful al-ijtima'i)로 바꾸었다.

꾸틉, 알-시바이, 마우두디의 초기 저술들이 출판된 이후에 이슬람 경제학(Siddiqi 1981)으로 알려진 상당한 양의 문서들이 나타났다. 경제 체제에서 정의는 이슬람의 중요한 목표가 되어야 하고, 부의 의견을 존중하고 소중히 여겨야 한다. 기본 원리들 중 하나는 사적 소유권의 권리인데, 이는 "노력과 상급의 균형을 성취하고 인간 본성과 조화를 이루기" 때문이다(Shepard 1996:126).

개인의 관심들과 사회의 관심들의 균형을 깨뜨리기 위해서 이슬람은 모든 것의 참된 주인은 신이라고 확신해야 한다. 실제적인 의미에서 사회는 신을 대신하여 재산의 원 소유주고, 개인은 청지기로서 재산을 소유하고 있다. 사적 재산들에 대해서는 도덕적이고 입법적인 통제들이 있고 만일 그런 통제들이 충족되지 않는다면, 사회는 사적 재산을 다시 요구하는 권리를 갖는다.

내정 간섭의 권리는 엄청난 필요의 상황 속에 있는 법정과 정부에게 주어졌다. 사회는 이러한 것을 소유할 권리를 가지고 있다. 부를 획득할 권리는 다른 수단들을 통해 규제되고, 노동의 결과로 성취될 수 있어야 한다는 것은 가장 중요하다.

이런 근거에서 이슬람은 독점권, 고리대금 및 사기치는 상업에 반대한다. 생산의 윤리적 원리들은 규제하는 방식으로 정의될 수 없지만, 주어진 어떤 상황들 속에서 결정하는 사회 질서를 방치하기는 해도, 공정한 급여와 공정한 가격 그리고 공정한 이윤을 포함하고 있다. 소비도 도덕적이고 합법적 규칙들을 통해 통제한다.

이슬람은 소비하는 것이 부의 기능을 성취하는 데 중요하다는 것을 깨닫는다. 그렇지만 소비는 적절하게 기본적 필요를 충족하도록 떠맡아야 한다. 이슬람은 사치를 미워한다. 꾸란(17:16)은 사치를 부패의 원인들 중 하나고 공동체의 도덕성을 쇠퇴하는 징조로 묘사한다. 사치는 궁극적으로 문명의 근거 위에서 완전한 파멸의 길로 들어가는 지름길이다(Shepard 1996:128-161).

꾸란은 부의 분배와 순환에 대해 이야기하고, 몇 사람의 손에 부가 축척되어서는 안 된다는 원리에 기초한다(59:7). 그러므로 여러 방법은 더 넓고 공정한 부의 분배를 확보하기 위해 계획되어야 한다.

이런 방법들 중 하나는 '짜케트'(zaket)라고 불리는 것으로 세금을 공유하는 부인데, 세금은 공동체의 간주된 권위를 적절하게 지불해야 하는 연례 부과금이다. 이것은 규정된 최초한을 능가하는 유형에 2.5퍼센트의 적정한 비율로 부과된다. 이 기금의 수령인들은 엄격히 한정하여 가난한 자와 필요한 자를 포함시킨다.

분배 정의의 다른 방법은 투명성이고, 비록 입법적 의무가 아니라 도덕적 의무로 구성되어 있다고 할지라도 꾸란은 분배 정의를 강력하게 추천하고 있고, 그 정의를 큰 상을 받을 만한 보상으로 기술한다.

역사를 통하여 무슬림의 기부는 정부와는 독립적으로 공동체를 섬기기 위해 여러 기관을 설립해 현대 시민 사회에 많은 방법으로 중요한 역할을 맡아 왔던 정의 형태다. 상속에 대한 이슬람의 규율은 그 사람과 가까운 친척들 가운데 누군가가 죽은 후 부의 분배를 안전하게 하는 다른 수단들이다(Shepard 1996:142; Al-Faruqi 1992:181).

이런 규율들을 적용하는 것은 의무적이고, 한 사람이 허용한다고 해도 개인의 바람과는 독립되어 있지 않다. 만일 의지가 확고할 경우에, 그 사람의 재산은 삼분의 일로 제한한다. 또한, '짜케트' 외에 부에 대한 의무는 이를테면, 기근의 때에 강제적인 필요성을 부가한다.

샤리아라고 불렀던 법의 포괄적인 규정에 대한 일반적 목적을 사용하는 꾸틉은 사회의 일반적 복지를 돌보기 위해 세금을 허용한다(Shepard 1996:165). 알-시바이는 만일 개인 소유로 남아 있기를 원할 경우에 공적 필요를 독단적으로 착취하는 어떤 자원이나 물질에 대한 국가주의를 지지하는 동일한 원칙들을 사용한다(Enayat 1982:146).

경제적 정의에 대한 이슬람의 저술들은 이상주의적인 경향이 있고, 그 저술들은 심각하게 실천의 시험으로 다루지 않았다. 그렇다 하더라도 그러한 저술들은 강력한 비판에 직면했다. 민체스(Mintjes, 1977)가 논증하기를, "이러한 주장 속에 있는 변증적인 과장은 부정될 수 없다." 더욱이 그 저술들은 모순과 일관성에 대한 비난이 있었다.

쿠란(Kuran)은 다음과 같이 말한다.

> 그들의 야망적인 주장에도 불구하고 이슬람의 경제학자들은 존재하는 사회적 질서에서 그들이 발견하는 사회적 부정의는 이슬람의 질서로부터 부재할 것이라는 사실을 규정하려고 하지 않았다. 그들은 부의 분배가 상대적으로 이슬람의 질서에서 더욱 평등할 것이라는 것을 보여 주지도 않았고, 또한 공정에 대한 그들 자신의 기준에서조차도 이슬람의 질서가 더욱 공정하다는 것도 보여 주지 못했다. 그들이 제안하는 금지명령은 비일관적인 것들로 가득 차 있다(Kuran, 1989).

9. 억압에 대한 저항

고전 작가와 현대 작가들의 이론에서 이상적인 이슬람의 사회 질서는 정의에 근거한다. 이 모델의 특징들 중 하나는 피지배자의 '선택'(ikhtiyar)을 통해 힘이 주어지고 집단적 합의(shura)를 통해 지배하는 선거에 의한 권위를 세우는 것이다. 현대 해석들은 이슬람의 지배 속에 민주주의적 요소가 있거나, 아니면 적어도 이슬람이 민주주의를 숨기지 않거나 가혹하고 전체주의적 지배를 용이하게 한다고 주장하려는 경향이 있다(Price 1999:137).

그렇지만 이슬람 역사에서 초기 이래로 정치적 현실은 무슬림인들이 이상적인 것으로 인식했던 예리한 출발점을 증언했고, 권위적 지배자들은 대략적으로 현재까지 올바르게 규범적이었다. 따라서 억압하는 체제에 대한 저항을 허용하는 성격과 범위의 문제가 아주 일찍 제기되었고, 현대 무슬림의 정치적 사상의 중심에 남아 있다.

이슬람의 초기 세기에서는 부정한 집권자들에 대항하는 수많은 폭동이 있었다. 그런 폭동은 주로 소수 분리파들인 시아파와 카리지티파(Kharijites) 그리고 매우 소수의 수니파 단체들에 의해 주로 실시되었다.

특히, 카리지티파는 불의를 제거하기 위해 폭력 사용을 옹호했고, 수많은 이가 현대 무슬림의 폭력주의 단체들과 동맹을 맺고 있다는 것을 발견한다(Enayat 1982:7). 하지만 수니파와 시아파는 점차 더욱 조용하고 평화로운 저항 형태를 취했다.

무슬림에 의존하는 수니 학자들은 '무장 폭동'(khuruj)에 강력하게 저항했다고 주장했다. 그들은 대결함으로써 일어나는 파괴 때문에 그런 폭동을 불의한 지배자보다 더 악하고 비생산적이라고 생각했다. 또한, 수니파도 제도화된 질서에 수동적 불순종을 향한 증가하는 경향이 일어났다. 제각기 폭력적 저항과 수동적 저항을 지지하는 이런 두 견해는 대략 현대에 있는 이슬람 개혁 단체들의 특징이다. 억압에 반응하는 관계에서 사상을 논의할 가치가 있는데, 주로 꾸틉과 파들라라 사상의 구체적이고 특이한 현대 흐름들을 논의할 가치가 있다.

꾸틉은 이슬람을 신의 절대적 주권을 인식하지 못하는 온갖 체제들에 대항하는 혁명적 과정으로 고려한다. 그의 견해에는 어떤 사람들을 복종하고 순종하기 위해 다른 사람들을 강제하고 입법화하는 권리를 그들에게 제공하는 사회 속에는 존경과 자유가 없다. 그와 같은 조건이 지배하는 어떤 사회는 반동적이고 퇴화하는 것이거나, 아니면 이슬람의 전문용어로 말하면 무지의 뜻을 가지고 있는 '자힐리야'(jahiliyya)의 일부와 다신교라고 생각한다.

'자힐리야'는 특징적이고 이슬람 이전에 스며들어 있었던 역사적 기간이 아니다. 오늘날 그것은 많은 사회 속에 스며들어 있어서 신보다는 인간에게 주권을 제공한다. 이것들이 이슬람법이 세속적 법으로 대체하는 무슬림 나라들을 포함하는 이유다(Khir 1996:142-143).

꾸틉의 견해들은 광범위한 결과들을 낳았다. 그 견해들은 그들이 신의 주권을 인식하기 위해서 체제들을 변화시키려는 지속적 투쟁을 요구한다. 그 자신이 "그들 자신을 무슬림인이라고 생각하지만 다른 종류의 억압들에 투쟁하지 않거나 억압받고 있는 자의 권리들을 변호하며 혹은 독재에 직면해 울부짖고 있는 사람들은 잘못이거나 위선적이며 혹은 이슬람의 교훈들에 대해 무지하다"(Abu-Rabi 1996:130)라고 말할 때 그는 이 논쟁을 지지했다.

꾸틉에 따르면, 억압의 주된 형태가 최고의 입법으로서의 이슬람법을 거부하는 것이다. 꾸틉은 나시르의 이집트 체제가 이슬람 운동과 대면하게 되었고 그들의 추종자들을 핍박하고 억압했을 그 때에 글을 썼다는 것을 언급할 가치가 있다. 꾸틉 자신은 그들이 폭력을 유발했다는 근거에서 그의 견해 때문에 처형되었다.

비록 꾸틉이 비이슬람 사람들도 세속적 지배자들에게 복종할 수 있었던 것처럼 무슬림 사회들을 그렇게 급진적이라고 묘사했다고 할지라도, 그가 폭력으로 변질된 것을 옹호했다는 어떠한 증거도 없다. 반대로 그는 세속적 체제의 자리에 이슬람의 질서를 차츰차츰 세우는 것을 강조한 것처럼 보인다(Abu-Rabi 1996:183).

그럼에도 불구하고, 그의 생각들은 폭력적 투쟁을 지지하는 것처럼 해석되었고, 그러한 목적을 위해 현재 수많은 이슬람 단체에 의해서 이용되기도 했다. 알제리, 시리아, 이집트에 있는 이슬람 단체들은 이러한 급진적 경향을 나타내고 있다.

많은 중도적 이슬람 단체는 이슬람의 정치적 질서를 일으키려는 그들의 운동에 비폭력 저항을 지지한다. 튀니지의 이슬람 정당의 지도자인 알-하누시는 "오늘날 대부분 이슬람 정당들은 정치적 목적을 달성하기 위해 무력을 사용하기를 거부해 왔고, 대신 평화로운 수단들을 통해 변화를 일으킬 수 있는 기회들을 탐구하기 시작했다"고 주장하고 기록했다(Al-Ghannouchi 2001:115).

대조적으로 레바논의 시아파 정당, 신의 정당의 지도자인 파드랄라는 억압당하는 자들의 심각한 조건들을 변화시키기 위해 무력 사용을 정당화한다. 아부라비(1966:220-47)는 그를 시이파 전통으로부터 해방신학을 전개한 사람으로 묘사하고, 또한 그 전통 속에는 어떤 마르크스주의 영향들이 감지되고 있다.

파드랄라는 소수의 부자가 사회의 가난한 자와 약한 자를 착취하고 억압하기 위해 무력을 사용했다고 논쟁한다. 그러므로 그 같은 사건이나 사태에 반대했던 교리적이고 윤리적 이슬람의 태도와 그들의 곤경에 대해 침묵하는 자들과 억압받는 다수를 방치해 둔 것은 무슬림 엘리트의 책임이다.

파드랄라의 견해에서 억압당하는 자들에게는 그들의 내적 패배감과 무관심을 물리치기 위해, 진정한 형태의 이슬람을 깨닫기 위해, 또 신식민지주의와 싸우기 위해 무력 사용이 정당화되었다.

파드랄라는 내전과 이스라엘과 시리아에 의한 외적 침공으로 인해 레바논이 붕괴되고 있을 때 쓰고 있었다는 것을 지적해야 할 것이다. 그의 이상에서 신의 정당인 히즈불라의 무장한 투쟁은 처음에는 레바논에서 그리고 그 다음에 무슬림 세계의 다른 지역에서 정의의 실현을 위해 전면에 나섰다.

10. 비교

도라즈(Dorraj, 1999)는 현대 이슬람 운동과 정치신학을 비교하는 근거를 이루는 어떤 특징들을 밝히기를 시도한다.

> 정통 기독교와는 달리, 해방신학자들은 국가와 교회의 분리를 부정했고, 그의 시대에 사회 부정의에 대항해 싸웠고, 고난을 당했던 예수의 모본을 인용했다 (Roelofs 1988, Dorraj 1999:230에서 재인용).

정치적으로서 그들의 메시지의 본질을 정의하면서 해방신학자들은 해방신학이 출현할 때부터 사회적, 정치적 질서를 성스러운 통합적 요소로서 간주했던 이슬람에 동의한다. 더욱이 기독교 해방주의자들은 해방의 두 형태(하나는 무엇에서의 해방이고, 다른 하나는 무엇을 위한 해방이다)를 인식한다.

무엇에서의 해방은 문자적으로 다른 모든 것에서의 자유 속에 현존하는 신의 무한한 사랑을 받아들임으로써 그 해방의 의미를 이해한다는 것이다(Ogden 1979, Dorraj 1999:232에서 재인용).

신의 본성에서 그 차이들을 간과함 없이 해방의 기독교적 개념은 영적이고 물질적 해방의 꾸늡의 견해와 비교될 수 있다. 영적인 해방이란 물질적 해방을 위한 전제 조건으로 서신보다 다른 어떤 것에 복종하거나 지배당하는 모든 형태에서의 내적 영혼의 자유를 말한다.

기독교와 이슬람의 해방주의자들은 기본적 인권을 충분히 인정받지 못하는 사람들(가난한 자를 위한 선택)에게 말을 건네고, 억압받는 자의 목소리로서 그들을 대변해 준다. 그들은 모두 빈곤을 완화하기 위해 도울 수 있는 대안적 자원과 수단을 확립했다는 것이다.

수많은 이는 가난한 자를 위한 목회적 돌봄을 제공하고, 읽고 쓰는 능력과 의료 혜택과 같은 특정한 봉사들을 제공하는 자립 기관들로서 기능하는 기독교와 연관된 단체들을 설립했다. 무슬림 가운데도 이러한 제도들과 쌍벽을 이루는 것이 사원, 이슬람 은행, 이슬람 학교, 보건부 등이다. 모든 것이 권력의 중심으로 작용하고 국가 안에서 또 다른 국가를 만든다(Dorraj 1999:232).

그렇지만 지적인 기원과 제안된 개혁의 범위에 있어서 이슬람 운동과 해방운동 간의 주된 차이들이 확실히 존재한다. 이슬람은 삶의 전체적 제도로 인식되고, 샤리아로 엄격히 정의된다. 반면 해방신학은 덜 지시적이고 전제적이다.

이슬람이 전통의 지속성을 보존하고 변화를 위한 여유를 덜 허락하지만 기독교 해방주의자들은 해방주의와 사회주의와 같은 세속 이념의 영향들에 더욱 개방적이다(Dorraj 1999). 이와는 달리, 여권주의 신학은 이슬람의 태도가 완전히 수용할 수 없는 성의 문제들을 가지고 있음을 발견한다. 이런 문제들과 그것과 연관된 문제들에 대한 논쟁들은 계속되고 곧 해결될 것처럼 보이지 않는다.

11. 결론

여러 결론이 이 연구에서 나온다. 정의를 위한 부르짖음은 현재 이슬람의 개혁운동 안에 큰 목소리를 내고 있고, 이슬람의 전통과 역사에 근거를 갖는다. 이런 단체들의 대부분은 삶의 전체적인 제도로서 이슬람을 믿고 있으며, 또한 이 해석이 그들에게 인식을 위한 투쟁을 가능하게 한다는 것이다.

이런 단체들 속에서 형성된 정의 개념은 비일관성의 어떤 요소들을 포함하고 있고, 많은 모호함과 해결하지 않은 쟁점이 있는 것처럼 보인다. 그렇다고 이것이 현대 무슬림을 위해 추진하는 원동력으로서의 정의의 의미와 가치를 부정하는 것은 아니다.

많은 요인은 아래의 것을 포함해 회복 운동을 부활시키는 데 공헌해 왔다.

> 그들은 그들 자신의 운명에 대한 통제, 독립성 및 자치권을 위한 강한 욕구가 아직 없다는 무슬림 가운데 만연해 있는 감정 그리고 무슬림 국가들 안에 살고 있는 오늘날의 지배계급의 엘리트들이 외세와 이념에 지배를 받고 있는 실정이고, 따라서 그들 자신의 나라와 문화에 이질감을 가지고 있다는 신념이 널리 퍼져 있다. 그러나 문화적 자율을 신뢰하는 것을 포함하고 혹은 자치권을 위한 이런 요구는 무슬림 사회들이나 이런 사회들 안에 있는 이슬람 단체들에 한정하지 않는다는 것을 언급하는 것도 또한, 중요하다. 정말로 이런 요구는 전통적 문화가 종종 정치적 지배의 결과로서 외국 문화들이 확산됨으로서 위협을 느끼는 제3세계를 통해 널리 퍼져 있는 것이다(Hunter 1988:282).

참고 문헌

Abu-Rabi', Ibrahim (1996). *Intellectual Origins of Islamic Resurgence in the Modern Arab World*. Albany: State University of New York Press.

Al-Faruqi, Ismail (1982). *Al-Tawhid: Its Implications for Thought and Life*. Herndon: Islamic Institute of Islamic Thought.

_____.(1998). *Islam and Other Faiths*. Leicester: Islamic Foundation.

Al-Ghannoushi, Rashid (2001). "On the Dilemma of the Islamic Movement: A Political Party or a Reformist Organisation?" In A. El-Effendi (ed.), *Rethinking Islam and Modernity*. Leicester: Islamic Foundation.

Ayubi, Nzia N. (1991). *Political Islam: Politics and Religion in the Arab World*. London: Routledge.

Bashier, Zakeria (1990). *Sunshine at Madinah*. Leicester: Islamic Foundation.

Beinin, Joe, and Stork, Joe, eds. (1997). *Political Islam: A Reader*. London: I. B. Tauris.

Bennabi, Malek (1987). *Islam in History and Society*, trans. Asma Rashid. Kuala Lumpur: Berrita.

Berkes, Niyazi (1959). *Turkish Nationalism and Western Civilization*. London: Allen & Unwin.

Black, Antony (2001). *The History of Islamic Political Thought*. Edinburgh: Edinburgh University Press.

Butterworth, Charles, ed. (1992). *The Political Aspects of Islamic Philosophy*. Cambridge, Mass.: Harvard University Press.

Dorraj, Manochehr (1999). "The Crisis of Modernity and Religious Revivalism: A Comparative Study of Islamic Fundamentalism, Jewish fundamentalism and Liberation Theology." *Social Compass* 46: 2, 225–40.

El-Awa, Muhammad (1980). *On the Political System of the Islamic State*. Indianapolis: American Publication Trust.

Enayat, Hamid (1982). *Modern Islamic Political Thought*. London: Macmillan.

Esposito, John (1984). *Islam and Politics*. Syracuse, NY: Syracuse University Press.

Fieldhouse, D. K. (1976). *Colonialism 1870–1945*. London: Macmillan.

Hashmi, Sohail, ed. (2002). *Islamic Political Ethics*. Princeton: Princeton University Press.

Hourani, Albert (1991). "How Should We Write the History of the Middle East?" *International Journal of Middle Eastern Studies* 23: 2, 125–36.

Hunter, Shireen (1988). *The Politics of Islamic Revivalism*. Washington DC: Centre for Strategic and International Studies.

Ibn Khaldun, Abd al-Rahman (1958). *The Introduction (al-Muqaddimah)*, trans. Franz Rosenthal (1958). London: Routledge & Kegan Paul.

Keddie, Nikki (1994). "The Revolts of Islam, 1700 to 1993." *Comparative Studies in History and Society* 36: 3, 463–87.

Kerr, Malcom H. (1966). *Islamic Reform: The Political and Legal Theories of Muhammad 'Abdu and Rashid Rida*. Berkeley: University of California Press.

Khir, Bustami Mohamed (1996). *The Concept of Sovereignty in Modern Islamic Political Thought*. Leeds: Leeds Institute for Middle Eastern Studies.

Kuran, Timur (1989). "On the Notion of Economic Justice in Contemporary Islamic Thought." *International Journal of Middle Eastern Studies* 21: 2, 171–91.

Lewis, Bernard (1996). *The Middle East*. London: Phoenix.

Maududi, Abul A'la (1980). *The Islamic Law and Constitution*. Lahore: Islamic Publications.
Mawdudi, Abu 'Ala (1976). *Human Rights in Islam*. Leicester: Islamic Foundation.
Mintjes, H. (1977). *Social Justice in Islam*. Amsterdam: Institute for the Study of Religion.
Moussalli, Ahmad (2001). *The Islamic Quest for Democracy, Pluralism, and Human Rights*. Gainesville: University Press of Florida.
Obermann, Julian (1935). *Political Theology in Early Islam*. Philadelphia: American Oriental Society.
Ogden, Schubert M. (1979). *Faith and Freedom: Toward a Theology of Liberation*. Nashville: Abingdon.
Osman, Fathi (2001). "Islam and Human Rights: The Challenge to the Muslims and to the World." In A. El-Effendi (ed.), *Rethinking Islam and Modernity*. Leicester: Islamic Foundation.
Peters, Rudolph (1979). *Islam and Colonialism: The Doctrine of Jihad in Modern History*. The Hague: Mouton.
Price, Daniel (1999). *Islamic Political Culture, Democracy and Human Rights*. Westport, Conn.: Praeger.
Roelofs, Mark H. (1988) "Liberation Theology: The Recovery of Biblical Radicalism." *American Political Science Review* 2: 2, 549-66.
Rosenthal, Franz (1958). *Political Thought in Medieval Islam*. Cambridge: Cambridge University Press.

Shepard, William (1996). *Sayyid Qutb and Islamic Activism: A Translation and Critical Analysis of Social Justice in Islam*. Leiden: E. J. Brill.
Siddiqi, Muhammad Nejatullah (1981). *Muslim Economic Thinking: A Survey of Contemporary Literature*. Leicester: Islamic Foundation.
Watt, Montgomery (1968). *Islamic Political Thought*. Edinburgh: Edinburgh University Press.

제35장

아브라함의 신율 정치: 유대주의 견해

피터 오치(Peter Ochs)

1. 아브라함의 장막

하셈('이름', 거룩하신 자)께서 마므레의 상수리나무들이 있는 곳에서 아브라함에게 나타나시다. 날이 뜨거울 때에 그가 장막 문에 앉아 있다가 눈을 들어 본즉 사람 셋이 맞은편에 서 있는지라. 그가 그들을 보자 곧 장막 문에서 달려나가 영접하며 몸을 땅에 굽혀 이르되 내 주여 내가 주께 은혜를 입었사오면 원하건대 종을 떠나 지나가지 마시옵고 물을 조금 가져오게 하사 당신들의 발을 씻으시고 나무 아래에서 쉬소서. 내가 떡을 조금 가져오리니 당신들의 마음을 상쾌하게 하신 후에 지나가소서. 당신들이 종에게 오셨음이니이다. 그들이 이르시되 네 말대로 그렇게 하라. 아브라함이 급히 장막으로 가서 사라에게 이르되 속히 고운 가루 세 스아를 가져다가 반죽하여 떡을 만들라고 말하고, 아브라함이 또 가축 떼 있는 곳으로 달려가서 기름지고 좋은 송아지를 잡아 하인에게 주니 그가 급히 요리한지라. 아브라함이 엉긴 젖과 우유와 하인이 요리한 송아지를 가져다가 그들 앞에 차려 놓고 나무 아래에 모셔 서매 그들이 먹으니라(창 18:1-8).[1]

아브라함의 이 장막은 유대 정치론을 위한 평범한 모델이 아니다. 그러나 우리는 이 평범함을 재고하기를 촉구하는 시대에 살고 있다.

---

[1] 이 장에 언급된 성경 본문들은 TANAKH, The Holy Scriptures(Philadelphia and Jerusalem: Jewish Publication Society, 1985)에서 더러 영감들을 받았지만, 저자 자신의 번역들임을 밝힌다.

우리는 몇백 년의 시대를 거쳐 세속적 정책 입안자와 종교적 정책 입안자들 양쪽 간 일련의 이분법적 선택이 강요되었다. 곧 우리는 주어진 민족 국가를 위해 논쟁을 하든지, 아니면 그것에 대항하는 논쟁을 하든지, 교회와 국가를 동일시하는 논쟁을 하거나, 아니면 분리하는 논쟁을 하든지, 한 특정 교파를 위해 논쟁하든지, 아니면 다른 교파를 위해 논쟁하든지, 이 모든 것을 선택하도록 강요되었다는 것이다.

그렇지만 지난 세기 동안 우리는 이런 이분법의 획기적 시간이 지났다는 충분한 징후들을 수용하고 있었다. 식민주의, 세계 전쟁 그리고 홀로코스트는 근대의 중요한 '주의들'(isms)이 인간의 향상을 위한 긍정적인 공헌을 다 소진해 버렸다는 충분한 경고를 해 왔다.

몇 해 전, 9월 11일과 같은 맨해튼 쌍둥이 빌딩 사건은 단지 그 같은 징후였다. 그 징후는 결국 배중률(둘 다 거짓일 수 없다는 논리 형식-역자 주), 참과 거짓, 보편과 개별, 개인과 부족, 이성과 비이성, 백인과 흑인, 진보와 보수, 자율과 율법, 정치의 공적 영역과 종교의 사적 영역과 같은 서로 다른 한 쌍의 이분법으로 문명의 깃발을 꽂게 한 위대한 '주의들'의 시대였다. 아브라함의 장막은 이분법 이후 시대의 종교적 사상가들을 위한 하나의 모임 장소다.

2. 재진술한 아브라함의 부름

하셈은 아브라함에게 말하였다.

> 너는 너의 고향과 친척과 아버지의 집을 떠나 내가 네게 보여 줄 땅으로 가라(창 12:1).

나의 가정은 신율 정치(theo-politics)에 대한 최근 논의가 현 시대 이분법적 특징들 중 두 가지를 반영하는 경향이 있다는 것이다. 이 두 가지는 정치가 세속적이거나 아니면 종교적이라는 가정이다. 만일 정치가 종교적이라면, 그것은 자유주의(세속적 사상의 방식에서 순응주의와 보편주의)거나 아니면 정통주의(반모던주의와 엄격히 말해 개별주의나 전통주의 속에 있는 초교파주의)가 된다.

놀라운 것이 못되는 나의 논지는 911 사건은 우리가 근대주의 시대를 벗어나, 이런 이분법들이 이제 시대에 뒤떨어져 버린 다른 시대로 진입했음을 보여 주는 징표라는 것이다. 현 시대는 신율 정치의 시대를 제안한다. 이 신율 정치는 세속적이면서 동시에 종교적이고, 전통(일명 정통적)에 기초하면서도 동시에 사회적 상황들(이런 점에서, 일명 자유주의적)에 민감하다는 것이다.

더욱 비전통적인 저자의 논제는 근대성의 이분법적 논리를 전복시킨 비자유주의적, 아브라함적 신율 정치가 이미 시행되고 있다는 것이다. 무슬림과 기독교, 유대교의 학자들, 종교 지도자들은 현대 서구의 지배적인 정치적 위기에 반응하는 하나님을 셋으로 나누어진 사역으로 구분하는 이 신율 정치를 선포할 것이다.

이 위기의 주된 특징에는 다섯 가지가 있다.

첫째, 신율 정치의 탐구와 작업을 위한 특권화된 상황에서 민족-국가의 부적절함.

둘째, 반자본주의적 사회주의 혹은 세계 자본주의적 보편주의의 경제적 갈등들에 의해 여전히 지배를 받고 있는 민족 국가에 후기 모던적 대안들의 부적절함.

셋째, 민족 국가 민주주의의 가치 중립적인 모델의 부적절함.

넷째, 주로 사회주의적 공산주의와 개인주의적 권리의 자유주의에 대한 세속적 대조들에 지배를 받는 이런 모델들에 후기 모던적 대안들의 부적절함.

다섯째, 이 위기에 반응하는 규범들의 근거들로서 반모던주의의 종교적 정통들과 반종교주의의 세속적 보편주의의 부적절함.

이 위기에 적절하고 유일한 답은 없다. 하지만 한정된 지면이지만 나는 거의 주목을 받지 못했던 하나의 신중한 답에 초점을 맞출 것이다. 즉 그것은 바로 아브라함의 신율 정치를 초대하는 부름이다. 이것은 우리에게 속해 있는 성경의 세 전통에 대한 측면들을 공유된 신학적 작업으로 기술하기 위해서 무슬림, 유대교, 기독교 지도자들 및 학자들을 요청하는 것이다.

서구의 종교 역사에서 새로운 시대에 적합한 이 작업은 이전 시대를 규정한 예리한 이분법, 곧 세속성 대 종교성 그리고 종교성의 한 형태 대 다른 형태에 대한 어떤 대안을 제공해야 하고, 아브라함의 신율 정치는 새로운 시대의 자명한 이치를 분명히 말하도록 요구한다.

이 모든 세 종교 전통들은 세상에서 우리의 되돌릴 수 없을 만큼 다른 선교들을 정의하는 시대보다 적절하고 충분하게 더 많이 헌신해 왔던 아브라함의 전통들이라는 점이다. 우리의 각자 선교들이 아브라함의 살아 계신 하나님을 살아 있는 언약들로 나타내기 때문에 우리는 이제 우리의 분리되고 독립된 선교들뿐 아니라 또한, 그 선교 작업에서 우리의 일치하는 선교 영역들을 이 세상을 구속하는 하나님의 계획으로 인식하는 것이다.

우리는 삶의 모든 측면이 공동체적, 국가적, 국제적 관계의 영역들에서 지역 공동체적 생활(지역 학교들과 시민 정부에 우리가 참여하는 것을 포함하는)의 개인적이고 가족적인 행동에 이르기까지 이 신율 정치적 작업에 헌신해야 한다. 그러므로 우리를 위한 사회적 삶의 가치 중립적인 자리는 없다. 하지만 우리는 사회적 삶의 지리적인 영역과 다른 측면들이 하나님과 함께 서로 일치하는 언약들 가운데 협력하는 상호작용의 상이한 단계들에 의해 인도되어야 한다.

우리는 이 마지막 요점에서 일어나고 있는 사회의 상호 작용의 세 단계들에 적합한 언약적 상호 작용의 세 가지 모범적 단계를 마음속에 그릴 것이다.

첫째, '종교적 실천의 거의 동일한 영역들'이다. 예를 들어, 우리가 드리는 개인적 기도와 공적 예배의 영역은 유일한 언약적 전통들을 통해 그리고 전형적으로 각 전통 안에 있는 유일한 종파들을 통해 인도되는 경향이 있다. 그러나 예배의 그러한 영역은 거의 분리되어 있다. 이는 우리가 개인적인 기도들의 상호 공동체적 중요성들을 더 이상 무시할 수 없기 때문이다.

개인적인 기도들은 다른 언약들 혹은 악의적인 마음을 가진 언약 밖의 인간의 삶을 다룬다. 가족의 삶은 언약과는 분리된 영역에서 이끌어지는 경향이 있다. 그러나 가족의 삶은 우리가 공동체의 사회적 참여로 인해 대부분 분리되어 있기는 해도 가족 안에서의 실천과는 결코 분리될 수 없다.

서구 민주주의 내에서 또 유럽과 미국 외의 다른 여러 나라 안에서 무슬림, 유대교인 그리고 기독교인들이 때로는 종교법이나 전통을 통해 인도되는 조그마한 지역이나 국가에 살고 있다. 그렇지만 우리는 또한 그와 같은 지역들과 국가들이 거의 분리되었다는 것을 고려하기 시작해야 한다. 이는 다른 종파들이나 전통들의 구성원들이 스스로 그러한 지역들과 국가 속에 살아가고 있다는 것을 발견하기 때문이다.

둘째, 종교 중립적이라고 생각되는 영역들이다. 이것은 아브라함의 신율 정치의 가장 획기적인 차원이다. 서구 민주주의들은 가치중립적이거나 적어도 종교적으로 무방비한 상태로서 정의하려는 경향이 있는 상호 언약적인 종교성을 공공 정책과 공적 삶의 영역들로 주입시킨다.

이 공적 영역들 가운데에는 초교파적 대학교들과 단과 대학들, 지역(미국에는 주)을 위해 봉사하는 정책결정과 의사결정의 모든 영역과 정부 그리고 이 공적 영역에는 지역과 세계의 경제적, 사회적, 정치적 제도들(경영에서 세계은행과 유엔 프로그램과 체제에 이르기까지)을 제공하는 정책 결정과 의사 결정의 모든 영역과 공립학교의 위원회들이 있다.

아브라함의 이 새로운 요구에 따르면 공적 삶의 모든 영역은 이제 아브라함의 신율 정치에 영향을 받는 지역들로 정의되어야 한다. 이것은 이 영역들이 아브라함의 체제에 지배되어야 한다는 것을 의미하지 않지만, 아브라함(무슬림, 유대교, 기독교)의 체제들은 이런 지역들에서 의사 결정을 위한 공유된 지침들을 제공하는 것이다.

이 지침들이 제시하는 특정한 판단들이 무엇이든지, 아브라함의 체제들은 그 지혜를 제공하는 그들의 권리들을 주장하면서 이 모든 영역에 걸쳐 영향을 끼치려고 공작하고 설득해야 한다는 것을 의미한다.

구체적으로 예를 들자면, 아브라함의 이름으로 형성된 그룹은 세계사의 각 중요한 기간에 있는 주요 종교 모임들과 종교적 행사들을 더 이상 회피하지 말고 그런 모임이나 행사를 지키기 위해 버지니아의 알베말 카운티에 있는 교육위원회를 설득해야 한다. 또한, 아브라함의 그룹은 줄기 세포 연구에서 이라크 전쟁에 관여하는 미국 계획들에 이르기까지 주장하는 모든 정책 결정을 위해 미국 의회를 설득해야 한다. 아브라함의 그룹에 속한 주주들은 모든 국제 회사의 주주 모임들에 참여하고 보고서들을 제시해야 한다.

셋째, 종교적으로 이질적인 영역들이다. 아브라함의 신율 정치의 이 덜 급진적 영역은 이미 포스트모던 시대에 시작되었으나, 이 새로운 시기의 관점에서 종교 간의 대화(interreligious dialogue)를 재개하는 것이다. 최근까지 종교 간 대화는 자유주의 종교학자들의 활동으로만 여겨져 왔다.

종교 간 대화는 독특성으로 각 전통 안에서만 보이는 언약적, 성경적, 교리적 지시들보다는 세 부류의 아브라함 종교들, 혹은 모든 종교에게 보편적이라고 간주되던 개념들에 의해 정의되어 왔다. 그러므로 자유주의적 종교 간의 대화는 전통들

밖에서 주장될 수 있었던 요구들에 이끌어져 왔다. 예컨대 그런 대화들은 대화, 평화 인권, 사랑, 정의 혹은 신의 중요성에 관한 것들이다. 하지만 그 대화들은 기대하지 않은 담론들과 요구들의 근거라기보다는 신앙의 지침들로서 이해된다.

그런데 이 시대에 어울리는 아브라함의 대화는 무슬림, 유대인, 그리스도인의 어떤 그룹들도 그들의 독특한 방식들로 이스라엘의 하나님이나, 알라 또는 그리스도를 개별적으로 섬기기 위해 모이는 것이고, 서로의 전통 속에 겹쳐지고 일치하는 아브라함의 한 하나님의 사랑을 선포하기 위해 다 같이 모여야 한다고 요청한다. 그리고 하나님의 사랑을 선포하는 것은 그 선포에 대해 행동하는 것이다.

그래서 이 겹쳐진 선포는 종교적 행위의 형태들을 수반한다. 이 행동이 하나님의 사랑을 말하고, 하나님의 말씀에 가장 친밀한 접근으로 성경을 연구하며, 각 전통의 성경 읽기와 해석에 관해 토론한다.

그리고 그 토론을 통하여 하나님의 성령이 어떻게 한 읽기에서 다른 읽기로부터, 한 아브라함의 담론에서 다른 아브라함의 담론으로부터, 또 공유된 읽기의 시간에서 공유된 행동의 시간으로부터 그 의미가 무엇인지를 보여 주는 행위들이 시작된다. 이런 의미에서, 행동한다는 것은 하나님의 말씀에서 행동하기 위한, 하나의 공유된 지시를 읽어야 한다는 것을 의미한다.

3. 아브라함의 신율 정치 행위의 한 실례

> 하셈이 말씀했던 모든 것을 우리가 행할 것이고 우리가 이해할 것이다[naaseh v' nishmah](출 24:7). 이스라엘 백성들은 듣기 전에 행하는데 전념했다[aaseh v' nishmah](*Babylonian Talmud Shabbat* 88a).

아브라함의 신율 정치는 학문적 훈련과 실천적 훈련으로 생각해야 한다. 그러나 그것을 이론화하기 위해서는 되돌릴 수 없는 실존적(또는 우리가 정신적이라고 말해야 하는) 특징들을 갖는 용어가 되어야 한다. 사실 이 신율 정치는 그들이 성경을 깊이 묵상하고, 그 묵상으로부터 행동을 위해 서로 일치하는 지시들을 받아들이려고 노력하는 지적이고 사려 깊은 무슬림, 유대교, 기독교 학자들이나 지도자들이 있다면 가능하다.

그 같은 연구 모임들을 움직이는 정신은 아브라함의 신율 정치의 직접적인 근거가 될 것이다. 그러므로 아브라함의 신율 정치의 가능성을 위한 논증은 행동에 선행하기보다는 행동에서 따라온다. 이 간략한 글의 목적을 위해 행동의 한 실례가 더 많은 가능성으로 독자들의 생각을 개방하기에는 충분할 것이라는 것이 나의 희망이다. 지난 4년 동안에 20여 명으로 구성된 유대교, 무슬림, 기독교의 성경, 철학 및 종교 정치학자들의 그룹들은 각자 다른 성경 전통들의 몰입연구 모임을 위해 다 같이 만남을 가졌다.

그들은 국제 정책에서 대부분의 연구가와 지도자의 일관된 가정들과는 대조적으로, 아브라함의 성경적 전통들이 갈등 해소를 위한 미개발 자료들이라는 주요 가설에 고무되었다.

첫 번째 가설을 확정하기 위한 이 첫 모임들은 지적인 생산 외에도 즐거운 우애와 깊은 우정을 가지면서 놀랍게도 성공적이었다. 참가자들은 서로 다른 세 전통들이 공유하지 않는 많은 해석적 규칙과 전략을 공유하고, 그들의 읽기가 신을 믿는 친밀한 믿음에 더 가까우면 가까울수록, 그들이 긴밀하게 서로를 더 이해하고 유사한 열정과 희망을 통해 더욱더 깊은 감동을 받은 것처럼 보인다.

두 번째 가설에서 그들은 유대교, 무슬림 그리고 기독교 성직자로서 이 같은 성공적 모임들을 위해 다 같이 참여할 수 있었다. 그 같은 성직자들은 서로 다른 세계의 각 지역에서 왔다. 그룹의 모임에 성직자를 데려옴으로서 매년 성취한 성공은 세 번째 가설로 이끌었다.

세 번째 가설은 그 그룹의 현 작업의 과제를 정의하는 것이다. 그 가설은 성직을 담당하고 있는 이 같은 지도자들이 또한, 아브라함 연구의 성공적 회의에 그들의 회중들을 적어도 관여시킬 수 있었다. 결론적이고 추상적인 가설은 그와 같은 회의들이 현재 혹은 잠재적으로 정치적 갈등의 다양한 형태들에 연루된 무슬림, 유대교인, 기독교인의 토착적인 종교 전통들로부터 나타나는 중재의 노력들을 위한 획기적인 모델들을 만들어낼 수 있었다는 것이다.

'아브라함후손연구소'(Children of Abraham Institution, CHAI)라고 불린 그 그룹은 지금도 이러한 가설들의 필연적인 귀결들을 시험해 보고 있는 다양한 연구 모임들을 통해(남아프리카, 싱가포르, 영국 그리고 미국의 여러 도시에서) 자립하고 있다.² 가령 그들의 외교적인 노력들이 '투쟁하는 사람들'(또는 논쟁하는 사람들)의 성스러운 전통들에 의해 보장받는 상호 인격적 관계들과 탐구의 실천들로부터 나타나거나, 아니면 적어도 강화하게 될 때 더 오래 지속될 수 있는지를 묻고 싶어 한다.

더욱이 그러한 차이들에도 불구하고 외교적 노력들에서 더욱 전형적인 것처럼 그들은 모임이 시작하기 전에 그들에게 친밀한 실천들을 남겨두도록 부탁을 받을 때보다는 그 참여한 논객들이 그들의 정통들의 측면들을 실시하고 있을 때에 다양한 아브라함 정통들은 갈등 해결을 위해 일치하는 패턴들이 무엇인지를 물을 것이다.

마지막으로, 중요한 정치적, 사회적 지도자들은 실제로 예배의 전통적 장소에 있는 회중들이라고 가정한다. 그들이 성직에 몸담고 있는 지도자들을 통해 확대된 아브라함 연구의 모임들을 이끌어 낼 때, 그 같은 정치적, 사회적 지도자들은 그런 회의들 밖에서는 도저히 달성할 수 없었던 공유된 이해의 단계로 갈 수 있었는지 질문할 것이다.

4. 아브라함의 신율 정치를 위한 논쟁: 실천으로 성경 읽기

아브라함의 신율 정치를 위한 연구는 몇몇 실천의 사실에서 그 실천에 대한 조명을 던져 주는 성경 독해와 해석에서부터 움직인다. 더 많은 실천적인 계획을 만들어 내면서 더 많은 개념적 작업이 따라올 것이다. 이 글의 간결함은 실천으로 성경 읽기의 동향을 예시하는 여지를 남겨둔다.

이 경우에, 읽기는 무슬림, 유대교인 기독교인이 분리된 정치적 과제들과 마찬가지로 겹쳐지고 일치하는 부분이 있다는 것을 가정하는 어떤 근거를 제공한다.

---

2 '아브라함후손연구소'(CHAI)의 웹사이트는 www.childrenofabrahaminstitute.org에서 찾아볼 수 있다. 이 아브라함 후손 연구소의 후원 기관은 소사이어티 포 스크립추어 리즈닝(Scorify for Scripture Reasoning)이고, 이 웹사이트와 논문들도 http://etext.lib.virginia.edu/journals/ssr/ 그리고 http://www.depts.drew.edu/ssr/nationalssr/에서 얻을 수 있다. 이 단체들의 창립자들은 데이비드 포드(David Ford), 다니엘 하디(Daniel Hardy) 그리고 피터 오치(Peter Ochs)이다.

1) 인간 창조의 목적으로서의 안식일

> 그리고 하나님이 아담(인간)을 그의 형상대로 창조했고 … 하나님이 그가 하시던 일을 일곱째 날에 마치시니 …. 하나님이 그 일곱째 날을 축복하셨고 그 날을 거룩하다고 선언하셨다(창 1:27; 2:1-3).

우리는 이 땅 위에서 유한한 피조물이고, 우리의 창조주에게 의존하는 존재지만, 창조주의 형상을 공유하는 방식에 의해 그리고 그 방식으로 영향을 받고 있다.

마이모니데스적 주지주의를 피하면, 우리에게 주어진 제한성과 경계를 넘어서 피조물이고 유한하지만 하나님과 직접적인 관계를 통해 그 형상을 빛나게 할 수 있을까?

또한, 우리가 안식일의 거룩함 속에 이러한 행위의 목적을 둘 수 있을까?

2) 인간 타락

> 너로 말미암아 저주를 받고 너는 네 평생에 수고하여 그 소산을 먹으리라 …. 주 하나님이 … 아담을 쫓아내시고(창 3:17-24).

우리는 유한성과 거룩성에 합당한 방식으로 신적 형상을 적절하게 나타내지 못한다. 그러므로 우리의 행위들은 과녁을 맞추지 못하고 우리가 누구인지에 대한 우리의 착각을 구체화하고, 우리가 우리 자신을 찾는 유한하고 무한한 질서를 완전히 전복시킨다.

이런 방식으로 안식일에 생활하지 못하는 우리는 우리가 했던 실수들이 이 세상에서 그릇되이 행했던 부분을 회복하기 위해서는 헌신된 삶으로 이끌어져야 한다.

3) 우리의 유혹은 질투다

하셈은 아벨과 그의 제물을 받으셨다. 가인이 몹시 분하여 안색이 변했다. 그리고 하셈이 가인에게 말하였다.

> 네가 분하여 함은 어찌 됨이며 … 네가 만일 확실히 선을 행하면 어찌 낯을 들지 못하겠느냐. 그러나 선을 행하지 아니하면 죄가 문에 엎드려 있느니라. 죄가 너를 원하나 너는 죄를 다스릴지니라 (창 4:4-7).

우리의 행동에 대한 죄들은 판단이나 행동의 어떤 실수에서 오는 것이 아니라 질투에서 온다. 그리고 그것은 다른 사람의 신앙에 관한 질투이다. 즉 다른 사람이 하나님의 은혜를 구함으로써 더 큰 성공을 거둔 것에 대해 질투한다는 것이다. 우리는 하나님의 은혜를 직접적으로 구하는 것이 평생의 수고를 단축하는 한 방식이 될 것이라고 생각할 수 있다. 만일 그렇다면 질투는 다른 사람이 그와 같은 은혜를 받지 않기를 바라는 것이다.

우리 자신의 노력이 아직 행하지 않았다는 것을 상기해야 하지 않겠는가?

만일 그렇다면 질투한다는 것은 우리의 일과 다른 사람의 일이 막대하고 중요하다는 것을 인식하지 못하는 것이다. 이것은 하나님의 직접적인 개입이 없이는 그 일이 완성될 수 없으며, 또한 우리는 그러한 개입의 방식과 시기를 예측할 수 없다는 것을 의미한다.

우리는 한 제사로부터 배울 수 없고, 추론에 의해 미래를 예측할 수도 없다. 단지 우리는 우리의 부모들처럼 우리가 우리의 유한한 것과 무한한 것을 오해하는 착각에서 행동한다.

마치 타인의 부재가 미래에 신의 호의를 보장하는 것처럼 말이다.

교회가 유대인을 제거하면 신의 은총을 저버리는 것일까?

마치 회교 사원이 교회와 유대인을 제거하면 이 하나님의 호의를 얻을 수 있을 것처럼?

마치 유대인들이 그들의 특권화된 관계를 자랑함으로써 신의 호의를 다시 얻어낼 수 있을 것처럼?

과거의 헌신은 미래의 헌신을 보장할 수 있을까?

노력을 단축시킬 어떤 지름길이 있는 것처럼?

그러나 우리는 우리의 질투를 행할 필요가 없다. 우리는 만일 질투가 아니라면, 실제로 그런 충동을 극복할 힘을 가져야 한다.

5. 폭력은 궁극적 실패다

> 가인이 그의 아우 아벨에게 말하기를(창 4:8).

우리는 질투로 발생하는 결과를 극복하지 못한다. 이런 결과들을 행동으로 옮긴다는 것은 폭력을 세상에 야기시킨다. 폭력은 타인을 또 다시 제거하고, 노력과 공로가 없이 기적적으로 하나님의 호의를 유일하게 맡은 자가 되고, 따라서 하나님이 구원 사역에서 면제시켜주기를 바라는 우리의 혼란스러운 노력으로 이해하게 한다.

기독교인, 무슬림, 유대교인 중 누가 하나님의 호의를 받을 것인가?

우리는 서로에게 우리의 질투를 행하려는 경향에 저항하지 못할 것처럼 보인다.

1) 폭력은 우리에게 제2의 본성이 된다

> 온 땅이 하나님 앞에 부패하여 그 포악함이 땅에 가득한지라(창 6:11).

우리 속에 실수를 범하는 우리의 경향성이 타고난 것은 아니라고 할지라도, 질투로 인해 생긴 결과를 행하는 경향이 너무 강력한 습관이기 때문에 폭력은 우리의 본성, 곧 '두 번째 본성'의 일부로 나타난다.

창조자는 이렇게 생각한다.

우리는 두 번째 본성인 폭력을 획득한 모든 피조물을 쫓아 버림으로써 이 경향성을 제거할 수 있는가?

어떤 폭력의 시대가 신의 홍수를 내리게 하는가?

그것은 135-6년의 추방인가?

십자군 전쟁?

유럽의 종교전쟁?

세계 전쟁과 유대인 대학살인가?

중동의 충돌인가?

9월 11일에 의해 상징화된 갈등들인가?

이스라엘의 구속사는 더 이상 교회와 회교사원에 의해 무시되어서는 안 될 것이다.

이집트에서의 노예, 성전의 첫 번째 파괴(135-6 CE), 성전의 두 번째 파괴(70 CE), 예루살렘에서의 추방(135-6 CE), 스페인에서의 추방(1492 CE), 체밀니키 대학살, 러시아 대학살, 소련 대학살, 유대인 학살, 홍수는 단지 구약성경 시대의 이야기에 지나지 않는다고 생각하는가?

홍수는 전적으로 보편적인가, 아니면 특정 언약에만 해당하는가?

이런 사건들이 오직 "낡은" 신의 섭리와 연관되어 있다

또는 다르게 말한다면, 당신은 그 신의 섭리를 필연적으로 남겨두고 있다고 가정하는가?

당신의 교리와 당신이 언약의 물질적 역사는 말하는 것이 서로 다르지 않는가?

당신의 구속사에는 순환이 존재하지 않는가?

만일 당신이 당신을 토해 낼 수 있는 그 땅에 더 이상 속하지 않는다면, 모든 땅이 당신의 땅인가?

당신은 주기적으로 당신을 찾아오는 폭력과 파멸에 대해 설명할 수 있는가?

당신은 모세의 언약의 자녀가 아닌가?

신명기의 신정론은 진정으로 당신의 백성에게 결코 적용할 수 없는가?

"하늘이여 들어라 땅이여 귀를 기울이라 여호와께서 말씀하시기를 내가 자식을 양육하였거늘 그들이 나를 거역하였도다"(사 1:2)의 의미인가?

혹은 고난 받는 종의 신정론은 어떤가?(이사야 41장 이하).

그 고난받는 종은 타자인가?

혹은 이스라엘인가?[3]

그리고 당신은 그들의 폭력과 그들의 폭력 때문에 고난을 당하는가?

당신은 진정 지상의 구속사의 산고(throes)로부터 벗어났는가?

---

3   조지 린드벡의 이스라엘으로서의 교회의 비대체주의 신학(non-supersessionist theology), 이를테면, "The Church", in James Buckey(ed.), *The Church in a Postliberal Age*(London: SCN, 2002), 145-65 그리고 "What of the Future? A Christian Response", in Frymer-Kensky et al., *Christianity in Jewish Terms*(Boulder, Col.: Westview, 2000), 357-66에서 설명했던 것 참조.

2) 그러나 우리는 이 세상에서 산고를 피할 수 없다

내가 다시는 아담(사람)으로 말미암아 땅을 저주하지 아니하리니 이는 아담(사람)의 마음이 계획하는 바가 어려서부터 악함이라(창 8:21).

만일 그 같은 두 번째 본성이 정말로 우리의 세속적 본성이라고 한다면, 땅을 범함으로 우리가 얻는 것은 아무것도 없다. 그러나 홍수의 실험이 아무런 열매가 없었던 것은 아니다. 노아의 언약은 더 이상 아담의 언약이 아니다. 인간의 구속적 역사는 하나님의 구속적 말씀을 통해 인도되지 않는다면 더 이상 지속될 수 없기 때문이다.

심상(image)으로는 충분하지 않다. 하나님이 말씀을 보내지 않는 한 인간은 자신의 죄를 구속할 수 없다. 말씀은 창세기 9장에서 노아의 법들이 드러내었던 것처럼 랍비 전통에서 똑똑하게 말해졌던 노아의 말로 된 언약으로 시작한다.

그는 우상 숭배가 없고, 신성모독이 없으며, 성적 부도덕성이 없고, 살인이 없고, 도둑질도 없으며, 살아 있는 동물들로부터 찢어 죽이는 살생이 없는 이른바 정의의 법정을 세웠다(Tosefta Avodah Zarah 8. 4). 그로 인해 사람과 하나님은 구속의 사역, 즉 신적 말씀과 인간의 일(adodah)에 동반자들이 된다.

이런 일은 세상에 대한 섬심과 마찬가지로 하나님을 섬기는 것이다. 곧 우리가 신앙이라고 부르는 경향이 있는 그런 사역이 하나님의 일이다.

3) 우리가 다른 신적 섬김에 질투한다는 사실을 인식하는 우리는 우리 자신을 세움으로써 스스로 질투를 해결하려고 한다

또 말하되 자, 성읍과 탑을 건설하여 그 탑 꼭대기를 하늘에 닿게 하여 우리 이름을 내고 온 지면에 흩어짐을 면하자 하였더니(창 11:4).

우리 모두는 기독교인이나 무슬림이 될 수 있을까?

하나님의 섭리가 계시다면, 우리 모두는 정말로 종말의 날에 에덴의 동산이 도래하는 세계에서 그리스도인이 되고, 우리 모두가 무슬림이 되며, 우리 모두가 유대교인이 되며, 우리 모두가 아브라함의 자녀들이 될 것이다. 사실 우리는 이미 안식일을 통해 신의 현존을 통해 하나다. 안식일은 이제 후로 도래하는 세계다.

그러나 우리는 이 세상에서 구속받지 않은 6일이라는 날들 동안 일한다.

우리 모두는 언제, 어떻게 이 세상에서 하나가 될 것인가?

우리의 피조물 본성에 따라서 우리 자신의 의지를 선택하는 이는 누구인가?

우리는 언제 이 세상이 오는 세상이 될 것인지를 말할 수 있는가?

혹은 노아 이후에 세상의 폭력에 의해 우리가 의미하는 것이 이것을 말하는 것이 아닌가?

우리 자신들 간의 차이들을 제거하는 의지의 노력인가?

정말로 이것이 노아 이후에 정치적 폭력의 조짐인가?

그것이 단번에 이루어진 구속에 대한 우리의 노력을 완성하려고 시도한다는 것을 의미하기 때문에 그 노력은 우리 자신을 파괴하면서 포함시켜서 아벨을 쫓아내어야 하는가?

그러나 우리는 이런 방식으로 그 문제들을 해결하는 데에 실패한 시도의 두 시대, 즉 종교적 제국의 시대와 세속적 제국의 시대를 이미 전수하지 않았는가?

이것들이 홍수를 가져오지 않았는가?

4) 아브라함의 자녀들

너는 너희 고향과 친척과 아버지의 집을 떠나 내가 네게 보여 줄 땅으로 가라(창 12:1).

아브라함의 신율 정치에 있어서 무너진 바벨탑은 인간의 의지만으로 이 세상 위에 통일을 억지로 강압하려는 두 시대의 노력들이 실패했음을 보여 준다. 하나는 유일한 아브라함의 종교를 이 세상에 억지로 강요하려는 노력이고, 또 하나는 이 세상에 유일한 정치적 체제나 유일한 사회, 경제적 체제 혹은 유일한 철학적 체제를 강제하려는 노력이다.

이것들이 정치적 폭력의 두 시대들이다. 왜냐하면, 그것들이 아벨의 타자성을 제거하고 사람의 두 번째 본성을 신적 섬김으로 변혁하는 힘들고도 느린 수고를 피할 뿐만 아니라 인간의 죄의 결과들로부터 세상을 구속하려는 매우 오래된 사역으로 생각하지 않기 때문이다.

신정통주의 실천가들은 이것이 바로 세상을 아브라함의 언약으로 바꾸는 것이라고 저항할지 모른다. 우리의 대답은 그와 같은 아브라함의 언약은 신정통주의의 출발점인 동시에 세속적 '도플갱어'(*doppelgänger*)의 출발점으로 보아야 한다는 것이다.

너는 너의 아버지 집으로부터 떠나라. 만일 노아의 언약이 아담의 창조 언약에서 노아의 말씀 언약을 향한 출발점이라면, 아브라함의 언약은 모든 인간에게 전달된 말씀으로부터 특정 언어를 사용하는 가족에게 전해진 말씀을 향한 출발점이다.

이 전달된 말씀은 그의 피조물(공동체와 피조물)의 정치 구조의 구성에 있어서 아브라함의 마음을 가진 자들(또는 가지지 않은 자들)에게서 나오는 것이 아니다. 그 말씀은 천국에 있거나 육체 속에 있는 것이 아니라 "그에게 가까이에 있어서"(신 30:14), 그와 함께 있고, "너와 함께 하시는"(출 3장) 하나님의 이름으로 나타난다.

이것은 여기서도 아니고 저기서도 아니며, 이 세상의 것도 아니라, 그것과 함께 하는 세 번째 장소이다. 그 장소는 단지 어떤 공간이 아니고, 여기나 저기도 아니며, 오로지 관계를 통해 알려지는 다른 세계다. 이런 점에서 그것은 언어의 말씀이지, 우리가 종종 가정하는 자연 언어가 아니다.

노아는 이미 그 말씀을 알고 있었다. 심지어 그가 술에 취해 있었을 때도 그는 피조물의 사회 언어를 흡수했던 것이다. 이 말씀은 자연적 언어와 함께 하고 사용되지만, 그 말씀은 자연적 언어가 아니다. 그 말씀은 히브리 말로 소개되지만 히브리의 언어가 아니다. 그러므로 그 말씀은 아람어나 그리스어와도 함께 전달된다.

그의 아버지의 집으로부터 떠났던 아브라함은 탑이 되었던 그 집으로부터 분리되고 말았는데, 기독교적 탑들과 무슬림적 탑들도 여전히 탑들이다. 그 문제에는 민족-국가의 탑들이 있고, 심지어 유대교의 탑도 있으며 혹은 무슬림 팔레스타인의 탑이나 기독교 팔레스타인의 탑도 있다.

실제로 작은 민족-국가의 탑들은 그리 크지 않은 탑들이지만, 그 탑들의 크기 안에는 여전히 그들이 바벨의 민족-국가를 기억하면서 세웠다. 그리고 탑들은 아브라함의 신율 정치의 시대에 속하지 못한다. 장막은 다른 문제다.

하셈께서 마므레의 상수리나무들이 있는 곳에서 아브라함에게 나타나셨고, 날이 뜨거울 때에 그가 장막 문에 앉아 있을 때였다.

그가 그들을 보자 곧 장막 문에서 달려나가 영접하며 몸을 땅에 굽혀 그는 이렇게 말했다.

내가 떡을 조금 가져오리니 당신들의 마음을 상쾌하게 하신 후에 지나가소서 - 당신들이 종에게 오셨음이니이다 (창 18:1-5).

'아브라함 후손 연구소'(CHAI)에 속한 학자들과 종교 지도자들은 그들이 회막과 아브라함의 장막이라고 부른 장막 아래에서 다 같이 만난다. 장막은 상상적인 비유들이고, 야곱의 사다리(창 18:10-22), 베드로의 환상(눅 9:28-36), 아브라함의 예배 처소(Qur'an, Sura Bakarah 2:125-134), 아브라함의 장막(창 18장), 모세가 하나님과 대면한 장소(출 40장)의 형상들로 지어졌다.

'아브라함 후손 연구소'의 모든 참여자도 그들이 '집'(예배나 회당, 회교 사원, 교회의 모든 교파의 특정한 집)이라고 부르는 곳의 회원들이다. 고대 이스라엘 예루살렘과 같이 어떤 하나의 부족이라는 영토 밖에 지어졌던 그 장막은 어떤 특정한 집 밖에 세워져 있었다. 이 안에서 아브라함 후손 연구소의 참가자들은 문자적인 의미로 그 장막에 들어가기 위해서 그들의 집들을 떠난다.

그러나 아브라함과는 달리 그들은 그들의 집의 종교들을 떠날 방법은 없다. 그들은 그들이 예배하고 하나님과 회중과의 주된 관계를 맺고 있는 그들의 집들에 온전한 충성을 맹세한다. 아브라함 후손 연구소는 그 참가자들에게 이차적인 관계의 자원을 제안한다.

그들이 상상한 장막 아래에서, 무슬림, 유대교, 기독교 참가자들이 다른 전통들로부터 읽음으로써 서로 관계하고, 그들의 전통에서 읽음으로써 그들의 전통에 관해 토론하고 생각하도록 초대하면서 그들의 성경을 서로 가르치는 것이다.

이런 방식으로 각 참가자들과 각 전통은 타인과 다른 전통에 호의를 베푼다. 그 호의는 경청하고 활동적 반응의 호의를 포함한다. 그들 대부분은 아브라함의 후손들이며, 그 참가자들은 서로 아브라함의 동일한 하나님의 자녀들이다. 그들은 서로에게 그 하나님의 메신저로서 만난다.

그 사람들이 거기서 일어나서 소돔으로 향하고 … 하셈께서 이르시되 내가 하려는 것을 아브라함에게 숨기겠느냐 (창 18:16-17).

하지만 '아브라함 후손 연구소'(CHAI)의 참가자들은 그들이 서로의 호의를 단지 향유하기 위해 오지 않았다는 사실을 깨닫는다. 거기에는 분명 소돔의 문제가 있다. 문제는 소돔 자체가 아니라 폭력이 상호-아브라함적 관계들의 가장 두드러진 특징들 중 하나를 남겨둔다는 것이다. 아브라함 후손 연구소의 참가자들은, 그들이 또한 아담의 후손들이라는 것을 기억한다. 그들은 그들의 노력이 아담의 타락으로 인한 결과들을 회복하는 것이라고 생각했다.

그들은 혼자서 그리고 다 같이 서로가 아브라함의 후손이라는 것을 인식하고, 그들에게 주어진 과제는 그들의 여러 성경적 전통을 통하여 드러났던 특정한 선교에 따라서 지금의 세상을 구원하는 데 도움을 주어야 한다. 그들은 그들의 선교가 다르다. 그리고 몇몇 중요한 방식으로 그들은 경쟁하는 선교들을 남겨 두고 있다는 것을 인식한다.

그러나 소돔을 향하여 돌아보는 그들은 이제 서로를 향하여 말하고 우리가 일하도록 부름을 받았다고 생각하는 것을 서로에게 숨기지 않아야 한다. 정말로 소돔의 계곡에는 우리의 집들의 회원들, 어떤 죄인들, 어떤 무고한 자들이 있다. 그들의 사회적 장소와 그들의 삶이 대부분 섞여 있기 때문에 우리가 이제 타인과 다른 전통들에게 영향을 주지 않고서는 한 특정한 그룹을 향하여 행동할 수 있는 방법이란 존재하지 않는다.

우리의 세 가지 독립되고 분리된 선교들을 상실하지 않고서도 이 순간에 네 번째 선교, 즉 부수적인 선교를 수용한다. 곧 이 부수적인 선교는 다 같이 우리의 동료 회중들이 공유하는 사회적 자리를 구원하고 일하는 것을 수용하는 선교다.

모든 아브라함 후손 연구소의 참가자들은 그들 전통들을 그리고 법들 안에 있는 분리하는 선교 외에도 이 같은 공유하는 선교에 충성을 보여야 한다. 그들의 공유하는 선교가 아브라함의 성경적 전통들을 공유한 연구로부터 아브라함의 백성들 가운데 관계의 조건으로서 폭력을 제거하기 위해 일하는 것이기 때문에 정의하자면 그것이 바로 신율 정치다.

그러므로 그것은 아브라함의 공동체들 가운데 행동의 동기로서 상호-아브라함의 질투를 제거하는 선교다. 하나님의 호의의 대상들인 서로를 제거함으로써 하나님의 호의에 비위를 맞추려는 이러한 공동체들의 노력들은 파멸로 이끌어간다.

게다가 이것은 순수하고 종교적인 자기 확장이나 자기 강화를 통하여 세상의 정화(*tikkun olam*)를 위한 이러한 공동체들의 노력을 와해하는 선교다. 가인을 구원하기 위하여 그리고 그가 오염시켰던 땅을 회복하기 위하여 고유한 노동의 목표에 그들의 분리되고 전통의 특정한 선교들을 서로가 새로운 방향으로 돌리도록 도와주는 것이야말로 무슬림, 기독교인 그리고 유대인의 선교다.

무슬림, 유대인, 기독교인의 공동체들은 '아브라함의 장막' 아래에서 다 같이 일할 수 있는 여러 방법이 있다. 그런 방법들의 경우, 일의 첫 번째 단계가 종교계의 학자들과 학계의 학자들이 성경 연구의 실천을 공유하기 위해 그리고 이 실천에 대한 그들의 경험으로부터 상호-아브라함의 '평화 해석'의 양태를 구성하기 위해 모여야 한다.

두 번째 단계는 이 장막 안으로 종교 지도자들을 초대하여 이러한 지도자들에게 그들이 어떻게 아브라함 기독교 연구소의 계획들이 확장될 것인지를 물어야 한다. 그 다음 단계는 세상의 여러 지역에 거주하고 있는 그들의 회중들의 구성원들을 아브라함 후손 연구소의 연구 그룹들 속으로 선별하기 위해 아브라함의 종교 지도자들의 그룹을 도와주는 것이다.

특히, 여기서는 그들의 지역에서 사회적, 정치적 혹은 경제적 리더십의 입장을 가지고 있는 구성원들을 선별하는 것이다. 이 단계에서 행하는 목표는 그들이 세상의 특정한 지역들 속에 있는 사회적, 정치적 그리고 경제적 부르짖음에 반응하기 위해서 그와 같은 그룹들을 아브라함의 목소리를 내거나 아브라함의 정책 및 진술들의 자원을 제공하는 비정부단체로 조성하는 것이다.

6. 아브라함의 신율 정치를 지지하는 기독교 신학의 논증들

여기서는 지면의 부족으로 이런 성경 해석들이 어떻게 아브라함의 신율 정치를 위한 더 넓은 유대교신학 논쟁에 동의할 수 있는지를 보여 주기 어렵다. 그렇지만 이 『정치신학 연구』의 맥락에서 그것은 이 책 몇몇 장이 신율 정치를 대신해 기독교 신학 논쟁들을 주장할 수 있었던 공헌들의 실례들을 보여줌으로써 더 가깝게 맞닥뜨려지는 것처럼 보인다.[4]

이러한 장들은 모두가 기독교의 특정한 신율 정치에 또 단 한 번에 표현되었던 신율 정치에 헌신하고 있다. 그럼에도 나는 그들의 주장 중 더러는 구속사의 이 세 번째 시대의 특정 상황 속에 있는 아브라함의 신율 정치에 공헌할지 모른

---

4   이것은 내가 출판하기 전에 읽을 기회를 얻었던 장들로부터 단지 표본했던 것이다. 편집이 완전하게 되지 않았고, 이 장의 집필진들의 승인도 받지 않았음을 밝혀 둔다. 어떻게 기독교 신학자들이 특히 기독교 신학적 과제의 경계 안에서 아브라함의 신율 정치에 동의했는지를 인식적으로 제안하기 위해서 표본을 삼으려고 내가 본 것이다.

다고 제안할 것이다.

이 제안을 제시하기 위해서 나는 기독교 특유의 종말론이 필연적으로 유대(그리고 무슬림)의 특정 종말론들과 모순을 일으키지 않을 뿐 아니라 더 일반적으로 아브라함의 종말론과도 모순을 일으키지 않는다는 공리를 받아들인다.

확실히 무슬림, 유대교, 기독교 신학의 역사에서 처음 두 시대의 논리 속에서 나는 이런 종말론들이 완전히 모순을 일으키고 경쟁한다는 것을 보여 준다. 이 경쟁이 어떤 중복되고 일치하는 아브라함의 이상을 대신하는 것을 가정할 수 있었다. 그러나 이러한 이상이 이 세 번째 시대 속에 자리 잡고 있기 때문에 종말론들은 보편적 배중률에 의해 균등하게 되었던 것을 가정할 이유는 없다.

따라서 나는 후자의 공리를 받아들이고 경쟁하는 이유가 없다고 본다. 또한, 나는 전자의 공리를 지지할 것이다. 이런 면에서 아브라함의 신율 정치는 기독교의 신율 정치의 이런 (다른 것 가운데) 특징들을 공유하고 있다.

1) 성경에 근거되고 또 이런 점에서 이야기에 근거된 내러티브신학

로버트 젠슨의 표현에서 기독교의 신율 정치는 "진실로 전체로서의 실재를 전달하는 극적인 이야기"에 속한다(Jenson 28:1). 스탠리 하우어워스에게 있어서 기독교 실재는 이야기들로 짜여 있다(Reno 21: 7).

2) 이야기에 따라 인도되었던 삶은 항상 신학적이고 또 항상 정치적이다

신율 정치는 사람을 구원하기 위해 제안된 과제다. 젠슨의 말에서 "성경의 종말론은 … 직접적으로 또 거의 독점적으로 정치 담론이다"(Jenson 28:1). 본회퍼에게 있어서 하우어워스의 읽기에서 "기독교 신학이 세상의 자리를 차지하고 있는 예수 그리스도 안에 있는 하나님의 계시에 근본적이기 때문에"(Jenson 28:8), 기독교 신학은 항상 정치적이다.

> 칭의는 … 교회의 정치다(Jenson 10:203).

우리는 아브라함의 신율 정치에 있어서 종교가 가인을 구원하고, 그가 오염시켰던 세상을 회복하는 신의 정치에 대해 노력해야 한다는 것을 이미 언급했다. 하우어워스의 용어로 말하면, 성경 이야기는 기독교 덕목을 조장한다. 내가 레노와 하우어워스를 이해하듯이 덕은 이러한 노력에 연관하는 우리의 힘이다(Reno 21:5 이하).

월터 브루그만의 용어로 표현하자면 "이스라엘은 힘의 공적 과정에서 일깨웠던 정치의 문서로서 사회의 고통에 주의하고 있다"(Brueggemann 1:6). 내가 그것을 읽고 있듯이, 이스라엘의 예언적 종교는 궁극적으로 가인의 폭력인 이 고통의 근원을 제거하는 것임을 의미한다.

3) 구원의 임무는 항상 종말론적이다. 또한, 우리가 일하는 하나님 나라는 즉각적인 동기, 목적 그리고 다른 임무들을 위한 길잡이로서 항상 이미 우리 가운데 있는 현재다

젠슨의 말로 표현하면, "기독교인과 유대인은 그 목적이나 모든 역사의 완성을 위해 일하고 있다"(Jenson 28:1). '하늘나라'는 기독교의 신율 정치의 목적과 마찬가지로 아브라함의 목적이기도 하다. 정말로 아브라함의 신율 정치는 지금 우리의 구속적 노동의 조건과 지배로서 작동하고 있는 통일된 하늘나라의 종말론적 이상이다.

이 왕국은 안식일 속에서, 기도 속에서, 축복 속에서, 공동체 속에서, 교회와 회당 그리고 회교 사원의 생활 속에 있다. 왜냐하면, 여기에서 우리가 우리의 회복하는 작업을 수행하기 위해서 부름을 받았기 때문이다.

하나님은 현재의 나라를 통해 우리를 밀어주고 미래의 나라로 이끌어간다. 아브라함의 장막은 한편으로는 하나님 나라의 도구로서 섬기도록 세워진다. 브루그만의 말에서 종말은 이스라엘이 "정의, 자비, 평화, 희망 그리고 믿음의 대안적 세계"(Brueggemann 1:13)를 위해 창조하고 일하는 정치적 상상 속에 있는 지금-여기라는 현재였다.

4) 아브라함의 부름은 온 세상을 대신해 그리고 언제라도 회복하려는 것이다

젠슨에게, 아브라함을 부르신 것은 하나의 새로운 종교집단을 창시하려는 것이 아니라 정치적 의미를 가지고 역사적 행위를 수행하려는 것이다. 즉 아브라함의 부름은 다른 민족들과의 특정한 관계를 유지하면서 그들에게 복을 주실 새로운 민족을 만들려는 것이다(Jenson 28:2).

우리가 앞에서 사용했던 용어로 말하면, 아브라함의 종교는 더 이상 가인의 제사를 완전하게 하려는 수고가 아니라, 이 땅 위에서 그의 존재를 구원하려는 수고이며 노력이다. 부르그만의 표현에서 그것은 느헤미야 아래서 이 같은 관심을 갖는 것을 중단하고 그들의 영토들, 그들의 포도원을 회복하는 이스라엘의 수고 속에 잘 설명되고 있다(Brueggemann 1:11).

5) 하나님의 도성과 세상의 도성에 대한 아우구스티누스의 구분은 한 쌍의 신율 정치를 반영하지 못한다. 그것은 한 쌍의 세속적 정치에 반응한다. 이런 용어에서 그의 구분은 기독교 신율 정치와 마찬가지로 아브라함의 종말론과 실천을 제공한다

젠슨과 진 엘쉬타인에 의해 해석되었듯이, 아우구스티누스의 두 도성에 대한 교리는 놀랍게도 아브라함의 신율 정치에 적절하다. 두 도성을 구분하는 것은 오로지 세상적 정치의 관점으로부터 한 쌍을 나타낸다. 이는 세상의 도성과 천국의 도성이 인간들에 의해 만들어졌기 때문이다. 한편에서는 정치 지도자들이고, 다른 한편에서는 제사장들이다.

그렇지만 천국의 현재 나라인 하나님의 도성의 관점에서 이분법으로 생각하게 하는 배중률(law of excluded middle)은 이 세상과 천국을 구분할 수 없다. 그러나 그것은 오직 다루기 힘든 인간의 의지에 있다. 세상의 도성은 당연히 천상의 도시와 대조하지 못하지만 그 도성의 시민들은 그들의 마음과 제도에 하나님의 자리를 보여 주기를 거절한다.

젠슨에 따르면, 하나님의 주권과 시민권 그리고 상호 의무들과 더불어 '국가'를 지향하고, 창조와 함께 공생해야 한다는 것이다. 그것이 신적 입법자와 함께 창조와 반목해야 하는 로마의 선택이다. 그래서 로마는 그 자신의 "내적 모순에 의해 약화되었다"(Jenson 28:5, 6).

엘쉬타인의 말에서 아우구스티누스의 도성은 "어떤 정치적 계획을 절대화하고 신성시하는 데 장벽을 만들며"(Jenson 3:11), "사람의 인격을 왜곡하는 지배욕"(Jenson 3:13)을 정죄한다. '하나님의 도성'과 같이 아브라함의 신율 정치는 로마 정치의 폭력에 저항하고 전복한다. 즉, 어떤 강한 민족 혹은 강한 제국의 전체주의화하는 정치에 저항해야 한다는 것이다.

하우어워스는 본회퍼를 통해 다음과 같이 언급한다.

> 창조자는 타락한 세계에 돌아오지 않지만, 하나님은 명확한 방식으로 인간을 다룬다. 그는 그들을 위해 외투를 지었다.

아브라함의 신율 정치에서 이러한 외투들은 곤경에 빠진 인류의 피조물다움을 회복하게 하는 노아의 언약 언어가 된다. 본회퍼는 그것을 구별하기 위해 한 용어를 만들었는데, 그 용어가 인류는 뒤틀린 열정과 창조의 질서에 대한 폭력적 정치에서 돌아서게 하는 "보존의 질서들(혹은 나중에 '위임 통치')을 나타낸다"(Bonhoeffer 10: 9).

아우구스티누스와 본회퍼에게 있어서 내가 받아들이는 그 요점은 하나님만이 방황하는 피조물로부터 인간을 구원하신다는 것이다. 그는 "천사가 아닌 하나님이시다"(유월절에 말씀하시는 하나님이시다, Brueggemann 1:8).

그것이 왜 하나님의 임재가 아브라함의 장막 아래에서 아브라함 후손 연구소의 참가자들이 다 같이 협력해야 하는지의 이유다.

6) 세상을 살아가는 그들의 경험적 삶에서 이스라엘과 교회는 모두 세속 도성의 한 쌍에 대한 구분을 반영하는 내적 갈등과 불화를 보여 준다. 아브라함의 신율 정치와 기독교의 신율 정치도 둘 다 하나님의 집들에서 가인의 유혹에 굴복하려는 경향들에 대항하는 수고를 아끼지 않는다

브루그만의 말처럼 고대 이스라엘의 신율 정치는 중앙집권적 정치권력과 지방 권력, 가진 자와 못 가진 자, 자율적 정치와 제국적 체제 그리고 일반적으로 언약주의와 전체주의 혹은 순응주의 간의 깊은 갈등으로 표출되었다(Brueggemann 1:1, 2, 9). 그가 제시하기를, 이것은 창조적 갈등(이스라엘의 구속적 상상을 통하여 보여 주었던)이 아니라 하나님의 말씀의 직접적인 영향력과 가인의 유혹에 대한 복종 사이에 있는 내적 투쟁이다.

하우어워스에게, 이 갈등은 교회 안에서, 예수의 이야기가 콘스탄티누스주의의 권력에 반하는 것을 반영한다(Reno 21:8). 아브라함의 신율 정치에서 이것은 세속주의를 전체화하는 것, 신정통주의를 전체화하는 것 그리고 본회퍼는 이것을 성스러운 정치학이라고 불렀던 아브라함의 언약의 구속적 사역의 두 가지 유혹들 간의 갈등이다. 즉 이 언약 혹은 이 성스러운 정치(sanctified politics)는 우리의 신율 정치 속에 나타나는 신적 임재를 가리키고, 이러한 것들이 얼마나 잘 의도되었는지는 모르지만, 그것을 욕망하거나 우리 자신의 것으로 개념화하지 않는다는 것이다.

7. 결론

정말로 그렇다. 나는 우리의 친구인 유대인에게 그들이 우리에게 행한 것을 바라본다고 말한다. 그러나 우리는 몸과 장소가 사라지는 것보다 더한 고통을 당했다. 그것은 시간의 상실, 시간의 종말이다.

또한, 만일 우리가 시간 속에 들어가려고 준비한다면, 그와 같은 상실은 슬프지만 지금 이후로는 분명하게 다른 시간을 우리에게 가져다준다. 만일 우리가 준비하지 않는다면, 나는 이전의 드라마 용어들이 어떻게 해서든지 다시 재생될 수 있는지 두려울 뿐이다. 바로 그 시간은 죽었다. 적어도 나는 그와 같은 시간에 다시 진입하려고 내 딸들에게 묻지 않을 것이다.

다른 시간이 있을까?

그 같은 물음들은 신앙이 의미하는 것을 행함으로 대답할 수 있다. 그러나 우리의 신앙은 항상 협력하는 그 부름에서 태어난 신앙이었다.

"들으라 오, 이스라엘아!"

여기서 "듣는다"는 것은 항상 "안다는 것"을 수반한다. 행하는 것, 신뢰하는 것, 듣는 것, 속하는 것, 아는 것, 이 모든 행위는 결코 우리에게서 사라지지 않을 것이다. 이와는 반대로 우리는 항상 우리가 죽은 이후, 곧 우리의 시간 자체가 사라진다는 것을 의미하는 그 죽음 이후에 그러한 힘을 다시 찾게 되고, 또 다시 찾음으로써 우리는 우리에게 오는 다른 시간의 빛, 즉 우리가 빛과 새로운 날을 보게 되는 그 빛을 느낀다.

우리가 어두움이 여전히 우리와 함께 있다는 것을 알지만, 그 자체의 새로움을 가지는 마지막 날, 또 다른 날, 또 다른 회복은 없을 것이다. 이 시간, 새로움은 항상 최초로 나타나는 것이 낯설지만 이 방식으로 나타난다.

이스라엘을 부르는 것은 아브라함을 부르는 것이다.

"들으라 오, 아브라함아!"

우리 중 더러는 이 방식으로 들을 것이다. 우리는 이스라엘에게 그 부름을 제한하지 않아야 한다. 또는 이스라엘에게 방해하지 않는 것을 제외하고는 그 것이 무엇을 의미하는지 알 수 있다.

그 부름은 부차적이고 확대된 소속감을 제안하고, 장소에 대한 부름이 아니라 이스라엘과 함께 하는 더 높고 많은 부름이다. 만일 그렇다면 그들이 이 시간 속에 존재하듯이 똑같지 않고, 우리도 똑같지 않을 것이라고 생각한다.

색인

ㄱ

갈등 23, 36, 44, 45, 58
개인주의 105, 180, 244, 246, 268, 275, 276, 307, 410, 441, 483, 637, 642, 647, 741
결의주의 184
경선주의 219, 256, 449
경제 34, 35, 36
경험 11, 12, 44
계급 18, 51
계몽주의 269, 360, 363, 369, 372, 377, 403, 409, 508, 520, 521, 524, 572, 584, 620, 635, 674, 675
계시 513
고난 31
고대 이스라엘 22, 23, 25, 39
공동선 68, 96, 97, 98, 99, 121, 123, 126, 232, 261, 266, 281, 287, 402, 579, 582, 583, 593, 599, 600, 603, 604, 609, 624, 633, 634, 636, 639, 642, 643, 647
공동체주의 553, 554, 556, 557, 559

공리주의 258, 261, 268, 286, 449, 695, 708, 711
공산주의 17
관념론 252, 273, 364, 721
교리 11, 18, 20, 51
교회론 13, 18
구속 1, 11, 12, 32, 60, 153, 164, 221, 227, 252, 295, 301, 324, 348, 352, 387, 395, 396, 405, 457, 488, 493, 494, 500, 504, 533, 535, 547, 572, 573, 574, 577, 579, 581, 584, 585, 586, 587, 588, 604, 615, 625, 628, 629, 636, 666, 742, 750, 751, 752, 756, 758, 760, 761
구속사 585
구원 46, 180
구원론 377, 382, 383, 384, 385, 388, 488, 497, 613, 630
국가 사회주의 508
군주제 47, 53
군주제도 23
권력 정치 33
권위 1, 18, 27, 28, 33, 36, 43, 47, 69, 71,

104, 105, 106, 108, 118, 119, 120,
122, 123, 130, 131, 134, 135, 136,
141, 150, 173, 175, 176, 183, 185,
193, 194, 199, 223, 234, 237, 242,
243, 254, 257, 258, 265, 281, 282,
301, 315, 326, 328, 351, 353, 406,
523, 578, 580, 581, 587, 588, 615,
617, 618, 629, 636, 640, 648, 680,
692, 695, 703, 719, 720, 731, 732
귀족 정치 96, 120
근본주의 121, 247, 302, 330, 359, 361,
365, 366, 367, 368, 369, 371, 377,
392, 642, 722
금욕주의 45
기도 512
기독교 공동체 45, 55, 206
기독교 급진주의 58
기독론 13
꾸란 720

ㄴ

남성중심주의 331, 502
노예 28, 31, 32, 50

ㄷ

다원주의 180, 186, 201, 269, 297, 366,
509, 581, 582, 583, 618, 623, 624,
669, 670, 672, 684, 690
달리트신학 380, 390, 392, 393
도덕성 520
동방정교회 12
드라마 신학 509, 515, 516, 518, 526

ㄹ

루터주의 140

ㅁ

마르크스주의 10, 149, 150, 176, 295,
303, 317, 337, 362, 392, 394, 414,
440, 498, 606, 644, 652, 658, 660,
662, 663, 665, 666, 667, 685, 686,
687, 702, 706, 734
모방 517
미메시스 516, 517
민족주의 197, 286, 302, 646
민주주의 13
민중신학 10

ㅂ

바르멘 선언 199, 201, 350, 647
바벨론 54
반유대주의 169, 198, 418
반항 110, 205, 406
발전 30, 33, 35, 46
범재신론 503
범죄 52
변혁적 행동 324, 659
변화 32
보수주의 106, 147, 170, 232, 258, 459,
461, 462, 463, 464, 489, 494, 498,
499, 613, 623, 625, 627, 655
보편주의 63, 204, 574, 701, 711, 740,
741
복음 11, 53

복음주의 11, 12, 155, 183, 269, 275, 284,
　　　　382, 389, 392, 706
부활 59, 219, 512, 514
분노 30
분리주의 42
비순응주의 44, 47
비판이론 13, 546, 652
비폭력 저항 734

ㅅ

사랑 3
사회계약론 243, 258, 259
사회주의 142, 149, 152, 157, 167, 168,
　　　　169, 180, 182, 186, 194, 249, 251,
　　　　267, 344, 346, 381, 410, 425, 490,
　　　　505, 508, 606, 613, 621, 622, 625,
　　　　627, 630, 635, 637, 647, 662, 664,
　　　　667, 688, 695, 697, 710, 712, 725,
　　　　736, 741
삼위일체 13
상상력 25, 27, 39
성령 13, 55, 514, 515
성례전 119, 137, 138, 139, 140, 148, 161,
　　　　252, 255, 257, 266, 268, 355, 356,
　　　　382, 447, 452, 456, 457, 516, 576,
　　　　600, 605, 607, 608, 609, 630, 649
성육신 11
성화 215
세계인권선언 191
세계화 1, 13, 20
세례 44
세속화 53, 521
속죄 13, 529

수사학 45
수평주의자 562
순교 45, 46, 522
순응주의 42
시민권 46
시민 사회 13, 125, 239, 397, 572, 581,
　　　　582, 584, 588, 605, 611, 612, 613,
　　　　614, 617, 618, 619, 620, 621, 622,
　　　　624, 625, 626, 627, 628, 629, 630,
　　　　634, 635, 639, 640, 642, 647, 649,
　　　　674, 683, 685, 698, 700, 720, 731
식민지주의 297
신마르크스주의 698, 701
신식민지주의 734
신정론 76, 359, 370, 371, 372, 377, 435,
　　　　750
신학적 인간학 67, 316, 320, 431
심판 36, 53, 510, 511, 513, 514

ㅇ

아시아의 정치신학 12
아파르트헤이트 406, 409, 410, 414,
　　　　417, 490, 638, 646, 704
악 57
앗수르 제국 24
억압 706
언약 24, 28, 29, 33, 34, 35, 36, 37, 40,
　　　　196, 214, 382, 385, 387, 388, 389,
　　　　492, 493, 494, 496, 497, 574, 595,
　　　　596, 624, 636, 719, 742, 743, 750,
　　　　751, 752, 753, 760, 761
언어 511
여성주의 307, 309, 315, 316, 318, 320,

324, 325, 326, 327, 329, 331, 408,
412, 413, 419, 649
역사 17, 32, 33, 38
역사성 22, 26
연민 51, 53
예배 27, 42
오순절주의 547, 569, 702, 703, 704
유대교 13, 24, 36, 37
윤리학 210
은총 511
이슬람교 13
인간의 존엄성 48
인격성 11
인격주의 148, 162, 178, 502, 557, 636
인본주의 191, 256, 462, 463, 521, 688, 689
인식론 219, 307, 361, 401, 403, 499, 585, 675, 676, 681, 686, 689
인종차별 51

ㅈ

자본주의 175, 176, 190, 296, 344, 363, 381, 383, 408, 410, 418, 445, 446, 539, 564, 613, 664, 684, 686, 711, 713, 741
자연법 235
자유 3, 47, 48, 59
재현 37
저항 30, 33, 44, 50
전쟁 699, 749
전체주의 39
절대주의 27, 35, 38
정당성 174

정서 43, 52
정의 13, 39, 52, 57
정체성 44, 46, 58, 709
정치경제 24, 26, 27, 28, 40
정치신학 3, 18, 20, 25, 26, 29, 173
정치학 210, 252, 294, 336, 385, 410, 440, 468, 592, 687, 695, 721, 745, 761
제3세계 294
제국주의 102, 136, 280, 282, 293, 294, 298, 299, 300, 307, 387, 392, 400, 401, 414, 418, 465, 552, 557, 558, 559, 698, 717, 721, 722, 723, 724
제자도 54, 58, 215
존재론 88, 322, 360, 369, 371, 409, 416, 456, 502, 504, 538, 544, 598, 675, 676, 682, 686, 687, 688, 689, 691, 692
종교 개혁 12, 20, 43, 104, 109, 116, 118, 123, 136, 137, 138, 139, 254, 342, 523, 540, 616, 624
종교개혁 12, 20
종말론 13, 18
지배권 615
지식 58, 277
진리 514

ㅊ

채무 36, 52
청지기 157
초자연주의 241, 248, 661
출애굽 26, 29, 32, 33, 37
칭의 56, 104, 108, 449, 533, 536, 537, 541, 757

ㅋ

카스트 제도 392
케노시스 430
콘스탄티누스주의 227, 448, 458, 459,
　　　　　460, 461, 464, 760

ㅌ

토착화 302, 308, 390, 391, 393
통치 50, 51, 59

ㅍ

파시즘 168, 182, 253, 262, 265, 490, 534
페르시아 제국 24
페미니스트 신학 314, 395
평등 3, 52
평등주의 132, 142, 143, 288, 316, 328,
　　　　　469, 550, 560, 562, 564, 567, 568,
　　　　　569, 634, 636, 645
평등주의자 550
평화 515, 517
평화주의 116, 117, 121, 211, 266, 267,
　　　　　283, 284, 288, 445
폭력 30, 34
프랑스 혁명 225, 237, 242, 243, 263,
　　　　　609, 635, 637, 689
프랑크푸르트 학파 546, 652

ㅎ

하나님 나라 44, 51, 53, 59, 202, 510,
　　　　　512, 514, 515
하나님의 나라 164, 255, 468
한국 10, 13
할례 296, 304, 305
해방 신학 318
해방신학 10, 381, 424, 508
해석학 413
허무주의 172, 225, 685, 689
헤겔주의 251, 258, 267, 596
혼합주의 305, 306, 389, 416
화목 510, 517
환원주의 441, 453, 455, 554, 626
흑인 정치신학 417
희년 52
희망 19, 25, 39, 52, 59, 60
희생 3, 36, 60, 508, 509, 510, 520, 522
희생양 518

CLC 도서 소개

현대 신학자 연구

데이비드 포드 편집 | 김남국 · 김완종 · 박찬호 · 최승근 옮김 | 신국판 양장 | 1192

이 책의 주요 목적은 제1차 세계대전 이래로 가장 선도적인 기독교 신학자들의 사상과 신학적 움직임을 소개하는 것이다. 각 장은 독자들이 신학자나 신학적 움직임에 적합한 방식으로 생각하도록 돕는 동시에 대화와 논쟁을 촉진하도록 했다. 따라서 이 책은 텍스트 연구를 준비하고 수행하며, 깨달음을 얻고자 하는 사람에게 유익할 것이다.